工商管理优秀教材译丛

金融学系列

财务管理基础

第13版

（美）James C. Van Horne（詹姆斯·C. 范霍恩）
John M. Wachowicz, JR.（小约翰·M. 瓦霍维奇） 著

刘曙光 等 译

Fundamentals of Financial Management (Thirteenth Edition)

清华大学出版社
北京

北京市版权局著作权合同登记号 图字：01-2009-2134

Authorized translation from the English language edition, entitled FUNDAMENTALS OF FINANCIAL MANAGEMENT, 13th, 0273713639 by JAMES C. VAN HORNE, JOHN M. WACHOWICZ, JR., published by Pearson Education, Inc., publishing as Financial Times Prentice Hall, Copyright © 2009.

All rights reserved. No part of this book may be reproduced or transmitted in any form or by any means, electronic or mechanical, including photocopying, recording or by any information storage retrieval system, without permission from Pearson Education, Inc.

CHINESE SIMPLIFIED language edition published by PEARSON EDUCATION ASIA LTD., and TSINGHUA UNIVERSITY PRESS Copyright © 2009.
本书中文简体翻译版由培生教育出版集团授权给清华大学出版社出版发行。未经许可，不得以任何方式复制或抄袭本书的任何部分。

本书封面贴有 Pearson Education（培生教育出版集团）激光防伪标签，无标签者不得销售。
版权所有，侵权必究。举报：010-62782989，beiqinquan@tup.tsinghua.edu.cn。

图书在版编目（CIP）数据

财务管理基础：第13版/（美）范霍恩（Horne, J. C. V.），（美）瓦霍维奇（Wachowicz, J. M.）著；刘曙光等译.—北京：清华大学出版社，2009.6（2023.4重印）
（工商务管理优秀教材译丛·金融学系列）
书名原文：Fundamentals of Financial Management, 13e
ISBN 978-7-302-19928-1

Ⅰ．财⋯ Ⅱ．①范⋯ ②瓦⋯ ③刘⋯ Ⅲ．财务管理 Ⅳ．F275

中国版本图书馆 CIP 数据核字（2009）第 056496 号

责任编辑：王　青
责任校对：王荣静
责任印制：宋　林

出版发行：清华大学出版社	地　　址：北京清华大学学研大厦 A 座
http://www.tup.com.cn	邮　　编：100084
社　总　机：010-83470000	邮　　购：010-62786544
投稿与读者服务：010-62776969，c-service@tup.tsinghua.edu.cn	
质　量　反　馈：010-62772015，zhiliang@tup.tsinghua.edu.cn	
印　装　者：三河市铭诚印务有限公司	
经　　销：全国新华书店	
开　　本：185mm×260mm　印　张：46.5　插页：2　字　数：1052 千字	
版　　次：2009 年 6 月第 1 版　　印　次：2023 年 4 月第 15 次印刷	
定　　价：109.00 元	

产品编号：031933-02

前 言 财务管理基础
Fundamentals of Financial Management

财务管理学仍在迅速发展,无论在理论方面还是在实践领域,财务管理的发展都随处可见。当企业管理者力图在公司体系中创造价值时,财务管理却更从战略上着眼全局。在价值创造的过程中,财务经理们逐渐在传统的绩效测量中增加鼓励进一步利用不确定性和多重假定的新方法。公司治理问题,道德困境,冲突的股东权益,企业环境规模的日益缩小,金融、电子商务和战略联盟的全球化,外包的发展以及其他种种因素都渗透在财务决策的领域中。这的确是个挑战和机遇并存的时代。

出版本书第13版是为了让读者了解财务决策的制定过程并阐释它对价值创造的影响。因此,本书将介绍财务管理中需要制定决策的三个重要领域:投资、融资和资产管理。

我们试图以轻松易懂的方式研究财务学及其边缘领域。本书不仅是财务管理的入门教材,也可以作为参考书。例如,管理开发项目的参与者、准备注册管理会计师和特许会计师等职业资格考试的应试者,以及金融、财会行业的从业人员都会从中受益。另外,由于本书的网站(我们将在后面介绍)提供大量相关资料,因此本书也是网络培训和远程教学的理想教材。

新版本做了很多重要的修订。这里只简要说明修订的主要依据并重点强调一些变动,而不一一罗列。我们更新了理解财务决策的背景所需的材料。本书所涉及的范围更加国际化,增添了许多相关的章节、案例和专栏。本书在理顺篇章结构和清楚表达各章的基本概念方面也做了大量努力。

第1章"财务管理的职能"充实了对于公司社会责任的讨论,增加了可持续发展的内容。第5章"风险和收益"新添了调整贝塔历史数据的相关讨论。第6章"财务报表分析"对于索引财务报表有了更清晰的表述。第9章"现金和有价证券管理"讨论了短期债券的债券等价收益(BEY)和有效年收益(EAY)计算,并给出了一些例子。第10章"应收账款和存货管理"增加了介绍一系列新的术语和概念的"及时库存控制、供应链管理和因特网"小节。第13章"资本预算方法"新加了专门论述敏感性分析的一节,而第15章"预期报酬率和资本成本"极大地完善了有关项目评估中所使用的风险调整折现率方法的介绍。第17章"资本结构决定"中加入了时间选择和财务弹性等内容,并列出了一个易于操作的长期融资清单。第23章"兼并及其他形式的公司重组"阐释了关于并购的会计处理方面的新近变化。本书最后一章主要论述国际财务管理,这次也进行了更新,并增加了大量新的条目。

最后,我们仍努力让本书更便于读者使用。书中增添了很多新的专栏和特色内容来引发读者的兴趣并为所阐释的概念提供例证。这些富有特色的内容很多是来自 *Canadian Treasurer*、*Financial Executive* 和 *Supply & Demand Chain Executive* 杂志；*Financial Week* 报纸；BP p.l.c.、Cameco 公司和 Hermes Pensions Management Limited 等企业提供的最新的第一手资料。

注意：

章节的顺序体现了这门课的一般授课过程，但教师仍可根据需要变更次序。例如，有些教师喜欢把第 3 部分"财务分析和财务计划的工具"放在第 2 部分"估价"前讲授。书中各章后面列出的大量参考书目使读者在预习时能找到相关的文字资料。某些章后的附录将引导读者进行更深入的研究，但省略这部分内容并不会影响全书的连贯性。

本书配有大量的教学资源。为教师提供内容全面的《教师指导手册》，包括组织教学、课后问答及各章习题的解题建议。卡洛学院(Carroll College)的 Gregory A. Kuhlemeyer 教授编写的测试题汇编是另一个教学辅助资源。这些资源由培生教育出版集团提供。Kuhlemeyer 教授还准备了 1000 多张与本书配套的 Microsoft Powerpoint 幻灯片。这些幻灯片可以从培生教育出版集团的 Companion 网站（www.pearsoned.co.uk/wachowicz）下载。该网站同时提供书中的所有图表。Richmond 大学的 Al Fagan 教授开发了一个可与各章后带 * 号的习题结合使用的应用软件，该软件以 Microsoft Excel 格式放在 Companion 网站上供教师下载。网站上面还有 Kuhlemeyer 教授编写的"在线学习指导"。为了帮助学生掌握各章的内容，每章的"在线学习指导"中都包含了本章学习目的、多项选择、判断题、简答题、幻灯片和 Excel 模板。

对于学生，本书除第 1 章外，其余各章最后都给出了自测题（其后都附有解题步骤和答案），以便学生能及时自测对于相关章节的理解程度。自测题及其详细的解题步骤也可用做解题范例。

学习财务知识与学习外语有相似之处，即难点之一在于掌握词汇。为此，我们在书后词汇表中提供了 400 多个商业术语。同时，培生教育出版集团的 Companion 网站（www.pearsoned.co.uk/wachowicz）在线提供这些术语，并结合互动式闪光记录卡测试读者对关键词语及其解释的理解程度。

注意：

在本书中，我们有意限制了对因特网网址（在浏览器地址栏中键入的以 http://www. 开头的地址）的使用。由于因特网网页的内容经常会更新，网址也经常会变化，甚至有时读者在书中读到相关内容时该网页已经不存在了。因此，我们在自己的网页中列出可能有助于读者学习的其他网页。我们会经常更新网页列表，并检测断开或无效的链接。建议读者在学习各章内容时充分利用本书的相关网页。虽然本书的网页主要是为学生创建的，但它也吸引了大批专业人士。事实上，我们的网页获得了许多商业出版物的好评，包括 *Financial Times* 以及 *The Journal of Accountancy*、*Corporate Finance*、*CFO Asia* 和 *Strategic Finance* 等杂志。

为了将因特网作为学习财务管理知识的新工具，欢迎读者访问本书享有盛誉的网页 Wachowicz's Web World (web.utk.edu/~jwachowi/wacho_world.html)。培生的网站 www.pearsoned.co.uk/wachowicz 有指向 Wachowicz's Web World 的链接。该网页

提供了与几百个财务管理网页的链接,与文中的各个主题(例如,估价、财务分析和财务计划的工具)相呼应。此外,我们的网页还提供用于测验的判断题和选择题,并可下载幻灯片和 Excel 报表模板等资源。

我们非常感谢众多业内人士在本版编写过程中提出的意见、建议及所提供的各类帮助。我们特别要感谢 Schaad 公司的 Jennifer Banner、家得宝公司的 Rebecca Flick、CCH 公司的 Alice Magos 以及 The Motley Fool 的 Selena Maranjian。最后,我们还要感谢培生教育出版集团的 Ellen Morgan, Pauline Gillett, Michelle Morgan, Angela Hawksbee 和 Flick Williams,以及 Helene Bellofatto, Mary Dalton, Jane Ashley 和 Sasmita Sinha,感谢他们在本书出版工作中提供的支持。

我们希望《财务管理基础》(第 13 版)能帮助您掌握财务管理学知识,并带给您学习的乐趣。而您,读者,将是最终的评判者。对于您选择本书我们深表谢意,欢迎您提出批评和建议(e-mail:jwachowi@utk.edu)。

目录

财务管理基础
Fundamentals of Financial Management

前言 I

第 1 部分　财务管理引言

第 1 章　财务管理的职能 3

内容提要 3
学习目的 3
导论 4
财务管理的定义 4
企业的目标 5
公司治理 10
财务管理职能部门的组织结构 11
本书的结构 12
小结 15
思考题 16
参考文献 16

第 2 章　商业、税收和金融环境 19

内容提要 19
学习目的 19
商业环境 20
税收环境 22
金融环境 29
小结 36
思考题 37
自测题 38
复习题 39

自测题答案 ……………………………………………………………… 40
　　参考文献 ………………………………………………………………… 41

第2部分　估　　价

第3章　货币的时间价值 …………………………………………………… 45

　　内容提要 ………………………………………………………………… 45
　　学习目的 ………………………………………………………………… 45
　　利率 ……………………………………………………………………… 46
　　单利 ……………………………………………………………………… 46
　　复利 ……………………………………………………………………… 47
　　计息期小于一年的复利计算 …………………………………………… 61
　　贷款的分期偿还 ………………………………………………………… 64
　　重要复利计算公式汇总表 ……………………………………………… 65
　　小结 ……………………………………………………………………… 65
　　思考题 …………………………………………………………………… 66
　　自测题 …………………………………………………………………… 66
　　复习题 …………………………………………………………………… 68
　　自测题答案 ……………………………………………………………… 71
　　参考文献 ………………………………………………………………… 73

第4章　长期证券的估价 …………………………………………………… 74

　　内容提要 ………………………………………………………………… 74
　　学习目的 ………………………………………………………………… 74
　　不同价值概念间的区别 ………………………………………………… 75
　　债券估价 ………………………………………………………………… 76
　　优先股估价 ……………………………………………………………… 79
　　普通股估价 ……………………………………………………………… 80
　　报酬率（或收益率） ……………………………………………………… 84
　　长期证券估价中关键现值公式汇总表（假设现金流以年为期间） …… 88
　　小结 ……………………………………………………………………… 88
　　思考题 …………………………………………………………………… 89
　　自测题 …………………………………………………………………… 90
　　复习题 …………………………………………………………………… 91
　　自测题答案 ……………………………………………………………… 93
　　参考文献 ………………………………………………………………… 95

第5章 风险和收益 ... 96

内容提要 ... 96
学习目的 ... 96
定义风险和收益 ... 97
用概率分布衡量风险 ... 98
对待风险的态度 ... 100
投资组合中的风险和收益 ... 102
投资分散化 ... 103
资本—资产定价模型（CAPM） ... 105
有效的金融市场 ... 114
小结 ... 115
附录5A 投资组合风险的测量 ... 116
附录5B 套利定价理论 ... 119
思考题 ... 121
自测题 ... 122
复习题 ... 122
自测题答案 ... 126
参考文献 ... 127

第3部分 财务分析和财务计划的工具

第6章 财务报表分析 ... 131

内容提要 ... 131
学习目的 ... 131
财务报表 ... 132
一个可行的分析框架 ... 137
资产负债表比率 ... 141
损益表比率及损益表/资产负债表比率 ... 144
趋势分析 ... 154
结构百分比分析和指数分析 ... 155
小结 ... 159
主要财务比率汇总 ... 160
附录6A 递延税款和财务分析 ... 161
思考题 ... 162
自测题 ... 163

复习题 165
自测题答案 169
参考文献 172

第7章 资金分析、现金流分析和财务计划 173

内容提要 173
学习目的 173
资金流量表（资金来源和运用表） 174
现金流的会计报表 179
现金流预测 184
现金流估计的分布范围 188
财务报表预测 190
小结 193
附录7A 可持续增长模型 194
思考题 198
自测题 199
复习题 201
自测题答案 205
参考文献 208

第4部分 营运资本管理

第8章 营运资本管理概述 213

内容提要 213
学习目的 213
导论 214
营运资本管理问题 216
流动资产融资：短期融资与长期融资的组合 218
债务结构与流动资产决策的组合 222
小结 223
思考题 224
自测题 224
复习题 225
自测题答案 226
参考文献 227

第 9 章 现金和有价证券管理 ... 228

内容提要 ... 228
学习目的 ... 228
持有现金的动机 ... 229
加速现金回收 ... 230
推迟现金支付 ... 235
电子商务 ... 238
外包 ... 240
应维持的现金余额 ... 241
有价证券投资 ... 242
小结 ... 250
思考题 ... 252
自测题 ... 252
复习题 ... 253
自测题答案 ... 254
参考文献 ... 254

第 10 章 应收账款和存货管理 ... 256

内容提要 ... 256
学习目的 ... 256
信用和收账政策 ... 257
信用申请人分析 ... 265
存货管理和控制 ... 269
小结 ... 278
思考题 ... 279
自测题 ... 279
复习题 ... 280
自测题答案 ... 284
参考文献 ... 285

第 11 章 短期融资 ... 287

内容提要 ... 287
学习目的 ... 287
自然融资 ... 288
协议融资 ... 292
应收账款代理 ... 303

短期融资的组合 305
小结 306
思考题 307
自测题 308
复习题 309
自测题答案 310
参考文献 312

第5部分　资本性资产投资

第12章　资本预算与现金流量预测 315

内容提要 315
学习目的 315
资本预算概述 316
提出投资项目建议 316
预测项目的"税后增量营业现金流" 317
小结 325
思考题 326
自测题 326
复习题 327
自测题答案 328
参考文献 329

第13章　资本预算方法 331

内容提要 331
学习目的 331
项目评估和选择的方法 332
潜在的困难 337
项目监督：进度报告和事后审计 348
小结 348
附录13A　多个内部收益率 349
附录13B　替换链分析 351
思考题 353
自测题 354
复习题 355
自测题答案 357

参考文献 ………………………………………………………………………… 358

第14章 资本预算中的风险和管理（实际）期权 ……………………………… 361

内容提要 ………………………………………………………………………… 361
学习目的 ………………………………………………………………………… 361
项目的风险问题 ………………………………………………………………… 362
项目总风险 ……………………………………………………………………… 365
降低企业总风险的理论贡献：企业项目组合理论 …………………………… 372
管理（实际）期权 ……………………………………………………………… 376
小结 ……………………………………………………………………………… 380
思考题 …………………………………………………………………………… 381
自测题 …………………………………………………………………………… 381
复习题 …………………………………………………………………………… 383
自测题答案 ……………………………………………………………………… 386
参考文献 ………………………………………………………………………… 388

第6部分 资本成本、资本结构和股利政策

第15章 预期报酬率和资本成本 ………………………………………………… 393

内容提要 ………………………………………………………………………… 393
学习目的 ………………………………………………………………………… 393
价值的创造 ……………………………………………………………………… 394
企业的综合资本成本 …………………………………………………………… 395
资本—资产定价模型：具体的项目和项目组的预期报酬率 ………………… 407
根据总风险评估项目 …………………………………………………………… 412
小结 ……………………………………………………………………………… 416
附录15A 根据财务杠杆调整贝塔系数 ……………………………………… 417
附录15B 调整现值 …………………………………………………………… 419
思考题 …………………………………………………………………………… 421
自测题 …………………………………………………………………………… 422
复习题 …………………………………………………………………………… 423
自测题答案 ……………………………………………………………………… 426
参考文献 ………………………………………………………………………… 428

第16章 经营杠杆和财务杠杆 …………………………………………………… 431

内容提要 ………………………………………………………………………… 431

学习目的 ·· 431
　　经营杠杆 ·· 432
　　财务杠杆 ·· 439
　　总杠杆 ·· 446
　　履行债务的现金流能力 ·· 447
　　其他分析方法 ·· 450
　　各种方法的结合 ·· 452
　　小结 ·· 452
　　思考题 ·· 453
　　自测题 ·· 454
　　复习题 ·· 456
　　自测题答案 ·· 458
　　参考文献 ·· 461

第 17 章　资本结构决策 ·· 462

　　内容提要 ·· 462
　　学习目的 ·· 462
　　概念分析 ·· 463
　　总价值原则 ·· 467
　　市场缺陷的存在和激励问题 ·· 469
　　税收的影响 ·· 471
　　税收和市场缺陷相结合 ·· 473
　　财务信息传递 ·· 475
　　时机与财务灵活性 ·· 475
　　融资清单 ·· 476
　　小结 ·· 477
　　思考题 ·· 478
　　自测题 ·· 479
　　复习题 ·· 479
　　自测题答案 ·· 482
　　参考文献 ·· 483

第 18 章　股利政策 ·· 486

　　内容提要 ·· 486
　　学习目的 ·· 486
　　消极的与积极的股利政策 ·· 487
　　影响股利政策的因素 ·· 491

股利的稳定性 ·· 494
股票股利与股票分割 ·· 496
股票回购 ·· 501
管理上的考虑 ·· 505
小结 ·· 506
思考题 ··· 508
自测题 ··· 508
复习题 ··· 509
自测题答案 ·· 512
参考文献 ·· 514

第7部分 中长期融资

第19章 资本市场 ·· 519

内容提要 ·· 519
学习目的 ·· 519
整体回顾 ·· 520
公开发行 ·· 520
特权认购 ·· 523
证券发行的法律规定 ··· 526
私募 ·· 530
初始融资 ·· 532
信息传递作用 ··· 534
二级市场 ·· 536
小结 ·· 536
思考题 ··· 537
自测题 ··· 538
复习题 ··· 538
自测题答案 ·· 539
参考文献 ·· 540

第20章 长期负债、优先股与普通股 ························· 542

内容提要 ·· 542
学习目的 ·· 542
债券及其特征 ··· 543
长期债券的类型 ·· 544

债券的收回 ·· 547

优先股及其特征 ·· 549

普通股及其特征 ·· 552

普通股股东的权利 ·· 554

双级普通股 ·· 557

小结 ··· 558

附录 20A 已发行债券的再融资 ································ 559

思考题 ·· 561

自测题 ·· 562

复习题 ·· 563

自测题答案 ··· 565

参考文献 ··· 566

第 21 章 定期贷款与租赁 ··· 568

内容提要 ··· 568

学习目的 ··· 568

定期贷款 ··· 569

贷款协议的条款 ·· 571

设备融资 ··· 573

租赁融资 ··· 573

对比分析租赁融资与债务融资 ···································· 576

小结 ··· 581

附录 21A 租赁的会计处理方法 ································ 581

思考题 ·· 584

自测题 ·· 585

复习题 ·· 586

自测题答案 ··· 587

参考文献 ··· 589

第 8 部分 财务管理的特殊领域

第 22 章 可转换证券、可交换债券及认股权证 ············ 593

内容提要 ··· 593

学习目的 ··· 593

可转换证券 ··· 594

可转换证券的价值 ·· 597

可交换债券 ·· 600
　　认股权证 ·· 601
　　小结 ·· 605
　　附录22A　期权定价 ··· 605
　　思考题 ·· 611
　　自测题 ·· 611
　　复习题 ·· 612
　　自测题答案 ·· 615
　　参考文献 ·· 616

第23章　兼并及其他方式的公司重组 ······························ 618
　　内容提要 ·· 618
　　学习目的 ·· 618
　　价值来源 ·· 619
　　涉及普通股股票的战略收购 ·································· 623
　　收购和资本预算 ··· 630
　　结束交易 ·· 632
　　接管、股权收购及防御 ······································ 635
　　战略联合 ·· 637
　　公司分立 ·· 638
　　所有权重组 ·· 641
　　杠杆收购 ·· 642
　　小结 ·· 644
　　附录23A　挽救失败的公司 ·································· 645
　　思考题 ·· 650
　　自测题 ·· 651
　　复习题 ·· 653
　　自测题答案 ·· 657
　　参考文献 ·· 659

第24章　国际财务管理 ·· 663
　　内容提要 ·· 663
　　学习目的 ·· 663
　　背景知识 ·· 664
　　汇率风险的类型 ··· 668
　　汇率风险的管理 ··· 672
　　国际贸易分析 ··· 684

小结 ·········· 687
思考题 ·········· 688
自测题 ·········· 689
复习题 ·········· 690
自测题答案 ·········· 692
参考文献 ·········· 693

附录 A ·········· 695

内容提要 ·········· 695
表 A1　利率为 $i\%$，期数为 n 的 1 美元的终值系数表（$\text{FVIF}_{i,n}$）·········· 696
表 A2　利率为 $i\%$，期数为 n 的 1 美元的现值系数表（$\text{PVIF}_{i,n}$）·········· 698
表 A3　利率为 $i\%$，期数为 n 的 1 美元(普通)年金的终值系数表（$\text{FVIFA}_{i,n}$）·········· 700
表 A4　利率为 $i\%$，期数为 n 的 1 美元(普通)年金的现值系数表（$\text{PVIFA}_{i,n}$）·········· 702
表 A5　中间值向左或向右 Z 个标准差的正态分布表 ·········· 704

词汇表 ·········· 705

通用符号 ·········· 723

译后记 ·········· 725

第1部分
财务管理引言

第1章 财务管理的职能

第2章 商业、税收和金融环境

财务管理基础
Fundamentals of Financial Management

第 1 章

财务管理的职能

内容提要

- 导论
- 财务管理的定义
  投资决策・融资决策・资产管理决策
- 企业的目标
  价值创造・代理问题・企业社会责任(CSR)
- 公司治理
  董事会的职责・《2002 年萨班斯—奥克斯利法案》
- 财务管理职能部门的组织结构
- 本书的结构
  基础知识・资产购置和管理・资产融资・综合知识
- 小结
- 思考题
- 参考文献

学习目的

完成本章学习后,您将能够:

- 解释为什么目前财务经理的职责如此重要。
- 用财务经理要涉足的三个重要决策领域解释"财务管理"。
- 说明企业的目标并了解股东财富最大化为什么会成为最重要的目标。
- 了解当公司的管理权与所有权分离时会产生的潜在问题(如代理问题)。
- 表明对公司治理的理解。
- 讨论与企业的社会责任相关的问题。
- 了解财务经理的基本职责以及"财务主管"和"总会计师"的区别。

> 不断地增加股东价值是对我们一切行动的基本要求。
>
> ——郭思达(Roberto Goizueta)
> 可口可乐公司前首席执行官

导论

财务经理在现代公司的发展中扮演着活跃的角色,但这并非是一直如此的。20世纪上半叶,财务经理才开始参与公司的资金筹集并管理企业的现金头寸,也仅此而已。20世纪50年代,现值的概念逐渐被人们所接受,这促使财务经理扩大了自己的职权,并在资本投资项目中发挥举足轻重的作用。

如今,外部因素对财务经理的影响日益加深。财务经理每天都必须应对诸如公司间竞争加剧、技术变化、通货膨胀和利率波动、全球经济不确定、汇率波动、税法变更以及财务交易中的道德问题等众多外部环境的变化。因此要求财务学在公司中发挥更为重要的战略作用。财务经理已经成为公司价值创造团队的一员。在一个旧方法迅速被淘汰的时代,"用旧方法做事"是行不通的。在当今多变的外部环境下,财务经理要让自己的企业生存下去,必须具有应变能力。

未来的财务经理要想成功需要用新的方法充实传统的绩效测评方式,这些新的方法更注重发挥不确定性和多重假设的作用,并致力于重视首创精神中内涵的灵活性,即当你采取某一步骤时会面临停止还是继续一个或者更多步骤的选择。简而言之,正确的决定可能是今天所采取的行动本身只有很小的价值,但是能够给你今后做某件有很大价值的事情的选择余地。

如果你成为一名财务经理,那么你在应变、筹集资金、资产投资和明智管理等方面的能力将影响公司的成败,并最终影响整个经济。如果资金的配置不当达到一定程度,经济的增长速度就会减缓。当经济增长要求的条件无法得到满足时,资金的配置不当会危害社会。资源的有效配置对经济最优增长至关重要,对确保个人获得最大满足也很重要。因此,通过有效的资产购置、融资和管理,财务经理将对企业有所贡献,对保持经济活力和整个经济的增长也会有所贡献。

 财务管理的定义

财务管理(financial management)是在一定的整体目标下,对资产的购置、融资和管理。因此,财务管理的决策功能可以分成三个主要领域:投资决策、融资决策和资产管理决策。

投资决策

涉及价值创造时,投资决策在企业三个主要决策领域中是最重要的。投资决策要决定的首要问题是企业需要持有的资产总额。回想一下企业的资产负债表。负债和所有者权益列在资产负债表的右边,而资产则列在左边。财务经理要决定资产负债表左边的总额,即企业的规模。即使这个数额已经确定了,财务经理仍然需要决定资产的组成。例如,企业总资产中需保持多少现金、多少存货。此外,除了决定投资什么,还要决定不投资什么。对于不再有经济效益的资产,则应当减少对它们的投资,或者停止投资,或者用别的资产取而代之。

融资决策

企业的第二项重要决策是融资决策。此时,财务经理关注的是资产负债表右边各项目的组成。考察一下不同行业不同企业的融资结构,你会发现它们有明显的差异。有些企业的债务金额相对较高,而有些企业则几乎没有负债。所采取的融资类型不同真的会带来差异吗?如果是这样,原因是什么呢?是否有一种融资组合能够在某种意义上被认为是最佳的?

此外,必须将股利政策看做企业融资决策的一个组成部分。**股利支付率**(dividend-payout ratio)决定了企业的留存收益。当期收益留存的越多就意味着可用于支付当期股利的资金越少。因此,支付给股东的股利价值必须用所损失的留存收益(权益融资的方式之一)的机会成本来衡量。

融资组合确定之后,财务经理还需要选择筹集所需资金的最佳途径。为此,财务经理必须掌握获得短期贷款、签订长期租赁协议以及就债券和股票的发行进行谈判等方面的知识。

资产管理决策

企业的第三项重要决策是资产管理决策。在购置了资产、筹集到了所需资金之后,仍需要对这些资产实施有效的管理。财务经理对不同资产的运营承担不同的责任。这些职责要求财务经理相对于固定资产,更关注流动资产。固定资产管理的职责有很大一部分是由使用这些资产的运营经理来承担的。

企业的目标

因为判断一项财务决策是否有效率必须有标准可循,为了确保财务管理的高效,企业应当设立一些目标。虽然不同的企业可能有不同的目标,本书中假定企业的目标是使企业现有所有者的财富最大化。

股份公司所有权的凭证是普通股股份。股东财富由企业普通股的每股市价表示,而普通股的每股市价又是企业投资、融资和资产管理的反映。可以认为,判断一项商业决策成功与否的标准应该是该项决策对每股市价的最终影响。

价值创造

利润最大化(profit maximization)常常被认为是企业的正确目标。然而,在这一目标下,财务经理仅仅通过发行股票并将所得现金投资于国库券就能使利润逐渐增长。对于大多数企业来说,这种做法将导致所有者单位股份利润,即**每股收益**(earnings per share)的下跌。因此,每股收益最大化目标常被作为利润最大化目标的另一种说法。然而,每股收益最大化也并非一个完全正确的目标,因为它没有确定预期回报的时点或者期间。假定有两个投资项目,一个将在5年后产生10万美元的回报,另一个将在今后5年内每年产生1.5万美元的回报,我们能就此认为前一个项目比后一个项目更有价值吗?这个问题的答案取决于两个投资项目提供给企业及其投资者的货币的时间价值。对于现有的股东来说,一项许诺将在100年后带来第一笔回报的投资项目,无论该回报有多么巨大都很难产生任何吸引力。因此,我们的分析必须考虑回报的时间因素。

每股收益最大化目标的另一个缺点是没有考虑风险,这也是其他传统收益率衡量标准(如投资收益率)的缺点。有些投资项目的风险远远高于其他投资项目的风险。如果选择高风险的投资项目,则预期的每股收益流也会有更高的风险。此外,公司资本结构中负债与权益的比例也将影响风险的大小。这一财务风险会增加投资者的总风险。即使两家公司的每股预期收益相同,如果一家公司的收益流比另一家公司的收益流具有更高的风险,则收益流风险较高的那家公司的普通股每股市价可能会低于另一家公司的普通股每股市价。

最后,以每股收益最大化为目标没有考虑股利政策对股票每股市价的影响。如果企业的目标就是每股收益最大化,那么企业将永不支付股利,因为企业可以通过留存收益并把它们投资于收益率为正(即使收益率很低)的项目,从而保持每股收益持续增长。只要股利的支付会影响股票的价值,每股收益最大化就不能成为令人满意的企业目标。

如上所述,每股收益最大化目标可能不同于每股市价最大化目标。企业股票的市价是所有市场参与者对该企业价值判断的集中反映。企业股票的市价受很多因素的影响,包括现在及预期未来的每股收益,收益的时间安排、期间和风险,企业的股利政策,以及影响股价的其他因素。股票的市价就像企业经营状况的晴雨表,它显示企业的管理层代表股东所进行的管理是否令人满意。

管理层不断受到评判。对于企业管理表现不满的股东可能出售所持有的股票转而投资其他公司。如果其他不满该公司管理的股东也都采取这样的举动,该公司的股票市价就会面临下跌的压力。因此,管理层必须积极为股东创造价值。这就要求管理层必须判断投资、融资及资产管理的各种方案对股东价值(每股市价)的影响。此外,管理层还应当寻求能够增加股东价值的市场开拓策略,如增加市场份额、提高顾客满意度等。

公 司 目 标

"我们的首要任务是创造优异的股东价值。"

资料来源:联合银行(Associated Banc-Corp)2006 年年报

"董事会和高级管理层认识到自己的职责是代表全体股东的利益并使股东价值最大化。"

资料来源:中华电力集团母公司——CLP 控股有限公司 2006 年年报

"联邦快递的主要职责是创造股东价值。"

资料来源:联邦快递公司,截至 2006 年 9 月 25 日的会计期间的 SEC 表格 Def 14A

"我们(董事会)的共同目标是确保麦当劳茁壮成长以增加股东价值。"

资料来源:麦当劳公司 2006 年年报

"增加股东价值是指导我们行动的原动力。"

资料来源:飞利浦公司 2006 年年报

"董事会在公司治理体系中发挥核心作用;董事会有权(也有义务)决定公司的业务方向,追求和实现创造股东价值这一首要的和最终的目标。"

资料来源:Pirelli & C. SpA. Milan 公司 2006 年年报

代理问题

很久以来人们就意识到现代公司中所有权和控制权的分离导致了所有者和管理者间的潜在矛盾,尤其是管理层的目标可能有别于企业股东的目标。在一家大公司中,股份也许极端分散,以至于股东可能连表达自己的目标的机会都没有,更不必说控制或者影响管理层了。所有权和管理权的分离会导致管理层可能是为了自己的利益最大化,而不是股东的利益最大化而行事。

我们可以将管理层视为所有者的**代理人**(agents)。股东把公司的决策权授予代理人,希望他们维护自己的最大利益。詹森(Jensen)和梅克林(Meckling)最先提出了全面的**企业代理**(agency)契约理论。[①] 该理论提出,委托人(在这里是股东)要想确保代理人(管理层)作出最优决策,必须对他们进行适当的激励和监督。激励的方式包括股票期权、奖金和额外津贴("小费",例如公司提供的汽车和豪华的办公室),而且这些激励必须直接与管理层对股东利益的贡献挂钩。监督的方式包括与管理层签订协议,有计划地检查管理层的额外收入,审计财务报表及限制管理层的决策权等。但是监督必须付出成本,这也是所有权和管理权相分离所不可避免的。管理层所持有的公司股份比例越低,其行为与股东财富最大化目标保持一致的可能性就越小,外部股东就越需要监督管理层的行动。

有些人认为对经理的最大监督并非来自所有者,而是来自经理人市场。他们认为,有效率的资本市场能给出有关公司证券价值的信号,即公司经理经营业绩的信号。在经理人市场上,有优秀业绩记录的经理人只要有需要,就能比有不良业绩记录的经理人更容易地找到新的雇主。因此,如果企业内外部的经理人市场都是竞争性的,经理人就会受到这个市场的约束。在这种情况下,企业证券的市场总价值变动所给出的信号就变得非常重要。

企业社会责任(CSR)

最大化股东财富并非意味着管理层就可以忽视**企业社会责任**(corporate social responsibility,CSR),如保护消费者权益、向雇员支付合理的薪酬、确保公平的雇佣和安全的工作环境、支持教育事业以及参与空气和水资源保护等环保活动。管理层应当关心所有**利益相关人**(stakeholders)的利益而不仅仅是股东的利益。利益相关人包括债权人、雇员顾客、供应商以及公司所处的社区,等等。企业只有通过关注各方利益相关人的切身利益,才能实现最大化股东财富这一最终目标。

过去几十年间,**可持续发展**(sustainability)已经成为很多企业社会责任的努力重点。在某种意义上,企业在长期一直关注自己在生产或持续发展方面的能力。然而,可持续发展的概念已经发展到了这样的程度:很多企业如今认为可持续发展意味着在不影响后代子孙实现自己的需求的能力的前提下满足眼下的需求。因此,越来越多的企业主动出击,着手解决气候变化、石油资源枯竭和能源利用等问题。

很多人都认为,企业别无选择,必须承担社会责任。他们的依据是,股东的财富甚至公司的生存都取决于它能否承担社会责任。然而,由于社会责任的标准没有明确的定义,很难

[①] Michael C. Jensen and William H. Meckling, "Theory of the Firm: Managerial Behavior, Agency Costs and Ownership Structure," *Journal of Financial Economics* 3 (October 1976), 305-360.

制定一项判断企业履行社会责任好坏的统一政策。如果各类社会代表机构制定出规则,规定了权衡社会目标和经济效率的准则,那么公司的任务会更明确。此时,我们就可以将公司视为私人产品和社会产品的生产商,股东财富最大化仍然是一个可行的目标。

美德的回报

各家公司突然意识到社会责任蕴涵的利润潜力。

当美国前任副总统阿尔·戈尔(Al Gore)出现在沃尔玛的总部时,人们不禁感到好奇。原来戈尔7月份受邀访问沃尔玛这家零售商,是为了介绍《难以忽视的真相》(*An Inconvenient Truth*)这部关于全球气候变暖的纪录片。这难道不是一种奇怪的组合吗?戈尔与一家以大型停车场著称的公司。的确是。但它与最近的其他很多现象一起反映了原本被视为嬉皮士边缘地带的"公司社会责任"如今已经成为主流。

20世纪七八十年代,本&杰里和美体小铺(The Body Shop)等公司积极而有效地通过Cherry Garcia冰激凌和可可油护手霜等产品推行公平劳动和环保意识。这些公司受到了广泛的赞誉却少有效仿者。

如今,60个国家的1000多家公司发布了可持续发展报告,表明了它们对于环境、员工和当地社区的关注。英国石油公司和通用电气等大公司推出了各种营销活动,强调自己对于各种能源问题的关注。沃尔玛也公布了一项新的环境计划,因此促成了戈尔的造访。沃尔玛承诺在今后3年内将车队的效能提高25%,将各商场所用的能源至少削减25%,并且将美国商场的固体废物的数量降低25%。

改变预期

这种理想主义的突然迸发可以找到若干原因。首先,公司丑闻的大爆发。《一石三鸟》(*The Triple Bottom Line*)的作者、普华永道(PricewaterhouseCoopers)负责可持续发展的前任合伙人安德鲁·萨维茨(Andrew Savitz)说:"安然可以说是很多首席执行官和董事会的引爆点。他们意识到自己在很长一段时间内都将是激进主义分子、消费者和股东们关注的对象。人们现在对公司各个方面的行为都很感兴趣。"

其次,由于因特网的发展,每个人都能够迅速获得上述行为方面的信息。石油泄漏或歧视性诉讼的消息可以在瞬间传遍全世界。耶鲁大学公司环境战略项目的负责人、《绿色到金色》(*Green to Gold*)的作者之一安德鲁·温斯顿(Andrew Winston)说:"过去,如果你的供货商中有人雇用童工或者在当地河流中倾倒废弃物,你可以掩藏得很好。如今,则会有人拿着照相机把这些拍下来并放到博客里曝光。"

钢铁和石油等重要商品的价格不断上涨所带来的对于资源约束的深切忧虑是促使管理者们采取行动的第三个原因。沃尔玛的总裁李·斯科特(Lee Scott)曾经说过,他发现,仅通过缩小公司自产的某种产品的包装盒,就能够大幅削减物流和船运成本,同时还能降低能源的使用。他的这一发现促使公司重新审视自己的包装和运输效率。

对于公司社会责任持反对意见的人始终认为企业的任务就是增加利润,这是经济学家米尔顿·弗里德曼提出的著名观点。事实上,在最近针对高级管理者所做的企业在社会中的角色调查中,大部分人仍然"更认同弗里德曼而不是本&杰里"。进行这项调查的波士顿大学企业公民中心的副主任布拉德利·贾金斯(Bradley Googins)说:"不过他们认为弗里德曼学派如今日益衰败了。"

这是因为几乎所有的利益相关群体对企业的预期都发生了改变。该中心2005年所做的一项调查中，超过80%的管理者指出，社会和环境问题对于自己所在的企业越来越重要了。

温斯顿说："如今已经不存在争议了，讨论的焦点是如何将这些无形的东西融入企业。"

资料来源：改编自Kate O'Sullivan,"Virtue Rewarded," *CFO Asia* (November 2006), pp. 58-63. (www.cfoasia.com)© 2007 by CFO Publishing Corporation. Used by permission. All rights reserved.

可持续发展：首席财务执行官们为什么应该予以重视

可持续发展已经不仅仅是应该做的正确的事情了，它会影响一个组织的声誉、品牌和长期赢利能力。

对于可持续发展的热情之所以如此高涨，是因为人们认识到公司拥有其他任何组织（包括一国政府）所无法比拟的对于财务资源、人力资源和自然资源的控制和影响力，以及促进在考虑经济发展的同时关注环境和社会的公司议程的手段甚至是义务。

早期的可持续发展努力大多属于公司社会责任的范畴，公司把它视为正义的事业。此后，可持续发展的概念发生了变化，其演进对于财务专业人员的工作方式产生了很大的影响。可持续发展已经成为维持长期发展和绩效以及满足公司对包括股东在内的广大利益相关者所担的责任的一种经营战略。

以利润为导向的公司理应将自己的受托责任放在首要位置并主要考虑公司决策对于直接股东的影响。而公司决策对于其他利益相关者以及更广泛的社会的利益和价值的影响则往往被放在次要的位置甚至是干脆未予考虑。

在可持续发展的原则下，对于利益相关者价值的负面影响会给公司带来成本。这种成本常常被定义为原本可以用于实现其他价值相同或更高的目标的资源消耗。习惯上，这些成本一直处于组织的外部，从未在损益表中反映出来。这些成本可能包括污染物的排放或对公共品其他形式的滥用。

如今这些成本开始通过被称为三重底线会计的方式出现在公司的财务报表中。这种会计方法倡导不仅将有形的财务成本列入损益表，而且将传统上经营所产生的无形的环境和社会成本也列入损益表。随着组织意识到财务指标本身已经无法准确地反映和传递自己所面临的机遇和挑战，20世纪80年代中期这种绿色会计方法开始得到采纳。这些组织知道，非财务领域的失败有可能对股东价值产生重大的影响。非财务争论已经使得荷兰皇家壳牌公司（Brent Spar石油平台事件和约旦河三角洲行动）、塔里斯曼能源公司（Talisman Energy Inc.）（先前的苏丹投资项目）和沃尔玛集团（劳工问题）狼狈不堪。

对于公司而言，可持续发展可以说是胡萝卜加大棒。大棒是指对融资的威胁。投资者，尤其是机构投资者如今会越来越多地询问有关其投资组合中各项要素的长期获利能力的尖锐问题。如果一家公司无法证明自己采取了适当的措施来防范长期非财务风险（包括声誉和品牌所面临的风险），那么它对于投资者而言将非常缺乏吸引力。贷款者在评估借贷组合时也越来越多地关注可持续发展。

可持续发展的胡萝卜特性则以很多种形式表现出来。碳管理信贷正在成为一些公司的收入来源。年轻的消费者们越来越具有环保意识,在进行投资和消费选择时会摒弃那些在社会和环境方面责任感不强的组织。

组织可以学着如何将环境和社会问题更为完整地进行会计记录,然后将这些非财务指标作为绩效衡量的一部分进行定义、获取和报告。在这个过程中,它们能够找到新的方法来捍卫自己的声誉,在利益相关者中培养信任,保住自己的经营执照并最终提高发展和获利能力。

资料来源:James Hartshorn, "Sustainability: Why CFOs Need to Pay Attention," *Canadian Treasurer* (22 June/July 2006),p. 15. (www. tmac. ca)Used by permission. All rights reserved.

公司治理

公司治理(corporate governance)是指管理和控制公司的体系,包括公司股东、董事会与高级管理层之间的关系。这种关系提供了制定公司目标和监控公司绩效的框架。因此,有三类人是公司治理成败的关键:首先,选举董事会成员的普通股东;其次,公司董事会的成员;最后,以首席执行官(CEO)为首的高级管理人员。

董事会作为连接股东和经理的纽带,是成功实施公司治理最有效的工具。对于公司的监督最终是他们的职责。运转得当的董事会也是对公司管理层的独立监督者,以确保管理层为了股东的最大利益而行事。

董事会的职责

董事会制定公司全局性的政策,并为管理公司日常事务的 CEO 及其他管理人员提供指导。事实上,董事会最重要的职责之一就是聘用、解雇 CEO 并制定其薪酬标准。

董事会审核战略、重要的投资及购并计划。董事会还负责监督运营方案、资金预算及公司提交股东的财务报告。

在美国,董事会通常由 10 或 11 名成员组成,董事会主席常由公司的 CEO 担任。在英国,董事会主席与 CEO 的职位通常是分开的,这种做法在美国正逐渐得到认可。

《2002 年萨班斯—奥克斯利法案》

由于管制的崩溃造成了涉及安然、世界通信公司(WorldCom)、环球电讯公司(Global Crossing)和泰科(Tyco)等一系列企业的丑闻,人们近期对公司治理的兴趣再度浓厚起来。世界各地的政府和管理机构关于公司治理改革的呼声日益高涨。在美国,国会通过了《2002 年萨班斯—奥克斯利法案》(SOX),就是正视这一问题的一个迹象。

《2002 年萨班斯—奥克斯利法案》倡导抵制公司和会计欺诈的改革,并对违反证券法规的行为施加新的刑罚。该法案还针对公司治理提出了一系列更高的要求,成立了上市公司会计监督委员会(PCAOB)。美国证券交易委员会(SEC)负责任命 PCAOB 的主席和成员。PCAOB 有权通过上市公司及其审计人员应遵循的审计、质量控制、道德及信息披露标准,并调查和规范所涉及的公司和个人。

更多的规则带来更高的利润

最新的调研显示出色的治理实践有可能降低资金的成本。

在很多人看来,公司治理改革经常被视为成本高昂的举动。毕竟,你真的能够想得出董事强制性退休年龄与提高利润率之间有什么必然的联系吗?

事实上,你的确能够找到它们之间的联系。越来越多的研究显示,机构股东服务机构(ISS)和投资组合责任研究中心等代理团体所倡导的治理运动的确能够提高公司绩效和降低资金成本。2003年哈佛大学和沃顿商学院的调查人员所做的一项研究发现,能够更好地保护股东利益的公司的权益回报率、利润和销售增长情况明显好于其他公司。ISS近期进行的一项研究发现,严格遵循其治理建议的公司具有更高的价格—收益比率。

资料来源:改编自 Don Durfee, "More Rules, Higher Profits," *CFO*(August 2006), p. 24. (www.cfo.com) Copyright © 2006 by CFO Publishing Corporation. Used by permission. All rights reserved.

 ## 财务管理职能部门的组织结构

无论你所从事的职业是生产、营销、金融还是会计,理解财务管理在企业运营中的作用都是很重要的。图1.1是一家典型的注重财务部门作用的制造业企业的组织结构图。

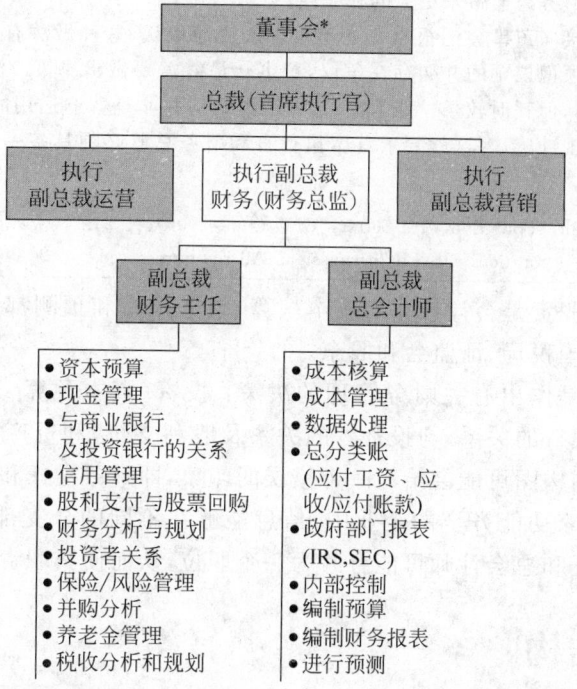

*为回应对股东利益的关注,越来越多的公司在组织结构图中将股东列在董事会之上。

图1.1 组织结构图中的财务管理

作为企业三大职能领域之一的负责人,财务副总裁或财务总监(CFO)通常直接向首席执行官(CEO)汇报工作。在大企业中,由财务总监主管的财务工作分成两块,一块由财务主任负责,另一块由总会计师负责。

四只眼睛更管用

换一种汇报结构有可能使世界通信公司免受舞弊的困扰吗?哈里·沃兰德(Harry Volande)对此持肯定的看法。

西门子能源与自动化公司(Siemens Energy & Automation)财务总监是向董事会而不是首席执行官汇报。沃兰德认为这种被西门子称为"四只眼睛原则"的汇报结构让财务主管更容易恪守诚实。沃兰德说:"这种做法的优势是财务总监不必仰仗首席执行官对自己进行评估或决定自己的报酬。这使得财务总监能够自由地发表独立的见解。"这种汇报结构在德国更为常见,在德国所有的电子联合企业中得到推广。在美国,这种汇报结构则很少见,部分原因是很多公司的首席执行官同时兼任董事会主席。佐治亚州立大学的金融学教授詹姆斯·奥厄斯(James Owers)说:"大多数首席执行官都会拒绝这种层级上的改变。"

既然汇报模式方面的改变很困难,治理监察者们正在倡导财务总监与董事会之间定期召开独立的会议。奥厄斯说,很多财务总监都是只有在首席执行官要求做财务方面的演示时才能够与董事会接触。

达特茅斯的塔克商学院公司治理中心的主任埃斯朋·埃克伯(Espen Eckbo)认为,董事会应当考虑在对财务总监的评估和决定其报酬方面承担更多的责任,而不是仅仅依赖首席执行官的看法。他说,这种做法能够为财务总监带来更大的独立性。

当然,财务总监直接向董事会汇报也存在不足。沃兰德承认,这种做法有可能延缓决策的进程。例如,如果对于某项拟议中的并购存在争议,董事会最终需要做出决策。沃兰德说:"更进一步的沟通可能是有用的,但耗时较长。"他承认,这种汇报结构并非是普遍适用的,当高级管理人员分享权力时,可能会出现冲突。"这就要求首席执行官和财务总监必须具备一定的谦逊精神和灵活性。"

资料来源: Kate O'Sullivan, "Four Eyes Are Better," *CFO* (June 2006), p. 21. (www.cfo.com) Copyright © 2006 by CFO Publishing Corporation. Used by permission. All rights reserved.

总会计师的主要职责是会计核算。成本核算、财务预算和预测都涉及内部消耗。外部财务报告则提供给国税局、证监会和股东。

财务主任的职责是作出有关财务管理的决策:投资(资本预算、退休金管理)、融资(与商业银行及投资银行的关系、与投资者的关系及股利支付)和资产管理(现金管理、信用管理)。这张组织结构图可能会给人一个错误的印象,即财务主任和总会计师之间有严格的职责划分。在一家功能齐全的企业中,信息能够在不同的分支部门间顺畅地流动。在小企业中,财务主任和总会计师可能合并为一个职位,从而使其职责混在一起。

 ## 本书的结构

在本章的开头,我们提出警示:当今的财务经理要想使自己的企业得以生存,必须能够灵活地适应瞬息万变的外部环境。近些年的事实已经证明,虽然尖端的新技术变革创造了融资和投资的新方法,但它们只能提供未来状况的一点蛛丝马迹。不过不必灰心,虽然财务管理的方法会变化,但其中的原理并未改变。

在介绍财务管理的最新方法时,我们将把重点放在基本原理和基础知识的讲解上。我们认为这样能够让读者做好最充分的准备,以便在实际工作中适应各种变化。

和艾丽斯谈道德

小企业锦囊大全

亲爱的艾丽斯:

我们国家发生了这么多令人气愤的严重道德危机,你能就企业道德这个话题提供一些谏言和鼓励吗?

夏威夷满怀希望的人

亲爱的满怀希望的人:

在这样一个纷扰的时代,得知还有人对道德理念满怀信心,真是令人感到欣慰。我不太清楚企业道德为何会是社会道德的子集,不过我很愿意谈谈一个人的道德理念会对其企业产生哪些影响。

我是这样认为的,企业家要取得成功需要若干基本的条件。这其中可能包括他所在行业的特定技能、充足的资本、辛勤的努力以及足够的运气。但是即使具备了上述所有的条件,如果缺少了正直这个条件,企业仍然不会真正取得成功。没有好的名声,哪个企业能够生存下去呢?名声难道不就是道德和正直吗?

的确,近年来外部强调的道德理念越来越多了。法律、法规试图让个人、公司甚至国家都更纯洁。好的动机当然不错,外部的激励也总会确保万无一失。但是对于未来社会道德的真正希望所在却是绝大多数人具有内在的道德标尺,即使没有受到来自外部的强大压力仍会正确行事。

尽管近些年来似乎遇到了道德危机,但是问题其实并不比过去严重。回想一下亚里士多德倡导的实际社会等级体系,罗马帝国晚期的腐败孳生,中世纪的血腥战乱,更不用说近代的帝国主义掠夺了。

下面讲述一则精练的关于敬业态度的短文,从文中讲述的有趣的小故事中可以看到古时候的道德悖论在今天仍然具有指导意义。圣安博大学兰迪·理查茨(Randy Richards)写了一篇名为《西赛罗与敬业态度规范》(*Cicero and the Ethics of Honest Business Dealings*)的文章(www.stthom. edu/Public/getFile.asp? isDownload=1&File_Content_ID=518)。文章讲述了西赛罗写作《论职责》(*On Duties*)一文的缘起,他在文中论述了我们在面临正确的事与看起来对我们有利的事之间发生冲突时应该怎么做。

西赛罗送儿子到雅典求学,然而他的儿子表现并不出众。不断有消息传回罗马,说小西赛罗沉迷于各种宴会,而荒废了学业。于是西赛罗提笔给儿子写了一封长信,谆谆告诫他应当如何恪尽职守。文章的作者指出,西赛罗在讲述尽职时所举的例子与如今每日新闻中读到的企业道德事例异曲同工。安然与安达信篡改收益操纵股价的行为,凡士通掩盖其产品瑕疵的行为,都如出一辙。

让我们持有信心,永怀希望吧。自那位睿智的罗马老人给他的儿子寄去信函的过去两千年间,人类在与道德挑战的斗争中基本上取得了胜利。只要做正确的事情的奋争仍在持续,文明就将不断进步。

> 资料来源：改编自 Alice Magos,"Ask Alice About Ethics." 刊登于 www.toolkit.cch.com/advice/096askalice.
> asp. Reproduced with permission from CCH Business Owner's Toolkit, published and copyrighted by:
> CCH Incorporated
> 2700 Lake Cook Road
> Riverwoods, Illinois 60015
> (www.toolkit.cch.com)

基础知识

在第1部分第1章，我们给出了财务管理的定义，主张把股东财富最大化作为企业的目标，还介绍了财务管理在企业组织结构图中的位置。接下来，我们的目标是使读者掌握一定的背景资料和财务分析的基本工具。因此在第2章，我们将考察财务管理的法律环境，因为它关系到组织形式和税收。背景知识还包括金融市场和金融机构的作用及利率。我们将特别强调企业与金融市场之间的相互作用。第2部分第3章、第4章和第5章介绍了货币的时间价值、估价以及风险和收益的概念，因为要作出正确的财务决策，必须掌握上述基础知识。股东财富最大化就是建立在正确估价及准确理解风险和收益间的均衡关系上的。因此，我们尽量把这些内容安排在前面。

> **问题**：如果我不打算成为一名财务经理，为什么我还要学习财务管理知识？
> **答案**：一个很好的理由是"为未来的工作做准备"。越来越多的企业为了降低成本和提高劳动生产率，正在削减经理职位，把各个层次糅合到一起。结果，剩下来的经理的职责范围变得越来越宽泛。成功的经理人需要在团队中很好地协作，他的知识和能力应当保证他既能在组织内部纵向流动，也能横向流动，即从事复合型的工作。因此，在不久的将来，掌握基本的财务管理知识将是你工作中不可缺少的关键因素。

为了保证有效率的投资、融资和资产管理，财务经理必须仔细地进行规划。他首先要做的是规划未来的现金流，估计这些现金流对企业的财务状况可能有何影响。在这些规划的基础上，财务经理必须制订计划，保持资产的充分流动性，确保在债券和其他债务到期时能够及时偿付。这些偿债义务可能还要求进一步融资。为了控制绩效，财务经理需要建立一定的标准，然后用这些标准去比较实际绩效与预期绩效。由于财务分析、财务计划和财务控制构成了本书很多内容的基础，我们将在第3部分第6章和第7章讨论这些问题。

资产购置和管理

有关资产管理的决策必须根据企业的基本目标——股东财富最大化作出。在第4部分，我们考察了现金、有价证券、应收账款和存货。我们探讨了管理这些流动资产的有效方法，以便从这些资产所占用的资金中获得更大的利润。资产管理的一个重要内容是确定资产的适当流动性水平。流动资产的最佳水平取决于赢利性和流动性，以及保持该水平所需的成本。过去，流动资金（流动资产及与其相应的融资）的管理是财务经理的首要职责。虽然这一传统职责仍然非常重要，但长期资产和负债的管理也越来越受到重视。

在第 5 部分的资本预算中，我们将考虑固定资产的购置。资本预算包括获利期预计超过一年的投资方案的选择。如果一个方案会使流动资金增加或者减少，那么这一变化将被视为资本预算决策的一部分，而不作为单独的流动资金决策来对待。这是因为一项投资方案的预期未来收益是不确定的，必须把风险考虑在内。企业所面临的商业风险形势的变化对企业的市场价值有很大影响。因此，资本投资方案的风险衡量受到了充分的重视。除了风险以外，一项投资计划有时让管理层面临改变原有决策的抉择。因此，书中介绍了管理决策对项目可行性的影响。资本按照一个可接受的标准进行分配。投资计划的预期报酬必须符合股东财富最大化目标。

资产融资

财务管理的一个重要方面是为购置资产筹集必要的资金。可供选择的融资渠道有很多种，每种渠道都有自己的特点，表现在成本、期限、可获得性、资产抵押以及资产提供方所提出的其他条款上。财务经理必须在充分考虑上述因素的基础上，决定企业融资方式的最佳组合。在做决策时同样要考虑股东财富最大化目标。

在第 6 部分，我们将讨论企业的资本结构（或者固定的长期融资结构）。我们还将从不同的角度考察财务杠杆的概念，以便理解财务风险及其与商业风险（或经营风险）的相互关联。此外，我们将分析作为融资来源之一的留存收益。由于这一融资来源是股东放弃的股利，因此股利政策与财务政策相互间存在很重要的影响。如前所述，我们在第 4 部分将介绍短期资金的融资方式，在第 7 部分，我们将介绍长期资金的融资方式。这两部分都将揭示不同融资方法所具有的特点、概念及存在的问题。

综合知识

在第 8 部分，我们将详细介绍财务管理的几个专题，讨论可转换证券、可交换债券和认股权证等金融工具，并考察公司兼并、战略联盟、资产剥离、重组及濒临倒闭的公司的挽救方法等。公司的成长可能受到内部因素影响，可能受到外部因素影响，也可能同时受到内外部因素的影响，还可能受到国内或国际因素的影响。最后，由于跨国公司的飞速发展，我们有必要学习国际经营环境下的公司成长。

财务管理包括资产的购置、融资和管理。这三种决策是相互关联的：资产购置的决策使得资产融资和管理决策成为必要，而融资成本和管理成本又会影响投资决策。本书的重点在于企业的投资决策、融资决策和资产管理决策。这些决策共同决定企业对于其股东的价值。掌握这些决策所涉及的有关概念是理解财务管理职能的关键。

小结

- 财务管理关注在一定目标下关于资产购置、融资和管理的活动。
- 财务管理的决策功能可以分为三个主要领域：投资决策、融资决策和资产管理决策。
- 本书假定企业的目标是企业现有的所有者（或股东）财富的最大化。股东财富是由企业普通股的每股市价代表的,而每股市价是企业投资决策、融资决策和资产管理决策的反映。
- 企业股票的市场价格是整合所有市场参与者对该企业价值的判断而形成的。该价格考虑了很多影响因素,如现在和未来的每股收益;收益的时间安排、期间及其风险;企业的股利政策;对股票的市价有影响的其他因素。
- 代理理论认为管理者(代理人),特别是那些公众持股的大企业的管理者可能持有与股东(委托人)不同的目标。只有管理者受到适当的激励和监督,股东才能确信管理者会作出使股东财富最大化的决策。
- 股东财富最大化目标并不能免除企业对社会担负的责任。
- 公司治理是公司的监管体系。它包含公司股东、董事会及高级管理层之间的关系。
- 在大企业中,财务管理职能由财务副总裁或财务主管(CFO)承担,他通常直接向总裁或首席执行官(CEO)汇报工作。财务主管所掌管的财务工作可以分成两块:一块由财务主任负责,另一块由总会计师负责。总会计师的首要职责是会计核算,而财务主任的职责通常是制定与财务管理相关的决策。

思考题

1. 如果所有的公司都以股东财富最大化为目标,那么人们的整体状况会变好还是会变坏?
2. 比较收益最大化目标与财富最大化目标的异同。
3. 财务管理的全面定义是什么?
4. 某一有限区间(如3~5年)内的零利润目标是否符合财富最大化的目标?
5. 请解释为什么在判断财务决策的有效性时需要设置一个目标。
6. 财务经理的三个主要职能是什么?它们之间有何关系?
7. 公司的管理层是否应当持有本公司一定数量的普通股股份?赞成或反对的理由是什么?
8. 过去数十年间,针对企业制定了大量的环境法规、劳动法规和其他法律法规。考虑到这些法律性变化后,股东财富最大化目标是否仍是现实的目标?
9. 作为一名投资者,你是否认为某些经理的收入过高?他们的报酬是以你的利益的损失为代价的吗?
10. 风险和收益的概念对财务经理们的行为有何影响?
11. 公司治理指的是什么?公司董事会在公司治理中起什么作用?
12. 财务主任和总会计师在公司运营中所发挥的作用有何异同?

参考文献

Ang, James S., Rebel A. Cole, and James Wuh Lin. "Agency Costs and Ownership Structure." *Journal of Finance* 55 (February 2000), 81-106.

Barnea, Amir, Robert A. Haugen, and Lemma W. Senbet. "Management of Corporate Risk," in *Advances in Financial Planning and Forecasting*. New York: JAI Press,1985.

———. *Agency Problems and Financial Contracting*. Englewood Cliffs,NJ: Prentice Hall,1985.

Bauer, Christopher. "A Preventive Maintenance Approach to Ethics." *Financial Executive*, 21 (May 2005), 18-20.

Bernstein,Peter L. *Capital Ideas*. New York: Free Press,1992.

Brennan,Michael. "Corporate Finance Over the Past 25 Years." *Financial Management* 24 (Summer 1995),9-22.

Brickley,James A. ,Clifford W. Smith,Jr. ,and Jerold L. Zimmerman. "Corporate Governance, Ethics, and Organizational Architecture." *Journal of Applied Corporate Finance* 15(Spring 2003),34-45.

Brounen, Dirk, Abe de Jong, and Kees Koedijk. "Corporate finance in Europe: confronting theory with practice." *Financial Management*, 33 (Winter 2004), 71-101.

Chambers,Donald R. ,and Nelson J. Lacey. "Corporate Ethics and Shareholder Wealth Maximization." *Financial Practice and Education* 6 (Spring-Summer 1996),93-96.

Chen,Andrew H. ,James A. Conover,and John W. Kensinger. "Proven Ways to Increase Share Value." *Journal of Applied Finance* 12 (Spring/Summer 2002),89-97.

Dore,Lucia. "Corporate Governance in Europe." *Shareholder Value* 3 (January/February 2003),54-59.

Felo,Andrew J. ,and Steven A. Solieri. "New Laws, New Challenges: Implications of Sarbanes-Oxley." *Strategic Finance*(February 2003),31-34.

Friedman,Milton. "The Social Responsibility of Business Is to Increase Its Profits." *New York Times Magazine*(September 13,1970).

Haywood, M. Elizabeth, and Donald E. Wygal. "Corporate Greed vs. IMA's Ethics Code." *Strategic Finance*, 86 (November 2004), 45-49.

Holmstrom,Bengt,and Steven N. Kaplan. "The State of US Corporate Governance: What is Right and What's Wrong?"*Journal of Applied Corporate Finance* 15 (Spring 2003),8-20.

Howell, Robert A. "The CFO: From Controller to Global Strategic Partner." *Financial Executive* 22 (April 2006), 20-25.

Jensen,Michael C. ,and William H. Meckling. "Theory of the Firm: Managerial Behavior,Agency Costs and Ownership Structure."*Journal of Financial Economics* 3 (October 1976),305-360.

Jensen, Michael C. , and Clifford W. Smith Jr. " Stockholder, Manager, and Creditor Interests: Applications of Agency Theory."In *Recent Advances in Corporate Finance* ,ed. Edward I. Altman and Marti G. Subrahmanyam,93-132. Homewood,IL: Richard D. Irwin,1985.

Koller, Tim, Marc Goedhart, and David Wessels. *Valuation: Measuring and Managing the Value of Companies*, 4th ed. Hoboken, NJ: John Wiley, 2005.

Megginson,William L. "Outside Equity." *Journal of Finance* 55 (June 2000),1005-1038.

Millman,Gregory J. "New Scandals, Old Lessons: Financial Ethics After Enron."*Financial Executive* 18(July/August 2002),16-19.

Persaud, Avinosh, and John Plender. *All You Need to Know About Ethics and Finance: Finding a Moral Compass in Business Today*. London: Longtail Publishing, 2006.

Porter, Michael E. , and Mark R. Kramer. "Strategy & Society: The Link Between Competitive Advantage and Corporate Responsibility." *Harvard Business Review* 36 (December 2006), 78-92.

Rappaport,Alfred. *Creating Shareholder Value: A Guide for Managers and Investors*, rev. ed. New York: Free Press,1997.

Seitz,Neil. "Shareholder Goals, Firm Goals and Firm Financing Decisions."*Financial Management* 11 (Autumn 1982),20-26.

Shivdasani, Anil, and Marc Zenner. "Best Practices in Corporate Governance: What Two Decades of Research Reveals." *Journal of Applied Corporate Finance* 16 (Spring/Summer 2004), 29-41.

Special Issue on International Corporate Governance. *Journal of Financial and Quantitative Analysis* 38 (March 2003). Entire issue(ten articles)devoted to recent empirical and theoretical research in the area of international corporate governance.

Statement on Management Accounting No. 1C (revised), Standards of Ethical Conduct for Practitioners of Management Accounting and Financial Management. Montvale, NJ: Institute of Management Accountants, April 30, 1997.

Stewart, G. Bennett. *The Quest for Value.* New York: Harper Business, 1991.

Sundaram, Anant K. "Tending to Shareholders," in FT Mastering Financial Management, Part 1. *Financial Times* (May 26, 2006), 4-5.

Treynor, Jack L. "The Financial Objective in the Widely Held Corporation." *Financial Analysts Journal* 37 (March-April 1981), 68-71.

Vershoor, Curtis C. "Do the Right Thing: IMA Issues New Ethics Guidelines." *Strategic Finance* 87 (November 2005), 42-46.

Part I of the text's website, *Wachowicz's Web World*, contains links to many finance websites and online articles related to topics covered in this chapter. (web.utk.edu/~jwachowi/wacho world.html)

第 2 章

商业、税收和金融环境

内容提要

- 商业环境
  独资企业・合伙企业・股份有限公司・有限责任公司
- 税收环境
  公司所得税・个人所得税
- 金融环境
  金融市场存在的目的・金融市场・金融中介机构・金融经纪人・二级市场・资金的配置和利率
- 小结
- 思考题
- 自测题
- 复习题
- 自测题答案
- 参考文献

学习目的

完成本章学习后,您将能够:

- 说出美国的四种基本企业组织形式及其各自的优缺点。
- 了解如何计算公司的应纳税收入以及如何确定公司的平均税率和边际税率。
- 了解各种折旧方法。
- 解释为什么采用债务融资方式能够在税收方面比普通股和优先股融资更有优势。
- 说明金融市场的目的及组成。
- 了解几大信用评级机构的评级对于评价某一证券的违约风险能够提供哪些帮助。
- 了解"利率的期限结构"的含义及其与"收益曲线"的关系。

> 股份公司(名词):一个只获得利润而不承担责任的精明的机构。
>
> ——安布罗斯・比尔斯(Ambrose Bierce)
> 《魔鬼辞典》

为了更好地理解财务经理的职能，必须熟悉财务管理所处的环境。企业所选择的组织形式是企业所处商业环境的一个方面。本章首先讨论可供选择的各种企业组织形式的优缺点；接着探讨税收环境，以便对税收可能给财务决策造成的影响有个基本的了解；最后将考察企业从中筹集资金的金融系统以及不断变化的环境。

商业环境

在美国，有四种基本的企业组织形式：独资企业（只有一个所有者）、合伙企业（包括普通的合伙企业和有限责任合伙企业）、股份有限公司和有限责任公司（LLCs）。独资企业在数量上是其他三种形式企业的总和的两倍多，但是如果以销售额、资产总额、利润额及其对国民收入的贡献作为衡量标准，股份有限公司则远远超过其他形式的公司而名列前茅。通过本节的学习，你将了解各种企业组织形式的优缺点。

独资企业

独资企业（sole proprietorship）是最古老的企业组织形式。正如独资企业这个名称所表明的，独资企业是由一个人单独拥有的企业，他持有企业的全部资产并对企业的全部债务负责。独资企业不单独缴纳所得税。独资企业的业主在计算个人所得税应税收入时加上独资企业的利润或者减去独资企业的亏损。独资企业这种组织形式在服务业很常见。由于独资企业的设立程序并不复杂，设立的费用也不高，所以简单易行是其最大的优点。

独资企业的最大缺点是业主个人要对企业的全部债务负责。如果独资企业被起诉，业主也将成为被告，并且承担无限赔偿责任，这意味着业主私人的全部财产可能与企业的全部财产一样被强制用于抵债。独资企业的另一个缺点是很难筹集资金。因为独资企业的生存和发展在很大程度上都依赖于业主一个人，所以与其他形式的企业相比，对贷款人的吸引力比较小。而且，独资企业在税收上也有其不利的一面。美国国税局（IRS）不承认独资企业的福利费（如医疗保险和团体保险）是企业的费用，因而这些费用在缴税时不能被扣除。股份有限公司在纳税时通常可以扣除这些福利费，而独资企业的业主必须从税后收入中支付很大比例的福利费。除了这些缺点外，独资企业所有权的转让也比其他形式的企业更困难。在不动产计划中，规定独资企业的所有不动产在业主生存期间都不能转让给业主的家庭成员。由于上述原因，独资企业的灵活性无法与其他几种组织形式相比。

合伙企业

合伙企业（partnership）与独资企业类似，不过它的所有者不止一个。与独资企业一样，合伙企业也不缴纳所得税，而是把合伙企业的赢利或亏损按比例分配给每位合伙人，作为各合伙人个人所得税应税收入的一部分。合伙企业的一个潜在优势是通常可以比独资企业筹集到更多的资金。在合伙企业，不仅有多名所有者提供私人资金，而且贷款人也更愿意把资金贷给合伙企业，因为合伙企业的自有资金比较充裕。

在普通合伙企业中,所有合伙人都承担无限责任,而且对合伙企业的债务负连带责任。由于每位合伙人都可能给合伙企业带来债务,因此合伙企业的合伙人要经过仔细挑选。在大部分正式的约定或合伙契约中都载明了每位合伙人的权利、合伙企业利润的分配方式、每位合伙人的投资额、吸收合伙人的程序,以及在某位合伙人死亡或退出时合伙企业重组的程序等内容。依据法律规定,如果合伙人之一死亡或退出,合伙企业就要解散。这样一来,问题的解决会很"棘手"。合伙企业的重组是一件很困难的事情。

在有限责任合伙企业中,**有限责任合伙人**(limited partners)出资后仅以出资额为限承担责任,即他们的损失不会超过他们投入企业的资金。但是在合伙企业中必须至少有一位承担无限责任的**无限责任合伙人**(general partner)。有限责任合伙人不参与企业的经营,企业的经营由无限责任合伙人负责。从严格意义上来说,有限责任合伙人是投资者,其盈亏分配比例由合伙契约规定。有限责任合伙企业在创建不动产企业的融资中很常见。

股份有限公司

股份有限公司在美国是重要的企业组织形式,因此本书的重点就放在股份有限公司上。**股份有限公司**(corporation)是根据法律规定成立的"人造实体"。在著名的 1819 年达特茅斯大学(Dartmouth College)判决书中,马歇尔(Marshall)法官指出:

> "股份有限公司是一个人为设立的、无形的,只有在法律的监管下才存在的实体。作为法律的产物,股份有限公司只拥有营业执照所授予的资产,其形式可能是明确规定的,也可能是附带规定的。"[①]

股份有限公司的主要特点是它依法独立于所有者而存在。公司所有者的责任仅以其投资额为限。与独资企业和合伙企业相比,有限责任是股份有限公司的一个重要优势。股份有限公司可以用自己的名义筹集资金,所有者无须对这些债务承担无限责任。因此,所有者的私人财产不会被强制用于偿还股份有限公司的债务。股份有限公司的所有权是用股份来证明的,股东的股份占股份有限公司流通在外的总股份的比例代表了股东所拥有的股份有限公司所有权的比例。这些股份可以自由转让,这也是股份有限公司的另一个重要优势。而且,股份有限公司还找到了探索者彭斯·德·雷翁(Ponce de Leon)梦寐以求的东西——无限的寿命。这是因为股份有限公司的存在不依赖于所有者,它的寿命不受所有者寿命的限制(这与独资企业和合伙企业截然不同)。即使某位所有者死亡或者出售股票,股份有限公司仍能继续生存。

由于有限责任、股份通过普通股买卖而易于转让、永续存在以及公司从所有者之外的筹资能力等优点使得股份有限公司在 20 世纪迅速发展。随着经济的发展,企业对资金的需求增大,独资企业和合伙企业无法令人满意,股份有限公司因而成为最重要的组织形式。

股份有限公司可能存在的一个不足之处与税收有关,即公司的利润要**双重纳税**

---

① The Trustees of Dartmouth College v. Woodward, 4 Wheaton 636 (1819).

(double taxation)。公司要就其收入纳税,而股东在收到公司发放的现金股利时也要纳税(我们将在下一节更深入地探讨税收问题①)。股份有限公司的其他小缺点还包括设立所需的时间比较长,手续烦琐,需要向所在州缴纳申请费等。因此,股份有限公司的设立比独资企业和合伙企业都困难。

有限责任公司

有限责任公司(limited liability company,LLC)是一种混合型的企业组织,集合了股份有限公司和合伙企业两种组织形式的优点。有限责任公司的所有者(称为"会员")享受双重好处:股份有限公司的有限责任和合伙企业的联邦税收待遇。② 有限责任公司这种组织形式特别适用于中小企业,它比此前的混合型企业形式S股份有限公司(我们将在有关税收的章节中介绍)受到的限制更少而灵活性更高。

1990年以前,只有怀俄明州和佛罗里达州允许成立有限责任公司。美国国税局1988年颁布规定,怀俄明州所有的有限责任公司在缴纳联邦税收方面与合伙企业享受同等待遇,这使得其他各州纷纷制定法律承认有限责任公司。虽然有限责任公司在美国是一种新的企业组织形式,但它在欧洲和拉美早就为人们所接受了。

有限责任公司通常具有下列四个(理想的)标准企业特征中的两个或少于两个,即:(1)有限责任;(2)集权式管理;(3)永续存在;(4)所有权可自由转让,而不必取得其他所有者的认可。有限责任公司(根据定义)只承担有限责任,从而其会员不对公司的全部债务负责。大多数有限责任公司采取集权式的管理结构。不过,有限责任公司也有缺点。一个缺点是虽然大多数州允许有限责任公司在某个会员转让其股份或退出时继续存续,但是一般来说它不具有股份有限公司"永续存在"的特点。另一个缺点是某个会员要转让其全部股份,必须得到多数股东的同意。

尽管有限责任公司这一组织形式适用于大部分企业,但是在很多州,从事服务业的人要成立有限责任公司必须采用平行式结构。在这些州,会计师、律师、医生和其他专业人士可以成立专业有限责任公司(PLLC)或与此类似的有限责任合伙企业(LLP)。美国的四大会计师事务所采用的都是专业有限责任公司或者有限责任合伙企业的形式,可见这两种组织形式在专业人士中是很流行的。

税收环境

税收直接或间接地影响着企业的大部分决策。通过征税,联邦政府、州政府和地方政府对企业及其所有者的行为产生了深刻的影响。一项决策有可能在不考虑税收时显得很英明,在考虑到税收后,却令人感到很糟糕(有时则刚好相反)。本节将介绍税收的基本知识。在以后分析具体的财务决策时会用到这些基础知识。

---

① S股份有限公司得名于美国国内税法的章节名,它是一种特殊的公司组织结构,只限于"小型股份有限公司"。由于它的成立完全是出于税收方面的考虑,因此我们把它放在有关税收的章节中介绍。

② 美国的很多州允许"单会员"有限责任公司的存在,这种合法的单会员有限责任公司在纳税时等同独资企业。

我们首先介绍公司所得税,然后简单介绍一下个人所得税。不过,一定要记住,税法经常会发生变化。

公司所得税

公司的应税收入等于总收入减去包括折旧和利息在内的所有允许扣除的费用。应税收入适用下面的累进制税率结构。

公司应税收入/美元		税率/%	税收计算/美元
最低	最高		
0	50 000	15	0.15×超过 0 美元的收入
50 000	75 000	25	7500+0.25×超过 50 000 美元的收入
75 000	100 000	34	13 750+0.34×超过 75 000 美元的收入
100 000	335 000	39[a]	22 250+0.39×超过 100 000 美元的收入
335 000	10 000 000	34	113 900+0.34×超过 335 000 美元的收入
10 000 000	15 000 000	35	3 400 000+0.35×超过 10 000 000 美元的收入
15 000 000	18 333 333	38[b]	5 150 000+0.38×超过 15 000 000 美元的收入
18 333 333	—	35	6 416 667+0.35×超过 18 333 333 美元的收入

[a] 对于 10 万~33.5 万美元的应税收入,在 34% 税率的基础上还要加征 5% 的附加税。这使得应税收入在 33.5 万~1000 万美元的公司全部应税收入实际适用的税率为 34%。

[b] 对于 15 000 000~18 333 333 美元的应税收入,在 35% 税率的基础上还要加征 3% 的附加税。这使得应税收入超过 18 333 333 美元的公司全部应税收入实际适用的税率始终为 35%。

适用于每一种税收级别的税率即应税收入中税收所占的比例被称为边际税率。例如,当应税收入超过 5 万美元时,每增加 1 美元都要按照边际税率 25% 纳税,直到纳税收入达到 7.5 万美元。在 7.5 万美元这一点,边际税率变成 34%。公司的平均税率等于实际纳税额除以应税收入。例如,一家企业的应税收入是 10 万美元,缴纳的税款是 22 250 美元,则其平均税率等于 22 250 美元/100 000 美元,即 22.25%。对于小企业(应税收入低于 33.5 万美元的企业)来说,边际税率和平均税率的区别很大。然而,应税收入在 33.5 万~1000 万美元的企业的边际税率和平均税率相等,均为 34%;应税收入超过 18 333 333 美元的企业的边际税率和平均税率也相等,均为 35%。

替代最低税赋 没有哪个公司愿意纳税,它们总是尽量利用法律所允许的一切扣除和抵免来减少纳税。因此,美国国税局设置了一种特别的税种,以确保从税法中获益的大企业应缴纳的最低税款。这一特别税种被称为替代最低税赋(AMT)。该税种按照替代最低应税收入(AMTI)的 20% 征收,只适用于替代最低税赋高于企业正常计算得出的税赋的情形。为了扩大税基,替代最低应税收入是通过调整先前享受优惠税率的项目而计算得出的。

每季纳税 各种规模的公司都必须按季度纳税。特别是以日历年为会计期间的公司都要在每年的 4 月 15 日、6 月 15 日、9 月 15 日和 12 月 15 日之前分别缴纳预计纳税额的 25%。当实际收入与估计收入有差异时,需要进行纳税调整。以日历年为会计期间的公司必须在纳税年度下一年的 3 月 15 日前缴清税款。

折旧 折旧(depreciation)是指出于财务报告的目的或是出于纳税的目的,或者是出于上述两种目的而在一定期间内对资本性资产的成本进行的系统的摊销。折旧作为公司税前收益的减项,被列入费用项目,因此折旧会减少应税收入。在其他条件相同时,折旧计提得越多,纳税额就越少。资本性资产计提折旧的方法有很多种,包括**直线折旧法**(straight-line depreciation)和各种**加速折旧法**(accelerated depreciation)。税收报告和财务报告所选择的折旧方法可能有所不同。大多数有应税收入的公司在进行纳税申报时都愿意采用加速折旧法,因为这种方法允许公司加快折旧速度,从而降低应税收入。

《1986年税收改革法案》允许公司在纳税时采用一种特殊的加速折旧法,这被称为改进的成本加速回收系统(MACRS)。① 在改进的成本加速回收系统下,为了规定机器设备和房地产的法定折旧期限(称为成本回收期)和计提折旧的方法,将它们划分为8类。一项资产在纳税时就按照它所在的类别确定其成本回收期或称法定寿命,这个寿命可能不同于资产的使用寿命或经济寿命。表2.1给出了资产分类的大致描述。

表2.1 改进的成本加速回收系统下的财产分类

- 3年期200%类:包括寿命平均为4年或不足4年的财产,不包括小汽车和轻型货车。在资产折旧年限范围(ADR)系统下,美国财政部把资产分成不同的类别,并决定了资产分类的寿命指标。
- 5年期200%类:包括资产折旧年限范围的指标寿命为4~10年的财产。还包括小汽车和轻型货车、大多数高科技和半导体生产设备、转换设备、小型动力生产设施、研究和实验设备、高科技医疗设备、计算机及一些办公设备。
- 7年期200%类:包括资产折旧年限范围的指标寿命为10~16年的财产以及单纯的农业生产工具,还包括办公家具及法律没有划定寿命类别的财产。
- 10年期200%类:包括资产折旧年限范围的寿命指标为16~20年的财产。
- 15年期150%类:包括资产折旧年限范围的寿命指标为20~25年的财产,以及污水处理设备和电话设备。
- 20年期150%类:包括资产折旧年限范围的寿命指标超过25年的资产,但不包括下面提到的房地产。
- 27.5年期直线折旧类:包括出租的住宅资产。
- 39年期直线折旧类:包括其他房地产。

为了说明几种不同的折旧方法,我们先介绍直线折旧法。如果一种5年期财产类资产的总购置成本是1万美元,则使用直线折旧法计提的年折旧是10 000美元/5=2000美元(计算纳税额时,折旧的计提不受预期残值的影响)。

余额递减折旧法(declining-balance depreciation)与之相反,将当年年初的资产账面净值(购置成本减累计折旧)的一个"固定比例"作为折旧费。例如,在使用双倍余额递减法(DDB)时,这个"固定比例"就等于1除以资产的折旧年限,再乘以2(其他的余额递减法有不同的倍数)。在余额递减法下,决定任何一期的折旧费的通用公式是

$$m(1/n)\text{NBV} \tag{2.1}$$

式中,m是倍数,n是资产的折旧年限,NBV是资产在年初时的账面净值。例如,一项资

---

① 使用"改进的成本加速回收系统"这一术语是为了区分1986年以后的扣除计算规则与此前的成本加速回收系统中的扣除规定。

产的账面净值是1万美元,折旧年限是5年,用双倍余额递减法计算的第一年折旧费是

$$2\times(1/5)\times10\,000 = \mathbf{4000}\text{ 美元}$$

在这个例子中,$2\times(1/5)$决定了"固定的比例",即40%,它适用于每年递减的账面净值。第二年的折旧费是在年初可计提折旧的账面净值6000美元的基础上计提的。6000美元是通过资产的原始购置成本减去第一年计提的折旧费4000美元得出的。

第二年的折旧费是:$2\times(1/5)\times6000 = \mathbf{2400}$ 美元

第三年的折旧费是:$2\times(1/5)\times3600 = \mathbf{1440}$ 美元

以后各年应计提的折旧费可依此类推,计算得出。

改进的成本加速回收系统 3年期、5年期、7年期和10年期财产类的资产是用双倍余额递减法(又称200%余额递减法)计提折旧的。按这种方法计提折旧时,从某一年起,按直线折旧法对剩余的账面净值计提的折旧大于或等于按双倍余额递减法计提的折旧时,剩余的未计提折旧的资产账面净值应采用直线折旧法计提折旧。10年期和20年期财产类的资产用1.5倍余额递减法计提折旧,同样按上述方法从某一年起改为直线折旧法。所有的房地产都必须使用直线折旧法计提折旧。

通常半年期约定必须用于所有的余额递减法。该约定规定,无论资产是何时购买的,购买资产的当年均按半年计提折旧。同样,在资产出售或报废时,当年的折旧也按半年计提。如果资产的使用期长于成本回收期,则允许在成本回收期期满后的各年内计提半年的折旧。因此,如果一个5年期财产类的资产使用6年或更长的时间,则计提折旧的期间应扩展到6年以上。

以5年期200%财产类的资产为例来说明上面的理论。假设2月份以1万美元购买了一项资产。本例中,余额递减公式中要求的计提年折旧的固定比例是$2\times(1/5) = 40\%$。然而,在第一年要运用半年约定,所以第一年计提折旧的比例应为20%,计提的折旧是2000美元。在第四年,余额递减法应变为直线折旧法。因此,计提折旧的步骤如下所示:

年	折旧计算式	折旧费/美元	新的账面净值(年末)/美元
0	—	—	10 000
1	0.2×10 000 美元	2000	8000
2	0.4×8000 美元	3200	4800
3	0.4×4800 美元	1920	2880
4	2880 美元/2.5 年	1152	1728
5	2880 美元/2.5 年	1152	576
6	0.5×2880 美元/2.5 年	576	0

在第4年年初,用第3年年末的账面净值除以剩余的折旧年限得出直线折旧法下计提的折旧。由于第6年要应用半年约定,因此在第4年年初剩余的折旧年限是2.5年。最后,第6年的剩余额为576美元,与直线折旧法得出的半年折旧额相等。

注意:

如果不做上面的计算(该算法比较烦琐),也可以按美国财政部提供的各种资产的原

始成本折旧比例计算。前四种财产类别的计算比例见下表：

成本回收年限	财产类别计算比例/%			
	3 年期	5 年期	7 年期	10 年期
1	33.33	20.00	14.29	10.00
2	44.45	32.00	24.49	18.00
3	14.81	19.20	17.49	14.40
4	7.41	11.52	12.49	11.52
5		11.52	8.93	9.22
6		5.76	8.92	7.37
7			8.93	6.55
8			4.46	6.55
9				6.56
10				6.55
11				3.28
合计	100.00	100.00	100.00	100.00

这些比例与我们此前运算所依据的原理是相吻合的，可用于计算折旧扣除。

"临时"减税措施 2008 年 5 月，美国总统布什批准了一项名为《2008 年经济刺激法案》(Economic Stimulus Act of 2008，ESA) 的议案。该法案包括一系列"临时性"规定。对于学习财务管理的学生来说，其中的一项规定尤为重要，因为它会极大地影响一家公司的联邦税收缴纳额和资金预算决策。这项重要的规定涉及"附加折旧"。

根据《2008 年经济刺激法案》，企业可以对符合条件的财产额外计提相当于初始"调整的（可折旧）基数"（通常为全部购置成本）50% 的第一年折旧抵扣，通常称为"附加折旧"。符合这一待遇的财产包括改进的成本加速回收系统下回收期为 20 年或以内的财产。某些水处理设备、软件和租赁改良设备也符合这项附加折旧。附加折旧对于普通税赋和替代最低税赋均适用。

此外，企业仍有权计提"正常的"第一年折旧。然而，要对财产的折旧基数和正常折旧抵扣额进行调整，以反映额外的第一年折旧抵扣。最后，纳税者也可以通过资产类别选择放弃 50% 的附加折旧，而根据初始的"调整后的（折旧）基数"计提"正常的"纳税折旧。

例子（50% 的附加折旧，并假定半年期约定）：

2008 年 9 月 8 日，一家采用日历年作为报告期的企业购买并开始使用一台价值 10 万美元的 5 年期财产类的设备。该企业可以要求 6 万美元的第一年（2008 年）折旧抵扣，即 5 万美元的附加折旧（10 万美元乘以 50%）加上根据新的调整基数（10 万美元减去 5 万美元，再乘以 20%）得出的 1 万美元的正常的第一年改进的成本加速回收系统折旧。在第二年（2009 年），改进的成本加速回收系统折旧将为 16 000 美元（10 万美元减去 5 万美元，再乘以 32%）。以后各年的折旧计算依此类推。

在上面的例子中，第一年的"有效"折旧率高达 60%（5 万美元的附加折旧加上 1 万美元的正常的第一年折旧,再除以 10 万美元的初始调整基数)。第二年的"有效"折旧率为 16%(1.6 万美元除以 10 万美元)。以后各年的"有效"折旧率计算依此类推。

注意:

由于 50%的"附加折旧"抵扣是"临时性"的,目前定于 2008 年年底失效,很可能你在实际工作中不会面临《2008 年经济刺激法案》下"附加折旧"的选择。因此,本书所有涉及改进的成本加速回收系统折旧的例子和习题都未考虑"附加折旧"这项规定。

然而,必须注意的是,"临时性"的附加折旧很可能在你未来的职业生涯中再次被启用,因此要有所准备。对于历史的简单回顾可以让你相信这一点。《2002 年创造就业机会与援助工人法案》(*Job Creation and Worker Assistance Act of 2002*,JCWAA)规定,企业可以"临时性"地计提 30%的附加折旧。次年的《2003 年工作与成长租税宽减调整法案》(*Jobs and Growth Tax Relief Reconciliation Act of 2003*,JGTRRA)又"临时性"地将附加折旧提高到 30%~50%(2004 年年底失效)。要了解关于 JCWAA 的更多内容,请访问 web.utk.edu/~jwachowi/hr3090.html;要了解关于 JGTRRA 的更多内容,请访问 web.utk.edu/~jwachowi/hr2.html;要了解关于 ESA 的更多内容,请访问 web.utk.edu/~jwachowi/hr5140.html。

利息费用与股利支付 公司支付的债务利息列入费用,纳税时可以从应税收入中扣除。不过,支付给优先股和普通股股东的股利是不能从应税收入中扣除的。因此,对于一个赢利的、应纳税的公司来说,在其融资组合中使用负债融资(如债券)比通过发行优先股或普通股融资在纳税时更为有利。假定公司的边际税率是 35%,由于公司的利息费用可以从应税收入中扣除,它每支付 1 美元的利息就可以减少 35 美分的纳税额。因此,该公司支付 1 美元利息后的税后成本只有 65 美分——1 美元×(1-税率)。但该公司支付 1 美元股利的税后成本仍是 1 美元,也就是说支付股利得不到免税的利益。因此,利用负债融资拥有用优先股或普通股融资所不具有的税收方面的优势。

股利收入 公司也可能持有其他公司的股票。如果公司从所持的股票中获得**现金股利**(cash dividend),通常这部分现金股利的 70%是免税的。① 税法允许公司(而非个人)的部分股利收入免于纳税,从而减少重复纳税的影响。其余 30%的现金股利则要按照公司所适用的所得税税率纳税。例如,某公司收到 1 万美元的现金股利,它只需就其中的 3000 美元纳税。如果公司的边际税率是 35%,则应纳税额为 1050 美元,而全部股利收入都作为应税收入时的应纳税额是 3500 美元。

向前结转和向后结转 如果公司有净经营亏损,则通常可以把亏损向前结转 2 年,向后结转 20 年,抵消这些年份的应税收入。② 任何亏损在向前结转时,要首先结转到最早的一年。例如,如果某企业 2008 年的经营亏损为 40 万美元,则该企业应先把亏损结转到 2006 年。如果 2006 年为净赢利 40 万美元,已纳税 13.6 万美元,而结转后 2006 年的

---

① 只有公司持有股票达 45 天以上时,其股利收入才能免税。如果公司持有另一家公司 20%或以上的股份,则从该公司获得的股利收入的 80%都是免税的。如果公司持有另一家公司 80%或以上的股份,则从该公司获得的全部股利收入都免税。这样一来,两个经济实体之间的资金转移通常不作为税收意义上的股利,对这些资金转移也不征税。

② 公司有权放弃向前结转,而把损失向后结转 20 年。例如,如果公司预测未来的税率会上升,它就可以选择把损失向后结转。

应税净利润为 0,该企业将得到 13.6 万美元的退税。如果 2008 年的经营亏损高于 2006 年的经营利润,则扣除 40 万美元后剩余的亏损应结转到 2007 年,并重新计算 2007 年的应纳税额。如果 2008 年的净经营亏损高于前两年的经营利润之和,则未弥补的亏损应向后结转,用 2009—2028 年的未来利润来弥补。在税收意义上,未来几年的利润将减少,减少的数额等于未结转的损失。税法的这种安排是为了避免那些净经营收益波动剧烈的公司受到损害。

资本利得和资本损失　在资本性资产(根据美国国税局的定义)被出售时,通常会发生**资本利得和资本损失**(capital gain or loss)。在以前的美国税法中,资本利得收入和经营收入在税收上的待遇是不同的,资本利得收入享受更优惠的待遇。但是,在《1993 年收入调整法》中,规定资本利得收入按照公司普通收入适用的税率纳税,其最高税率为 35%,而资本损失只能从资本利得中扣除。

个人所得税

个人所得税的内容非常复杂,本书把重点放在企业主(独资企业业主、合伙人、有限责任公司的会员以及股东)的个人所得税上。独资企业、合伙企业和拥有适宜结构的有限责任公司所报告的收入就是企业主的收入,要按照个人所得税税率纳税。在美国,个人所得税目前有六级累进税率：10%、15%、25%、28%、33% 和 35%。边际税率适用于不同的应税收入,它随纳税人的申报身份不同会有所不同。纳税人的申报身份分为：单身、已婚联合申报、已婚单独申报和户主。不过,即使对于同一类申报身份的纳税人而言,各边际税率所适用的应税收入水平各年间也并非完全相同,这是因为它们要随通货膨胀而调整。在个人所得税中还有标准扣除和个人抵免的规定,从而使低收入者不必纳税。

利息、股利和资本利得　个人从公司债券和国库券上获得的利息收入全部要缴纳联邦所得税(国库券的利息不缴纳州所得税)。不过,大多数市政债券的利息免征联邦所得税。应税利息收入和现金股利收入适用于普通收入的税率。目前,资本利得和现金股利的最高税率都是 15%。

细则 S　《美国国内税收法》的细则 S 规定,小公司的所有者可以选择细则 S 公司的身份纳税。作出这一选择后,企业就具有股份有限公司制的组织形式,但按照合伙企业的身份纳税。这样,所有者既可以享受股份有限公司在法律上的优惠待遇,又能避免股份有限公司在税收方面的不利地位。它们只要宣布把公司的利润按比例分配给各所有者并就这些收入合理纳税即可。这种规定避免了股利收入的重复纳税,即公司从税后收入中支付股利,而股东还要就收到的股利收入纳税。此外,公司的经营亏损可以按比例分配给股东,用以抵扣股东的个人收入。

如前所述,有限责任公司享受与细则 S 公司相类似的好处,只不过有限责任公司所受的限制更少(例如,所有者的数量和类型不受限制)。很多人估计有限责任公司在数量上将超过细则 S 公司。

金融环境

所有企业都在不同程度上参与金融系统。金融系统是由许多服务于企业、个人和政府的机构及市场组成的。当企业把闲置资金投资于可转让证券时,它就与**金融市场**(financial markets)有了直接的联系。更为重要的是,大多数公司通过金融市场筹集购置资产所需的资金。在决定性的分析中,公司成败的标志就是公司证券的市场价格。企业在产品市场上相互竞争,必须经常与金融市场发生千丝万缕的联系。由于金融环境对财务经理和接受金融服务的个人都非常重要,我们在本节将探讨金融系统和千变万化的融资环境。

金融市场存在的目的

因为个人、公司和政府在一定期间内的资金储蓄不等同于在实物资产上的投资,因此产生了金融资产。实物资产是指住房、建筑物、设备、存货和耐用品等资产。如果一定期间内经济体系中各个经济单位的资金储蓄等于其各自实物资产的投资,则经济单位不必从外部筹集资金,也就没有金融资产和货币市场或资本市场了。每个经济单位的资金都能够自给自足,用当期收入就可以支付当期支出和实物资产的投资。只有在经济单位对实物资产的投资超过自己的资金储蓄,并通过借款或发行股票筹集资金时,金融资产才会产生。当然,前提是必须有另一个经济单位愿意提供贷款。借贷双方的相互作用决定了利率。在整个经济中,储蓄盈余的经济单位(那些资金储蓄超过实物资产投资的单位)向储蓄赤字的经济单位(那些资产储蓄小于实物资产投资的单位)提供资金,资金的交换是用投资工具或证券作为凭证的,它们代表持有者的金融资产和发行者的金融债务。

一个经济体中之所以存在金融市场是为了将资金储蓄有效率地配置给最终的使用者。如果有资金储蓄的经济单位恰好是寻求资金的经济单位,则即使没有金融市场,经济发展也不会受到影响。然而在现代经济中,大多数缺乏资金的公司所投资于实物资产的资金均超过了自己的资金储蓄,大多数个人的总资金储蓄则超过了总投资。效率需求以最低的成本、最简单的方式把实物资产的最终投资者和最终的资金储蓄者撮合在一起。

金融市场

金融市场并不完全是实际的场所,而是把资金储蓄配置给实物资产最终投资者的机构总和。图2.1显示了金融市场和金融机构在把资金从储蓄单位(储蓄盈余单位)配置给投资单位(储蓄赤字单位)的过程中所起的作用。从图中可以看出金融机构在引导经济的资金流向方面的重要地位。促进资金流动的关键机构有二级市场、金融中介机构和金融经纪人。本节将研究它们的独特作用。

货币市场和资本市场　金融市场可以分成两类:货币市场和资本市场。**货币市场**(money market)是买卖短期(原始期限不足一年)的政府和公司债券的市场。**资本市场**(capital market)是买卖较长期(原始期限超过一年)的债务或权益工具(如债券和股票)的市场。本节的重点是长期证券市场——资本市场。货币市场及在其中交易的证券将在本书的第4部分讨论。

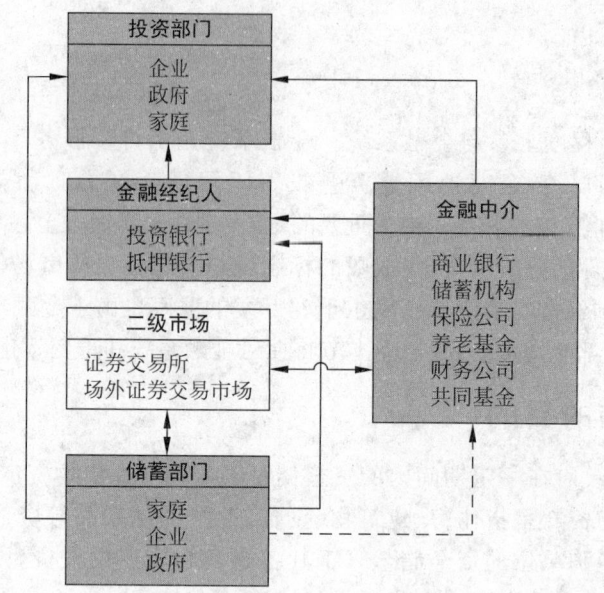

——— 箭头表示货币流动方向(证券以相反的方向流动)。
- - - 虚线表示金融中介持有的证券(如储蓄账户和保险单)流向储蓄单位。

注意：在投资单位和二级市场间没有直接的连线；因此，在二级市场上出售先前发行的证券并不向原始证券发行商提供新的资金。

图 2.1　经济中资金的流动以及把资金从储蓄者引向实物资产最终投资者的金融市场机构

一级市场和二级市场　在货币市场和资本市场上都存在一级市场和二级市场。**一级市场**(primary market)是一个发行新证券的市场。在一级市场上，资金通过新证券的出售来筹集，并从最终储蓄者手中流入实物资产的最终投资者手中。在**二级市场**(secondary market)上，买卖的是已发行的证券。这些已发行的证券的交易并不会给金融资本投资提供新的资金(注意：在图 2.1 中，二级市场和投资单位之间没有直接的连线)。这与轿车市场有类似之处。新车的销售为汽车制造商提供资金；旧车市场上旧车的交易则不会给汽车制造商提供资金。证券的二级市场正是类似于旧车市场的证券市场。

旧车市场的存在使人们更容易作出购买新车的决策，因为可以很方便地卖掉要淘汰的旧车。与此非常类似，二级市场的存在鼓励个人和机构购买新的证券。如果证券购买者要在未来出售证券，他可以在二级市场上做到。所以，完善的二级市场的存在会提高一级市场的效率。

金融中介机构

资金在储蓄者和实物资产投资者之间可以直接流动，如果经济中存在金融中介，则资金流动也可以是间接的。**金融中介**(financial intermediaries)由商业银行、储蓄机构、保险公司、养老保险基金、财务公司和共同基金等金融机构组成。这些金融机构使最终的借款方和贷款方之间的交易由直接变为间接。金融中介购入直接(或一级)证券，然后向公众发行自己的间接(或二级)证券。例如,某储蓄与贷款协会购买的证券是抵押贷款,发行的间接凭证是储蓄账户或存单。而一家人寿保险公司可能购买公司债券,同时发行人寿保险单。

金融中介化是储户把资金存入金融中介(而不是直接购买股票和债券),由金融中介将资金贷给最终投资者的过程。我们通常认为金融中介会降低金融服务的成本,方便金融服务的对象,从而提高金融市场的效率。

在各种金融中介中,有些机构更多地投资于企业的证券。下面将重点研究买卖公司证券的金融机构。

存款机构 商业银行是企业筹集资金的重要来源。银行从个人、公司和政府吸收活期存款(支票)和定期存款(储蓄),然后发放贷款并进行投资。向企业发放的贷款有季度贷款及其他短期贷款、5年以下的中期贷款及抵押贷款。除了具有发放贷款的功能外,商业银行还通过自己的信托部门对企业施加影响。商业银行的信托部门投资于公司的证券和股票,并向公司发放抵押贷款,此外还管理养老基金。

其他的存款机构包括储蓄和贷款协会、共同储蓄银行和信贷联合会。这些机构主要吸收个人的存款,并向他们发放住房贷款和消费贷款。

保险公司 保险公司有两种:财产及意外保险公司和人寿保险公司。保险公司的业务是定期向投保人收取保费,而在投保人发生保险事故时向其支付保险金。保险公司用所收取的保险费建立储备金。保险公司将这些储备金以及保险公司的部分自有资金投资于金融资产。

财产及意外保险公司对火灾、盗窃、交通事故和其他意外事故进行保险。由于这些保险公司要按公司所得税税率全额纳税,它们主要投资于市政债券,这是因为市政债券是免税的。它们也投资于公司的股票和债券,但比例较低。

人寿保险公司对人身伤害进行保险。因为一个大群体的死亡率很容易预测,所以人寿保险公司可以投资于长期证券。人寿保险公司由于建有储备金,其部分收入也可以免税,因此投资于高收益率而要纳税的投资,而不是投资于免税的市政债券。因此,人寿保险公司主要投资于公司债券。抵押贷款也是人寿保险公司的重要投资项目,其中一些抵押贷款是发放给企业的。

其他金融中介 养老基金和其他退休基金是为了向退休的个人提供收入而建立的。雇员在工作期间要向这些基金缴费,他们的雇主也要缴费。这些基金将收缴的资金用于投资,并把基金积累的资金分期或者以年金的形式支付给退休员工。在基金积累阶段,投入基金的资金是不纳税的。当基金向退休员工支付养老金时,接受养老金的个人要纳税。在美国,商业银行的信托部门和保险公司都设立养老基金,联邦政府、地方政府和其他一些非保险机构也设立养老基金。由于养老基金的债务是长期的,它可以投资于长期证券。因此,养老基金的投资重点是股票和债券。实际上,养老基金是公司股票的最大机构投资者。

共同投资基金也主要投资于公司的股票和债券。这些基金吸收个人的资金,然后投资于特种金融资产。每个共同基金与一家管理公司建立稳定的联系,管理公司为基金提供专业的投资管理,共同基金则向管理公司支付费用(通常为每日总资产的0.5%)。个人拥有共同基金一定比例的股份,比例的高低取决于其原始投资。个人可以随时要求从共同基金中收回自己的股份。很多共同基金只投资普通股股票,而其他共同基金则专门投资公司债券或货币市场工具(包括公司发行的商业票据),或市政债券。不同的股票基金有不同的投资理念,从追求收益性和安全性投资到追求高风险、高增长的投资。但在每种情况下,个人都会获得一个由专业人员管理的分散化的资产组合。不幸的是,并没有证据表明这种管理一定会带来良好的业绩。

财务公司向企业提供分期贷款、个人贷款和担保贷款。财务公司通过发行股票和贷款筹集资金,它们的贷款有些是长期的,但大多数来自商业银行。筹集到资金后,财务公司再对外发放贷款。

金融经纪人

某些金融机构发挥着必要的经纪人的作用。经纪人把需要资金的一方和拥有储蓄的一方撮合在一起。虽然经纪人本身并不直接起到借贷的作用,但它们扮演了中间人的角色。

投资银行(investment bankers)是公司出售股票和债券的中介机构。当一家公司决定筹集资金时,投资银行会购买该公司新发行的全部证券,提高价格后再把这些证券卖给投资者。因为投资银行的业务就是把资金供需双方撮合在一起,所以它们销售新发行的证券的效率要高于发行公司。投资银行就是通过提供这样的服务而获取佣金的,佣金的形式是投资银行所得到的金额与支付给证券发行公司的金额之间的差额。在第7部分讨论长期融资时,会更多地讨论投资银行的作用。

抵押银行(mortgage bankers)是从事取得和处置抵押物业务的机构。有些抵押物直接来自个人或企业,更多的抵押物则来自建筑商和房地产商。抵押银行取得抵押物后会为其找到机构投资者或其他投资者。抵押银行一般不长期持有抵押物,而是把抵押物提供给最终的投资者。这个过程包括接受支付,以及在抵押物发生意外时负连带责任,抵押银行就是从这项服务中获得佣金的。

二级市场

大量的证券交易所和市场促进了金融系统的平稳运行。已有的金融资产的买卖都是在二级市场上进行的。二级市场上的交易不会增加发行在外的金融资产的总额,但是有活力的二级市场的存在增加了金融资产的流动性,从而促进了证券一级市场或直接市场的发展。正因为如此,纽约股票交易所、美国股票交易所和纽约债券交易所等有组织的交易所为买单和卖单的高效匹配提供了可能。买单和卖单供求双方的力量决定了证券的价格。

此外,场外市场(OTC)也是二级市场的一部分,它是未在交易所上市的股票和债券及一些上市证券进行交易的场所。场外市场是由准备买卖证券和报价的经纪人及券商组成的。大部分公司债券及越来越多的股票都在场外市场交易,而不在正式组织的交易所内交易。场外市场通过电子交易网把市场参与者联系在一起,正变得越来越有组织、有秩序。纳斯达克(NASDAQ)负责维护这个网络并及时报价。过去,很多公司把自己的股票能在大交易所上市看做值得炫耀和必须做的事情,但是电子时代改变了这一切。现在很多公司虽然有资格在交易所上市,却仍愿意在场外市场交易其股票,因为它们感到在场外市场,买单和卖单执行起来不仅不逊色于在交易所里交易,有时甚至更出色。

虽然还有很多种金融机构,但这里我们只讨论与企业相关联的金融机构。这部分的内容还将在后面的章节做进一步的探讨,这里只是对它们进行简单的介绍。

Fool 在线问答

网址为 www.fool.com 的 Motley Fool 是全球首屈一指的在线投资教育网站。其宗旨是"寓教于乐,增加财富"。其联合创始人戴维·加德纳(David Gardner)和汤姆·加德纳(Tom Gardner)两兄弟是多本畅销书的作者。Motley Fool 拥有全美联合报纸的每周特别专栏(刊登在150多家报纸上),以及电台特别节目(在100多个地区播出)。

Motley Fool 有时会和我们分享一些在报纸专栏或其网站上刊出的问题与解答,下面就是一例。

问题:场外股票是什么概念?

回答:OTC 的官方含义是店头市场(over the counter),不过今天人们更倾向于将其解释为计算机市场(over the computer)。很久以前,要购入或售出不在证券交易所上市的股票,你需要给你的股票经纪人打电话。他则会给另一位股票经纪人打电话,并在电话里进行交易,这可谈不上是个有效率的系统。1971年,纳斯达克建立,提供了一个自动化系统。一夜之间,谈笔划算的交易更加容易了,交易行为也能够得到更好的监控。

在证券交易所挂牌的股票是在同一个场所面对面进行交易的,而其他所有股票都是店头市场股票,通过交易商遍及全美的网络进行电子交易。纳斯达克是美国最主要的店头市场体系,共有5500家公司在此上市。在纳斯达克交易的企业既有刚成立不久尚不为人所知的企业,也包括微软和英特尔等巨头。还有成千上万家不符合纳斯达克规定条件的公司单独进行交易,通常其股价每日只在"粉色纸张"上列出一次。关于这些公司的信息通常少得可怜,而且常常是低价股,也是 Fools 绝不会购买的股票。

资料来源:Motley Fool 公司(www.fool.com)。经 Motley Fool 公司许可摘录。

资金的配置和利率

经济中资金配置的首要基础是价格,而价格是以期望收益率来表示的。需要资金的经济单位的出价必须高于其他单位才能获得资金。虽然资金的配置过程受资金供给量、政府的限制和机构的约束等因素的影响,但期望收益率始终是主要的影响因素。期望收益率使得金融工具在金融市场上达到供求平衡。如果风险保持不变,则愿意支付最高的期望收益率的经济单位将获得资金使用权。如果人都是理性的,则出价最高的经济单位将拥有最有前途的投资机会。这就使得储蓄被配置到最有效率的用途。

必须认识到,经济中储蓄的配置过程不仅取决于期望收益率,而且取决于风险。不同的金融工具具有不同程度的风险。这些金融工具为了在竞争中获得资金,必须提供不同的期望收益或报酬率。图2.2显示了证券的风险和收益在市场的作用下达到均衡的理念,即证券的风险越高,证券提供给投资者的预期收益率也越高。如果所有证券的风险特征完全相同,则在市场均衡时,这些证券将提供相同的期望收益率。由于不同的金融工具有不同的违约风险、流动性、期限、纳税义务和期权特征,因此不同的金融工具具有不同级别的风险,向投资者提供不同的期望收益率。

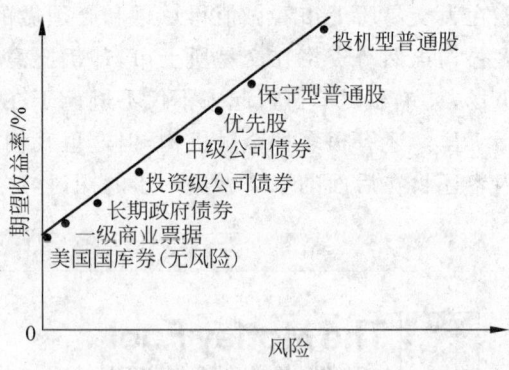

图2.2 证券的风险—期望收益率,表明证券的风险越高,要求的期望收益率也越高

违约风险 违约(default)风险是指借款方不能按期支付本金或利息的风险。投资者如果投资于有违约风险的证券,就会要求一个风险溢价(或额外期望收益率)。借款方违约的可能性越大,市场要求的风险溢价就越高。因为国库券常常被认为没有违约风险,所以其他证券的风险和收益参照国库券来判断。其他条件相同的情况下,证券发行者的违约风险越高,证券的期望收益率或报酬率越高。[①]

普通的投资者并不直接判断违约风险,而是根据穆迪投资者服务机构和标准普尔等证券的信用权威性评级机构所提供的信用评级来确定证券的违约风险。这些投资代理机构评定并公布证券的信用评级,供投资者参考。在评级过程中,这些机构试图根据证券预计的违约可能性判定其级别。上述两个机构所使用的评级方法见表2.2。最高级别的证券被评为AAA级,该级别的证券几乎没有违约风险。

表2.2 投资代理机构的信用评级

穆迪投资服务机构		标准普尔	
Aaa	最高质量	AAA	最高等级
Aa	高质量	AA	高等级
A	中上等级	A	中上等级
Baa	中等级别	BBB	中等级别
Ba	具有投机因素	BB	具有投机性
B	通常缺乏可投资性	B	投机性很强
Caa	等级差,可能违约	CCC-CC	完全投机
Ca	高度投机,通常会违约	C	已提出破产申请的债券
C	最低等级	D	违约证券

---

① 违约风险对收益率的影响的进一步讨论及各种实证研究的介绍,参见 Van Horne 著的 *Financial Market Rates and Flows* 一书第8章。在该书中,还详细讨论了影响证券期望收益率的其他重要因素。

前四类信用等级(穆迪是 Aaa~Baa,标准普尔是 AAA~BBB)属于"投资信用等级"。金融管理机构规定商业银行和保险公司等金融机构只能投资这种证券。第五类以下的信用等级属于"投机信用等级"。由于机构对这些证券的有限的需求及其高违约风险,它们必须向投资者提供远远高于投资级证券的期望收益率。

变现性 证券的**变现性**(marketability),或**流动性**(liquidity)与证券的变现能力有关。变现性的度量标准有:资产出售时可实现的价格以及变现所需的时间。这两个度量标准是相互关联的,即如果价格足够低,则证券通常可以在很短的时间内售出。金融工具变现性的判断标准是,在不必大幅降低价格的条件下,在短时间内大量出售证券的能力。证券的变现性越高,在标定的价格水平附近完成大笔交易的能力就越强。通常证券的变现性越低,吸引投资者所需的期望收益率就越高。期限相同的不同种类的证券具有不同的收益率,其原因不仅是它们的违约风险不同,还因为它们的变现性不同。

期限 具有相同的违约风险、类似的变现性以及相同的税收待遇的证券却可能按照不同的收益率进行交易。这又是为什么呢?答案就是"时间"。证券的**期限**(maturity)常常对证券的期望收益率或报酬率具有非常大的影响。只有到期日不同的证券的收益率和期限的关系称为**利率的期限结构**(term structure of interest rates)。反映某一时点这种关系的曲线称为**收益曲线**(yield curve)。无违约风险的国库券在某一日期的收益率与期限的关系如

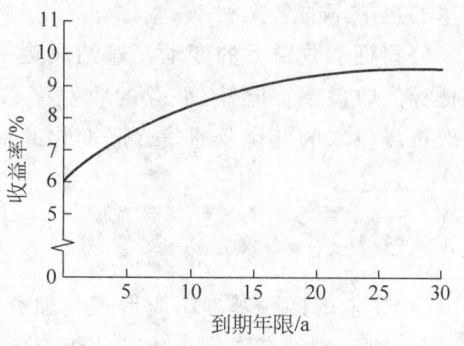

图 2.3 国库券收益率范例

图 2.3 所示,横轴代表期限,纵轴代表收益率。图中显示的曲线即收益曲线。

最常见的收益曲线的斜率为正(即向右上方倾斜),其短期收益率低于长期收益率。大多数经济学家将收益曲线斜率为正归因于投资于长期证券的风险要高于短期证券。通常证券的期限越长,其市场价值波动的风险越高。因此,为了鼓励对长期证券的投资,必须为投资者提供风险溢价。只有在预期利率将大幅下降时,投资者才会愿意投资于收益率低于中短期证券的长期证券。

可征税性 影响证券市场收益的另一个因素是税收对证券的不同影响。影响证券收益最主要的是所得税,这里我们也只考虑所得税。对应纳税的投资者来说,除了州及地方政府发行的证券利息收入免税以外,其他所有证券的利息收入都要纳税。因此,州和地方政府发行的证券在市场上出售时,其收益率低于期限相同的国库券和公司证券。在各州成立的应纳所得税的公司,其投资于国库券的利息收入免缴州所得税。因此,国库券比其他由公司或银行发行的债务工具更优越,后者支付的利息要缴纳州所得税。根据目前的美国税法,来自出售证券的资本利得按照公司的普通税率纳税,其最高税率为35%。

期权特征 另一个考虑因素是证券中包含的期权特征,如可转换权或认股权,投资者可以运用该权利获得公司普通股股票。其他期权还包括证券赎回权和偿债基金储备。证券赎回权使得公司能够提前偿还债务,偿债基金储备则允许公司用现金或从二级市场上购买的债券定期偿付公司的债券。如果投资者接受这些期权,发行公司就可

以用较低的利息成本借贷资金；相反，如果发行公司接受了这些期权，如赎回权，投资者就可以要求较高的收益率作为补偿。期权的定价原理很复杂，第22章将详细介绍这些原理。

通货膨胀　除了上述影响证券收益率的因素外，预期**通货膨胀**(inflation)对利率也有很大的影响。人们通常认为证券的名义（观测到的）利率包括通货膨胀溢价。预期的通货膨胀率越高，证券的名义收益率就越高；反之，则越低。很多年前，欧文·费希尔(Irving Fisher)把债券的名义利率表示为债券的实际利率（即价格水平不变条件下的利率）与债券期限内预期的物价变动率之和。① 如果经济中低风险证券的年实际利率是4%，此后10年的预期年通货膨胀率是6%，则这种高级别证券今后10年的收益率是10%（注意：与实际利率相加的通货膨胀率是预期值，而不是实际值）。这只表明贷款方要求得到一个足以使其在补偿通货膨胀所引起的货币购买力的下降后仍能获得等于实际利率的报酬率的名义利率。

公司证券收益率的变动　违约风险、变现性、期限、税收优惠和期权特征影响某一时期证券的收益率。此外，证券的收益率（以及企业的资金成本）将随时间的变化而变化。金融市场供求的变化及通货膨胀变化的预期都有助于解释收益率的变化。

小结

- 企业的四种基本组织形式是独资企业、合伙企业、股份有限公司和有限责任公司。
- 由于股份有限公司比其他组织形式具有更大的优越性，它已经成为最重要的一种组织形式。这些优越性包括有限责任、所有权易于转让、永续存在和筹集大额资金的能力。
- 大部分有应税收入的企业都愿意在纳税报告中采用加速折旧法，以便降低自己的应纳税额。一家在财务报告中有利润的企业在其纳税报告中可能是亏损的。
- 公司支付的利息是可以从应税收入中扣除的费用，但支付的股利不能从应税收入中扣除。
- 由于经济单位对实物资产（如建筑物和设备）的投资与其资金储备经常不相等，因此经济中存在金融资产（证券）。在整个经济中，资金储蓄盈余单位（储蓄超过实物资产投资的单位）向储蓄赤字单位（实物资产投资超过储蓄的单位）提供资金。资金的交换是由投资工具或证券作为凭证的，这些投资工具代表持有者的金融资产和发行者的金融负债。
- 经济中金融市场的作用是把储蓄高效地配置给最终使用者。
- 金融中介机构有助于提高金融市场的效率。金融中介介入最终的借贷双方之间，使它们之间的直接交易变成间接交易。金融中介购买直接（或初级）证券，然后向公众发行自己的间接（或二级）证券。
- 投资银行和抵押银行等金融经纪人把需要资金和有储蓄的双方撮合在一起。这

---

① 参见 *Appreciation and Interest* (New York: Macmillan, 1896)。

些经纪人并不起直接的借贷作用,而是作为"媒人"或中间人。
- 金融市场可以分成两类:货币市场和资本市场。货币市场是买卖短期政府债券和公司债券的市场。资本市场是买卖相对较长期的债务和权益工具的市场。
- 在货币市场和资本市场中存在一级市场和二级市场。一级市场是买卖"新发行的证券"的市场,而二级市场是买卖"已发行的证券"的市场。
- 长期证券的二级市场由有组织的交易所和场外市场组成,它们提高了金融资产的流动性(变现性),因而促进了长期证券一级市场的发展。
- 经济中储蓄的配置的首要基础是期望报酬率和风险。
- 违约风险、变现性、期限、税收待遇和期权特征影响证券在某一时刻的收益率。金融市场上供求双方力量的变化以及通货膨胀变化的预期有助于解释收益率随时间变化而发生的变化。

思考题

1. 股份有限公司这种企业组织形式的主要优点是什么?讨论这一优点对一位小型家庭餐厅老板的重要性。再讨论这一优点对一位拥有很多企业的富有的企业家的重要性。
2. 假定一个有限责任合伙人与一个股东拥有各自企业相同比例的所有权,他们之间有何不同?
3. 下列企业组织形式的缺点是什么?(1)独资企业;(2)合伙企业;(3)有限责任公司。
4. 公司能从累进制所得税中得到哪些好处?
5. 改进的成本加速回收系统(MACRS)通常建立在哪些原理上?
6. 国库券的利息收入不用缴纳州所得税,而市政证券的利息收入不用缴纳联邦所得税。请解释原因。
7. 随着收入水平的增加或减少,个人所得税税率是递增还是递减?
8. 按照过去的做法,资本利得适用的税率低于普通收入适用的税率,那么哪种投资更有利?
9. 折旧方法不同不会改变资产寿命期内收入的扣减总额。不同的折旧方法改变了什么?为什么它很重要?
10. 如果一个新公司的所有者的数量很少,从税收角度考虑是否要把它变成细则 S 公司?请解释原因。
11. 税法已经变得异常复杂。此外,对于大量的税法漏洞,很少有道德上和理论上的评判。这些漏洞为什么会产生?是怎样产生的?你认为有迹象表明这些漏洞将会被消除吗?
12. 在税法中,向前结转和向后结转的规定是出于什么目的?
13. 金融市场存在的目的是什么?怎样才能高效地实现这一目的?
14. 讨论金融中介机构的作用。

15. 很多因素使得不同债务工具具有不同的名义利率或收益率。这些因素是什么？
16. 提高金融市场效率的方法是什么？使金融市场更完善的方法又是什么？
17. 纽约股票交易所等股票市场交易所存在的目的是什么？
18. 一般情况下，下列事件对货币市场和资本市场的可能影响是什么？
   (1) 某国个人储蓄率下降；
   (2) 个人增加在储蓄和贷款协会的储蓄，而减少在银行的储蓄；
   (3) 政府对资本利得按普通收入税率征税；
   (4) 出现超过预期的严重通货膨胀，价格水平急剧上升；
   (5) 储蓄机构和贷款方提高储蓄和发放贷款的收费。
19. 选择一个你熟悉的金融中介机构，解释其经济作用。金融中介机构会使金融市场更有效率吗？
20. 货币市场和资本市场的区别是什么？这种区别是实际存在的还是人为规定的？
21. 交易成本是如何影响资金流动和金融市场效率的？
22. 企业外部融资的主要渠道有哪些？
23. 除了金融中介机构以外，还有哪些机构或组织在促进资金在企业间的流动？

自测题

1. 约翰·亨利拥有一家小型的家庭保洁企业，它现在是独资企业。该企业有9名员工，年收入为48万美元，总负债为9万美元，总资产为26.3万美元。亨利的个人净资产为46.7万美元（其中包括这家家庭保洁企业），他个人的负债是4.2万美元（以他的住宅作为抵押）。亨利想把企业的部分权益转让给他的一名员工——Tori Kobayashi。亨利正在考虑到底是采用合伙企业还是股份有限公司的组织形式，如采用后者，他将给Kobayashi一些股票。Kobayashi的个人净资产为3.6万美元。

   (1) 如果面临一宗大额法律诉讼（例如，标的为60万美元），在采用独资企业形式时，亨利需要承担的最高责任是多少？
   (2) 在采用合伙企业形式时，亨利需要承担的最高责任是多少？
   (3) 在采用股份有限公司形式时，亨利需要承担的最高责任是多少？

2. Bernstein拖拉机公司刚斥资1.6万美元购置了一台新设备。该设备在成本回收（折旧）时属于5年期财产类。今后6年每年计提的折旧费分别是多少？

3. Wallopalooza金融有限公司相信自己能成为抵押贷款市场上成功的"中间人"。目前，借款人对利率可调的抵押贷款支付7%的利率。能吸引资金的存款利率是3%，该利率随市场状况可以调整。Wallopalooza公司每1亿美元贷款的年管理成本是200万美元。

   (1) 你认为能吸引客户的抵押贷款利率和存款利率分别是多少？
   (2) 如果1亿美元抵押贷款的利率是6.5%，同样金额存款的利率是3.5%，则Wallopalooza公司的年税前利润是多少？（假定市场利率不变）

4. 假定期限为91天的政府短期债券当天的到期收益率是6%，期限为25年的长期财政债券当天的到期收益率是 7.25%，Lopez 制药公司最近发行了 25 年期、到期收益率为 9% 的长期债券。

(1) 如果把政府短期债券的收益率作为短期无风险利率，则违约风险和低变现性所带来的 Lopze 债券的收益溢价是多少？

(2) 到期时，Lopez 债券高于短期无风险利率的收益溢价是多少？

复习题

1. Zaharias-Liras 批发企业是一家合伙企业，欠各航运公司的款项为 41.8 万美元。Armand Zaharias 的个人净资产为 134.6 万美元，其中包括他在该合伙企业的 14 万美元权益资产。Nick Liras 的个人净资产为 89.3 万美元，其中包括他在该合伙企业的 14 万美元权益资产。合伙企业的资金维持在 28 万美元左右，收益则由合伙人提取分配。这两位合伙人希望控制自己所承担的风险，正在考虑将企业改为股份有限公司形式。

(1) 他们目前对企业所负的责任有多大？在股份有限公司形式下责任将是多大？

(2) 企业组织形式改变后，贷款方是比较愿意借款给他们还是比较不愿意借款给他们？

2. Loann Le 面粉公司正准备购买一台售价 2.8 万美元的新测试设备以及一台售价 5.3 万美元的新机器。测试设备属于 3 年期财产类，而新机器属于 5 年期财产类。公司每年从这两项资产中计提的折旧各是多少？

3. Tripex 联合产业公司持有 Solow 电器公司利率为 12% 的债券 150 万美元，以及 Solow 公司 10 万股的优先股股票，占该公司流通在外优先股的 10%。在过去一年中，Solow 公司支付了债券的约定利息，并对其优先股支付了 3 美元/股的股利。如果 Tripex 公司的边际税率是 34%，Tripex 必须为这些利息和股利收入缴纳多少税款？

4. Castle 软木制品公司成立于 20×1 年，截至 20×5 年其应税收入如下：

美元

20×1 年	20×2 年	20×3 年	20×4 年	20×5 年
0	35 000	68 000	−120 000	52 000

假定该公司适用本章所讲述的累进制税率，计算该公司各年的公司所得税纳税额和退税额。

5. Loquat 食品公司能以 9% 的利率借入一年期的贷款。当年市场参与者预计通货膨胀率为 4%。

(1) 贷款方预计的实际报酬率大约是多少？名义利率中包含的通货膨胀溢价是多少？

(2) 如果当年的实际通货膨胀率是 2%，贷款方会受损吗？借款方会受损吗？为什么？

(3) 如果当年的实际通货膨胀率是 6%，则谁会受损？谁会受益？

6. 从最新一期的周一《华尔街日报》上收集下列证券的收益率信息：长期国债、公用事业债券（可能是 AA 信用等级）、市政债券指数中描述的市政债券、短期国债和商业票据（资料见该报后半部分的债券市场版、货币市场利率版和国债版）。这些金融工具有不同的收益率，请解释其原因。

自测题答案

1. （1）亨利要对全部的负债（包括或有债务）承担责任。如果被起诉且败诉，他将丧失自己的全部净资产，即净价值为 46.7 万美元的资产。即使没有被起诉，在企业由于某种原因不能偿还 9 万美元的债务时，他也要对这些债务负责。

（2）他仍然会丧失其全部净资产，因为 Kobayashi 的净资产并不足以偿还案件金额的大部分：600 000 美元－36 000 美元＝564 000 美元。因为两位合伙人的净资产有很大差异，所以他们面临的风险是不同的。亨利承担的损失更大。

（3）在股份有限公司组织形式下，亨利会失去企业，但不会损失其他资产。公司的净资产是 263 000 美元－90 000 美元＝173 000 美元，这是亨利个人在企业的投入。在股份有限公司形式下，他的净资产剩余部分 467 000 美元－173 000 美元＝294 000 美元将受到保护。

2. 设备的折旧费如下：

年	折旧百分比/%	金额/美元
1	20.00	3200.00
2	32.00	5120.00
3	19.20	3072.00
4	11.52	1843.20
5	11.52	1843.20
6	5.76	921.60
合计		16 000.00

3. （1）每 1 亿美元贷款支付 200 万美元费用时，贷款的管理成本是 2%。因此，公司确定的抵押贷款利率必须（至少）比存款利率高 2%。此外，市场状况表明存款利率最低为 3%，而抵押贷款利率最高为 7%。假定 Wallopalooza 想提高存款利率，同时降低抵押贷款利率，而且变化的比例相同，同时要保证税前收益率为 1%，这样该公司提供的存款利率应当是 3.5%，抵押贷款利率应当是 6.5%。当然也可以得出其他答案，主要取决于对利润的假定。

（2）如果税前利润率是 1%，则 1 亿美元贷款的利润是 100 万美元。

4. （1）违约风险和低变现性的溢价为 9%－7.25%＝1.75%。

（2）到期日的溢价是 7.25%－6%＝1.25%。这里，公司债券的违约风险保持不变，绝大部分债券的变现性也保持不变。

参考文献

Fabozzi, Frank J., and Franco Modigliani. *Capital Markets: Institutions and Instruments*, 2nd ed. Upper Saddle River, NJ: Prentice Hall, 1995.

Fleischman, Gary M., and Jeffrey J. Bryant. "C Corporation, LLC, or Sole Proprietorship: What Form is Best for Your Business?" *Management Accounting Quarterly* 1(Spring 2000), 14-21.

Kidwell, David S., David Blackwell, David Whidbee, and Richard Peterson. *Financial Institutions, Markets, and Money*, 9th ed. Hoboken, NJ: Wiley, 2006.

Rose, Peter, and Milton Marquis. *Money and Capital Markets Financial Institutions in a Global Marketplace*, 9th ed. New York: McGraw-Hill/Irwin, 2006.

Van Horne, James C. "Of Financial Innovations and Excesses," *Journal of Finance* 40 (July 1985).

——. *Financial Market Rates and Flows*, 6th ed. Upper Saddle River. NJ: Prentice Hall, 2001.

Part I of the text's website, *Wachowicz's Web World*, contains links to many finance websites and online articles related to topics covered in this chapter. (web.utk.edu/~jwachowi/wacho_world.html)

第 2 部分
估 价

第 3 章 货币的时间价值

第 4 章 长期证券的估价

第 5 章 风险和收益

财务管理基础
Fundamentals of Financial Management

第 3 章

货币的时间价值

内容提要

- 利率
- 单利
- 复利
  本利和·年金·混合现金流
- 计息期小于一年的复利计算
  半年或其他复利期限·永续复利·
  实际年利率
- 贷款的分期偿还
- 重要复利计算公式汇总表
- 小结
- 思考题
- 自测题
- 复习题
- 自测题答案
- 参考文献

学习目的

完成本章学习后,您将能够:

- 明白"货币时间价值"的含义。
- 明白现值与终值间的关系。
- 解释可以如何利用利率来(向前或向后)调整某一时点的现金流的价值。
- 计算:(1)目前投资的特定金额;(2)等价的现金流(年金);(3)混合现金流的终值和现值。
- 区分"普通年金"和"到期年金"。
- 使用利息系数表并了解它们是如何使得现值和终值的计算更为简便的。
- 在期限以及现值和终值已知的条件下,使用利息系数表求出利率。
- 为分期偿还的贷款制定"分期还款时间表"。

货币的主要价值在于人们生活在一个事物被高估的世界里。

——H. L. 门肯(H. L. Mencken)
《门肯文集》

利率

今天的 1000 美元和 10 年后的 1000 美元,你更愿意要哪一个?常识告诉我们应该选择今天的 1000 美元,因为我们知道货币是有时间价值的。如果马上拿到 1000 美元,就有机会用这笔钱去投资,并从投资中获得**利息**(interest)。如果现实中所有现金流都是确定的,则货币的时间价值可以用利率来表示。我们很快会发现,无论现金流发生在何时,通过利率,都能把它调整到特定的时点。这样一来,我们就可以回答更难的问题。例如,你将选择今天的 1000 美元还是 10 年后的 2000 美元?为了回答这个问题,有必要把不同时点的现金流调整到一个统一的时点,以便进行公平的比较。

如果把不确定情形下的现金流放入我们的分析之中,就有必要在利率中加入风险溢价,把它作为对现金流不确定性的补偿。在后面的章节中,我们将学习如何处理不确定性(风险)。而现在,我们将着重研究货币的时间价值以及用利率把现金流的价值调整到统一时点的方法。

个人和企业的大部分财务决策都必须考虑货币的时间价值。在第 1 章我们曾提到,管理的目标是使股东的财富最大化,而这一目标的实现部分取决于现金流的时间安排。本章所强调的概念主要应用于计算一组现金流的价值。对于本书后面内容的理解都建立在对本章内容理解的基础上。只有真正理解了货币的时间价值,才能真正理解财务学。虽然接下来的讨论难免用到数学知识,但我们会把重点放在几个公式上,以便你能够更容易地掌握基本知识。我们的讨论从单利开始,并以此为基础引出复利的概念。**为了便于观察复利的影响,本章大部分例题的年利率都假定为 8%。**

注意:

在开始讨论前,先要做几点说明。本章的例题中常要计算某个数字的 n 次方,如 1.05 的 3 次方,即 1.05^3,等于 $1.05 \times 1.05 \times 1.05$。不过,用计算器很容易进行这些计算,而且书中还会提供计算好的表格。但所提供的表格只是一个帮助,你不能指望用它解决所有的问题。每张表中不可能包括所有的利率和期限。因此,你必须熟悉表格计算所依据的计算公式(每张表的表头都列出了正确的计算公式)。手里有商用计算器的读者可能急于略过计算表和计算公式,而直接去了解各种用于求解货币时间价值问题的功能键。不过我们还是要求你先掌握本章所介绍的推理方法。即使再好的计算器也难以避免用户输入程序的错误。

 ## 单利

单利(simple interest)是指按照借贷的初始金额或本金支付(收取)的利息。单利的利息额是三个变量的函数:借(贷)的初始金额(即本金)、单位时段的利率以及本金被借(贷)的期限。计算单利的公式为

$$\text{SI} = P_0(i)(n) \tag{3.1}$$

式中,SI 为单利利息额,P_0 为第 0 期的本金或借(贷)的初始金额,i 为利率,n 为期数。

例如，假设投资者按8%的单利把100美元存入储蓄账户10年，在第10年年末，利息额的计算如下

$$100 \text{ 美元} \times 0.08 \times 10 = 80 \text{ 美元}$$

为了计算第10年年末该账户的**终值**(future value/terminal value)(FV_{10})，我们把从本金上获得的利息加入本金中，从而得到

$$FV_{10} = 100 \text{ 美元} + 100 \text{ 美元} \times 0.08 \times 10 = 180 \text{ 美元}$$

对任意的单利利率，账户第n期期末的终值是

$$FV_n = P_0 + SI = P_0 + P_0(i)(n)$$

或等价于

$$FV_n = P_0[1 + (i)(n)] \tag{3.2}$$

有时我们需要作相反的计算，即已知一笔利率为i，期限为n年的存款的终值，但不知道初始投资的本金——账户的**现值**(present value)($PV_0 = P_0$)。不过，这时只要对式(3.2)稍作调整即可。

$$PV_0 = P_0 = FV_n/[1 + (i)(n)] \tag{3.3}$$

现在你已经熟悉单利的结构了，但这里不得不指出，在财务中所涉及的大部分货币时间价值并不用单利计算，经常用到的是复利，不过对于单利的了解有助于更好地理解复利。

 ## 复利

单利和复利的区别可以通过例子解释清楚。从表3.1中可以看出与单利相比，复利对于投资值的长期影响要大得多。这也是有些人把复利称为人类最伟大的发明之一的原因。

复利(compound interest)的概念对于理解财务中的数学问题非常重要。复利表明，支付给一笔贷款的利息(或从一项投资中获得的利息)要定期加到本金中。这样一来，利息和本金一样开始生息。这种利息的利息，或是复合的利息就形成了一个差额，而这个差额说明了复利和单利的区别。我们会发现复利的概念能用来解决财务中的很多问题。

表3.1 年利率为8%的1美元投资经过不同时间段的终值

年数	单利/美元	复利/美元
2	1.16	1.17
20	2.60	4.66
200	17.00	4 838 949.59

本利和

终值（复合值） 首先，假设某人把100美元存入储蓄账户。如果利率为8%，每年计一次复利，到第一年年末这100美元的价值是多少？这个问题就是计算该账户一年后的

复利终值(在本例中又称为复合价值)(FV_1)。

$$FV_1 = P_0(1+i)$$
$$= 100 \text{ 美元} \times 1.08 = 108 \text{ 美元}$$

有趣的是,一年期的复利终值与单利终值是相等的。但是只有期限为一年时才会如此。

如果把 100 美元存上两年,其复利终值又将是多少呢?在年复利率为 8% 的情况下,100 美元的初始存款在第一年年末增至 108 美元;到第二年年末,由于不仅初始的 100 美元获得了 8% 的利息,第一年所获得的 8 美元的利息在第二年也得到了 0.64 美元的利息,108 美元变成了 116.64 美元。也就是说,以前获得的利息也能生息,因此这种利息被称为复利。所以,第二年年末的终值为

$$FV_2 = FV_1(1+i) = P_0(1+i)(1+i) = P_0(1+i)^2$$
$$= 108 \text{ 美元} \times 1.08 = 100 \text{ 美元} \times 1.08 \times 1.08$$
$$= 100 \text{ 美元} \times (1.08)^2$$
$$= 116.64 \text{ 美元}$$

在第三年年末,该账户的价值为

$$FV_3 = FV_2(1+i) = FV_1(1+i)(1+i) = P_0(1+i)^3$$
$$= 116.64 \text{ 美元} \times 1.08 = 108 \text{ 美元} \times 1.08 \times 1.08$$
$$= 100 \text{ 美元} \times (1.08)^3$$
$$= 125.97 \text{ 美元}$$

一般地,第 n 期期末存款的复利终值 FV_n 为

$$FV_n = P_0(1+i)^n \tag{3.4}$$

或

$$FV_n = P_0(FVIF_{i,n}) \tag{3.5}$$

式中,($FVIF_{i,n}$)表示利率为 $i\%$ 时 n 期的复利终值系数,令 ($FVIF_{i,n}$) = $(1+i)^n$。表 3.2 列出了上例中第一年年末到第三年年末(和更长期限)的复利终值,以说明利滚利的概念。

表 3.2 复利终值表(本金 100 美元,年利率为 8%) 美元

年份	年初金额	本年利息额(年初金额的 8%)	年末金额(FV_n)
1	**100.00**	**8.00**	**108.00**
2	**108.00**	**8.64**	**116.64**
3	**116.64**	**9.33**	**125.97**
4	125.97	10.08	136.05
5	136.05	10.88	146.93
6	146.93	11.76	158.69
7	158.69	12.69	171.38
8	171.38	13.71	185.09
9	185.09	14.81	199.90
10	199.90	15.99	215.89

如果利用计算器,可以让式(3.4)变得很简便。而且,$(1+i)^n$,即 $FVIF_{i,n}$ 已经被列为表格,该表包括很多 i 和 n 的组合。准确地说,这些表格应称为复利终值系数表,它适用于式(3.5)。表3.3 就是这样一个利率从 1%~15% 的表格。表头的利率(i)和期数(n)与地理坐标很像,帮助我们确定正确的复利终值系数。例如,利率为 8%,期数为 9 年的复利终值系数($FVIF_{8\%,9}$)等于 1.999,它位于 8% 这一列和 9 这一行的交叉点。这里 1.999 表示的含义为:1 美元本金以 8% 的复利投资 9 年后的本利和共计约 2 美元(更完整的复利终值系数表见本书附录中的表 1)。

表3.3　1 美元在利率为 i%,期数为 n 时的复利终值系数($FVIF_{i,n}$)
$(FVIF_{i,n})=(1+i)^n$

期数	利率(i)					
(n)	1%	3%	5%	8%	10%	15%
1	1.010	1.030	1.050	1.080	1.100	1.150
2	1.020	1.061	1.102	1.166	1.210	1.322
3	1.030	1.093	1.158	1.260	1.331	1.521
4	1.041	1.126	1.216	1.360	1.464	1.749
5	1.051	1.159	1.276	1.469	1.611	2.011
6	1.062	1.194	1.340	1.587	1.772	2.313
7	1.072	1.230	1.407	1.714	1.949	2.660
8	1.083	1.267	1.477	1.851	2.144	3.059
9	1.094	1.305	1.551	1.999	2.358	3.518
10	1.105	1.344	1.629	2.159	2.594	4.046
25	1.282	2.094	3.386	6.848	10.835	32.919
50	1.645	4.384	11.467	46.902	117.391	1083.657

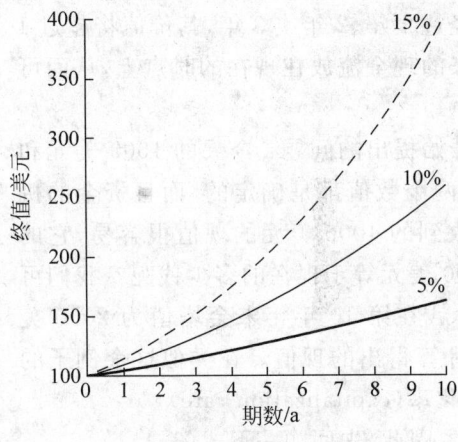

图 3.1　100 美元本金在年利率分别为 5%、10% 和 15% 时的终值

如果把 1 美元本金在 8% 利率栏对应的复利终值系数 FVIFs 乘以 100,就可得到表 3.2 最后一栏的计算结果。还可以注意到,随着利率的增加,两年及两年期以上所对应的复利终值的增值逐渐增大。对于这一点,可以借助图形来说明。图 3.1 画出了 100 美元本金在年利率分别为 5%、10% 和 15% 时,终值的增长趋势。如图 3.1 所示,利率越高,终值增长曲线越陡。此外,很明显,复利期数越大,终值也越高。

小窍门:
在参加很多商务执业(资格)考试时,你可能要根据利率表仅使用基本的、无编程功能的手持式计算器进行计算。因此,最好现在就熟悉利率表。

几何增长　虽然我们讨论的概念是关于利率的,理解其他适用于几何增长的概念同样很重要。这些概念包括油价、学费、公司利润及股利。假设一家公司最近几年的股利是 10 美元/股,预计股利的年增长率为 10%,则今后 5 年的预计每股股利可参见下表:

年份	增长系数	预计每股股利/美元
1	$(1.10)^1$	11.00
2	$(1.10)^2$	12.10
3	$(1.10)^3$	13.31
4	$(1.10)^4$	14.64
5	$(1.10)^5$	16.11

类似地,对于其他几何增长的变量,我们也能确定其未来的水平。这一原理对普通股估价模型非常重要,我们将在下一章讨论该模型。

> **问题**:1790年约翰·雅各布·阿斯特(John Jacob Astor)在曼哈顿岛的东部花58美元买了大约一英亩的土地。阿斯特是位精明的投资者,做了很多类似的交易。如果阿斯特没有购买这块土地,而是把58美元投资于年复利率为5%的项目,则2009年他的后代将得到多少收益?
>
> **回答**:在本书附录的表1中并没有1美元本金在利率为5%,期数为219年的复利终值。但是请注意,我们可以查到1美元的50年期复利终值为11.467,也能查到1美元的19年期复利终值为2.527。你或许会问:这样又能怎样呢?稍加变通后,我们可以把问题表述为 [1]
>
> $$FV_{219} = P_0 \times (1+i)^{219}$$
> $$= P_0 \times (1+i)^{50} \times (1+i)^{50} \times (1+i)^{50} \times (1+i)^{50} \times (1+i)^{19}$$
> $$= 58 \text{ 美元} \times 11.467 \times 11.467 \times 11.467 \times 11.467 \times 2.527$$
> $$= 58 \text{ 美元} \times 43\,692.26 = 2\,534\,151.08 \text{ 美元}$$
>
> 将这一数值与纽约市当今的地价相比,我们发现阿斯特购买这一英亩土地不愧是项明智的投资,它经受了时间的考验。此外,从中我们也发现,经过一些推理,我们能使基本表格的应用范围得到很大的扩展。

现值(贴现价值) 我们都明白,今天的1美元经过1年、2年或3年,其价值将超过1美元。通过计算未来现金流的现值,我们可以把未来的现金流放在现在的时点上,从而可以用今天的币值与其进行比较。

理解了现值的概念后,我们应该能够回答本章开始提出的问题:今天的1000美元和10年后的2000美元,你更愿意选择哪一个?[2] 假定两个数值都是确定的,而且资金的机会成本是每年8%(即借贷利率为8%)。计算今天收到的1000美元的现值很容易,它的现值就是1000美元。但是,第10年年末收到的2000美元等于现在的多少钱呢?我们可以换个方式,问一下当年利率为8%时,现在的多少钱在第10年年末会增值为2000美元。这个数值就是10年后的2000美元按8%贴现计算得出的现值。在类似这个例子的现值问题中,利率又称**贴现率**(discount rate)或**资本化率**(capitalization rate)。

计算现值(或贴现)不过是计算复利的相反步骤。因此,先回顾一下式(3.4)

$$FV_n = P_0(1+i)^n$$

---

[1] 我们应用了指数运算法则。特别是 $A^{m+n} = A^m \times A^n$。
[2] 我们也可以把这个问题看做终值的问题。求解该问题,我们可以计算1000美元在利率为8%,期数为10年时的终值,并把它和2000美元进行比较。

变形后,得到现值公式

$$PV_0 = P_0 = FV_n/(1+i)^n = FV_n[1/(1+i)^n] \qquad (3.6)$$

注意:式中$[1/(1+i)^n]$不过是利率为$i\%$,期数为n的复利终值系数($FVIF_{i,n}$)的倒数。这个倒数有单独的名称,即期数为n的复利现值系数($PVIF_{i,n}$)。公式(3.6)可以变形为

$$PV_0 = FV_n(PVIF_{i,n}) \qquad (3.7)$$

不过实际上,并不需要在每次遇到现值问题时都运用式(3.6)来计算,这是因为有现成的复利现值系数表可供查找,该表包括的贴现率和期数的范围很广。表3.4是一个复利现值系数简表(完整的复利现值系数表见本书附录中的表2)。

表3.4　1美元在贴现率为$i\%$,期数为n时的复利现值系数($PVIF_{i,n}$)

$(PVIF_{i,n}) = 1/(1+i)^n$

期数 (n)	贴现率(i)					
	1%	3%	5%	8%	10%	15%
1	0.990	0.971	0.952	**0.926**	0.909	0.870
2	0.980	0.943	0.907	**0.857**	0.826	0.756
3	0.971	0.915	0.864	**0.794**	0.751	0.658
4	0.961	0.888	0.823	**0.735**	0.683	0.572
5	0.951	0.863	0.784	**0.681**	0.621	0.497
6	0.942	0.837	0.746	**0.630**	0.564	0.432
7	0.933	0.813	0.711	**0.583**	0.513	0.376
8	0.923	0.789	0.677	**0.540**	0.467	0.327
9	0.914	0.766	0.645	**0.500**	0.424	0.284
10	**0.905**	**0.744**	**0.614**	**0.463**	0.386	0.247

利用式(3.7)和表3.4,可以计算出第10年年末收到的2000美元在贴现率为8%时的现值。在表3.4中,8%栏和10期行的交叉点就是$PVIF_{8\%,10}$,它等于-0.463,即10年后收到的1美元大致相当于今天的46美分。综上所述,有

$$PV_0 = FV_{10}(PVIF_{8\%,10})$$
$$= 2000 \text{美元} \times 0.463$$
$$= 926 \text{美元}$$

最后,比较该现值(926美元)和今天能收到的1000美元,从而得出选择今天的1000美元的结论。从现值的角度看,选择今天的1000美元将多得74美元(1000美元-926美元)。

从上面的例子中可以看到,贴现未来的现金流的过程就像一个增加阻碍的过程,即对未来的现金流附加上不利于现在的现金流的条件。例如,在上面的例子中,1美元的未来货币被附以只能相当于今天的46美分这样一个不利条件。对未来现金流附加的条件越不利,对应的复利现值系数(PVIF)就越小。图3.2

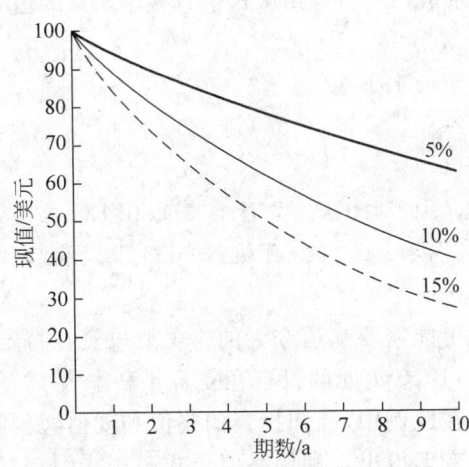

图3.2　年复利率为5%、10%和15%时, 100美元现金流的现值

显示了时间和贴现率对现值的共同影响。图中画出了贴现率分别为5%、10%和15%时,未来第1~10年收到的100美元的各自的现值。图3.2表明,随着时间的推移,未来100美元的现值是递减的,而且递减的速度也是逐渐减小的。此外,贴现率越大,现值越小,曲线越陡。当贴现率为15%时,10年后收到的100美元只相当于今天的24.70美元,或终值100美元的25%。

> **问题**:如何计算时间跨度中包括非整数年的投资的终值和现值?
> **回答**:很简单,只要把非整数年换算成小数代入终值(现值)公式即可。假设将1000美元存入银行,年利率为6%,每年计复利一次,15个月(即1.25年)后支取存款。由 $FV_n = P_0 \times (1+i)^n$ 可求出15个月后能支取的金额为
> $$FV_{1.25} = 1000 \text{ 美元} \times (1+0.06)^{1.25} = 1075.55 \text{ 美元}$$

利率(或贴现率)未知 我们有时会遇到在有关货币的时间价值问题中,已知终值和现值及存贷款的期限,但不知道复利率 i 的情况。

假设你今天投资了1000美元,并将在8年后的今天收回3000美元。这种情况下的复利率可以通过基本终值或现值公式的变形得出。例如,利用终值公式——式(3.5),可以得到

$$FV_8 = P_0(FVIF_{i,8})$$

$$3000 \text{ 美元} = 1000 \text{ 美元} \times (FVIF_{i,8})$$

$$FVIF_{i,8} = 3000 \text{ 美元} / 1000 \text{ 美元} = 3$$

在表3.3中找到8年期所在的行,并在该行中查找最接近我们的计算值3的终值系数(FVIF)。从表3.3中可知,最接近3的终值系数是3.059,位于利率为15%的列中。由于3.059略高于3,可以推算出本例中的利率实际上略低于15%。

为了获得更精确的答案,只需将(FVIF$_{i,8}$)表示成$(1+i)^8$,并从式中直接求解 i 的值
$$(1+i)^8 = 3$$
$$(1+i) = 3^{1/8} = 3^{0.125} = 1.1472$$
$$i = 0.1472$$

注意:

要求解 i,首先必须将等式两边都乘以 1/8 或 0.125 次幂。要计算3的0.125次幂,可以利用手持式计算器的 $[y^x]$ 键,方法是输入"3",按 $[y^x]$ 键,再输入"0.125",最后按 $[=]$ 键。

复利(或贴现)计息期限未知 有些时候我们可能需要知道今天的1美元投资在特定的利率下达到某一数额的终值所需的时间。例如,1000美元的投资在复合年利率为10%的条件下,本利和经过多少年可达到1900美元?在此例中,已知投资的终值和现值,复利(或贴现)计息期限可通过基本终值或现值公式的变形得出。利用终值公式——式(3.5),可以得到

$$FV_n = P_0(FVIF_{10\%,n})$$

$$1900\text{ 美元} = 1000\text{ 美元}(\text{FVIF}_{10\%,n})$$
$$\text{FVIF}_{10\%,n} = 1900\text{ 美元}/1000\text{ 美元} = 1.9$$

在表 3.3 中沿 10% 所在的列向下,查找最接近计算值的终值系数(FVIF)。我们找到该列中最接近 1.9 的终值系数为 1.949,对应的行为 7 年期所在的行。由于 1.949 略高于 1.9,可以得知本例中的复利期限略短于 7 年。

为了获得更精确的答案,只需将 $\text{FVIF}_{10\%,n}$ 写成 $(1+0.10)^n$,并从式中求解 n 的值

$$(1+0.10)^n = 1.9$$
$$n(\ln 1.1) = \ln 1.9$$
$$n = (\ln 1.9)/(\ln 1.1) = 6.73(\text{年})$$

要求出变形公式中作为指数的 n 值,需要运用一些技巧。对等式两边取对数(ln),这样可以得出 n 的值。

注意:要计算(ln 1.9)除以(ln 1.1),可以利用手持式计算器的[LN]键,方法是输入"1.9",按[LN]键,再按[÷]键,然后输入"1.1",再按一次[LN]键,最后按[=]键。

Psst!想使自己的财富倍增吗?"72 法则"可以指点迷津

比尔·维克(Bill Veeck)曾斥资 1000 万美元购买了芝加哥白袜棒球队的专营权,并在 5 年后以 2000 万美元将其转手。他在 5 年内就使自己的钱翻了一番。维克这项投资的复利率是多少?

要求解涉及使资金倍增的复利问题的一个快捷的方法是利用"72 法则"。该法则指出,用 72 除以投资年限 n 即可得到使投资在 n 年内增加一倍的近似的利率 i。在维克的例子中,根据该法则可得

$$72/n = i$$

或

$$72/5 = \mathbf{14.4\%}$$

如果当初维克没有进行这项投资而是把资金存入复利率为 6% 的储蓄账户,则他必须等上大约 12 年才能使自己的资金倍增

$$72/i = n$$

或

$$72/6 = \mathbf{12}(\text{年})$$

实际上,对于我们所遇到的大部分利率,根据"72 法则"求出的使资金倍增所要求的利率或投资期数都比较准确。但是按照该法则计算得出的结果并不总是很准确的。例如,要使资金在 5 年内倍增,要求复利率必须达到 $14.87\%[(1+0.1487)^5 = 2]$;而根据"72 法则"计算的结果是 14.4%。同样,把资金按 6% 的利率存入银行只要 11.9 年就能使资金倍增,而按照"72 法则"计算得出的结果是 12 年。尽管不很精确,但由于能够心算迅速得出资金倍增问题的估计值,"72 法则"仍提供了极大的便利。

年金

普通年金 年金(annuity)是指一定时期内发生的一系列金额相等的收付款项。普通年金的收付款项发生在每期的期末。图 3.3 显示了普通年金在时间轴上的现金流。

假设图 3.3 代表在 3 年内每年收到 1000 美元,进一步假定将年金零存整取的年利率是 8%,那么第三年年末能得到多少资金?图 3.4 给出了按照前面讨论过的方法(非常烦琐)计算得出的答案。

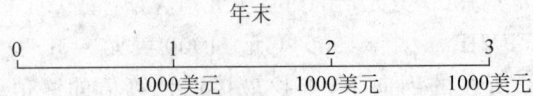

图 3.3 显示 3 年内每年 1000 美元普通年金的现金流的时间轴

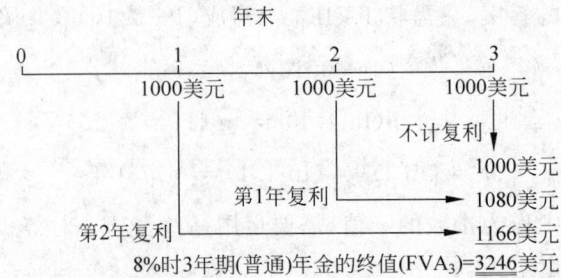

图 3.4 （普通）年金终值计算的时间轴（年金金额＝R＝1000 美元；i＝8%；n＝3 年）

将 FVA_n 定义为年金的终值（复合价值），R 为每期年金的收（付）额，n 为年金的期限，则用代数的方式表示的 FVA_n 的表达式为

$$FVA_n = R(1+i)^{n-1} + R(1+i)^{n-2} + \cdots + R(1+i)^1 + R(1+i)^0$$
$$= R[FVIF_{i,n-1} + FVIF_{i,n-2} + \cdots + FVIF_{i,1} + FVIF_{i,0}]$$

可见 FVA_n 等于利率为 $i\%$ 时年金金额（R）与期数从 0 到 $n-1$ 期的几个复利终值系数之和的乘积。上面的公式可简化为

$$FVA_n = R\left[\sum_{t=1}^{n}(1+i)^{n-t}\right] = R([(1+i)^n - 1]/i) \qquad (3.8)$$

或

$$FVA_n = R(FVIFA_{i,n}) \qquad (3.9)$$

式中，$FVIFA_{i,n}$ 代表利率为 $i\%$，期数为 n 的年金终值系数。

小窍门：

在求解货币时间价值的问题前，先画出将在上面标示相应的现金流的时间轴将大有裨益。这条时间轴能使你专注于问题，从而减少出错的概率。今后求解混合现金流问题时，这一点将表现得更为明显。

表 3.5 列出了一部分年金终值系数（FVIFAs）。完整的年金终值系数表见附录表 3。利用表 3.5 计算图 3.4 所列问题中的年金终值，得

$$FVA_3 = 1000 \text{ 美元}(FVIFA_{8\%,3})$$
$$= 1000 \text{ 美元} \times 3.246 = 3246 \text{ 美元}$$

这一答案与图 3.4 中的答案相同。

注意： 与按公式计算得出的结果相比，利用年金终值系数表计算的结果会有些四舍五入造成的误差。如果用式（3.8）计算，上例的计算结果会多出 40 美分。因此，在要求得出精确结果时，应当使用公式而不是系数表来计算。

表 3.5　1 美元在利率为 $i\%$，期数为 n 时的（普通）年金终值系数（$\text{FVIFA}_{i,n}$）

$$(\text{FVIFA}_{i,n}) = \sum_{t=1}^{n}(1+i)^{n-t} = [(1+i)^n - 1]/i$$

期数 (n)	利率 (i)					
	1%	3%	5%	8%	10%	15%
1	1.000	1.000	1.000	1.000	1.000	1.000
2	2.010	2.030	2.050	2.080	2.100	2.150
3	3.030	3.091	3.153	3.246	3.310	3.473
4	4.060	4.184	4.310	4.506	4.641	4.993
5	5.101	5.309	5.526	5.867	6.105	6.742
6	6.152	6.468	6.802	7.336	7.716	8.754
7	7.214	7.662	8.142	8.923	9.487	11.067
8	8.286	8.892	9.549	10.637	11.436	13.727
9	9.369	10.159	11.027	12.488	13.579	16.786
10	10.462	11.464	12.578	14.487	15.937	20.304

再来看看图 3.5，这次假设从一个年利率为 8% 的储蓄账户中提取款项，每年提取 1000 美元，3 年提光。问：现在（零时点）必须存入多少资金才能使最后取出 1000 美元后账户余额为零？图 3.5 显示了烦琐的解题过程。

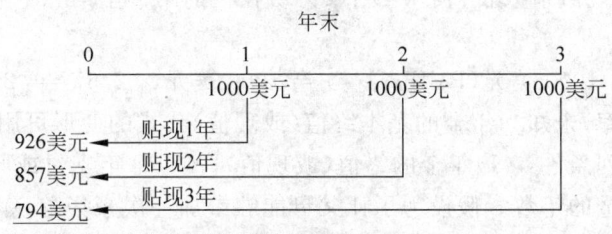

图 3.5　（普通）年金现值计算的时间轴（年金金额 = R = 1000 美元；i = 8%；n = 3 年）

从图 3.5 中可以看出，年金现值可以归纳为一系列单个现值之和。因此，可以写出计算 n 期（普通）年金现值（PVA_n）的通用公式

$$\text{PVA}_n = R[1/(1+i)^1] + R[1/(1+i)^2] + \cdots + R[1/(1+i)^n]$$
$$= R[\text{PVIF}_{i,1} + \text{PVIF}_{i,2} + \cdots + \text{PVIF}_{i,n}]$$

注意到这个公式可以简化为 PVA_n 等于年金金额（R）乘以 $1 \sim n$ 期的利率为 $i\%$ 的复利现值系数之和。其数字表达式为

$$\text{PVA}_n = R\left[\sum_{t=1}^{n} 1/(1+i)^t\right]$$
$$= R[(1 - [1/(1+i)^n])/i] \tag{3.10}$$

或可以更简单地表示为

$$\text{PVA}_n = R(\text{PVIFA}_{i,n}) \tag{3.11}$$

式中，$\text{PVIFA}_{i,n}$ 是贴现率为 $i\%$ 的 n 期（普通）年金现值系数。完整的（普通年金现值系数）见本书附录 A 中的表 A4，它包括的 i 和 n 的范围很广，表 3.6 则是其简表。

表 3.6 1 美元在贴现率为 $i\%$，期数为 n 时的（普通）年金现值系数（$PVIFA_{i,n}$）

$$(PVIFA_{i,n}) = \sum_{t=1}^{n} 1/(1+i)^t = (1-[1/(1+i)^n])/i$$

期数 (n)	贴现率 (i)					
	1%	3%	5%	8%	10%	15%
1	0.990	0.971	0.952	**0.926**	0.909	0.870
2	1.970	1.913	1.859	**1.783**	1.736	1.626
3	**2.941**	**2.829**	**2.723**	**2.577**	2.487	2.283
4	3.902	3.717	3.546	3.312	3.170	2.855
5	4.853	4.580	4.329	3.993	3.791	3.352
6	5.795	5.417	5.076	4.623	4.355	3.784
7	6.728	6.230	5.786	5.206	4.868	4.160
8	7.652	7.020	6.463	5.747	5.335	4.487
9	8.566	7.786	7.108	6.247	5.759	4.772
10	9.471	8.530	7.722	6.710	6.145	5.019

我们可以利用表3.6来求解图3.5中所示的年金金额为1000美元，贴现率为8%，期数为3年的年金现值。从表中可以查到该年金现值系数（$PVIFA_{8\%,3}$）等于2.577[注意：该数值与复利现值系数表（表3.4）中8%所在栏的第一至第三个数字之和相等]。利用式(3.11)，得出

$$PVA_3 = 1000 \text{美元}(PVIFA_{8\%,3}) = 1000 \text{美元} \times 2.577 = 2577 \text{美元}$$

利率（或贴现率）未知 年金的基本终值（或现值）公式的变形可用于计算年金的复利率，但需要知道下列条件：(1)年金的终值（或现值）；(2)每年支付或收到的年金的数额；(3)支付或收到年金的年数。假设为了让父母能够参加一次豪华游，你需要在7年后至少拥有9500美元。要积攒这笔资金，你决定在今后8年中每年年末存1000美元，如果银行每年计一次复利，要达到目标，银行所提供的复利率最低应当是多少？

要求解这个年金问题中的复利率，可以利用年金的终值公式——式(3.9)

$$FVA_8 = R(FVIFA_{i,8})$$
$$9500 \text{美元} = 1000 \text{美元}(FVIFA_{i,8})$$
$$(FVIFA_{i,8}) = 9500 \text{美元}/1000 \text{美元} = 9.5$$

在表3.5中找到8年期所在的行，并在该行中查找最接近计算值9.5的年金终值系数（FVIFA），表中显示为5%所在列的9.549。由于9.549略大于9.5，可以推算出本例中的利率实际上要略低于5%（要得到更精确的答案，可以尝试用不同利率进行测试的试错法、插值法或财务计算器来求解）。

每期支付额（或收入额）未知 在求解有关年金的问题时，经常遇到的一种情况是已知年金的终值（或现值）、利率、支付（或收到）年金的期数，需要确定的是每期需要支付或收到的数额。在经营中，经常会遇到存储基金（例如通过等额的美元支付创建一笔基金）和分期偿还贷款（例如通过等额的美元支付额偿清贷款）等问题中需要确定每期年金额度的情况。

要求出年金中每期支付或收到的金额，必须对基本年金终值或现值公式做些调整。

由于我们将在本章末利用一整节的篇幅讨论分期偿还贷款这一重要主题,现在只介绍偿债基金问题的每期支付额的计算。

如果一个人需要在复利为5%的情况下在8年后积蓄1万美元,他每年年末需要在储蓄账户中存入多少钱?我们可以利用年金终值公式——式(3.9)计算每年存入储蓄账户的金额。此外,还可以利用表3.5查找与$FVIFA_{5\%,8}$相应的值,计算过程如下

$$FVA_8 = R(FVIFA_{5\%,8})$$
$$10\ 000\ 美元 = R \cdot 9.549$$
$$R = 10\ 000\ 美元/9.549 = 1047.23\ 美元$$

由此可知,在5%的复利下,8年中每年存入储蓄账户1047.23美元,便可以在8年后积累总额为1万美元的存款。

永续年金 永续年金(perpetuity)是指无限期支付的普通年金。计算这类特殊年金的方法也适用于计算永久债券和优先股的价值,后者将在下一章介绍。式(3.10)可以减少计算永续年金的工作量。在式(3.10)中,用无穷大(∞)替代n可得

$$PVA_\infty = R[(1-[1/(1+i)^\infty])/i] \tag{3.12}$$

因为括号内的公式$[1/(1+i)^\infty]$趋于零,因此可以把式(3.12)写成下面的形式

$$PVA_\infty = R[(1-0)/i] = R(1/i)$$

或简化为

$$PVA_\infty = R/i \tag{3.13}$$

因此,永续年金的现值就等于年金数额除以每期的利率。例如,如果永续年金的年金数额为100美元,利率为8%,则该永续年金的现值等于1250美元(即100美元/0.08)。

先付年金 普通年金的年金收付发生在每期期末,与此相反,先付年金的年金收付则发生在每期期初。幸运的是,上面总结出来的普通年金求解方法只要稍加调整即可用来求解先付年金问题。

图3.6比较了普通年金终值与先付年金终值在计算上的区别,其中两种年金的年金数额均为100美元,利率均为8%,期数均为3年。注意:普通年金的现金流应理解为发生在第1期~第3期的期末,而先付年金的现金流则发生在第2期~第4期的期初。

可以看到,3年期的先付年金的终值刚好等于相应的普通年金的终值再复利一年。因此,利率为i%的n期先付年金终值($FVAD_n$)可由下式求出

$$FVAD_n = R(FVIFA_{i,n})(1+i) \tag{3.14}$$

注意:

现金流是发生在每期的期初还是期末取决于各人的预期(这个问题与午夜到底是一天的结束还是开始是一样的)。因此,普通年金终值和先付年金终值的真正区别在于计算终值的时间点。普通年金的终值是在最后一笔现金流发生的那一刻计算的,而先付年金的终值则是在最后一笔现金流发生的那一期的期末计算的。

利率为i%的n期先付年金现值($PVAD_n$)的求解通过例题可以最好地帮助读者理解。图3.7显示了普通年金现值(PVA_3)和先付年金现值($PVAD_3$)的计算过程,其中年金数额均为1000美元,利率均为8%,期数均为3年。

从图3.7可知,3年期先付年金的现值等于2年期普通年金的现值加上一期未折现

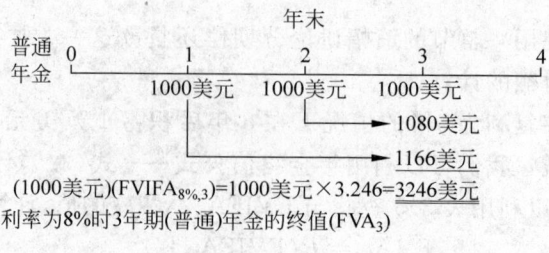

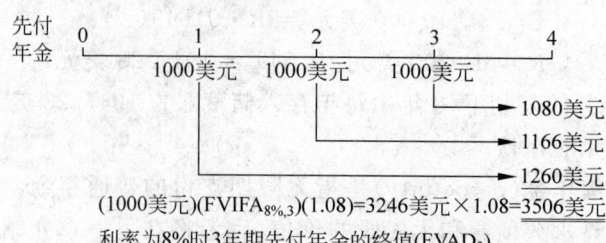

图 3.6 （普通）年金和先付年金终值计算的时间轴（年金数额＝R＝1000 美元；i＝8%；n＝3 年）

的年金数额。这可以从下式得出

$$\text{PVAD}_n = R(\text{PVIFA}_{i,n-1}) + R = R(\text{PVIFA}_{i,n-1} + 1) \tag{3.15}$$

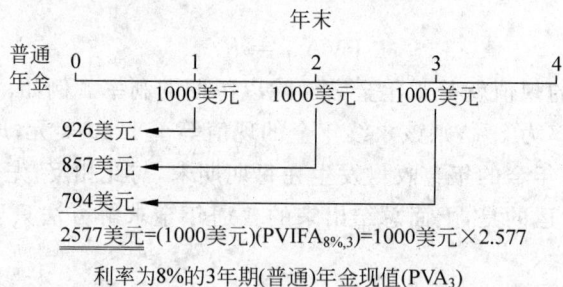

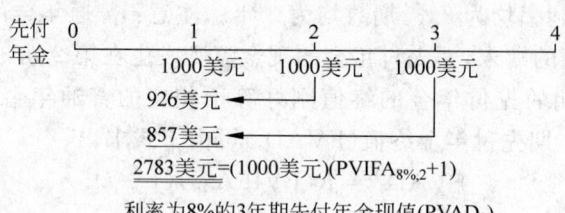

图 3.7 计算（普通）年金和先付年金现值（或贴现值）的时间轴
（年金数额＝R＝1000 美元；i＝8%；n＝3 年）
注意：1.08×1000 美元 $\times (\text{PVIFA}_{8\%,3}) = 2783$ 美元 $= 1000$ 美元 $(\text{PVIFA}_{8\%,2} + 1)$
1.08×1000 美元 $\times 2.577 = 2783$ 美元 $= 1000$ 美元 $\times 2.783$

我们还可以把先付年金现值看成普通年金现值再复利一年的结果，即通过将普通年金现值再复利一年求解先付年金现值。因此，可以先计算 n 期普通年金的现值，然后把该现值复利一次。用这种方法计算先付年金现值的公式为

$$\text{PVAD}_n = (1+i)(R)(\text{PVIFA}_{i,n}) \tag{3.16}$$

图 3.7 例证了这两种计算方法在求解 PVAD_n 时都相当不错。不过,式(3.15)似乎更易于理解。图 3.7 中的时间轴也有助于我们理解普通年金现值和先付年金现值的主要区别。

注意:

在计算普通年金现值时,我们认为现金流发生在每期期末(图 3.7 中是第 1 期、第 2 期和第 3 期期末),而计算现值的时间点是在第一笔现金流的那一期的期初。在计算先付年金现值时,我们认为现金流发生在每期期初(图 3.7 中是第 2 期、第 3 期和第 4 期期初),而计算现值的时间点就是在第一笔现金流发生的那一刻。

混合现金流

很多情况下我们所面对的货币时间价值问题既不是单纯的现金流也不是单纯的年金,相反,我们可能遇到混合(或不等额)现金流。

问题: 假设你在一次考试中遇到这样一道题:第 1 年和第 2 年年末收到年金 5000 美元,第 3 年和第 4 年年末收到年金 6000 美元,第 5 年年末收到最后一笔年金 1000 美元。如果贴现率为 5%,则年金的现值是多少?

在求解上面这道题或类似问题时,第一步是画出时间轴,在上面标出现金流,并用箭头指出现金流将被调整到的时点。第二步按照图示进行必要的运算(你可能觉得把自己想做的事情画成图有些"孩子气"。然而,只要想想大部分成功的建筑师都是从绘制蓝图开始工作的,就能理解这么做的意义了)。

图 3.8 证明了混合现金流问题总是可以通过分别计算单个现金流后将其加总来求解。虽然这样有些耗费时间,不过能够解决问题。

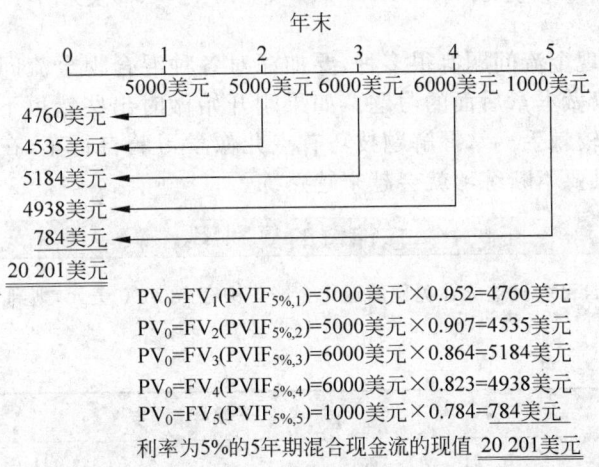

$\text{PV}_0 = \text{FV}_1(\text{PVIF}_{5\%,1}) = 5000\text{美元} \times 0.952 = 4760\text{美元}$
$\text{PV}_0 = \text{FV}_2(\text{PVIF}_{5\%,2}) = 5000\text{美元} \times 0.907 = 4535\text{美元}$
$\text{PV}_0 = \text{FV}_3(\text{PVIF}_{5\%,3}) = 6000\text{美元} \times 0.864 = 5184\text{美元}$
$\text{PV}_0 = \text{FV}_4(\text{PVIF}_{5\%,4}) = 6000\text{美元} \times 0.823 = 4938\text{美元}$
$\text{PV}_0 = \text{FV}_5(\text{PVIF}_{5\%,5}) = 1000\text{美元} \times 0.784 = \underline{784\text{美元}}$
利率为 5% 的 5 年期混合现金流的现值 <u>20 201 美元</u>

图 3.8 (方法一)混合现金流现值(或贴现值)计算的时间轴
($\text{FV}_1 = \text{FV}_2 = 5000$ 美元;$\text{FV}_3 = \text{FV}_4 = 6000$ 美元;$\text{FV}_5 = 1000$ 美元;$i = 5\%$;$n = 5$ 年)

在混合现金流的计算中,通过确定一些模式可以使运算更为快捷,即求解混合现金流问题有多种变通的方法。图 3.9 列出了其中一种变通的方法。注意:上面介绍的两个步骤在这种变通方法中仍然有效。

注意：
- 步骤一：画一条时间轴，标出现金流，并画出标明现金流被调整的方向和所要调整到的时点的箭头。
- 步骤二：按照图示计算。

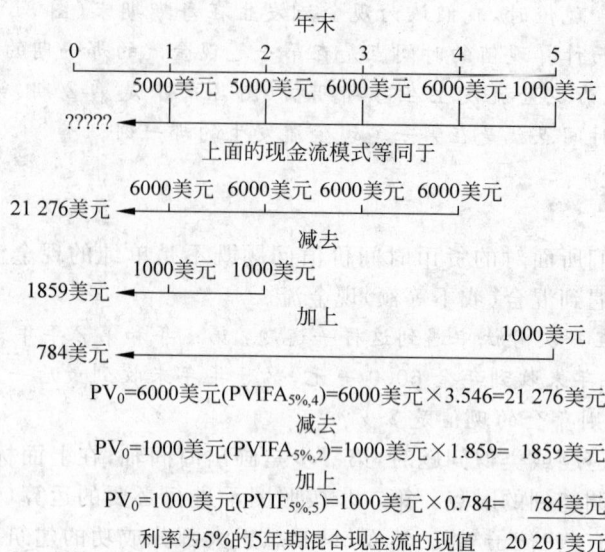

$PV_0 = 6000$ 美元$(PVIFA_{5\%,4}) = 6000$ 美元 $\times 3.546 = 21\ 276$ 美元
减去
$PV_0 = 1000$ 美元$(PVIFA_{5\%,2}) = 1000$ 美元 $\times 1.859 = \underline{1859}$ 美元
加上
$PV_0 = 1000$ 美元$(PVIF_{5\%,5}) = 1000$ 美元 $\times 0.784 = \underline{784}$ 美元
利率为5%的5年期混合现金流的现值 $\underline{20\ 201}$ 美元

注意：本图中的答案与图3.8中的答案相同，但因为现值系数表存在误差，所以对于同一现金流，采用不同方法得到的答案有时会有些小的误差。

图3.9 （方法二）混合现金流现值（或贴现值）计算的时间轴
（$FV_1 = FV_2 = 5000$ 美元；$FV_3 = FV_4 = 6000$ 美元；$FV_5 = 1000$ 美元；$i = 5\%$；$n = 5$ 年）

混合（不等额）现金流问题有很多种，要加深对各种混合现金流问题的认识并掌握必要的解题技巧，可以做本章后面的习题。如果刚开始做时出些错也不要泄气。货币的时间价值问题有时比较棘手。掌握解题技巧有点儿像学习骑自行车，在掌握要领前可能会摔得鼻青脸肿，但只要不断练习就会越来越熟练。

神奇的复利率

如果你每年在自己生日这天在免税的退休金账户中存入2000美元，则到65岁时你所拥有的账户存款为：

美元

年复利率 $i/\%$	开始年龄/岁			
	21	31	41	51
6	425 487	222 870	109 730	46 552
8	773 011	344 634	146 212	54 304
10	1 437 810	542 048	196 694	63 544
12	2 716 460	863 326	266 668	74 560

从表中可以看出，越早开始存款越有利。

计息期小于一年的复利计算

半年或其他复利期限

终值（或复合价值） 迄今为止我们一直假定利息是每年支付一次的。在该假定下，最容易对货币时间价值有个基本的理解。然而，现在该考虑不同的计息期下终值和利率的关系了。先假定利息每半年支付一次。如果将 100 美元存入银行，**名义利率**（nominal rate）或**设定利率**（stated interest rate）为 8%，则 6 个月后的终值为

$$FV_{0.5}=100 \text{ 美元} \times (1+[0.08/2])=104 \text{ 美元}$$

换句话说，半年后你所得到的利率是 4% 而不是 8%。存款在第一年年末的终值是

$$FV_1=100 \text{ 美元} \times (1+[0.08/2])^2=108.16 \text{ 美元}$$

这个数值与计息期为 1 年时的终值 108 美元是有差异的。其中的差异 0.16 美元是头 6 个月所得利息 4 美元在第二个 6 个月中的利息。一年中的计息次数越多，当年年末的终值就越高。

如果一年中计息 m 次，则计算第 n 年年末终值的通用公式为

$$FV_n=PV_0(1+[i/m])^{mn} \qquad (3.17)$$

要说明这一公式，假定每季度计息一次，名义利率为 8%，计算一年后 100 美元的终值。该终值为

$$FV_1 = 100 \text{ 美元} \times (1+[0.08/4])^{(4)(1)}$$
$$= 100 \text{ 美元} \times (1+0.02)^4 = 108.24 \text{ 美元}$$

这个终值当然比半年计息一次或一年计息一次所得到的终值高。

每季度计息一次时，第三年年末的终值是

$$FV_3 = 100 \text{ 美元} \times (1+[0.08/4])^{(4)(3)}$$
$$= 100 \text{ 美元} \times (1+0.02)^{12} = 126.82 \text{ 美元}$$

与此相比，半年计息一次时的终值为

$$FV_3 = 100 \text{ 美元} \times (1+[0.08/2])^{(2)(3)}$$
$$= 100 \text{ 美元} \times (1+0.04)^6 = 126.53 \text{ 美元}$$

一年计息一次时的终值为

$$FV_3 = 100 \text{ 美元} \times (1+[0.08/1])^{(1)(3)}$$
$$= 100 \text{ 美元} \times (1+0.08)^3 = 125.97 \text{ 美元}$$

可以看到，每年计息次数越多，终值越高。当式(3.17)中的 m 趋于无穷大时，就是永续复利。后文将讨论永续复利或永续贴现。

现值(或贴现价值) 当一年的计息次数超过一次时,要对现值计算公式做与终值计算公式相类似的修订。与每年计息一次时用$(1+i)^n$除以未来现金流不同,终值的计算公式变为

$$PV_0 = FV_n/(1+[i/m])^{mn} \tag{3.18}$$

式中,FV_n仍是前面提到的第n期期末收到的现金流,m是一年中的计息次数,i是贴现率。例如,可以用式(3.18)计算每季计息一次的条件下,第3年年末收到的100美元在名义利率为8%时的现值

$$PV_0 = 100 \text{ 美元}/(1+[0.08/4])^{(4)(3)}$$
$$= 100 \text{ 美元}/(1+0.02)^{12} = 78.85 \text{ 美元}$$

如果每年计息一次,则现值为

$$PV_0 = 100 \text{ 美元}/(1+0.08)^3 = 79.38 \text{ 美元}$$

因此,一年中计息次数越少,现值越高。两者的关系与终值和计息次数的关系恰好相反。

永续复利

实际上,有时候利息是永续计算的。因此,有必要考察一下其运作机制。如前所述,计算第n年年末终值的通用公式为

$$FV_n = PV_0(1+[i/m])^{mn}$$

当年计息次数m趋于无穷大(∞)时,就是永续复利,而式$(1+[i/m])^{mn}$趋于e^{in},其中e近似等于2.718 28。因此,在利率为i%,本金为PV_0时,永续复利下第n年年末的终值为

$$FV_n = PV_0(e)^{in} \tag{3.19}$$

在上面的例题中,永续复利下年利率为8%的100美元本金第3年年末的终值为

$$FV_3 = 100 \text{ 美元} \times (e)^{(0.08)(3)}$$
$$= 100 \text{ 美元} \times (2.718\,28)^{(0.24)} = 127.12 \text{ 美元}$$

每年复利一次时的终值为

$$FV_3 = 100 \text{ 美元}(1+0.08)^3 = 125.97 \text{ 美元}$$

在既定的名义利率下,第n年年末的终值在永续复利下达到最大值。

类似地,在永续复利下,第n年年末收到的现金流的现值计算公式为

$$PV_0 = FV_n/(e)^{in} \tag{3.20}$$

因此,在贴现率为20%时,永续复利下第10年年末收到的1000美元的现值为

$$PV_0 = 1000 \text{ 美元}/(e)^{(0.20)(10)}$$
$$= 1000 \text{ 美元}/(2.718\,28)^2 = 135.34 \text{ 美元}$$

可见,在永续复利下,现值计算公式只是终值计算公式的倒数。而且,与永续复利下终值达到最大值相反,在永续复利下现值达到最小值。

> 问题：银行在储蓄账户或存单中给出的年度收益百分比（APY）是什么意思？
>
> 回答：根据美国国会的一项议案，联邦储备委员会要求商业银行和储蓄银行采用标准化的方法计算支付给储户的实际利率，这个实际利率被称为年度收益百分比。储蓄机构采用不同的复利方法，使用诸如实际收益率、年度收益率和实际利率等各种各样的术语，这会引起储户的困惑，而年度收益百分比就是为了消除这种困惑。年度收益百分比与年度实际利率类似。不过，年度收益百分比是按照存款的实际天数计算的，而且一年按 365 天（而闰年有 366 天）计算。
>
> 同样，《借贷信用议案》规定所有金融机构必须报告所有贷款的实际利率，该利率称为年利率（APR）。但实际上，金融机构并不需要报告"真实的"实际年利率，他们只要报告非复利形式的实际年利率即可。例如，假设银行发放了一项不足一年期的贷款，或每年计息次数多于一次，银行将基于可用资金（如借款人可以实际利用的资金数额）确定一个每期实际利率，然后只需乘以一年中的计息次数，得出的就是年度收益百分比。

实际年利率

基于不同的计息期，不同的投资可能会提供不同的回报。要比较计息期不同的几种投资，需要给出各种投资利息的通用的或标准化的基础。这就需要区分名义利率和**实际年利率**（effective annual interest rate）。实际年利率是使每年计息一次的利息等于名义利率在每年计息 m 次时所提供利息的利率。

根据定义，有

$$(1 + \text{实际年利率}) = (1 + [i/m])^m \qquad (1)$$

因此，给定名义利率 i 和每年计息期数 m 时，实际年利率的计算公式为[①]

$$\text{实际年利率} = (1 + [i/m])^m - 1 \qquad (3.21)$$

例如，一项存款计划的名义利率为 8%，每季计息一次，则实际年利率为

$$(1 + [0.08/4])^4 - 1 = (1 + 0.02)^4 - 1 = 0.082\,43$$

只有在每年计息一次时，实际年利率才等于名义利率 8%。

表 3.7 包括一组 1000 美元在第一年年末的终值，这些终值有同样的名义利率 8%，但计息期不同。从该表可以看到，每年的计息次数越多，存款的终值（或利息）越大，实际年利率也越高。

表 3.7 名义利率为 8% 时 1000 美元投资在不同复利计息期间下对终值的影响

本金（美元）	计息期	第一年年末终值/美元	实际年利率/%*
1000	每年	1080.00	8.000
1000	每半年	1081.60	8.160
1000	每季度	1082.43	8.243
1000	每月	1083.00	8.300
1000	每日（365 日）	1083.28	8.328
1000	永续计息	1083.29	8.329

* 注意：1000 美元投资一年，按这些利率每年计息一次所得的终值将等于第三栏中的数字。

---

① 永续复利的实际年利率的特例公式为：实际年利率 $= (e)^i - 1$。

贷款的分期偿还

现值概念的一个重要应用是确定一项分期偿付性质的贷款的每期偿付额。这种贷款有一个明显的特点：贷款的偿付是分期进行的，每期的偿付额相等，其中既有利息也有本金，偿付期长短不一，可以是一个月、一个季度、半年或一年。在抵押贷款、自动贷款、消费贷款和特种商业贷款中，分期偿付是很常用的方式。

下面用最简单的例子来说明贷款的分期偿付。假设按 12% 的年利率贷款 2.2 万美元，要求 6 年内还清。6 年内每年年末偿付的款项之和必须足以弥补 2.2 万美元，并给贷款方提供 12% 的回报。求解年偿付额 R

$$22\ 000\ \text{美元} = R\left[\sum_{t=1}^{6} 1/(1+0.12)^t\right]$$

$$= R(\text{PVIFA}_{12\%,6})$$

从本书附录表 4 中可以查到利率为 12% 的 6 年期复利现值系数是 4.111。求解 R，得

$$22\ 000\ \text{美元} = R(4.111)$$

$$R = 22\ 000\ \text{美元}/4.111 = 5351\ \text{美元}$$

因此，每年支付 5351 美元即可在 6 年内完全偿付 2.2 万美元并向贷款方提供其要求的报酬。每次偿付中包括部分利息和部分本金。表 3.8 是分期偿付的时间表。从表 3.8 可见每年的利息等于分期偿付总额减去利息偿付额。注意，随着时间的推移，分期偿付额中利息偿付所占的比例是下降的，而本金偿付所占的比例是上升的。在第 6 年年末，本金总额 2.2 万美元都已偿清，此项贷款也已完全偿付。利息和本金之间的此消彼长非常重要，因为在纳税时，只有利息才能作为费用扣除。

表 3.8 贷款分期偿付时间表实例 美元

年末	(1) 分期偿付额	(2) 年利息 $(4)_{t-1} \times 0.12$	(3) 本金偿付额 $(1)-(2)$	(4) 年末未还本金额 $(4)_{t-1}-(3)$
0	—	—	—	22 000
1	5351	2640	2711	19 289
2	5351	2315	3036	16 253
3	5351	1951	3400	12 853
4	5351	1542	3809	9044
5	5351	1085	4266	4778
6	5351	573	4778	0
	32 106	10 106	22 000	

重要复利计算公式汇总表

现金流	公式		书后的表
本利和			
$FV_n = P_0(1+i)^n$	(3.4)		表1
$\quad = P_0(FVIF_{i,n})$	(3.5)		
$PV_0 = FV_n[1/(1+i)^n]$	(3.6)		表2
$\quad = FV_n(PVIF_{i,n})$	(3.7)		
年金			
$FVA_n = R\{[(1+i)^n - 1]/i\}$	(3.8)		表3
$\quad = R(FVIFA_{i,n})$	(3.9)		
$PVA_n = R\{(1-[1/(1+i)^n])/i\}$	(3.10)		表4
$\quad = R(PVIFA_{i,n})$	(3.11)		
$FVAD_n = R(FVIFA_{i,n})(1+i)$	(3.14)		表3（调整后的）
$PVAD_n = R(PVIFA_{i,n-1} + 1)$	(3.15)		表4（调整后的）
$\quad = (1+i)(R)(PVIFA_{i,n})$	(3.16)		

小结

- 个人和企业的大部分财务决策都涉及货币的时间价值。货币的时间价值用利率表示。
- 单利是指只对借（贷）款的初始金额或本金计息的利率。
- 复利是指不仅对借贷的本金计息，而且对此前各期的利息计息的利率。复利的概念可以用来解决很多财务问题。
- 所有复利问题多构建在终值和现值这两个核心概念上。终值是目前一定数额的货币或一系列收付额在既定的利率下到未来某个时点的价值。现值是未来一定数额的货币或一系列收付额在既定的利率下贴现到现在时点上的价值。
- 在解决货币时间价值问题前先画出时间轴，并在上面标出有关的现金流将有助于解决问题。
- 年金是指一定时期内一系列相等金额的收付款项。
- 下面几点有助于识别和解决各类年金问题。
  1. 普通年金的现值：现金流发生在每期期末，现值在第一笔现金流发生时期的期初计算。
  2. 先付年金的现值：现金流发生在每期期初，现值在第一笔现金流发生的时点计算。
  3. 普通年金的终值：现金流发生在每期期末，终值在最后一笔现金流发生的时点计算。
  4. 先付年金的终值：现金流发生在每期期初，终值在最后一笔现金流发生时期的期末计算。
- 介绍了各种本息和年金的终值与现值计算公式。混合（不等额）现金流问题总是能通过调整单个现金流并加总后予以解决。在混合现金流问题中,分清某些模式可以简化计算。
- 要比较具有不同计息期的备选投资项目,有必要计算它们的实际年利率。所谓实际年利率是指使每年计息一次的利息等于名义利率在每年计息 m 次时所提供利息的利率。
- 在贷款的分期偿付问题中,要确定每期的偿付额,使本金在到期日减为零,同时确定未偿付本金的利息额。在偿付时,本金额以递增的速度减小。

思考题

1. 什么是单利?
2. 什么是复利?它为什么如此重要?
3. 哪类个人财务决策中包括复利?
4. 什么是年金?现在收到的支付总额等于未来年金支付的总和,则它与年金相比,哪个价值更大?
5. 在存款账户中,你将选择哪一种计算方法?为什么?
6. 比较终值和现值的计算,说明它们有何不同。
7. 计算现值时,使用现值表与使用公式相比有哪些优点?
8. 如果预计从现在起到第 5 年年末将收到一定数额的货币,现在希望通过转让未来的货币而获得其现值,在计算现值时最好采用哪种计息方法?为什么?
9. "72 法则"认为,在年利率为 6% 时,12 年后资金数额将增长一倍;在年利率为 12% 时,6 年后资金数额会增长一倍。该法则的作用如何?其准确性又如何?
10. 随着贴现率的增加,现值是以不变的速度减少还是以递增的速度减少,抑或是以递减的速度减少?为什么?
11. 随着未来款项收到时间点的推移,现值是以不变的速度减少还是以递增的速度减少,抑或是以递减的速度减少?为什么?
12. Sven Smorgasbord 今年 35 岁,过着安逸的生活。因此,他估计自己的体重将以 3% 的年增长率增加。目前他的体重是 200 磅,那么当他 60 岁时,他的体重将是多少?

自测题

1. 请分析下面的现金流:

美元

现金流	年末				
	1	2	3	4	5
W	100	200	200	300	300
X	600	—	—	—	—
Y	—	—	—	—	1200
Z	200	—	500	—	300

(1) 计算年利率为 10% 的条件下，各现金流在第 5 年年末的终值。

(2) 计算贴现率为 14% 的条件下，各现金流的现值。

2. Muffin Megabucks 正在考虑两种不同的储蓄计划。第一个计划是每 6 个月存入 500 美元，年利率为 7%，每半年计息一次。第二个计划是每年存入 1000 美元，年利率为 7.5%，每年计息一次。第一个计划的第一笔存款在 6 个月后存入，而第二个计划的第一笔存款在一年后存入。

(1) 第一个计划中，第 10 年年末的存款终值是多少？

(2) 第二个计划中，第 10 年年末的存款终值是多少？

(3) 如果 Muffin 只考虑第 10 年年末的存款终值，她将选择哪个计划？

(4) 如果第二个计划中的年利率变为 7%，上述答案有变化吗？

3. 某项合约中你有两种选择，一个选择是 6 年后收到 2.5 万美元，另一个选择是 12 年后收到 5 万美元。当年利率为多少时，两种选择对你来说是没有区别的？

4. Emerson Cammack 打算购买一份养老保险，根据合同，保险公司将在他的有生之年每年支付给他 7000 美元。Philo 人寿保险公司根据精算表估算得出他的预期寿命是 20 年。Philo 公司规定该合同的年复利率为 6%。

(1) Cammack 需要为这份养老保险合同支付多少钱？

(2) 如果年利率是 8%，他需要支付多少钱？

5. 假设你借入年利率为 14% 的 4 年期贷款 1 万美元。该贷款在 4 年内等额偿还，偿付时间是每年年末。

(1) 要在 4 年内分期还清这笔贷款，每年应偿付多少（结果可以近似到整数位）？

(2) 在每笔等额偿付中，利息额是多少？本金额是多少？（提示：在前期，偿付额主要由利息构成，而最后的偿付额则主要由本金构成）

6. 你已故的叔叔在他的遗嘱中规定，在接下来的 20 年内，每隔一年的年末都将付给你 1000 美元。第一笔现金流发生在两年后的年末。当年利率为 10% 时，这一不规则模式现金流的现值是多少？（请尽量用最少的步骤求解这个问题）

7. 银行向你提供年利率为 7.06% 的 7 个月期存单（CD），该存单的实际年收益率是 7.25%。对于这份 7 个月期的存单，利息是按 1 天、1 周、1 个月和 1 个季度中的哪一个计算的？如果将 1000 美元存成这种存单，在 7 个月后存单到期时，你将获得多少钱？即在第 7 个月月末，如果你结清存款账户，银行将付给你多少钱？

8. 俄亥俄州 Dillonvale 有一个人储存 1 便士的零钱达 65 年之久。当他最后决定使用这笔钱时，发现竟存了 800 万个便士（价值 8 万美元），这些便士装了 40 个废品罐。平均下来，他每年存了价值 1230 美元的便士。如果他每年年末都将当年储存的便士存入银行，存款的年利率为 5%，则 65 年后他的存款账户将有多少钱？对于这位"便士储存者"来说，如果他不仅仅把便士放入废品罐，而是把它们存入银行，他将多得到多少个便士？

9. Xu Lin 最近获得了一笔价值 5 万美元的 10 年期贷款。该贷款的年利率为 8%，并要求在今后 10 年中每年年末偿还 7451.47 美元。问：

(1) 第一年偿还额中有多少是本金？

(2) 在贷款存续的整个期间共要偿还多少利息？（提示：回答这道题不必编制复杂

的分期贷款偿还表,只需应用一些简单的数学技巧就可以了。)

复习题

1. 下面是有关终值的练习:

(1) 假设年利率分别为100%,10%,0%,在第3年年末,100美元本金的价值各是多少?

(2) 假设年利率分别为10%,5%,0%,500美元本金在接下来的5年内每年年末支付100美元,在第5年年末,其价值各是多少?

(3) 假设年利率分别为10%,5%,0%,500美元本金在接下来的5年内每年年末支付100美元,在第6年年末,其价值各是多少?

(4) 假设年利率分别为100%,10%,且每季度计息一次,则100美元本金在第3年年末的价值是多少?

(5) 为什么题(4)的答案与题(1)的答案不同?

(6) 假设年利率为10%,计息期分别为一年、半年、一个季度和永续计息。在每种计息期下,100美元本金在第10年年末的价值各是多少?

2. 下面是有关现值的练习:

(1) 假设贴现率分别为100%,10%,0%,则第3年年末的100美元本金在今天的价值各是多少?

(2) 假设贴现率分别为4%,25%,如果在接下来的3年内每年年末收到500美元,则其总现值各是多少?

(3) 假设贴现率分别为4%,25%,如果在第1年年末收到100美元,在第2年年末收到500美元,在第3年年末收到1000美元,则收到的总款项的现值各是多少?

(4) 假设贴现率分别为4%,25%,如果在第1年年末收到1000美元,在第2年年末收到500美元,在第3年年末收到100美元,则收到的总款项的现值各是多少?

(5) 比较题(3)和题(4)的答案所存在的差异,并解释差异产生的原因。

3. Joe Hernandez继承了25万美元,他打算用这笔钱购买一份年金,该年金将在接下来的12年内为他提供稳定的收入。他了解到地方储蓄和贷款协会目前对整存零取存款支付的年利率为6%。如果他把资金存入该协会,并在接下来的12年,每年年末支取金额相等的款项,则他每年支取多少(近似到整数),会使在第12年年末支取最后一笔款项时其账户余额恰好为零?

4. 你在第10年年末需要5万美元。为此,你决定在以后的10年每年年末在银行存一笔资金。如果银行长期存款的年利率是8%,则你每年应存多少钱才能在第10年年末得到5万美元(近似到整数)?

5. 假设在题4中,除把存款时间改为每年年初外,其他条件不变,则你每年必须存入多少钱才能在第10年年末得到5万美元(近似到整数)?

6. Vernal Equinox希望得到一笔期限为3年的1万美元贷款。一些人提出,只要Equinox愿意在第3年年末向他们支付1.6万美元,他们就会借钱给Equinox。该协议暗含的年利率是多少(百分比近似到整数)?

7. 如果你购买了一张 4 年后到期的票据,该票据将在今后 4 年每年年末向你支付 3000 美元,而其购入价为 10 200 美元。该票据提供的隐含年利率是多少(百分比近似到整数)?

8. P. J. Cramer 公司今年的销售额为 50 万美元,预计在今后 6 年内,销售额将以 20%的固定比例增长。今后 6 年每年年末的销售额分别是多少?

*9. H & L Bark 公司打算购买一台机器,预计其产生的现金流如下:

美元

	年 末				
	1	2	3	4	5
现金流	1200	2000	2400	1900	1600
	年 末				
	6	7	8	9	10
现金流	1400	1400	1400	1400	1400

如果适用的年贴现率是 14%,则该现金流的现值是多少?

10. 假设你将在第 10 年年末收到 1000 美元。如果你的机会成本利率是 10%,则在计息期分别为:(1)每年计息一次,(2)每季度计息一次,(3)永续计息时的现值各是多少?

11. 为纪念美国建国 200 周年,美国财政部曾打算发行面值为 1000 美元的储蓄债券。该债券在 100 年后的价值将达到 100 万美元。该债券隐含的年利率大约为多少?

12. Selyn Cohen 现年 63 岁,最近刚刚退休。他打算给自己筹措退休金,正在考虑与 Philo 人寿保险公司签订一份年金协议。根据该协议,在他有生之年,保险公司每年将支付给他固定的金额。要得到这笔资金,他必须先付给保险公司一笔钱。根据精算表,预计他还能再活 15 年,保险公司将把这一期间作为计算的基础,而不管他实际能活多久。

(1) 如果 Philo 保险公司在计算时使用 5%的年利率,则为得到每年 1 万美元的年金,Cohen 必须先支付多少钱(假设预计的年金支付发生在此后 15 年的每年年末)?

(2) 如果年利率为 10%,则该年金协议的购入价格是多少?

(3) 假设 Cohen 打算将 3 万美元投入该年金项目。如果保险公司在计算时使用 5%的年利率,他每年能取得多少钱?如果保险公司使用 10%的年利率,情况又将如何?

13. Happy Hang Glide 公司正在购买一栋建筑物,并为此申请了一笔 20 年期的抵押贷款 19 万美元。该贷款的年利率是 17%,要求在 20 年内分期偿清,偿付时间是每年年末。计算每年的偿付额是多少。

*14. 编制下列贷款的偿付时间表,近似到美分(参见表 3.8):

(1) 期限为 36 个月的 8000 美元贷款,要求在每个月月末等额分期偿付。月利率为 1%。

(2) 期限为 25 年的 18.4 万美元抵押贷款,年利率为 10%,要求在每年年末等额偿付。

*15. 你以15%的年利率借入1.43万美元。你预计自己每年能偿还3000美元（偿付额包括本金和利息）。计算还清该贷款需要多少年（近似到年）。

16. Lost Dutchman矿业公司计划在秘鲁投资。该公司向秘鲁政府报价，争取参加某座煤矿的开发。该矿将在第5年年末开始赢利。第5年年末预计该矿能为公司提供500万美元的现金。除了初始投资外，不会有其他现金流，因为秘鲁政府将补偿公司的所有开支。如果公司要求的名义回报率是20%（不考虑税收因素影响），在利息为（1）每年计算一次，（2）每半年计算一次，（3）每季度计算一次，（4）永续计算的条件下，公司为取得参与开发权所报出的最高报价分别是多少？

17. Earl E. Bird决定开始为退休后的生活存款。他计划从21岁生日开始每个生日储蓄2000美元，其年利率为7%。他将连续存10年，然后停止存款，但是他的存款将在此后的35年内继续以7%的年利率计息，直到他65岁退休时为止。Ivana Waite也打算在每个生日存入2000美元，年利率也是7%，并计划持续存35年。不过，她将在31岁生日时开始实施该计划。在65岁退休时，Earl和Ivana的储蓄存款的价值分别是多少？退休后谁的财务状况更好？好多少？

18. 在你出生的当天，你亲爱的姨妈Minnie许诺在你每个生日时存1000美元到你的户头。该储蓄账户的年利率为5%。在25岁时你打算取出全部存款，结果发现亲爱的（健忘的）姨妈在你5岁、7岁和11岁生日时忘了存款。在你25岁生日时该账户的价值是多少？

19. 假设今天你开立了一个存款账户并存入10万美元。该账户的年利率为5%，假设该利率在未来各期都保持不变。从今天起的第4年你将取出R美元，之后你将继续每年支取R美元，直到第9年年末取完最后一笔，从而形成下列模式的现金流（注意：今天是零时点，从今天起的第1年是第1期期末）。

年末的现金流支出……

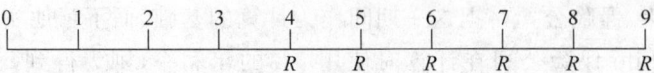

为使第9年年末取完最后R美元时该账户的余额恰好为零，R应为多少？（提示：应用年金表或公式计算将更为简便）

20. 假设某项投资的名义年回报率是9.6%。在下列计息期下该投资的实际年利率分别是多少？（1）每年计息一次；（2）每半年计息一次；（3）每季度计息一次；（4）每月计息一次；（5）每天（一年按365天计算）计息一次；（6）永续计息（注意：答案精确到小数点后四位数，如0.0987或9.87%）。

21. "想赢取100万美元吗？给你指点迷津……从所有参加者中随机挑选一名获胜者，奖励100万美元年金。"这是近期网上一项比赛的声明。比赛规则详细地描述了"百万大奖"的支付步骤："40年内每年支付2.5万美元的年金，共计支付100万美元。第一笔款项将在1月1日支付，余下的款项将在接下来每年的1月支付。"如果使用8%的年利率，该"百万大奖"在第一次付款时的现值是多少？

第3章 货币的时间价值

22. 道琼斯工业指数表明30家工业股平均指数从1000点涨到2000点大约花了14年时间,而从2000点涨到4000点只花了8年时间,从4000点涨到8000点更是缩短到大约2年的时间。在这三个指数倍增的过程中暗含的复利年增长率是多少(近似到整数百分比)?

自测题答案

1. (1) 每笔现金流的终值和现金流的总终值如下(应用本书附录A中的表A1):

美元

现金流	年末收到的每笔现金流的5年期终值(FV_5)					终值总计
	1	2	3	4	5	
W	146.40	266.20	242.00	330.00	300.00	**1284.60**
X	878.40	—	—	—	—	**878.40**
Y	—	—	—	—	1200.00	**1200.00**
Z	292.80	—	605.00	—	300.00	**1197.80**

(2) 每笔现金流的现值和现金流的总现值如下(应用本书附录A中的表A2):

美元

现金流	年末每笔应收现金流的现值(PV_0)					现值总计
	1	2	3	4	5	
W	87.70	153.80	135.00	177.60	155.70	**709.80**
X	526.20	—	—	—	—	**526.20**
Y	—	—	—	—	622.80	**622.80**
Z	175.40	—	337.50	—	155.70	**668.60**

2. (1) FV_{10} 计划1 = 500美元($FVIFA_{3.5\%,20}$)

= 500美元 × {[(1+0.035)^{20} − 1]/[0.035]}

= **14 139.84 美元**

(2) FV_{10} 计划2 = 1000美元($FVIFA_{7.5\%,10}$)

= 1000美元 × {[(1+0.075)^{10} − 1]/[0.075]}

= **14 147.09 美元**

(3) 计划2的终值稍微高一些(7.25美元),因此更可取。

(4) FV_{10} 计划2 = 1000美元($FVIFA_{7\%,10}$)

= 1000美元 × {[(1+0.07)^{10} − 1]/[0.07]}

= **13 816.45 美元**

现在,计划1的终值稍微高一些(323.37美元),因此更可取。

3. 无差异意味着你可以把今后6年收到的2.5万美元以X%的利率再投资,并在第

12年收到等价于5万美元的现金流。简而言之,2.5万美元可以在6年内实现倍增。应用"72法则"可知,72/6=12%。

也可以这样计算,50 000 美元 = 25 000 美元($FVIF_{X\%,6}$),因此,($FVIF_{X\%,6}$) = 50 000 美元/25 000 美元 = 2。根据本书附录A中的表A1可知,6年期的复利终值系数在年利率为12%时是1.974,在年利率为13%时是2.082。用插值法,得

$$X\% = 12\% + \frac{2.000 - 1.974}{2.082 - 1.974} = \mathbf{12.24\%}$$

这就是合约隐含的利率。

要求出更准确的答案,注意到$FVIF_{X\%,6}$也可以写成$(1+i)^6$。因此,可以通过下列步骤直接求出i(而$X\% = i[100]$)

$$(1+i)^6 = 2$$
$$(1+i) = 2^{1/6} = 2^{0.1667} = 1.1225$$
$$i = 0.1225 \text{ 或 } X\% = 12.25\%$$

4.(1)$PV_0 = 7000$ 美元($PVIFA_{6\%,20}$) = 7000 美元 × 11.470 = **80 290 美元**

(2)$PV_0 = 7000$ 美元($PVIFA_{8\%,20}$) = 7000 美元 × 9.818 = **68 726 美元**

5.(1)$PV_0 = 10 000$ 美元 $= R(PVIFA_{14\%,4}) = R(2.914)$

因此,$R = 10 000$ 美元/2.914 = **3432 美元**(近似到整数位)

(2)

美元

年末	(1) 分期偿付额	(2) 年利息 $(4)_{t-1} \times 0.14$	(3) 本金偿付额 (1) - (2)	(4) 年末未还本金额 $(4)_{t-1} - (3)$
0	—	—	—	10 000
1	3432	**1400**	2032	7968
2	3432	**1116**	2316	5652
3	3432	**791**	2641	3011
4	3432	**421**	3011	0
	13 728	3728	10 000	

6. 从第1年到第20年,在偶数年的年末都能获得1000美元,该问题可画图表示如下:

```
0    1    2    3    4         19   20
          |         |     //        |
       1000美元  1000美元        1000美元
```

提示:把每两年取得1000美元的年金形式转化为等价的每年的年金形式(即能够提供与实际现金流具有相同现值或终值的年金)。求解与在第2年年末收到的1000美元的终值相同的2年期年金数额,有

$$FVA_2 = 1000 \text{ 美元} = R(FVIFA_{10\%,2}) = R(2.100)$$

因此,$R = 1000$ 美元/2.100 = 476.19 美元。所有1000美元的2年期年金可以换算为等

价的 20 年期每年 476.19 美元。

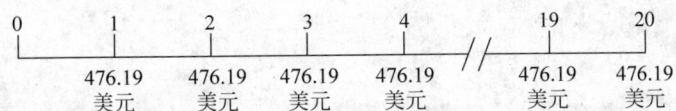

$$PVA_{20} = 476.19 \text{ 美元}(PVIFA_{10\%,20}) = 476.19 \text{ 美元} \times 8.514 = \textbf{4054.28 美元}$$

7. 实际年利率 $= (1+[i/m])^m - 1$

$\qquad\qquad\quad = (1+[0.0706/4])^4 - 1$

$\qquad\qquad\quad = 0.072\,49$(约等于 7.25%)

因此,我们可以进行每季度计息一次的计算。如果投资 1 万美元,年利率为 7.06%,每季度计息一次,投资期为 7 个月(提示:7 个月等于 $2\frac{1}{3}$ 个季度),则

$10\,000 \text{ 美元}(1+[0.0706/4])^{2.\overline{33}} = 10\,000 \text{ 美元} \times 1.041\,669 = \textbf{10 416.69 美元}$

8. $FVA_{65} = 1230 \text{ 美元}(FVIFA_{5\%,65}) = 1230 \text{ 美元}[([1+0.05]^{65}-1)/(0.05)]$

$\qquad\quad\; = 1230 \text{ 美元} \times 456.798 = \textbf{561 861.54 美元}$

该储蓄者如果当初每年将所储存的便士存入银行,并获取 5% 的年复利,则他的收入将增加 561 861.54 美元 − 80 000 美元 = **481 861.54 美元**(或 48 186 154 便士)。

9.(1)支付的利息为:50 000 美元 × 0.08 = 4000 美元

$\qquad$支付的本金为:7451.47 美元 − 4000 美元 = **3451.47 美元**

(2)总分期付款金额 − 总本金金额 = 总利息金额

74 514.70 美元 − 50 000 美元 = **24 514.70 美元**

参考文献

Rich, Steven P., and John T. Rose. "Interest Rate Concepts and Terminology in Introductory Finance Texbooks." *Financial Practice and Education* 7 (Spring-Summer 1997), 113-121.

Shao, Stephen P., and Lawrence P. Shao. *Mathematics for Management and Finance*, 8th ed. Cincinnati, OH: South-Western, 1998.

Part Ⅱ of the text's website, *Wachowicz's Web World*, contains links to many finance websites and online articles related to topics covered in this chapter.
(web.utk.edu/~jwachowi/part2.html) See, especially, *Annuities: Ordinary? Due? What do I do?*
(web.utk.edu/~jwachowi/annuity1.html) and *Annuity Problems*
(web.utk.edu/~jwachowi/annuity-prob.pdf)

第 4 章

长期证券的估价

内容提要

- 不同价值概念间的区别
  清算价值和持续经营价值·账面价值和市场价值·市场价值和内在价值
- 债券估价
  永久债券·有限到期日的债券
- 优先股估价
- 普通股估价
  股利是不是普通股估价的基础·股利贴现模型
- 报酬率（或收益率）
  债券的到期收益率（YTM）·优先股收益率·普通股收益率
- 长期证券估价中关键现值公式汇总表
- 小结
- 思考题
- 自测题
- 复习题
- 自测题答案
- 参考文献

学习目的

完成本章学习后，您将能够：

- 区分各种有关价值的术语，包括清算价值、持续经营价值、账面价值、市场价值和内在价值。
- 为债券、优先股和普通股估价。
- 计算不同种类长期证券的报酬率（或收益率）。
- 列出并解释对债券价格的一系列观察结果。

> 什么样的人是玩世不恭的人？就是那些知道所有物品的价格，却对其价值一无所知的人。
>
> ——奥斯卡·王尔德（Oscar Wilde）

上一章我们讨论了货币的时间价值,并探索了复利的奥妙。现在我们可以运用这些概念确定各种证券的价值。我们将特别关注公司长期证券,如公司债券、优先股和普通股股票的估价,当然,上一章所学到的原理同样适用于其他证券。实际上,估价理论是本书后面各章大部分内容的基础。因为公司的主要决策都与其估价的影响有关,我们必须理解投资者是如何对公司的金融工具进行估价的。

 ## 不同价值概念间的区别

价值的概念对于不同的人有不同的含义。因此,我们必须明确我们所使用的术语的定义。先简要看一看几种主要的价值概念间的区别。

清算价值和持续经营价值

清算价值(liquidation value)是指一项资产或一组资产(如一个企业)从正在运营的组织中分离出来单独出售所能获得的货币值。这个价值与公司的持续经营价值是相对的概念。**持续经营价值**(going-concern value)是指公司作为一个持续运营的组织整体出售所能获得的货币值。通常这两个价值是不相等的。有些时候,一家公司在清算时的价值会高于它在持续经营时的价值。

本章所讨论的证券估价模型通常都假设所论及的公司是持续经营的,即它能够为证券投资者提供正的现金流。在该假设不成立时(如公司即将破产时),公司的证券价值主要由公司的清算价值决定。

账面价值和市场价值

资产的**账面价值**(book value)是指资产的入账价值,即资产成本减去累计折旧的值。公司的账面价值等于资产负债表上所列示的资产总额减去负债与优先股之和。因为账面价值以历史成本作为基础,因此它与一项资产或一家公司的市场价值关系不大。

一项资产的**市场价值**(market value)通常是该资产(或类似资产)在公开市场上交易时的市场价格。对一家公司而言,其市场价值是清算价值和持续经营价值两者间的较大者。

市场价值和内在价值

根据我们对市场价值的一般定义,证券的市场价值就是证券的市场价格。对于交易活跃的证券来说,其市场价值是证券交易的最终报价。对于交易不活跃的证券则必须估计其市场价格。

证券的**内在价值**(intrinsic value)是指对资产、收益、预期和管理等影响价值的所有因素都作出适当评估后得出的证券价格。简而言之,证券的内在价值就是它的经济价值。如果市场是有效率的,信息是完全的,则证券的现行市价应围绕其内在价值上下波动。

本章所采用的估价方法是一种确定证券内在价值的方法,即根据各种强有力的证据得出证券价值的方法。该价值是投资者获得的现金流按适当的风险报酬率折现后的现值。了解了这些基本的估价概念后,就可以更详细地讨论特定种类的证券的价值了。

债券估价

债券(bond)是在发行公司全部偿付之前,需要逐期向持有者支付定额利息的一种证券。在讨论债券的估价知识前,先要介绍一些术语。首先,债券具有**面值**(face value)。① 在美国,债券的面值通常是 1000 美元。其次,几乎所有的债券都规定了到期日,届时债券的发行者有义务向债券持有者支付相当于债券面值的款项。最后,债券票面上标明了债券的**票面利率**(coupon rate)或称名义年利率。② 例如,如果一张面值 1000 美元的债券的票面利率是 12%,则发行公司在债券到期前,每年都要向债券持有者支付 120 美元的利息。

在估算债券或其他证券的价值时,我们最关心的是在证券的有效期内,持有者将获得的现金流的贴现值或现值。债券在发行时就确定了一定的支付模式。该模式包括两个部分:一是在特定期间内支付预先规定的一定数额的利息;二是在债券到期时的最后一笔支付款项,它等于债券的面值。用于现金流贴现的折现率(或贴现率)与建立在债券发行时的风险结构上的利率有所不同。通常该贴现率是由无风险利率和风险溢价组成的。(你可能还记得第 2 章介绍过的内容:由市场力量协调风险和报酬达到均衡。下一章将进一步讨论风险和预期报酬率。)

永久债券

确定债券价值的最初步(也是最简单)的入手处是一种永不到期的特殊债券。这种债券的确很少见,但它的简单形式有助于阐明债券的估价方法。这种债券的一个例子是英国**统一公债**(consol)(即合并年金的简称),它最早是英国在拿破仑战争后为偿债而发行的。英国政府必须无限期地向债券持有人支付固定利息。

永久债券的现值等于无限期的利息流的资本化价值。如果一种债券需要无限期地每年支付固定的款项 I,则在投资者预期报酬率为 k_d 时债券的现值(内在价值)V 为

$$V = \frac{I}{(1+k_d)^1} + \frac{I}{(1+k_d)^2} + \cdots + \frac{I}{(1+k_d)^\infty} \quad (4.1)$$

$$= \sum_{t=1}^{\infty} \frac{I}{(1+k_d)^t}$$

$$= I(\text{PVIFA}_{k_d, \infty}) \quad (4.2)$$

根据第 3 章中关于永续复利的讨论,可把上式简化为

$$V = I/k_d \quad (4.3)$$

因此,永久债券的现值可以简单地表示成每期的利息支付额除以每期给定的贴现率。假定投资者购买了一种永久债券,该债券每年向投资者支付 50 美元,而且是无限期支付,

---

① 财务学中许多名词有不同的叫法,就像很多罪犯都有化名一样。例如,债券的面值又称票面价值或本金。正如一名出色的侦探要对罪犯的化名了然于胸,你要熟悉财务学术语的各种名称。

② 票面利率源于分离息票,该息票附在无记名债券上,它是无记名债券持有人在领取应得利息时,付给代理付息机构或发行人的凭证。现在,记名债券的持有人在发行人处登记姓名,这样发行人就可以通过邮寄方式将支票寄给该持有人以支付利息。

又假定投资者投资于该债券的预期报酬率为12%,则该债券的现值为

$$V = 50 \text{ 美元}/0.12 = 416.67 \text{ 美元}$$

这就是投资者愿意为该债券支付的最高金额。如果该永久债券的市场价格高于这个金额,则投资者就不会愿意购买它了。

有限到期日的债券

非零息债券 如果债券有到期日,那么在估算该债券的价值时,不仅要考虑各期利息,而且要考虑它的到期值(面值)。如果一种债券的利息是在每年年末支付的,则该债券的价值为

$$V = \frac{I}{(1+k_d)^1} + \frac{I}{(1+k_d)^2} + \cdots + \frac{I}{(1+k_d)^n} + \frac{MV}{(1+k_d)^n}$$

$$= \sum_{t=1}^{n} \frac{I}{(1+k_d)^t} + \frac{MV}{(1+k_d)^n} \tag{4.4}$$

$$= I(\text{PVIFA}_{k_d,n}) + MV(\text{PVIF}_{k_d,n}) \tag{4.5}$$

式中,n 是到期前的年数,MV 是债券的到期价值。

现有一张票面价值为 1000 美元,票面利率为 10%,9 年后到期的债券,计算其价值。10% 的票面利率意味着每年向债券持有人支付 100 美元的利息。如果投资者的预期报酬率为 12%,则

$$V = \frac{100 \text{ 美元}}{(1.12)^1} + \frac{100 \text{ 美元}}{(1.12)^2} + \cdots + \frac{100 \text{ 美元}}{(1.12)^9} + \frac{1000 \text{ 美元}}{(1.12)^9}$$

$$= 100 \text{ 美元}(\text{PVIFA}_{12\%,9}) + 1000 \text{ 美元}(\text{PVIF}_{12\%,9})$$

从附录 A 中的表 A4 可以查到年利率为 12% 的 9 年期年金的现值系数为 5.328。而从附录中的表 A2 的 12% 所在栏可以查到 9 年期复利的现值系数为 0.361。因此,该债券的价值为

$$V = 100 \text{ 美元} \times 5.328 + 1000 \text{ 美元} \times 0.361$$

$$= 532.80 \text{ 美元} + 361.00 \text{ 美元} = \textbf{893.80 美元}$$

式中,利息的现值是 532.80 美元,而到期本金的现值是 360.00 美元。(注意:这里所有的数字都是近似值,这是因为所使用的现值表是近似到小数点后三位的;债券的精确现值是 893.44 美元。)

如果所选定的贴现率不是 12% 而是 8%,则估价等式变为

$$V = \frac{100 \text{ 美元}}{(1.08)^1} + \frac{100 \text{ 美元}}{(1.08)^2} + \cdots + \frac{100 \text{ 美元}}{(1.08)^9} + \frac{1000 \text{ 美元}}{(1.08)^9}$$

$$= 100 \text{ 美元}(\text{PVIFA}_{8\%,9}) + 1000 \text{ 美元}(\text{PVIF}_{8\%,9})$$

从附录 A 的表 A2 和表 A4 中查找相应的利率系数,得到

$$V = 100 \text{ 美元} \times 6.247 + 1000 \text{ 美元} \times 0.500$$

$$= 624.70 \text{ 美元} + 500.00 \text{ 美元} = 1124.70 \text{ 美元}$$

贴现率为 8% 时,债券的现值超过了其面值 1000 美元,这是因为投资者的预期报酬率小于票面利率。此时,投资者愿意支付溢价来购买债券。而在贴现率为 12% 时,投资者的预期报酬率高于票面利率,因此债券的现值低于面值,债券只能以低于面值的价格出

售。如果投资者的预期报酬率刚好等于票面利率,则债券的现值将等于面值。下面讨论债券价格的变化时,会进一步讨论这些概念。

零息债券 零息债券(zero-coupon bond)在到期前不支付利息,但是以远远低于面值的价格出售。投资者为什么会购买并不支付利息的债券?原因就在于该债券的购买者仍然能获得回报。这包括自债券发行起其价值逐渐升高而带来的增值,即投资者以低于面值的价格购买而在到期时发行者以面值赎回。

零息债券的估价等式是非零息债券估价等式的截取版。删去"利息支付的现值",只留下"到期日本金支付的现值"就得到了零息债券的价值,或

$$V = \frac{MV}{(1+k_d)^n} \tag{4.6}$$

$$= MV(\text{PVIF}_{k_d,n}) \tag{4.7}$$

假设 Espinosa 企业发行了面值为 1000 美元的 10 年期零息债券。如果投资者的预期报酬率为 12%,则

$$V = \frac{1000 \text{ 美元}}{(1.12)^{10}} = 1000 \text{ 美元}(\text{PVIF}_{12\%,10})$$

从附录 A 中的表 A2 可以查到年利率为 12% 的 10 年期复利的现值系数为 0.322。因此

$$V = 1000 \text{ 美元} \times 0.322 = \mathbf{322 \text{ 美元}}$$

如果投资者能够以 322 美元的价格购入该债券并在 10 年后由发行公司以 1000 美元的价格赎回,则该债券的初始投资将为投资者带来 12% 的年报酬率。

半年计息一次 有些债券(特别是在欧洲市场上发行的债券)每年支付一次利息,美国市场上的大多数债券则每年支付两次利息。为了计算每年付息两次的债券的价值,必须修改债券的估价公式。① 例如,式(4.4)和式(4.5)变化为

$$V = \sum_{t=1}^{2n} \frac{I/2}{(1+k_d/2)^t} + \frac{MV}{(1+k_d/2)^{2n}} \tag{4.8}$$

$$= (I/2)(\text{PVIFA}_{k_d/2,2n}) + MV(\text{PVIF}_{k_d/2,2n}) \tag{4.9}$$

式中,k_d 代表预期名义年利率,$I/2$ 是半年支付的利息额,$2n$ 是到期前半年期的期数。

注意:

不仅半年支付的利息要以半年为期间贴现,到期时支付的价值总额也要以半年为期间贴现,这好像不正确,其实不然。半年贴现一次的假定一经采纳,就应适用于所有的现金流。

举例说明,如果美国 Blivet 公司发行了一种债券,票面利率为 10%,期限为 12 年,预期名义年报酬率为 14%,则面值 1000 美元的债券的现值为

$$V = 50 \text{ 美元}(\text{PVIFA}_{7\%,24}) + 1000 \text{ 美元}(\text{PVIF}_{7\%,24})$$

$$= 50 \text{ 美元} \times 11.469 + 1000 \text{ 美元} \times 0.197 = 770.45 \text{ 美元}$$

券商们不会手算债券的价值,他们通常会利用债券价值表。给定到期日、票面利率和

---

① 即使对于零息债券,券商间的定价惯例也是以半年为期间而不是以一年为期间进行贴现的。这有利于对零息债券与付息债券进行对比。

预期报酬率，就能从债券价值表中查到债券的现值。类似地，给定四个要素中的三个，就能从表中查到第四个要素。此外，一些专业的计算器设有计算债券价值和收益的程序，只要输入上述要素，即可得出结果。你今后在工作中，很可能需要利用这些工具来计算债券的价值。

小窍门：

记住，在应用债券公式——式(4.4)～式(4.9)时，MV等于债券的到期价值，而不是债券的当前市场价值。

优先股估价

大部分**优先股**(preferred stock)定期支付固定的股利。这种金融工具的特征将在第20章介绍。优先股不规定到期日，且固定支付股利的性质与永久债券很相似。因此，优先股的估价所用到的方法与永久债券估价方法是一样的。① 即，优先股的现值为

$$V = D_p/k_p \qquad (4.10)$$

式中，D_p 是事先规定的每股优先股一年的股利，k_p 是确定的贴现率。如果 Margana Cipher 公司发行在外的优先股的股利率为9%，面值为100美元，投资者的预期报酬率为14%，则该优先股每股的价值为

$$V = 9\text{美元}/0.14 = 64.29\text{美元}$$

Fool 在线问答

问题：什么是优先股？

回答：虽然我们通常不太愿意投资优先股，不过还是很乐意解释一下优先股的概念。与普通股一样，优先股的每股都代表持有者对公司的部分所有权。但是与普通股不同的是，优先股持有人通常没有投票权。优先股的股利以固定形式发放，并且金额高于普通股股利。

优先股其实并不是针对个人投资者的。优先股通常由其他公司购买，这些公司是受到优先股股利的低所得税税率的吸引才购买的。此外，优先股对公司收益和财产的请求权要优于普通股，这也是一些公司购买优先股的原因。假设 One-Legged Chair 公司（报价符号：WOOPS）破产了。许多在该公司有投资的个人或企业都想抽回自己的资金。这时贷款人将优于优先股股东得到偿付，而优先股股东则将优于普通股股东被偿付。

资料来源：Motley Fool 公司(www.fool.com)。经 Motley Fool 公司许可摘录。

---

① 事实上，所有的优先股都具有收回这一特征（一种允许发行公司强制收回优先股的规定），而且许多优先股最后被收回了。在确定一种即将被收回的优先股的价值时，其估价公式可以通过对有到期日的债券估价公式进行修改得到。在式(4.4)和式(4.5)中，用每期的优先股股利代替每期的债券利息，用优先股的收回价格代替债券的到期价值，将所有的款项按照相应的利率进行贴现。

普通股估价

过去几十年间,有关**普通股**(common stock)估价的理论发生了很大的变化。它始终是争论的热点,至今仍没有一种方法被普遍接受。但近几年有一种观点逐渐为人们所接受,该观点认为,在分析单个普通股时,应把它作为投资者可能持有的普通股组合的一部分。换句话说,投资者对于单个股票的涨跌的关注远不及对股票组合总价值的影响的关注。这一观点对于确定证券的预期报酬率十分重要,我们将在下一章探讨这个问题。这里首先重点考察一下普通股投资者报酬的规模和模式。债券和优先股的现金流是事先在合同中约定的,而普通股的现金流则与之不同,其未来报酬有很大的不确定性。

股利是不是普通股估价的基础

通过计算企业提供给投资者的现金报酬的贴现值,可以估算债券和普通股的价值。用类似的方法,普通股的每股价值可以看成是对持有人在出售股票前由发行公司提供的预计现金股利的贴现值。[①] 换句话说

$$V = \frac{D_1}{(1+k_e)^1} + \frac{D_2}{(1+k_e)^2} + \cdots + \frac{D_\infty}{(1+k_e)^\infty} \tag{4.11}$$

$$= \sum_{t=1}^{\infty} \frac{D_t}{(1+k_e)^t} \tag{4.12}$$

式中,D_t 是第 t 期期末的现金股利,k_e 是投资者对权益资本的预期报酬率或贴现率,这与前面所讲述的内容是类似的。

但是,如果我们只准备持股 2 年,又该如何估算呢? 这时,估价模型变为

$$V = \frac{D_1}{(1+k_e)^1} + \frac{D_2}{(1+k_e)^2} + \frac{P_2}{(1+k_e)^2}$$

式中,P_2 是第二年年末股票的预期售价。这里假定两年后有投资者愿意购买我们所持有的普通股。相应地,这些潜在购买者把该股票未来预计的股利和售价(或期末值)作为他们判断是否购买该股票的基础。这一过程将在投资者间持续进行。

注意,用来确定股票价值的预计未来股利和售价本身也是以未来的预计股利为基础估计得出的。现金股利是发行公司付给股票持有人全体的报酬。因此,普通股的估价基础一定是股利。这里的股利应当包括股票持有人的全部现金流,所以也包括股票被购回时支付给持有人的款项(参见第 18 章有关股票回购的内容,它也是股利决策的一部分)。

谈到这里,很自然地提出了另一个问题,即当公司股票不支付股利时,为什么它还会有正的价值,并且这个价值通常还是相当高的? 答案就在于投资者预计未来该股票的出售价格会高于购入时的价格。其他投资者的报酬是股利加上期末值,而不支付股利的股票投资者的报酬仅仅为期末值。期末值是以该期末时点市场的预期为基础的。投资者最

[①] 该模型最早是由约翰·B. 威廉斯(John B. Williams)提出的,见 *The Theory of Investment Value* (Cambridge, MA: Harvard University Press,1938)。威廉斯生动地用诗句来表述,"奶牛产牛奶,母鸡生鸡蛋,股票生股利"。

终的预期是：发行公司最终将支付股利，无论是正常支付还是清算支付，自己最终会从公司获得股利形式的现金回报。在没有支付股利的期间，投资者以能够在未来出售股票而感到安心，因为该股票是有市场的。与此同时，发行公司则将收益重新投资。发行公司和投资者都希望这些投资能够增加公司未来的赢利能力，并最终增加股利。

股利贴现模型

股利贴现模型是用于计算普通股每股内在价值的模型。该模型假设未来的股利增长是可以预计的，并假设贴现率是事先确定的。美林（Merrill Lynch）、瑞信第一波士顿银行（CS First Boston）和其他很多投资银行都基于自己特有的模型和估计常规性地进行这种计算。下面就介绍一下这些模型，先从最简单的开始。

固定增长 公司的股利经常会波动，但如果预期股利会以固定的增长率增长，会对基本的股票估价方法有何影响呢？假设股利的固定增长率为 g，则式(4.11)变形为

$$V = \frac{D_0(1+g)}{(1+k_e)^1} + \frac{D_0(1+g)^2}{(1+k_e)^2} + \cdots + \frac{D_0(1+g)^\infty}{(1+k_e)^\infty} \tag{4.13}$$

式中，D_0 是目前的每股股利。因此，第 n 期期末的预计每股股利等于最近一期的每股股利乘以因子 $(1+g)^n$。这个公式看起来对式(4.11)并未做太多改进，但如果假定 k_e 大于 g（这是一个很合理的假设，因为如果股利增长率 g 大于贴现率 k_e，则股票的价值将是无穷大），式(4.13)可简化为 ①

$$V = D_1/(k_e - g) \tag{4.14}$$

变形后，可以把投资者的预期报酬率表述成

$$k_e = (D_1/V) + g \tag{4.15}$$

该估价模型的关键性假设是：每股股利预计会永远以 g 的几何级数增长。对很多公司来说，该假设有些不符合实际。为了说明式(4.14)的应用，假设 LKN 公司在 $t=1$ 时的预期每股股利是 4 美元，并预期每股股利将以 6% 的年增长率永远增长下去，确定的贴现率是 14%。则 LKN 公司股票的每股价值将是

$$V = 4 \text{ 美元}/(0.14 - 0.06) = \mathbf{50 \text{ 美元}}$$

---

① 如果将式(4.13)的两边都乘以 $(1+k_e)/(1+g)$，并用这个结果减去式(4.13)，则有

$$\frac{V(1+k_e)}{(1+g)} - V = D_0 - \frac{D_0(1+g)^\infty}{(1+k_e)^\infty}$$

因为我们假设 k_e 为无穷大，因此公式右边的第二项趋于 0，因此

$$V\left[\frac{(1+k_e)}{(1+g)} - 1\right] = D_0$$

$$V\left[\frac{(1+k_e)-(1+g)}{(1+g)}\right] = D_0$$

$$V(k_e - g) = D_0(1+g) = D_1$$

$$V = D_1/(k_e - g)$$

这个模型有时被称做"哥顿股利估价模型"，Myron J. Gordon 从 John Williams 的开创性研究中得出了该模型。参见 Myron J. Gordon, *The Investment, Financing, and Valuation of the Corporation* (Homewood, IL: Richard D. Irwin, 1962)。

对于处在成熟期的公司来说，永久增长模型常常是合理的。

小窍门：

在应用式(4.14)和式(4.15)时，一个常见的错误是用公司最近一年的每股股利(D_1)代替下一年年末的预期每股股利。

收益倍数法的推导 在固定增长率下，我们可以很容易地从式(4.14)的股利估价模型推导得出收益倍增法估价模型。其思路是，投资者常常考虑自己愿意为未来预计的收益支付多少资金。假定公司每年按照固定的比例留存其收益，假设该比例为b。这样一来，股利支付率（每股股利除以每股收益）也将是固定的。因此

$$(1-b) = D_1 / E_1 \tag{4.16}$$

或

$$(1-b)E_1 = D_1$$

式中，E_1为第一期预计的每股收益。从而式(4.14)可以表示为

$$V = [(1-b)E_1]/(k_e - g) \tag{4.17}$$

这里股票价值是基于第一期的预计每股收益得出的。在前面的例子中，假设LKN公司的留存收益率为40%，第一期的每股收益预计为6.67美元。因此

$$V = (0.60 \times 6.67 \text{美元})/(0.14 - 0.06) = \mathbf{50 \text{ 美元}}$$

将式(4.17)变形，得

$$\text{收益倍数} = V/E_1 = (1-b)/(k_e - g) \tag{4.18}$$

式(4.18)给出了投资者愿意为股票支付的相当于预计收益最高倍数的价格。在这个例子中

$$\text{收益倍数} = (1-0.40)/(0.14-0.06) = 7.5 \text{ 倍}$$

由此，预计每股收益6.67美元乘以收益倍数7.5就等于普通股的每股价值50美元(6.67美元×7.5=50美元)。但是要记住，这种普通股估价的方法仍是以固定增长率的股利贴现模型为基础的。

不增长 固定增长率的股利贴现模型的一个特例是预期股利增长率g为零，即假定股利将永远保持在当前的水平上。在这种情况下，式(4.14)简化为

$$V = D_1/k_e \tag{4.19}$$

能够简单地将其股利估计为永久保持不变的股票并不多。然而，当预计股利在较长时期内保持稳定时，式(4.19)可以给出较为准确的股票近似值。①

阶段性增长 当预计股利增长模式不适用于固定增长模式时，可以通过修改式(4.13)来计算股票的价值。很多估价模型都建立在一个相同的假定上，即公司先以超出常规的增长率增长若干年（该阶段g可能大于k_e），但增长率最后会降低。因此，从目前超常的增长率到正常的增长率之间有一个转变。如果每股股利预计按10%的增长率增长5年，然后以6%的增长率永远增长下去，则式(4.13)变形为

---

① AT&T公司是一个在较长期间保持稳定股利的公司的例子。1922年直至1958年12月的36年里，AT&T公司每年支付的每股股利都是9美元。

$$V = \sum_{t=1}^{5} \frac{D_0(1.10)^t}{(1+k_e)^t} + \sum_{t=6}^{\infty} \frac{D_5(1.06)^{t-5}}{(1+k_e)^t} \qquad (4.20)$$

注意,第二阶段股利的增长以第 5 期的预计股利为基础。因此,增长率的指数是 $t-5$,即第 6 期的指数是 1,第 7 期的指数是 2,依此类推。第二阶段的模型不过是在固定增长率贴现模型前加上一个股利超常增长期间的模型而已。因此,式(4.20)可以改写成

$$V = \sum_{t=1}^{5} \frac{D_0(1.10)^t}{(1+k_e)^t} + \left[\frac{1}{(1+k_e)^5}\right]\left[\frac{D_6}{k_e - 0.06}\right] \qquad (4.21)$$

如果当前的每股股利 D_0 是 2 美元,投资者的预期报酬率 k_e 是 14%,则可以解出 V(具体运算步骤见表 4.1)。

$$V = \sum_{t=1}^{5} \frac{2\text{美元}(1.10)^t}{(1.14)^t} + \left[\frac{1}{(1.14)^5}\right]\left[\frac{3.41\text{美元}}{(0.14 - 0.06)}\right]$$
$$= 8.99\text{美元} + 22.13\text{美元} = \mathbf{31.12\text{美元}}$$

从超常的股利增长率向正常的股利增长率的转变要经过的阶段可能远远多于上述两个阶段。我们可能预计股利先以 10% 的增长率增长 5 年,接着以 8% 的增长率增长 5 年,然后以 6% 的固定增长率增长下去。增加的增长阶段越多,股利的增长就越接近线性函数。但是,没有哪个公司能以超常的增长率永远增长下去。常见的模式是,公司在开始时保持很高的增长率,然后逐渐减缓,最后达到与大多数公司差不多的增长率。如果公司进入成熟期,则增长率可能干脆就降到零了。

表 4.1 两阶段增长和普通股价值估算   美元

阶段 1:前 5 年股票的股利现值				
年末	现值计算			股利现值
	(股利	×	PVIF$_{14\%,t}$)	
1	$2(1.10)^1 = 2.20$	×	0.877	= 1.93
2	$2(1.10)^2 = 2.42$	×	0.769	= 1.86
3	$2(1.10)^3 = 2.66$	×	0.675	= 1.80
4	$2(1.10)^4 = 2.93$	×	0.592	= 1.73
5	$2(1.10)^5 = 3.22$	×	0.519	= 1.67
或 $\left[\sum_{t=1}^{5} \frac{2\text{美元} \times (1.10)^t}{(1.14)^t}\right]$			=	8.99
阶段 2:固定增长率的现值				
第 6 年年末的股利	= 3.22 美元 × 1.06 = 3.41 美元			
第 5 年年末的股票价值	= $D_6/(k_e - g)$ = 3.41 美元/(0.14 - 0.06) = 42.63 美元			
42.63 美元在第 5 年年末的现值	= 42.63 美元 × (PVIF$_{14\%,5}$)			
	= 42.63 美元 × 0.519 = 22.13 美元			
股票现值				
V = 8.99 美元 + 22.13 美元 = **31.12 美元**				

报酬率(或收益率)

迄今为止,本章所讨论的是如何根据适合证券风险的贴现率(或预期报酬率)对证券的收入流进行资本化,从而对长期金融工具进行估价。如果在公式中用证券的市场价格(P_0)代替内在价值(V),则可以求出市场预期报酬率。该报酬率确定了使预期现金流等于证券目前的市场价值的贴现率,又称证券的(市场)收益率。预期现金流随所分析的证券不同而不同,可能是利息支付,也可能是本金支付,还可能是股利支付。必须认识到,只有在证券的内在价值等于其市场价值(价格)时,投资者的预期报酬率才等于证券的(市场)收益率。

不同的证券有不同的现金流、到期日和时价,市场收益率的一个重要作用就是为投资者比较各种证券提供了一个统一的标准。在后面的章节中,我们将讨论证券收益率与公司未来的财务成本和全部资金成本的关系。

债券的到期收益率(YTM)

债券的预期市场报酬率(k_d)更常用的说法是债券的到期收益率。**到期收益率**(yield to maturity, YTM)是指按照当期市场价格购买债券并持有至到期日,债券所产生的期望收益率,也被称为债券的内部收益率(IRR)。从数学上解释,它是使债券所有预期的利息支付和到期时本金(面值)支付的现值等于债券时价的贴现率。例如,回顾一下式(4.4),即有到期日的带息债券的价值等式。在该公式中,用当前的市价(P_0)代替内在价值(V),则等式变为

$$P_0 = \sum_{t=1}^{n} \frac{I}{(1+k_d)^t} + \frac{MV}{(1+k_d)^n} \tag{4.22}$$

把I、MV和P_0的实际值代入公式,即可解出k_d,即债券的到期收益率。不过,到期收益率的求解非常复杂,需要借助债券价值表,或者多功能手持计算器或是计算机来完成。

插值法 如果我们只有现值表,仍可应用试错法近似地求出到期收益率。举例说明,假设一张面值1000美元的债券具有下列特征:当前的市价为761美元,期限为12年,票面利率为8%(每年支付一次利息)。现在确定一个贴现率,该贴现率应当使债券预计现金流的现值等于债券的当前的市价。我们先把贴现率设为10%,求债券预计现金流的现值。我们利用本书附录 A 中表 A2 和表 A4 来查找相应的现值系数。

$$V = 80 \text{ 美元}(PVIFA_{10\%,12}) + 1000 \text{ 美元}(PVIF_{10\%,12})$$

$$= 80 \text{ 美元} \times 6.814 + 1000 \text{ 美元} \times 0.319 = \mathbf{864.12 \text{ 美元}}$$

按10%的贴现率求出的债券现值大于债券当前的市价(761美元)。因此,我们需要试用更高的贴现率,以降低未来的现金流,从而使其现值降到761美元。现在试用15%的贴现率,有

$$V = 80 \text{ 美元}(\text{PVIFA}_{15\%,12}) + 1000 \text{ 美元}(\text{PVIF}_{15\%,12})$$
$$= 80 \text{ 美元} \times 5.421 + 1000 \text{ 美元} \times 0.187 = \textbf{620.68 美元}$$

这次选用的贴现率太高了,计算得到的现值低于当前的市价。因此,使债券预计现金流贴现值等于761美元的贴现率应该是介于10%和15%之间。

为近似地计算该贴现率,在10%和15%之间应用**插值**(interpolate)法如下①

$$0.05 \begin{bmatrix} X \begin{bmatrix} 0.10 & 864.12 \text{ 美元} \\ \text{YTM} & 761.00 \text{ 美元} \\ 0.15 & 620.68 \text{ 美元} \end{bmatrix} 103.12 \text{ 美元} \end{bmatrix} 243.44 \text{ 美元}$$

$$\frac{X}{0.05} = \frac{103.12 \text{ 美元}}{243.44 \text{ 美元}} \quad \text{因此}, X = \frac{(0.05) \times (103.12 \text{ 美元})}{243.44 \text{ 美元}} = 0.0212$$

在上例中,$X = \text{YTM} - 0.10$,即 $\text{YTM} = 0.10 + X = 0.10 + 0.0212 = 0.1212$ 或 **12.12%**。用计算机求出的准确值是11.82%。可见,用插值法计算求得的到期收益率只是近似值,这是因为两个已知贴现率间的关系并非线性的。插值法中两个已知贴现率的差越小,求得的结果越精确。例如,如果上例中所用到的是11%和12%,则求得的结果将更接近"实际的"到期收益率。

债券的价格变动 理解了式(4.22)后,就可以对债券价格进行大量的研究。

1. 当市场预期报酬率高于债券标明的票面利率时,债券价格将低于债券面值。该债券以折价出售,即以低于面值的价格出售。面值超过时价的部分称为**债券折价**(bond discount)。

2. 当市场预期报酬率低于债券标明的票面利率时,债券价格将高于债券面值。该债券以溢价出售。时价超过面值的部分称为**债券溢价**(bond premium)。

3. 当市场预期报酬率等于债券标明的票面利率时,债券价格等于债券面值。该债券以平价出售。

小窍门:

如果债券折价出售,则 $P_0 <$ 面值,YTM $>$ 票面利率。
如果债券平价出售,则 $P_0 =$ 面值,YTM $=$ 票面利率。
如果债券溢价出售,则 $P_0 >$ 面值,YTM $<$ 票面利率。

4. 如果利率上涨,市场预期报酬率也随之上升,则债券的价格会下降。如果利率下降,则债券的价格会上升。简而言之,利率的变动方向与债券价格的变动方向相反。

从第4点可以看到,利率的变动会引起债券价格的变动。由于利率变动所引起的债券价格变动称为利率风险。值得注意的是,只有证券在到期前被出售,并且证券购入后利率上涨时,投资者才会因利率风险而受损。

---

① 在数学上,可以把贴现率插值法归结为:被插入的贴现率 $= i_L + \frac{(i_H - i_L)(\text{PV}_L - \text{PV}_{\text{YTM}})}{\text{PV}_L - \text{PV}_H}$。
式中,i_L 是低于投资的到期收益率(或内部收益率)的贴现率;i_H 是高于投资的到期收益率(或内部收益率)的贴现率;PV_L 是投资按贴现率 i_L 进行折算的现值;PV_H 是投资按贴现率 i_H 进行折算的现值;PV_{YTM} 是投资按投资的到期收益率贴现后的现值,这个结果必须等于投资的时价。

债券价格的其他变动不像上述四点这么明显,需要单独说明。

5. 给定市场预期报酬率的变动幅度,则债券期限越长,债券价格的变动幅度越大。

通常情况下,债券期限越长,一定市场预期报酬率的变动所引起的债券价格变动越大。这是因为,证券离到期日越近,利息支付对于其市场价值的影响越小,从而市场预期报酬率的变动对市场价格的影响也越小。因此,通常债券期限越长,在利率整体水平发生变动时,投资者所承受的价格变动风险越大。

图4.1通过对比除到期日不同外其他条件均相同的两种债券,验证了我们的结论。图中列出了5年期债券的价格和15年期债券的价格对于市场预期报酬率变化的敏感性。正如我们所预料的,在一定的市场预期报酬率变动条件下,债券期限越长,债券的价格变动越大[两条线上所有点对应的债券价格都是利用式(4.22)计算得出的]。

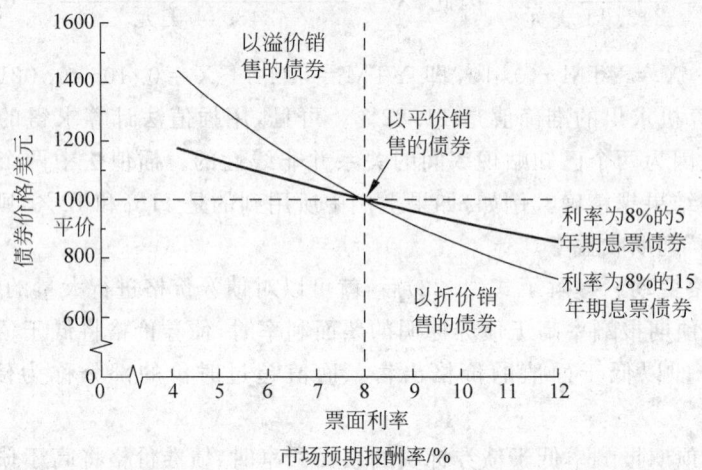

图 4.1 两种债券的价格—收益率关系
其中每条价格—收益率曲线都代表不同的市场预期报酬率下的债券价格

最后需要单独说明的一个关系称为息票影响。

6. 给定市场预期报酬率的变动,债券票面利率越低,债券价格变动幅度越大。换句话说,债券价格的变动方向与票面利率的变动方向相反。

其原因在于,债券票面利率越低,债券到期时的本金支付会比到期前的利息支付给投资者带来更多的回报。即投资者收回在低票面利率债券上的投资的时点比收回在高票面利率债券上的投资的时点要晚。通常,报酬支付现金流越集中在后期,预期报酬率变动将引起的现值变化也越大。[1] 因此,即使高票面利率的债券与低票面利率的债券的期限相同,低票面利率的债券的价格仍更容易变动。

到期收益率与半年计息 如前所述,大多数美国债券都是一年计息两次,而不是一次。在讨论中出于简化的原因,常常忽略这一复杂的实际情况。在考虑半年计息时,只要在债券估价公式[式(4.8)]中用时价(P_0)代替内在价值(V),即可求出到期收益率。结果为

---

[1] 有兴趣的读者可以参考 James C. Van Horne, *Financial Market Rates and Flows*, 6th ed. (Upper Saddle River, NJ: Prentice Hall, 2001), Chap. 7。

$$P_0 = \sum_{t=1}^{2n} \frac{I/2}{(1+k_d/2)^t} + \frac{MV}{(1+k_d/2)^{2n}} \quad (4.23)$$

求解 $k_d/2$，即可得到半年的到期收益率。

在实践中，业内人士都采用将半年到期收益率翻倍的方法来得出年到期收益率（名义年到期收益率），债券交易商称年到期收益率为债券同等收益率。但正确的方法应该是将"1加上半年的到期收益率"，取平方后再减去1，即

$$(1+\text{半年到期收益率})^2 - 1 = (\text{实际年})\text{到期收益率}$$

你可能记得，（实际年）到期收益率的计算与第3章中实际年利率的计算是相同的。

优先股收益率

在优先股估价公式[式(4.10)]中，用时价(P_0)代替内在价值(V)，可以得到

$$P_0 = D_p / k_p \quad (4.24)$$

式中，D_p 仍是优先股标明的每股年股利，但这里的 k_p 是优先股市场预期报酬率，或是优先股的报酬率。将公式变形，可以直接求出优先股的报酬率

$$k_p = D_p / P_0 \quad (4.25)$$

例如，假设Acme公司100美元面值的优先股的每股时价是91.25美元，则Acme公司的优先股的报酬率为

$$k_p = 10 \text{美元} / 91.25 \text{美元} = 10.96\%$$

普通股收益率

用于贴现普通股预期现金股利的贴现率应等于该普通股时价所提供的收益率。例如，某公司适用固定增长率的股利贴现模型，则该公司普通股的时价(P_0)由下式确定

$$P_0 = D_1 / (k_e - g) \quad (4.26)$$

求解本例中公司普通股由市场决定的收益率 k_e，得

$$k_e = D_1 / P_0 + g \quad (4.27)$$

从式(4.27)可以看到，普通股的收益率有两个来源：一是预期股利收益 D_1/P_0；二是资本利得收益 g。g 有很多名称，它是股利的预期年增长率。在这个模型中，它还是股票价格的预期年变化率（即 $P_1/P_0 - 1 = g$），它还指资本利得收益率。

问题：如果某普通股股票的时价是40美元/股，其预期的股利年增长率是9%，下一年的股利预计为2.40美元，则该股票的市场收益率是多少？

回答：市场收益率等于股利收益率 k_e 加上资本利得收益率 g，即

$$k_e = 2.40 \text{美元}/40 \text{美元} + 0.09 = 0.06 + 0.09 = \mathbf{15\%}$$

长期证券估价中关键现值公式汇总表（假设现金流以年为期间）

证券	公式
债券	

1. 永久债券

$$V = \sum_{t=1}^{\infty} \frac{I}{(1+k_d)^t} = \frac{I}{k_d} \qquad (4.1),(4.3)$$

2. 有到期日的非零息债券

$$V = \sum_{t=1}^{n} \frac{I}{(1+k_d)^t} + \frac{MV}{(1+k_d)^n} \qquad (4.4)$$

$$= I(\text{PVIFA}_{k_d,n}) + MV(\text{PVIF}_{k_d,n}) \qquad (4.5)$$

3. 零息债券

$$V = \frac{MV}{(1+k_d)^n} \qquad (4.6)$$

$$= MV(\text{PVIF}_{k_d,n}) \qquad (4.7)$$

| **优先股** | |

1. 预计不收回

$$V = \sum_{t=1}^{\infty} \frac{D_p}{(1+k_p)^t} = \frac{D_p}{k_p} \qquad (4.10)$$

2. 预计在第 n 期收回

$$V = \sum_{t=1}^{n} \frac{D_p}{(1+k_p)^t} + \frac{\text{赎回价格}}{(1+k_p)^n} \qquad (\text{参见 75 页脚注})$$

$$= D_p(\text{PVIFA}_{k_p,n}) + (\text{赎回价格})(\text{PVIF}_{k_p,n})$$

| **普通股** | |

固定增长率

$$V = \sum_{t=1}^{\infty} \frac{D_0(1+g)^t}{(1+k_e)^t} = \frac{D_1}{(k_e - g)} \qquad (4.14)$$

小结

- 价值概念包括清算价值、持续经营价值、账面价值、市场价值和内在价值。
- 本章所采用的估价方法是决定证券内在价值（证券的基于确定事实的价值）的一种方法。该价值是投资者从证券中获得的现金流的贴现价值。计算该贴现价值的贴现率等于根据风险确定的投资者的预期报酬率。
- 永久债券的内在价值是无限期利息支付的现值。该内在价值等于每期的利息支付除以投资者的预期报酬率。
- 有到期日的非零息债券的内在价值等于利息支付的现值加上到期时本金支付的现值,这两个现值都要按照投资者的预期报酬率贴现。
- 零息债券(没有利息支付的债券)的内在价值等于到期日的本金支付按投资者的预期报酬率贴现的现值。
- 优先股的内在价值等于规定的每股年股利除以投资者的预期报酬率。
- 债券和优先股的未来现金流是预先商定的,而普通股的未来现金流则具有很大的不确定性。
- 普通股的每股内在价值可以看成发行公司提供的全部现金股利的贴现值。
- 股利贴现模型是用于计算普通股内在价值的模型。它假定预期的股利增长模式和投资者要求的贴现率是已知的。
- 如果预期股利按照固定比率增长,则每股普通股的内在价值的计算公式为

$$V = D_1/(k_e - g) \tag{4.14}$$

- 如果预期股利不会增长,则上面的公式可以简化为

$$V = D_1/k_e \tag{4.19}$$

- 最后,如果股利增长率在公司发展的不同阶段都不同,则不同增长阶段的股利现值之和等于股票的内在价值。
- 如果用证券的市价(P_0)代替估价公式中的内在价值(V),则可求出市场预期报酬率。这一使证券预计现金流的贴现值等于证券市价的贴现率也是证券的(市场)收益率。
- 到期收益率(YTM)在债券按当前的市价购入并持有到期时等于债券预期报酬率。债券的到期收益率又称债券的内部收益率。
- 利率的变动方向与债券价格的变动方向相反。
- 通常在给定市场预期报酬率的变动时,债券的期限越长,债券价格的变动幅度越大。
- 债券票面利率越低,债券价格对于市场收益率变动的敏感性越大。
- 普通股的收益率来自两部分:一是预期的股利收益率,二是预期的资本利得收益率。

思考题

1. 一个企业的市场价值与其清算价值或持续经营价值有关系吗?如果有,请问是什么关系?
2. 证券的内在价值与市场价值有区别吗?如果有,在什么情况下有区别?
3. 债券和优先股在估价方面有哪些相同的地方?
4. 到期收益率的变动相同时,为什么期限长的债券的价格变动比期限短的债券的价格变动大?
5. 某20年期的债券的票面利率是8%,另一同期限的债券的票面利率是15%。如

果两种债券在其他方面没有区别,则在利率急剧上升时,哪种债券的价格下跌得更多?为什么?

6. 为什么股利是普通股估价的基础?

7. 假定 IBM 公司的有控股权股票放在一个永久托管处,根据一项不可撤销的条款,该托管处不能获得现金和清算股利。每股收益持续增长。对于股东来说,公司的价值将如何变化?为什么?

8. 为什么公司的收益和股利的增长率在未来是逐步下降的?增长率能上升吗?如果可以,则对股价会有何影响?

9. 应用固定增长率股利贴现模型,公司的价值增长率能永远达到每年 30%(排除了通货膨胀因素)吗?请解释原因。

10. 你的同学 Tammy Whynot 认为在用固定增长率股利贴现模型解释股票当前的市价时,式子 $(k_e - g)$ 代表预期的股利收益率。她的看法是否正确?请说明理由。

11. "购物满 999 美元,免费赠送 1000 美元的美国国库券!"这是某地一家家具厂的广告标题。你的朋友 Heather Dawn Tiffany 说:"哦!好像买家具不用花钱啊。"但 Heather 没有注意到广告上的小字说明:该"免费"债券是 30 年期的零息债券。请向 Heather 解释为什么"免费"的 1000 美元债券不过是厂商的噱头,实际没有很大的价值。

自测题

1. Fast and Loose 公司发行了一种 1000 美元面值的债券,票面利率是 8%,期限为 4 年,每年支付一次利息。

(1) 如果市场预期报酬率是 15%,则债券的市场价值是多少?

(2) 如果市场预期报酬率下降到 12%,则债券的市场价值是多少?如果预期市场报酬率下降到 8%,债券的市场价格会怎样变化?

2. James Consol 公司普通股目前的每股股利是 1.60 美元。公司预期今后的前 4 年股利将以 20% 的增长率增长,后 4 年股利将以 13% 的增长率增长,此后则将以 7% 的增长率增长。这一阶段增长模式是根据预期的收益周期得出的。投资者的预期报酬率为 16%。该股票的每股价值是多少?

3. 某 1000 美元面值的债券目前的市场价格为 935 美元,其票面利率为 8%,还有 10 年到期。利息每半年支付一次。在计算前,请先估计到期收益率是高于还是低于票面利率,并说明原因。

(1) 该债券暗含的由市场决定的半年期贴现率(即半年期到期收益率)是多少?

(2) 利用题(1)的答案计算该债券的:①(名义年)到期收益率;②(实际年)到期收益率。

4. 某零息债券面值为 1000 美元,当前的市价为 312 美元,恰好还有 10 年到期。

(1) 该债券暗含的由市场决定的半年期贴现率(即半年期到期收益率)是多少(请记住美国的债券定价按惯例是半年计息的,即使零息债券也是如此)?

(2) 利用题(1)的答案计算该债券的:①(名义年)到期收益率;②(实际年)到期收益率。

5. Acme Rocket 公司今天支付了普通股股利,每股 1 美元,而当天的普通股收盘价是 20 美元。假定公司预期该公司的年股利以 5% 的固定比率永远增长下去。

(1) 计算该股票内含的收益率。

(2) 计算股利收益率。

(3) 计算预期的资本利得收益率。

6. Peking Duct Tape 公司发行了票面利率为 14%,面值为 1000 美元的债券,还有 3 年到期,每半年支付一次利息。

(1) 当预期名义年报酬率为:①12%,②14%,③16%时,该债券的价值分别为多少?

(2) 假设其他条件相同,但为零息净贴现债券。名义年报酬率为:①12%,②14%,③16%时,该债券的价值分别为多少?

复习题

1. Gonzalez 电器公司发行了面值 1000 美元,票面利率为 10%,期限 3 年的债券。利息每年支付一次。债券由 Suresafe 火灾保险公司持有。Suresafe 公司打算出售这些债券,正在与其他公司洽谈。据估计,按目前的市场状况,该债券应当能提供 14% 的(名义年)报酬率。出售时,Suresafe 公司能实现的每张债券的价格是多少?

2. 如果在题 1 中,利息是每半年支付一次,则每张债券的价格是多少?

* 3. Superior 水泥公司发行了一种报酬率为 8%,每股面值为 100 美元的优先股。最近,该优先股的报酬率变为 10%,则其每股的市场价格是多少?如果利率总体上涨,使得投资者的预期报酬率变为 12%,则该优先股的市场价格将有何变化?

4. Health 公司股票当前的市价为 20 美元/股,预计年末每股能支付 1 美元股利。如果投资者现在买入股票,在收到股利后以 23 美元/股的价格售出,则投资者的报酬率是多少?

* 5. Delphi 制造公司当期支付的每股股利是 2 美元,预计公司股利以 15% 的增长率增长 3 年,然后以 10% 的增长率增长 3 年,此后将以 5% 的增长率永久增长下去,如果投资者的预期报酬率是 18%,则该股票的价值是多少?

6. North Great 木材公司明年将支付的股利是 1.5 美元/股。预计此后公司的收益和股利将以 9% 的年增长率永远增长下去,目前投资者的预期报酬率为 13%。公司正在考虑实施一些经营战略,需要了解这些战略对公司股票的每股市价将产生什么影响。

(1) 保持目前的战略会带来题中所述的预期股利增长率和预期报酬率。

(2) 扩大木材存货和销售将会使股利增长率增长到 11%,但公司的风险也将随之上升,因而投资者的预期报酬率将相应地增长为 16%。

(3) 增加零售店业务将使股利增长率增至 10%，预期报酬率也会上升到 14%。

从股票的每股市价出发来判断，上述哪个战略最优？

7. Buford Pusser Baseball Bat 公司的优先股以每股 100 美元的价格售出，每年支付的股利是 8 美元/股。

(1) 该优先股的收益率是多少？

(2) 现假设 5 年后在公司愿意赎回时，该优先股以 110 美元的价格赎回（提示：这里的优先股不是没有到期日的证券，它将在 5 年后以 110 美元/股的价格被赎回），该优先股的赎回收益率是多少？

8. Wayne's Steaks 公司发行了利率为 9%，面值为 100 美元的不可赎回优先股。1 月 1 日该优先股的每股市价为 73 美元。股利在每年的 12 月 31 日支付。如果投资者的年预期报酬率为 12%，则 1 月 1 日该优先股的（每股）内在价值是多少？

9. Melbourne 矿业公司所发行的票面利率为 9% 的债券恰好还有 15 年到期。这些面值为 1000 美元的债券当前的市价是 700 美元。利息是每半年支付一次。如果梅兰妮·吉布森（Melanie Gibson）的预期名义年报酬率是 14%，则梅兰妮预期该债券的内在价值是多少（假设以半年为期间进行贴现）？

10. Fawlty 食品公司的普通股今天支付了 1.40 美元/股的年股利，当天该股票的收盘价是 21 美元。假设市场预期报酬率或贴现率是 12%，并假定预期股利将以固定比率永远增长下去。

(1) 计算暗含的股利增长率。

(2) 预期的股利收益率是多少？

(3) 预期的资本利得收益率是多少？

11. Great Northern Specific 铁路公司发行了一种不可收回的永久债券。在发行之初，该债券的售价是 955 美元/张，而今天（1 月 1 日）该债券的价格是 1120 美元/张。公司每年 6 月 30 日和 12 月 31 日分两次支付利息，每次支付 45 美元/张。

(1) 今天（1 月 1 日）该债券的半年期到期收益率是多少？

(2) 利用题(1)的答案，计算该债券的①（名义年）到期收益率；②（实际年）到期收益率。

12. 假设题 11 中的债券变为有期限的，其他条件不变。该债券为 1000 美元面值，期限为 20 年。

(1) 确定内含的半年期到期收益率（YTM）。[提示：如果用现值表计算，可以用试错法和插值法计算近似的半年期到期收益率。实际上，题 11 的答案（百分比近似到整数）可用于试错法。]

(2) 利用题(1)的答案，计算该债券的（名义年）到期收益率和（实际年）到期收益率。

13. Red Frog Brewery 发行了一种面值 1000 美元的债券，其特点是：目前以面值出售，5 年后到期，票面利率为 9%（每半年支付一次利息）。有趣的是，Old Chicago Brewery 也发行过类似的债券。实际上，除期限是 15 年以外，其他条件两种债券完全相同。现假定市场预期名义报酬率突然从 9% 跌到 8%，而且该报酬率适用于两种债券，则：

(1) 哪种债券的价格变动大？为什么？

(2) 在新的较低的市场预期报酬率下,确定两种债券的市价。哪种债券的价格跌得多?多多少?

14. Burp-Cola 公司刚支付了当年股利 2 美元/股。其公司的普通股股利正以 10% 的增长率增长。凯利·斯科特(Kelly Scott)的预期报酬率为 16%。则凯利在以下三种情况下预期的 Burp-Cola 普通股每股内在价值是多少?

(1) 股利继续以 10% 的年增长率增长。

(2) 股利年增长率预计下降至 9%,并维持在该水平。

(3) 股利年增长率预计上升到 11%,并维持在该水平。

自测题答案

1. (1)(2)

年末	支付额/美元	贴现系数,15%	现值/美元,15%	贴现系数,12%	现值/美元,12%
1~3	80	2.283	182.64	2.402	192.16
4	1080	0.572	617.76	0.636	686.88
市场价值			**800.40**		**879.04**

注:由于现值表存在四舍五入误差,因此使用不同方法求得的答案有时有微小的误差。

票面利率为 8% 的债券在收益率为 8% 时的市场价值等于面值 **1000** 美元。

(3) 如果预期报酬率是 15%,则市场价值为 1000 美元。

年末	支付额/美元	现值系数,8%	现值/美元,8%
1~3	150	2.577	386.55
4	1150	0.735	845.25
市场价值			1231.80

2.

美元

	阶段 1 和阶段 2:前 8 年收到的股利的现值				
年末	现值计算				股利现值
	(股利)	×	$PVIF_{16\%,t}$		
阶段 1 {	1 $1.60(1.20)^1 = 1.92$	×	0.862	=	1.66
	2 $1.60(1.20)^2 = 2.30$	×	0.743	=	1.71
	3 $1.60(1.20)^3 = 2.76$	×	0.641	=	1.77
	4 $1.60(1.20)^4 = \mathbf{3.32}$	×	0.552	=	1.83
阶段 2 {	5 $3.32(1.13)^1 = 3.75$	×	0.476	=	1.79
	6 $3.32(1.13)^2 = 4.24$	×	0.410	=	1.74

续表

阶段 1 和阶段 2：前 8 年收到的股利的现值				
年末	现值计算			股利现值
	（股利）	×	$PVIF_{16\%,t}$	
阶段 2 $\begin{cases} 7 \\ 8 \end{cases}$	$3.32(1.13)^3=4.79$	×	0.354 =	1.70
	$3.32(1.13)^4=5.41$	×	0.305 =	1.65
	或 $\left[\sum_{t=1}^{8}\dfrac{D_t}{(1.16)_t}\right]$		=	13.85

阶段 3：固定增长股利的现值	
第 9 年年末的股利	$=5.41$ 美元 $\times 1.07=5.79$ 美元
第 8 年年末的股票价值	$=D_9/(k_e-g)=5.79$ 美元 $/(0.16-0.07)=64.33$ 美元
64.33 美元在第 8 年年末的现值	$=64.33$ 美元 $(PVIF_{16\%,8})$
	$=64.33$ 美元 $\times 0.305=$ **19.62** 美元

股票现值

$V=13.85$ 美元 $+19.62$ 美元 $=$ **33.47** 美元

3. 因为债券以折价出售，所以到期收益率高于票面利率。（名义年）到期收益率等于（2×半年期到期收益率）。（实际年）到期收益率等于（1+半年期到期收益率）$^2-1$。解题步骤如下

$$935 \text{ 美元} = \sum_{t=1}^{20}\dfrac{40 \text{ 美元}}{(1+k_d/2)^t}+\dfrac{1000 \text{ 美元}}{(1+k_d/2)^{20}}$$
$$= 40 \text{ 美元}(PVIFA_{k_d/2,20})+MV(PVIF_{k_d/2,20})$$

(1) 用计算机、计算器或现值表求解 $k_d/2$（半年期到期收益率）等于 **4.5%**。

(2) ①（名义年）到期收益率等于 $2\times 4.5\%=$ **9%**。

②（实际年）到期收益率等于 $(1+0.045)^2-1=$ **9.2025%**。

4. (1) $P_0=FV_{20}(PVIF_{k_d/2,20})$

$PVIF_{k_d/2,20}=P_0/FV_{20}=312$ 美元 $/1000$ 美元 $=0.312$

在本书附录 A 中的表 A2 查找 20 年期 6% 的现值系数是 0.312，因此债券半年期到期收益率是 6%。

(2) ①（名义年）到期收益率 $=2\times$（半年期到期收益率）
$=2\times 0.06=$ **12%**。

②（实际年）到期收益率 $=(1+$ 半年期到期收益率$)^2-1$
$=(1+0.06)^2-1=$ **12.36%**。

5. (1) $k_e=(D_1/P_0+g)=([D_0(1+g)]/P_0)+g$
$=([1 \text{ 美元} \times(1+0.06)]/20 \text{ 美元})+0.06$
$=0.053+0.06=$ **0.113**

(2) 预期股利收益率 $=D_1/P_0=1$ 美元 $\times(1+0.06)/20$ 美元 $=$ **0.053**

第 4 章 长期证券的估价

(3) 预期资本利得收益率＝g＝**0.06**

6. (1) ① V＝(140 美元/2)(PVIFA$_{0.06,6}$)＋1000 美元(PVIF$_{0.06,6}$)
   ＝70 美元×4.917　　　＋1000 美元×0.705
   ＝344.19 美元　　　　＋705 美元
   ＝**1049.19 美元**

   ② V＝(140 美元/2)(PVIFA$_{0.07,6}$)＋1000 美元(PVIF$_{0.07,6}$)
   ＝70 美元×4.767　　　＋1000 美元×0.666
   ＝333.69 美元　　　　＋666 美元
   ＝**999.69 美元或 1000 美元**

（当预期年名义报酬率等于票面利率时，价值应等于 1000 美元；我们的答案不等于 1000 美元是因为所使用的计算表中的舍入差导致的。）

   ③ V＝(140 美元/2)(PVIFA$_{0.08,6}$)＋1000 美元(PVIF$_{0.08,6}$)
   ＝70 美元×4.623　　　＋1000 美元×0.630
   ＝323.61 美元　　　　＋630 美元
   ＝**953.61 美元**

(2) 此类证券的价值只与证券到期值的贴现有关。我们在(1)中已经求出了这些值，即：①**705 美元**，②**666 美元**和③**630 美元**。

参考文献

Alexander, Gordon J., William F. Sharpe, and Jeffrey V. Bailey. *Fundamentals of Investment*, 3rd ed. Upper Saddle River, NJ: Prentice Hall, 2001.

Chew, I. Keong, and Ronnie J. Clayton. "Bond Valuation: A Clarification." *The Financial Review* 18 (May 1983), 234-236.

Gordon, Myron J. *The Investment, Financing, and Valuation of the Corporation*. Homewood, IL: Richard D. Irwin, 1962.

Haugen, Robert A. *Modern Investment Theory*, 5th ed. Upper Saddle River, NJ: Prentice Hall, 2001.

Reilly, Frank K., and Keith C. Brown. *Investment Analysis and Portfolio Management*, 8th ed. Cincinnati, OH: South-Western, 2006.

Rusbarsky, Mark, and David B. Vicknair. "Accounting for Bonds with Accrued Interest in Conformity with Brokers' Valuation Formulas." *Issues in Accounting Education* 14 (May 1999), 233-253.

Taggart, Robert A. "Using Excel Spreadsheet Functions to Understand and Analyze Fixed Income Security Prices." *Journal of Financial Education* 25 (Spring 1999), 46-63.

Van Horne, James C. *Financial Market Rates and Flows*, 6th ed. Upper Saddle River, NJ: Prentice Hall, 2001.

White, Mark A., and Janet M. Todd. "Bond Pricing between Coupon Payment Dates Using a 'No-Frills' Financial Calculator." *Financial Practice and Education* 5 (Spring-Summer, 1995), 148-151.

Williams, John B. *The Theory of Investment Value*. Cambridge, MA: Harvard University Press, 1938.

Part II of the text's website, *Wachowicz's Web World*, contains links to many finance websites and online articles related to topics covered in this chapter. (web.utk.edu/~jwachowi/part2.html)

第 5 章

风险和收益

内容提要

- 定义风险和收益
  收益·风险
- 用概率分布衡量风险
  期望收益率和标准差·方差系数
- 对待风险的态度
- 投资组合中的风险和收益
  投资组合的收益·投资组合风险及方差的重要性
- 投资分散化
  系统风险和非系统风险
- 资本—资产定价模型(CAPM)
  特征线·贝塔系数：系统风险的系数·非系统风险(可分散风险)重述·预期报酬率和证券市场线(SML)·股票收益率和股票价格·资本—资产定价模型所面临的挑战
- 有效的金融市场
  市场有效性的三种形式·市场是否永远有效
- 小结
- 附录5A 投资组合风险的测量
- 附录5B 套利定价理论
- 思考题
- 自测题
- 复习题
- 自测题答案
- 参考文献

学习目的

完成本章学习后，您将能够：

- 了解风险和收益之间的关系（或"权衡"）。
- 定义风险和收益，并通过求解期望收益率、标准差和方差系数来衡量风险和收益。
- 讨论投资者对待风险的态度的不同类型。
- 解释投资组合下的风险和收益，并区分单个证券和证券组合的风险。
- 区分可规避（非系统）风险和不可规避（系统）风险；解释适当的投资分散化可以如何消除上述某种风险。
- 定义并解释资本—资产定价模型(CAPM)、贝塔系数和特征线。
- 利用资本—资产模型计算预期报酬率。
- 说明可以如何应用证券市场线(SML)描述预期报酬率和系统风险之间的关系。
- 解释"有效的金融市场"的概念，并描述市场有效性的三个层次（或形式）。

接受预期风险，这与轻率鲁莽绝不是一回事。

——乔治·S. 巴顿将军
(General George S. Patton)

第 2 章简单介绍了证券风险和收益在市场作用下达到均衡的概念,即证券风险越高,投资者要求的预期收益越高。我们在第 3 章应用了这一概念,把证券的价值视为证券提供给投资者的现金流的现值,而贴现率是与风险水平相适应的预期报酬率。本章将更详细地讨论风险和收益。前面的介绍是为了让读者在接触这一更难理解的问题前先掌握估价的基础概念。

差不多所有人都认同在决定价值和进行投资决策时必须考虑风险。实际上,证券估价及风险与收益权衡的理解是股东财富最大化的基础。然而,对于什么是风险以及应当如何衡量风险仍然存在争议。

本章讨论的重点将集中在单个投资者投资于普通股的风险和收益,但是讨论的结果可以扩展到其他资产及其他类型的投资者。实际上,在后面章节讨论资本预算时,就把企业视为投资者。

定义风险和收益

收益

某段时间内(如一年)持有某项投资的**收益率**(return)就是基于所有权而收到的现金支付加上市价的变化,除以初始投资价格。[①] 例如,购入 100 美元的证券,该证券向投资者支付的现金是 7 美元,一年后该证券的价值为 106 美元。可知,该证券的收益率为(7 美元+6 美元)/100 美元=13%。因此,证券的收益来自两个方面:收入加上涨价收益(或跌价损失)。

可以把普通股的一期收益率定义为

$$R = \frac{D_t + (P_t - P_{t-1})}{P_{t-1}} \tag{5.1}$$

式中,R 是实际的(预期的)收益率,t 是过去(未来)特定的时间段,D_t 是第 t 期期末的现金股利,P_t 是第 t 期的股价,P_{t-1} 是第 $t-1$ 期的股价。注意,该公式既可用于决定实际的每期收益(根据历史数据计算),也可用于决定预期的每期收益(根据未来的预期股利和价格计算)。还应当注意,在式(5.1)的分子中,括号里的部分($P_t - P_{t-1}$)代表该期间的资本利得或损失。

风险

大部分人都能够接受我们关于收益的定义,但并非每个人都能接受风险的定义,更不必说接受风险的衡量了。

要开始风险的讨论,先看几个例子。假设投资者购买了收益率为 8% 的一年期国库

[①] 这种持有期间收益率衡量对于投资期间为一年或不足一年的投资是大有用处的。对于更长的投资期间,更适宜采用上一章所介绍的把投资回报率(或内部收益率)作为收益率。收益率的计算以现值为基础,因此考虑了货币的时间价值。

券。如果投资者持有该国库券满一年,则该投资能够为其带来政府承诺的8%的收益率。再假设购买的是某家公司的普通股股票并持有一年,则预期的现金股利可能会如期实现,也可能无法如期实现。而且,一年后的股价可能低于预期,甚至可能低于初始的购买价格。因此,该投资的实际收益与预期收益可能相差很多。如果把风险定义为预期收益的不确定性,则国库券是无风险的证券,而普通股则是有风险的证券。证券的不确定性越大,其风险越高。

用概率分布衡量风险

如前所述,除无风险证券外,其他所有证券的期望收益率都可能与实际得到的收益率不同。对于有风险的证券,实际收益率可以视为具有**概率分布**(probability distribution)的随机变量。例如,假定投资者预期,投资于某普通股一年的收益如表5.1中的阴影部分所示,它代表一年投资期望收益率的概率分布。该概率分布可以用两个标准来衡量:(1)期望收益率;(2)标准差。

表5.1 用可能的一年期收益率的概率分布计算期望收益率和收益率标准差的实例

可能的收益率(R_i)	概率(P_i)	期望收益率($\bar{R}$)计算	方差(σ^2)计算
		$(R_i)(P_i)$	$(R_i-\bar{R})^2(P_i)$
−0.10	0.05	−0.005	$(-0.10-0.09)^2(0.05)$
−0.02	0.10	−0.002	$(-0.02-0.09)^2(0.10)$
0.04	0.20	0.008	$(0.04-0.09)^2(0.20)$
0.09	0.30	0.027	$(0.09-0.09)^2(0.30)$
0.14	0.20	0.028	$(0.14-0.09)^2(0.20)$
0.20	0.10	0.020	$(0.20-0.09)^2(0.10)$
0.28	0.05	0.014	$(0.28-0.09)^2(0.05)$
	$\sum=1.00$	$\sum=0.090=\bar{R}$	$\sum=0.00703=\sigma^2$

标准差$=(0.00703)^{0.5}=\mathbf{0.0838}=\sigma$

期望收益率和标准差

期望收益率(expected return)$\bar{R}$为

$$\bar{R}=\sum_{i=1}^{n}(R_i)(P_i) \tag{5.2}$$

式中,R_i是第i种可能的收益率,P_i是该收益率发生的概率,n是各种可能性的数量。因此,期望收益率是所有可能收益率的加权平均数,权数是可能收益率的发生概率。对于如表5.1所示的可能收益率分布,其期望收益率等于9%。

要完成我们的两参数收益率分布,需要对期望收益率的分散度或偏离度的衡量指标。偏离度的传统衡量标准是**标准差**(standard deviation)。收益率的标准差越大,收益率分

散度就越大,则投资风险也越高。标准差 σ 在数学上可以表示为

$$\sigma = \sqrt{\sum_{i=1}^{n}(R_i - \bar{R})^2 (P_i)} \tag{5.3}$$

式中,$\sqrt{}$ 代表平方根。标准差的平方 σ^2 是分布的方差。在计算时,通常先计算分布的方差或分布与其期望值偏离的平方的加权平均数,权数是可能收益率的发生概率。该数字的平方根就是标准差。从表 5.1 中可解出分布的方差是 **0.007 03**。将其开平方即可求得分布的标准差,为 **8.38%**。

标准差信息的应用 我们已经讨论了离散(非连续)型概率分布,即随机变量,如收益率在一个时点只取特定的值。在这里,如果是为了确定某一具体收益率的发生概率,我们就不必计算概率分布的标准差。如为确定上例中小于零的实际收益率发生的概率,参见表 5.1 的第一栏和第二栏,可见其发生的概率是 0.05+0.10=15%。连续型概率分布的随机变量在一个时点可取任意值。对于连续分布的变量,在计算它发生的概率时,步骤要相对复杂些。但是,对于普通股的收益率,把它假设为连续型概率分布更合理。这是因为普通股的可能收益从巨额损失到巨额收入间的任意数字都是可能的。

假设我们面对的收益率的概率分布是正态(连续)分布。正态分布的密度函数是对称的,并呈钟形,实际收益率有 68% 的概率落入期望收益率(左或右)的一个标准差的范围内;有 95% 的概率落入期望收益率(左或右)的两个标准差的范围内;有超过 99% 的概率落入期望收益率(左或右)的三个标准差的范围内。通过实际收益率偏离期望收益率几个标准差的形式,可以决定实际收益率大于或小于某一特定数值的概率。

可以用数字实例来说明。假设收益率的概率分布近似于正态分布,期望收益率等于 9%,标准差等于 8.38%。试求未来收益率小于零的概率。先确定从 0% 到期望收益率(9%)有多少个标准差。为此比较两个数值的差(-9%)然后将其除以标准差。本例中结果为 -0.09/0.0838=-1.07 个标准差(负数表明考察的是期望收益率的左边)。我们通常利用下面的公式计算

$$Z = \frac{R - \bar{R}}{\sigma} = \frac{0 - 0.09}{0.0838} = -1.07 \tag{5.4}$$

式中,R 是利息的可能收益率范围,Z 则能告诉我们 R 偏离期望收益率几个标准差。

本书附录 A 中的表 A5 可用于确定正态曲线下偏离均值 Z 个标准差处向左或向右的区域占总区域的比例。该比例对应着偏离期望收益率 Z 个标准差的实际收益率发生的概率。

从附录 A 中的表 A5 可查得小于或等于零的未来实际收益率发生的概率是 14%。图 5.1 显示了概率分布。阴影部分位于均值左边 1.07 个标准差处,而该部分占总分布的近 14%。

如前所述,收益率分布的标准差是衡量风险的全能方法。它可以作为衡量收益率变动的绝对标准,即标准差越大,实际收益率的不确定性越大,而且它还可以用于确定实际结果大于或小于某一数额的可能性。然而,有人建议我们应讨论"下行"风险(实际发生额低于预期额)而不是既高于均值又低于均值的变动。这些人的看法也很有道理。但是,只

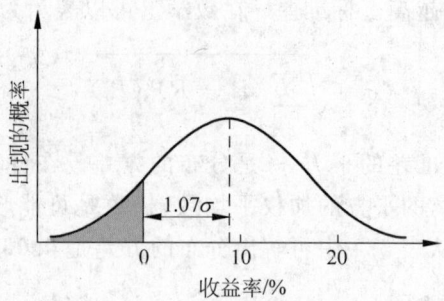

图 5.1　收益的正态分布实例,其中阴影部分在均值左边 1.07 个标准差处

要收益率的分布是相对称的,即高于和低于均值的区域是相对称的,标准差就应当适用。标准差越大,实际结果偏离均值的可能性也越大。

方差系数

如果投资项目的规模不同,则比较其风险或不确定性时,用标准差作为风险的衡量标准有可能引起误解。假定存在两个投资机会 A 和 B,其一年期收益率的正态分布有如下特征:

	投资 A	投资 B
期望收益率,$\bar{R}$	0.08	0.24
标准差,σ	0.06	0.08
方差系数,CV	0.75	0.33

我们能否得出结论:因为 B 的标准差大于 A 的标准差,因此其风险大于 A 的风险?如果以标准差作为衡量风险的标准,肯定会得出这一结论。但是,考虑期望收益率的值之后,可以发现投资 A 的变动性更大。这类似于亿万富翁的年收入标准差 1 万美元实际上远远小于普通人的年收入标准差 8000 美元。因此,要调节投资的规模或范围,可以用期望收益率除以收益率的标准差,得到**方差系数**(coefficient of variation,CV)。

$$方差系数(CV) = \sigma/\bar{R} \tag{5.5}$$

因此,方差系数是相对偏离(风险)的衡量标准,即"每单位期望收益率"所含风险的衡量标准。方差系数越大,投资的相对风险也越大。如果以方差系数作为衡量风险的标准,则投资 A 的风险大于投资 B 的风险,因为 A 的方差系数是 0.75,而 B 的方差系数仅为 0.33。

 ## 对待风险的态度

正当你以为自己安全地沉浸在财务学知识的海洋中时,却发现被时间偏差给绕进去了。有个名为"来做笔交易吧"的电视游戏类节目,假设你参加了该节目,而节目主持人蒙蒂·霍尔（Monty Hall）告诉你说，节目现场有两扇门，无论你选择哪扇门，都将得到这扇门后的东西。其中一扇门后面放着1万美元现金，而另一扇门后面却是一文不值的旧轮胎。你选择了第一扇门，正要打开门拿取自己的奖品，蒙蒂却说他可以出笔钱来结束这整个交易。

（在阅读下面的内容前，请先选定一个金额，你认为有了这笔钱，是否得到门后的东西对你而言是无差别的。即哪怕往这笔钱上加1美元就会促使你选择这笔钱，而从这笔钱中扣掉1美元就会促使你去开门。把这个金额写在纸上。我们马上就要预测这个金额将是多少。）

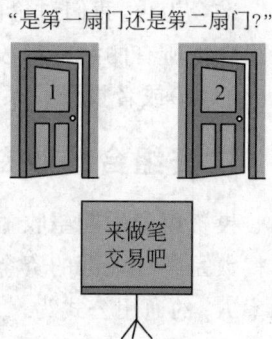

假设你认为如果蒙蒂给你的钱是2999美元或更少，则你将选择去开门；如果蒙蒂给你的钱是3000美元，则你将选择接受这笔钱而放弃去开门。而蒙蒂给你的钱是3500美元，所以你选择接受这笔钱而放弃去开门。（顺便说一句，第一扇门后面放的正是1万美元现金，所以你搞砸了。）

这个游戏和本章的内容（风险和收益）有什么关系呢？实际上，关系很大。上面的游戏说出了一个事实，即大部分投资者是厌恶风险的。原因何在？如果选择去开门，则有50%的机会得到1万美元，而有50%的机会一无所获，所以选择去开门的期望价值是5000美元（0.50×10 000美元＋0.50×0美元）。本例中，你发现自己对带有风险（不确定）的5000美元期望收益与确定的3000美元收益的态度无差异。换句话说，该确定（无风险）的金额即你对风险性赌博的**确定等值**（certainty equivalent，CE）给你带来的效用或满意程度与带有风险的5000美元期望值所带来的效用或满意程度是相等的。

当然，在本例中你的确定等值很可能与我们所列举的3000美元不完全一致。不过看看你写在纸上的金额，它很可能小于5000美元。研究表明，绝大多数个人投资者在类似的情况下会选择较小的确定等值而放弃较大的期望值（即确定等值低于5000美元）。实际上，我们可以用个人的确定等值与风险投资（或机会）的期望值的关系来定义个人对待风险的态度。通常，如果：

- 确定等值＜期望值，即属于风险厌恶型
- 确定等值＝期望值，即属于风险中立型
- 确定等值＞期望值，即属于风险偏好型

因此，在"来做笔交易吧"的例子中，认为确定等值低于5000美元的投资者都属于风险厌恶型。对厌恶风险的投资者来说，确定等值与投资期望值间的差额形成风险溢价，即为了让投资者接受风险所必须提供的额外期望收益。注意在上面的例子中，只有当风险投资的期望值超过3000美元的确定等值2000美元甚至更多时，投资者才会接受。

本书将采取人们普遍接受的一个观点，即假定大多数投资者是风险厌恶型的。这意味着，要使投资者购买或持有风险性投资，必须使较高风险的投资能比较低风险的投资为投资者提供更高的期望收益率（不过要记住我们所讨论的是期望收益率；高风险投资的实际收益率很可能大大低于低风险投资的实际收益率）。因此，为了追求低风险，投资者必须愿意接受较低的期望收益率。简单地说，投资中没有免费的午餐。任何声称低风险高收益的投资都是值得怀疑的。

 ## 投资组合中的风险和收益

迄今为止,我们讨论的重点始终是各个独立的单项投资的风险和收益。投资者事实上很少把所有的财富都投入一种资产和单个投资项目。他们往往会构建一个**投资组合**(portfolio)或者投资一系列项目。因此,我们需要将风险和收益的分析扩展到投资组合。

投资组合的收益

投资组合的期望收益率就是组成投资组合的各种证券的期望收益率的加权平均数。其权数是各种证券的资金占总投资的比例(权数之和应等于100%)。投资组合的期望收益率 $\bar{R}_\text{p}$ 的通用公式为

$$\bar{R}_\text{p} = \sum_{j=1}^{m} W_j \bar{R}_j \tag{5.6}$$

式中,W_j 是投资于证券 j 的资金占总投资的比例或权数,$\bar{R}_j$ 是证券 j 的期望收益率,m 是投资组合中不同证券的种数。

两种证券收益率的概率分布的期望值和标准差如下表所示:

	证券 A	证券 B
期望收益率/%,$\bar{R}_j$	14.0	11.5
标准差,σ_j	10.7	1.5

如果投资于两种证券的金额相等,则该组合的期望收益率是 $0.5 \times 14.0\% + 0.5 \times 11.5\% = 12.75\%$。

投资组合风险及方差的重要性

投资组合的期望收益率计算起来比较直接,等于投资组合中单个证券期望收益率的加权平均数,但是投资组合的标准差的计算并不是简单地把投资组合中单个证券的标准差进行加权平均就能得到的。如果仅仅将单个证券的标准差进行加权平均,则会忽略证券收益的相互关系,即**协方差**(covariance)。然而,协方差不会影响投资组合的期望收益率。

协方差是衡量两个变量(如证券的收益)一起变动的程度的统计量。正的协方差表明,平均而言,两个变量是朝同一个方向变动的;负的协方差表明,平均而言,两个变量是朝相反的方向变动的;协方差为零表明两个变量不一起变动,其变动方向既不一致也不相反。证券收益率间的协方差使有关投资组合标准差的计算复杂化。尽管如此,这个数学难题仍有望解决,即证券的协方差使得在不减少潜在收益的同时有可能降低风险。

第5章 风险和收益

投资组合标准差 σ_P 的计算非常复杂,需要进行例证。[①]我们将在本章附录 A 中详细说明。正如附录 A 中给出的解释,对于大多数投资组合来说,标准差主要是证券间协方差的加权平均。权数是投资于每种证券的资金比例,而用以加权的协方差是由投资组合中所有的任意两种证券收益率间的协方差组成的。

理解了投资组合标准差的决定因素,就能得出令人惊讶的结论:投资组合是否存在风险,更多地取决于投资组合中任意两种证券的协方差,而不是取决于投资组合中单个证券的风险(标准差)。这意味着只要证券的变动方向是不一致的,单个高风险证券能够组成风险仅为中低水平的投资组合。简而言之,如果协方差很小,则投资组合的风险也将很低。

投资分散化

分散化的概念已经深入人心,这可以从鼓励人们分散风险的日常用语中看出来——"别把所有的鸡蛋都放在一个篮子里"。这个概念的含义是通过一系列资产或投资来分散风险。虽然它指出了分散风险这一方向,却只是个很幼稚的分散方法。它意味着把 1 万美元投资于 10 种不同的证券,比把相同的资金投资于 5 种不同的证券更能分散风险。问题在于,该方法忽视了证券收益间的协方差(或相互关系)。投资组合中包含的 10 种证券可能是来自同一行业的 10 种股票,如果真是这样,它们的收益就会有很强的相关关系;而另一个投资组合虽然仅由 5 种股票组成,但这些股票来自不同的行业,其投资收益的相关关系很低,因此该投资组合的收益的变动性也较低。

图 5.2 显示了一种能够降低风险的证券组合方法,这才是有意义的分散化。在某一期间内,证券 A 的收益随经济的整体波动而呈周期性变动,证券 B 的收益则略呈反周期性变动。因此,这两种证券的收益是负相关的。如果在这两种证券上的投资额相等,将

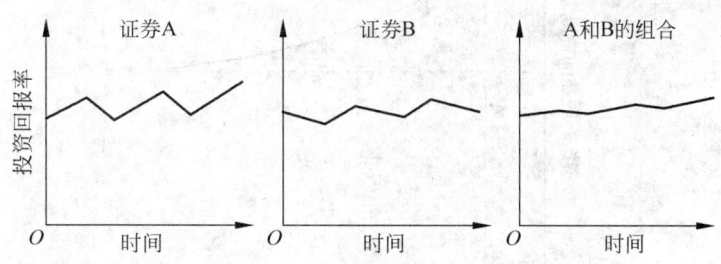

图 5.2 分散化对于风险的影响

---

① 投资组合可能收益的概率分布的标准差 σ_P 为:$\sigma_P = \sqrt{\sum_{j=1}^{m}\sum_{k=1}^{m} W_j W_k \sigma_{j,k}}$

式中,m 是投资组合中不同证券的种数,W_j 是投资于证券 j 的资金比例,W_k 是投资于证券 k 的资金比例,$\sigma_{j,k}$ 是证券 j 和证券 k 可能收益的协方差。

降低投资组合收益的离散度 σ_p。这是因为某些单个证券收益的变动性被相互抵消了。其实,只要证券间不是正相关的,将其组合起来就能得到分散化所带来的降低风险的好处。

投资于世界金融市场比在单个国家的证券市场投资能够分散更多的风险。这是因为不同国家的经济周期并不是完全同步的,一个国家的经济衰退可能被另一个国家的经济繁荣所抵消。而且,正如第 24 章将讨论的,对汇率风险和其他风险的分散也更强。

系统风险和非系统风险

如前所述,把彼此没有正相关的证券组合起来有助于降低投资组合的风险。期望降低多少风险才是合理的?要降低风险,投资组合中需要包括多少种证券?从图 5.3 中可以找到答案。

有人研究了任意选择比例相等的证券所组成的投资组合对该组合风险的影响。在选择一种股票时,投资组合的风险等于该股票的标准差。随着投资组合中任意选择的股票数量的增加,投资组合的总风险逐渐降低。但是投资组合总风险的降低速度是递减的。因此,数量相对较少的分散化(如任意选取 15~20 种证券,进行金额相等的投资)能够极大地降低投资组合的风险。

如图 5.3 所示,投资组合的总风险由两部分组成:

$$总风险 = 系统风险(不可分散的或不可避免的) + \\ 非系统风险(可分散的或可避免的) \tag{5.7}$$

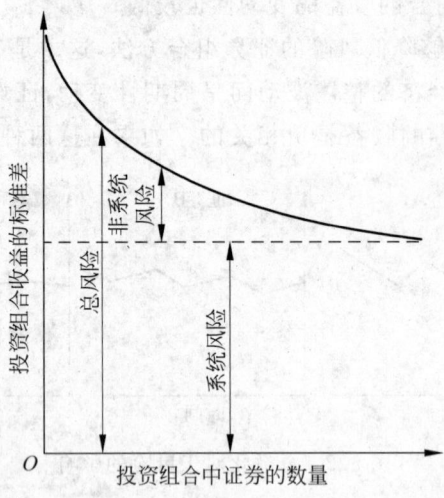

图 5.3　投资组合的规模与组合的总风险、系统风险和非系统风险的关系

第一种风险,**系统风险**(systematic risk)是由那些影响整个市场的风险因素引起的,这些因素包括国家经济的变化,国会的税收改革或世界能源储量的变化等。这部分风险影响所有证券,因此无法被分散。换句话说,即使投资者持有的投资组合在分散化方面做得很好也必须承受系统风险。

第二种风险,**非系统风险**(unsystematic risk)是某一公司或特定行业所特有的风险,与经济、政治和其他影响所有证券的系统因素无关。例如,一次大罢工可能只影响一家公司,一个新的竞争者可能开始生产同样的产品,一次技术突破使得一种现有产品退出市场。对大多数股票来说,非系统风险占总风险或总标准差的50%左右。通过分散投资,非系统风险可以被降低,而且,如果分散是充分有效的,甚至可以消除这一风险。因此,投资者并非必须承受其所持有的股票的全部风险,因为股票的非系统风险是可以分散掉的。也正是由于这个原因,一种股票的风险中最重要的是不可避免风险或系统风险。投资者期望得到补偿的风险也是这种系统风险。他们不能期望市场对可避免风险提供任何超额补偿。这就是资本—资产定价模型暗含的逻辑思路。

资本—资产定价模型(CAPM)

基于风险厌恶型投资者的行为,每种证券的风险和期望收益间存在一种均衡关系。当市场均衡时,人们预期一种证券能提供与系统风险(无法通过分散投资来避免的风险)相适应的期望收益率。证券的系统风险越高,投资者期望从该证券获得的收益率也越高。期望收益率和相同风险的关系及建立在这种关系上的证券估价是诺贝尔奖获得者威廉·夏普(William Sharpe)所提出的**资本—资产定价模型**(capital-asset pricing model,CAPM)的精髓。该模型自20世纪60年代诞生之日起就在财务学领域发挥着重要的指导意义。尽管其他模型也试图描述市场行为,但资本—资产定价模型始终是一个概念简单、贴近现实的模型。

与其他模型一样,资本—资产定价模型也简化了实际情况。尽管如此,它仍然阐释了风险与为补偿风险所需的风险溢价间的关系。我们将着重论述模型的主要方面及其重要启示。我们对模型做了些简化,以方便读者的理解。

正如任何模型都要做些假定,资本—资产定价模型也做了一些假定。首先,它假定资本市场是有效率的。在该市场上,投资者拥有全面的信息,交易成本很低,对投资的限制很少,没有哪个投资者能够影响股票的市场价格;其次,它假定所有的投资者对单个证券的走势的看法都是相同的,并且其预期都建立在一个共同的持有期(如一年)之上。我们可以考虑两种投资机会。第一种是投资无风险证券,其持有期内的收益率是确定的,所以用中短期国库券的利率代替无风险收益率;第二种是投资于普通股股票的市场组合,它由所有流通中的普通股股票组成,权数则由各股票流通在外的总市值占所有流通股票的总市值的比例决定。因为市场组合难以操作,所以大多数人用标准普尔500种股票价格指数代替市场组合。标准普尔500种股票价格指数以市场价值为权数加权得出,具有广泛的代表性,反映了500种主要普通股股票的市场走势。

前面已经讨论过不可避免风险,即不能通过充分地分散投资而避免的风险。因为没有人能够持有比市场组合更分散的投资组合,从而市场组合是投资者可以达到的分散化最大的组合。因此,与市场组合有关的所有风险都是不可避免风险或系统风险。

Fool 在线问答

问题：什么是"股指"？

回答：股指是一组股票，其绩效作为一个整体进行评估。有些股指包括成千上万家公司，规模非常庞大。这些股指（如，标准普尔500）常被用来度量整个市场的绩效。其他股指的规模则较小，或更针对某一领域，例如只包括小公司或医药公司或拉美公司，等等。

不过，股指并非供人们投资的。为了满足人们希望投资各种股指的需求，股指共同基金应运而生。如果投资者希望投资某个股指，可以投资根据该股指成立的指数基金。

资料来源：Motley Fool 公司（www.fool.com）。经 Motley Fool 公司许可摘录。

特征线

下面比较一下单个股票与市场组合的期望收益率。在比较时，有必要比较超过无风险收益率的那部分收益率，即比较风险性资产间收益率差异的基准。差额收益率等于期望收益率减去无风险收益率。图 5.4 是某单个股票的超额期望收益率与市场组合的超额期望收益率的对比。图中的黑实线是证券的**特征线**（characteristic line），它描述了单个股票的超额收益率与市场组合的超额收益率之间的预期关系。二者间的预期关系有可能是以经验数据为基础的，这时将单个股票的实际超额收益率和市场组合的实际超额收益率画在图上，其回归线就是二者历史关系的最佳描述（如图中的散点图所示）。图中每个点都代表在给定月份（共 60 个月），单个股票的超额收益率与标准普尔 500 种股票价格指数的超额收益率。每月收益率的计算式如下：

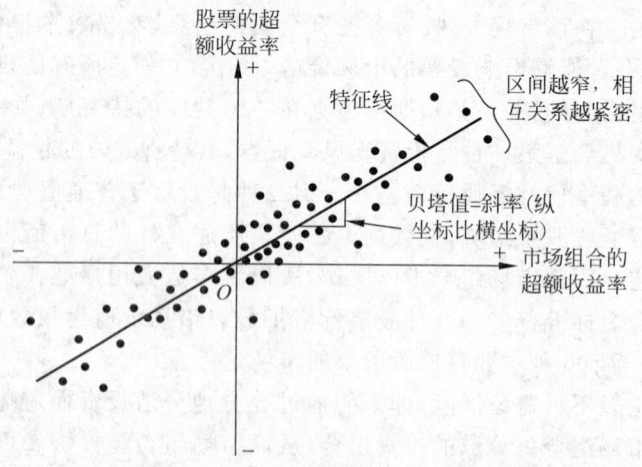

图 5.4 个股超额收益率和市场组合超额收益率的关系，市场超额收益率都建立在 60 对每月超额收益数据的基础上

第 5 章 风险和收益

$$每月收益率 = \frac{已付股利 + (期末价格 - 期初价格)}{期初价格}$$

从收益率中减去无风险证券的收益率,从而得到超额收益率。

对于例题中的普通股股票,我们发现,当市场组合的收益率高时,单个股票的收益率也较高。投资者也可以不使用历史的收益率数据,而是借助追踪分析该股票的证券分析师给出的股票未来收益率估计值。因为这种方法通常仅限于拥有若干名证券分析师的投资机构使用,因此我们在讨论两种收益率的关系时,假定使用的是收益率的历史数据。

贝塔系数:系统风险的系数

图 5.4 显示了一个对我们而言最重要的测量指标——**贝塔系数**(beta)。贝塔是特征线的斜率(即单个股票超额收益率的变化与市场组合的超额收益率的变化之比)。如果特征线的效率是 1.0,则说明单个股票超额收益率与市场组合超额收益率等比例变化。换句话说,该股票具有与整个市场相同的系统风险。如果市价上涨,每月的超额收益率为 5%,则可以预期,平均而言,单个股票的超额收益率也将是 5%。如果斜率大于 1.0,则说明单个股票超额收益率的变动大于市场组合的超额收益率的变动,这意味着单个股票的不可避免风险要高于市场整体的不可避免风险,对这种股票的投资属于"进攻性"投资。如果斜率小于 1.0,则个人超额收益率的变动低于市场组合超额收益率的变动,对这种股票的投资属于"防御性"投资。图 5.5 显示了上述三种关系。

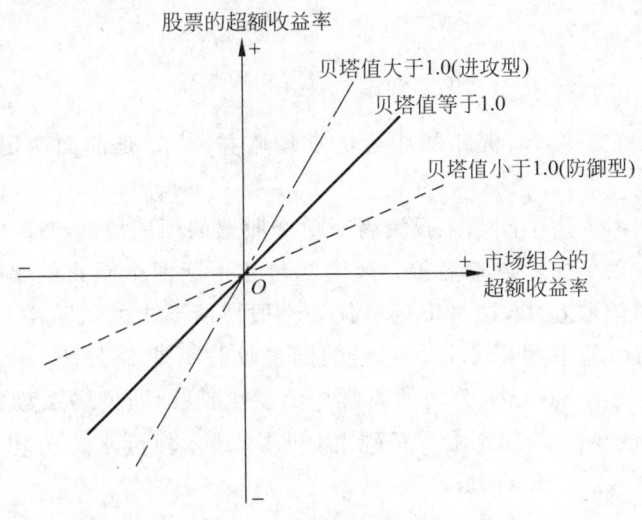

图 5.5 具有不同贝塔系数的特征线示例

股票特征线的斜率越大,由贝塔所描述的系统风险也越高。这意味着在市场超额收益率向上或向下变动时,单个股票的超额收益率是以更大还是更小的幅度变化取决于贝塔系数。根据定义,当市场组合的贝塔系数等于 1.0 时,该贝塔系数就是相对于市场组合而言的单个股票的系统风险,或不可避免风险。这种风险不能通过投资于更多的股票来分散,因为它是由影响所有股票的经济和政治环境变化而产生的。

注意：

投资组合的贝塔系数是组合中各股票贝塔系数的加权平均数，权数是组合中各股票市场价值占市场总价值的比例。因此，单个股票的贝塔系数代表单个股票对高度分散的股票组合的贡献。

非系统风险（可分散风险）重述

在讲述下面的内容前，有必要提一下图5.4的另一个特征。图中散布在特征线周围的数据点是对股票非系统风险的量度。数据点离特征线越远，单个股票的非系统风险就越大，即单个股票的收益率与市场组合的收益率之间的相关性越小。散布的数据点离特征线越近，单个股票的收益率与市场组合的收益率之间的相关性越大，非系统风险就越小。从前面的讨论可知，通过充分的分散投资，可以降低甚至消除非系统风险。对于由经过仔细挑选的20种股票所组成的投资组合，其数据点的分布将非常接近投资组合的特征线。

预期报酬率和证券市场线（SML）

如果假定金融市场是有效的，且投资者作为一个整体是有效分散的，则非系统风险就不足担心。单个股票的主要风险是系统风险。单个股票的贝塔系数越大，其系统风险就越高，预期报酬率也越大。如果进一步假定已经通过分散消除了非系统风险，则股票 j 的预期报酬率为

$$\overline{R}_j = R_f + (\overline{R}_m - R_f)\beta_j \tag{5.8}$$

式中，R_f 是无风险收益率，$\overline{R}_m$ 是市场组合的期望收益率，β_j 是前面所定义的股票 j 的贝塔系数。

换个思路重新考虑这个问题。投资者对单个股票的预期报酬率应当等于市场对无风险投资所要求的收益率加上风险溢价。风险溢价是下面两个因素的函数：(1)预期的市场收益率减去无风险收益率，这是市场上代表性股票所要求的风险溢价；(2)贝塔系数。假定国库券的期望收益率是8%，市场组合的期望收益率是13%，Savance公司的贝塔系数是1.3。该系数表明Savance公司的股票与代表性股票（即贝塔系数为1.0的股票）相比，具有更高的系统风险。在此假设基础上，利用式(5.8)可求出公司股票的期望收益率为

$$\overline{R}_j = 0.08 + (0.13 - 0.08) \times 1.3 = \mathbf{14.5\%}$$

这一计算结果表明，平均而言，市场预期Savance公司将有14.5%的年收益率。由于该公司具有更高的系统风险，其收益率要高于市场上代表性股票的期望收益率。该代表性股票的期望收益率是

$$\overline{R}_j = 0.08 + (0.13 - 0.08) \times 1.0 = \mathbf{13.0\%}$$

再假定我们打算投资一种"防御性"股票，其贝塔系数仅为0.7，则它的期望收益率为

$$\bar{R}_j = 0.08 + (0.13 - 0.08) \times 0.7 = 11.5\%$$

证券市场线 式(5.8)描述了用贝塔系数衡量的单个证券的期望收益率与其系统风险间的关系。这种线性关系就是**证券市场线**(security market line,SML),如图 5.6 所示。图中纵轴表示一年期的期望收益率,横轴表示系统风险指数贝塔。系统风险为零时,证券市场线与纵轴相交,交点处的期望收益率等于无风险收益率。随着风险逐渐增加,所要求的收益率也随之增加。

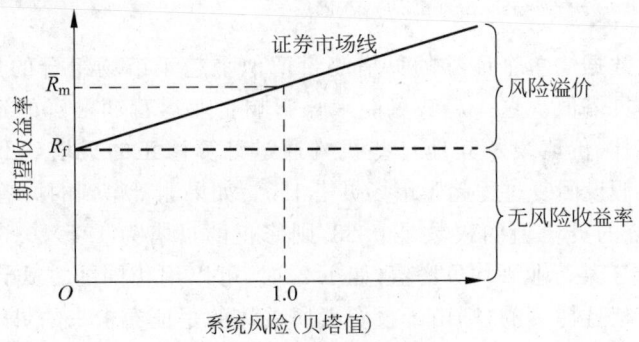

图 5.6 证券市场线(SML)

贝塔的获取 如果投资者认为过去能够很好地代表未来,则可以用单个股票的超额收益率和市场组合的超额收益率的历史数据计算贝塔。有若干服务机构提供交易活跃的股票的贝塔资料,其数值往往是基于过去 3~5 年的周收益率或月收益率得出的。提供贝塔信息的服务机构包括美林银行(Merrill Lynch)、价值线(Value Line)、路透投资者(Reuters)(www.reuters.com/finance/stocks)和 Ibbotson 协会。从这些服务机构获得贝塔数据有一个明显的优点,即无须计算就能得到一支股票过去的贝塔数据。表 5.2 列出了几家代表性公司的**报价符号**(ticker symbols)和贝塔值。大部分股票的贝塔值的范围介于 0.4 与 1.4 之间。如果投资者认为一支股票过去的系统风险适用于未来,则贝塔系数的历史数据可以用来代替预期贝塔系数。

表 5.2 部分股票的贝塔值(2008 年 1 月 13 日)

普通股(报价符号)	贝塔值
亚马逊(网站)公司(AMZN)	2.63
苹果电脑公司(AAPL)	1.75
波音公司(BA)	1.25
Bristol-Myers Squibb 公司(BMY)	1.15
可口可乐公司(KO)	0.68
道化学公司(DOW)	1.39
Gap 公司(GPS)	1.29
通用电气公司(GE)	0.76
谷歌公司(GOOG)	1.36
惠普公司(HPQ)	1.54

续表

普通股(报价符号)	贝塔值
Limited 公司(LTD)	1.31
微软公司(MSFT)	0.73
耐克公司(NKE)	0.69
雅虎(网站)公司(YHOO)	1.20

资料来源：Reuters(www.reuters.com/finance/stocks)．

修正贝塔历史数据 单个证券的贝塔测量值似乎趋于市场组合的贝塔值 1.0，或趋于公司所在行业的贝塔值。这一趋势可能来自影响企业运营和融资的经济因素，也可能来自统计因素。美林、价值线及其他一些机构通过计算**修正的贝塔**(adjusted beta)对这一趋势进行修正。假设回复过程趋于市场贝塔 1.0。如果测量得到的贝塔值是 1.4，其权数为 0.67，而市场组合的贝塔值的权数是 0.33，则修正贝塔为 1.4×0.67+1.0×0.33=**1.27**。当回复过程趋于某行业平均贝塔值(如 1.2)时，可以用相同的方式计算修正的贝塔。如果回复过程是清楚且持续的，则由于投资者所关注的是证券未来的贝塔值，应当对测量到的贝塔值进行修正。

模型所需其他信息的获取 除了贝塔以外，市场收益率和无风险收益率所使用的数据也必须是对未来值的最佳估计。历史数据可能会很好地代替未来数据，也可能无法很好地代替。如果以过去一段经济相对平稳而通货膨胀较高的时期代替未来，则过去平均的市场收益率和无风险收益率将是片面的，会导致对未来的市场收益率和无风险收益率的低估。此时，用历史的平均收益率来计算证券的期望收益率将发生错误。在另一种情况下，如果近几年实现的市场收益率可能很高，但预期该收益率不会持续下去，则用该历史数据估计未来的市场收益率会导致高估。

在上述情况下，必须直接估计无风险收益率和市场收益率。估计无风险收益率比较简单，只要参照相应的国库券当期收益率即可估计出无风险收益率。估计市场收益率则比较困难，但仍然可以估计出来。市场收益率可能由证券分析师、经济学家或其他经常预测该收益率的专家共同估计得出。近几年整个普通股市场的收益率预计为 12%～17%。

风险溢价的使用 市场组合的超额收益率(超过无风险收益率的部分)就是市场风险溢价。在式(5.8)中，风险溢价是用 $(\bar{R}_m - R_f)$ 表述的。标准普尔 500 种股票价格指数的预期超额收益率通常介于 5% 和 8% 之间。可以不直接计算市场组合的收益率，而是通过在当时的无风险收益率上面加上风险溢价来求解。假定我们处在一个不确定的时期，市场中的风险厌恶型投资者占大多数。因此我们所估计的收益率 $\bar{R}_m = 0.08 + 0.07 = 15\%$，其中 0.08 是无风险收益率，0.07 是估计的市场风险溢价。如果情况刚好相反，我们感觉市场上的风险厌恶型投资者相对较少，可能采用 5% 的风险溢价，则此时估计的市场收益率将等于 13%。

重要的是，式(5.8)中所使用的普通股股票预期的市场收益率和无风险收益率必须是根据目前的市场估计得出的。盲目地使用收益率的历史数据会导致将错误的估计值用于资本—资产定价模型。

Fool 在线问答

问题：请问能介绍一下报价符号吗？

回答：报价符号是某公司股票的简短代码。在纽约证券交易所这间具有一定历史的令人尊敬的"大市场"上市的公司,其报价符号仅由3个或更少的字母组成。在规模相对较小的美国股票交易所上市的公司的报价符号也是由3个字母组成的。在纳斯达克交易的股票,其报价符号由4个字母组成。有时候你还能见到由5个字母组成的报价符号。第5字母实质上并非报价符号的组成部分,加上它是为了反映公司的某种状况。例如,F表示该公司是家外企,Q表示该公司处于破产程序。

很多公司为自己选取了令人捧腹的报价符号。例如,西南航空(LUV)、百胜全球餐饮集团(YUM)、爆破专家 Dynamic 材料公司(BOOM)、享有盛名的网络公司 Crosswalk.com(AMEN),以及 Anheuser-Busch(BUD)。

资料来源：Motley Fool 公司(www.fool.com)。经 Motley Fool 公司许可摘录。

股票收益率和股票价格

资本—资产定价模型提供了一种估计证券所要求的收益率的方法。该收益率可以作为股利估价模型中的贴现率。上一章提到股票的每股内在价值可以表示为预期的未来股利的现值。即

$$V = \sum_{t=1}^{\infty} \frac{D_t}{(1+k_e)^t} \tag{5.9}$$

式中,D_t 是第 t 期的预计股利,k_e 是股票的预期报酬率,$\sum$ 是从第1期直至永远的各期未来股利的现值之和。

假定 Savance 公司的股票适用固定增长率股利模型,现要确定该股票的价值。该模型为

$$V = \frac{D_1}{k_e - g} \tag{5.10}$$

式中,g 是预期的每股股利的年增长率。进一步假定 Savance 公司第1期的预期股利是2美元/股,每股股利的预期年增长率是10%。前面已经求出 Savance 公司的预期报酬率是14.5%。在这些假定和估计的基础上,可求解股票价值为

$$V = \frac{2.00 \text{ 美元}}{0.145 - 0.10} = 44.44 \text{ 美元}$$

如果该价值等于股票目前的市场价格,则股票的预期收益率将等于投资者的预期报酬率。这44.44美元是该股票的均衡价格,它是建立在投资者对公司和整个市场无风险资产现有收益率的预期的基础上的。

上述预期有可能发生变化,当其发生变化时,股票的价值(和价格)也会改变。假定经

济中的通货膨胀率下降,经济进入相对稳定增长的时期,结果利率下降,投资者的风险降低,而且公司的股利增长率也有所降低。这些假定改变前后各种指标的变化如下所示:

	改变前	改变后
无风险利率,R_f	0.08	0.07
预期市场收益率,$\bar{R}_m$	0.13	0.11
Savance 公司的贝塔系数,β_j	1.30	1.20
Savance 公司的股利增长率,g	0.10	0.09

基于系统风险,Savance 公司的股票的预期报酬率变为

$$\bar{R}_j = 0.07 + (0.11 - 0.07) \times 1.20 = 11.8\%$$

将该预期报酬率(11.8%)作为 k_e,则股票新的价值为

$$V = \frac{2.00 \text{ 美元}}{0.118 - 0.09} = 71.43 \text{ 美元}$$

因此,上述所有假定的改变共同发生作用,使股票的每股价值从 44.44 美元/股上升到 71.43 美元/股。如果这些假定的改变是市场的选择,则 71.43 美元/股也将是该股票的均衡价格。因此,股票的均衡价格会随市场预期的变化而迅速变化。

股票定价的偏低和偏高 如前所述,市场均衡时投资者对股票的预期报酬率等于其期望收益率,即所有股票都将位于证券市场线上。如果证券不在证券市场线上,则意味着什么呢?假定图 5.7 中的证券市场线是根据投资者整体所了解的股票的预期报酬率与系统风险或不可避免风险间的近似关系画出的。X 和 Y 这两种股票因为某种原因定价出现了偏差,相对于证券市场线来说,股票 X 定价偏低,而股票 Y 定价偏高。

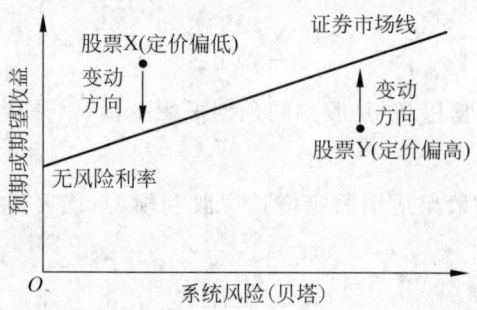

图 5.7 市场出现暂时不均衡状态时股票定价的偏低和偏高

结果,预期股票 X 的实际收益率将高于为补偿其系统风险所要求的预期报酬率。相反,预期股票 Y 的实际收益率将低于为补偿其系统风险所要求的预期报酬率。因此,如果投资者看到投资股票 X 可以带来超额收益,将争相购买股票 X。投资者的抢购会抬高股票 X 的价格从而降低其期望收益率。这一状况将持续多久呢?它将一直持续到市场价格所决定的期望收益率移到证券市场线上。而对于股票 Y,如果投资者意识到投资其他股票虽然面临的系统风险相同,却能得到高于股票 Y 的收益率,则会将所持有的股票 Y 售出。这股出售风带来的压力将压低股票 Y 的价格而使期望收益率上升,直到其期望收益率回到证券市场线上。

当这两种股票的期望收益率回到证券市场线上时,市场将重新达到均衡。结果,这两种股票的期望收益率又将等于其各自的预期报酬率。经验证明,股价的非均衡状态不会持续很久,股价对新信息的调整是很快的。也有大量经验表明,在确定股票的期望收益率和预期报酬率时,只要市场是有效率的,证券市场线概念就会是一种很有用的方法。[①] 因此,由证券市场线决定的收益率就可以作为前面所讨论的股利贴现定价模型中的贴现率。

资本—资产定价模型所面临的挑战

资本—资产定价模型的发展并非一帆风顺,它也面临着挑战。我们知道,该模型的关键所在是用贝塔系数来衡量风险。过去的经验研究表明,贝塔系数对收益率,特别是普通股股票组合的收益率能够作出合理的解释。正如任何事物都难免有缺陷一样,没有人认为该模型是十全十美的。但是不得不承认,该模型既易于理解,又便于使用。人们逐渐认识到破产成本、税收和制度限制等造成的市场缺陷,需要进一步完善模型,以解释这些影响。后面章节中在介绍资本—资产定价模型时将提及其中的一些改进。

反例 当学者们尝试解释证券的实际收益率时,发现了资本—资产定价模型的几种反例(即偏离正常情况)。一种是小企业或规模效应。人们发现,其他条件不变的情况下,市值(每股价格乘以流通在外的股票数)低的普通股股票比市值高的普通股股票具有更高的收益率。另一种反例是市盈率与市场价值—账面价值比率低的普通股股票比这两个比率高的普通股股票具有更高的收益率。还有一种反例。例如,在12月到次年1月期间持有股票比在其他时候持有相同时间的股票能产生更高的收益率。这个反例称为一月效应。虽然很多年前人们就发现了一月效应,但它并非每年都会发生。

法马和弗伦奇的研究 在一篇前沿性论文中,尤金·法马(Eugene Fama)和肯尼斯·弗伦奇(Kenneth French)对普通股股票的收益率与企业的市场资本额(规模)、市场价值—账面价值比率及贝塔值三者间的关系做了实证研究。[②] 对1963—1990年的股票收益率进行研究之后,他们发现,规模和市场价值—账面价值比率对股票平均收益率有很强的解释作用。他们在首次把这两个变量用于回归分析时,却发现增加的贝塔变量并未增加多少解释作用。令人尊敬的学者法马教授根据这一研究宣称,贝塔作为解释收益率的关键变量已经"消亡"了。由此,法马和弗伦奇开始严厉批判资本—资产定价模型对普通股股票的解释作用。他们建议使用企业的市场价值(规模)和市场价值—账面价值比率来衡量风险。

法马和弗伦奇是用两个建立在市场价值基础上的变量去解释市场价值收益的,并得出了上述结论。但是,他们的研究所使用的因变量和自变量具有很高的相关性,自然会得出这一结论。法马和弗伦奇没有把重点放在风险上,而是放在了实际收益率上。他们的发现缺乏理论基础。因此,虽然贝塔可能不是普通股投资的实际收益率的最佳解释工具,

---

① 在实践中,很难获得关于固定收益的证券的令人满意的贝塔信息。因此,资本—资产定价模型主要用于普通股。然而,无论是对于普通股还是固定收益的证券,其系统风险和预期报酬率之间的关系都十分重要。

② 参见 Eugene F. Fama and Kenneth R. French, "The Cross-Section of Expected Stock Returns," *Journal of Finance* 47 (June 1992), 427-465. 还可参见 Eugene F. Fama and Kenneth R. French, "Common Risk Factors in the Returns on Stocks and Bonds," *Journal of Financial Economics* 33 (February 1993), 3-56.

却是衡量风险的合理标准；更进一步说，投资者是厌恶风险的，贝塔给出了有关投资者期望得到的最低收益率的信息。对该期望收益率，投资者有可能实现，也可能实现不了。但是从公司财务的角度看，它有助于引导资金在投资项目间的分配。

资本—资产定价模型与多因素模型　虽然资本—资产定价模型非常有用处，但它无法准确地衡量市场均衡的过程或投资者对特定股票要求的收益率。多因素模型认为证券的收益率对多种因素或指数具有敏感性，而不仅是对市场整体变动敏感。由于多因素模型考虑了更多的风险因素，因此其解释作用强于资本—资产定价模型等单因素模型。本章的附录5B介绍了多因素模型及其中的一个具体模型——套利定价理论。我们的看法是，资本—资产定价模型是考察风险和资本市场要求的收益率的实际方法。该模型还为理解不可避免（系统）风险、分散投资以及要筹措资金需在无风险收益率上增加的风险溢价提供了一般的框架。该框架适用于财务学中所有的定价模型。

有效的金融市场

本章始终假设金融市场是有效率的。当证券价格反映所有经济、金融市场、所涉及的相关公司的可获得的公共信息时，就存在一个**有效的金融市场**（efficient financial market）。这意味着单个证券的市场价格会根据新的信息迅速进行调整，结果证券价格会围绕其"内在"价值上下波动。市场有效性背后的驱动力是个人利益，因为投资者们不断寻求机会，买进价格偏低的证券，卖出价格偏高的证券。市场参与者的数量越多、信息发布得越快，市场将越有效。

新信息可能导致证券内在价值的变化，但随之而来的证券价格变动却不会遵循任何可预测的模式，因此无法通过利用过去的证券价格预测未来价格这种方式获取平均利润。而且，密切关注新闻动向也是没有意义的。根据有效市场这一概念，在你能够采取任何行动以前，证券价格就已经开始调整了。除非拥有超常的好运，在风险水平给定的条件下，投资者平均而言只能获得"正常"或"期望"的收益率。

市场有效性的三种形式

市场有效性研究的领军人物尤金·法马将市场有效性分为三个层次：

- **弱有效性**：当期价格完全反映历史价格，即知道过去的价格模式无助于更好地预测未来的价格。
- **中强有效性**：当期价格完全反映所有公共信息，包括年度报告和新项目等信息。
- **强有效性**：当期价格完全反映所有信息，包括公共信息和私人信息（只有内部人员知道的信息）。

总而言之，有证据表明普通股，尤其是在纽约证券交易所（NYSE）上市的股票的市场是相当有效的。证券价格能够很好地反映相关信息，市场价格能根据新的信息迅速调整。要持续获利只能拥有内部信息，即只有公司高级职员和董事才知道的公司信息。SEC专门制定规章，限制内部任何企图利用不对外公开的信息谋求不正当利益的行为。如果证券价格涵盖了所有的公开信息，就能够让人们更好地了解未来。在有效的市场上，每个人都能够心满意足。

股票市场有效性揭示了一个奇怪的矛盾现象：股票市场有效性这一假设只有在足够多的投资者不相信市场的有效性并据此行事时才能实现。换句话说，理论上要求有足够多的市场参与者，他们为了赚取利润，能够快速地搜集和分析所有可以获得的相关证券所属公司的信息。如果这种对数据积累和评估所投入的大量努力终止了，则金融市场的效率将显著下降。

市场是否永远有效

还记得1987年10月19日股市大崩溃的人都会对金融市场的有效性持怀疑态度。当时的股价以近乎自由落体的速度在几个小时内下跌了20个百分点。我们都知道股市的增长是长期内缓慢实现的，但下跌却往往来势凶猛。1987年股市大崩溃用任何标准衡量都称得上是严重的。关于导致这场灾难的原因有几种解释，但没有一种能够令人十分信服。

这使得我们感到不安，虽然市场有效性在多数时候都能很好地解释市场行为，证券的价格也相对合理，但仍有例外的时候。这些例外令人怀疑市场价格是否反映了所有可获得的信息，从而是否完全可靠。除了类似1987年股市大崩溃的极端事件外，还有一些持续的反常事件。这些反常事件(在前文中曾经提及一些)也许只是风险衡量不足的结果。但也可能是由我们现在尚未知道的因素造成的。虽然金融市场有效性概念是在深思熟虑的基础上提出的，我们仍应当仔细留意那些说明有所例外的证据。

小结

- 投资(持有期)回报率等于市价变化加上基于所有权收到的全部现金之和再除以初始价格。
- 证券的风险可以看成期望收益率的变动性。
- 期望收益率就是各种可能的收益率的加权平均数，其中权数是各种可能收益率发生的概率。
- 衡量围绕期望值的离散程度或变动性的常用标准是标准差 σ。标准差的平方 σ^2 是方差。
- 对于规模不同的投资项目，用标准差来比较其风险或不确定性有时会发生错误。要解决投资项目的规模、范围问题，需要对标准差进行调整，用标准差除以期望收益率，计算结果就是方差系数(CV)。方差系数是一种"单位期望收益率的风险的量度"。
- 绝大多数投资者都是厌恶风险的，这意味着风险越高，投资者的期望报酬率也越高。
- 投资组合(群)的期望收益率是组合中各证券的期望收益率的加权平均数。权数是投资于每种证券的资金占总投资额的比例(权数之和需等于100%)。
- 两种证券可能收益率的协方差是衡量两种证券一起变动而非单独变动的程度的

标准。
- 对于一个大型投资组合,总变动即标准差主要取决于任意两种证券收益率之间的协方差的加权平均。
- 有意义的投资分散化是将能够降低风险的证券组合在一起。只要组合中的证券不是完全正相关,就可以降低风险。
- 证券(或投资组合)的总风险由两个部分组成:系统风险和非系统风险。系统风险又称不可避免风险或不可分散风险,它影响所有证券,具有系统性,只不过对各证券的影响程度不同。
- 非系统风险是公司特有的风险,不取决于整个市场的变动。非系统风险可以通过恰当的投资组合来避免。
- 市场均衡时,假定证券能够提供足以补偿系统风险的期望收益率。资本—资产定价模型(CAPM)描述了风险和收益之间的关系。
- 证券的系统风险可以通过画出特征线来确定。特征线描述了股票的超额期望收益率(超过无风险收益率的收益率)与市场的超额期望收益率之间的关系。特征线的斜率就是贝塔系数,它是系统风险的指数。贝塔系数越大,证券存在的不可避免风险就越高。
- 证券的预期报酬率与其贝塔值之间的关系被称为证券市场线(SML)。证券市场线反映投资者的预期报酬率与系统风险之间的正向直线关系。证券的预期报酬率等于无风险收益率加上用于补偿系统风险的风险溢价,该风险溢价是由贝塔系数确定的。
- 尽管资本—资产定价模型已经被证明在估计资本市场的收益率时是有用的,但近几年它仍受到了严峻的挑战。小企业效应、市盈率效应和一月效应等反例降低了该模型的准确性。法马和弗伦奇教授宣称,企业的市场资本额(规模)和市场价值—账面价值比比贝塔值更能解释股票的平均收益率。尽管如此,资本—资产定价模型仍是一个理解风险概念的有用框架,并很自然地引出了多因素模型和套利定价理论,我们将在本章附录中对多因素模型和套利定价利率进行介绍。
- 当证券价格完全反映所有可获得的信息时,金融市场就是有效的。在这样的金融市场中,证券的价格会根据新信息迅速调整。

附录 5A 投资组合风险的测量

投资组合的总风险是用证券可能收益率的概率分布的标准差 σ_P 来衡量的。投资组合的标准差 σ_P 为

$$\sigma_P = \sqrt{\sum_{j=1}^{m}\sum_{k=1}^{m}W_j W_k \sigma_{j,k}} \qquad (5A.1)$$

式中,m 是投资组合中不同证券的种数,W_j 是投资于证券 j 的资金比例,W_k 是投资于证券 k 的资金比例,$\sigma_{j,k}$ 是证券 j 和证券 k 可能收益率的协方差(协方差将在后面讨论)。

上面的公式看起来有些令人望而生畏,需要做进一步的解释。双求和符号 $\sum\sum$ 表

示要将$(m\times m)$矩阵中所有元素按行和列分别加总,简而言之,将m^2项加总。矩阵的元素包括投资组合中所有可能的任意两种证券的协方差的加权平均数,权数则是每种证券投资金额占投资于该两种证券投资总额的比例。例如,假定m等于4,则可能的两种证券组合加权的协方差组成的矩阵为

	第1列	第2列	第3列	第4列
第1行	$W_1W_1\sigma_{1,1}$	$W_1W_2\sigma_{1,2}$	$W_1W_3\sigma_{1,3}$	$W_1W_4\sigma_{1,4}$
第2行	$W_2W_1\sigma_{2,1}$	$W_2W_2\sigma_{2,2}$	$W_2W_3\sigma_{2,3}$	$W_2W_4\sigma_{2,4}$
第3行	$W_3W_1\sigma_{3,1}$	$W_3W_2\sigma_{3,2}$	$W_3W_3\sigma_{3,3}$	$W_3W_4\sigma_{3,4}$
第4行	$W_4W_1\sigma_{4,1}$	$W_4W_2\sigma_{4,2}$	$W_4W_3\sigma_{4,3}$	$W_4W_4\sigma_{4,4}$

矩阵左上角的组合是(1,1),这意味着$j=k$,即证券1与自己的加权协方差,或简称证券1的加权协方差。这是因为在式(5A.1)中,$\sigma_{1,1}=\sigma_1 \cdot \sigma_1=\sigma_1^2$,即标准差的平方。沿着矩阵的对角线由左上方向右下方移动,共可遇到四种$j=k$的情形,我们会用到这四个加权的方差。矩阵第1行的第2个组合是$W_1W_2\sigma_{1,2}$,它是证券1和证券2的收益率加权协方差。而第2行的第1个组合$W_2W_1\sigma_{2,1}$,它代表的则是证券2和证券1的可能收益率的加权协方差。换句话说,证券1和证券2的收益率的加权协方差计算了两次。类似地,除对角线上的组合外,其他组合的加权协方差都计算了两次,这是因为在对角线之上的元素与在对角线之下的元素是对称的。总而言之,我们在可能的两种证券的组合所形成的矩阵中,把所有的加权方差和协方差都加在一起。在上面提到的4×4矩阵中共有16个元素,其中4个加权方差、6个加权协方差,而加权协方差被加总两次。该矩阵因而被相应地称为方差—协方差矩阵。

式(5A.1)是一个基础性的公式。投资组合的标准差不仅取决于单个证券的方差,而且取决于各种配对证券间的协方差。随着投资组合中证券数量的增加,在计算投资组合的标准差时,协方差所发挥的作用逐渐增加,而方差的作用则逐渐减少。这可以通过考察方差—协方差矩阵得到验证。在一个由两种证券组成的投资组合中,有两个加权方差、两个加权协方差。但是对一个大型投资组合来说,总方差主要取决于任意两种证券间的协方差。例如,在一个由30种证券组成的投资组合中,有30个加权方差和870个加权协方差。如果一个投资组合进一步扩大到包括所有的证券,则协方差很明显将成为决定性因素。

两种证券可能的收益率的协方差是衡量这两种证券一起变动而非单独变动程度的标准。[①] 式(5A.1)中的协方差更正式的表示形式为

[①] 两种证券收益率间的协方差也可以直接测量,方法是将一种证券收益率分布偏离平均值的概率加权平均值乘以另一种证券收益率分布偏离平均值的概率加权平均值。即

$$\sigma_{j,k} = \sum_{i=1}^{n}(R_{j,i}-\bar{R}_j)(R_{k,i}-\bar{R}_k)(P_i)$$

式中,$R_{j,i}$和$R_{k,i}$是证券j和证券k的第i个概率。$\bar{R}_j$和$\bar{R}_k$是证券j和证券k的期望收益率,P_i是发生第i种情况的概率,n则是所有可能发生情况的总数。

$$\sigma_{j,k} = r_{j,k}\sigma_j\sigma_k \qquad (5A.2)$$

式中，$r_{j,k}$ 是证券 j 和证券 k 可能收益率之间预期的相关系数，σ_j 是证券 j 的标准差，σ_k 是证券 k 的标准差。当 $j=k$ 时，相关系数等于 1.0，因为变量变动与自身的变动是完全相关的，$r_{j,j}\sigma_j\sigma_j$ 就变成了 σ_j^2。同理，方差—协方差矩阵中对角线上的元素都是每种证券自己的方差。

相关系数总在 $-1.0 \sim +1.0$ 的范围内变动。正的相关系数表明，两种证券的收益通常朝相同的方向变动；而负的相关系数则表明，它们的变动方向通常是相反的。两个变量的相关性越强，其相关系数越趋于两个极值（-1.0 和 $+1.0$）。如果相关系数为零，则表明两种证券的收益率是不相关的，它们不存在一起变动的趋势。大多数股票的收益率都是一起变动的，但并非完全相关。因此，两种证券的相关系数通常为正，但小于 1.0。

计算举例 要说明如何用式(5A.1)计算投资组合标准差，假定某种股票年收益率的期望值是 16%，标准差是 15%。再进一步假定另一种股票年收益率的期望值是 14%，标准差是 12%。两种股票的预计相关系数是 0.40，两种股票的投资金额相等。投资组合的期望收益率是

$$\overline{R}_p = 0.5 \times 16\% + 0.5 \times 14\% = 15\%$$

本例中，投资组合的期望收益率是组合中两种股票的期望收益率以相等的权数加权的平均数。接下来我们会看到，在计算投资组合的可能收益率的概率分布的标准差时，与计算投资组合的期望收益率不同，它不是投资组合中两种股票的标准差以相等的权数加权的平均数，实际上，它的值要低一些。

	股票 1	股票 2
股票 1	$(0.5)^2(1.0)(0.15)^2$	$(0.5)(0.5)(0.4)(0.15)(0.12)$
股票 2	$(0.5)(0.5)(0.4)(0.12)(0.15)$	$(0.5)^2(1.0)(0.12)^2$

因此

$$\sigma_p = [(0.5)^2(1.0)(0.15)^2 + 2(0.5)(0.5)(0.4)(0.15)(0.12) + (0.5)^2(1.0)(0.12)^2]^{0.5}$$
$$= [0.012\,825]^{0.5} = 11.3\%$$

从式(5A.1)可知，对两种股票的协方差需加总两次，所以把协方差乘以 2。当 $j=1$ 和 $k=1$ 时，需把投资比例(0.5)平方，标准差(0.15)也要平方。相关系数自然是 1.0。对于股票 2，当 $j=2$ 和 $k=2$ 时也是如此。

计算时要掌握的一个重要原则是，只要两种证券的相关系数小于 1.0，投资组合的标准差就要小于两种证券的标准差的加权平均数[尝试将上例中的相关系数变为 1.0，用式(5A.1)重新计算，看看得到的投资组合标准差是多少。在这个例子中，它将等于两种股票标准差的加权平均数 $0.5 \times 15\% + 0.5 \times 12\% = 13.5\%$]。事实上，无论投资组合中包括多少种证券，只要其中配对的每对证券间的相关系数小于 1.0，投资组合的标准差就会小于单个证券标准差的加权平均数。

上面的例子说明，在其他条件都相同时，厌恶风险的投资者总想分散其持有的证券，以持有不完全正相关（$r_{j,k} < 1.0$）的证券。因为不这样做将会承担无谓的风险。

附录 5B 套利定价理论

对资本—资产定价模型(CAPM)的最大挑战也许来自**套利定价理论**(arbitrage pricing theory,APT)。套利定价理论是由斯蒂芬·A.罗斯(Stephen A. Ross)最早提出的,该理论基于在竞争性的金融市场上套利行为将保证由风险和收益所决定的价格达到均衡这一理念。① 套利行为就是发现两个本质上相同的东西,以购入价格相对较低的而出售价格相对较高的。然而投资者怎样才能发现哪种东西便宜,哪种东西昂贵呢?根据套利定价理论,投资者会考虑几种通用的风险因素。

两因素模型

要用简单的两因素模型来说明,假定证券的实际收益率 R_j 能表示为

$$R_j = a + b_{1j}F_1 + b_{2j}F_2 + e_j \tag{5B.1}$$

式中,a 是当两个因素的价值为零时的收益率,F_1 和 F_2 是因素 1 和因素 2 的(不确定的)价值,b_{1j} 和 b_{2j} 是因素 1 和因素 2 的反应系数,它表示某一因素变动 1 单位时所引起的证券收益率的变动量,e_j 是误差项。

在两因素模型中,两因素指的是系统风险或不可避免风险。常数项 a 代表无风险收益率。误差项是证券特有的或非系统风险,该风险可以通过广泛的证券组合分散掉。这些都与资本—资产定价模型中讨论的一样。两种模型的唯一区别在于:在两因素模型中有两个风险因素,而在资本—资产定价模型中只有一个因素,即股票的贝塔系数。风险是由因素的不可预计的变化决定的。

与式(5B.1)中的实际收益率不同,证券的期望收益率为

$$\bar{R}_j = \lambda_0 + b_{1j}(\lambda_1) + b_{2j}(\lambda_2) \tag{5B.2}$$

式中,λ_0 是无风险资产的收益率,其他的 λ 代表特定因素决定的风险溢价。例如,λ_1 是 $b_{1j}=1$ 和 $b_{2j}=0$ 时的超额期望收益率(超过无风险收益率的部分)。这两项可以为正,也可以为负。正的 λ 反映市场是厌恶风险的,负的 λ 表明价值与因素相关,要求的收益率较低。

假定 Torquay 度假有限公司的普通股与两种因素有关,其反应系数 b_{1j} 和 b_{2j} 分别是 1.4 和 0.8。如果无风险收益率为 8%,λ_1 是 -2%,则股票的期望收益率是

$$\bar{R} = \lambda_0 + b_{1j}(\lambda_1) + b_{2j}(\lambda_2)$$
$$= 0.08 + 1.4 \times 0.06 - 0.8 \times 0.02 = 14.8\%$$

第一种因素反映的是令人厌恶的风险,必须提供较高的期望收益率作为补偿;第二种因素对投资者是有价值的,只需较低的期望收益率作为补偿。所以 λ 代表某个风险因素的价格。

因此,式(5B.2)说明证券的期望收益率等于无风险收益率 λ_0 加上两个因素的风险溢

---

① 参见 Stephen A. Ross, "The Arbitrage Theory of Capital Asset Pricing." *Journal of Economic Theory* 13 (December 1976), 341-360。

价。要确定期望收益率,需要先把各种风险因素的市场价格 λ 乘以特定证券的反应系数 bs,并将其乘积加总。该加权数就是证券的总风险溢价,将其与无风险收益率相加就等于期望收益率。

多因素模型

在考虑更多的因素时,两因素模型的原理仍然适用,只需在式(5B.1)中加入多个因素及其反应系数即可。因素模型是建立在下述思想上的:在共同作用力和偶然因素(误差项)的作用下,各证券的价格才会一起变动或分别变动。其思路是要把偶然因素分离出去,以便求得共同作用力(即风险因素)。要做到这一点,方法之一是应用被称为因素分析的统计技术,但这不在本书的讨论范围之内。

另一种方法是基于理论列出具体因素,并加以测试。例如,理查德·罗尔(Richard Roll)和斯蒂芬·A.罗斯认为有五种重要的要素。[①] 这些要素包括:(1)预期通货膨胀率的变动;(2)通货膨胀中无法预期的变化;(3)无法预期的工业生产的变化;(4)低级债券和高级债券的不同收益率(违约风险溢价)的无法预期的变化;(5)长期债券和短期债券不同收益率的无法预期的变化。前三个要素首先会影响公司的现金流,其次会影响公司的股利和股利增长率;后两个要素则会影响市场资本化比率或贴现率。

不同的投资者对待风险的态度是不同的。例如,某些投资者可能不愿意承担高的通货膨胀风险,而愿意承担相当高的违约风险和生产力风险。许多股票也许贝塔值相同,但组成总风险的要素却有很大不同。实际上,如果投资者关心这些风险的要素,资本—资产定价模型就无法很好地解释股票的期望收益率。

达到均衡的方式——套利行为

Roll-Ross(或其他)类型的因素模型是如何达到均衡的呢?答案是,通过投资者分别对前面所提到的多种因素进行的套利行为,市场才会达到均衡。根据套利定价理论,两种证券的反应系数[式(5B.2)中的 bs]如果相等,两种证券的期望收益率也相等。如果实际情况并非如此,会发生什么情况?投资者将会争相购买期望收益率较高的证券,而出售期望收益率较低的证券。

假定市场上投资者要求的预期报酬率是两种因素的函数,无风险收益率为7%,则

$$\bar{R}_j = 0.07 + b_{1j}(0.04) - b_{2j}(0.01)$$

Quigley 制造公司与 Zolotny 基础产品公司具有相同的要素反应系数,其中,$b_{1j} = 1.3$,$b_{2j} = 0.9$。因此,两种证券所要求的收益率是:

$$\bar{R}_j = 0.07 + 1.3 \times 0.04 - 0.9 \times 0.01 = 11.3\%$$

然而,Quigley 公司的股票处于低迷状态,其期望收益率是12.8%,而 Zolotny 公司的股票价格相对较高,其期望收益率只有10.6%。聪明的套利者会购入 Quigley 公司的

[①] 参见 Richard Roll and Stephen A. Ross, "The Arbitrage Pricing Theory Approach to Strategic Portfolio Planning." *Financial Analysis Journal* 40 (May-June 1984), 14-26。五种要素的检测参见 Nai-Fu Chen, Richard Roll, and Stephen A. Ross, "Economic Forces and the Stock Market." *Journal of Business* 59 (July 1986), 383-403。

股票而出售 Zolotny 公司的股票（或空头卖出其股票）。如果套利者对其他因素的判断正确,他所承担的风险只是由因素 1 和因素 2 所引起的风险,两种证券的总风险是相同的。由于定价错误,一种证券所提供的期望收益率超过了与风险相对应的收益率,而另一种证券所提供的期望收益率则低于与风险相对应的收益率。这是一种货币游戏,聪明的套利者会尽可能抓住获利的机会。

当套利者认为证券的价格失真并进行套利交易时,价格将逐渐得到调整。上例中 Quigley 公司的股票价格会上涨,而其期望收益率将下降。相反,Zolotny 公司的股票价格会下跌,而其期望收益率将上升。这种变动将持续到两种股票的期望收益率都达到 11.3% 为止。

根据套利定价理论,理性的市场参与者能够利用所有机会获得套利利润。当所有证券的期望收益率都符合变动的反应系数 bs 的一定线性关系时,市场就达到了均衡。因此,均衡价格是建立在套利行为这一基础上的。套利定价理论暗含着市场参与者是按照某一被普遍接受的约定行事,即人们公认影响证券价格变动的相关风险因素是哪些。

该假定在多大程度上符合现实仍值得探讨,因为市场上既没有关于重要的风险要素的一致意见,也没有经验表明该假定是稳定的和一致的。套利定价理论的吸引力正是由于考虑了复合风险。我们知道不同的证券可能受不同风险的不同影响。尽管套利定价理论具有很强的吸引力,在实践中它仍无法取代资本—资产定价模型,但是该理论对于公司财务学今后的发展很有启示,因此我们在此将其介绍给读者。

思考题

1. 如果大部分投资者不是风险厌恶者,而是风险中立者或风险偏好者,本章所讨论的风险—收益概念还有用吗？
2. 定义特征线和贝塔。
3. 为什么贝塔是系统风险的衡量标准？它的含义是什么？
4. 股票的预期报酬率是什么？如何衡量？
5. 证券市场线会始终保持不变吗？为什么？
6. 其他条件不变时,下列变化对公司股票的市价将产生什么影响？
(1) 投资者对股票整体的预期报酬率提高；
(2) 公司的收益率与市场收益率间的协方差减小；
(3) 公司股票收益率的概率分布的标准差增加；
(4) 关于公司未来收益（和股利）增长率的预期值降低。
7. 假设你极度厌恶风险,但仍投资于普通股股票。你所投资的股票的贝塔值是大于 1.0 还是小于 1.0？为什么？
8. 如果根据资本—资产定价模型某种证券的价值被低估了,则当投资者意识到这种价值低估时,市场会出现什么状况？

自测题

1. 假设你估计投资 A. A. Eye-Eye 公司的普通股股票将带来的一年期收益率如下：

发生的概率	0.1	0.2	0.4	0.2	0.1
可能收益率/%	−10	5	20	35	50

(1) 期望收益率和标准差是多少？

(2) 假定题(1)中一年期收益率符合正态分布，则收益率小于等于0%的概率是多少？收益率小于10%的概率是多少？收益率大于40%的概率是多少？（假定都符合正态分布）

2. Sorbond 实业公司的贝塔值是1.45，无风险收益率是8%，市场组合的期望收益率是13%。目前公司支付的每股股利是2美元，投资者预期未来几年公司的年股利增长率是10%。

(1) 根据资本—资产定价模型，该股票的预期报酬率是多少？

(2) 在此报酬率下，该股票目前的每股市价是多少？

(3) 如果贝塔值变为0.80，其他条件不变，则预期报酬率和每股市价分别是多少？

附录 5A 自测题

3. A 公司和 B 公司普通股股票的期望收益率和标准差如下所示，两种股票预期的相关系数是−0.35。

	$\bar{R}_j$	σ_j
普通股 A	0.10	0.05
普通股 B	0.06	0.04

计算投资组合的风险和收益，该组合由60%的 A 公司股票和40%的 B 公司股票组成。

复习题

1. Jerome J. Jerome 正准备投资一种证券，该证券可能的一年期收益率的概率分布如下：

发生的概率	0.10	0.20	0.30	0.30	0.10
可能收益率	−0.10	0.00	0.10	0.20	0.30

(1) 投资的期望收益率和标准差各是多少?

(2) 投资者是否面临"下行风险"? 你是如何判断的?

2. Summer Storme 正在分析一项投资。该投资的一年期期望收益率是 20%。可能收益率的分布近似于正态分布,其标准差为 15%。

(1) 投资回报率为负的概率有多大?

(2) 投资回报率大于 10% 的概率有多大? 大于 20% 的概率有多大? 大于 30% 的概率呢? 大于 40% 的概率呢? 大于 50% 的概率呢?

3. Markese 进口公司每季超额收益率和市场组合每季超额收益率的历史数据如下:

季度	Markese 公司的超额收益率	市场组合的超额收益率
1	0.04	0.05
2	0.05	0.10
3	−0.04	−0.06
4	−0.05	−0.10
5	0.02	0.02
6	0.00	−0.03
7	0.02	0.07
8	−0.01	−0.01
9	−0.02	−0.08
10	0.04	0.00
11	0.07	0.13
12	−0.01	0.04
13	0.01	−0.01
14	−0.06	−0.09
15	−0.06	−0.14
16	−0.02	−0.04
17	0.07	0.15
18	0.02	0.06
19	0.04	0.11
20	0.03	0.05
21	0.01	0.03
22	−0.01	0.01
23	−0.01	−0.03
24	0.02	0.04

根据上述信息,画出两种超额收益率的关系图和特征线。近似的贝塔值是多少? 根据历史资料,你能谈谈该股票的系统风险吗?

4. 假定资本—资产定价模型能够适用,计算下列每种股票的预期报酬率,其中无风险收益率是 0.07,市场组合的期望收益率是 0.13。

股票	A	B	C	D	E
贝塔值	1.5	1.0	0.6	2.0	1.3

你能从中得到哪些启示?

5. 基于对以往收益率和预期通货膨胀率的分析,Marta Gomez 认为股票总的期望收益率为 12%。目前短期国库券的无风险利率是 7%。Gomez 对 Kessler 电子公司的股票的收益率尤其感兴趣。根据过去 5 年的月份数据,她画出了对应于 Kessler 股票的超额收益率和标准普尔 500 种股票价格指数的超额收益率的特征线,发现该特征线的斜率是 1.67。如果金融市场是有效率的,则她预期能从对 Kessler 电子公司的投资中获得多高的收益率?

6. 目前,无风险收益率为 10%,市场组合的期望收益率是 15%,市场分析家对四种股票的收益率和贝塔值的预期如下:

股票	预期收益率/%	预期贝塔值
1. Stillman 锌矿公司	17.0	1.3
2. Union 油漆公司	14.5	0.8
3. 国民汽车公司	15.5	1.1
4. Parker 电子公司	18.0	1.7

(1) 如果市场分析家的预期是正确的,则哪种股票的收益率被高估了(如果有的话)?哪种股票的收益率被低估了(如果有的话)?

(2) 如果无风险收益率突然升至 12%,市场组合的期望收益率升至 16%,则哪种股票的收益率被高估了,哪种股票的收益率被低估了?(假定市场分析家对收益率和贝塔值的预期仍保持不变)

7. Selena Maranjian 投资于普通股,所投资的金额及各股票的收益率如下所示:

普通股(报价符号)	投资金额/美元	期望收益率/%
One-Legged Chair 公司(WOOPS)	6000	0.14
Acme Explosives 公司(KBOOM)	11 000	0.16
Ames-to-Please 公司(JUDY)	9000	0.17
Sisyphus 运输公司(UPDWN)	7000	0.13
Excelsior Hair Growth 公司(SPROUT)	5000	0.20
In-Your-Face 电话营销公司(RINGG)	13 000	0.15
McDonald Farms 公司(EIEIO)	9000	0.18

(1) 她所投资的证券组合的期望收益率是多少(用百分比表示)?

(2) 如果投资于 Excelsior Hair Growth 公司的资金增加为原来的 4 倍,其他条件不变,则她的期望收益率将是多少?

8. 盐湖城服务有限公司为商业大厦提供维修保养服务。目前其普通股的贝塔值为 1.08,无风险利率为 10%,市场证券组合的期望收益率为 15%。公司在 1 月 1 日决定按每股 2 美元于年底支付股利,并预计股利在未来很多年内将以 11% 的复利增长。根据资本—资产定价模型和其他假设,你认为该普通股每股的价值应为多少?

9. 下列普通股可供投资:

普通股(报价符号)	贝塔值
Nanyang 商业系统公司(NBS)	1.40
Yunnan 园艺设备公司(YUWHO)	0.80
鸟巢汤料公司(SLURP)	0.60
Wacho.com!(WACHO)	1.80
Park 城可乐公司(BURP)	1.05
Oldies Records 公司(SHABOOM)	0.90

(1) 如果在你的投资中前四种证券每种占 20%,后两种证券每种占 10%,则投资组合的贝塔值是多少?

(2) 如果无风险利率为 8%,市场证券组合的期望收益率是 14%,则你投资的证券组合的期望收益率是多少?

10. Schmendiman 公司独家生产 schmedimite(一种由镭和石棉制成的建筑材料)。假设该公司普通股股票的估价适用于固定股利增长模型。你预期市场收益率为 14%,无风险利率为 6%。你预计一年后的股利将是 3.40 美元/股,公司股利将以 6% 的增长率持续增长,该股票的贝塔值是 1.50。该公司普通股股票目前在市场上以 30.00 美元/股的价格出售。

(1) 你认为公司普通股每股的股价应当是多少(根据你对本书第 5 章的全面理解答题)?

(2) 公司普通股股票的价格是被高估了、低估了,还是正确定价?为什么?

附录 5A 复习题

11. 普通股股票 D,E 和 F 的期望收益率、标准差及其相互间关系如下所示:

	$\bar{R}_j$	σ_j		$r_{j,k}$
普通股股票 D	0.08	0.02	D 和 E 间	0.40
普通股股票 E	0.15	0.16	D 和 F 间	0.60
普通股股票 F	0.12	0.08	E 和 F 间	0.80

如果一个投资组合中全部资金的 20% 投资于 D,30% 投资于 E,50% 投资于 F,则该组合的期望收益率和标准差分别是多少?

自测题答案

1.（1）

可能的收益率,R_i	发生的概率,P_i	$(R_i)(P_i)$	$(R_i-\bar{R})^2(P_i)$
−0.10	0.10	−0.010	$(-0.10-0.20)^2(0.10)$
0.05	0.20	0.010	$(0.05-0.20)^2(0.20)$
0.20	0.40	0.080	$(0.20-0.20)^2(0.40)$
0.35	0.20	0.070	$(0.35-0.20)^2(0.20)$
0.50	0.10	0.050	$(0.50-0.20)^2(0.10)$
	$\sum=1.00$	$\sum=\mathbf{0.200}=\bar{R}$	$\sum=\mathbf{0.027}=\sigma^2$
			$(0.027)^{0.5}=\mathbf{16.43\%}=\sigma$

（2）对于小于或等于零的收益率,偏离期望收益率$(0\%-20\%)/16.43\%=-1.217$个标准差。从本书附录A中的表A5可知1.217位于1.20个标准差和1.25个标准差之间,1.20个标准差所对应的曲线下面积是0.1151,1.25个标准差所对应的曲线下面积则是0.1056。这意味着实际收益率小于或等于零的概率近似为11%。

对于小于或等于10%的收益率,其偏离期望收益率$(10\%-20\%)/16.43\%=-0.609$个标准差。从本书附录A中的表A5可知实际收益率小于或等于零的概率近似为27%。

对于小于或等于40%的收益率,其偏离期望收益率$(40\%-20\%)/16.43\%=1.217$个标准差。这与收益率小于或等于零时相同,计算方法也相同,只是方向相反。因此,实际收益率小于或等于零的概率近似为11%。

2.（1）$\bar{R}=8\%+(13\%-8\%)\times 1.45=15.25\%$

（2）如果运用固定增长率的股利贴现模型,则

$$P_0=\frac{D_1}{k_e-g}=\frac{2\text{美元}\times 1.10}{0.1525-0.10}=\mathbf{41.90\text{ 美元}}$$

（3）$\bar{R}=8\%+(13\%-8\%)\times 0.80=\mathbf{12\%}$

$$P_0=\frac{2\text{美元}\times 1.10}{0.12-0.10}=\mathbf{110\text{ 美元}}$$

附录 5A 自测题答案

3. $\bar{R}_p=0.60\times 0.10+0.40\times 0.06=\mathbf{8.4\%}$

$\sigma_p=[(0.6)^2(1.0)(0.05)^2+2(0.6)(0.4)(-0.35)(0.05)(0.04)+$
$(0.4)^2(1.0)(0.04)^2]^{0.5}$

在上面的表达式中,中间项是协方差$(-0.35)(0.05)(0.04)$乘以权数0.6和0.4,由于它要被加总两次,所以在前面乘以2。第一项和第三项中,用于加权方差的相关系数是1.0。该表达式可简化为

$$\sigma_p=[0.00082]^{0.5}=\mathbf{2.86\%}$$

参考文献

Alexander, Gordon J., William F. Sharpe, and Jeffrey V. Bailey. *Fundamentals of Investment*, 3rd ed. Upper Saddle River, NJ: Prentice Hall, 2001.

Campbell, John Y., Martin Lettau, Burton G. Malkiel, and Yexiao Xu. "Have Individual Stocks Become More Volatile? An Empirical Exploration of Idiosyncratic Risk." *Journal of Finance* 56 (February 2001), 1-43.

Evans, Jack, and Stephen H. Archer. "Diversification and the Reduction of Dispersion: An Empirical Analysis." *Journal of Finance* 23 (December 1968), 761-767.

Fama, Eugene F. "Efficient Capital Markets: A Review of Theory and Empirical Work." *Journal of Finance* 25 (May 1970), 384-387.

____. "Components of Investment Performance." *Journal of Finance* 27 (June 1972), 551-567.

____, and Kenneth R. French. "The Cross-Section of Expected Stock Returns." *Journal of Finance* 47 (June 1992), 427-465.

____, and Kenneth R. French. "Common Risk Factors in the Returns on Stocks and Bonds." *Journal of Financial Economics* 33 (February 1993), 3-56.

____, and Kenneth R. French. "Multifactor Explanations of Asset Pricing Anomalies." *Journal of Finance* 51 (March 1996), 55-84.

Ferson, Wayne, and Robert A. Korajczyk. "Do Arbitrage Pricing Models Explain the Predictability of Stock Returns?" *Journal of Business* 68 (1995), 309-349.

Grundy, Kevin, and Burton G. Malkiel. "Reports of Beta's Death Have Been Greatly Exaggerated." *Journal of Portfolio Management* 22 (Spring 1996), 36-44.

Haugen, Robert A. *Modern Investment Theory*, 5th ed. Upper Saddle River, NJ: Prentice Hall, 2001.

Horim, M. Ben, and H. Levy. "Total Risk, Diversifiable Risk and Nondiversifiable Risk: A Pedagogic Note." *Journal of Financial and Quantitative Analysis* 15 (June 1980), 289-297.

Kothari, S. P., and Jay Shanken. "In Defense of Beta." *Journal of Applied Corporate Finance* 8 (Spring 1995), 53-58.

Levy, Haim, Deborah Gunthorpe, and John Wachowicz Jr. "Beta and an Investor's Holding Period." *Review of Business* 15 (Spring 1994), 32-35.

Lindahl, Mary, and John Wachowicz Jr. "Judging Your Portfolio's Return, Given its Risk." *Review of Business* 22 (Summer 2001), 59-61.

Modigliani, Franco, and Gerald A. Pogue. "An Introduction to Risk and Return." *Financial Analysts Journal* 30 (March-April 1974), 68-80, and (May-June 1974), 69-86.

Mullins, David W., Jr. "Does the Capital Asset Pricing Model Work?" *Harvard Business Review* 60 (January-February 1982), 105-114.

Reilly, Frank K., and Keith C. Brown. *Investment Analysis and Portfolio Management*, 8th ed. Cincinnati, OH: South-Western, 2006.

Roll, Richard. "Performance Evaluation and Benchmark Errors." *Journal of Portfolio Management* 6 (Summer 1980), 5-12.

____, and Stephen A. Ross. "The Arbitrage Pricing Theory Approach to Strategic Portfolio Planning." *Financial Analysts Journal* 40 (May-June 1984), 14-26.

____, and Stephen A. Ross. "On the Cross-Sectional Relation Between Expected Returns and Betas." *Journal of Finance* 49 (March 1994), 101-121.

Rosenberg, Barr. "The Capital Asset Pricing Model and the Market Model." *Journal of Portfolio Management* 7 (Winter 1981), 5-16.

Ross, Stephen A. "The Arbitrage Theory of Capital Asset Pricing." *Journal of Economic Theory* 13 (December 1976), 341-360.

Sharpe, William. "Capital Asset Prices: A Theory of Market Equilibrium Under Conditions of Risk." *Journal of Finance* 19 (September 1964), 425-442.

Shrieves, Ronald E., and John M. Wachowicz Jr. "A Utility Theoretic Basis for 'Generalized' Mean-Coefficient of Variation (MCV) Analysis." *Journal of Financial and Quantitative Analysis* 16 (December 1981), 671-683.

Siegel, Jeremy J. "The Application of the DCF Methodology for Determining the Cost of Equity Capital." *Financial Management* 14 (Spring 1985), 46-53.

Wachowicz, John M., Jr., and Ronald E. Shrieves. "An Argument for 'Generalized' Mean-Coefficient of Variation Analysis." *Financial Management* 9 (Winter 1980), 51-58.

Part Ⅱ of the text's website, *Wachowicz's Web World*, contains links to many finance websites and online articles related to topics covered in this chapter. (web.utk.edu/~jwachowi/part2.html)

第 3 部分

财务分析和财务计划的工具

第 6 章　财务报表分析

第 7 章　资金分析、现金流分析和财务计划

财务管理基础
Fundamentals of Financial Management

第 6 章

财务报表分析

内容提要

- 财务报表
  资产负债表提供的信息·损益表提供的信息
- 一个可行的分析框架
  财务比率的应用·财务比率的类型
- 资产负债表比率
  变现能力比率·财务杠杆（负债）比率
- 损益表比率及损益表/资产负债表比率
  保付比率·周转率·赢利能力比率
- 趋势分析
- 结构百分比分析和指数分析
  财务报表项目的结构百分比·财务报表项目相对基期年度的指数
- 小结
- 主要财务比率汇总
- 附录6A 递延税款和财务分析
- 思考题
- 自测题
- 复习题
- 自测题答案
- 参考文献

学习目的

完成本章学习后，您将能够：

- 了解基本的财务报表的目的及其内容。
- 说明为什么财务报表分析对于企业及外部资金提供者非常重要。
- 定义、计算并（依据流动性、财务杠杆、偿还能力、周转和获利能力）对主要的财务比率进行分类，了解如何通过这些比率掌握企业的经营状况。
- 定义、计算并讨论企业的经营周期和现金循环。
- 利用比率分析企业的经营状况，并提出改善企业经营的合理化建议。
- 应用杜邦法分析企业的投资报酬率（即"赢利能力"）及股东资产净值赢利率。
- 了解财务比率分析的局限。
- 应用趋势分析、结构百分比分析和指数分析进一步获取关于企业绩效的信息。

财务报表好似香水，只能闻不能吃。

——亚伯拉罕·布列诺夫（Abraham Brilloff）

要作出符合企业目标的理性决策,财务经理必须掌握分析工具。本章和第7章将介绍几种用于财务分析和财务计划的有效工具。

企业自身和外部的资金供给者(债权人和投资人)都会进行财务报表分析。各方因其各自的利益不同,分析的类型也不同。商业债权人(因提供商品和服务而对企业拥有债权的供应商)主要关心企业资产的流动性。因为他们的权益是短期的,而企业是否具有迅速清偿这些权益的能力可以通过对企业流动性的分析得到最好的判断。与此相反,债券持有者的权益是长期的,因此他们更关心企业长期的现金流转能力(付息能力)。债券持有者可以通过分析企业的资本结构、资金的主要来源和运用、企业一段时期内的赢利能力,以及企业的未来赢利能力来评估该能力。

公司的普通股投资人主要关心公司现在和可预期的未来的赢利及赢利趋势曲线的稳定性。因此,投资人通常关心公司赢利能力的分析。他们还很关心公司的财务状况及其对股利分配和防止破产的能力的影响。

从公司内部来看,为了实现内部控制及使公司的财务状况与经营成果更好地符合资金供给者的要求,管理层也要进行财务分析。从内部控制的角度出发,为了有效地实施计划和控制,管理层应当进行财务分析。为了规划未来,财务经理必须评价公司目前的财务状况并根据目前的状况评价可能存在的机会。在内部控制方面,财务经理特别关心公司各种资产的投资回报和资金管理的效率。最后,为了更容易获得外部资金,财务经理必须适应外部资金供给者用于评价公司的各种财务分析。我们可以从上面的介绍中得出结论,财务分析的类型是随分析者的特定利益而变化的。

财务报表

财务分析(financial analysis)涉及各种财务报表的使用。这些报表有很多种作用。首先,**资产负债表**(balance sheet)汇总企业在某一时点的资产、负债和所有者权益,通常在年末或季末编制。其次,**损益表**(income statement)汇总企业某段时期的收入和费用,通常也在年末或季末编制。资产负债表反映企业某一时点的财务状况,而损益表则简要描述企业在某段时期的收益。从这两张报表(有时还包括一些补充信息)还可派生出另一些报表,例如,留存收益表、资金来源和运用表以及现金流表(后两种报表将在下一章讨论)。

你可能想使用计算机制表程序来分析财务报表。对于重复分析,这些程序允许假设的变动并可方便地进行模拟。分析各种场景下的情况能够加深对问题的理解。实际上,财务报表是这些功能强大的程序的理想应用。而且,这些程序在财务报表分析(不论是外部还是内部)中也得到了广泛的应用。

在美国,财务会计准则委员会(FASB)通过颁布财务会计准则公告(SFAS)来确定用于编制和呈报公司财务报告的会计准则。这些公告共同构成了美国公认会计原则(GAAP)。

全球资本市场需要全球会计标准和全球监管的合作。在制定全球会计标准这一目标的引导下,国际会计准则委员会(IASB)的职责是制定国际财务报告标准(IFRS)。2005年,欧盟的所有国家都采纳了IFRS。此外,包括日本在内的欧洲以外地区的很多国家所采用的会计标准与IFRS也非常类似。国际会计准则委员会与美国财务会计准则委员会以及其他国家的会计标准制定团体密切合作，力图实现世界各地会计标准的"融合"。融合是指彼此靠近的过程。会计标准的融合旨在缩小或消除差距，以便投资者能够更好地理解在不同会计框架下编制的财务报表。

俚语流行线

The Economist

把美国拖到一条布满一系列全球会计规则的崎岖道路上。

忘了世界语吧，它太过直接了。日益席卷全球的通用语言是这样一种卷着舌头的会计语言，就连美国人也开始被迫重新思考一些财务主权方面的宝贵想法。

国际财务报告标准（IFRS）的目标是在跨国境贸易和投资的环境下协调财务报告方式。该标准自从2005年被欧盟7000余家上市公司采纳以来，取得了很大的发展。迄今为止，包括加拿大和中国在内的100多个国家已经采纳了该标准，或者宣布计划采纳该标准。总部位于伦敦的国际会计准则委员会（IASB）预计，未来4年将发展到150个国家。

就连美国这样并不热衷国际化的国家也正在与国际会计准则委员会共同努力来缩小美国会计标准与国际财务报告标准之间的差距。预计2009年甚至更早的时候，在美国上市的外国公司就可以选择采用国际财务报告标准了。目前上述公司必须让自己的会计报告体系符合美国规则，而有些人认为这种成本高昂的做法正在将外国上市公司推离美国。

然而，即使欧盟对于国际财务报告标准的态度也不是完全没有保留的。欧盟选择的是欧洲议会签署的规则，而不是国际会计准则委员会颁布的规则。这两种版本只有一个差异，但是却很严重，即金融工具（衍生品等）的会计规则。

科威特和中东的其他国家据说在采纳国际财务报告标准时也增加了某些特殊的规范。人们担忧的是，如果太多的国家试图根据自己的喜好定制标准，那么就会有无数种版本的国际财务报告标准，而不是一套国际规则，从而违背了这套标准的初衷。国际会计准则委员会主席戴维·特威迪爵士（Sir David Tweedie）说："我们必须防患于未然。"

迄今为止，防患于未然意味着与国际标准的制定者们一起说服公司准确披露它们使用的是什么规则。人们寄希望于投资者能够迫使公司不要使用自己所在国特有的国际财务报告标准的约定俗成的版本，如果公司拒绝合作则收取更高的风险溢价。如今，一个欧洲投资者根本无法从一家公司的财务报告中判断其采用的到底是完全的国际财务报告标准还是欧盟的版本。

毕马威会计师事务所指出，无论采取的是否纯粹的国际财务报告标准，所有的国家都倾向于用反映它们原有的会计标准的方式来解释这些规则。监管者们正在试图通过IOSCO这一国际证券监管者团体来减少这些差异。

由于国际会计准则往往是"基于原则"的，这意味着没有严格的法规可供遵从，减少差异的努力显得更为困难。这与美国的情况刚好相反。在美国，每条会计原则都附有会计检查人员和会计团体给出的厚厚的规范性指南和解释，其中有些是从SEC的报告中收集的。国际财务会计标准没有这些附带说明，从而给了人们更多的评判余地。

资料来源：改编自"Speaking in Tongues," *The Economist* (May 19-25, 2007), pp. 77-78. (www.economist.com) Copyright © 2007 The Economist Newspaper Limited. Used by permission. All rights reserved.

资产负债表提供的信息

表 6.1 是 Aldine 制造公司截至 3 月 31 日财务年度的 20×2 年度和 20×1 年度资产负债表。资产列在表的上半部,按照流动性(变现能力的高低)排序。现金及现金等价物是流动性最强的资产,因此排在第一位。离现金越远的资产,其变现能力越低,流动性也就越低。应收账款的变现需要一个步骤,而存货的变现则需要两个步骤。应收账款是来自顾客的欠款,可在一定收账期内变为现金,该账期通常为 30~60 天。存货用于产品的生产,产品必须先售出以取得应收账款的权利,然后才能进入下一阶段转换为现金。因为固定资产、长期投资及其他长期资产的流动性最差,所以列在最后。

表 6.1 Aldine 制造公司的资产负债表[1]   千美元

资产[2]	3 月 31 日		注 释
	20×2 年	20×1 年	
现金及其等价物	178	175	1. 反映某一日期公司的财务状况。
应收账款[3]	678	740	2. Aldine 公司拥有的。
存货(以成本或市价中较低者列示)[4]	1329	1235	3. 客户欠公司的款项。
预付费用[5]	21	17	4. 原材料、在产品和产成品。
累计预付税款	35	29	5. 已支付但尚未发生的款项(如,预付保险金)。
流动资产[6]	2241	2196	
固定资产(历史成本)[7]	1596	1538	6. 现金及一年内可变现项目。
减:累计折旧[8]	(857)	(791)	7. 购置土地、建筑物和设备的原始成本。
固定资产净值	739	747	
长期投资	65	—	8. 固定资产累计损耗作为原值的扣除。
其他长期资产	205	205	
资产总计[9]	3250	3148	9. 资产=负债+股东权益

负债和股东权益[10,11]	3 月 31 日		10. Aldine 公司需偿还的。
	20×2 年	20×1 年	11. 股东拥有的权益。
银行借款和应付票据	448	356	12. 购买商品和接受劳务产生的欠款。
应付账款[12]	148	136	
应交税金[13]	36	127	13. "应交"是指已发生但尚未支付的义务。
其他流动负债[14]	191	164	
流动负债[15]	823	783	14. 未付工资等。
长期负债[16]	631	627	15. 一年内需偿还的债务。
股东权益			16. 偿还期超过一年的债务(如长期债券)。
普通股(面值为 1 美元)[17]	421	421	
附加资本	361	361	17. 股东投入公司的最初投资额。
留存收益[18]	1014	956	18. 留在公司内部的赢利(如用于再投资)。
股东权益合计	1796	1738	
负债和股东权益合计[19]	3250	3148	19. 负债+股东权益=资产。

资产负债表的下半部列出的是公司的负债和**股东权益**(shareholders' equity)。这些项目按照可能的偿付时间的先后次序排列。流动负债应该在一年内偿还,而长期负债的

偿还期则超过一年。股东权益将以定期现金股利或最终清算股利的方式支付。股东权益有时又称净值,由几个项目(细目)组成。普通股(平价)和附加资本的合计值等于为取得普通股股份而向公司支付的款项总额。我们在第 20 章将讲到,股票常带有面值。本例中,股票的面值是 1 美元/股,这意味着 20×2 年 3 月 31 日该公司大约有 42.1 万股股票发行在外。附加资本表示收到的款项超过已发行股票面值总额的部分。例如,如果公司以每股 6 美元的价格增发 1 股普通股,则普通股将增加 1 美元,而附加资本将增加 5 美元。留存收益表示公司自开业以来除分配股利外剩余的累计利润,即留在公司内部的利润。

注意:

常听到某公司"用留存收益"支付股利这种说法。这么说并不正确。公司是用"现金"支付股利,从而使得留存收益相应地减少。留存收益并不是一笔现金(或其他资产),它只是用来描述公司资金来源的会计科目。

可以看到,表 6.1 中总资产等于总负债加上股东权益。这是一个会计恒等式。当然,也可以据此导出总资产减去总负债等于股东权益。大多数情况下,公司的负债是确定的。绝大多数涉及资产负债表的会计问题都与资产的数目有关。必须记住资产负债表中的数字是账面数字,而不是所估计资产的实际经济价值。固定资产(土地、建筑物、设备)的账面价值是根据实际(历史)成本确定的,而不是根据当前成本(重置成本)确定的。存货按成本市价孰低法列示。应收账款的数字暗示这些应收账款都将被收回,但事实并非总是如此。通常需要深入了解数字背后隐含的信息才能正确分析公司的财务状况。通过分析可以发现,资产负债表中的股东权益,作为总资产与总负债的差值,并非总是合理精确地反映公司股东的真实价值。

损益表提供的信息

表 6.2 中的损益(收入或赢利和损失)表反映了 Aldine 公司两个会计年度的营业利润、费用和净利润。**销售成本**(cost of goods sold)表示该会计期间所生产的已出售产品的成本,包括原材料成本、直接人工费用及已出售产品应负担的制造费用。销售和管理费用以及利息费用不包括在销售成本中,而是单独列出,因为它们被视为期间费用而不是产品成本。

表 6.2 Aldine 制造公司的损益表[1]　　　　　　　　　　　　　　　千美元

	截至 3 月 31 日的年度		注　释
	20×2 年	20×1 年	
销售净额[2]	3992	3721	1. 衡量一段期间的赢利。
产品销售成本[3]	2680	2500	2. 从顾客处已收或应付给顾客的款项。
毛利	1312	1221	
销售和管理费用[4]	912	841	3. 直接与经营水平有关,包括工资、原材料、燃料和制造费用。
息税前利润[5]	400	380	
利息费用[6]	85	70	4. 销售人员的佣金、广告费用、行政人员工资等。
税前利润[7]	315	310	
所得税(联邦和州)	114	112	5. 营业利润。
税后利润[8]	201	198	6. 借入资金的成本。
现金股利	143	130	7. 应税所得。
留存收益的增加值	58	68	8. 股东可分配利润。

注意:20×1 年和 20×2 年的折旧费用分别为 114 美元和 112 美元。

对于像 Aldine 这样的制造公司来说,折旧费用通常包括在产品的制造成本中,从而成为销售成本的一部分。但对于商业企业来说(如批发商或零售商),折旧费用通常单独列作期间费用,与利息费用一样列示在毛利项目下。折旧在第 2 章曾经讨论过,但应该记住,它是根据历史成本计算的,而历史成本在通货膨胀时期可能与经济成本不相符合。

表 6.2 中损益表的最后三行组成了一个简化的留存收益表。从税后净利润中减去股利就得到了本年度增加的留存收益。表 6.2 中 20×2 财务年度所增加的 5.8 万美元留存收益应与表 6.1 资产负债表中的数字一致。20×1 年与 20×2 年年末留存收益的数字分别是 95.6 万美元和 101.4 万美元,其差值刚好是 5.8 万美元。因此,两年的资产负债表和 20×2 年的损益表就一致了。掌握了上述背景知识,下面我们就可以进行财务报表分析了。

和艾丽斯谈会计师

亲爱的艾丽斯:

安然事件之后,我们现在还能相信会计师们的话了吗?

Skokie 心存疑虑的人

亲爱的心存疑虑的人:

我们伊利诺伊州的同乡亚伯拉罕·林肯(Abe Lincoln)很喜欢给大家出这样一条谜语:"如果狗的尾巴也可以称为腿,那么一只狗有几条腿?"他给出的答案是四条。他认为把尾巴称为腿并不能让它变成腿。我们这些会计数据的使用者在阅读年报、审计过的财务报表甚至我们配偶每个月潦草的账本时也需要具有这种批评性的眼光。

我已经做了一辈子的会计师,可能看法有些偏颇,但我还是认为会计职业近来所背上的恶名超过了实际。几匹害群之马不应该让我们对那些始终秉承传统及荣誉而尽心尽力为公众利益服务的绝大多数会计师们丧失信心。

而且,在我看来,我们大家都应对过于轻信包括财务报告在内的一系列事项负有一些责任。

安抚或迎合投资者和/或贷款人通常是由企业主或管理人员而不是会计师所采用的老伎俩。其最常用的手段包括虚构投资人所希望或期望很快得到的利润,或者推迟报告已经发生的费用(也可能是反过来)。企业为了渡过难关常常采取虚报存货、隐瞒可能发生的法律诉讼或有疑问的保险理赔等连带责任,以及其他许多招数,其良好的本意是在此后适当的时候再对财务报告进行订正。

对于小企业来说,这是自欺欺人的危险做法。对于大企业来说,则称得上是欺诈。

当职业会计师发现并针对有问题的报表提出疑义,而企业主或管理者采取强硬的态度否定其修改意见时,这种具有良好愿望的会计问题就形成了。由于会计人员是受雇于企业主或管理者,而求职的竞争十分激烈,不难看出这些问题和利益的冲突为什么会持续不断。

随着时间的推移,技术、政府管制、全球贸易及大部分企业每周 7 天每天 24 小时不停歇的交易速度和交易量,使得会计变得更加复杂。会计师在文化中的作用也发生了变化。上述因素要求我们作为这些苛刻产品的消费者,要充分运用自己的头脑、经验以及常识来解读会计师提供的信息。

如果华尔街的分析人员多做些独立的思考和分析,安然公司可能也不会轰然倒塌。

不要因为会计报告是用四色印在昂贵的特种纸上所带来的完美感觉就不敢仔细研读。在财务报表中就如同在生活中一样，外表往往与事实大相径庭。如果你觉得自己看到了一只五条腿的狗，你要坚定地做个独立审计师。

资料来源：改编自 Alice Magos,"Ask Alice About Accountants."刊登于 www.toolkit.cch.com/advice/02-256askalice.asp. Reproduced with permission from CCH Business Owner's Toolkit, Published and copyrighted by:
CCH Incorporated
2700 Lake Cook Road
Riverwoods, Illinois 60015, USA
(www.toolkit.cch.com)

一个可行的分析框架

分析企业的情况可以使用多种方法。很多分析人员在概括企业的财务状况时都有自己所偏好的方法。这里我们尝试提供一种概念性的分析框架，用以分析考虑外部融资时企业的财务状况。其中需要考虑的因素如图6.1所示。

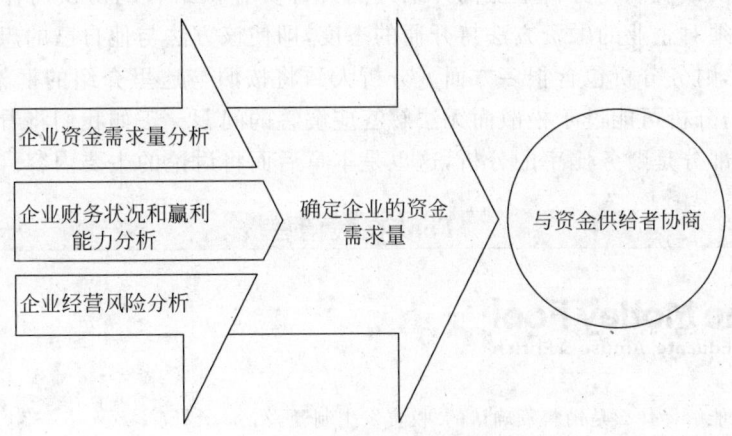

图 6.1　财务分析的框架

按顺序考虑，首先是企业资金需求的趋势和季节性因素。企业未来需要多少资金？这些需求的本质是什么？需求中是否存在季节性因素？回答这些问题要用到的分析工具包括资金来源和运用表、现金流表及现金预算，这些内容将在第7章介绍。其次，用于评估企业财务状况和赢利能力的工具是财务比率，这是本章要讲述的内容。财务分析人员就像熟练的医生利用化验结果一样使用这些比率。不同时期的数据综合起来能够提供评价企业财务状况和赢利能力的有价值的观点。最后一个因素是对经营风险的分析。经营风险涉及企业运营中的内部风险。有些公司处于不稳定的行业，其经营经常在盈亏平衡点附近徘徊；而另一些公司则处于较稳定的行业，其经营远离盈亏平衡点。某家机械制造公司可能符合第一种类型，而某家利润丰厚的电力公司则可能符合第二种类型。分析人员需要评价所分析公司的经营风险水平。

在确定企业的融资需求时要用到上述所有三种因素,而且应综合起来考虑。资金需求量越大,融资总额就越高。所需资金的性质会影响融资的方式。如果经营中存在季节性因素的影响,会更多采用短期融资,尤其是以银行借款方式居多。公司的经营风险对所采用的融资方式也有很强的影响。经营风险水平越高,将越少采用借贷方式融资,而相对较多地采用发行普通股的方式融资。换句话说,权益融资比债务融资更安全,因为它不存在债务融资由合同规定的支付利息和本金的义务。一家具有较高经营风险的公司通常由于被误导还要承担较高的财务风险。① 公司的财务状况和赢利能力也会影响融资方式。公司资产的流动性越强,综合财务状况越好,赢利能力越强,就越有条件采用风险较高的融资方式。即随着资产流动性的提高,财务状况及赢利能力的改善,债务融资将更具吸引力。图 6.1 中的圆圈项表明,仅仅从企业的角度出发预期最佳融资方式并假定其能够实现是不充分的,还需要让外部资金供给者能够接受该计划。企业可能决定需要通过短期融资筹集 100 万美元,但是贷款人未必认可企业管理层提出的融资金额或者方式。最终,企业可能不得不作出让步,以适应市场的实际情况。企业与资金供给者的相互作用决定了融资的金额、期限和成本。这种协商与我们在东方国家的集市上看到的讨价还价很相似,不过更文明些。无论如何,企业必须与外部资金供给者协商这一事实在图 6.1 是作为对其他因素的反馈机制。分析不能离开最终与外部资金供给者的协议而存在。同样,资金供给者也必须对企业的融资方法持开通的态度,即使该方法与他自己的想法背道而驰。

如上所述,财务分析包含很多方面。分析大致将按照与这里介绍的框架相类似的框架进行。否则,分析可能过于松散而无法解答应解答的问题。正如我们将看到的,财务分析的一个组成部分是财务比率的分析,这也是本章后面将讨论的主要内容。

Fool 在线问答

问题:您能解释什么是销售额确认的"权责发生制"吗?

回答:我很乐意。理解这个概念非常重要,因为在该体系下,公司损益表上的"收入"项其实可能尚未收到。

收入有时列为"销售额",并不一定表示某项销售中收到的现金。很多企业采用权责发生制确认收入,发送货物、提供服务或签订长期合约后即计入销售。

假设有家 Wig 公司(报价符号:WHOAA)采用权责发生制。如果该公司发送了 1000 箱假发但尚未收到货款,这笔销售额仍将作为收入列在损益表中。这笔在途支票反映在资产负债表的"应收账款"科目。

要仔细审核应收款项科目,确保公司没有将其无法收回货款的销售列入。还要留意公司是否把本应计入下个季度的销售列入本季度。

资料来源:Motley Fool 公司(www.fool.com)。经 Motley Fool 公司许可摘录。

---

① 我们将在第 16 章详细介绍经营风险,尤其是它与企业愿意承担财务风险的程度间的关系。

财务比率的应用

要评价企业的财务状况和经营成果,财务分析人员需要对企业的财务"健康状况"进行多方面的"体检"。在这些"体检"中常用的工具是**财务比率**(financial ratio)或指数,它是由两个财务数据彼此相除得到的。

为什么要研究比率?为什么不能简单地使用原始数据?我们计算比率是因为这样可以得到对比数据,它比研究原始数据更有效。例如,假设某企业今年赢利100万美元。这看起来是笔不小的利润。但是如果企业的资产总投资为2亿美元,你还会这么认为吗?用净利润除以总资产,得到100万美元/2亿美元=0.005,即企业总资产的回报率。0.005的回报率意味着企业每1美元资产的投入只赚了半美分。连储蓄账户都能比这项投资带来更高的回报,而且风险要低得多。在这个例子中,比率提供了丰富的信息。不过,在选择和解释比率时一定要谨慎。存货除以资本利得也能得到一个比率,但是对这个比率却无法得出有意义的解释。

内部比较 财务比率分析涉及两种形式的比较。首先,分析人员可以将同一公司目前的比率与过去的、预期未来的比率进行比较。当年的流动比率(流动资产和流动负债的比率)可以与以往年度的流动比率进行比较。将一段时期的财务比率排列起来(可使用计算机制表软件),分析人员可以研究变化的构成,从而确定公司一段时期内的财务状况和赢利能力是有所改善还是恶化了。简而言之,我们不必过于关心某一时点的某一个比率,而是应当关心一段时期内的比率变化。还可计算预测或试算报表的财务比率,并将其与当前和以往年度的财务比率进行比较。

外部比较和行业比率的来源 第二种比较方法是将一个企业的比率与类似企业的比率进行比较或是与同期的行业平均值进行比较。这种比较可以提供企业财务状况和赢利能力的相对情况,并有助于揭示企业财务比率与相应的行业平均值(或标准值)的明显偏离。风险管理协会(The Risk Management Association)、邓白氏(Dun & Bradstreet)、Prentice Hall 出版机构的《工商业财务比率年鉴》(*Almanac of Business and Industrial Financial Ratios*)、美国联邦贸易委员会/美国证券交易委员会以及各种贷款机构和行业联合会等机构定期发布各种行业的财务比率。[①] 然而,不要把行业平均比率视为目标,它们只是提供了总的指南。

分析人员还应当避免对所有行业不加区别地单凭经验来使用这些比率。认为所有公司的流动比率都至少应为1.5:1的判断标准是不恰当的。分析工作必须联系公司所在行业及公司的自身情况。流动性的真实性测试是看公司是否具有及时还债的能力。许多运营状况良好的公司,如电力企业,即使流动比率远远低于1.5:1,仍能够及时偿还债

---

① 风险管理协会(原罗伯特·莫里斯协会)是一个银行信贷部门经理协会,它根据借款人向银行提供的财务报表发布行业平均比率,每年为360多个行业计算16个比率。此外,每个行业还按照资产规模和销售量细分。邓白氏机构每年为800多个行业计算14个重要比率。Prentice Hall 出版机构的《工商业财务比率年鉴》列示了大约22种行业平均的财务比率,涉及大约180个工商业行业,覆盖所有领域。年鉴中的数据来自美国国税局的公司税务报单。《制造公司季度财务报告》由美国联邦贸易委员会和美国证券交易委员会联合发布。该出版物包括按行业分组,以资产规模细分的资产负债表和损益表信息。

务。这取决于企业经营的性质。不考虑企业经营（及企业自身）可能导致错误地解释比率。这就好比仅考虑平均分的高低就认为一名来自 Ralph 家庭美容学校的平均分为 3.5 分的学生比一名来自哈佛法学院平均分为 3.4 分的学生优秀一样。只有将性质类似的企业的财务比率进行比较才能得出符合实际的判断。

应尽量将来自不同公司的财务数据进行标准化（即为了增加可比性做些调整）。① 这就好像苹果无法与橘子进行比较一样。但即使采用标准化的数据，分析人员在解释比较结果时仍应当持谨慎的态度。

财务比率的类型

常用的财务比率从本质上说分为两种。第一种比率概括企业某一时点（编制资产负债表的时点）的"财务状况"的某些方面。将这些比率称为资产负债表比率较为合适，因为每个比率的分子和分母都直接来自资产负债表。第二种比率概括企业一段时期（通常是1年）的经营成果的某些方面。这些比率称为损益表比率和损益表/资产负债表比率。损益表比率将来自损益表的一个"流量"项目与另一个"流量"项目进行对比。损益表/资产负债表比率将流量项目（来自损益表）作为分子除以作为分母的"存量"项目（来自资产负债表）。分析人员通过流量项目和存量项目的比较可以发现潜在的问题。但分析时有可能错误地匹配各种变量。存量项目作为来自资产负债表的余额，未必反映该变量在一定时期的流量变化情况（正如你在新年子夜时拍摄的照片未必能反映你平时的样子）。因此，在适当的时候，也需要使用资产负债表期初和期末余额的平均值作为某个损益表/资产负债表比率的分母，以便使分母能更好地反映整个时期的状况（我们将在后面进一步探讨这个问题）。

小窍门：

确定基准点：将一个公司的运营情况和经营成果与世界一流公司进行对比，该方法可以用于比率分析。因此，除将公司比率与同期行业平均水平进行对比外，还可以将公司比率与"基准"或本行业中世界一流的竞争者的比率进行比较。

此外，可以将财务比率细分成五种形式：变现能力比率、财务杠杆（负债）比率、保付比率、周转率和赢利能力比率（见图6.2）。单一的比率都不足以让人合理地判断企业的财务状况和经营成果，只有分析一组比率才能得出合理的判断。必须考虑企业经营的季节性特点。只有通过不同年度同一日期的原始数据及比率的比较，才能估计出潜在趋势。因此不能将12月31日的资产负债表与5月31日的资产负债表进行比较，而应当比较两份12月31日的资产负债表。

虽然可用于比较的财务比率的数量随财务数据的数量呈几何级数增加，但本章仅介绍一些较为重要的比率。事实上，评价一家公司的财务状况和经营成果所需用到的比率并不太多。

---

① 即使同一行业内的企业仍有可能采用不同的会计程序，因此企业间数据显示出的差异可能与实际差异不同。例如，一家企业可能采用先进先出存货计价法，而另一家企业可能采用后进先出存货计价法，第三家企业则可能采用平均成本计价法。

第6章 财务报表分析

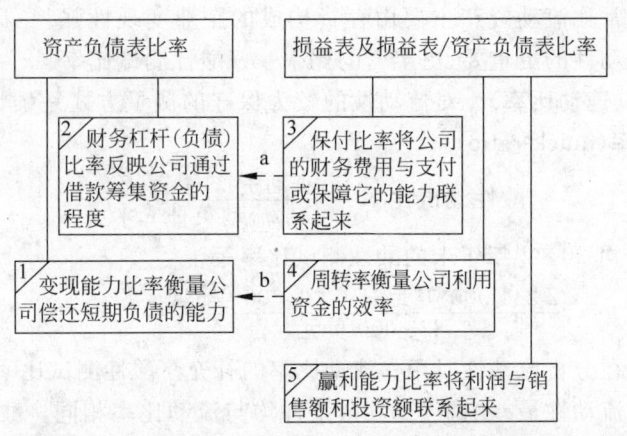

a 偿还能力系数显示了企业利用财务杠杆(债务融资)的重要性。
b 以应收账款和存货为基础的周转率显示了这些流动资本的变现能力。

图 6.2 财务比率的种类

资产负债表比率

变现能力比率

变现能力比率(liquidity ratios)用于衡量企业偿还短期债务的能力。该比率将短期债务与可用于偿还这些债务的短期(流动)资金来源进行比较。这些比率可以反映企业目前的现金偿付能力以及在困境时保持偿付能力的能力。

流动比率(current ratio) 最常见并且最常使用的变现能力比率是**流动比率**。

$$流动比率 = \frac{流动资产}{流动负债} \tag{6.1}$$

Aldine 制造公司 20×2 年年末的流动比率等于

$$\frac{2\,241\,000\ 美元}{823\,000\ 美元} = 2.72$$

Aldine 公司从事家用电器的生产,其流动比率略高于所在行业流动比率的中间值 2.1(该中间值来自风险管理协会的《报表研究》①)。尽管与行业平均值的比较并不一定能够揭示财务状况的好坏,但有助于发现公司是否脱离常轨。如果发生了明显的偏离,则分析人员需要查找原因。也许公司所在行业的流动性过高,而所分析的公司尽管流动比率低于行业平均值,但是基本上财务状况良好。与此相反,所分析的公司的流动比率与所在行业平均值相比也许过高,但却以赢利性的部分丧失为代价。只要在财务方面出现"危险信号",分析人员就必须找出其原因。

通常流动比率越高,企业的偿债能力也越高。不过流动比率只是粗略的衡量,因为它没有考虑流动资产各具体项目的**变现性**(liquidity)。流动资产主要由现金和未到期应收

---

① 使用中间值消除了"非正常"报表的极端值对简单算术平均值的影响。

账款构成的企业通常比流动资产主要由存货构成的企业变现性强。[①] 因此,下面介绍一种用于测试企业流动性的更重要、更严密的比率——酸性测试比率。

酸性测试比率(速动比率) 对流动性的较为保守的测量方式是**酸性测试比率**(acid-test),又称**速动比率**(quick ratio)。

$$酸性测试比率 = \frac{流动资产 - 存货}{流动负债} \tag{6.2}$$

Aldine 制造公司 20×2 年年末的酸性测试比率等于

$$\frac{2\,241\,000\,美元 - 1\,329\,000\,美元}{823\,000\,美元} = 1.11$$

酸性测试比率在分析流动性时用作流动比率的补充。酸性测试比率的分子中扣除了存货这一被假设为流动性最差的资产,其余条件均与流动比率相同。酸性测试比率主要考虑变现能力较强的流动资产(现金、有价证券和应收款项)与流动负债的关系,因此能比流动比率更透彻地衡量变现能力。Aldine 公司的酸性测试比率略高于所在行业的中间值 1.1,表明该公司与行业总体状况基本一致。

粉饰:在编制财务报表前,通过某些方法让财务状况比实际上显得更令人满意

假设今天是 3 月 30 日,审计人员即将到达,我们希望在下周获得一项短期借款,而银行非常关心我们的流动状况,将其视为短期偿债能力的标志。

我们能够推迟某些采购业务并用可得到的现金(出售有价证券)清偿一些流动负债。这样,流动比率或速动比率可暂时得以提高。

下面看看 Aldine 制造公司如何应用这一策略。假设 20×2 年 3 月 30 日:

流动资产	流动负债	流动比率
2 918 000 美元	1 500 000 美元	1.95

如果用现金和有价证券偿还 67.7 万美元的应收账款,得到

流动资产	流动负债	流动比率
2 241 000 美元	823 000 美元	2.72

流动比率明显提高。然而,如果我们继续经营,通过这一次提取付款,流动状况难道真的得到改善了吗?

应该注意到,即使在没有特意采取方法来人为地改善财务状况的情况下,年末财务报表也往往会显得比年度中其他时间更好。例如,某公司以季节性低点为期末设立财务年度(危险信号:注意 Aldine 公司的财务年度截至 3 月 31 日),它这么做可能并非出于欺诈目的,而是为了便于存货盘点。但是,此时现金由于尚未开始采购而处于全年最高点,而应收账款却处于全年最低点,结果流动比率和速动比率都高于平时。

因此,作为管理者你可能希望了解月度或季度清偿能力变量的平均值。该平均值会使你了解企业的平均流动状况。这里给出的建议是:即使你的报表给人以错觉,也不要自欺欺人。

[①] 变现性有两层含义:(1)将资产转换为现金所需要的时间;(2)变现价格的确定性。即使应收账款的变现价格与存货的变现价格同样是可以预测的,应收账款的变现能力仍然比存货强,因为它从资产转换为现金所需的时间较短。如果应收账款的变现价格比存货的变现价格更确定,则应收账款的变现能力更强。

总结 Aldine 公司的流动性（就已阐述的内容） Aldine 公司的流动比率和酸性测试比率与行业中间值相比，结果令人满意。然而这两个比率并未说明应收账款或存货的实际水平是否很高。如果这项数额很高，将会影响我们对该企业最初的良好印象。因此，我们需要深入研究比率所蕴涵的内容，了解上述两项重要流动资产的规模、组成和质量。在后面介绍活动比率时将进一步探讨应收账款和存货，届时将形成关于 Aldine 公司流动性的最终意见。

财务杠杆（负债）比率

负债和产权比率 为估计企业利用借款的程度，可以用到几个不同的**负债比率**（debt ratio）。负债和产权比率等于企业的负债总额（包括流动负债）除以股东权益总额。

$$负债和产权比率 = \frac{负债总额}{股东权益} \tag{6.3}$$

Aldine 制造公司 20×2 年年末的负债和产权比率等于

$$\frac{1\,454\,000\ 美元}{1\,796\,000\ 美元} = 0.81$$

负债和产权比率显示，股东每提供 1 美元，债权人就提供 81 美分借款。债权人通常希望该比率越低越好。负债和产权比率越低，企业由股东投资形成的融资水平越高，当出现资产减值或巨额损失时，债权人利益的保障越大。电力行业的负债和产权比率的中间值是 0.80，Aldine 公司的情况与行业情况一致。因此，可以假设，公司不会因为过度负债而难以说服债权人提供资金。

基于负债和产权比率的不同使用目的，在计算该比率时优先股有时包括在负债而不是权益中。从普通股投资者的角度看，优先股有优先求偿权。因此，在对企业进行分析时，投资者可能将优先股视为负债。负债和产权比率随企业经营性质和现金流的变化而变化。现金流稳定的电力公司的负债和产权比率通常比现金流极不稳定的机械制造公司的负债和产权比率高。将某家公司的负债和产权比率与类似的公司相比，通常能反映该公司的信用价值和财务风险。

资产负债率 资产负债率等于企业的负债总额除以资产总额：

$$资产负债率 = \frac{负债总额}{资产总额} \tag{6.4}$$

Aldine 制造公司 20×2 年年末的资产负债率等于

$$\frac{1\,454\,000\ 美元}{3\,250\,000\ 美元} = 0.45$$

资产负债率的目的与负债和产权比率相似。它通过显示企业债务融资占总资产的百分比，突出债务融资对企业的重要性。因此，Aldine 公司 45% 的资产是通过各种形式的举债融资得来的，而剩余的 55% 的资产则来自股东权益。从理论上说，如果该公司立即清算，资产的清算价值降低到 45% 以下时，债权人才会受到损失。股东权益提供资金所占的百分比越高，对企业债权人的保障程度就越高。简而言之，资产负债率越高，则财务风险越高；反之，该比率越低，则财务风险也越低。

除了上述两个负债比率，我们可能还希望计算下面一个比率，它仅与企业的长期资本有关：

$$\text{长期负债比率} = \frac{\text{长期负债}}{\text{长期资本}} \qquad (6.5)$$

这里的长期资本等于所有长期负债和股东权益之和。Aldine 制造公司 20×2 年年末的长期负债对长期资本比率为

$$\frac{631\,000\ \text{美元}}{2\,427\,000\ \text{美元}} = 0.26$$

该比率表明了 Aldine 公司长期负债对于资本结构（长期融资）的相对重要性。而且该比率与行业中间值 0.24 相符合。上述负债比率是根据账面价值计算的，但有时也需要利用市价计算这些比率。总之，负债比率表明由债权人和所有者提供的资本的相对比例。

损益表比率及损益表/资产负债表比率

下面介绍三种新的比率：保付比率、周转率和赢利能力比率。这三种比率或得自损益表数据，或得自损益表/资产负债表数据。其重要性在于从现在开始我们将不仅讨论存量（资产负债表）关系。每个比率将一个（损益表）流量项目与另一个流量项目相联系，或者将流量项目与存量项目相联系（为正确比较流量项目与存量项目，可能需要略作调整）。

保付比率

保付比率（coverage ratio）用来将企业的财务费用与其偿付该费用的能力联系起来。穆迪投资服务公司和标准普尔公司等债券评级机构广泛地使用这些比率。最传统的保付比率之一是利息保付比率（interest coverage ratio）或称已获利息倍数。该比率等于某特定报告期间的息税前利润除以同期利息费用。

$$\text{保付比率} = \frac{\text{息税前利润（EBIT）}}{\text{利息费用}} \qquad (6.6)$$

Aldine 制造公司 20×2 年财政年度的利息保付比率为

$$\frac{400\,000\ \text{美元}}{85\,000\ \text{美元}} = 4.71$$

该比率用于衡量企业偿付借款利息和避免破产的能力。通常利息保付比率越高，企业顺利偿还借款利息的可能性就越大。该比率还清楚显示了企业筹措新债的能力。与行业平均值 4.0 相比，Aldine 公司的经营收益（EBIT）是所需支付利息的 4.71 倍，其偿付能力显示了良好的安全性。

一种更为宽泛的分析可以估计企业支付所有具有固定性质的费用的能力。除了支付利息款项外，还有些主要的支付款项，如用于偿还贷款、支付优先股股利和租金，甚至某些基建费用。正如第 16 章将要提到的，在判断某企业是否具备偿还长期债务的能力时，该分析类型是比简单的利息保付比率更具现实意义的标准。

当估计某企业的财务风险时，财务分析人员应先计算负债比率以便对企业的财务风

险有个粗略的分析。然后,根据债务偿付时间表和平均利润,负债比率或许能准确地反映企业偿还债务的能力。接下来,扩展负债比率的分析,使其与保付比率分析相结合。此外,我们还发现利息和本金偿付并非真的来自利润而是来自现金。因此分析企业偿付债务(和其他财务费用)的现金流能力也十分必要。下一章和第16章都将进一步探讨这一问题。

周转率

周转率(activity ratio),又称效率比率或周转比率,用于衡量企业对其资产利用的有效程度。我们将看到,周转率分析的很多方面与流动性分析联系很密切。本章的重点在于企业管理两种具体的资产组——应收款项和存货的有效程度,以及企业对资产的总体管理状况。

计算 Aldine 公司的周转率时,我们将使用资产负债表的年末资产数值。不过,月末、季末或年初和年末的资产数值的平均数也常用于这类损益表/资产负债表比率。正如本章前面所述,使用资产负债表数字的平均数是为了使损益表上的流量项目与资产负债表上的存量项目更好地配合,因为平均数更能代表整个期间而不仅仅是期末的存量情况。

应收账款周转率 应收账款周转(RT)率反映企业应收账款的质量和企业收账的水平。该比率等于年销售净额除以应收款项。

$$\text{应收账款周转率} = \frac{\text{年销售净额}}{\text{应收款项}} \quad (6.7)$$

如果假设 Aldine 制造公司 20×2 年的销售收入全部来自赊销,则该比率为

$$\frac{3\,992\,000 \text{ 美元}}{678\,000 \text{ 美元}} = 5.89$$

该比率说明应收账款在该年内变现的次数。周转率越高,典型的销售实现时间距离收到现金的时间就越短。对于 Aldine 公司来说,20×2 年应收账款转变为现金的平均次数为 5.89 次。

当无法取得某段期间的赊销数值时,必须使用销售总额数值。当销售具有季节性或者年度内有大幅增长时,使用年末应收账款余额值可能并不适宜。考虑到季节性因素,使用月末余额的平均数可能更准确。当销售增长时,与销售额相比,年末应收账款的余额虚假升高。结果导致计算得出的应收账款周转率有偏差,而且低估了一年内应收账款周转的次数。因此,如果全年销售增长稳定,使用应收账款的年初和年末的平均数可能更恰当。

Aldine 公司所在行业的应收账款周转率的中间值是 8.1,这说明 Aldine 公司的应收账款周转速度与行业平均水平相比过于缓慢。这可能是由于该公司的收账政策较松懈,也可能是由于存在大量过期的账款仍未收回。此外,如果应收账款的流动性较差,则可能必须重估企业的流动性。如果把所有应收账款都视为流动的,而事实上其中很大一部分已经过期,就会高估所分析企业的流动性。应收账款只有在合理时间内能被收回,才可视为具有流动性。为了判断是否应关注应收账款,分析人员可以根据计算应收账款周转率的公式,推算应收账款周转天数(RTD),或称平均收现期。

应收账款周转天数或平均收现期可按下式计算:

$$应收账款周转天数 = \frac{一年中的天数}{应收账款周转率} \tag{6.8}$$

或

$$应收账款周转天数 = \frac{(应收账款 \times 一年中的天数)}{年度赊销金额} \tag{6.9}$$

Aldine公司的应收账款周转率已计算得出为5.89,其平均收现期为

$$\frac{365}{5.89} = 62(天)$$

这是从取得应收账款的权利到收回款项的平均天数。因为Aldine公司所处行业的应收账款周转率的中间值是8.1,则该行业的应收账款平均收现期为365/8.1=45天。这再次显示了该行业的应收账款收款业绩与Aldine公司的差异。

然而,在得出Aldine公司存在收账问题的结论前,应先看一下Aldine公司给予顾客的付款条件。如果平均收现期是62天,付款条件是"2/10,n/30"[①],则绝大多数应收账款都超过了30天的最后付款期限。另一方面,如果付款条件是"n/60",则大部分应收账款的收款期只超过最后付款期两天。

尽管过长的平均收现期通常很糟糕,但过短的平均收现期也未必好。过短的平均收现期可能意味着过于严格的付款政策。账面上应收账款余额很低也许是件好事,但也会因为过于严格的付款政策而使销售额和相应的利润大幅减少。在这种情况下,可能需要适当放松付款条件。

应收账款账龄分析法 用于衡量应收账款变现能力和管理层实施信用政策的能力的另一种方法是**应收账款账龄分析**(aging accounts receivable)。采用这种方法时,将特定日期的应收账款按照超过付款期不同时间的款项占应收账款总额的百分比进行分类。假设下表是12月31日的应收账款账龄分析表:

12月31日的应收账款账龄分析表

赊销的月份	12月	11月	10月	9月	8月以前	
过期月数	付款期内	0~1	1~2	2~3	3个月或以上	合计
占未结算应收账款总额的百分比/%	67	19	7	2	5	100

如果付款条件是"2/10,n/30",该账龄表显示12月31日未到期的应收账款占67%,过期未超过1个月的应收账款占19%,过期1~2个月的应收账款占7%……根据上述结论,可以更深入地研究企业的信用和收账政策。本例中,我们需要调查8月及以前产生的每笔应收账款,以判断其中是否有些应作为坏账损失处理。列示在账面的应收账款仅表示有收回的可能性。应收账款账龄分析能比计算平均收现期提供更多的信息,因为它更具体地列出了催收困难的款项。

---

① 该标示法表明如果顾客在10天内付款,则供应商提供2%的折扣;不享受折扣的最后付款期限是30天。

应付账款周转率 企业有时可能希望研究自己向供应商付款的及时性或潜在信用客户付款的及时性。此时,需要做类似上面的应收账款账龄分析表的应付账款账龄分析表。这种分析与不太严格的应付账款周转(PT)率结合在一起,有助于像分析应收账款一样分析应付账款。我们也可以按式(6.10)计算应付账款周转天数(PTD),又称平均付现期。

$$应付账款账龄 = \frac{一年中的天数}{应付账款周转率} \tag{6.10}$$

或等于

$$应付账款账龄 = \frac{(应付账款 \times 一年中的天数)}{年度赊购金额} \tag{6.11}$$

式中,应付账款金额是年末未付款的余额(或者平均数),年度赊购金额是指年内外购金额。计算结果表示企业应付账款的平均账龄。

注意:

当企业无法得到外购金额信息时,可以用"销售成本加(减)存货增(减)量"代替来计算该比率。例如,百货公司连锁店通常不从事生产。因此,"销售成本加存货的变化量"大致等于购买金额。① 然而,像制造公司等附加值较高的企业,其"销售成本加本期存货的变化量"就无法准确替代外购金额。要使用应付账款周转率就必须掌握实际的外购金额。与应收账款类似,当外购存在强烈的增长趋势时,使用年末应付账款余额会产生偏差,将造成公司支付应付账款时间的高估。这种情况下,可能更适宜采用应收账款的年初和年末平均值。

平均付款期是评估赊购申请人及时还款可能性的有价值的信息。如果行业的平均付款期是48天,信用期是30天,则可知绝大多数赊购申请人未及时支付应付账款。对申请人的其他供货商的信用审查将揭示该问题的严重性。

存货周转率 为帮助判断企业存货管理的有效程度(也为了获得存货流动性指标),存货周转(IT)率按式(6.12)计算:

$$存货周转率 = \frac{销售成本}{存货} \tag{6.12}$$

Aldine公司20×2年的存货周转率为

$$\frac{2\,680\,000\ 美元}{1\,329\,000\ 美元} = 2.02$$

式中,作为分子的销售成本是指分析期间(通常为一年)的金额;作为分母的存货在本例中使用的是年末数字,也可使用平均数。当增长幅度不大时,可采用期初和期末存货的平均值。然而正如在分析应收账款时讲到的,当存在明显的季节性因素时,有必要计算更复杂的平均值。存货周转率表明年度内存货售出转换为应收账款的次数。与其他比率类

---

① 通常对于零售企业,由

期初存货 + 本期购买 − 销售成本 = 期末存货

得

(销售成本) + (期末存货 − 期初存货) = 本期购买

似,对该比率的判断必须联系企业过去和可预期未来的比率,联系类似企业的比率或行业平均比率。

通常存货周转率越高,企业对存货的管理越有效,存货越"新鲜",越具有流动性。但有时存货周转率高意味着小本经营。因此它实际上可能是存货水平过低和频繁发生库存**中断**(stockouts)的信号。与此相对,存货周转率低通常是存货水平过高、周转速度慢或者存货报废的信号。报废的存货可能需要大幅降低账面价值,这将导致一部分存货不应再被视为流动资产。因为存货周转率只是一个大概的衡量指标,还需要进一步调查存货管理中可能存在的无效行为。因此,可计算大类存货的周转率,查明是否存在某种存货项目占用过多所导致的失衡现象。

Aldine公司的存货周转率是2.02,与行业中间值3.3存在明显差别。这一不令人满意的比较结果表明公司存货管理的效率低于行业平均水平,也表明公司存货水平过高。这就产生了一个问题,即账上存货的实际价值是否等于账面价值。如果二者不等,则企业的流动性将低于仅仅凭借流动比率或速动比率得出的结论。只要认为存货管理可能存在问题,就必须进一步调查其产生的原因。

衡量存货管理效率的另一个指标是由式(6.13)表述的存货周转天数(ITD)。

$$存货周转天数 = \frac{一年中的天数}{存货周转率} \tag{6.13}$$

或

$$存货周转天数 = \frac{(存货 \times 一年中的天数)}{销售成本} \tag{6.14}$$

根据上面的计算,Aldine公司的存货周转率是2.02,则其存货周转天数(ITD)为

$$\frac{365}{2.02} = 181 \text{ 天}$$

这一数字是存货通过销售转换为应收账款平均需要的天数。将Aldine公司所在行业的存货周转率中间值3.3转换为存货周转天数,即365/3.3=111天。可以看出,Aldine公司的存货周转天数比行业平均水平多70天。

营业周期和现金周期 对流动性和偿债能力的探讨直接引出了**营业周期**(operating cycle)这一概念。企业的营业周期是指从采购承担付款义务开始直到收回因销售商品或提供劳务而产生的应收账款为止的时间。这就好像当企业购入原材料时按下计时器,直到售出商品收到现金才停止计时。计时器上所显示的时间(通常是天数)就是企业的营业周期。企业的营业周期计算公式为

$$营业周期 = 存货周转天数(ITD) + 应收账款周转天数(RTD) \tag{6.15}$$

需要强调的是应从采购承担付款义务时开始计时,而不是从实际支付现金时才开始计时。这个细微的差别是由于大多数企业在采购原材料时并不立即支付货款,而是采用赊账的方式,将其作为应付账款。然而,如果需要衡量从采购实际支付现金到销售收回现金的时间段,也很简单。只要用营业周期减去企业的应付账款周转天数(PTD)即可得到企业的现金周期(cash cycle),即

$$现金周期 = 营业周期(ITD + RTD) - 应付账款周转天数(PTD) \tag{6.16}$$

图 6.3 列出了企业营业周期和现金周期及二者间的差别。①

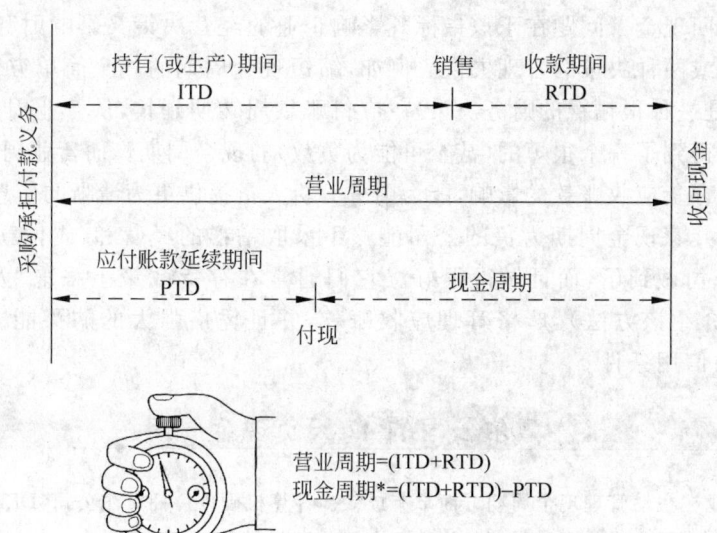

*如果PTD大于(ITD+RTD)，则现金周期实际上可能为负！

图 6.3 营业周期与现金周期

为什么要关心企业的营业周期呢？因为营业周期的长短是企业流动资产需求量的重要决定因素。一家营业周期很短的企业即使流动资产数量相对较少，流动比率和速动比率相对较低仍能有效率地经营。从动态意义上说，该企业的流动性相对较好，其产品的生产、销售、收回现金的期间都相对较短。它不必过分依赖由流动比率或速动比率所衡量的"静态"的高流动性。这就好像判断花园水管中的水流量，该流量不仅取决于水管中水的"静态"流量，而且取决于水流过水管的速度。

由存货周转天数和应收账款周转天数构成的营业周期用于衡量总的经营状况。例如，相对较短的营业周期通常表示对应收账款和存货的有效管理。但是，如前所述，营业周期还能提供企业流动性的补充信息。从而相对较短的营业周期也反映了令人满意的企业流动性。相反，相对较长的营业周期可能是应收账款或存货过高的信号，而且反映企业的流动性较差。

将 Aldine 公司的营业周期与行业平均水平进行比较，得出

	Aldine 公司	行业平均水平
营业周期	243 天	156 天

Aldine 公司迟缓的存货和应收账款周转所产生的累积效应很明显。与行业平均水平相比，该公司生产、销售直至收款所需的总时间要多出 87 天。营业周期过长还提醒我们要重新考虑公司的流动性。

迄今为止，我们对现金周期还谈得不多。原因之一是分析该指标必须非常谨慎。从

---

① 要想进一步了解营业周期和现金周期的知识，请参见 Verlyn D. Richards and Eugene J. Laughlin,"A Cash Conversion Cycle Approach to Liquidity Analysis," *Financial Management* 9（Spring 1980），32-38。

表面上看,相对较短的现金周期似乎说明企业的管理良好。这种企业的采购支出很快就能通过销售收回现金。问题在于该指标既影响企业的经营决策又影响财务决策,可能导致对其中一种或两种决策的管理失误。例如,缩短现金周期的一个简单方法就是不及时支付货款(这是一种很糟糕的财务决策)。应付账款周转期延长,从营业周期中减去这个大额数值后就得到了一个很短的(甚至可能为负数)的现金周期。而营业周期由于侧重研究经营决策对存货应收账款的影响,能为财务分析人员提供更为清晰的信息。

几乎没有几家现金周期为负的公司能够不采取糟糕的经营和/或付款决策。然而,的确有几家公司做到了,而且做得很好。它们通常在存货政策上采取"及时"法(我们将在第10章介绍该方法),严格管理应收账款,并且凭借强大的购买能力从供应商那里得到优惠的信用条件。

戴尔公司的42天负现金周期

有些企业在主动管理现金周期方面卓有成效。计算机硬件厂商戴尔公司(DELL)就是既能按时支付账款又能实现负现金周期的为数不多的几家公司之一。

戴尔公司继1996年财政年度末着手实施缩短现金周期的计划以来,其现金周期从当时勉强可以接受的40天缩短到2007年财政年度第4季度的令人震惊的负42天(详细数据见下表)。

主要的周转衡量指标	1996年第4季度	2007年第4季度
1. 存货周转天数	31	5
2. 应收账款周转天数	42	31
3. 营业周期:第1行+第2行	73	36
4. 应付账款周转天数	33	78
5. 现金周期:第3行−第4行	40	(42)

资料来源:戴尔公司季报和年报。© 2007 Dell Inc. 版权所有。

接单生产模式加上来自很多供货商的品质有保障的标准零件,使得戴尔能够将存货的供应期缩短到5天。销售及收款流程的完善有助于将应收账款周转天数缩短到31天。此外,通过谈判争取到宽松的付款条件并确保在付款期截止前才付款,戴尔成功地将应付账款周转天数延长到78天。其最终结果就是42天负现金周期,这意味着戴尔能够在支付因售给某个客户的产品而发生的相关费用前先从该客户处收取货款。

Aldine公司流动性的再次评估 如前所述,Aldine公司的流动比率和酸性测试比率高于所在行业的中间值。但是,在对该公司的流动性下最终结论前,还必须仔细了解其应收账款和存货的情况。Aldine公司这两种资产的周转率以及由此求出的营业周期与行业中间值相比,情况非常不乐观。这意味着这两种资产不是完全流动的,从而抵消了流动比率和速动比率所反映的良好状况。很大一部分应收账款的回收缓慢,而存货管理似乎也缺乏应有的效率。基于上述分析,我们得出结论,从在合理的时间内转换成现金这个角度来说,这两种资产的流动性不是很高(参见图6.4所示的柱状图)。

Aldine公司的资产流动性如何?
流动比率虽呈下降趋势，但在行业内仍相对良好

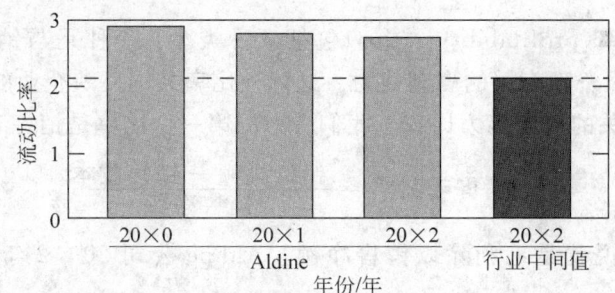

但平均收账期增加了，并超过了目前的行业平均水平

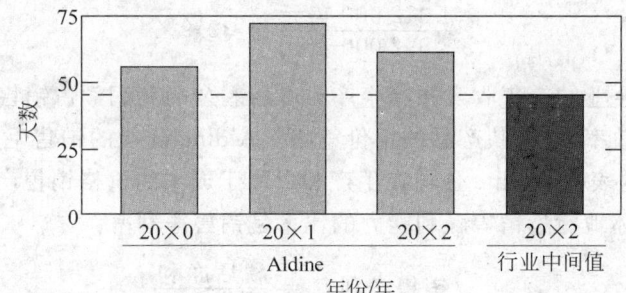

存货周转天数也存在同样的问题

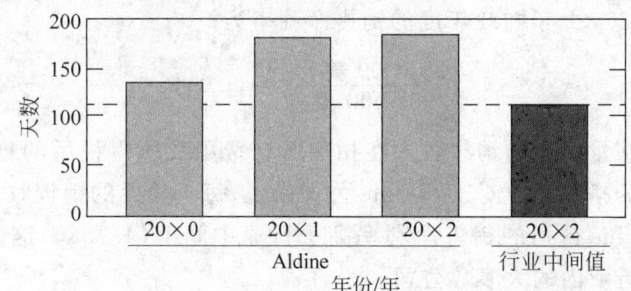

图 6.4 Aldine 公司的资产流动性

总资产（或资本）周转率 销售净额与总资产间的关系可以用总资产（或资本）周转率表示如下式：

$$总资产周转率 = \frac{销售净额}{总资产} \tag{6.17}$$

Aldine 公司 20×2 年财政年度的总资产周转率为

$$\frac{3\,992\,000\ 美元}{3\,250\,000\ 美元} = 1.23$$

行业总资产周转率的中间值是 1.66，因此可以很明显地看到，Aldine 公司每 1 美元资产所产生的销售收入要低于行业平均水平。总资产周转率表示企业利用其总资产创造销售收入的效率。在这方面，Aldine 公司的效率低于所在行业。根据前面对 Aldine 公司应收账款和存货管理的分析，我们怀疑对应收账款和存货的投资占用了过多资金很可能是导致这一低效率的原因。如果在销售收入不变的条件下，Aldine 公司能够减少在应收账款和存货上占用的资金，则其总资产周转率会有所提高。

赢利能力比率

赢利能力比率(profitability ratios)包括两种类型:一种是与销售额有关的赢利能力;另一种是与投资额有关的赢利能力。这两种比率共同反映企业的综合经营效率。

与销售额有关的赢利能力比率　我们考虑的第一个比率是销售毛利率:

$$销售毛利率 = \frac{销售净额 - 销售成本}{销售净额} \tag{6.18}$$

或者简单地说就是毛利除以销售净额。Aldine 公司 20×2 年财政年度的销售毛利率:

$$\frac{1\,312\,000\,美元}{3\,992\,000\,美元} = 32.9\%$$

该比率说明企业的销售收入扣除生产成本后剩余的利润额占销售额的比率。它用于衡量企业的经营效率,并反映产品的定价策略。Aldine 公司的销售毛利率明显高于行业中间值 23.8%,这表明 Aldine 公司在生产和以高于成本的价格销售产品方面更有效率。

另一个更具体地衡量销售赢利能力的比率是销售净利率:

$$销售净利率 = \frac{税后净利}{销售净额} \tag{6.19}$$

Aldine 公司 20×2 年财政年度的销售净利率为

$$\frac{201\,000\,美元}{3\,992\,000\,美元} = 5.04\%$$

销售净利率衡量企业的销售收入在扣除所有费用及所得税后的赢利能力,即每 1 美元销售收入带来的净利润。对于 Aldine 公司来说,每 1 美元的销售收入大约带来 5 美分的税后净利。Aldine 公司的销售净利率高于行业中间值(4.7%),这说明该公司在销售赢利方面要强于行业内的大多数公司。

通过将上述两个比率结合在一起考虑,我们可以深入了解企业的经营情况。如果连续几年公司的销售毛利率基本没有变化,而销售净利率却不断下降,则可知其原因不是在于销售及管理费用相对于销售收入上涨,就是在于所得税税率提高。反之,如果销售毛利率下降,则可知相对于销售收入来说,销售成本增加了。而这可能是由于价格降低了,也可能是由于相对于产量而言经营效率下降了。

与投资额有关的赢利能力比率　第二组赢利能力比率是将利润与投资额联系起来。其中一个是投资回报率(ROI),又称资产回报率:

$$投资回报率 = \frac{税后净利}{总资产} \tag{6.20}$$

Aldine 公司 20×2 年财政年度的投资回报率为

$$\frac{201\,000\,美元}{3\,250\,000\,美元} = 6.18\%$$

该比率低于行业中间值 7.8%。与行业平均水平相比,Aldine 公司每 1 美元销售收入的赢利能力较高而投资回报率却较低,可知 Aldine 公司每得到 1 美元销售收入要比同行业大多数公司利用更多的资产。

投资回报率与杜邦财务分析法 大约在 1919 年,杜邦公司开始利用一种特殊的比率分析方法来评价公司的经营效率。杜邦财务分析法的一个独特之处与对投资回报率的理解有特殊关系。如图 6.5 所示,企业的销售净利率乘以总资产周转率就得到了投资回报率,又称总资产赢利能力。

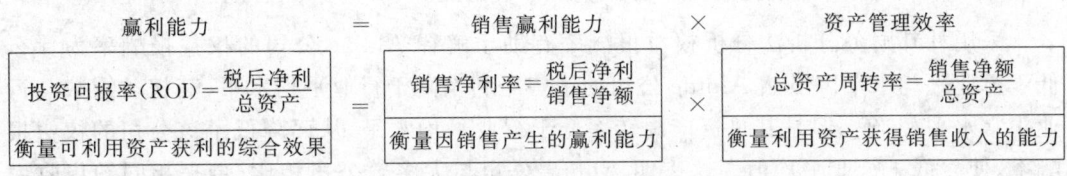

注意:无论是"销售净利率"还是"总资产周转率"本身都不能充分衡量综合效率。投入资本的"赢利能力"则能解决这一问题。

图 6.5 赢利能力和杜邦财务分析法

对于 Aldine 公司,有

$$\text{赢利能力} = \text{销售赢利能力} \times \text{资产管理效率}$$
$$\text{投资回报率(ROI)} = \text{销售净利率} \times \text{总资产周转率}$$
$$6.20\% = 5.04\% \times 1.23$$

销售净利率和总资产周转率本身都不能充分衡量综合效率。销售净利率忽视了资产的利用情况,而总资产周转率则忽视了销售赢利能力。投资回报率,又称赢利能力,解决了二者的不足。企业赢利能力的提高或是由于总资产周转率的提高,或是由于销售净利率的提高,也可能是由于两者同时提高。销售净利率和资产周转率都不同的两个企业也许具有相同的赢利能力。例如,Geraldine Lim 东方食杂店的销售净利率仅为 2%,而总资产周转率为 10,其赢利能力与 Megawatt 电力供应公司相同,而该公司的销售净利率高达 20%,总资产周转率仅为 1。对于上述两家公司来说,每年每 1 美元的资产投资将带来 20 美分的税后利润。

权益报酬率 概括衡量企业综合经营业绩的另一个指标是权益报酬率(ROE)。权益报酬率将税后净利(如果有优先股股利,则予以扣除)与股东在企业投资的权益相比:

$$\text{权益报酬率} = \frac{\text{税后净利}}{\text{股东权益}} \tag{6.21}$$

Aldine 公司的权益报酬率为

$$\frac{201\,000\ \text{美元}}{1\,796\,000\ \text{美元}} = 11.19\%$$

该比率表明股东账面投资额的赢利能力,常用于同行业两个或两个以上企业间的比较。较高的权益报酬率通常反映企业得到了较好的投资机会,并对费用进行了有效的管理。但是,如果企业选择使用高于行业标准的债务水平,则高权益报酬率可能只是承受了过高的财务风险的结果。Aldine 公司的权益报酬率与行业中间值 14.04% 相比略低。

为了更深入地考查该比率,我们利用杜邦财务分析法,即将该指标分解为几个因素:

$$\frac{税后净利}{股东权益}=\frac{税后净利}{销售净额}\times\frac{销售净额}{总资产}\times\frac{总资产}{股东权益}$$

权益报酬率(ROE) = 销售净利率 × 总资产周转率 × 权益乘数

以 Aldine 公司为例,有

$$11.2\% = 5.04\% \times 1.23 \times 1.81$$

采用杜邦财务分析法分析权益报酬率有助于解释 Aldine 公司的权益报酬率为什么低于行业平均水平。虽然 Aldine 公司的销售净利率高于行业平均水平,其权益乘数与行业正常水平相当[①],但是其总资产周转率低于行业平均水平,从而降低了该公司的权益报酬率,使之低于行业平均值。这表明 Aldine 公司与大多数公司相比,带来相同销售收入所用到的资产数额较大,这是其权益报酬率低于行业平均水平的根本原因。

将一家公司的所有赢利能力比率与类似公司或行业标准进行比较是很有价值的。只有通过比较才能判断某一公司的赢利能力好坏及其原因。绝对数字可以提供一些信息,而相对业绩更能说明问题。

趋势分析

迄今为止,我们介绍了各种财务比率,解释其在财务分析中的作用,以 Aldine 公司为例计算了各种比率并与行业平均水平进行了比较。正如前面提到的,比较特定公司一段时间内的财务比率非常重要,该分析能够发现企业财务状况和经营成果到底是改善了还是恶化了。

表 6.3 列出了 Aldine 制造公司 20×2—20×2 年的部分财务比率及 20×2 年的行业中间值。从表中可以看出,流动比率和酸性测试比率在这段时期有所下降,但仍高于 20×2 年的行业平均水平。平均收现期和存货周转天数自 20×2 年有所增加并超过同期行业平均值。该趋势说明应收账款和存货占用资金相对增多。周转速度整体变慢令人怀疑这些资产的质量和变现能力。当比较应收账款和存货的趋势分析与行业平均状况时,只能得出存在问题的结论。分析人员需要调查 Aldine 公司的信用政策、收账情况及其坏账损失。此外,还应调查存货管理、存货报废、存货构成的失衡(如原材料与在产品及产成品的关系)。也就是说,尽管 Aldine 公司的流动比率和酸性测试比率高于行业平均水平,但其应收账款和存货状况明显恶化仍是一个需要关注和深入调查的问题。

债权人希望看到企业的负债比率比较稳定,而且当前负债接近行业平均水平。Aldine 公司的销售毛利率和销售净利率最近几年逐年增长,且当期赢利水平明显好于行业平均水平。投资回报率在这段时期相对稳定,但低于行业标准。该期间缓慢的资产周转率削弱了其高于行业平均水平的销售赢利能力带来的积极影响。从对周转率的分析可

---

① "权益乘数"是财务杠杆的又一指标。由于它等于(1+负债和产权比率),负债和产权比率越高,该乘数就越高。Aldine 公司的乘数为 1+0.81=1.81,而行业的权益乘数为 1+0.80=1.80。

知,造成这种情况的主要原因是数量过高且不断增加的应收账款和存货。

通过上述分析,我们知道对企业一段时期的财务比率的趋势分析及与行业平均水平的对比,可以让分析人员得出对企业财务状况和经营成果的变化有价值的信息。如果扩展分析范围,使之包括与行业中类似竞争者的比较,则可以获得进一步的信息。

表 6.3　Aldine 制造公司 20×0—20×2 年财政年度部分财务比率

	20×0 年	20×1 年	20×2 年	20×2 年行业平均水平
变现能力比率				
流动比率	2.95	2.80	2.72	2.10
酸性测试比率	1.30	1.23	1.11	1.10
财务杠杆变量				
负债和产权比率	0.76	0.81	0.81	0.80
资产负债率	0.43	0.45	0.45	0.44
保付比率				
利息保付比率	5.95	5.43	4.71	4.00
周转率				
平均收现期[a]/天	55	73	62	45
存货周转天数[a]/天	136	180	181	111
总资产周转率[a]	1.25	1.18	1.23	1.66
赢利能力比率				
销售毛利率/%	30.6	32.8	32.9	23.8
销售净利率/%	4.90	5.32	5.04	4.70
投资回报率[a]/%	6.13	6.29	6.19	7.80
权益报酬率[a]/%	10.78	11.36	11.19	14.04

　a　计算"损益表/资产负债表"型比率时,使用的是资产负债表中的年末数字。

结构百分比分析和指数分析

除了期间财务比率分析外,经常用到的还有把资产负债表和损益表项目表示为百分比的财务分析方法。这类百分比可以通过与总额对比得到,如总资产或净销售总额,也可以通过与基期年份对比得到。与总额进行比较的方法称为**结构百分比分析**(common-size analysis),与基期进行比较的方法称为**指数分析**(index analysis)。它们分别评价企业一段时期财务报表百分比的水平和趋势,从而使财务分析人员能够认识到企业的财务状况和经营成果的潜在的改善或恶化。虽然这一观点绝大部分已经由上述财务比率分析揭示出来了,但是如果扩展这些观点,分析人员可能得到关于趋势发展的更广泛的理解。同时,这两种新的分析对于比较数据规模较不明显的企业很有帮助,因为企业财务报表上的项目都能以相对的或标准化的数字列示。

财务报表项目的结构百分比

采用结构百分比分析时,将资产负债表的各组成项目表示为总资产的百分比。此外,损益表项目也可以表示为销售净额的百分比。上面讨论过的销售毛利率和销售净利率就是这种表示法的例子,其计算方法可扩展到所有损益表项目。这种将财务报表单个项目作为总额百分比的表示法有助于分析人员认识到一段时期来自各项目的相对重要性,从而发现其变化趋势。例如,表6.4和表6.5中将R. B. Harvey电子公司20×0—20×2年的结构百分比形式的资产负债表和损益表与常规报表列在一起,从表6.4中可见,这三年内Harvey公司的流动资产所占的百分比提高了,其中现金的增加量最多。此外,从表中还可以看到应收账款20×1—20×2年有所增长。从资产负债表中负债和股东权益两部分可以看到20×0—20×1年公司负债的相对数和绝对数都有所下降。然而,由于公司资产20×1—20×2年大幅增长导致其负债比率20×1—20×2年有所上升。债务融资的大幅反弹主要表现在应付账款上,该公司20×2年的应付账款无论是绝对数还是相对数都大幅增加。

表6.4 R. B. Harvey电子公司的资产负债表(12月31日)

资产	常规/千美元			结构百分比/%		
	20×0年	20×1年	20×2年	20×0年	20×1年	20×2年
现金	2 507	11 310	19 648	1.0	3.8	5.1
应收账款	70 360	85 147	118 415	29.3	28.9	30.9
存货	77 380	91 378	118 563	32.2	31.0	31.0
其他流动资产	6 316	6 082	5 891	2.6	2.1	1.5
流动资产	156 563	193 917	262 517	65.1	65.8	68.5
固定资产净值	79 187	94 652	115 461	32.9	32.2	30.1
其他长期资产	4 695	5 899	5 491	2.0	2.0	1.4
资产合计	240 445	294 468	383 469	100.0	100.0	100.0
负债和股东权益						
应付账款	35 661	37 460	62 725	14.8	12.7	16.4
应付票据	20 501	14 680	17 298	8.5	5.0	4.5
其他流动负债	11 054	8 132	15 741	4.6	2.8	4.1
流动负债	67 216	60 272	95 764	27.9	20.5	25.0
长期负债	888	1 276	4 005	0.4	0.4	1.0
负债合计	68 104	61 548	99 769	28.3	20.9	26.0
普通股	12 650	20 750	24 150	5.3	7.0	6.3
附加实收资本	37 950	70 350	87 730	15.8	23.9	22.9
留存收益	121 741	141 820	171 820	50.6	48.2	44.8
股东权益合计	172 341	232 920	283 700	71.7	79.1	74.0
负债和股东权益合计	240 445	294 468	383 469	100.0	100.0	100.0

表6.5中的结构百分比损益表反映其销售毛利率在各年间不停波动。20×2年销售毛利率的增加,再加上相对较好的销售和管理费用的控制,使得20×2年赢利能力较20×0年和20×1年明显提高。

表 6.5　R. B. Harvey 电子公司的损益表（截至 12 月 31 日的年度）

	常规/千美元			结构百分比/%		
	20×0 年	20×1 年	20×2 年	20×0 年	20×1 年	20×2 年
销售净额	323 780	375 088	479 077	100.0	100.0	100.0
销售成本	148 127	184 507	223 690	45.8	49.2	46.7
毛利	175 653	190 581	255 387	54.2	50.8	53.3
销售费用和管理费用	131 809	140 913	180 610	40.7	37.6	37.7
折旧	7700	9595	11 257	2.4	2.5	2.3
利息费用	1711	1356	1704	0.5	0.4	0.4
税前收益	34 433	38 717	61 816	10.6	10.3	12.9
税收	12 740	14 712	23 490	3.9	3.9	4.9
税后收益	21 693	24 005	38 326	6.7	6.4	8.0

财务报表项目相对基期年度的指数

财务报表各项目相对基期的百分比列示法可作为结构百分比表示的资产负债表和损益表的补充。以 Harvey 电子公司为例，基期为 20×0 年，该年度所有财务报表项目的指数定为 100.0(%)。以后年度的财务报表项目表示为相对 20×0 年的有关数字的指数。例如，Harvey 电子公司 20×1 年的应收账款(85 147 000 美元)与基期 20×0 年的应收账款(70 360 000 美元)相比，指数为 121.0，即 (85 147 000 美元/70 360 000 美元)×100。表 6.6 和表 6.7 分别将公司指数化的资产负债表和损益表与常规报表列在一起。

表 6.6　R. B. Harvey 电子公司的资产负债表（12 月 31 日）

资产	常规/千美元			指数化/%		
	20×0 年	20×1 年	20×2 年	20×0 年	20×1 年	20×2 年
现金	2507	11 310	19 648	100.0	451.1	783.7
应收账款	70 360	85 147	118 415	100.0	121.0	168.3
存货	77 380	91 378	118 563	100.0	118.1	153.2
其他流动资产	6316	6082	5891	100.0	96.3	93.3
流动资产	156 563	193 917	262 517	100.0	123.9	167.7
固定资产净值	79 187	94 652	115 461	100.0	119.5	145.8
其他长期资产	4695	5899	5491	100.0	125.6	117.0
资产合计	240 445	294 468	383 469	100.0	122.5	159.5
负债和股东权益						
应付账款	35 661	37 460	62 725	100.0	105.0	175.9
应付票据	20 501	14 680	17 298	100.0	71.6	84.4
其他流动负债	11 054	8132	15 741	100.0	73.6	142.4
流动负债	67 216	60 272	95 764	100.0	89.7	142.5
长期负债	888	1276	4005	100.0	143.7	451.0
负债合计	68 104	61 548	99 769	100.0	90.4	146.5

资产	常规/千美元			指数化/%		
	20×0年	20×1年	20×2年	20×0年	20×1年	20×2年
普通股	12 650	20 750	24 150	100.0	164.0	190.9
附加实收资本	37 950	70 350	87 730	100.0	185.4	231.2
留存收益	121 741	141 820	171 820	100.0	116.5	141.1
股东权益合计	172 341	232 920	283 700	100.0	135.2	164.6
负债和股东权益合计	240 445	294 468	383 469	100.0	122.5	159.5

表 6.7 R. B. Harvey 电子公司的损益表（截至 12 月 31 日的年度）

	常规/千美元			结构百分比/%		
	20×0年	20×1年	20×2年	20×0年	20×1年	20×2年
销售净额	323 780	375 088	479 077	100.0	115.8	148.0
销售成本	148 127	184 507	223 690	100.0	124.6	151.0
毛利	175 653	190 581	255 387	100.0	108.5	145.4
销售费用和管理费用	131 809	140 913	180 610	100.0	106.9	137.0
折旧	7 700	9 595	11 257	100.0	124.6	146.2
利息费用	1 711	1 356	1 704	100.0	79.3	99.6
税前收益	34 433	38 717	61 816	100.0	112.4	179.5
税收	12 740	14 712	23 490	100.0	115.5	184.4
税后收益	21 693	24 005	38 326	100.0	110.7	176.7

注意：

对于正常的、运营状况良好的公司，其流动资产和流动负债中的一些账户（即现金、应收账款、存货、应付账款）将大致随销售额一起变动。因此，为便于今后的分析，有必要记住 Harvey 电子公司 20×2 年的指数化销售净额数据是 148.0，这反映销售净额比两年前的基期增长了 48%（148.0% 减去 100.0%）。

如表 6.6 所示，资金项目与基期相比在过去两年增长很显著，这与此前的估计是一致的。同样，现金在过去两年增长了 683.7%（783.7% 减去 100%），这与同期销售净额增长率仅 48% 相比似乎相差过于悬殊。

从表中还可注意到，20×1—20×2 年应收账款和存货大幅上升，而这在结构百分比分析中并未发现。但当我们把应收账款和存货数据与销售净额数据放在一起进行比较时，其增长似乎并不太离谱（我们可能需要顺着这个线索检查企业应收账款周转率和存货周转率，了解企业对这些增长的资产账户的管理情况）。固定资产的增长幅度也不小，不过其增长伴随着销售额过去两年的更高增长。

在资产负债表的负债部分，我们发现应付账款和其他流动负债也发生了大幅增长。但是应付账款的增长幅度超过了销售净额以及应收账款和存货的增长幅度。因此，我们可能需要看一下企业的应付账款周转率，以了解企业能否及时支付供应商的货款。

最后,长期负债、普通股股票及留存收益的提高也为过去两年资产的增长提供了资金。

表6.7中的指数化损益表与结构百分比损益表反映的情况类似,即波动的状态。20×2年赢利能力(息税前利润及税后利润)的急剧提高十分明显,尤其是与销售额的小幅增长进行比较时。此外,指数化的损益表还提供了利润和费用的巨额绝对变化。而结构百分比报表却未提供一段时期内的变化绝对值。

总之,将资产负债表和损益表转化为结构百分比或基年指数的标准化处理,经常能够提供财务比率分析的补偿信息。应用Excel等计算机制表程序,结构百分比分析和指数分析会更为简便。利用这些程序,行或列的除法运算既快又准,分析人员的责任则是解释这些数据。

小结

- 虽然财务分析因分析人员所关注的利益不同而不同,但总是涉及各种财务报表(主要是资产负债表和损益表)的应用。
- 资产负债表概括了企业某一时点的资产、负债和股东权益,而损益表则概括了企业一段时期的收入和费用。
- 财务分析的概念性框架为分析人员提供了一种构建分析的内部相互联系的方法。例如,进行外部融资分析时,人们关心的是企业的资金需求量、财务状况和经营成果及其经营风险。在这些因素分析的基础上,就能够确定企业的融资需求,并与外部资金供给者协商。
- 财务比率是分析企业财务状况和经营成果的工具。计算财务比率是因为利用其计算结果进行比较比利用原始数据更有用。
- 财务比率可分为五种基本类型:变现能力比率、财务杠杆(负债)比率、保付比率、周转率和赢利能力比率,没有一个比率本身足以对企业的财务状况和经营成果作出符合实际的评价。但是利用一组比率,可以得出合理的判断。要实现上述目的所需的关键比率并不多,大概在12个左右。
- 财务比率的实用性取决于使用它们进行分析的财务分析人员的才智和经验。财务比率本身是没有什么意义的,它们必须在比较的基础上用来分析。将一家公司与类似公司及行业同期标准进行比较是很关键的。这种比较能够揭示用来评价企业财务状况和赢利能力变化与发展趋势的线索。这种比较可以是历史数据的比较,也可以包括根据预计财务报表对未来进行的分析。
- 通过结构百分比分析和指数分析,可以获得进一步的信息。前一种方法是将资产负债表的各个项目表示成相当于总资产的百分比,将损益表的各个项目表示成相当于销售净额的百分比。后一种方法是将资产负债表和损益表项目都表示成相当于最初的基期年度的指数。

主要财务比率汇总

变现能力比率		
流动比率	$=\dfrac{流动资产}{流动负债}$	衡量用流动资产偿还流动负债的能力
酸性测试比率（速动比率）	$=\dfrac{流动资产-存货}{流动负债}$	衡量用变现能力最强的流动资产偿还流动负债的能力
财务杠杆（负债）比率		
负债和产权比率	$=\dfrac{负债总额}{股东权益}$	反映股东提供的资本与债权人提供的资本的相对关系
资产负债率	$=\dfrac{负债总额}{总资产}$	反映总资产中债务融资所占的比例
保付比率		
已获利息保付比率	$=\dfrac{息税前利润(EBIT)^{*}}{利息费用}$	反映偿付借款利息的能力；反映所赚取的利息的倍数
周转率		
应收账款周转率(RT)	$=\dfrac{年赊销净额}{应收账款^{**}}$	反映年度内应收账款转换为现金的次数，表明应收账款的质量
应收账款周转天数(RTD)（平均收现期）	$=\dfrac{365}{应收账款周转率(RT)}$	从取得应收账款的权利到收到现金的平均天数
存货周转率(IT)	$=\dfrac{销售成本}{存货^{**}}$	衡量年度内存货周转（出售）的次数；反映存货的流动性及是否存在积压的趋势
存货周转天数(ITD)	$=\dfrac{365}{存货周转率(IT)}$	存货售出转换为应收账款的平均天数
总资产周转率（资本周转率）	$=\dfrac{销售净额}{总资产^{**}}$	衡量总资产产生销售收入的相对效率
赢利能力比率		
销售净利率	$=\dfrac{税后净利}{销售净额}$	衡量销售收入的赢利水平；即每1美元销售收入所获净利润
投资回报率(ROI)（资产净利率）	$=\dfrac{税后净利}{总资产^{**}}$ $=$ 销售净利率 × 总资产周转率 $=\dfrac{税后净利}{销售净额} \times \dfrac{销售净额}{总资产^{**}}$	衡量利用资产赢利的综合效果；即投入资本的赢利能力
权益报酬率(ROE)	$=\dfrac{税后净利}{股东权益^{**}}$ $=$ 销售净利率 × 总资产周转率 × 权益乘数 $=\dfrac{税后净利}{销售净额} \times \dfrac{销售净额}{总资产^{**}} \times \dfrac{总资产^{**}}{股东权益^{**}}$	衡量股东权益的赢利能力

* 支付利息和交纳所得税前的利润。
** 也可以不使用期末余额，而是使用期初、期末余额的平均值。

附录 6A 递延税款和财务分析

递延税款(deferred tax)[①]是经常出现在企业资产负债表长期负债栏的一个项目,给试图进行财务比率分析的财务分析人员提出了一些棘手的问题。虽然它在资产负债表上所处的位置使其看起来像长期负债项目,但在进行比率分析或其他分析时,究竟应将其视为负债还是权益,还是两者都不是,财务分析人员(特别是会计师)并未达成一致。为什么会出现这种混乱呢?

递延税款从何而来

递延税款通常是基于企业在其对外公布的财务报表中根据有别于纳税申报单的方式计算折旧费用的。最常见的是,企业选择直线折旧法确定其对外公布的损益表中的折旧费用,而在计算应纳税额时却采用加速折旧法(参见表 6A.1)。这使得纳税申报单上的利润低于账面利润,从而"暂时"递延了税款的支付。当企业账面记录了高于实际支付的所得税费用时,账面会不平衡。为解决这一问题,会计"创造"了一个列示在资产负债表长期负债栏的递延税款账户来记录报告的所得税与实际支付的所得税间延续的差额。如果企业减缓购置新资产的速度或停止购买新资产,最终将出现逆转的情形,即报告的税款将低于实际支付的税款,此时需减小递延税款账户以维持资产负债表的平衡。在这种特殊情况下,递延税款负债项目将真正成为一项最终会支付的"负债"。另一方面,如果企业继续投资应计提折旧的资产,递延税款的支付将继续无限期推迟。

表 6A.1 突出了递延税款的 20×2 年 12 月 31 日的损益表　　　　　　百万美元

	财务报告	纳税报告
销售净额	100.0	100.0
除折旧外的成本和费用	45.0	45.0
折旧		
直线折旧法	15.0	
加速折旧法		20.0
税前利润	40.0	35.0
所得税(40%)	16.0*	14.0
税后利润	24.0	21.0

* 所得税
当期的(涉及现金支付)	14.0
递延的(使资产负债表递延税款账户增加的非现金费用)	2.0
所得税总计	16.0

问题何在

问题的关键是对稳定的或正在成长中的企业,一段时期内不会有"逆转",而且递延税

[①] 递延税款与应付税款不同。应付税款是当年应支付的税款,而递延税款则应在某个未确定的远期日支付。

款账户余额会持续上升。对很多企业来说，递延税款账户持续增长且不会出现逆转的现象很常见。面对这一事实，分析人员可能会决定为达到分析目的而修改财务报表。

根据不同情况（如递延税款的性质和数量，该账户是否持续增长及出现逆转的可能性），分析人员可能决定对企业的财务报表做如下一两项调整：

- 将当期递延税款费用（非现金费用）加到净利润中。支持这种做法的人认为，由于税费实际被高估，所以利润被低估了。
- 将企业资产负债表上列示的递延税款加到股东权益中。支持这种做法的人认为，需要在可预期的未来支付这笔款项并非一项确定的法律义务，因此它高估了企业的负债，即它更像企业的股东权益而不是负债。

这种调整毫无疑问会影响企业负债比率和赢利能力比率的计算。

还有一种观点反对上述调整。该观点可称为"净税法"，它要求把大多数递延税款当作对企业账面记载的相关资产的数量调整。该观点的支持者将对财务报表进行下列调整：

- 将企业资产负债表上的递延税款作为固定资产净值的减项，其原因是当计算纳税额的折旧费用超过账面列示的折旧费用时，资产价值下降，而不是产生了一项负债。实际上，与直线折旧法相比，加速折旧法提前使用了一项资产的税收减免能力，而目前取得的税收减免（即设法少交税款）的利益应从相应的资产账户中扣除。

这一调整将影响各种负债比率、周转率及赢利能力比率的计算。

思考题

1. 编制资产负债表的目的是什么？编制损益表的目的又是什么？
2. 为什么财务比率的趋势分析非常重要？
3. Auxier制造公司的流动比率是4:1，却无法支付账单，为什么？
4. 某公司的资产报酬率（投资回报率）为25%，却无法清偿债务，这种情况可能出现吗？请解释原因。
5. 对收账期和存货周转期的传统定义遭到了批评，因为这两个定义中资产负债表中的数字主要是由最后一个月的销售形成的，却与年销售收入（前一个定义中）或年销售成本（后一个定义中）相联系。为什么这些定义存在问题？请给出一个解决方法。
6. 解释长期债权人对变现能力比率感兴趣的原因。
7. 如果你是下面列出的几种人，你最可能关注哪个财务比率？为什么？
   (1) 考虑为企业季节性存货提供资金的银行家；
   (2) 富有的权益投资人；
   (3) 考虑购买企业债券的养老基金管理者；
   (4) 某消费品企业的总裁。
8. 要判断某公司是否存在过多负债，你会使用哪些财务比率？是要达到哪些目的？
9. 为什么存在某公司经营利润丰厚却无法偿还到期债务的可能性？需要使用什么

财务比率才能发现这一情况?

10. 提高企业的存货周转率能够提高其赢利能力吗?为什么计算该比率时要使用销售成本(而不是像一些财务统计编写者那样采用销售收入)?

11. 坚持流动比率等财务比率应高于某个确定的绝对标准(如2:1)是否恰当?为什么?

12. 总资产周转率为10.0、销售净利率为2%的A公司和总资产周转率为2.0、销售净利率为10%的B公司,哪一个赢利能力更高?请举出上述两种类型公司的例子。

13. 为什么短期债权人,例如银行,在考虑贷款申请时注重资产负债表分析?他们是否也应该分析损益表?为什么?

14. 可以怎样利用指数分析进一步挖掘财务比率趋势分析中获得的信息?

自测题

1. Barnaby 货运公司的流动资产为80万美元,流动负债为50万美元。下列交易将对该公司的流动比率产生什么影响(并计算结果)?

(1) 公司用10万美元现金购入两辆新货车;
(2) 公司借入10万美元的短期借款以支持同一金额的应收账款的增加;
(3) 公司增发20万美元的普通股,所得收入用于扩建几个中转站;
(4) 公司提高应付账款,以支付4万美元的现金股利。

2. Acme 管道公司出售管道设备的信用条件是"2/10, n/30"。该公司过去3年的财务报表如下:

美元

	20×1 年	20×2 年	20×3 年
现金	30 000	20 000	5000
应收账款	200 000	260 000	290 000
存货	400 000	480 000	600 000
固定资产净值	800 000	800 000	800 000
	1 430 000	1 560 000	1 695 000
应付账款	230 000	300 000	380 000
应计费用	200 000	210 000	225 000
银行短期借款	100 000	100 000	140 000
长期负债	300 000	300 000	300 000
普通股股票	100 000	100 000	100 000
留存收益	500 000	550 000	550 000
	1 430 000	1 560 000	1 695 000
销售收入	4 000 000	4 300 000	3 800 000
销售成本	3 200 000	3 600 000	3 300 000
净利润	300 000	200 000	100 000

利用本章介绍的比率,分析该公司的财务状况和经营成果。其中存在问题吗?

3. 利用下面提供的信息，填充资产负债表中的空白项。

长期负债和产权比率	0.5：1
总资产周转率*	2.5 次
平均收账期*	18 天
存货周转率	9 次
销售毛利率	10%
酸性测试比率	1：1

* 假设每年有 360 天，所有的销售均为赊销。

美元

现金		应付票据和应付账款	100 000
应收账款		长期负债	
存货		普通股	100 000
厂房和设备		留存收益	100 000
总资产		负债和股东权益合计	

4. Kedzie Kord 公司最近 3 年的资产负债表和损益表如下：

千美元

	20×1 年	20×2 年	20×3 年
现金	561	387	202
应收账款	1963	2870	4051
存货	2031	2613	3287
流动资产	4555	5870	7540
固定资产净值	2581	4430	4364
资产合计	7136	10 300	11 904
应付账款	1862	2944	3613
应计费用	301	516	587
银行借款	250	900	1050
流动负债	2413	4360	5250
长期负债	500	1000	950
股东权益	4223	4940	5704
负债和股东权益合计	7136	10 300	11 904
销售收入	11 863	14 952	16 349
销售成本	8537	11 124	12 016
销售和管理费用	2276	2471	2793
利息	73	188	200
税前利润	977	1169	1340
所得税	390	452	576
税后利润	587	717	764

使用结构百分比分析和指数分析评估该公司的财务状况和经营成果的发展趋势。

复习题

1. 同行业中几个公司的有关数据如下:

百万美元

	公司					
	A	B	C	D	E	F
销售收入	10	20	8	5	12	17
总资产	8	10	6	2.5	4	8
净利润	0.7	2	0.8	0.5	1.5	1

计算各公司的总资产周转率、销售净利率和投资回报率。

*2. Cordillera Carson 公司 20×2 年的资产负债表和损益表如下:

千美元

资产负债表		损益表	
现金	400	销售净额(赊销)	12 680
应收账款	1300	销售成本	8930
存货	2100	销售毛利	3750
流动资产	3800	销售和管理费用	2230
固定资产净值	3320	利息费用	460
资产合计	7120	税前利润	1060
		所得税	390
应付账款	320	税后利润	670
应计费用	260		
短期借款	1100		
流动负债	1680		
长期借款	2000		
资本净值	3440		
负债及资本净值合计	7120		

根据上述条件,计算(1)流动比率,(2)酸性测试比率,(3)平均收账期,(4)存货周转率,(5)负债和产权比率,(6)长期债务/总资本比率,(7)销售毛利率,(8)销售净利率,(9)权益报酬率。

3. RMN 公司的部分财务比率如下:

	20×1 年	20×2 年	20×3 年
流动比率	4.2	2.6	1.8
酸性测试比率	2.1	1.0	0.6
资产负债率/%	23	33	47
存货周转率	8.7×	5.4×	3.5×

续表

	20×1 年	20×2 年	20×3 年
平均收账期/天	33	36	49
总资产周转率	3.2×	2.6×	1.9×
销售净利率/%	3.8	2.5	1.4
投资回报率(ROI)/%	12.1	6.5	2.8
权益报酬率(ROE)/%	15.7	9.7	5.4

(1) 为什么投资回报率呈下降趋势？

(2) 负债的增长是流动负债增长的结果还是长期负债增长的结果？请解释原因。

4. Vanier 公司的有关资料如下：

千美元

20×6 年 12 月 31 日的资产负债表

现金和有价证券	500	应付账款	400
应收账款	?	银行借款	?
存货	?	应计费用	200
流动资产	?	流动负债	?
		长期债务	2650
固定资产净值	?	普通股和留存收益	3750
资产合计	?	负债和股东权益合计	?

千美元

20×6 年的损益表

赊销收入	8000
销售成本	?
毛利	?
销售和管理费用	?
利息费用	400
税前利润	?
所得税(税率 44%)	?
税后利润	?

其他资料

流动比率	3∶1
折旧	500 美元
销售净利率	7%
负债和产权比率	1∶1
平均收账期	45 天
存货周转率	3∶1

假设全年 360 天销售和生产稳定，请填充 Vanier 公司的资产负债表和损益表。

5. 某公司销售总额（全部为赊销）是 40 万美元，其销售毛利率为 20%。公司的流动资产为 8 万美元，流动负债为 6 万美元，存货为 3 万美元，现金为 1 万美元。

（1）如果管理层希望存货周转率为 4，则平均存货应为多少？

（2）如果管理层希望应收账款平均占用资金为 5 万美元，则应收账款多少天内必须收回（假设 1 年有 360 天）？

6. Stoney Mason 公司的年销售收入为 600 万美元，总资产周转率为 6，净利润为 12 万美元。

（1）该公司的投资回报率或总资产净利率是多少？

（2）该公司正在考虑采用分期付款方式购买一批新式收银机安装到各个商店。该收银机能提高存货控制的效率，减少人为错误，并能改进会计记录系统。这批新设备将使资产投资提高 20%，而且预计将使销售净利率从 2% 提高到 3%。预计销售状况不变，这批设备对公司投资回报率或赢利能力的影响怎样？

*7. Queen Anne 缎带公司资产负债表中长期负债部分如下：

	美元
抵押债券，利率为 9.25%	2 500 000
二级抵押债券，利率为 12.375%	1 500 000
信用债券，利率为 10.25%	1 000 000
次级信用债券，利率为 14.5%	1 000 000
	6 000 000

如果公司息税前利润为 150 万美元，所有债务都是长期的，则利息偿债系数是多少？

8. Tic-Tac Homes 公司过去 4 年的资产负债表如下：

千美元

	20×1 年	20×2 年	20×3 年	20×4 年
现金	214	93	42	38
应收账款	1213	1569	1846	2562
存货	2102	2893	3678	4261
固定资产净值	2219	2346	2388	2692
资产合计	5748	6901	7954	9553
应付账款	1131	1578	1848	2968
应付票据	500	650	750	750
应计费用	656	861	1289	1743
长期借款	500	800	800	800
普通股	200	200	200	200
留存收益	2761	2812	3067	3092
负债和股东权益合计	5748	6901	7954	9553

利用指数分析，找出该公司财务状况中存在的主要问题。

*9. 美国共和公司 20×3 年 12 月 31 日资产负债表

美元

资　　产		负债和股东权益	
现金	1 000 000	应付银行票据	4 000 000
应收账款	5 000 000	应付账款	2 000 000
存货	7 000 000	应付工资及税金	2 000 000
固定资产净值	17 000 000	长期债务	12 000 000
		优先股	4 000 000
		普通股	2 000 000
		留存收益	4 000 000
资产合计	30 000 000	负债和股东权益合计	30 000 000

美国共和公司 20×3 年度损益表和留存收益表

美元

销售净额		16 000 000
赊销		4 000 000
现销		20 000 000
合计		
成本和费用		
销售成本	12 000 000	
销售和管理费用	2 200 000	
折旧	1 400 000	
利息	1 200 000	16 800 000
税前净利润		3 200 000
所得税		1 200 000
税后净利润		2 000 000
减：优先股股利		240 000
普通股股东可分净利润		1 760 000
加：留存收益(20×3 年 1 月 1 日)		2 600 000
小计		4 360 000
减：普通股股利		360 000
留存收益(20×3 年 12 月 31 日)		4 000 000

(1) 填充下表 20×3 年栏中的有关数据：

美国共和公司

财务比率	20×1 年	20×2 年	20×3 年	行业标准值
1. 流动比率/%	250	200		225
2. 酸性测试比率/%	100	90		110
3. 应收账款周转率	5.0×	4.5×		6.0×
4. 存货周转率	4.0×	3.0×		4.0×
5. 长期负债/总资本比率/%	35	40		33
6. 销售毛利率/%	39	41		40

续表

财务比率	20×1年	20×2年	20×3年	行业标准值
7. 销售净利率/%	17	15		15
8. 权益报酬率/%	15	20		20
9. 投资回报率/%	15	12		12
10. 总资产周转率	0.9×	0.8×		1.0×
11. 利息保付比率	5.5×	4.5×		5.0×

(2) 利用上表中的信息评价公司的情况。引用特定的比率及发展趋势作为证据。

(3) 确定当处于下面每种情况时,你对哪个比率最感兴趣,并说明你的决策:

① 美国共和公司想从你那里购入价值50万美元的商品存货,付款期为90天。

② 你所在的公司是家大型保险公司,而美国共和公司希望你所在的公司能够清偿其银行票据,假设该票据还有10年到期,现行利率是14%。

③ 该公司目前有10万股股票发行在外,每股售价80美元。该公司打算以此价格向你增发5万股股票。

自测题答案

1. 目前的流动比率=800美元/500美元=1.60

(1) 700美元/500美元=1.40。流动资产减少,而流动负债没有变化。

(2) 900美元/600美元=1.50。流动资产和流动负债等量增加。

(3) 800美元/500美元=1.60。流动资产和流动负债都没有受到影响。

(4) 760美元/540美元=1.41。流动资产减少,而流动负债则等量增加。

2.

	20×1年	20×2年	20×3年
流动比率	1.19	1.25	1.20
酸性测试比率	0.43	0.46	0.40
平均收现期/天	18	22	27
存货周转率	8.0	7.5	5.5
负债和产权比率	1.38	1.40	1.61
长期负债/总资本比率	0.33	0.32	0.32
销售毛利率	0.200	0.163	0.132
销售净利率	0.075	0.047	0.026
总资产周转率	2.80	2.76	2.24
投资回报率(ROI)	0.21	0.13	0.06

该公司的赢利能力在这段期间平稳下降。由于留存收益仅增加了5万美元,所以公司一定支付了巨额股利。应收账款增长缓慢,尽管平均收现期相对于给出的信用条件来说非常合理。存货周转率也很慢,说明存在大量存货积压。应收账款和存货都有所增加,而股东权益却几乎没有增长,导致负债和产权比率增加到了相当高的水平。

流动比率和酸性测试比率处于波动中，但流动比率并不太乐观。这些比率之所以并未恶化，是因为被应收账款和存货的增加掩盖了，说明这两项资产的流动性下降了。销售毛利率和销售净利率均大幅下降，这两个比率的关系说明公司特别注意削减了 20×3 年的相关费用。存货和应收账款的增加引起了总资产周转率的下降，再加上赢利能力的下降，最终使得投资回报率急剧下降。

3. $\dfrac{\text{长期负债}}{\text{股东权益}} = 0.5 = \dfrac{\text{长期负债}}{200\,000\,\text{美元}}$ 长期负债 = 100 000 美元

负债与股东权益合计 = 400 000 美元

总资产 = 400 000 美元

$\dfrac{\text{销售收入}}{\text{总资产}} = 2.5 = \dfrac{\text{销售收入}}{400\,000\,\text{美元}}$ 销售收入 = 1 000 000 美元

销售成本 = (1 − 销售毛利率) × 销售收入 = 0.9 × 1 000 000 美元 = 900 000 美元

$\dfrac{\text{销售成本}}{\text{存货}} = \dfrac{900\,000\,\text{美元}}{\text{存货}} = 9$ 存货 = 100 000 美元

$\dfrac{\text{应收账款} \times 360\,\text{天}}{1\,000\,000\,\text{美元}} = 18\,\text{天}$ 应收账款 = 50 000 美元

$\dfrac{\text{现金} + 50\,000\,\text{美元}}{100\,000\,\text{美元}} = 1$ 现金 = 50 000 美元

厂房和设备（填入资产负债表左边的数字）= 200 000 美元

美元

资产负债表			
现金	50 000	应付票据和应付账款	100 000
应收账款	50 000	长期借款	100 000
存货	100 000	普通股	100 000
厂房和设备	200 000	留存收益	100 000
资产合计	400 000	负债与股东权益合计	400 000

4.

结构百分比分析/%	20×1 年	20×2 年	20×3 年
现金	7.9	3.8	1.7
应收账款	27.5	27.8	34.0
存货	28.4	25.4	27.6
流动资产	63.8	57.0	63.3
固定资产净值	36.2	43.0	36.7
资产合计	100.0	100.0	100.0
应付账款	26.1	28.6	30.4
应计费用	4.2	5.0	4.9
银行借款	3.5	8.7	8.8
流动负债	33.8	42.3	44.1
长期负债	7.0	9.7	8.0
股东权益	59.2	48.0	47.9

续表

结构百分比分析/%	20×1年	20×2年	20×3年
负债和股东权益合计	100.0	100.0	100.0
销售收入	100.0	100.0	100.0
销售成本	72.0	74.4	73.5
销售和管理费用	19.2	16.5	17.1
利息	0.6	1.3	1.2
税前利润	8.2	7.8	8.2
所得税	3.3	3.0	3.5
税后利润	4.9	4.8	4.7

指数分析/%	20×1年	20×2年	20×3年
现金	100.0	69.0	36.0
应收账款	100.0	146.2	206.4
存货	100.0	128.7	161.8
流动资产	100.0	128.9	165.5
固定资产净值	100.0	171.6	169.1
资产合计	100.0	144.3	166.8
应付账款	100.0	158.1	194.0
应计费用	100.0	171.4	195.0
银行借款	100.0	360.0	420.0
流动负债	100.0	180.7	217.6
长期负债	100.0	200.0	190.0
股东权益	100.0	117.0	135.1
负债和股东权益合计	100.0	144.3	166.8
销售收入	100.0	126.0	137.8
销售成本	100.0	130.3	140.8
销售和管理费用	100.0	108.6	122.7
利息	100.0	257.5	273.9
税前利润	100.0	119.7	137.2
所得税	100.0	115.9	147.7
税后利润	100.0	122.2	130.2

结构百分比分析显示,相对于其他流动资产和总资产,现金显著下降。固定资产净值在20×2年增高,但随后其占总资产的百分比下降到与20×1年的百分比接近。这一高额的变化说明公司20×3年新购买的固定资产的价值低于固定资产的折旧金额。融资方面由于股东权益几年来没有增加,因此公司负债比例相应增加了。应付账款百分比不断增长,这似乎说明越来越侧重将商业信用作为一种融资手段。银行借款和长期负债所占的百分比在20×2年也都大幅增加,为固定资产净值的增长提供了资金。20×3年银行借款作为总资产和股东权益合计的百分比与20×2年大致相当,而长期负债的百分比下降了。销售净利率3年间略有下降。20×2年,该比率的下降是由于销售成本和利息费用上升造成的,而其他费用和所得税则略有下降。20×3年,销售成本占销售收入的百分比有所下降,但由于其他费用和所得税占销售收入的百分比增加很多,销售净利率仍有所下降。

指数分析得出了相同的结论。现金比总资产和流动资产下降得更快,应收账款则比二者增加得更快。存货呈波动状态,而且 20×1 年和 20×3 年存货占总资产的比率大致相同。固定资产净值在 20×2 年比总资产增加得更多,接着在 20×3 年下降到正常水平。可以很清楚地看到,20×2 年和 20×3 年银行贷款大幅增加,20×2 年长期负债大幅增加并伴随着利息费用的增长。股东权益增长的百分比低于总资产,因此负债的百分比增长比前两者都高。赢利能力方面,净利率的增长低于销售收入的增长,原因与结构百分比分析中提出的原因相同。

参考文献

Almanac of Business and Industrial Ratios. Upper Saddle River, NJ: Prentice Hall, annual.

Altman, Edward I. "Financial Ratios, Discriminant Analysis and the Prediction of Corporate Bankruptcy." *Journal of Finance* 23 (September 1968), 589-609.

____, Robert G. Haldeman, and P. Naraynan. "Zeta Analysis: A New Model to Identify Bankruptcy Risk of Corporations." *Journal of Banking and Finance* 1 (June 1977), 29-54.

Chen, Kung H., and Thomas A. Shimerda. "An Empirical Analysis of Useful Financial Ratios." *Financial Management* 10 (Spring 1991), 51-69.

Cunningham, Donald F., and John T. Rose. "Industry Norms in Financial Statement Analysis: A Comparison of RMA and D&B Benchmark Data." *The Credit and Financial Management Review* (1995), 42-48.

Fraser, Lyn M., and Aileen Ormiston. *Understanding Financial Statements*, 8th ed. Upper Saddle River, NJ: Prentice Hall, 2007.

Gombola, Michael J., and J. Edward Ketz. "Financial Ratio Patterns in Retail and Manufacturing Organizations." *Financial Management* 12 (Summer 1983), 45-56.

Harrington, Diana R. *Corporate Financial Analysis in a Global Environment*, 7th ed. Mason, OH: South-Western, 2004.

Helfert, Erich A. *Techniques of Financial Analysis*, 11th ed. New York, NY: McGraw-Hill/Irwin, 2003.

Higgins, Robert C. *Analysis for Financial Management*, 8th ed. New York, NY: McGraw-Hill/Irwin, 2007.

Lewellen, W. G., and R. O. Edmister. "A General Model for Accounts Receivable Analysis and Control." *Journal of Financial and Quantitative Analysis* 8 (March 1973), 195-206.

Matsumoto, Keishiro, Melkote Shivaswamy, and James P. Hoban Jr. "Security Analysts' Views of the Financial Ratios of Manufacturers and Retailers." *Financial Practice and Education* 5 (Fall/Winter 1995), 44-55.

Richards, Verlyn D., and Eugene J. Laughlin. "A Cash Conversion Cycle Approach to Liquidity Analysis." *Financial Management* 9 (Spring 1980), 32-38.

Statement of Financial Accounting Standard No. 95. Stamford, CT: Financial Accounting Standards Board, 1987.

Stone, Bernell K. "The Payments-Pattern Approach to the Forecasting of Accounts Receivable." *Financial Management* 5 (Autumn 1976), 65-82.

Part Ⅲ of the text's website, *Wachowicz's Web World*, contains links to many finance websites and online articles related to topics covered in this chapter. (http://web.utk.edu/~jwachowi/part3.html)

第 7 章

资金分析、现金流分析和财务计划

内容提要

- 资金流量表(资金来源和运用表)
  "资金"的两种定义·什么是资金的来源和运用·调整·资金来源和运用表分析
- 现金流的会计报表
  现金流转表的内容及不同形式·现金流转表分析
- 现金流预测
  销售预测·收账和其他现金收入·现金支出·净现金流和现金余额
- 现金流估计的分布范围
  对预期现金流的偏离·概率信息的应用
- 财务报表预测
  预计损益表·预计资产负债表·比率的应用及含义
- 小结
- 附录7A：可持续增长模型
- 思考题
- 自测题
- 复习题
- 自测题答案
- 参考文献

学习目的

完成本章学习后,您将能够：

- 解释资金流量表(资金来源和运用表)与现金流转表之间的区别,并了解使用这两个报表的用处。
- 定义"资金",并识别资金的来源和应用。
- 编制资金来源和运用表,进行调整并分析最终结果。
- 说明现金流转表的目的和内容以及可以从中得出的推断。
- 根据对销售、收入和支出的预测编制现金预算,并理解为什么这种预算应该是灵活的。
- 编制预计资产负债表和预计损益表。
- 明白在预测财务报表和分析企业状况时利用概率信息的重要性。

预测是非常困难的一件事,尤其是对未来的预测。

——佚名

考查财务分析和财务计划工具的第二部分内容包括资金流量分析、现金流分析和财务预测。资金流量表(又称资金来源与运用表或财务状况变动表)对于财务经理或债权人是很有价值的,因为它有助于评估企业的资金使用状况及资金筹措方法。除了研究过去的资金流量以外,财务经理还可以使用预测的资金流量表评估未来的资金流量。1989年前,美国所有公司的年度报告不仅要包括资产负债表和损益表,还必须包括资金流量表。现在,现金流转表正式取代了年报中的资金流量表。现金流转表的目的是报告企业的现金流入量和现金流出量,而不是资金的流入量和流出量。现金流分为三种:经营活动现金流、投资活动现金流和筹资活动现金流。虽然现金流转表对于分析企业现金的收支很有帮助,但某些重要的非现金投资和筹资活动在表中并没有体现出来。因此,分析人员仍然希望通过资金流量表来更完整地了解企业的资金流动。

另一个重要的分析工具是现金预算。它对于财务经理来说也是不可或缺的,可用来确定企业的短期资金需求并据此计划短期融资。当把现金预算的应用扩展到包括一系列不同概率的结果时,财务经理就可以评估企业的经营风险和流动性,并规划合理的安全边际。为达到这一目的,财务经理可以调整企业的流动性,重新安排企业债务的期限结构,与银行签订信贷协议,也可以将上述三种方法结合起来使用。

编制预计资产负债表和损益表使财务经理能够分析对企业未来财务状况和经营成果所做的不同决策的效果。这些报表可以从现金预算得出,也可以依据过去或预计的财务比率和/或其他假设。下面将依次分析这两种方法。

最后一种分析方法,即可持续增长模型将在本章附录中介绍。该模型用来研究企业的销售增长目标是否与其经营效率和财务比率一致。这个强有力的分析工具允许我们从稳定状态的环境转入目标比率变化的情况,从而模拟在目标比率变化下的各种可能结果。

计算机制表软件可以使现金预算、预计财务报表编制,甚至可持续增长模型的建立变得简单。在财务分析和计划中可使用的这类软件有很多种。

资金流量表(资金来源和运用表)

财务经理要制定决策,以保证企业有偿还到期债务的足够资金,并能够充分利用投资机会。为了帮助分析人员评价这些(针对某一期间的)决策,需要研究企业的资金流。通过系统地排列企业的资金流,分析人员能够更好地了解企业的决策到底是产生了合理的现金流,还是有问题的现金流。

"资金"的两种定义

我们所说的"资金"指的究竟是什么呢?第一种定义认为资金就是现金(及其等价物)。在这一定义下,我们应当关心的是影响现金账户的交易。这些影响现金的流入和流出的交易非常重要(而且事实上解释了现金流量表的重要性)。但是,把资金定义为现金有一定的局限性。因为在该定义下,资金流分析将忽视不直接影响现金收支的交易,而这些交易可能对完整地评价企业至关重要。例如,期末的大宗赊购和赊销,用财产换取股票和债券,以及用一种财产换取另一种财产等交易都无法在现金流量表中反映。因此,只有扩展对资金的定义,使其包括企业所有的投资和权益(为投资而筹措的资金),才能让我们把握影响企业资金来源和运用的所有交易。

接受了"资金就是投资和权益"这一定义,就可以把注意力转移到资产负债表上。资产负债表反映了企业的财务状况(资金状况)。其中列出了企业所有投资(资产)及与投资相对应的,由债权人和所有者提供的权益(负债和股东权益)。这样,企业的资金流就包含了两个不同时点资产负债表的各项目之间的变化。这些时点通常指资产负债表的期初和期末日,每期可视需要设为一个季度、1年或5年。资产负债表上各项目的变化代表了不同的"净"资金流,而这些变化是由管理层在当期所做的决策引起的。

注意:

资产负债表=资金的存量

资产负债表项目的变化="净"资金流

我们必须强调,资金流量表描述了具有可比性的两个资产负债表在不同时点间的"净"变化,而不是"总"变化。例如,总变化可能被视为包括两个报表日期间的所有变化,而不是这些变化的总和,亦即上面定义的净变化。尽管分析企业一段时期的总资金流比净资金流更能揭示问题,但我们通常受限于所能获得的财务信息,即只能获得基本财务报表。虽然我们通常采用资金的广义定义,所得到的资金流量表却通常将重点放在一段时期现金状况的变化或净营运资本(流动资产减去流动负债)的变化上。你在下面将看到,资金流量表最终将把重点放在企业现金的变化上。

什么是资金的来源和运用

我们可以通过下面的步骤编制一个基本的框架性资金流量表:(1)确定发生在两个资产负债表日期间的资产负债表的净变化的数量和方向;(2)将资产负债表的净变化划分为资金来源或者资金运用;(3)合并这些信息,形成资金来源和运用表。在第一步,我们简单地将某张资产负债表与另一张资产负债表放在一起,计算各账户的变化数,注意这些变化的方向即数量的增加(+)或减少(-)。在第二步中,将资产负债表的每项变化按照下面的方式划分为资金来源或资金运用:

注意:

资金来源	资金运用
• 资产项目的减量(-)	• 资产项目的增量(+)
• 权益项目的增量(+)	• 权益项目的减量(-)

例如,存货(资产)的减少和短期借款(权益)的增加一样,属于资金来源。应收账款(资产)的增加和股东权益的减少(例如,股票回购)则都属于资金运用。

表7.1以第6章所列举的Aldine制造公司为例,演示了编制资金流量表所必需的两个步骤。表7.1中,资产负债表变化的数量和方向全都确定了。注意资金来源的合计(26.3万美元)等于资金运用的合计(26.3万美元)。由于资金来源必须等于资金运用,这可以用来检验我们的计算是否准确。

表 7.1　Aldine 制造公司的资产负债表　　　千美元

资　　产	3月31日		变化方向	变动	
	20×2 年	20×1 年		来源	运用
现金及等价物	178	175	＋		3
应收账款	678	740	－	62	
存货(以成本或市价较低者列示)	1329	1235	＋		94
预付费用	21	17	＋		4
累计预付税款	35	29	＋		6
流动资产	2241	2196		N/A	
固定资产原值	1596	1538		N/A	
减：累计折旧	(857)	(791)		N/A	
固定资产净值	739	747	－	8	
长期投资	65	—	＋		65
其他长期资产	205	205	—	—	—
资产合计	3250	3148			
负债和股东权益					
银行借款和应付票据	448	356	＋	92	
应付账款	148	136	＋	12	
应计税金	36	127	－		91
其他应计负债	191	164	＋	27	
流动负债	823	783		N/A	
长期负债	631	627	＋	4	
股东权益					
普通股(面值 1 美元)	421	421	—	—	—
附加资本	361	361	—	—	—
留存收益	1014	956		58	
股东权益合计	1796	1738		N/A	
负债和股东权益合计	3250	3148		263	263

注：N/A＝不适用；我们这里的重点不是"固定资产净值"小计或组成部分的变动。

小窍门：

下面的方法将帮助你记住资金来源和资金运用的构成：

方框外面的字母分别代表运用(U)、来源(S)、资产(A)和负债(L)(广义的定义)。＋(－)代表资产或负债的增加(减少)。借助 United States of America,Lucille 中这几个字母的排列顺序,你可以很容易地记住它们的排序。

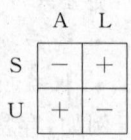

问：现金的增加属于资金来源还是资金运用？

答：我们最初的反应是回答"来源"。但这个答案是错误的。记住,因为现金是一项资产,如果它增加了,就属于资金运用(根据定义)。真正的资金来源应该是借款的增加,是借款的增加引起了现金、存货等账户的增加。

一旦算出了所有的资金来源和资金运用项目,可以将其用报表的形式列出来,以便更好地对其进行分析。表7.2列出了Aldine制造公司20×2年财政年度(截至3月31日)的资金来源和运用简表。

表7.2　Aldine制造公司20×1年3月31日—20×2年3月31日的资金来源和运用简表

千美元

资金来源		资金运用	
留存收益增加	58		
固定资产净值减少	8		
应收账款减少	62	存货增加	94
银行借款增加	92	预付费用增加	4
应付账款增加	12	预付税款增加	6
其他应计负债增加	27	长期投资增加	65
长期负债增加	4	应计税金减少	91
		现金及其等价物增加	3
	263		263

调整

虽然我们现在就可以开始分析上面的资金来源和运用简表,但是先对报表做些微小的调整将让我们拥有一个便于分析的更有用的报表。我们可能想进一步解释留存收益和固定资产净值的变化,因此我们在表7.2中有意地将这两个项目与其他项目分割开。当我们更详细地解释这两个项目的净变化时,实际上不涉及表7.2中的其他项目。

注意:

为了调整这两个项目,我们必须超出企业资产负债表的范围,从损益表(参见第6章表6.2)中获得额外的信息。

分别列示利润和股利　迄今为止资金流量表只反映了留存收益账户的净变化,用所获利润减去支付的股利即可得到留存收益的净变化。但是,留存收益的净变化的两个组成部分都是很重要的净现金流,需要分别列示。利用企业的损益表得到所需的数字,就可以很简单地在资金流量表中删除留存收益净变化这个项目,而用其组成部分来代替,即将净利润作为一项资金来源,而将支付的现金股利作为一项资金运用。

资金来源:净利润　　　　　　　201美元
减资金运用:现金股利　　　　　143美元
净资金来源:留存收益的增加　　 58美元

将留存收益的净变化分解为利润(亏损)及股利支付,可以很容易获得重要的资金增量的详细信息。

分别列示折旧和固定资产的总变化　折旧是一项分摊资产成本以抵减收入的会计科目,并不涉及任何资金流动。这项不支付现金的费用实际上有助于隐藏经营资金的完整流量。我们实际想知道的是所谓的由经营活动提供的资金,而这些资金通常不直接列在损益表上。为了得到该项资金的信息,必须把折旧加回到净利润上去。① 应该记住,折旧并不真正产生资金,资金是从经营活动中产生的。但是我们需要把折旧加回到净利润中,以便抵消最初的会计分录将其从资金来源中扣除所带来的影响。因此,虽然我们把折旧作为资金来源列在净利润项目下,它本身实际是一项抵消分录,而不是真正的资金来源。

除了有助于推导由经营活动提供的资金外,把折旧作为一项资金来源加回到净利润,也有助于解释固定资产的总增加(或减少)而不仅是固定资产净值的变化。首先,需要从资金来源和运用简表(表 7.2)中查找固定资产净值的变化。然后,需要从 Aldine 公司的损益表(表 6.2)中找到折旧数值。采用下面的方法计算固定资产的总增加(或减少)量:

固定资产的总增加＝固定资产净值的增加(减少)＋本期折旧　　　　　　(7.1)

因此,以 Aldine 公司为例,得(千美元)

固定资产的总增加＝－8＋112＝104

从而可以得出结论:

资金来源:折旧	112
减资金运用:固定资产的增加	104
(净)资金来源:固定资产净值的减少	8

一旦把折旧作为资金来源加到资金流量表中,而固定资产的增量作为资金运用列示,就可以不再列示固定资产净值的变化,因为已经不再需要该数据了。对于 Aldine 公司来说,固定资产净增价值 11.2 万美元与 10.4 万美元放在一起,可以更充分地解释固定资产净值减少了 8000 美元这一问题。

表 7.3 列出了 Aldine 公司最终定稿的资金来源和运用表。把表 7.3 与仅根据资产负债表项目的变化而编制的资金流量表即表 7.2 进行比较,可以看到两个资产负债表项目(留存收益和固定资产价值)的变化已经被来自损益表的内容所替代。其结果是虽然资金来源和资金运用金额仍相等,但都增加到 51 万美元。

表 7.3　Aldine 制造公司 20×1 年 3 月 31 日—20×2 年 3 月 31 日的资金来源和运用表

千美元

资金来源		资金运用	
经营活动提供的资金		股利	143
净利润	201	固定资产增加	104
折旧	112		
应收账款减少	62	存货增加	94
银行借款增加	92	预付费用增加	4
应付账款增加	12	预付税款增加	6
其他应计负债增加	27	长期投资增加	65
长期负债增加	4	应计税金减少	91
		现金及其等价物增加	3
	510		510

---

① 待摊费用和递延税款的变化也应该加回到净利润中,以便得到由经营活动提供的资金。不过 Aldine 公司并没有这样的账户。

资金来源和运用表分析

如表 7.3 所示，20×2 年财政年度最主要的资金运用是股利分配、新增固定资产、存货量的增加和长期投资及应付税金的大量减少。这些项目所需资金基本上来自经营活动提供的资金，如应收账款的减少及银行借款的增加。从表中还可以注意到 Aldine 公司的现金余额增加了 3000 美元。在资金来源和运用的分析中，用现金股利递减净利润以及用固定资产增加额递减折旧是非常有用的。这样便于财务分析人员评价支付股利的数量和固定资产的净增加（减少）量。

在 Aldine 公司的例子中，分配股利的资金来源是净利润，而不是负债的增加或固定资产的减少，这是一个有益的信号。但是公司资产的损耗（折旧）高于重置（通过增加）也许不是一个好的信号。目前两者的差异还比较小，但是如果这一差异持续下去甚至增加，则会出现问题。

资金流量表分析的含义　　假设你作为财务经理正在研究企业过去和未来的发展计划及其对企业流动性的影响，则通过分析资金流量表来了解企业的非财务运作是非常有价值的。这样能查出资金运用中的不平衡，并采取适当的行动。例如，跨越以往几个年度的财务分析可能显示存货增长超过了其他资产和销售额的增长比例。通过分析，你可能发现问题的根源在于存货管理缺乏效率。资金流就是通过这些方式提醒你可以加以详细分析并采取适当措施予以改进的问题。

资金流量表的另一个用途在于评估企业的融资情况。分析过去几年的主要资金来源能解释企业成长所需资金来自内外部的比例各是多少。评价企业的融资情况时，可能需要评估与企业总体资金需求有关的股利支付比率。

资金流量表对于判断企业发展是否过快以及融资能力是否得到充分利用也很有价值。你能够确定企业从供应商处获得的商业信用（应付账款）的增长是否超过流动资产和销售收入的增长比率。如果商业信用增长速度明显过快，就应当评估企业越来越长的赊购付款时间对企业信用等级和未来融资能力的影响。资金流还能显示与企业总体资金需求相联系的短期融资和长期融资的配比。如果这些资金需求主要用于固定资产和流动资产的永久性增长，然而其绝大部分却来自短期融资，你可能会觉得困惑。

分析未来的现金流量表对于正在计划企业中长期融资活动的财务主管来说非常有价值。它显示了企业对资金的预期需求的总量及资金需求的预计时间表和价值，即投资增长是否用于存货、固定资产等方面。掌握了上述信息，再加上商业应付账款和各种应计项目的预期变化，你就能更有效地安排企业的融资活动。此外，你可以仅凭借预计资金来源与运用表所反映的现金变化调整期初现金余额，确定企业预期的期末现金余额。实际上，预计现金变化是一个最终调整项目。你也可以通过现金预算来预测企业未来的现金余额，这时可以直接估计未来现金流。

现金流的会计报表

编制现金流转表的目的是反映企业某一时期的现金流入和流出，其中现金流分为三大类：经营活动现金流、筹资活动现金流和投资活动现金流。现金流转表是根据《财务会计标准公告》第 95 号的要求编制的。使用现金流转表并参考其他两个基本财务报表所提

供的信息,将有助于财务经理评估和识别:
- 企业经营活动中产生的用以偿还债务、支付利息和股利的未来净现金流入量的能力;
- 企业对外部融资的需求;
- 净收益和经营活动中产生的净现金流之间存在的差异的原因;
- 现金与非现金的投资交易和筹资交易的影响。

现金流转表的内容及不同形式

现金流转表通过列出引起现金增减变动的各种活动,解释现金变化(包括现金等价物,如国库券)。每项活动带来的现金流入和流出都根据活动的三大类型:经营活动、投资活动或者筹资活动进行划分。表7.4根据上述三大主要类别分组列示了典型现金流转表中经常出现的活动。

表 7.4 经营活动、投资活动和融资活动

现金流入和流出*	解　释
经营活动 现金流入 　销售商品和提供劳务收到现金 　债权投资(利息收入)和股权投资(股利收入) 　收到现金** 现金流出 　购买商品支付现金 　支付给员工现金 　向贷款人支付利息** 　支付其他经营费用	反映除投资活动和融资活动以外的交易对现金流的影响。这些现金流通常都是与确定净收益有关的交易所带来的现金效应。因此,我们所定义的"经营活动"产生的现金流未必是所有财务报表使用者所认为的"经营活动"带来的,例如,股利分配、利息收入和利息支出等。
投资活动 现金流入 　出售固定资产(财产、厂房、设备)取得现金 　出售企业债权和对其他实体的权益(非现金等价物)而收到现金 现金流出 　取得固定资产(财产、厂房、设备)支付现金 　购入股权或债权(非现金等价物)支付现金	反映购买或出售固定资产、向外贷款或取得其他实体的股票所产生的影响。
筹资活动 现金流入 　借款收到现金 　出售企业股票收到现金 现金流出 　偿还债务支付现金 　回购企业股票支付现金 　分配股利支付现金	反映所有与股东进行的现金交易,以及与贷款人间的借款和还款交易的影响。

　　* 这些流入和流出对于非金融企业来说很典型,并且根据《财务会计标准公告》第95号中对经营活动、投资活动和融资活动的定义分类。

　　** 将利息收入和"收到"的股利划分为投资活动现金流入,而将利息"支出"视为筹资活动现金流出是合乎逻辑的。实际上美国会计标准委员会的7名成员中有3名不同意将收到的利息和股利以及支出的利息作为经营活动产生的现金流,但是由于大多数成员支持,仍采用这一方法。

现金流转表的编制可以采用"直接法"(美国会计标准委员会鼓励使用这种方法,因为它易于理解),也可以采用"间接法"(大部分公司采用这种方法,因为它易于编制)。表 7.5 是 Aldine 制造公司分别采用上述两种方法编制的现金流转表(此外,表 7.6 还列出了工作底稿,这种工作底稿通常用于直接法下确定某些经营活动带来的现金流。希望这张工作底稿能够帮助你解除对某些现金流数据的原始出处的困惑)。

采用直接法和间接法的唯一区别在于对经营活动的报告,两种方法中投资活动和筹资活动是完全一致的。在直接法下,经营活动现金流划分为两大类:经营活动现金收入(来自顾客)和经营活动现金支出(付给供货商和雇员),并直接记录在现金流转表中。此外,必须单独(间接)将净收益调整为经营活动净现金流(对于 Aldine 公司来说,表 7.5 框 A 中现金流转表的最后一部分就体现了这一调整)。这种调整从报告的净收益开始,然后用非现金的损益表项目和有关的资产负债表项目的变化进行调整,从而确定经营活动提供的现金。

表 7.5 框 A 中用于调整的数字是否看起来有些眼熟?它们是由公司"经营活动提供的资金"加上 Aldine 公司的资产负债表上除现金和银行借款以外的所有流动资产和流动负债项目的变化。所有这些数字在 Aldine 公司最终定稿的资金来源和运用表(见表 7.3)中都可以找到。必须使用这些数字进行上述调整。这从另一方面解释了我们为什么不能将"被替代了的"资金来源和运用表抛诸脑后。

表 7.5　分别采用直接法和间接法编制的现金流转表

框 A　　　　直接法		框 B　　　　间接法	
Aldine 制造公司截至 20×2 年 3 月 31 日的现金流转表	/千美元	Aldine 制造公司截至 20×2 年 3 月 31 日的现金流转表	/千美元
经营活动产生的现金流		**经营活动产生的现金流**	
来自顾客的现金收入[a]	4054	净收益	201
向供货商和雇员支付现金[b]	(3539)	折旧	112
支付利息	(85)	流动资产和经营活动涉及的流动负债	
支付税金	(211)	产生(使用)的现金	
经营活动产生(使用)的现金流净额	219	应收账款减少	62
投资活动产生的现金流		存货增加	(94)
固定资产增加	(104)	预付费用增加	(4)
长期投资支出	(65)	预付税金增加	(6)
投资活动产生(使用)的现金流净额	(169)	应付账款减少	12
筹资活动产生的现金流		应计税金减少	(91)
短期借款增加	92	其他应计负债增加	27

续表

框A 直接法		框B 间接法	
Aldine 制造公司截至 20×2 年 3 月 31 日的现金流转表	/千美元	Aldine 制造公司截至 20×2 年 3 月 31 日的现金流转表	/千美元
长期借款增加	4	经营活动产生的现金流净额	219
支付股利	(143)	**投资活动产生的现金流**	
筹资活动产生（使用）的现金流净额	(47)	固定资产增加	(104)
		长期投资支出	(65)
现金及其等价物的增加（减少）	3	投资活动产生（使用）的现金流净额	(169)
20×1 年 3 月 31 日现金及其等价物	175	**筹资活动产生的现金流**	
20×2 年 3 月 31 日现金及其等价物	178	短期借款增加	92
附表：		长期借款增加	4
净收益调整为经营活动提供的净现金流表		支付股利	(143)
净收益	201	筹资活动产生（使用）的现金流净额	(47)
折旧	112		
流动资产和经营活动涉及的流动负债产生（使用）的现金		现金及其等价物的增加（减少）	3
		20×1 年 3 月 31 日现金及其等价物	175
应收账款减少	62	20×2 年 3 月 31 日现金及其等价物	178
存货增加	(94)		
预付费用增加	(4)	**现金流补充资料**	
预付税金增加	(6)	利息支出	85
应付账款减少	12	所得税支出[c]	211
应计税金减少	(91)		
其他应计负债增加	27		
经营活动产生的现金流净额	219		

a,b,c 详见表 7.6（编制现金流转表的工作底稿）。

在表 7.5 框 B 列示的间接法下，直接法中将净收益调整为经营活动产生的净现金流的过程被提前到表的最上方，以代替直接法下经营活动产生的现金流部分。实际上，间接法不过是直接法的一种简化。

表7.6 Aldine制造公司用于编制现金流转表的工作底稿　　　千美元

	销售收入	3992
+(−)	应收账款减少(增加)	62
=	来自顾客的现金收入[a]	4054
	销售成本(减当年折旧)	2568
+(−)	存货增加(减少)	94
+(−)	应付账款减少(增加)	(12)
+(−)	预付费用增加(减少)	4
+	销售及管理费用	912
+(−)	其他应计负债减少(增加)	(27)
=	向供货商和雇员支付的现金[b]	3539
	所得税(联邦及州)	114
+(−)	累计预付税款增加(减少)	6
+(−)	应计税金减少(增加)	91
=	税金支出[c]	211

a,b,c 参见 Aldine 制造公司截至 20×2 年 3 月 31 日的现金流转表。

现金流转表分析

如表 7.5 所示，Aldine 公司报告的 20×2 年的净收益是 20.1 万美元，其中经营活动产生的净现金流是 21.9 万美元。有趣的是，公司斥资 16.9 万美元(超过全部经营现金流的 75%)投资固定资产和长期投资(然而，似乎只有固定资产增加才是经常性的年支出)。这样一来，就只剩下 5 万美元的经营现金流用于补偿所支付的 14.3 万美元股利。借款的增加，主要是短期借款的增加提供了支付股利所需的额外资金，同时也为现金及其等价物的小幅增长提供了资金。考虑到 Aldine 公司大约一半的经营现金流用于固定资产重置，可以得出公司能否保持目前的股利支付水平似乎只取决于其继续借款的能力。因此，我们可以证明公司在保障未来的股利支付上可能存在困难。

从表 7.5 框 A 中的调整部分(净收益调整为经营活动提供的净现金流)，我们发现应收账款的减少有助于增加经营活动提供的现金，而存货的增加及应付税金的大幅减少占用了大量经营现金流。你可能注意到迄今为止，现金流转表提供了与前面所分析的资金来源和运用表大致相同的信息。实际上，使用直接法编制现金流转表确实能够获得额外的信息，这些信息可能是无法从对资产负债表简单变化的分析中得到的。

现金流转表分析的含义 现金流转表(尤其是采用直接法编制时)的一个主要的好处是，使用者能够对企业涉及现金的经营、投资和筹资交易有相当详细的了解。把现金流转表分为三个部分有助于使用者估计企业当期和未来的潜在优势和劣势。某一时期企业内部产生经营现金流的能力强，将被视为积极的信号。差的经营现金流将促使财务分析人员检查应收账款或(和)存货的不健康增长。但是，即使企业能产生巨额的经营现金流，仍无法确保经营一定成功。报表使用者需要知道经营现金用于必要投资、偿还债务、支付股利的比例各是多少。过度依赖外部资金来源满足重复发生的资金需求也许是个危险信号。简而言之，现金流是个丰富的信息来源。与使用其他财务报表一样，使用现金流转表的难点在于，要真正深入理解其信息，必须将其与其他报表及其信息披露结合起来使用。

> **问题**：由企业经营活动、投资活动、筹资活动提供（使用）的净现金流的符号（正或负）形成了具体的现金流模式。我们通常希望是什么类型的模式？
>
> **回答**：对于一个健康的、成长中的企业，我们"通常"希望：
> - 经营活动现金流为正
> - 投资活动现金流为负
> - 筹资活动现金流为正或负（一段时期内可能来回变动）

现金流预测

现金流预测对于企业的重要性可以说是非常高的。很多刚成立的**网络公司**（dot-com）震惊地发现，当自己的现金突然用光时，企业也不得不关门大吉了。即使有大量现金流入的企业，如果现金流预测出错，也会造成大量资金闲置，损失赢取收益的机会。

在好的现金流预测体系下，最关键的是**现金预算**（cash budget）。现金预算是通过预测企业未来不同时间间隔内的现金收入和支出得到的，反映了所研究期间内的现金流入量和流出量及其发生时间。根据这些信息，财务经理能更好地确定企业未来的现金需求，为这些需求安排融资计划并对企业的现金和流动性实施控制。虽然现金预算可以按任意时间间隔编制，但最常用的是每年按月编制，这有助于分析现金流的季节性变动。然而，当现金流很不稳定时，则有必要以周为单位进行预测。

Fool 在线问答

问题：我该如何理解现金流转表？

回答：假设 Otis 邮递员刚送来你从可口可乐公司索取的提供给投资者的资料。你一直在考虑购买可口可乐公司的股票，但是你希望先调研一下该公司。你的脑海中闪过畅饮可口可乐的快乐的人群这一画面。你迫使自己仔细研究该公司的三份主要的财务报表。其中最简单易懂的是损益表，它显示了可口可乐公司上一个财政年度究竟赚了多少钱。其次是资产负债表，它反映了可口可乐公司拥有多少现金、存货及负债。最复杂的财务报表则是现金流转表。

现金流转表反映可口可乐公司通过经营、投资和筹资活动真正取得了多少钱。它将现金流入和流出分成三类：经营、投资和筹资。经营活动包括商品的购买和销售、应收款项和应付款项的变动等。投资活动包括设备、厂房、财产、公司和有价证券（如股票或债券）等的购买和销售。筹资活动包括发行和回购股票、增加或减少负债。

如果最后一行的数字为正,则公司"现金流为正",这是件好事。但从表上能够得到的信息远不止此。让我们看看真正的学问在哪里。你最希望看到的是由经营而不是筹资产生现金。检查每个项目,看其在过去一年中的变化情况。

例如,在筹资活动中,可口可乐公司"债务清偿"从1995年的2.12亿美元猛增到1997年的7.51亿美元。这表明公司正在积极偿还债务。过去几年,可口可乐公司每年都回购了价值超过10亿美元的本公司股票。它通过减少流通在外的股票数量来增加每股价值。1997年"经营活动提供的净现金流"高达40.3亿美元,大约高出投资活动所需的现金流8倍。这就是偿还债务和回购股票的资金来源。

仔细研究现金流转表能带来很多好处。

资料来源:Motley Fool 公司(www.fool.com)。经 Motley Fool 公司许可摘录。

销售预测

决定大部分现金预算准确程度的关键因素是销售预测。这种预测既可以基于内部分析,也可以基于外部分析,还可以基于上述两种分析。使用内部分析法,需要了解销售代表对未来时期销售的预测。产品销售经理仔细审查这些估计值并将其结合起来作为产品线的销售预测。不同产品线的销售预测合在一起就是对企业整体销售的预测。内部分析法存在的根本问题是它可能过于短视,经常忽略经济生活中及本行业内发生的重要趋势。

因此,很多企业同时使用外部分析法。使用外部分析法时,经济分析师会预测今后几年的经济形势和本行业的总体销售额。他们可能使用回归分析表来估计行业销售额和总体经济形势。在对这些商业形势和本行业销售额进行预测后,接下来就要估计个别产品所占的市场份额、可能被普遍接受的价格以及对新产品的预期接受程度。通常这些估计是与营销经理共同作出的,虽然最终的责任要由经济预测部门承担。根据这些信息,就可以编制外部销售预测了。

很可能出现内部销售预测与外部销售预测不相符的情况,这时必须达成某种妥协。以往的实践经验会告诉我们哪种预测更加准确。一般来说,外部预测应当作为最终销售预测的基础,并由内部预测进行修正。同时采用外部分析和内部分析两种方法通常比只采用其中一种方法可得到更准确的销售额预测结果。最终的销售预测应当基于对未来市场需求的预期,开始时并不附加诸如生产能力等内部因素的限制。是否取消内部因素的限制取决于预测的结果。准确的销售预测具有无以复加的价值,因为大部分其他预测从某种程度上说都是以销售预测为基础的。

收账和其他现金收入

销售预测工作结束后,下面的工作是确定这些销售带来的现金收入。采用现金销售方式,在销售当时就会收到现金;采用赊销方式,要过些时间才收到现金。到底要过多长时间取决于付款条件、顾客类型及企业的信用政策和收账政策。例如,假设 Pacific Jams 公司提供的信用条件是"n/30",这意味着应在发票开出后30天内付款。再假设,根据公司的经验,平均 90% 的应收账款在一个月内收回,如果没有坏账损失,则其余 10% 的应收账款将在销售后的第二个月收回。此外,假设销售总额中平均有 10% 属于现金销售。

如果销售预测如表 7.7 框 A 所示,我们可以根据上述假设计算得出预测的销售收入表(见表 7.7 框 B)。以 1 月份为例,预计销售总额为 25 万美元,其中现金为 2.5 万美元,其余 22.5 万美元为赊销。赊销额的 90%,即 20.25 万美元预计在 2 月份收回,其余 10%,即 2.25 万美元预计在 3 月份收回。类似地,其他月份的收款金额也可根据相同的百分比计算。但是,如果预期顾客的付款习惯将发生重大改变,企业应当随时改变对账款回收的假设。

表 7.7 1~6 月份的计划销售额和现金回收量 千美元

	11月	12月	1月	2月	3月	4月	5月	6月
框 A:销售额								
赊销,90%	270.0	315.0	225.0	180.0	225.0	270.0	315.0	342.0
现金销售,10%	30.0	35.0	25.0	20.0	25.0	30.0	35.0	38.0
销售总计,100%	300.0	350.0	250.0	200.0	250.0	300.0	350.0	380.0
框 B:现金回收量								
本月现金销售			25.0	20.0	25.0	30.0	35.0	38.0
上月赊销的 90%			283.5	202.5	162.0	202.5	243.0	283.5
上两个月赊销的 10%			27.0	31.5	22.5	18.0	22.5	27.0
销售回收现金合计			355.5	254.0	209.5	250.5	300.5	348.5

从上面的例子很容易看出在其他条件不变的情况下,销售变化对现金收入数量和时间的影响。对于大多数企业来说,销售额和账款回收情况有一定的相关性。在萧条期,销售额下降,平均收现期可能会延长,坏账损失也很可能会增加。因此,企业账款回收情况将进一步加剧销售额的下降,从而增加对总销售额收款的负面影响。

出售资产也可以像出售产品一样获得现金收入,如果 Pacific Jams 公司计划在 2 月份出售价值 4 万美元的固定资产,则该月的总现金收入将是 29.4 万美元。在大多数情况下,出售资产需要预先计划,从编制现金预算的目的来说很容易预测。此外,外部融资和投资收益也能产生现金收入。

现金支出

下一项预测是对现金支出的预测。在确定销售预测后,管理层可能选择与季节性销售紧密配合的生产计划,也可能选择以相对稳定的速度生产,还可能选择上述两种方法混合在一起的生产策略。

生产支出 制订了生产计划后,就能估计出原料、工资和增加固定资产的现金需求。与应收账款一样,从采购实现到实际支付现金有一段滞后期。如果供应商的平均收款条件是"n/30",而企业的付款政策是在信用期期末付款,则从采购到付款大约有一个月的滞后期。如果 Pacific Jams 公司的生产计划要求产品的生产要在预计销售的前一个月进行,则可以得到如表 7.8 所列示的采购和经营费用的现金支付表。如表 7.8 所示,从购买到付款,其间有一个月的滞后期,即与应收账款一样,支付货款也将滞后一个平均付款期。

这一体系与在讲解收款时所举的例子类似。如果采用计算机制表程序可以很容易编制延期付款时间表（也可以得到延期收款时间表）。

表 7.8　1～6 月份预计采购和经营费用现金支出表　　　　　千美元

	12 月	1 月	2 月	3 月	4 月	5 月	6 月
框 A：采购	100	80	100	120	140	150	150
框 B：采购和经营费用的现金支出							
上月采购的 100%		100	80	100	120	140	150
支付工资		80	80	90	90	95	100
支付其他费用		50	50	50	50	50	50
采购和经营费用支出合计		230	210	240	260	285	300

假设工资随产量而变化，但是不完全成比例。一般来说，一段时间内工资较采购业务稳定。当产量略有下降时，通常不会暂时解雇工人。当产量上升时，工人的劳动效率提高，而相对而言，工资总额几乎不会增加，只有当产量超过一定限额，需要加班或需要雇用新的工人时，工资总额才会增加。其他费用主要包括销售和管理费用，财产税，利息费用，动力、照明和取暖费，维修费，间接人工和间接材料费用等。上述所有费用在短期内都能被合理预测。

其他现金支出　除了经营费用的现金支出外，还必须考虑资本性支出、支付股利、支付联邦所得税和其他未说明的现金流出。由于资本性支出一般提前计划，通常在编制短期现金预算时可以进行预测。然而，随着预测时间逐渐延长，对这些支出的预测将变得越来越不准确。大多数企业的股利支付额很稳定，并发生在某一特定日期。联邦所得税的估计必须根据所探讨的期间的预计利润。其他现金支出可能由普通股股票的回购或者长期负债的偿还组成。这些支出再加上采购和经营费用的总支出就得到了如表 7.9 所示的预计现金支出总额表。

表 7.9　1～6 月份预计现金支出总额表　　　　　千美元

	1 月	2 月	3 月	4 月	5 月	6 月
采购和经营费用支出合计	230	210	240	260	285	300
资本性支出		150	50			
支付股利			20			20
所得税	30			30		
现金支出总计	260	360	310	290	285	320

净现金流和现金余额

当我们确信已经考虑到所有可预见的现金流入和流出项目时，就可以将现金收入和支出计划表结合起来得到每个月的净现金流。将这些净现金流加上上个月初的现金余额，假设为 10 万美元，即可计算得出预测期间各个月的预计现金余额。最终计算表如表 7.10 所示。

表 7.10　1～6 月份预计净现金流和现金余额表　　　　　　千美元

	1月	2月	3月	4月	5月	6月
期初现金余额(无额外融资)	100.0	175.5	109.5	9.0	(30.5)	(15.0)
现金收入总计	355.5	294.0*	209.5	250.5	300.5	348.5
现金支出总计	260.0	360.0	310.0	290.0	285.0	320.0
净现金流	75.5	(66.0)	(100.5)	(39.5)	15.5	28.5
期末现金余额(无额外融资)	175.5	109.5	9.0	(30.5)	(15.0)	13.5

* 包括销售实现的现金收入 25.4 万美元和出售固定资产的现金收入 4 万美元。

表 7.10 中列示的现金预算显示企业在 4 月、5 月将产生现金赤字。这两项赤字的产生原因是 3 月份现金收入下降,总计 20 万美元的资本性支出分布在 2 月和 3 月,而 3 月和 6 月各需支付 2 万美元股利。随着 3 月、6 月现金收入上升,在没有其他融资活动的情况下,现金余额上升到 6 月份的 1.35 万美元。该现金预算还表明现金需求最高峰出现在 4 月。如果企业的政策是保持最低现金余额 7.5 万美元,并采用银行借款的方式维持这一金额,则 3 月份需要增加 6.6 万美元借款。如果一切都如预期,增加的借款将在 4 月份达到最高值 10.5 万美元,之后下降到 6 月份的 6.15 万美元。

还可以选择其他方法来消除赤字。企业可以推迟资本性支出或采购付款。现金预算的主要目的之一就是确定未来融资需求的时间和数量,以便安排最适当的融资方法。获取长期融资的决定应以长期资金需求为基础,而不应考虑现金预测。除帮助财务经理计划短期融资外,现金预算对于管理企业现金水平也很有帮助。在现金预算的基础上,管理层可以计划将多余的资金投资于有价证券。其结果是现金和有价证券间有效的相互转换。

现金流估计的分布范围

人们常过分相信现金预算,只不过因为它采取的是给人印象深刻的形式,甚至可能是计算机打印的。我们再次强调,现金预算仅代表对未来现金流的估计。由于编制预算的认真程度不同以及企业经营业务的性质所引起的现金流的易变性,实际现金流或多或少地会偏离预期现金流。面对不确定性,我们必须提供关于可能出现结果分布范围的信息。仅在一套假定的基础上分析现金流,正如传统的现金预算那样,可能导致对未来的错误估计。

对预期现金流的偏离

考虑到对预期现金流的偏离,有必要编制更多的现金预算。我们可能需要根据假定经营业务可能的最大下降幅度编制一个现金预算,同时根据假定经营业务可能的最大上升幅度编制一个现金预算。采用计算机制表程序,几秒钟内就能改变假设条件并编制新的现金预算。

最终结果可能是一系列无额外融资的月末现金余额的分布。图 7.1 用柱状图列出了 1～6 月份现金余额分布的相对频率。期末现金余额最可能的数值用最高的柱表示;这些数字与表 7.10 中的数值是相吻合的。如图所示,有几个分布大致是对称的,而另外几个分布是倾斜的,尤其是 3 月和 4 月的分布向左倾斜。这种分布的结果是,这两个月的现金需求可能比表 7.10 中的预计数高很多。很明显,与只估计月末现金流一种可能数据相比,图 7.1 中描述的信息能更好地帮助管理层针对未来偶然事件作出计划。

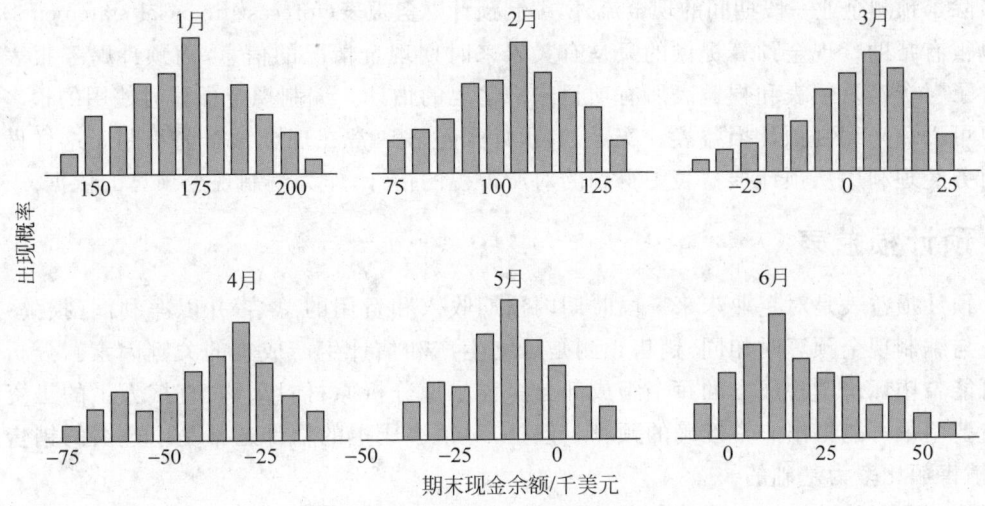

图 7.1　1～6 月份期末现金余额的分布

概率信息的应用

对现金水平的预期加上可能出现结果的分布提供了大量的信息。我们可以知道在各种可能出现的结果下,需要增加或者释放出的现金数量。掌握了这一信息,就能更准确地确定最低现金余额、负债期限结构以及使企业生产达到安全边际的借款水平。

我们还可以分析企业对预期结果偏离的调整能力。如果销售下降,费用的弹性将怎么样?什么项目将被削减?削减多少?削减速度有多快?应尽多大努力用于收回应收账款?如果企业经营出现超出预期的增长,需要额外购买什么?何时购买?是否需要招募新工人?目前的厂房能否应付增加的生产需求?为满足增长需要筹集多少资金?这些问题的答案能提供关于在各种情况下企业的效率和弹性的有价值的参考。

从内部计划的角度来说,考虑各种可能出现结果的分布范围,比单纯依靠唯一的预期结果要好很多。这样的考虑对经营性质相对不稳定的企业尤其必要。如果企业仅根据预期现金流编制计划,当出现明显偏离预期结果的情况时,企业很可能毫无准备。意料之外的现金赤字可能由于企业缺乏准备而无法通过筹资解决。因此,企业一定不要自欺欺人,应尽量使由于偏离预期结果而付出的代价最小化。企业可以通过采取必要的措施确保预测的准确性,以及通过编制附加的现金预算来考虑可能出现的结果的范围以实现这一目标。

小窍门:
将每个月的预计现金流数字与实际数字进行比较是一个很不错的方法。预计值与实际值间差异过大是需要修订假设和估计的信号。根据这些差异,也许需要做些经营和/或融资调整（如推迟资本性支出或增加银行贷款）。

财务报表预测

除了预测企业一段期间的现金流外，编制**预计财务报表**（forecast financial statements）通常也很有帮助。现金预算提供的只是有关未来时期现金情况的信息，而预计财务报表则包含了对资产负债表和损益表所有项目未来情况的估计。编制现金预算时使用的很多信息也可以用来编制预计损益表。实际上，预计损益表通常在现金预算前编制。这样做便于财务经理利用从预计损益表中得到的对所得税的估计，作为编制现金预算的依据。

预计损益表

预计损益表是对企业未来一段时期内预期收入和费用的总结，并以净利润（损失）结束。与编制现金预算时相同，销售预测是计划生产和估计生产成本的关键因素。分析人员可能希望评价销售成本的每个组成部分。详尽地分析原材料采购、直接人工的工资和制造费用很可能得出非常准确的预测。但是，对销售成本的估计通常是以过去的销售成本/销售额比率为基础的。

接下来要估计销售和管理费用。因为这些费用通常都是提前预算的，所以对它们的估计很准确。一般情况下，这些费用对销售额的变化并不十分敏感，尤其是对销售额的短期减少更是如此。下面要估计其他收入和费用以及利息费用，并计算税前净利润，接着以适用税率为基础计算所得税，并从税前净利润中扣除所得税，得到估计的税后净利润。最后，将上述所有估计值列入一张损益表中。例如，假设如表 7.7 框 A 中的现金预算所示，Pacific Jams 公司 1~6 月份的估计销售额总计为 173 万美元。在现金预算中，销售成本没有直接描述出来。我们并不详细分析销售成本的每个组成部分的估计值，而是依靠销售成本与销售额之间关系的最新历史数据来估计销售成本。该公司近 3 年的销售成本/销售额比率的平均值为 75.4%，用该比率乘以 6 个月的销售净额估计值 173 万美元，得到销售成本的估计值 130.5 万美元。其他费用（销售和管理费用）预计为每月 48%（联邦所得税税率加州所得税税率）。根据上述信息，即可得到 1~6 月份的预计损益表。

千美元

		假定和/或消息来源
销售净额	1730	• 根据表 7.7 框 A 的销售预算
销售成本	1305	• 预计为销售净额的 75.4%；根据 3 年平均的销售成本占销售净额的比例
毛利	425	
销售和管理费用	300	• 参见表 7.8
税前利润	125	
所得税	60	• 预计税率为 48%
税后利润	**65**	
股利	40	• 参见表 7.9
留存收益增加	25	• 代入预计资产负债表中

上表中最后三行是一个简化的预计留存收益表。预期股利分配从税后利润中扣除后得到了预期留存收益的增加。预期的增加值 2.5 万美元应该与下面讨论的预计资产负债表中的数字一致。

预计资产负债表

为了说明预计资产负债表的编制,我们以 Pacific Jams 公司为例来编制其 6 月 30 日的预计资产负债表。该公司上一年度 12 月 31 日的资产负债表如下所示:

千美元

资　　产		负债和股东权益	
现金	100	银行借款	50
应收账款	342	应付账款	100
存货	350	应付工资和费用	150
		应计所得税	70
流动资产	792	流动负债	370
固定资产净值	800	股东权益	1222
资产合计	1592	负债和股东权益合计	1592

可以这样估计 6 月 30 日的应收账款余额:用上一年 12 月 31 日应收账款余额加上 1～6 月份的预计赊销总额,再减去该时期的应收账款预计回收总额。根据现金预算获得的信息,6 月 30 日的应收账款余额是 342 000 美元 + 1 557 000 美元 − 1 525 500 美元,即 373 500 美元。对于 Pacific Jams 公司来说,也可以用 6 月份的预计赊销额加上 5 月份的赊销额的 10%,将得到相同的结果(342 000 美元 + 31 500 美元 = 373 500 美元)。

对资产项目的预测 如果无法得到现金预算,则应收账款余额的估计必须以应收账款周转率为基础。该比率描述了赊销额与应收账款之间的关系,应建立在以往经验的基础上。要得到应收账款的估计水平,只需用预计赊销额除以该比率即可。如果销售预测及应收账款周转率都比较贴近现实,则用该方法所得到的应收账款余额将是一个合理的近似值。6 月 30 日的存货余额的估计可以建立在生产计划表的基础上,而生产计划表又是以销售预测为基础的。生产计划表应当显示预计的购买额、生产中预计使用的存货以及产成品的预计水平。根据这些信息和期初存货水平,就可以得到存货预测。

如果不利用生产计划表,也可以根据存货周转率估计未来的存货水平。除了这里要求的是期末存货水平以外,该比率的使用方式与应收账款周转率相似。

$$\frac{销售成本}{(期末)存货} = 存货周转率$$

假设给定年存货周转率和 6 个月的总销售成本,并已知期初存货,则可以将上面的等式变形,求出未知的期末存货值

$$(期末)存货 = \frac{2 \times (6 个月的总销售成本)}{存货周转率}$$

如果在这个例子中估计年存货周转率为 6.2143%,未来 6 个月的预计总销售成本为 130.5 万美元,有

$$（期末）存货 = \frac{2 \times (1\ 305\ 000\ 美元)}{6.2143} = 420\ 000\ 美元$$

为了与销售额的增加相匹配,6月30日存货的估计值是42万美元,比上一年12月31日的存货水平有适度增加。

对未来固定资产净值的估计是以现有的固定资产净值为基础的,加上计划的资本性支出,再减去出售的固定资产的账面净值及该期间的折旧。从Pacific Jams公司的现金预算中可见该期间的资本性支出估计为20万美元,扣除折旧后预计将售出账面净值为4万美元的固定资产。如果该期间的折旧预计为11万美元,则固定资产的净增加值预计为5万美元(200 000美元－40 000美元－110 000美元)。6月30日的固定资产净值预计为85万美元。因为资本性支出是提前计划的,因此固定资产价值很容易预测。

对负债和股东权益的预测 现在考虑对负债的预测。应付账款的估计可以在上一年12月31日余额的基础上,加上1～6月份的预计购买,再减去该期间预计用现金支付的购买金额。因此,应付账款的估计值为:740 000美元－690 000美元＋100 000美元,即150 000美元。这正是6月份的购买额,因为预期正常的采购付款期是滞后1个月。应计工资和费用的计算以生产计划表和这些应计款项与生产的历史关系为基础,我们假设应计工资和费用的估计值是14万美元。应计所得税的估计要将1～6月份的预计利润应缴纳的所得税款,加上12月31日该项目的余额,再减去实际支付的税款。本例中,Pacific Jams公司12月31日该项目的余额为7万美元,1～6月份实际缴纳6万美元的税款(如表7.9所示),从而预计6月30日的应计所得税的余额为7万美元。

6月30日的股东权益余额等于上一年12月31日的股东权益,加上该期间的税后利润,再减去支付的股利。如果Pacific Jams公司应计损益表显示该期间的税后利润为6.5万美元,则6月30日的股东权益将是1 222 000美元＋65 000美元－40 000美元(股利),即1 247 000美元。还剩下两个项目没有预测:现金和银行借款。从现金预算可知,在没有额外融资的情况下,6月30日的预计现金余额将为13 500美元。如果公司的政策是保持7.5万美元的最低现金余额,并通过银行借款满足这一余额,则6月30日的现金余额将是7.5万美元;而银行借款余额将增加61 500美元,从而使其余额达到111 500美元。总而言之,现金和应付票据(短期银行借款)在编制应计资产负债表时作为平衡因素,保证资产与负债加股东权益相等。

资产负债表所有项目均估计得出后,即可将其填入资产负债表中。表7.11就是Pacific Jams公司6月30日的预计资产负债表。请注意,为了增加读者对我们所做估计的信心,我们提供了一些额外的信息。

表7.11 Pacific Jams公司20×2年6月30日的预计资产负债表   千美元

资产	实际数 20×1年12月31日	变动	预计数 20×2年6月30日	假　设
现金	100	－25.0	75.0	• 根据估计的最低余额
应收账款	342	＋31.5	373.5	• 6月份赊销额的100%加上5月份赊销额的10%
存货	350	＋70.0	420.0	• 根据存货周转率6.2143和销售成本

续表

资产	实际数 20×1年12月31日	变动	预计数 20×2年6月30日	假　设
流动资产	792	+76.5	868.5	1305美元计算
固定资产净值	800	+50.0	850.0	• 资本性支出200美元,出售固定资产的
总资产	1592	+126.5	1718.5	账面价值为40美元,折旧为110美元
负债				
银行借款	50	+61.5	111.5	• 前期余额加上额外的融资需求
应付账款	100	+50.0	150.0	• 6月份采购金额的100%
应计工资和费用	150	−10.0	140.0	• 根据生产预算和以往的经验
应计所得税	70	—	70.0	• 变量等于新增应计税金减去支付
流动负债	370	+101.5	471.5	数(60美元−60美元)
股东权益	1222	+25.0	1247.0	• 留存收益的变化数由应计损益表
负债和股东权益总计	1592	+126.5	1718.5	得到

比率的应用及含义

如前所述,编制现金预算所使用的信息可以用来编制预计财务报表。我们也可以使用财务比率来编制预计财务报表。例如,可以预计未来的财务比率,并在此基础上直接估计资产负债表中的所有项目。当无法获得现金预算时,通常根据应收账款、存货、应付账款、应计工资和应计费用与销售额和产量的历史关系来估计其数值。例如,如果平均收现期为45天,则应收账款周转率为一年8次。如果应收账款为50万美元,公司预计下一年销售额将增加200万美元,则应收账款应当增加2 000 000美元/8,即25万美元,因此可以预测下一年应收账款为75万美元。

预计财务报表有助于研究未来预期的资产负债表和损益表的组成部分。我们可以通过计算财务比率来分析财务报表,这些比率和原始数据可以与当期和过去的财务报表进行比较。利用这些信息,财务经理能够分析过去、现在与未来的财务状况和经营成果的变动方向。如果企业习惯于作出准确预测,则编制现金预算或预计财务报表,或将两者结合起来,将促进其提前计划并在各经营领域协调政策。对这些预测的经常性调整让企业得以对外部环境和内部运作中出现的变化保持警觉。此外,也可以选择某些财务报表项目,使其在一定范围内变化而不只是单一值估计,并据此编制预计财务报表。

小结

- 资金来源和运用表是企业从一个时期到另一个时期的财务状况的总结。理解该报表能够使分析人员充分认识到某一特定时期企业资金的运用及这些资金是如何筹集的。资金流分析对于分析资金运用和计划企业的中长期融资非常有价值。但是,所研究的资金流是指两个时点之间的"净"流量而不是"总"流量。
- 当企业需要提供一整套财务报表时,资金流量表将被现金流转表所取代。但是,与现金流转表不同的是,资金流量表不会遗漏主要的非现金交易的影响。此外,

- 资金流量表易于编制,不像现金流转表那么复杂,因此通常很受财务经理的偏爱。
- 现金流转表反映了企业一段时期的现金流入和流出。其中将与现金有关的交易分为三大类:经营活动、投资活动和筹资活动。当与其他财务报表和报表信息披露共同使用时,现金流转表有助于分析人员评价企业产生现金用以支付股利和进行投资的能力,识别企业对外融资的需求,以及理解净收益和经营活动提供的净现金流之间的区别。
- 现金预算是对企业未来现金收入和支出的预测。对于财务经理来说,这种预测在决定企业近期现金余额和计划预期现金需求方面非常有用。除了分析预期现金流以外,财务经理还应当考虑期望值的偏差。分析可能出现的结果的分布范围有助于管理层更好地评价企业的效率和弹性,以及决定适当的安全边际。
- 预计财务报表是以管理层预期存在的情况和预期采取的行动为基础编制的,这些财务报表有助于财务经理充分预期企业未来的财务状况和经营成果。

附录 7A 可持续增长模型

企业必须在销售额目标与经营效率和财务资源间找好平衡,才能保持稳定的增长。许多企业一味追求增长,结果因为受到财务资源的限制而失败。在美国破产法庭,这样的案件比比皆是。保持企业健康增长的窍门在于确定与企业实际情况和金融市场状况相符的销售增长率。在这方面,可持续增长模型是一个强有力的计划工具,它在惠普等大公司得到了广泛的采用。在对该模型的定义中,可持续增长率(SGR)表示根据经营比率、负债比率和股利支付比率的目标值,企业销售额的最大年增长率。如果实际增长率超过可持续增长率,一定是有某些变量脱离了目标值,通常是负债比率。通过将增长过程模型化,我们可以在增长速度和资源限制间作出权衡。

一个稳态模型

为了说明可持续增长率的计算过程,我们先从稳态模型开始。该模型假设在资产负债表和经营绩效比率方面,未来与过去是完全相同的。该模型还假设,企业无外部股权融资,股东权益账户只能通过留存收益的积累而增加。这两个假设在后面讨论有变化的假设条件下的可持续增长模型时将得到放松。

使用的变量 在稳定的环境下,决定可持续增长率所需的变量是

A/S = 总资产/销售额比率

NP/S = 销售净利率(净利润除以销售额)

b = 收益留存比率($1-b$ 即股利支付比率)

D/Eq = 负债和产权比率

S_0 = 最近一年的销售额(基期销售额)

ΔS = 最近一年销售额的绝对变化数

前四个变量是目标变量。总资产/销售额比率是传统的总资产周转率的倒数,用来衡量企业的经营效率。该比率越低,资产的利用率越高。而该比率是由下列因素决定的:

(1)应收账款管理,由平均收现期表示;(2)存货管理,由存货周转率表示;(3)固定资产管理,由工厂的产品生产能力表示;(4)流动性管理,由流动资产的比例及其报酬率表示。为了阐述这个问题,我们假设流动资产处于适当的水平。[①]

销售净利率是考虑了所有费用和所得税后衡量经营效率的相对指标。总资产/销售额比率和销售净利率都受外部产品市场的影响,但它们主要反映内部管理效率。收益留存比率与负债和产权比率应当符合股利和资本结构理论及实践。它们主要受外部金融市场的影响。我们的目的不是探讨它们是如何确定的,因为这将在本书其他章节讨论,而是把它们包含在现在讨论的计划模型中。

可持续增长率 有了上述六个变量,就可以推导出可持续增长率(SGR)。其推导过程为:资产的增加(资产的一种运用)必须等于负债和权益的增加(资金的一种来源)。资产的增加可以用 $\Delta S(A/S)$ 表示,即销售额的变化乘以总资产/销售额比率。股东权益的增加(通过留存收益)等于 $b(NP/S)(S_0+\Delta S)$,即收益留存比率乘以销售净利率再乘以总销售额。最后,负债总额的增加可以简单地用股东权益的增加乘以产权比率的目标值来表示,即 $[b(NP/S)(S_0+\Delta S)]D/Eq$。综上所述,可得

资产的增加 = 留存收益的增加 + 负债的增加

$$\Delta S\left(\frac{A}{S}\right) = b\left(\frac{NP}{S}\right)(S_0+\Delta S) + \left[b\left(\frac{NP}{S}\right)(S_0+\Delta S)\right]\frac{D}{Eq} \tag{7A.1}$$

重新排列后,上面的公式可表示为

$$\frac{\Delta S}{S_0} \quad \text{或} \quad SGR = \frac{b\left(\frac{NP}{S}\right)\left(1+\frac{D}{Eq}\right)}{\left(\frac{A}{S}\right) - \left[b\left(\frac{NP}{S}\right)\left(1+\frac{D}{Eq}\right)\right]} \tag{7A.2}$$

这就是与目标比率相符的最大销售额增长率。当然,这个增长率能否实现还取决于外部产品市场的状况和企业的营销努力。某一增长率可能在财务上可行,却没有相应的产品需求支撑。上面的公式暗含折旧费用足够维持经营资产的价值这一假设。最后还需要提一下新借款的利息,上面的公式暗含的假设是所有利息费用都包括在销售净利率的目标值中。

一个实例 假设某公司的财务数据如表7A.1所示。稳态模型下的可持续增长率计算如下:

$$SGR = \frac{0.70(0.04)(1.8)}{0.60 - [0.70(0.04)(1.80)]} = 9.17\%$$

表 7A.1　用来说明可持续增长比率的初始值和变量

符号	初始值和变量	
Eq_0	期初权益资本/百万美元	100
$Debt_0$	期初负债/百万美元	80
$Sales_0$	上一年度销售收入/百万美元	300
b	收益留存比率的目标值	0.70
NP/S	销售净利率的目标值	0.04
D/Eq	负债和产权比率的目标值	0.80
A/S	总资产/销售额比率的目标值	0.60

[①] 如果流动资产并非处于适当的水平,则最好使用经营资产/销售额比率。

初始股东权益增加了 9.17%,达到 10 917 万美元,负债增加了 9.17%,达到 8734 万美元,其他所有变量也都达到了稳态平衡。但是,如果实际增长率不是 9.17%,就必须有一个变量发生变化。换句话说,经营效率比率、负债比率或收益留存比率之一必须变化,或者必须出售或回购本企业的普通股股票。

小窍门:

将式(7A.2)中的分子与分母同时乘以(S/A),并将结果稍加排列,即得到一个非常简短的可持续增长率公式

$$\text{SGR} = \frac{b(\text{NP}/Eq)}{1-[b(\text{NP}/Eq)]}$$

这个简化公式强调了式中最基本的因素,即 SGR 与收益留存比率(b)的目标值和权益报酬率的目标值成正比(NP/Eq)。

变化假设下的模型

要研究脱离稳态模型并假设变量每年都发生变化的情况,必须采用不同的方法建立可持续增长模型。实际上,股东权益的增长和销售额的增长是不平衡的,更明确地,我们必须引入基期销售额 S_0 和基期股东权益 Eq_0,并将其作为建立模型的基础。此外,用股利发放的绝对数替代股利支付比率来反映股利政策。最后,我们允许在给定年度出售普通股,不过该值可以设定为零。

根据上述变量,今后一年的销售额可持续增长率,用小数表示的 SGR 变为

$$\text{SGR} = \left[\frac{(Eq_0 + \text{New } Eq - \text{Div})\left(1+\frac{D}{Eq}\right)\left(\frac{S}{A}\right)}{1-\left[\left(\frac{\text{NP}}{S}\right)\left(1+\frac{D}{Eq}\right)\left(\frac{S}{A}\right)\right]}\right]\left(\frac{1}{S_0}\right) - 1 \quad (7A.3)$$

式中,New Eq 是新筹集的权益资本,Div 是年支付股利的绝对值,S/A 是总资产周转率。最后一个比率就是前面使用的总资产/销售额比率的倒数。直觉地,公式(7A.3)第一个括号中的分子代表从现有资本中产生的销售额加上由于发行新股或分派股利而产生的变化。通过引入负债使得权益基础扩大了,然后乘以总资产周转率。第一个括号中的分母是 1 减去企业赢利能力的目标值(NP/S)(S/A),乘以负债比率。当分子除以分母时,就得到了新的销售额水平。在后面的中括号内,我们将该销售额水平除以基期销售额以确定今后一年可持续的销售额变化。

举例说明,假设股利分配目标是 393 万美元,没有新股发行计划,其他变量仍如表 7A.1 所示,使用式(7A.3),得出的可持续增长率为

$$\text{SGR} = \left[\frac{(100-3.93)(1.80)(1.6667)}{1-[(0.04)(1.80)(1.6667)]}\right]\left(\frac{1}{300}\right) - 1 = 9.17\%$$

这与稳态模型的计算结果完全一致,因为 393 万美元的股利分配对应着 0.70 的收益留存比率,而且总资产/销售额比率 0.60 对应的总资产周转率是 1.6667。

假设现在总资产/销售额比率的目标值不再是 0.60,而变为 0.55(总资产周转率为 1.8182)。而且目标销售净利率也由 0.04 提高到 0.05。最后,负债和产权比率的目标值从 0.80 上升到 1.00。假设股利分配额为 400 万美元,则今后一年的可持续增长率变为

$$\text{SGR} = \left[\frac{(100-4)(2.00)(1.8182)}{1-[(0.05)(2.00)(1.8182)]}\right]\left(\frac{1}{300}\right) - 1 = 42.22\%$$

可持续增长率的巨大增长是由于经营效率的改进,从而产生了更多的留存收益和更高的负债比率。必须认识到如此高的销售增长率只可能持续一年。即使经营效率持续改进,仍必须不断提高负债比率才能保持 42.22% 的可持续增长率。而负债比率的改变影响所有资产,并非只影响与增长率有关的资产。

举例说明,假设负债和产权比率保持在 1.00,其他比率也保持不变。当年年底,股东权益和销售额将增加:

$S_1 = 300$ 美元 $\times 1.4222 = 426.66$ 美元

$Eq_1 = 300$ 美元 $\times 1.4222 \times 0.05 - 4$ 美元 $+ 100$ 美元 $= 117.333$ 美元

第二年的可持续增长率变为

$$\text{SGR}_2 = \left[\frac{(117.333-4)(2.00)(1.8182)}{1-[(0.05)(2.00)(1.8182)]}\right]\left(\frac{1}{426.66}\right) - 1 = 18.06\%$$

就这样,模型在一个变化的环境中年复一年地产生出可持续增长率。某一年较高的可持续增长率并不一定意味着该比率将来仍会这么高。实际上,除非其他变量也在同一方向进一步变化,否则这种高增长率不可能持久。从这个意义上说,它代表了一次性的事件。

求解其他变量及其含义

已知 6 个初始变量中的 5 个,并且已知期初股东权益和基期销售额,即可解出第 6 个变量。在表 7A.2 中列出了一些模拟值,其中需要求解的变量用阴影标出。

表 7A.2 使用可持续增长模型的 13 个模拟值

变量	1	2	3	4	5	6	7	8	9	10	11	12	13
A/S	0.60	0.60	0.55	0.50	0.65	0.70	0.50	0.4292	0.5263	0.60	0.5882	0.60	0.60
NP/S	0.04	0.04	0.05	0.05	0.035	0.03	0.05	0.04	0.0623	0.0538	0.05	0.04	0.04
D/E	0.80	0.80	1.00	0.50	0.80	0.80	0.50	0.50	0.60	1.00	0.7682	1.0272	1.1659
Div	4.00	4.00	4.00	4.00	4.00	4.00	4.00	4.00	4.00	4.00	4.00	4.00	4.00
New Eq	0	10.00	0	0	5.00	0	10.00	10.00	0	0	10.00	0	0
SGR	0.0909	0.2046	0.4222	0.1294	0.0325	−0.1083	0.25	0.30	0.20	0.30	0.25	0.25	0.35

注:期初销售额 = 300 美元,期初股东权益 = 100 美元。

通过使用可持续增长模型,可以检查各种增长计划相互间的一致性。通常,企业总是

计划很多好事：高的销售增长率，生产具有灵活性，适度的负债和高的股利分配率等。然而，这些事情彼此间可能并不一致。

可持续增长模型有助于我们发现不一致的情况。这样就可以在营销、财务和生产方面作出更有根据、更明智的决策。由于企业目前一般把重点放在资产报酬率和资产管理效率上，因而可持续增长模型给决策制定过程提供了一个综合的工具。

思考题

1. 比较资金流量表（资金来源和运用表）与现金预算作为计划工具的异同。
2. 编制现金流转表的目的是什么？
3. 在编制现金预算时，哪个变量对于得到准确的预测是最重要的？请解释原因。
4. 讨论编制现金预算的益处。
5. 在资金来源和运用表中，为什么现金的减少是资金来源的一部分，而现金的增加则是资金运用的一部分？请解释原因。
6. 为什么将存货赊销给顾客，尽管实际上并没有"资金"产生却仍被视为资金来源？请解释原因。
7. 为什么除了资产负债表和损益表以外，大部分提供给股东的经审计的财务报表中还要包括现金流转表？
8. 为什么有些财务经理实际上更愿意使用资金流量表而不是现金流转表？
9. 折旧是一种资金来源吗？在什么情况下，这种"来源"可能被消耗殆尽？
10. 为什么银行在考虑贷款申请时要仔细分析申请人的现金流转表和/或资金流量表？
11. 下列哪些属于资金来源，哪些属于资金运用？
    (1) 出售土地；(2) 支付股利；(3) 应付税款的减少；(4) 原材料存货的减少；
    (5) 折旧费用；(6) 出售政府债券。
    现在，再看看上述六项业务，判断在采用间接法编制的现金流转表中，它们分别属于经营现金流、投资现金流和融资现金流中的哪一种。
12. 现金预算与资金来源和运用表间的主要区别是什么？
13. 要提高现金预算的准确性，财务经理应将重点放在哪些项目上？
14. 现金预算在衡量流动性方面比流动比率和速动比率等传统的指标更出色吗？
15. 为什么销售预测在编制现金预算时非常重要？
16. 预计财务报表的主要目的是什么？作为对未来的预测，预计财务报表与现金预算有何区别？
17. 编制预计财务报表的两种主要方法是什么？

附录 7A　部分的思考题

18. 什么是可持续增长率？可持续增长模型有何价值？
19. 解释稳态可持续增长模型与每年变化的可持续增长模型的区别。

20. 列出可持续增长模型中使用的变量。哪些变量通常对销售额增长率的影响最大？

自测题

1.（1）Dana-Stallings 公司 20×1 年和 20×2 年的财务报表如下所示，请编制资金来源和运用表，并评估你的发现。

美元

资　产	20×1 年	20×2 年
现金及其等价物	53 000	31 000
有价证券	87 000	0
应收账款	346 000	528 000
存货	432 000	683 000
流动资产	918 000	1 242 000
固定资产净值	1 113 000	1 398 000
资产合计	2 031 000	2 640 000
负债和股东权益		
应付账款	413 000	627 000
应计费用	226 000	314 000
银行借款	100 000	235 000
流动资产	739 000	1 176 000
普通股	100 000	100 000
留存收益	1 192 000	1 364 000
负债和股东权益合计	2 031 000	2 640 000

注：20×2 年折旧为 189 000 美元，支付利息为 21 000 美元，支付所得税总计为 114 000 美元，没有分配股利。

（2）利用所提供的信息，并结合（1）中得到的资金来源和运用表，采用间接法编制现金流转表并评价你的发现。（根据现金流转表所做的分析是否与根据资金流量表所做的分析有很大差别？）

2. Rodriguez Malting 公司 12 月 31 日的资产负债表如下：

千美元

现金	50	应收账款	360
应收账款	530	应计费用	212
存货	545	银行借款	400
流动资产	1125	流动负债	972
固定资产净值	1836	长期负债	450
		普通股	100
		留存收益	1439
资产合计	2961	负债和股东权益合计	2961

公司收到大量订单并预期从银行取得借款，因此需要预测 1～3 月份的公司现金需求量。通常，公司销售当月可收回 20% 的收入，次月收回 70%，第 3 个月收回 10%。所有

销售都是赊销。

在销售的前一个月购买生产麦芽制品的原材料,购买数量等于次月销售额的60%,购买的次月支付货款。应计1月份的工资费用(包括加班费)为15万美元,2月份为20万美元,3月份为16万美元。1~3月份每个月的销售费用、管理费用、税金、其他现金支出预计为10万美元。11月和12月的实际销售额及1~4月份的预计销售额如下所示:

千美元

11月	500	2月	1000
12月	600	3月	650
1月	600	4月	750

根据上述信息:

(1) 请编制1月、2月和3月的现金预算;

(2) 如果要随时保证5万美元的现金余额,确定额外的银行借款数量(假设该借款没有利息);

(3) 请编制3月31日的预计资产负债表(注意:公司保持存货的保险储备量且预计这三个月的折旧费用是2.4万美元)。

3. 预计Margaritaville航海公司今后两年的销售收入为每年240万美元。全年销售均衡。请根据下列信息,编制预计损益表和年末的预计资产负债表。

- 现金:最低现金余额为年销售额的4%;
- 应收账款:根据年销售额计算的平均收现期为60天;
- 存货:一年周转8次;
- 应付账款:一个月的购买量;
- 银行借款:现为5万美元,借款限额为25万美元;
- 应计费用:销售额的3%;
- 固定资产净值:现为50万美元,资本性支出等于折旧;
- 长期负债:现为30万美元,年底偿还7.5万美元;
- 普通股:10万美元,无额外发行计划;
- 留存收益:50万美元;
- 销售净利润:8%;
- 股利:无;
- 销售成本:销售额的60%;
- 外购:销售成本的50%;
- 所得税:税前利润的50%。

附录7A 部分的自测题

4. Kidwell工业公司的股东权益资本为1200万美元,负债总额为800万美元,去年的销售额为3000万美元。

(1) 该公司的资产/销售额比率的目标值是0.6667,销售净利润的目标值是0.04,负债和产权比率的目标值是0.6667,收益留存比率的目标值是0.75。在稳定状况下,该公司的可持续增长比率是多少?

(2) 假设公司设定下一年的资产/销售额比率的目标值为0.62,销售净利率的目标值为0.05,负债和产权比率为0.80。该公司全年将支付30万美元的股利,并将在下一年筹集100万美元的股东权益资金。该公司下一年的可持续增长率是多少?为什么与(1)中的计算结果不同?

复习题

1. Shmenge兄弟手风琴公司上一年年末记载了下列变化,请将其划分为资金来源或资金运用项目。

美元

现金	−100	应付账款	+300
应收账款	+700	应计费用	−100
存货	−300	长期负债	−200
支付的股利	+400	净利	+600
折旧	+1000	固定资产的增加	+900

2. Svoboda公司12月31日的比较资产负债表

百万美元

资　产	20×1年	20×2年	负债和股东权益	20×1年	20×2年
现金及其等价物	5	3	应付票据	20	0
应收账款	15	22	应付账款	5	8
存货	12	15	应付工资	2	2
固定资产净值	50	55	应计所得税	3	5
其他资产	8	5	长期负债	0	15
			普通股	20	26
			留存收益	40	44
资产合计	90	100	负债和股东权益合计	90	100

Svoboda公司20×2年的损益表和留存收益表	百万美元
销售净额	48
费用	
销售成本	25
销售和管理费用	5
折旧	5

		续表
利息	2	37
税前利润		11
减：所得税		4
净利		7
加：20×1年12月31日留存收益		40
小计		47
减：股利		3
20×2年12月31日留存收益		44

(1) 请编制 Svoboda 公司 20×2 年的资金流量表（资金来源和运用表）；

(2) 请采用间接法编制 Svoboda 公司 20×2 年的现金流转表。

3. 下面是 Begalla 公司 12 月 31 日的财务报表。

Begalla 公司 12 月 31 日的比较资产负债表   百万美元

资产	20×1年	20×2年	负债和股东权益	20×1年	20×2年
现金及其等价物	4	5	应付账款	8	10
应收账款	7	10	应付票据	5	5
存货	12	15	应付工资	2	3
			应计所得税	3	2
流动资产合计	23	30	流动负债合计	18	20
固定资产净值	40	40	长期负债	20	20
			普通股	10	10
			留存收益	15	20
资产合计	63	70	负债和股东权益合计	63	70

Begalla 公司 20×2 年的损益表和留存收益表   百万美元

销售收入		95
销售成本	50	
销售和管理费用	15	
折旧	3	
利息	2	70
税前净利润		25
所得税		10
净利润		15

(1) 请编制 Begalla 公司的资金来源和运用表；

(2) 请使用间接法编制 Begalla 公司的现金流转表。

*4. 请编制 Ace 制造公司的现金预算，列示 5 月、6 月和 7 月的现金收入和支出。该公司希望保持的现金余额为 2 万美元。请确定该期间是否需要借款，如果需要，请确定借款的时间和数量。截至 4 月 30 日，公司的现金余额为 2 万美元。

	实际销售额		预计销售额	美元
1月	50 000	5月	70 000
2月	50 000	6月	80 000
3月	60 000	7月	100 000
4月	60 000	8月	100 000

- 应收账款：每月销售收入中，本月收到现金50%，接下来的两个月各收回现金25%（假设公司的坏账可以忽略不计）。
- 制造成本：占销售收入的70%，其中90%的款项在次月支付，其余10%在第三个月支付。
- 销售和管理费用：每月1万美元加上销售收入的10%，所有费用都在发生的当月支付。
- 利息支付：发行在外的15万美元债券的半年利息在7月份支付（票面利率为12%），每年5万美元的偿债基金也在7月份支付。
- 股利：7月份将宣布发放1万美元股利并支付。
- 资本性支出：6月份将投资4万美元购买厂房和设备。
- 税金：7月份将支付1000美元的所得税。

*5. 已知信息如下，请据此编制Central City百货商店20×2年上半年的现金预算。

(1) 所有商品的价格和成本保持不变。

(2) 销售收入的75%为赊销，25%为现销。

(3) 赊销的销售收入有60%在销售的次月收回，30%在销售后的第二个月收回，其他10%在销售后第三个月收回。坏账损失可忽略不计。

(4) 实际和估计的销售收入如下：

美元

20×1年10月	300 000	20×2年3月	200 000
20×1年11月	350 000	20×2年4月	300 000
20×1年12月	400 000	20×2年5月	250 000
20×2年1月	150 000	20×2年6月	200 000
20×2年2月	200 000	20×2年7月	300 000

(5) 支付的购货款等于下个月预计销售收入的80%。

(6) 工资和薪金如下：

美元

1月	30 000	3月	50 000	5月	40 000
2月	40 000	4月	50 000	6月	35 000

(7) 租金为每月2000美元。

(8) 每季7500美元的利息在季末到期，并且没有季度现金股利分配计划。

(9) 20×2年所得税为5万美元,应于4月份支付。

(10) 计划6月份支付资本性投资3万美元。

(11) 20×1年12月31日公司的现金余额,即最低现金余额为10万美元。借款需为5000美元的倍数(假设借款利息可忽略不计)。

*6. 请利用第5题中编制的现金预算和下面的信息,编制Central City百货商店20×2年上半年的预计损益表(注意,商店的存货保持安全储备量)。

(1) 20×1年12月31日的存货为20万美元;

(2) 采用直线法计提折旧:资产原值为250万美元,平均使用年限为10年,无残值;

(3) 所得税税率为50%。

*7. 请根据第5题和第6题以及本题中给出的信息,编制Central City百货商店20×2年6月30日的预计资产负债表(假设应付账款保持20×1年12月31日的金额)。

Central City百货商店20×1年12月31日的资产负债表　　　　美元

资产		负债和股东权益	
现金	100 000	应付账款	130 000
应收账款	427 500	债券	500 000
存货	200 000	普通股和留存收益	347 500
固定资产净值	250 000		
	977 500		977 500

附录7A 部分的复习题

*8. Liz Clairorn工业公司去年的股东权益为4000万美元,销售收入为1.5亿美元。

(1) 资产/销售额比率的目标值是0.40,销售净利率的目标值是0.07,负债和产权比率的目标值是0.50,收益留存比率的目标值是0.60。如果上述比率处于稳态,则该公司的可持续增长率是多少?

(2) 如果该公司下一年不再是稳态,其可持续增长率在下列目标值下将是多少?资产/销售额比率为0.42,销售净利率为0.06,负债和产权比率为0.45,股利分配为500万美元,没有新的股东权益融资。

9. Herb I. Vore Hydroponics公司希望下一年销售收入能够增长35%。该公司上一年的销售收入为3000万美元,公司拥有的股东权益资本为1200万美元。不打算分配股利。公司的目标值暂时定为:资产/销售额比率为0.67,销售净利率为0.08,负债和产权比率为0.60。公司已经确定这些比率尚不足以令销售收入增长35%。

(1) 其他两个目标值保持不变,要使销售收入增长35%,资产/销售额比率应为多少?

(2) 其他两个目标值保持不变,要使销售收入增长35%,销售净利率应为多少?

(3) 其他两个目标值保持不变,要使销售收入增长35%,负债和产权比率应为多少?

自测题答案

1. (1)

Dana-Stallings 公司的资金来源和运用表			千美元
资金来源		资金运用	
经营活动提供的资金			
净利润	172	固定资产增加	474
折旧	189		
	361	应收账款增加	182
有价证券减少	87	存货增加	251
应付账款减少	214		
应计费用增加	88		
银行借款增加	135		
现金及其等价物减少	**22**		
	907		907

该公司的资本性支出数额巨大，同时流动资产也大幅增加。这两项的增长远远超过留存收益的增长。为筹集增长所需的资金，公司将有价证券全部售出，极度倾向于使用商业信用（应付账款），并增加了应计费用和银行借款。上述所有短期融资为大多数长期资产的增加提供了资金。

(2)

Dana-Stallings 公司的现金流转表	千美元
经营活动产生的现金流	
净利润	172
折旧	189
流动资产和经营活动涉及的流动负债所产生(使用)的现金	
应付账款增加	214
应计费用增加	88
应收账款增加	(182)
存货增加	(251)
经营活动产生(使用)的现金流净额	230
投资活动产生的现金流	
固定资产增加	(474)
有价证券减少	87
投资活动产生(使用)的现金流净额	(387)
筹资活动产生的现金流	
短期银行借款增加	135
筹资活动产生(使用)的现金流净额	135
现金及其等价物的增加(减少)	(22)
20×1年12月31日现金及其等价物	53
20×2年12月31日现金及其等价物	31
现金流补充资料	
利息支出	21
所得税支出	114

除了与分析资金来源和运用表得到的观点相同外,我们发现该公司来自经营活动的所有现金流(有时是某些)都用于增加固定资产。总体来说,采用间接法编制的现金流转表为我们提供了与资金来源和运用表非常类似的信息。

2. (1) 现金预算

千美元

	11月	12月	1月	2月	3月	4月
销售	500	600	600	1000	650	750
现金收入						
当月销售收入的20%			120	200	130	
上月销售收入的70%			420	420	700	
上上个月销售收入的10%			50	60	60	
现金收入合计			590	680	890	
采购		360	600	390	450	
货款的现金支付和经营费用						
上月采购的100%			360	600	390	
工资费用			150	200	160	
支付的其他费用			100	100	100	
现金支出合计			610	900	650	
现金收入减现金支出			(20)	(220)	240	

(2)

美元

	12月	1月	2月	3月
期初银行借款		400	420	640
借款增加额		20	220	(240)
期末银行借款	400	420	640	400

融资的最高值出现在2月份,因为需要支付上个月的采购款及高额工资费用。3月份由于前几个月取得了大量销售收入,所产生的现金净流量足以偿还额外的借款。

(3) 3月31日的预计资产负债表

千美元

资产	实际数 12月31日	变动	预计数 3月31日	假设
现金	50	0	50	• 根据估计的最低余额设定
应收账款	530	+90	620	• 3月份销售收入的80%加上2月份销售收入的10%
存货	545	+90	635	• 等于545美元加上1~3月份的采购额1985美元,再减去1~3月份销售收入2250美元与0.6的乘积
流动资产	1125	+180	1305	
固定资产净值	1836	−24	1812	• 预计折旧为24美元
资产总计	2961	+156	3117	

续表

资　产	实际数 12月31日	变动	预计数 3月31日	假　设
负债				
银行借款	400	0	400	• 前期余额加上额外的融资需求
应付账款	360	+90	450	• 3月份采购金额的100%
应计费用	212	0	212	• 预计无变化
流动负债	972	+90	1062	
长期负债	450	0	450	• 预计无变化
普通股	100	0	100	• 预计无变化
留存收益	1439	+66	1505	• 留存收益的变化数等于销售收入减去采购款,减去工资费用、折旧费用和1~3月份的其他费用
负债和股东权益总计	2961	+156	3117	

3.

预计损益表　　　　　　　　　　　　千美元

		假　定
销售净额	2400	• 根据销售预测
销售成本	1440	• 预计为销售净额的60%
毛利	960	
费用	576	• 销售净额的24%,要求产生16%的税前利润率(如下所示)
税前利润	384	• 销售净额的16%,基于8%的边际利润率和50%的税率
所得税	192	• 预计税率为50%
税后利润	**192**	• 预计为销售净额的8%
股利	0	• 预计为零
留存收益增加	192	• 代入预计资产负债表中

预计资产负债表　　　　　　　　　　　千美元

资　产	年末数	假　设
现金	96	• 根据估计的最低余额设定,即2 400 000美元销售收入的4%
应收账款	400	• 基于60天平均收现期,即2 400 000美元销售收入/(360/60)
存货	180	• 基于年周转8次,即1 440 000美元销售成本/8
流动资产	676	
固定资产净值	500	• 年初数为500 000美元,预计资本性支出等于年折旧费用
资产总计	1176	
负债		
银行借款	27	• 该数字等于总资产减去下列各项
应付账款	60	• 1个月的采购金额,即0.5×1 440 000美元销售成本/12
应计费用	72	• 预计为2 400 000美元销售收入的3%
流动负债	159	

资 产	年末数	假 设
负债		
长期负债	225	• 300 000 美元减去年末 75 000 美元的本金支付
普通股	100	• 预计无变化
留存收益	692	• 500 000 美元加上根据预计损益表得出的留存收益 192 000 美元的变化数
负债和股东权益总计	1176	

附录 7A 部分自测题答案

1. (1) $\text{SGR} = \dfrac{0.75(0.04)(1.6667)}{0.6667 - [0.75(0.04)(1.6667)]} = 8.11\%$

(2) $\text{SGR} = \left[\dfrac{(12+1-0.3)(1.80)(1.6129)}{1-[(0.05)(1.80)(1.6129)]}\right]\left(\dfrac{1}{30}\right) - 1 = 43.77\%$

该公司由于提高目标经营效率,采用较高的负债比率以及出售普通股股票而改变了稳态。这使得下一年的销售收入增长率较高。除非上述方面有进一步的变化,可持续增长率将下降。

参考文献

Bhandari, Shyan B. "Pedagogical Issues Concerning Analysis of the Cash Flow Statement." *Journal of Financial Education* 29 (Spring 2003), 1-11.

Gahlon, James M., and Robert L. Vigeland. "An Introduction to Corporate Cash Flow Statements." *AAII Journal* 11 (January 1989), 14-18.

Gup, Benton E., William D. Samson, Michael T. Dugan, Myung J. Kim, and Thawatchai Jittrapanun. "An Analysis of Patterns from the Statement of Cash Flows." *Financial Practice and Education* 3 (Fall 1993), 73-79.

Helfert, Erich A. *Techniques of Financial Analysis*, 11th ed. New York, NY: McGraw-Hill/Irwin, 2004.

Higgins, Robert C. "How Much Growth Can a Firm Afford?" *Financial Management* 6 (Fall 1977), 7-16.

——. "Sustainable Growth under Inflation." *Financial Management* 10 (Autumn 1981), 36-40.

——. *Analysis for Financial Management*, 8th ed. New York, NY: McGraw-Hill/Irwin, 2007.

Moore, Marty. "Cash Flow Management in a Leveraged Environment." *Strategic Finance* (January 2002), 31-33.

Mulford, Charles W., and Eugene E. Comiskey. *Creative Cash Flow Reporting: Uncovering Sustainable Financial Performance*. Hoboken, NJ: John Wiley & Sons, 2005.

Nurnberg, Hugo. "Inconsistencies and Ambiguities in Cash Flow Statements under FASB Statement No. 95." *Accounting Horizons* 7 (June 1993), 60-75.

Plewa, Franklin J., and G. Thomas Friedlob. "New Ways to Analyze Cash Flows." *National Public Accountant* 47 (February/March 2002), 25-30, 43.

Statement of Cash Flows: Understanding and Implementing FASB Statement No. 95. Ernst & Whinney, January 1988.

Van Horne, James C. "Sustainable Growth Modeling." *Journal of Corporate Finance* 1 (Winter 1988), 19-25.

Part Ⅲ of the text's website, *Wachowicz's Web World*, contains links to many finance websites and online articles related to topics covered in this chapter. (http://web.utk.edu/~jwachowi/part3.html)

第4部分
营运资本管理

第8章　营运资本管理概述

第9章　现金和有价证券管理

第10章　应收账款和存货管理

第11章　短期融资

财务管理基础
Fundamentals of Financial Management

第 8 章

营运资本管理概述

内容提要

- 导论
  营运资本的概念・营运资本管理的重要性・获利能力和风险
- 营运资本管理问题
  流动资产的最佳数量（水平）・营运资本的分类
- 流动资产融资：短期融资与长期融资的组合
  对冲（到期日配比）法・短期融资与长期融资
- 债务结构与流动资产决策的组合
  不确定性与安全边际・风险和获利能力
- 小结
- 思考题
- 自测题
- 复习题
- 自测题答案
- 参考文献

学习目的

完成本章学习后，您将能够：

- 解释财务分析人员和会计师对"营运资本"的定义有何区别。
- 了解营运资本管理中的两个基本决策事项，以及上述决策中所涉及的权衡。
- 讨论如何确定流动资产的最佳水平。
- 描述营运资本管理获利能力、流动性和风险间的关系。
- 解释如何根据营运资本的"组成要素"和"时间"（即永久性还是临时性）对其进行分类。
- 介绍融资中的对冲（到期日配比）法以及短期融资和长期融资的优劣势。
- 解释财务经理如何将流动资产决策与债务结构结合在一起。

每一次辉煌的收购都伴随着风险，害怕风险的人终将一无所获。

——皮埃特罗・梅塔斯塔齐奥
（Pietro Metastasio）

导论

营运资本的概念

营运资本有两个主要概念——净营运资本和总营运资本。当会计人员提及营运资本时,通常是指**净营运资本**(net working capital),亦即流动资产与流动负债的差额。它可以用来衡量企业避免出现流动性问题的程度。然而,从管理层的角度看,谈论主动管理流动资产与流动负债的净差额是毫无意义的,尤其是当该差额不断变化时。

而当财务分析人员提及营运资本时,则是指流动资产。因此,他们关注的是**总营运资本**(gross working capital)。由于对财务经理来说,在任何时候为企业提供适量的流动资产都至关重要,因此我们将采用总营运资本的概念。随着有关营运资本管理讨论的展开,我们将探讨企业的流动资产,即现金、有价证券、应收账款和存货的管理,以及为维持这些流动资产而进行的融资活动(尤其是流动负债)的管理。

营运资本管理的重要性

本章和下面三章将讨论的营运资本管理非常重要,原因之一是流动资产在制造企业占总资产的一半以上,而对销售企业来说,这一比例更高。过高的流动资产很容易使企业只能获得较低的投资回报率。然而,如果企业的流动资产过少,又会使企业难以稳定经营,面临营运资本短缺。

对小企业来说,流动负债是外部融资的主要来源。这些企业除了以建筑物作为抵押获得贷款外,基本上无法利用较长期的资本市场。增长迅速且规模较大的企业也利用流动负债融资。由于这些原因,财务经理和财务工作人员在营运资本上会花费大量时间。现金、有价证券、应收账款、应付账款、各类应计项目及其他一些短期融资方式的管理都是财务经理的直接责任,只有存货管理除外。此外,这些管理责任要求不断地进行日常监督。与股利和资本结构决策不同,管理人员不能只是研究问题,作出决策之后先把问题搁置几个月。因此,仅仅从财务经理在营运资本管理上花费的大量时间就能看出其重要性。然而,其重要性更根本的是体现在营运资本决策对企业风险、收益和股价的影响上。

获利能力和风险

良好的营运资本管理建立在企业的两个基本的决策问题上,这两个决策问题是:
- 流动资产的最佳投资水平;
- 为维持这一流动资产水平所需的短期融资和长期融资的相应组合。

上述决策反过来又受到必须在获利能力和风险间进行的权衡的影响。降低流动资产投资水平而不影响企业的销售,将提高企业的总资产回报率。由于短期融资方式与中长期融资方式相比,直接成本较低,因此短期债务在总负债中的比率越大,企业的获利能力越高。

尽管有时候短期利率会超过长期利率,但一般情况下,短期利率相对较低。即使短期利率较高,也只是暂时性的。从较长的时间看,为长期负债所支付的利息成本会高于不断续借的短期借款的利息成本之和。此外,由于短期负债可以在不需要时随时偿还,可以带来相比长期负债下更高的利润水平。

营运资本管理,供应链可见度

Supply & Demand Chain Executive

营运资本占用的资金超过 1 兆美元。

根据为企业提供咨询的 Hackett 集团的研究结果,美国和欧洲最大的 2000 家公司有超过 1 兆美元的现金被毫无必要地用于营运资本,其形式是客户付款延迟、供应商收款过早以及存货在供应链中流动缓慢。

Hackett 集团报告说,在这项研究中,通过实施最佳方案并实现企业领导者意图维持的营运资本水平,公司每年最多还能节省 420 亿美元的营业成本。

上述营业资本方面的改善合在一起最多能够使公司的净利润增加 11%。Hackett 集团的研究还显示了持续提升股东价值的公司与在营运资本管理方面表现出色的公司之间存在强烈的正相关关系。

这项研究突出了市场领先的公司用来提高其营运资本绩效的一系列最佳实践,如更好地了解客户并主动关注那些对营运资本绩效具有最重要的实质性影响的因素。

Hackett 集团还为公司指出了未来的发展机会,这些公司应当是愿意用更广阔的视野看待供应链运营,与客户、渠道伙伴和供应商合作以实现更出色的需求可见度、存货最优化以及其他运营方面的改善。

Hackett-REL 总裁史蒂芬·佩恩(Stephen Payne)说:"营运资本最优化具有内在的复杂性,因为它涉及组织内部的很多经营流程和很多人。这是一种平衡术,公司必须审慎行事,既要保证营运资本维持在较低的水平又要保证所需的决定性资源来支持产品开发、生产和推出自己的产品以及提供高水平的客户服务。然而,通过营运资本最优化来影响利润是潜力巨大的。"

资料来源:"More than $1 Trillion Seen Unnecessarily Tied Up in Working Capital," *Supply & Demand Chain Executive*(June/July 2006), p. 10. (www.sdcexec.com) © Copyright 2006 by Cygnus Business Media. Used by permission. All rights reserved.

上述关于获利能力的假设建议保持较低的流动资产水平和较高的流动负债比率。这种战略会造成较低的甚至是负的净营运资本水平。然而,在这种战略下,获利能力的提高要以企业风险的增加为代价。这里的风险是指由于企业未能保持足够的流动资产而受到的伤害。这些流动资产具有下列作用:

- 在必要时进行现金支付;
- 维持适当的销售水平(例如,存货用尽)。

本章将探讨与流动资产水平和融资有关的风险及获利能力间的权衡关系。

营运资本管理问题

流动资产的最佳数量(水平)

在确定流动资产的适当数量或水平时,管理层必须考虑获利能力和风险间的权衡关系。为了说明这种权衡关系,假定一家企业拥有固定资产,一年最多可生产 10 万件产品。[①] 假设企业在所考察的期间持续生产,并且有特定的产出水平。对每一个产出水平,企业都可以有很多不同的流动资产水平。这里先假定企业在流动资产水平上有三种选择方案。这些方案的产出与流动资产水平的关系如图 8.1 所示。从图中可以看到,产量越高,为支持该产量(或销量)所需的流动资产投资越多。但它们之间并非线性关系,流动资产以递减的比率随产量增加。之所以会出现这种关系是由于当企业的产出较少时,其对流动资产的利用效率低于产出增加以后。

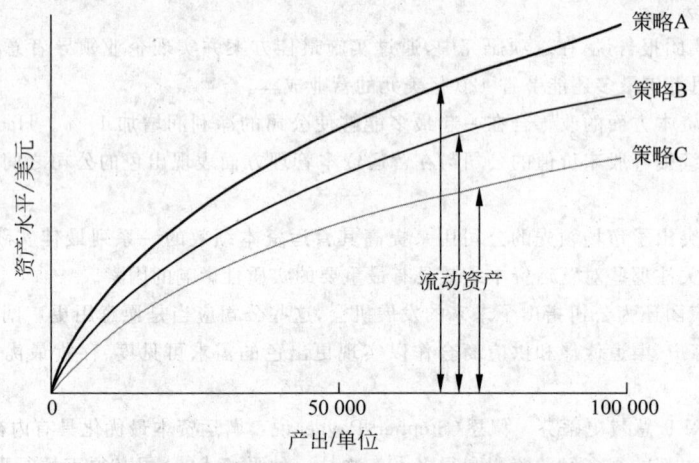

图 8.1　三种流动资产策略下的流动资产水平

如果将流动性等同于"保守性",则策略 A 是三种策略中最保守的。在任何一个产出水平上,策略 A 需要的流动资产都高于其他两种策略。在其他条件相同时,企业的流动资产水平越高,其流动性越强。策略 A 可被视为给企业提供了所有可想象的流动资产,它相当于从财务上给企业系上了安全带。策略 C 的流动性最低,并可被视为"进取型"。这种"吝啬"的策略仅要求较低水平的现金、有价证券、应收账款和存货。应当记住在每个产出水平上,企业都有一个为维持经营所必需的流动资产最低水平。企业的"吝啬"程度是有极限的。我们可以将上述营运资本策略按流动性排序:

流动性	高 ←		→ 低
	策略 A	策略 B	策略 C

---

① 这里假设企业的固定资产数额不变,这实际上是一个很合理的假设。企业的固定资产通常由其生产规模决定。固定资产购置之后,将不再随产出水平变动(至少短期如此)。

虽然很明显,策略 A 具有最高的流动性,但如果我们关注的是预期获利能力,则这三种策略又会如何排序呢?为了回答这个问题,需要将我们所熟悉的投资回报率(ROI)公式稍作调整:

$$ROI = \frac{净利润}{总资产} = \frac{净利润}{(现金+应收账款+存货)+固定资产}$$

从上式可以看到,减少流动资产持有量(例如从策略 A 转向策略 C)将增加潜在的获利能力。如果我们能减少企业的流动资产投资同时维持适当的产出和销售,则投资回报率将提高。较低水平的现金、应收账款和存货将使公式中的分母变小;而作为分子的净利润将大致保持不变,甚至可能增加。因此,在用投资回报率衡量时,策略 C 能提供最高的潜在获利能力。

然而,从策略 A 转向策略 C 除了将增加获利能力,还会造成其他影响。现金的减少将降低企业清偿到期债务的能力。通过采取更严格的信用条件和销售政策来降低应收账款可能会造成客户的流失和销售量的下降。存货的减少也可能由于存货短缺而造成销售机会的丧失。因此,富有进取性的营运资本策略将导致风险增加。很明显,策略 C 是风险最高的营运资本策略。它也是强调获利能力胜于流动性的一种策略。简而言之,可作出如下概括:

	高 ←——————→ 低		
流动性	策略 A	策略 B	策略 C
获利能力	策略 C	策略 B	策略 A
风险	策略 C	策略 B	策略 A

有趣的是,我们关于营运资本策略的讨论刚好阐述了融资活动中两个最基本的原理:

1. 获利能力与流动性呈反向变动关系。请注意我们的营运资本策略中,流动性的排序刚好与获利能力的排序相反。流动性的提高通常要以获利能力的降低为代价。

2. 获利能力与风险同向变动(即在风险和收益间有个权衡问题)。为了追求更高的获利能力,必须准备承受更高的风险。请注意我们的营运资本策略中,获利能力与风险的排序是一致的。也可以说风险与收益是相伴随的。

每项流动资产(现金、有价证券、应收账款和存货)的最佳水平最终将取决于管理层对获利能力与风险间权衡关系的态度。接下来,我们仍将仅讨论一般性的问题。后面几章将在考虑获利能力和风险的基础上,更具体地讨论这些资产的最佳水平。

营运资本的分类

在将注意力转向营运资本的融资方式前,有必要先对营运资本进行分类。由于我们已经将营运资本定义为流动资产,它可按照下列标准分类:

- 组成要素:如现金、有价证券、应收账款和存货(以后几章将讨论这些组成要素);
- 时间:划分为永久性的或临时性的。

由于营运资本的各组成要素都很易于理解,以下仅对按时间分类做些解释。企业的**永久性营运资本**(permanent working capital)是指满足企业对流动资产的长期最低需要的那部分流动资产,也可以称其为"框架"营运资本。**临时性营运资本**(temporary working capital)则是指随季节性需求而变化的那部分流动资产。图 8.2 反映了企业营运资本需求随时间变化而变化,并突出了这些需求的临时性和永久性特征。

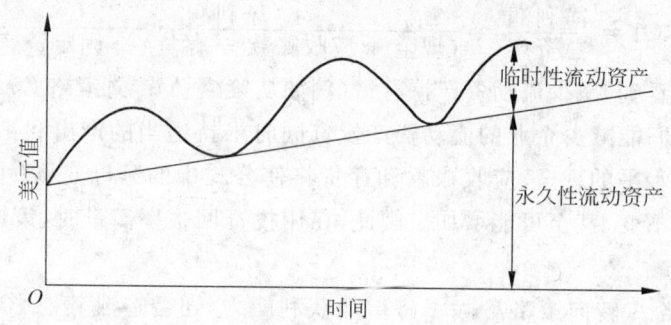

图 8.2　一段时期的营运资本需求量变动

永久性营运资本在两个重要方面与企业的固定资产很相似。第一,尽管融资购入的资产被称为"流动"资产,但投资的金额是长期性的。第二,对一家处于成长中的企业来说,所需的永久性营运资本水平会逐渐增加,正如其固定资产水平也会逐渐增加一样。然而,永久性营运资本在一个很重要的方面不同于固定资产,即它在不断变化。取一盒红油漆将企业的某些固定资产(如厂房和设备)刷成红色。一个月后,你会发现它们仍在原地,而且仍是红色的。但是如果你将企业的现金、应收账款、应收票据和存货刷成红色,一个月后你可能会发现有些还是红色的,但其余大部分已经被未刷红油漆的新的流动资产换掉了。因此,永久性营运资本并不是指永久性停留在原地的特定流动资产,而是其中的具体对象不断轮换的永久性流动资产投资水平。换个角度看,永久性营运资本类似退潮后你在海湾中看到的海水的水平面。

与永久性营运资本一样,临时性营运资本也是由形式不断变化的流动资产组成的。但是,由于在企业的总资产中这部分流动资产的需求是季节性的,我们可以从季节性或临时性的来源为这些流动资产融资。下面将介绍如何进行流动资产融资。

 ## 流动资产融资:短期融资与长期融资的组合

公司的资产融资涉及风险和获利能力的权衡。为便于分析,我们首先假定公司在采购、劳工、税收及其他费用方面有既定的支付政策。因此,流动负债中包含的应付账款和应计项目并非积极的决策变量。① 这些流动负债将被视为**自然融资**(spontaneous financing),第 11 章将专门对其进行探讨。它们为企业融通了一部分流动资产并会随企业产出水平波动,其中的应计税款随利润波动。随着基础性的流动资产投资的增加,应付账款和应计费用通常也会增加,在某种程度上也起到了为企业融资的作用。下面将关注

---

① 推迟支付应付账款可以是融资活动中的积极决策变量。然而企业对应付账款支付的推迟有一个极限。为简单起见,这里假定企业对付账采取既定的政策,如利用现有的现金折扣,其他所有账单都在信用期末付款。商业信用作为融资手段的介绍见第 11 章。

企业通过自然融资以外的方式获得的资产。这部分融资需求是与扣除自然融资后的净资产投资相联系的。

对冲(到期日配比)法

如果企业采用**对冲(到期日配比)法**(hedging/maturity matching approach)融资,每项资产将与一种跟它的到期日大致相同的融资工具相对应。短期或季节性的流动资产通过短期负债融资;永久性的流动资产和所有固定资产通过长期负债或权益性资本融资。这一政策如图8.3所示。如果资金总需求如图所示,则只有在图上部的短期波动需要用短期负债融资。其原理是,如果长期负债用于短期融资需求,企业即使不再需要这些资金,仍需要为其支付利息。我们可以通过在图8.3中画一条通过季节性波峰的直线来代表长期融资的总额。很明显,当不需要这些季节性资金时,仍将被迫保留这部分融资。如果采用对冲法融资,短期融资的借入与偿还将与扣除自然融资后的预期流动资产波动相一致(再次注意在绘制图8.3时,一部分流动资产是通过应付账款和应计项目融资的,但我们扣除了这部分自然融资和相应数量的流动资产)。

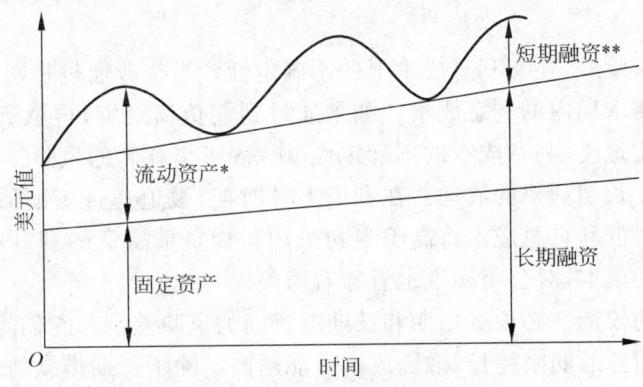

* 减去通过应付账款和应计费用进行的自然融资金额。
** 除了自然融资(应付账款和应计费用)以外。

图8.3 一段时期的融资(及资产)需求:对冲(到期日配比)法融资政策

根据对冲(到期日配比)的融资方法,除了分期偿还长期负债以外,企业处于如图8.3中所示的季节性资金需求波谷时不应再借入任何流动负债。当企业出现季节性资金需求时,将进行短期借款,并用最近融得的临时性资产减少而释放出来的现金偿还这些借款。例如,圣诞销售旺季出现的季节性存货(和应收账款)的扩张可以通过短期借款融资。随着存货因销售而减少,应收账款将逐渐增加。通过应收账款的收回而带来的现金收入则可用于偿还先前的短期借款。上述所有过程将在几个月内完成。这样一来,融资活动只在需要的时候进行。这种满足季节性需求的借款将遵循自我清偿的原则,也就是说,借款的用途能产生在正常经营活动中偿还借款的资金(实际上,我们刚才描述的就是所谓的"理想银行借款",短期、内在的自我清偿性借款,简称STISL)。永久性资产需求将通过长期负债和权益资本融资。在这种情况下,应当考虑所融通资产的长期获利能力能否弥补长期融资成本。对于处于成长期的企业,永久性融资将随着永久性资产需求的增长而增长。

短期融资与长期融资

虽然在确定性条件下,将企业的未来净现金流时间表与企业的债务支付时间表进行精确的配比是适当的,但在存在不确定性的条件下,则通常不太合适。由于企业存在经营风险,净现金流通常会与期望现金流不一致,因此在进行风险—获利能力权衡时,债务的期限结构将显得非常重要。问题是为了防止现金流的不利波动,应在期限结构上建立怎样的安全边际?这取决于管理层对待风险与获利能力间的权衡的态度。

相关风险 通常企业的债务到期日越短,企业不能偿还债务本金和利息的风险就越大。假设一家公司通过短期借款修建一座新厂房,厂房在短期内的现金流将不足以偿还借款。其结果是,该公司将承担债务到期时债权人拒绝对该笔借款展期(续借)的风险。如果当初对该厂房采用长期融资方式,则可降低这种再融资风险,因为预期的长期未来现金流足以逐期偿还这笔债务。因此将短期借款用于长期资产将使企业承担无法续借的风险。如果该公司经营出现困难,债权人会认为续借风险太高,将要求该公司立即偿还借款。这将导致企业紧缩开支,也可能出售资产以获取现金,甚至可能宣告破产。

除了再融资风险外,还有利息成本上的不确定性。当企业通过长期负债融资时,它能确切知道在资金需求期内的利息成本。如果通过到期负债融资,再融资的利息成本将变得不确定。更现实地说,利息成本的不确定性就代表了借款者的风险。众所周知,短期利率的波动远远高于长期利率的波动。在利率上升时期,被迫通过短期债务再融资的企业为短期债务所支付的利息总成本将高于当初采用长期负债融资的利息成本。因此,不清楚未来短期借款的成本,对公司来说也意味着风险。

风险与成本的权衡 必须将短期和长期融资间的风险差别与它们间的利息成本差别进行权衡。企业债务的期限越长,融资成本可能越高。除了长期借款的成本通常较高外,企业还有可能在不需要资金的时候仍为它们支付利息。因此用短期融资来满足资金需求可以降低成本。

因此,我们需要在风险与获利能力间进行权衡。如前所述,通常短期负债的风险高于长期负债的风险,但前者的成本较低。企业所维持的安全边际可被视为企业的期望净现金流与合同规定的债务偿还之间的时差。这一安全边际将取决于管理层的风险偏好。而管理层有关企业债务的期限结构的决策又将决定流动资产通过流动负债融资的比例和通过长期负债融资的比例。

考虑到安全边际,管理层需要针对短期融资和长期融资的比例作出决策(如图 8.4 所示)。从图中可见,企业对扣除应付账款和应计费用后的预期季节性资金需求的一部分采用了长期融资方式。如果期望净现金流正如预测那样发生了,企业在季节性波谷期间为额外的债务(图 8.4 中阴影部分)支付利息,而此时并不需要这部分资金。极端的情况是,高峰期资金需求也都通过长期方式融资,正如我们在图 8.4 中沿季节性波峰画一条长期融资曲线。长期融资曲线的位置越高,企业的融资政策越保守,融资成本也越高。

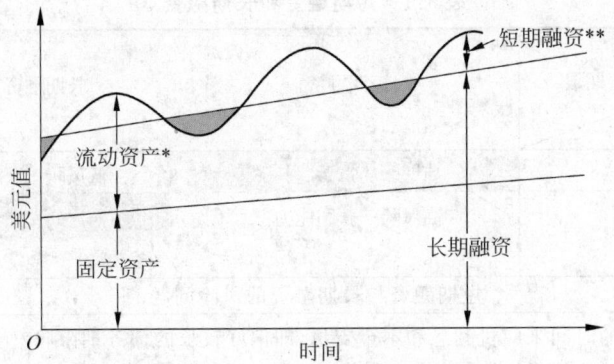

*减去通过应付账款和应计费用得到的自然融资金额。
**除自然融资(应付账款和应计费用)以外。

图 8.4 一段期间的融资(及资产)需求：保守型融资政策

与保守(期限较长)的融资政策相对的是较为进取的融资政策(如图 8.5 所示)。这里安全边际为负。企业用短期负债为部分永久性流动资产融资。[①] 结果企业必须在这些债

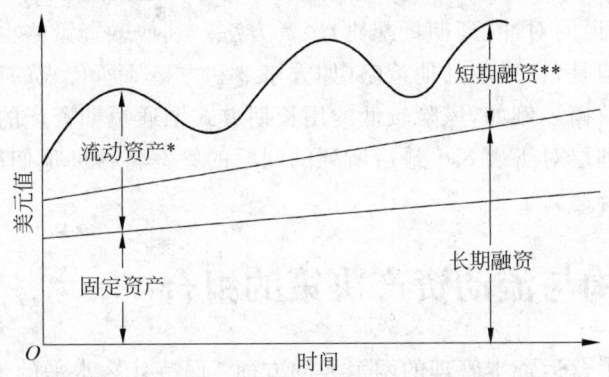

*减去通过应付账款和应计费用得到的自然融资金额。
**除自然融资(应付账款和应计费用)以外。

图 8.5 一段期间的融资(及资产)需求：进取型融资政策

务到期时进行再融资,这包含了一定的风险。用短期负债融通的永久性流动资产比例越大,则认为这种融资的进取性越强。因此,与企业的短期和长期融资组合政策相联系的安全边际可以为正、负或零。如图 8.3 所示的对冲政策中,安全边际即为零。

如前所述,企业也可以通过增加流动资产来维持一个安全边际。这样一来,企业可以通过延长债务的期限或持有更多的到期资产(流动资产)来降低丧失偿债能力的风险。我们在后面将讨论这两方面相互依赖的关系,但在此之前,先看一下表 8.1。

---

① 小公司通常被迫用短期负债来融通一部分永久性资产,这是因为它们很难吸收到长期负债融资。这通常表现为利用银行的信贷额度,不断续借。有关成长型小公司所面临的特殊财务问题,请参见 Jerry A. Viscione,"How Long Should You Borrow Short Term?" *Harvard Business Review* (March-April 1986),20-24。

表 8.1 短期融资和长期融资

融资期限 资产期限(寿命)	短期融资	长期融资
短期(临时性)	1 适度的风险—获利能力	2 低风险—获利能力
长期(永久性)	4 高风险—获利能力	3 适度的风险—获利能力

短期融资与长期融资的风险问题

计划：我们需要更多的时间来应付利息和本金支付,即偏好较长的债务期限吗？
再融资：当我们需要时能续借短期借款吗？
成本：目前的成本加上预期将来不断续借的短期借款成本低于预期的长期融资成本吗？

表 8.1 对前面关于风险和获利能力的权衡的短期与长期融资方式的讨论做了总结。如表所示,短期性或临时性资产需求通过短期方式融资(方格 1)与长期性或永久性资产需求通过长期方式融资(方格 3)的融资政策将构成一组适度的风险—获利能力组合策略,这也就是我们所说的对冲(到期日配比)融资方法。其他融资策略也可能是可行的,不一定就是错误的。但是,在采用其他策略(如方格 2 和方格 4 所代表的策略)时,必须在所得与所失之间进行权衡。例如,风险较低的用长期方式融通短期资产的策略,将以利润的减少作为代价。管理层对于表 8.1 最后所列的问题的答案将帮助他们决定选用哪种策略(以及何时实施)最合适。

 ## 债务结构与流动资产决策的组合

前面几节考察了营运资本管理的两个大的方面：保持什么水平的流动资产以及如何进行流动资产融资。这两个方面是相互依存的。在其他条件均相同的情况下,采取保守的融资政策从而维持较高水平的流动资产的企业,与采取进取型融资政策从而流动资产水平较低的企业相比,应当更有把握成功地运用短期借款。另一方面,全部用权益资本融通其流动资产的企业,在需要维持较低的流动资产水平时,可以采用较为进取的措施而又不致风险太高。由于营运资本管理的这两个方面相互依存,因此应当将其结合起来考虑。

不确定性与安全边际

如果企业确切地知道未来的销售量、应收账款回收情况和生产情况,就可以将债务的到期日与企业未来的净现金流准确地对应起来。这样一来,利润可以最大化,因为企业不必持有多余的(或相对收益较低的)流动资产,也不必进行并非绝对必要的长期融资。但是如果销售及其带来的现金流受不确定性因素影响,情况将发生改变。可能的净现金流的概率分布越分散,管理层希望保持的安全边际越高。

首先假定企业不能立即获得借款以应付意外现金流出。结果是企业只能通过两个途径来保持安全边际：(1)增加流动资产水平(尤其是现金和有价证券)；(2)延长融资方式的期限。这两个方法都会影响获利能力。首先,资金被用于收益率相对较低的资产。其次,企业可能在不需要这些资金时仍为其支付利息。此外,长期负债的期望利息高于短期负债。

风险和获利能力

确定一个适当的安全边际将取决于对风险和获利能力的考虑,以及管理层对承担风险的态度。每种方案(提高清偿能力、延长期限,或这两者的组合)都会在一定程度上影响企业的获利能力。如果愿意承担的风险水平既定,管理层就可以决定哪种方案的成本最小,进而实施该方案。另一方面,管理层也可以在不同的风险水平上确定成本最小的方案。这样管理层在确定安全边际时就可以基于成本分析确定其愿意承担的风险水平。这种风险水平有可能与股东财富最大化目标相一致。

如果企业能在情况急迫时借到资金,则需要对前面的分析做些修正。企业在短期内取得借款的能力越强,它用前述方法保持一个安全边际的需求就越低。某些公司能够通过安排授信额度或循环贷款协定从而在短时间内获得贷款。[①] 如果公司能够利用这类协定,它必须比较这类协定与其他方案的成本。当然,企业在短时间内能取得的借款是有限的。因此企业仍需要在本章所讨论的相关因素的基础上,保持一定的安全边际。

小结

- 营运资本有两个主要概念,即净营运资本(流动资产减流动负债)和总营运资产(流动资产)。
- 在融资问题上,营运资本和流动资产是同义词。营运资本管理是指企业的流动资产管理以及维持这些流动资产所需进行的融资活动(尤其是流动负债)的管理。
- 在确定流动资产的适当数量和水平时,管理层必须在获利能力与风险间进行权衡。在其他条件都相同时,企业的流动资产水平越高,其清偿能力越强。较强的清偿能力意味着较低的风险,但也意味着较低的获利能力。在营运资本管理中,融资活动有两条最基本的原理:
  (1) 获利能力与清偿能力呈反方向变化;
  (2) 获利能力与风险同向变动。
- 我们可以根据组成要素对营运资本进行分类——现金、有价证券、应收账款和存货。此外,营运资本也可以按时间划分为永久性的和临时性的。永久性营运资本是指满足企业长期最大需求的那部分流动资产。而临时性营运资本则是指企业季节性需求的那部分流动资产。
- 如果企业采用对冲(到期日配比)法融资,每项资产都将与一项与其到期日大致相同的融资工具相对应。企业的短期或季节性流动资产将通过短期负债融资。流动资产的永久性部分与所有固定资产都将通过长期负债或权益资本融资。

---

① 关于这些方法的讨论见第11章。

- 通常,企业融资方案的到期日安排越长,这种融资方案的风险越低。然而,到期日安排长的融资方案的成本可能也更高。其结果是我们必须再次在风险与衡量能力间进行权衡。
- 营运资本管理的两个关键方面,即保持什么样的流动资产水平以及如何进行流动资产融资,是相互依存的。由于它们之间的相互依存关系,必须将这两个方面结合起来考虑。

思考题

1. 营运资本管理包括哪些内容?涉及哪些功能性决策?什么基本原理或权衡关系会影响决策?
2. 某企业就其所保持的流动资产水平来说,采取的是"进取型"营运资本政策(在每个可能的产出水平上都保持较低的流动资产水平)。该企业决定转而采取更为"保守"的营运资本政策。请问这一决策会对企业的获利能力和风险产生什么影响?
3. 公用事业单位的流动资产占总资产的10%左右,零售业的流动资产占总资产的60%左右。请解释行业特征对这种差别的影响。
4. 区分临时性和永久性营运资本。
5. 如果企业采用对冲(到期日配比)法融资,它应如何融通其流动资产?
6. 一些企业采用短期负债(商业票据和短期票据)融通其永久性营运资本。说明该决策对企业的获利能力和风险的影响。
7. 假设某企业用长期资金融通其季节性(临时性)流动资产。这一决策对企业的获利能力和风险有何影响?
8. 通常假定,随着流动资产水平的提高,与流动资产有关的风险会降低。这一假定是否在所有流动资产水平上都成立,尤其是当企业维持着一个过高的流动资产水平时?
9. 有时候长期利率会低于短期利率,但本章的讨论认为长期融资的成本更高。如果长期利率比短期利率低,则企业是否应对其所有资产都使用长期负债融资?
10. 企业负债的到期日缩短将对企业的风险有何影响?为什么增加企业资产的流动性可以降低这种风险?
11. 保持过高的营运资本水平的成本是什么?如果营运资本的水平过低,其成本又是什么?
12. 如何在营运资本管理中维持一个安全边际?

自测题

Zzzz Worst公司目前的资产总额为320万美元,其中流动资产为20万美元。该公司每年的销售收入为1000万美元,税前净利率(公司目前没有利息负担)为12%。假定该公司担心债务续借会带来清偿困难,并且它目前执行的信用政策过于严格,存货在近期也可能出现短缺,公司决定保持更高水平的流动资产来缓解可能出现的困境。公司准备将流动资产从目前的 20 万美元提高到 50 万美元或 80 万美元,而增加的部分将通过权益资本融资。

(1) 在三种流动资产方案下分别确定总资产周转率、税前投资回报率和税前净利率。

(2) 如果增加部分的流动资产通过 15% 的利率进行长期负债融资,所考虑的两种方案的税前利息成本各是多少?

复习题

1. Anderson 公司(所有资产都用权益资本融资)的销售收入为 28 万美元,息税前利润率为 10%。为维持这一销售水平,该公司保持的固定资产投资为 10 万美元,目前其流动资产为 5 万美元。

(1) 确定该公司的总资产周转率并计算其税前总资产收益率。

(2) 如果该公司的流动资产水平从 1 万美元开始,每次增加 1.5 万美元,直至增加到 10 万美元,请计算在各个流动资产水平上公司的税前资产收益率。

(3) 题(2)中对销售做了什么隐含假设?请评价该假设在选定使总资产收益率最大的流动资产水平中的重要意义。

2. Malkiel 公司对其三年的资产投资作出如下表所示的计划。该公司发现应付账款和应计项目将占流动资产的 1/3。该公司目前有 5000 万美元的权益资本,其余资金都通过长期负债融资。每季度的留存收益为 100 万美元。

百万美元

日　　期	固定资产	流动资产
×1 年 3 月 31 日(现在)	50	21
×1 年 6 月 30 日	51	30
×1 年 9 月 30 日	52	25
×1 年 12 月 31 日	53	21
×2 年 3 月 31 日	54	22
×2 年 6 月 30 日	55	31
×2 年 9 月 30 日	56	26
×2 年 12 月 31 日	57	22
×3 年 3 月 31 日	58	23
×3 年 6 月 30 日	59	32
×3 年 9 月 30 日	60	27
×3 年 12 月 31 日	61	23

(1) 请绘制:①固定资产和②总资产(减去通过应付账款和应计项目获得的自然融资部分)的时间趋势图。

(2) 假设使用对冲(到期日配比)法融资,请设计一个融资计划。

3. Mendez Metal Specialties 公司的经营具有季节性。它可以从中央银行按高于优惠利率 1% 的利率进行信贷限额借款。该公司目前的总资产需求(年末)和预期下一年的资产需求如下所示:

	现在	第1季度	第2季度	第3季度	第4季度
					百万美元
总资产需求	4.5	4.8	5.5	5.9	5.0

假设这些资产需求代表了整个季节的水平。目前该公司的权益资本加上长期负债和流动负债中的永久性部分,共计 450 万美元,这一金额本年度将保持不变。

目前的优惠利率为 11%,而且公司预计该利率在下一年也不会改变。该公司还在考虑用 13.5% 的利率发行中期债券,其金额有三种方案供选择:0 美元、50 万美元和 100 万美元,其余的资金将通过信贷限额借款筹集。

(1) 确定下一年在每种方案下短期和中期借款的总成本(假设除借款外,流动负债不变)。哪种方案的成本最低?

(2) 除了预期成本外,还需要考虑哪些因素?

自测题答案

(1)

	方案		
	现状	2	3
销售收入/百万美元	10.0	10.0	10.0
EBIT/百万美元	1.2	1.2	1.2
总资产/百万美元	3.2	3.5	3.8
总资产周转率	3.125	2.857	2.632
税前资产收益率/%	37.5	34.3	32.6
税前净利率/%	12.0	12.0	12.0

无论企业的流动性政策如何,其税前净利率均不变,销售收入和息税前盈余(EBIT)也不变。

(2)

	方案	
		美元
	2	3
增加的负债	300 000	600 000
增加的利息	45 000	90 000

增加流动资产的融资成本可以被现金投资于有价证券所能获得的收益缩减。更宽松的信用条件也会促进销售和利润的增加。隐含的成本包括由于公司用负债融通其增加的流动资产而将丧失的一部分负债能力。

参考文献

Gamble, Richard H. "The Long and Short of Debt." *Business Finance* 8(October 2002), 25-28.

Maness, Terry S., and John T. Zietlow. *Short-Term Financial Management*, 3rd ed. Cincinnati, OH: South-Western, 2005.

Morris, James R. "The Role of Cash Balances in Firm Valuation." *Journal of Financial and Quantitative Analysis* 18 (December 1983), 533-546.

Petty, J. William, and David F. Scott. "The Analysis of Corporate Liquidity." *Journal of Economics and Business* 32(Spring-Summer 1980), 206-218.

Sartoris, William L., and Ned C. Hill. "A Generalized Cash Flow Approach to Short-Term Financial Decisions." *Journal of Finance* 38(May 1983), 349-360.

Van Horne, James C. "A Risk-Return Analysis of a Firm's Working-Capital Position." *Engineering Economist* 14(Winter 1969), 71-89.

Viscione, Jerry A. "How Long Should You Borrow Short Term?" *Harvard Business Review* (March-April 1986), 20-24.

Walker, Ernest W. "Towards a Theory of Working Capital." *Engineering Economist* 9(January-February 1964), 21-35.

Part IV of the text's website, *Wachowicz's Web World*, contains links to many finance websites and online articles related to topics covered in this chapter. (http://web.utk.edu/~jwachowi/part4.html)

第 9 章

现金和有价证券管理

内容提要

- 持有现金的动机
- 加速现金回收
  收款・收款的改良方式・集中银行制
- 推迟现金支付
  利用浮账量・支付控制・远程支付和限额支付
- 电子商务
  电子数据交换・电子数据交换的优点和成本
- 外包
- 应维持的现金余额
  补偿性余额和费用
- 有价证券投资
  有价证券投资组合：三个组成部分・有价证券选择的考虑因素・普通货币市场工具・有价证券投资组合各部分的证券选择
- 小结
- 思考题
- 自测题
- 复习题
- 自测题答案
- 参考文献

学习目的

完成本章学习后，您将能够：

- 列出并解释持有现金的动机。
- 了解有效现金管理的目的。
- 介绍加速现金回收以及控制现金支出的各种方法。
- 区分远程支付和限额支付，并探讨与这两种方法相关的道德问题。
- 讨论电子数据交换（EDI）和外包与公司现金回收和支付的关系分别是怎样的。
- 识别应当在购买有价证券前考虑的关键变量。
- 定义有价证券投资组合经理在投资时应考虑的最通用的货币市场工具。
- 描述有价证券投资组合的三个组成部分，并指出对各组成部分而言哪些证券最适宜，原因何在。

> 金钱好比粪肥，只有撒到大地才是有用之物。
>
> ——弗朗西斯・培根（Francis Bacon）

第8章主要讨论了企业的最佳流动资产水平。通过对获利能力和风险的权衡,我们通常能够确定企业应当保持的流动资产的适当水平。虽然企业的流动资产总水平已经确定了,但还有其他问题尚待解决。应持有多少现金?应持有多少有价证券?下面将讨论这些问题。我们还将介绍提高现金管理效率和进行有价证券投资的方法。

持有现金的动机

约翰·梅纳德·凯恩斯(John Maynard Keynes)认为个人持有现金是出于三种动机。① 凯恩斯将这三种动机分别称为:交易性动机、投机性动机和谨慎性动机。将他所强调的重点从"个人"移开,可以用下面三种分类来描述公司持有现金的动机。

- 交易性动机:应付企业日常经营产生的现金支付,如采购、工资、税款和股利。
- 投机性动机:利用短期获利的机会,如某种原材料的价格突然下跌。
- 谨慎性动机:为意外现金需求提供缓冲。企业的现金流入量和流出量越确定,出于谨慎性动机所持有的现金量就可以越少。较强的应付紧急现金外流的借款能力也可以减少对这类现金余额的需求。

必须指出,并非企业的所有现金需求都只有通过持有现金才能满足。实际上,企业的一部分现金需求可以通过持有有价证券(现金等价物)来满足。绝大多数企业也并没有为了投机性动机持有现金。因此,我们将只关注企业的交易性动机和谨慎性动机,这两类现金需求将通过持有现金和有价证券来满足。

现金管理包括有效收款、付款和短期性的现金投资。公司的财务部门通常要对现金管理系统承担责任。现金预算是现金管理过程的一个工具(参见第7章),它告诉我们何时可能有现金,可能有多少现金以及能持有多久。因此,现金预算可以作为现金预测和控制的基础。除现金预算外,企业还需要关于现金的系统性信息以及某些控制系统(见图9.1)。对于大企业来说,相关信息都是由计算机处理的。有必要获取经常性的,通常是每日的,关于企业各银行账户现金余额、现金支付、平均每日余额、有价证券状况及其变动的详细资料的报告。与预期的主要现金收入和支付有关的信息也很有用处。如果一家企业想有效率地管理现金,既维持安全而方便的现金持有量,又获取合理

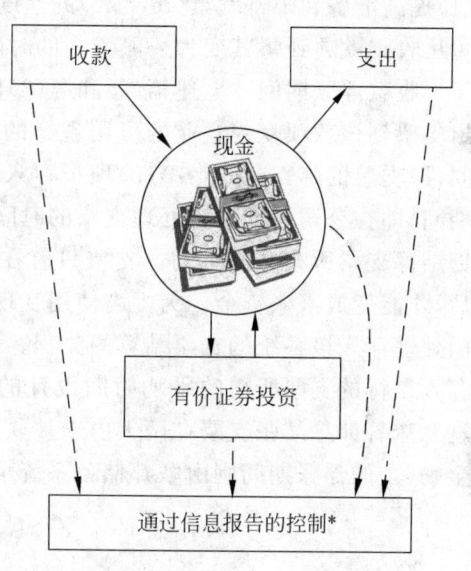

*借助于及时的信息报告,企业可以通过适当的收入、支出、现金余额和有价证券投资管理获得大量收入。

图9.1 现金管理系统

---
① John Maynard Keynes, *The General Theory of Employment, Interest, and Money* (New York: Harcourt Brace Jovanovich, 1936), pp. 170-174.

的短期性现金投资收入,则这些信息极为关键。

 ## 加速现金回收

企业用来提高现金管理效率的各种收款和付款方法构成一个整体。它们对企业现金管理的总体效率产生综合影响。通常认为,企业将通过加速现金回收和推迟现金支付而获益。企业希望加速收回应收账款,从而可以更早地使用资金。与此相反,企业希望在不损害在供货商眼里的信用的前提下尽量推迟支付应付账款,从而充分利用手中现有的资金。今天,绝大多数具有一定规模的公司都使用非常复杂的技术来加速应收账款的回收,并严格控制现金的支付。下面就来看看它们是怎么做的。

收款

首先考察如何加速收款,这包括从企业产品或劳务的售出直到从客户处收回款项,使其成为企业的可用资金的各个步骤。加速收款可以通过采用下列一种或几种方法实现:(1)提高准备和邮寄**发票**(invoice)的速度;(2)加快从客户到企业的款项邮寄速度;(3)缩短从收到款项到将其变为入账资金的时间。

收款浮账期间　上述第(2)和第(3)项合在一起,表示的是收款浮账期间,即从客户寄出支票到该款项变为企业的可用现金的总时间(见图 9.2)。第(2)项本身指邮寄浮账期间,即支票的邮寄时间。第(3)项指存入浮账时间,包括两个部分:第一部分是加工浮账期间,即在公司内部加工处理支票的时间;第二部分是变现浮账期间,包括在银行系统内部结算支票所花费的时间。支票只有在被提交给付款方开户银行并由该银行实际支付后,才能变成入账资金。为提高使用变现的效率,美国联邦储备系统(FRS)建立了一套专门处理存入该系统的支票结算的流程。该流程是根据在美国某地的联邦储备银行中结算存入该行的支票所需的平均时间设计的。对商业账户来说,支票抵用最多被推迟两天。这意味着如果某张支票在两天内未被联邦储备系统结算,它也能成为收款企业的入账资金,其余的浮账期间则由联邦储备系统承担。

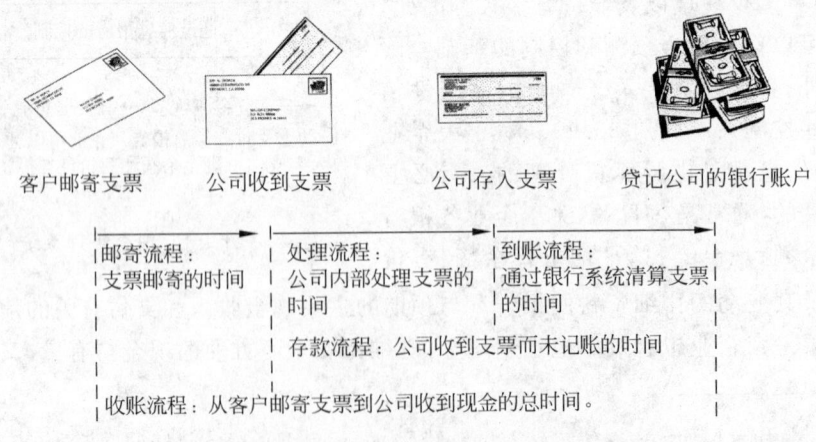

图 9.2　收账流程及其要素的时间轴解释

由于公司必须等到银行系统最终结算了客户寄出的支票后才能使用这笔资金,因此收款浮账期间对财务经理来说非常重要。由于这一措施的目的是将客户寄出的支票尽快变成现金,财务经理希望尽量缩短收款浮账期间。下面介绍加速收款以获得更多可用资金的各种方法。

尽早寄发票 加速应收账款回收的一个显而易见但最容易被忽略的方法就是尽早把发票送给客户。客户有不同的支付习惯,有些客户喜欢在折扣日或最后到期日付款,也有些客户在收到发票后立即付款。由于较早收到发票会使折扣日和最后到期日提前,因此较快地寄出发票会促使客户更快地付款。这一发票处理过程可以由计算机完成。此外,有些公司发现将发票附在发出的商品中、用传真发送发票或干脆直接要求提前付款都是行之有效的方法。

如果使用**授信转拨**(preauthorized debit)的方式,可以彻底省掉开发票的过程。使用该方法时,客户与企业签订协议,允许企业在某个特定的日期直接从客户的银行账户将资金转拨到企业的银行存款账户中。保险费和抵押付款通常采用这种方式,因为它们都是定期发生一笔固定费用。

银行存款箱制度 在美国,加快收取汇款的一个重要工具是**银行存款箱**(lockbox)。公司在当地邮局租赁一个邮箱,并授权自己的开户行用该邮箱收取汇款。客户收到发票并被告知将款项汇到该存款箱。公司的开户行每天分几次去收取邮件,并将支票直接存入该公司的银行存款账户。银行对支票进行记录并结算。公司将收到一张存款单和付款清单,以及客户附在信封内的各种资料。这一制度的优点是支票在会计处理和加工程序之前而不是之后被存入银行。简而言之,银行存款箱制度消除了加工浮账期间(公司收到汇款到将该款项存入银行的时间)。今天,由于现代科技的发展,银行存款箱制度还得以从信息处理效率的提高以及信息流的自动化处理中获益。

许多企业有多个收款地点,从而形成存款箱网络。凭借银行存款箱网络,将存款箱放在接近客户邮寄场所的地点,可以缩短邮寄浮账期间和变现浮账期间。这种银行存款箱设立方法通常是地区性的,由公司根据自己开发票的方式选择这种地区性银行。在选择适用地区和收款地点的数量前,应对采用其他方案时可能存储的支票数量进行可行性研究。通常,最好的收款地点是空中交通便利的大城市,因为绝大部分支票是通过航空方式邮寄的。

支票在箱子里

美国的大银行提供存款箱服务,这是其更广阔的现金管理战略的一个部分。

加拿大公司中只有一小部分完全在国内销售和经营。在那些出口产品和服务的加拿大公司中,很多公司日常用到的货币是美元而不是加拿大元。这些公司在财务报告中可能使用的是加拿大元,但其功能性货币却是美元。

> 这促使越来越多的加拿大公司与跨国银行合作,享受美国的现金管理解决方案,尤其是通过存款箱服务处理收到的支票。这些公司需要了解加拿大与美国的支票清算系统之间存在的差异。与提供当日清算的加拿大系统不同,美国系统十分复杂,12个联邦储备地区的15 000多家金融机构意味着支票的清算时间表并不是固定的。由于银行和管辖权的不同,资金可能很快就可获得也可能要等上3天之久。
>
> 成功的存款箱战略有两个组成部分:地理位置和成本有效性。
>
> "银行存款箱的位置一定要靠近公司客户的所在地,这样一来,当客户将支票投入邮箱后,支票能够被尽快送到存款箱。"花旗集团公司与投资银行全球应收款部门的负责人纳撒尼尔·奥伦斯(Nathaniel Orens)说:"拥有众多存款箱处理设施的美国大银行可以提供邮件在途时间分析,将支票的投递地点与存款箱地点进行匹配,从而找出节省邮件在途时间的方案。"
>
> 虽然支票在历史上一直是美国最主要的支付方式,银行业近期正在致力于在清算过程中从以纸质为基础转变为以电子方式为基础,从而加快处理速度并降低成本。例如,在应收账款分录(ARC)的NACHA规则下,递交存款箱或收件箱等应收账款所在地的客户支票在预先通知客户的情况下可以兑换为ACH借项。ARC用于客户账单支付。Check 21则是一项国会修正案,它赋予纸质替代支票与原始纸质支票同等的法律效力(参见"The cheque stops here",*Canadian Treasurer*,April 2005)。ARC和Check 21都旨在加速支票结算进度以及降低在各银行间实际运送支票的成本。
>
> 银行正在推出利用上述创新方式的新兴服务。例如,Check 21问世后,加拿大的公司可以在自己的办公室里用台式扫描设备扫描来自美国的支票,然后将电子文档传送给美国的银行,而美国的银行将采用电子方式对交易进行清算。加拿大的公司在加拿大收到的支票再也不用被寄送到美国就可以结算了,这彻底解决了邮件在途时间问题。
>
> 公司设置好了用来处理应收账款的存款箱后,下一步就是确保所收到的电汇或ACH等其他支付方式的效率。最后一步是确保将关于应收账款的信息合并在一起并以纸质或电子方式传递给自己,这样一来,无论客户选择以什么方式支付,公司所管理的应收账款流都是唯一的。
>
> 资料来源:改编自Debra Yergen,"The Check's in the Box,"*Canadian Treasurer* 21(December 2005/Janurary 2006),pp. 14-15. (www.tmac.ca)Used by permission. All rights reserved.

银行存款箱制度的主要优点是,与支票先经过公司处理再存入银行相比,它使支票更快地存入银行并成为入账资金。它的主要缺点是成本。由于银行除了进行通常的支票结算外,还提供很多服务,因此要求公司对这些服务提供补偿。此外,由于这种成本几乎直接与支票数量成比例,如果平均汇款金额较小,则银行存款箱制度对企业而言几乎是无利可图的。

除了传统的存款箱业务,银行还可以为企业提供接收电子汇款的**电子存款箱**(electronic lockbox)服务。(如果企业愿意)银行将把传统存款箱和电子存款箱的报告合在一起。

决定是否采用银行存款箱制度的适当准则很简单,就是将这种有效率的制度所增加的成本与更快地获得可用资金所带来的边际收入进行比较。如果成本低于收入,则该制度是有利可图的;如果成本高于收入,则该制度不值得采纳。该制度的获利程度主要取决于客户的地理分散程度、汇款的平均规模和所释放出来的资金的收益率。

收款的改良方式

随着收款方式的逐渐演进,对于更快捷、成本更低廉的收款方式的探寻使得人们开始关注在整个收款流程中全程流转的原始纸质支票的替代形式。终极的形式可能是彻底废除纸质支票,不过美国目前则致力于让基于纸质支票的体系更加有效率、更节约成本。

应收账款兑换(ARC) 2002年问世以来,**应收账款转换**(accounts receivable conversion, ARC)技术使得投递到存款箱或其他收款地点的支票能够转换为自动清算所(Automated Clearing House, ACH)借项。转换为自动清算所借项的款项不再是支票。这些款项通过自动清算所的基础设施以电子方式清算,作为ACH项目报告。原始的纸质支票在转换后即行销毁。这种做法通过消除常规的纸质支票清算流程中支票在金融机构之间成本高昂且耗时的实际流转来加速资金的回收。

Check 21及其他 2001年9月11日美国发生恐怖袭击事件之后对航空(和支票运输)造成的影响,凸显了美国基于纸质支票的处理系统存在的严重缺陷。由于支票无法通过航空方式运送,该系统在很多天内几乎陷于停顿状态。这种状况进一步促进了人们对于电子支付和基于图像的处理方式的兴趣。上述因素的共同结果是美国国会最终颁布了《21世纪支票结算法案》(Check 21),于2004年10月28日生效。

Check 21旨在促进美国支付系统的革新并鼓励支票截留(在支付处理流中去掉原始纸质支票)。这项法案通过允许银行将原始支票的数字图像存档、用电子方式处理支票信息以及向那些希望继续接收纸质支票的银行提交"替代支票"来促进支票截留。替代支票具有与原始支票同等的法律效力。替代支票是原始支票正反两面的电子图像的纸质版本,包括所有的背书。

Check 21并不要求银行必须将支票转换成电子图像的形式,但是要求银行接受替代支票作为原始纸质支票的法律等价物。简言之,如今在美国,可以通过处理原始纸质支票、支票的电子图像文档或替代支票的方式清算支票。只有在处理原始纸质支票的情况下纸质支票才需要通过汽车、火车或飞机在金融机构之间运送。因此,Check 21通过省掉原始纸质支票在金融机构之间运送的运输成本,为银行提供了节省时间和金钱的机会。

Check 21逐渐为支票截留扫清了法律上的障碍,甚至是在其抵达银行之前。致力于早期截留的**远程储蓄**(remote deposit capture, RDC)2004年诞生了。RDC允许用户对支票进行扫描,然后将扫描得到的数字支票图像发送到银行用于入账和清算。支票截留的时点如今从银行前移到了企业所在地或存款箱提供商那里。因此,这一服务使得支票能够迅速截留,然后通过电子方式清算。同样,如果需要纸质支票,随时可以生成"替代支票"。

支付方式：变化无穷

BusinessFinance

"时光流转不停歇。"

鲍勃·迪伦（Bob Dylan）在写下上面的歌词时想的肯定不是支付流程，但这句歌词却恰如其分地描述了公司的这项重要职能的不断演变，这一演变的驱动力是法律、技术以及对于效率和控制日益增强的关注。

不断变化的规章制度使得很多纸质支付转变为电子支付。例如，Check 21，这项法律允许替代支票在满足某些要求的前提下享有与原始纸质支票同等的法律效力。根据美联储的数据，今天，该法案生效仅仅两年之后，每天平均有 620 万项支付（金额超过 2000 万美元）是用这种方式处理的。

这一数字预期还会上升，不过人们对于具体的增长有不同的预测。行业分析人士预测 2010 年通过图像交换方式处理的支票所占比例将由目前的 10%～30% 上升到 60%～90%。

明年（2007 年）3 月 16 日，后勤办公室转换将开始施行。这将允许那些在销售点或账单支付地点收取支票的零售商和其他企业在自己的后勤办公室就能把符合条件的支票转换成 ACH 借项。

2008 年，单一欧元支付区（SEPA）条款将开始分阶段引入。SEPA 将用单一的平台替代欧洲的跨国支付基础设施。组织将可以利用该资源处理跨国境支付，其成本将类似国内支付处理成本。

改进的技术工具也对支付流程产生了影响。例如，新的软件包能够帮助自动执行异常处理。过去，企业必须人工查核收到的那些未载明付款人账号的支票。现在软件能够抓取并记忆支票签发人的姓名，以后即使支票上面没有载明账号，仍能将其归入正确的账户。

使用存款箱服务的公司发现，其开户的银行或金融机构用电子方式不仅能够抓取支票，还能抓取随附的发票等支持性的文件。这使得查询异常更加有效率，降低了存储纸质支付文件的需求。

此外，财政信息系统使得公司收到的金钱越来越具有可见性。例如，有些工具为组织提供其遍布全球的银行账户的每日收款记录。

资料来源：改编自 Karen M. Kroll，"Payment Processing: The Sea Change Continues," *Business Finance* (December 2006), Innovations in Finance: CFOs Best Solutions Supplentent. (www.bfmag.com) Copyright © 2006 by penton Media, Inc. Used by permission. All rights reserved.

集中银行制

采用银行存款箱网络的企业与拥有大量销售渠道并实行柜台收款的企业在某些方面是相同的。两种企业在很多家当地银行都有存款。两种企业都会注意到，将这些存款的部分或全部转移到某个中央地点，即所谓的集中银行，对企业是有利的。这一过程就是**现金集中**（cash concentration），它能够：

- 增强对公司现金流入和流出的控制。也就是将所有鸡蛋（这里指现金）都放在一个篮子里,然后仔细看好这个篮子。
- 减少闲置资金余额,即在地方银行中保留的存款余额不宜超过交易需求量(或不超过最低的补偿性余额要求)。所有多余的现金都将转入集中银行。
- 便于进行有效投资。将多余的现金余额集中起来形成大额资金,可以进行收益较高但要求较高的最低购买额的短期投资。例如,某些有价证券以10万美元为单位出售。

现金集中业务中的资金汇兑　现金集中过程主要取决于资金在金融机构间的及时汇兑。银行间的资金流动主要通过三种方式:(1)存款转账支票;(2)自动票据清算所进行的电子转账支票;(3)电汇。

存款转账支票(depository transfer check,DTC)是指通过使用事先印制的储蓄支票划转资金。它是开给地方银行的,要求其向企业设在集中银行的某个账户付款。但是由于这些支票仍需通过传统的渠道结算,因此收到存款转账支票时,不能得到立即可用的资金。今天,越来越多的公司通过电话向自己的集中银行传递存款信息,后者先行准备,并将存款转账支票存入企业的账户。当然,必须将使用存款转账支票所带来的节约与其成本进行比较。

另一种方式是**自动票据清算所电子通汇**[automated clearinghouse (ACH) electronic transfer]。它是转账支票的电子版本,可以在自动票据清算系统的成员行间使用。汇转的资金在一个营业日后即可为企业所用。由于其成本较低,ACH电子通汇正逐渐取代基于邮寄的存款转账支票汇兑。

在银行间调度资金的最快方式是**电汇**(wire transfer)。电汇是类似电话的交流方式,它通过簿记分录将资金从付款方的银行存款账户调拨存入收款方的银行存款账户。电汇可以通过联邦储备电汇系统或私人电汇系统进行。企业接到电汇后即可使用该资金。一张存款转账支票的加工处理、发送和收取成本大约为50美分,而一次电汇的费用通常高达15美元左右。由于其成本相对较高,电汇通常仅用于大笔资金的调动,或在情况紧急时使用。

 ## 推迟现金支付

加速收款是现金管理的一个基本目标,另外一个目标则是尽量推迟现金支付。加速收款和推迟支付相结合可以带来可用现金的增加。

利用浮账量

企业账上的现金数字通常并不代表企业在银行中的可用现金。事实上,企业在银行的可用现金通常高于企业账上的现金余额。公司的银行存款余额与其账面现金余额之差称为**净浮账量**(net float)。净浮账量产生于从支票开出到最终被银行结算的时滞。由于公司开出的支票可能仍处于传送处理过程,因此可能出现当公司账上现金余额为负时,其在银行中的存款余额仍为正的情况。如果净浮账量能被准确估计,即可减少银行存款余额并利用这笔资金进行投资,从而获取一个正的收益。公司的财务总监们通常将这种方式称为"利用浮账量"。

支付控制

推迟现金流出并尽量减少现金闲置时间等公司现金支付控制措施,对于有效的现金管理来说是非常关键的。如果一家公司有多家开户银行,它应当能迅速将资金调入专门进行支付的银行,以防止在某些银行逐渐积累过量的现金余额。也就是说,在各银行都应有足够的现金,但各银行又不能积累过量的现金余额。这就要求每天掌握有关入账金额的信息。可以将过量资金转拨到支付银行,用于支付账单或投资于有价证券。很多公司开发了复杂的计算机系统来提供必要的信息并自动转拨过量资金。企业也可以不必开发自己的系统,而是通过聘请计算机服务商来完成相关工作。

严格控制现金支付的程序之一是将应付账款集中于某一账户(或少量几个账户)中,这些账户可以设在公司总部。支付程序的建立应当比较完善。如果企业想获取应付账款的现金折扣,就应在现金折扣期末付款。① 但如果企业不打算获取现金折扣,则应当在信用期限的最后一天付款,以最大限度地利用资金(我们将在第 11 章进一步探讨是否应立即付款以获取现金折扣)。

承兑汇票 推迟付款的手段之一是利用**承兑汇票**(payable through drafts, PTDs)。与普通支票不同的是,承兑汇票并不是见票即付。当它被提交给开票方开户银行收款时,开户行还必须将它交给签发者以获承兑。然后签发企业才存入资金以支付汇票。这一方式的优点是它推迟了企业调入资金支付汇票所需的时间。这样企业就只需在银行中保持较少的现金余额。它的缺点是某些供货商可能更喜欢企业用支票付款。同样,银行也不喜欢处理汇票,因为它们通常需要更多的人工进行处理。因此,与支票相比,银行通常会对汇票收取更高的手续费。

工资与股利支付 许多公司专门为工资的支付设立一个单独的账户。为使该账户余额最小,企业必须预测自己开出的工资支票在何时会被提交申请支付。如果支付日是星期五,则并非所有支票都会在当天付现。因此,企业存入的资金额不必等于工资总额。即使支付日是星期一,由于存取过程的拖延,也并非所有支票都会在当天申请支付。企业应当根据其经验,确定一个关于支票申请支付的平均时间分布(如图 9.3 所示)。根据这些信息,企业即可大致估算出为支付工资支票,它需要存入多少资金。与工资支付类似,很多企业也为股利的支付设立了单独的账户。这也需要企业预测股利支票被提交申请支付的时间,以尽量减少该账户的现金余额。

---

① 很多情况下,付款方将支票交付邮局后即认为发票已被支付。1818 年形成的"邮箱规则"确立了以信封上的邮戳作为支付日期的传统。然而,并非所有企业都采纳这一规则。很多企业将其在自己的银行存款箱(或其他指定的收款中心)收到支票的日期视为付款日。因此,债权人需要了解各供货商的信用和付款条件。

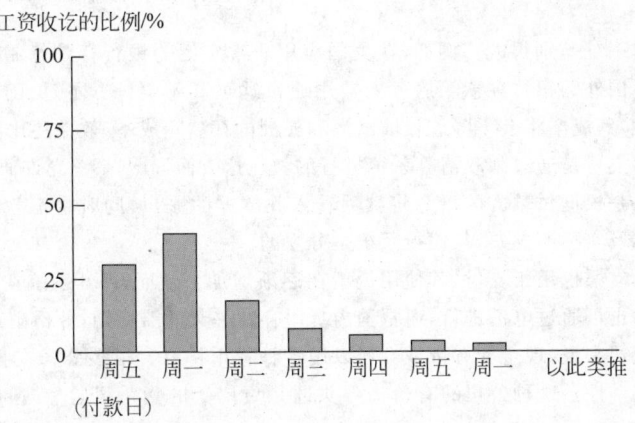

图 9.3 工资支票申请支付的比例

零余额账户（ZBA） 很多大银行提供的零余额账户系统使得企业不必精确预测单个支付账户并为其提供资金。在零余额账户系统下，由一个主支付账户为其他所有子账户服务。每日末，当所有支票都被结算完毕之后，银行自动从主账户向各支付账户（如工资支付账户、应付账款支付账户等）划拨足以支付申请付款的支票的资金。① 这样一来，除了主账户外，其他所有支付账户每天的余额都将为零。这一制度不仅可以加强对现金支付的控制，还可以消除各子账户中的闲置资金余额。企业的现金经理仍需预测未来的支票结算时间，以便保证主账户有足够的资金来满足各子支付账户的支付需要。然而，根据大数法则，很多偏差通常可以相互抵消，因而主账户所需维持的资金量是能够大致估算出来的。

远程支付和限额支付

通过利用联邦储备系统或某些商业银行的支票结算系统及邮政系统缺乏效率的特点，企业可以使自己签发的支票停留在外的时间尽量延长。通过从地理位置上选择最优支付银行，得出了很多使**支付浮账期间**（disbursement float）最大化的模式。主要的方法是选择支付银行并由其开出支票，从而使支票停留在外的时间尽量延长。例如，使用**远程支付**（remote disbursement）方式的企业可以向位于缅因州的供应商开具一张由位于蒙大拿州海伦娜市的银行支付的支票。

通过尽量延长支付浮账期间，企业可以减少所持有的现金并将节省下来的资金用于更能赢利的用途。但是，一家企业的收益将是另一家企业的损失。最大化支付浮账期间意味着供应商无法像采用其他付款方式那样较早获得可用资金。如果供应商不认可这种支付习惯，则远程支付方式将损害企业与供应商间的关系。

---

① 当然，如果零余额账户分散在一个或多个银行中，资金可以通过电汇的方式从位于另一银行（通常是集中银行）的中央账户中划拨。

> **国际现金管理**
>
> 　　各国的支付系统差别很大。例如,在美国应用非常广泛的银行存款箱制度在其他国家的发展却并不乐观。国外的银行存款箱服务的费用通常远远高于美国。不过,随着存款箱网络在欧洲和亚洲的开发,其成本将会下降。目前欧洲和亚洲的存款箱成本/效益还比不上美国。
>
> 　　欧洲的很多支付是通过邮政清算系统进行的。在这方面,giro 系统允许通过邮政系统传递自动支付。该服务是根据付款方的指令将款项转入收款方的账户,同时将汇款通知发给收付款双方。该服务不涉及实际的支票,与银行系统是分立的。
>
> 　　银行系统的支票也用于支付,其使用量正在逐渐增加。然而,giro 系统在循环支付中的应用最为广泛。支付也可通过电汇进行,通常国内货币存在一天的滞后期,外币则存在两天的滞后期。
>
> 　　对于跨国公司来说,现金和有价证券可以用多种货币持有。很多公司在投资所在国和/或产品来源地保持流动性。这种公司的有价证券头寸是更广泛的货币风险管理的一部分,我们将在第 24 章探讨该问题。
>
> 　　财务经理需要了解海外支付与剩余资金投资的制度层面的众多差异。我们论及的仅仅是其中的一小部分,如果企业要在世界舞台大展身手,就需要熟悉经营和融资的全球化。

　　1985 年 5 月 2 日,当时全美第五大经纪人公司赫顿公司(E. F. Hutton)被指控在邮局汇款和电汇舞弊方面犯有 2000 项重罪。赫顿公司此前一直采取极端的方式来制造浮账期间,其中就包括采用远程支付系统。这一案件促使很多公司审视自己的现金管理措施。在很多情况下,这种审视使得公司采取正规的现金管理政策和行为准则。在某些情况下,远程支付被视为不道德的,因为它成了故意推迟正常支票结算的现金管理方法。

　　与远程支付相关但负面含义较小的方法是**限额支付**(controlled disbursement)。它也可能利用小型的偏僻的支付银行(或大银行的分支机构)。但是选定这些支付银行的主要原因是,较迟申请付款的支票(在美联储寄出支票日以后才收到的支票)数量非常少,从而使企业可以较好地预测日常发生的支付。

 # 电子商务

　　目前在美国,大部分商业文件和支付凭证都是记录在纸上的,并通过邮局传递。**电子商务**(electronic commerce,EC)是对以纸张为基础的系统的替代,它以电子的形式进行商业信息交流。在电子商务系统的一端,是没有特定结构的电子信息传递形式,如传真和电子邮件;而在另一端,则是高度结构化的信息传递形式,即电子数据交换。本节主要讨论电子数据交换,尤其是电子数据交换是如何与公司的收付款相联系的。

电子数据交换

　　电子数据交换(electronic data interchange,EDI)包括商业信息(如发票、采购单、装运信息)以计算机可读的形式进行传送。电子数据交换不仅包括通过通信线路进行的计算机与计算机之间的直接数据移动,还包括电子数据存储物如磁带、软盘、CD-ROM 在企业间的人工递送。

　　电子通汇(electronic funds transfer,EFT)构成了电子数据交换的一个重要组成部分。电子通汇最显著的特点是当存款机构(主要是银行)收付电子支付凭证时,会发生价值(金钱)的转移。例如,美国国内的电子通汇包括自动票据清算所汇兑和电汇。在国际上则可能包括通过**全球银行间金融电传网**(Society for Worldwide Interbank Financial Telecommunication, SWIFT)和**全球银行间清算电传网**(Clearing House Interbank Payments System, CHIPS)进行指令传送和资金汇兑。

在美国,1999年1月电子通汇的采用跃上了一个新的台阶,当时出台了要求所有联邦支付都通过电子方式实现的规定,但税收基金和允许弃权的情况除外。通过电子通汇支付的直接存款应当比纸质的支票更为安全,重要的是更方便。人们还寄希望于电子通汇支付方式能为支付节省资金。

电子数据交换的第二个主要构成部分是所谓的**金融电子数据交换**(financial EDI, FEDI)。它包括企业与其开户行间或银行相互间的电子交易信息的交换(无价值转移)。这些信息包括银行存款箱的汇款信息和银行存款账户余额信息等。

即使企业采用了电子数据交换和电子通汇技术,至少其许多交易仍将部分地记录在纸质文件上。例如,一家公司可能用电子数据交换处理其所有的商业事务,但仍用纸质支票完成某些支付活动。或者,企业的某些数据交换仍通过纸质文件,而用自动票据清算所和电汇来处理所有的支付业务。

SEPA:同一个大陆,同一个支付系统

SEPA对公司最大的好处是,可以用欧元实现费用更低廉进而更快捷的支付。

1999年欧元刚刚问世,这只不过是实现泛欧洲支付系统的第一步。如今实现这一愿景所需的基础设施已经准备就绪。SEPA,或称单一欧元支付区预计将在2008年1月推出,到2010年将全面实施。

受欧盟的委托,SEPA将要求银行用欧元比照相应的国内产品对所有跨国境结算定价。财务主任首次能够在低估值或ACH水平利用可变的跨国境支付框架。

这么做的主要好处是SEPA可以用欧元实现费用更低廉进而更快捷的支付。为什么呢?首先,奥纬咨询公司(Mercer Oliver Wyman)伦敦办事处的一名主管迈克尔·瓦格纳(Michael Wagner)说,费用会变得更加透明化,这会"促使价格趋同"。此外,SEPA能够让公司减少在与银行维持关系方面投入的精力,重新思考自己的财务中心设立的地点。JP摩根大通公司财务服务部门的阿兰·凯尼茨伯格(Alan Koenigsberg)问道:"有哪位财务主任不希望自己的账户能够从30个精简到5个呢?"

然而,对于银行来说,这种转化的代价十分高昂。据波士顿咨询集团2006年进行的一项研究估计,到2008年使欧盟各国的银行系统相互兼容可能要耗资6.5亿美元。而下一个步骤——到2010年废除或转变所有的国内计划还要再耗费650亿美元。此外,瓦格纳预测,SEPA实施后,"费用损失将为10%~30%"。其结果可能是小银行的合并或寻找外包途径。SEPA的推进仍然会遇到障碍,尤其是政治方面的。但是如果一切都能按计划进行,到2011年,全球支付的前途将会更为平坦。

资料来源:"One Continent, One Payment System," *CFO Asia* (April, 2007), p. 41. (www.cfoasia.com) © 2007 by CFO Publishing Corporation. Used by permission. All rights reserved.

电子数据交换的优点和成本

电子数据交换的各种应用形式有很多优点。例如,信息的传送和支付活动的进行更快、更安全。这一优点能使企业更好地预测现金状况并进行现金管理。企业的客户也将从更快、更可靠的服务中获益。此外,企业还可以减少邮寄、纸张和文件存储费用。

然而,这些优点并非没有代价。电子数据的流动要求计算机的软硬件支持。企业必须培训员工,使其掌握电子数据交换系统。此外,还要花费时间、金钱和精力来说服供应商和客户用电子方式与企业交易。电子通汇消除了浮账期间,而对某些企业来说,失去支付浮账期间意味着很大的损失。

采用电子商务文件和支付系统带来的收益是否会超过其成本,对不同公司而言是不同的。然而,即使对拥有该电子系统的企业来说,在未来一定时期保持电子和基于纸张的双重系统仍将是很有必要的(出于法律、营销和其他原因)。

外包

近年来,企业逐渐将注意力集中到其核心经营过程,这些核心能力创造并维持了企业的竞争优势。所有必要的但非核心的业务领域都可以考虑采取外包。

外包(outsourcing)是指将通常在企业内部完成的活动转移到外部企业完成。这对于现金管理而言并不是一个新的理念。回想一下前面介绍过的银行存款箱制度。银行存款箱服务是仅次于企业支票账户的古老的现金管理服务。银行存款箱正是将很重要但并非核心过程的金融活动外包的一个典型例子。实际上,现金管理的所有重要环节如收款、付款、有价证券投资,都可以通过外包的方式完成。

外包可以减少企业的成本。外包者(分包业务承包者)可以利用规模经济和专业特长来完成分包工作。因此,与企业自己完成这些活动相比,采用外包方式可以用更低的成本获得更好的服务。此外,外包还能为企业节省时间和人员,从而能在核心业务上有更多投入。因此,虽然削减成本是外包决策的一个重要考虑因素,但并非唯一因素。2005年,外包研究机构(www.outsourcing.com)对外包终端用户进行的一项调查显示,当要求其列出为何选择外包时,"减少和控制经营成本"排在第一位,"集中公司的精力"排在第二位,而"节省资源用于其他目的"则排在第三位。

我们已经看到了外包在收款方面的应用(如银行存款箱制度)。企业对电子商务日益增长的兴趣使得付款业务特别适合外包。银行最可能承接这种外包业务。例如,企业通过电子数据交换方式将所有支付指令集中在一个文件中传递给银行,银行则将这些支付业务进行分类(支票、ACH或电汇)并支付。这种服务对需要进行国际支付的企业尤其有帮助。大的金融中心银行具有处理多种货币的清算系统的专业技能。

业务流程外包(business process outsourcing, BPO)是一种更为专业化的外包形式,即将财会等整个业务流程交给第三方服务提供商负责。这些外包业务通常会签订为期数年的合同,合同金额有可能高达数百万美元。有趣的是,虽然业务流程外包公司通常位于印度、墨西哥和中国等成本相对较低的国家,这些公司大多数实际上却是由IBM、

Accenture 或 Convergys 等跨国公司所拥有。

业务流程外包（BPO）

financialexecutive

业务流程外包，或称 BPO 的客户数量不断增长，而且大部分是离岸经营。人力资源仍然是最大的领域，而金融、会计和采购则紧随其后。

业务流程外包（BPO）近年来呈现稳定增长的势头，根据麦肯锡公司的预测，明年可能在全球形成 5000 亿美元的市场。这个市场既面向 Church's 这样的小跨国公司，也面向 Kimberly-Clark 这样的大跨国公司。因此，它并非一刀切的，而是定制的，既可以在一个地点进行，也可以在多个地点进行。

BPO 是什么？为什么会有如此大的发展呢？约翰·K. 霍尔维（John K. Halvey）和巴巴拉·墨菲·梅尔比（Barbara Murphy Melby）在《业务流程外包：流程、战略和合约》（*Business Process Outsourcing: Process, Strategies and Contracts*）（John Wiley & Sons, 2007）一书的第二版中写道："当前，随着全球 100 强企业对降低成本、改善流程和维持竞争力的新途径的探寻，几乎所有的标准化经营流程（人力资源、采购、金融和会计、项目管理、法律、研发、客服和并购）都在某种程度上被外包了。"

BPO 实际上是 20 世纪 90 年代开始飞速发展的重要信息技术（IT）外包合同的一种演化形式。它与其说是利用海外的廉价劳工从事相同工作的降低成本的做法，不如说是将公司非核心的赢利能力交由第三方来更好地完成（通常是业务流程再造）。而且，外包应该成本较低，在初始成本被吸收后，有时成本会低很多。

诚然，某些 BPO 合同从劳工套利模型来看仍然是合算的，但是这一优势在很多情况下都在减小，远低于 IT 外包时高达 50%~60% 甚至更多的成本节约。霍尔维是位于纽约的 Milbank, Tweed Hadley & McCloy 公司的合伙人，也是一位著名的外包专家，他指出，BPO 带来的成本节约往往从 30% 降到仅 10% 以内。

然而，对于美国的跨国公司来说，BPO 显然是外包运动的核心，该运动由几年前对于离岸经营（工作机会大量流到印度或菲律宾等劳动力成本较低的地方）的争议焦点发展为一个更为复杂的"近岸"模型，从而可能利用多个地点，其中一些在国内。印度仍然是 BPO 的首选地点，接下来是菲律宾、巴西以及匈牙利等东欧国家。

资料来源：改编自 Jeffrey Marshall，"BPO: Developing Market, Evolving Strategies," *Financial Executive*（June 2007），pp. 38-44.（www.financialexecutives.org）© Copyright 2007 by Financial Executives International Incorporated. Used by permission. All rights reserved.

应维持的现金余额

绝大多数企业都设立了一个应维持的现金余额目标。这些企业不希望持有过量的现金余额，因为将这部分资金投资于有价证券可以获得利息收入。当然，有价证券的利息越高，持有闲置现金的机会成本也越高。现金的最优水平应当是下面两者中较大的：(1) 当现金管理有效率时，交易所需的现金；(2) 企业存款所在的商业银行要求的补偿性现金余额。

确定交易性现金余额需要考虑的因素在本章前面已经讨论过了。同样,在其他条件相同时,利率越高,持有现金的机会成本越高,进而减少企业现金持有量的愿望就越强烈。学者们提出了大量现金管理模型用来确定应持有的现金和有价证券。

补偿性余额和费用

最低现金余额的确定在一定程度上取决于银行的补偿性余额要求。银行要求企业维持一定的无息存款余额以补偿它所提供的服务,是以该账户的获利能力为基础的。

因为各银行所使用的账户分析方法不同,其补偿性余额的确定也有所不同。企业最好多咨询几家银行,并从中选择在既定业务水平上所要求的补偿性余额最低的银行。如果企业与银行间有借款协议,则银行很可能要求企业保持超过银行针对其存款账户服务设定的补偿性余额的款项。由于我们将在第 11 章讨论对借款协议的补偿,这里暂不涉及这种形式的补偿。

近些年来,一个很明显的趋势是为银行所提供的服务支付现金,而不是保持补偿性余额。对企业来说,这个方法的优点是企业利用原来作为补偿性余额的资金所获得的收益可能要高于现在支付的服务费。货币市场的利率越高,补偿性余额的机会成本越高,用现金支付服务费的好处也越多。要决定企业用现金支付服务费是否优于保持补偿性余额很容易,只要比较服务费与释放出来的资金收益即可。当银行提供的服务用现金支付更好的时候,企业应当注意利用这个机会减少补偿性余额。

有价证券投资

企业通常试图保持某一目标水平的现金以满足交易需求和/或补偿性余额要求。不过,除此以外,我们还经常发现企业会投资于短期有价证券。本节将讨论企业利用有价证券作为准现金投资对象。开始讨论前先要提一下,在会计上,如果有价证券在取得时余下的到期日不足 3 个月,则它在资产负债表中列为"现金等价物"。其他有价证券如果余下的到期日不足一年,则列为"短期投资"。

有价证券投资组合:三个组成部分

将企业短期有价证券投资组合想象成一张切成三块的饼(并不一定相等)是很有帮助的(参见图 9.4)。① 其中一块由作为公司现金账户储备的有价证券组成。即如果公司发现其日常账目的现金余额低于所需的量,则会出售一部分这类证券以快速获取现金。除非公司每天的现金流入量总是大于或等于现金流出量,否则公司可能经常需要通过销售一部分有价证券来获得现金,只是具体的销售时间和金额很难精确预测。在这一部分,关键的要求是持续的流动性。由于这些有价证券的目的在于为公司不可预测的经营需求提

---

① 我们的讨论基于 James M. Stancill 提出的一种方法,参见 *The Management of Working Capital* (Scranton, PA: Intext Educational Publishers, 1971),Chapters 2 and 3。

供第一道防线,它们可能需要在非常紧迫的时间内售出。我们将企业持有的可以迅速变现以备不时之需的证券投资组合资产称为备用现金部分。

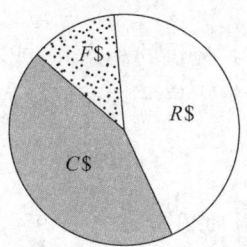

□ 备用现金部分($R\$$):公司现金账户中足以预防可能出现的周转不灵的最大可变现证券余额。
▨ 可控制现金部分($C\$$):为了应付可控(可知)支出,如税收、红利,而持有的可变现证券。
▨ 自由现金部分($F\$$):"自由"可变现证券(可用于未指定目的的部分)。

图9.4 企业短期可变现证券组合可以分割成三部分(不一定相等)

除了应付意外现金需求外,企业还为了满足可控(或可知)的现金流出(例如,企业预先了解其每季的股利支付和税收支付并对其有较强的控制能力)而持有有价证券。此外,支付到期的贷款本金和利息也属于可控现金流出。企业可以通过逐渐积累资产来预防这类可控现金流出。逐渐积累的这部分资金可以保留在现金账户中,也可以暂时投资于有价证券以获取利息。因此,企业有价证券投资组合的另一部分(可控现金部分)可以专门用于可控(或可知)现金流出,如税收和股利。

最后一块是自由现金部分。这部分有价证券既不是用来满足现金账户也不是应付可控现金流出的。它基本上是企业进行短期投资的多余现金。由于企业近期对这部分资金并没有需求,与其闲置在现金账户中还不如进行投资。

在为这三个部分确定最合适的有价证券前,我们需要熟悉在选择有价证券时必须考虑的相关因素,还需要熟悉证券间的相互可替代性。

有价证券选择的考虑因素

企业的有价证券投资部门经理在考虑购买有价证券时,首先必须掌握可能购买的各种证券的某些关键变量的情况。最重要的几个变量是安全性、变现性、收益性和到期日。

安全性 有价证券必须通过的最基本的测试是本金的安全性(safety)。安全性是指收回初始投资金额的可能性。判断安全性的方法是与美国政府国库券进行比较,因为后者被认为如果持有至到期日将无任何本金风险。除了政府国库券以外的其他证券的安全性则随发行者和所发行证券的类别而不同。证券必须具有相对较高的安全性才能被慎重考虑能否纳入企业的短期有价证券投资组合。

变现性 变现性(或流动性)(marketability/liquidity)与证券所有者在短期内将其变为现金的能力有关。虽然某种证券可能持有至到期非常"安全",但这并非一定意味着总可能在到期前将它很容易地售出而不蒙受损失。假设你的导师(他是个非常诚实的人)以他个人的名义给你出具了一张为期一周的借据,作为你借给他10美元的凭证。他保证将在一周后立即还你钱。你可以尝试将这张借据出售给当地的商店,看看结果会如何。这

将是件既困难又耗费时间的任务。即使你成功了,你可能也不得不接受很大的价格折让。通常,一个大且活跃的二级市场(即证券发行后可以交易的二手市场)对证券保持很高的变现能力是十分必要的。

收益性 某个证券的收益是与其提供的利息和/或本金增值相关的。某些证券,最典型的是国库券,不支付利息,而是折价出售并按面值赎回。

注意:

范例

面值为1000美元,期限为26周的国库券可用956美元购入。此时,44美元的收益(或增值)可以表示为若干种形式。

债券等值收益(BEY)法

该方法得出一个普通收益率,基于一年365天,通常用于衡量各种国库券的收益率。

$$BEY = [(FA - PP)/(PP)](365/DM)$$

式中,BEY为债券等值收益;

FA为面值;

PP为购买价格;

DM为到期前天数。

对于上面描述的国库券,我们可以用如下方式计算其债券等值收益:

$$BEY = [(1000\text{美元} - 956\text{美元})/(956\text{美元})](365/182) = 0.0923 = 9.23\%$$

实际年收益率(EAY)法

该方法假设为复利,并基于一年365天计算。(它基于第3章的实际年利率的计算公式3.31。)

$$EAY = (1 + [BEY/(365/DM)])^{365/DM} - 1 = (FA/PP)^{365/DM} - 1$$

式中,EAY为实际年收益率,其他变量的含义如前所述。

对于我们例子中的国库券,其实际年收益率计算如下:

$$EAY = (1 + [0.0923/(365/182)])^{365/182} - 1 = (1000\text{美元}/956\text{美元})^{365/182} - 1$$
$$= 0.0944 = 9.44\%$$

你可能记得第2章讨论过债券的价格与利率或收益率呈反向变动关系。因此,企业的证券投资组合经理需要注意利率(或收益率)风险。事实上,如果利率水平上升而有价证券在到期日前被售出,则可能遭受损失。

注意:

范例

假设我们购入了上面例题中所述的国库券。再假定我们突然需要将这笔投资变现而利率因某种原因上涨,投资者现在购买26周国库券的前提是债券等值收益为10%。

	市场价格/美元	面值/美元	债券等值收益
今天早晨	956.00	1000	[(1000美元−956.00美元)/(956美元)](365/182)=0.0923
今天晚些时候	952.50	1000	[(1000美元−952.50美元)/(952.50美元)](365/182)=0.1000

如果我们在当天晚些时候(利率升高以后)售出了该国库券,则将承受3.50美元(956.00美元−952.50美元)的损失。现在你应当能够更好地理解当证券的价格不稳定

时(由于利率的变化),企业的有价证券组合经理可能会试图避免在到期前出售证券。

到期日 到期日(maturity)指的就是证券的有效期限。某些有价证券具有特定的有效期限。例如,国库券的期限有13周、26周或52周几种。其他证券,如商业票据和可转让定期存单可以根据实际需要确定其有效期限。通常,有效期限越长,收益率越高,但收益所承担的风险也越高。

普通货币市场工具

企业的有价证券投资部门经理通常只将证券投资范围限制在**货币市场工具**(money market instruments)内。这些工具通常是短期(初始到期日不足一年)、高质量的政府和公司债券。此外,初始到期日超过一年但目前距到期日所剩时间不足一年的政府证券也属于货币市场工具。下面将讨论作为公司准现金投资对象的最常见的货币市场工具。

政府证券 政府证券由美国政府完全保证其信用并由政府直接偿付,主要包括国库券、长期国库券和中期国库券。到期日为4周、13周和26周的**国库券**(treasury bills, T-bills)由美国财政部每周以拍卖的形式发行。此外,一年期的国库券每四周出售一次。较小的投资者可以采用"非竞争性"标价,即成功的竞争性标价的平均价格。国库券不支付利息,而是以折价方式出售,最低面值为100美元,以100美元为单位递增。这些证券很受公司的欢迎,部分原因是存在一个规模很大且活跃的市场。此外,在二级市场上出售国库券的交易成本也很低。

中期国库券(treasury notes)的初始到期日是2～10年,而**长期国库券**(treasury bonds)的初始到期日则为10年以上。当然,随着时间的流逝,很多证券剩下的到期日将不足一年,从而可以满足短期投资者的需要。长期国库券和中期国库券是附息发行的,而且有一个活跃的交易市场。然而在我们所考虑的各类投资工具中,在到期日相同的条件下,政府证券所提供的收益率最低(这里再次体现了风险与收益间的权衡)。虽然这些证券的利息收入要缴纳联邦所得税,但是州和地方政府不再征收所得税。

回购协议 政府证券经纪商为了推销证券而向公司提供回购协议。所谓**回购协议**(repurchase agreements, RPs; repos)是指短期证券经纪商将证券出售给投资者,并同意在将来某个特定时间按某个较高的价格赎回这些证券。这样一来,投资者在证券持有期内可以获得一个既定的收益。持有期的长短可以根据投资者的需要而定。因此,回购协议在期限上给了投资者很大的弹性。回购协议的收益率与政府证券利率、联邦资金利率和商业银行给政府证券经营商提供的利率有关。回购协议的流动性有限,但大部分的期限是隔夜到几天不等。由于回购协议涉及的证券通常都是政府证券,因此协议的安全性只取决于经纪商的可靠性和财务状况。

联邦机构证券 **联邦机构**(federal agencies)可以直接发行证券,也可以通过联邦融资银行间接发行证券。主要的联邦机构包括联邦住房管理局、政府国民抵押协会、田纳西峡谷管理局等。此外,许多私有但公共注册的公营信用企业也发行自己的证券。这其中包括联邦商业信贷银行、联邦国民抵押协会和联邦住房抵押贷款公司等。由联邦机构和公营信用企业发行的证券总称为联邦机构证券。

联邦政府的机构发行的证券由发行机构保证其信用,而且通常得到美国政府的保证。

联邦政府不保证公营信用企业的证券的信用,没有任何明确的道德承诺,但却有隐含的信用支持。很难想象联邦政府会让这些机构破产。联邦机构和公营信用企业的证券一般具有较高的流动性,并且同样由政府证券经纪商在二级市场出售。虽然这些证券的利息收入都要缴纳联邦所得税,但其中很多证券不必缴纳州和地方政府征收的所得税。这些证券一半以上都是一年内到期的。

银行承兑汇票 银行承兑汇票(bankers' acceptances,BAs)是指企业为国际和国内贸易融资而向银行开具的定期汇票(短期期票)。① "承兑"该汇票就意味着银行承诺在到期日向汇票持有人支付票面金额。其结果是银行用自己的信用为借款人担保。因此,银行承兑汇票的信用主要是根据承兑汇票的银行的信用来判断。但是,如果银行违约,汇票的签发人将成为票据持有人的次债务人。银行承兑汇票是可流通的货币市场工具,其到期日通常不到6个月且质量很高。它们通过柜台交易市场交易。与到期日相近的国库券相比,银行承兑汇票的利率稍微高一些,不过二者都是以折价的方式出售。银行承兑汇票可以由国内银行承兑,也可以由大的国际银行承兑,后者的收益率通常更高。

商业票据 商业票据(commercial paper)包括由金融公司和某些工业企业签发的短期无担保期票。商业票据可以由发行企业直接出售,也可以由经纪商出售。② 由于发行量方面的原因,许多大金融公司发现直接将商业票据出售给投资者更合算,从而绕过了经纪商。以这种方式出售商业票据的公司包括通用电气资本公司、福特汽车信用公司、通用汽车承兑公司和西尔斯—锐步承兑公司。通过经纪商出售的商业票据是由工业公司和较小的金融公司发行的。经纪商仔细审查潜在发行者的信用状况,因为从某种意义上说,经纪商要为自己出售给投资者的商业票据负责。

商业票据通常以折价方式出售。到期日通常可达270天,直接出售时通常可以根据购买者的需要确定到期日。③ 绝大多数商业票据都被持有至到期日,没有正式的二级市场。但是,商业票据的直接出售者有时会根据投资者的要求回购票据。由经纪商出售的商业票据也可以通过它们签订有关回购的协议。由于缺少活跃的二级市场,以及公司发行者的虽然微小但现实存在的信用风险,商业票据的收益率比与其到期日相近的政府证券的收益率略高,而与到期日相近的银行承兑汇票的收益率大致相同。一般来说,直接出售的商业票据的收益率要低于通过经纪商出售的商业票据的收益率。商业票据通常按较大的面额出售,一般不低于10万美元。

在美国由外国公司发行的商业票据称为扬基商业票据。例如,梅塞德斯—奔驰公司可能为了给它在美国的装配厂融通所需的营运资本而在美国发行商业票据。在票面币种国家以外发行的商业票据称为欧洲商业票据,例如,由通用汽车公司在德国发行的以荷兰盾为计价货币的商业票据。欧洲商业票据使得发行者具有按不同币种借款的弹性。虽然欧洲商业票据与美国国内商业票据相似,但二者仍有些不同之处。例如,美国商业票据的

---

① 关于如何用银行承兑汇票为国际贸易融资的进一步讨论,见第11章"货币市场信用"一节有关银行承兑汇票的内容。

② 关于从公司发行者的角度探讨商业票据的内容,见第11章。

③ 公司很少发行到期日超过270天的商业票据,因为这类证券需要到证券交易委员会登记,这不仅耗费时间而且会增加支出。

到期日通常低于270天,欧洲商业票据的到期日则可能很长,因为它不受美国证券管理规则的约束。此外,由于欧洲商业票据的到期日一般比美国商业票据的到期日长,其二级市场也比美国商业票据的二级市场活跃。

可转让定期存单　可转让定期存单(negotiable certificate of deposit,CD)是始于1961年的一种短期投资工具,它是存在商业银行或储蓄机构,在既定时间按固定或变动利率付息的一种大面额、可转让定期存款单。它的初始到期日从30天到12个月不等。为了便于转让,绝大多数金融中心银行都要求最低面额为10万美元。虽然由大的金融中心银行签发的可转让定期存单二级市场确实存在,但该市场的流动性低于政府证券市场,因为可转让定期存单与政府证券相比更具不一致性。例如,可转让定期存单在发行银行的质量、到期日和票面利率等方面差别很大。由于其流动性较低而风险较高,到期日相近的可转让定期存单的收益率要高于国库券,但与银行承兑汇票和商业票据大致相同。

迄今为止,我们对可转让定期存单的讨论主要集中在国内可转让定期存单(由美国国内银行签发)上。此外,还有三种大额可转让定期存单:

- 欧洲美元可转让定期存单:美国银行的国外分支机构和外国银行主要在伦敦发行的以美元标价的可转让定期存单(参见下面有关欧洲美元的内容);
- 扬基可转让定期存单:外国银行在美国的分支机构发行的可转让定期存单;
- 储蓄可转让定期存单:由储蓄和贷款协会、储蓄银行和信用合作社发行的可转让存单。

因此,企业的证券部门经理在进行短期投资时有很多种可转让定期存单可以选择。

欧洲美元　欧洲美元(Eurodollars)是指不受美国银行业法规约束的以美元标价的银行存款。尽管绝大多数欧洲美元都存在欧洲的银行,但这个词可以指任何存在外国银行或美国银行国外分支机构的美元存款。欧洲美元通常有两种形式:欧洲美元定期存单和欧洲美元可转让定期存单。欧洲美元定期存单不可转让,但大部分到期日较短,从隔夜到几个月不等。欧洲美元可转让定期存单则是一种可以转让的工具,这与国内的可转让定期存单相同。对于可以很方便地接触国际金融中心的大公司来说,欧洲美元定期存单通常是一种重要的投资选择。

短期市政债券　在美国,越来越多的州和地方政府开始发行适合短期投资者的证券,其中有一种类似于商业票据的货币市场工具,利率每周调整一次。也就是说,该债券是浮动利率,而且每周进行的利率调整使其价格基本保持不变。有些公司投资于较长期的市政债券,但这些债券的到期日通常在一两年内。这类较长期工具的一个不足是流动性不高。为公司财务部门和市政货币市场共同基金设计的这类较短期的工具具有很强的流动性,而且价格稳定性也较高。

货币市场优先股　1982年开始,出现了一种特殊类型的优先股,它在公司的有价证券投资组合中大受欢迎。正如我们将在第20章看到的,纯粹的优先股是一种支付固定股利的永久性证券。但是,如果发行企业的财务状况恶化,它有可能不支付股利。由于这些原因,通常我们认为优先股并不适合参与公司的有价证券投资组合。不过,公司的投资者能够得到很多税收优惠,因为通常70%的优先股利免征联邦所得税(但所有股利都要交纳州所得税)。

这种税收优势以及有关制度的变化，使得各种浮动利率的优先股不断涌现出来，其中应用最广泛的包括**货币市场优先股**（money market preferred stock，MMP）。货币市场优先股每49天进行一次拍卖，这个时间比公司享受联邦股利税收优惠政策所要求的最低持有期长。拍卖为投资者提供了流动性和相对的价格稳定性，但它无法帮助投资者防范违约风险。新的拍卖股利率由供求双方的力量决定，并与货币市场利率一致。持有货币市场优先股的公司在拍卖日有三种选择：(1)重新投标；(2)竞标售出；(3)竞标购入。新的股利率由所选择的股票持有方式确定。

当投标人数不足时会出现拍卖失败，此时有两种选择：按商业票据利率的110%支付违约股利率或持有者让公司按面值赎回货币市场优先股。只有在发行公司仍有清偿能力并能向投资者支付所要求的现金时，这种规定才能保护投资者。迄今为止，只发生过为数不多的拍卖失败和违约。

有价证券投资组合各部分的证券选择

将现金投资于有价证券不仅要考虑投资多少，还需要考虑投资什么类型的有价证券。前面对企业有价证券投资组合所作的三部分的划分有助于我们进行这类决策。为确定各部分应维持的有价证券余额的高低，需要对企业未来的期望现金流及其不确定程度作出评价。对于构成企业的备用现金部分的有价证券，首先要考虑的是其安全性和迅速转化为现金的能力。由于政府短期债券是安全性最高、流动性最强的货币市场工具，因此是企业对备用现金的意外需求的最佳选择。期限短、质量高的回购协议和某些流动性很高的短期市政债券也是可选择的对象。例如，如果隔夜回购协议以政府债券担保并且可不断续借（重新投资于其他回购协议），资金则可以既处于投资状态又保持本金的流动性和安全性。

企业有价证券投资组合的第二个部分是可控现金部分，这部分证券是用于应付可控（可知）现金流出的，如支付工资、应付账款、税收和股利。这里假定企业进行现金转化的时间是已知的（或者，可以在一个非常狭窄的范围内进行预测）。因此，这部分有价证券对短期流动性的要求不必像对备用现金部分的要求那么严格。证券投资组合经理可能力图选择到期日与某项已知的现金需求（如季节性股利支付或当月15日到期的大额账单）最一致的有价证券。对这部分而言，联邦机构债券、可转让定期存单、商业票据、回购协议、银行承兑汇票、欧洲美元存单和货币市场优先股都是值得考虑的投资对象。此外，虽然安全性和流动性仍是非常重要的考虑因素，但与备用现金部分的有价证券相比，证券投资组合经理将更强调这部分证券的收益性。

最后，对于构成企业证券投资组合的自由现金部分的证券，虽然它们与备用现金部分一样没有已知的现金转化日期，但它们却没有迅速转化为现金的迫切需要。证券投资组合经理可能认为收益性是这部分证券最重要的考虑因素。通常投资于较长期、违约风险较高且流动性较低的证券可获得较高的收益。尽管企业应始终关注证券的流动性，但如果期望收益足够高，一定程度的本金损失可能性还是可以承受的。因此，企业在这一部分（其他两部分也是如此）需要面临我们所熟悉的风险和收益间的权衡（对企业短期有价证券投资组合的方法汇总见图9.5）。

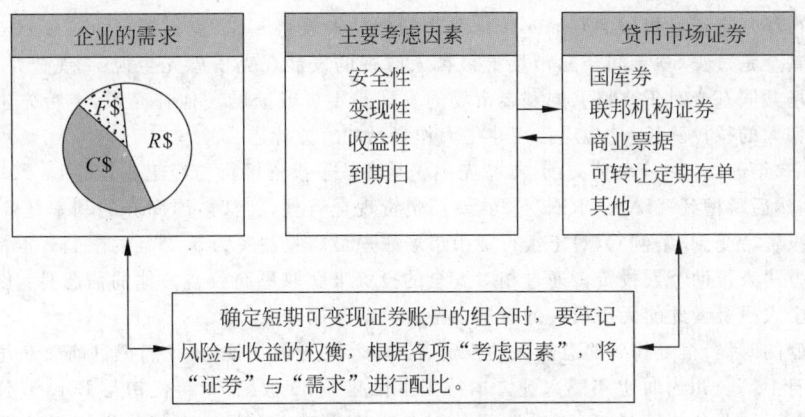

图9.5 企业短期有价证券投资组合的确定

证券投资组合的管理 企业短期有价证券投资组合的规模越大,以专业化和规模经济方式进行经营的可能性就越高。规模很大的证券投资组合可能需要由专职人员负责管理。该专职人员应深入研究、制订多样化计划,与市场变动保持一致并不断分析和改善企业的证券投资组合经营状况。当证券投资组合管理成为企业的一项专业职能后,可能会考虑对多种证券进行投资。此外,在满足企业的现金需求和安全性、流动性、到期日要求的基础上,还可以不断努力获得可能的最终收益。但如果企业的证券投资组合规模较小,则从经济的角度看可能没必要设置单独的人员,可以由兼职人员管理投资。对这类公司,证券投资组合的多样化将是有限的。

货币市场基金持续增长

Financial Week
The Home Page of Corporate Finance

1970年,当布鲁斯·本特(Bruce Bent)创建第一个货币市场基金时,大部分公司的财务主管对此并不感兴趣。管理现金毕竟是他们自己的工作。本特回忆说:"这对于他们的工作有那么点儿吸引力,让他们觉得很有趣。"

然而今天,明智的财务主管知道自己有其他很多途径可以为公司增加价值。位于纽约市的Reserve公司的创始人兼董事长本特先生说:"如今公司财务主管面对的是迥然不同的复杂情境。他们必须把精力放在对利润影响最大的事情上。一般来说,这些事情与现金管理无关。"

零售投资者现在日益为货币市场基金所吸引,因为其收益已经超过5%(目前维持在5.25%的预期联邦基金利率的水平)。然而机构资产的增长速度更加迅猛。过去52周里,货币市场基金中的机构资产增长了22.4%,而零售资产则增长了15.6%。根据投资公司协会(Investment Company Institute)最近公布的数据,货币基金的总资产高居2.58兆美元这一前所未有的水平。

这对于本特先生的公司来说是个好消息。Reserve公司管理下的资产为660亿美元,是过去几年的600%。本特先生认为这种高增长是因为公司推出了一系列新产品,包括现金增强型基金以及由FDIC保险的产品。还有一个原因是Reserve公司始终坚持自己的宗旨。他说:"我们就做一件事——管理现金。"

货币市场基金信息提供商 Crane Data 公司的创始人彼得·G. 克雷恩(Peter G. Crane)认为,货币市场基金是过去 50 年间金融市场上最被人忽视的发展。克雷恩先生说:"现金并不诱人,但是货币市场共同基金对于真格共同基金市场的发展是不可或缺的。"他补充说,本特先生是货币市场基金最伟大的拉拉队长。"他应该用斗牛犬作自己的官方标志。"

在 1970 年创立 Reserve 公司前,本特先生先是在从事投资银行与经纪业务的 L. F. Rothschild 公司工作,然后跳槽到 TIAA-CREF 公司,专门负责现金管理。当时,国库券的利率是 8%,但是大多数个人投资者受到《条例 Q》对于银行货币市场账户最高收益率为 5.25% 的限制。本特先生希望找到一种方法来帮助个人投资者通过相对安全的投资来获取更高收益。他的信念是:创立一个投资于那些个人投资者此前无法投资的短期金融工具的共同基金。

刚开始的时候,很难找到愿意加入的投资者。本特先生回忆说:"我们把目前放在每一个能够想到的人身上。"公司当时也不感兴趣。本特先生忆起了 20 世纪 70 年代初与 Borden 公司的董事长共进午餐讨论业务的情景,Borden 公司的财务主管当时也在场。本特先生记得他得到的答复是:"公司的财务主管不打算与该基金合作,因为他希望自己管理现金。"

如今观念已经转变了。而且,近年来公司更多的配置现金,以期保持更高的资产流动性。根据投资公司协会公布的数据,2006 年货币市场共同基金负责管理的美国公司短期资产的比例由 2005 年的 22% 增加到 27%。2006 年公司将其持有的货币基金增加到 18%,为 3920 亿美元,而 2005 年为 3310 亿美元。

随着现金产品变得越来越复杂,公司需要更多的帮助来管理现金。例如,货币市场基金如今大量投资资产支持商业票据和结构证券等产品。克雷恩先生说:"你不能再只是投资短期债券就指望获得收益了。"

本特先生说,现在只有大公司还保留着现金管理部门,而且这些公司也会投资于货币市场基金。

资料来源: 改编自 Megan Johnson, "A Bent for cash. Literally," *Financial Week* (July 23, 2007), p. 10. (www.financialweek.com) Copyright © 2007 by Crain Communications, Inc. Used by permission. All rights reserved.

货币市场共同基金 由于购买某些高收益有价证券的交易成本和高额的最低金额限制,小企业经常感到难以持有短期有价证券组合。20 世纪 70 年代早期出现的**货币市场共同基金**(money market mutual funds, MMFs)使得小企业(和个人)也能够持有充分分散的有价证券投资组合。货币市场共同基金通过出售股份来筹集资金,将大量小投资者的资金积聚在一起,使他们能够投资于大面额的货币市场工具。与其他共同基金不同的是,货币市场共同基金每日宣布股利(出于税收方面的考虑,这些股利被当做利息收入),它们可自动再投资,投资者也可以支取现金。这类基金很多都允许以 500 美元的初始投资开设账户。绝大多数基金允许投资者通过开具支票投资,但每笔支票通常设有最低限额。因此,与小企业自己管理有价证券组合相比,货币市场共同基金为许多小企业提供了更高的流动性、分散性和收益(扣除费用后)。

小结

- 企业和个人出于交易性目的、投机性目的和谨慎性目的而持有现金。
- 现金管理包括有效率地回收和支付现金以及当现金滞留在企业时暂时将其进行

投资。
- 企业通常会从加速现金回收和推迟现金支付中获益。企业希望加速应收账款的回收，从而能更早取得可用资金。企业也倾向于在不影响在供应商处的信用状况的前提下尽量推迟应付账款的支付，以便最大限度地利用企业的现有资金。
- 为加速收款，企业可以采用很多种方法，如发票处理的计算机化、授信转拨和银行存款箱制度。
- 大企业可能采用现金集中方法来改善对现金的控制，减少闲置现金余额并进行更有效率的短期投资。
- 现金集中程序主要采用下列方法在银行间调拨资金：(1)存款转账支票(DTCs)；(2)自动票据清算所通汇；(3)电汇。
- Check 21 允许美国银行截留支票、通过电子方式交换支票的图像文档，并且在需要的时候用图像生成具有同等法律效力的替代支票。
- 公司进行支付控制的方法包括采用承兑汇票，设立单独的支付账户、零余额账户和限额支付(也可能是远程支付)。
- 电子商务的关键要素包括电子数据交换及其两个组成部分：电子通汇和金融电子数据交换。
- 现金管理的主要领域——收款、付款和有价证券管理，都可以通过外包进行。
- 在业务流程外包(BPO)方式下，一个完整的业务流程(如财会)被交给第三方服务提供商负责。
- 现金的最优水平应当是下面两者间较大的：(1)现金管理有效率时的交易性现金余额要求；(2)企业存款所在商业银行所要求的补偿性现金余额。
- 可以将企业的短期有价证券投资组合想象为一张切成三块的饼(不一定相等)：
  1. 备用现金部分：防止企业的现金账户可能出现的不足而持有的最优有价证券余额。
  2. 可控现金部分：应付可控(可知)现金流出，如税收和股利而持有的有价证券。
  3. 自由现金部分："自由"的有价证券(即尚未明确指定用途)。
- 当考虑购买有价证券时，企业的证券投资组合经理必须考虑各种潜在购买对象的本金安全性、流动性、收益性和到期日。
- 企业的有价证券投资组合部门经理经常仅限于购买货币市场工具。普通货币市场工具包括政府债券、回购协议、联邦机构债券、银行承兑汇票、商业票据、可转让定期存单、欧洲美元、短期市政债券和货币市场优先股。
- 在为有价证券投资组合各部分挑选证券时，证券投资组合经理在考虑安全性、流动性、收益性和到期日等相关因素的基础上，试图将各种货币市场工具与各部分的特定需要结合起来。简而言之，在确定企业的短期有价证券账户构成时，必须记住风险与收益间的权衡。
- 货币市场共同基金使得小企业(和个人)也能够持有充分分散的有价证券投资组合。

思考题

1. 说明现金管理的作用。
2. 解释集中银行的概念。
3. 说明银行存款箱制度能如何提高现金管理的效率。
4. 货币市场工具可能被用于闲置的资金的投资载体。说明在利用闲置现金进行短期投资时选择资产的最重要的标准。
5. 说明银行存款箱制度对公司现金余额的影响。
6. 企业希望保持一定的有价证券以应付意外现金需求。在这个备用现金部分,商业票据和政府短期债券是否更适合作为短期投资?为什么?
7. 什么是补偿性银行存款余额?它们为什么对不同的存款人是不同的?
8. 什么是净现金浮账量?公司在付款时可以如何利用现金浮账量?
9. 假设某公司对实际资产投资的收益高于有价证券的投资收益,为什么该公司仍然会持有有价证券?
10. 在什么情况下企业可能不持有任何现金和有价证券?这种情况可能发生吗?
11. 持有现金的三个动机是什么?
12. 比较银行承兑汇票和政府短期债券作为公司有价证券投资的差异。
13. 比较电子商务、电子数据交换、电子通汇和金融电子数据交换的异同。
14. 什么是外包?为什么企业会将其现金管理程序的一部分或全部进行外包?什么是业务流程外包?
15. 美国的"Check 21"是如何为银行带来节省时间和金钱的机会的?

自测题

1. Zindler公司目前有一个集中的发票处理系统。所有客户都向中央发票处理机构支付款项。该系统要求客户平均在4天内将付款支票寄到中央处理机构。在将款项存入银行前还需要一天半的时间对支票进行处理。该企业平均每天收款50万美元。公司最近开始调查使用银行存款箱制度的可能性。据估计,客户的邮寄时间将缩短两天半。而且由于银行将每天收取两次邮件,从而可使公司的支票处理时间减少一天。

(1) 确定建立银行存款箱制度后,公司可释放的现金余额。
(2) 假设短期投资的收益率为5%,确定现行制度每年的机会成本。
(3) 如果银行存款箱制度每年的成本为7.5万美元,是否应采用该制度?

2. El Pedro钢铁公司位于加利福尼亚州,它预计下列有价证券的持续投资收益为:

	%
国库券	8.00
商业票据	8.50
货币市场优先股	7.00

公司的联邦所得税边际税率为30%（假设是在支付州所得税后），它向加利福尼亚州缴纳的所得税的边际税率为7%，根据税后收益，判断应选择哪项投资。此外还应考虑什么因素？

复习题

1. Speedway Owl 公司以特许经营方式在北卡罗来纳州和弗吉尼亚州经营公路加油站。特许经营者采用支票方式支付汽油和石油产品的货款，该款项每天平均为 42 万美元。目前从特许经营者向 Speedway Owl 公司寄出支票到该支票成为 Speedway Owl 公司的入账款项的总时间为 6 天。

（1）在该过程中滞留的资金有多少？

（2）为减少时间上的拖延，公司正在考虑每天到加油站收款。为此需要配备 3 辆车，并专门雇用 3 名员工。这种每天收款的方式每年的成本为 9.3 万美元，但可以将总的浮账时间减少 2 天。目前资金的机会成本为 9%，这也是有价证券的利率。公司是否应实施该计划？为什么？

（3）如果不让客户将支票寄给银行，而是采用专门的快递服务，其总成本为每年 1.03 万美元，并可使浮账时间减少 1 天。公司是否应实施该计划？为什么？

2. List 公司可以在货币市场工具上获得 7% 的收益，目前它为了收取南方客户的款项而与新奥尔良的一家银行签订了存款箱协议。该银行每天处理 300 万美元的收款，并规定 200 万美元的补偿性余额。

（1）List 公司发行可以将南部地区划分为西南地区（每天的收款额为 100 万美元），由达拉斯的一家银行负责，该行规定的补偿性余额为 100 万美元；以及东南地区（每天的收款额为 200 万美元），由亚特兰大的一家银行负责，该行规定的补偿性余额为 200 万美元。在每种情况下，收款都比由新奥尔良银行负责快半天。如果进行这种划分，该公司每年可节省多少资金（或成本是多少）？

（2）为留住客户，新奥尔良的银行已经决定收款服务费可以全部用现金支付（即不用保留补偿性余额）。要留住 List 公司的业务，该银行最多能收取多少服务费？

3. Franzini 食品公司在每周五支付 15 万美元的工资。平均来说，其员工兑现支票的时间分布为：

公司支票账户结算日	支票兑现百分比/%
周五	20
周一	40
周二	25
周三	10
周四	5

作为公司的财务总监，你将如何安排工资账户？该方式存在什么问题吗？

4. Sitmore & Dolittle 公司在全美拥有 41 家布匹零售店。每家零售店平均每天向位于印第安纳州 South Bend 的公司总部寄送价值 5000 美元的支票，这些支票在各当地银行支取。公司的 South Bend 银行结算支票的平均时间为 6 天。Sitmore & Dolittle 公司正在考虑采用电子通汇方式，这将彻底消除浮账期间。

(1) 这将释放多少资金？

(2) 如果当地银行为弥补取消浮账期间所造成的损失而要求将补偿性余额提高 1.5 万美元，则释放的资金净额为多少？

(3) 假设公司对题(2)中释放的资金净额可收取 10% 的利息，如果每笔电子汇款的成本是 7 美元，每家零售店平均每年汇款 250 笔。是否仍应采用电子通汇（假设不考虑传送支票的当地银行的成本）？

5. 从《华尔街日报》或其他金融报刊上查找有关国库券、商业票据、可转让定期存单、银行承兑汇票的利率。这些收益率的差别是否与流动性和违约风险有关？如果你是一家经营风险很高的公司的财务总监，你将投资哪些证券？你将如何安排到期日？

自测题答案

1. (1) 共可节约时间 = 2.5 + 1 = 3.5 天

   节约的时间 × 平均每天收款 = 可减少的现金余额

   3.5 × 500 000 美元 = 1 750 000 美元

(2) 5% × 1 750 000 = 87 500 美元

(3) 由于现行制度每年的机会成本(87 500 美元)超过了银行存款箱制度每年的成本(75 000 美元)，因此应采纳新制度。

2.

证券	联邦税率	州税率	联合影响	税后期望收益率
国库券	0.30	0.00	0.30	(1−0.30)×8.00% = 5.60%
商业票据	0.30	0.07	0.37	(1−0.37)×8.50% = 5.36%
货币市场优先股	0.09*	0.07	0.16	(1−0.16)×7.00% = 5.88%

* (1−0.70)(0.30) = 0.09。

货币市场优先股的税后期望收益率最高，这是因为它 70% 的部分可免交联邦所得税。由于国库券免交州所得税，因此商业票据的吸引力低于国库券（在不征收所得税的州，商业票据的税后收益率会更高）。

如果考虑风险因素，货币市场优先股未必是最佳选择。因为存在利率上升过高从而市场价值下跌的风险。它在股利支付上也存在违约风险，而国库券则不存在违约风险。

参考文献

Bort, Richard. "Lockboxes: The Original Outsource." *The Small Business Controller* 8(Fall 1995), 44-47.

———. "What Every Financial Manager Needs to Know About Controlled Disbursing." *The Small Business*

Controller 9(Winter 1996),47-50.

Gamble,Richard H. "Cash-Management Milestones." *Business Finance* 5(December 1999),50-56.

———. "When the Lockbox Meets the Net." *Business Finance* 7(February 2001),51-56.

Gitman,Lawrence J., D. Keith Forrester, and John R. Forrester Jr. "Maximizing Cash Disbursement Float." *Financial Management* 5(Summer 1976),15-24.

Higgins,David P. *Essentials of Treasury Management*, 2nd ed. Bethesda,MD: Association for Financial Professionals,2007.

Kim,Chang-Soo, David C. Mauer, and Ann E. Sherman. "The Determinants of Corporate Liquidity: Theory and Evidence." *Journal of Financial and Quantitative Analysis* 33 (Septemeber 1998), 335-359.

Lacker,Jeffrey M. "The Check Float Puzzle." *Economic Quarterly of the Federal Reserve Bank of Richmond* 83(Summer 1997),1-25.

Maier,Steven F., and James H. Vander Weide. "What Lockbox and Disbursement Models Really Do." *Journal of Finance* 38 (May 1983),361-371.

Maness,Terry S., and John T. Zietlow. *Short-Term Financial Management*, 3rd ed. Cincinnati, OH: South-Western,2005.

Miller,Merton H., and Daniel Orr. "The Demand for Money by Firms: Extension of Analytic Results." *Journal of Finance* 23(December 1968),735-759.

Stancill,James M. *The Management of Working Capital*. Scranton, PA: Intext Educational Publishers,1971.

Stone,Bernell K. "Design of a Receivable Collection System." *Management Science* 27(August 1981), 866-880.

———. "The Design of a Company's Banking System." *Journal of Finance* 38(May 1983),373-385.

———. "Corporate Trade Payments: Hard Lessons in Product Design." *Economic Review of Fed of Atlanta* 71(April 1986),9-21.

———, and Ned C. Hill. "Cash Transfer Scheduling for Efficient Cash Concentration." *Financial Management* 9(Autumn 1980),35-43.

US Treasury Securities Cash Market. Chicago:Chicago Board of Trade,1998.

Van Horne,James C. *Financial Market Rates and Flows*, 6th ed. Upper Saddle River, NJ: Prentice Hall,2001.

Part Ⅳ of the text's website, *Wachowicz's*, *Web World*, contains links to many finance websites and online articles related to topics covered in the chapter. (http://web.utk.edu/~jwachowi/part4.html)

第 10 章

应收账款和存货管理

内容提要

- 信用和收账政策
  信用标准·信用条件·违约风险·收账政策和程序·信用和收账政策小结
- 信用申请人分析
  信息来源·信用分析·信用决策和信用额度·信用评分和收账外包
- 存货管理和控制
  分类：控制什么·经济订货量：订多少货·订货点：何时订货·安全存货量·适时工作制·存货和财务经理
- 小结
- 思考题
- 自测题
- 复习题
- 自测题答案
- 参考文献

学习目的

完成本章学习后，您将能够：

- 列出企业信用政策中可变的关键因素，了解获利能力和相应成本间的权衡关系。
- 解释应收账款投资水平如何受到企业信用政策的影响。
- 审慎地评估信用政策的各种变动计划，包括信用标准、信用期限和现金折扣等方面的变动。
- 描述关于信用申请人的可能的信息来源，以及可以如何利用这些信息对信用申请人进行分析。
- 识别各类存货并讨论增加/减少存货的优缺点。
- 定义、解释并举例说明有效率的存货管理和控制中必需的关键概念和计算，包括分类、经济订货量（EOQ）、订货点、安全存量和适时工作制（JIT）

我们信奉上帝。其他人则必须支付现金。

——佚名

第 8 章提到资金投资于**应收账款**(accounts receivable)需要在获利能力和风险间进行权衡。最佳投资额是通过比较某一特定投资水平的收益和成本确定的。本章将讨论有效率地进行应收账款管理的关键因素，以及如何改变这些因素以达到最优投资水平。我们首先将企业的信用和收账政策作为一个整体来考虑，然后再分别讨论。本章最后将探讨一家典型企业的最后一项主要的流动资产——存货的效率管理技巧。

 ## 信用和收账政策

经济状况、产品定价、产品质量和企业的信用政策是影响企业应收账款水平的主要因素。这些影响因素除最后一项外，基本上都不是财务经理所能控制的。然而，与其他流动资产一样，经理人员可以通过风险与获利能力间的权衡来改变应收账款的水平。降低**信用标准**(credit standards)可以刺激需求，进而提高销售额和利润。但是持有应收账款会增加成本，而且会提高坏账损失风险。我们要研究的正是这种权衡关系。

我们考虑的政策因素包括所接受的应收账款的质量、信用期限、较早付款的现金折扣（如果有的话）和企业的收账程序。在很大程度上，这些因素共同决定了平均收账期和导致坏账损失的赊销比例。在假定其他因素及影响平均收账期和赊销坏账比率的外部因素不变的条件下，我们将依次分析上述各因素。此外，假定所使用的风险评估方法充分标准化，从而不同账户的风险程度可以进行客观的比较。

信用标准

信用政策对销售会产生重要影响。如果竞争对手放宽其信用政策而我们没有，则我们的信用政策将对本企业的营销努力产生负面影响。信用政策是影响企业产品需求的众多因素之一。因此，所采用的其他因素将影响信用对需求的提高程度。在理论上，只要销售获利能力超过应收账款所增加的成本，企业就应当降低对可接受的应收账款账户的质量要求。放宽信用标准的成本是什么呢？部分成本来自信用部门的扩大、处理增加的账户的职员工作量和处理增加的应收账款的服务。出于计算上的考虑，我们假定从增加的销售获利能力中减去这些成本，从而得到一个净的获利水平。另一项成本来自坏账损失可能增加。我们将在下一节讨论这种成本。现在假定不存在坏账损失。

> **信用和收账政策公式：做的恰到好处！**
> **这有助于打破营销和财务间的屏障**
>
> 信用和收账政策与市场营销政策（销售和客户服务）是息息相关的。例如，有效处理信用订货影响着销售和客户满意度。事实上，将公司的信用和收账政策视为所销售的产品或服务的一部分是很有帮助的。因此，营销经理与财务经理应在制定信用和收账政策时积极合作。通常，财务经理将负责这些政策的实施。但是，同时包括财务和营销人员的永久性的、功能交叉型的工作组正日益普及，尤其是在执行收账政策时。

最后，将资金投入应收账款而不是其他项目有一个机会成本。应收账款的增加可能是因为：(1)销售的增加；(2)平均收账期的延长。如果新的客户是被较为宽松的信用政策所吸引的,则从这些信用较低的客户处收款的速度可能低于从现有客户处收款的速度。此外,更为宽松的信用政策还可能使现有客户不再注重准时付款。

权衡关系的范例 要评价一项更宽松的信用政策的获利能力,必须知道所增加的销售量的获利能力,放宽信用政策带来的产品需求增加量,以及平均收账期被延长的时间和投资的预期报酬。假设某企业的产品销售单价是 10 美元,其中 8 美元是税前变动成本,包括信用部门的成本。企业的经营尚未达到最大运营能力,销售的增加不会导致固定成本的增加。因此,每多销售一件产品的单位边际利润等于销售价格减去多生产一件产品的变动成本,即 10 美元－8 美元＝**2 美元**。

目前,企业的年赊销额为 240 万美元,这一赊销额基本上没有增长的趋势。企业可以放宽信用标准,使新客户的平均收账期达到两个月。估计原有客户不会改变支付习惯。预计信用标准的放宽将使销售额增长 25%,达到每年 300 万美元。如果假定销售单价不变,则增加的 60 万美元销售额意味着销售量增加 6 万件。最后,假设企业持有额外的应收账款的税前机会成本为 20%。

上述信息让我们只需比较额外销售所增加的期望获利能力与增加的应收账款的机会成本。增加的投资是由新的较迟付款的新客户带来的。我们已假定原有客户仍将在一个月内付款。由于销售额增加 60 万美元,新客户的应收账款一年周转 6 次(12 个月除以平均收账期 2 个月),因此增加的应收账款为 600 000 美元/6＝**100 000 美元**。企业要为这些应收账款支付相关的变动成本。本例中,销售的每 1 美元中有 0.80 美元的变动成本,从而增加的应收账款投资为 0.80×100 000 美元＝**80 000 美元**。由这些初步计算,可以完成表 10.1 中的相关计算。由于增加的销售量的获利能力为 2 美元/件×60 000 件＝**120 000 美元**,远远超过增加的应收账款投资的预期报酬 0.20×80 000 美元＝**16 000 美元**。因此,有充分的理由建议企业放宽信用标准。最优的政策将是放宽信用标准,直至所增加的销售量的边际获利能力与为增加这些销售量而增加的应收账款投资的预期报酬相等。然而,随着信用风险的增加,企业的风险也将增加,这反映在企业的期望现金流的方差上。风险的增加还表现在企业坏账损失的增加上,我们很快将讨论这个问题。

表 10.1 评价信用标准变更时的获利能力与预期报酬

增加的销售量的获利能力	＝单位边际利润×销售增加量
	＝2 美元/件×60 000 件＝**120 000 美元**
增加的应收账款	＝增加的销售收入/新客户的应收账款周转率
	＝600 000 美元/6＝**100 000 美元**
增加的应收账款投资	＝(单位变动成本/销售单价)×增加的应收账款
	＝0.80×100 000 美元＝**80 000 美元**
增加的投资的预期税前报酬	＝机会成本×应收账款投资增加额
	＝0.20×80 000 美元＝**16 000 美元**

信用条件

信用期间 信用条件是指给予客户的付款信用持续期间以及因早日付款而给予客户

的折扣(如果有的话)。例如,某企业的信用条件可能表示为"2/10,n/30","2/10"表示如果客户在发票开出后 10 天内付款,可享受 2%的折扣。"n/30"则指超过 10 天后付款没有折扣,而且所有款项应在发票开出后 30 天内付清。因此,**信用期间**(credit period)为 30 天。虽然各行业通常都有信用条件的默认惯例,但信用期间是企业能够用来增加产品需求量的一种手段。如前所述,需要权衡的是增加的销售获利能力与应收账款增加投资部分的必需收益。

假设上例中企业将信用条件由"n/30"改为"n/60",即将信用期间由 30 天增加到 60 天。原有客户的平均收账期由一个月变为两个月。更宽松的信用期间使销售额增加了 36 万美元,这些新客户大部分也将在两个月内付款。增加的应收账款由两个部分组成。第一部分与销售增加部分有关。本例中,销售额增加 36 万美元,新的应收账款周转率为每年 6 次,与增加的销售有关的应收账款增加部分为 360 000 美元/6=**60 000 美元**。对于这些增加的应收账款,企业的投资是指其中所包含的变动成本。本例中为(8 美元/10 美元)×60 000 美元=**48 000 美元**。

增加的应收账款总额中的第二部分是由于对原有客户销售的收款延迟造成的。原有客户的应收账款收款延迟,造成应收账款的水平提高。原有销售额是 240 万美元,每年应收账款周转次数是 12 次,从而应收账款为 2 400 000 美元/12=**200 000 美元**。现在每年应收账款周转 6 次,应收账款为 2 400 000 美元/6=**400 000 美元**。因此与原有客户销售有关的应收账款增加量是 20 万美元。对这部分增加量,边际分析所用的应收账款投资增加额将是 20 万美元。换句话说,用变动成本作应收账款投资额仅适用于增加的销售部分。如果不是信用期间发生了改变,与原有客户销售有关的应收账款增加额 20 万美元将全部收现。因此,企业必须在应收账款上增加 20 万美元的投资。①

根据上述初步计算,我们可以进行表 10.2 中的相关计算。应当比较的是销售增加部分的获利能力和应收账款投资增加部分的机会成本。由于销售增加部分的获利能力 7.2 万美元超过增加的应收账款投资的预期报酬 4.96 万美元,信用期间由 30 天变为 60 天则是值得的。增加销售部分的获利能力在抵消增加的应收账款投资的机会成本后还有剩余。应收账款投资增加额中的大部分都来源于原有客户推迟其付款。

表 10.2 评价信用期间变更时的获利能力与预期报酬

销售增加部分的获利能力	=单位边际利润×销售增加量
	=2 美元/件×36 000 件=**72 000 美元**
与新增销售有关的应收账款增加额	=增加的销售收入/新的应收账款周转率
	=360 000 美元/6=**60 000 美元**
与新增销售有关的应收账款投资增加额	=(单位变动成本/销售单价)×增加的应收账款
	=0.80×60 000 美元=**48 000 美元**

---

① 信用期间改变后的第一个 30 天内,原有客户将支付在信用期间改变前发生的账单。由于对原有客户的销售量保持不变,因此与原有客户相关的应收账款水平也不变。然而,在第二个 30 天内,原有客户将不再付款,因为他们要等到收到账单 60 天后再付款。应收账款将逐渐增加,直到信用期间改变后的第 60 天末,此时应收账款增加了一倍。这样一来,企业将在原有客户处失去一个月的资金价值,账簿上的应收账款也将增加 20 万美元。

续表

信用期间改变前的应收账款水平	=年赊销额/原应收账款周转率
	=2 400 000 美元/12=**200 000 美元**
与原有销售有关的新的应收账款水平	=年赊销额/新的应收账款周转率
	=2 400 000 美元/6=**400 000 美元**
与原有销售有关的应收账款投资增加额	=400 000 美元－200 000 美元=**200 000 美元**
应收账款投资总增加额	=48 000 美元+200 000 美元=**248 000 美元**
增加的投资的预期税前报酬	=机会成本×应收账款投资增加额
	=0.20×248 000 美元=**49 600 美元**

现金折扣期间和现金折扣 现金折扣期间(cash discount period)是指通过早付款可以取得现金折扣的一段时间。尽管从技术角度说，现金折扣期间与信用期间一样，也是信用政策的一个因素，但它通常保持一定的标准长度。对很多企业来说，10 天是最短的折扣期间，这是指从将发票寄给客户到客户将支票投入邮局的一段时间。

改变**现金折扣**(cash discount)部分是为了试图加速应收账款的回收。这里我们必须确定加速收账的好处能否抵消增加折扣的成本。如果能够抵消，则应改变现有的折扣政策。假设企业的年销售额是 300 万美元，平均收账期是两个月。此外，假设销售条件为"n/45"，没有现金折扣。可得，应收账款平均余额为 3 000 000 美元/6=**500 000 美元**。如果信用条件改变为"2/10，n/45"，则平均收账期可减少为 1 个月，因为 60%的客户（按余额计）都希望取得这 2%的现金折扣。企业折扣的机会成本是 0.02×0.60×3 000 000 美元，即每年 **3.6 万美元**。应收账款周转率提高为每年 12 次，平均应收账款从 50 万美元下降到 25 万美元(3 000 000 美元/12=**250 000 美元**)。

因此，企业通过加速收款可释放出 25 万美元的资金，其价值为这些资金的机会成本。如果假定税前收益率为 20%，则相当于节约了 5 万美元的资金（参见表 10.3 中的分步骤计算）。这里加速收款的机会节省高于折扣的成本。因此企业应当实行 2%的折扣政策。如果加速收款带来的机会节省不足以抵消折扣的成本，则不应实施该现金折扣政策。当然，其他比率的折扣政策可能带来更高的机会节省与折扣成本间的差值。

表 10.3 评价现金折扣变化后的成本与节省

现金折扣变化前的应收账款水平	=年赊销额/原应收账款周转率
	=3 000 000 美元/6=**500 000 美元**
现金折扣变化后的应收账款水平	=年赊销额/新的应收账款周转率
	=3 000 000 美元/12=**250 000 美元**
应收账款投资减少额	=原应收账款水平－新应收账款水平
	=500 000 美元－250 000 美元=**250 000 美元**
现金折扣变化的税前成本	=现金折扣×取得折扣的百分比×年赊销额
	=0.02×0.60×3 000 000 美元=**36 000 美元**
减少的应收账款所节省的税前机会成本	=机会成本×应收账款减少额
	=0.20×250 000 美元=**50 000 美元**

季节性优惠 在销售淡季,企业有时向客户销售货物而在未来一段时间并不要求其付款。**季节性优惠**(seasonal dating)可以根据客户的现金流状况确定,可能会刺激那些只能在销售旺季后付款的客户的需求。为确定季节性优惠是不是刺激需求的适当手段,我们仍需要比较销售增加部分的获利能力与应收账款投资增加额的预期报酬。

季节性优惠也可用来避免存货储存成本。如果在一年中销售是季节性的而生产却是平稳的,则在一年中的某些时候生产的产品存货将逐渐累积。包括仓储成本在内的储存费用可以通过季节性优惠避免。如果存储成本加上存货投资的预期报酬超过应收账款投资增加部分的预期报酬,则可以采用季节性优惠。

违约风险

在前面的例子中我们假定没有坏账损失。本节我们不仅考虑收款的延迟而且考虑应收账款的违约部分。不同的信用标准政策都将涉及这两个因素。如同后面将说明的,最优的信用标准政策未必是使坏账损失最小的政策。

假设我们将目前的信用政策(可产生 240 万美元销售收入)与两个新的政策放在一起考虑,这些政策一个比一个宽松,其结果如下所示:

	目前的政策	政策 A	政策 B
需求(赊购额)/美元	2 400 000	3 000 000	3 300 000
销售增量/美元		600 000	300 000
违约损失			
初始销售/%	2		
增量销售/%		10	18
平均收账期			
初始销售/月	1		
增量销售/月		2	3

假定 6 个月仍未收款的应收账款账户将交给代理收款机构,另外,240 万美元初始销售量中平均 2% 无法收回,在政策 A 下 60 万美元的增量销售中有 10% 无法收回,在政策 B 下 300 万美元的增量销售中有 18% 无法收回。类似地,初始销售部分的平均收账期为 1 个月,政策 A 下 60 万美元的增量销售的平均收账期为 2 个月,政策 B 下 30 万美元增量销售的平均收账期为 3 个月。与这些平均收账期相对应的应收账款周转率分别是 12 次、6 次和 4 次。

有关这两种新的信用标准政策的增量获利能力的计算见表 10.4。我们将希望采用政策 A,而不是将信用标准放松到政策 B 的地步。从现行政策到政策 A 的边际收益为正,但从政策 A 到政策 B 的边际收益为负。当然落在政策 A 两侧的更宽松的信用政策也有可能产生更高的边际收益。最优的政策应是能提供最大增量收益的政策。

表 10.4　信用政策变化评价中的获利能力与预期收益　　　　　　　　　　美元

	政策 A	政策 B
1. 销售增加额	600 000	300 000
2. 销售增加部分的获利能力：20%的边际利润×销售增加额	120 000	60 000
3. 增加的坏账损失：销售增加额×坏账损失百分比	60 000	54 000
4. 应收账款增加额：销售增加额/新的应收账款周转率	100 000	75 000
5. 应收账款投资增加额：0.80×应收账款增加额	80 000	60 000
6. 增加投资部分的预期税前报酬：(20%)	16 000	12 000
7. 坏账损失增加额加上预期报酬增加额：第 3 行＋第 6 行	76 000	66 000
8. 增量获利能力：第 2 行－第 7 行	44 000	(6000)

收账政策和程序

企业将所采用的各种收账程序结合起来，即可确定整体收账政策。这些程序包括信函、传真、电话、人员拜访和法律行动等。主要的政策变量之一是收账程序所支出的费用。在其他条件都相同时，在一定范围内相应的收账费用越高，坏账比率就越低，平均收账期也就越短。但是这种关系并非线性的。初始的收账支出可能只能减少很少的坏账损失。进一步增加收账费用将产生显著作用，直至达到某一点后所能减少的坏账损失越来越少。图 10.1 显示了收账费用与坏账损失之间的假想关系。平均收账期与收款支出水平间的关系可能与图 10.1 类似。

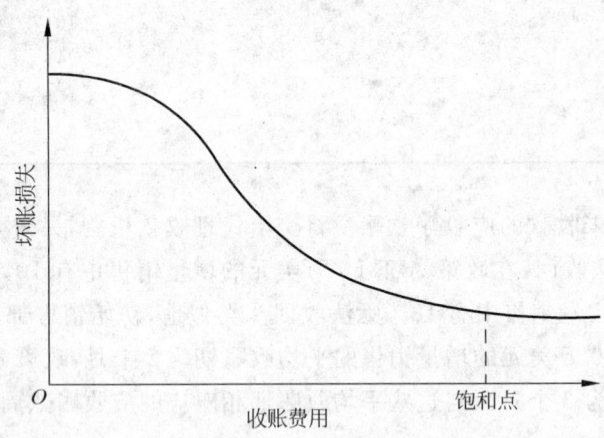

图 10.1　坏账损失和收账费用之间的关系

如果销售与收账工作相互独立，则收账费用的适当水平会再次涉及权衡，不过这次的权衡一方面是支出水平，另一方面则是坏账损失成本的减少和应收账款投资减少所导致的资金节省。有关计算与前面的现金折扣和违约损失是相同的。读者可以很容易地进行这种权衡。

由于应收账款只有在被支付时才有意义,因此企业在执行收账程序前不能拖延过久。然而,如果企业过早采用收账程序,则可能激怒那些出于某种原因无法在到期日付款的好客户。但无论如何,都应建立一套稳健的收账程序。通常开始时打电话询问客户尚未付款的原因。接下来可以发信函或连着发几封措辞越来越严厉的信函。然后就有必要由公司的律师给客户打电话或发律师函。有些公司还会专门派出收账人员去拜访逾期未付款的客户。

如果其他所有程序都失败了,则可以将该账户转给收款机构。收款机构的费用非常高,经常达到应收账款金额的一半。但这一程序可能是唯一可行的,尤其是对金额较小的账户更是如此。直接采取法律行动的成本高昂,有时也没有实际意义,而且可能造成该客户破产。当应收账款无法收回时,协商解决有可能取得更高的回收比率。

信用和收账政策小结

企业的信用和收账政策包括下列几方面的决策:(1)所接受的账户的质量;(2)信用期限的长短;(3)给予的现金折扣的大小;(4)特别信用条件,如季节性优惠;(5)收账费用水平。每种情况下的决策都要在政策改变可能带来的收益和成本间进行比较。最优信用和收账政策所带来的边际收益和边际成本应相等。

为使信用和收账政策带来的利润最大化,企业应将这些政策结合起来考虑,并不断进行调整以获得最佳方案。这一方案将确定信用标准、信用期限、现金折扣政策、特别信用条件和收账费用水平的最佳组合。对于绝大多数政策变量来说,当该政策从最小程度的努力向最大限度的努力转变时,利润会先以递减的速度递增,直至达到某一点后开始减少。图10.2描述了这些变量同拒付应收账款账户的质量间的关系。如果完全没有信用

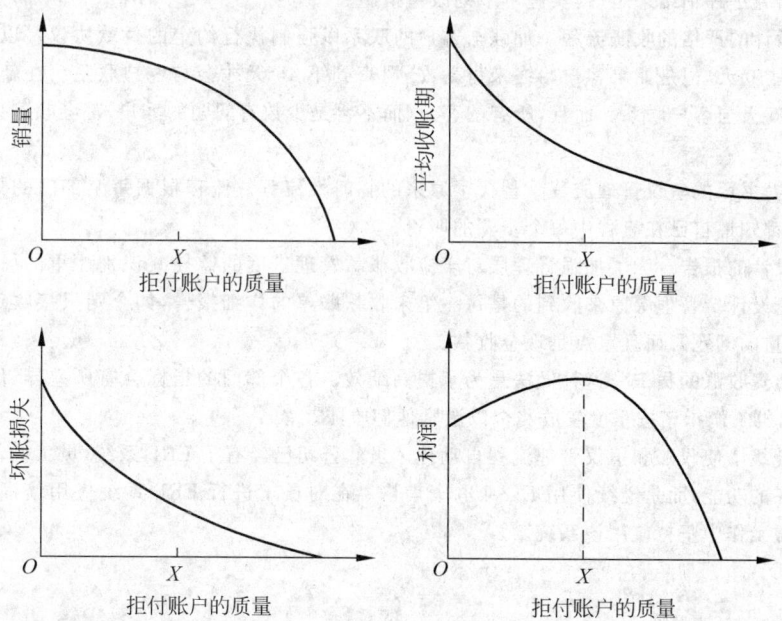

图10.2 销售量、平均收账期、坏账损失和利润与拒付账户质量间的关系

标准(即接受所有的信用申请人的申请),销售将最大化,但它将被巨大的坏账损失和大额应收账款的机会成本所抵消。后者是因为平均收账期将延长。如果开始实行信用标准并拒绝部分信用申请人,销售收入将减少,但平均收账期和坏账损失也将减少。由于后面两者开始时下降的速度比销售快,利润将增加。随着信用政策严厉程度的增加,销售收入将以递增的速度减少。同时,平均收账期和坏账损失以递减的速度减少,只能剔除越来越少的不良信用风险。综合考虑这些因素,随着信用政策的逐渐严格,企业的总利润以递减的速度增加,直至某一点后它开始下降。关于信用标准的最优政策在图中用点 X 表示。再进一步,该政策将决定企业的应收账款余额。

案例研究:应收账款管理物超所值

BusinessFinance

一家市值 15 亿美元的重型设备制造商通过改善应收账管理获得了巨额现金和利润。

该公司下设多个部门,生产重型建筑材料和工程用产品。公司的客户基础非常广泛,包括承包商(通常缺乏资金,付款很慢)、政府机构和《财富》100 强企业。公司的 DSO 为 45~50,还过得去,但并未达到管理层所希望的水平。

此外,每个部门的权力都很分散,有着自己应收账款管理办法、衡量办法和做法。在管理层看来,很多部门都不急于改变,而是希望维持现状。

公司是如何实施变革的?首先,公司开展了一项评估,发现各部门的收款流程并不一致,信用管理过于温和,有时候甚至温和到客户拖欠很久的账款累积到无法偿还的地步。争议的解决办法也都是临时性的。衡量的往往是错误的数据。

公司研究了评估结果之后,实施了下列改革措施。

重新设计的严格的收账流程 加强与客户的联系以强制执行约定的付款协议。以往,给客户的付款期是 30 天,但是如果客户始终未付款,公司直到第 45 天才会与客户联系。在新的流程下,公司在第 35 天与客户联系。而且,所有的客户(而不再是少数有问题的客户)都会收到公司的追踪电话。

正式的、书面的争议管理流程 替代了原来的临时性流程。流程根据每个部门的具体情况制定,每个人都知道自己在流程中每个步骤的职责。

重新设计的报告 为了加强管理层对于应收账款管理进度的监控并识别严重的风险,对报告进行了重新设计。管理层原来收到的是每一笔未收款账单的详细报告,如今则只接收定期的异常报告(最严重的问题),而且重点是现金收款。

激励负责收账的员工 这种做法是为了提高绩效。各个部门的指标会有所差异,但结果却是相同的:向员工们承诺按季度发放奖金以激励他们收账。

技术升级 使收账和争议管理流程自动化。虽然公司已经有了 ERP 系统,员工们却并未充分利用其潜在的功能,而是继续使用 Excel 电子表格。在对员工进行 ERP 系统应用培训之后,他们开始在日常工作中坚持应用该系统。

结果如何呢？一个由 12 个部门组成的团队取得了下列成果：
- 从应收账款中释放出来的现金高达 4500 万美元。按照 10% 的资本成本核算，这使得筹资成本每年降低了 450 万美元。
- 经过 14 个月的努力，应收账款周转天数由 47 天缩短为 36 天。
- 坏账费用减少了 100 万美元。
- 第一年取得的利润增长总计为 550 万美元。

资料来源：改编自 John Salek, "7 Steps to Optimize A/R Management," *Business Finance* (April 2007), p. 45. (www.bfmag.com) Copyright © 2007 by Penton Media, Inc. Used by permission. All rights reserved.

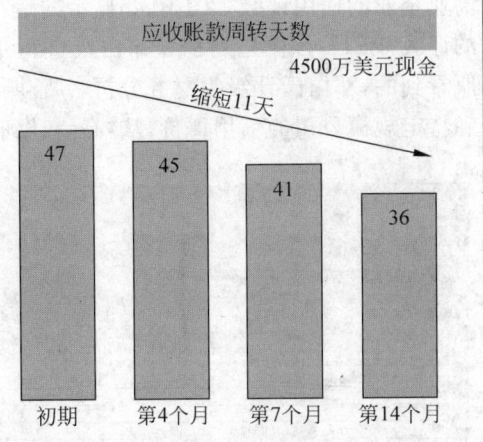

前面几节的分析主要是一般性地介绍了信用和收账政策的基本概念。显然，一项政策决策应根据比我们的示例详细得多的评估作出。要估计随信用标准放松所带来的需求的增加和收款的延迟将是困难的。然而，企业要想真实地评价现有政策，管理层必须对这类关系作出估计。

信用申请人分析

确定了将给予的销售条件后，企业必须对单个的信用申请人进行分析，并考虑发生坏账和延期付款的可能性。信用评价程序包括三个相关步骤：(1) 取得申请人的相关信息；(2) 分析这些信息并确定申请人的信誉；(3) 进行信用决策。信用决策进而确定了是否应给予信用及应给予的最高信用额。

信息来源

很多信息服务机构都提供有关企业信用的信息，但对于某些应收款账户，尤其是较小的账户，收集这些信息的成本可能超过其潜在获利能力。企业给予信用的政策可能不得不根据有限的信息量作出。除了成本以外，企业还必须考虑对信用申请人进行调查将花费的时间。在进行详细的信用调查前，没有必要延迟向潜在的客户发货。因此，所收集的信息量应与所花费的成本和时间结合起来考虑。基于上述考虑，信用分析者可能采用下面一种或多种信息来源。

财务报表 当一项销售可能发生时销售方会要求查看对方的财务报表，这也是进行信用分析时最理想的信息来源之一。通常，客户拒绝提供财务报表可能意味着其较差的财务状况。最好能取得经过审计的财务报表。如果有可能，除年终报表外取得公司的内部报表将很有帮助，对那些销售具有季节性特点的公司更是如此。

信用评级和信用报告 除了财务报表以外，还可以从各种信用报表机构处取得信用评级资料。邓白氏评级机构可能是这类机构中最知名、最全面的。它为订阅者提供全美大量商业企业的信用评级。图10.3显示的是在一本邓白氏参考资料中对Beaumont&Hunt公司的评级"BB1",该图还列示了邓白氏进行单个评级时的一些考虑因素。正如在评级因素中所看到的,邓白氏评级为财务分析者提供了有关净值的规模(标为"财务实力估计")的估计和特定规模公司的信用评价,从"高=1"到"很低=4"分为四等。① 当某个企业的信息不充

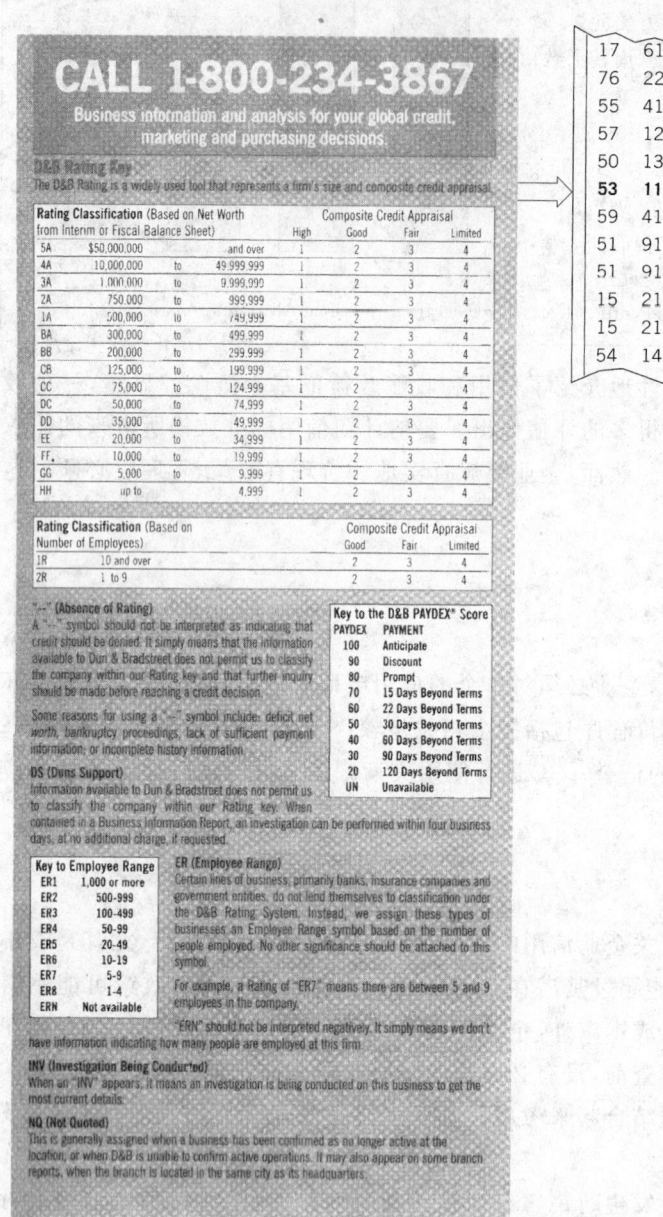

图10.3 一本参考书中邓白氏的综合评级和关键评级要素
经邓白氏公司允许摘录,2007年

---

① Beaumont&Hunt公司的信用评级"BB1"中的BB表示该公司的资产净值为20万美元至30万美元。BB后面的1表示在具有相近的资产净值规模的公司中,Beaumont&Hunt公司的综合信用评价为高。

分以至无法进行评级时,邓白氏会将该状况表示出来。除了提供信用评级服务外,邓白氏还提供各公司的信用报告,其内容包括公司及其主要高级职员的简历、经营业务的性质、某些财务信息及与供货商的交易记录,包括其与公司交易历史的长短以及其付款是取得折扣、准时付款还是延期付款。邓白氏信用报告的质量随外部可获得信息和被报告公司与邓白氏编报人员的合作意愿程度而不同。上述报告也可通过计算机终端获取。

与银行核查 信用分析者审查某家企业的另一个信息来源是该企业的开户行。绝大多数银行都有信用部门,它们可以向那些寻求获得商业信用(一家企业提供给另一家企业的信用)的客户提供有关商业客户的信息。通过给信用申请者的开户行打电话或写信,分析者可以获得如客户在银行的平均现金余额、贷款额、开户历史等信息,还能获得更广泛的财务信息。银行提供的信息内容由客户允许银行披露的信息范围决定。在进行信用信息交流时,大多数银行遵循全美金融服务业协会——风险管理协会(RMA)所采纳的准则。风险管理协会的"商业信用信息交换准则"详细说明了对待有关商业信用信息的查询请求方式,而不论对方是以信函、电话还是传真的方式发出查询要求。

商业往来审查 信用信息通常在向同一客户出售产品的公司间交流。通过各种信用机构,某一地区与信用有关的人结成一个紧密联结的群体。公司可以向其他供应商询问他们与某个客户的交往经历。

公司的自身经验 对包括任何季节性模式在内的以往付款准时性的研究是大有裨益的。企业的信用部门经常会对拟给予信用的公司的管理质量作出书面评估报告。这些评估十分重要,因为它们与原来的信用分析"3C"——品德(character,即客户履行到期债务的意愿)、能力(capacity,客户获得现金以偿还到期债务的能力)、资本(capital,客户的净资产及其与负债的关系)有关。向潜在客户销售的人经常可以提供有关对方管理层和经营情况的有用信息。但是有必要谨慎地对待这类信息,因为销售人员对给予信用及进行销售带有一种天生的偏见。

信用分析

信用信息收集完毕后,企业必须对申请者进行信用分析。在实践中,信息的收集和分析是紧密联系的。如果最初的信用信息表明一个大客户的风险很高,则信用分析者会希望取得进一步的信息,但此时额外信息的期望价值必须超过取得它们的成本。如果取得了信用申请者的财务报表,信用分析者就可以采用第6章所介绍的财务比率进行分析。分析者会特别关注申请人的流动性和准时付款能力,尤其是速度比率、应收账款和存货的周转率、平均付款期、负债和产权比率等相关的比率。

除了分析财务报表外,信用分析者还将考虑公司及其管理层的品德、企业的财务实力及其他各种因素。然后,分析者会确定申请者履行信用的能力、不准时付款的可能性及发生坏账损失的可能性。根据这些信息及企业所销售的产品或劳务的利润率,即可得出是否应给予信用的结论。

连续的调查过程 调查过程所收集的信息量应与订单的期望利润和调查成本结合起来考虑。只有当根据前一调查步骤所制定的信用决策发生改变时,才应进行更复杂的分析。如果邓白氏评级报告的分析结果对某个申请者十分不利,进一步调查申请者的银行和供应商对改变拒绝给予信用的决策也不会有很大的帮助。因此不值得在该调查步骤中增加调查成本。每一个增加的调查步骤都有成本,只有当所获得的信息有助于改变原有的决策时,该步骤才值得进行。①

图 10.4 是信用分析流程示意图。步骤一包括考虑企业是否曾销货给该客户,如果有的话,该经验是否令人满意。步骤二可能包括获得有关该申请者的邓白氏评级报告并对其进行评价。步骤三也是最后一个步骤是向客户的银行和供应商调查该客户的信用,有时甚至包括进行财务报表分析。每一步都将增加成本。接受一份订单的预期利润取决于该订单的规模以及拒绝该订单的机会成本。企业不能不考虑订单大小和过去的经验就执行所有的调查步骤,只有在进一步获得信息的期望净收益超过其成本时,企业才应当执行该调查步骤并进入下一步骤。如果过去的经验十分有利,则没有太大必要作进一步调查。一般来说,申请者的风险越高,希望获得的信息就越多。将本步骤以及下一步骤信息的成

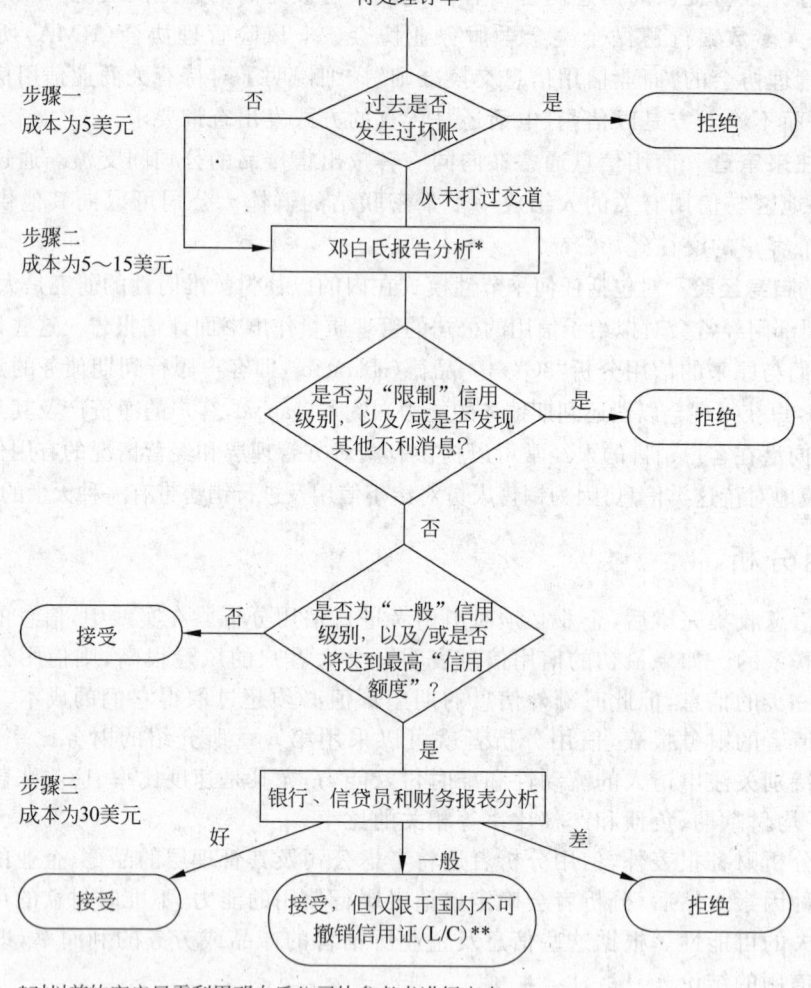

*对以前的客户只需利用邓白氏公司的参考书进行审查。
**即有一家银行用其信用为客户的信用作担保。

图 10.4 连续调查程序:谁可以被接纳为先货后款客户

---

① 相关分析参见 Dileep Mehta, "The Formulation of Credit Policy Models," *Management Science* 15 (October 1968), pp. 35-50。

本同订单的可能获利能力进行比较,只有在有利可图时才应增加这种调查的复杂性。

信用评分制度 学者们提出了很多用于评估企业履行信用能力的定量方法,但是对大部分公司来说,给予商业信用(一个企业提供给另一个企业的信用)的最终决策仍取决于信用分析者在评价现有信息过程中的判断。严格的数值计算法在零售客户的信用(消费者信用)决策中已取得了成功,该方法对个人的各种特征进行量化评分,然后根据总评分作出信用决策。很多人都在使用的信用卡通常就是根据**信用评分制度**(credit-scoring system)发放的,该制度需要考虑职业、工作年限、房屋所有权、居住年限和年收入等因素。量化的评级制度也被一些公司用来进行商业信用决策。随着整个商业信用的拓展,很多公司逐渐实行用量化的评分制度来确定那些可明确判断能否接受的申请者,这不失为一种好方法,从而可以让信用分析者专心评价那些不易判断的申请者。

信用决策和信用额度

信用分析者对必要的证据进行整理并分析之后,必须对该客户的信誉状况作出决策。如果是初次销售,首先需要确定的是是否给予信用。如果该客户可能会是长期客户,则可能需要建立一定的程序,以避免每次收到订单都要从头评估是否给予信用。使该程序合理化的一个方法是为每个客户确立一个**信用额度**(line of credit)。信用额度是企业在授予信用的过程中允许客户拖欠的最高金额。它本质上代表了企业愿意为客户承担的最大风险。① 信用额度的确定使发货过程更有效率,但必须经常对该额度进行重新评估,以便与该客户状况的最新变化相适应。今天令人满意的风险状况在一年后有可能变得不再令人满意。尽管有全面的信用评价程序,但总会有需要单独处理的特殊情况。企业也可以通过明确划分责任来提高运营的效率。

信用评分和收账外包

整个信用评分/收账功能都可以通过外包来完成(例如转包给外部的公司)。许多类似于邓白氏评级机构的第三方机构都可以向公司提供完整的或部分的服务项目。信用评分系统与其他信息可作为是否提供信用的决定因素。维护分类账户、支付处理、逾期应收账款的收款都开始采用外包的形式。任何企业功能的外包最终都会涉及核心能力的问题。在公司内部不具备某种能力或相关能力效率较低时,则可能借助外部服务(大公司也是如此)。对于中小企业来说,自己进行信用评分和收账工作可能成本太高。

存货管理和控制

存货是联结产品生产和销售的纽带。制造企业在生产过程中必须维持一定的存货,即所谓的在产品。尽管其他类型的存货(在途存货、原材料和产成品存货)从最严格的意义上说并不是必需的,但它们能增加企业经营的弹性。在途存货,即处于不同生产阶段或

---

① 某家信用机构提出了用于确定给予客户的信用额度的"大拇指法则",即在(1)申请者净资产的10%,(2)申请者净营运资本的20%中取较低者作为信用额度。

不同储存地点间的存货，有助于有效率地进行生产安排和资源利用。如果没有这类存货，则各阶段的生产只能等到前一阶段的生产完成再进行。造成生产延迟和时间浪费的可能性促使企业保持在途存货。

原材料存货使得企业在采购时具备灵活性。如果没有这类存货，企业将只能处于小本经营的状态，即原材料采购必须严格与生产进程保持一致。产成品存货使得企业在生产安排和营销方面具有弹性。生产没有必要直接根据销售进行调整。大量的存货可以使企业有效率地满足客户的需求。如果某种产品临时脱销，则可能失去某个客户现在和未来的订单。因此企业有必要保持各类存货。

传统上对增加存货持赞成态度，这体现在很多方面。如企业可实现经济生产和采购，并可迅速地满足订货业务。简而言之，企业被视为具有灵活性。其缺点最明显的是持有存货的总成本，包括仓储和处理成本，以及存货所占用资金的预期报酬。另一个缺点是存货过时的风险。然而，销售经理和生产经理通常由于存货的优点而更倾向于保持大量存货。此外，由于采购经理通常可以通过大量采购而获得销售折扣，他也具有相同的倾向。相反，财务经理并不赞成保持过多的存货，他往往通过促使其他部门考虑持有存货的资金成本以及处理和储存成本来遏制该倾向。

近些年来，对财务经理不赞成持有大量存货的观点又有了新的支持，这就是起源于日本的称为适时工作制或简称JIT的存货控制制度。JIT打破了传统的维持大量存货以防不时之需的观念。JIT的基本目标是在刚好需要时才生产（或收到）所需的产品，即"适时生产"。各类存货的数量都将被减少到最低限（有时甚至为零）。JIT最明显的结果是削减了存货成本。此外，JIT还有其他好处，如生产率、产品质量和灵活性的提高。

与应收账款一样，当数量增加带来的成本节约超过其自身的持有成本时，即可增加存货量。存货的最终数量取决于对实际节省的资金的估计、所增加的存货的持有成本以及存货的控制效率。显然，该数量需要企业的生产、营销和财务各领域在与公司总体目标一致的基础上相互协调。我们的目的是检查各种存货控制原则以便获得最合适的存货量。

分类：控制什么

上文提到典型的制造企业存在不同类型的存货——原材料、在产品、在途品和产成品。另一种存货分类方法是按照企业的投资金额划分。如果将企业的存货按单价递减排列，可得到如图10.5所示的累积分布。对于图10.5所描述的企业，我们发现作为一个整体，A组存货量大约占15%，而价值却占70%；B组存货量占30%，价值占20%；C组存货量超过半数，占55%，而其价值仅占10%。

根据这一典型的划分方法，数量相对较少的存货占总存货价值量的绝大部分，企业似乎应该对这些价值较高的存货控制花费更多精力。这可以通过将其划分为A类，并经常检查来实现。B类和C类存货的控制的严格性和检查的频繁性则可逐渐降低。这种制度通常被恰当地称为**存货控制的ABC法**（ABC method of inventory control）。在分类时可能还需要考虑价值以外的因素，例如，存货是不是关键性的或瓶颈性的，存货是否很快会过时。但进行存货分类的基本原则是要确保最重要的存货能被最经常地检查。因此，有效的存货分类法是健全的存货控制系统的基础。

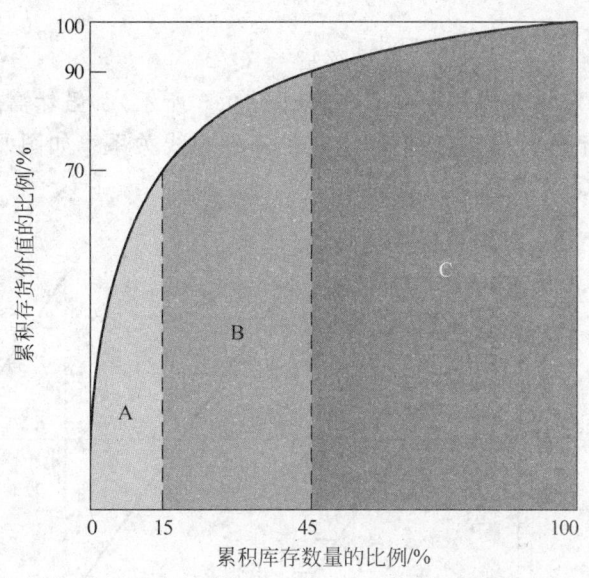

图 10.5 以存货价值计算的存货分布

经济订货量：订多少货

如果你想在电视竞技节目"Jeopardy"中获胜，必须给出各类答案的相应问题。由此，如果答案的类别属于存货理论，你就可能遇到这样一个问题：EOQ 数量。希望读完本节内容后你能够明白为什么对应这个答案的正确"问题"是我们应当订多少货。

经济订货量（economic order quantity，EOQ）在原材料采购和产成品与在途品储存中是一个非常重要的概念。在我们的分析中，将在给定消耗量、订货成本和持有成本的基础上确定各类存货的最优订货数量。订货既可以指该产品的采购也可以指该产品的生产。暂时假定某种存货的使用情况是确定的。在整个分析期间它按一个稳定的比例被消耗。换句话说，如果 6 个月耗用存货 2600 件，则每周耗用 100 件。

假定每次订购成本 O 不随订单大小变化，即保持固定。在原材料和其他对象的采购中，这些成本代表订货及到货后收货和验货的成本。对于产成品存货，订货成本包括生产调整成本。当调整成本很高时，例如生产某种机械加工零件，则订货成本可能很高。对于运送中的存货来说，订货成本可能仅包括簿记成本。要计算一段时期的总订货成本，用订货单位成本乘以该时期内的订货次数即可。

存货的单位持有成本 C 代表存货的储存、处理和保险成本以及该时期内存货投资的预期报酬。假设这些成本对单位存货来说单位时间内保持不变。此外，假设存货订单在需要时能够立即得到满足而不会被拖延。由于短缺的存货能够立即得到补充，因此没有必要维持一个缓冲存货量或安全存货量。虽然迄今为止所作的假定看上去过于严格，但这对初步理解下面的运算思路是非常必要的。随后我们将放松其中一些假设，但你可能会很惊奇地发现我们开始时采用的方法是如此经得起考验。

如果存货在一段时期内是按一个固定的比率被耗用的，且没有安全存货，则平均存货

(数量)可表示为

$$平均存货 = Q/2 \tag{10.1}$$

式中，Q 是订货量，假定它在计划期内不变(如图 10.6 所示)。虽然需求量是一种分步完成的间断活动，但出于分析需要，我们假定它是一种直线关系。如图所示，当存货下降到零时，新订购的存货 Q 又送到了。

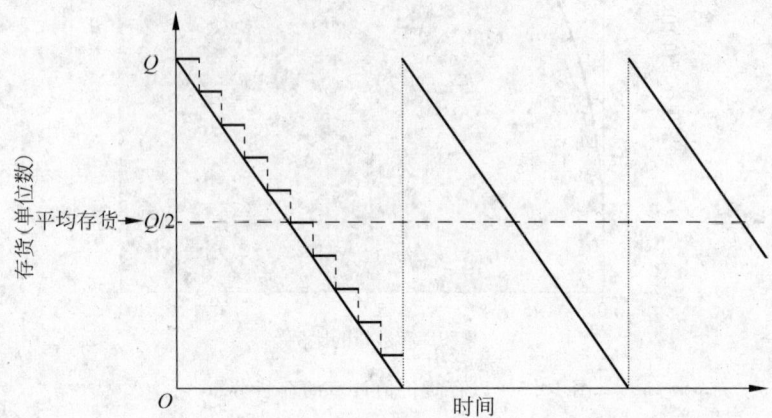

图 10.6　需求稳定且无安全存货的订货量示例

存货的持有成本等于存货的平均数量乘以存货的单位持有成本，即 $C(Q/2)$。一段时期内存货的总订货次数恰好等于该时期存货的总耗用量 S 除以每次的订货量 Q。因此，总订货成本等于每次订货成本乘以订货次数，即 $O(S/Q)$。存货总成本等于总持有成本与总订货成本之和，即

$$总存货成本(T) = C(Q/2) + O(S/Q) \tag{10.2}$$

从式(10.2)可以看到，订货量 Q 越大，总持有成本越高，总订货成本越低。因此，我们需要在订货规模增加的经济效益和持有多余存货所增加的成本间进行权衡。

最优订货量　每次订货的最优订货量 Q^* 就是在计划期内使总存货成本最小的订货量。我们可以用微分法求解式(10.2)所表示的总存货成本曲线的最低点，并解出 Q。[①] 其结果即最优订货量或称 EOQ，即

$$Q^* = \sqrt{\frac{2(O)(S)}{C}}$$

为了说明如何使用这个 EOQ 等式，假定在为期 100 天的计划期内共耗用存货 2000 件，每次订货成本为 100 美元，每件存货每 100 天的持有成本是 10 美元。则经济订货量是

---

① 对式(10.2)求一阶导并令结果为零，可得

$$dT/dQ = (C/2) - O(S/Q^2) = 0$$

求解 Q，可得

$$O(S/Q^2) = C/2$$

$$Q = \sqrt{\frac{2(O)(S)}{C}} = Q^*$$

$$Q^* = \sqrt{\frac{2(100\text{美元})(2000)}{10\text{美元}}} = 200(\text{件}) \tag{10.3}$$

订货量为200件,计划期内企业将订货 2000/200 = **10次**,换句话说,企业每10天订货一次。从式(10.3)可见,Q^* 与耗用量 S 和订货成本 O 变化方向相同,与持有成本 C 变化方向相反。但在两种情况下,这种变化相关程度都被平方根号削弱了。当耗用量增加时,最优订货量和平均存货水平将以一个较小的百分比增加,即规模经济是可能实现的。例如,如果将耗用量增加一倍达到4000件,则最优订货量将只比原来高40%,即280件。这一新的订货量带来的新的平均存货水平($Q/2$)也只增加40%,原来为100件,现在为140件。

EOQ公式可表示为图10.7,图中画出了总订货成本、总持有成本和等于二者之和的总存货成本。如图所示,总持有成本与订货量成正比,总订货成本与订货量成反比。总存货成本曲线开始时先下降,因为在订货次数较少、每次订货量较大的情况下,订货固定成本发生的次数较少。但是随着订货成本的减少逐渐被因维持较大数量的平均存货而增加的持有成本抵消,总存货成本曲线开始上升。Q^* 点是表示经济订货量的点,在该点存货总成本最低。① 本节讨论的EOQ公式是存货控制中的一个很有用的工具,在采购原材料和其他存货时,它能够告诉我们应订购的数量。对于产成品,它能使我们更好地控制生产流程的规模。总之,EOQ模型为我们提供了补充存货所应遵循的规则。

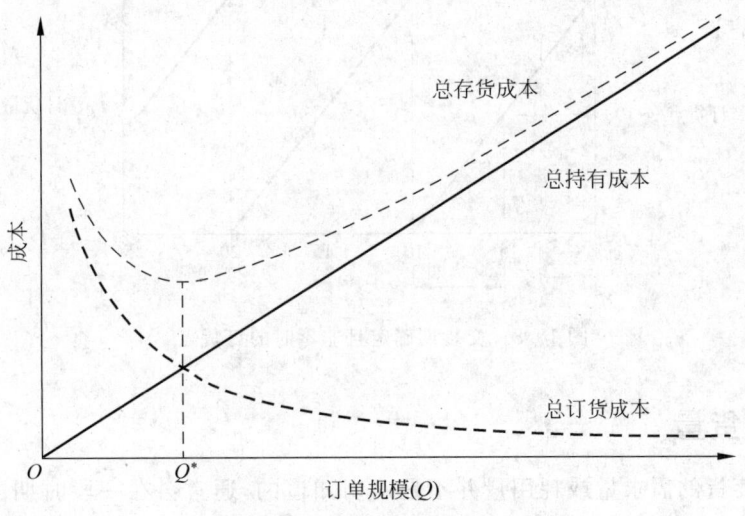

图10.7 经济订单数量关系

---

① 如图10.7所示,总持有成本和总订货成本在总存货成本曲线最低点的订货量水平,即 Q^* 处相交。为说明这总是成立的,令总持有成本(TCC)与总订货成本(TOC)相等并求解订货量 Q

$$TCC = TOC$$
$$C(Q/2) = O(S/Q)$$
$$C(Q^2) = 2(O)(S)$$
$$Q = \sqrt{\frac{2(O)(S)}{C}} = Q^* = EOQ$$

订货点:何时订货

企业除了要知道订多少货,还要知道在何时订货。这里的"何时"是指存货必须下降到什么数量企业才会再次按照 EOQ 发出订单。在前面的例子中,假定存货可被订购且收货不会有拖延。通常在发出订单到收到存货间会有一段时间延迟,而从发出订单到生产出所需的存货也需要一段时间,因此必须考虑这一段**交货期**(lead time)。

假设已知对存货的需求,但从发出订单到收到存货需要 5 天时间。在前面 EOQ 公式的范例中,EOQ 是 200 件,每 10 天订一次货。因此,该企业的交货期为零,每天耗用 20 件存货。如果存货的耗用仍保持一个稳定的比率,企业需要在存货发生短缺日的 5 天前订货,即在还有 100 件存货时发出订单。**订货点**(order point)可表示为

$$\text{订货点(OP)} = \text{交货期} \times \text{每天耗用量} \qquad (10.4)$$

因此,现在的订货点为

$$5\,\text{天} \times 20\,\text{件}/\text{天} = \mathbf{100\,件}$$

当企业在 5 天后收到存货时,企业现有的存货刚好用完。包括订货点的实例见图 10.8。

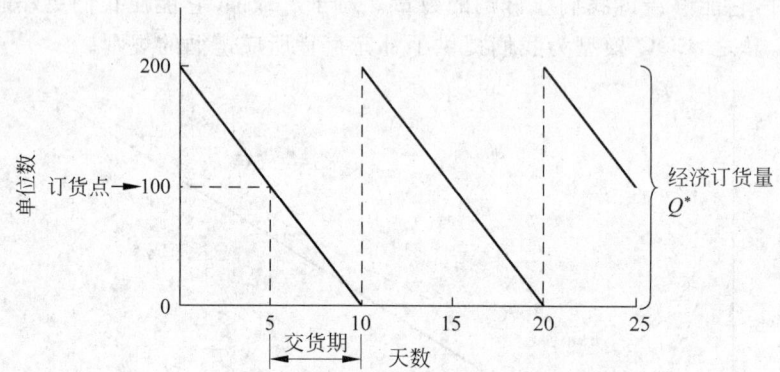

图 10.8 交货期确定且非零时的订货点

安全存货量

实践中,存货的需求量或耗用量并不是确切知道的,通常会在一段时期内不断波动。一般来说,对产成品存货需求的不确定性最大。取决于生产安排的原材料存货和在途存货耗用量比较容易预测。除了需求以外,在预计收到新的订货时让现有存货下降为零的做法通常是行不通的,只有耗用量和交货期确定的企业才可以这么做。

因此,考虑到存货需求和交货期的不确定性,有必要维持一个**安全存货量**(safety stock)。安全存货量的概念如图 10.9 所示。图中的框架 A 显示了企业维持安全存货量 160 件,每 10 天的期望需求为 200 件,预期交货期为 5 天的情况。但是不将交货期和每日耗用量视为常数,而是取其平均值或期望值,使得我们需要将原来的订货点公式修订为

$$\text{订货点(OP)} = \text{平均交货期} \times \text{平均日耗用量} + \text{安全存货量} \qquad (10.5)$$

注意,由于要维持 100 件的安全存货量,订货点必须确定为(5 天×20 件)+100 件=

第 10 章 应收账款和存货管理

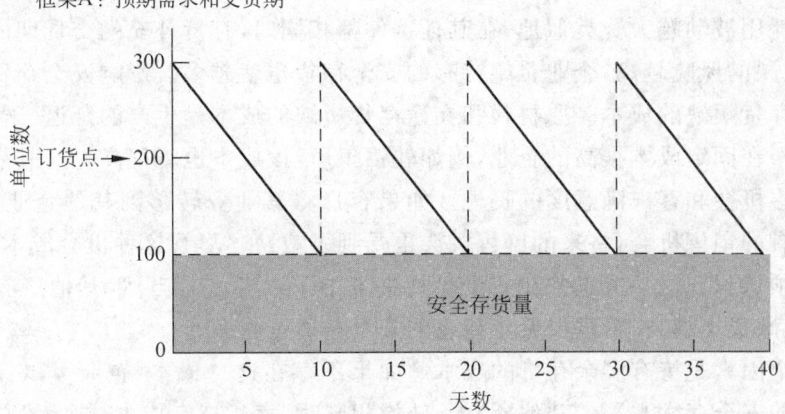

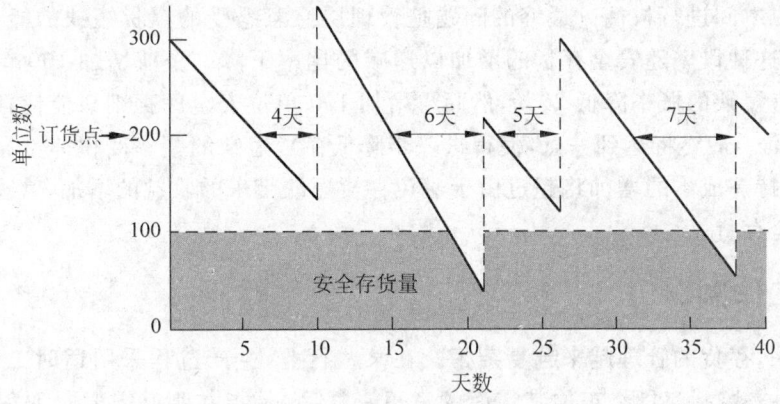

图 10.9 需求和交货期不确定时的安全存货量和订货点

200 件现有存货,而不是先前的 100 件现有存货。换句话说,订货点确定了所持有的安全存货量。因此,通过改变订货点,企业可以改变需要持有的安全存货量。

图中的框架 B 显示的是我们所假定的企业的实际情况。在第一个需求阶段,实际耗用量比预期值略低(直线的斜率小于框架 A 中需求曲线的斜率)。在订货点处仍有 200 件存货时发出订单再订购 200 件存货。我们发现,存货的补充时间不是预期的 5 天,而只用了 4 天。在第二个阶段存货的耗用量远远大于预期值,结果是存货耗用过快。当还剩下 200 件存货时,发出了订购 200 件存货的订单,但这次用了 6 天才收到。由于这两个因素的影响,安全存货被耗用了很大一部分。

在需求的第三个阶段,存货耗用与预期大致相同,即预期的与实际的耗用直线的斜率大体相同。由于在上一个使用阶段末存货水平很低,几乎立即发出了订单,结果交货期为 5 天。在最后一个需求阶段,实际耗用略高于预期。交货期为 7 天,远远高于预期值。这两个因素综合作用的结果是企业再次耗用了它的安全存货。本例表明了用安全存货防止耗用量和交货期不规则波动的重要性。如果没有这种缓冲性存货,企业将两次面临存货短缺的困境。

安全存货的数量 适当的安全存货数量取决于几个因素。其他条件都相同时,存货需求的不确定性越大，企业希望持有的安全存货越多。换句话说，存货短缺的风险越高，未预见到的耗用波动越大。类似地，在其他条件都相同时，存货补充的交货期的不确定性越大，存货短缺的风险越高，企业希望持有的安全存货也就越多。影响安全存货决策的另一个因素是存货短缺的成本。原材料和在途存货短缺的成本是生产的延迟。暂时停产的成本有多高？在固定成本很高的企业，例如轧铝工厂，该成本也将很高。产成品短缺的成本产生于销售机会和客户满意度的丧失。如果客户将其业务转移到其他企业，则企业不仅丧失了现有的销售机会，将来的销售机会也受到了威胁。尽管这种机会成本很难估计，但管理层必须认识到这一成本并在安全存货决策中予以考虑。当然，其他所有情况都相同时，存货短缺成本越高，管理层希望持有的安全存货也越多。

最后一个因素是持有多余存货的成本。如果不存在这一成本，企业可以保持防止存货短缺所需的安全存货水平。其他所有条件均相同时，存货持有成本越高，维持安全存货的成本就越高。安全存货量的确定需要在存货短缺的概率和成本与为避免这种可能所需持有的存货成本间进行权衡。最终的问题是管理层愿意忍受的存货短缺的概率有多高。通常情况下，这种概率随安全存货的增加以递减的比率下降。企业增加100单位安全存货可以使存货短缺的概率降低20%，然而再增加100单位安全库存则只能使存货短缺的概率降低10%。最终将达到一点，使得进一步降低存货短缺的概率变得非常昂贵。超过该点后，存货持有成本的增加将超过由于避免存货短缺带来的收益的增加，管理层将不再希望增加安全存货。

适时工作制

近些年来，存货的管理越来越复杂了。在某些行业，生产过程采用**适时工作制**（just-in-time，JIT）来控制存货。正如其字面的意思一样，它是指在刚好需要时取得存货并投入生产。因此，JIT 管理理论通过以"由于需要"为基础的生产过程将注意力集中在拖动存货的增加，而不是通过以"由于生产"为基础的过程推动存货的增加。实施 JIT 要求有一套非常准确的生产和存货信息系统、高效率的采购、可靠的供应商以及一个有效率的存货处理系统。JIT 是严格减少存货量的存货控制理念之一，尽管原材料存货和在途存货永远不可能降为零。但是，JIT 制度的目标不仅在于减少存货，还包括不断提高生产率、产品质量和生产灵活性。

JIT 制度中的 EOQ 乍一看，似乎 JIT 制度（存货将降到最低限度，而某项存货的 EOQ 可能低到只有 1 个单位）与我们的 EOQ 模型大相径庭。但事实并非如此。JIT 制度抛弃了那种认为订货成本（记账成本、收货成本、检查成本、规划成本和/或生产调整成本）应被固定在现有水平的想法。不断采取措施降低这些成本是 JIT 制度的内容之一。例如：

- 使用小型送货车送货并事先规划卸货的顺序，以帮助实现收货时间与成本方面的节约。
- 督促供应商提供"无瑕疵"的原材料，以降低（或消除）检查成本。
- 修正产品、设备和程序以降低生产调整的时间和成本。

通过成功地削减这些与订货有关的成本,企业可以使图 10.7 中的总订货成本曲线更为平坦。这使得最优订货量 Q^* 向左移动,这与 JIT 的理念是一致的。此外,不断努力缩短供货延迟时间、降低生产上的无效率和减少销售预测中的误差可以减少甚至消除安全存货。企业接近 JIT 理想状态的程度取决于生产过程的类型和供应商所在行业的性质,但对绝大部分公司来说,它是一个值得努力的目标。

适时工作制的实施需要哪些条件

(负责监督通用汽车公司适时工作制实施的副总裁罗伯特·B.斯通的看法)

1. 地理位置集中

如果客户的生产运作过程(使用过程)需要"适时"地取得零部件,供应商工厂到客户工厂间必须保证相对较短的在途时间——不超过一天。例如,日本丰田汽车公司的绝大部分供应商都分布在距该公司工厂方圆 60 英里的范围以内。

2. 可靠的质量

生产过程需要保证从供应商处取得的零部件总是全部合格的。日本人的观念是,每个生产环节都应当将下一个生产环节看成是自己的最终客户。质量控制的目的在于控制生产过程,而不是检查以便挑出不合格的产品。

3. 易于管理的供应商网络

挑选最少的供应商并与其签订长期合同,有助于适时工作制的运转。大多数日本汽车公司选择的零部件供应商不超过 250 家。而通用汽车公司仅组装程序就选用了 3500 家供应商。

4. 可控制的运输系统

关键在于供应商和客户间保持简短、可靠的运输路线。日本汽车公司只使用卡车(自有或租用)运送零部件。每个供应商每天都会按照计划多次运送零部件。

5. 生产灵活性

在工厂中,供应环节应能够对使用环节所采用的零部件迅速作出反应。这关键是要具有迅速的工具转换能力。例如在日本,自动压模线在 6 分钟内即可装配完毕。

6. 较小的生产份额

大多数采用适时工作制的日本工厂要求生产产品的份额低于每天耗用量的 10%。这一理念是获得一件产品的份额,即每当要生产一辆汽车时,该汽车所需的零部件刚好生产完毕。

7. 有效率地收货和处理材料

例如,绝大多数日本公司已经淘汰了正规的收货方式。工厂的各个地点都可以作为收货地点,零件被运到离使用地点最近的地方。特别设计的卡车取代了体积庞大的卡车。

8. 管理层的积极参与

适时工作制是在整个工厂范围内实施的。管理层应提供公司的各种资源以保证该制度的运转,而且在困难重重的适时工作制转型期必须坚决支持该制度。

资料来源:"What is needed to make a 'just-in-time' system work," *Iron Age Magazine* (June 7 1982), p. 45. Reprinted with permission.

存货和财务经理

虽然存货管理通常并非财务经理的直接职责,但存货所占用的资金却是财务管理的一个重要的领域。因此,财务经理必须熟悉有效控制存货的方法以便有效率地配置资金。如果其他所有条件均不变,投资于存货的资金的机会成本越高,最优的存货平均水平越低,最优订货量也越低。这可以通过在式(10.3)中增加持有成本 C 得到验证。财务经理也可以利用 EOQ 制订存货融资计划。

当存货的需求或耗用不确定时,财务经理可能采取措施缩短发出订单后的平均交货期。其他条件不变时,平均交货期越短,所需的安全存货越少,存货总投资也就越低。投资于存货的资金的机会成本越高,缩短交货期的愿望就越发强烈。采购部门将寻求能最快供货的供应商,或督促现有供应商提高送货速度。生产部门可以通过降低生产流量规模以更快地提供产成品。在上述两种情况下,都需要在缩短交货期所增加的成本与投资于存货中的资金的机会成本间进行权衡。上述分析主要是为了指出存货管理对财务经理的意义。

小结

- 信用和收账政策包括几方面的决策:(1)所接受的客户的质量;(2)信用期限的长度;(3)较早付款给予的现金折扣(如果有的话);(4)季节性优惠等特别条件;(5)收账费用的水平。在每种情况下,决策都要在政策改变所能带来的收益和成本间进行权衡。为使信用和收账政策所能带来的利润最大化,企业应当综合调整这些政策以获得最佳方案。
- 企业的信用和收账政策及其信用和收账程序共同决定了企业应收账款的规模和质量。
- 在评价一个信用申请者时,信用分析者要:(1)取得有关该信用申请者的信息;(2)分析这些信息以确定申请者的信誉;(3)作出信用决策。信用决策进而确定了是否应给予信用及应给予多大限度的信用,亦即信用额度。
- 存货是产品生产和销售间的联结纽带。存货为企业在采购、生产安排和满足客户需求等方面提供了弹性。
- 在评价存货水平时,管理层必须在生产、采购和营销领域的经济性与多余存货的持有成本间进行权衡。财务经理特别关心的是投资于存货的资金成本。
- 企业通常按照保证最重要的存货得到最经常的检查的原则对存货进行分类,存货的 ABC 控制法即属于这类方法。

- 某种存货的最佳订货量取决于全部存货的预期耗用量、订货成本和持有成本。订货既可以指采购过程也可以指生产过程。订货成本包括发送订单、收货和检查货物的成本。持有成本包括存货的储存、处理、保险费成本和存货投资的预期报酬等。
- 经济订货量(EOQ)模型指出,任何一次订购存货的最佳数量都是在计划期内使总的存货成本最小的数量。
- 在不确定性条件下,企业通常必须为存货需求和交货期的波动保留安全存货量。通过改变订货点,企业可以改变所持有的安全存货量。
- 适时工作制(JIT)存货控制是企业开始强调改善经营过程的结果。其理念是只在恰好需要时才取得存货并投入生产。

思考题

1. "去掉那些经常赖账的人"是减少企业坏账的好办法吗?
2. 以下各种信用政策可能对销售和利润产生什么影响?
(1) 很高的坏账损失百分比,正常的应收账款周转率和信用拒绝率。
(2) 过期账户的百分比很高,而信用拒绝率很低。
(3) 过期账户的百分比很低,但信用拒绝率和应收账款周转率很高。
(4) 过期账户的百分比很低,信用拒绝率也很低,但应收账款周转率很高。
3. 收账期间的延长是坏事吗?为什么?
4. 对一个信用申请者进行分析时,可以通过哪些渠道获取信息?
5. 在确定信用政策的过程中,有哪些主要因素可以变动?
6. 如果接受客户的信用标准发生变化,将有哪些影响?
7. 在收账上的支出为什么会达到一个饱和点?
8. 为信用账户确定信用额度的目的是什么?这种安排有什么好处?
9. 存货政策的分析与信用政策的分析比较类似。指出一个与应收账款账龄分析法相似的存货政策分析方法。
10. 与存货有关的订货成本、储存成本和资本成本对财务经理有什么重要意义?
11. 说明有效率的存货管理怎样影响企业的流动性和获利能力。
12. 企业怎样才能减少存货投资?保持很低的存货投资的政策将带来哪些成本?
13. 说明很大的季节性需求如何使存货管理和生产安排复杂化?
14. 存货投资与固定资产投资的含义是否相同?
15. 原材料存货投资的预期报酬是否与产成品存货的预期报酬相同?

自测题

1. Kari-Kidd 公司目前提供的信用条件是"n/30"。该公司的赊销额为6000万美元,平均收账期为45天。为了刺激需求,企业可能采用信用条件"n/60"。如果采用这一信用条件,预计销售将增加15%。信用政策改变后,预计平均收账期将变为75天,新老客户的付款习惯相同。每1美元销售额中的可变成本为0.80美元,企业的应收账款投资的税前预期报酬率为20%。该公司是否应延长其信用期限(假设一年有360天)?

2. Matlock测量仪公司生产用于游艇的风速和水速测量仪。该测量仪面向东南部的游艇经营者销售,平均订货金额为50美元。公司对已登记的经营者销售时不进行信用分析。信用条件为"n/45",平均收账期为60天,公司对此表示满意。公司的财务副总裁苏·福特(Sue Ford)对目前新订货中不断增加的坏账损失感到不安。通过向当地和区域性信用机构咨询信用评级,她认为可以将新的订单分成三类。过去的经验表明:

%

	订单类别		
	低风险	中风险	高风险
坏账损失	3	7	24
各类订单占总订单的比例	30	50	20

测量仪的生产和运送成本及持有美元应收账款的成本共占销售额的78%。对每个订单获取信息并评价的成本为4美元。令人惊讶的是,在风险类别和收账期间之间似乎没有什么关系,三个风险类别的订单平均收账期都是60天。根据上述信息,企业对所有的新客户是不必进行信用分析,还是应对信用信息进行分析?为什么?

3. Vostick过滤器公司是一家面向零售商店的空气过滤器分销商。该公司从几家制造企业购买过滤器。过滤器的订货批量为1000件,每次订货成本为40美元。零售商店对过滤器的需求是每月2万件,过滤器的持有成本是每月每件0.10美元。

(1) 经济订货量应为多少个批量(即每次订货应是1000件的多少倍)?
(2) 如果每件过滤器每月的持有成本下降为0.05美元,则最佳订货量应为多少?
(3) 如果订货成本下降为每次10美元,则最佳订货量应为多少?

4. 为了减少生产调整成本,Bodden卡车公司将延长同一种卡车的生产期间。由于效率的提高而节约的成本预计为每年26万美元。然而,存货周转率将从每年8次下降为6次。每年的产品销售成本为4800万美元。如果存货投资的税前预期报酬率为15%,公司是否应实行新的生产计划?

复习题

1. Kim Chi公司是一家批发企业,目前的年销售额为2400万美元。为了提高销售额,该公司准备采用更宽松的信用标准。目前公司的平均收账期间为30天。估计信用标准的放宽将导致下面的结果:

	信用政策			
	A	B	C	D
比以往水平提高的销售额/百万美元	2.8	1.8	1.2	0.6
增量销售的平均收账期间/天	45	60	90	144

它的产品平均单价为 20 美元,每件产品的变动成本为 18 美元。预期不会有坏账损失。如果公司拥有 30% 的资金税前机会成本,则该公司应采用哪种信用政策?为什么(假设一年有 360 天)?

2. Kim Chi 公司仔细考虑之后,估计采用更宽松的政策将发生如下坏账损失:

	信用政策			
	A	B	C	D
增量销售的坏账损失/%	3	6	10	15

其他有关假设与题 1 相同,该公司应采用哪种信用政策?为什么?

3. 假设坏账损失的估计如下,重新计算题 2:

	信用政策			
	A	B	C	D
增量销售的坏账损失/%	1.5	3.0	5.0	7.5

哪种政策最好?为什么?

4. Acme Aglet 公司的资金机会成本为 12%,公司目前的销售条件为 "n/10,EOM"(这表示本月底前发的货必须在下个月的第 10 天前付款)。该公司的年销售额为 1000 万美元,其中 80% 为赊销并且在一年中均匀分布。目前的平均收账期为 60 天。如果该公司提供的信用条件改为 "2/10,n/30",则 60% 的信用客户都将取得折扣,平均收账期将缩短到 40 天。该公司是否应将信用条件由 "n/10,EOM" 改为 "2/10,n/30"?为什么?

5. Porras 陶器公司的收款部门每年支出 22 万美元。该公司的赊销额为 1200 万美元,平均收账期为 2.5 个月,坏账损失为 4%。该公司认为如果将收账人员增加一倍,可以使平均收账期下降为 2 个月,坏账损失下降为 3%。但这需要增加 18 万美元的成本,从而使每年总的收账费用增加为 40 万美元。如果税前资金机会成本为 20%,则这一措施是否值得实施?资金机会成本为 10% 时呢?

6. Pottsville 制造公司目前正在考虑是否给予 San Jose 公司信用。通过对 San Jose 公司的调查得到下面的财务报表:

San Jose 公司的资产负债表

百万美元

资产	20×1年	20×2年	20×3年
流动资产			
现金及其等价物	1.5	1.6	1.6
应收账款	1.3	1.8	2.5
存货(按成本与市价孰低法)	1.3	2.6	4.0
其他流动资产	0.4	0.5	0.4
流动资产合计	4.5	6.5	8.5
固定资产			
建筑物(净值)	2.0	1.9	1.8
机器设备(净值)	7.0	6.5	6.0
固定资产合计	9.0	8.4	7.8
其他资产	1.0	0.8	0.6
总资产	14.5	15.7	16.9

负债	20×1年	20×2年	20×3年
流动负债			
应付票据(8.5%)	2.1	3.1	3.8
应付货款	0.2	0.4	0.9
其他应付款	0.2	0.2	0.2
流动负债合计	2.5	3.7	4.9
定期贷款(8.5%)	4.0	3.0	2.0
负债合计	6.5	6.7	6.9
净值			
优先股(6.5%)	1.0	1.0	1.0
普通股	5.0	5.0	5.0
留存收益	2.0	3.0	4.0
负债和净值合计	14.5	15.7	16.9

San Jose 公司的损益表

百万美元

	20×1年	20×2年	20×3年
净赊销额	15.0	15.8	16.2
销售成本	11.3	12.1	13.0
总利润	3.7	3.7	3.2
经营成本	1.1	1.2	1.0
税前净利润	2.6	2.5	2.2
税收	1.3	1.2	1.2
税后利润	1.3	1.3	1.0
股利	0.3	0.3	0.0
转入留存收益	1.0	1.0	1.0

San Jose 公司的邓白氏评级结果为 4A2。向其开户行查询得到的结果显示其银行账户余额通常较低。该公司的 5 家供应商披露它从提供的信用条件为"2/10,n/30"的厂家处取得折扣,对提供的信用条件为"n/30"的两家供应商则延迟大约 15 天才付款。分析 San Jose 公司的信用申请。有哪些有利因素?哪些不利因素?

*7. 某家大学校园书店正在估算一本心理学畅销书的最佳订货量。该书店每年销售该书 5000 册,零售价为 12.50 美元,成本比零售价低 20%,这也是出版商给的折扣。书店估计每本书每年的存货持有成本是 1.00 美元,每次的新书订货成本是 100 美元。

(1) 假设每年订货 1、2、5、10 次和 20 次,确定各自的存货总成本。

(2) 确定经济订货量。

(3) 每年的销售比率中所隐含的假定是什么?

*8. Hedge 公司只生产一种产品——支架,而生产支架的唯一原材料是 Dint。每生产一个支架,需要 12 个 Dint。假设该公司每年生产 15 万个支架,对支架的需求在一年中十分平稳,Dint 每次的采购成本是 200 美元,每个 Dint 的年持有成本是 8.00 美元。

(1) 确定 Dint 的经济订货量。

(2) Hedge 公司的总存货成本是多少(总持有成本加总订货成本)?

(3) 每年将订多少次货?

9. 某企业每月销售 5000 件 Blivet,目前正在考虑需要保持多少存货。财务经理已经确定每次的订货成本是 200 美元。Blivet 每月每件的持有成本是 4 美分。交货期是 5 天(这一交货期为确定的,且已知)。

(1) 写出持有和订购存货的总成本的代数表达式。

(2) 画图表示总持有成本和总订货成本,横轴代表订货量,纵轴代表成本。

(3) 在图中确定 EOQ。

10. Common 香料公司生产用于食品加工的各种香料。尽管公司保持安全存货,但其政策是保持较少的存货,结果是顾客有时候不得不到别处购买。通过对这一情况的分析,公司估计出了在各安全存货水平上的存货短缺成本:

	安全存货水平/加仑	年存货短缺成本/美元
目前的安全存货水平	5000	26 000
新的安全存货水平 1	7500	14 000
新的安全存货水平 2	10 000	7000
新的安全存货水平 3	12 500	3000
新的安全存货水平 4	15 000	1000
新的安全存货水平 5	17 500	0

每加仑香料每年的持有成本为 0.65 美元。公司的最佳安全存货水平是多少?

自测题答案

1. 原存货周转率=360/45=8(次)
新存货周转率=360/75=4.8(次)
增加的销售的获利能力=0.2×9 000 000 美元=**1 800 000 美元**
与新销售有关的应收账款增量=9 000 000 美元/4.8=1 875 000 美元
新销售带来的额外应收账款投资=0.8×1 875 000 美元=1 500 000 美元
信用期限变化前的应收账款水平=60 000 000 美元/8=7 500 000 美元
与原销售有关的新应收账款水平=60 000 000 美元/4.8=12 500 000 美元
与原销售有关的额外应收账款投资=12 500 000 美元-7 500 000 美元=5 000 000 美元
增加的应收账款总投资额=1 500 000 美元+5 000 000 美元=6 500 000 美元
增加投资的税前预期报酬=0.2×6 500 000 美元=**1 300 000 美元**

由于所增加的销售的获利能力为180万美元,超过了增加的应收账款投资的预期报酬130万美元,因此公司应当将信用期限由30天延长为60天。

2. 由于高风险类订单的坏账损失比率超过了利润率(22%),因此如果能识别出来,最好拒绝这些订单。信用信息的成本平均占每笔订货金额的百分比为:4美元/50美元=8%,该成本适用于所有新订单。由于高风险类订单占总销售的1/5,通过比较5×8%=40%与坏账损失24%,结论是企业不必对新订单进行信用分析。

可以举例说明这一结论。假设新订单的金额为10万美元,因此有:

美元

	订单类别		
	低风险	中风险	高风险
总订单	30 000	50 000	20 000
坏账损失	900	3500	4800

订单数量=100 000 美元/50 美元=2000
信用分析成本=2000×4 美元=8000 美元

通过识别高风险类订单,公司可以避免4800美元的坏账损失,但必须支出8000美元。因此不应对新订单进行信用分析。这是一个因订单规模太小而使信用分析变得不偿失的例子。接受一个新订单后,企业即可获得相关经验,如发现其信誉很差,则可以在今后拒绝它。

3. (1) $Q^* = \sqrt{\dfrac{2(O)(S)}{C}} = \sqrt{\dfrac{2 \times 40 \text{ 美元} \times 20}{100 \text{ 美元}}} =$ **4(千件)个批量**

最优订货规模为4000件过滤器,即每个月订购5次。
(注意:每1000件批量的持有成本 $C=0.10$ 美元×1000=100 美元)

(2) $Q^* = \sqrt{\dfrac{2(O)(S)}{C}} = \sqrt{\dfrac{2\times 40\text{美元}\times 20}{50\text{美元}}} = $ **5.66（千件）个批量**

由于每个批量为 1000 件，因此企业每次需订购 6000 件。持有成本越多，订货成本则相对变得越重要，最优订货规模也就越大。

(3) $Q^* = \sqrt{\dfrac{2(O)(S)}{C}} = \sqrt{\dfrac{2\times 10\text{美元}\times 20}{100\text{美元}}} = $ **2（千件）个批量**

订货成本越低，持有成本相对就越重要，最优订货规模也越小。

4. 生产计划变动后的存货 = 48 000 000 美元/6 = 8 000 000 美元

现有成本 = 48 000 000 美元/8 = 6 000 000 美元

增加的存货 = 2 000 000 美元

机会成本 = 2 000 000 美元 × 15% = 300 000 美元

机会成本为 30 万美元，大于潜在节约的 26 万美元成本。因此不应采用新的生产计划。

参考文献

Bendor-Samuel, Peter. *Turning Lead into Gold: The Demystification of Outsourcing*. Provo, UT: Excellence Publishing, 2000.

Cloud, Randall J. "Supply Chain Management: New Role for Finance Professionals." *Strategic Finance* (August 2000), 29-32.

Dyl, Edward A. "Another Look at the Evaluation of Investment in Accounts Receivable." *Financial Management* 6 (Winter 1977), 67-70.

Hadley, Scott W. "Safety Inventory Analysis: Why and How?" *Strategic Finance* 86 (September 2004), 27-33.

Hill, Ned C., and Kenneth D. Riener. "Determining the Cash Discount in the Firm's Credit Policy." *Financial Management* 8 (Spring 1979), 68-73.

Johnson, Gene H., and James D. Stice. "Not Quite Just In Time Inventories." *The National Public Accountant* 38 (March 1993), 26-29.

Magee, John F. "Guides to Inventory Policy," I-III, *Harvard Business Review* 34 (January-February 1956), 49-60; 34 (March-April 1956), 103-116; and 34 (May-June 1956), 57-70.

Maness, Terry S., and John T. Zietlow. *Short-Term Financial Management*, 3rd ed. Cincinnati, OH: South-Western, 2005.

Mehta, Dileep. "The Formulation of Credit Policy Models." *Management Science* 15 (October 1968), 30-50.

Mester, Loretta J. "What's the Point of Credit Scoring?" *Business Review*, Federal Reserve Bank of Philadelphia (September-October 1997), 3-16.

Mian, Shehzad L., and Clifford W. Smith Jr. "Extending Trade Credit and Financing Receivables." *Journal of Applied Corporate Finance* 7 (Spring 1994), 75-84.

Ng, Chee K., Janet Kiholm Smith, and Richard L. Smith. "Evidence on the Determinants of Credit Terms Used in Interfirm Trade." *Journal of Finance* 54 (June 1999), 1109-1129.

Oh, John S. "Opportunity Cost in the Evaluation of Investment in Accounts Receivable." *Financial Management* 5 (Summer 1976), 32-36.

Parkinson, Kenneth L., and Joyce R. Ochs. "Using Credit Screening to Manage Credit Risk." *Business*

Credit 100(March 1998),22-27.

Sartoris, William L., and Ned C. Hill. "A Generalized Cash Flow Approach to Short-Term Financial Decisions." *Journal of Finance* 38(May 1983),349-360.

Scherr, Frederick C. "Optimal Trade Credit Limits." *Financial Management* 25(Spring 1996),71-85.

Wrightsman, D. W. "Optimal Credit Terms for Accounts Receivable." *Quarterly Review of Economics and Business* 9(Summer 1969),59-66.

Part IV of the text's website, *Wachowicz's Web World*, contains links to many finance websites and online articles related to topics covered in this chapter. (http://web.utk.edu/~jwachowi/part4.html)

第 11 章

短期融资

内容提要

- 自然融资
  应付账款(供应商提供的商业信用)·应计费用
- 协议融资
  货币市场信用·无担保贷款·迂回:借款成本·担保(或以资产为担保的)贷款
- 应收账款代理
  代理成本·弹性
- 短期融资的组合
- 小结
- 思考题
- 自测题
- 复习题
- 自测题答案
- 参考文献

学习目的

完成本章学习后,您将能够:

- 了解自然融资的来源和类型。
- 计算无法得到商业折扣时的年商业信用成本。
- 解释"展期应付款"的含义并了解其潜在的缺点。
- 描述各种类型的协议(或外部)短期融资。
- 识别影响短期借款成本的各种因素。
- 计算规定和没有规定补偿性余额以及有服务费和无服务费条件下短期借款的实际年利率。
- 了解应收账款代理的含义。

> 债权人拥有比债务人更好的记忆力,而且他们是浪迷信的一群人——密切关注已经确定的日期和时间。
>
> ——本杰明·富兰克林
> (Benjamin Franklin)

可以根据短期融资是否具有自然性对其进行分类。应付账款和应计费用被划分为自然性的，因为它们是在企业的日常交易中自然发生的。它们的规模主要取决于企业的经营水平。一般来说，随着企业经营的扩张，这些负债会增加并为企业融通一部分资金。虽然所有的自然性融资来源都具有这种性质，但企业对这种融资的具体规模仍具有一定的处置权。本章将探讨自然融资的方法及如何利用这种方法。

此外，本章还将讨论短期融资的协议（外部）来源——包括某些货币市场信用、有担保和无担保贷款。这类融资不是自然性的或自然的，必须按正规的方式进行安排。

自然融资

应付账款（供应商提供的商业信用）

营业负债（trade liabilities）是在绝大多数企业都很常见的一种短期融资方式。实际上，这从总体上说是企业最大的短期资金来源。在比较发达的经济中，大部分购买者都不需要在收到货物时就付款。卖方通常给买方一个较短的延迟付款期限，即给予其信用。由于卖方在给予商业信用方面比金融机构慷慨，企业（尤其是小企业）对**商业信用**（trade credit）的依赖很大。

在三类商业信用——未清账户、应付票据和商业承兑汇票中，未清账户协定是最常见的。根据这一协定，卖方将货物发给买方并寄去一张发票，上面标明所运送的货物、到期应付货款总金额和销售条件。未清账户信用这一名称来自买方无须签订证明欠卖方的货款金额的正式借据。通常卖方在给予买方信用前要对其进行信用调查（见第 10 章）。未清账户信用在买方的资产负债表上列为应付账款。

在某些情况下并不采用未清账户而是使用期票。由买方签发一张票据以证明欠卖方一笔款项，该票据要求在未来某一确定的时间付款。当卖方希望买方正式承认所欠债款时常采用这种方法。例如，如果买方的未清账户已经过期，则卖方可能要求买方开具期票。

商业承兑汇票是正式确认买方所欠账款的另一种方式。在该方式下，卖方签发一张买方为付款人的**汇票**（draft），要求买方在未来某一时间支付该汇票。只有在买方接受了这张定期汇票后，卖方才发货。① 此时，汇票就成了商业承兑汇票，它可能有一定的流动性。但这取决于买方的信誉，如果商业承兑汇票具有流动性，则卖方可以将其折价出售并立即取得货款。在最终到期日，商业承兑汇票的持有者将其提交给所指定的银行收取款项。

销售条件　由于期票和商业承兑汇票的使用很有限，下面的讨论将仅限于未清账户商业信用。这种条件因销售条件不同而有很大差别。在发票上载明的这些条件可以根据无折扣期即预计付款期和现金折扣条件分为下面几类。

1. COD（cash on delivery）和 CBD（cash before delivery）——无商业信用。COD 表

---

① 如果这是见票即付汇票，则买方被指令在持票人出示汇票时付款。在该方式下，并不存在商业信用。

示交款提货。卖方面临的唯一风险就是买方拒绝提货。这时卖方需要承担货运成本。有时卖方为避免所有风险,可能要求提货前交款,即CBD。无论是COD还是CBD,卖方都没有给予买方商业信用。

2. 净期限——无现金折扣。在给予信用时,卖方明确规定了付款期限。例如,销售条件"n/30"表示必须在30天内支付发票或账单。如果卖方按月开具发票,则给出的销售条件可能为"n/15,EOM",表示在月底前发出的货物均应在下月第15天前付款。

3. 净期限——有现金折扣。除给予信用外,如果买方在规定的较早期限内付款,则卖方还将给予其一定的现金折扣。销售条件"2/10,n/30"表示如果在10天内付款,卖方将给予2%的现金折扣,否则,买方必须在30天内付清全部货款。现金折扣通常是用来鼓励买方尽早付款的方法。第10章讨论了卖方可能给予的最佳现金折扣。现金折扣与商业折扣和数量折扣不同。商业折扣对一部分顾客(批发商)要比对另一部分顾客(零售商)大。数量折扣则是为大量购货提供的。

4. 季节性优惠。在季节性行业中,卖方经常使用季节性优惠来鼓励客户在销售旺季前下订单。例如,一家生产割草机的企业就可能提供季节性优惠,允许那些在冬季或春季提货的客户在夏季再付款。越早接到订单对卖方越有利,这有助于它更精确地估计需求并更有效率地安排生产。此外,卖方还可以减少或消除保持产成品存货所需的成本。而买方也将从中受益,既能确定在销售旺季拿到现货,又不必在销售前付款。在季节性优惠下,信用的期限得以延长(有关季节性优惠的更详细的内容见第10章)。

商业信用作为融资手段 对买方来说,商业信用是一种资金来源,因为在提货前并不需要付款。如果企业在发票日后的一定期限内自动付款,则商业信用就成为一种自然性(或内在的)融资来源,它随生产循环而变化。随着企业的生产和相应的采购的增加,应付账款也会增加并为生产的增加融通一部分所需资金。例如,某企业按"n/30"的条件平均每天从供应商处采购价值5000美元的货物。如果企业总是在信用期末付款,则它相当于通过应付账款获得了价值15万美元的融资(30天×5000美元/天=15 000美元)。现假定每天从供应商处的购货增加到6000美元,则由于应付账款最终上升到18万美元(30天×6000美元/天),企业又将获得3万美元的融资。类似地,如果产量下降,应付账款也将下降。在这些情况下,商业信用并不是一种自由的融资来源。它完全取决于企业的采购计划,而后者又取决于企业的生产循环。在讨论商业信用作为一种可选择的融资形式时,我们需要特别考虑两种情况:(1)企业不利用现金折扣,而是在信用期末付款;(2)企业在信用期过后付款。

在最后到期日付款 这里我们假定,企业放弃现金折扣,但在信用期的最后到期日付款。如果销售方不提供现金折扣,则在信用期内使用信用没有成本。另一方面,如果企业取得折扣,在折扣期内使用商业信用也没有成本。然而,如果销售方提供了现金折扣而企业没有享受到,则会有一个确定的机会成本。如果销售条件是"2/10,n/30",企业如果不享受现金折扣,而是在最后到期日付款,则可以多使用20天现金。对于一张100美元的发票,企业可以延长20天使用98美元的资金,但需要为此支付2美元(这是在销售发生30天后支付100美元,而不是在销售后的10天内支付98美元的结果)。我们可以将这种情况看作借入一笔为期20天金额为98美元的贷款,利息成本是2美元,从而可以求解近似的年利率（$X\%$）：

$$2\text{ 美元}=98\text{ 美元}\times X\%\times(20\text{ 天}/365\text{ 天})$$

因此

$$X\%=(2/98)\times(365/20)=37.2\%$$

从上面可以看到，如果提供了现金折扣而不享受，则商业信用可能是一种代价很高的短期融资。

不取得现金折扣的成本的百分比形式可简化为[①]

$$\text{大致的年利息成本}=\frac{\text{折扣百分比}}{(100\%-\text{折扣百分比})}\times\frac{365\text{ 天}}{(\text{支付期限}-\text{折扣期限})} \quad (11.1)$$

通过式（11.1），可以看到放弃现金折扣的成本随支付期限相对于折扣期限变长而下降。如果上例中的条件改为"2/10，n/60"，则放弃折扣而在信用期末付款的大致年成本是

$$(2/98)\times(365/50)=\mathbf{14.9\%}$$

商业信用的隐含年利息成本以及从折扣期末到信用期末之间的天数的关系见图11.1。我们假定折扣条件为"2/10"。在最后到期日付款的条件下，我们发现商业信用的成本随信用期限的延长而以递减的速度下降。其含义是，如果企业不取得现金折扣，则其商业信用的成本随其能推迟付款的时间长度而下降。

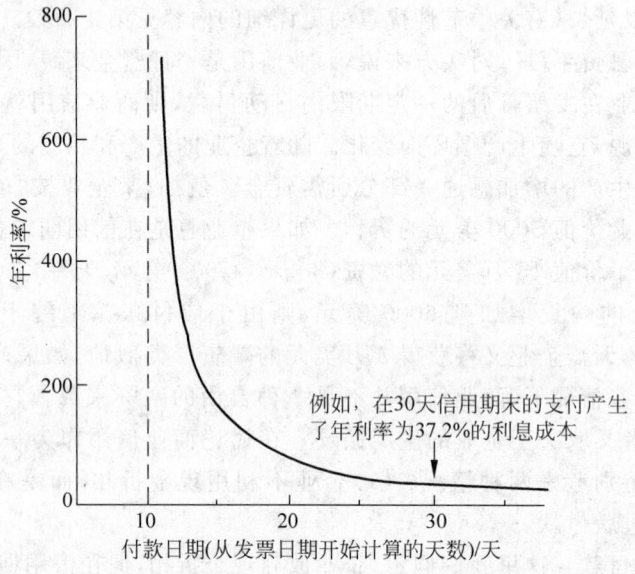

图11.1　信用条件为"2/10,n/____"时应付账款的年利率

延迟应付账款　前面我们假设企业在最后到期日付款，但是企业也可能将付款推迟到信用期之后。我们称这种推迟为**延迟应付账款**（stretching accounts payable）。延迟应付账款可以通过负债的额外积累给企业带来额外的短期融资。但是，必须将这一"收益"

---

① 这个简化的公式没有考虑复利。

与相关成本进行权衡。延迟应付账款的可能成本包括：
- 放弃的现金折扣（如果有的话）的成本；
- 推迟付款的惩罚或利息，这取决于行业惯例；
- 对企业的信用评级，以及对将来取得信用的能力的损害。

第10章讨论了邓白氏等信用机构的评级制度。如果企业过度延迟支付应付账款，以至严重违约，则企业的信用评级将受到损害。供货商将对企业失去信任，即使仍给企业供货，也会坚持采用非常严格的销售条件。在评价一家公司时，银行和其他借款者都会对过度推迟付款作出不利评价。尽管很难量化，但延迟付款肯定存在使企业信誉恶化的机会成本。

尽管可能导致信用评级恶化，但仍有可能将某些应付账款推迟到信用期以后而不造成严重影响。供货商经营的目的是销售商品，而商业信用可以增加销量。供货商可能愿意接受延迟支付应付账款，尤其是当坏账损失风险可以忽略不计时。如果企业的资金需求是季节性的，则只要企业在一年中的其余时间并不延迟付款，供货商就可能不会认为在资金需求高峰期延迟支付应付账款是项恶劣的行为。这种信用的延长可能有间接费用，例如供货商开出更高的价格，因此企业需要认真考虑延迟应付账款的成本。

事实上，周期性或季节性地延迟应付账款并不一定是坏事。应当客观地将它与其他短期信用来源进行比较和评价。一家企业确实要延迟支付应付账款时，应尽量让供货商全面了解自己的状况。只要企业是诚实的且一贯坚持付款，很多供货商都会允许企业延迟支付应付账款。

商业信用的优点 企业必须权衡比较商业信用的优点及其成本。例如，放弃可能得到的现金折扣，可能的延迟付款惩罚，与信誉可能恶化相关的机会成本，以及销售方可能要求提高售价。商业信用作为短期融资形式主要有几方面的优点，其中最主要的优点可能就是其容易获得性。绝大多数公司的应付账款都表现为一种持续的信用，没有必要进行正式的融资安排。当支付了旧的账款并进行了新的赊购时，新的应付账款就取代了旧的应付账款，而商业信用融资的数量也相应发生了波动。如果企业此前一直取得现金折扣，则现在改为在信用期末付款可以很容易取得额外的信用。这样做不必与供货商协商，其决策完全取决于企业。在延迟应付账款的支付中，企业会发现延迟到一定程度后，将需要与供货商进行协商。

在绝大多数其他类型的短期融资中，有必要与贷款者协商贷款条件。为保持一定的安全度，贷款者可能对企业施加一些限制。商业信用也可能有限制条件，但数量上可能远远比不上其他短期融资方式。短期融资的其他方式下，在企业确定资金需求量与企业能够取得借款间有一个时滞。而商业信用则是更为灵活的一种融资方式，企业不必签署票据、指定抵押品或按严格的付款日期付款。与银行家和其他贷款者相比，供应商对偶然的支付违约看的并不是很严重。

利用商业信用的优点必须与其成本进行比较。如前所述，当考虑到各种因素时，这一成本可能很高。很多企业利用其他短期融资来源以享受现金折扣的好处。但是其他短期融资方式在带来成本节约的同时，也失去了与商业信用相关的灵活性和便利。而且某些企业并没有其他短期融资来源。

谁承担成本 我们应该清楚,通过商业信用在一段时间内利用资金不是免费的,而是有成本的。这一成本可能由供应商承担,也可能由购货方承担,或由双方共同承担。供应商可以通过抬高商品价格将该成本转嫁给购货方。

如果供应商所销售的商品的需求随价格提高会大幅下降,则供应商不会愿意抬高价格。因此,这类供应商可能最终会承担商业信用的绝大部分成本。在其他情况下,供应商能够将成本转嫁给购货方。购货方应明确是谁在承担商业信用的成本。承担成本的购货方可能会货比三家,寻求更利于自己的供应商。购货方也应当认识到,商业信用的成本会随时间而变化。在利率上升和通货紧缩时期,供应商考虑到持有应收账款的成本上升,可能会提高商品的价格。不要将这种提价与因产品市场需求关系发生变化而导致的提价相混淆。

应计费用

除了应付账款以外,**应计费用**(accrued expense)也是一种自然融资来源。最常见的应计费用是应计工资和应计税款。这两种情况都是费用已发生或已增长,但并未支付。通常应计费用都有一个必须支付的确定日期。例如在美国,所得税每季度缴纳一次,财产税每半年缴纳一次,工资则通常每周支付一次,或每半个月、每月支付一次。与应付账款一样,应计费用也会随公司的经营水平波动。例如,随着销售的增加,劳动力成本一般也会增加,因此应计工资相应增加。当利润增加时,应计税款也会增加。

从某种程度上说,应计费用是一种无成本的融资方式。提供需支付工资的劳务后,没有马上支付工资给雇员,而且在支付期未到来前,也不预期会支付工资。因此,应计费用是一种无利息的融资来源。

然而对公司来说一个坏消息是,应计费用并非真正可以自由支配的融资方式。以税款为例,政府作为债权人,希望企业能够准时纳税。陷于财务困境的公司可以在较短的期限内推迟缴纳税款,但这是有代价和利息的。企业可以延迟支付工资,但会打击员工的士气。员工的反应可能是旷工、降低工作效率甚至跳槽。公司必须慎用推迟支付工资这一手段,要提前通知员工并确定一个明确的支付日期。该措施是最后的招数之一,但尽管如此,很多处于流动资金危机困境的公司仍不得不推迟支付工资和其他所有款项。

协议融资

前面介绍了供货商提供的商业信用和应计费用这两种短期融资来源,下面将介绍在公开的私人市场进行协议(或外部)短期融资的方法。在公开市场上,公司可以通过向投资者出售某些货币市场工具来融资。出售方式包括直接出售和通过券商间接出售。短期融资的主要来源是商业银行和金融公司。通过货币市场信用和短期贷款融资都必须签订正式协议。

货币市场信用

商业票据 规模较大、信誉良好的公司有时通过商业票据和其他货币市场工具进行短期融资。**商业票据**(commercial paper)是在货币市场上出售的一种无担保、可转让的短期票据。由于商业票据是货币市场工具,因此只有信誉很好的公司才能用它作为短期融资来源。

商业票据市场由两部分组成:券商市场和直接销售市场。① 工业企业、公用事业及中等规模的金融公司通过券商出售商业票据。券商组织由六个主要的券商组成,它们从发行者手中购买商业票据并将其转售给投资者。券商通常可以得到0.125%的佣金,它们所出售的商业票据的到期日从30天到90天不等。该市场是组织严密且十分复杂的,商业票据出售的最小面值通常是10万美元。尽管过去券商市场的特点是数量巨大的发行者都在进行季节性的借款,但一个很明显的趋势是该市场正在向循环性的、更为持久的融资方向发展。

很多大的金融公司,例如通用汽车承兑公司,越过券商组织直接向投资者出售商业票据。这些发行者根据投资者(绝大多数是大公司)拥有闲置资金的需要,来确定票据的到期日和金额。直接出售的美国国内商业票据的到期日短则几天,最长为270天。与许多制造业企业发行者不同的是,金融公司将商业票据市场作为一种永久性的资金来源。通过券商出售和直接销售的商业票据都是根据其质量由一家或相互独立的多家评级机构(如穆迪、标准普尔、达夫&费尔普斯和菲奇公司等)对其进行评级。上述四家评级机构的最高评级分别是P-1、A-1、D-1和F-1。只有第一级和第二级的商业票据在市场上才有前景。

商业票据作为短期融资来源的主要优点是它通常比商业银行的短期商业贷款便宜。商业票据的利率可能比银行给予信誉最好的借款者的贷款优惠利率还低几个百分点,这还取决于当时的市场利率水平。对于大多数公司来说,商业票据是银行信用的补充。事实上,商业票据券商会要求借款者在银行保持一定的信贷额度,以保障商业票据的使用。这增加了对商业票据借款的偿还保证。然而,总的看来,商业票据和其他货币市场工具的扩张是以向银行借款的减少为代价的。银行贷款在企业融资总额中的市场份额随时间的推移正在逐渐下降。

一些公司不是发行"单独"的商业票据,而是发行所谓的"银行支持"的商业票据。银行提供一张**信用证**(letter of credit,L/C)向投资者保证公司会支付债务,当然公司要为此支付一定的费用。因此,这一投资的质量取决于银行的信誉,信用评级机构相应地对该商业票据进行评级。采用银行支持的方式,对那些不很知名的公司,如私营公司及如果发行单独的商业票据其评级质量不高的公司是很有意义的。它使得这些公司能够利用商业票据以低于直接从银行借款的成本进行融资。

银行承兑汇票 对从事国际贸易或某些可流通货物的国内贸易的企业来说,**银行承兑汇票**(bankers' acceptances)是一种很有意义的融资来源。当一家美国公司想从一家日本公司进口价值10万美元的电子组件时,双方同意以一张为期90天的定期汇票来结算该笔交易。这家美国公司与其开户行签订了一张信用证,开户行同意当日本公司出示以该公司为付款人的汇票时付款。日本公司发出货物,同时签发一张汇票,要求美国公司

---

① 从短期投资者的角度看待商业票据的相关讨论见第9章。

90天后付款。然后日本公司将这张汇票交给自己在日本的开户行。根据先前的约定,这张汇票被送给上面提及的美国银行并被"承兑"。这时该汇票就成了银行承兑汇票。本质上是由银行承担付款责任,也就是用银行的信誉代替了被开票人——美国公司的信用。

如果承兑银行规模很大并且知名度很高(绝大多数承兑汇票的银行都满足这些条件),则该工具在被承兑后将具有很高的流动性。因此,开票人(日本公司)就没有必要将汇票持有至最后到期日,它可以按低于票面价值的价格在市场上出售该汇票。折价部分就是付给投资者的利息。90天后投资者将汇票提交给承兑行并得到10万美元的款项。此时上述美国公司应当在银行存入足够的资金来支付该汇票。通过上述操作,该美国公司为其进口货物进行了长达90天的融资。可以假定,如果在发货时立即付款,日本出口商开出的价格会低一些。从这个意义上来说,美国公司就是一个"借款人"。

一个活跃的银行承兑汇票市场的存在使得用它按与商业票据大致相同的利率为对外贸易提供融资成为可能。尽管银行承兑汇票的创立原则对国内贸易和国际贸易都是相同的,但只有很小一部分银行承兑汇票是用于国内贸易的。除用于贸易之外,国内承兑汇票融资还用于与稻谷等货物的储存有关的交易。

无担保贷款

为便于说明,有必要将商业贷款分为两类:**无担保贷款**(unsecured loans)和**有担保贷款**(secured loans)。金融公司几乎都不提供无担保贷款,原因很简单,可以取得无担保信用的借款者也可以用较低的成本从商业银行借款。因此,我们对无担保贷款的讨论仅限于商业银行。

短期无担保的银行贷款通常都被视为"自我清偿"的,因为用这些资金购置的资产能产生足够的现金来偿还贷款。曾经有一段时间,银行几乎仅进行这类贷款,但它们现在提供满足借款者各种要求的多种类型的贷款。不过,短期的自我清偿性的贷款仍是一种很受欢迎的商业融资来源,尤其是用于季节性的应收账款和存货融资。无担保短期贷款可能根据循环贷款协定或以交易为基础来确定信贷额度。这项负债本身需要由借款者签一张借条作为证明,上面载明应支付的利息及偿还方式和偿还时间。

信贷额度 信贷额度(line of credit)是银行与企业间的一种非正式协定,它规定了在任何时候银行允许企业所欠的无担保信用贷款的最高额度。信贷额度通常每年确定一次,在银行收到企业最近一次的年报并检查了企业的经营状况后作出。如果借款者的年终报表日为12月31日,则银行可能将其信贷额度到期日定在3月。此时,银行和企业会一起根据企业在过去一年中的经营业绩来确定企业在第二年所需的信贷额度。信贷额度的高低是根据银行对企业的信誉评价和企业的需求量确定的。根据这些情况的变化,信贷额度可能在重新订立日及之前调整。

现金预算通常能为确定借款者的短期信贷需求提供最大的帮助。如果估计第二年的最高借款需求是80万美元,则企业要求的信贷额度可能为100万美元,以保持一定的安全边际。当然,银行是否批准该额度取决于它对企业信誉的评价。如果银行批准,则企业即可借入最高为100万美元的短期借款,通常是通过平均到期日约90天的一系列期票。由于某些银行认为信贷额度借款是季节性或临时性的融资,可能会规定"清理条款"。在清理条款下,借款者被要求在一年中的某段时期清理银行债务,即不欠银行任何钱。清理期间通常为 1~2 个月。清理条款本身就向银行表明贷款的确是季节性的,而不是企业永久性融资的一部分(否则,银行实质上是在按短期利率向企业提供长期融资)。如果一家赢利性很高的企业清理银行负债的期间从两年前的 4 个月下降到去年的 2 个月,并进一步下降到今年没有清理期间,则表明企业在利用银行信贷为其永久性资金融资。

尽管信贷额度对借款者来说有很多优点,但必须强调,信贷额度并不构成银行向企业提供信用的法律义务。银行通常以信函方式告知借款者将为其提供的最高信用额度。这类信函(包括清理条款)的示例见图 11.2。这封信并不说明授予信用是银行的法律义务。如果借款者的信用随时间而恶化,则银行不会再想给予企业信用,它也不必给予企业信用。但是在绝大多数情况下,银行觉得有义务遵守信贷额度的承诺。

第一国民银行
田纳西州洛克斯威勒

2008 年 3 月 23 日
Ms. Jean Proffitt
副总裁兼财务总监
Acme Aglet 公司
11235 Fibonacci Circle
田纳西州 Maryville,37801

亲爱的 Proffitt 女士:
  根据我行对贵公司年末已审财务报表的分析,我们很高兴能够在明年继续为贵公司提供 100 万美元的无担保信贷额度。该额度下的贷款利率比优惠利率高 0.5%。
  该信贷额度要求贵公司保持现有的财务状况,并在一个财政年度中至少清理银行负债 45 天。

您最真诚的,

Annette E. Winston
Annette E. Winston
副总裁

图 11.2 授予信贷额度的信函范例

循环贷款协定 循环贷款协定(revolving credit agreement)是银行给予借款者最高达某一信用金额的、正式的、法律上的承诺。承诺一旦生效,只要总借款额不超过所规定的最高数额,在借款者需要的任何时候,银行都应当提供信贷。如果循环信贷额度是 100 万美元而且已经借了 70 万美元,则借款者可以在任何时候再借 30 万美元。为取得这一正式承诺的特权,除了所借款项要支付利息以外,通常还要求借款者为额度中未使用的部分支付**承诺费**(commitment fee)。如果循环信贷额度是 100 万美元,而该年的平均借款是 40 万美元,则借款者可能被要求为没有使用(但可用)的 60 万美元支付承诺费。如果承诺费是 0.5%，则该特权在该年的成本为 3000 美元。

循环贷款协定的期限经常超过一年。由于超过一年的借款协定必须视为中期信用而不是短期信用，我们将在第 21 章更全面地探讨该方式。

交易贷款 如果企业仅仅为了某一具体目的而需要短期资金，则通过信贷额度或循环贷款协定借款并不适宜。一个承包商可能为完成一项工程而需要向银行借款，当承包商取得工程款项后即可偿还贷款。对于这类贷款，银行将借款者的每一项要求都视为一笔单独的交易进行评价。在这类评价中，最重要的衡量标准通常是借款者偿还贷款的现金流转能力。

迂回：借款成本

在将注意力转向有担保的贷款前，我们需要先做些迂回，讨论一下影响短期借款成本的大量重要因素。这些因素（包括票面利率、补偿性存款余额和承诺费）有助于确定短期借款的实际利率。

利率 绝大多数商业贷款的票面（名义）利率是由借贷双方协商确定的。在某些情况下，银行会根据借款者的信誉来调整利率——信誉越低，利率越高。利率还会随货币市场的状况而变动。例如，**优惠利率**（prime rate）就是随基本的市场状况变动的一个例子。优惠利率是向财务状况良好的公司收取的短期商业贷款利率。该利率本身通常由货币市场上的大银行确定，在全美范围内基本保持一致。

尽管从字面上看，优惠利率好像是银行向信誉最好的客户收取的利率，但近来在实际经营中却并非如此。由于银行相互间为争夺公司客户竞争日益激烈，而且由于面临来自商业票据市场的威胁，那些规模雄厚、财务状况良好的公司通常能以低于优惠利率的利率借款。银行所收取的利率是根据资金的边际成本确定的，这通常表现为**伦敦同业银行拆借利率**（London interbank offered rate，LIBOR）或货币市场定期存单所支付的利率。该资金成本再加上一个利率边际即为向客户收取的利率。该利率每天随货币市场利率的变动而变动。优惠利率与资金成本的差距取决于竞争状况和借款者的相关谈判能力，但通常超过 1%。

其他借款者支付的利率或者等于或者高于优惠利率，而银行的贷款价格也是以优惠利率为标准设定的。因此，优惠利率通常被作为基准利率。例如，按"优惠利率加成"标价法，某银行给予某公司的信贷额度可能是按优惠利率加上 0.5 个百分点提供的。如果优惠利率是 10%，借款者的利率就是 10.5%。如果优惠利率是 8%，则借款者需要支付的利率为 8.5%。一般来说，银行的不同客户所支付的利率与优惠利率的差距应当反映其在信誉上的差别。

但是其他因素也会影响这一差距。这包括所保持的现金余额及借款者与银行间存在的其他业务关系（如信托业务）。贷款服务的成本也是决定实际利率与优惠利率差距的因素之一。某些提供担保品的贷款管理成本很高，而这些成本必须以收取利息费用或特别费用的形式转嫁给消费者。

因此，短期贷款所收取的利率取决于银行资金的市场成本，即现行基准利率（通常为优惠利率）、借款者的信誉、借款者与银行间现在和未来的关系，以及有时需考虑的其他因素。此外,由于与信用调查和贷款业务处理过程有关的固定成本,我们可以预期小额贷款的利率要高于大额贷款的利率。

利率计算方法 短期商业贷款的利息支付有两种常用方式:收款法和折价法。如果采用收款法,则利息在票据到期时支付;如果采用折价法,则利息要从初始贷款额中预先扣除。一笔一年期的1万美元贷款,票面利率为12%,采用收款法时,实际利率就是票面利率:[1]

$$\frac{1200 \text{ 美元利息}}{10\,000 \text{ 美元可用资金}} = 12.00\%$$

如果采用折价法,则实际利率要高于12%:

$$\frac{1200 \text{ 美元利息}}{8800 \text{ 美元可用资金}} = 13.64\%$$

采用折价法计息时,当年只能使用8800美元的资金却需要在年末偿还1万美元。因此,折价法票据的利率要高于收款法票据的利率。这里需要指出的是,绝大部分银行贷款都采用收款法计息。

补偿性存款余额 除收取贷款利息外,商业银行可能要求借款者在银行中保持一定的无息存款余额,该余额可能与所借资金成正比,也可能与银行所承诺的贷款额度成正比。该最低余额即所谓的**补偿性存款余额**(compensating balances)。所规定的补偿性存款余额的数量随信贷市场的竞争情况而变化,还取决于借贷双方的具体协定。银行通常要求保持不低于信贷额度10%的余额。如果信贷额度是200万美元,则要求借款者全年至少应保持20万美元的平均余额。银行也可能要求平均余额为信贷额度的5%加上已使用信贷额度的5%。如果一家企业的信贷额度是200万美元,平均借款为60万美元,则要求它保持的补偿性存款余额为13万美元。

如果要求借款者保持的现金余额高于企业通常所维持的余额,则补偿性余额的要求将提高借款成本。如果我们按12%的利率借款100万美元,并被要求保持比通常情况下多10万美元的余额,则我们只能使用100万美元中的90万美元。此时实际年利率将不再等于票面利率12%,而是:

$$\frac{12\,000 \text{ 美元利息}}{900\,000 \text{ 美元可用资金}} = 13.33\%$$

为贷款而保持补偿性余额的呼声可能正在日益减弱。银行逐渐转向以"利润"为中心,而不是以"存款"为中心。相应地,它们也正在对客户关系的获利能力进行微调。近些年来,由于银行资金成本迅速而显著的波动,以及金融机构间竞争的加剧,银行逐渐开始发放没有补偿性存款余额要求的贷款。此外,银行所收取的利率也越来越与其取得资金的增量成本趋于一致。复杂的获利能力分析使得银行通过提高利率和收费的方式直接对贷款进行补偿,而不是通过保持补偿性存款余额进行间接的补偿。

承诺费 前面曾经讨论过为什么在循环贷款协定的条件中通常要求支付一定的承诺

---

[1] 短期贷款的实际年利率的通用计算公式如下:

$$\text{实际年利率} = \left(\frac{\text{已付利息总额} + \text{已付费用总额(如果有的话)}}{\text{可用资金}}\right) \times \left(\frac{365 \text{ 天}}{\text{贷款使用天数}}\right)$$

费。现在我们来看看这笔费用的存在将如何影响借款成本。假设 Acme Aglet 公司与一家银行订有循环贷款协定。在该协定下，该公司可以按 12％的利率最高借到 100 万美元的贷款，但它必须保持相当于所借资金 10％的补偿性存款余额。此外，它还必须为正式的信贷额度中未使用的部分支付 0.5％的承诺费。如果该企业在该协定下全年借款为 40 万美元，所有借款都是在到期日偿还；如果没有该协定，它将不在该银行保持现金存款余额，则借款的实际利率为

$$\frac{48\ 000\ \text{美元利息} + 3000\ \text{美元承诺费}}{360\ 000\ \text{美元可用资金}} = 14.17\%$$

担保（或以资产为担保的）贷款

> **问题**：两家企业都向同一家金融机构申请 10 万美元的 3 个月短期贷款。一家企业取得了无担保贷款，而另一家企业借到了有担保贷款。哪家企业的贷款成本可能更高？
>
> **回答**：担保贷款的成本可能更高。原因有两个：一个是短期无担保贷款的利率通常较低，因为只有信誉好的借款者才能以无担保的方式取得资金；另一个是资金出借方会以收取更高利息的方式将附属担保品的监管成本转嫁给有担保借款人。实际上，有担保借款人的最终目的应当是成为无担保借款人。这样借款人可能会节省 1 到 5 个百分点的短期借款成本。

很多企业无法以无担保的方式取得信用，这可能是因为它们是新企业，尚未建立起信用，也可能是因为银行对企业归还所申请的贷款的能力评价较低。贷款人向这类企业贷款会要求提供**抵押品**（security），或称**附属担保品**（collateral）以减少损失风险。有了担保品，贷款人的贷款偿还就有了两个来源：企业履行债务的现金流转能力以及如果出于某种原因前一来源失效，另一个来源则是抵押品的附属担保价值。除非企业有充足的预期现金流可为适当履行债务提供高度的保证，否则绝大多数贷款人都不会提供贷款。为了降低风险，它们通常会要求企业提供抵押品。

附属担保品　被指定的抵押品的市场价值超过贷款部分的金额决定了贷款人的安全边际。如果借款人不能偿还债务，贷款人就可以出售抵押品来满足收款要求。如果抵押品的售价超过贷款和所欠利息之和，则多余部分将返还借款人。如果抵押品的售价低于贷款和所欠利息之和，则贷款人就其差额部分成为普通的或无担保债权人。由于有担保的贷款人不希望成为普通债权人，因此通常要求抵押品的市场价值高于贷款额，以最小化出售抵押品仍无法偿还贷款的可能性。贷款人要求的抵押品保护程度随借款人的信誉、借款人现有的抵押品及金融机构提供的贷款而不同。

提供给贷款人的附属担保品价值受几个因素的影响。其中最重要的可能是流动性。如果附属担保品能在一个活跃的市场中不必压价即可迅速售出，则贷款人可能会愿意按附属担保品价值的较高百分比提供贷款。反之，如果附属担保品是专为某公司设计的有特定用途的机器设备而且没有一个活跃的二级市场，则贷款人可能不会发放任何贷款。附属担保品的寿命也很重要。对贷款人来说，它更希望附属担保品产生现金流的寿命期间与贷款期间一致，而不希望前者的时间更长。这是因为附属担保品的使用可以产生现金流，而这些资金可用来偿还贷款。另一个重要因素是与担保品有关的基本风险。担保

品的市场价值波动越大或者贷款人认为其市场价值越不稳定,则从贷款人的角度来看该附属担保品越不受欢迎。因此,流动性、寿命和风险决定了各类担保品对贷款人的吸引力,进而决定了企业可能取得的融资数量。在讨论具体的短期抵押贷款协议之前,我们先看一下贷款人如何利用《统一商法典》(Uniform Commercial Code)来保护自己。

这里要谈到的是《统一商法典》第9条,它规定了贷款人的抵押利益。要求借款人提供附属担保品的贷款人对该担保品取得抵押利益。担保品可能是应收账款、存货、设备或借款人的其他资产。附属担保品的抵押利益通过抵押协定(又称抵押物)确定。该协定由借款人和贷款人双方签字并包括对附属担保品的描述。为"完善"担保品的抵押利益,贷款人必须将抵押协定或融资声明的一份复印件提交担保品所在州的一家公共机构备案。该机构通常是各州的州政府办公室。备案将提醒社会公众注意贷款人对所描述的担保品具有抵押利益。在接受附属担保品为贷款抵押之前,贷款人会查找公告以确定该担保品此前是否已被指定为另一项贷款的抵押。只有对担保品具有有效的抵押利益的贷款人才对该资产享有优先请求权,能将该担保品出售以清偿贷款。

从技术的角度来说,有担保(或基于资产的)贷款是指以借款人的任何资产为抵押的任何贷款。然而,如果考虑的是短期贷款,则最常见的抵押品资产是应收账款和存货。

应收账款担保的贷款 应收账款是企业最具流动性的资产之一,因此是短期贷款的理想抵押品。从贷款人的角度来看,这类抵押品的最大问题是担保品的处理成本和借款人以不存在的账款作为抵押品的舞弊风险。企业可以向商业银行或金融公司申请应收账款抵押贷款。由于银行收取的利率通常低于金融公司,因此企业一般先向银行申请贷款。

在评估贷款请求时,贷款人会分析企业的应收账款质量并决定相应发放多少贷款。企业的应收账款的质量越高,贷款人对所抵押的应收账款的账面价值所愿意提供的贷款百分比就越高。贷款人没有必要接受借款人所有的应收账款。来自信用评级较低或未被评级的客户的应收账款经常会遭到拒绝。根据账龄分析法(见第6章),过期(如一个月以上)的应收账款会被拒绝。此外,除非签订有特别协议,贷款人对政府的应收账款和国外应收账款通常也不予考虑。根据所接受的应收账款的质量,贷款人一般按账面价值的50%~80%放款。

贷款人不仅关心应收账款的质量,而且关心其金额的高低。贷款人必须记录每笔被抵押的应收账款。因此,应收账款的平均规模越小,每单位美元花费在处理这些账款上的成本越多。因此,那些以未清账户赊销低价物品的企业通常得不到应收账款抵押贷款,而无论这些应收账款的质量到底如何,原因就在于贷款处理的成本太高。贷款人有时采用"一般性的"或称"批量的"或"总括性的"应收账款抵押,来绕过单独检查每笔账款以决定是否接受的成本。根据这一协议,贷款人不记录每笔账款而只记录所抵押账款的总额或已收到的付款。由于采用"总括性"抵押很难防止舞弊,因此贷款百分比可能很低,也许只有账面价值的25%。

假设贷款人已决定按具体抵押的应收账款账面价值的75%向某家企业提供贷款。借款人于是给贷款人送去一份应收账款清单,上面列出了账款的户名、发票开具日期和所欠金额。有时候贷款人还会要求借款人提供发货证明,例如发票。收到应收账款清单后,贷款人会让借款人签一张借据和抵押协议。接下来借款企业即可取得相当于清单所列应收账款账面价值 75% 的贷款。

基于资产的贷款渐成主流

BusinessFinance

越来越多的公司在通过各种类型的资产的杠杆效应寻求低成本的资金。

如果你认为只有陷入财务困境的公司才使用基于资产的贷款,那你就错了。我们以总部位于芝加哥的 Hartmarx 公司为例,这家制造和销售公司旗下有 40 多个男女服装品牌,其中包括 Hart Schaffner Marx 和 Hickey-Freeman 等知名品牌。过去 4 年间,Hartmarx 公司一直将 2 亿美元的基于资产的循环信贷额度作为最主要的信贷手段。由 Wachovia Capital Finance 提供的这笔贷款用 Hartmarx 公司的应收账款和存货作为担保。这家市值 6 亿美元的公司的副总裁兼财务总监格伦·摩根(Glenn Morgan)说:"这么做很合算,因为我们是根据特定的需求来借款。" Hartmarx 公司的存货和应收账款每到夏末的时候会达到最高峰,此时零售商开始为即将到来的假日购物季备货。由于贷款的额度与上述资产联系在一起,公司可以根据存货和应收账款的波动来调整借款额。尽管 Hartmarx 公司也可以采用更为传统的现金流贷款,但是摩根并不打算这么做。他说:"我们对于目前的信贷手段非常满意。它在利率和贷款条件方面很有吸引力。"

基于资产的贷款是指通常以包括应收账款和存货在内的营运资产为担保的信贷额度。也有用机器设备作为担保的。总部位于纽约市的 Bank of America Business Capital 的总裁乔伊斯·怀特(Joyce White)说:"5 到 10 年前,基于资产的融资还被视为援助融资和作为最后手段的贷款。"当时,基于资产的贷款被认为是那些财务状况恶劣到无法获得 cash-flow 贷款的公司才会使用的手段。

基于资产的融资还能够为处于迅猛增长中的企业提供灵活性,因为贷款的数量可以随着借款人的存货和应收账款的增长而增长。纽约市的 Rosenthal & Rosenthal 公司负责基于资产的贷款部门的高级副总裁吉姆·奥基奥格罗索(Jim Occhiogrosso)说:"基于资产的贷款能够遵循企业的发展。"

正如 Hartmarx 公司的经验所显示的,基于资产的贷款对于处于周期行业的公司来说很适用,因为贷款的数量可以随着公司应收账款和存货的基数的变动而变动。基于资产的贷款也适用于新成立的企业或者是处于扭亏为盈阶段的企业,这些企业没有过得硬的财务表现来获取现金流贷款。

资料来源:改编自 Karen M. Kroll, "Asset-Based Lending Goes Mainstream," *Business Finance* (May 2006), pp. 39-42. (www.bfmag.com) Copyright © 2006 by penton Media, Inc. Used by permission. All rights reserved.

应收账款抵押贷款可以采用通知的方式也可以采用不通知的方式。在不通知方式下,企业的客户不会得到其账款已被抵押给放款人的通知。当企业收到某笔应收账款付款时,它会将这笔款项与其他款项一同转给贷款人。贷款人将这笔收款同应收账款记录进行核对,并从借款人所借款项的金额中减去收款的 75%,其余 25% 则记入借款人账户的贷方。采用不通知方式时,贷款人必须留意借款人是否截留付款支票。如果采用通知方式,企业的客户会被告知有关抵押事项,汇款将直接寄给贷款人。在该方式下,借款人不能截留付款。很明显,大部分企业都愿意采用不通知方式借款,但贷款人有权要求采用通知方式发放贷款。

应收账款抵押贷款或多或少是一种"持续性的融资方式"。当企业得到能为贷款人接受的应收账款时,可以将其再行抵押,加入企业据以借款的抵押资产中。新的应收账款取代旧的应收账款,抵押基础和贷款金额也将相应地发生波动。应收账款抵押贷款是一种很有弹性的抵押融资方式。随着应收账款的积累,企业可以用它们筹集额外的资金来为这种积累融资。这样一来,企业就具有了一种"内在"融资机制。

存货抵押贷款 基本原材料和产成品存货是具有一定流动性的资产,因此也适合作为短期贷款的抵押物。与应收账款抵押贷款一样,贷款人根据担保品的市场价值确定一个贷款百分比。该百分比随存货的质量和类型而不同。某些存货(如谷物)的流动性很强,而且如果保存适当,不会遭受物理上的损坏。贷款人对这类贷款要求的安全边际较低,贷款比率可能高达90%(不过,正如你马上将从下文所介绍的"色拉油欺诈大案"中看到的那样,即使这类存货也可能被用于欺诈)。另一方面,那种高度专业化的设备市场可能非常狭窄,以至贷款人不愿就其市价给予任何贷款百分比。因此,并非每种存货都可以作为贷款的抵押品。最好的抵押品是那些相对标准化的,而且除了借款人的营销组织以外还存在一个便利的交易市场的存货。

贷款人通过考虑存货的流动性、易腐烂性、市价稳定性和贷款清偿出售的难度与费用来确定所愿意给予的贷款百分比。出售某些存货的成本可能非常高。贷款人并不希望介入担保品清算业务,但非常希望在借款人未能偿还本金和利息时能保证担保品有充足的价值。然而,对于绝大多数短期抵押贷款来说,实际贷款决策主要是根据借款人履行债务的现金流转能力作出的。贷款人取得存货的担保利益可以有很多种方法,下面将逐一介绍。在前三种方法(浮动留置权、动产抵押和信托收据)中,存货仍保留在借款人手中。在后两种方法(终端仓库收据和存货抵押收据)中,存货将留在第三方手中。

1. 浮动留置权。根据《统一商法典》,借款人可以"一般性"地抵押存货而不必具体指定所涉及的财产。在这种方式下,贷款人取得对借款人的所有存货的**浮动留置权**(floating lien)。当发生贷款违约时,该留置权允许依法没收所抵押的资产。根据其特殊性质,浮动留置权是一种很松散的协定,贷款人可能会发现很难对它进行控制。浮动留置权经常仅要求用来作为额外的保护,在决定是否贷款时并不起主要作用。即使担保品的价值较高,但由于很难对担保品实行严格的控制,贷款人通常只愿意给予一个中等的贷款百分比。浮动留置权可用于应收账款和存货,也可用于应收账款的收款。这使得贷款人的留置权包括企业主要的流动资产。此外,留置权还可确定为包括几乎任何时间范围,这样一来,其抵押品范围则不仅包括现有存货,而且包括将来的存货。

2. 动产抵押。在**动产抵押**(chattel mortgage)方式下,存货以序列编号或其他方式予以确定。尽管借款人对这些货物仍拥有所得权,贷款人却拥有留置权。除非得到贷款人的同意,否则这些存货不能被出售。由于要求进行严格确认,因此那些周转很快或不易具体确认的存货并不适于用作动产抵押。动产抵押比较适合某些资本货物类产成品存货,如机械工具等。

3. 信托收据。在**信托收据**(trust receipt)方式下,借款人以替贷款人托管的方式持有存货及存货销售带来的资金。这类借款协议又称场内计划,已被汽车经销商、设备经销商和耐用品经销商广泛采用。汽车制造商将汽车发运给经销商,经销商则通过金融公司为这些车的付款融资。金融公司向汽车制造商支付车款。经销商则签订一份信托收据抵押协定,该协定规定对存货的处置方法。汽车经销商可以销售汽车,但必须将所得资金交给贷款人以偿还贷款。与浮动留置权方式下的存货不同,托管中的存货要以序列编码或其他方式具体确认。在上面的例子中,金融公司要定期审查经销商手中的汽车,并将这些汽车的序号与抵押协定中的序号进行核对。审查的目的是看经销商是否销售了汽车却未将所得资金汇给金融公司。

当经销商从汽车制造商处购入新的汽车时,还要签一份新的信托收据抵押协定以反映新的存货,然后经销商再用这些新的担保品借款,并以托管的方式持有。尽管信托收据协定比浮动留置权协定对担保品的控制严格,仍然存在存货已经售出而资金并未寄给贷款人的风险。因此,在这种方式下贷款,贷款人仍必须进行判断。不诚实的经销商可能用多种手法来欺骗贷款人。

很多耐用品厂商为其分销商或经销商进行存货融资。它们的目的是鼓励分销商或经销商保持适当的存货。原因是存货越多,经销商或分销商的销售量也越高。由于厂商愿意销售自己的产品,它们提供的融资条件通常比外部贷款人的条件更为优惠。

4. 终端仓库收据。借款人通过将存货存入一家公共的或终端的仓储公司,从而取得**终端仓库收据**(terminal warehouse receipt)抵押贷款。该仓储公司签发一张仓库收据作为存入仓库的特定货物的所有权凭证。仓库收据赋予贷款人该批货物的抵押利益,贷款人可据此给借款人发放贷款。在这种方式下,贷款人通常要求借款人出具一份保险单,并在损失赔偿条款中将贷款人列为受益人。

仓库收据可以是可转让的,也可以是不可转让的。不可转让的仓库收据是以某个具体方为收货人(本例中是贷款人),该方被授予货物的所有权和唯一拥有货物的发放权。可转让的仓库收据可以通过背书转让。可转让的收据必须提交给仓库经营者,货物才能发放。可转让收据的好处是当货物在库存储时,其所有权可以由一方转让给另一方。对于不可转让的收据,货物发放的授权必须采用书面形式。绝大多数贷款协议都采用不可转让的收据。

色拉油欺诈大案

最著名的仓库收据舞弊案例发生在20世纪60年代早期。50多家银行和其他贷款人向联合菜油加工公司(Allied Crude Vegetable Refining Corporation)提供了大约2亿美元的贷款,这些贷款以近20亿磅植物油作为担保。起初,流于形式的检查并未发现相互连接的输油管道可以将油从一个油库输送到另一个油库,而且薄薄的油层下面常常是海水和淤泥。

18.5亿磅油的短缺终于被曝光了。结果该中转仓储公司破产,贷款人丧失了2亿美元贷款的绝大部分,而联合菜油加工公司总裁 Antonio "Tino" DeAngelis 则入选吉尼斯世界记录。("Tino"创下了什么世界纪录呢?在因色拉油欺诈大案而导致的民事赔偿诉讼中,要求 DeAngelis 支付的保释金是465 000亿美元,创下了当时的最高纪录。*)

*更详细的介绍见 N. C. Miller, *The Great Salad Oil Swindle* (Baltimore: Penguin Books, 1965)。关于这件及其他有关担保贷款人被骗的舞弊案件的更多介绍可参见 Monroe R. Lazere, "Swinging Swindles and Creepy Frauds," *Journal of Commercial Bank Lending* 60 (September 1977), pp. 44-52。

---

5. 存货抵押收据。在终端仓库收据贷款中,被抵押的货物是放置在终端仓库中的;而在存货抵押收据贷款中,被抵押的存货则是放置在借款人所有的产业里。在**存货抵押收据**(field warehouse receipt)方式下,一家中转仓储公司(经营借款者的仓库的独立的公司)在借款者的房产中划出一块区域用来保管作为担保品的抵押存货。只有该中转仓储公司能够进

入该区域,而且该公司应对这些存货实行严格的控制(作为担保品的存货与借款者的其他存货是隔离开的)。该中转仓储公司开具一份前面描述过的仓库收据,贷款人则根据存货的担保价值发放贷款。当不希望将存货放在公共仓库时(或者是因为费用问题,或者是因为不方便),存货抵押协定则是一种很有用的融资方式。存货抵押收据贷款对需要频繁使用存货的借款人尤为适用。由于需要向中转存储公司支付费用,这一融资方法的成本可能比较高。

作为担保品的存货抵押收据的质量取决于签发该收据的仓储公司。如果实施得当,存货抵押收据贷款可以为贷款人提供高度的担保品控制权。然而,大量舞弊案例说明存货抵押收据并不总是能够提供货真价实的价值凭证。

 ## 应收账款代理

如前所述,应收账款可以抵押给贷款人作为贷款的担保。不过,企业也可以不抵押应收账款,而是将其代理出去以取得现金。抵押应收账款时,企业仍拥有应收账款的所有权,而当企业将其应收账款代理出去后,实际上已经通过出售将所有权转移给了代理商(通常是一家银行控股公司的子公司)。这一销售通常无追索权,这意味着销售企业对代理商不能收回的任何应收账款都不承担责任。代理商设有信用部门,负责调查账款的信用。根据其信用调查,代理商可能拒绝购买它认为风险太高的某些账款。通过代理,企业常常可以不必再维持信用部门也不必负担收账费用。代理商不愿购买的任何账款都是一项不可接受的信用风险,除非企业自己愿意承担这一风险并发送货物。

代理协议需要在代理商及其客户间签订一份合同,该合同的有效期通常为一年并附有自动续订条款。如果要取消合同,需要提前30~60天通知对方。尽管在传统上代理商都应当通知客户,告知其账款已被出售,支付的账款应直接寄给代理商,但在很多情况下却并不通知。客户仍将款项汇给企业,再由企业将这些款项背书转交给代理商。企业常对这些背书进行掩饰以避免客户得知自己的账款已被出售。

对大部分读者来说,可能仍认为代理是一个很陌生的概念。因此,当你得知自己可能是无数代理交易中的一分子却对此一无所知时会大吃一惊。你每次使用信用卡购物时都参与了代理过程。你的赊购行为产生的应收账款很快就被出售给了银行。

一项商业秘密再次浮出水面

全球化和客户合并激发了企业对商业信用保险新的兴趣。

3年前,Skyworks Solutions公司面临困惑。公司半导体产品的销量飞速增长,公司急于增加产能和提高研发能力。为了融资,Skyworks公司打算用核心资产——6000万美元的应收账款作为担保获取信贷额度,然而各家银行都犹豫着不肯放款。原因之一是,这家芯片生产商当时由于一项购并案欠下了巨额债务,正在负债经营。另一个原因是,公司的应收账款中有70%来自中国和韩国的客户。Skyworks公司打交道的各家美国银行都惧怕自己所不熟知的亚洲政治和经济风险,从而不愿意提高信贷额度。

Skyworks 公司找到了一种被人们长期遗忘，也很少有人了解的金融工具——商业信用保险。公司在马萨诸塞州沃本（Woburn）为其应收账款购买了保险，如果有客户拒绝付款或者长期拖延付款，该保险能够有效地保证相应资金的安全。几个月后，Wachovia 银行批准了一项 5000 万美元的新的信贷额度。如今，部分归功于这一及时的融资协议，Skyworks 公司在用于手机和其他便携式设备的特殊芯片领域具有举足轻重的地位，其客户包括诺基亚、摩托罗拉、三星和西门子等无线设备领域的巨头。过去 3 年，公司的收入几乎翻了一倍，2004 年达 7.85 亿美元。而且 Skyworks 公司获利丰厚，去年的利润高达 2240 万美元。公司的财务副总裁保罗·文森特（Paul Vincent）说："商业信用保险在我们最需要资金发展的时候雪中送炭。"

　　商业信用保险早在美国内战时期就出现了，但是在美国一直没有流行起来。如今，由于全球化以及其他经济因素，公司的首席财务官们正在重新发现这一古老的金融工具并充分地予以利用。有些公司只是用它来充实现有的担保基数。另一些公司则希望给来自那些处于政局不稳定或经济不成熟的偏远地区的客户的应收账款投保或者是降低进入新的、未经测试的销售领域的快速扩展带来的风险。还有一些公司之所以购买商业信用保险是为了在某一个大客户的账款占销售额的很大比例时作为自我保护的手段。如果某个大客户宣布破产，商业信用保险将有助于降低带来财务灾难的风险。随着越来越多的行业在进行整合，这里仅以零售和电信这两个行业为例，客户过于集中的风险对于很多公司来说日益成为关注的焦点。

　　银行很青睐商业信用保险，因为它们可以发放更多的基于资产的贷款。首席财务官之所以觉得商业信用保险很有吸引力部分原因在于可以通过相对较低的成本换来安全感。Skyworks 公司的保险费还不到用来作为担保的应收账款总额的 1%（出于会计方面的考虑，这些款项被记入完全合并的特殊目的实体）。Skyworks 公司的新保单使得公司能够获得比无担保的信贷条件下更为优惠的利率。文森特说过去 3 年来他每年都会续签保单，而且打算今后一段时期也这么做。

　　Skyworks 公司是重新发现商业信用保险的若干公司之一。根据信贷研究基金会（Credit Research Foundation）这家位于巴尔的摩的非营利研究机构发布的数据，在美国，只有不到 5% 的公司购买了商业信用保险。而在欧洲，则有 40% 的公司购买了商业信用保险。对于这种差异，传统和文化是关键因素。几个世纪以来，跨国境贸易一直是欧洲企业经常遇到的，然而很多企业的管理者对于来自国外的应收账款始终很不信任。此外，总部位于阿姆斯特丹的 Atradius NV 的美国分公司安卓贸易信用保险公司（Atradius Trade Credit Insurance Inc.）的首席执行官尼尔·利里（Neil Leary）认为，欧洲人与美国人相比，对于风险的承受力更低。

资料来源：改编自 Marie Leone，"A Trade Secret Comes to Light, Again," *CFO* (November 2005), pp. 97-99. (www.cfo.com) © 2005 by CFO Publishing Corporation. Used by permission. All rights reserved.

代理成本

　　代理商由于承担了信用风险并支付了处理应收账款的费用，因此要获得一定的佣金，对贸易账款来说该金额通常会超过应收账款账面价值的 1%。佣金随单笔账款的规模、售出的应收账款总额和账款的质量的不同而不同。代理商一般不是在购买应收账款后立即向企业付款。如果代理商在应收账款到期前将资金预付给企业，则企业必须为这笔应付款向代理商支付利息。预付资金是代理商在承担风险和应收账款服务之外的又一借款功能。代理商要求为提供这一功能得到补偿。如果被代理的应收账款总额为 1 万美元，代理费是 2%，则代理商将贷记企业的账户 9800 美元。如果企业希望在应收账款到期前支取这笔款项，则需要为使用这笔资金支付利息。例如，每月 1.5%。如果企业希望预支现金,而应收账款平均在一个月后到期,则利息成本大约为 0.015×9800 美元＝**147 美元**。① 因此,代理的总成本包括代理费加上企业预支现金所需支付的利息。如果企业不预支现金,则不会发生利息费用。第三种可能是,企业在应收账款到期后仍将资金留给代理商并从代理商那里收取利息。

弹性

典型的代理业务是连续进行的。取得新的应收账款后,它们又被出售给代理商,同时贷记企业的账户。企业需要资金时就从该账户支取。有时候代理商会允许企业在季节性资金需求期间透支其账户,从而企业相当于取得了无担保贷款。在其他情况下,代理商可能在企业的账户中保留一部分储备以应付可能出现的销货退回与折让。代理的主要来源是商业银行、银行控股公司的代理业务子公司和某些老牌代理商。虽然有些人对那些将自己的应收账款代理出去的公司冠以恶名,但也有很多人认为代理是一种完全可以接受的融资方式。代理的主要缺点是成本可能很高。但是,我们必须记住,代理通常可以使企业减少信用检查、应收账款处理成本、收账费用和坏账费用。尤其是对小企业来说,这笔支出节省可能是很可观的。

 ## 短期融资的组合

本章讨论了短期融资的各种来源。由于我们假定所需要的短期融资总额已根据第 8 章所讨论的框架确定了,本章只需考虑短期融资的最佳组合。各种来源的适当组合或权衡取决于对成本、可行性、时机、弹性和企业资产受约束的程度(承担法律诉求)的考虑。各种资金来源的任何有意义的分析的核心问题是比较其成本和时机。各种短期融资方式间的成本差异随时间变化并不一定是固定不变的。事实上,它们随市场状况的变化而波动。因此,时机与短期融资的最佳组合问题的关系非常密切。

当然,融资的可行性也很重要。如果一家企业因为信用水平低而无法通过商业票据或银行贷款进行融资,则该企业必须转向其他来源。企业的信用水平越低,其可采用的短期融资来源就越少。短期融资的弹性与企业偿还贷款的能力和续借及增加借款的能力有关。对于短期贷款,企业可以在有剩余资金时偿还债务从而减少利息总成本。对于代理,企业只有在需要时才预支现金并支付利息费用。对于商业票据,企业必须等到最后到期日才能偿还贷款。

弹性还与企业在短期内增加借款的能力有关。如果与银行订有信贷额度或循环贷款协议,如果尚未达到最高额度贷款数额,要增加借款将很容易。而对于其他形式的短期融资,企业的弹性则要低一些。最后,资产所受约束的程度也会影响决策。对于有担保贷款,贷款人对企业的各种资产取得留置权。该担保状况将使企业未来的融资可能性受到约束。当应收账款在代理协议下被实际出售时,道理也是一样的。在这种情况下,企业将其最具流动性的资产之一出售了,还会导致自己在大部分债权人心目中的信誉下降。

---

① 实际预支的现金将是 9800 美元减去 147 美元的利息成本,即 9653 美元。

上述所有因素都会影响企业短期融资适当组合的决策。由于成本可能是关键因素，应当将其他因素的差别与成本上的差异进行比较。当考虑到弹性、时机和资产受约束的程度时，从显性成本看最经济的融资来源未必就是实际上最经济的融资来源。尽管理想的情况是将短期融资来源的显性成本和隐性成本都表示出来，但后者很难量化。一种更实际可行的方法是将各种来源先按显性成本排序，再考虑其他因素，看从总的可取性角度是否会改变排序。由于企业的融资需求随时间而变化，因此应当不断探索各种短期融资来源。

小结

- 供应商提供的商业信用可以是企业短期融资的重要来源。如果企业在及时支付账单方面采取严格的政策，商业信用就成了一种自然（内在）的融资来源，它会随生产循环而波动。
- 如果未能取得提供给及时付款的现金折扣，则放弃的现金折扣就成为商业信用的成本，从折扣期末到支付发票间的时间越长，按年折算的机会成本就越低。
- 延迟应付账款是指将付款推迟到到期日之后。尽管延迟应付账款能产生额外的短期融资，但必须权衡该"收益"与相关的成本，这些成本包括：（1）放弃的现金折扣（如果有的话）成本；（2）任何可能的对延迟付款的惩罚或利息费用；（3）企业的信用评级可能恶化，以及企业取得未来信用的能力可能受到损害。
- 与应付账款（供应商提供的商业信用）一样，应计费用也是一种自然融资来源。主要的应计费用是应计工资和应计税款，这些费用都预期在某个确定的时间支付。
- 应计费用在支付前构成了企业的无息融资。对一家持续经营的企业来说，这种融资是连续不断的。当旧的应计费用得到支付时，新的费用接着又发生，而应计费用的数额也相应发生波动。处于极度经济困难中的公司有时会推迟支付税款和工资，但这种推迟的后果可能是很严重的。
- 货币市场信用和短期贷款是在公开或私人市场可转让的（外部的）短期融资方式。
- 规模大、实力雄厚且信誉良好的公司有时会通过商业票据进行短期借款。商业票据是在货币市场上出售的一种无担保的短期借据。商业票据可以通过经销商也可以直接出售给投资者。企业可能不发行"单独"的商业票据，而是发行"银行支持"的商业票据，这种情况下，银行将保证债务的偿还。商业票据的主要优点是它通常比商业银行的短期商业贷款成本低。
- 银行承兑汇票融资是另一类货币市场信用。银行承兑汇票通常与对外贸易相联系，它具有高度的流动性而且可能成为一种十分理想的短期资金来源。
- 短期贷款可以划分为两类：无担保的和有担保的。
- 无担保的短期贷款一般只限于从商业银行按信贷额度、循环贷款协议和交易贷款协议来贷款。
- 通常，银行为确保其贷款及时得到偿还而要求企业保持一定的现金余额。如果要求借款企业保持的余额高于它平常在银行中的余额，则借款的实际成本会上升。

短期商业贷款的利率受下列因素影响：银行的资金成本、现行优惠利率、借款者的信誉以及客户关系为银行带来的获利能力。
- 很多无法取得无担保贷款的企业被贷款人要求指定抵押品。在有担保的贷款中，贷款人有两种贷款清偿来源：企业履行债务的现金流转能力和如果该来源失效，抵押品的担保价值。为了保持安全边际，贷款人提供的贷款通常小于附属担保品的市场价值。
- 应收账款和存货是用于短期商业贷款担保的主要资产。
- 贷款人可以通过很多方式取得对存货的抵押利益。在浮动留置权、动产抵押和信托收据的方式下，存货仍由借款人保管；而在终端仓库收据和存货抵押收据方法下，存货则由独立的第三方保管。
- 企业可以不抵押应收账款，而将其代理（出售）出去以取得现金。代理常常可以减少企业的信用检查、应收账款处理成本、收账费用和坏账费用。
- 短期融资各种来源的最佳组合取决于对下列因素的考虑：成本、可行性、时机、弹性和资产受约束的程度（承担法律诉求）。

思考题

1. 说明为什么供应商提供的商业信用是一种"自然资金来源"。
2. 当失去折扣时，供应商提供的商业信用是一种成本很高的资金来源。说明为什么很多企业依靠这种来源为其临时性营运资本融资。
3. 延迟应付账款在短期内可以为客户提供"免费的"资金。但是如果所有客户都延迟支付其账款，供应商就会面临严重的财务困难。讨论供应商可能面临的问题的性质，并提出几种应对延迟应付账款的方法。
4. 假设某企业决定紧缩商业信用政策，由"2/10, n/90"变为"2/10, n/30"。该变化对企业的流动性会有何影响？
5. 为什么应计费用是一种比供应商提供的商业信用更具自然性的融资来源？
6. 为什么商业票据的利率通常低于银行的优惠利率，而高于政府短期债务利率？
7. 企业为什么会按较高利率从银行借入资金而不发行商业票据？
8. 谁可以发行商业票据？目的是什么？
9. 作为一种融资手段，银行承兑汇票和商业票据有何区别？
10. 对比分析信贷额度和循环贷款协议。
11. 在其他条件相同时，如果你是借款者，你愿意采用"收款法"还是"折价法"借款？如果你是贷款者又会如何呢？
12. 根据什么来确定一项借款是有担保的还是无担保的？
13. 作为贷款人，你将如何确定你对某特定类型的担保品愿意提供的贷款比率？
14. 假设你是一家公司的财务顾问，你将如何决定是抵押应收账款还是将其代理出去？
15. 按照你的偏好顺序列出你愿意接受的作为短期贷款担保品的资产。说明理由。

16. 本章所讨论的各种短期融资方法在下列情况下哪种最可能被采纳？说明理由。
    (1) 原材料加工厂如采矿或木材公司；
    (2) 零售企业，如日用品零售商或音响设备经销商；
    (3) 跨国公司；
    (4) 耐用消费品经销商，如一家汽车销售机构。
17. 在选择短期融资组合时，应考虑哪些因素？

自测题

1. 对下面(1)~(8)，确定在各种信用条件下融资的年成本，假设：不取得折扣；在信用期末支付账款；一年有365天。

   (1) 1/10, n/30　　　　(2) 2/10, n/30　　　　(3) 3/10, n/30
   (4) 10/30, n/60　　　(5) 3/10, n/60　　　　(6) 2/10, n/90
   (7) 3/10, n/90　　　　(8) 5/10, n/100

2. Pawlowski 供应公司需要增加 440 万美元营运资本。有下列三种融资方案可供选择(假设一年有365天)。
   (1) 放弃现金折扣(3/10, n/30)，并在最后到期日付款。
   (2) 按 15% 的利率从银行借款 500 万美元。该方案需要保持 12% 的补偿性余额。
   (3) 发行半年期 470 万美元的商业票据，净值为 440 万美元。假设新商业票据是每 6 个月发行一次(注意：商业票据无设定利率，而是按折价出售，由折价部分决定发行者的利息成本)。

3. Barnes 公司刚发生了一笔大额应收账款。它因此需要立即增加 9.5 万美元的营运资本。该公司已确定有三种可行的资金来源：
   (1) 商业信用：Barnes 公司每月按条件"3/30, n/90"购入 5 万美元的材料，目前都取得了折扣。
   (2) 银行贷款：该公司取得银行按 13% 的利率提供的贷款 10.6 万美元，要求保持 10% 的补偿性余额。
   (3) 代理：一家代理商愿意购买公司的应收账款(每月 15 万美元)，这些应收账款的平均收账期为 30 天。代理商将按应收账款账面价值的 75% 和年利率 12% 的条件预付资金，此外它还要对所购入的应收账款收取 2% 的费用。估计代理商的服务每月可为公司节省 2500 美元，包括信用部门费用和坏账费用。
   根据年成本分析 Barnes 公司应选择哪个方案？

4. Kedzie Cordage 公司需要为季节性存货需求融资 40 万美元。资金将使用 6 个月。该公司正在考虑下列可能性：
   (1) 从一家金融公司取得终端仓库收据贷款。条件是年利率 12%，按存货价值的 80% 提供贷款。6 个月内的仓储成本是 7000 美元。剩下的融资需求(8 万美元)，即 40 万美元减去贷款金额，需要通过放弃公司的一些应付账款的现金折扣来融通。标准条件是

"2/10,n/30",但是公司估计它能在不引起不利影响的情况下将付款推迟到第 40 天。

(2) 从存货供应商处按浮动留置权的方式融资,实际利率为 20%。供应商按存货的价值发放贷款。

(3) 从另一家金融公司取得存货抵押收据贷款,年利率为 10%。贷款比率为 70%,6 个月内的中转仓储成本是 1 万美元。剩下的融资需求将按方案(1)的方法通过放弃应付账款的现金折扣融通。

企业为存货融资的哪种方法成本最低?

(提示:比较各方案下 6 个月的融资总成本。)

复习题

1. Dud 公司按条件"2/10,n/30"购买原材料。企业主巴德(Dud)女士通过检查公司的记录发现货款通常在收到货物 15 天后支付。当问到企业为何不享受现金折扣时,簿记员布伦德(Blunder)先生回答说,这些资金的成本只有 2%,而银行贷款的成本则是 12%。

(1) 布伦德先生犯了什么错误?

(2) 不享受折扣的实际成本是多少?

(3) 如果企业不能从银行取得贷款而必须依靠商业信用取得资金,为降低年利息成本可向布伦德先生提出什么建议?

*2. 分别为下列销售条件确定年利息成本,假设企业不享受现金折扣而在信用期末付款(假定一年有 365 天):

(1) 1/20,n/30(发票面值 500 美元);

(2) 2/30,n/60(发票面值 1000 美元);

(3) 2/5,n/10(发票面值 100 美元);

(4) 3/10,n/30(发票面值 250 美元)。

*3. 发票的金额是否会影响不享受折扣的年利息成本?举例说明。

4. 假定延迟 10 天付款,重新计算第 2 题。

5. Hayleigh Mills 公司与阿肯色州的第一国民银行签订了 500 万美元的循环贷款协议。作为荣誉顾客,利率比银行的资金成本高 1%,资金成本与可转让定期存单的利率大致相当。此外,对循环信贷额度中未使用部分需要支付 0.5% 的承诺费。如果估计来年可转让定期存单的利率平均为 9%,而且公司平均将使用承诺额度的 60%,预期该贷款的年成本是多少?同时考虑利率和支付的承诺费,成本百分比又是多少?如果平均只使用了总承诺额度的 20%,则成本百分比将发生什么变化?

6. Bork 公司希望借入一笔 10 万美元,为期一年的贷款。它有以下几种可选方案:

(1) 按折价法取得 8% 的贷款,需保持补偿性余额 20%;

(2) 按折价法取得 9% 的贷款,需保持补偿性余额 10%;

(3) 按收款法取得 10.5% 的贷款,不需保持补偿性余额。

以实际利率为取舍指标,Bork 公司应选用哪种方案?

7. Shelby Gaming 制造公司面临一次严重的现金短缺,在未来90天中需要20万美元。公司为取得贷款已将应收账款抵押出去了。但它还有57万美元不受约束的存货。从下面两种可选方案中确定较好的一种。

(1) Reno 的 Cody 国民银行愿意提供一笔贷款,前提是在其控制下将产成品存货保存在公共仓库中。当这些产成品存货被用于销售时,贷款将从销售所得款项中抵扣。公司现有产成品存货30万美元,并且预计会对仓库中已售出的存货用新的存货去替代,这样即可借够20万美元,为期90天,利率为10%,公司每季度支付的存储成本是3000美元。最后,由于采用该借款方式,其效率会下降,管理层估计较低的效率会使每季税前利润减少4000美元。

(2) Vigorish 财务公司可以在对所有存货采用浮动留置权的方式下为公司提供贷款。贷款利率为23%,但不会发生其他费用。

8. Bone 公司在过去5年中一直对其应收账款实行代理。代理商收取2%的代理费,并可以提供高达应收账款总额80%的贷款,每月的利率为1.5%。通常企业每月销售额为50万美元,其中70%为赊销。通过采用代理方式,将带来两方面的节省:

(1) 维持信用部门每月需要花费2000美元;

(2) 赊销额1%的坏账费用。

企业的开户行最近同意借给相当于企业在应收账款清单上所列价值80%的资金。银行每年要收取15%的利息,此外每月还要按应收账款借款额收取2%的处理费。企业的销售条件是"n/30",所有客户都是在第30天付款。如果企业根据其应收账款每月平均借款10万美元,考虑到银行提供的上述条件,企业是否应停止代理业务?

9. Solid-Arity 公司是一家位于芝加哥的电气设备销售连锁店。它需要为其所有存货融资,该公司一年中四个季度的平均存货水平如下:

千美元

	季度			
	1	2	3	4
存货水平	1600	2100	1500	3200

该公司目前采用浮动留置权担保的方式从一家金融公司取得贷款。贷款利率为优惠利率加上7.5%,但不发生其他费用。芝加哥的边界伊利诺伊国民银行正在与该公司接洽。该银行提供信托收据的融资方式,利率为优惠利率加上2.5%,每季收取2万美元的服务费。公司是否应改变融资方式?为什么?

自测题答案

1. (1) 1/10, n/30　　　(1/99)(365/20) = **18.4%**
　(2) 2/10, n/30　　　(2/98)(365/20) = **37.2%**
　(3) 3/10, n/30　　　(3/97)(365/20) = **56.4%**
　(4) 10/30, n/60　　(10/90)(365/30) = **135.2%**

(5) 3/10,n/60　　　　　(3/97)(365/50)=**22.6%**
(6) 2/10,n/90　　　　　(2/98)(365/80)=**9.3%**
(7) 3/10,n/90　　　　　(3/97)(365/90)=**14.1%**
(8) 5/10,n/100　　　　(5/95)(365/100)=**21.3%**

2. 年成本如下：
(1) 商业信用：
$$(3/97)(365/20)=\mathbf{56.44\%}$$
(2) 银行融资：
$$(5\,000\,000\text{ 美元}\times0.15)/(4\,400\,000\text{ 美元})=\mathbf{17.05\%}$$
(3) 商业票据：
$$(300\,000\text{ 美元}/4\,400\,000\text{ 美元})\times2=\mathbf{13.64\%}$$
银行融资的成本比商业票据大约高3.4%，因此应发行商业票据。

3. 年成本如下：
(1) 商业信用：如果不享受折扣，第二个月后融资可达9.7万美元（97%×50 000美元/月×2个月），成本将是
$$(3/97)(365/60)=\mathbf{18.8\%}$$
(2) 银行贷款：假设在其他情况下并不保持补偿性余额，成本将为
$$(106\,000\text{ 美元}\times0.13)/(106\,000\text{ 美元}\times0.90)=\mathbf{14.4\%}$$
(3) 代理：当年的代理费将为
$$2\%\times(150\,000\text{ 美元}\times12)=\mathbf{36\,000}\text{ 美元}$$
但是，可节省的资金为3万美元，从而净代理成本为6000美元。以应付账款为根据，借款9.5万美元的成本大约为
$$[(0.12\times95\,000\text{ 美元})+6000\text{ 美元}]/95\,000\text{ 美元}=\mathbf{18.3\%}$$

4. (1) 40万美元的80%，利率为12%，期限6个月　　　　　　　19 200美元
6个月的终端存储成本　　　　　　　　　　　　　　　　　　　7000美元
将应付账款从10天延长至40天，放弃现金折扣6个月的成本：
$$(2/98)(365/30)(80\,000\text{ 美元})(1/2\text{ 年})$$
$$=0.2483\times80\,000\text{ 美元}\times0.5$$
　　　　　　　　　　　　　　　　　　　　　　　　　　　　　9932美元

6个月总成本　　　　　　　　　　　　　　　　　　　　　　36 132美元

(2) 400 000美元×20%×1/2年　　　　　　　　　　　　　40 000美元
(3) 40万美元的70%，利率为10%，期限6个月　　　　　　　14 000美元
6个月的中转存储成本　　　　　　　　　　　　　　　　　　　10 000美元
将应付账款从10天延长至40天，放弃现金折扣6个月的成本：
$$(2/98)(365/30)(120\,000\text{ 美元})(1/2\text{ 年})$$
$$=0.2483\times120\,000\text{ 美元}\times0.5$$
　　　　　　　　　　　　　　　　　　　　　　　　　　　　14 898美元

6个月总成本　　　　　　　　　　　　　　　　　　　　　　38 898美元
终端仓库收据贷款的成本最低。

参考文献

ABCs of Figuring Interest. Chicago, IL: Federal Reserve Bank of Chicago, 1994.

Berlin, Mitchell. "Trade Credit: Why Do Production Firms Act as Financial Intermediaries?" *Federal Reserve Bank of Philadelphia Business Review* (Third Quarter 2003), 21-28 (available online at www.phil.frb.org/files/br/brq303mb.pdf).

Edwards, Mace. "Factoring for Cash Flow: An Option." *The Small Business Controller* 7 (Fall 1994), 12-16.

Farragher, Edward J. "Factoring Accounts Receivable." *Journal of Cash Management* (March-April 1986), 38-42.

GE *Capital: Guide to Asset Based Lending*. Stamford, CT: GE Capital Corporation, 1999 (available online at www.gelending.com/Clg/Resources/PDF/guide/asset_guide.pdf).

Hahn, Thomas K. "Commercial Paper." *Federal Reserve Bank of Richmond Economic Quarterly* 79 (Spring 1993), 45-67.

Lazere, Monroe R. "Swinging Swindles and Creepy Frauds." *Journal of Commercial Bank Lending* 60 (September 1977), 44-52.

Maness, Terry S., and John T. Zietlow. *Short-Term Financial Management*, 3rd ed. Cincinnati, OH: South-Western, 2005.

McDougall, Bruce. "The Ins and Outs of Structured Finance." *Canadian Treasurer* 21 (August/September 2005), 33-35.

Mian, Shehzad L., and Clifford W. Smith Jr. "Extending Trade Credit and Financing Receivables." *Journal of Applied Corporate Finance* 7 (Spring 1994), 75-84.

Miller, N. C. *The Great Salad Oil Swindle*. Baltimore: Penguin Books, 1965.

Shaw, Michael J., and James A. Gentry. "Using an Expert System with Inductive Learning to Evaluate Business Loans." *Financial Management* 17 (Autumn 1988), 45-56.

Shockley, Richard L., and Anjan V. Thakor. "Bank Loan Commitment Contracts." *Journal of Money, Credit and Banking* 33 (November 1997), 515-534.

Part IV of the text's website, *Wachowicz's Web World*, contains links to many finance websites and online articles related to topics covered in this chapter. (http://web.utk.edu/~jwachowi/part4.html)

第 5 部分
资本性资产投资

第 12 章　资本预算与现金流量预测

第 13 章　资本预算方法

第 14 章　资本预算中的风险和管理（实际）期权

财务管理基础
Fundamentals of Financial Management

第 12 章

资本预算与现金流量预测

内容提要

- 资本预算概述
- 提出投资项目建议
- 预测项目的"税后增量营业现金流"
  现金流清单・税收的影响・计算增量现金流・资产扩张范例・设备更新范例・结束语
- 小结
- 思考题
- 自测题
- 复习题
- 自测题答案
- 参考文献

学习目的

完成本章学习后,您将能够:

- 定义"资本预算编制"并识别资本预算编制流程中的各步骤。
- 解释在企业内部编制长期项目建议的步骤。
- 说明为什么对资金预算决策最相关的是现金流而不是收入流。
- 列出确定相关资本预算中现金流时应考虑的主要因素清单。
- 定义"沉没成本"和"机会成本",并解释为什么在资本预算分析时必须忽略沉没成本而要考虑机会成本。
- 解释纳税考虑因素及出于纳税考虑的折旧如何影响资本预算现金流。
- 确定与一项资本投资项目相关的初始、中期和期终"税后、累积、经营性现金流"。

> "数据!数据!数据!"他不耐烦地嚷着,"巧妇难为无米之炊。"
> ——夏洛克・福尔摩斯(Sherlock Holmes)
> 引自《桐山毛榉案》(*The Copper Beeches*)

资本预算概述

探讨了有效管理营运资本(流动资产及其融资方法)的方法后,我们现在转向涉及长期资产的决策,这些决策涉及投资项目和融资方案的选择。接下来的三章将讨论投资项目的选择。

人们在进行资本投资时,支出现金是因为预期能在未来获得收益,而这种收益通常分布在未来的若干年。例如,投资于设备、厂房和土地等资产,引进新产品、新的分配系统或新的研发方案。简而言之,企业未来的成功和利润取决于当前所做的长期决策。

某个投资方案所带来的收益是否等于或高于投资者的预期收益,是评价该投资方案是否可行的标准。[①] 为了简化本章及下一章关于**资本预算编制**(capital budgeting)方法的讨论,假设给定预期报酬,且对所有投资项目都相同。该假定说明,任何投资项目的选择都不会改变投资者对公司经营状况和风险结构的看法。第15章将讨论如何决定预期报酬率,而在第14章则要考虑一个现实的问题,即不同的投资项目有不同的经营风险。因此,投资项目的选择可能影响公司的风险状况,进而影响投资者的预期报酬率。然而,为了集中介绍资本预算,本章和下一章我们假定风险固定不变。

注意:

资本预算编制涉及:

- 提出与企业战略目标一致的投资方案;
- 预测投资项目的税后增量营运现金流;
- 预测项目的增量现金流;
- 根据收益最大化标准选择投资项目;
- 继续评估修正后的投资项目,审计已完成的投资项目。

本章我们仅讨论前面两项。

 ## 提出投资项目建议

投资项目计划可能有各种来源。为便于分析,这里把投资项目分为下面五类:

1. 新产品或现有产品的改进;
2. 设备或厂房的更换;
3. 研究和开发;
4. 勘探;
5. 其他(例如,安全性或污染控制设施)。

对于新产品的建议往往来自营销部门。而用新的设备更换已有设备的建议则往往源于企业的生产部门。在上述两种情况下,都需要高效的管理系统保证投资信息的传送。所有投资建议都必须与企业的战略一致,以避免对与企业战略相矛盾的投资项目做不必

---

① 在关于资本预算的讨论中,假设读者已经理解了第3章中有关货币的时间价值的概念。

要的分析（例如，麦当劳公司应该不会愿意在自己的餐厅销售香烟）。

大部分企业都由多个管理层级对投资方案进行筛选。对一个源于生产部门的方案，最后决策的管理层可能包括：(1)部门主管；(2)工厂经理；(3)主管经营的副总裁；(4)财务经理领导的资本支出委员会；(5)总裁；(6)董事会。投资方案最终由哪一个层级批准取决于投资额的规模。支出的资本越多，需要"筛选"的次数就越多。工厂经理也许能够批准本工厂内的中型投资项目，但更大规模的项目必须由更高的领导层批准。因为不同企业筛选投资项目的管理程序并不相同，因此很难对此进行综合概括。最佳的管理程序将取决于具体的情况。但有一条很清楚，企业的资本预算方法正变得越来越复杂。

 ## 预测项目的"税后增量营业现金流"

现金流清单

资本预算最重要的一个任务是预测项目的未来现金流。通过分析得出的最终结果的准确性取决于现金流预测的准确性。因为现金而非会计收入是企业所有决策的中心，我们往往用现金流而不是收入流来表示投资项目的预期收益。只有在预期未来有更多现金流入的情况下，企业才会在当期用现金进行投资。再投资或支付股东红利都只能使用现金。在资本预算中，精明的人可能看中收入，但高效率的管理者看中的则是现金。计算机制表程序对于建立用于分析的现金流的价值是难以估量的。这样的程序允许使用者改变假设条件，并能迅速得到新的现金流序列。

注意：

对于每个投资方案，需要提供关于经营（相对于融资而言）现金流的信息。融资现金流如利息支付、本金支付、现金红利等不在我们的现金流分析范围内。但是，对于补偿资本成本的投资收益则应包括在现金流分析的范围内。融资成本的变动范围可以用投资者的预期报酬率作为贴现率来确定。我们将在下一章探讨这种分析机制。

现金流应该建立在税后的基础上。初始投资支出以及适当的贴现率都应表示为税后的形式。因此，所有预期的流量都需要转换为相应的税后流量。

此外，这些信息还应以增量的形式提供，因为我们只分析企业在采用某个投资项目和不采用该项目时现金流的区别。例如，如果某公司打算推出一种新产品，而该新产品会与公司的现有产品形成竞争关系，则仅仅依据新产品的销售总额来预测现金流就是不适宜的。我们必须考虑这种变化对现有产品可能产生的损害，使我们的现金流预测建立在销售额的增量基础上。如果这种状况的持续会导致市场份额的减少，则我们在分析不接受这一新的投资项目会怎样时必须对此加以考虑。也就是说，如果不投资，现金流将会减少，则我们必须将这一情况包括在分析之中。问题的关键是在充分考虑所有的相关成本和收益的情况下，比较采纳和不采纳某个新投资项目的区别，只有增量现金流才是最重要的。

因此，必须忽略**沉没成本**(sunk costs)。我们关注的是成本和收益的增量。过去无法收回的成本支出与此是无关的，不应进入决策过程。同时，某些相关成本不必一定是确切的支出金额。如果我们为一个投资项目分配厂房空间,而该空间也可用于其他用途,则在项目评估时必须考虑其**机会成本**(opportunity cost)。如果某个投资项目需要使用当前未加利用的一栋建筑物,该建筑物的市场价格为30万美元,则这一数额(税后净值)应视为该项目的初始现金支出。因此,在现金流的确定过程中,应考虑所有与此相关的机会成本。

当资本投资包括一部分流动资产时,该部分(流动负债的任何自发性变化净值)应被视为资本投资的一部分,而不是一种独立的营运资本决策。例如,接受一个新的项目有时必须以应收账款或存货的形式支出额外的现金。这种营运资本的投资在发生时应被视为现金流出。而在项目结束时,这种投资可能以额外现金流入的形式收回。

在预测现金流时,必须考虑预期的通货膨胀。人们常会错误地假定在整个项目投资期内价格水平保持不变。实际上,如果被采纳的项目的预期报酬率中包括了通货膨胀的风险溢价(实际情况通常如此),则现金流的预测也必须反映通货膨胀的影响。这种影响可以分成几种情况。如果现金流入量最终由产品的销售额决定,则预期的未来价格就会影响这些流入量。至于流出量,通货膨胀会同时影响预期的工资和原材料成本。

表12.1总结了决定项目"税后增量营业现金流"时应考虑的主要因素,它为我们预测现金流提供了一份"清单"。

表12.1 现金流清单

相关项目现金流的基本特征
• 现金(非会计收入)流量
• 营业(非融资性)流量
• 税后流量
• 增量流量
预测"税后增量营运现金流"的基本原则
• 忽略沉没成本
• 考虑机会成本
• 考虑由项目投资所引起的营运资本的变化(流动负债的自发性变化净值)
• 考虑通货膨胀的影响

税收的影响

提取折旧的方法 在第2章曾提到,折旧是在一段时期内对某一资本性资产的成本进行系统分配的过程,目的是为了编制财务报表,或为了便于避税,或二者兼而有之。因为从企业的应税收入中扣除的折旧金额被归入费用之中,所以折旧可以减少应税收入。在其他条件不变时,折旧金额越大,应纳税额越小。虽然折旧本身是一种非现金费用,但当考虑税收支出对现金流出量的影响时,折旧的确会影响企业的现金流。

对于资本性资产折旧,可以选择很多种方法。其中包括直线折旧法和各种加速折旧法。出于税收方面的考虑,很多赢利的公司更愿意采用加速折旧法,因为这样可以更快地扣除折旧,从而降低应纳税额。

《1986年税收改革法案》允许公司为了避税而采用特定的加速折旧法,这称为改进的加速成本回收系统(MACRS)。在改进的加速成本回收系统中,机器设备和不动产等被划分为八个财产类别。正如第2章所指出的,某资产所归属的财产类别将决定该资产与税收有关的折旧期。第2章还指出,所有机器设备等资产都必须适用"半年惯例"。即某项资产在其被获取的当年计提半年的折旧,在成本回收的最后一年也计提半年折旧。美国财政部公布了每种财产类别的原始成本的折旧率,其中就包含了半年惯例。表12.2给出了前四种财产类别的折旧率。这些折旧率与第2章中所讲的原理有关,在决定折旧时必须用这些折旧率进行计算。

表12.2 改进的加速成本回收系统(MACRS)折旧率

成本回收年限/年	财产类别计算比例/%			
	3年期	5年期	7年期	10年期
1	33.33	20.00	14.29	10.00
2	44.45	32.00	24.49	18.00
3	14.81	19.20	17.49	14.40
4	7.41	11.52	12.49	11.52
5		11.52	8.93	9.22
6		5.76	8.92	7.37
7			8.93	6.55
8			4.46	6.55
9				6.56
10				6.55
11				3.28
合计	100.00	100.00	100.00	100.00

注意:

在第2章我们曾经指出,近期通过的美国《2008年经济刺激法案》(ESA)规定的第一年"临时性"的50%的"附加折旧"条款将对公司的联邦税收缴纳额和资本预算决策产生影响。然而,这项"附加折旧"条款预计到2008年年底失效。因此,本书所有涉及改进的加速成本回收系统折旧的例子和习题均不考虑"附加折旧"条款。

但是要记住,"临时性"的附加折旧很可能在你未来的职业生涯中再次被启用,因此要有所准备。要了解有关ESA中第一年50%的"附加折扣"条款的更多内容,请登录:web.utk.edu/~jwachowi/hr5140.html。而要了解以前的"附加折旧"条款的更多内容,请访问下列网址:《2002年创造就业机会与援助工人法案》(web.utk.edu/~jwachowi/hr3090.html)和《2003年工作与成长租税宽减调整法案》(web.utk.edu/~jwachowi/hr2.html)。

> **问题:** 美国公司在美国境外使用的设备能用改进的加速成本回收系统方法计提折旧吗?
>
> **回答:** 不能。一般来说,在税收年度中完全在美国境外使用的设备是不允许采用改进的加速成本回收系统方法计提折旧的。对于这种设备,需要采用选择折旧系统(ADS)。这是一种直线折旧法(计算折旧时不估计未来的残值)。

注意：

折旧基数。为某项资产计提折旧时需要确定该资产的**折旧基数**(depreciable basis)。该基数是税务当局允许在一定年份中从应税所得中扣除的数量。在改进的加速成本回收系统下，资本的成本，包括任何与该资产有关的**资本性支出**(capitalized expenditures)（例如，运输和安装费用），构成了该资产的折旧基数。请注意，在改进的加速成本回收系统下，资产的预期净残值没有从折旧基数中扣除。

已折旧资产的处理或出售 通常，如果经营活动中使用的某项已折旧资产出售后所获得的收入高于其账面折余价值，则所有超过账面价值但低于该资产折旧基数的部分所实现的价值都应被视为"折旧的再回收"，应按企业的普通收入税率缴纳所得税。这有效地防止了通过在早期"过度"折旧（即，使账面价值低于市场价格）而获得正的税收收益。如果资产碰巧以高于其折旧基数的价格出售（这通常是不太可能的），则超过折旧基数的部分应按资本所得税税率（目前与企业的主营业务收入税率相等，最高为35%）缴纳所得税。

如果资产出售所得金额低于账面价值，则有损失发生，损失额等于销售价格与账面价值间的差额。通常该损失可以从企业的主营业务收入中扣除。相应地，数量相当于损失额的应税收入可以免征所得税。免税额净值等于已计提折旧资产的销售损失乘以企业的主营业务收入税率。因此，一个"账面"上的损失带来了"现金"的节余。

我们讨论已计提折旧资产的出售所引起的税收后果时假定没有其他复杂的因素影响。实际上，一些复杂因素可能而且常常发生。因此，当面临某项资产的出售所带来的税收处理问题时，读者应谨慎地查阅税法或咨询税收专家。在例题和习题中，为便于计算，我们一般用40%作为主营业务收入的边际税率。

计算增量现金流

现在来讨论决定某个项目的相关现金流的具体因素。在讨论时必须注意考虑"现金流清单"（见表12.1）中列出的因素，以及上面刚刚讨论过的各种税收因素。为便于讨论，这里把项目现金流按时间分为下面三类。

1. 初始现金流出量：初始净现金投资量。
2. 期间增量净现金流：在初始现金投资之后，最后一期净现金流之前所发生的净现金流。
3. 期末增量净现金流：最后一期净现金流（将该期的现金流单独列出是因为某些特殊的现金流经常发生在项目结束之时）。

初始现金流出量 通常，可以如表12.3所示确定项目的初始现金流出量。如表所示，资本的成本应做些调整，以真正反映购置该资产时流出的现金总量。这些现金流包括安装成本、净营运资本变化、处置旧资产的销售收入和税收调整等。

期间增量净现金流 在投入了开始实施某个项目所需的初始现金流出后，企业希望该项目能在未来给企业带来现金流入从而使企业受益。一般情况下，这些未来的现金流能通过表12.4所示的步骤一一实现。

第 12 章 资本预算与现金流量预测

表 12.3　确定初始现金流出量的基本格式

(1)		"新"资产的成本
(2)	＋	资本性支出(例如,安装成本、运输费用等)*
(3)	＋(－)	"净"营运资本的增加(减少)量**
(4)	－	当投资是一项以新资产替代旧资产的决策时,出售"旧"资产所得收入
(5)	＋(－)	与"旧"资产出售相关的税赋(税收抵免)
(6)	＝	初始现金流出量

 *　资本成本加上资本性支出得到折旧基数。
 **　营运资本中与项目实施有关的任何变化都应被视为流动负债"净"的自发性变化。

表 12.4　确定期间增量净现金流的基本格式(每期)

(1)		营业收入的净增加量(减少量)减去(加上)营业费用的任何净增加量(减少量),不包括折旧
(2)	－(＋)	税法确认的折旧费用的净增加(减少)
(3)	＝	税前收入净变化
(4)	－(＋)	税赋的净增加(减少)
(5)	＝	税后收入净变化
(6)	＋(－)	税法确认的折旧费用的净增加(减少)
(7)	＝	该期增量净现金流

注意在表 12.4 中,我们首先减去(加上)与项目实施有关的、税法确认的折旧的任何增加(减少),得到"税前收入净变化"(见步骤(2))。但是,数步之后我们又把这些税法确认的折旧的任何增加量(减少量)加回来(扣除),以得到"该期增量净现金流"(见步骤(6))。这是为什么呢？其实,你应该记得,税法确认的折旧本身是一种不同于营业收入的非现金费用,可以减少应税收入。因此,当确定项目对公司税赋的增量影响时,有必要考虑这一点。然而,为了不低估项目对现金流的影响,以得到确切的"税后收入净变化",最终需要加回(扣除)税法确认的折旧的任何增加量(减少量)。

注意：

与项目有关的营运资本的变化往往发生在项目的开始和结束之时。因此,表 12.4 中没有对营运资本的变化做一个单独的调整。然而,对于营运资本发生了实实在在变化的中间时期,我们必须对上述基本计算格式做些调整。我们在"期间增量现金流"的计算中附加一步,即在步骤(6)后面加上：＋(－)"净"营运资本的增加(减少)量。这里,我们把该期发生的与项目有关的营运资本的任何变化都视为流动负债的"净"自发性变化。

期末增量净现金流　最后,我们来确定项目寿命期最后一年的增量现金流。与期间的现金流一样,我们应当用同样的分步程序计算期末的现金流。不同的是,我们将特别注意仅仅与项目结束相联系的一些现金流。这些潜在的现金流包括：(1)出售或处理资产的残值(处理/回收成本)；(2)与资产出售或处理有关的税赋(税收抵免)；(3)任何与项目结束有关的营运资本的变化,一些初始的营运资本投资现在通常以额外现金流入的形式回收。表12.5总结了所有必要的步骤,包括仅与项目结束相联系的一些主要步骤。

表12.5　确定期末增量净现金流的基本格式

(1)		营业收入的净增加量(减少量)减去(加上)营业费用的任何净增加量(减少量),不包括折旧
(2)	−(+)	税法确认的折旧费用的净增加(减少)
(3)	=	税前收入净变化
(4)	−(+)	税收的净增加(减少)
(5)	=	税后收入净变化
(6)	+(−)	税法确认的折旧费用的净增加(减少)
(7)	=	未考虑项目善后处理时的期末增量现金流
(8)	+(−)	"新"资产的最后残值(处理/回收成本)
(9)	−(+)	与"新"资产的出售或处理有关的税赋(税收抵免)
(10)	+(−)	"净"营运资本的减少(增加)*
(11)	=	期末增量净现金流

* 与项目结束有关的营运资本的任何变化都应被视为流动负债的自发性"净"变化。

资产扩张范例

为了说明进行资本预算所需的信息,我们看看下面的例子。Faversham渔场正在考虑引进一种切制鱼片的新技术。要推行该技术,需要投资9万美元购置特殊设备。设备的使用期为4年,在税法中属于3年期财产类别。设备的运输和安装费用为1万美元,预期4年后残值为1.65万美元。这些设备将安装在主加工车间附近的一间废弃仓库中。这间旧仓库没有其他经济用途。此外,不需要任何额外的"净"营运资本。市场部门估计,在不考虑税收的情况下,新技术的应用将产生下列额外的净营业现金收入:

美元

	每年年底			
	1	2	3	4
净现金流	35 167	36 250	55 725	32 258

假设边际税率为40%,下面估计项目的相关增量现金流。

第一步,预测项目的初始现金流出量

美元

步骤A	预测初始现金流出量	
	"新"资产的成本	90 000
+	资本性支出(运输及安装费用)	10 000
=	初始现金流出量	100 000

接下来计算未来增量现金流:

美元

		每年年底			
		1	2	3	4
步骤 B	计算期间增量净现金流(第1~3年)				
	不包括折旧的营运收入净变化	35 167	36 250	55 725	32 258
−	税法确认的折旧费用净增量[a]	(33 330)	(44 450)	(14 810)	(7410)
=	税前收入净变化	1837	(8200)	40 915	24 848
−(+)	税赋的净增量(减少量)(税率40%)	(735)	3280[b]	(16 366)	(9939)
=	税后收入净变化	1102	(4920)	24 549	14 909
+	税法确认的折旧费用净增量	33 330	44 450	14 810	7410
=	第1~3年增量净现金流	34 432	39 530	39 359	
步骤 C	计算期末增量净现金流				
=	未考虑项目善后处理时的增量现金流				22 319
+	"新"资产的最后残值				16 500
−	与"新"资产的出售或处理相关的税赋				(6600)[c]
=	期末增量净现金流				32 219

a 用改进的加速成本回收系统(MACRS)中3年期财产类别的资产折旧率乘以资产的折旧基数100 000美元。
b 假设税法意义上的损失可以抵消企业的其他应税收入。
c 假设残值是"折旧的再回收",要按40%的主营业务收入税率纳税。

因此,项目预期的增量净现金流为:

美元

	每年年底				
	0	1	2	3	4
净现金流	(100 000)	34 432	39 530	39 359	32 219

因此,对于10万美元的初始现金流出量,企业预计在接下来4年中将分别产生34 432美元、39 530美元、39 359美元和32 219美元的净现金流。这些数据就是我们所需要的判断项目吸引力的相关现金流信息。

现在,你可能想知道该渔场能否从切制鱼片的新技术中获益。但是,我们只能在下一章分析这一问题。这里我们关注的仅仅是确定所需的相关的现金流信息。因此,这个资产扩张的例子将留待第13章继续讨论。

设备更新范例

下面举个更复杂的例子,假定我们正在考虑购买一台新的自动玻璃铸模机以替换旧的机器。我们需要获取现金流信息,以评估该项目的可行性。新铸模机的购买价格是18 500美元,安装还需花费1500美元,因此总成本是20 000美元。而还剩4年使用期的旧铸模机能够按账面折余价值 2000 美元售出。如果保持到使用期末,旧铸模机将没有残值。因此,由于残值与账面折余价值相等,旧资产出售引起的税赋变化为零。该投资项目的初始现金流可由下列过程计算得到,为 18 000 美元:

		美元
	"新"资产的成本	18 500
+	资本性支出(运输及安装费用)	1500
−	"旧"资产出售所得的净收入	(2000)
+	与"旧"资产出售有关的税赋	0
=	初始现金流出量	18 000

新机器可以减少劳动力和维修成本,并节约其他现金支出,从而在接下来的 4 年中每年总共能节省 7100 美元现金流出量,而 4 年过后则不会产生任何节余,也没有残值。这些节余代表了用新铸模机替换旧铸模机对企业净营业收入的节省。请注意,我们关注的是用新铸模机替换旧铸模机与继续使用旧铸模机这两种选择在现金流方面的差别。

假定新铸模机在改进的加速成本回收系统中属于 3 年期折旧财产类别。此外,假设旧铸模机:

1. 初始折旧基数为 9000 美元;
2. 铸模机属于 3 年期财产类别;
3. 剩下的折旧期限为 2 年。

因为我们关注的是项目的增量影响,因此必须以新铸模机的折旧费用减去旧铸模机的折旧费用,以得到与项目相关的增量折旧费用。只要给出所需信息和相应的改进的加速成本回收系统折旧率,即可计算由于实施该项目而在折旧费用上发生的变化。必要的计算过程如下:

美元

			年 份			
			1	2	3	4
(1)		新铸模机的折旧基数	20 000	20 000	20 000	20 000
(2)	×	MACRS 折旧率(%)	×0.3333	×0.4445	×0.1481	×0.0741
(3)	=	新铸模机各期的折旧	6666	8890	2962	1482
(4)		旧铸模机的折旧基数	9000	9000	9000	9000
(5)	×	MACRS 折旧率(%)	×0.1481	×0.0741	×0	×0
(6)	=	旧铸模机剩余各期的折旧	1333	667	0	0
(7)		税法确认的折旧费用净增量 第(3)行−第(6)行	5333	8223	2962	1482

现在,我们可以用下面的方式来计算未来增量现金流:

		美元			
		每年年底			
		1	2	3	4
	期间增量净现金流(第1~3年)				
	不包括折旧的营运收入净变化	7100	7100	7100	7100
−	税法确认的折旧费用净增量	(5333)	(8223)	(2962)	(1482)
=	税前收入净变化	1767	(1123)	4138	5618
−(+)	税赋的净增量(减少量)(税率40%)	(707)	(449)a	(1655)	(2247)
=	税后收入净变化	1060	(674)	2483	3371
+	税法确认的折旧费用净增量	5333	8223	2962	1482
=	第1~3年增量净现金流	6393	7549	5445	
	期末增量净现金流				
=	未考虑项目善后处理时的增量现金流				4853
+	"新"资产的最终残值				0
−	与"新"资产的出售或处理相关的税赋(税收抵免)				0
=	期末增量净现金流				4853

a 假设税收损失掩盖了企业的其他收入。

从该更新项目中产生的增量净现金流预期为：

美元

	每年年底				
	0	1	2	3	4
净现金流	(18 000)	6393	7549	5445	4853

用新铸模机替换旧铸模机的初始现金流出量是18 000美元，并能够在接下来的4年里分别产生6393美元、7549美元、5445美元和4853美元的净现金流入量。与前面的例子一样，为资本预算而收集的相关现金流信息是以一种增量的、税后基数的形式描述的。

结束语

本章讨论了如何提出项目投资建议，以及如何预测评估投资项目所需的相关现金流信息。下一章将继续讨论资本预算过程，介绍如何评估项目增量现金流以及如何确定应该接受的项目。

小结

- 资本预算是指对回收期超过一年的长期投资项目进行分析和选择的过程。
- 具体来说，资本预算涉及：(1)提出与企业战略目标一致的投资项目建议；(2)预测投资项目的税后增量营运现金流；(3)评估项目的增量现金流；(4)按价值最大化标准选择项目；(5)继续评估改进后的投资项目，审计已完成的投资项目。

- 因为现金流而非会计收入是企业所有决策的中心,所以我们应当以现金流而非收入流的形式来表述某项目能产生的预期收益。
- 现金流应该以一种增量的、税后基数的方式表示。此外,我们关注的是经营性流量,而不是融资性流量。
- 在改进的加速成本回收系统(MACRS)(《1986年税收改革法案》)下,税收因素对现金流的规模和模式有重要影响。影响现金流规模和模式的因素还有残值(处理/回收成本)及与项目有关的营运资本需求的变化。
- 为了把问题讲清楚,可以把项目的现金流按时间分成三类:(1)初始现金流出量;(2)期间增量净现金流;(3)期末增量净现金流。

思考题

1. 当检查相关项目现金流时,为什么在开始时扣除税法确认的折旧,在确定增量净现金流时再加回来?
2. 在资本预算中,当预测初始现金流出量时,下列各项是应该忽略,还是该加入新机器的购置价格中,或从购置价格中扣除?当预测机器的折旧基数时呢?
   (1)旧机器的市场价值是500美元,仍在使用期限内,该投资决策是一项更新决策;
   (2)需要在存货中额外投入2000美元;
   (3)把新机器运到工厂需要200美元运输费;
   (4)新机器的水泥基座需要250美元的投资;
   (5)训练机器操作人员需要300美元的投资。
3. 在确定新投资项目的预期现金流时,为什么应该忽略过去的沉没成本?
4. 在资本预算过程中,讨论为弥补通货膨胀应做的调整。
5. 为什么计划的资本支出越多,就需要经过越多的管理层审批?是否也要求更多的信息?
6. 资产扩张与设备更新投资项目间的区别是什么?

自测题

1. Pilsudski煤炭公司正在考虑用一种新的、更有效的机器更换两台使用了3年的旧机器。这两台旧机器能够在当前的二手市场出售并共计可获得贷款7万美元,而如果将其保持到使用期末,将没有任何最终残值。它们的初始折旧基数共计30万美元,还剩8年使用时间,税法确认的折余残值共计8.64万美元。这些机器使用改进的加速成本回收系统折旧法,属于5年期财产类别。新机器的购买和安装需要投入48万美元,使用期为8年;使用期末预期残值为4万美元。为了加速成本回收,该机器也被归入5年期财产类别。由于新机器能提高效率,预期每年能为公司节省增量营运资本10万美元。公司的企业所得税税率为40%,并且假定该项目在任何年份发生的损失都能抵免公司的其他应税收入。

更换后 8 年中每年的增量现金流入量分别为多少？第 0 期的现金流出量是多少？

2. Fresno Finial 加工厂正在考虑将其尖顶饰铸模和装配部门自动化。工厂经理 Mel Content 提供了下列信息：

- 即使采用新的最大化方案，预期仍会有 5000 美元的残次品成本。
- 最大化方案每年可以节约劳动力成本 15 万美元。
- 购买新设备需要投入 50 万美元。出于编制财务报表的目的，这些设备将在其 4 年使用期内采用直线折旧法计提折旧。而出于税收上的考虑，这些设备将按改进的加速成本回收系统折旧法计提折旧，该设备属于 3 年期财产类别。新设备的最终残值预计将为 5 万美元。
- 如果购买新设备，每年的维修成本将从 2000 美元增加到 8000 美元。
- 公司边际税率是 40%。

在项目寿命期内每年的相关增量现金流入量是多少？第 0 期的增量现金流出量又是多少？

复习题

1. Thoma 医药公司打算购买价值 6 万美元的 DNA 检测设备。该设备预期每年将减少临床工作人员的劳动力成本 2 万美元。该设备的使用期为 5 年，但为了加速成本回收，它被归入 3 年期财产类别。该设备在使用期末没有任何预期残值。Thoma 公司的所得税税率是 38%（包括联邦和州所得税），预期报酬率是 15%（任何年份如果项目的税后利润为负，公司都可以用这些损失抵免公司当年的其他收入）。请基于上述信息确定相关的现金流。

2. 在问题 1 中，假设今后 4 年预期通货膨胀率为 6%，从而第一年劳动力成本的节约是 2 万美元，第二年该成本节约则变为 2.12 万美元，依此类推。

（1）基于上述信息，相关的现金流将是多少？

（2）如果除了设备的成本外，还需要投入营运资本 1 万美元，该额外的投资在该项目的整个寿命期内是必要的，则它将如何影响相关现金流（其他数据均不变）？

3. 圣约斯市必须用新的混凝土搅拌车替换原有的搅拌车。它已收到了两家厂商的投标，并仔细评估了两种搅拌车的特点。Rockbuilt 搅拌车是同类产品中质量最好的，其价格为 7.4 万美元。该搅拌车的使用期为 8 年，假定其引擎需要在第 5 年更换。前 4 年的维修成本预计为每年 2000 美元，而第 5 年的维修和更换成本共计 1.3 万美元。最后 3 年的维修成本预计每年为 4000 美元。8 年后该搅拌车预期将有残值 9000 美元。

Bulldog 搅拌车的投标价格为 5.9 万美元。该搅拌车的维修成本比较高，预期第 1 年为 3000 美元，并且此后每年都将增加 1500 美元，直到第 8 年。在第 4 年将需要更换引擎，从而除了该年的维修成本外还要花费 1.5 万美元。8 年后 Bulldog 搅拌车预期将有 5000 美元残值。

（1）与每个投标者的搅拌车相关的现金流是多少？这里不考虑税收因素，因为圣约斯市不用交税。

(2) 利用题(1)中的数据,说明采用更昂贵的搅拌车每年能节约的现金流是多少(即,计算两个现金流序列的各期现金流差额,这里假设任何净成本节约都视为正的收益)?

4. 美国 Blivet 公司打算购买一台更先进的压模机替换现有的机器。公司的生产工程师认为,机器越新,生产越有效率。他们列举了以下事实来支持其观点:

(1) 旧机器还能再使用 4 年。目前它的残值为 8000 美元,但到其使用期末,这种旧机器预期最终残值将只有 2000 美元。今年是机器折旧的最后一年,折旧额等于机器的折余账面价值 4520 美元。

(2) 新的更先进的压模机价格为 6 万美元。4 年使用期后其最终残值预计为 1.5 万美元。在改进的加速成本回收系统折旧中,新机器属于 3 年期财产类别。

(3) 新机器每年将减少劳动力和维修费用 1.2 万美元。

(4) 所得税税率是 40%。

计算第 1~4 年每年的预期增量现金流,以及预期的初始现金流出量。

5. 在题 4 中,假设你发现生产工程师们在预测与购买新机器有关的事实时犯了两个错误:

(1) 工程师们没有发现,除了新机器的价格 6 万美元外,还要支付 2000 美元安装费。

(2) 目前旧机器的残值不是 8000 美元,而是 3000 美元。

依据这些新信息,该更新问题的相关现金流应当为多少?

自测题答案

1. 增量现金流入量:

美元

		每年年底			
		1	2	3	4
(1)	节约支出	100 000	100 000	100 000	100 000
(2)	新机器的折旧	96 000	153 600	92 160	55 296
(3)	旧机器的折旧	34 560	34 560	17 280	0
(4)	增量折旧(行(2)−行(3))	61 440	119 040	74 880	55 296
(5)	税前利润变化(行(1)−行(4))	38 560	(19 040)	25 120	44 704
(6)	税赋(行(5)×40%)	15 424	(7616)	10 048	17 882
(7)	税后利润变化(行(5)−行(6))	23 136	(11 424)	15 072	26 822
		每年年底			
		1	2	3	4
(8)	营业现金流变化(行(7)+行(4)) 或(行(1)−行(6))	84 576	107 616	89 952	82 118
(9)	残值×(1−0.40)	0	0	0	0
(10)	净现金流(行(8)+行(9))	**84 576**	**107 616**	**89 952**	**82 118**

第 12 章 资本预算与现金流量预测

美元

		每年年底			
		5	6	7	8
(1)	节约支出	100 000	100 000	100 000	100 000
(2)	新机器的折旧	55 296	27 648	0	0
(3)	旧机器的折旧	0	0	0	0
(4)	增量折旧(行(2)−行(3))	55 296	27 648	0	0
(5)	税前利润变化(行(1)−行(4))	44 704	72 352	100 000	100 000
(6)	税赋(行(5)×40%)	17 882	28 941	40 000	40 000
(7)	税后利润变化(行(5)−行(6))	26 822	43 411	60 000	60 000
(8)	营业现金流变化(行(7)+行(4))	82 118	71 059	60 000	60 000
	或(行(1)−行(6))				
(9)	残值×(1−0.40)	0	0	0	24 000
(10)	净现金流(行(8)+行(9))	**82 118**	**71 059**	**60 000**	**84 000**

第 0 期的增量现金流出量(初始现金流出量)为

成本−旧机器的售价−账面损失所抵免的税赋

480 000 美元−70 000 美元−(0.40)(86 400 美元−70 000 美元)=**403 440 美元**

2. 增量现金流入量：

美元

		每年年底			
		1	2	3	4
(1)	节约的劳动力成本	150 000	150 000	150 000	150 000
(2)	增量维修成本	6000	6000	6000	6000
(3)	折旧	166 650	222 250	74 050	37 050
(4)	税前利润变化(行(1)−行(2)−行(3))	(22 650)	(78 250)	69 950	106 950
(5)	税赋(行(4)×40%)	(9060)	(31 300)	27 980	42 780
(6)	税后利润变化(行(4)−行(5))	(13 590)	(46 950)	41 970	64 170
(7)	营业现金流变化(行(6)+行(3))	153 060	175 300	116 020	101 220
	或(行(1)−行(2)−行(5))				
(8)	残值×(1−0.40)	0	0	0	30 000
(9)	净现金流(行(7)+行(8))	**153 060**	**175 300**	**116 020**	**131 220**

第 0 期的增量现金流出量(初始现金流出量)=**500 000 美元**(本例中,仅包括项目的成本)。

参考文献

Barwise, Patrick, Paul R. Marsh, and Robin Wensley. "Must Finance and Strategy Clash?" *Harvard Business Review* 67(September-October 1989), 85-90.

Bierman, Harold, Jr., and Seymour Smidt. *The Capital Budgeting Decision: Economic Analysis of Investment Projects*, 8th ed. New York: Macmillan, 1993.

Levy, Haim, and Marshall Sarnat. *Capital Investment and Financial Decisions*, 5th ed. Englewood Cliffs, NJ: Prentice Hall, 1994.

Rappaport, Alfred, and Robert A. Taggart Jr. "Evaluation of Capital Expenditure Proposals Under Inflation." *Financial Management* 11(Spring 1982), 5-13.

Seitz, Neil, and Mitch Ellison. *Capital Budgeting and Long-Term Financing Decisions*, 4th ed. Mason, OH: South-Western, 2004.

Shapiro, Alan C. "Corporate Strategy and the Capital Budgeting Decision." *Midland Corporate Finance Journal* 3(Spring 1985), 22-36.

Van Horne, James C. "A Note on Biases in Capital Budgeting Introduced by Inflation." *Journal of Financial and Quantitative Analysis* 6(January 1971), 653-658.

Part Ⅴ of the text's website, *Wachowicz's Web World*, contains links to many finance websites and online articles related to topics covered in this chapter. (http://web.utk.edu/~jwachowi/part5.html)

第 13 章

资本预算方法

内容提要

- 项目评估和选择的方法
  回收期・内部收益率・净现值・赢利指数
- 潜在的困难
  依赖性与互斥性・等级排列问题・多个内部收益率・资本限额・单点分析
- 项目监督:进度报告和事后审计
- 小结
- 附录 13A 多个内部收益率
- 附录 13B 替换链分析
  替换链(共同寿命期)法・例证
- 思考题
- 自测题
- 复习题
- 自测题答案
- 参考文献

学习目的

完成本章学习后,您将能够:

- 理解项目评估和选择中的回收期(PBP)方法,包括其:(1)计算;(2)接受标准;(3)优缺点;(4)重点在于流动性而非赢利性。
- 理解项目评估和选择中的三种主要的现金流贴现(DCF)方法——内部收益率(IRR)、净现值(NPV)和赢利指数(PI)。
- 解释三种主要的现金流贴现方法的计算、接受标准及(相对于回收期法的)优势。
- 定义、编制并解释"NPV 特征图"。
- 了解为什么基于内部收益率、净现值和赢利指数对项目建议的排序彼此会有冲突。
- 描述可能有必要对项目进行排序的情形,并说明何时应采用内部收益率、净现值或赢利指数进行排序。
- 理解"敏感性分析"如何帮助我们挑战传统的资本预算分析中所使用的单点投入估计。
- 解释项目控制的职能和流程,包括"进度报告"和"事后审计"。

> "这些象形文字显然是具有某种意义的。如果它们只不过是随意的符号,我们就无法理解它们;反之,如果它们是有规津的,则我们最后肯定会弄清它们的根源。"
>
> ——夏洛克·福尔摩斯(Sherlock Holmes)
> 引自《跳舞的人》(*The Adventure of the Dancing Men*)

确定了进行资本预算决策所需的相关现金流信息后,我们需要评估纳入考虑的各个投资方案的可行性。投资决策将采纳或否决一个方案。本章将探讨项目评估和选择的方法以及运用这些方法时可能遇到的一些潜在困难。

项目评估和选择的方法

本节将讨论资本预算中所使用的四种项目评估和选择方法:

1. 回收期(PBP);
2. 内部收益率(IRR);
3. 净现值(NPV);
4. 赢利指数(PI)。

回收期是用来评估项目价值的一种简单加总的方法。其他方法都是更为复杂的**现金流贴现**(discounted cash flow,DCF)方法。为简便起见,我们假定预期的现金流总能在每年年底实现。此外,与第12章一样,假定采纳任何投资方案都不会改变整个企业的风险结构。该假定允许我们在使用不同的现金流贴现方法评估某个项目时采用相同的预期报酬率。在第14章,我们将允许不同的投资项目具有不同程度的风险。

回收期

投资项目的**回收期**(payback period,PBP)从项目的预期现金流角度告诉我们收回投入的现金所需的年数。假设我们想计算上一章讨论过的切制鱼片的新技术的回收期。我们已经得出初始现金流出量为10万美元,Faversham渔场预期将在接下来的4年中分别产生34 432美元、39 530美元、39 359美元和32 219美元的净现金流。把这些现金流用柱状图表示,并遵循下列步骤,将帮助你计算出回收期。

美元

年　份	现金流	累积现金流入量
0	(100 000)(—b)	
1	34 432	34 432
2(a)	39 530	73 962(c)
3	39 359(d)	113 321
4	32 219	145 540

注:PBP=$a+(b-c)/d=2.66$(年)

步骤:

1. 在"累积现金流入量"一列,累加初始支出后的现金流。
2. 观察"累积现金流入量"一列,记下加总数不超过初始支出量的最大年份(取整),在这个例子中最大年份是2。
3. 计算接下来的年份现金流入量中用来"补偿"初始现金支出的部分:即用初始支出减去第二步中的加总数。然后用该得数除以下一年份的现金流入量。在这个例子中,为：(100 000 美元－73 962 美元)/39 359 美元＝0.66。

4. 把第二步中得到的整数与第三步中得到的小数相加,即得到按年份表示的回收期。本例中,回收期是 2 加 0.66,即 2.66 年。

接受标准　如果计算得到的回收期小于最大可接受回收期,则该投资方案能够接受;如果大于最大可接受的回收期,则该方案不能接受。如果本例中预期回收期是 3 年,则应当接受这个方案。

问题　回收期法的一个最大的缺点是无法考察回收期终止后发生的现金流,因此它不是衡量赢利性的好指标。两个初始现金流出量都是 1 万美元的投资方案,只要在头两年每年都有 5000 美元的净现金流入量,就会具有相同的回收期。但也许其中一个方案预期在这两年以后不会再发生任何现金流,而另一个方案则在此后 3 年每年都预期能产生 5000 美元的现金流入量。可见,回收期不能作为衡量赢利性的指标。

除了上述缺点外,该方法还没有考虑货币的时间价值。它只是把现金流简单地相加,而没有考虑产生这些流量的时期。此外,作为上限标准的最大可接受回收期纯粹是一种主观选择。

虽然回收期不能当作衡量赢利性的指标,但它的确能够粗略地反映一个项目的资金流动性。很多经理人员也常使用回收期粗略地测度项目的风险,但在下一章我们将看到,其他一些方法能更好地测度风险。因此,虽然回收期能提供一些有用的信息,但最好是将其作为其他现金流贴现方法的辅助手段。

内部收益率

因为回收期法所具有的种种缺点,人们认为现金流贴现方法能为投资项目的评估与选择提供更客观的基础。这些方法不仅考虑了项目寿命期中各期预期现金流的数量,而且考虑了它们的时间价值。例如,对于一个在接下来的 5 年中就能获得一定现金流入量的投资项目,与一个要等到第 6～10 年才能产生相同现金流入量的项目,股东们显然更青睐第一个项目。因此,预期现金流的时期调整在投资决策中非常重要。

现金流贴现法通过把各个项目不同时期的现金流贴现为现值,使我们能掌握这些现金流在时间上的差别。三种主要的现金流贴现方法分别是：内部收益率(IRR)、净现值(NPV)和赢利指数(PI)。我们将依次介绍每一种方法。第 3 章我们曾讨论过货币的时间价值,第 4 章探讨过证券收益,下面的分析就是建立在上述知识的基础上的。

投资方案的**内部收益率**(internal rate of return, IRR)是使预期净现金流(CFs)的现值等于初始现金流出量(ICO)时的贴现率。如果初始现金流出量或成本发生在第 0 期,则它可以用内部收益率表示为

$$ICO = \frac{CF_1}{(1+IRR)^1} + \frac{CF_2}{(1+IRR)^2} + \cdots + \frac{CF_n}{(1+IRR)^n} \tag{13.1}$$

因此,内部收益率是一种利率,用该利率去贴现未来的净现金流序列(从 CF_1 到 CF_n),所得到的现值等于第 0 期的初始现金流出量。对于鱼片切制技术的例子,该问题可以表示为

$$100\ 000\ \text{美元} = \frac{34\ 432\ \text{美元}}{(1+IRR)^1} + \frac{39\ 530\ \text{美元}}{(1+IRR)^2} + \frac{39\ 359\ \text{美元}}{(1+IRR)^3} + \frac{32\ 219\ \text{美元}}{(1+IRR)^4}$$

插值法 为求解内部收益率,有时需要利用现值系数表进行反复试验。幸运的是,可以用计算机程序或程控计算器计算内部收益率,从而避免反复试验法中过于烦琐的计算。然而,有些时候仍必须求助于反复试验法。为了说明这一问题,再看一下我们的例子。我们想确定使未来的净现金流序列的现值等于初始现金流出量的贴现率。假定我们从贴现率为15%开始,计算现金流序列的现值。本书附录 A 中的表 A2 给出了各种情况下的现值系数,以供查阅。此外,我们也可以应用公式:$PVIF_{i,n}=1/(1+i)^n$。

美元

年 份	净现金流	15%时的 PVIF	净现值
1	34 432	× 0.870 =	29 955.84
2	39 530	× 0.756 =	29 884.68
3	39 359	× 0.658 =	25 898.22
4	32 219	× 0.572 =	18 429.27
			104 168.01

当贴现率为15%时,求的项目现金流的现值比初始现金流出量10万美元高。因此,我们需要尝试用一个更高的贴现率以使未来现金流的现值降低至10万美元。贴现率为20%时情况如何呢?

美元

年 份	净现金流	20%时的 PVIF	净现值
1	34 432	× 0.833 =	28 681.86
2	39 530	× 0.694 =	27 433.82
3	39 359	× 0.579 =	22 788.86
4	32 219	× 0.482 =	15 529.56
			94 434.10

这次选择的贴现率过高,求出的现值比目标值10万美元低。因此,使现金流序列的现值等于10万美元的贴现率一定落在15%与20%之间。

$$15\%\text{时的现值} > ICO > 20\%\text{时的现值}$$
$$104\,168.01\text{ 美元} > 100\,000\text{ 美元} > 94\,434.10\text{ 美元}$$

为了估计确切的内部收益率,我们使用下面的方法在 15% 和 20% 间求**插值**(interpolate):

$$0.05\left[X\begin{bmatrix}0.15 & 104\,168.01\text{ 美元}\\ IRR & 100\,000.00\text{ 美元}\\ 0.20 & 94\,434.10\text{ 美元}\end{bmatrix}4168.01\text{ 美元}\right]9733.91\text{ 美元}$$

$$\frac{X}{0.05}=\frac{4168.01\text{ 美元}}{9733.91\text{ 美元}} \quad \text{因此,} \quad X=\frac{(0.05)\times(4168.01\text{ 美元})}{9733.91\text{ 美元}}=0.0214$$

$$IRR = 0.15 + X = 0.15 + 0.0214 = 0.1714 \text{ 或 } \mathbf{17.14\%}$$

(计算机求出的 IRR 等于 17.04%,与我们的估计值非常接近。)

如果现金流序列是由相同的流入量(年金)组成的,且初始现金流出量发生在第0期,则不需要采用反复试验法。我们只需用初始现金流出量除以周期性的现金流入量,然后在(普通)年金现值系数(PVIFAs)表中找出最接近的贴现率即可。这是因为如果净现金流序列是一种(普通)年金,则有

$$\text{ICO} = (\text{PVIFA}_{\text{IRR},n}) \times \text{周期性的现金流} \tag{13.2}$$

整理后可得

$$(\text{PVIFA}_{\text{IRR},n}) = \text{ICO}/\text{周期性的现金流} \tag{13.3}$$

对我们的例子做些修改,假设在初始投入现金10万美元后的4年中每年收款3.6万美元。用10万美元除以3.6万美元,得到2.778。查找书后附录A中的表A4,在4期一行中最接近的现值系数是2.798,对应的贴现率是16%。因为2.778比2.798小,可知实际贴现率介于16%~17%之间。如果需要更精确的答案,可以应用插值法。我们已经看到,当现金流序列不规则时求解内部收益率更困难,必须使用反复试验法。经过多次实践后,人们用来开始试验的贴现率可能与实际贴现率非常近似。

接受标准 内部收益率法通常采用的接受标准是把内部收益率与某个预期报酬率进行比较,该预期报酬率被称为底线或**最低报酬率**(hurdle rate)。从现在开始,我们假定预期报酬率是给定的。如果内部收益率超过预期报酬率,则投资项目可以接受;反之,则投资项目不可接受。如果我们的例子中预期报酬率是12%,且采用内部收益率法评估项目,则该投资项目应被接受。如果预期报酬率是投资者预期企业在该项目中能赚取的收益率,则接受一个内部收益率比预期收益率高的项目应该会使该企业股票的市场价格上扬。这是因为企业接受某个项目所产生的收益大于维持当前股价所需的收益。安海斯—布希(Anheuser-Busch)公司投资项目的接受标准就是这样一个例子(见下面有关安海斯—布希公司的专栏)。

安海斯—布希公司及其资本投资

公司对资本支出的授权规定了严格而正式的审察程序。可自行斟酌能否接受项目的最重要的财务指标是投资的预期贴现金流收益是否高于公司的资本成本。

资料来源:Anheuser-Busch 公司 2006 年年报,p. 36. © 2006 Anheuser-Busch companies, Inc. Used by permission. All rights reserved.

净现值

与内部收益率相同,净现值法也是资本预算中使用的一种现金流贴现方法。一个投资项目的**净现值**(net present value, NPV)是项目的净现金流的现值与初始现金流出量之差。可用公式表示为

$$\text{NPV} = \frac{\text{CF}_1}{(1+k)^1} + \frac{\text{CF}_2}{(1+k)^2} + \cdots + \frac{\text{CF}_n}{(1+k)^n} - \text{ICO} \tag{13.4}$$

式中，k 是预期报酬率，其他符号的含义与前面的定义相同。

接受标准 如果某投资项目的净现值为 0 或大于 0，则该项目可以接受；如果净现值小于 0，则应放弃。这个接受标准的一个表达方式是：如果现金流入量的现值大于现金流出量的现值，则该项目可接受。该标准后面隐含的基本原理与内部收益率背后隐含的基本原理相同。如果预期报酬率是投资者预期企业在该投资项目中能赚取的收益率，则如果企业接受一个净现值大于 0 的投资方案，企业股票的市场价格就会上扬。事实上，如果预期报酬率或贴现率选择正确，则企业股票市场总价值的变化量就等于项目的净现值。因此，投资一个净现值等于 0 的项目将使企业股票的市场价格保持不变。

如果假定税后预期报酬率为 12%，则前面例子的净现值为

$$\text{NPV} = \frac{34\,432 \text{ 美元}}{(1+0.12)^1} + \frac{39\,530 \text{ 美元}}{(1+0.12)^2} + \frac{39\,359 \text{ 美元}}{(1+0.12)^3} + \frac{32\,219 \text{ 美元}}{(1+0.12)^4} - 100\,000 \text{ 美元}$$

或者

$$\begin{aligned}\text{NPV} =\ & 34\,432 \text{ 美元}(\text{PVIF}_{12\%,1}) + 39\,530 \text{ 美元}(\text{PVIF}_{12\%,2}) + 39\,359 \text{ 美元}(\text{PVIF}_{12\%,3}) + \\ & 32\,219 \text{ 美元}(\text{PVIF}_{12\%,4}) - 100\,000 \text{ 美元} \\ =\ & 30\,748 \text{ 美元} + 31\,505 \text{ 美元} + 28\,024 \text{ 美元} + 20\,491 \text{ 美元} - 100\,000 \text{ 美元} \\ =\ & \mathbf{10\,768 \text{ 美元}}\end{aligned}$$

上述计算也可利用计算机、计算器或查阅书后附录 A 中相应的现值系数表。因为该项目的净现值大于 0，因此从净现值的角度看应该被接受。

净现值特征图 通常，使用净现值法和内部收益率法会得到相同的接受与否的结论。我们用图 13.1 来说明这两种方法在我们例子中的应用。这一图形被称为**净现值特征图** (NPV profile)，反映了某项目的净现值与所采用的贴现率之间的线性关系。当贴现率为 0 时，净现值就等于一个项目的现金流入量的简单加总减去总的现金流出量。假定所讨论的项目是一个传统的项目，即现金流入总量大于现金流出总量，且现金流入量在初始现金流出量之后发生，则当贴现率为 0 时，该项目的净现值最高。随着贴现率的增加，净现值特征图向右下方倾斜。当净现值曲线与横轴相交时，项目的净现值为 0，该处的贴现率即内部收益率——使项目的净现值为 0 的贴现率。对于大于内部收益率的贴现率，项目

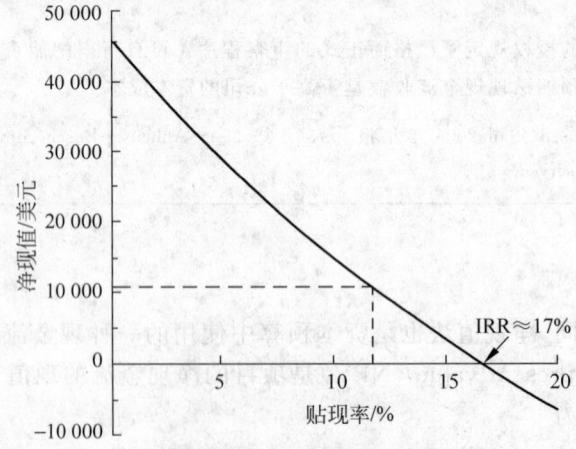

图 13.1 鱼片切制技术例子的净现值特征图，该曲线显示了以不同的贴现率计算的净现值

的净现值将为负。

如果预期报酬率低于内部收益率,则无论使用这两种方法中的哪一个,我们都会接受该项目。假设预期报酬率是12%,从图13.1中可见,项目的净现值多于1万美元(通过前面的计算,可知是10 768美元)。因为项目的净现值大于0,根据净现值法我们应接受该项目。同样,因为内部收益率(约17%)高于预期报酬率(12%),根据内部收益率法我们也应接受该项目。对于预期报酬率高于内部收益率的项目,无论以哪种方法为依据,我们都会拒绝该项目。因此,我们可以看到,在考虑是否接受某投资项目时,内部收益率法和净现值法将带来相同的结论。

小窍门:

通常,所描的点越多,画出的净现值特征图就越精确。然而,对于一个传统的投资项目来说,只要三个点就可大致勾画出其净现值特征图。这三个点是:贴现率为0处的净现值、预期报酬率处的净现值和项目的内部收益率处的净现值。

赢利指数

项目的**赢利指数**(profitability index,PI),或收益—成本比率,是项目未来现金流的净现值与初始现金流出量的比值。它可表示为

$$\text{PI} = \left[\frac{\text{CF}_1}{(1+k)^1} + \frac{\text{CF}_2}{(1+k)^2} + \cdots + \frac{\text{CF}_n}{(1+k)^n}\right] \Big/ \text{ICO} \tag{13.5}$$

对于我们的例题:

PI = (30 748美元 + 31 505美元 + 28 024美元 + 20 491美元)/100 000美元

= 110 768美元/100 000美元 = **1.11**

接受标准 只要赢利指数大于或等于1.00,投资项目就可被接受。对于任何给定的项目,净现值法和赢利指数法都会得出同样的拒绝与否的结论(赢利指数大于1.00意味着项目的现值大于其初始现金流出量,因此项目的净现值大于0)。然而,人们往往更愿意采用净现值法。这是因为净现值法不仅告诉我们是否应该接受一个项目,而且具体算出了该项目对股东财富的经济贡献,而赢利指数则仅仅表明了项目的相对赢利性。

潜在的困难

依赖性与互斥性

至此,我们的分析表明,对于一个传统的独立项目,内部收益率法、净现值法和赢利指数法将使我们得到相同的接受或拒绝的结论。但是,我们应当清楚,还存在其他几种不同类型的项目,它们会给资本预算分析造成潜在的困难。

相关项目(dependent project)(其接受与否取决于一个或多个其他项目是否被接受的项目)值得我们特别注意。例如,添置一台大机器可能需要建造新的厂房。当分析一个初始的相关项目时必须考虑所有与其相关的项目。

当评估一些投资方案时,有些方案可能是相互排斥的。所谓**互斥项目**(mutually

exclusive project)是指接受该项目就必须放弃一个或多个其他项目的投资项目。例如，如果企业正在考虑投资两个计算机系统中的一个，则选择其中一个系统就意味着放弃另一个系统。两个互斥项目不可能都被接受。当面临互斥项目时，仅仅知道各个项目的好坏是不够的，我们必须能够决定哪个是最好的。

等级排列问题

当两个或多个投资项目是互相排斥的以至我们只能选择其中一个时，根据内部收益率、净现值或赢利指数给这些项目排序可能会得出相互矛盾的结论。当使用上述方法得出项目的不同排序时，其原因可能来自下列三种项目差别中的一种或多种。

1. 投资的规模：项目的成本不同。
2. 现金流模式：现金流的时间分布不同。例如，某个项目的现金流随着时间递增，而其他项目的现金流则随时间递减。
3. 项目寿命：各个项目具有不同的寿命。

必须记住，这些项目差别只是出现项目等级排列冲突的必要条件，而非充分条件。因此，有可能存在某些互斥项目在上述三个方面都不相同，但在按内部收益率、净现值和赢利指数进行排序时并未出现任何冲突。

规模差异 当互斥投资项目的初始现金流出量不同时，有时会出现问题。假设某企业有两个互斥投资项目，它们预期能产生如下现金流：

美元

年 末	净现金流	
	项目 S	项目 L
0	−100	−100 000
1	0	0
2	400	156 250

项目 S 与项目 L 的内部收益率分别为 100% 和 25%。如果预期报酬率是 10%，则项目 S 的净现值是 231 美元，赢利指数是 3.31；而项目 L 的净现值是 29 132 美元，赢利指数是 1.29。我们的结果可总结为：

	内部收益率/%	10%时的净现值/美元	10%时赢利指数/美元
项目 S	100	231	3.31
项目 L	25	29 132	1.29

根据上述结果排序：

排序	内部收益率	10%时的净现值	10%时赢利指数
1	项目 S	项目 L	项目 S
2	项目 L	项目 S	项目 L

如果根据内部收益率或赢利指数的高低来决定项目的排序,则项目 S 是较好的。但如果根据净现值的高低来决定项目的排序,则项目 L 是较好的。如果我们只能在这两个项目中选择一个,则显然会发生冲突。

因为内部收益率是以百分比的形式给出的,所以投资的规模被忽略了。同样,赢利指数反映的是相对赢利性,投资的规模再次被忽略了。不考虑这个因素,收益率为 100% 的 100 美元投资将总是优于收益率仅为 25% 的 10 万美元投资。相反,净现值是用企业财富增加的绝对数表示的。考虑到收益的绝对数,项目 L 显然是更优的,虽然项目 S 的内部收益率和赢利指数都比项目 L 高。原因在于项目 L 的投资规模大,能提供更高的净现值。

现金流模式的差异　为了说明现金流模式的差异可能引起的问题,我们假定某企业正面临两个互斥投资项目,其现金流模式为:

美元

年 末	净现金流	
	项目 D	项目 I
0	−1200	−1200
1	1000	100
2	500	600
3	100	1080

可以看到,项目 D 和项目 I 所需的初始现金流出量相同,项目寿命期也相同。但是,它们的现金流模式不同。项目 D 的现金流随时间递减,而项目 I 的现金流则随时间递增。

项目 D 和项目 I 的内部收益率分别为 23% 和 17%。对于任何大于 10% 的贴现率,项目 D 的净现值和赢利指数将高于项目 I 的净现值和赢利指数;而对于任何小于 10% 的贴现率,项目 I 的净现值和赢利指数将高于项目 D 的净现值和赢利指数。如果假定预期报酬率(k)等于 10%,则两个项目将具有相同的净现值(198 美元)和相同的赢利指数(1.17)。用这些结果来确定项目的排序,可以得到下面的结论:

排 序	内部收益率	$k<10\%$		$k>10\%$	
		净现值	赢利指数	净现值	赢利指数
1	项目 D	项目 I	项目 I	项目 D	项目 D
2	项目 I	项目 D	项目 D	项目 I	项目 I

这种排序上的冲突可以用图 13.2 更形象、更充分地表示出来。在图 13.2 中,给出了两个项目的净现值特征图,它们与横轴的交点分别代表各自的内部收益率,与纵轴的交点则代表各自的未贴现的现金流入量的总和减去流出量所得的值。如图所示,从内部收益率来看,无论预期报酬率还是最低收益率等于多少,项目 D 总是优于项目 I,然而如果按净现值或赢利指数排序,其结果将取决于所选取的贴现率。

与两条净现值特征线的交点相关的贴现率,即 10%,代表了两个项目具有相同净现值时的预期报酬率,被称为费雪交叉利率,这是根据著名经济学家欧文·费雪(Irving Fisher)命名的。该贴现率非常重要,因为当预期报酬率低于费雪利率时,根据净现值和

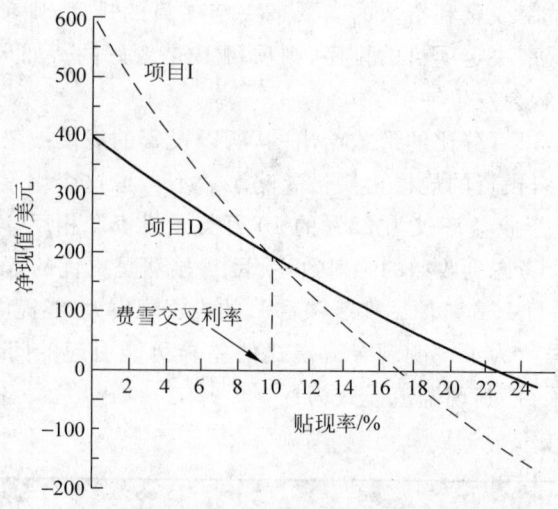

图 13.2 互斥项目 I 和项目 D 的净现值特征图

赢利指数进行的排序将与根据内部收益率进行的排序发生冲突。

在上面的例题中产生这种冲突的原因不可能是项目的规模或寿命方面的问题,因为项目 D 和项目 I 的初始现金流出量及项目寿命期都是相同的。各种方法隐含的关于较早从项目中释放出来的现金流如何进行再投资的假设不同,是产生这种冲突的根源。每种已贴现现金流方法都假定:项目的现金流入量可以按该方法所采用的贴现率进行再投资。因此,内部收益率法中隐含的假定是:在剩余的项目寿命期内,资金可以按等于内部收益率的报酬率进行再投资。而在净现值和赢利指数等方法中,隐含的假定是再投资利率等于作为贴现率的预期报酬率。

因此,在内部收益率法下,隐含的再投资利率将因项目的现金流模式的不同而不同。对于一个具有较高内部收益率的项目,假设的再投资利率也较高;对于内部收益率较低的项目,假设的再投资利率也较低。只有当两个投资项目的内部收益率相等时,它们的再投资利率才会相等。而对于净现值法来说,隐含的再投资利率(预期报酬率)对所有项目都是相同的。从本质上来说,这个再投资利率反映了企业面临的投资机会的最低收益率。因此,该利率更准确地反映了企业增加投资预期能赚取的边际收益率。因此,当互斥项目因为现金流模式上的差异而产生排序困难时,应当选择按净现值排序。用这种方法可以找出能最大限度增加股东财富的项目。

项目寿命期的差异 最后一个可能导致冲突的项目差异是互斥项目寿命期方面的差异。这里的关键问题是:在寿命期短的项目结束后会发生什么投资活动?企业最有可能选择的决策有两个:(1)用一个相同(或相似)的投资项目替代;(2)再投资于其他项目。我们将在本章附录 13B 中探讨前一种情形,将这种选择视为基于一系列普通投资分析的项目循环投资,或"替换链"的一个环节。这里考虑第二种情形,即在项目结束后只能再投资其他项目。

假设你需要在两个互斥投资项目 X 和 Y 间作出选择。这两个投资项目能产生的现金流如下所示:

美元

年末	净现金流	
	项目 X	项目 Y
0	−1000	−1000
1	0	2000
2	0	0
3	3375	0

项目 X 和项目 Y 的内部收益率分别为 50% 和 100%。如果预期报酬率是 10%，则项目 X 的净现值是 1536 美元，赢利指数是 2.54；而项目 Y 的净现值是 818 美元，赢利指数是 1.82。我们将结果汇总于下表：

	内部收益率/%	10%时的净现值/美元	10%时的赢利指数
项目 X	50	1536	2.54
项目 L	100	818	1.82

根据上述数据对两个项目进行排序：

排序	内部收益率	10%时的净现值	10%时的赢利指数
1	项目 Y	项目 X	项目 X
2	项目 X	项目 Y	项目 Y

我们再次看到各种方法在项目排序上发生了冲突。迄今为止，我们希望你倾向于按净现值来选择，即选择能最大增加企业的绝对价值量的项目。因此，你应当选择项目 X。但是，下列事实可能令你感到困惑：(1)项目 Y 的内部收益率是项目 X 的内部收益率的两倍，而其成本相同，都是 1000 美元；(2)你要在 3 年后才能从项目 X 中获得正的现金流，而只需 1 年就能从项目 Y 中获得所有现金流；(3)在项目 X 不能带来任何收益时，你已经可以用项目 Y 产生的正的现金流进行再投资。

对于具有不同项目寿命期的互斥项目，净现值法仍能得出项目的正确排序。为了更清楚地说明这一点，我们可以把上述两个项目放在同一个终止日期进行比较。为此，我们假定寿命期较短的项目的现金流在寿命期较长的项目结束前以企业的预期报酬率进行再投资。之所以采用这一再投资利率而不是其他更高的利率，是因为该利率是我们假定企业在有额外资金时投资于其他最佳(边际)项目时所能赚取的收益率。

美元

	年末净现金流				10%时的净现值
	0	1	2	3	
项目 X	−1000	0	0	3375	1536
项目 Y	−1000	2000	0	0	818
如果项目 Y 的现金流再投资，利率为 10%，则	−1000	0	0	2420	818

由于项目 X 和项目 Y 的初始现金流出量相同,我们可以通过比较这两个项目的终值来判断其优劣。可以看到,在这种情况下,具有更高现值的项目 X 是更优的,因为其终值 3375 美元高于项目 Y 的终值 2420 美元。其实,无论项目是否具有相同的初始现金流出量,我们总能根据净现值对项目进行排序。从上表中可以看到,当我们从实际的现金流转化到假想的现金流后,项目 Y 的净现值没有变化。这是因为在再投资和贴现的过程中我们使用的是同一个预期报酬率。因此,对于具有不同寿命期的互斥项目,根据按实际现金流计算得出的净现值仍然可能得出正确的项目排序。在上面的例题中,项目 X 优于项目 Y,因为它能产生一个正的净现值,而且能为企业多带来 718 美元/(1536 美元－818 美元)的现值。

多个内部收益率

内部收益率法的另一个潜在问题是多个内部收益率问题。多个内部收益率发生的必要(而非充分)条件是现金流序列的符号改变多次。例如,－、＋、＋、－ 的模式反映符号发生了两次改变,从负到正,再从正到负。迄今为止,我们在所有例子中描述的都是传统的现金流模式,即一次现金流出后接着是一次或多次现金流入。换句话说,只存在一次符号变化(从负到正),从而保证内部收益率只有一个。然而,有些所谓的非传统的项目可能涉及现金流符号的多次改变。例如,在某项目结束时可能需要为修复环境而支出现金。这种情况在进行露天开采的采掘业中经常发生,项目结束后必须对场地进行恢复。此外,化工厂经常需要一笔可观的拆除成本。无论出于什么原因,这些成本都将意味着项目结束时需要一个现金流出量,从而使现金流序列中的现金流符号改变多次。

现金流的符号改变多次是否会产生多个内部收益率还取决于现金流的规模。由于牵涉的关系很复杂,我们把这个问题留到本章附录 13A 中再详细探讨。虽然绝大多数项目的现金流序列中只有一次符号变化,但符号变化多次的项目也是存在的。当发生这种情况时,财务经理必须注意出现多个内部收益率的可能性。正如在附录 13A 中指出的,当存在多个内部收益率时,任何一个内部收益率在经济上都是没有意义的。因此,必须采用其他方法来判断项目的优劣。

在分析多个内部收益率问题时,计算器和计算机程序往往是无效的,只能解出其中一个内部收益率。也许确定是否存在问题的最佳方案是计算项目在不同贴现率时的净现值。例如,如果贴现率从 0 增加到 1000％,所描出的净现值特征线与图 13.2 相似,则只有一个内部收益率;如果描出的净现值特征线不止一次与横轴相交,则存在多个内部收益率的问题。

内部收益率法缺点的总结 我们已经看到按净现值法对互斥投资项目进行排序时总能得出正确结论,而按内部收益率法却不能保证总是如此。对于内部收益率法,其隐含的再投资利率会随所研究项目的现金流序列的不同而不同。而对于净现值法来说,隐含的再投资利率(预期报酬率)对所有的投资项目都是相同的。

此外,净现值法考虑了各个投资项目的规模和寿命期的差别。如果我们的目标是使实际价值最大化,理论上讲正确的资本的机会成本只能是预期报酬率。这与净现值法的假设是一致的,从而避免了再投资利率的问题。最后,多个内部收益率的存在进一步限制了内部收益率法的适用范围。

填平财务与营销间的鸿沟

financialexecutive

这两个部门经常持有完全相反的目标或者就是无法了解对方的需求。

那些居行业领先地位的公司是如何进行结构调整以更好地协调财务和营销两个部门的呢?举例而言,它们在改变这两个部门相互沟通的方式。传统上,营销谈论的是品牌建设、知名度和客户满意度。这些术语显然与财务习惯使用的语言完全没有关系,财务的语言是销售数据、股东价值和投资回报率(ROI)等实打实的数字。

营销和财务这两个部门间的对话很可能会像"爱丽斯漫游仙境"一样不着边际。营销可能会说某个项目的目标是提高品牌知名度。而财务则希望知道将品牌知名度提升10个百分点对于股东价值会有何影响。营销人员却给不出答案。营销人员不仅不使用这些术语来思考,他们也缺乏解决这些问题的工具。

具有开拓精神的公司正在颠覆组织关于营销的认识,致力于让营销能够量化。例如,在笔者的《财富》很多500强客户中,营销不再被视为费用,而是被视为投资。为此,这些行业领先的公司正在营销和财务两个部门之间建立正式的组织和非正式人际联系。

有些公司在营销部门安排一位敬业的财务人员,有些公司则派营销人员与财务人员共同工作。然而,无论组织结构如何,如今在财务与营销之间已经开始了建设性的对话。现在,营销部门在提交预算时,知道自己需要拿出首席财务官确定的一系列销售数据。而如果首席财务官事后决定削减这份预算,营销部门也有能力告诉首席财务官在新的预算下销售额会是多少。

《财富》500强中一家化妆品公司的财务副总裁说:"营销和公司战略如今是我们的主要合作伙伴,因为我们需要携手实现公司的目标。组成这种伙伴关系的另一个原因是为我们的发展战略争取支持,并确保营销活动被作为投资来看待,而不仅仅是一项费用。"

资料来源:改编自 Ed See, "Bridging the Finance-Marketing Divide," *Financial Executive* (July/August 2006), pp. 50–53. (www.financialexecutives.org) © Copyright 2006 by Financial Executives International Incorporated. Used by permission. All rights reserved.

既然内部收益率法有这么多缺点,为什么还要使用该方法呢?原因在于很多经理人员发现内部收益率比净现值更容易想象和理解,在计算过程中也不需要在一开始就确定预期报酬率。在一定程度上,预期报酬率只是一个粗略的估计,而内部收益率则可能帮助普通的经理人员更好地比较各个项目的优劣。此外,相对于用绝对的净现值数目来说,经理们更喜欢用收益率来衡量项目的收益。只要企业没有面临许多互斥项目或现金流序列发生多次符号变化的特殊项目,就可以放心地应用内部收益率法,而如果这些情况真的发生了,则必须注意内部收益率的上述缺点。这时,或者需要对内部收益率法做些改进(见本章附录13A),或者改用净现值法(包括应用净现值特征图)。

资本限额

我们要讨论的最后一个关于项目评估和选择方法的运用的潜在困难与**资本限额**

(capital rationing)有关。当某段时间(如一年)内所能投入的资本有个预算上限或约束时,就会出现资本限额。这种约束在一些企业中很常见,特别是在那些规定只能通过内部融资解决所有资本费用的企业。另一个发生资本限额的情况是,一些大公司的分公司只能在某个特定的预算上限内进行资本投资,分公司对超过该上限的资本支出则没有控制权。因为资本限额的约束,企业会在不超过预算上限的条件下尽量选择能最大限度增加企业价值的投资项目组合。

当在多个期间内限制资本的使用时,可以利用其他几种(更复杂的)求解约束条件下的最大化问题的方法来解决资本限额问题。这些方法需要用到线性规划、整数规划和目标规划等方面的知识。

如果资本仅在当前时期面临使用方面的限制,问题则转化为在不超过预算上限的情况下选择那些能使每单位资本的投资带来最大价值增量的项目。例如,假设你所在的企业面临下列投资机会:

项目	初始现金流出量/美元	内部收益率/%	净现值/美元	赢利指数
A	50 000	15	12 000	1.24
B	35 000	19	15 000	1.43
C	30 000	28	42 000	2.40
D	25 000	26	1000	1.04
E	15 000	20	10 000	1.67
F	10 000	37	11 000	2.10
G	10 000	25	13 000	2.30
H	1000	18	100	1.10

如果各个项目相互独立,且当期的初始现金流出量的预算上限为6.5万美元,则你应当选择这些项目的一个组合,以使6.5万美元(或更少)所能带来的企业价值量的增加达到最大值。下面给出了根据各种现金流贴现方法所对应的赢利能力由大到小的顺序选择项目,直到用光6.5万美元预算的情形:

项目	内部收益率/%	净现值/美元	初始现金流出量/美元
F	37	11 000	10 000
C	28	42 000	30 000
D	26	1000	25 000
		54 000	65 000

项目	净现值/美元	初始现金流出量/美元
C	42 000	30 000
B	15 000	35 000
	57 000	65 000

项目	赢利指数	净现值/美元	初始现金流出量/美元
C	2.40	42 000	30 000
G	2.30	13 000	10 000
F	2.10	11 000	10 000
E	1.67	10 000	15 000
		76 000	65 000

在存在资本限额的情况下，你应当选择项目C、E、F和G，它们的初始现金流出量之和为6.5万美元，提供的总净现值为7.6万美元。其他项目组合都无法提供更高的净现值。由于有资本约束，你不能投资于所有能增加企业净现值的项目，而只能投资于在预算约束下可以接受的项目。如前所述，在单期预算上限的约束下，按赢利指数（未来净现金流的现值与初始现金流出量的比率）递减的顺序选择项目能选出最大限度地增加企业价值的项目组合。其原因在于，资本限额问题的关键是选择一个项目组合，使预算限额中的"每一元钱都发挥最大作用"，而这正是按照赢利指数递减的顺序选择项目所具有的特征。①

当预算上限阻止我们利用其他有利可图的机会时，预算限额就会带来真实的成本。在上面的例子中，由于6.5万美元预算上限的限制，不得不放弃一些投资机会。我们无法采纳A、B、D和H，虽然它们能使企业的财富增加2.81万美元（12 000美元＋15 000美元＋1000美元＋100美元）。

因此，资本限额通常会导致一种次优的投资政策。从理论上说，企业应当接受所有能产生高于预期报酬率的收益率的项目。这样企业普通股的每股市价将上涨，因为它正在实施的一些项目能产生比保持当前股价所需的收益率更高的收益率。该命题假定企业能在合理限度内以等于预期报酬率的利率筹集到所需资本。显然，每单位成本所能筹集到的资本是有限的。而许多企业都已经确立了一个或多或少连续的决策过程来确定所需的资本支出，并为这些支出筹款。在上述假定下，企业应当接受收益率高于预期报酬率的所有项目，并大致以该利率的真实成本为这些项目筹资。显然，某些情形下该规则被复杂化了。但是，一般而言这些政策的目的应该是使企业股票的长期市场价值最大化。如果企业限制资本的使用，拒绝一些收益率高于预期报酬率的项目，则从理论上说，这种投资政策就是次优的。如果接受这些被拒绝了的项目，管理层能够替股东增加企业的财富。

单点分析

如前所述，传统资本预算分析强调"经营净收益年变化量"、"安装成本"、"最终残值"等输入量的一系列单点分析。**敏感性分析**（sensitivity analysis）可以让我们挑战这些单点分析，提出一系列"如果－则"问题。"如果"某个输入估计要比最初设想的更高或更低

---

① 按照赢利指数递减的顺序选择项目有时可能无法充分利用企业的资本限额，因为下一个最好的可行项目太大。当发生这种情况时，企业最好寻找另一个项目组合（也许可以把一些大项目换成小一些的项目），在用完资本限额的同时，使这些项目的总净现值增加（参见本章复习题8）。

"则"会怎样？根据收入变量估计由初始的估计值（称为基值）发生变化，可确定其对项目测量结果（如净现值）的影响。

掌握某项目相对于资本预算输入变量的敏感性非常有帮助。凭借该信息，你就能够确定是否需要修订或审核某个估值，以及在确定接受还是拒绝项目前是否需要进行调研。此外，对于接受的项目，敏感性分析有助于确定哪些变量能确保监控。

敏感性分析在解决项目的"初始现金支出"（ICO）所引起的不确定性问题时有可能是尤为有用的。[①] 在一般的资本预算分析中，项目的 ICO 通常被视为一种单一的、确定的现金流出。然而，仔细观察之后你会发现，ICO 可能具有多个现金流出组成部分，如土地、建筑物和机器设备。ICO 的某些组成部分可能是确定的现金流，而另一些则可能是不确定的/有风险的现金流。ICO 的某些组成部分可能不享受税收折旧（如土地），而另一些组成部分则可能享受税收折旧（如设备、运输和安装的资本化成本），由于其折旧带来的少缴纳税收的作用，这些现金流出有可能对经营现金流产生持续多年的溢出效应。

敏感性分析范例 为了说明敏感性分析在资本预算决策中的作用，再来看一下第 12 章提到的 Faversham 渔场鱼片切制设备项目。在第 12 章，我们计算了该项目的增量净现金流。在本章前面的内容中，我们看到了这些相同的现金流在企业 12% 的资本成本下得出的净现值为 10 768 美元。

敏感性分析可应用于这个鱼片切制项目，以回答一系列"如果—则"问题。例如，如果第 12 章所估计的第 1 年到第 4 年分别为 −35 167 美元、36 250 美元、55 725 美元和 33 258 美元的经营净收益实际上过高或过低，则会怎样？如果我们估计的 16 500 美元的最终残值过高或过低则又会怎样？如果装运和安装成本高于或低于我们当初估计的 10 000 美元会如何？

要回答上述"如果—则"问题，我们首先做新的 NPV 计算，将所关注的三个变量（装运和安装成本、最终残值和年度经营净收益）做些改变，例如分别改变 −15%、−10%、−5%、+5%、+10% 和 +15%（注意：上述改变可能对折旧和税收等其他变量产生溢出效应）。然后将结果与根据改变前（基值）的数据得出的结果进行对比，如表 13.1 所示。

表 13.1 鱼片切制设备的敏感性分析，三个输入变量分别发生变化对项目净现值（NPV）的影响　　美元

变量	初始变量值的变化						
	−15%	−10%	−5%	基值	+5%	+10%	+15%
装运和安装成本	11 785	11 447	11 107	10 768	10 429	10 089	9 751
最终残值	9 824	10 139	10 453	10 768	11 083	11 398	11 713
年度经营净收益	(78)	3 539	7 154	10 768	14 382	17 997	21 614

从表 13.1 可见，装运和安装成本以及最终残值估计值从 −15% 到 +15% 的变化并未使净现值从基值 10 768 美元改变多少。但是，如果年度经营净收益的估计值由基值下跌大约 15% 或以上，则该项目的净现值将变成负数。

[①] 涉及 ICO 不确定性所带来的额外风险的适当的资本预算分析方面的充分讨论参见 Michael C. Ehrhardt and John M. Wachowicz, Jr., "Capital Budgeting and Initial Cash Outlay (ICO) Uncertainty," *Financial Decisions* 18 (Summer 2006, Article 2: 1-16. (www.financialdecisionsonline.org/current/EhrhardtWachowicz.pdf).

表13.1中的数据还可用NPV敏感性分析图的方式直观地反映出来(见图13.3)。请注意NPV敏感性分析图中的三条"敏感性曲线"。年度经营净收益现金流曲线的斜率最大。因此,在相同百分比变化的情况下,NPV对该变量的敏感性要高于对"最终残值"与"装运和安装成本"这两个变量的敏感性。基于这一信息,管理层可能希望对看起来更为关键的"年度经营净收益现金流"这个变量施加更多的预测和/或监控力量。

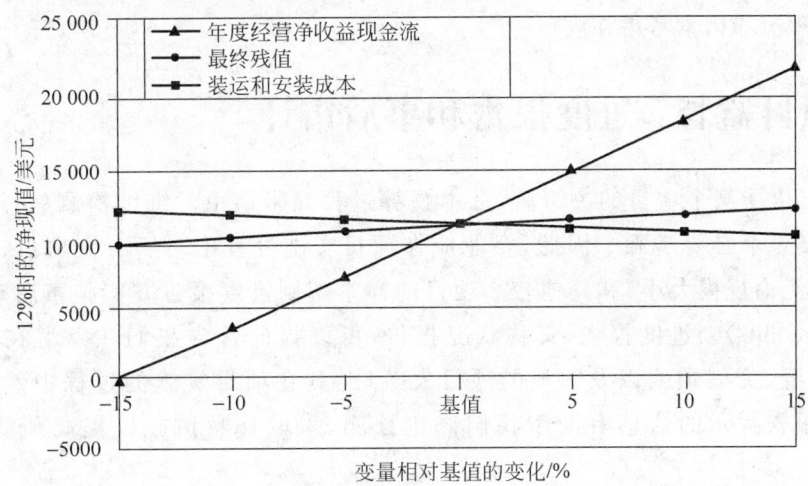

图13.3　鱼片切制设备项目的NPV敏感性分析图

小窍门:

再看一下图13.1中的NPV特征线。注意一下如何可以将该特征线也视为"敏感性曲线"的一种,反映NPV相对于资本成本假定变化的敏感性。

迄今为止,我们的敏感性分析中存在的一个潜在问题是,"一次只考虑一个变量"变化带来的敏感性。它忽视了变量间的关系。这是该方法的一个缺点。然而,至少可以通过构建NPV敏感性矩阵来判断当两个变量同时发生变化时我们所得结果的敏感性。表13.2就是这样一个描述两个输入估值(最终残值和年度经营净收益现金流)共同变化所引起的NPV结果的敏感性矩阵。

表13.2　鱼片切制设备的敏感性矩阵,反映了两个输入变量同时发生变化对项目净现值(NPV)的影响　　　　美元

变量		最终残值的变化						
		−15%	−10%	−5%	基值	+5%	+10%	+15%
装运和安装成本 年度经营净收益变化	−15%	(1022)	(707)	(393)	(78)	237	552	867
	−10%	2595	2910	3224	3539	3854	4169	4484
	−5%	6218	6525	6839	7154	7469	7784	8099
	基值	9824	10 139	10 453	10 768	11 083	11 398	11 713
	+5%	13 438	13 753	14 067	14 382	14 697	15 012	15 327
	+10%	17 053	17 368	17 682	17 997	18 312	18 627	18 942
	+15%	20 670	20 985	21 299	21 614	21 929	22 244	22 559

如前所述，敏感性分析提供了关于项目 NPV 对一个（或多个）输入变量的变化的敏感性的易于理解的有帮助的信息。然而请注意，我们的方法并未涉及任何输入变量发生变化的"可能性"。例如，即使某条敏感性曲线的斜率大，只要该变量的估值不太可能发生变化，则不会产生什么问题。当考虑到上述变量由其概率分布反映出来的可能值范围后，可能获得更多的信息。因此，第 14 章我们将对投资项目的"风险性"进行更严格的量化分析，并将概率分布因素考虑在内。

项目监督：进度报告和事后审计

在作出接受某个项目的决策后，资本预算过程并未结束。继续检测项目是保证项目成功的又一个必要步骤。因此，企业应在项目实施过程中对所有大项目、重要的战略性项目（无论规模大小）和其他较小项目的样本编制进度报告并实施**事后审计**（post-completion audits）。进度报告，又称状况报告，可以提前警告我们注意潜在的费用短缺、收入下降、无效预测以及明显的项目失败，尤其在项目实施的过程中效果更为显著。进度报告揭示的信息有助于我们修正预测、采取补救措施以提高绩效，甚至放弃项目。

事后审计使得管理层可以确定项目实现后，其实际结果与初始预测值之间的差别。如果使用得当，进度报告和事后审计将有助于认识预测的薄弱环节及其他被忽略的重要因素。在一个良好的反馈系统中，任何教训都能被用于促进未来资本预算决策水平的提高。

项目监督也能有效地从心理上影响管理层。例如，如果管理层事先知道其资本投资决策将受到监督，他们将更愿意制定切合实际的预测，并保证初始预测值更加准确。此外，在有正式反馈报告的条件下，管理层可能感觉更容易放弃一个失败的项目。最后，管理人员为项目设定一个里程碑，并事先规定如果这些里程碑没有达到则放弃项目将是很有用的。

小结

- 在第 12 章开始讨论资本预算时我们假定接受任何投资项目都不会改变企业的风险结构。该假定使我们可以使用相同的预期报酬率来判断是否接受一个项目。
- 我们讨论了四种项目评估和选择的方法。第一种方法是回收期，即通过简单加总来估计项目的价值。其余三种方法（内部收益率、净现值和赢利指数）都是现金流贴现方法。
- 投资回收期（PBP）为我们提供了收回初始现金支出所需的年数。虽然这种方法能粗略地衡量项目的流动性，但它不是一个衡量赢利性的指标。这是因为：(1)它没有考虑回收期终止后发生的现金流；(2)它忽略了资金的时间价值；

(3)它需要一个主观性很强的上限标准(最大可接受回收期)作为接受标准。
- 投资项目的内部收益率(IRR)是使预期净现金流的现值等于初始现金流出量的贴现率。如果某个项目的内部收益率大于或等于预期报酬率,则应接受该项目。
- 投资项目的净现值(NPV)等于项目的净现金流的现值与项目的初始现金流出量之差。如果一个项目的净现值大于或等于0,则应该接受该项目。
- 项目的赢利指数(PI)或成本—收益比率是项目未来净现金流的现值与初始现金流出量之间的比率。如果一个项目的赢利指数大于或等于1.00,则该项目可接受。
- 如果某两个或更多的投资项目是相互排斥的,从而我们只能从中选择一个项目,分别按照内部收益率、净现值和赢利指数对投资项目进行排序可能会得到相互矛盾的结论。发生这种冲突可能是下列三个差别中的一个或多个造成的:(1)投资规模差别;(2)现金流模式差别;(3)项目寿命期差别。在任何情况下,按净现值排序都可以选出正确的项目。简单地说,如果按照净现值排序,所选择的项目将是预期能最大限度增加企业价值的项目。
- 内部收益率法的另一个潜在问题是,对于非传统项目(即现金流序列中现金流的符号发生多次变化的项目)可能出现多个内部收益率。当存在多个内部收益率时,必须使用其他分析方法。
- 资本限额是指特定时期(如一年)内所能投入的资金数量有一个预算上限或约束。当在多个时期内限制资本的使用时,资本限额问题需要运用其他几种(更复杂的)方法。如果仅仅是在当前时期内限制资本的使用,则根据赢利指数递减的顺序选择项目往往能选出可最大限度增加企业价值的项目组合。
- 敏感性分析使得我们可以将输入变量估值从初始值(称为基值)发生变化,并确定其对项目测量结果[例如净现值(NPV)或内部收益率(IRR)]的影响。
- 继续监督项目对于保证项目成功具有重要意义。因此,公司应当编制进度报告并实施事后审计。

附录13A 多个内部收益率

某些非传统的现金流序列可以有多个内部收益率。为了说明这个问题,假设我们正在考虑这样一个投资项目:用一种更新的、效率更高的油泵替换正在使用的油泵。① 该投资需要1600美元的初始现金流出量以购买新的油泵。旧油泵在今后两年每年能产生1万美元的现金流,而新油泵一年就能产生2万美元的现金流,之后油井将枯竭。两种油泵的残值都可被忽略。与油泵更换有关的确定增量现金流所必须进行的具体过程如下:

---

① 这个例题改编自James H. Lorie, and Leonard J. Savage, "Three Problems in Rationing Capital." *Journal of Business* 28 (October 1955), pp. 229-239。

	年底		美元
	0	1	2
(1) 新油泵的现金流	−1600	20 000	0
(2) 旧油泵的现金流	0	10 000	10 000
(3) 油泵更换所产生的净现金流			
行(1)−行(2)	−1600	10 000	−10 000

因此,在增量的基础上,通过新油泵增加效率所产生的净现金流是−1600美元、10 000美元和−10 000美元。当求解该现金流序列的内部收益率时,会发现得到的不是一个收益率,而是两个:25%和400%。

注意:

$$1600 \text{ 美元} = \frac{10\ 000 \text{ 美元}}{(1+\text{IRR})^1} - \frac{10\ 000 \text{ 美元}}{(1+\text{IRR})^2}$$

得, IRR=0.25 或 4.0

这一不寻常的情况可以用图13A.1加以说明。图13A.1是该非传统项目的净现值特征图。当贴现率为0时,项目的净现值等于所有现金流的简单加总:−1600美元。净现值为负是因为现金流出总量大于现金流入增量。当贴现率增加时,相对于第一年的现金流入量,第二年的现金流出量的现值将减少,当贴现率大于25%时该项目的净现值变为正值。当贴现率超过100%时,相对于初始现金流出量−1600美元,所有未来现金流(第一年和第二年)的现值都将减小。在400%处,净现值再次变为0。

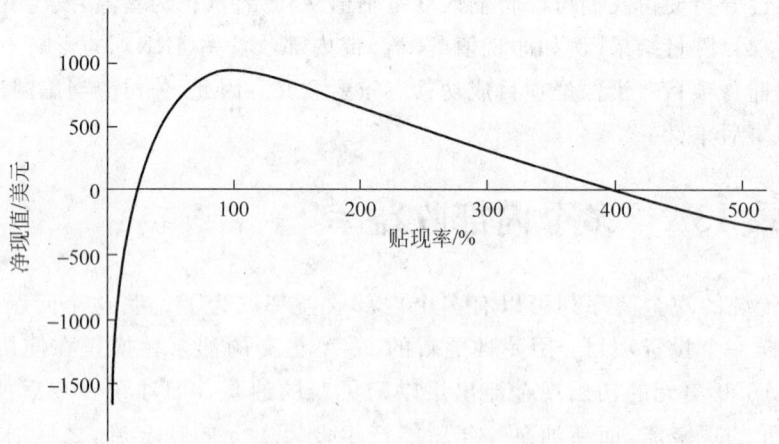

图13A.1 具有两个内部收益率的油泵更换项目的净现值特征图

这种项目与图13.1所显示的传统项目不同,传统项目的净现值是贴现率的减函数,使未来净现金流的现值等于初始现金流出量的内部收益率只有一个。而非传统项目可能有多个内部收益率,具体个数取决于现金流序列的特征。请看下面的现金流:

	年底			美元
	0	1	2	3
现金流	-1000	6000	-11 000	6000

显然,贴现率为0、100%和200%时,所有现金流的净现值都等于0。

可能存在的内部收益率的个数存在一个上限。该上限将是现金流序列中现金流符号改变的次数。在上面的例子中,现金流的符号发生了三次变化,而我们也恰好得到三个内部收益率。虽然符号的多次变化是存在多个内部收益率的必要条件,但并非充分条件。多个内部收益率情况的出现还取决于现金流的规模。例如,对下面的现金流序列,虽然有两次符号变化,但只有一个内部收益率(32.5%):

	年底		美元
	0	1	2
现金流	-1000	1400	-100

当面临一个具有多个内部收益率的项目时,如何确定哪个才是正确的利率呢?在上面的第一个例子中,正确的利率是25%还是400%?其实,两个利率都不正确,因为这两个内部收益率都不是对投资价值的测度。如果企业的预期报酬率是20%,该投资项目应该被接受吗?虽然两个内部收益率都比预期报酬率高,但从图13A.1中一眼就可发现当贴现率为20%时项目的净现值为负(-211美元),因此不能被接受。

$$NPV = \frac{10\ 000\ \text{美元}}{(1+0.20)^1} + \frac{10\ 000\ \text{美元}}{(1+0.20)^2} - 1600\ \text{美元}$$
$$= 8333\ \text{美元} - 6944\ \text{美元} - 1600\ \text{美元} = -211\ \text{美元}$$

油泵更换问题可看作企业用1600美元费用把第二年才能获得的现金流提前到第一年即可获得。因此相关的问题变成:企业提前一年具有1万美元的使用权的价值是多少?而该问题又取决于这段时间内企业存在的投资机会的收益率。如果企业用这笔资金能够赚取20%的收益并在期末实现这些收益,则该机会的价值将是2000美元,且是在第二年末获得的。因此在贴现率为20%时该2000美元的现值是1389美元[2000美元/$(1+0.20)^2$]。加上初始的1600美元支出,再次得出的净现值为-211美元。同样,其他具有多个内部收益率的项目也可以用净现值法很好地进行评估。

 ## 附录13B 替换链分析

本章我们发现,在给具有不同寿命期的互斥项目排序时可能发生冲突。关键的问题是,在寿命期较短的项目结束后将发生什么?企业最有可能选择的两种做法是:(1)用相同(或相似)的项目替换;(2)再投资于其他项目。我们已经看到,当项目结束后不用类似项目替换时(后一种做法),我们将不必考虑未来的投资决策,只需选择净现值最高的项目即可。

现在我们转向第一种做法。此时我们需要从可以重复替换的、具有不同寿命期的互斥项目中选择一个。例如，我们需要购买两台可替换的机器中的一台，其中一台机器更耐用且使用寿命更长。既然后面的决策要受初始投资的影响，则应逐一评估与每个项目相联系的决策后果。该评估通常把这种选择视为普通投资分析下的有效率重复替换，或"替换链"。

替换链（共同寿命期）法

重复实施每个项目，直到使所有项目都在同一年份结束，从而得到由相同项目连成的替换链，这些替换链具有最短的共同寿命期。因此在每个替换链结束时企业都能在相同的条件下选择，而不用考虑这些选择的先后顺序。

我们可以用下面的公式计算每个替换链的净现值 $NPV_{替换链}$。

$$NPV_{替换链} = \sum_{t=1}^{R} \frac{NPV_n}{(1+k)^{n(t-1)}} \tag{13B.1}$$

式中，n 为单个项目的寿命期，用年数表示；

NPV_n 为寿命期为 n 年的单个项目的净现值；

R 为替换链中单个项目重复的次数；

k 为与具体项目对应的贴现率。

结果，在每个替换链开始时企业就能计算其净现值。因此，每个替换链的价值就是该替换链所产生的 NPVs 序列的现值。

例证

假设有两个互斥投资项目 A 和项目 B，两个项目都要求在未来进一步重复替换：

	项目 A	项目 B
单个项目寿命期(n)/年	5	10
在各项目特定的预期报酬率下单个项目的净现值(NPV_n)/美元	5328	8000
为达到最短共同寿命期需要重复的次数(R)	2	1
各项目的贴现率(k)[a]/%	10	10

[a] 各可替换项目的贴现率可以不同。

初看起来，项目 B 似乎是最优的，因为其单个项目净现值为 8000 美元，明显高于项目 A 的单个项目净现值 5328 美元。但是，在可进行重复替换时应在某一共同寿命期条件下考虑两个项目所能产生的价值，而该共同寿命期在本例中是 10 年。图 13B.1 显示了如何求得项目 A 的两次循环（一个长度为 10 年的替换链）的净现值。

项目 B 的替换链仅包括一次重复，因而其净现值就是项目 B 单次循环的净现值，即项目 B 的 $NPV_{替换链}$ = 8000 美元。由于

项目 A 的 $NPV_{替换链}$ = 8636 美元 > 项目 B 的 $NPV_{替换链}$ = 8000 美元

第 13 章 资本预算方法 353

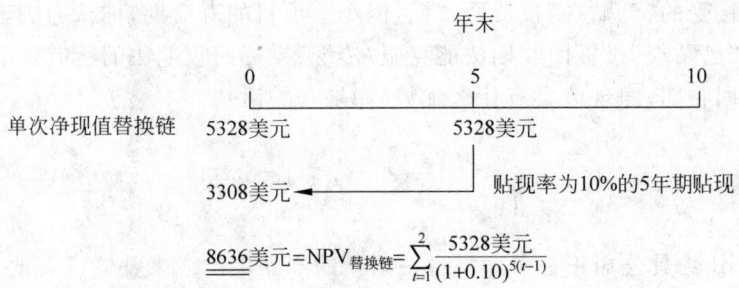

图 13B.1 计算项目 A 的替换链净现值的时间线（$NPV_5 = 5328$ 美元；$k = 10\%$；$R = 2$）

因此我们选择项目 A。[①]

思考题

1. 请解释"货币时间价值"的意义。为什么手中的一只鸟比林中的两只鸟更有价值？哪种资本预算方法忽略了这一概念？它是最优的吗？

2. 为什么回收期会使资产的选择过程偏向于短期资产？

3. 在选择互斥项目时，为什么净现值较大的项目要优于净现值较小的项目？这是缺点吗？

4. 比较项目评估与选择方法中的净现值法和内部收益率法。为什么这两种现金流贴现方法在给项目排序的过程中可能发生冲突？

5. 尽管回收期法在理论上是有缺陷的，但它仍然是商业活动中被普遍优先作为确定投资项目的标准。为什么该方法有缺陷？为什么它又很流行？

6. 什么是互斥投资项目？什么是相关项目？

7. 使用信贷的资本预算方法能提高一个国家的经济效率吗？为什么？

8. 如果资本限额不是最优的，为什么还会有企业应用它？

9. 内部收益率法暗含的假定是，早期获得的现金流能按内部收益率用于再投资。在什么情况下该假定可能导致对项目经济收益的衡量严重失真？

10. 有些人建议把投资回收期（PBP）与现值分析结合起来计算"已贴现"投资回收期（DPBP）。它是用现金流入量的现值（按资本的利率成本贴现）的累加值而不是用流入量的累加值来判断从已贴现现金流的角度看"收回"项目成本所需的年数。对于一个没有资本限额的企业来说，某独立项目的"已贴现"投资回收期如果小于某个最大可接受的"已贴现"投资回收期，则该项目应被接受；如果"已贴现"投资回收期大于某个最大可接受的"已贴现"投资回收期，则该项目应被拒绝。假设某独立项目的"已贴现"投资回收期大于

---

① 请注意，我们在贴现项目 A 第二个循环的净现值时使用的是"风险"利率 10%，使用有风险的项目利率是对这一过程做一般讨论时所需要的。然而，有时候使用无风险利率贴现未来单次循环的净现值可能更为适当。在计算一个项目重复链的净现值时应选择什么样的贴现率取决于重复替换的不确定性（风险）。对于该问题的详细探讨以及正确反映重复替换的风险性质的资本预算方法，请参见 Ronald E. Shrieves and John M. Wachowicz Jr., "Proper Risk Resolution in Replacement Chain Analysis," *The Engineering Economist* 34 (Winter 1989), 91-114.

企业的最大可接受的"已贴现"投资回收期,但小于项目的寿命期,你认为应当拒绝该项目吗?为什么?"已贴现"投资回收期法能克服"传统"投资回收期法的所有缺陷吗?相对于"已贴现"投资回收期,净现值具有什么优势(如果有的话)?

1. Briarcliff 炉具公司正在考虑引进一条新的产品生产线来补偿已有的炉具生产线。引进新的产品生产线预期需要在第 0 期投入 70 万美元,在第 1 期投入 100 万美元,预期第 2 期的税后现金流入量为 25 万美元,第 3 期为 30 万美元,第 4 期为 35 万美元,第 5~10 期每年为 40 万美元。虽然该生产线在第 10 年后仍能运转,但公司更愿意做保守估计,忽略其后的现金流。

(1) 如果预期报酬率为 15%,项目的净现值是多少?可接受吗?
(2) 项目的内部收益率是多少?
(3) 如果预期报酬率为 10%,情况又将如何?
(4) 项目的回收期是多少?

2. Carbide 化学公司正在考虑用一台更有效率的新机器来替换两台旧机器。已知该替换项目的相关税后增量现金流如下:

美元

	年 底			
	0	1	2	3
现金流	−404 424	86 890	106 474	91 612
	年 底				
	4	5	6	7	8
现金流	84 801	84 801	75 400	66 000	92 400

如果预期报酬率为 14%,该项目的净现值是多少?该项目可行吗?

3. Acme Blivet 公司正在评估三个投资项目:(1)引进一条新的生产铝 blivet 的生产线;(2)扩展现存的 blivet 生产线,把几个新型号包括进来;(3)开发一条新的、质量更高的 blivet 生产线。如果这些项目只能采纳一种,预期的现值和所投资的金额如下:

美元

项目	所需投资量	未来现金流的现值
1	200 000	290 000
2	115 000	185 000
3	270 000	400 000

如果同时实施项目 1 和项目 2,并不会带来规模经济,所需投入的资金和现金流的现值仅仅是单独实施这两个项目时的相应值的简单加总。而同时实施项目 1 和项目 3 则能带来规模经济,因为有一台机器可以同时为两个生产流程服务。项目 1 和项目 3 组合起来所需的投资额为 44 万美元。如果同时实施项目 2 和项目 3 也可能产生规模经济,但不

是来自投资而是来自产品生产和营销。同时实施项目 2 和项目 3 所产生的未来现金流的现值为 62 万美元。如果同时实施三个项目,则仍会存在上述规模经济,但必须花费 12.5 万美元来扩建厂房,以便提供足够的空间来同时实施这三个项目。应选择哪个项目?

复习题

1. Lobers 公司有两个投资项目计划,其具体情况如下:

美元

时期	项目 A			项目 B		
	成本	税后利润	净现金流	成本	税后利润	净现金流
0	9000	—	—	12 000	—	—
1		1000	5000		1000	5000
2		1000	4000		1000	5000
3		1000	3000		4000	8000

对于每个项目,计算其回收期、净现值和赢利指数。假定贴现率为 15%。

2. 在题 1 中,回收期方法有哪些缺陷?

3. 请完成下列计算内部收益率的练习:

(1) 今天投资 1000 美元,将在 10 年后收回 2000 美元,则内部收益率是多少?

(2) 某项投资需要投入 1000 美元,在接下来的 3 年中每年年底能获得 500 美元的收入,则内部收益率是多少?

(3) 某项投资需要在目前投入 1000 美元,在第 1 年年底将获得 900 美元的收入,第 2 年年底将获得 500 美元,第 3 年年底将获得 100 美元,则内部收益率是多少?

(4) 某项投资投入 1000 美元后,将在今后每年都获得 130 美元的回报,则内部收益率是多少?

4. 两个互斥项目的预期现金流情况如下:

美元

	年 底				
	0	1	2	3	4
项目 A	−2000	1000	1000	1000	1000
项目 B	−2000	0	0	0	6000

(1) 计算每个项目的内部收益率。

(2) 假设贴现率分别为 0、5%、10%、20%、30% 和 35%,计算每个项目的净现值。

(3) 在净现值特征图中描出每个项目在上述贴现率处的净现值点。

(4) 应该选择哪个项目?为什么?你的结论中所暗含的假设是什么?

*5. Zaire 电气公司在第 0 期可以选择两个投资项目中的一个。假定预期报酬率为 14%,请计算每个项目的:(1)回收期;(2)净现值;(3)赢利指数;(4)内部收益率。假设

在改进的加速成本回收系统(MACRS)中这些资产属于 5 年期财产类别,公司所得税税率为 34%。两个投资项目各自所需的初始投资额及每年能节约的税前费用如下:

美元

项目	投资	年底						
		1	2	3	4	5	6	7
A	28 000	8000	8000	8000	8000	8000	8000	8000
B	20 000	5000	5000	6000	6000	7000	7000	7000

*6. Thoma 医药公司打算购买价值为 6 万美元的 DNA 测试设备。该设备的使用期为 5 年,预期每年能减少临床工作人员的劳动力成本 2 万美元。但为了加速折旧,它被归入 3 年期财产类别。在使用期末,预期残值为 0。Thoma 公司所得税税率为 38%(联邦和州所得税合计),预期报酬率为 15%(如果某年该投资项目的税后利润为负值,则公司可以用该损失来抵免当年的应纳税收入)。请基于上述信息计算项目的净现值。该项目可被接受吗?

*7. 题 6 中,假设公司预期在使用期的后 4 年中节约的劳动力成本有 6% 的通货膨胀,因此节约的成本在第 1 年是 2 万美元,第 2 年则是 2.12 万美元,依此类推。

(1) 如果预期报酬率仍为 15%,则项目的净现值是多少?该项目可接受吗?

(2) 如果除了设备的成本外还需要投入 1 万美元的经营成本,而且在该项目的存续期内始终需要这笔额外投资,则净现值是多少?它对净现值产生了什么影响(其他所有数据都与题(1)相同)?

8. Lake Tahow 滑雪场正在考虑 6 个资本改良方案。它的资本预算额为 100 万美元。这些项目间彼此独立,其初始投资额和赢利指数如下所示:

项 目	初始投资额/美元	赢利指数
1. 延长 3 号滑雪电梯	500 000	1.22
2. 建一个新的运动商场	150 000	0.95
3. 延长 4 号滑雪电梯	350 000	1.20
4. 建一个新的餐厅	450 000	1.18
5. 建一个用于放置杂物的场所	200 000	1.19
6. 建一个室内滑冰场	400 000	1.05

(1) 如果假设严格的资本限额只是针对当前的,则应当选择哪些项目(提示:如果你不能用完资本限额,试试其他项目组合,计算这些项目组合各自的净现值)?

(2) 这是最优决策吗?

9. 圣约斯市必须用新的混凝土搅拌车替换原有的搅拌车。它已收到了两家厂商的投标,并仔细评估了两种搅拌车的特点。Rockbuilt 搅拌车是同类产品中质量最好的,其价格为 7.4 万美元。该搅拌车的使用期为 8 年,假定其引擎需要在第 5 年更换。前 4 年的维修成本预计为每年 2000 美元,而第 5 年的维修和更换成本共计 1.3 万美元。最后 3 年的维修成本预计每年为 4000 美元。8 年后该搅拌车预期将有残值 9000 美元。

Bulldog 搅拌车的投标价格为 5.9 万美元。搅拌车的维修成本比较高,预期第 1 年为 3000

美元,并且此后每年都将增加 1500 美元,直到第 8 年。在第 4 年将需要更换引擎,从而除了该年的维修成本外还要花费 1.5 万美元。8 年后 Bulldog 搅拌车预期将有 5000 美元残值。

(1) 如果圣约斯市资金的机会成本是 8%,应当选择哪个投标? 忽略税收因素,因为不用纳税。

(2) 如果机会成本是 15%,你的答案会有所改变吗?

自测题答案

1. (1)

年份	现金流/美元	15%时的现值系数	现值/美元
0	(700 000)	1.000	(700 000)
1	(1 000 000)	0.870	(870 000)
2	250 000	0.756	189 000
3	300 000	0.658	197 400
4	350 000	0.572	200 200
5～10	400 000	2.164*	865 600**
		净现值=	(117 800)

* 10 年期的(普通)年金现值系数 5.019 减去 4 年期的(普通)年金现值系数 2.855。
** 第 5～10 年的总和。

由于净现值为负,因此该项目应被拒绝。

(2) 内部收益率为 **13.21%**。如果使用试错法,则有:

年份	现金流/美元	14%时的现值系数	14%时的现值/美元	13%时的现值系数	13%时的现值/美元
0	(700 000)	1.000	(700 000)	1.000	(700 000)
1	(1 000 000)	0.877	(877 000)	0.885	(885 000)
2	250 000	0.769	192 250	0.783	195 750
3	300 000	0.675	202 500	0.693	207 900
4	350 000	0.592	207 200	0.613	214 550
5～10	400 000	2.302*	920 800**	2.452*	980 800**
		净现值	(54 250)		14 000

* 10 年期的(普通)年金现值系数减去 4 年期的(普通)年金现值系数。
** 第 5～10 年的总和。

为了估计确切的内部收益率,我们使用下面的方法在 13% 和 14% 间求插值:

$$0.01 \begin{bmatrix} X \begin{bmatrix} 0.13 & 14\,000\text{美元} \\ \text{IRR} & 0\text{美元} \\ 0.14 & (54\,250)\text{美元} \end{bmatrix} 14\,000\text{美元} \end{bmatrix} 68\,250\text{美元}$$

$$\frac{X}{0.01} = \frac{14\,000\text{美元}}{68\,250\text{美元}} \quad 因此, \quad X = \frac{(0.01) \times (14\,000\text{美元})}{68\,250\text{美元}} = 0.0021$$

IRR＝0.13＋X＝0.13＋0.0021＝0.1321 或 **13.21%**。因为内部收益率小于预期报酬率，所以该项目不应被接受。

（3）该项目应该被接受。

（4）回收期＝**6 年**（－700 000 美元－1 000 000 美元＋250 000 美元＋300 000 美元＋350 000 美元＋400 000 美元＋400 000 美元＝0）。

2.

年份	现金流/美元	14%时的现值系数	现值/美元
0	(404 424)	1.000	(404 424)
1	86 890	0.877	76 203
2	106 474	0.769	81 879
3	91 612	0.675	61 838
4	84 801	0.592	50 202
5	84 801	0.519	44 012
6	75 400	0.456	34 382
7	66 000	0.400	26 400
8	92 400	0.351	32 432
			净现值＝2924

由于净现值为正，该项目可以被接受。

3.   美元

项目（组合）	所需投资额	未来现金流的现值	净现值
1	200 000	290 000	90 000
2	115 000	185 000	70 000
3	270 000	400 000	130 000
1,2	315 000	475 000	160 000
1,3	**440 000**	**690 000**	**250 000**
2,3	385 000	620 000	235 000
1,2,3	680 000	910 000	230 000

应选择项目 1 和项目 3，因为它们产生的净现值最大。

参考文献

Aggarwal, Raj. *Capital Budgeting Under Uncertainty*. Englewood Cliffs, NJ: Prentice Hall, 1993.

Bacon, Peter W. "The Evaluation of Mutually Exclusive Investments." *Financial Management* 6(Summer 1977), 55-58.

Barwise, Patrick, Paul R. Marsh, and Robin Wensley. "Must Finance and Strategy Clash?" *Harvard Business Review* 67(September-October 1989), 85-90.

Bierman, Harold, Jr., and Seymour Smidt. *The Capital Budgeting Decision*, 8th ed. New York:

Macmillan, 1993.

Block, Stanley. "Are There Differences in Capital Budgeting Procedures Between Industries? An Empirical Study". *The Engineering Economist* 50(January-March 2005), 55-67.

Brounen, Dirk, Abe de Jong, and Kees Koedijk. "Corporate Finance in Europe: Confronting Theory with Practice."*Financial Executive* 33(Winter 2004), 71-101.

Ehrhardt, Michael C., and John M. Wachowicz, Jr. "Capital Budgeting and Initial Cash Outlay (ICO) Uncertainty."*Financial Decisions* 18 (Summer 2006), Article 2: 1-16 (available online at www.financialdecisionsonline.org/current/EhrhardtWachowicz.pdf).

Gitman, Lawrence J., and Pieter A. Vandenberg. "Cost of Capital Techniques Used by Major US Firms: 1997 vs. 1980."*Financial Practice and Education* 10(Fall/Winter 2000), 53-68.

Gordon, Lawrence A., and Mary D. Myers. "Postauditing Capital Projects: Are You in Step with the Competition?"*Management Accounting* 72(January 1991), 39-42.

Graham, John, and Campbell Harvey. "How Do CFOs Make Capital Budgeting and Capital Structure Decisions?"*Journal of Applied Corporate Finance* 15(Spring 2002), 8-23 (available online at faculty.fuqua.duke.edu/~jgraham/websits/surveyJACF.pdf).

Harris, Milton, and Arthur Raviv. "The Capital Budgeting Process: Incentives and Information."*Journal of Finance* 51(September 1996), 1139-1174.

____. "Capital Budgeting and Delegation."*Journal of Financial Economics* 50 (December 1998), 259-289.

Herbst, Anthony. "The Unique, Real Internal Rate of Return: Caveat Emptor!"*Journal of Financial and Quantitative Analysis* 13(June 1978), 363-370.

Kelleher, John C., and Justin J. MacCormack. "Internal Rate of Return: A Cautionary Tale."*McKinsey on Finance*(Summer 2006), 16-19.

Levy, Haim, and Marshall Sarnat. *Capital Investment and Financial Decisions*, 5th ed. Englewood Cliffs, NJ: Prentice Hall, 1994.

Logue, Dennis E., and T. Craig Tapley. "Performance Monitoring and the Timing of Cash Flows."*Financial Management* 14(Autumn 1985), 34-39.

Lorie, James H., and Leonard J. Savage. "Three Problems in Rationing Capital."*Journal of Business* 28 (October 1955), 229-239.

McConnell, John J., and Chris J. Muscarella. "Corporate Capital Expenditure Decisions and the Market Value of the Firm."*Journal of Financial Economics* 14(September 1985), 399-422.

Pinches, George E. "Myopia, Capital Budgeting and Decision Making."*Financial Management* 11 (Autumn 1982), 6-19.

Schwab, Bernhard, and Peter Lusztig. "A Comparative Analysis of the Net Present Value and the Benefit-Cost Ratios as Measures of the Economic Desirability of Investments."*Journal of Finance* 24(June 1969), 507-516.

Seitz, Neil, and Mitch Ellison. *Capital Budgeting and Long-Term Financing Decisions*, 4th ed. Mason, OH: South-Western, 2004.

Shrieves, Ronald E., and John M. Wachowicz Jr. "Proper Risk Resolution in Replacement Chain Analysis."*Engineering Economist* 34(Winter 1989), 91-114.

____. "Free Cash Flow (FCF), Economic Value Added (EVA), and Net Present Value (NPV): A Reconciliation of Variations in Discounted-Cash-Flow (DCF) Valuation."*Engineering Economist* 46 (No.1, 2001), 33-52.

Smith, Kimberly J., "Postauditing Capital Investments."*Financial Practice and Education* 4(Spring-

Summer 1994),129-137.

Smyth, David. "Keeping Control with Post Completion Audits." *Accountancy* 106 (August 1990), 163-164.

Van Horne, James C. "The Variation of Project Life as a Means for Adjusting for Risk." *Engineering Economist* 21(Spring 1976),151-158.

Weingartner, H. Martin. "Capital Rationing: Authors in Search of a Plot." *Journal of Finance* 32 (December 1977),1403-1431.

Part Ⅴ of the text's website, *Wachowicz's Web World*, contains links to many finance websites and online articles related to topics covered in this chapter. (http://web.utk.edu/~jwachowi/part5.html)

第 14 章

资本预算中的风险和管理(实际)期权

内容提要

- 项目的风险问题
  范例・期望值和对离差的测度:一个现金流的例子
- 项目总风险
  概率树法・模拟法・概率分布信息的运用
- 降低企业总风险的理论贡献:企业项目组合理论
  期望值和项目组合风险的测度・例题・项目间的相关性・风险投资组合
- 管理(实际)期权
  价值含义・扩张(或紧缩)期权・放弃期权・延迟期权・结束语
- 小结
- 思考题
- 自测题
- 复习题
- 自测题答案
- 参考文献

学习目的

完成本章学习后,您将能够:

- 定义一个资本投资项目的"风险"。
- 理解某个特定时期的现金流风险是如何测度的,包括期望值、标准差和相关系数等概念。
- 描述分析项目总风险的方法,包括概率法和模拟法。
- 根据项目对企业总风险的贡献进行判断(企业项目组合理论)。
- 了解管理(实际)期权是如何加强了投资项目的价值的。
- 列出、讨论并评价各种管理(实际)期权。

"风险?风险就是我们的事业。这就是我们星际战舰要做的事情,我们在这艘战舰上就是为了这个!"

——詹姆斯・T. 柯克(James T. Kirk)
星舰企业号舰长

上一章我们假定接受任何投资项目都不会改变投资者对企业风险状况的评价。该假定使我们在决定企业应当选择哪个资本预算项目时可以使用同一个预期报酬率。然而我们知道,不同的投资项目往往具有不同程度的风险。预期能提供高收益的项目可能会增加企业的经营风险。尽管这种项目具有很大的潜力,但风险的增加仍可能降低企业的价值。本章将讨论管理层可用来度量一个或一组项目的风险的方法。我们的最终目的是更好地理解风险如何影响价值。但是在此之前,必须先学会衡量各种情形下项目的风险。

给定某个或某些投资方案的预期风险及预期收益信息,管理层必须评估这些信息并作出决策。是否接受一个投资项目取决于投资者所要求的风险报酬率。由于我们将在下一章讨论预期报酬率,对风险投资的评估也将放在下一章介绍。

本章我们将分析评估风险投资所需的一些知识。除了风险以外,投资项目有时还包括让管理层在晚些时候再做决策的管理期权。接受某个项目后,管理层可以灵活地采取措施来影响以后的现金流和/或项目寿命。这种灵活性就称为管理期权或实际期权。本章先对项目风险做总体介绍,然后介绍评价项目风险的具体方法。接下来,以一个投资项目为例分析其企业资产组合风险,即某个项目给整个企业带来的边际风险。最后将探讨管理期权对项目可行性的影响。

项目的风险问题

这里将投资项目的"风险"定义为投资项目的现金流与其预期值之间的差异。差异越大,则认为项目的风险越高。对于正在考虑的每个项目,我们可以预测其未来的现金流。与第12章中仅仅预测在未来每年中最可能的现金流不同,本章要预测的是现金流的一系列可能值。通过这种方法,我们可以在一个范围内考虑未来特定时期的现金流,而不是仅仅考虑最可能的现金流。

范例

为了分析对未来某个时期的多个现金流预测可能值的确切含义,先来看一个例子。假设我们正在考虑两个投资方案,再假设只对下列经济状况下的现金流进行预测:严重萧条、衰退、正常、繁荣和过热。在估计了未来可能出现的这些状况后,对下一年的现金流预测如下:

美元

经济状况	年现金流:第一年	
	项目A	项目B
严重萧条	3000	2000
衰退	3500	3000
正常	4000	4000
繁荣	4500	5000
过热	5000	6000

可以看到,项目 B 可能的现金流的离差比项目 A 的离差大,因此可以说项目 B 的风险更高。然而,为了把分析的风险量化,还需要进一步的信息。更具体地说,我们需要知道各种经济状况发生的可能性。假设我们预测下一年出现严重萧条的概率是 10%,出现衰退的概率是 20%,经济正常的概率是 40%,繁荣的概率是 20%,经济过热的概率是 10%。根据这些信息,我们可以算出项目 A 和项目 B 的现金流的概率分布如下:

经济状况	项目 A		项目 B	
	概率	现金流/美元	概率	现金流/美元
严重萧条	0.10	3000	0.10	2000
衰退	0.20	3500	0.20	3000
正常	0.40	4000	0.40	4000
繁荣	0.20	4500	0.20	5000
过热	0.10	5000	0.10	6000
	1.00		1.00	

我们可以用图形表示这两个概率分布(见图 14.1)。如图所示,虽然两个项目最可能产生的现金流相同,都是 4000 美元,但项目 B 的现金流的离差比项目 A 的离差大。根据第 13 章的讨论结果(并假设初始现金支出相等,项目寿命期为 1 年),企业会认为两个项目不相伯仲。现在的问题是,是否应考虑现金流的离差。如果风险与现金流的概率分布有关,则离差越大,风险越高,从而项目 B 是风险较高的投资。如果管理层、股东和债权人都是风险规避者,则项目 A 要优于项目 B。

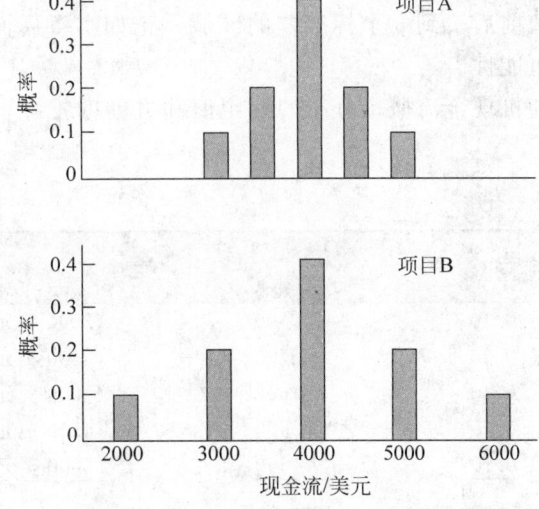

图 14.1 两个项目的现金流概率分布比较

期望值和对离差的测度:一个现金流的例子

图 14.1 所示的概率分布可以用两个关于分布的参数概括:(1)期望值;(2)标准差。你也许还记得我们在第 5 章介绍证券收益时曾讨论过这两个参数。但这里我们关心的是现金流而不是收益率。下面再回顾一下期望值和离差的数学计算方法,然后用这些计算方法分析前面的现金流例子。

t 期现金流概率分布的**期望值**(expected value) $\overline{CF_t}$ 被定义为

$$\overline{CF_t} = \sum_{x=1}^{n}(CF_{xt})(P_{xt}) \tag{14.1}$$

式中,CF_{xt} 是指 t 期第 x 种可能的现金流;P_{xt} 是这种现金流发生的概率;n 是指 t 期可能出现的现金流的种类。因此,现金流的期望值不过是可能出现的现金流的加权平均数,权数则是发生的概率。

测度离差的传统方法是**标准差**(standard deviation),它是用来描述现金流分布的两个参数之一。分布越密,则标准差越小;分布越宽,则标准差越大。t 期现金流的标准差 σ_t 可以用公式表示为

$$\sigma_t = \sqrt{\sum_{x=1}^{n}(CF_{xt} - \overline{CF_t})^2(P_{xt})} \tag{14.2}$$

式中,$\sqrt{}$ 代表根号。标准差的平方 σ_t^2 称为分布的方差。虽然这个公式让人有些望而生畏,其实借助计算器可以很容易地算出标准差。

标准差仅仅是对概率分布的离差的一种测度。对于一个钟形的正态分布,大约有 68% 的分布区域落在期望值前后各一个标准差的范围内,即实际值与期望值之间的差距大于标准差的概率只有 32%。实际值落在标准差前后各两个标准差的范围内的概率大约是 95%,落在前后各三个标准差的范围内的概率则超过 99%。书后附录 A 中的表 A5 给出了正态分布期望值前后 1 到 3 个标准差的区域。正如本章后面所述,标准差可用于估计一个事件发生的可能性。

例子 为了说明随机现金流概率分布的期望值和方差的推导,再来分析一下前面提及的两个项目的例子。

项目 A

可能的现金流, CF_{X1} /美元	概率, P_{X1}	$(CF_{X1})(P_{X1})$ /美元	$(CF_{X1} - \overline{CF_1})^2(P_{X1})$
3000	0.10	300	$(3000\text{美元} - 4000\text{美元})^2(0.10)$
3500	0.20	700	$(3500\text{美元} - 4000\text{美元})^2(0.20)$
4000	0.40	1600	$(4000\text{美元} - 4000\text{美元})^2(0.40)$
4500	0.20	900	$(4500\text{美元} - 4000\text{美元})^2(0.20)$
5000	0.10	500	$(5000\text{美元} - 4000\text{美元})^2(0.10)$
	$\sum = 1.00$	$\sum = 4000\text{美元} = \overline{CF_1}$	$\sum = 300\,000\text{美元} = \sigma_1^2$
			$(300\,000\text{美元})^{0.5} = \mathbf{548\text{美元}} = \sigma_1$

项目 B

可能的现金流, CF_{X1} /美元	概率, P_{X1}	$(CF_{X1})(P_{X1})$ /美元	$(CF_{X1} - \overline{CF_1})^2(P_{X1})$
2000	0.10	200	$(2000 美元 - 4000 美元)^2(0.10)$
3000	0.20	600	$(3000 美元 - 4000 美元)^2(0.20)$
4000	0.40	1600	$(4000 美元 - 4000 美元)^2(0.40)$
5000	0.20	1000	$(5000 美元 - 4000 美元)^2(0.20)$
6000	0.10	600	$(6000 美元 - 4000 美元)^2(0.10)$
$\sum = 1.00$		$\sum = 4000 美元 = \overline{CF_1}$	$\sum = 1\,200\,000 美元 = \sigma_1^2$
			$(1\,200\,000 美元)^{0.5} = 1095 美元 = \sigma_1$

项目 A 和项目 B 的现金流分布的期望值都是 4000 美元。然而,项目 A 的标准差是 548 美元,而项目 B 的标准差则是 1095 美元。因此,项目 B 的标准差更大,表明其可能结果的离差更大,因此其风险更高。

方差系数　测度某个概率分布的相关离差的指标是**方差系数**(coefficient of variation, CV)。在数学中,它被定义为某个概率分布的标准差和期望值之比。因此,方差系数不过是测度每单位期望值的风险的指标。对于项目 A,其方差系数是

$$CV_A = 548 美元 / 4000 美元 = \mathbf{0.14}$$

项目 B 的方差系数是

$$CV_B = 1095 美元 / 4000 美元 = \mathbf{0.27}$$

因为项目 B 的方差系数比项目 A 高,所以项目 B 具有更高的相对风险。在本章余下的部分将经常引用期望值、标准差和方差系数。①

项目总风险

如果投资者和债权人都是风险规避者(很多证据都表明他们的确是),则管理层就有必要在分析投资项目的价值时考虑项目的风险,否则,资本预算决策会偏离最大化股票价值的目标。在讨论了考虑风险的必要性后,我们来进一步测度单个投资项目的风险。不过请注意,一个项目的现金流序列的风险程度可能而且常常随着时间的推移而发生变化。也就是说,一个时期与另一个时期的概率分布不一定相同。

这一观点可以用如图 14.2 所示的一个假设投资项目的概率分布形象地加以说明。该分布图与图 14.1 很相似,不过图 14.1 中的分布是离散的,而这里则是连续的。这意味着每个时期的现金流在某个区间内可以取任意值,而不是只能取该区间内的一些特定值。因此,图 14.2 中每个图都是一条连续的直线,而不像图 14.1 那样是一系列柱状图。与前

---

① 我们假设仅通过概率分布的期望值和标准差即可判断风险程度。也就是说,分布图形的形状并不重要。当分布图形是对称的或"钟形"时,这的确符合事实。但如果分布图形是向左或向右倾斜的,则管理层在判断风险程度时还必须考虑分布图形的这一特征。虽然在我们的分析中可能需要结合这种倾斜分布的测度,但该测度在数学上是比较困难的。简化起见,我们只考虑正态分布的期望值和标准差。

面一样,曲线开口越紧闭,顶部越尖,则风险越小。各分布的期望值已用水平虚线在图中标出。我们可以看到,现金流的期望值和概率分布的分散性都随时间而变化。在量化投资项目的风险时,我们必须把握这一因素。

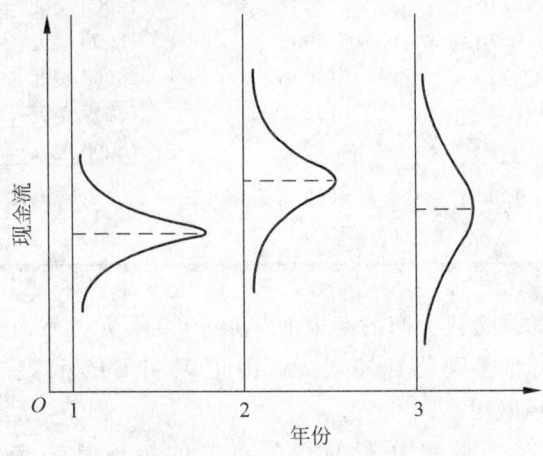

图14.2 现金流的概率分布随时间变化的情况

概率树法

分析整个投资项目的风险的一个有效方法是**概率树**(probability tree)法。概率树是用图形或列表的方式来组织投资项目所产生的现金流序列的方法。当某项目未来可能的现金流与前些期的结果有关时,可以用这种方法列明这些可能的现金流。这样就能分析与时期有关、随时间变化的现金流了。例如,如果某项目在第一期刚好有一个好(高)的现金流,则在接下来的一期也很有可能有好的现金流。然而,虽然一期发生的事情与下一期发生的事情之间经常有联系,但并非总是如此。如果各期之间的现金流是相互独立的,则只需独立地确定每期的现金流的概率分布。但是如果存在联系,就必须考虑这种相关性。

现在我们尝试用概率树来表示未来可能发生的事件。图14.3是一个两期项目的概率树,每个完整的分支代表一个可能的现金流结果。图中9个分支中的每一支上都列举了现金流和概率。从图中可以看到第一期的实际结果很好(位于500美元的一支),与第一期的实际结果很坏时(位于-100美元的一支),第二期可能的结果(800美元、500美元或200美元)。因此,概率树代表了我们在第0期对未来可能发生的情况的最好预测,这些预测将随前面(前期)发生的情况而调整。

对于第一期,现金流结果不会依赖于以前发生的事情。因此,与每个分支的初始部分相联系的概率被称为初始概率。然而,对于第二期,现金流结果将取决于前面发生的情况。因此,后续时期所涉及的概率被称为条件概率。最后,联合概率是指一个特定的现金流结果可能发生的概率。为了说明这个问题,再来看看上面的两期项目的例子。

假设我们正在评估图14.3所描述的投资项目。该项目需要初始现金流出量240美元。如果第一年的实际现金流是500美元,则第二年现金流入量为800美元的条件概率是40%,现金流入量为500美元的条件概率是40%,现金流入量为200美元的条件概率

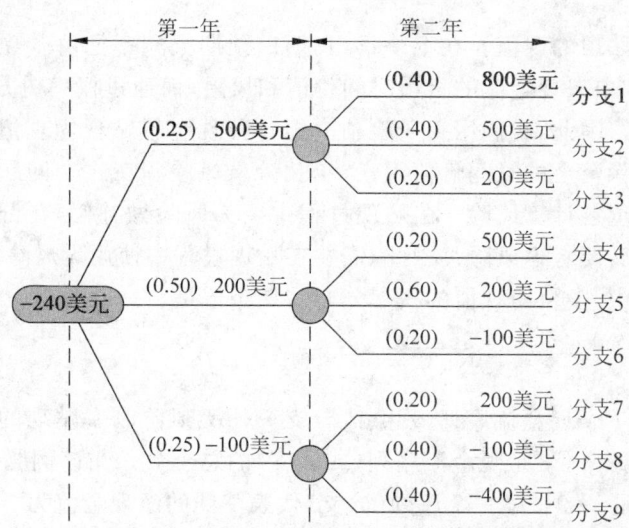

图14.3 图形方式的概率树,显示第二年的现金流如何与第一年的现金流相关:
例如,当第一年有好的现金流时第二年也很可能有好的现金流

是20%。第一年流入500美元,第二年流入800美元的联合概率(即图中标粗的分支1的概率)就是初始概率和条件概率之积,或0.25×0.40=**0.10**(见表14.1)。

同样,第一年流入500美元,第二年也流入500美元的联合概率是0.25×0.40=**0.10**;而现金流第一年为500美元,第二年为200美元的联合概率是0.25×0.20=**0.05**。如果第一年的实际现金流是200美元,则第二年的现金流为500美元的概率是0.20,为200美元的概率是0.60,为-100美元的概率是0.20。用同一种方法,我们还可以通过这些数据计算这三个分支的联合概率,它们分别为0.10、0.30和0.10。同样,第一年实际净现金流为-100美元时最后三个分支的联合概率也可以这样确定。

表14.1 概率树的列表形式*

第一年		第二年		联合概率 $P(1,2)$
初始概率 $P(1)$	净现金流/美元	条件概率 $P(2\|1)$	净现金流/美元	
		0.40	800	0.10
0.25	500	0.40	500	0.10
		0.20	200	0.05
		1.00		
		0.20	500	0.10
0.50	200	0.60	200	0.30
		0.20	-100	0.10
		1.00		
		0.20	200	0.05
0.25	-100	0.40	-100	0.10
		0.40	-400	0.10
1.00		1.00		1.00

* 第0期的初始投资为240美元。

用无风险利率贴现的现值　在上一章,我们用预期报酬率把每个项目的现金流贴现为净现值,以"调整"未来现金流的货币时间价值和风险,而通过概率树方法可以找出净现值的整个概率分布。因此,我们用无风险利率把各种现金流贴现为现值。使用该利率的原因是我们希望剔除资金的时间价值因素,单独分析风险。在这个问题中使用包含风险因素的贴现率导致重复计算风险:在贴现过程中要为风险做补偿,在分析随机净现值的概率分布的离差时又要考虑风险。因此,需要在贴现过程中使用无风险利率。

在上面的例题中,随机净现值的概率分布的期望值是

$$\overline{\text{NPV}} = \sum_{i=1}^{z}(\text{NPV}_i)(P_i) \qquad (14.3)$$

式中,NPV_i 是对第 i 个现金流序列(现金流分支 i)用无风险利率贴现的净现值;P_i 是该现金流序列的联合概率;z 是现金流序列(或分支)的总个数。在该例题中,有9个可能的净现金流序列,因而 $z=9$。第一个序列(分支)代表基期的净现金流为 −240 美元,第一年为 500 美元,第二年为 800 美元。该特定现金流结果的联合概率是 0.10。如果作为贴现率的无风险利率是 8%,则该特定序列的净现值为

$$\text{NPV}_1 = \frac{500\text{ 美元}}{(1+0.08)^1} + \frac{800\text{ 美元}}{(1+0.08)^2} - 240\text{ 美元} = \mathbf{909\text{ 美元}}$$

第二个现金流序列代表基期的净现金流是 −240 美元,第一年的净现金流是 500 美元,第二年也是 500 美元。该序列的净现值是

$$\text{NPV}_2 = \frac{500\text{ 美元}}{(1+0.08)^1} + \frac{500\text{ 美元}}{(1+0.08)^2} - 240\text{ 美元} = \mathbf{652\text{ 美元}}$$

用相同的方法可以确定其他7个现金流序列的净现值。把这些值都乘以其各自的联合概率(表 14.1 中最后一列)后加总,即可得到可能净现值概率分布的净现值的期望值(四舍五入到个位)。计算过程如表 14.2 所示,从表中可知净现值的期望值是 116 美元。

必须注意,一个正的净现值($\overline{\text{NPV}}$)期望值不能作为接受该项目的信号,因为我们还没有考虑风险程度。同样,净现值的期望值也并不代表接受该项目后企业的价值会增加。为了得到满足该目的的净现值,在贴现每期的预期现金流时应使用按风险调整的预期报酬率。

表 14.2　例题中净现值期望的计算过程

(1) 现金流序列	(2) 净现值(美元)	(3) 联合概率	(4) (2)×(3)
1	909	0.10	91
2	652	0.10	65
3	394	0.05	20
4	374	0.10	37
5	117	0.30	35
6	−141	0.10	−14
7	−161	0.05	−8
8	−418	0.10	−42
9	−676	0.10	−68

加权平均数 = 116 美元 = $\overline{\text{NPV}}$

计算标准差 随机净现金流的概率分布的标准差 σ_{NPV} 可以用下式计算

$$\sigma_{\text{NPV}} = \sqrt{\sum_{i=1}^{z}(\text{NPV}_i - \overline{\text{NPV}})^2(P_i)} \qquad (14.4)$$

式中变量与前面的定义一样。上述例题中的标准差为

$$\begin{aligned}\sigma_{\text{NPV}} = [&(909\text{ 美元}-116\text{ 美元})^2(0.10)+(-652\text{ 美元}-116\text{ 美元})^2(0.10)+\\&(394\text{ 美元}-116\text{ 美元})^2(0.05)+(374\text{ 美元}-116\text{ 美元})^2(0.10)+\\&(117\text{ 美元}-116\text{ 美元})^2(0.30)+(-141\text{ 美元}-116\text{ 美元})^2(0.10)+\\&(-161\text{ 美元}-116\text{ 美元})^2(0.05)+(-418\text{ 美元}-116\text{ 美元})^2(0.10)+\\&(-676\text{ 美元}-116\text{ 美元})^2(0.10)]^{0.5}=[197\,277\text{ 美元}]^{0.5}=\mathbf{444\text{ 美元}}\end{aligned}$$

四舍五入到个位后,项目净现值的期望值为 116 美元,标准差是 444 美元。虽然对于简单例子用算术方法计算标准差是可行的,但对于更复杂的情形则不太可行。这时,可以用模拟法求解标准差的近似值。

模拟法

在考虑风险投资时,也可以使用模拟法估算净现值的期望值、内部收益率的期望值或赢利指数的期望值,以及上述期望值的离差。所谓模拟,是指在接受某个投资方案前先测试其可能的结果。测试本身则是基于一个模型及相关概率信息。例如,利用戴维·赫茨(David Hertz)提出的模拟模型,在获取某项目的现金流序列信息时需考虑下列因素:[1]

市场分析

1. 市场规模
2. 销售价格
3. 市场增长率
4. 市场占有率(将决定实际销售量)

投资成本分析

5. 所需投资额
6. 设备的使用期
7. 投资的残值

营业成本和固定成本

8. 营业成本
9. 固定成本

这些因素都是具有概率分布的随机变量,而其概率分布则是管理层估计可能产出量(结果)的基础。因此,这些可能的结果与每个因素及其发生的概率都密切相关。确定了概率分布后,下一步就是计算由上述 9 个因素的一个随机组合决定的内部收益率(和按无风险利率计算的净现值)。

为了说明模拟过程,假设市场规模因素具有下列概率分布:

---

[1] David B. Hertz, "Risk Analysis in Capital Investment," *Harvard Business Review* 42 (January-February 1964), pp. 95-106.

市场规模/千美元	450	500	550	600	650	700	750
概率	0.05	0.10	0.20	0.30	0.20	0.10	0.05

现在假设我们有一个刻有100条凹槽的转盘,转盘上第1~5条凹槽代表市场规模是45万个单位,第6~15条代表市场规模是50万个单位,第16~35条代表市场规模是55万个单位,依此类推,直到第100条。与轮盘赌时一样,我们把转盘转起来,然后让球落在这100条已编号的凹槽中的任一条中。假设球落入的那条凹槽的编号是26,则对于这次试验模拟过程得到的市场规模是55万个单位。幸运的是,为了进行一次模拟,我们不需要做一个转盘,而是可以利用计算机以更有效率的方法完成同样的操作。

也可以对其他8个因素进行这样的模拟试验。然后,前4个因素(市场分析)共同决定每年的销售额,第8个和第9个因素决定每年的应用成本和固定成本。从而这6个因素共同决定每年的增量收入。当把这6个因素的试验值与该项目所需投资额、项目寿命期及投资残值3个因素结合起来后,就有充足的信息计算这次试验的内部收益率(或净现值)了。因此,先用计算机模拟上述9个因素中每个因素的试验值,然后以试验值为基础计算内部收益率。多次重复这一过程,每次都得到一组上述9个因素的试验值和这组试验值相对应的内部收益率。当该过程被重复足够多次数后,即可将内部收益率描成如图14.4所示的连续分布图。利用该分布图即可确定内部收益率的期望值及其分布的离差。

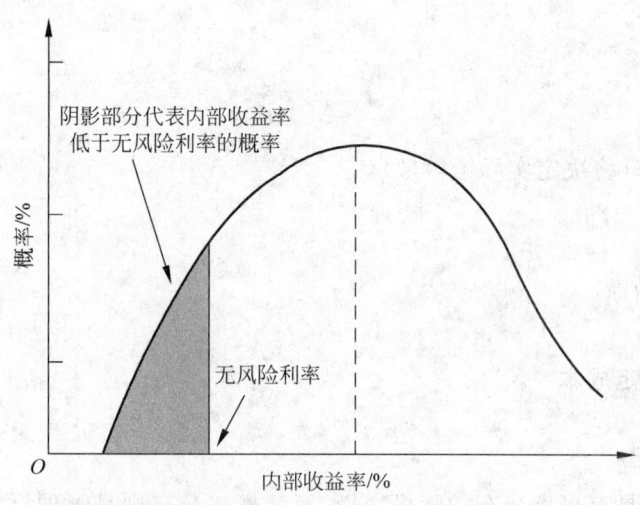

图14.4 内部收益率的概率分布

概率分布信息的运用

无论是通过概率树、模拟还是其他方式获取的,随机净现值(或内部收益率)的概率分布的期望值和标准差都给了我们用来评估投资方案的风险的充分信息。例如,如果净现值的概率分布近似为正态的,则我们可计算该项目产生的净现值小于(或大于)某个特定值的概率。该概率由概率分布曲线下某特定值左边(或右边)的面积决定。

从前面讨论的概率树的结果出发(但要假定是正态分布),假设我们希望确定净现值小于或等于 0 的概率。在确定该概率前,先确定 0 与该项目净现值的期望值 116 美元之间有多少个标准差。要得到这个值,先求出 0 和 116 美元之间的差值,然后用该差值除以随机净现值的标准差。其通用公式为

$$Z = \frac{NPV^* - \overline{NPV}}{\sigma_{NPV}} \qquad (14.5)$$

式中,$Z(Z$ 值)是指我们感兴趣的净现值 NPV^* 与净现值的期望值之间的标准差的个数;$\overline{NPV}$ 是净现值的期望值,σ_{NPV} 是概率分布的标准差。在这个例子中

$$Z = \frac{0 - 116 \text{ 美元}}{444 \text{ 美元}} = -\mathbf{0.26}$$

这个数字意味着净现值 0 位于净现值概率分布的期望值的左边 0.26 个标准差处(负的 Z 值暗示位于平均值的左边)。

为了确定项目净现值小于或等于 0 的概率,可以查阅书后附录 A 表 A5 中的正态概率分布表。我们发现该分布下某值在期望值左边且与期望值的距离大于 0.25 个标准差的概率是 0.4013,与期望值的距离大于 0.30 个标准差的概率是 0.3821。通过插值,我们发现该项目净现值小于或等于 0 的概率"大约"为 40%。因此该项目的净现值大于 0 的概率是 60%。通过把与期望值之差表示为标准差的个数,我们能够确定某投资项目的净现值大于或小于某个特定值的概率。[1]

解释 虽然通过前面的程序可以计算净现值小于某些特定值(如 0)的概率,但要解释这些结果则比较困难。这是因为现在计算的净现值是以无风险利率作为贴现率的,而不是使用项目的预期报酬率,关于这点我们在前面已经讨论过。因此,例如我们说净现值为负的概率是 40% 时,其真正含义是什么?

回答这个问题的关键是要认识到,当用无风险利率进行贴现时,项目净现值比 0 小的概率就等于项目内部收益率比无风险利率小的概率。[2] 如果我们把低于无风险利率的收益率视为机会损失,则净现值小于 0 的概率为 40% 就可以解释为如果接受该项目可能导致的机会损失——接受该项目赚取的收益率小于无风险利率的概率为 40%。或者说,企业通过投资于国库券而非投资该项目将获得更多收益的机会为 40%。然而,即使这样考虑了风险,即机会损失的可能性,我们仍没有一个明确的接受与否的信号。机会损失的可能性为 40% 时是否应拒绝该项目取决于管理层的主观决策。

概率分布比较 关于净现值(NPV)或内部收益率(IRR)的概率分布的知识在评估一些竞争性项目的风险时非常有用。假设企业正在考虑另一个投资方案,称为项目 Y。该项目的净现值的概率分布如图 14.5 所示。图中同时给出了我们称为项目 X 的概率树项

---

[1] 在上述例子中,我们假定概率分布符合正态分布。虽然该假定便于计算,但并非上述方法所必需的。即使概率分布不符合正态分布,通常也可利用"切比雪夫(Chebyshev)不等式"作出相对较强的概率说明。切比雪夫表达式可以给那些落在分布图尾部的值加一个上限。

[2] Frederick S. Hillier, "The Derivation of Probabilistic Information for the Evaluation of Risky Investments." *Management Science* 9(April 1963), p.450.

目的净现值的概率分布。如图所示,项目 Y 的净现值的期望值是 200 美元,比项目 X 的 116 美元大。而且,项目 Y 的概率分布的离差比项目 X 的概率分布的离差小。因此可以说从整个项目看,项目 Y 无论在收益还是在风险方面都优于项目 X。项目 Y 是否应被接受还取决于管理层对风险的容忍程度。我们将在下一章讨论这个问题,本章的中心是学习如何测度风险。

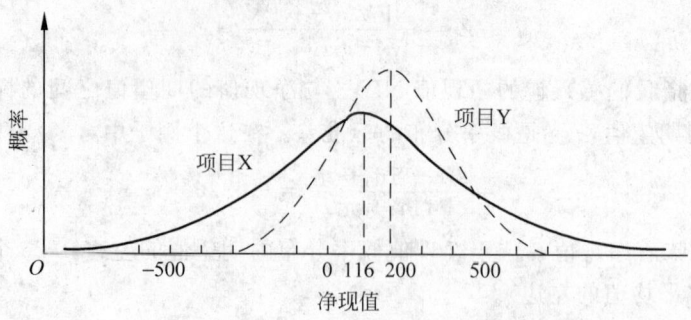

图 14.5　两个项目净现值的概率分布图

 ## 降低企业总风险的理论贡献:企业项目组合理论

上一节我们测度了单个独立的投资项目的风险。当涉及多个投资项目时,我们可能要研究其组合风险。此时,我们需要使用一套不同于单个项目的测度程序。这里所依据的理论与第 5 章讨论证券分析时用到的资产组合理论相似。但我们现在是把该理论应用于资本投资项目。这种理论的适用范围将在第 15 章讨论风险投资的接受标准时介绍,现在的目的仅是说明如何测度风险投资项目组合的风险,如果有必要进行该测度的话。

如果一个项目的未来现金流与那些已存在的资产密切相关,而另一个项目的未来现金流则与这些资产不太相关,则企业接受前一个项目所带来的企业总风险的增加将大于后一个项目。在这种情况下,企业可能希望寻求那些能够通过彼此组合在一起减小企业的相对风险的项目。

图 14.6 显示了两个项目的预期现金流随时间变化的模式。项目 A 的现金流随时间呈周期性变化,而项目 B 的现金流也随时间呈周期性变化,只是变化幅度小于项目 A,且

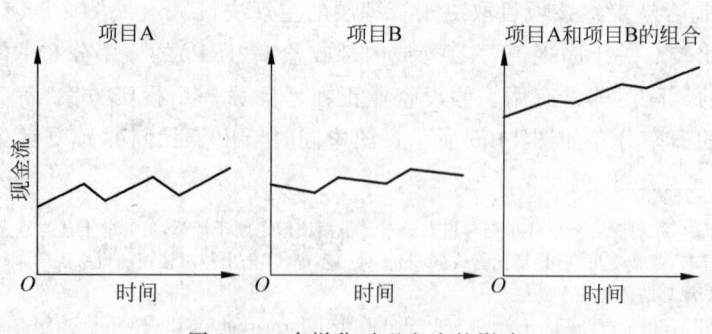

图 14.6　多样化对现金流的影响

变化方向与项目 A 完全相反。通过把这两个项目组合在一起,可以看到总现金流的离差减小了。通过项目组合来减少风险称为多样化,其原理与证券的多样化相同,都是在获得相同预期收益的情况下尽量减小标准差。

期望值和项目组合风险的测度

投资项目组合的净现值的期望值 $\overline{\text{NPV}_p}$ 不过是各单个项目净现值的期望值的加总(组合)。这些单个项目的净现值是用无风险利率贴现的。项目组合净现值的概率分布的标准差(σ_p)则不再仅仅是组成项目组合的单个项目标准差的加总,相反,项目组合的标准差应通过下式计算

$$\sigma_p = \sqrt{\sum_{j=1}^{m}\sum_{k=1}^{m}\sigma_{j,k}} \tag{14.6}$$

式中,m 是项目组合中项目的总数;$\sigma_{j,k}$ 是项目 j 和项目 k 的净现值的协方差(下面将给出一个例子来验证这个复杂的表达式)。

式(14.6)中的协方差可表述为

$$\sigma_{j,k} = r_{j,k}\sigma_j\sigma_k \tag{14.7}$$

式中,$r_{j,k}$ 是项目 j 和项目 k 可能净现值间的相关系数;σ_j 是项目 j 的标准差;σ_k 是项目 k 的标准差。项目 j 和项目 k 可能的净现值的概率分布的标准差的确定方法在前面曾经讨论过。式(14.7)中,当 $j=k$ 时,相关系数为 1,$\sigma_j\sigma_k$ 变成 σ_j^2(也就是说,项目 j 的净现值与它自己的协方差就是其方差)。

例题

为了说明上述概念,假设某公司有一个正在实施的投资项目 1,并且正在考虑投资另一个项目 2。进一步假定这两个项目具有如下的净现值的期望值、标准差和相关系数:

	净现值的期望值/美元	标准差/美元	相关系数
项目 1	12 000	14 000	1 和 2 之间 0.40
项目 2	8000	6000	

项目组合的净现值的期望值是两个单个净现值期望值之和。

$$\overline{\text{NPV}_p} = 12\,000 \text{ 美元} + 8000 \text{ 美元} = \mathbf{20\,000 \text{ 美元}}$$

可以利用式(14.6)和式(14.7)计算项目组合的标准差,过程为

$$\begin{aligned}\sigma_p &= \sqrt{\sum_{j=1}^{2}\sum_{k=1}^{2} r_{j,k}\sigma_j\sigma_k} \\ &= \sqrt{r_{1,1}\sigma_1^2 + 2(r_{1,2}\sigma_1\sigma_2) + r_{2,2}\sigma_2^2} \\ &= \sqrt{(1)(14\,000 \text{ 美元})^2 + (2)(0.40)(14\,000 \text{ 美元})(6000 \text{ 美元}) + (1)(6000 \text{ 美元})^2} \\ &= \mathbf{17\,297 \text{ 美元}}\end{aligned}$$

因此,通过接受项目 2,公司净现值的期望值从 1.2 万美元增加到了 2 万美元,净现值的方差则从 1.4 万美元增加到了 17 297 美元。在没有项目 2 时,公司的方差系数(净

现值的标准差除以净现值的期望值的比率)是 14 000 美元/12 000 美元＝**1.17**,而接受项目 2 后,公司的方差系数为：17 297 美元/20 000 美元＝**0.86**。如果我们用方差系数来衡量公司的相对风险,则可以认为,接受项目 2 能够降低公司的风险。

通过接受与现存项目的相关性相对较低的项目,可以使企业的经营多样化,从而降低企业的总风险。可以看到,在其他情况不变时,各项目可能的净现值之间的正相关程度越低,净现值的标准差越小。当然,当增加一个投资项目时相关系数是否会减少还取决于该项目净现值的期望值。

项目间的相关性

在式(14.7)中,任意两个项目的净现值之间的协方差不仅与这两个项目的标准差有关,而且与它们间的相关系数有关,因而需要预测两个项目可能的净现值的相关性。这些相关性是分析企业项目组合风险的关键因素。当预期项目与企业曾接受的项目相似时,可以利用历史数据计算**相关系数**(correlation coefficients)。对于其他投资项目,预测相关系数则只能建立在对未来的估计上。

对于一个关于电子测试设备的研发的投资项目与一个关于某新食品的研发的投资项目,管理层完全有理由相信它们之间只有很小的相关性。相反,如果生产工业起重机要使用一台铣床和一台转塔机床,则分别投资于铣床和转塔机床这两个项目将有较高的正相关性。某生产线中使用的一台机器的利润与整条生产线的利润之间则是密切相关的。

各投资项目的预期净现值之间的相关性可能是正值、负值也可能是零,具体取值取决于相关的性质。相关性为 1 表示两个项目的净现值总是以相同的比例同向变化。相关性为 －1 则表示两个项目的净现值以相同的比例反向变化。相关性为 0 则说明它们是独立的或互不相关的。对于绝大多数投资项目来说,它们之间的相关性通常在 0 和 1 之间。几乎不存在负相关的投资项目的原因在于绝大多数投资都与经济正相关,从而相互间正相关。

要想保证从式(14.6)中推导出的标准差与实际相符,预测相关系数时必须尽量保持客观。要求管理层对这些相关系数作出较为准确的预测并非不切实际的。当实际的相关性与预测的相关性不一致时,应当分析其原因,从而在预测其他项目时能够加以修正。

风险投资组合

现在我们已经得到了确定一个投资组合的净现值的概率分布的总期望值和标准差的步骤了。这里,我们把组合定义为包括企业所有现存投资项目,以及一个或多个正在考虑中的投资项目。然后假设企业有些现存投资项目,且这些项目能够产生未来现金流。因此,这些现存项目是未来潜在组合的一个子集。我们用字母 E 来代替这些现存项目。

进一步假设企业正在考虑四个相互独立的新项目。我们将这四个项目分别标为 1、2、3 和 4,则可能的风险投资组合为如下几种：

E	E+1	E+1+2	E+1+2+3	E+1+2+3+4
	E+2	E+1+3	E+1+2+4	
	E+3	E+1+4	E+1+3+4	
	E+4	E+2+3	E+2+3+4	
		E+2+4		
		E+3+4		

因此，可能的项目组合共有16种。其中一个组合拒绝了所有正在考虑的新项目，因而企业就只剩下其现存项目（组合E）了。这些项目组合的净现值的期望值、标准差和方差系数都可以用前面描述的方法计算得出，然后用图形将这些结果表示出来。

图14.7是这16种可能的项目组合的分布图。图中的纵轴表示净现值的期望值，横轴表示风险程度（标准差或方差系数）。每个点代表一种项目组合。这些点一起组成了企业可行投资机会组合的总集合。

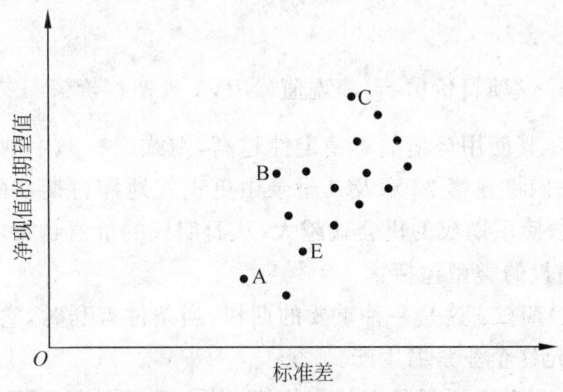

图14.7 可行项目组合的分布图

从图中可以看到，一些点会因为下列原因中的某一个而优于其他点：（1）在相同的风险水平上有更高的净现值期望值；（2）在相同的净现值期望值下有更低的风险水平；（3）既有更高的净现值期望值，又有更低的风险水平。这些较优的组合在图14.7中已具体地标了出来，如点A、B和C（点E代表所有现存项目的组合）。

尽管具体的选择过程要在第15章介绍，但从这里可以看到，最终选择的项目组合点将决定应接受哪个（些）新项目。如果选择点B代表的项目组合，则该项目组合由E加项目1和项目4组成，则投资项目1和项目4就应该被接受。而那些没有包括在最终选择的项目组合中的项目则应被拒绝。在这个例子中，项目2和项目3应被拒绝。如果最终选择的项目组合只包括现存项目（E），则所有正在考虑的新项目都应被拒绝。而选择任何除E以外的其他组合都意味着将接受更多的考虑中的新投资项目。

最终选择的项目组合所在的点与E点间在纵轴上的距离代表该投资决策所带来的增量净现值期望值，而在横轴上的距离则代表增量风险水平。这些增量净现值和增量风险水平可视为对整个企业净现值和风险水平的增量贡献。在第15章我们将探讨如何作出正确的决策以及这种方法的适用情形。本章的目的只是测度投资组合的风险并把该信息提供给管理层。

 ## 管理(实际)期权

迄今为止,我们始终假定一个资本预算项目的现金流在某种可预见的范围内发生,然后将其贴现为现值。但是,接受某些投资项目后,这些项目并非一定会具体固定下来。管理层能够而且经常作出会影响后面的现金流和/或项目寿命期的某种改变。盲目推崇传统的现金流贴现(DCF)方法常常导致忽视未来的管理灵活性。所谓管理灵活性是指在条件改变后,对旧决策加以相应改变的灵活性。

价值含义

管理期权(managerial options),又称**实际期权**(real options)的出现增加了一个投资项目的价值。一个项目的价值可以被视为用传统方法计算得出的净现值与一些期权的价值之和:

$$项目价值 = 净现值(NPV) + 期权价值 \qquad (14.8)$$

期权的数量越多,其使用环境的不稳定性越高,则式(14.8)中的第二项会越大,从而项目的价值越大。我们将在第 22 章及其附录中更正式地探讨期权的价值。本章则只要了解:不确定性越大,使用期权的机会就越大,从而期权的价值越大。

可应用的管理期权的类型包括:

1. 扩张(或紧缩)期权:这是一种重要的期权,当条件有利时,它允许企业扩大生产;当条件不利时,它则允许企业紧缩生产。

2. 放弃期权:如果某个项目具有放弃价值,则该期权是项目所有者的一种有效的固定选择。

3. 延迟期权:对某些项目具有等待以接受新信息的期权。

有时这些期权被非正式地视为判断项目价值的质量因素。人们往往用"如果发生某种情况,则我们将有机会做某事"这种语句来给出上述期权。

管理期权比金融期权更难估价:你会发现将第 22 章附录中金融期权的公式应用到管理期权上往往是无效的。对于管理期权,我们常常需要求助于精确性相对较低的方法如决策树(即决策问题的图形)和模拟法。

扩张(或紧缩)期权

对于某些项目,如建造一个制造厂,管理层往往拥有进行后续投资的期权。例如,Gummy 胶水公司正在评估一种新的、革命性的胶水。该公司可以建造一间每个月胶水生产能力为 2.5 万加仑的工厂。但该生产水平无论从生产的角度还是从市场的角度看都是不经济的。该项目的净现值预期为 −300 万美元。根据传统的现金流贴现方法分析,该项目应被拒绝。

然而,这种新胶水很可能有很好的前景。如果销售量出现巨额增长,则 Gummy 公司将在短期内(如两年)扩建这个新工厂。产量将因为这一扩建而增加到3倍,而工厂在较大的规模下也将更有效地运转。然而,只有选择开始第一期投资才有机会激发这种更高水平的需求。如果Gummy公司不进行初始投资,它将丧失企业战略家所谓的先发(即先进入市场)优势。

假设市场在两年后迅速扩大的概率为50%。如果市场确实扩大了,则第二年年末的第二期投资(扩张)的净现值将是1500万美元。按预期报酬率贴现后,这些净现值在第0期为1100万美元。如果在接下来的两年内市场衰退,则公司将不再投资,从而在第二年年末的增量净现值为0。可以通过如图14.8所示的决策树来说明这一问题。

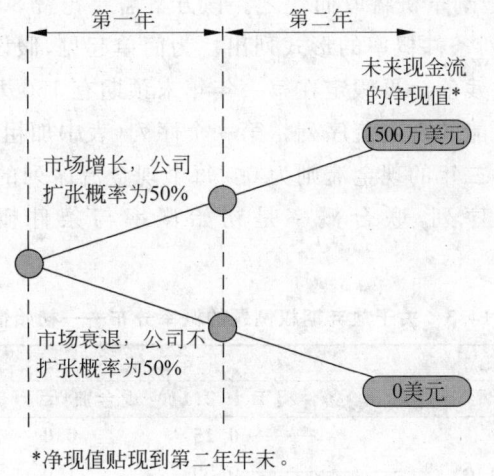

*净现值贴现到第二年年末。

图14.8　Gummy胶水公司决定是否扩大生产的决策树

与该期权相联系的净现值的均值为:(0.5)(11 000 000 美元)+(0.5)(0 美元)= **5 500 000 美元**。由式(14.8)可得该项目的价值为

$$项目价值 = -3\ 000\ 000\ 美元 + 5\ 500\ 000\ 美元$$

$$= 2\ 500\ 000\ 美元$$

虽然第一眼看上去该项目会产生一个负的净现值,但我们发现扩张期权的价值足以抵消这个负的净现值。正因为该项目拥有一个有价值的期权,所以应被接受。对这种类型的后续决策,决策树方法能够帮助我们分析后续的随机事件。

放弃期权

第二种期权是指在实施某个项目后又放弃该项目。这可能涉及出售该项目的资产或把这些资产应用到企业的其他领域。在上述两种情况下,都应当估计**放弃价值**(abandonment value)。不过某些特定的项目既无外部市场价值又无其他用途,对这些项目来说其放弃价值为0。

决定是否放弃某个项目的基本理论与资本预算中所使用的理论相同。只要某个项目不能为其继续使用提供正当的经济依据,就应将资金从该项目抽走。一般来说,当发生下面两种情况时,应放弃投资项目:(1)其放弃价值大于项目后续未来现金流的现值;(2)选择放弃该项目比未来某个时期放弃它更好。当有能力放弃项目时,投资项目的价值可以得到增强。因此,我们可以认为

$$项目的价值 = 没有放弃期权的净现值 + 放弃期权的价值 \quad (14.9)$$

认识到放弃期权可能会对项目选择产生很大的影响。

为了说明这一点,假设 Acme 拖拉机公司正在考虑建造一套新设备用于生产 Acme MulchmasterIII 型割草机。这种型号的机器将只能生产 1~2 年,因为正在设计中的 Acme MulchmasterIV 型割草机将取而代之。该方案需要花费 300 万美元,现金流及其概率在表 14.3 中以一系列条件概率的形式列出。为简单起见,假设第二年以后该方案预期不会产生任何现金流或残值。再假定在第一年年末预期有 150 万美元放弃价值。在这个两年讨论期内有 9 个可能的现金流序列。第一个序列(表中加粗的数据)代表第一年的现金流为 100 万美元。第二年的现金流则为 0。每个现金流序列的联合概率列在该表的最后一列。对于第一个序列,联合概率是初始概率与条件概率的乘积,或 0.25 × 0.25 = **0.0625**。

表 14.3 关于放弃期权例题的概率分布——初始情形[a]

第一年		第二年		联合概率 $P(1,2)$
初始概率 $P(1)$	现金流/百万美元	条件概率 $P(2\|1)$	现金流/百万美元	
		0.25	0.0	0.0625
0.25	**1.0**	0.50	1.0	0.1250
		0.25	2.0	0.0625
		1.00		
		0.25	1.0	0.1250
0.50	2.0	0.50	2.0	0.2500
		0.25	3.0	0.1250
		1.00		
		0.25	2.0	0.0625
0.25	3.0	0.50	3.0	0.1250
		0.25	3.5	0.0625
1.00		1.00		1.0000
放弃价值[b]	1.5			

a 第 0 期的初始投资是 300 万美元。
b 如果放弃该项目,在第一年年末将有 150 万美元的额外现金流入量。

假设预期报酬率为 10%,并且用该利率贴现,则能够确定在没有放弃期权时项目的预期净现值。[①] 计算预期净现值的步骤为:(1)计算每个可能的现金流序列的净现值;

---

① 在本章前面曾用到一种类似的概率树法。前面我们是用无风险利率对各种现金流进行贴现的。选择无风险利率的原因是想剔除货币的时间价值因素,从而单独分析风险程度。这里我们则用预期报酬率来贴现现金流,以同时"调整"未来现金流的时间价值和风险程度。

第 14 章 资本预算中的风险和管理(实际)期权

(2)把所得的净现值乘以该序列的(联合)概率;(3)把所有现金流序列按概率加权后的净现值加总。对于这个例题,其预期净现值为 445 246 美元。

但是,当允许在适当的时候放弃该项目时,结果会发生很大变化。根据前面的放弃理论,当该项目在第一年年末的放弃价值大于后续预期现金流按 10% 的利率贴现的现值时,Acme 拖拉机公司就会放弃该项目,因为现金流预期只有两期,所以不存在迟于第一年放弃该项目的可能性。因此,我们不需要进一步考虑是否在将来的某个时刻放弃该项目更有利。再看一下表 14.3,我们发现如果第一年的实际现金流是 100 万美元,则应该放弃该项目。原因是当第一年的实际现金流为 100 万美元时,第二年可能的现金流的期望值也是 100 万美元,即(0.25)(0 美元) + (0.5)(2 000 000 美元) = 1 000 000 美元。然后,当把这 100 万美元的期望值贴现到第一年年末时,现值仅为 909 091 美元,低于第一年年末的 150 万美元放弃价值。但是,如果第一年的实际现金流是 200 万美元或 300 万美元,则放弃就不合算了,因为两种情况下第二年可能的现金流的期望值贴现到第一年年末都高于 150 万美元。

当我们允许放弃时,必须对表 14.3 中所显示的项目现金流做些修正。修正的数据显示在表 14.4 中。当我们根据修正后的现金流信息重新计算该项目的预期净现值时,发现它变成了 579 544 美元。可以看到,相对于初始情形而言,预期的净现值有了明显的提高,这是因为如果在市场条件不利时可以放弃该项目,则可以消除初始情形下最差的现金流。

表 14.4 关于放弃期权例题的概率分布——修正后的情形[a]

第一年		第二年		联合概率 $P(1,2)$
初始概率 $P(1)$	现金流/百万美元	条件概率 $P(2\|1)$	现金流/百万美元	
0.25	2.5[b]	1.00	0.0	0.2500
		0.25	1.0	0.1250
0.50	2.0	0.50	2.0	0.2500
		0.25	3.0	0.1250
		1.00		
		0.25	2.0	0.0625
0.25	3.0	0.50	3.0	0.1250
		0.25	3.5	0.0625
1.00		1.00		1.0000

a 第 0 期的初始投资是 300 万美元。
b 如果第一年年末放弃该项目,则第一年的现金流将从 100 万美元增加到 250 万美元,这是因为加上了 150 万美元的放弃价值。同时,第二年的现金流也相应降低为 0。

项目可能的现金流的变化越大,放弃期权的价值就越大。与其他管理期权一样,放弃期权让企业在条件有利时受益,而当条件不利时则可以通过行使放弃期权来减轻损失。当这种期权的价值足够大时,认识到它的存在可以将拒绝某个项目的信号转变为接受该项目的信号。

除了用来评估新投资项目外,上述方法还可用来评估现存投资项目的可持续性,即决定是继续该项目好还是放弃它并将转移出来的资金用到其他地方好。因此,虽然某个项目仍然有利可图,但如果放弃价值足够大,则还是应当放弃它。在乐观的时期放弃一个投资项目的依据是,放弃价值的现值高于剩下的未来现金流的现值。通过估计项目的可持续性,企业可以排除那些在经济上不再可行的项目。

在本章第一节的讨论中,更大的不确定性被视为负面的。然而,在管理(实际)期权的情况下,更大的不确定性则被视为正面的。只要期权尚未被行使,灵活性就会使期权具有更大的价值。因此,本章我们对风险有两种截然不同的考虑,采用哪种观点取决于具体的情境。

延迟期权

对于某些投资项目存在一个等待的期权:即不必立即实施该项目。通过等待,企业能够获取关于市场、价格、成本以及其他方面的新信息。但是,等待意味着企业放弃早期的现金流,而且可能会失去先发优势。在进行关于新产品的决策时,管理层拥有选择推出该产品或推迟到将来再推出该产品的期权。如果现在推出这种新产品,则相对于等待来说,企业将较早实现现金流。但如果等待的话,企业可能能够以更有利的方式推出该产品。与其他管理期权一样,可能的结果的不确定性越大,延迟期权的价值越大。

然而,必须确保期权是在有效期内。因此为了收集最全面的信息而等待并非明智之举。因为到时候,其他人可能已经捷足先登,从而利润率将大幅下降。

结束语

我们这里所讨论的管理期权——扩张(或紧缩)、放弃、延迟,都有一个共同点,即由于它们都限制了不利的结果,所以未来的不确定性越大,这些期权的价值就越高。认识到管理的灵活性往往能改变是否接受某个项目的决策。如果期权的价值足够高,则按传统的现金流贴现分析法得出的项目应当被拒绝的决策可能转而变为可接受项目的决策。如果期权的价值足以抵消早期现金流的损失,则一项可接受的决策应变为延迟的决策。虽然用现金流贴现法确定的净现值是资本预算的一个适当的出发点,但考虑到管理期权,在许多情况下需要对该方法做些修正。

小结

- 投资项目的风险就是其实际现金流与预期现金流的差异性。
- 投资项目实际可能的结果可表示为随机现金流的概率分布。给定一个现金流的概率分布,即可用该分布的标准差来定量地测度风险。
- 衡量相对风险分布的标准是可变系数(CV)。在数学上,其定义是某一分布与预期价值分布的标准差之比。
- 评估风险投资的方法之一是直接分析项目可能的净现值的概率分布,这些可能的净现值是按无风险利率贴现的。概率树或模拟法也可用来预测净现值分布的期望值和标准差。管理层可以利用这些信息确定实际净现金流低于某一值(如0)的概率。
- 当用无风险利率来贴现净现值时,净现值低于0的概率与内部收益率低于无风险利率的概率相等。如果把收益率低于无风险利率的情况视为机会损失,则净现值低于0的概率实际上就是接受该项目可能引起机会损失的概率。

- 在运用企业项目组合理论进行风险评估时,可以通过分析投资项目对企业总风险水平的贡献来判断是接受还是拒绝。
- 通过分散投资于与现存资产的相关性不大的项目,企业可以减少可能净现值的概率分布的标准差与期望值的比值。在项目组合理论中,两个项目间的相关性是分析企业风险的关键因素。
- 在资本预算中管理期权也是需要考虑的重要因素。管理期权是指管理层改变已经作出的决策的灵活性。
- 投资项目的价值等于按传统方法计算的净现值与管理期权的价值之和。使用某项期权的不确定性越大,其价值越大。
- 管理期权包括扩张(或紧缩)期权、放弃期权和延迟期权。考虑这些期权有时能使一个拒绝的决策转变为接受的决策,或使一个接受的决策变为延迟的决策。

思考题

1. 为什么在资本预算中要考虑风险?为什么不能像在第13章一样仅用预期现金流来分析?
2. 标准差足以测度风险吗?你能想出一种更好的测度方法吗?
3. 你准备如何"标准化"一个概率分布的离差,以概括项目的风险?
4. 资本预算中可以通过分析可能的收益概率分布来判断风险。对于一个收益绝对确定的安全项目,你认为其分布图是什么形状的?对于一个风险非常高的项目呢?
5. 项目A的净现值的期望值是200美元、标准差是400美元;项目B的净现值的期望值是140美元、标准差是300美元。项目A的风险比项目B的风险高吗?为什么?
6. 用概率树进行项目风险分析时,什么是初始概率、条件概率和联合概率?
7. 在评估资本投资的风险时,为什么应该用无风险利率将现金流贴现为现值?
8. 使用模拟法评估资本投资项目的优点是什么?
9. 在分析投资项目组合的风险时,净现值间的相关性有何作用?
10. 从项目组合的意义上说,"优势"意味着什么?
11. 在项目组合理论下,如何判断某个项目是被接受了还是被拒绝了?
12. 管理期权是指什么?为什么它具有很高的重要性?
13. 一般来说,决定管理期权价值的因素是什么?
14. 列出各种类型的管理期权并说明其相互间的区别。

自测题

1. Naughty Pine Lumber公司正在考虑购买一把寿命期为两年的新锯。该锯的价格为3000美元,未来的税后现金流取决于市场对公司产品的需求。下表以概率树的形式给出了与这把锯有关的未来现金流的分布情况:

第一年		第二年		分支
初始概率 $P(1)$	现金流/美元	条件概率 $P(2\|1)$	现金流/美元	
		0.30	1000	1
0.40	1500	0.40	1500	2
		0.30	2000	3
		1.00		
		0.40	2000	4
0.60	2500	0.40	2500	5
		0.20	3000	6
1.00		1.00		

(1) 各个分支的联合概率分别是多少?

(2) 假设无风险利率为10%,则:①6个完全分支的净现值各是多少?②可能净现值的概率分布的期望值和标准差各是多少?

(3) 假设概率分布呈正态分布,则实际净现值小于0的概率是多少?这个概率值的意义是什么?

2. Zello Creamery 公司想开发一条生产布丁的新生产线。该生产线可能的净现值的概率分布的期望值和标准差分别为1.2万美元和9000美元。公司现有的生产线有冰激凌、松软白干酪和酸乳酪生产线。这些生产线的净现值的期望值和标准差为:

美元

	净现值的期望值	净现值的标准差 σ_{NPV}
冰激凌	16 000	8000
松软白干酪	20 000	7000
酸乳酪	10 000	4000

这些产品间的相关系数为:

	冰激凌	松软白干酪	酸乳酪	布丁
冰激凌	1.00			
松软白干酪	0.90	1.00		
酸乳酪	0.80	0.84	1.00	
布丁	0.40	0.20	0.30	1.00

(1) 计算由三种现有产品构成的组合的可能净现值概率分布的期望值和标准差。

(2) 计算现有产品加上布丁所构成的新产品组合的净现值的期望值和标准差。比较(1)和(2)中的结果。你认为应该接受布丁生产线项目吗?

3. Zydeco 企业正在考虑一个需要9万美元初始现金支出的特殊项目。该项目的寿命期为两年,两年后不会有预期残值或终值。税后现金流的可能增量及其相应的概率为:

第一年		第二年		分支
初始概率 $P(1)$	现金流/美元	条件概率 $P(2\|1)$	现金流/美元	
0.30	60 000	0.30	20 000	1
		0.50	30 000	2
		0.20	40 000	3
		1.00		
0.40	70 000	0.30	40 000	4
		0.40	50 000	5
		0.30	60 000	6
		1.00		
0.30	80 000	0.20	60 000	7
		0.50	70 000	8
		0.30	80 000	9
1.00		1.00		

该公司对这项投资的预期报酬率为8%。

（1）计算该项目的净现值的期望值。

（2）假设存在放弃的可能性，且在第一年年末放弃该项目的放弃价值是4.5万美元（税后）。对于该项目，在一年以后放弃是正确的决策吗？假设公司在适当的时候将放弃该项目，计算其新的净现值的期望值。将计算结果与（1）中的结果进行对比。这些信息对经理来说意味着什么？

复习题

1. George Gau公司面临两个互斥项目，这两个项目都是一年期的，所需初始现金支出也相同。两个项目第一年的净现金流入量的具体概率分布为：

项目 A		项目 B	
概率	现金流/美元	概率	现金流/美元
0.20	2000	0.10	2000
0.30	4000	0.40	4000
0.30	6000	0.40	6000
0.20	8000	0.10	8000
1.00		1.00	

（1）不计算均值和方差系数，你能为规避风险的管理层选出更好的项目吗？

（2）验证你的结论。

2. Smith，Jones & Nguyen公司正面临几个可能的投资项目。每个项目的所有现金流出都发生在基期。各项目的现金流出量、净现值的期望值和标准差见下表。所有项目都以无风险利率贴现，假设净现值的概率分布都是正态的。

美元

项目	成本	净现值的期望值	标准差
A	100 000	10 000	20 000
B	50 000	10 000	30 000
C	200 000	25 000	10 000
D	10 000	5000	10 000
E	500 000	75 000	75 000

（1）是否有些项目在期望值和标准差上都比其他项目差？是否有些项目在期望值和方差系数上都比其他项目差？

（2）对于每个项目，净现值低于0的概率各是多少？

3. 项目 X 可能的净现值的概率分布的期望值和标准差分别是 2 万美元和 1 万美元。假定这个概率分布呈正态分布，分别计算净现值小于或等于 0 的概率、大于 3 万美元的概率以及小于 5000 美元的概率。

4. Xonics 图像公司正在评估一项关于复制设备的新技术。该技术的使用期为 3 年，成本为 1000 美元，同时其对现金流的影响具有不确定性。管理层估计，该技术在第一年为公司节约 1000 美元成本的概率是 50%，根本不节约任何成本的概率也是 50%。如果第一年不能节约任何成本，则余下两年也不会节约任何成本。而且第二年还可能需要额外支出 300 美元以恢复原状，因为该技术有可能降低效率。如果这项新技术在第一年就"流产"的话，发生上述额外支出的概率是 40%。如果该技术在第一年成功了，则第二年的现金流为 1800 美元、1400 美元和 1000 美元的概率分别是 20%、60% 和 20%。第三年的现金流比第二年的现金流高 200 美元或低 200 美元的概率相同，都是 50%（当然，这些现金流仍基于第一年的现金流为 1000 美元这一事实）。

（1）以列表的形式建立一个概率树来描述上述情况可能的现金流的概率，包括初始概率、条件概率和联合概率。

（2）为每种可能的情况（即概率树 8 个分支中的任何一支）计算净现值，假设所使用的无风险利率为 5%。

（3）计算该项目的净现值和期望值。

（4）该项目的风险水平是多少？

5. Flotsam & Jetsam Wreckage 公司计划在三个可能的项目中选取两个进行投资。这些项目的现金流符合正态分布。各项目的净现值的期望值（按无风险利率贴现）和标准差为：

美元

	项目		
	1	2	3
净现值的期望值	10 000	8000	6000
标准差	4000	3000	4000

假设每两个项目间的相关系数如下，则哪个项目组合最优？

项目组合	相关系数
1和2	0.60
1和3	0.40
2和3	0.50

6. Plaza 公司正在考虑下面各种风险投资组合：

美元

组合	净现值的期望值	标准差
A	100 000	200 000
B	20 000	80 000
C	75 000	100 000
D	60 000	150 000
E	50 000	20 000
F	40 000	60 000
G	120 000	170 000
H	90 000	70 000
I	50 000	100 000
J	75 000	30 000

(1) 画出上述项目组合的分布图。

(2) 哪些组合优于其他组合？

7. Bertz 商业公司使用模拟法来评估投资项目。主要考虑三个因素：市场需求、单位价格与单位成本之差（税后），以及基期所需的投资额。这些因素被认为是相互独立的。在分析一种期限为1年、"吸引"顾客的新产品时，Bertz 公司预测的概率分布为：

市场需求		单价与单位成本之差（税后）		所需投资额	
概率	单位/件	概率	金额/美元	概率	金额/美元
0.15	26 000	0.30	6.00	0.30	160 000
0.20	27 000	0.40	6.50	0.40	165 000
0.30	28 000	0.30	7.00	0.30	170 000
0.20	29 000	1.00		1.00	
0.15	30 000				
1.00					

(1) 用一个随机数目表或其他随机过程来模拟20次或更多次试验以确定这三个因素的值，然后对每次试验计算这个一年期投资项目的内部收益率。

(2) 最可能的收益大约为多少？该项目的风险程度如何？

8. Bates Pet Motel 公司正在考虑开一家新的分店。如果新的分店要建一间办公室和100只宠物笼子，则需要10万美元的初始现金支出。在今后15年内每年能产生1.7万美元的净现金流，而15年后因为土地租约期满，该项目不会有任何残值。公司的预期报酬率为18%。如果实践证明该分店很成功，Bates Pet Motel 公司将在第四年年末再扩建100只宠物笼子。第二阶段的扩建需要2万美元的现金支出。因为增加了100只笼子，预期第5～15年的现金流每年将再增加1.7万美元。公司认为这家新分店很成功的概率为50%。

(1) 初始项目可以被接受吗？为什么？

(2) 扩张期权的价值是多少？在具有该期权的情况下，项目的总价值是多少？现在项目可以接受吗？为什么？

自测题答案

1. (1)

	分支						
	1	2	3	4	5	6	合计
联合概率	0.12	0.16	0.12	0.24	0.24	0.12	1.00

(2) 当无风险利率为10%时，①6个完全分支各自的净现值；②净现值概率分布的期望值和标准差如下（四舍五入）：

美元

基期	第一年	第二年	分支	净现值
		826	1	−810
	1364	1240	2	−396
		1653	3	17
−3000		1653	4	926
	2273	2066	5	1339
		2479	6	1752

$\overline{NPV}$ = 0.12(−810美元) + 0.16(−396美元) + 0.12(17美元) + 0.24(926美元) + 0.24(1339美元) + 0.12(1752美元) = **595美元**

σ_{NPV} = [0.12(−810美元−595美元)^2 + 0.16(−396美元−595美元)^2 + 0.12(17美元−595美元)^2 + 0.24(926美元−595美元)^2 + 0.24(1339美元−595美元)^2 + 0.12(1752美元−595美元)^2]$^{0.5}$ = **868美元**

(3) 把0与净现值的期望值之差用标准差"标准化"，得到 −595美元/868美元 = −0.685。查阅书后附录A中表A5，与−0.685相对应的概率大约是0.25。因此，净现值小于或等于0的概率大约为25%。

2. (1) 净现值的期望值 = 16 000美元 + 20 000美元 + 10 000美元 = **46 000美元**

标准差 = [(8000美元)^2 + (2)(0.9)(8000美元)(7000美元) + (2)(0.8)(8000美元)(4000美元) + (7000美元)^2 + (2)(0.84)(7000美元)(4000美元) + (4000美元)^2]$^{1/2}$ = [328 040 000]$^{0.5}$ 美元 = **18 112美元**

(2) 净现值的期望值 = 46 000 美元 + 12 000 美元 = **58 000 美元**

标准差 = [328 040 000 美元 + (9000 美元)^2 + (2)(0.4)(9000 美元)(8000 美元) +
 (2)(0.2)(9000 美元)(7000 美元) + (2)(0.3)(9000 美元)(4000 美元)]$^{1/2}$
 = [513 440 000]$^{0.5}$ 美元 = **22 659 美元**

现存项目的方差系数($\sigma/\overline{NPV}$) = 18 112 美元/46 000 美元 = 0.39。现存项目加上布丁项目后的方差系数 = 22 659 美元/58 000 美元 = 0.39。虽然布丁生产线比现存项目具有更高的方差系数(9000 美元/12 000 美元 = 0.75),从而表明其具有更高的风险,但由于该产品的生产线与现存生产线间的相关性非常低,使得所有产品(包括布丁)组合的方差系数仍与现存产品组合的方差系数相同。

3. (1)

美元

基期	第一年	第二年	分支	净现值
		20 000	1	−17 298
	60 000	30 000	2	−8724
		40 000	3	−151
		40 000	4	9108
−90 000	70 000	50 000	5	17 682
		60 000	6	26 255
		60 000	7	35 514
	80 000	70 000	8	44 088
		80 000	9	52 661

净现值的期望值 = (0.30)(0.30)(−17 298 美元) + (0.30)(0.50)(−8724 美元) + (0.30)(0.20)
 (−151 美元) + (0.40)(0.30)(9108 美元) + (0.40)(0.40)(17 682 美元) + (0.40)
 (0.30)(26 255 美元) + (0.30)(0.20)(35 514 美元) + (0.30)(0.50)(44 088 美元) +
 (0.30)(0.30)(52 661 美元) = **17 682 美元**

(2) 如果第一年的实际现金流为 6 万美元,则应该在第一年年末放弃该项目。原因是当第一年的现金流为 6 万美元时,第二年的现金流的期望值为 2.9 万美元,即(0.30)(20 000 美元) + (0.50)(30 000 美元) + (0.20)(40 000 美元) = 29 000 美元,贴现到第一年仅为 26 854 美元,小于第一年年末的放弃价值 4.5 万美元。但是,如果第一年的实际现金流是 7 万美元或 8 万美元,则放弃项目就不合算了,因为两种情况下第二年的可能的现金流的期望值贴现到第一年年末都将超过 4.5 万美元。

当考虑到放弃的情况时,原概率树中分支 1、2 和 3 应由一个分支代替,该分支在第一年有 10.5 万美元的现金流(6 万美元加上放弃价值 4.5 万美元),最后的净现值为 7230 美元。做了上述修正后,重新计算该项目的净现值的期望值:

(0.30)(7230 美元) + (0.40)(0.30)(9108 美元) + (0.40)(0.40)(17 682 美元) +
 (0.40)(0.30)(26 255 美元) + (0.30)(0.20)(35 514 美元) +
 (0.30)(0.50)(44 088 美元) + (0.30)(0.30)(52 661 美元) = **22 725 美元**

因此,在评估中考虑到放弃的可能性时,净现值的期望值会增加。放弃期权消除了部分使状况变糟的风险。

参考文献

Amram, Martha, and Nalin Kulatilaka. *Real Options: Strategic Investments in an Uncertain World*. Boston, MA: Harvard Business School Press, 1999.

Bailes, Jack C., and James F. Nielsen. "Using Decision Trees to Manage Capital Budgeting Risk." *Management Accounting Quarterly* 2(Winter 2001), 14-17.

Berger, Philip G., Eli Ofek, and Itzhak Swarg. "Investor Valuation of the Abandonment Option." *Journal of Financial Economics* 42(October 1996), 257-287.

Bey, Roger P. "Capital Budgeting Decisions When Cash Flows and Project Lives Are Stochastic and Dependent." *Journal of Financial Research* 6(Fall 1983), 175-187.

Black, Stanley. "Are 'Real Options' Actually Used in the Real World?" *The Engineering Economist* 52 (No. 3,2007),255-267.

Brennen, Michael J., and Eduardo S. Schwartz. "A New Approach to Evaluating Natural Resource Investments." *Midland Corporate Finance Journal* 3(Spring 1985), 37-47.

Butler, J. S., and Barry Schachter. "The Investment Decision: Estimation Risk and Risk Adjusted Discount Rates." *Financial Management* 18(Winter 1989), 13-22.

Copeland, Tom, and Vladimir Antikarov. *Real Options (Revised Edition): A Practitioner's Guide*. New York, NY: Texere, 2003.

Cromwell, Nancy O., and Charles W. Hodges. "Teaching Real Options in Corporate Finance." *Journal of Financial Education* 24(Spring 1998), 33-48.

Dixit, Avinash. "Entry and Exit Decisions Under Uncertainty." *Journal of Political Economy* 97(June 1989), 620-638.

____, and Robert S. Pindyck. "The Options Approach to Capital Investment." *Harvard Business Review* 73(May-June 1995), 105-115.

Hertz, David B. "Risk Analysis in Capital Investment." *Harvard Business Review* 42(January-February 1964), 95-106.

____. "Investment Policies That Pay Off." *Harvard Business Review* 46 (January-February 1968), 96-108.

Hillier, Frederick S. "The Derivation of Probabilistic Information for the Evaluation of Risky Investments." *Management Science* 9(April 1963), 443-457.

Ingersoll, Jonathan E., Jr., and Stephen A. Ross. "Waiting to Invest: Investment Under Uncertainty." *Journal of Business* 65(1992), 1-29.

Journal of Applied Corporate Finance 17(Spring 2005). Entire issue (12 articles) highlighting real options and corporate strategy.

Kulatilaka, Nalin, and Alan J. Marcus. "Project Valuation Under Uncertainty: When Does DCF Fail?" *Journal of Applied Corporate Finance* 5(Fall 1992), 92-100.

Kwan, Clarence C. Y., and Yufei Yuan. "Optimal Sequential Selection in Capital Budgeting: A Shortcut." *Financial Management* 17(Spring 1988), 54-59.

Luehrman, Timothy A. "Investment Opportunities as Real Options: Getting Started on the Numbers." *Harvard Business Review* 76(July-August 1998), 51-67.

Magee, J. F. "How to Use Decision Trees in Capital Investment." *Harvard Business Review* 42 (September-October 1964), 79-96.

Miller, Luke T., and Chan S. Park. "Decision Making Under Uncertainty: Real Options to the Rescue?" *The Engineering Economist* 47(No. 2, 2002), 105-150.

Mun, Johnathan. *Real Options Analysis: Tools and Tech-niques for Valuing Strategic Investments and Decisions*, 2nd ed. Hoboken, NJ: John Wiley & Sons, 2006.

Park, Chan S., and Hemantha S. B. Herath. "Exploiting Uncertainty-Investment Opportunities as Real Options: A New Way of Thinking in Engineering Economics."*The Engineering Economist* 45(No. 1, 2000), 1-36. Winner of the 2001 Eugene L. Grant Award for the best paper published in *The Engineering Economist* in 2000.

Robichek, Alexander A. "Interpreting the Results of Risk Analysis." *Journal of Finance* 30(December 1975), 1384-1386.

____, and James Van Horne. "Abandonment Value and Capital Budgeting." *Journal of Finance* 22 (December 1967), 557-589; Edward A. Dyl and Hugh W. Long, "Comment." *Journal of Finance* 24(March 1969), 88-95; and Robichek and Van Horne, "Reply," ibid., 96-97.

Ross, Stephen A. "Uses, Abuses, and Alternatives to the Net Present Value Rule." *Financial Management* 24(Autumn 1995), 96-101.

Shrieves, Ronald E., and John M. Wachowicz Jr. "A Utility Theoretic Basis for 'Generalized' Mean-Coefficient of Variation (MCV) Analysis." *Journal of Financial and Quantitative Analysis* 16 (December 1981), 671-683.

Special Issue -Parts I, II, and III: "Real Options: Strategic Planning Under Uncertainty." *The Engineering Economist* 47(Nos. 2, 3, and 4, 2002). Three issues featuring a total of 12 articles related to "Real Options."

Triantis, Alex, and Adam Borison. "Real Options: State of the Practice." *Journal of Applied Corporate Finance* 14(Summer 2001), 8-24.

Trigeorgis, Lenos. "Real Options and Interactions with Financial Flexibility." *Financial Management* 22 (Autumn 1993), 202-224.

____ "Making Use of Real Options Simple: An Overview and Applications in Flexible/Modular Decision Making."*The Engineering Economist* 50 (January-March 2005),25-53.

____, and Scott P. Mason. "Valuing Managerial Flexibiliy." *Midland Corporate Finance Journal* 5 (Spring 1987), 14-21.

Van Horne, James. "Capital-Budgeting Decisions Involving Combinations of Risky Investments." *Management Science* 13(October 1966),84-92.

____. "The Analysis of Uncertainty Resolution in Capital Budgeting for New Products." *Management Science* 15 (April 1969), 376-386.

____. "Capital Budgeting Under Conditions of Uncertainty as to Project Life." *The Engineering Economist* 17(Spring 1972), 189-199.

____. "Variation of Project Life as a Means of Adjusting for Risk." *The Engineering Economist* 21 (Summer 1976), 151-158.

Wachowicz, John M., Jr., and Ronald E. Shrieves. "An Argument for 'Generalized' Mean-Coefficient of Variation Analysis." *Financial Management* 9(Winter 1980),51-58.

Part V of the text's website, *Wachowicz's Web World*, contains links to many finance websites and online articles related to topics covered in this chapter. (http://web.utk.edu/~jwachowi/part5.html)

第 6 部分
资本成本、资本结构和股利政策

第 15 章　预期报酬率和资本成本

第 16 章　经营杠杆和财务杠杆

第 17 章　资本结构决策

第 18 章　股利政策

财务管理基础
Fundamentals of Financial Management

第 15 章

预期报酬率和资本成本

内容提要

- 价值的创造
  行业吸引力・竞争优势
- 企业的综合资本成本
  债务成本・优先股成本・权益成本：股利贴现模型法・权益成本：资本—资产定价模型・权益成本：税前债务成本加风险溢价法・资本的加权平均成本・限制因素・加权平均成本的理论基础・经济价值增值
- 资本—资产定价模型：具体的项目和项目组的预期报酬率
  项目选择中运用资本—资产定价模型方法・按组确定的预期报酬率・限制条件・给各项目组分配债务资金
- 根据总风险评估项目
  风险调整贴现率法・概率分布法・对企业总风险的贡献：企业投资组合法・概念的含义
- 小结
- 附录15A：根据财务杠杆调整贝塔系数
- 附录15B：调整现值
- 思考题
- 自测题
- 复习题
- 自测题答案
- 参考文献

学习目的

完成本章学习后,您将能够：

- 解释企业如何创造价值,并识别价值创造的关键来源。
- 定义企业的综合"资本成本"。
- 计算企业综合资本成本各组成部分的成本：债务成本、优先股成本、权益成本。
- 解释并利用各种模型确定权益成本,包括股利贴现法、资本—资产定价模型(CAPM)法以及税前债务成本加风险溢价法。
- 计算企业资本的加权平均成本(WACC),并理解其基本原理、用途和局限性。
- 解释经济价值增值(EVA)概念与价值创造和企业的资本成本有何关联。
- 理解资本—资产定价模型在计算项目和项目组的预期报酬率中的作用。

推测很便宜,但推测错误的代价却很高昂。

——中国谚语

在讨论了资本预算编制的风险后,我们需要考虑风险如何影响对企业的估价。风险对价值的影响是通过金融市场期望公司为债券、权益和其他金融工具提供的收益反映出来的。通常,风险越高,金融市场对资本的收益的期望也越高。因此,联系资本投资和企业估价的纽带是确定一个资本项目是否应被接受的预期报酬率。

资本投资项目的接受标准可能是融资中最困难、最有争议的问题。我们知道,理论上一个项目可接受的最低收益率应当使公司普通股市价保持不变。难就难在实践中如何确定收益率。由于预测资本投资决策对股票价格的影响并非一门精确的科学(有人称之为一门艺术),因此对合适的预期报酬率的估计也是不精确的。我们不是要绕开这个问题,而是要面对它,对它进行分析,并提出一个测度预期报酬率的一般框架。所根据的道理非常简单,我们试图将资本投资项目与具有相同风险的金融市场投资项目相联系,以确定前者的机会成本。

价值的创造

如果一个项目的收益超过了金融市场所要求的收益,则称其取得了超额收益。我们将这种超额收益定义为价值的创造。简而言之,项目所获得的超过了它的经济需要。发现并实施这些创造价值(正的净现值)的项目将提高公司普通股的价格。

价值创造有很多来源,但最重要的可能是行业吸引力和竞争优势。这两个来源是能使项目产生正的净现值的因素,即提供超过金融市场所要求的期望收益的因素。

行业吸引力

有利的行业特点包括:处于产品生命周期的增长阶段,对竞争性进入的壁垒以及其他保护性措施,如专利、临时的垄断权和/或能让几乎所有竞争者都获利的寡头定价。简而言之,行业吸引力与一个行业在价值创造型投资机会中所处的相对位置有关。

竞争优势

竞争优势涉及公司在行业中的相对位置。如果公司涉足多个领域,则需要在各个行业中判断其竞争优势。竞争优势的来源有几个方面:成本优势、营销和价格优势、明显的质量优势及卓越的组织能力(公司文化)。竞争优势会被竞争侵蚀,例如,相对的成本、质量或营销优势如果非常明显,则很容易受到攻击。一家成功的公司必定是不断识别和挖掘可获得超额收益机会的公司。只有通过一系列短期优势才能维持总体的优势。

因此,行业吸引力和竞争优势是价值创造的主要来源。这些优势越大,公司越有可能获得超过金融市场对相应风险所要求的期望收益的收益。这些概念见图15.1。

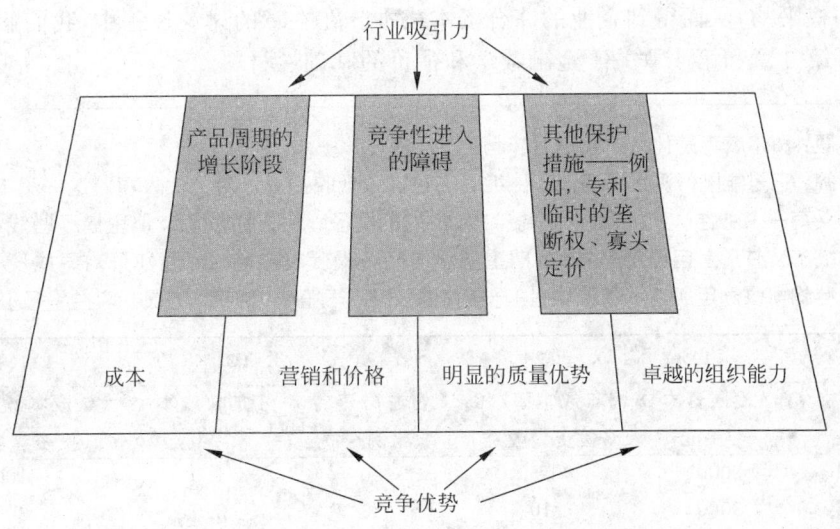

图 15.1 价值创造的关键因素

 ## 企业的综合资本成本

可以将一家公司看成是许多项目的集合。因此,用综合**资本成本**(cost of capital)作为投资决策的接受标准(最低可接受的收益率)只有在某些情况下才是适当的,即企业现有项目的风险相似,且正在考虑中的投资计划的性质相同。如果投资计划彼此间的风险差别很大,则公司作为一个整体就不适宜将预期报酬率作为唯一的接受标准。当然,使用企业综合预期报酬率的好处在于其简单性。计算出企业综合预期报酬率后,即可用一个单一比率来评估项目;除非其所基于的商业和金融市场情况发生变化,该比率都不会发生变化。采用单一的最低可接受收益率,避免了为每个投资计划项目计算单独的预期报酬率。然而必须注意,如果将企业的综合预期报酬率作为接受标准,项目通常应满足前述条件。否则,就应当为每个项目确定一个单独的接受标准,而这是我们将在本章后半部分要讨论的内容。

企业的综合资本成本是企业融资各组成部分成本的加权平均。**权益资本成本**(cost of equity capital)最难测量,它将是我们探讨的主要问题。我们还将考虑企业融资组成部分的**债务成本**(costs of debt)和**优先股成本**(costs of preferred stock)。我们将依靠收益(回报)计算来确定成本数值,因为"成本"和"收益"实际上是同一个问题的两个方面。[①]我们始终关心的将是某个特定融资来源的边际成本。采用边际成本的原因来自这样一个事实,即使用投资成本来决定是否投资新项目。过去的融资成本与该决策无关。所有的成本都将表示为税后的形式,这与投资项目的现金流按税后形式表达相一致。确定了各类融资来源的显性成本后,我们将给每种来源分配一个权重。最后,我们计算融资各组成

---

① 例如,如果我们给你 10 美元,在你得到 10 美元收益的同时,我们付出了 10 美元的成本。

成本的加权平均,从而得到企业的综合资本成本。在本章的讨论过程中,我们假定读者已经读过了第3章和第4章关于金融数学和估价的基础性材料。

> **问题**:资本成本是什么?真是这样吗?
>
> **回答**:它是能刚好满足所有资本供给者的企业预期收益率。为了让大家对这一资本成本的真正含义有一个感性认识,来看一个简单的、个人的例子。假设你从朋友那里借了些钱(按两种不同的成本),并加上自己的一些钱,期望能获得某一最低收益率。然后你开始寻找投资机会。你能获得的可以满足所有资本提供者的预期报酬(如下表第2列所示)的最低收益是多少?
>
> | 资本提供者 | (1)
投入资本
/美元 | (2)
年成本率/%
(投资者收益) | (3)
占总融资的
比例/% | (2)×(3)
加权成本
/% | (1)×(2)
年成本额/美元
(投资者收益) |
> |---|---|---|---|---|---|
> | Bubba | 2000 | 5 | 20 | 1.0 | 100 |
> | Dolly | 3000 | 10 | 30 | 3.0 | 300 |
> | 你自己 | 5000 | 15 | 50 | 7.5 | 750 |
> | | 10 000 | | 100 | 11.5 | 1150 |
>
> 假设你的"企业"对投资的1万美元资本获得的年收益率是11.5%(所用资本的加权平均成本),因此,所带来的1150美元刚好满足所有资本提供者的收益要求。现在,分别用"负债"、"优先股"和"普通股"代替"Bubba"、"Dolly"和"你自己"(没错,我们还需要考虑税收问题,但现在假定暂时不考虑税收问题)。代入了这些新的术语后,你应该可以理解我们要讨论的企业的预期报酬率(资本成本)刚好能满足所有资本提供者的要求。

债务成本

企业的负债有很多种,而我们关注的只是非季节性的具有显性利息成本的债务。我们将忽略应付账款、应计费用及其他没有显性成本的债务。大多数时候,我们所关注的是长期债务。但是,连续的短期负债,如应收账款担保贷款也在我们考虑之列(但不包括为满足季节性存货需求而借入的银行贷款)。假设企业在项目融资中采用**对冲法**(hedging approach),又称**到期日配比法**(maturity matching approach),即企业通常会用实际上属于长期的融资方式为收益可持续多年的资本项目融资。

债务的显性成本可以通过下列方法得出:令债务发行的市价等于利息和本金支付的现值,解出贴现率 k_d,然后将所得的显性成本进行利息支付抵税方面的调整。贴现率 k_d,即所谓的到期收益率是利用下面的公式求解的

$$P_0 = \sum_{t=1}^{n} \frac{I_t + P_t}{(1+k_d)^t} \tag{15.1}$$

式中,P_0 是债务发行的现行市价;$\sum$ 表示从第1期到最后一期(第 n 期)的加总;I_t 是第 t 期的利息支付;P_t 是第 t 期的本金支付。如果本金只在最后到期日才支付,则将只有 P_n。通过求解 k_d,即令债务资本提供者的现金流现值与新债发行的现行市价相等的贴现率,可得到公司贷款人的预期报酬率。贷款人的预期报酬可视为发行公司的税前债务成

本[由于我们在第4章曾讨论过债务的到期收益率(YTM),你应该很熟悉这里所做的绝大部分分析]。

我们用k_i表示税后债务成本,可以通过下式估计求解

$$k_i = k_d(1-t) \tag{15.2}$$

式中,k_d含义同上,而t则定义为公司的边际税率。由于发行者的利息支付可以在税前扣除,因此债务的税后成本将大大低于税前成本。如果式(15.1)中的税前成本k_d为11%,边际税率(联邦和州)为40%,则税后债务成本为

$$k_i = 11.00(1-0.40) = 6.60\%$$

应当注意,本例中6.60%的税后成本代表新增负债的边际或增量成本,而不代表已取得的债务资金的成本。

税后债务成本计算所隐含的假设是企业有应纳税收入,否则,企业将无法享受利息支付在税收方面的好处。无应纳税收入的企业的债务显性成本就是税前成本k_d。

优先股成本

优先股成本与其设定股利有关。与我们将在第20章讨论的那样,该股利并非企业的合同义务,而是由企业的董事会决定是否支付。因此与债务不同,它不会造成在法律上破产的风险。但是,对企业的普通股股东来说,与他们所持有的普通股相比,优先股享有股利支付上的优先权以及企业清算资产分配上的优先权。绝大多数发行优先股的公司都是有充分准备支付设定股利的。这种股票的市场要求收益,或者说优先股的收益,就是我们对优先股成本的估计。因为优先股没有到期日,其成本可以表示为

$$k_p = D_p/P_0 \tag{15.3}$$

式中,D_p是设定的每年支付的股利;P_0是优先股的现行市价。[①] 如果某家公司能按现行市价每股49美元出售股利率为10%的优先股(面值为50美元),则该优先股的成本是:5美元/49美元=10.20%。请注意,该成本并不进行税收调整,因为在式(15.3)中使用的优先股已经是税后值(优先股在税后支付),因此优先股的显性成本高于负债的显性成本。

但是,优先股对公司的投资者有一个很有吸引力的特点。美国税法规定,通常一家公司从另一家公司所获股利的70%可免交联邦所得税。这一对需求方的吸引力通常会导致优先股的收益略微低于同一家公司发行的债券。因此,一般来说,只有比较税后数值时,债务融资对发行企业才更有吸引力。

权益成本:股利贴现模型法

注意:

权益资本成本显然是最难度量的成本。权益资本既可通过留存收益在内部筹集,也

---

① 实际上所有的优先股发行都具有早偿特征(允许公司强行收回的条款)。如果发行人期望在某一特定日期收回优先股,我们可以对求解债务收益的式(15.1)进行修正,以求解将被收回的优先股的收益(成本)。在式(15.1)中,用各期的优先股股利代替各期的利息支付,并用回购价格代替最后到期日(回购日)的本金支付,使所有股利支付和优先股价格相等的贴现率就是优先股的成本。

可通过出售普通股股票在外部筹集。理论上,上述两种融资形式的成本都可被视为企业为保持其普通股的市场价格不变而必须在某投资项目中就权益融资部分赚取的最低收益率。如果企业所投资的项目的期望收益率低于预期收益率,则企业股票的市场价格在长期内必将受损。

在第4章所介绍的股利贴现模型下,权益资本成本k_e可被视为使边际投资者所期望的未来每股股利总额的现值等于每股现行市场价格的贴现率。回顾第4章中

$$P_0 = \frac{D_1}{(1+k_e)^1} + \frac{D_2}{(1+k_e)^2} + \cdots + \frac{D_\infty}{(1+k_e)^\infty} \quad (15.4)$$

$$= \sum_{t=1}^{\infty} \frac{D_t}{(1+k_e)^t}$$

式中,P_0是0时点的每股市价;D_t是预期第t期期末支付的每股股利;k_e是适当的贴现率;$\sum$表示将贴现后的未来股利从第1期一直加到用∞表示的无穷大期。

估计未来股利 如果我们准确地估计了市场期望的未来各期股利,要求解使这些现金流与股票的现行市价相等的贴现率将很容易。由于期望的未来股利是无法直接观察的,因此必须对它们进行估计。这里存在的困难主要是估计权益资本成本。如果已知过去呈相对稳定的增长,则可预测该趋势会持续下去。但我们必须用现行市场情况修正预测。通过阅读金融报刊上对相关公司的各类分析,可以得到有关这些市场情况的信息。

例如,如果预期股利在可预见的未来会按8%的年增长率增长,则可以用第4章介绍的固定增长来确定预期报酬率。如果第一年预期股利为每股2美元,每股现行市价为27美元,可得

$$k_e = (D_1/P_0) + g \quad (15.5)$$
$$= (2\text{美元}/27\text{美元}) + 0.08 = 15.4\%$$

这个比率可用于估计企业权益资本的预期报酬率。式(15.5)的关键因素是准确测量边际投资者心目中每股股利的固定增长率g。

增长阶段 如果预期股利的增长在未来将减弱,则固定增长模型将不再成立。正如第4章所指出的,这时需要修正式(15.4)。通常股利增长是从高于正常水平的增长率变为被视为正常的增长率。如果预期股利在5年内将始终以15%的增长率增长,随后5年每年的增长率为10%,然后以5%的增长率增长,则有

$$P_0 = \sum_{t=1}^{5} \frac{D_0(1.15)^t}{(1+k_e)^t} + \sum_{t=6}^{10} \frac{D_5(1.10)^{t-5}}{(1+k_e)^t} + \sum_{t=11}^{\infty} \frac{D_{10}(1.05)^{t-10}}{(1+k_e)^t} \quad (15.6)$$

我们发现,目前的股利D_0是未来股利预期增长的基础。通过求解k_e,即可得到权益资本成本。我们将使用第4章介绍的方法求解k_e。例如,如果目前的股利D_0是2美元,目前的每股市价P_0是70美元,式(15.6)中的k_e将为10.42%。对于其他形式的未来增长,可以很容易地通过修正式(15.4)来处理各种具体情况。

当然,将增长阶段分解得越细,增长方式就越接近于一种曲线关系。通过第4章的学习,我们知道如何确定式(15.6)中最后一个增长阶段的现值。这最后一个阶段不过是在高于正常水平增长后的一个固定增长模型。

权益成本：资本—资产定价模型

我们可以不必通过估计企业的未来股利流来求解权益资本成本，而是通过估计企业普通股的预期报酬率来直接求解。从第5章对资本—资产定价模型（CAPM）的讨论中，我们知道该模型认为每股普通股的预期报酬率 R_j 为

$$R_j = R_f + (\bar{R}_m - R_f)\beta_j \tag{15.7}$$

式中，R_f 是无风险利率；$\bar{R}_m$ 是市场证券组合的期望收益；β_j 是第 j 种股票的贝塔系数。由第5章可知，由于市场对系统风险的厌恶，股票的贝塔值越大，其期望报酬率也越高。这种风险—收益关系表现在式(15.7)中。这也是所谓的证券市场线（见第5章图5.6）。它的意思是，当市场均衡时，证券价格在预期报酬率和用贝塔衡量的系统风险间存在一种线性权衡关系。

贝塔 贝塔用来测量某种证券的超额收益（超过无风险利率的部分）对市场组合的超额收益的反应，市场组合常用某些反映面很广的指数，如标准普尔500指数来替代。如果证券的收益与市场组合的收益间的历史关系可以较好地反映其未来的关系，则可以用过去的收益数据来计算某个股票的贝塔值。该分析参见第5章，其中我们用特征线来表示某个股票的超额收益与市场指数的超额间的关系。贝塔被定义为该直线的斜率。价值线投资调查、标准普尔股票报告和路透社（www.reuters.com/finance/stocks）等服务机构提供了大量有关上市交易股票的贝塔历史信息，从而使我们不必直接计算贝塔值。这些服务机构让我们可以很容易获得某个股票的贝塔值，因此大大方便了权益资本成本的计算。

如果认为过去能很好地代表未来，就可以用式(15.7)来计算某家公司的权益资本成本。为便于说明，假设根据过去5年的每月超额收益数据，Schlosky油漆公司的贝塔值是1.2。该贝塔值反映了公司股票的超额收益与市场超额收益相比以较大的幅度波动（如贝塔值为1.00，则表明该股票的超额收益与市场组合的超额收益呈正比例变动）。因此，该公司的股票与整个市场相比具有更多的不可避免的风险或系统风险。管理层认为这一过去的关系在未来可能仍成立。此外，假设股票市场的收益率大约为13%，无风险利率预期为8%。

这就是我们计算Schlosky油漆公司权益资本的预期报酬率的所有信息。根据式(15.7)，权益资本的成本为

$$R_j = 0.08 + (0.13 - 0.08)(1.20) = 14\%$$

因此，估计Schlosky油漆公司的预期报酬率大约为14%。本质上，我们说这就是投资者期望该公司权益所能获取的收益率。

无风险利率和市场收益率 除了贝塔值以外，在式(15.7)中用作无风险利率和市场期望收益的数据应是对未来可能的最好估计。无风险利率估计是存在争议的，争议的不是关于应使用的证券收益的类别，而是证券的相关到期日。大多数人都同意在估计"无风险"收益时，由美国政府的诚信作为担保的政府债券是适当的选择，但选择合适的到期日则不同。由于资本—资产定价模型是单期模型，有人认为应采用短期利率，如3个月期的政府短期债券的利率；另一些人则认为由于资本投资项目是长期性质的，因此应使用长

期政府债券利率；还有些人（包括笔者在内）认为采用中期政府债券利率更合适，如3年期政府债券的利率。这是对这个问题较为折中的解决办法。对于向上倾斜的收益曲线（收益和到期日间的图形关系）来说，到期日越长，无风险利率越高。

对于股票市场组合的期望收益，正如标准普尔500指数通常描述的那样，我们可以采用证券分析师、经济学家及其他一些定期对这些收益进行预测的人的一致估计值。高盛、美林和其他投资银行也进行这类预测，通常是每月一次。这些估计值是针对即将获得的年收益率的。近年来市场组合的期望收益超过无风险证券收益率5％～8％不等。换句话说，"即将到手的"或"市场必然风险溢价"的浮动范围是5％～8％。这不是在某段持有时间内实际实现的风险溢价，而是投资无风险政府债券以外的债券组合的预期风险溢价。由于期望通货膨胀率、利率和社会投资者的风险厌恶程度的变化，期望市场收益也随时间而变化。因此，前面所计算的数字14％只是对权益在某个特定时刻的估计。

如果策略准确而且关于完全资本市场的假设成立，[①]用该模型确定的权益成本与股利贴现模型将是相同的。后一模型的估计就是使用期望未来各期股利的现值与股票现行市价相等的贴现率。讲到这里，大家已经很清楚，我们只能得到一个近似的权益资本成本。我们相信上述方法提供的近似值的准确程度由于情况不同也会有差异。如果一家大公司的股票在纽约证交所中很活跃地交易，而且其系统风险与整个市场的风险很接近，则与一家中等规模、股票在柜台交易并且系统风险很高的公司相比，其估计值应当更令人有信心。我们必须接受测量过程存在不精确性这一事实并尽量使其精确。

权益成本：税前债务成本加风险溢价法

有些人不是用上述复杂的方法来估计权益资本的预期报酬率，而是用一种相对较为简单、准确性较差但更快的方法。该方法下，公司的税前成本构成了企业权益成本估计的基础。企业的税前债务成本将比无风险利率多一个风险溢价。企业的风险越高，该溢价就越高，企业为借款需支付的利息也就越高。这种关系见图15.2。从横轴上可见，企业债务显示为具有系统风险 β_d。相应地，其预期报酬率为 k_d，高于无风险利率 R_f。

除了风险溢价外，公司的普通股还必须提供高于本公司债务的期望收益。原因是其包含更多的系统风险。该现象也显示在图15.2中。如图所示，如果权益具有系统风险 β_e，则需要相应的期

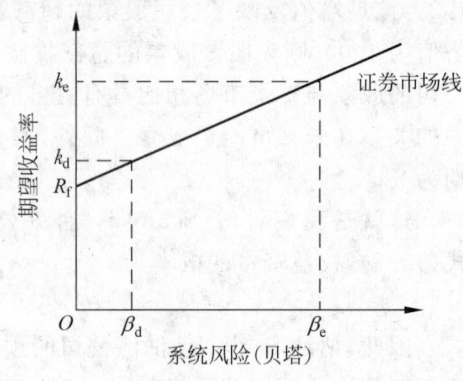

图15.2　证券市场线

[①] 正如在第5章所讨论的，资本—资产定价模型假定存在完全的资本市场。当考虑到现实情况而放松该假定时，股票的非系统风险就具有了一定的重要性。我们知道一个证券的总风险由其系统风险和非系统风险组成。资本—资产定价模型的假定是非系统风险可以被完全分散，而只留下系统风险。

如果资本市场存在不完善的情况，它们就会妨碍进行有效率的分散投资（多样化）。（不完全情况的一个例子是存在重要的破产成本。）人们认为市场存在的不完善情况越严重，留给普通股以补偿非系统风险的收益部分越大。其结果是，有必要将权益资本预期报酬率向上调整。

望收益率 k_e，并且该期望收益应高于公司税前债务成本 k_d。股票超过公司债务期望收益率的历史(现代)风险溢价通常约为 5%。如果该比例对某家公司来说是合理的，则可以以公司的税前债务成本为基础，加上一个 5% 左右的溢价，来估计得出权益资本成本。

举例说明，假设 Schlosky 油漆公司的债券在市场上出售的收益率为 9%，采用上述方法，则该公司的权益成本大致为：

$$k_e = 税前债务成本(k_d) + 股票超过债券的期望收益风险溢价 \quad (15.8)$$
$$= 9\% \qquad + \qquad 5\% = \mathbf{14\%}$$

然后可将该比率用作对权益资本成本的估计值。该方法的优点是不必使用贝塔值和进行式(15.7)所涉及的运算。其缺点之一是不能随时间而改变风险溢价。此外，由于 5% 的风险溢价是基于所有公司的一个平均值，该方法不如前面所介绍的对单个公司权益资本期望收益进行估计的方法精确。但是，该方法确实为估计与资本—资产定价模型总的框架一致的权益资本成本提供了另一种选择。它也为我们用更复杂的估计手段得出的结果提供了方便的检验方法。

资本的加权平均成本

计算得出企业融资的各单个组成要素的成本后①，我们将根据一定标准对每种融资来源赋予一个权重值，然后计算加权平均资本成本(WACC)。因此，企业的综合资本成本可以表示为

$$资本成本 = \sum_{x=1}^{n} k_x(W_x) \quad (15.9)$$

式中，k_x 是第 x 种融资方法的税后成本；W_x 是赋予第 x 种融资方法的权重，表示这类融资占企业总融资的比重；$\sum$ 表示从第 1 种融资方法一直加总到第 n 种融资方法。为说明有关计算，假设企业在最近的资产负债表日具有如下融资构成，表中的金额代表市场价值：

	融资金额/百万美元	占总融资额的比重/%
债务	30	30
优先股	10	10
普通股权益	60	60
	100	100

注意：

记住，上表中的普通股权益是普通股面值、附加资本和留存收益的总和。但是，为了

---

① 债务、优先股和权益是融资的主要类型，因此通常我们有公式
$$资本成本 = k_i(W_i) + k_p(W_p) + k_e(W_e)$$
但是，还有其他类型的融资方式，如租赁和可转换证券。由于确定其他融资来源的成本需要考虑某些特别的且相当复杂的因素，我们将在不同的章节分别讨论，以便给予这些因素适当的关注。通过本章的内容，可以知道债务、优先股和权益融资的成本足以用来阐明公司的综合资本成本。当确定了其他类型的融资成本后，也可将其加入现在讨论的加权过程中。

便于从市场价值角度出发进行分析,它代表普通股的每股现行市价乘以流通在外的股数。在计算其中的比例时,重要的是用市场价值而不是账面价值作权重。由于我们试图为股东实现企业价值的最大化,符合我们的目标的只有市场价值权重。各种融资要素的成本计算采用的是市场价值,因此确定加权平均资本成本也应采用市场价值权重(此外,我们还隐含假定现有融资比例将一直持续到未来,我们将在本章稍后进一步讨论这一问题)。

下面继续我们的示例,假设企业计算得出各融资组成要素的税后成本:

	成本/%
债务	6.6
优先股	10.2
普通股权益	14.0

小窍门:

如前所述,公司的普通股必须提供比同一公司的债务更高的期望收益。因此,不要相信任何得出成本估计值低于企业税前债务成本的权益成本计算。

我们再次强调这些成本必须是基于目前金融市场状况的现行成本。过去采用的融资成本与将用于新项目的预期报酬率没有关系。给定所列示的成本,本例的加权平均资本成本可确定为:

%

	(1) 成本	(2) 占总融资的比重	(1)×(2) 加权成本
债务	6.6	30	1.98
优先股	10.2	10	1.02
普通股权益	14.0	60	8.40
		100	**11.40**

因此,在本例中的各项假设条件下,11.40%即为各融资组成来源的加权平均成本,其中每种要素都按市场价值比例进行加权。

限制因素

对于加权平均资本成本的计算,关键在于所得出的数字能否代表企业的实际资本成本。答案取决于我们测得的单个边际成本的准确性、加权系数和其他某些假设。假设我们现在能准确地测出单个融资来源的边际成本,让我们看一下加权系数的重要性。

加权系数 任何加权系数的关键假定都是企业实际上会按所规定的比例融资。由于企业采用边际方法筹集资本并对新项目进行边际投资,因此我们需要对整个企业采用边际资本成本。该成本率取决于用于为投资项目融资的资金组合。换句话说,我们关心的是新的或增量资本,而不是过去筹集的资本。为了使加权平均资本代表边际成本,所使用的权重应当是边际性的,即权重应当与企业将会采用的融资投入比例一致。如果不是这样,则按照边际方式筹得资本的比例将不同于用来计算相应成本的比例。其结果是,实际的加权平均资本成本将与计算得出并用于资本投资决策的成本不同。如果实际成本大于所测得的成本,则那些将使投资者处境恶化的投资项目也会被接受。另一方面,如果实际成本低于所测算的成本,则那些会增加股东财富的项目将会被拒绝。因此,在我们的例子中,所计算得出的11.40%的加权平均资本成本只有当企业在未来也按现存的资本结构比例融资时,才是符合实际的。

资本筹集是"波浪起伏"状的,不可能保持严格的比例。例如,企业为每个项目都严格按照30%的债务、10%的优先股和60%的权益来融资将非常困难。实践中,企业可能在一种情况下用债务融资,而在另一种情况下用优先股融资。但是从长期来看,绝大多数企业都能按一个大致的比例进行融资。我们正是在这个意义上,试图测得所使用的融资总额的边际资本成本。

资金筹集费 债务工具、优先股或普通股销售中所含的**资金筹集费**(flotation costs)会影响企业投资项目的获利能力。在很多情况下,新的发行标价必须低于现有融资的市场价格。此外,还有必须现实支付的资金筹集费。由于资金筹集费的存在,企业所得的资金要低于发行出售价格。融资中资金筹集费的存在要求在评价投资建议项目时做些调整。

一种方法,我们称为初始支出调整法(AIO),将融资过程中的资金筹集费当作项目初始现金支出的一个加项。根据该方法,项目的净现值通过下列公式计算[①]

$$NPV = \sum_{t=1}^{n} \frac{CF_t}{(1+k)^t} - (ICO + 筹资成本) \tag{15.10}$$

式中,CF_t 是项目在 t 时的现金流;ICO 是项目要求的初始现金支出;k 是企业的资本成本。

假设一项投资建议的成本是10万美元,而且企业必须为该项目从外部融资6万美元。融资方式包括债务和普通股,税后资金筹集费(按现值)为4000美元。[②] 因此,4000美元应被加在10万美元上,从而使总的初始支出增加到10.4万美元。这样,该建议相应受到了与融资有关的资金筹集费的"惩罚"。然后,将项目的期望未来现金流按加权平均资本成本贴现。如果预计项目能在未来20年中每年产生2.4万美元的现金流入,加权平均资本成本为20%,则该项目的净现值将是

$$NPV = \sum_{t=1}^{20} \frac{24\,000 \text{ 美元}}{(1+0.20)^t} - (100\,000 \text{ 美元} + 4000 \text{ 美元})$$
$$= 24\,000 \text{ 美元}(PVIFA_{20\%,20}) - 104\,000 \text{ 美元}$$
$$= 116\,870 \text{ 美元} - 104\,000 \text{ 美元} = \mathbf{12\,870 \text{ 美元}}$$

[①] 此外,如果将资金筹集费表示为占初始投资的百分比,即 $f=$ 资金筹集费/ICO,则可将式(15.10)修订为

$$NPV = \sum_{t=1}^{n} \frac{CF_t}{(1+k)^t} - ICO(1+f)$$

当试图估计未来实际资金筹集费很困难时,该替代公式比较方便,因为此时可以采用根据过去经验得出的资金筹集费率。

[②] 权益资本筹集费不能在税前扣除,而债务资金筹集费则可以在债务发行寿命期内摊销并进行税前扣除。因此,我们需要从现实支付的总资金筹集费中减去债务在发行寿命期内由资金筹集费带来的避税收益的现值。

如果不对资金筹集费进行调整,则项目的净现值将是 116 870 美元－100 000 美元＝16 870 美元。

另一种方法更为传统,要求在出现资金筹集费时向上调整资本成本。因此,我们称该方法为贴现率调整法(ADR)。根据资金筹集费调整的是项目的贴现率而不是项目的现金流。在这种方法下,需要重新计算各组成部分的资本成本,其方法是确定使资本提供者所获现金流现值与证券发行所得净资金而不是证券的市场价格相等的贴现率。[①] 然后将所得到的"调整后"的各部分成本进行加权和综合,得出企业"调整后"的综合资本成本。

这样计算出来的"调整后"的资本成本数值将始终比本章前面介绍的"未调整"的资本成本数值高。然而,在初始支出调整法和贴现率调整法下计算出来的净现值的数值将存在差异(仅有极少数情况例外),而且实际上还有可能符号相反。因此,哪种方法"正确"并非无足轻重的问题。

初始支出调整法的支持者认为它要优于贴现率调整法,因为:(1)它更简单;(2)贴现率调整法下所得的贴现率并非"真实"的资本成本,因而不能给出项目现金流的"真实"市场价值。[②] 我们同意上述理由,也认为初始支出调整法更好。我们建议应对项目的初始现金支出做资金筹集费的调整,并使用"未调整的"加权平均资本成本作为贴现率。然而,应当指出,在许多情况下(例如,外部融资只占总项目融资的很小一部分),这两种方法计算出来的净现值差别很小。在这样的情况下,贴现率调整法也是可以接受的。

> **问题**:企业接受的某些项目毫无疑问会产生零或负的收益。因此,企业难道不应将其可接受的最低收益率向上调整以保证总的新投资的加权平均收益达到或超过企业的资本成本吗?
>
> **回答**:不应该。主观提高企业可接受的最低收益率意味着企业将拒绝某些能产生正的净现值的项目。只有接受所有的正净现值项目,才能使企业消除不能赢利的投资的能力最大化。

加权平均成本的理论基础

加权平均资本成本背后的理论基础是,通过按规定的比例融资和接受收益超过加权平均必要收益的项目,企业可增加其股票市场价格。这种增加是因为投资项目预期对权益融资部分产生的收益资本的必要收益 k_e。如果该期望在市场上变得很明显,则企业股票的市场价格就会上升,因为预期的未来每股收益(和每股股利)将比项目接受前高,企业已接受的项目被预期提供的收益高于投资者根据所含风险要求的收益。

我们必须回到一个关键假设,即企业在长期会按照规定的比例为项目融资。如果企业这么做,其财务风险将大致保持不变。正如我们将在第 17 章看到的,由于企业在实际中不得不用权益融资来代替非权益融资,加权平均资本成本中就含有融资的"隐含"成本。企业不会不增加其权益基础而不断采用被认为更便宜的债务资金来筹集资本。对出

[①] 在计算上,式(15.1)、(15.3)和(15.5)中每个证券的现行市价(P_0)将用每个新发行证券的现行净收益(NP_0)替代。例如,看一下式(15.3),式中,$k_p = D_p/P_0$。利用贴现率调整法,修正后的式(15.3)将得出:$k_p = D_p/NP_0$。

[②] 对初始支出调整法的辩护,见 John R. Ezzell and R. Burr Porter, "Flotation Costs and the Weighted Average Cost of Capital," *Journal of Financial and Quantitative Analysis* 11 (September 1976), 403-413.

于编制资本预算目的而采用加权平均资本成本的企业来说,企业的融资组合不必是最优的,需要重点考虑的权重应当是根据公司未来的融资计划确定的。否则,所计算的加权平均资本成本就会与所获资金的实际成本不一致。其结果是,资本预算决策可能是次优的。

> **问题**:Felsham 工业公司计划用长期债券为今年所有的新资本预算项目融资。因此,该公司今年的资本成本应当是新的债务的税后成本,对吗?
>
> **回答**:不对。企业经常在某年用长期债务为新项目融资,而在下一年用权益融资,从而企业的资本结构每年都将与最优水平有所偏离。用来确定企业的资本成本的应当是长期目标资本结构和有关的组成成本以及市场价值权重,否则会使企业的资本成本(可接受的最低收益率)在主要用债务为新项目融资的年份过分慷慨(低),而在主要用权益资本为新项目融资的年份则过分严厉(高)。

对加权平均资本成本值的使用也必须满足上述几点。它假定考虑中的投资建议与企业现有项目在系统风险或不可避免风险方面没有差别,而且拟议项目的非系统风险不会为企业提供任何多样化所带来的好处。只有在这些情况下获得的资本成本值才适于作为接受标准。这些假定的限制性很强,预示着企业的项目在风险方面是完全相同的,而且只有具有相同风险的项目才予以考虑。

然而在实践上,这是个程度上的问题。如果所提的条件大致相符,企业的加权平均资本成本就可能用作项目接受标准。如果企业只生产一种产品而且所有的项目建议都与该产品的营销和生产有关,则用企业的综合资本成本作为项目的接受标准可能是适宜的(然而,即使在这种情况下,各投资项目建议之间的风险也可能差别很大,从而有必要单独考虑各项目)。对于各投资项目风险不同的多产品企业,采用总体预期报酬率则不太合适。此时应使用根据具体项目建议的风险特点确定的预期报酬率。我们将在下一节用建议的方法来确定各具体项目的预期报酬率。因此,用综合资本成本作为项目的预期报酬率的关键是现有项目与考虑中的项目建议在风险方面的相似性。

经济价值增值

用来表明要创造价值,公司必须令投资资本产生的报酬高于投资成本的另一种方法是**经济价值增值**(Economic Value Added,EVA)概念。EVA 是 Stern Stewart 咨询公司开发的用于计算经济利润的专门方法的注册名称。经济利润(或剩余收益)的概念在经济文献中已经讨论了 100 多年。EVA 则直到 20 世纪 80 年代晚期才被提出。本质上来说,EVA 是减去所有资本成本后公司赚取的经济利润。更进一步说,它等于公司**税后净营业利润**(net operating profit after tax,NOPAT)减去所占用的资本成本。虽然 EVA 基本运算看起来很简单,Stern Stewart 公司计算 EVA 的专门方法却包括对账目数字的一长串可能的调整。建议对税后净营业利润进行调整以更多地反映现金而不是应计账户项目。此外,建议对占用资本的账面价值(如资本化的研发支出)进行调整,以更好地反映这些支出的投资性质。

Infosys 技术有限公司是印度最大的信息技术公司之一。该公司采用了 Stern Stewart 公司的 EVA 方法。基于 Infosys 技术有限公司 2007 年年度报告中的数字,其 2007 年的简化 EVA 计算如下:

	百万卢比
(调整后的)税后净营业利润	34 910
减去:占用资本×资本成本	
94 170×14.97%	13 690
经济价值增值	**21 220**

这说明 Infosys 技术有限公司除了满足所有成本(包括资本成本)的支出后,还赚取了大约 212.2 亿卢比的利润。

《萨班斯—奥克斯利法案》助力资本成本

financialexecutive

尽管近期美国国会中有人呼吁减轻《萨班斯—奥克斯利法案》的影响,MIT 斯隆管理学院的一位教授却发现该法案的报告和披露标准给企业带来了巨大的财务收益,包括那些一直寻求免受该法案管辖的小企业。

MIT 斯隆管理学院的副教授瑞安·拉丰说,《萨班斯—奥克斯利法案》决不仅仅是增加了企业的成本,"我们的研究发现了该法案的完全不同的且稳定的效果。无论是已经具备了严格的内部控制的企业还是此前无可救药地缺乏控制的企业都享受了资本成本大幅下降带来的好处"。对于那些能够证实自己遵从了该法案规定的企业来说,该成本降低了 150 个基点(1.5%)。

拉丰对比了在《萨班斯—奥克斯利斯法案》颁布前公司披露的未经审计的财务报告与法案颁布后给出的审计意见。他说:"我们的研究结果显示,市场甚至在(该法案)要求提供正式的内部控制报告之前就提高了资本的借贷成本。内部控制较差的公司往往只能提供低质量的财务信息,这让投资者意识到存在问题,从而使得市场提高其资本成本。"

然而在对《萨班斯—奥克斯利法案》的遵从使得公司可以向投资者证明自己保持或建立了稳固的财务体系后,上述市场罚金被逆转了,资本成本降低了。拉丰说:"我们调查的企业中有一小部分内部控制很差。我们的研究遇到的真正考验是《萨班斯—奥克斯利法案》审计向市场证实内部控制问题已经解决后这些企业的资本成本是否下降了。结论是其资本成本在稳步下降。"

拉丰承认《萨班斯—奥克斯利法案》的确给企业增加了成本,但他预言说这一负担很可能随着时间的推移逐步减弱。他说:"大部分审计事务所都会告诉你要让公司尽快满足法案的要求,必须一次性支出大笔费用,但是长期来看成本并非如此高昂。目前已经有迹象显示审计费用正在逐步降低。"

资料来源: Jeffrey Marshall and Ellen M. Heffes, "Sarbanes-Oxley Helps Cost of Capital: Study," *Financial Executive* (October 2006), p. 8. (www.financialexecutives.org) © Copyright 2006 by Financial Executives International Incorporated. Used by permission. All rights reserved.

EVA 的优点在于其明确了企业只有在满足了所有资本支出后才能真正创造股东价

值。会计利润明确考虑债务融资费用但不包括相关权益融资的成本。经济利润或 EVA 与会计利润的不同之处是它包括公司所有资本(包括债务和权益)的费用。简单说,拥有正的会计利润的企业很可能因为股东没能赚得期望的报酬值而在损害价值。因此,正的 EVA 值通常说明股东价值的增长,而负的 EVA 值则暗示价值的减少。①

EVA 越来越受欢迎的原因是它可以作为对经理们的一个不变的提醒,即只有赚取的报酬覆盖了资本成本后其工作才是有效的。公司发现 EVA 概念能够更好地将公司战略和投资与股东价值联系起来,在这点上它是一个有用的工具。它还有助于强调为什么资本成本的概念对所有经理来说都非常重要。

 ## 资本—资产定价模型:具体的项目和项目组的预期报酬率

当企业的现有投资项目与考虑中的投资建议在风险方面存在差异时,用企业的资本成本作为唯一的项目接受标准将不再适用。此时,需要为相关的项目确定一个具体的接受标准。一种方法是利用资本—资产定价模型(CAPM)。本节将介绍该方法。

项目选择中运用资本—资产定价模型方法

我们最初曾假设项目将完全由权益来融资,企业正在考虑的项目也完全用权益融资,以及所有的贝塔信息都与完全权益融资情况有关。我们将用财务杠杆修正该方法,但是先忽略这些因素可以使我们更容易理解基本方法。对这样一家企业来说,用 CAPM 方法确定预期报酬率就等于确定企业的权益资本成本。然而,我们要考虑的不是普通股与市场组合的超额收益(超过无风险利率部分的收益)之间的期望关系,而是某个项目的超额收益与市场组合的超额收益之间的期望关系。因此,一个权益融资项目的预期报酬率为

$$R_k = R_f + (\bar{R}_m - R_f)\beta_k \tag{15.11}$$

式中,β_k 是用来描述项目 k 的超额收益与市场组合的超额收益间关系的特征线的斜率。可以看到,该式的右边与式(15.7)的右边是相同的,只是用项目的贝塔值代替了股票的贝塔值。因此,R_k 就成了项目的预期报酬率,用以补偿项目的系统风险。

假设企业将完全用权益资本为某个项目融资,则项目的接受标准就是投资于那些期望收益达到或超过式(15.11)所确定的预期 R_k 的项目。② 要说明用该概念作为项目的接受标准,请参见图 15.3。图中的直线代表证券市场线,即市场所决定的预期报酬率与系统风险间的关系。内部收益率处于直线上或位于直线上方的所有项目都应被

---

① 从概念上看,自由现金流、经济价值增值和净现值法在估价和决策制定中是相同的。参见 Ronald E. Shrieves and John M. Wachowicz, Jr., "Free Cash Flow (FCF), Economic Value Added (EVA), and Net Present Value (NPV): A Reconciliation of Discounted-Cash-Flow (DCF) Valuation," *The Engineering Economist* 46 (No. 1, 2001), 33-52.

② 也可以将预期报酬率 R_k 作为计算项目净现值的适当的贴现率,接受标准则是投资于净现值大于或等于零的项目。

接受,这是因为预期它们提供的收益大于或等于其各自的预期报酬率。可接受的项目在图中用×表示。所有位于直线以下的项目在图中用○表示,都将被拒绝。注意,项目的系统风险越高,对它要求的收益也越高。如果一个项目没有系统风险,则对它只要求无风险利率。但是,对风险更高的项目,则要求风险溢价,而且该溢价随项目系统风险的增加而增加。从这个意义上来说,企业的目标就是寻找位于直线之上的投资机会。

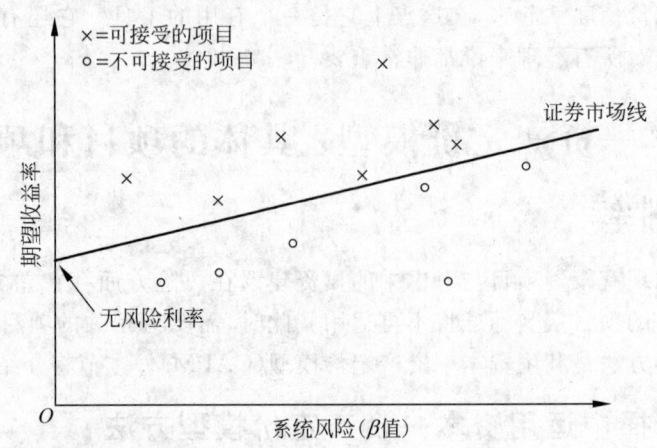

图 15.3 通过接受预期能产生高于其预期报酬率的项目来创造价值

模型的应用——代表公司的使用 在项目选择中应用 CAPM 法的困难在于为项目估计贝塔值。回顾第 5 章的内容,特征线(其斜率就等于贝塔值)是根据股票和市场组合在一系列期间的收益推导出来的,因此有必要根据项目各期的现金流及其从各期期初到该期期末的价值变化来估计它在各期的收益。该方法的困难是要逐期估计项目的价值。不幸的是,我们无法直接观察未公开交易的资产的价值,因此我们不能像前面计算公开上市交易的股票的贝塔值那样进行计算。

但是在很多情况下,一个项目与股票公开上市的公司很相似,因此我们可以用该公司的贝塔值推导该项目权益融资的预期报酬率。对于大的项目,我们经常可以找到完全或基本进行同类经营的公开上市公司。关键在于确定一家或多家系统风险特点与正在考虑中的项目类似的公司。

假设一家化学公司正在考虑组建一个不动产部门。因为股票公开上市交易的不动产公司有很多,我们只需确定其中的一家或一组公司的贝塔值并用于式(15.11),从而得到项目的预期报酬率。注意,相关的预期报酬率是针对其他不动产企业,而不是针对该化学公司的。换句话说,市场是按照看待其他不动产企业的观点来看待该化学公司可能进行的不动产投资的。通过将注意力集中在企业希望进入的行业内的公司上,就可以发现与项目系统风险相类似的替代公司。要找出风险与项目完全相同的替代是不太可能的,但通常可以发现合理相似的替代。

为了说明相关的计算,假设用基本经营与化学公司正在考虑的投资项目相似的股票公开上市的一组样本公司的贝塔值来替代项目的贝塔值。① 如果股票市场组合的期望收益是 13%，无风险利率是 8%，则项目的权益预期报酬率是

$$R_k = 0.08 + (0.13 - 0.08)1.6 = \mathbf{16\%}$$

因此，可以将 16% 作为该项目的权益预期报酬率。

确定代表公司 应尽量识别性质与考虑中的项目相似的公司。对这类公司的搜寻通常是按行业进行的。一种选择是利用**北美行业分类系统**（North American Industry Classification System，NAICS）编码来确定一个初始样本。② 如果项目属于某个单一的行业分类，则做起来相对比较简单。应当将代表公司的贝塔值进行排序。我们建议从序列中取中间值或较有代表性的数值，而不是计算样本贝塔值的算术平均值。这可以使样本组中的极端值影响最小。其思路就是要取得一个能大致反映投资项目经营风险的贝塔值。

除非能够找到一家或多家股票上市交易的公司作为项目的代表，否则要推导某个项目的贝塔值将不是件容易的事情。因此，我们将把讨论局限于使用代表公司的信息。有时候共同基金会将各种普通股划分成各个不同的行业。在这种情况下，可以采用该基金的贝塔值及行业杠杆比率来测量项目的系统风险。

考虑杠杆效应的预期报酬率 如果企业一直只用权益资本为项目融资，则可以用权益预期报酬率 R_k 作为项目的预期报酬率。但是如果企业采用了债务融资，则需要确定一个加权平均预期报酬率。这里使用的加权体系与本章前面介绍的企业综合成本是一样的。不必对不同的项目采用不同的债务融资比例，一种更一致的方法是对所有项目都采用相同的权重。当然，我们假定这些权重与企业将在长期采用的融资比例是一致的。例如，假设企业打算每采用三个单位的权益融资就对应地采用一个单位的债务融资，债务税后成本是 6.60%，权益预期报酬率是 16%，则项目的综合（加权平均）预期报酬率为

加权平均预期报酬率 = [债务成本][债务比例] + [权益成本][权益比例]
$$= (0.066)(0.25) + (0.16)(0.75) = \mathbf{13.65\%}$$

如果项目预期提供的内部收益率大于或等于该收益率，则将接受该项目；否则，将拒绝该项目。因此，即使是对于具有杠杆效应的公司，项目接受标准仍与权益资本成本反映的项目系统风险具体相关。

按组确定的预期报酬率

有些公司不是对具体项目确定预期报酬率，而是将项目划分成风险大致相同的小组，然后对组内的所有项目采取一个根据 CAPM 确定的相同收益率。该方法的一个优点是它不像为单个项目计算预期报酬率那样花费时间。另一个优点是为项目组寻找代表公司要比为单个项目寻找代表公司容易。使用"项目组"意味着公司的某个下级单位从事的经营活动可以不同于企业的其他经营活动。这些经营活动的差别通常可能是产品或服务种类不同，也可能是管理方式不同。这些下级单位通常是公司的部门或**子公司**

---

① 如果代表公司的融资方式与本公司不同，则需要根据财务风险上的差异来调整该公司的贝塔值。我们将在本章后面的内容中进一步讨论这种情况。

② NAICS 取代了原来的标准行业分类（SIC）系统。

(subsidiary)。

如果项目组内的产品或服务在风险方面相似而且新的建议项目也属于同一类别,则按组确定的预期报酬率就是合适的项目接受标准。它代表公司对所使用的一组资本收取的费率。换句话说,它就是公司期望该项目组为其资本投资所获得的收益率。项目组的系统风险越高,则预期报酬率越高。

有关预期报酬率的计算与单个项目是相同的。即需要为每个组确定股票公开上市的代表公司。根据这些替代公司的数据,为每个组确定一个贝塔值,再据此计算权益资本的预期报酬率。如果使用了债务融资,则按前一节讨论的方法为该项目组推导出一个加权平均预期报酬率。计算出按组确定的预期报酬率后,即可根据每个项目组获取其预期报酬率的能力在整个企业内分配或调拨资本。该方法为在风险差别很大的各项目组间分配资金提供了一个一致的框架。

大众公司及其汽车部门的资本成本

VOLKSWAGEN

AKTIENGESELLSCHAFT

大众公司 2006 年年报提供了计算部门资金成本的很好的例子。请特别注意大众公司是如何利用资本—资产定价模型(CAPM)确定部门的权益成本的。然而公司在确定市场风险溢价(如市场组合的预期收益减无风险利率)输入时,并未使用标准普尔 500 指数作为其市场组合的替代。相反,大众公司使用的是法兰克福证券市场 DAX 指数。

%

汽车部门的资本成本	2006 年	2005 年
无风险利率	3.8	3.3
DAX 市场风险溢价	6.0	6.0
特殊风险贴现率	0.2	—
(大众公司贝塔系数 0.9)	(1.03)	(1.00)
税后权益成本	**10.0**	**9.3**
债务成本	4.3	3.7
税收优惠(定额 35%)	−1.5	−1.3
税后债务成本	**2.8**	**2.4**
权益比例	66.7	66.7
债务比例	33.3	33.3
税后资本成本	**7.6**	**7.0**

资料来源:大众公司 2006 年年报,p.77。© 2006 Volkswagen AG. Used by permission. All rights reserved.

图 15.4 说明了"按组确定预期报酬率法"是如何用于项目选择的。图中水平的短线代表四个项目组的预期报酬率,或可接受的最低收益率。企业整体的资本成本在图中用虚线

表示。应采纳项目组中那些所提供的期望收益高于按组确定的横线的项目,而拒绝那些分别低于各自横线的项目。该标准意味着,对于两个"风险较低"的项目组,其中被接受的项目提供的期望收益将低于企业的综合资本成本但高于该组的期望报酬率;而对于两个"风险较高"的项目组,被拒绝的项目能提供的期望收益率将高于综合资本成本但低于该组的预期报酬率。简单地说,资本是根据风险—收益关系按各组的具体系统风险进行分配的。否则,接受/拒绝决策将偏向不好的、高风险的项目而偏离好的、低风险的项目。

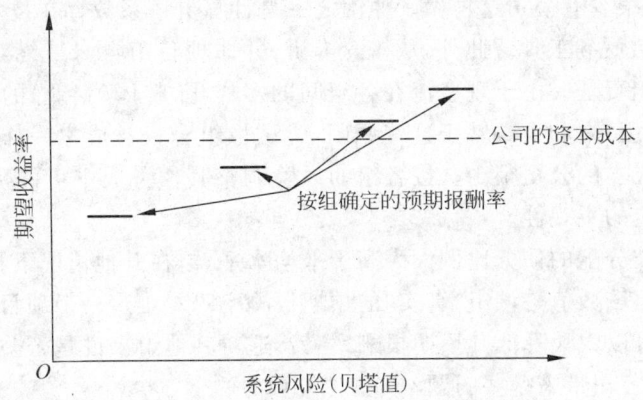

图 15.4　公司的资本成本与按组确定的预期报酬率间的比较

限制条件

不论预期报酬率是分组确定的还是分项目确定的,在应用 CAPM 法时都存在一些问题。问题之一是归于项目的非权益融资是一个重要的考虑因素。要维持程序的实现,非权益融资额就应当与代表公司所使用的非权益融资额大致相同。换句话说,分配给某个项目的权益融资比例不应与代表公司所采用的比例相差太大,否则,就得不到该项目系统风险的合理代表。如果该比例不是基本上相同的,则代表公司的贝塔系数在用于确定项目的权益资本前应予以调整。本章附录 A 提供了一种调整贝塔系数的方法。采用该方法,可以为代表公司导出一个调整后的贝塔系数(假设代表公司与考虑中的项目具有相同的非权益融资比例的贝塔值)。有了这个调整后的贝塔值,即可用前面的方法确定项目的非权益融资成本。

除了遇到的实际问题外,CAPM 法还有一个基本假定值得怀疑。我们知道,资本—资产定价模型假定只有企业的系统风险是重要的。但是,企业丧失偿债能力的可能性不仅仅取决于系统风险,而是取决于其总风险。当破产成本很高时,企业可能要为投资者考虑项目对企业总风险的影响。总风险包括系统风险和非系统风险。公司现金流的变化性决定了公司丧失清偿能力的可能性,而这种变化性则取决于公司的总风险,而不仅仅是其系统风险。① 因此,公司可能希望同时估计新项目对系统风险和总风险的影响。

---

① 当破产成本很高时,这些成本会损害作为公司剩余资产所有者的股东的利益,因此使企业将破产概率限制在一定范围内可能是非常重要的。为此,公司必须考虑项目对企业总风险(系统风险加上非系统风险)的影响。该方法将在本章最后一节讨论。

给各项目组分配债务资金

在为项目组确定加权平均预期收益时,绝大多数分析人员采用公司的综合税后借款成本作为债务各组成部分的成本。然而,权益成本因各组基本风险不同而不同的观点同样适用于债务资金的成本。两类成本都是在资本市场根据风险—收益的权衡来确定的。风险越高,债务资金所要求的利率就越高。尽管可以在各组间根据其不同的系统风险确定不同的成本,但很少有公司这样做。原因之一是计算贝塔系数存在技术上的困难,因为市场指数必须包括债务工具。此外,从概念上讲,并非项目组自身最终对其债务负责,而是由公司整体承担责任。由于现金流在各组间的多样化,整体(企业)的支付可能性可能比各部分(各项目组)之和大。基于这些原因,尝试像组合权益成本一样用资本—资产定价模型组合债务成本的公司很少。按各组的风险调整其债务成本可能仍是适当的,尽管这种调整具有一定的主观性。

如果某一组被分配的债务比例大大高于平均水平,与在其他情况下相比,其综合预期报酬率将较低。但该数值是该组"真实"的预期报酬率吗?难道一个项目组仅仅因为运用了更多的杠杆就可以大大降低其预期报酬率吗?这对其他组来说是否公平?除了激励因素外,该政策将给公司带来哪些问题?

首先,单个项目组采用过高的杠杆可能造成整个公司的债务资金成本上升,这一边际增加不应在各组之间分配,而是应明确指出由该组负责。其次,由单个项目组造成的高杠杆可能会增加与整个公司的债务相关的税盾的不确定性。最后,单个项目组的高杠杆可能会增加公司股东收益的不稳定性,以及丧失清偿能力和发生破产成本的可能性。而这又会导致投资者增加对权益资本的预期收益以补偿这种增加了的风险(我们将在第17章讨论这种情况)。

由于上述原因,高杠杆项目组的"真实"的债务成本可能大大高于开始时所设想的。如果是这样的话,则该组的预期报酬率应加上某个溢价以更准确地反映其"真实"资本成本。困难在于确定什么样的溢价适于作为调整因素。所有调整通常都至少部分地具有主观性。尽管只是一种近似的方法,当债务成本和/或债务融资比例差别很大时,最好还是对综合项目组预期报酬率做些调整。

 ## 根据总风险评估项目

当出于理论或实际原因,采用CAPM法为项目或项目组计算预期报酬率不合适时,或我们仅仅因为某些原因而想换一种方法时,我们将采取一些更主观的风险投资评价方法。很多企业采用很不正规的方法来处理这类问题。决策者仅仅根据他们对所评估项目的"感觉"来尽量将风险包括在他们的判断中。通过与熟悉项目建议及其所固有的风险的人讨论可以改善这种"感觉"。通常,这类讨论会得出一个用于该项目或项目组的"风险调整贴现率"。

风险调整贴现率法

对风险水平与企业的"平均"项目相似的投资建议，我们已经知道可以用企业的综合资本成本作为其预期报酬率。投资项目建议选择的**风险调整贴现率**（risk-adjusted discount rate，RADR）方法涉及的是那些被认为比企业的"平均"项目风险更高或更低的项目或项目组。

注意：

RADR方法要求：

- 对于所显示的风险比"平均"风险高的项目或项目组，将预期报酬率（贴现率）从企业的综合资本成本向上调整。
- 对于所显示的风险比"平均"风险低的项目或项目组，将预期报酬率（贴现率）从企业的综合资本成本向下调整。

因此，在RADR方法中，将贴现率根据风险进行调整：要补偿更高的风险就相对于综合资本成本增加贴现率；如果风险较低则相应降低贴现率。这样一来，用于各项目或项目组的预期报酬率就成了风险调整贴现率。

想象RADR方法的一个方式是利用净现值特征图。我们在第13章曾用净现值特征图（图13.1）说明Faversham渔场鱼片切制设备项目所适用的净现值和内部收益率方法。在内部收益率大约为17%，净现值为10 768美元，企业的资本成本为12%的前提下，我们建议接受该项目。然而，这个接受的决定是基于该项目的风险为"平均值"的假设，从而所使用的是企业资本成本的适当的贴现率（最低预期报酬率）。

图15.5中，我们对第13章的净现值特征图做了一点儿改动，以便在突出"平均"风险RADR的使用（和资本成本为12%）的同时，强调在其他两种可能情况下我们的分析会有什么变化。例如，如果相对于企业的其他项目而言，该鱼片切制项目的风险确实低于"平均"水平（如要求的RADR为10%）将如何？或者与此相反，如果相对于企业的其他项目而言，该鱼片切制项目的风险高于"平均"水平（如要求的RADR为20%）又将如何？

请注意，在图15.5中，贴现率为10%时，该项目仍显然是可接受的。该项目的净现值为15 516美元，其内部收益率高于10%的RADR。然而，假设"高于平均水平"的风险贴现率是适用的，则该项目不可接受。RADR为20%时，项目的净现值为负，其内部收益率17%低于适当的按风险调整后的最低预期报酬率。

你可能感到RADR听起来很熟悉，的确如此。由CAPM确定的预期报酬率可以被看成是较为特殊的一类风险调整贴现率，只不过它是根据无风险收益率进行了调整的。但RADR法与CAPM法不同，它通常依靠不很正式且较为主观的方法进行必要的风险调整。当然，该方法的问题在于进行风险调整的信息通常比较粗略，而且从长期看，这些信息的处理方式在各个项目间也不一致。

其他项目选择方法力图对项目建议的信息做更好、更一致的利用。从第14章的讨论我们知道，期望收益和风险可以采用一致的方法进行量化。给定该信息，问题就变成了某个项目应当被接受还是被拒绝。要回答该问题，我们从分析管理层可能如何评价单个投资建议项目开始，然后讨论风险投资项目的组合。我们所采用的方法是以企业风险为中

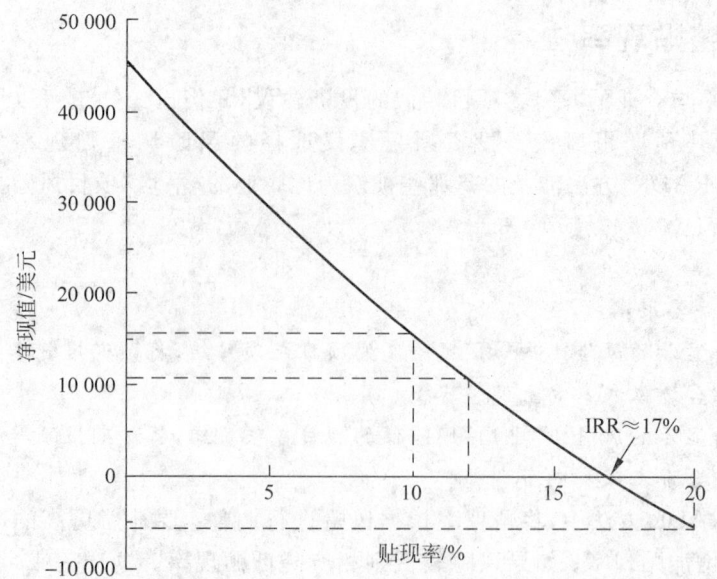

图 15.5　第 13 章鱼片切制设备例子的净现值特征图,突出了在三个不同的风险调整贴现率下的项目净现值

心的,这是因为管理层并未明确考虑企业的项目选择对投资者的投资组合的影响。我们关注的是总风险,即系统风险和非系统风险之和。管理层给项目选择可能给企业现金流和收益变动性带来的影响进行评价。根据这种评价,管理层即可估计项目选择可能对股票价格产生的影响。从股票估价的角度看,关键因素是管理层将股票价格与投资建议项目的风险-收益信息联系起来的准确程度。如前所述,该联系通常是带有主观性的,而这与这些方法的准确性是相偏离的。

概率分布法

回顾第 14 章的内容,为投资项目建议产生的一组信息是可能净现值的概率分布(记住,在概率分布法中,一开始并不针对风险进行调整,而是对风险进行研究。因此,各种现金流用无风险利率贴现为现值)。我们也看到根据许多偏离分布期望值的标准差将离散趋势标准化,即可确定项目净现值等于或小于零的概率。在进行单个项目的评价时,管理层不大可能接受净现值的期望值为零的项目建议,除非概率分布没有任何离散趋势。在这种情况下,根据定义,我们所面对的将是一个提供无风险收益的无风险项目。对于风险投资来说,期望净现值必须大于零。比零大多少能确保被接受取决于概率分布的离散程度和管理层对风险的效用偏好。

这种方法的一个现实问题是我们无法将项目选择的影响直接与股价联系起来。管理层仅仅获得了有关期望收益的风险的信息,并根据这些信息作出决策。然而,在根据这些信息作出的决策与公司充分分散的股东的可能反应间并没有"直接"的联系。因为对这种方法的成功运用完全取决于管理层在对投资者的获利能力(风险权衡)的判断中的洞察力。此外,还缺乏项目对企业的综合风险影响的分析。本质上,项目是独立进行分析的,既与企业股东的投资组合分开,也与企业现有投资项目分开。

对企业总风险的贡献:企业投资组合法

从第14章可知,某单个项目建议对企业整体的边际风险取决于它与现有项目的相互关系及它与可能接受的考虑中项目建议的相互关系。适当的信息是现有项目与考虑中的投资建议的所有可能组合的可能净现值概率分布的期望值和标准差。现在假定管理层只关心投资建议对企业整体的风险状况的边际影响。

对最理想的投资组合的选择将取决于管理层对期望净现值和标准差的风险偏好。图15.6显示了企业现有的各种风险投资组合。本图与图14.7是一样的,只不过在上面加了一系列管理层的**无差异曲线**(indifference curve)。管理层不关心特定曲线上的净现值的期望值和标准差的组合。当我们在图15.6中向左移动时,相继的各条曲线代表了更高的满意水平。图中的每个点都代表一个由企业所有现有投资项目加上一个或多个考虑中的项目建议所构成的组合。我们发现,某些点要优于其他点,这是由于在相同的标准差上它们代表更高的净现值的期望值,在相同的净现值的期望值上具有更低的标准差,或者既具有更高的期望值又具有较低的标准差。图中优于其他点的点是位于最左边最靠外侧的点。凭借这类信息,管理层可以根据是否劣于其他组合而排除绝大多数风险投资组合。

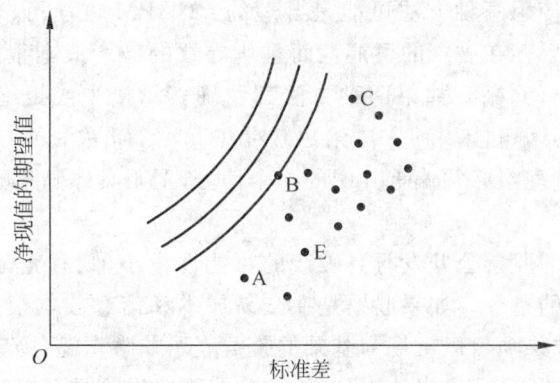

图15.6 显示项目可行组合集(证券组合)的散点图
及叠加在该散点图上的管理层无差异图

在本例中,管理层可能只考虑三种风险投资组合——A、B和C。管理层将从中选择它认为能提供期望收益与风险的最佳组合的那个组合。如果管理层对风险的厌恶程度为中等,则如图15.6中的无差异曲线图所示,它可能选择组合B。该组合是通过图中的某一点的期望值和标准差的最理想组合的现有投资项目与考虑中的项目建议的投资组合。尽管组合C提供了一个稍高些的净现值的期望值,但其标准差也更高。组合A的风险较低,但净现值的期望值也较低。

如第14章所述,最终选择决定了将被接受的新投资项目的建议。只有当所选中的组合完全是由现有项目组成的,才会出现例外情况。在这种情况下,考虑中的所有投资项目建议都不会被接受。如果现有项目的投资组合在图中用组合E代表,对三个居外侧的组合的任意选择意味着将接受一个或多个新的投资项目建议。当然,那些未包括在最后被选中的组合中的投资项目建议将被拒绝。

概念的含义

根据前面所提供的信息，管理层将确定考虑中的投资建议能为企业整体提供净现值期望值和标准差的最佳边际贡献的是哪些。在确定某个组合的标准差时，管理层必须考虑某项投资项目建议与现有投资组合及其他新建议项目间的相互影响。这种评价表明企业的总风险才是最重要的，然后根据其对总风险的边际影响作出投资决策。

这种方法意味着从股东的角度看，管理层应当关注企业的清偿能力。如前所述，这种清偿能力取决于企业的总风险。由于各项目彼此间并不完全相关，因此某些项目具有多样化特征。其结果是，企业的总风险要小于各组成部分的风险之和。无疑，管理层将尽力采用那些使破产可能性保持在合理的界限内同时能够提供最佳的期望收益和风险组合的投资项目建议。

如前所述，这种方法的问题是忽略了这样一个事实：投资者可能将其持有的普通股投资组合多样化。他们并不依靠公司来分散风险，因此从为投资者做些他们自己不能做的事情这个意义上说，由企业进行多样化可能并非一件有价值的事。如果投资者只关心某个项目的不可避免的风险或系统风险，则应当采用前面所分析的CAPM法。

双重方法 同时使用两种方法可能是合理的。CAPM方法可以作为判断投资项目评估意义的基础。如果存在破产的可能性而且所导致的破产成本很高，则还应从企业总风险的角度对项目进行判断。如果两种方法都明确表示接受或拒绝，则应遵循该结果。一个显而易见的问题是，可能一种方法给出接受的信号，而另一种方法却给出拒绝的信号。在这种情况下，管理层必须偏重其中的一个信号，至于具体侧重哪一个将取决于哪种方法更适用。

如果一家大公司的股票公开发行且破产的可能性很小，则有充分的理由采用资本—资产定价模型所发出的指令。如果股票是在交易成本和信息成本很高的市场上交易，如果破产的成本很高，如果项目以市场为基础的收益表示非常粗糙，则应当更侧重于企业总风险。即使在这些情况下，也应当认识到，一部分非系统风险是可以被分散掉的。

小结

- 理论上，投资项目的预期报酬率应当是使股票市场价格不变的收益率。如果某个投资项目的收益超过了金融市场要求其为所承担风险应赚取的收益，则创造了价值。价值创造的主要来源是行业吸引力和竞争优势。
- 如果现有投资项目和考虑中的投资项目在风险方面类似，则适宜采用综合资本成本作为接受标准。
- 综合资本成本是企业将用来融资的各类工具的单个预期报酬率（成本）的加权平均。
- 最难测度的组成成本是权益资本成本。采用股利贴现模型时，该成本就是使预期未来股利流的现值与普通股市价相等的贴现率。此外，还可以用资本—资产定价模型或通过给企业债务的税前成本加上一个风险溢价来估计权益成本。
- 计算得出企业融资的各组成要素的单个边际成本之后,给每种融资来源赋予一个权重并计算加权平均资本成本。所采用的权重应当与企业在长期采用的融资比例一致。
- 由于融资中存在资金筹集费,要求在评价投资项目时进行一定的调整。一种方法是将融资发生的资金筹集费看作项目初始现金支出的加项;另一种方法是当存在资金筹集费时,向上调整资本成本。理论上,用资金筹集费调整项目的初始现金支出并使用"未调整过的"加权平均资本成本作为贴现率更为适宜。
- 采用综合资本成本作为项目的预期报酬率的关键在于该项目与现有项目和考虑中的投资项目在风险方面具有相似性。
- 当现有投资项目与新建议投资项目在风险方面差别很大时,不适宜将公司的综合资本成本作为项目接受标准。此时,需要为考虑中的每个投资项目或每组投资项目分别确定一个接受标准。
- 为某个投资项目计算具体项目的预期报酬率的一个方法是利用资本—资产定价模型。该方法是确定所在行业和系统风险与考虑中的项目十分相似的公开上市公司。在计算贝塔值时将这些公司作为代表公司,贝塔值可能要根据财务杠杆进行调整(参见本章附录 15A)。计算得出代表性的贝塔值后,即可确定权益资本预期报酬率。如果还采用了债务融资,则将根据企业的融资比例计算该项目的加权平均预期报酬率。
- 也可以用资本—资产定价模型为企业的部门、子公司或其他下级单位确定一个按组的预期报酬率。但是由于公司的各个组之间可能采用不同比例的权益融资,因此会产生某些问题。
- 投资选择的风险调整贴现率(RADR)法要求当项目或项目组显示的风险大于(小于)"平均"风险时,从企业的综合资本成本向上(向下)调整预期报酬率或贴现率。RADR 法与 CAPM 法不同,它通常采用相对不太正式、较为主观的方法来确定必要的风险调整。
- 风险投资评价的一个实际方法是,分析投资项目的可能收益的概率分布的期望值和标准差,并根据这些信息作出决策。分布越分散,管理层要求的期望值也会越高。这种方法的问题是投资决策和预期股价反应的联系并不直接。
- 清偿能力取决于企业的总风险。当企业的破产可能性实际存在并且成本可能很高时,管理层可能会担心投资项目对企业总风险的边际影响。通过分析现有项目与考虑中的投资项目的各种可能组合的期望值和风险,管理层就可以选出最佳组合,通常是根据其优势。

附录 15A 根据财务杠杆调整贝塔系数

具有财务杠杆的企业的普通股贝塔系数既反映了公司的经营风险,又反映了公司的财务风险。在试图间接计算某个项目(或项目组)的权益资本成本时,需要采用一家其经营风险与我们所分析的项目类似的代表公司。不幸的是,代表公司所使用的债务融资比例与我们的企业相比可能有很大的差异。因此,出于这种资本结构上的差异,有必要对代表公司的贝塔系数进行调整。

下面我们将提供一种基于资本结构差异来调整贝塔系数的方法。该调整是在考虑征税影响的资本—资产定价模型的假定下进行的。最后,我们把结果在一定程度上归因于将在第17章讨论的某些因素。

具有财务杠杆的企业(杠杆企业)的普通股预期报酬率是

$$R_j = R_f + (\overline{R}_m - R_f)\beta_j \tag{15A.1}$$

式中,R_f 为无风险利率;

$\overline{R}_m$ 为市场组合的期望收益;

β_j 为衡量杠杆企业权益资本系统风险的贝塔值。

式(15A.1)也可表述为[①]

$$R_j = R_f + (\overline{R}_m - R_f)\beta_{ju}[1 + (B/S)(1 - T_c)] \tag{15A.2}$$

式中,β_{ju} 为衡量没有财务杠杆的企业权益资本系统风险的贝塔值(假设企业全部用权益融资或"无杠杆"时的贝塔值);

B/S 为按市场价值反映的产权比率;

T_c 为公司税率。

将式(15A.2)变形后,可以很清楚地看到权益预期报酬率由无风险利率加上经营风险溢价和财务风险溢价组成:

预期报酬率 = 无风险利率 + 经营风险溢价 + 财务风险溢价

$$R_j = R_f + (\overline{R}_m - R_f)\beta_{ju} + (\overline{R}_m - R_f)\beta_{ju}(B/S)(1 - T_c)$$

所测量出来的股票的 β_j 包含两种风险,为

$$\beta_j = \beta_{ju}[1 + (B/S)(1 - T_c)] \tag{15A.3}$$

将式(15A.3)变形,则股票的无杠杆贝塔值可表述为

$$\beta_{ju} = \frac{\beta_j}{1 + (B/S)(1 - T_c)} \tag{15A.4}$$

给定上述表达式,即可导出某个股票的无杠杆贝塔值。假设测量得出的证券 j 的(有杠杆)贝塔值 β_j 为 1.4;产权比率 B/S 为 0.70;税率为 40%,则无杠杆贝塔值为

$$\beta_{ju} = \frac{1.4}{1 + (0.70)(0.60)} = \mathbf{0.99}$$

如果我们现在希望确定一个使用不同数量的财务杠杆的贝塔值,则可以使用式(15A.3)。利用证券 j 作为我们项目系统经营风险的代表,对调整后的证券 j 我们所要求的产权比率是 0.30,而不是 0.70。因此,调整后的贝塔值将是

调整后的 $\beta_j = \beta_{ju}[1+(B/S)(1-T_c)]$
$= (0.99)[1+(0.30)(0.60)] = \mathbf{1.17}$

[①] 参见 Robert S. Hamada, "Portfolio Analysis, Market Equilibrium and Corporation Finance," *Journal of Finance* 24 (March 1969), 19-30。

该贝塔值要大于证券 j 无杠杆时的贝塔值 0.99，但小于证券 j 更高的实际杠杆的贝塔值 1.40。

总之，当代表企业采用的债务不同于我们的企业时，可以为证券导出一个调整后的贝塔值。首先估计股票有杠杆时的贝塔值，然后将该数值调整到我们所希望采用的杠杆比率。所得的最终结果是当代表公司采用所希望的债务比例时的贝塔值的一个近似值。

注意，上述调整方法假定除了存在公司税外，资本—资产定价模型的所有原则都成立。当存在公司税时，价值被认为将随杠杆呈线性增长。第 17 章还将介绍资本结构对估价影响的综合评价的其他一些不完善之处。因此，当债务比例发生变化时，上述调整方法提供了一种近似的贝塔值，但它仅是一种近似，对于贝塔值的大的调整来说，该方法过于粗糙。

附录 15B　调整现值

在第 15 章的大部分讨论中，我们都将注意力集中在加权平均资本成本（WACC）作为项目接受标准上。这是包含所有组成要素成本的一种混合资本成本。另一个接受标准是 **调整现值**（adjusted present value，APV）法，该方法最初是由斯图尔特·C. 迈尔斯（Stewart C. Myers）提出的。① 在 APV 法下，项目现金流被分成两部分：经营现金流和某些与项目融资有关的现金流。接下来，对这些组成部分估价，从而有

$$APV = 无杠杆项目价值 + 项目融资的价值 \quad (15B.1)$$

现金流被分解后即可对不同部分采用不同的贴现率。由于经营现金流的风险高于与融资有关的现金流的风险，其贴现率也更高。

$$APV = \left[\sum_{t=1}^{n} \frac{CF_t}{(1+k_{eu})^t} - ICO \right] + \left[\sum_{t=1}^{n} \frac{(I_t)(T_c)}{(1+k_d)^t} - F \right] \quad (15B.2)$$

式中，CF_t 是 t 时刻的税后经营现金流；ICO 是项目要求的初始现金支出；k_{eu} 是无财务杠杆时的预期报酬率（即企业全部采用权益融资时的预期报酬率）；I_t 是 t 时刻支付的债务利息；T_c 是公司税率；k_d 是税前债务融资成本；F 是与融资（债务或权益，或两者都有）有关的税后资金筹集费（按现值）。式(15B.2)右边第一个括号中的表达式是按无杠杆权益资本成本贴现的经营现金流净现值。第二个括号中的第一个表达式是项目债务融资的利息的 **税盾**（tax-shield）收益的现值。该部分所使用的贴现率是公司的税前借款成本，原因在于税盾收益的风险与债务资金成本的风险类似。最后，减去发生的所有资金筹集费，即得到项目的调整现值。

示例

田纳西—大西洋纸业公司正在考虑购买一台新的纸板机器，成本为 200 万美元。预计该机器将在未来 8 年内每年节省税后资金 40 万美元。无杠杆权益的预期报酬率为 13%。对于这家全部用权益融资的企业来说，该项目的净现值为

---

① Stewart C. Myers, "Interactions of Corporate Financing and Investment Decisions—Implications for Capital Budgeting," *Journal of Finance* 29 (March 1974), 1-25.

$$\text{NPV} = \sum_{t=1}^{8} \frac{400\,000 \text{ 美元}}{(1+0.13)^t} - 2\,000\,000 \text{ 美元} = -80\,400 \text{ 美元}$$

根据上述条件,该项目将被拒绝。纸板工厂的经理沃利·博德(Wally Bord)非常难过,因为他很想购买这台机器。

不过,还有机会!毕竟,公司的政策是为资本投资项目融资要采用50%的负债,因为这是公司债务与总资本化的目标值。田纳西—大西洋纸业公司可以按10%的利率借款100万美元,从而为新机器融通部分资金(其余部分通过权益融资)。贷款的本金将在8年中每年年末分期偿还12.5万美元(因此,我们可以假设借款金额将随折旧资产的价值一起下降)。如果公司的税率(联邦和州)是40%,则我们就有了足够的信息可以计算利息的税盾收益及其现值。我们的结果见表15B.1。从该表的第(4)列可见,利息的税盾收益的现值总额为13.2万美元。

项目的调整净现值为

$$\text{APV} = -80\,400 \text{ 美元} + 132\,000 \text{ 美元} = 51\,600 \text{ 美元}$$

沃利·博德很高兴,因为现在项目似乎可以被接受了,他可以期待着很快就能听到新的纸板机器的轰鸣声了。

但是资金筹集费的成本又如何呢?这包括证券发行中的法律、承销、印制及其他费用。发行新的债务或权益都会发生这类成本,新的权益发行成本通常更高。在本例中假定田纳西—大西洋纸业公司面临的税后资金筹集费(按现值)为4万美元。这些成本将减少公司的现金流,从而使调整现值变为

$$\text{APV} = -80\,400 \text{ 美元} + 132\,000 \text{ 美元} - 40\,000 \text{ 美元} = 11\,600 \text{ 美元}$$

该项目仍可接受,不过与不存在资金筹集费的情况相比,它提供的利益要少一些。

表 15B.1　与新的纸板机器相关的利息税盾收益现值的计算表　　千美元

年末	(1) 年末所欠债务 $(1)_{t-1}-125$ 美元	(2) 年利率 $(1)_{t-1} \times 0.10$	(3) 税盾收益 $(2) \times 0.40$	(4) 收益现值 按10%贴现
0	1000	—		—
1	875	100	40	36
2	750	88	35	29
3	625	75	30	23
4	500	62	25	17
5	375	50	20	12
6	250	38	15	8
7	125	25	10	5
8	0	12	5	2
				132

加权平均资本成本(WACC)法与调整现值(APV)法

我们已经分析了确定项目价值的两种方法:一种方法是利用企业的加权平均资本成

本(WACC)；另一种方法则是通过求解项目的调整现值(APV)。实际上，APV是更具一般性的理论规则，可以将WACC视为它的一个子情况。迈尔斯在其倡导APV的原创性著作中指出，WACC中含有某些偏见。他的文章引起了激烈的争论。①

无论何时进行资本投资，都会涉及投资和融资。一般规则是，只要企业在长期内保持一个相对稳定的债务比率，并投资于与现有项目相似的项目，WACC法就能相对准确地给出项目的价值。这不过是说在长期内财务风险和经营风险是相对不变的。如果一家公司极大地偏离了它先前的融资模式和/或投资于崭新的行业（例如，一家饮料公司进军电影业），则APV法可以在理论上提供更准确的答案。

WACC法的一个主要的优点是它便于理解而且应用广泛。APV法在学术讨论中很受欢迎，但在企业中的应用却并不广泛。此外，APV法自身也存在应用困难。这体现在其假定中，即除了公司税和资金筹集费外，没有其他市场缺陷。换句话说，在进行融资决策时，具有重要影响的只有利息的税盾收益和资金筹集费。第17章中当我们从更广泛的意义上评价资本结构决策时，还要探讨其他市场缺陷。现在只是认识到两种方法的差异及在绝大多数情况下（只要应用得当）两种方法都会得到相同的接受或拒绝决策即可。

思考题

1. 为什么在计算加权平均资本成本时运用边际权重非常重要？
2. 在什么情况下采用加权平均资本成本作为接受标准是合理的？
3. 应付账款和应计费用等来源提供的资金是否有资本成本？请解释。
4. 如果企业在一段时期内利润很低因而不必纳税，则从资本成本角度看，这对债务基金成本会有何影响？
5. 如何利用股利贴现模型估计权益资本成本？该模型的关键变量是什么？
6. 当资本—资产定价模型用做风险投资接受标准时，其内在的关键假设是什么？
7. 在用CAPM法估计权益预期报酬率时，怎样做可以不用市场组合的期望收益和无风险利率而是用企业的债务成本？
8. 在用资本—资产模型估计权益预期报酬率时，采用代表公司的目的是什么？
9. 区分按项目确定的预期报酬率和用项目组确定的预期报酬率。
10. 当根据总风险来评价项目时，由谁来决定项目是否可接受？如何决定？股票价格有可能被最大化吗？
11. 什么是项目选择的风险调整贴现率(RADR)法？它与CAPM法有何相似之处？又有哪些不同？

---

① 参见 James Miles and John R. Ezzell, "The Weighted Average Cost of Capital, Perfect Capital Markets, and Project Life: A Clarification," *Journal of Financial and Quantitative Analysis* 15 (September 1980), 719-730; Donald R. Chambers, Robert S. Harris, and John J. Pringle, "Treatment of Financing Mix in Analyzing Investment Opportunities," *Financial Management* 11 (Summer 1982), 24-41; and Robert A. Taggart Jr., "Consistent Valuation and Cost of Capital Expressions with Corporate and Personal Taxes," Working Paper, National Bureau of Economic Research (August 1989).

12. 评价单个投资项目与项目组或项目组合的净现值和标准差有何区别？

13. 处于相同行业中的公司对投资项目应有大致相同的预期报酬率吗？为什么？

14. 如果用债务资金为某个项目融资，债务的税后成本等于项目的预期报酬率吗？只要项目赢利超过对本金和利息的支付，它就能让公司获利吗？

15. 如果破产资金（律师费、信托费、延迟、低效率等）成本将大幅上升，这对公司的预期报酬率和企业对待投资机会的方法会有影响吗？

16. 拥有多个部门的公司应为每个部门确定一个预期报酬率或资本成本，而不是使用公司的综合资本成本吗？为什么？

17. 对于一家投资于资本项目的公司，它如何通过采用预期报酬率计算方法创造价值？

18. 通过资本投资决策实现的价值创造来源有哪些？

自测题

1. Silicon Wafer 公司目前为每股股票支付 1 美元股利，每股股价为 20 美元。

（1）如果股利将按 12% 的增长率一直增长下去，则采用股利贴现模型法，该公司的期望或预期权益收益率是多少？

（2）假设情况与题(1)不同，股利将在未来 5 年中按 20% 的增长率增长，此后则一直按 10% 的增长率增长。该情况下，公司的期望或预期权益收益率是多少？

2. 利用资本—资产定价模型，为下列各种情况确定预期报酬率：

情况	市场组合的期望收益/%	无风险利率/%	贝塔
1	15	10	1.00
2	18	14	0.70
3	15	8	1.20
4	17	11	0.80
5	16	10	1.90

你能得出哪些一般性的结论？

3. Sprouts-N-Steel 公司下设两个部门：健康食品和特殊金属。每个部门的总资金需求中，债务融资都占 30%，优先股融资都占 10%，其余则都用权益资本融资。现行的借款利率为 15%，公司税率为 40%。目前，优先股可按 13% 的收益率出售。

Sprouts-N-Steel 公司希望根据每个部门的风险为其确定一个最低收益标准。该标准将作为向各部门转移资本的价格。公司打算采用资本—资产定价模型。它确定了两类样本公司，健康食品部门的贝塔值为 0.90，特殊金属部门的贝塔值为 1.30（假设样本公司与 Sprouts-N-Steel 公司具有类似的资本结构）。目前无风险利率为 12%，市场组合的期望收益为 17%。如果采用 CAPM 法，你认为这两个部门投资的加权平均预期报酬率应当是多少？

4. 假设你正在评价两个相互独立的项目对你所在公司的总风险和收益的影响，各项目预期将产生如下结果：

	公司净现值的期望值	百万美元 净现值的标准差
现有项目	6.00	3.00
加项目 1	7.50	4.50
加项目 2	8.20	3.50
加项目 1 和 2	9.70	4.80

（1）你将投资于哪个新项目（如果将投资的话）？为什么？

（2）如果 CAPM 法建议采用另一种选择，你将怎么做？

复习题

1. Zapata 企业通过两种来源融资：债券和普通股。债券提供资金的资本成本为 k_i，权益资金的资本成本为 k_e。资本结构中含有价值为 B 的债券和价值为 S 的股票，这里的价值为市场价值。计算综合加权平均资本成本 k_o。

2. 假设题 1 中的 B 为 300 万美元，S 为 700 万美元。债券的到期收益率为 14%，股票预计将在本年支付 50 万美元的股利。股利在过去一直按 11% 的增长率增长并预期将一直持续下去。如果公司的所得税税率为 40%，求资本成本。

3. 20×1 年 1 月 1 日，股票市场最受欢迎的公司之一——国际复印机公司（ICOM）的每股价格为 300 美元。该价格是根据预计当年年末的股利为 3 美元，预计每年的增长率为 20% 且能一直持续下去而得出的。但到了 20×2 年 1 月，经济指标开始下降，投资者也修订了对 ICOM 股票年增长率的估计，认为每年只能增长 15%。20×2 年 1 月该公司普通股的价格将是多少？请根据下列假定计算：

（1）固定股利增长估价模型合理地代表了市场对 ICOM 的估价方法。

（2）该公司不改变其资产风险状况和财务杠杆。

（3）预期 20×2 年年末的股利为每股 3.45 美元。

*4. K-Far 百货公司开始实施一个扩张项目，它将在 6 年内使加利福尼亚州海湾地区的营销区域达到饱和。其结果是，公司预计 3 年内每年收益将增长 12%，第 4～6 年每年增长 6%，然后将一直保持固定的赢利水平。公司期望增加每年的每股股利，最近一年的每股股利为 2 美元，股利的增加与其收益增长方式相同。目前，股票的市场价格为每股 25 美元。请估计公司的权益资本成本。

*5. 刚刚组建的 Manx 公司生产一种新产品，按照市场价值它具有如下资本结构：

	美元
信用债券	6 000 000
优先股	2 000 000
普通股（32 万股）	8 000 000
	16 000 000

该公司的边际税率为40%。对公司所在行业公开上市公司的研究表明,权益预期报酬率大约为17%(用来确定预期报酬率的方法是CAPM法)。Manx公司目前的债务收益率为13%,优先股的收益率为12%。请计算公司目前的加权平均资本成本。

6. 位于蒙大拿州的R-Bar-M牧场打算建一座机械化的谷仓,初始现金支出为60万美元。预计该仓库能一直为企业每年节约税后资金9万美元(为便于计算,假设直到无穷期)。该牧场是上市公司,其加权平均资本成本为14.5%。对该项目,公司总裁马克·O.威茨(Mark O. Witz)准备通过发行新的负债筹集20万美元,通过增发普通股再筹集20万美元,其余部分则从企业内部通过留存收益提供。

债务发行的税后资金筹集费的现值为所筹集的总债务资金的2%,而新的普通股发行的资金筹集费则为发行价值的15%。考虑资金筹集费后该项目的净现值是多少?该牧场是否应投资新的谷仓?

7. Cohn & Sitwell 公司正在考虑为石油钻井生产特制钻头和其他设备。目前项目建议被看做是该公司其他经营业务的补充。由于公司有大量机械工程人员,因此有一定的专长。由于进入该行业需要大量支出,管理层很担心公司能否获得足够的收益。由于新的项目被认为与公司现有经营业务存在很大差别,管理层认为应采用一个不同于现行预期收益率的预期收益率。

财务部门的人员已经确定了几家普通股公开上市交易,且完全从事石油钻井设备生产和销售的公司(资本结果与Cohn & Sitwell公司类似)。在过去5年中,这些公司的中间平均贝塔值为1.28。财务人员认为,在可预见的未来,对这些普通股中的"一般"普通股的平均收益的合理估计为18%,无风险利率大约为12%。Cohn & Sitwell公司采用40%的债务和60%的权益进行项目融资,税后债务成本为8%。

(1) 根据上述信息,采用CAPM法确定该项目的预期报酬率。
(2) 所得数值是对该项目预期报酬率的现实的估计吗?

8. Acosta糖业公司估计在未来10年中的标准普尔500指数的综合收益将是15%。公司还预计该段时期政府债券的平均利率将为10%。该公司正在考虑进入一个全新的生产行业——杏仁产品。

该公司对这个行业完全没有经验,但已经获得了生产和加工杏仁的很多公司的信息。尽管所分析的公司中没有一家是只生产杏仁的,Acosta公司的管理层仍认为投产后这样一家公司的贝塔值将是1.10。但该贝塔值是否准确仍存在一定的不确定性(假设Acosta公司与所有代表公司都完全采用权益融资)。公司管理层得出可能结果的概率分别为:

概率	0.2	0.3	0.2	0.2	0.1
贝塔值	1.00	1.10	1.20	1.30	1.40

(1) 如果采用贝塔值的众数均值1.10,项目的预期报酬率将是多少?
(2) 预期报酬率的变动范围是多少?
(3) 预期报酬率的期望值是多少?

9. Able Elba Palindrome 公司正在评估一个资本投资项目,其税后现金流如下:

年　份	期望现金流	年　份	期望现金流
0	−400 000	3	150 000
1	50 000	4	350 000
2	50 000		

美元

无风险利率是8％，该公司的加权平均资本成本是10％，管理层确定的适合该项目的风险调整贴现率是15％。该项目应当被接受吗？为什么？

10. Totally Tubular Tube公司希望对三个投资项目建议进行评价。公司关注这些建议对其总风险的影响。因此，它已经确定了现有项目E与考虑中的投资建议的各种可能组合的可能现值概率分布的期望值和标准差，如下所示：

百万美元

组　合	净现值的期望值	标准差
E	6.50	5.25
E+1	6.80	5.00
E+2	7.60	8.00
E+3	7.20	6.50
E+1+2	7.90	7.50
E+1+3	7.50	5.60
E+2+3	8.30	8.50
E+1+2+3	8.60	9.00

你认为哪种组合最理想？应当接受哪些建议？应当拒绝哪些建议？

附录15A　复习题

*11. Willie Sutton银行保险柜公司的产权比率（按市场价值）为0.75。该公司债务资金的现行成本为15％，边际税率为40％。该公司正在考虑进入自动银行柜员机行业，这是与其现有经营业务有很大差异的电子行业，因此公司在寻找标准公司或代表公司。股票公开交易的Peerless机器公司只生产自动柜员机。Peerless公司的产权比率（按市场价值）为0.25，贝塔值为1.15，实际税率为0.40。

（1）如果Willie Sutton银行保险柜公司希望进入自动银行柜员机行业，并在该新项目中仍采用其现在的财务杠杆，系统风险（贝塔值）为多少？

（2）如果目前的无风险利率是13％，市场组合的期望收益是17％，则采用CAPM法时该公司对该项目所要求的收益率将是多少？

附录15B　复习题

12. Aspen Plowing公司正在考虑投资一辆新的扫雪车，成本为3万美元。该扫雪车可能在6年内每年提供税后增量经营现金流1万美元。公司的无杠杆权益资本成本是16％。公司准备用债务方式为该项目融资60％，利率为12％。今后6年中每年年末等额偿还该贷款的本金。融资时发生的资金筹集费（按现值）为1000美元，公司适用的税率是30%。

(1) 项目的调整现值（APV）是多少？该项目是否可接受？

(2) 如果期望税后增量经营现金流是8000美元而不是1万美元，则情况又会怎样？

自测题答案

1.

(1) $k_e = D_1/P_0 + g$ $D_1 = D_0(1.12) = 1$ 美元 $\times 1.12 = 1.12$ 美元

$k_e = 1.12$ 美元 $/20$ 美元 $+ 12\% = 17.6\%$

(2) 通过第3章和第4章所介绍的试错法，我们最后可以确定将现金股利流贴现为20美元所需的贴现率一定落在18%与19%之间，如下所示：

美元

年　末	每股股利	现值（按18%）	现值（按19%）
1	1.20	1.02	1.01
2	1.44	1.03	1.02
3	1.73	1.05	1.03
4	2.07	1.07	1.03
5	2.49	1.09	1.04
1～5年的现值		5.26	5.13

第6年的股利 $= 2.49$ 美元 $\times 1.10 = 2.74$ 美元

利用固定股利增长估价模型，第5年年末的市场价值为：$P_5 = D_6/(k_e - g)$

$P_5 = 2.74$ 美元 $/(0.18 - 0.10) = 34.25$ 美元

$P_5 = 2.74$ 美元 $/(0.19 - 0.10) = 30.44$ 美元

第5年年末取得金额在0时点的现值：

34.25美元按18%贴现 $= 14.97$ 美元

30.44美元按19%贴现 $= 12.76$ 美元

美元

	18%	19%
1～5年的现值	5.26	5.13
6年以上的现值	14.97	12.76
所有股利的现值	20.23	17.89

因此，贴现率更接近18%，而偏离19%。采用插值法，可得

$$0.01 \begin{bmatrix} 0.18 & 20.23 \text{ 美元} \\ k_e & 20.00 \text{ 美元} \\ 0.19 & 17.89 \text{ 美元} \end{bmatrix} 0.23 \text{ 美元} \quad 2.34 \text{ 美元}$$

$$\frac{X}{0.01} = \frac{0.23\text{ 美元}}{2.34\text{ 美元}} \quad \text{因此}, X = \frac{0.01 \times 0.23\text{ 美元}}{2.34\text{ 美元}} = 0.0010$$

$k_e = 0.18 + X = 0.18 + 0.0010 = \mathbf{18.10\%}$，即所估计的市场要求的权益收益率。

2.

情况	公式：$R_f + (\overline{R}_m - R_f)\beta$	预期报酬率/%
1	10%+(15%−10%)1.00	**15.0**
2	14%+(18%−14%)0.70	**16.8**
3	8%+(15%−8%)1.20	**16.4**
4	11%+(17%−11%)0.80	**15.8**
5	10%+(16%−10%)1.90	**21.4**

其他条件相同时，无风险利率越高，则市场组合的期望收益越高；贝塔值越大，权益预期报酬率也越高。此外，其他条件都相同时，市场风险溢价$(\overline{R}_m - R_f)$越大，预期报酬率也越高。

3. 债务成本＝15%(1−0.4)＝9%

优先股成本＝13%

健康食品部门的权益成本＝0.12+(0.17−0.12)0.90＝16.5%

特殊金属部门的权益成本＝0.12+(0.17−0.12)1.30＝18.5%

健康食品部门的加权平均收益＝9%×0.3+13%×0.1+16.5%×0.6＝**13.9%**

特殊金属部门的加权平均收益＝9%×0.3+13%×0.1+18.5%×0.6＝**15.1%**

正如文中所述，概念上，可以根据系统风险对两个部门的非权益融资成本进行调整。但是，我们这里并没有这么做。

4.（1）各种方案的变动系数（标准差/$\overline{NPV}$）及风险与收益的关系图如下所示：

现有项目(E)	0.50
加上项目1(E1)	0.60
加上项目2(E2)	0.43
加上项目1和项目2(E12)	0.49

对于一个风险厌恶水平为中等的决策者来说，他会倾向于选择现有项目同时加上其他两个新项目，而不是另外三种可能的组合。这样一来，两个新项目都将被接受。实际决策将取决于个人的风险偏好。一个非常厌恶风险的决策者可能更偏好现有项目加上项目2。如果存在破产成本，则这些偏好可能会受到影响。

（2）如果CAPM法导致了不同的决策，决策的关键将是市场缺陷的重要性。如前所述，如果公司的股票在不安全的市场上交易，如果破产的可能性很高，如果破产成本很高，则将更多地依赖总变化性方法，因为它同时考虑了非系统风险和系统风险。如果市场缺陷很小，则将更多地依赖CAPM的结果。

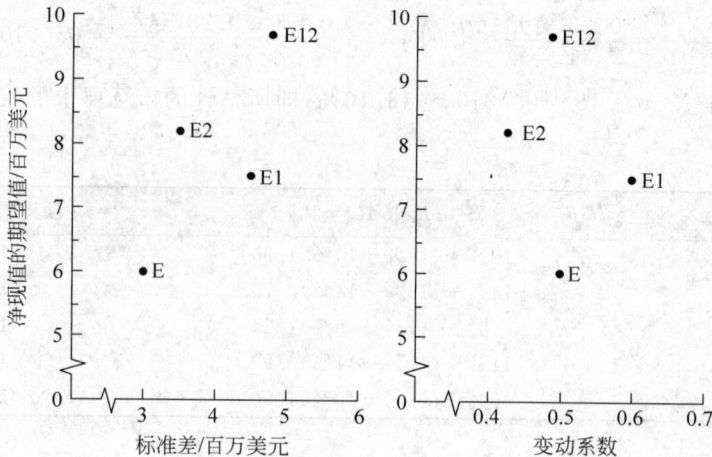

参考文献

Amihud, Yakov, and Haim Mendelson. "The Liquidity Route to a Lower Cost of Capital." *Journal of Applied Corporate Finance* 12(Winter 2000), 8-25.

Arditti, Fred D., and Haim Levy. "The Weighted Average Cost of Capital as a Cutoff Rate: A Critical Analysis of the Classical Textbook Weighted Average." *Financial Management* 6(Fall 1977), 24-34.

Ariel, Robert. "Risk Adjusted Discount Rates and the Present Value of Risky Costs." *The Financial Review* 33(February 1998), 17-29.

Block, Stanley. "Divisional Cost of Capital: A Study of Its Use by Major US Firms." *The Engineering Economist* 48(No. 4, 2003), 345-362.

Booth, Laurence. "Finding Value Where None Exists: Pitfalls in Using Adjusted Present Value." *Journal of Applied Corporate Finance* 15(Spring 2002), 95-104.

Brounen, Dirk, Abe de Long, and Kees Koedijk. "Corporate Finance in Europe: Confronting Theory with Practice." *Financial Management* 33(Winter 2004), 71-101.

Bruner, Robert F., Kenneth M. Eades, Robert S. Harris, and Robert C. Higgins. "Best Practices in Estimating the Cost of Capital: Survey and Synthesis." *Financial practice and Education* 8(Spring/Summer 1998), 13-28.

Chambers, Donald R., Robert S. Harris, and John J. Pringle. "Treatment of Financing Mix in Analyzing Investment Opportunities." *Financial Management* 11(Summer 1982), 24-41.

Conine, Thomas E., Jr., and Maurry Tamarkin. "Division Cost of Capital Estimation: Adjusting for Leverage." *Financial Management* 14(Spring 1985), 54-58.

Ehrhardt, Michael C., and Yatin N. Bhagwat. "A Full-Information Approach for Estimating Divisional Betas." *Financial Management* 20(Summer 1991), 60-69.

Ezzell, John R., and R. Burr Porter. "Flotation Costs and the Weighted Average Cost of Capital." *Journal of Financial and Quantitative Analysis* 11(September 1976), 403-413.

Fama, Eugene F., and Kenneth French. "The Corporate Cost of Capital and the Return on Corporate Investment." *Journal of Finance* 54(December 1995), 1939-1968.

Fuller, Russell J., and Halbert S. Kerr. "Estimating the Divisional Cost of Capital: An Analysis of the Pure-Play Technique." *Journal of Finance* 36(December 1981), 997-1009.

Gitman, Lawrence J., and Pieter A. Vandenberg. "Cost of Capital Techniques Used by Major US

Firms: 1997 vs. 1980." *Financial Practice and Education* 10(Fall/Winter 2000), 53-68.

Greenfield, Robert L., Maury R. Randall, and John C. Woods. "Financial Leverage and Use of the Net Present Value Investment Criterion." *Financial Management* 12(Autumn 1983), 40-44.

Gup, Benton E., and Samuel W. Norwood Ⅲ. "Divisional Cost of Capital: A Practical Approach." *Financial Management* 11(Spring 1982), 20-24.

Hamada, Robert S. "Portfolio Analysis, Market Equilibrium and Corporation Finance." *Journal of Finance* 24(March 1969), 19-30.

Harrington, Diana R. "Stock Prices, Beta and Strategic Planning." *Harvard Business Review* 61(May-June 1983), 157-164.

Harris, Robert S., Thomas J. O'Brien, and Doug Wakeman. "Divisional Cost-of-Capital Estimation for Multi Industry Firms." *Financial Management* 18(Summer 1989), 74-84.

Harris, Robert S., and John J. Pringle. "Risk-Adjusted Discount Rate—Extensions from the Average-Risk Case." *Journal of Financial Research* 8(Fall 1985), 237-244.

Krueger, Mark K., and Charles M. Linke. "A Spanning Approach for Estimating Divisional Cost of Capital." *Financial Management* 23(Spring 1994), 64-70.

Lessard, Donald R., and Richard S. Bower. "An Operational Approach to Risk Screening." *Journal of Finance* 27(May 1973), 321-338.

Lewellen, Wilbur G., and Douglas R. Emery. "Corporate Debt Management and the Value of the Firm." *Journal of Financial and Quantitative Analysis* 21(December 1986), 415-425.

Miles, James A., and John R. Ezzell. "The Weighted Average Cost of Capital, Perfect Capital Markets, and Project Life: A Clarification." *Journal of Financial and Quantitative Analysis* 15(September 1980), 719-730.

____. "Reforming Tax Shield Valuation: A Note." *Journal of Financial Economics* 40(December 1985), 1485-1492.

Myers, Stewart C. "Interactions of Corporate Financing and Investment Decisions—Implications for Capital Budgeting." *Journal of Finance* 29(March 1974), 1-25.

____. "Determinants of Corporate Borrowing." *Journal of Financial Economics* 5(November 1977), 147-175.

Pagano, Michael S., and David E. Stout. "Calculating a Firm's Cost of Capital."*Management Accounting Quarterly* 5(Sping 2004),13-20.

Parasuraman, N. R. "Ascertaining the Divisional Beta for Project Evaluation-the Pure Play Method-a Discussion."*The Chartered Accountant* 31(November 2002),546-549(available online at www. icai. org/pdf/p546-549. pdf).

Porter, Michael E. *Competitive Advantage*. New York: Free Press, 1999.

Pratt, Shannon P. *Cost of Capital: Estimation and Applications*, 2nd ed. New York: John Wiley & Sons, 2002.

Rosenburg, Barr, and Andrew Rudd. "The Corporate Use of Beta," *Issues in Corporate Finance*. New York: Stern, Stewart, Putnam & Macklis, Inc., 1983.

Shapiro, Alan C. "Corporate Strategy and the Capital Budgeting Decision." *Midland Corporate Finance Journal* 3(Spring 1985), 22-36.

____, and Sheridan Titman. "An Integrated Approach to Corporate Risk Management." *Midland Corporate Finance Journal* 3(Summer 1985), 41-56.

Shrieves, Ronald E., and John M. Wachowicz, Jr. "Free Cash Flow (FCF), Economic Value Added (EVA), and Net Present Value (NPV): A Reconciliation of Variations of Discounted-Cash-Flow (DCF) Valuation." *The Engineering Economist* 46 (No. 1, 2001), 33-52.

Stein, Jeremy C. "Rational Capital Budgeting in an Irrational World." *Journal of Business* 69 (1996), 429-455.

Stewart, G. Bennett. *The Quest for Value*. New York: Harper Collins, 1991.

Van Horne, James C. "An Application of the Capital Asset Pricing Model to Divisional Required Returns." *Financial Management* 9(Spring 1980), 14-19.

Weaver, Samuel C. "Using Value Line to Estimate the Cost of Capital and Industry Capital Structure." *Journal of Financial Education* 29(Fall 2003), 55-71.

Part VI of the text's website, *Wachowicz's Web World*, contains links to many finance websites and online articles related to topics covered in this chapter. (http://web.utk.edu/~jwachowi/part6.html)

第 16 章

经营杠杆和财务杠杆

内容提要

- 经营杠杆
  盈亏平衡分析・经营杠杆系数(DOL)・经营杠杆系数和盈亏平衡点・经营杠杆系数和经营风险
- 财务杠杆
  EBIT-EPS盈亏平衡或无差异分析・财务杠杆系数(DFL)・财务杠杆系数和财务风险
- 总杠杆
  总杠杆系数(DTL)・总杠杆系数和企业总风险
- 履行债务的现金流能力
  保障比率・丧失偿债能力的概率
- 其他分析方法
  资本结构比率的比较・调查投资分析家和放款人・证券评级
- 各种方法的结合
- 小结
- 思考题
- 自测题
- 复习题
- 自测题答案
- 参考文献

学习目的

完成本章学习后,您将能够:

- 定义经营杠杆和财务杠杆并识别两种杠杆的产生原因。
- 计算企业经营盈亏平衡(销售量)点及盈亏平衡(销售额)点。
- 定义、计算并解释企业的经营杠杆系数、财务杠杆系数和总杠杆系数。
- 理解 EBIT-EPS 盈亏平衡或无差异分析,构建并解释 EBIT-EPS 图。
- 定义、讨论并用数量表示"企业总风险"及其两个组成部分:"经营风险"和"财务风险"。
- 了解在确定企业财务杠杆的适宜水平时所涉及的因素。

与活龙共眠,绝不能掉以轻心。

——托尔金(J. R. R. Tolkien)
《哈比特人历险记》

如果杠杆使用适当,在某一点上施加的力可以转变或放大成另一点上更大的力或运动。这让人最容易联想到的是机械杠杆,例如使用撬棍时。但是在经营活动中,**杠杆**(leverage)是指通过利用固定成本来增加获利能力。本章将探讨**经营杠杆**(operating leverage)和**财务杠杆**(financial leverage)。前者是由与产品或服务生产有关的固定经营成本引起的;后者则是由固定的融资成本,尤其是债务利息引起的。两种类型的杠杆都会影响企业税后收益的水平和变化性,从而影响企业的综合风险和收益。

经营杠杆

只要企业存在固定经营成本,无论数量大小,就存在经营杠杆。当然,从长期看,所有成本都是可变的。因此,我们的分析必然是短期的。我们之所以负担固定经营成本,是希望销售量能带来足够的收入以弥补所有的固定成本和变动成本。经营杠杆效应的一个最典型的例子是航空业,其中很大比例的营业成本都是固定的。达到某个盈亏平衡负荷系数之后,本质上新增加的每一名乘客都代表对航空公司的直接营业利润(息税前收益或EBIT)。

应注意固定营业成本并不随销售量而变化。这些成本包括建筑物和设备的折旧、保险费、部分综合基本设施费用和部分管理成本。而变动营业成本则直接随产出水平而变化。这些成本包括原材料直接劳动成本、部分综合基本设施费用、直接销售佣金和部分管理费。

固定营业成本的存在引起的一个可能的有趣效果是,营业利润(或损失)并不随销售量的变化而成比例变动。因此,与用来将某一点上的力放大为另一点上更大的力的杠杆一样,固定营业成本的存在使得销售量每变动一个百分比就会使营业利润(或损失)变动一个更大的百分比(请注意:杠杆效应是一把双刃剑,公司的利润可以被放大,公司的损失同样可以被放大)。

表16.1显示了这种放大效应。在框架A中,分析了三个拥有不同经营杠杆的企业。企业F的固定成本(FC)相对于变动成本(VC)很高。企业V的变动营业成本要高于固定营业成本。最后,企业2F的固定营业成本是企业F的两倍。注意,在表中所列的三个企业中,企业2F有:(1)最高的固定成本绝对额;(2)当用(固定成本/总成本)和(固定成本/销售额)两个比率进行衡量时,最高的固定资产相对额。

预期各企业的销售额都会在下一年增长50%。在继续阅读之前,你认为哪家企业对销售的变动更为敏感,即给定一个销售额变动百分比,哪家企业的营业利润(EBIT)变动的百分比最高?(绝大多数人都会选择企业2F。因为它既具有最高的固定成本绝对额,又具有最高的固定成本相对额。但该观点是错误的。)

结果显示在表16.1的框架B中。对于每家企业,销售额和变动成本都增加50%,固定成本不变。所有企业都显示出经营杠杆效应(即销售额和变动引起更高比例的营业利润变动)。但是,企业F被证明是最敏感的企业,因为销售额增长50%引起了营业利润增长400%。如前所述,认为具有最高的固定资产绝对额或相对额的企业会自然表现出最强的经营杠杆效应的看法是错误的。后面,我们将给出一个判断哪个企业对经营杠杆的存在最为敏感的简单办法。但在此之前,我们需要先学会如何通过盈亏平衡分析来研究经营杠杆。

表 16.1 销售变动引起更高比例的营业利润(EBIT)变动的经营杠杆效应　　美元

框架 A:销售变动前三个企业的状况			
	企业 F	企业 V	企业 2F
销售额	10 000	11 000	19 500
营业成本			
固定成本(FC)	7000	2000	14 000
变动成本(VC)	2000	7000	3000
营业利润(EBIT)	1000	2000	2500
经营杠杆比率			
固定成本/总成本	0.78	0.22	0.82
固定成本/销售额	0.70	0.18	0.72
框架 B:下一年度销售额增加 50%后三个企业的状况			
	企业 F	企业 V	企业 2F
销售额	15 000	16 500	29 250
营业成本			
固定成本(FC)	7000	2000	14 000
变动成本(VC)	3000	10 500	4500
营业利润(EBIT)	5000	4000	10 750
营业利润变动百分比			
$(EBIT_t - EBIT_{t-1})/EBIT_{t-1}$	400%	100%	330%

盈亏平衡分析

为了说明**盈亏平衡分析**(break-even analysis)用于经营杠杆的研究,假定一家企业生产高质量的儿童自行车头盔,销售单价是 50 美元。无论销售量是多少,公司每年的固定营业成本都是 10 万美元,每件产品的变动营业成本是 25 美元。我们希望研究总营业成本与总收入间的关系。一种方法是采用如图 16.1 所示的**盈亏平衡图**(break-even chart),该图显示了各种产出和销售水平上的总收入、总营业成本与利润间的关系。由于这里我们只关心营业成本,因此将利润定义为税前营业利润。该定义的目的是排除了债务利息和优先股股利。这些成本并非企业的总固定营业成本的组成部分,在分析经营杠杆时属于无关因素。但是,当我们在下一节分析财务杠杆时则要考虑这些因素。

盈亏平衡(销售量)点　总成本线和总收入线的交点确定了**盈亏平衡点**(break-even point)。盈亏平衡点就是使总收入和总营业成本相等或使营业利润等于零时所要求的销售量。在图 16.1 中,该盈亏平衡点就是 4000 件的产出(或 20 万美元的销售额)。在数学上,我们通过首先注意到营业利润(EBIT)等于总收入减去变动和固定营业成本找到该点(按产品件数):

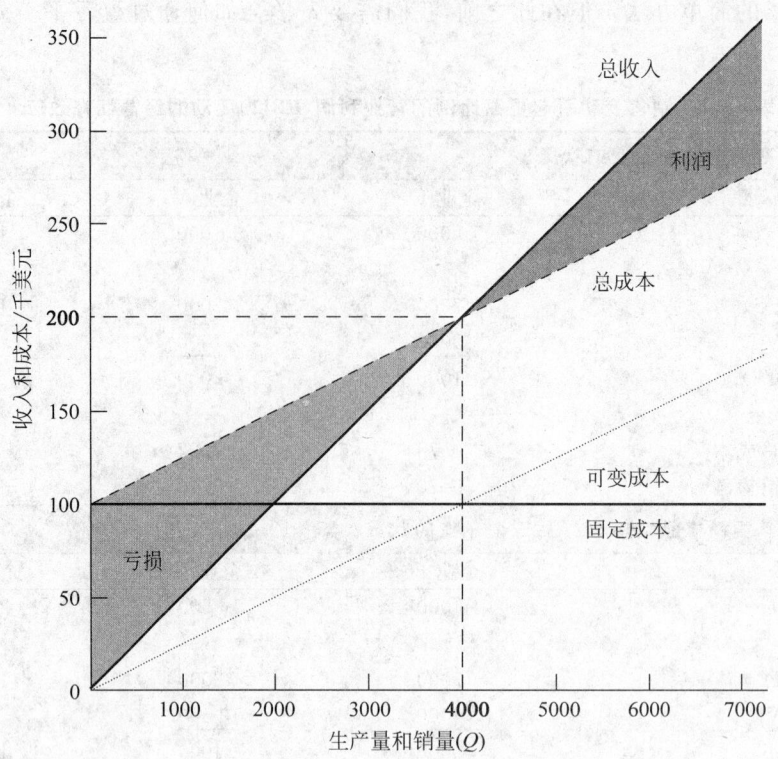

图 16.1 盈亏平衡图,盈亏平衡点分别以销售量和销售额表示

$$\text{EBIT} = P(Q) - V(Q) - \text{FC} = Q(P-V) - \text{FC} \tag{16.1}$$

式中,EBIT 为息税前收益(营业利润);

P 为产品单价;

V 为每件产品的变动成本;

$(P-V)$ 为单位边际成本;

Q 为生产和销售的数量(件数);

FC 为固定成本。

在盈亏平衡点(Q_{BE}),EBIT 为零。因此

$$0 = Q_{BE}(P-V) - \text{FC} \tag{16.2}$$

将式(16.2)变形,盈亏平衡点为

$$Q_{BE} = \text{FC}/(P-V) \tag{16.3}$$

因此,盈亏平衡(销售量)点等于固定成本除以**单位边际收益**(unit contribution margin)$(P-V)$。本例中

$$Q_{BE} = 100\,000 \text{ 美元}/(50\text{ 美元}-25\text{ 美元}) = \mathbf{4000}\text{(件)}$$

对盈亏平衡点以上的额外销售增量,将使利润增加,这在图 16.1 中用阴影区域表示。类似的,当销售量跌到盈亏平衡点以下时,亏损将增加,在图中用阴影区域所对应的无色区域表示。

盈亏平衡(销售额)点 根据销售额而不是销售量来计算盈亏平衡点通常是很有用

的。有时候,如企业销售多种产品时,它将是必需的。例如,对于一家类似通用电气(GE)这样的公司,要得出一个按总销售量表示的有意义的盈亏平衡点是不可能的,但是根据销售额表示的盈亏平衡点则很容易想象。当为多产品企业确定一般平衡点时,我们假定每种产品的销售额占企业总销售额的比例是不变的。

认识到企业位于盈亏平衡点时刚好能够弥补其固定和变动营业成本,我们转向下面这个公式

$$S_{BE} = FC + VC_{BE} \quad (16.4)$$

式中,S_{BE} 为盈亏平衡销售额;

FC 为固定成本;

VC_{BE} 为盈亏平衡点处的总变动成本。

不幸的是,我们现在面临的公式包含两个未知数:S_{BE} 和 VC_{BE}。这样的方程是无法求解的。幸运的是,我们可以用一个方法将式(16.4)变成只含有一个未知数的方程。首先,将式(16.4)重写为

$$S_{BE} = FC + (VC_{BE}/S_{BE})S_{BE} \quad (16.5)$$

因为在线性盈亏平衡分析中,假定总变动成本和销售额间的关系是不变的,我们可以在任意销售水平上用总变动成本对销售的比率(VC/S)替代(VC_{BE}/S_{BE})。例如,可以根据企业近期损益表中的总变动成本与销售额数值解出一个适当的(VC/S)比率。简而言之,在式(16.5)中用"通用"比率(VC/S)替代比率(VC_{BE}/S_{BE})后,得到

$$S_{BE} = FC + (VC/S)S_{BE}$$
$$S_{BE}[1 - (VC/S)] = FC$$
$$S_{BE} = FC/[1 - (VC/S)] \quad (16.6)$$

对于本例中的自行车头盔制造企业,无论销售量是多少,总变动成本对销售额的比率都是 0.50。因此,用式(16.6)求解盈亏平衡(销售额)点,可得

$$S_{BE} = 100\,000 \text{ 美元 }/(1 - 0.50) = \mathbf{200\,000 \text{ 美元}}$$

单价为 50 美元时,20 万美元的盈亏平衡(销售额)点与前面确定的 4000 件盈亏平衡(销售量)点是一致的(即 4000×50 美元=200 000 美元)。

小窍门:

你可以很容易地修改盈亏平衡(销售量)点公式[式(16.3)]和盈亏平衡(销售额)点公式[式(16.6)],以计算产生目标营业利润(EBIT)所需的销售量或销售额(以件或美元为单位)。具体方法是把目标或最小期望营业利润与每个公式中的固定成本(FC)相加,其结果就是你的目标销售量或销售额(分别以件或美元为单位),即产生目标营业利润所需的销售。

经营杠杆系数(DOL)

前面我们提到经营杠杆的一个潜在效应是,销售量的变化可能会引起营业利润(或亏损)的更大比例的变化。营业利润对企业销售量变动的敏感性的量化度量被称为**经营杠杆系数**(degree of operating leverage,DOL)。企业在某个特定产出(或销售)水平的经营杠杆系数就是营业利润变动的百分比与引起该利润变动的产出(或销售)变动百分比的比值。因此

$$\text{产出（或销售）量为 } Q \text{ 件时的经营杠杆系数} = \frac{\text{营业利润（EBIT）变动百分比}}{\text{产出（或销售）变动百分比}} \quad (16.7)$$

用经营杠杆系数衡量的企业营业利润对销售变动的敏感性在不同产出（或销售）水平上是不同的。因此，我们总是需要指出经营杠杆系数衡量的是哪个产出（或销售）水平，例如，Q 件时的经营杠杆系数。

小窍门：

当利用式(16.7)描述企业在当前销售水平的经营杠杆系数时，要记住正在使用的是 EBIT 和销售的未来变动百分比，而不是过去变动百分比。在公式中使用上一期间变动百分比得到的结果是，企业的经营杠杆系数曾经是多少，而不是现在是多少。

直接用式(16.7)求解某特定销售水平的经营杠杆系数通常很困难，因为 EBIT 的预期变动百分比（方程的分子）是无法从历史数据中观察得出的。因此，尽管式(16.7)对于定义和理解经营杠杆系数非常关键，但在实际计算经营杠杆系数的值时，从式(16.7)推导得出的下列几个简单的替代公式却更有用。

$$\text{DOL}_{Q\text{件}} = \frac{Q(P-V)}{Q(P-V)-\text{FC}} = \frac{Q}{(Q-Q_{\text{BE}})} \quad (16.8)$$

$$\text{DOL}_{S\text{销售额}} = \frac{S-\text{VC}}{S-\text{VC}-\text{FC}} = \frac{\text{EBIT}+\text{FC}}{\text{EBIT}} \quad (16.9)$$

式(16.8)尤其适用于用来计算生产单个产品或单种产品的企业的经营杠杆系数。[①] 它只要求两项信息，Q 和 Q_{BE}，这两项都是用件表示的。而式(16.9)对求解生产多种产品的企业的经营杠杆系数非常便利。它也只要求两项信息，即 EBIT 和 FC，这两项都是用金额表示的。

假设我们要为例子中的企业确定在产出和销售量为 5000 件时的经营杠杆系数。利用式(16.8)，有

$$\text{DOL}_{5000\text{件}} = \frac{5000}{5000-4000} = 5$$

产出和销售量为 6000 件时，有

$$\text{DOL}_{6000\text{件}} = \frac{6000}{6000-4000} = 3$$

注意：

当产出从 5000 件增加到 6000 件时，经营杠杆系数的值从 5 降低到 3。因此，产出水平离盈亏平衡点越远，经营杠杆系数就越低。企业经营水平与盈亏平衡点的距离（而不是其固定营业成本的绝对额或相对额）决定了其营业利润对产出或销售的敏感程度。

问题： "$\text{DOL}_{5000\text{件}} = 5$" 到底意味着什么？

回答： 它意味着销售量以 5000 件为基准每变动 1% 会导致 EBIT 变动 5%。实际上，从 5000 件的销售量发生任何百分比的变动都会使 EBIT 发生 5 倍于该百分比的变动。例如，销售量下降 3% 会导致 EBIT 下降 15%，而销售量增加 4% 则会使 EBIT 增加 20%。

[①] 本章自测题 4 要求从式(16.7)进行数学推导，得出式(16.8)。

经营杠杆系数和盈亏平衡点

表 16.2 列出了不同产出（销售）水平的营业利润和经营杠杆系数。从表中可以看到，偏离盈亏平衡点越远，企业的营业利润或亏损的绝对值就越大，用经营杠杆系数衡量的营业利润对产出（销售）变动的敏感性也越低。营业利润和产出（销售）间的线性关系此前已在图 16.1 中揭示出来了。我们在图 16.2 中描绘了经营杠杆系数与产出（销售）之间明显的非线性关系。

表 16.2 范例企业在各种产出（销售）水平上的营业利润和经营杠杆系数

生产和销售量(Q)	营业利润（EBIT）/美元	经营杠杆系数（DOL）
0	$-100\ 000$	0.00
1000	$-75\ 000$	-0.33
2000	$-50\ 000$	-1.00
3000	$-25\ 000$	-3.00
$Q_{BE}=4000$	0	无穷大
5000	25 000	5.00
6000	50 000	3.00
7000	75 000	2.33
8000	100 000	2.00

给定范例中的企业成本和收入的线性关系，可以看到，当销售从上面（或下面）逼近盈亏平衡点时，经营杠杆系数趋向于正（或负）的无穷大。当销售超过盈亏平衡点继续增长时，经营杠杆系数倾向于 1。这意味着当销售超过盈亏平衡点继续增长时，固定成本的存在对营业利润造成的放大效应逐渐向一种 1∶1 的关系递减。图 16.2 表明，即使企业有大量固定资产，如果其经营水平远远超过盈亏平衡点，则其经营杠杆系数仍会保持较低水平。同样，固定资产水平很低的企业如果靠近盈亏平衡点经营，也将拥有很高的经营杠杆系数。[①]

> **问题**：有关经营杠杆系数的知识对企业的财务经理有何用处？
>
> **回答**：财务经理可以预先知道销售收入的一个可能变动将对营业利润产生什么样的影响。有时候，企业可能根据这种预先得知的信息，对其销售政策和/或成本结构做某些改变。作为一般准则，企业并不希望在很高的经营杠杆水平上经营。因为这样一来，销售的很小的下降都可能导致经营亏损。

经营杠杆系数和经营风险

应该认识到经营杠杆系数仅是企业总的**经营风险**（business risk）的一个组成部分，

[①] 图 16.2 中的图形是以 $Q=Q_{BE}$ 和 DOL$=1$ 为渐近线的直角双曲线。所有具有稳定的、线性的成本结构的企业都将具有类似的图形，但每个企业的图形都将以其各自的盈亏平衡点为中心。根据基于销售额而不是销售量的 DOL 描点也将得出形状相似的图形。

有趣的是，如果根据 DOL 和 Q/Q_{BE} 或 S/S_{BE}，即 DOL 对盈亏平衡点的相对水平描图可得到一张适用于所有企业的标准化图形（感谢 James Gahlon 教授与作者分享该观点并提出了其他关于杠杆效应的有益的观点）。此处的相关解释是企业对盈亏平衡点的相对水平决定了其 DOL。更进一步，在距盈亏平衡点的相对距离相同（例如，Q_{BE} 或 S_{BE} 的 1.5 倍）处经营的所有企业都具有系统的 DOL。

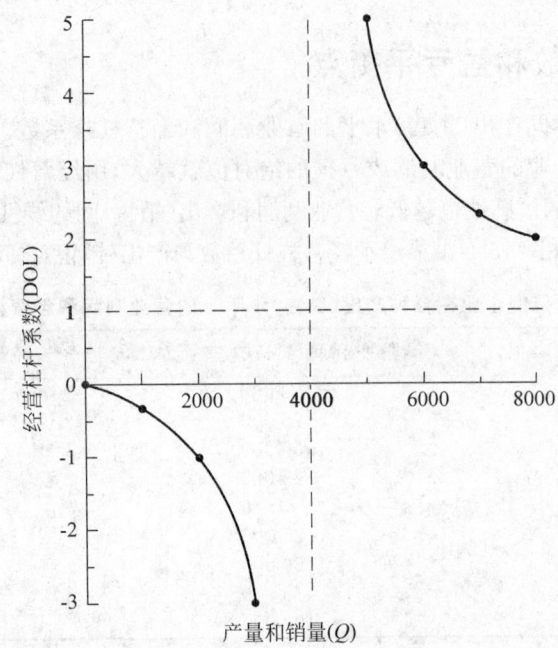

图 16.2 DOL 与产量和销量的关系图
表明越靠近盈亏平衡点则营业利润对产量或销量变动的敏感性越高

这一点非常重要。导致经营风险的其他主要因素包括销售和生产成本的变化性或不确定性。企业的经营杠杆系数将放大这些因素对营业利润的变化性的影响。然而,经营杠杆系数本身并不是这种变化性的来源。如果企业保持固定的销售水平和固定的成本结构,则再高的经营杠杆系数也没有任何意义。类似的,将经营杠杆系数作为企业的经营风险的同义语也是错误的。但是,由于销售和生产成本的潜在变动性,经营杠杆系数会放大营业利润的变动性,从而放大企业的经营风险。因此,经营杠杆系数应当被视为对"潜在风险"的度量,这种潜在风险只有在存在销售和生产成本的变动性的条件下才会被"激活"。

问题:现在你对经营杠杆系数有了更深入的了解,仅根据表 16.1 框架 A 中提供的信息,如何能看出 F、V 和 2F 几家企业中哪家对预计下一年销售量增长 50%这种变化更为敏感?

回答:很简单。应用[(EBIT+FC)/EBIT]计算各企业的 DOL 值,然后选出 DOL 值最高的企业即可。

$$\text{企业 F}: \text{DOL}_{10\,000\text{销售额}} = \frac{1000 \text{ 美元} + 7000 \text{ 美元}}{1000 \text{ 美元}} = 8$$

$$\text{企业 V}: \text{DOL}_{11\,000\text{销售额}} = \frac{2000 \text{ 美元} + 2000 \text{ 美元}}{2000 \text{ 美元}} = 2$$

$$\text{企业 2F}: \text{DOL}_{19\,500\text{销售额}} = \frac{2500 \text{ 美元} + 14\,000 \text{ 美元}}{2500 \text{ 美元}} = 6.6$$

简单地说,DOL 值为 8 的企业 F 对经营杠杆的变化最敏感。这会造成下一年度销售量增长 50%将使营业利润增长 400%(8×50%)。

财务杠杆

财务杠杆涉及用固定成本融资。有趣的是,财务杠杆是可以选择的,而经营杠杆有时候却不能选择。企业所采用的经营杠杆水平(固定营业成本的数额)有时候是由企业经营的物质需要确定的。例如,一家炼钢厂由于大量投资于厂房和设备,将拥有高额的包括折旧在内的固定营业成本。而另一方面,财务杠杆却始终是可选的。没有哪个企业被要求必须用长期债务和优先股融资,相反,企业可以通过内部来源和发行普通股为经营和资本支出融资。尽管如此,不存在财务杠杆的企业还是很少见的。那么,企业为什么会依赖财务杠杆呢?

采用财务杠杆是出于增加普通股股东的收益的目的。当企业按固定成本取得的资金(通过发行固定利率的债务或优先股取得的资金)所获得的收益超过所支付的固定融资成本时,即称企业具有有利的或正的杠杆效应。支付固定融资成本后剩下的所有利润都属于普通股股东。当企业的赢利没有达到固定融资成本时,则称其具有不利的或负的杠杆效应。财务杠杆的有利性,有时也称为"举债经营",是通过它对普通股股东的每股收益的影响来判断的。实际上,财务杠杆是两步利润放大过程的第二步。在第一步,经营杠杆放大了销售变动对营业利润的影响;在第二步,财务经理可以选择利用财务杠杆将上一步引起的营业利润变动对每股收益变动的影响进一步放大。在下一小节,我们将确定各种融资方案下每股收益(EPS)与营业利润(EBIT)的关系,并确定这些备选方案间的**无差异点**(indifference points)。

EBIT-EPS 盈亏平衡或无差异分析

每股收益的计算 为说明财务杠杆的 **EBIT-EPS 盈亏平衡分析**(EBIT-EPS break-even analysis),假设切诺基轮胎公司完全通过普通股筹集到长期资金1000万美元。为了扩大生产,该公司还希望再筹集500万美元。它有下面三种可能的融资方案。它可以通过新发行:(1)全部为普通股;(2)全部为利率12%的债务;(3)全部为股利率11%的优先股来筹集这笔资金。目前该公司每年的息税前收益(EBIT)为150万美元,扩大生产后预计将增加到每年270美元。公司的所得税税率为40%,目前流通在外的普通股为20万股。在第一种融资方案下,普通股按每股50美元出售,从而将增加10万股普通股。

为了确定各种融资方案间的 EBIT-EPS 盈亏平衡或无差异点,先用下面的公式计算某一假定 EBIT 水平下的每股收益 EPS

$$\text{EPS} = \frac{(\text{EBIT} - I)(1 - t) - \text{PD}}{\text{NS}} \tag{16.10}$$

式中,I 为每年支付的利息;

PD 为每年支付的优先股股利;

t 为公司税率;

NS 为流通在外的普通股股数。

假设我们想知道当EBIT为270万美元时,三种新增资金融资方案下的每股收益。相关计算列在表16.3中。注意,债务利息在税前扣除,而优先股股利则在税后扣除。其结果是,债务方案下的普通股股东可得收益(EACS)高于优先股方案,虽然债务的利率要高于优先股股利率。

表16.3 三种新增资金融资方案下每股收益的计算

	普通股	债务	优先股
息税前收益(EBIT)/美元	2 700 000	2 700 000	2 700 000
利息(I)/美元	—	600 000	—
税前收益(EBT)/美元	2 700 000	2 100 000	2 700 000
所得税(EBT×t)/美元	1 080 000	840 000	1 080 000
税后收益(EAT)/美元	1 620 000	1 260 000	1 620 000
优先股股利(PD)/美元	—	—	550 000
普通股股东可得收益(EACS)/美元	1 620 000	1 260 000	1 070 000
流通在外普通股股数(NS)	300 000	200 000	200 000
每股收益(EPS)/美元	5.40	6.30	5.35

每股收益的计算 已知表16.3中的信息,即可构造出一张与经营杠杆情况下类似的EBIT-EPS盈亏平衡图。横轴代表息税前收益,纵轴代表每股收益。对每种融资方案,都必须画一条直线来反映各种可能的EBIT水平上的EPS。由于两点确定一条直线,每种融资方案都需要两个数据点。第一个点是在某个假定的EBIT水平上计算出的EPS。当EBIT的期望值为270万美元时,从表16.3中看到普通股、债务和优先股三种融资方案下每股收益分别为5.40美元、6.30美元和5.35美元。对应EBIT为270万美元的水平描出这些每股收益点。从技术角度来看,在计算EPS时选定哪个EBIT水平都无关紧要。在好的图表上,各EBIT水平都是一样的。但是,常识似乎表明应当选择那些最可能的或期望的EBIT水平,而不是根本不大可能发生的EBIT水平。

第二个数据点(选择该数据点的目的主要是为了便于计算),就是EPS为零的点。对于某个特定的融资方案来说,此时的EBIT刚好能够弥补所有的固定融资成本,该点落在横轴上。可以用式(16.10)来确定各方案在横轴上的截距。令公式中的分子为零并求解EBIT。对于普通股方案,有

$$0 = (EBIT - I)(1 - t) - PD \quad (16.11)$$
$$= (EBIT - 0)(1 - 0.40) - 0$$
$$= (EBIT)(0.60)$$
$$EBIT = 0/0.60 = \mathbf{0}$$

注意,由于没有任何固定融资成本(无论对新的融资还是原有融资),当EBIT为零时EPS也为零。① 对于债务融资方案,有

$$0 = (EBIT - I)(1 - t) - PD$$

---

① 如果企业的某些扩张前融资有固定成本,则普通股融资方案在横轴上的截距不再为零。因为在式(16.11)中 I 和 PD 都为零,才得出 EBIT 为零的结论。

$$= (\text{EBIT} - 600\,000 \text{ 美元})(1 - 0.40) - 0$$
$$= (\text{EBIT})(0.60) - 360\,000 \text{ 美元}$$
$$\text{EBIT} = 360\,000 \text{ 美元}/0.60 = \mathbf{600\,000 \text{ 美元}}$$

因此,税后利息费用除以1减去税率之差即可得到为弥补这些利息支出所需的EBIT。简而言之,必须用60万美元来弥补利息费用,因此60万美元就是横轴上的截距。

最后,对优先股融资方案,有

$$0 = (\text{EBIT} - I)(1 - t) - \text{PD}$$
$$= (\text{EBIT} - 0)(1 - 0.40) - 550\,000 \text{ 美元}$$
$$= (\text{EBIT})(0.60) - 550\,000 \text{ 美元}$$
$$\text{EBIT} = 550\,000 \text{ 美元}/0.60 = \mathbf{916\,667 \text{ 美元}}$$

我们用每年的优先股股利除以1与税率之差,即可得到为弥补这些股利所需的EBIT。因此,如果税率为40%,则需要916 667美元的EBIT来弥补55万美元的优先股股利。优先股股利仍是在税后扣除的,因此与弥补利息相比,需要更多的税前收益。给定横轴上的截距和某一假定水平EBIT上的EPS,可以画一条通过这两个数据点的直线。切诺基轮胎公司的盈亏平衡或无差异图见图16.3。

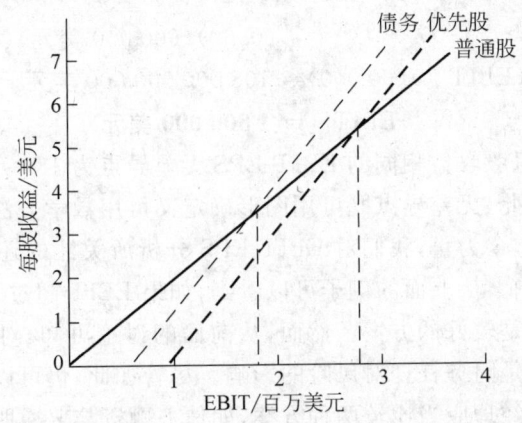

图16.3 三种融资方案的EBIT-EPS盈亏平衡或无差异图

如图16.3所示,债务和普通股新增资本融资方案间的每股收益无差异点为180万美元的EBIT。① 如果EBIT低于该点,则普通股方案将产生更高的每股收益。在该点之上,债务方案产生的每股收益更高。优先股和普通股方案间的无差异点是275万美元的EBIT。在该点之上,优先股方案将提供更高的每股收益。在该点之下,普通股方案的每股收益更高。注意,在债务方案和优先股方案之间并不存在无差异点。在所有的EBIT水平上,债务方案的每股收益都比优先股方案的每股收益高95美分。

---

① 实际上,将180万美元的EBIT称为"盈亏平衡点"比称为"无差异点"更准确。在该EBIT水平上,财务经理未必真觉得两种融资方案无差异。尽管两种方案的确都在EBIT为180万美元时产生了相同的EPS,但这并不意味着两种方案此时的财务风险水平(我们很快将讨论该问题)也相同。但是,"无差异点"是EBIT-EPS分析中的一个常用术语,因此有必要熟悉它。

用数学方法求解无差异点　两种融资方案间的无差异点可以用数学方法确定。首先利用式(16.10)来表示每种融资方案的 EPS，然后令这两个表达式相等：

$$\frac{(\text{EBIT}_{1,2} - I_1)(1-t) - \text{PD}_1}{\text{NS}_1} = \frac{(\text{EBIT}_{1,2} - I_2)(1-t) - \text{PD}_2}{\text{NS}_2} \quad (16.12)$$

式中，$\text{EBIT}_{1,2}$ 为我们所关心的两种融资方案(这里是方案 1 和方案 2)间的 EBIT 无差异点；

　　　I_1, I_2 为在融资方案 1 和方案 2 下每年支付的利息；

　　　PD_1, PD_2 为在融资方案 1 和方案 2 下每年支付的优先股股利；

　　　t 为公司税率；

　　　NS_1, NS_2 为在融资方案 1 和方案 2 下流通在外的普通股股数。

假定在这个例子中，我们要确定普通股和债务融资方案间的无差异点，有

$$\underset{\text{普通股}}{\frac{(\text{EBIT}_{1,2} - 0)(1-0.40) - 0}{300\ 000}} = \underset{\text{债务}}{\frac{(\text{EBIT}_{1,2} - 600\ 000\ \text{美元})(1-0.40) - 0}{200\ 000}}$$

交叉相乘并变形，得到

$$(\text{EBIT}_{1,2})(0.60)(200\ 000) = (\text{EBIT}_{1,2})(0.60)(300\ 000) - $$
$$(0.60)(600\ 000\ \text{美元})(300\ 000)$$
$$(\text{EBIT}_{1,2})(60\ 000) = 108\ 000\ 000\ 000\ \text{美元}$$
$$\text{EBIT}_{1,2} = \mathbf{1\ 800\ 000\ 美元}$$

两种融资方法的每股收益相同的 EBIT-EPS 无差异点为 180 万美元。该数值可通过图 16.3 加以验证。因此，无差异点既可用图形确定又可用数学方法确定。

对风险的影响　迄今为止，我们对 EBIT-EPS 分析所关注的还仅仅是用每股收益衡量对普通股股东的影响。从上面的例子可以看到，如果 EBIT 超过 180 万美元，从每股收益的角度看，债务融资是较好的方案。然而，从前面的讨论可知，对期望收益的影响是把双刃剑，它的另一面将是财务杠杆对风险的影响。尽管如此，仍可以得出某些一般性的结论。其中之一是，财务经理应当比较两种方案，如债务融资与普通股融资间的无差异点及最可能的 EBIT 水平，在其他条件均相同时，假定 EBIT 超过无差异点水平，则 EBIT 的期望值越高，越应该采用债务融资。

此外，财务经理还应当评价未来的 EBIT 实际降到无差异点水平以下的可能性。如前所述，我们对期望 EBIT 的估计是 270 万美元。给定公司的经营风险和相应的 EBIT 的可能波动范围，财务经理应当可以评估 EBIT 降到 180 万美元以下的概率。如果这个可能性可以忽略不计，则应当支持采用债务融资方案。另一方面，如果目前的 EBIT 只是略微高于无差异点，而且 EBIT 降到该点以下的概率很高，则财务经理可能得出债务方案的风险过高的结论。

上述观点体现在图 16.4 中，图中两种方案的可能 EBIT 的概率分布被叠加在图 16.2 所示的无差异图上。不过，在图 16.4 中，我们只考虑债务和普通股方案。对于其中的安全(高峰)分布，实际上 EBIT 是不可能降到无差异点之下的。因此，我们可能得出应采取债务融资方案的结论，这是因为它对股东收益的影响很大，但风险却可以忽略不计。对于

其中的风险(平坦)分布,EBIT下降到无差异点以下的可能性很高。在这种情况下,财务经理可能得出债务方案风险太高的结论。

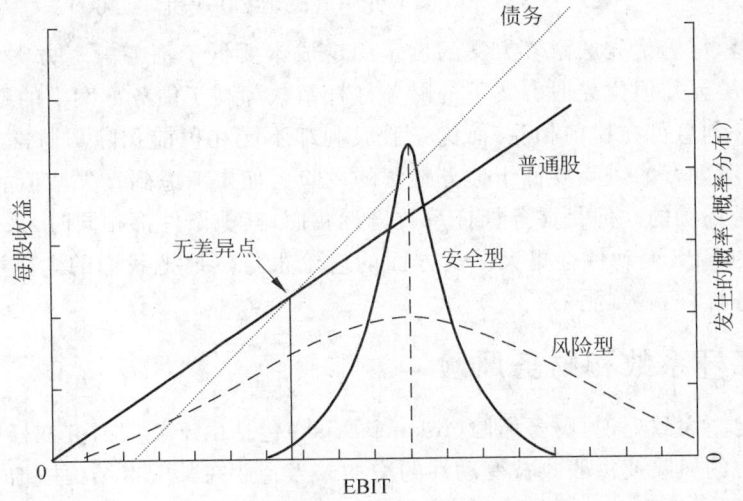

图16.4 EBIT-EPS盈亏平衡和无差异图及债务和普通股增量融资方案的EBIT概率分布

总之,期望EBIT水平超过无差异点越大以及向下波动的概率越低,就越应当采用债务融资。EBIT-EPS盈亏平衡分析只是用来确定企业应持有债务的适当数额的几种方法之一。没有哪种方法能绝对令人满意,但是如果同时采用几种分析方法,则可以得出一般性结论。

财务杠杆系数(DFL)

企业的每股收益对企业的营业利润变动的敏感性的量化衡量指标称为**财务杠杆系数**(degree of financial leverage, DFL)。某个特定水平的营业利润上的财务杠杆系数等于每股收益变动百分比除以引起每股收益变动的营业利润变化的百分比。因此,有

$$\text{EBIT 为 } X \text{ 美元时的财务杠杆系数} = \frac{\text{每股收益(EPS)变动百分比}}{\text{营业利润(EBIT)变动百分比}} \quad (16.13)$$

尽管式(16.13)对定义财务杠杆系数非常有用,但在实际计算时,由式(16.13)推导得出的一个替代公式更有用:

$$\text{DFL}_{\text{EBIT 为 } X \text{ 美元}} = \frac{\text{EBIT}}{\text{EBIT} - I - [PD/(1-t)]} \quad (16.14)$$

式(16.14)表明,计算某个特定营业利润水平下的财务杠杆系数的方法是:用营业利润除以营业利润与用来弥补总的固定融资成本的税前营业利润之差(记住,与弥补利息相比,弥补优先股股利需要更多的税前收益;因此,在公式中需要以优先股股利除以1与税率之差)。对范例企业来说,在EBIT为270万美元时采用债务融资方案,有

$$\text{DFL}_{\text{EBIT 为 270 万美元}} = \frac{2\,700\,000 \text{ 美元}}{2\,700\,000 \text{ 美元} - 600\,000 \text{ 美元}} = 1.29$$

对于优先股融资方案,财务杠杆系数为

$$\text{DFL}_{\text{EBIT为270万美元}} = \frac{2\,700\,000\text{ 美元}}{2\,700\,000\text{ 美元} - (550\,000\text{ 美元}/0.60)} = 1.51$$

有趣的是,尽管优先股融资方案的设定固定成本要低于债务融资方案(分别为 55 万美元和 60 万美元),但优先股方案下的财务杠杆系数却高于债务方案下的财务杠杆系数。这是因为债务利息可在税前扣除,而优先股股利却不能在税前扣除。通常认为对发行企业来说,优先股融资的风险要低于债务融资的风险。如果考虑到丧失偿债能力的风险,这种看法可能是正确的。但是财务杠杆系数告诉我们,其他条件都相同时,采用优先股融资方案所引起的 EPS 变动性会更大。这方面的讨论很自然地把我们的主题引向了财务风险及其与财务杠杆系数的关系。

财务杠杆系数和财务风险

财务风险　大致上说,**财务风险**(financial risk)包括由于使用财务杠杆所导致的可能丧失偿债能力的风险及每股收益变动性的增加。当企业在其资本结构中增加固定成本融资的比例时,固定的现金流出量将增加,从而丧失偿债能力的概率也会增加。为说明财务风险这方面的特点,假设两家企业的财务杠杆不同,但其他所有方面都相同。两家企业每年期望的息税前现金收益都是 8 万美元,企业 A 没有负债,企业 B 有价值 20 万美元、利率为 15% 的永久性债券流通在外。因此,企业 B 每年的总固定财务费用为 3 万美元,而企业 A 则没有固定财务费用。如果两家企业的现金收益刚好都比期望值低 75%,即只有 2 万美元,则企业 B 将无法用现金收益来弥补其财务费用。因此,我们可以看到,企业丧失偿债能力的可能性随其所发生的财务费用而增加。

财务风险的第二个方面涉及每股收益的相对离散程度。假设企业 A 和企业 B 的期望未来 EBIT 都是随机变量,它们的概率分布的期望值都是 8 万美元,标准差均为 4 万美元。与前面一样,企业 A 没有债务,但有 4000 股每股面值为 10 美元的普通股流通在外。企业 B 有利率为 15% 的 20 万美元债务以及 2000 股每股面值为 10 美元的普通股流通在外。

表 16.4 中的框架 A 表明企业 A 的普通股股东可获得的期望收益为 4.8 万美元,而企业 B 的普通股股东可获得的期望收益为 3 万美元。但是,将普通股股东可获得的期望除以流通在外的普通股股数,结果却表明企业 B 的每股期望收益为 15 美元,高于企业 A 的每股期望收益 12 美元。所确定的每股期望收益标准差,企业 A 为 6 美元,企业 B 为 12 美元。

企业总风险等于经营风险加上财务风险　每股收益的变动系数,即它的标准差除以它的期望值,为我们提供了一个测量每股收益的相对离散程度的指标。我们用该统计指标来衡量**企业总风险**(total firm risk)。在表 16.4 的框架 B 中,可见企业 A(即 100% 的权益融资的情形),每股收益的变动系数为 0.50。注意,该数值刚好等于该企业息税前收益的变动系数。这表明即使不存在财务杠杆,企业的股东仍要面临风险——经营风险。因此企业经营风险相对数额的一个较好的衡量指标就是 EBIT 的变动系数。对于企业 B,即负债 50% 的情形,每股收益的变动系数是 0.80。由于企业 B 与企业 A 除财务杠杆不同外,其他情况非常类似,可以用企业 B 和企业 A 的每股收益变动系数之差,即 0.80－0.50＝0.30,来衡量企业 B 由于使用债务杠杆而增加的每股收益变动性。简单地说,这个差值就是财务风险的一个衡量指标。同样,该财务风险衡量指标也等于企业 B 每股收益的变动系数与其息税前收益的变动系数之差。

表 16.4 表明财务杠杆影响每股使用的水平和变动性的财务杠杆效应示例

	企业 A(100%的权益)	企业 B(50%的权益)
框架 A：损益表信息预测		
息税前期望收益[$E(\text{EBIT})$]	80 000 美元	80 000 美元
利息(I)	—	30 000 美元
税前期望收益[$E(\text{EBT})$]	80 000 美元	50 000 美元
期望税款[$E(\text{EBT}) \times t$]	32 000 美元	20 000 美元
普通股东可获期望收益[$E(\text{EACS})$]	48 000 美元	30 000 美元
流通在外普通股股数(NS)	4000	2000
每股期望收益[$E(\text{EPS})$]	12.00 美元	15.00 美元
框架 B：风险因素		
每股收益标准差(σ_{EPS})*	6.00 美元	12.00 美元
息税前使用的变动系数[$\sigma_{\text{EBIT}}/E(\text{EBIT})$]	0.50	0.50
$\text{DFL}_{\text{期望EBIT为80万美元}}$		
$[E(\text{EBIT})]/[E(\text{EBIT})-I-\text{PD}/(1-t)]$	1.00	1.60
每股收益的变动系数[$\sigma_{\text{EPS}}/E(\text{EPS})$]或		
$[\sigma_{\text{EBIT}}/E(\text{EBIT})] \times [\text{DFL}_{E(\text{EBIT})}]$	0.50	0.80

* 对任意随机变量 X,有 $\sigma_{(a+bx)}=(b)(\sigma_x)$;因此,$\sigma_{\text{EPS}}=(1/流通在外普通股股数)(1-t)(\sigma_{\text{EBIT}})$。如 50%的债务：$(1/2000)(1-0.40)(40 000$ 美元$)=12.00$ 美元。

注意：

总之,我们有：

- 企业总风险＝经营风险＋财务风险。
- 每股收益变动系数 CV_{EPS} 是衡量企业总风险的一个相对指标：$\text{CV}_{\text{EPS}}=\sigma_{\text{EPS}}/E(\text{EPS})$。
- 息税前收益的变动系数 CV_{EBIT} 是衡量企业经营风险的一个相对指标：$\text{CV}_{\text{EBIT}}=\sigma_{\text{EBIT}}/E(\text{EBIT})$。
- 因此,每股收益的变动系数(CV_{EPS})与息税前收益的变动系数(CV_{EBIT})之差是企业财务风险的一个相对衡量指标：$(\text{CV}_{\text{EPS}}-\text{CV}_{\text{EBIT}})$。

从表 16.4 中可见,在我们的例子中,用每股收益的变动系数衡量的企业总风险在 50%债务融资的情形下要比在 100%权益融资的情形下高。然而,每股收益的期望水平也相对较高。我们再次看到,风险—收益间的权衡构成了绝大多数财务杠杆决策的特点。

财务杠杆系数放大了风险 我们衡量企业总风险的相对指标,即每股收益的变动系数,可以通过用每股收益的标准差除以每股期望收益直接得出。然而,给定我们例子中的假设条件,可以看到该指标也等于息税前收益的变动系数差异在期望 EBIT 水平处的财务杠杆系数。① 在我们的例子中,企业 A 没有财务杠杆,相应的财务杠杆系数等于 1;简而言之,用 CV_{EBIT} 衡量的经营风险没有被放大。对企业 A 来说,CV_{EPS} 等于 CV_{EBIT},因此企业总风险就等于其经营风险。相反,企业 B 的 CV_{EPS} 等于其 CV_{EBIT}(经营风险指标)乘以 1.6(在期望 EBIT 处的财务杠杆系数)。因此,对于使用财务杠杆的企业来说,其财务杠杆系数将放大经营风险对每股收益变动性的影响。所以,尽管财务杠杆系数并非财务风险的同义词,但其放大作用的确决定了由于使用财务杠杆而引起的风险增加相对额。其结果是,经营风险很高的企业通常会采用财务杠杆系数较低的融资组合,而经营风险较低的企业则常常会采用财务杠杆系数较高的融资组合。

总杠杆

财务杠杆和经营杠杆联合在一起后,其结果就是**总(或联合)杠杆**(total/combined leverage)。将财务杠杆和经营杠杆联合起来的效果是,销售的任何变动都两步放大为每股收益的更大的相对变动。企业每股收益对其销售变动的总的敏感性的一个量化衡量指标是**总杠杆系数**(degree of total leverage,DTL)。

总杠杆系数(DTL)

企业在某特定产出(或销售)水平上的总杠杆系数(DTL)等于每股收益变动百分比与导致每股收益变动的产出(或销售)变动百分比之比。因此

$$\begin{matrix} \text{产出(或销售)量为 } Q \text{ 件} \\ \text{(或 } S \text{ 美元)时的总杠杆系数} \end{matrix} = \frac{\text{每股收益(EPS)变动百分比}}{\text{产出(或销售)变动百分比}} \qquad (16.15)$$

在计算上,我们可以利用这样一个事实,即总杠杆系数就是经营杠杆系数和财务杠杆系数的乘积:

$$\text{DTL}_{Q\text{件(或}S\text{美元)}} = \text{DOL}_{Q\text{件(或}S\text{美元)}} \times \text{DFL}_{\text{EBIT为}X\text{美元}} \qquad (16.16)$$

此外,用 DFL 的替代公式即式(16.14)乘以 DOL 的替代公式[式(16.8)]和[式(16.9)],则有

$$\text{DTL}_{Q\text{件}} = \frac{Q(P-V)}{Q(P-V) - \text{FC} - I - [\text{PD}/(1-t)]} \qquad (16.17)$$

$$\text{DTL}_{S\text{美元销售额}} = \frac{\text{EBIT} + \text{FC}}{\text{EBIT} - I - [\text{PD}/(1-t)]} \qquad (16.18)$$

上述替代公式表明,对于某个特定企业,税前债务成本越高,与没有财务杠杆时相比,其总杠杆系数也越高。

---

① 证明:$\dfrac{\sigma_{\text{EPS}}}{E(\text{EPS})} = \dfrac{(1/NS)(1-t)(\sigma_{\text{EBIT}})}{[E(\text{EBIT})(1-t) - I(1-t) - \text{PD}]/NS}$

$= \dfrac{\sigma_{\text{EBIT}}}{E(\text{EBIT}) - I - [\text{PD}/(1-t)]}$

$= \dfrac{\sigma_{\text{EBIT}}}{E(\text{EBIT})} \times \dfrac{E(\text{EBIT})}{E(\text{EBIT}) - I - [\text{PD}(1-t)]}$

$= CV_{\text{EBIT}} \times \text{DFL}_{E(\text{EBIT})}$

假设我们用来说明经营杠杆的自行车头盔生产企业有20万美元的债务,利率为8％。如前所述,销售单价为50美元,变动营业成本为每件25美元,每年的股东营业成本为10万美元。假设税率是40％,我们要确定产量和销量为8000件时的总杠杆系数。因此,根据式(16.17),有

$$DTL_{8000件} = \frac{8000(50美元 - 25美元)}{8000(50美元 - 25美元) - 100\,000美元 - 16\,000美元} = 2.38$$

因此,生产和销售的产品件数增加10％将引起每股收益增加23.8％。

将范例企业的总杠杆系数表述为经营杠杆系数乘以财务杠杆系数之积,可得

$$DOL_{8000件} \times DFL_{EBIT为10万美元} = DTL_{8000件}$$
$$\frac{8000(50美元 - 25美元)}{8000(50美元 - 25美元) - 100\,000美元} \times \frac{100\,000美元}{100\,000美元 - 16\,000美元} = 2.38$$
$$2.00 \times 1.19 = 2.38$$

如果没有财务杠杆,则企业的总杠杆系数将等于经营杠杆系数,其值为2(记住,没有财务杠杆的企业的DFL等于1)。但是,这里我们看到,该企业的财务杠杆将其DOL数值放大了1.19,从而得到总杠杆系数为2.38。

总杠杆系数和企业总风险

经营杠杆和财务杠杆可以按很多方式联合以得到一个理想的总杠杆系数和企业总风险水平。很高的经营风险可以被较低的财务风险抵消,反之亦然。适当的企业综合风险水平需要在企业总风险与期望收益间进行权衡。该权衡过程必须与股东价值最大化的目标一致。迄今为止,我们讨论的目的是显示某些工具如何用来提供关于两类杠杆(经营杠杆和财务杠杆)的影响及其联合影响的信息。

履行债务的现金流能力

当我们试图为企业确定适当的财务杠杆时,也要分析企业支付固定财务费用的现金流能力。企业发行的具有优先分红权的证券金额越高、到期日越短,则企业的固定财务费用也越高。这些费用包括债务本金和利息的支付、融资租赁付款和优先股股利。在承担额外的固定财务费用之前,企业应分析其期望未来现金流,因为固定财务费用必须用现金支付。除了优先股股利外,如果不能支付这些费用,则可能导致企业破产。企业的期望未来现金流越高、越稳定,则企业的**最大负债能力**(debt capacity)也越高。

保障比率

获取有关企业最大负债能力的信息的方法之一是分析**保障比率**(coverage ratios)。回顾第6章的相关内容,这些比率是用来将企业的财务费用同企业履行或偿还这些费用的能力联系起来的。在计算这些比率时,我们一般用息税前收益来大致衡量可用来偿还固定财务费用的现金流。使用最为广泛的保障比率可能是**利息保障倍数**(interest coverage ratio)或已获利息倍数。该比率就是用某一时期的息税前收益除以该时期的利息

费用。

$$\text{利息保障倍数(或已获利息倍数)} = \frac{\text{息税前收益(EBIT)}}{\text{利息费用}} \quad (16.19)$$

例如,假设一家公司最近的年息税前收益为 600 万美元,对所有债务的年利息支付为 150 万美元。因此,EBIT 可以偿还利息费用 4 次。这意味着企业的 EBIT 最多可以下降 75%,而仍能用收益弥补利息支出。

如果利息保障倍数仅为 1,则表明收益刚够满足利息负担。必须指出企业所从事的经营行业,否则无法得出什么样的利息保障倍数才适宜的一般化结论。在稳定性很高的行业,一个相对较低的利息保障倍数可能是适宜的,但这对于高度变动的行业则未必适当。

请注意,利息保障倍数并未告诉我们企业满足债务本金支付的能力。企业不能支付本金与不能支付利息在法律上都构成违约。因此,为企业所有的**债务负担**(debt-service burden)计算保障比率是很有用的。该比率为

$$\text{债务保障比率} = \frac{\text{息税前收益(EBIT)}}{\text{利息费用} + \dfrac{\text{本金支付}}{1 - \text{税率}}} \quad (16.20)$$

这里的本金支付考虑到税收的影响向上做了调整。原因是 EBIT 代表的是息税前收益。由于本金支付不能在税前扣除,必须用税后收益支付。因此必须对本金支付进行调整,使其与 EBIT 保持一致。如果在前例中每年偿还本金 100 万美元,税率为 40%,则债务保障比率应为

$$\text{债务保障比率} = \frac{6\,000\,000 \text{ 美元}}{1\,500\,000 \text{ 美元} + \dfrac{1\,000\,000 \text{ 美元}}{1 - 0.40}} = \mathbf{1.89}$$

债务保障比率为 1.89 意味着在收益保障不能履行债务之前,EBIT 只能下降 47%。[①] 很明显,其他条件都相同时,债务保障比率越接近 1,情况越糟糕。然而,即使该债务保障比率低于 1,只要企业在本金到期或资产被出售时能续借一些债务,它就仍有可能偿还其债务。

作为与财务杠杆有关的财务风险综合分析的一部分,应当关注企业支付总固定费用的能力。尽管租赁融资本质上并非负债,但它对现金流的影响与债务的利息和本金支付是完全相同的(见第 21 章关于租赁融资的分析)。因此,应将每年的金融租赁付款加到式(16.20)的分子和分母上,以便正确反映与融资有关的现金流负担。

与利息保障倍数一样,要得出具体的债务保障比率是好还是坏,类似于"大拇指法则"的一般性结论是不合适的。该比率的好坏随企业的经营风险而变化。该事实在图 16.5 中得到了说明,该图显示了两个假想的公司的 EBIT 概率分布。两家公司的 EBIT 的期望值是相同的,由式(16.20)的分母所表示的债务负担也相同。因此,其债务保障比率也是相同的,即 100 000 美元/60 000 美元 = **1.67**。但是,公司 A 面临更高的经营风险,这表现在其 EBIT 具有更大的变动性。EBIT 下降到债务负担之下的概率在图中用阴影区域

---

① 该百分比的确定:$1 - (1/1.89) = 0.47$。

表示。我们看到对该概率,公司 A 要比公司 B 大得多。尽管 1.67 的债务保障比率对公司 B 可能是合适的,但它对公司 A 来说却未必适合。简而言之,现金流稳定的公司更能够承担相对更加固定的费用。

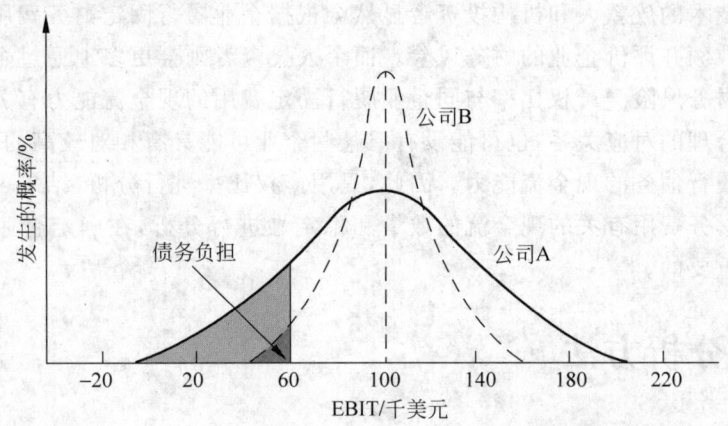

图 16.5 公司 A 和公司 B 与债务负担相关的可能 EBIT

最终,我们得到一个关于企业在融资组合中应含有的债务(和租赁)的适当数额的一般性结论。很明显,持续经营的企业的长期履行债务的能力是与收益联系在一起的。因此,保障比率是一种很重要的分析工具。然而,它们也只是可以在确定企业的适当融资组合方面得出结论的一种工具。与所有比率一样,保障比率也具有某些限制,因此不能用来作为确定企业融资方式的唯一方法。EBIT 下降到债务负担之下并不会立即给企业带来厄运。通常,其他资金来源,包括贷款的续借,也可以为企业所用,对这些来源也必须加以考虑。

丧失偿债能力的概率

对企业来说,关键问题与其说是保障比率是否会降到 1 以下,还不如说是企业丧失偿债能力的可能性有多大。固定费用融资增加了企业丧失偿债能力的危险。因此,答案取决于所有的支付来源——收益、现金、新的融资安排或资产的销售,总体上是否足够。保障比率只能说明问题的一部分,要全面说明丧失偿债能力的问题,必须取得有关企业的实际现金流对其期望值的可能偏差的信息。正如我们在第 7 章所讨论的,可以为一定范围内的各种结果编制现金预算,每种结果都附有一个概率。在评价企业满足固定债务的能力时,不仅要考虑期望收益,还要考虑其他现金流因素——资产的购置或销售、企业的流动性、股利支付和季节性特点。给定一定现金流序列的概率,财务经理即可确定在管理层可以忍受的丧失偿债能力范围内,企业可以承担的固定融资费用。

管理层可能认为自己能忍受的丧失偿债能力的最大概率为 5%。该概率与在悲观假定下编制的现金预算一致。在这种情况下,所承担的债务可能达到悲观现金预算下充分补偿固定债务费用所需的现金余额点。换句话说,债务将增加到这样一个点,在该点,额外的现金流出所导致的丧失偿债能力的概率与管理层规定的风险忍受程度相等。注意,该分析方法提供了一种评价债务增加对丧失偿债能力风险的影响的手段。根据该信息,管理层即可确定最佳债务水平。

企业履行固定财务费用的现金流能力分析可能是分析财务风险的一种最好的方法，但一个现实问题是，是否所有（或绝大部分）金融市场的参与者都按该方式对公司进行分析。拥有复杂技术的放款人和机构投资者显然会根据企业履行固定财务费用的能力来分析这些费用的数额并评价企业的财务风险。而个人投资者则会更多地通过企业账面的产权比率来判断财务风险。产权比率与同企业履行固定费用的现金流能力有关的固定费用数额间可能有合理的对应关系，也可能没有。某些企业可能具有相对较高的产权比率，但也具有很强的履行债务的现金流能力。因此，只用产权比率进行分析，结果可能是误导性的。对与固定财务费用有关的现金流的数量和稳定性进行分析，在确定企业的适当融资组合时是非常重要的。

其他分析方法

资本结构比率的比较

分析企业的适当融资组合的另一种方法，是评价与该企业具有相似经营风险的其他企业的**资本结构**(capital structure)。用于该比较的企业绝大多数时候都是处于同一行业的企业。如果某个企业准备采用的资本结构与同类企业的差别很大，则它在市场上将十分引人注目。这并不是说该企业这样做是错的，而是行业内的其他企业可能在使用债务方面过于保守。行业内所有企业的最优资本结构可能要求一个高于行业平均水平的产权比率。因此，企业可能需要高于行业平均水平的负债。如果企业的财务杠杆严重地走向两个极端，它就应当准备为此提供充分的理由，因为投资分析家和债权人通常都按行业标准对企业进行评价。

在经营性企业中，对财务杠杆的使用有很大差异。但是，如果我们按行业对企业进行分类，很大一部分差异就可以被消除掉，这是因为同一行业内的企业在负债比率方面通常存在共同的倾向。下面是挑选出来的一些行业的产权比率。

行　　业	产权比率	行　　业	产权比率
光学仪器（制造型）	1.2	地毯（制造型）	1.9
药品（制造型）	1.2	木制厨具（制造型）	2.9
肉品包装（制造型）	1.8	加油站（零售型）	3.2
电子元器件（制造型）	1.8	普通承包商（住宅类）	5.0

可见，光学仪器制造商和药品公司所使用的财务杠杆较低，而普通承包商则在项目融资中大量采用债务融资。所以进行资本结构比较时，要看位于同一行业的其他公司。简而言之，要将苹果与苹果进行比较，而不是将苹果与橘子进行比较。

调查投资分析家和放款人

企业通过与投资分析家、机构投资者和投资银行家交谈，获取其关于财务杠杆的适当数额的看法可能也会有所帮助。这些分析家分析很多公司并以推荐股票为业。因此,他们对金融市场有一定的影响,他们关于市场如何评价财务杠杆的判断可能也很有价值。类似的,企业可能还需要与放款人商谈,了解在借款成本可能上升前企业能借到多少资金。管理层最终可能对过去发行债务后公司对股票市价的影响形成一种"感觉"。

证券评级

财务经理必须考虑融资方案对企业证券评级的影响。无论何时,只要企业向大众投资者而不是银行等私人放款人出售债券或优先股,都必须请一家或多家评级机构对其证券进行评级。主要的评级机构有穆迪投资者服务机构和标准普尔。新的公司证券的发行人要与评级机构签订合约,对发行的证券进行评价,并在证券的寿命期内不断更新评级。发行者要为该服务支付费用。此外,评级机构还要就其评级刊物向订阅者收费。尽管对新的发行的评级是当前的,但对现存证券评级的变动通常要滞后于造成这种变动的事件。

穆迪和标准普尔这两家机构都采用大致相同的字母评分。它们采用的评级及其简单描述见表16.5。在其评级中,这两家机构力图按其所确定的违约风险概率对证券进行排序。被认为几乎没有违约风险的最高等级的证券被评为3A级。

表16.5中虚线以上的四类信用评级(穆迪的Aaa到Baa,标准普尔的AAA到BBB)被认为具有"投资等级"质量,而其他类别的评级则属于"投机等级"。这两家机构的评级受到广泛的认可,并被各种政府监管机构当作衡量违约风险的指标。事实上,很多投资者直接采信这些评级而不再做进一步的违约风险调查。

表16.5 投资机构评级

穆迪投资者服务机构		标准普尔	
Aaa	质量最优	AAA	最高等级
Aa	高质量	AA	高等级
A	中上等级	A	中上等级
Baa	中等级别	BBB	中等级别
Ba	具有投机因素	BB	具有投机性
B	通常缺乏可投资性	B	投机性很强
Caa	等级差,可能违约	CCC-CC	完全投机
Ca	高度投机,通常会违约	C	提出破产申请的债券
C	最低等级	D	违约证券

这些评级机构在评定一个等级之前要考察很多因素:流动比率、负债比率、获利能力比率及保障比率的水平和趋势;企业的经营风险,包括历史的和预期的;目前的和未来可能的资本需求;所发行融资工具的具体特点;以及有可能是最重要的因素——企业履行利息和本金支付的现金流能力。如果准备公开发行证券,在确定适当的财务杠杆水平时,财务经理必须考虑评级因素。如果增加的债务会使企业的证券评级从投资等级下降到投机等级(从而使企业的证券被很多机构投资者置于考虑之外),则经理在做决策前应把这一情况纳入考虑因素。

各种方法的结合

我们已经看到销售和生产成本的变动性以及经营杠杆会影响营业利润的变动性,进而影响企业的经营风险。除了具有经营风险之外,绝大多数企业还通过使用不同程度的财务杠杆承担一定的财务风险。本章绝大部分内容都在讨论一个问题:根据企业的经营风险,企业适当的财务杠杆应当是多少?并介绍各种相关的分析方法。本章介绍过的方法包括进行 EBIT-EPS 分析,评价企业支付固定财务费用的现金流能力,比较其他具有相似经营风险的公司的资本结构比率,调查投资分析家和放款人,以及评价财务杠杆决策对企业证券评级的影响。除了通过使用这些方法获得的信息之外,财务经理可能还希望了解不同债务水平的利息成本。债务的期限结构也很重要,但我们将在本书后面的章节再讨论该问题。这里我们只关注关于应采用的财务杠杆数量的一般性问题。所有分析都应在下一章提出的概念性框架下进行。

财务杠杆的隐性成本,即财务杠杆对企业普通股股票价值的影响,很难分离出来并确定。尽管如此,财务经理通过使用各种分析方法应当能够在一定范围内确定企业的适当的资本结构。最终的决策必然会带有一定程度的主观性,但它应当是根据能够取得的最佳信息作出的。这样,企业就能够得到与其情况相适应的最佳资本结构,即企业希望能使其普通股市场价值最高的资本结构。

小结

- 杠杆是指利用固定成本来增加(或提高)获利能力。经营杠杆是由于与产品或服务的生产有关的固定营业成本而产生的,而财务杠杆则是由于固定融资成本,尤其是债务利息的存在而产生的。两类杠杆都影响企业税后收益的水平和变动性,因此影响企业的综合风险和收益。
- 我们可以使用盈亏平衡图来研究总营业成本与总收入之间的关系。盈亏平衡图显示了总收入、总营业成本与各种产出和销售水平上的营业利润之间的相互关系。
- 盈亏平衡点是使总收入与总成本相等所要求的销售量。它可以表述为销售数量或销售金额。
- 企业的营业利润对销售变动的敏感性的一个量化衡量指标是经营杠杆系数(DOL)。企业在某个特定产出(或销售)水平处的 DOL 即营业利润变动百分比与引起这种利润变动的产出(或销售)变动百分比之比。企业的经营越接近盈亏平衡点,DOL 的绝对值越高。
- 企业的经营杠杆系数只是构成企业综合经营风险的因素之一。引起经营风险的其他主要因素包括销售和生产成本的变动性或不确定性。企业的经营杠杆系数放大了其他因素对营业利润变动性的影响。
- 财务杠杆是两步利润放大过程的第二步。在第一步,经营杠杆放大了销售变动对营业利润变动的影响;在第二步,财务杠杆可用来进一步放大上一步所引起的营业利润变动对每股收益变动的影响。
- EBIT-EPS 盈亏分析或无差异分析用于研究融资方案对每股收益的影响。盈亏平衡点就是两种融资方案的 EPS 相等时的 EBIT 水平。在其他条件均相同时,假定 EBIT 超过了无差异点,则 EBIT 的期望水平越高,越有理由采用债务融资。此外,财务经理还应当评价未来的 EBIT 实际下跌到无差异点之下的可能性。
- 企业的每股收益对企业的营业利润变动的敏感性的一个量化衡量指标是财务杠杆系数(DFL)。某特定营业利润水平处的 DFL 即每股收益变动百分比除以造成这种每股收益变动的营业利润变动百分比。
- 财务风险包括可能丧失偿债能力的风险及由于使用财务杠杆而"增加"的每股收益变动性。
- 把财务杠杆和经营杠杆联合在一起,就得到了所谓的"总(或联合)杠杆"。企业每股收益对企业销售变动的总敏感程度的定量衡量指标称为总杠杆系数(DTL)。企业在特定产出(或销售)水平的 DTL 等于每股收益变动百分比除以引起这种每股变动的产出(或销售)变动百分比。
- 为企业确定适宜的财务杠杆时,必须评价企业履行债务的现金流能力。企业的最大负债能力可通过分析在不同债务水平下企业的保障比率和丧失偿债能力的概率来评估。
- 分析企业的适当融资组合的其他方法包括比较经营风险相类似的其他公司的资本结构比率,调查投资分析家和放款人,评价财务杠杆决策对企业证券评级的影响。在决定适当的资本结构时,应考虑到上述所有因素。此外,某些与评价有关的概念对决策起指导作用。这些概念将在下一章讨论。

思考题

1. 解释经营杠杆和经营杠杆系数(DOL)。两者间有何关系?
2. 将下列短期生产成本划分为固定的或变动的。哪些成本的变动性取决于管理层?哪些成本是长期固定成本?
   - (1) 保险费
   - (2) 直接人工
   - (3) 坏账损失
   - (4) 研发
   - (5) 广告费
   - (6) 原材料
   - (7) 损耗
   - (8) 折旧
   - (9) 维修费
3. 下面选择的各单个变动会对企业的营业盈亏平衡点产生什么影响?
   - (1) 提高销售价格;
   - (2) 提高雇员的最低工资;
   - (3) 由直线折旧法改为加速折旧法;
   - (4) 销售量增加;
   - (5) 放松对客户的信用政策。

4. 有没有不存在风险的行业？

5. 你的朋友 Jacques Fauxpas 认为："固定营业成本很高的企业对给定的销售量的变动会显示出很高的营业利润波动。"你同意他的说法吗？为什么？

6. 你可以既拥有较高的经营杠杆系数同时仍保持较低的经营风险，为什么？类似的，你的经营杠杆系数虽然较低但经营风险仍很高，为什么？

7. 解释财务杠杆和财务杠杆系数（DFL）。两者有何联系？

8. 讨论财务杠杆和经营杠杆的异同。

9. 财务杠杆的概念能否进行定量分析？为什么？

10. EBIT-EPS 图显示，对于超过无差异点的 EBIT 水平，负债比率越高，则每股收益也越高。为什么有时候企业选择的不是使 EPS 最大化的融资方案？

11. 为什么电力公用企业的资产负债率比普通生产企业高？

12. 产权比率能否很好地代表反映企业履行债务的现金流能力的财务风险？为什么？

13. 企业如何在实践中判断自身的负债水平是否过高或过低？

14. 如何用保障比率确定应使用的适当债务数额？使用这些比率有何缺点？

15. 在财务杠杆中，为什么企业并没有只要债务收益超过成本就一直增加财务杠杆？这样每股收益会增加吗？

16. 描述企业可以如何通过假定增加其债务直到现金短缺的概率达到某个可以忍受的极限来确定其最大负债能力。

17. 公司的债券评级将如何影响其资本结构决策？

自测题

1. Stallings 特种油漆公司每年的固定营业成本为 300 万美元。每生产半品脱油漆的变动营业成本是 1.75 美元，平均销售价格是每半品脱 2 美元。

（1）每年的营业盈亏平衡点是多少半品脱（Q_{BE}）？是多少美元的销售额（S_{BE}）？

（2）如果变动营业成本下降为每半品脱 1.68 美元，对营业盈亏平衡点（Q_{BE}）会有何影响？

（3）如果固定成本上升为每年 375 万美元，对营业盈亏平衡点（Q_{BE}）有何影响？

（4）计算目前的销售水平 1600 万半品脱处的经营杠杆系数（DOL）。

（5）如果预计销售比目前的 1600 万半品脱增加 15%，营业利润（EBIT）将从目前的水平变动多少个百分点？

2. Gahlon 轴承公司在目前的生产和销售水平 1 万件处的 DOL 为 2，相应的营业收入是 1000 美元。

（1）如果销售预计从目前的 1 万件增加 20%，则相应的营业利润为多少？

（2）在公司新的销售水平 1.2 万件处，新的 DOL 是多少？

3. David Ding 棒球拍公司目前有 300 万美元的债务，利率为 12%。该公司希望为一个 400 万美元的扩张项目融资，有三种方案：按 14% 的利率增发债务（方案 1）；发行股利率为12％的优先股(方案2)；按每股16美元出售普通股(方案3)。公司目前有80万股普通股流通在外,适用的税率是40％。

(1) 如果息税前收益目前是150万美元,假设营业利润没有立即增加,三种方案的每股收益各是多少？

(2) 为三种方案画出盈亏平衡或无差异图。三种方案的无差异点大致是多少？用数学方法确定债务方案和普通股方案间的无差异点,检查前面的判断。三种方案下横轴的截距各是多少？

(3) 为每种方案计算EBIT的期望值150万美元的财务杠杆系数(DFL)。

(4) 你希望选择哪种方案？要使次优方案变成"最优",EBIT需要增加多少？

4. 示范如何从式(16.7)：

$$\text{产出（或销售）量为} Q \text{件时的经营杠杆系数} = \frac{\text{营业利润（EBIT）变动百分比}}{\text{产出（或销售）变动百分比}}$$

推导出式(16.8)：

$$\text{DOL}_{Q\text{件}} = \frac{Q(P-V)}{Q(P-V)-\text{FC}} = \frac{Q}{Q-Q_{\text{BE}}}$$

5. Archimedes Torque & Gear 公司有740万美元的长期债务,其偿还安排如下：

	金额（美元）
利率为15％的分批偿还债券,每年偿还本金100 000美元	2 400 000
利率为13％的优先抵押权债券,每年偿还本金150 000美元	3 000 000
利率为18％的后偿信用债券,期限为10年,到期日前仅需支付利息	2 000 000
	7 400 000

Archimedes公司的普通股账面价值是830万美元,市场价值是600万美元。联邦和州的公司税率为50％。Archimedes处在一个季节性行业,期望EBIT是200万美元,其标准差为150万美元。行业内其他公司的产权比率为0.47。

(1) 确定公司的利息保障倍数和债务保障比率。

(2) 这两个比率下降到1∶1以下的概率是多少？

(3) Archimedes公司的债务是否过多？

6. Aberez公司与Vorlas Vactor公司的财务状况如下：

	Aberez公司		Vorlas Vactor公司	
	本公司	行业平均值	本公司	行业平均值
产权比率	1.10	1.43	0.78	0.47
债券评级	Aa	A	Ba	Baa
利息保障倍数	6.10	5.70	7.30	7.10
现金和有价证券占总资产的比例	0.08	0.07	0.10	0.13

根据上述数据,哪家公司的财务风险更高？为什么？

复习题

1. Andrea S. Fault Seismometer 公司全部采用权益融资。该公司每月销售额为88万美元,每月税后收益为2.4万美元,公司的税率是40%。该公司的唯一产品"桌面测震表"的销售单价为200美元,其中变动成本为150美元。

   (1) 该公司每月的固定营业成本是多少?

   (2) 每月的营业盈亏平衡点是多少件? 多少美元?

   (3) 根据生产和销售的数量计算并描出经营杠杆系数(DOL),每月可能的销售水平为:4000件;4400件;4800件;5200件;5600件;6000件。

   (4) 关于公司的营业利润对销售变动的敏感性,你所画的图[见题(3)],尤其是公司在目前销售数值处的DOL,能说明什么?

2. 下列情况对 Andrea S. Fault Seismometer 公司(见题1)的盈亏平衡点会产生什么影响?

   (1) 销售单价增加50美元(假设销售量保持不变);

   (2) 每月固定营业成本降低2万美元;

   (3) 每单位变动成本降低10美元,而每月固定成本增加6万美元。

3. Crazy Horse 旅店最多可容纳50匹马。养一匹马的每月费用为100美元,维修费、折旧费及其他固定营业成本每月总计为1200美元。每匹马的变动营业成本中,干草和草垫每月为12美元,谷物每月为8美元。

   (1) 确定每月的营业盈亏平衡点(养的马匹数);

   (2) 如果平均养40匹马,计算每月的营业利润。

4. Cybernauts 公司是家新企业,它希望确定一个适当的资本结构。该公司可发行利率为16%的债务或股利率为15%的优先股。企业的总资本为500万美元,普通股可按每股20美元出售,预计(联邦和州)税率为50%。考虑中的四种资本结构为:

%

方案	债务	优先股	普通股
1	0	0	100
2	30	0	70
3	50	0	50
4	50	20	30

   (1) 为四种方案绘制 EBIT-EPS 图(EBIT 预期为100万美元)。记住要识别有关的无差异点并确定横轴上的截距。

   (2) 利用式(16.12)验证你所绘制的图中方案1和方案3之间以及方案3和方案4之间的无差异点。

   (3) 预期 EBIT 水平为100万美元,计算每种方案的财务杠杆系数(DFL)。

   (4) 哪种方案最好? 为什么?

*5. Hi-Grade 调节器公司目前有 10 万股普通股流通在外,市价为每股 60 美元。该公司还有利率为 6% 的 200 万美元债券。它正在考虑一个 300 万美元的扩张项目,可以用每股 60 美元普通股融资(方案 1);按利率 8% 发行直接债券(方案 2);按股利率 7% 发行优先股(方案 3);一半用面值为 60 美元的普通股,一半用利率为 8% 的债券(方案 4)。

(1) 如果扩张后的期望 EBIT 水平为 100 万美元,计算每种融资方案的收益,假设税率为 50%。

(2) 绘制一张 EBIT-EPS 图。计算各方案间的无差异点。请给出你对这些无差异点的解释。

6. Hi-Grade 调节器公司(见题 5)预期在项目扩张后的 EBIT 为 100 万美元,有 2/3 的概率为 60 万~140 万美元。

(1) 你将选择哪种融资方案?为什么?

(2) 假设期望 EBIT 水平是 150 万美元,而且有 2/3 的概率它会介于 130 万~170 万美元之间。你将选择哪种融资方案?为什么?

*7. Fazio 水泵公司目前有 110 万股普通股流通在外,有平均利率为 10% 的 800 万美元债务。该公司目前正在考虑一个 500 万美元的扩张项目,它可以用每股售价 20 美元的普通股融资(方案 1);按利率 11% 发行债券(方案 2);按优先股股利率 10% 发行优先股(方案 3)。筹集新的资金后的息税前收益(EBIT)期望为 600 万美元,公司税率为 35%。

(1) 为三种融资方案确定融资后的可能每股收益。

(2) 如果 EBIT 为 300 万美元、400 万美元、800 万美元,又将发生什么情况?

(3) 如果在初始情况下税率为 46%,将发生什么情况?如果新债务利率为 8%,优先股股利率为 7% 呢?如果普通股可按每股 40 美元出售呢?

8. Boehm-Gau 不动产投机商公司与北加利福尼亚电力公用公司的 EBIT 和债务负担如下:

美元

	Boehm-Gau 公司	北加利福尼亚公司
期望 EBIT	5 000 000	100 000 000
年利率	1 600 000	45 000 000
每年偿还债务本金	2 000 000	35 000 000

Boehm-Gau 公司的税率为 40%,北加利福尼亚公司的税率为 36%。计算这两家公司的利息保障倍数和债务保障比率。如果你是放款人,你更愿意选择哪家公司?为什么?

9. 四家公司的债务比率如下:

公司	资产负债率	长期负债/总股本*
A	0.56	0.43
B	0.64	0.66
C	0.47	0.08
D	0.42	0.26

* 总股本等于长期负债总额加上所有者权益。

这四家公司分别属于下列行业：超级市场、化工、制衣和航空（未按顺序排列），将这些公司与相关行业进行匹配。

自测题答案

1. (1) $Q_{BE} = \dfrac{3\,000\,000 \text{ 美元}}{2.00 \text{ 美元} - 1.75 \text{ 美元}} = \mathbf{12\,000\,000}$ **半品脱**

$S_{BE} = \dfrac{3\,000\,000 \text{ 美元}}{1-(1.75 \text{ 美元}/2.00 \text{ 美元})} = \mathbf{24\,000\,000}$ **美元年销售额**

(2) $Q_{BE} = \dfrac{3\,000\,000 \text{ 美元}}{2.00 \text{ 美元} - 1.68 \text{ 美元}} = \mathbf{9\,375\,000}$ **半品脱**

(3) $Q_{BE} = \dfrac{3\,750\,000 \text{ 美元}}{2.00 \text{ 美元} - 1.75 \text{ 美元}} = \mathbf{15\,000\,000}$ **半品脱**

(4) $\text{DOL}_{16\,000\,000 \text{件}} = \dfrac{16\,000\,000}{16\,000\,000 - 12\,000\,000} = \mathbf{4}$

(5) $15\% \times 4 = \mathbf{60\%}$ **（EBIT 增加 60%）**

2. (1) 销售额变动百分比 × DOL = EBIT 变动百分比

$20\% \times 2 = \mathbf{40\%}$ **（EBIT 变动百分比）**

因此，1000 美元 × (1 + 0.40) = **1400 美元**

(2) $\text{DOL}_{10\,000 \text{件}} = \dfrac{10\,000}{10\,000 - Q_{BE}} = 2$

因此，Q_{BE} 必然等于 5000 件。

$\text{DOL}_{12\,000 \text{件}} = \dfrac{12\,000}{12\,000 - 5000} = \mathbf{1.7}$

3. (1)

千美元

	债务	优先股	普通股
营业利润(EBIT)	1500	1500	1500
现有债务的利息	360	360	360
新债务的利息	560	—	—
税前利润	580	1140	1140
税收	232	456	456
税后利润	348	684	684
优先股股利	—	480	—
普通股股东的收益	348	204	684
股数	800	800	1050
每股收益	0.435	0.255	0.651

(2)

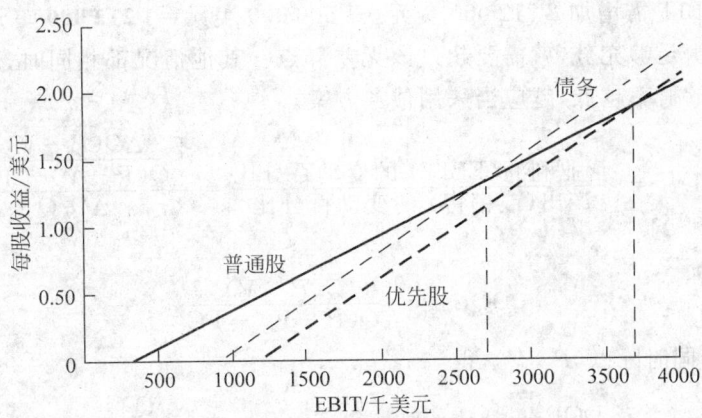

近似的无差异点：

债务方案(1)与普通股方案(3)：**EBIT 为 270 万美元**

优先股方案(2)与普通股方案(3)：**EBIT 为 370 万美元**

按相同的 EPS 增量债务方案始终优于优先股方案,这两种融资方案之间不存在无差异点。

从数学上看,债务方案(1)和普通股方案(3)之间的无差异点为:(千美元)

债务方案(1) 　　　　　　　普通股方案(3)

$$\frac{(\text{EBIT}_{1,3} - 920\ \text{美元})(1-0.40) - 0}{800} = \frac{(\text{EBIT}_{1,3} - 360\ \text{美元})(1-0.40) - 0}{1050}$$

交叉相乘并变形,得

$(\text{EBIT}_{1,3})(0.60)(1050) - (920\ \text{美元})(0.60)(1050) = (\text{EBIT}_{1,3})(0.60)(800) -$
$(360\ \text{美元})(0.60)(800)$

$(\text{EBIT}_{1,3})(630) - 579\ 600\ \text{美元} = (\text{EBIT}_{1,3})(480) - 172\ 800\ \text{美元}$

$(\text{EBIT}_{1,3})(150) = 406\ 800\ \text{美元}$

$\text{EBIT}_{1,3} = \mathbf{2712\ 美元}$

注意,对于债务方案,税前总利息为 920 美元,而这正是横轴上的截距。对于优先股方案,用 480 美元除以(1-0.4)得到 800 美元。将该数值加到现有债务利息 360 美元上后,截距变为 1160 美元。

(3) 债务方案(1)：

$$\text{DFL}_{\text{EBIT 为 1 500 000 美元}} = \frac{1\ 500\ 000\ \text{美元}}{1\ 500\ 000\ \text{美元} - 920\ 000\ \text{美元}} = \mathbf{2.59}$$

优先股方案(2)：

$$\text{DFL}_{\text{EBIT 为 1 500 000 美元}} = \frac{1\ 500\ 000\ \text{美元}}{1\ 500\ 000\ \text{美元} - 360\ 000\ \text{美元} - [480\ 000\ \text{美元}/(1-0.40)]} = \mathbf{4.41}$$

普通股方案(3)

$$\text{DFL}_{\text{EBIT 为 1 500 000 美元}} = \frac{1\ 500\ 000\ \text{美元}}{1\ 500\ 000\ \text{美元} - 360\ 000\ \text{美元}} = \mathbf{1.32}$$

(4) 对于目前的 EBIT 水平，普通股方案显然更好。要达到普通股方案与债务方案的无差异点，EBIT 需增加 2 712 000 美元－1 500 000 美元＝**1 212 000 美元**。要想使采用债务方案的理由足够充分，就需要超过该无差异点。其他情况都相同时，EBIT 实际降到无差异点之下的概率越低，越应当采用债务方案。

4. $\mathrm{DOL}_{Q件} = \dfrac{营业利润(EBIT)的变动百分比}{产出(或销售)的变动百分比} = \dfrac{\left[\dfrac{\Delta Q(P-V)}{Q(P-V)-FC}\right]}{\Delta Q/Q}$

化简，得

$$\mathrm{DOL}_{Q件} = \dfrac{Q(P-V)}{Q(P-V)-FC}$$

分子、分母同时除以 $(P-V)$，得

$$\mathrm{DOL}_{Q件} = \dfrac{Q}{Q-[FC/(P-V)]} = \dfrac{Q}{Q-Q_{BE}}$$

5.（1）每年总利息确定如下：

$$\begin{aligned}
2\,400\,000\ 美元 \times 15\% &= 360\,000\ 美元 \\
3\,000\,000\ 美元 \times 13\% &= 390\,000\ 美元 \\
2\,000\,000\ 美元 \times 18\% &= \underline{360\,000\ 美元} \\
& \quad\ 1\,110\,000\ 美元
\end{aligned}$$

利息保障倍数 ＝ 2 000 000 美元 / 1 110 000 美元 ＝ **1.80**

每年偿还本金总额 ＝ 100 000 美元 + 150 000 美元 ＝ 250 000 美元

债务保障比率 ＝ $\dfrac{2\,000\,000\ 美元}{1\,110\,000\ 美元 + [250\,000\ 美元/(1-0.50)]}$ ＝ **1.24**

(2) 问题中的比率变为 1:1 前所要求的 EBIT 对其期望值的偏差：

利息保障：1 110 000 美元 － 2 000 000 美元 ＝ －890 000 美元
偿债保障：1 610 000 美元 － 2 000 000 美元 ＝ －390 000 美元

将偏离期望值的离差标准化，可得到如下的 Z 值：

利息保障倍数 ＝ $\dfrac{-890\,000\ 美元}{1\,500\,000\ 美元}$ ＝ －0.593 的标准差（剔除均值）

债务保障比率 ＝ $\dfrac{-390\,000\ 美元}{1\,500\,000\ 美元}$ ＝ －0.260 的标准差（剔除均值）

本书附录中的表 5 可用来确定正态分布曲线下剔除均值后的正标准差所占面积的比例。该比例与使保障比率下降到 1:1 以下的 EBIT 的发生概率是一致的。对于利息保障倍数和债务保障比率，它们低于 1:1 的概率大致分别为 28% 和 40%。这些概率假定 EBIT 的可能值的分布是正的。

(3) 公司不能偿还利息和本金的概率为 40%，其负债比率（无论用账面价值还是市场价值）要高于行业平均值 0.47。尽管已掌握的信息有限，但仍可得出结论认为 Archimedes 公司的债务可能太高。不过其他因素，如流动性可能会缓和该结论。

6. Aberez 公司的负债比率低于行业平均水平，Vorlas 公司的负债比率则高于行业平均水平，两家公司的利息保障倍数都在较高的程度上超过了行业平均水平。Vorlas 公

司所在行业较低的产权比率和较高的利息保障倍数表明其经营风险可能要高于 Aberez 公司所在的行业。Aberez 公司的流动比率高于行业平均水平,而 Vorlas 公司的流动比率则低于行业平均水平。显然,对于所有三个财务比率,Aberez 公司的指标都优于 Vorlas 公司,为 Aa 级,并高于行业平均水平;Vorlas 公司的债券评级比投资债券最低级别还低一级,该级别也低于行业内大部分公司的评级。如果行业平均水平能合理代表基本的经营风险和财务风险,则可以说 Vorlas 公司的风险程度更高。

参考文献

Donaldson, Gordon. *Corporate Debt Capacity*. Boston: Division of Research, Harvard Business School, 1961.

——. "Strategy for Financial Emergencies." *Harvard Business Review* 47 (November-December 1969), 67-79.

Gahlon, James. "Operating Leverage as a Determinant of Systematic Risk." *Journal of Business Research* 9 (September 1981), 297-308.

——, and James Gentry. "On the Relationship Between Systematic Risk and the Degrees of Operating and Financial Leverage." *Financial Management* 11 (Summer 1982), 15-23.

Harvey, Campbell R., and John R. Graham. "The Theory and Practice of Corporate Finance: Evidence from the Field." *Journal of Financial Economics* 60 (May/June 2001), 187-243.

Hong, Hai, and Alfred Rappaport. "Debt Capacity, Optimal Capital Structure, and Capital Budgeting." *Financial Management* 7 (Autumn 1978), 7-11.

Levy, Haim, and Robert Brooks. "Financial Break-Even Analysis and the Value of the Firm." *Financial Management* 15 (Autumn 1986), 22-26.

Myers, Stewart C. "Capital Structure Puzzle." *Journal of Finance* 39 (July 1984), 575-592.

Piper, Thomas R., and Wolf A. Weinhold. "How Much Debt Is Right for Your Company?" *Harvard Business Review* 60 (July-August 1982), 106-114.

Zivney, Terry L. "Alternative Formulations of Degrees of Leverage." *Journal of Financial Education* 26 (Spring 2000), 77-81.

Part VI of the text's website, *Wachowicz's Web World*, contains links to many finance websites and online articles related to topics covered in this chapter. (http://web.utk.edu/~jwachowi/part6.html)

第 17 章

资本结构决策

内容提要

- 概念分析
  净营业收益法·传统方法
- 总价值原则
  套利分析
- 市场缺陷的存在和激励问题
  破产成本·代理成本·债务和对效率管理的激励·机构性的限制·交易成本
- 税收的影响
  公司税·税盾利益的不确定性·公司税加上个人税
- 税收和市场缺陷相结合
  破产成本、代理成本和税收·其他市场缺陷的影响
- 财务信息传递
- 时机与财务灵活性
- 融资清单
- 小结
- 思考题
- 自测题
- 复习题
- 自测题答案
- 参考文献

学习目的

完成本章学习后,您将能够:
- 定义"资本结构"。
- 解释资本结构及企业估价中的净营业收益(NOI)法,并应用该方法计算企业的价值。
- 解释资本结构及企业估价中的传统方法。
- 讨论由莫迪格利安尼(Modigliani)和米勒(Miller)(M&M)最早提出的财务杠杆与资本成本间的关系,并对其论据作出评价。
- 描述有可能冲淡 M&M 独创地位的各种市场缺陷及其他"真实"因素。
- 提出一系列支持理论中存在最佳资本结构的合理论据。
- 解释财务结构改变可如何用于财务信息传递并给出几个范例。

> 排除不可能之后,无论剩下什么,无论多么荒谬,都必定是真实的。
>
> ——夏洛克·福尔摩斯
> 《那四个的记号》(The Sign of the Four)

上一章讨论了在公司的**资本结构**(capital structure)中应保持多少债务的问题。普通股股东的增量期望收益和风险构成了答案的一部分。现在我们要探讨资本结构问题的估价基础。尽管该问题还存在争议,但我们希望我们的分析能为财务经理提供资本结构决策中所需的概念性背景。

在整个讨论过程中,我们都假定企业的投资和资产管理决策保持不变。这样做的目的是力图将融资组合变化对股价的影响分离出来。分析重点与前面的不同之处在于,我们所关注的是在金融市场中债券价格是如何确定的。即,当公司改变其资本结构时,资本的提供者应如何根据其他企业的情况对其进行价值评估。我们将看到金融市场的缺陷在这一评估过程中具有重要的作用。为简单起见,我们只考虑债务和权益融资,尽管所讨论的原则同样适用于优先股融资方式。

概念分析

我们所关注的关键问题是企业能否通过改变融资组合来影响其总价值(债务加上权益)及其资本成本。我们必须注意不要将改变融资组合的影响与管理层作出的投资或资产管理决策的结果相混淆。因此,融资组合的改变被认为是由下列活动引起的:发行债务并回购普通股或发行普通股并收回债务。在下面的分析中,我们将关注债务对产权比率或财务杠杆的相对数额的改变对企业的总价值及其综合预期报酬率的影响。

为便于说明,我们假定所考虑的公司收益预期不会增长,而且所有的收益都以股利的形式支付给股东。此外,假设不存在所得税,稍后我们将放松这一假定并考虑十分现实的税收问题。如果假设不存在税收并在稍后将税收视为一种金融市场缺陷,则资本结构问题将更易于理解。

在接下来的讨论中我们将关注三种不同的收益率。第一个收益率是

$$k_i = \frac{I}{B} = \frac{债务的年利息}{发行在外的债务的市场价值} \tag{17.1}$$

式中,k_i 是公司债务的收益率,假定该债务是永久性的。① 我们所关注的第二个收益率是

$$k_e = \frac{E}{S} = \frac{普通股股东可获得的收益}{流通在外的普通股市价} \tag{17.2}$$

由于我们假定企业的收益预期不会增长,且股利支付率为100%,则企业的收益/价格比率就是使永久性的预期未来固定股利流的现值与普通股的现行市价相等的市场贴现率。② 这并不是说该特定公式应被作为描述权益的预期报酬率的一般规则(见第15章)。我们在这里使用该公式只是因为它适用于我们例子中的零增长情形——选择这种特定情形是因为它易于说明资本结构理论。我们关注的最后一个比率是

$$k_o = \frac{O}{V} = \frac{净营业收益}{企业的市场总价值} \tag{17.3}$$

---

① 在第4章我们看到,预期能永久提供每期固定收入 R 的证券的价格 $P = R/k$,其中 k 是永久性投资的收益率。将其变形,可得:$k = R/P$,这与式(17.1)是等价的。

② 将式(17.2)的分子和分母同时除以流通在外的股数即可表明,在这种情况下市场贴现率等于收益/价格比率。

式中，$V=B+S$（即，企业的市场总价值等于其债务和权益的市场价值之和）；$Q=I+E$（即企业的净营业收益等于所支付的利息加上普通股股东可获得的收益）。这里，k_o 是企业的综合资本化比率，它被定义为加权平均资本成本，也可表示为

$$k_o = k_i\left[\frac{B}{B+S}\right] + k_e\left[\frac{S}{B+S}\right] \tag{17.4}$$

我们希望知道，当用 B/S 比率表示的财务杠杆数量增加时，k_i、k_e 和 k_o 会有什么变化。

净营业收益法

对公司收益进行估价的一个方法是所谓的**净营业收益法**（net operating income, NOI approach）。为了说明该方法，我们假设一家企业有利率为 10% 的 1000 美元负债，期望的年净营业收益（NOI 或 EBIT）为 1000 美元，综合资本化比率 k_o 为 15%。给定上述信息，即可确定企业价值如下：

O	净营业收益	1000 美元
k_o	综合资本化比率	÷0.15
V	企业的总价值 (O/k_o)	6667 美元
B	债务的市场价值	1000 美元
S	股票的市场价值 ($V-B$)	5667 美元

普通股股东可获得的收益 E 等于净营业收益减去利息支付，即 $O-I$ 或 1000 美元 − 100 美元 = **900 美元**。则权益的预期报酬率为

$$k_e = \frac{E}{S} = \frac{900 \text{ 美元}}{5667 \text{ 美元}} = \mathbf{15.88\%}$$

根据这种方法，净营业收益被按照企业的综合资本化比率进行资本化（贴现），从而得到企业的总市场价值。然后从总市场价值中减去债务的市场价值，即得到普通股的市场价值。注意，对于这种方法，综合资本化比率 k_o 以及债务资金成本 k_i 不受所使用的财务杠杆的影响，而是保持不变。但是，权益预期报酬率 k_e 却随着由 B/S 衡量的财务杠杆呈线性增长。

举例说明，假设上述企业将债务金额从 1000 美元增至 3000 美元，并用发行债务所得资金回购普通股，则企业的估价过程为：

O	净营业收益	1000 美元
k_o	综合资本化比率	÷0.15
V	企业的总价值 (O/k_o)	6667 美元
B	债务的市场价值	3000 美元
S	股票的市场价值 ($V-B$)	3667 美元

普通股股东可获得的收益 E 等于净营业收益减去现在更高的利息支付，即 1000 美元 − 300 美元 = **700 美元**。这意味着权益的预期报酬率为

$$k_e = \frac{E}{S} = \frac{700 \text{ 美元}}{3667 \text{ 美元}} = \mathbf{19.09\%}$$

我们看到权益预期报酬率随着财务杠杆的增加而上升。该方法表明企业的总价值不受其资本结构的影响。原因就在于当资本结构发生变化时净营业收益和用于该收益的资本化比率都保持不变。图17.1用图形的方式表述了NOI法。

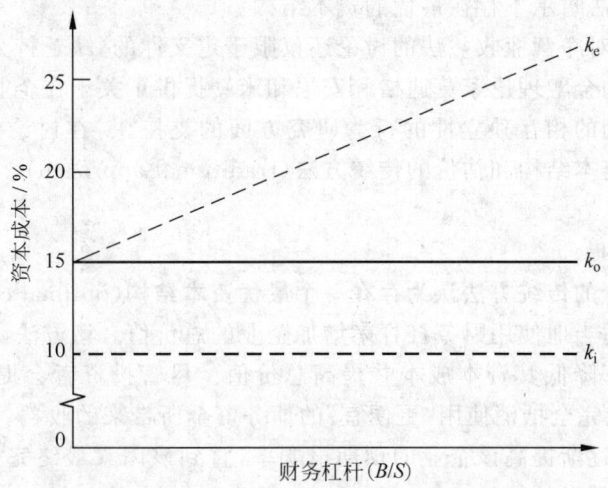

图17.1　资本成本和资本结构的净营业收益（NOI）法

重要的是，不仅企业的总价值不受其财务杠杆变动的影响，股票价格也不受财务杠杆变动的影响。为了说明，假设在我们的例子中，拥有1000美元债务的企业有100股普通股流通在外。每股市场价格为5667美元/100＝**56.67美元**。该企业随后增发了2000美元的债务并同时按每股56.67美元的价格回购了2000美元普通股，在允许有小数股票的假设下，购回了35.29股。它现在流通在外的股票为100－35.29＝**64.71股**。我们看到，在资本结构变化后企业股票的总市场价值为3667美元。因此，每股市价为3667美元/64.71＝**56.67美元**，这与**再资本化**（recapitalization）导致的财务杠杆增加前的股价是相同的。

可口可乐公司对其债务融资的评论

债务融资

我们根据我们的现金流、利息保障倍数以及资产负债率来使债务保持在审慎的水平上。我们使用债务融资来降低我们的综合资本成本，这增加了股东权益的收益。

资料来源：可口可乐公司2006年年报（10-K表），第59页。经可口可乐公司授权使用。可口可乐及其饮料瓶是可口可乐公司的注册商标。

该方法的关键假设是 k_o 不受财务杠杆的影响，始终保持不变。市场将企业的净营业收益资本化并由此确定了企业作为一个整体的价值。其结果是，债务和权益融资的组合是无关紧要的，被认为"更便宜"的债务资金的增加完全被企业预期报酬率 k_e 的增加所抵消。因此，当财务杠杆发生变化时，k_e 和 k_i 的加权平均值仍保持不变。当企业增加对财务杠杆的利用时,它就逐渐变得更具风险性,而投资者则直接根据产权比率的提高来提高权益预期报酬率以对该企业的股票进行"惩罚"。只要k_i保持不变,k_e就与产权比率(用市场价值衡量)保持固定的线性关系。由于企业的资本成本k_o不能通过财务杠杆发生改变,因此净营业收益法暗示不存在最优的资本结构。

迄今为止,我们对净营业收益法的讨论还仅限于定义性的,缺乏行为方面的意义。两位获得过诺贝尔奖的金融理论家莫迪格利安尼和米勒提供了关于在企业的总价值与资本成本及其资本结构间的相互独立性的行为研究方面的支持。[①] 在讨论他们的观点之前,我们先看一下关于资本结构和估价的**传统方法**(traditional approach)。

传统方法

资本结构和估价的传统方法认为存在一个**最优资本结构**(optimal capital structure),而且管理层可通过适当地使用财务杠杆来增加企业的总价值。该方法认为企业在开始时可通过增加财务杠杆降低其资本成本并提高总价值。尽管投资者会提高权益预期报酬率,但k_e的增加不能完全抵消使用"更便宜"的债务资金所带来的收益。随着财务杠杆的不断提高,投资者会逐渐提高该企业的预期报酬率,直到该因素最终完全抵消并超过"更便宜"的债务资金所带来的好处。

传统方法的一般表现形式见图17.2。k_e被认为随财务杠杆以递增的比率上升,而k_i则被认为只有当财务杠杆有了较大的增加后才会上升。开始时,加权平均资本成本随财务杠杆的增加而下降,这是由于k_e的增加并不能完全抵消使用更便宜的债务资金所带来的好处。其结果是,加权平均资本成本k_o随着适度使用财务杠杆而下降。但是过了某个点后,k_e的增加将完全抵消并超过在资本结构中使用更便宜的债务资金所带来的好处,从而k_o开始上升。一旦k_o开始增加,k_o会进一步增加。最优资本结构用X点代表。在

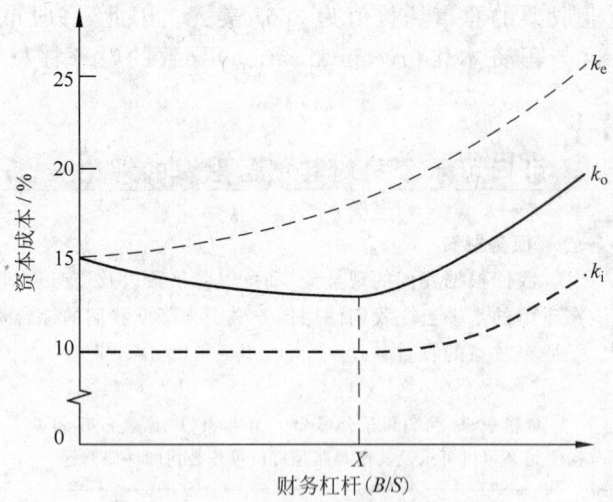

图 17.2 资本成本与资本结构的传统方法

---

① Franco Modigliani and Merton Miller, "The Cost of Capital, Corporation Finance and the Theory of Investment," *American Economic Review* 48 (June 1958), 261-297.

X 点所代表的最优资本结构处,不仅企业的加权平均资本成本位于最低点,而且企业的总价值也位于最高点。这是因为用于企业的净营业收益流的资本化比率越低,该收益流的现值越高。因此,资本结构的传统方法暗示:(1)资本成本取决于企业资本结构;(2)存在一个最优资本结构。

 ## 总价值原则

莫迪格利安尼和米勒(M&M)在他们独创性的观点中指出,财务杠杆和资本成本间的关系是由净营业收益法来解释的。他们通过提供在整个财务杠杆的可能性范围内使企业的综合资本化比率 k_o 保持不变的行为方面的证据,对传统观点进行了猛烈攻击。

M&M 认为,企业所有证券持有人的总风险不会随企业资本结构的改变而变化。因此,无论企业的融资组合怎样,企业的总价值必定相同。简而言之,M&M 的观点是基于:无论你将企业的资本结构在债务、权益和其他组成部分间如何划分,总是存在一个恒定的投资价格。即,由于公司的总投资价值取决于其基本的获利能力和风险,对于资本结构的改变,企业价值会保持不变。因此,如果不存在税收和其他市场缺陷,整张饼的价值在被切分成债务、权益和其他证券时不会发生改变。这一想法在图17.3中通过两张饼图得到说明。债务和权益的不同组合不改变整个饼的大小;换句话说,企业的总价值始终相同。

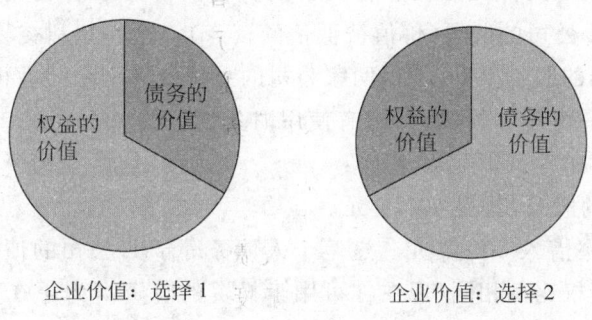

图 17.3 总价值原则的例子说明企业价值与资本结构无关

对该观点的支持是根据这样一个想法:投资者能用个人的财务杠杆来替代公司的财务杠杆。因此,投资者通过借款能够达到企业可能采用的任何资本结构。由于企业无法为其股东做股东们所不能做的事情(利用财务杠杆),在 M&M 所假定的完全资本市场中,资本结构的改变是没有价值的。因此,仅在资本结构方面存在差别而在其他方面完全相同的两家企业必然具有相同的价值。否则,**套利**(arbitrage)将成为可能,而套利的发生又会使这两家企业最终在市场上按相同的总价值出售。换句话说,套利使完全可相互替代的东西不可能在同一市场上按不同价格出售。

套利分析

考虑两家(零增长的)公司,其中 NL 公司没有财务杠杆,而 L 公司有利率为 12% 的

3万美元债券,除此之外两家公司完全相同。根据资本结构的传统方法,L公司比NL公司具有更高的总价值和更低的加权平均资本成本。为简单起见,我们假定L公司的债务的市场价值等于其面值(这意味着其债务的票面利率等于现行市场预期利率)。我们还假定L公司的权益预期报酬率为16%(稍微高于NL公司)。两家公司的估价为:

		NL公司	L公司
O	净营业收益	10 000 美元	10 000 美元
I	债务利息	—	3600 美元
E	普通股股东可获得的收益($O-I$)	10 000 美元	6400 美元
k_e	权益预期报酬率	÷0.15	÷0.16
S	股票的市场价值(E/k_e)	66 667 美元	40 000 美元
B	债务的市场价值	—	30 000 美元
V	企业的总价值($B+S$)	66 667 美元	70 000 美元
k_o	暗含的综合资本化比率$[k_i(B/V)+k_e(S/V)]$	0.15	0.143
B/S	产权比率	0	0.75

M&M认为上面所描述的情形不可能持续下去,这是因为套利会使两家公司的总价值趋于相同。L公司不可能仅仅因为其融资组合与NL公司不同而取得较高的总价值。M&M指出,L公司的投资者通过参与套利活动能够用较少的个人投资支出取得相同的收益金额,同时又不增加财务风险。这将要求投资者出售其在L公司的股票(价值被高估的资产)并购入NL公司的股票(价值被低估的资产)。这些套利交易将持续到L公司的股价下跌,NL公司的股价上升,使得两家公司的总价值完全相同为止。

例如,假设你是一位理性投资者,持有使用财务杠杆的L公司的1%的股票,市场价值为40 000美元×0.01=400美元,你将:

1. 出售L公司的股票,获得400美元。

2. 按12%的利率借入300美元。这笔个人债务等于L公司的债务的1%——与前面你占L公司的所有权比例相同(现在你可用于投资的总资本为400美元+300美元=700美元)。

3. 购入没有使用财务杠杆的NL公司的1%的股票,支出666.67美元,还剩余700美元－666.67美元=33.33美元可用于其他投资。

在这一系列交易活动之前,你投资于L公司普通股的期望收益是16%乘以400美元的投资,即64美元。你在NL公司的投资的收益为15%乘以666.67美元的投资,即100美元。对于这一收益,你必须减去你个人借款的利息费用,所以你的净收益金额可确定为:

	美元
投资于NL公司的收益	100
减去:支付的利息(300美元×0.12)	36
净收益	**64**

你的净收益金额 64 美元与你在 L 公司投资的净收益金额相同。但是,你的个人现金支出 366.67 美元(666.67 美元减去个人借款 300 美元)要比你此前在使用债务杠杆的 L 公司的投资 400 美元少 33.33 美元。由于较低的个人投资,在我们所描述的情况下,你会更愿意投资于 NL 公司。实质上,你通过个人借款为没有使用财务杠杆的企业的普通股利用了财务杠杆。

大量进行类似套利交易的投资者行为会:(1)提高 NL 公司的股价并降低其权益预期报酬率;(2)降低 L 公司的股价而提高其权益预期报酬率。该套利过程将持续到再没有机会既获得相同的收益额又能降低个人的投资支出为止。在该均衡状态下,两家公司的总价值必定相同。因此,两家公司的加权平均资本成本 K_o 也必定相同。

该过程的重要因素是在市场上存在愿意用个人的财务杠杆去替代公司的财务杠杆的理性投资者。根据上面介绍的套利过程,M&M 得出结论,企业不能通过使用财务杠杆来改变其总价值或加权平均资本成本。从我们前面对 NOI 方法——M&M 所支持的方法——的讨论中我们看到不仅企业的总价值不受财务杠杆的影响,股价也不受财务杠杆的影响。因此,从我们使每股价格最大化的目标这一角度来看,融资决策并不重要,各种资本结构也并无优劣之分。

市场缺陷的存在和激励问题

对于完全的资本市场来说,套利这一论据的确可以证明 M&M 的观点,即企业的资本成本与其总价值和资本结构无关。为反驳 M&M 的观点,我们需要寻找使套利过程无法完全进行的原因。下面是反驳 M&M 套利过程的主要论据。

破产成本

如果有存在破产成本的可能性并且与破产有关的处理成本及其他成本很高,使用财务杠杆的企业对投资者的吸引力可能就比不上不使用财务杠杆的企业。在完全的资本市场中,我们假定破产成本为零。如果企业破产,则其资产可以按经济价值出售而不会发生清算费用或法律费用。销售所得收入将如在第 23 章附录中所介绍的,按照对资产请求权的优先顺序进行分配。但如果资本市场是不完全的,则可能存在处理成本,资产也就可能不得不按照低于经济价值的价值进行清算。在债务和权益持有人看来,这些处理成本和清算价值相对于经济价值的短缺就代表了整个系统的流出(参见第 23 章附录有关破产的处理成本的内容)。

当破产发生时,如果存在破产成本,证券持有人整体所得将低于没有破产成本的情况。如果其他条件都相同,由于使用财务杠杆的企业比没有使用财务杠杆的企业具有更高的破产可能性,因此其投资吸引力较低。破产可能性与产权比率并非线性关系,而是到了一定阶段后就以递增的比率上升。其结果是,破产的期望成本也将按这种加速方式上升,而这对企业的价值预期会产生相应的负面影响。

换句话说,随着财务杠杆的增加,投资者可能会对企业股票的价格予以"惩罚"。图 17.4 描述了在不存在税收的情况下,这种惩罚的性质。图中,投资者的权益预期报酬

率 k_e 被划分为各个组成部分。首先是无风险利率 R_f 加上经营风险溢价。该溢价用纵轴方向上全部为权益融资的资本结构的预期报酬率与无风险利率间的差额表示。当债务增加时，预期报酬率将上升，而该增量即代表财务风险溢价。如果不存在破产成本，根据 M&M 的观点，预期报酬率将以线性方式上升，图中也描绘了这一关系。然而，如果考虑到破产成本及破产可能性将随着财务杠杆的增加而增加，则权益预期报酬率预期在某一点以后将以递增的比率上升。开始时破产可能性很小，所以惩罚较低，甚至没有。但随着财务杠杆的增加，惩罚也将增加。如果杠杆特别高，惩罚也会非常大。

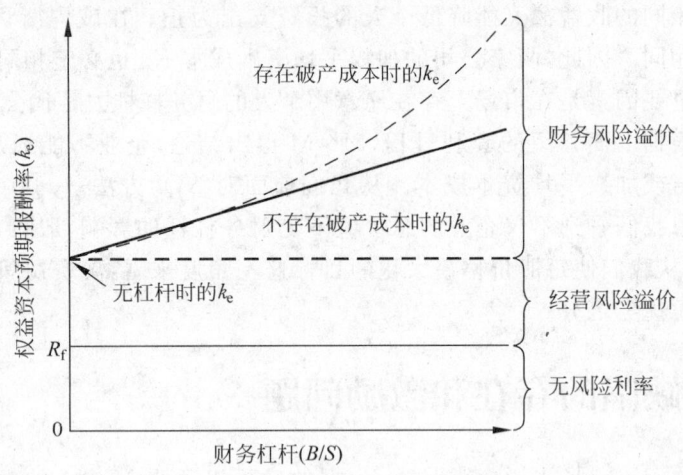

图 17.4 存在破产成本时的权益资本预期报酬率

代理成本

在影响资本结构和价值方面，与破产成本密切相关的是**代理成本**（agency costs）。我们可以将管理层看成是公司所有者（即股东）的代理人。股东将决策权授予管理层并希望这些代理人能够按股东的最大利益行事。要让管理层按照股东的利益进行最优决策，关键是既要对管理层进行正确的激励（工资、奖金、股票期权和额外津贴），又要进行监督。监督可以通过多种方式进行，如用契约对代理人进行约束、审计财务报表以及直接对管理层的决策加以限制等。债权人通过在借贷双方签订的贷款协议中加入保护性条款，对管理层和股东的行为进行监督（参见第 20 章）。上述监督活动都必然会发生成本。

詹森（Jensen）和梅克林（Meckling）提出了一套关于代理成本的复杂理论。[①] 他们指出，无论谁支付监督费用，该成本最终都将由股东承担。例如，债权人由于预计将发生监督费用，会要求更高的利息。其他条件不变，可能的监督成本越高，利率越高，股东的企业价值就越低。监督成本的存在对债务的发行起抑制作用，尤其是当债务超过某一适当的数额之后。债权人所要求的监督费用可能随企业发行在外的债务金额而增加。如果债务很少甚至没有债务，放款人可能只进行有限的监督；但如果债务数额庞大，放款人通常会

---

① 参见 Michael C. Jensen and William H. Meckling, "Theory of the Firm: Managerial Behavior, Agency Costs and Ownership Structure," *Journal of Financial Economics* 3 (October 1976), 305-360。

要求进行广泛的监督。与破产成本一样，监督成本也会如图 17.4 所描述的那样，随财务杠杆的增加而以递增的比率上升。

债务和对效率管理的激励

另一种观点认为与破产成本和代理成本的作用相反，较高的债务水平会激励管理层更有效率地工作。① 由于承担了履行债务的现金流方面的义务，管理层的处境更加危险。持该观点的人认为这样会促使管理层避免浪费资金，包括投资、额外津贴、公司的飞机以及其他浪费性支出。由于管理层将多余的资金进行了有效率的安排，因此使用财务杠杆的公司会更节省。相反，债务很少而有大量自由现金流（进行了所有有价值的项目投资后剩余的现金）的公司可能常常浪费资金。在不存在其他激励制度的情况下，"小心翼翼"地准备偿还债务可能对效率带来有益的影响。

机构性的限制

对投资行为的限制可能会阻止套利过程的进行。许多机构投资者，如养老基金和人寿保险公司，都不被允许使用前面所介绍的"自制"财务杠杆。监管机构常常只允许其投资于达到一定质量标准，如只使用了"安全"数量的财务杠杆的公司的股票和债券。如果某家公司超过了这一数额，则其证券会被从所批准的清单中剔除，从而防止某些机构对其进行投资。这种机构投资者需求的减少可能对该公司的金融工具的市场价值产生不利影响。

交易成本

交易成本也会限制套利过程。套利只能在交易成本的限额下进行，超过该限额后套利将不再有利可图。因此，使用财务杠杆的企业的总价值会比理论上稍微高或低一些。这种缺陷的净效应的方向是不确定的。

除了对管理效率的激励和交易成本之外，上述因素还会限制企业希望发行的债务的金额。特别是，过度的财务杠杆会导致大量的成本和限制。如果市场缺陷有规则地影响套利过程，资本结构决策将具有重要意义。要完整地讨论这个问题，我们必须将税收这一重要因素包括进来，这就是我们下面将讨论的内容。

税收的影响

考虑到税收因素时，绝大多数财务专家都同意适当利用财务杠杆会对公司的总估价产生有利影响。我们必须考虑两种税：公司的和个人的。由于它们的影响不同，我们将分别讨论。最后，我们将把它们各自的影响与前面所讨论的市场缺陷的影响综合在一起。现在，我们假定除了公司税外不存在其他市场缺陷。

---

① 很多人都提出了这一观点，但表述最好的可能是 Michael C. Jensen, "The Takeover Controversy: Analysis and Evidence," *Midland Corporate Finance Journal* 4 (Summer 1986), 12-21.

公司税

存在公司税时,债务的优点是发行企业在计算税收时可以将利息支付作为费用扣除。相反,所支付的股利对支付公司来说在计算公司税时是不能扣除的。因此,如果使用负债,可用来支付给债权人和股东的资金总额会更高。

作为论据,假设 ND 公司与 D 公司的净营业收益为 2000 美元。这两家公司除了在财务杠杆的利用方面不同外其他情况都相同。D 公司有利率为 12% 的 5000 美元债务,而 ND 公司则没有负债。如果两家公司的税率(联邦的和州的)都是 40%,我们有:

美元

	ND 公司	D 公司
净营业收益	2000	2000
债务利息(即债务持有收益)	—	600
税前收益	2000	1400
税(税率为 40%)	800	560
普通股股东可获得的收益	1200	840
所有证券(债务加上权益)持有人的总收益	1200	1440
所有证券(债务加上权益)持有人的收益之差	**240**	

因此,使用财务杠杆的 D 公司的债权人和股东可获得的总收益要高于没有财务杠杆的 ND 公司。原因在于债权人的利息支付是在计税前取得的,而只有在缴纳了公司税后的收益才可归股东所有。本质上,政府为利用财务杠杆的企业提供了一定的债务补贴。由于债务利息减少了应税收入,因此它被称为**税盾**(tax shield)。所有投资者可获得的总收益增加的金额就等于利息税盾乘以公司税率。在我们的例子中,该金额为 600 美元 × 0.40 = 240 美元。这一数字就代表了政府为利用财务杠杆的企业提供的税盾利益。如果公司使用的债务是永久性的,利用永续现金流公式可计算每年的税盾利益的现值:

$$\text{税盾利益现值} = \frac{(r)(B)(t_c)}{r} = (B)(t_c) \qquad (17.5)$$

式中,r 是债务的利率;B 是债务的市场价值;t_c 是公司税率。对于上例中的 D 公司,有

$$\text{税盾利益现值} = 5000 \text{ 美元} \times 0.40 = 2000 \text{ 美元}$$

最后的结论是利息税盾是有价值的,D 公司使用债务比不使用债务的总价值高 2000 美元。价值的增加是由于所有投资者的收益每年都要比没有债务时高 240 美元,每年 240 美元按 12% 贴现的现值为 240 美元/0.12 = 2000 美元。其中暗含的观点是税盾的风险就是利息支付流的风险,所以适当的贴现率就是债务的利率。因此,我们有

$$\text{杠杆企业的价值} = \text{无财务杠杆时企业的价值} + \text{债务税盾利益现值} \qquad (17.6)$$

对于上面的例子,假设没有债务的 ND 公司的权益资本化比率为 16%,再假定为零增长且股利支付率为 100%,则该企业(无杠杆)的价值为 1200 美元/0.16 = 7500 美元。税盾利益的价值为 2000 美元,因此利用财务杠杆的 D 公司的总价值为 7500 美元 + 2000 美元 = 9500 美元。我们从式(17.5)和式(17.6)中看到,其他情况均保持不变,债务金额越高,企业的税盾利益和企业价值也越大。根据相同的道理,财务杠杆越高,企业的资本

成本越低。因此，初始的 M&M 理论在根据公司税进行调整后认为，最优策略将是采用最大量的财务杠杆。① 这意味着应采用的资本结构几乎全部由负债组成。由于这与实际观察到的公司行为并不一致，我们必须寻求其他解释。

税盾利益的不确定性

如前所述，与使用债务有关的税收节省通常并非确定的。如果应税收入很低甚至为负，债务税盾利益将会减少甚至完全消失。此外，如果企业破产或被清算，则与债务有关的未来税收节省将完全停止。不仅与债务有关的税盾利益具有不确定性，其他税盾利益也具有不确定性，而这会加剧总体的不确定性。最后，还存在一种不确定性，即美国国会可能改变公司税率。

所有这些情况都使得与债务融资有关的税盾利益不确定。随着财务杠杆的增加，与税盾利用有关的不确定性会变得越来越重要。其结果是，这种不确定性会降低式(17.6)中所表示的公司税盾利益的价值。当财务杠杆特别大时，公司税盾利益价值的减少可能会相当多。

公司税加上个人税

将债务和股票收入的公司税与个人税结合在一起考虑，式(17.5)所显示的税盾利益现值可能会降低。最终的税盾利益的数量是一个存在很大争议的经验性问题。但是，大部分学者都同意个人税只会减少但不会消除与债务有关的公司税的好处。结果是最优的杠杆策略仍要求公司持有很大比例的负债。这一结论考虑到了在极端的财务杠杆下，税盾利益的不确定性可能减少税收的"净"影响这一事实。由于总体而言公司的财务杠杆并不是很高，所以我们必须寻找在公司改变其资本结构中的债务比例时会影响公司价值的其他因素。

税收和市场缺陷相结合

上面的陈述让我们想起了前面所考虑的各种市场缺陷的影响。只有当它们能在某种程度上限制债务融资的使用时，现实中所观察到的公司的资本结构行为才能得到解释。

破产成本、代理成本和税收

如果考虑到破产成本，并且如果破产成本的概率随着财务杠杆的使用以递增的比率增加，则极度使用财务杠杆可能会受到债权人和投资者的惩罚（如前所述，破产成本对于证券持有人来说，相当于系统的一种外流）。如果经济生活中存在破产成本和税收，则即使 M&M 理论的其他所有行为原则都成立，仍然会存在一种最优的资本结构。企业的资本成本在刚开始采用财务杠杆时会由于债务的净税收利益而下降。但是破产可能性会逐

---

① 参见 Franco Modigliani and Merton H. Miller,"Corporate Income Taxes and the Cost of Capital: A Correction," *American Economic Review* 64 (June 1963),433-442。

渐变得重要起来,使资本成本随财务杠杆的增加以递减的比率减少。当财务杠杆极高时,破产的影响可能抵消并超过税收的影响,从而使企业的资本成本开始上升。

代理成本或监督成本的存在加强了资本成本的这一上升趋势。但财务杠杆的增加超过某一点之后,代理成本将以递增的比率增加。破产成本和代理成本的联合影响将限制净税盾利益对股价产生正面影响的作用范围。简而言之,有

杠杆企业的价值＝无杠杆时企业的价值＋债务的净税盾利益的现值－
破产成本和代理成本的现值 (17.7)

随着财务杠杆的增加,上式右边的第二项将增加并使企业的价值也增加。但当财务杠杆越来越高时,税盾利益不断增长的不确定性将逐渐减少这一价值增量。尽管如此,如果我们只看税收的净影响,较高的债务比例仍将是最优的。

这一影响在图17.5中用实线说明。我们看到,当越来越多的财务杠杆发生时,税盾利益的不确定性使得资本成本曲线稍微向上弯曲。但是,税收的净影响(公司的加上个人的)仍对资本成本和股价具有有利的影响。当企业的债务很少时,破产成本和代理成本被认为并不重要。随着使用越来越多的债务,如图中虚线所示,这些成本最终变得很重要。逐渐地,这些成本就抵消了边际税盾利益。在边际破产/代理成本等于边际税盾利益的那一点,资本成本达到最小而股价则最大化。根据定义,该点就代表了最优资本结构,这在图17.5中用横轴上的标记表示。要观察财务杠杆对股票价格的影响,只需在纵轴上用股票价格替代资本成本并将图形颠倒过来即可。

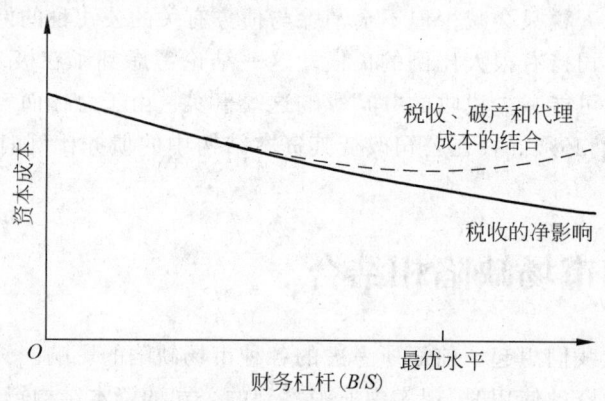

图17.5 税收、破产和代理成本相结合时的资本成本

其他市场缺陷的影响

如果其他市场缺陷和行为因素进一步弱化了 M&M 理论,资本成本曲线向上弯曲的那一点将比图中所描述的提前。现在考虑借款成本。当财务杠杆达到某一点后,债权人所要求的利率通常会上升。当然,财务杠杆越高,所要求的利率也会越高。其结果是,债务成本将在某一点之后转向上升。该现象早在图17.2中就说明了。该因素进而会对综合资本成本曲线施加向上的影响。对放款人施加的机构性限制,也可能使综合资本成本曲线向上弯曲的发生早于图17.5中。一家公司可能会由于已使用的财务杠杆极高,而不

能再向机构投资者出售债券。在这种情况下,该公司必须寻找不受限制的投资者,而且这些投资者可能要求更高的利率。如果机构性缺陷足够严重,当财务杠杆达到某一特定点后可能难以再取得债务资金。如果发生这种情况,图17.5中将出现一个间断点。

其他资本市场缺陷也会阻碍套利过程的进行,从而使得"自制"的财务杠杆不能完全替代公司的财务杠杆。回想一下,这类缺陷包括机构性限制和交易成本。市场缺陷的重要性越强,套利过程的有效性就越弱,从而越有理由认为存在最优资本结构。

我们有无数的理由相信,理论上存在一个最优资本结构。根据每个人对不同资本市场和行为缺陷的不同理解,这种预期中的最优资本结构迟早会伴随着可能的产权比率出现。

 ## 财务信息传递

与监督成本和代理关系密切相关的是信息传递的观点。由于严格的管理合同很难实施,管理者可能通过改变资本结构来传递企业有关获利能力和风险的信息。其含义在于内部人(管理人员)知道一些外部人(证券持有人)所不知道的有关企业的事情。作为一名管理人员,你的报酬和利益可能都取决于市场价值,这会激励你让投资者知道企业在何时价值被低估了。你可以发表声明,"本企业价值被低估了",但你知道投资者对该声明可信度所持有的怀疑就如同你在夸奖自己孩子聪明一样。所以,更好的方法是通过发行更多的债务来改变企业的资本结构。杠杆的增加意味着破产概率的增加。由于一旦破产,根据合同你将受到惩罚,所以投资者会得出结论,你的确有充分的理由认为情况比股价所反映的好,你的行为要比言辞更有说服力。财务杠杆的增加是一个积极的信号。

在更为正式的情况下,信息传递作用假定非对称(不相等)信息存在于管理层和股东之间。假设管理层正在考虑通过发行债券或普通股增加长期融资。管理层如果从当前股东的利益出发,会希望选择价格被高估的有价证券。即,如果管理层认为当前普通股价格过高,它将发行普通股,反之则会发行债券。事实上,投资者清楚地看到了这一现象,因此他们将发行债券视为"好消息",而将发行普通股视为"坏消息"。

这并不是说资本结构的改变必然会导致估价的变化。更确切地说,重要的是这一改变所传递的信号。该信号与企业基本的获利能力和风险有关,因为后者才是估价中的重要因素。财务信息传递是财务研究中很有意义的一个主题,但是已建立的各种模型却很难评价。除非管理合同非常精确,否则管理人员可能试图发出错误的信号。此外,相对于改变企业的资本结构来说,很可能存在效果更好而成本更低的信息传递方式。我们在第18章讨论股利政策和在第19章讨论新的证券的发行时,将进一步分析财务信息传递。

 ## 时机与财务灵活性

确定了适当的资本结构后,企业还需要解决证券的时机问题。当需要进行外部融资时,企业往往面临如何适当地确定时机以及在债务与普通股之间进行选择的问题。由于融资存在很多不确定性,企业很难在资本结构中保持严格的比例关系。企业经常必须决定是目前先发行股票日后再发行债务还是反过来。因此，企业不得不根据市场总体状况以及自身的预期对各种融资方式进行评估。

如果未来是确定的，那么今天来决定今后几年的最佳融资顺序可以说是一件很容易的事情。时机的安排应当是充分利用股票市场和固定收益证券市场上已知的未来变动来获利。然而不幸的是，金融市场上的价格，尤其是证券市场上的价格是不稳定的。决策并非根据确定的事情做出的，而必须是根据管理层对未来的最佳估计做出。此外，还存在前面提及的财务信号传递和激励问题。正如我们在前面的讨论中所指出的，债务发行公告对于股价通常有积极的影响。

然而，企业如果选择通过债务方式融资，有可能要牺牲一定的灵活性。我们所谓的灵活性，仅是指今天的融资决策能够给今后的融资选择带来多少自由度。需要记住的是，企业不能一味地举债融资而不营造自己的权益基础。违约风险迟早会变得过于高企。因此，长期内必须提高权益基础，这也是灵活性的重要之处。如果一家公司举借了巨额债务，而形势发生恶化，它将不得不在未来以不利的条件发行普通股。为了维持从资本市场融资的灵活性，企业有可能最好是现在先发行普通股，这样才能保有未使用的举债能力以备今后不时之需。对于那些资金需求是突然的、无法预测的公司来说，保有未使用的举债能力有可能是一项重要的决定。通过留有融资选择余地，公司能获得财务机动性。

我们必须记住，如果金融市场是有效率的，所有可获得的信息就都会反映在证券的价格中。在这种条件下，证券的市场价格就是市场对于该证券的价值的最佳估计。如果管理层在预测未来市场价格方面并不比普通投资者强，那么企业对于证券发行时机的选择就是毫无意义的。换句话说，管理层选择错误与正确的几率各半。要想让时机的选择有所价值，管理层的预期必须比市场的预期更正确。我们将在第7部分探讨长期融资的特殊方法、具体的证券发行时机以及金融工具所提供的灵活性。

 融资清单

我们已经找到了用于分析"适合我们公司的资本结构是什么？"这个问题的若干方法。特别是，我们关注的是债务与权益的混合，而把典型长期金融工具以及更为特殊的金融工具的特点留到后面的章节介绍。下面给出从第16章和本章总结出的应当考虑的一系列因素的实用清单。

税收 企业所承担的税赋是非常重要的。债务的大部分优势都与税收有关。如果一家公司由于利润微薄，几乎不需纳税，那么与需要全额缴纳公司所得税的另一家公司相比，债务融资的吸引力明显低很多。

直接以货币支付的成本 其他条件均相同的情况下，债务的利率越高，优先股股利率越高，则相应的融资方式的吸引力越低。

履行债务的现金流能力 这里的分析同时关注企业的经营风险和财务风险。这里所提出的问题的答案对于确定企业履行债务的能力十分关键。企业未来现金流的规模和稳定性如何？企业的利息保障倍数和债务保障比率看起来如何？与同行业其他企业的上述比率相比情况如何？EBIT降到企业债务负担以下的概率有多大？发生现金清偿问题的可能性有多高？

代理成本和激励问题 股东是否愿意承担债权人所要求的随着债务增加而增加的控制成本？管理层如果背负着偿债义务是否会更有效率？上述问题以及其他类似问题都是需要予以解决的。

财务信息传递 股票市场对于某项融资决策的反应有可能是什么？原因何在？所有的影响都建立在管理层与证券持有人之间信息的不对称上，如果有所影响的话。

EBIT-EPS 分析 在哪一点，在各种融资方式下，企业的息税前收益（EBIT）与每股收益（EPS）相等？这与现有的 EBIT 水平有何关系？跌到 EBIT-EPS 无差异点以下的概率是多少？

资本结构比率 一种融资方式对于企业的资本结构比率（如，产权比率、负债占总资产的比率以及负债占净值比率）有何影响？这些比率与同行业其他企业相比如何？这些比率的变化有可能对投资分析人士和贷款人产生什么影响？

证券评级 某种融资方式有可能对企业的证券评级产生上升或下降的作用吗？没有哪位财务经理能够不考虑这些，尽管它未必构成一项具有约束力的限制条件。

时机 现在是发行债务的好时机吗？现在是发行证券的好时机吗？无论何时发行证券，都必须考虑债券和股票市场的状况。

灵活性 如果企业需要在长期内持续地进行融资，目前选择的融资方式会对未来的融资产生什么影响？企业拥有未来在债券市场融资的灵活性究竟有多重要？

在考虑企业的财务杠杆适宜水平时，上述重要的问题必须得到解决。通过进行一系列分析，财务经理应该能够在某个范围内确定适合自己公司的资本结构。最终决策带有一定的主观性，但可以是基于现有的最佳信息的。我们也希望这一决策与股东财富最大化是一致的。

Cameco 公司与财务灵活性

融资渠道畅通

Cameco 公司的宏伟计划是在核能源产业发展壮大。投资的机会是无法预测的，而且资金量通常都会比较高。我们打算维持充分的财务灵活性，以便抓住每一个投资机会。因此，我们保持保守的财务结构，目标是净负债占总资本的比率不超过 25%。

资料来源：Cameco Corporation，Annual Report－2006，（www.cameco.com/investor_relations/annual/2006/html/mda/fuel_service.php）. Copyright © 2006 Cameco Corporation. Used by permission. All rights reserved.

小结

- 关于企业能否通过改变融资组合来影响其总价值（债务加权益）和资本成本存在大量争议。
- 资本结构和估价的传统方法认为存在一个最优资本结构，而且企业可以通过适当

- 使用财务杠杆来增加企业的总价值(及每股市场价值)。
- 莫迪格利安尼和米勒(M&M)则认为如果不存在税收和其他市场缺陷,企业的总价值和资本成本与资本结构无关。
- M&M理论与净营业收益(NOI)法一样,也认为存在一个恒定的投资价值。无论你将投资价值这一整体在负债和权益间如何划分,投资价值都保持不变。因此,财务杠杆被认为是无关的。M&M理论的行为支持来自套利过程。
- 破产成本和代理成本对财务杠杆,尤其是极端财务杠杆的使用不利。
- 当存在公司所得税时,使用债务具有很大的优势,我们还可以衡量债务税盾利益的现值。税盾利益的不确定性会削弱这一优势,尤其是当财务杠杆很高的时候。
- 如果考虑到个人所得税,我们会发现债务的税收优势会被进一步减少。
- 税收的净影响与破产成本和代理成本的结合会导致最优资本结构的存在。其他市场缺陷会妨碍基于期望收益和风险的证券价格的均衡,从而财务杠杆会影响企业的价值。
- 资本结构的改变可以向投资者传递相应的财务信息。管理层发行新的债务的行为会被投资者视为"好消息",而发行新股的行为则会被视为"坏消息"。
- 公司确定了合适的资本结构后,仍要面临何时发行债务或权益证券的问题。当涉及顺序融资时,对于债务或权益的选择将影响企业的未来财务弹性。
- 从本章及上一章内容中挑选出的实用的、概念化的清单能帮助你确定企业的资本结构。

思考题

1. 比较资本结构理论的净营业收益(NOI)法和M&M法。
2. 为什么你可能认为不同行业的最优资本结构会有很大差异?在各个行业中,同一因素会产生不同的资本结构吗?
3. 哪些因素决定企业必须为债务支付利率?当产权比率上升时,预期该利率会上升是否合理?为什么?
4. 资本结构中的总价值原则是什么?
5. 给出套利的定义。它对资本结构问题产生了什么影响?
6. 如果金融市场不存在缺陷,企业会寻求什么样的资本结构?为什么说市场缺陷是融资活动中的重要考虑因素?哪类缺陷最重要?
7. 什么是破产成本?什么是代理成本?当涉及财务杠杆时它们如何影响企业的估价?
8. 为什么当一家公司的债务过多时,机构放款人会拒绝继续为其提供借款?
9. 假设一家公司的利润很低,因此不必交税,这对企业的最优资本结构有何影响?
10. 如果公司税率减少一半,对债务融资会有何影响?
11. 股利现在受到双重课税。公司要为其收益纳税,而股东还必须为公司支付给他们的股利纳税。如果允许公司将所支付的股利作为费用扣除,从而消除这种双重课税,对公司融资会有何影响？

12. 如果管理层认为其股票价值被低估了，为什么改变资本结构会比发表声明更有说服力？这一财务信号的可能方向是什么？

自测题

1. Qwert 打字机公司与 Yuiop 打字机公司除了资本结构外，其他情况全部相同。Qwert 公司有 50% 的债务融资和 50% 的权益融资，而 Yuiop 公司有 20% 的债务融资和 80% 的权益融资（所有百分比都是按市场价值表示的）。两家公司的借款利率都是 13%，不存在税收。假设资本市场是完全的，预期两家公司的收益都不会增长，所有收益都以股利的形式支付给股东。

（1）如果 Qwert 公司的净营业收益为 36 万美元，综合资本化比率 k_o 为 18%，假如你拥有该公司 2% 的普通股，你的收益将是多少？暗含的权益资本化比率 k_e 是多少？

（2）如果 Yuiop 公司的净营业收益与 Qwert 公司相同，则其暗含的权益资本化比率是多少？为什么与 Qwert 公司不同？

2. Enoch-Arden 公司的息税前收益为 300 万美元，税率为 40%，它可以按 14% 的利率借款。如果没有债务，其权益资本化比率为 18%。该公司的收益预期不会增长，所有收益都以股利的形式支付给股东。如果存在公司所得税但不存在个人所得税，根据 M&M 理论，没有财务杠杆时公司的价值将是多少？债务为 400 万美元时呢？为 700 万美元时呢？

3. L'Etoile du Nord Resorts 公司正在考虑采用各种水平的债务。目前它还没有负债，总价值为 1500 万美元。它认为通过利益财务杠杆，能获得的公司和个人所得税的净利益（税盾利益的一个正的现值）将等于债务市场价值的 20%。但是，公司关心的是破产成本和代理成本，以及如果它借款过多放款人会要求提高利率。该公司认为它在不招致这些额外成本的条件下借款可达 500 万美元。但是，在此之后每增加 500 万美元借款都会导致三种成本的发生。此外，预期这些成本将随财务杠杆以递增的比率增加。预期在各种债务水平上，这些成本的现值为：

百万美元

债务	5	10	15	20	25	30
破产成本、代理成本和利率上升成本的现值	0	0.6	1.2	2	3.2	5

该公司是否存在一个最优的债务水平？如果存在，是多少？

复习题

1. Lex I. Cographer 字典公司的净营业收益为 1000 万美元，公司有利率为 7% 的 2000 万美元债务。预期公司的收益不会增长，并且所有收益都以股利的形式支付给股东。所有情况都假设不存在税收。

(1) 如果权益资本化比率在债务是 2000 万美元时为 12.5%，用净营业收益法计算企业的总价值和相应的综合资本化比率 k_o。

(2) 假设企业增发了 1000 万美元的债务并用这笔资金回购普通股。此外，假设利率和综合资本化比率与题(1)相同，计算新的企业总价值和暗含的权益资本化比率。

2. Wannabee 公司没有财务杠杆，而 Gottahave 公司有利率为 12% 的 200 万美元债务。除此之外，两家公司完全相同且都不存在税收。资本市场被认为是完全的。预期两家公司的收益都不会增长，所有的收益都以股利的形式支付给股东。对两家企业的估价如下：

		Wannabee 公司	Gottahave 公司
O	净营业收益	600 000 美元	600 000 美元
I	债务利息	0 美元	240 000 美元
E	普通股股东可获得的收益 $(O-I)$	600 000 美元	360 000 美元
k_e	权益资本化比率	÷0.15	÷0.16
S	股票的市场价值 (E/k_e)	4 000 000 美元	2 250 000 美元
B	债务的市场价值	0 美元	2 000 000 美元
V	企业的总价值 $(B+S)$	4 000 000 美元	4 250 000 美元
k_o	暗含的综合资本化比率 $[k_i(B/V)+k_e(S/V)]$	0.15	0.1412
B/S	产权比率	0	0.89

(1) 你拥有 Gottahave 公司价值 2.25 万美元的股票。列出你可通过套利减少的支出及过程。

(2) 该套利过程将在何时停止？

3. T. Boom Pickens 公司的资本结构总额为 100 万美元，并始终保持该账面价值金额。目前该公司每年税前收益为 25 万美元，税率为 50%，全部采用权益融资方式，有股票 10 万股，所有收益都用于发放股利。公司正在考虑发行债务以回购普通股。在各种债务水平上债务的成本和相应的普通股每股价格见下表。假设新的资本结构可通过按现行每股 10 美元的价格收购普通股实现。换句话说，下表所列的是在各个时点的各种情况。

债务金额/美元	债务的平均税前成本/%	相应的普通股每股价格/美元
0	—	10.00
100 000	10.0	10.00
200 000	10.0	10.50
300 000	10.5	10.75
400 000	11.0	11.00
500 000	12.0	10.50
600 000	14.0	9.50

(1) 通过观察，你认为最优资本结构(使企业综合资本成本最小的资本结构)是什么？为什么？

(2) 根据已知数据，画出税后资本成本(k_e、k_i 和 k_o)与财务杠杆比率(B/S)间的图形关系。

(3) 你在题(1)中的感觉能被证实吗?

4. Gioanni Chantel Truffles 公司的息税前收益为 100 万美元。目前该公司全部采用权益融资。它可以按 15% 的利率发行 300 万美元的永久性债务以回购股票,从而对公司实行再资本化,没有个人所得税。

(1) 假设公司税率为 40%,如果公司仍全部采用权益融资,则所有证券持有人可获得的收益是多少?如果它进行再资本化呢?

(2) 债务税盾利益的现值是多少?

(3) 如果公司仍全部采用权益融资,则该公司普通股的权益资本化比率为 20%。如果公司仍保持全部权益融资方式,则其价值是多少?如果它进行再资本化呢?

5. Stinton Vintage 制酒公司目前是家族企业,没有债务。Stinton 家族正在考虑出售其在公司中的一些普通股使公司上市。投资银行家告诉他们,如果公司没有债务,则其总价值为 1000 万美元。除了出售股票外,该家族也在考虑发行债务。为计算方便,这些债务将是永久性的。这些债务将用于回购普通股,因此公司规模仍保持不变。根据各种估价研究,在考虑公司和个人所得税的情况下,税盾利益的现值预算为借款额的 22%。公司的投资银行家估计在各种债务水平上企业破产成本的现值为:

美元

负债	破产成本的现值	负债	破产成本的现值
1 000 000	0	5 000 000	400 000
2 000 000	50 000	6 000 000	700 000
3 000 000	100 000	7 000 000	1 100 000
4 000 000	200 000	8 000 000	1 600 000

根据上述信息,该家族应选择什么样的债务水平?

6. Rebecca Isbell Optical 公司正在试图确定一个合适的资本结构。该公司知道随着财务杠杆的增加,其借款成本和普通股的预期报酬率最终也会增加。公司对各种财务杠杆比率的估计如下:

债务/(债务+权益)	借款利率/%	股东的预期报酬率/%	
		无破产成本	有破产成本
0	—	10.00	10.00
0.10	8.0	10.50	10.50
0.20	8.0	11.00	11.25
0.30	8.5	11.50	12.00
0.40	9.0	12.25	13.00
0.50	10.0	13.25	14.50
0.60	11.0	14.50	16.25
0.70	12.5	16.00	18.50
0.80	15.0	18.00	21.00

(1) 如果税率为50%且不存在破产成本,公司在各种财务杠杆比率下的加权平均资本成本是多少?

(2) 在存在破产成本的情况下,最优资本结构是什么?

7. Art Wyatt Pool 公司希望为项目扩张融资 1500 万美元,并正在债务和外部权益融资两种方式间权衡。管理层认为市场并没有真正认识到该公司的获利潜力,普通股的价值被低估了。你认为公司应该发行什么类型的证券(债券或普通股)来融资,市场会有何反应?如果管理层认为公司股票的价值被高估了,你认为公司应该发行什么类型的证券?为什么?

自测题答案

1.(1) Qwert 打字机公司:

O	净营业收益	360 000 美元
k_o	综合资本化比率	÷0.18
V	企业总价值($B+S$)	2 000 000 美元
B	债务的市场价值(50%)	1 000 000 美元
S	股票的市场价值(50%)	1 000 000 美元
O	净营业收益	360 000 美元
I	债务利息(13%)	130 000 美元
E	普通股股东可获得的收益($O-I$)	230 000 美元

230 000 美元 × 2% = **4600 美元**

暗含的权益资本化比率 $k_e = E/S$ = 230 000 美元/1 000 000 美元 = **23%**。

(2) Yuiop 打字机公司:

O	净营业收益	360 000 美元
k_o	综合资本化比率	÷0.18
V	企业总价值($B+S$)	2 000 000 美元
B	债务的市场价值(20%)	400 000 美元
S	股票的市场价值(80%)	1 600 000 美元
O	净营业收益	360 000 美元
I	债务利息(13%)	52 000 美元
E	普通股股东可获得的收益($O-I$)	308 000 美元

暗含的权益资本化比率 $k_e = E/S$ = 308 000 美元/1 600 000 美元 = 19.25%。由于 Yuiop 公司在资本结构中使用的债务较少,所以其权益资本化比率低于 Qwert 公司。因为在使用净营业收益法时,权益资本化比率与产权比率呈线性关系,权益资本化比率的下降恰好抵消了不使用较便宜的债务资金的缺点。

2. 如果没有杠杆，企业的价值为：

息税前收益	3 000 000 美元
利息	0 美元
税前收益	3 000 000 美元
税(40%)	1 200 000 美元
税后收益	1 800 000 美元
权益资本化比率 k_e	÷0.18
企业的价值（无杠杆）	**10 000 000 美元**

债务为 400 万美元时企业价值为：

有杠杆时企业价值＝无杠杆时企业价值＋债务税盾利益的现值
$$=10\ 000\ 000\ 美元 + (4\ 000\ 000\ 美元)(0.40)$$
$$=11\ 600\ 000\ 美元$$

债务为 700 万美元时企业价值为：
$$=10\ 000\ 000\ 美元 + (7\ 000\ 000\ 美元)(0.40)$$
$$=12\ 800\ 000\ 美元$$

由于税收上的补贴，该企业的价值能随债务按线性方式增加。

3.

百万美元

(1) 债务水平	(2) 无杠杆时企业价值	(3) 债务税盾收益的现值(1)×0.20	(4) 破产、代理和增加利息成本的现值	企业价值 (2)＋(3)－(4)
0	15	0	0.0	15.0
5	15	1	0.0	16.0
10	15	2	0.6	16.4
15	15	3	1.2	16.8
20*	**15**	**4**	**2.0**	**17.0**
25	15	5	3.2	16.8
30	15	6	5.0	16.0

* 债务水平为 2000 万美元时企业的价值达到最大。

参考文献

Arditti, Fred D. "The Weighted Average Cost of Capital: Some Questions on Its Definition, Interpretation, and Use." *Journal of Finance* 28 (September 1973), 1001-1009.

Barclay, Michael J., and Clifflord W. Smith Jr. "The Capital Structure Puzzle: The Evidence Revisited." *Journal of Applied Corporate Finance* 17 (Winter 2005), 8-17.

Baxter, Nevins D. "Leverage, Risk of Ruin, and the Cost of Capital." *Journal of Finance* 22 (September 1967), 395-404.

Berlin, Mitchell. "Debt Maturity: What Do Economists Say? What Do CFOs Say?" *Federal Reserve Bank of Philadelphia Business Review* (First Quarter 2006), 3-9 (arailable online at www. phil. frb. org/

files/br/Q1_06_DebtMaturity.pdf).

Brounen, Dirk, Abe de Long, and Kees Koedijk, "Corporate Finance in Europe: Confronting Theory with Practice." *Financial Management* 33 (Winter 2004), 71-101.

Davis, Henry A., and William W. Sihler. *Building Value with Capital-Structure Strategies*. Morristown, NJ: Financial Executives Research Foundation, 1998.

Deangelo, Harry, and Ronald W. Masulis. "Optimal Capital Structure Under Corporate and Personal Taxation." *Journal of Financial Economics* 8 (March 1980), 3-29.

Graham, John, and Campbell Harvey, "How Do CFOs Make Capital Budgeting and Capital Structure Decisions?" *Journal of Applied Corporate Finance* 15 (Spring 2002), 8-23.

Groth, John C., and Ronald C. Anderson. "Capital Structure: Perspectives for Managers." *Management Decision* 35 (No. 7, 1997), 522-561.

Harris, Milton, and Arthur Raviv. "The Theory of Capital Structure." *Journal of Finance* 46 (March 1991), 297-355.

Haugen, Robert A., and Lemma W. Senbet. "The Irrelevance of Bankruptcy Costs to the Theory of Optimal Capital Structure." *Journal of Finance* 33 (June 1978), 383-394.

____. "Corporate Finance and Taxes: A Review." *Financial Management* 15 (Autumn 1986), 5-21.

Hovakimian, Armen, Tim Opler, and Sheridan Titman. "The Debt-Equity Choice." *Journal of Financial and Quantitative Analysis* 36 (March 2001), 1-24.

Jensen, Michael C. "The Takeover Controversy: Analysis and Evidence." *Midland Corporate Finance Journal* 4 (Summer 1986), 12-21.

____, and William E. Meckling. "Theory of the Firm: Managerial Behavior, Agency Cost and Ownership Structure." *Journal of Financial Economics* 3 (October 1976), 305-360.

Leary, Mark T., and Michael R. Roberts. "Do Firms Rebalance Their Capital Structures?" *Journal of Finance* 60 (December 2005), 2575-2619.

Litzenberger, Robert H. "Some Observations on Capital Structure and the Impact of Recent Recapitalizations on Share Prices." *Journal of Financial and Quantitative Analysis* 21 (March 1986), 47-58.

____, and James C. Van Horne. "Elimination of the Double Taxation of Dividends and Corporate Financial Policy." *Journal of Finance* 33 (June 1978), 737-749.

Maloney, Michael T., Robert E. McCormick, and Mark L. Mitchell. "Managerial Decision Making and Capital Structure." *Journal of Business* 66, No. 2 (1993), 189-217.

Mello, Antonio S., and John E. Parsons. "Measuring the Agency Costs of Debt." *Journal of Finance* 47 (December 1992), 1887-1904.

Miller, Merton H. "Debt and Taxes." *Journal of Finance* 32 (May 1977), 266-268.

____. "The Modigliani-Miller Propositions After Thirty Years." *Journal of Applied Corporate Finance* 2 (Spring 1989), 6-18.

Modigliani, Franco, and M. H. Miller. "The Cost of Capital, Corporate Finance, and the Theory of Investment." *American Economic Review* 48 (June 1958), 261-297.

____. "The Cost of Capital Corporation Finance, and the Theory of Investment: Reply." *American Economic Review* 51 (September 1959), 655-669; "Taxes and the Cost of Capital: A Correction." *American Economic Review* 53 (June 1963), 433-443; "Reply." *American Economic Review* 55 (June 1965), 524-527; "Reply to Heins and Sprenkle." *American Economic Review* 59 (September 1969), 592-595.

Myers, Stewart C. "Capital Structure Puzzle." *Journal of Finance* 39 (July 1984), 575-592.

____, and Nicholas S. Mujluf. "Corporate Financing and Investment Decisions When Firms Have Information That Investors Do Not Have." *Journal of Financial Economics* 13 (June 1984), 187-222.

Opler, Tim C., and Sheridan Titman. "Financial Distress and Corporate Performance." *Journal of Finance* 49 (July 1994), 1015-1040.

Rajan, Raghuram G., and Luigi Zingales. "What Do We Know about Capital Structure: Some Evidence from International Data." *Journal of Finance* 50 (December 1995), 1421-1460.

Ross, Stephen A. "The Determination of Financial Structure: The Incentive-Signalling Approach." *Bell Journal of Economics* 8 (Spring 1977), 23-40.

Van Horne, James C. "Optimal Initiation of Bankruptcy Proceedings by Debt Holders." *Journal of Finance* 31 (1976), 897-910.

Zuberi, Azmat, and Chris Hui. "Optimizing Your Capital Structure." *Finance Asia* 8 (December 2003/January 2004), 91-93.

Part VI of the text's website, *Wachowicz's Web World*, contains links to many finance websites and online articles related to topics covered in this chapter. (http://web.utk.edu/~jwachowi/part6.html)

第 18 章

股利政策

内容提要

- 消极的与积极的股利政策
  剩余股利政策·股利无关论·股利相关论·股利政策的实证检验·公司股利政策的含义
- 影响股利政策的因素
  法律规定·企业的资金需求·流动性·举债能力·债务合同的限制·控制权·最终的观察意见
- 股利的稳定性
  对股利稳定性的评价·目标支付比率·固定股利与额外股利
- 股票股利与股票分割
  股票股利·股票分割·股票股利与股票分割对投资者的价值·股票合并
- 股票回购
  回购的方法·作为股利政策一部分的回购·投资还是融资决策·可能产生的信息传递作用
- 管理上的考虑
  股利发放程序·股利再投资计划
- 小结
- 思考题
- 自测题
- 复习题
- 自测题答案
- 参考文献

学习目的

完成本章学习后,您将能够:
- 了解企业所面临的股利留存与分配的悖论。
- 解释莫迪格利安尼和米勒(M&M)关于股利无关论的观点。
- 解释对 M&M 的反驳——股利相关论。
- 识别并讨论影响企业股利及留存收益政策的因素。
- 定义、比较并证明现金股利、股票股利、股票分割和股票合并。
- 定义"股票回购"并解释企业为什么会(以及如何)回购股票。
- 总结标准现金股利发放程序及几个关键的日期。
- 定义并讨论股利再投资计划(DRIPs)。

> 叮当弟说:"正相反,如果那是真的,那就可能是真的;如果那曾经是真的,它就是真的过;但是既然现在它不是真的,那么现在它就是假的。这就是逻辑。"
>
> ——刘易斯·卡洛尔(Lewis Carroll)
> 《爱丽丝镜中奇遇》

股利政策是企业融资决策不可分割的一部分。**股利支付率**(dividend-payout ratio)决定了企业融资来源之一的留存收益的数额。但是,将企业当期盈余的较大部分留存下来意味着可用于当期股利支付的资金较少。因此,企业股利政策的一个主要方面就是决定企业利润在支付股利与增加留存收益间的合理分配比例。但与企业全面股利政策有关的其他方面也十分重要,如法定要求、流动性与控制问题,股利稳定性,股票股利与股票分割,以及管理上的考虑等。

消极的与积极的股利政策

剩余股利政策

首先看一个两方面的问题。现金股利的支付会影响股东财富吗?如果会,什么样的股利支付率会使股东财富最大化?与在研究财务杠杆时所假定的一样,这里我们仍假定经营风险保持不变。为解答股利支付率是否影响股东财富这一问题,我们有必要先考察企业的股利政策,在这里,股利政策完全作为一种涉及盈余留存问题的融资决策。每一时期,企业都必须决定是将盈余保留下来还是将其部分或全部作为现金股利发放给股东(这里暂不考虑股票回购)。只要企业所面临的投资项目的收益率超过预期报酬率(如果方案的净现值为正),企业将运用盈余及由权益资本支持的优先证券为这些项目筹资。如果企业在为所有可接受的投资机会筹资后仍有剩余盈余,则这些盈余将以现金股利的形式分配给股东。如果没有剩余的盈余,则没有股利可供分配。如果可接受的投资机会所需的资金超过留存收益加上这些留存收益可支持的优先证券的总和,企业将会通过发行新股与优先证券为所需的超额资金融资。

如果严格地把股利政策作为一种融资决策,则现金股利的支付就是一种消极的剩余。作为股利支付出去的盈余的比例将随着企业可利用的各期投资机会所需资金额的波动而波动。如果这些投资机会非常多,则支付的盈余所占的比例可能接近零;如果企业不能找到有利可图的投资机会,则所支付的股利就是盈余的100%。在这两种极端情况间的任一种情况,其股利支付率将是位于0~1的分数。

剩余股利政策完全取决于企业可接受的投资方案的利用情况,这种政策暗含着股利是无关的。股利真的只是一种分配未利用的资金的手段吗?还是相反,股利支付应是一种随着作为剩余的留存收益而变动的积极决策?要回答上面两个问题,我们必须先考察股利是否无关的争论。股利无关意味着股利支付率的变动(假定投资机会不变)不影响股东财富。

股利无关论

莫迪格利安尼和米勒(M&M)提出了股利无关论最全面的论述。① 他们声称,在给定企业投资决策的条件下,股利支付率纯粹是一个细枝末节的小问题,不影响股东财富。

---

① 参见 Merton H. Miller and Franco Modigliani, "Dividend Policy, Growth, and the Valuation of Shares," *Journal of Business* 34 (October 1961), 411-433。

M&M认为,企业的价值完全取决于企业资产的赢利能力,或者说是企业的投资决策,而赢利在股利与留存收益间的分割对企业的价值没有影响。与我们前面在资本结构决策一章所指出的一样,M&M假定在完善的资本市场上没有交易成本,企业发行有价证券也没有筹资成本,而且不存在税收。此外,还假定企业未来利润是已知的常数(最后一个假定在下文将去掉)。

当期股利与留存收益 M&M理论的关键在于,股利支付对股东财富的影响恰好被其他融资方式抵消了。我们先来考虑以出售额外的普通股的方式增加股东权益而不是简单地保留盈余的情况。企业在作出投资决策后,必须决定是保留盈余还是支付股利,然后再出售与所支付股利等额的新股,为投资项目融资。M&M理论认为,融资后的普通股每股现值加当期股利支付额正好等于当期支付股利前的普通股每股市价。换句话说,外部权益融资引起股价稀释(dilution)所造成的普通股市价的下跌刚好被股利支付额所补偿,因此M&M假定,收到股利还是企业留存收益对股东来说是无差异的。

注意:

这里,有人可能会很正当地提出一个问题:我们说股利是普通股计价的基础,这与前面所有章节有何关系呢?其中存在矛盾吗?尽管普通股的每股市价是所有预期未来股价的现值这一点仍是正确的,但股利的支付时间和数额是可变的。预期永远不会发放股利的公司(连清算股利也不会发放)对于投资者来说是毫无价值的,这一点也仍是正确的。股利无关论只是强调,即使股利政策可以改变股利支付的时间与数额,但未来股利的现值保持不变。该理论不认为股利,包括清算股利,是永远不支付的。相反,它认为当我们在得出普通股的市价时,只有股利延期(但未来股利支付额允许有所增长)与否才是无关的。

价值的保持 给定M&M确定的与完善资本市场有关的假定,股利无关论自然就随之产生了。正如前面章节中有关公司财务杠杆的例子一样,总价值原则保证,除股利支付率不同外,其他所有方面都相同的两个企业的市场价值加上当前股利的总和是相等的。

投资者能够自制公司可以支付但当期没有支付的任何一种股利水平。如果股利水平低于投资者期望的水平,投资者可以出售部分股票以获取期望的现金收入;如果股利水平高于投资者期望的水平,则投资者可以用股利收入购买该公司的股票。因此,投资者能够"自制"股利,同样,如果他们对企业目前的资本结构不满意,也可以设计"自制"财务杠杆。对于一个有价值的公司决策来说,公司必须能够为股东做些他们自己无法做到的事情。因为投资者能够自制股利,而自制股利在我们前述假定下是公司股利的最优替代,所以股利政策是无关的。企业无法通过改变股利与留存收益的组合来创造价值。与资本结构理论一样,也有一个价值保持的问题,使得各方价值的总和总是相等的,即不能通过把饼切成不同的块儿来改变整张饼的大小。

股利相关论

人们提出了许多观点来支持相反的情况,即在不确定情况下股利是相关的。换句话说,投资者对以收到股利收入的形式还是以股利上涨的形式获得回报并非漠不关心。下面讨论这些不确定情况下的观点。

投资者的股利偏好 在股利与资本利得两种形式的收入中,有些投资者可能更偏好股利。股利的支付可以消除投资者对企业赢利能力不确定性的担忧。股利是在持续经营基础上在本期收到的,而资本利得的实现则是预期在未来发生的。因此,投资于支付股利公司的投资者比投资于不支付股利公司的投资者能够更早地消除不确定性。当投资者对早日消除不确定性的偏好达到一定程度时,他们会愿意为那些能够支付较高股利,而其他条件相同的股票支付更高的价格。实际上,投资者能够自制股利,因此这种偏好是缺乏理性的。但是从投资者方面来看,有充分的理由让我们很难否定这一观点。也许出于心理或便利程度等原因,投资者不愿意自制股利,而更愿意从企业得到"实实在在的东西"。

对投资者征税的影响 当考虑到税收因素时,就会产生各种不同的影响。资本利得的个人税率要低于股利收入的税率,这使得企业保留收益对投资者有利。此外,资本利得税要递延到股票真正售出时才发生(即当实现任何利得的时候),实际上是在企业保留盈余而不支付股利的时候,给了股东一个有价值的时机选择权。而且,如果以已升值的有价证券作为礼物赠送给慈善事业,或者如果有价证券的所有者去世了,则可以完全避免缴纳资本利得税。出于上述原因,即使联邦政府对股利和资本利得这两种收入所征税的税率相同,实际的资本利得税(以现值的形式)也低于股利收入的税率。这就意味着,支付股利的股票需要比具有相同风险的不支付股利的股票提供更高的预期税前收益率。按照这一观点,在其他条件相同的情况下,股票的**股利收益率**(dividend yield)越高,所要求的税前收益率也越高。

然而,并不是所有的投资者在上面讨论的这两种收入上都承担相同的税赋。一些机构投资者,如退休与养老基金,既不必对股利收入纳税,也不必对已实现的资本利得纳税。从税收的角度看,对于这些机构投资者来说,1美元的股利收入与1美元的资本利得是无差异的。对于公司投资者来说,公司间的股利收入的实际税率低于所适用的资本利得税。例如,Alpha公司拥有Omega公司100股股票,每股年股利为1美元,Alpha公司70%的股利收入免税。换句话说,Alpha公司将为其股利收入支付30美元的税。另一种情况是,Omega公司的股票升值总额为100美元,全部价值额都要缴纳资本利得税。因此,第一种情况下的计税总额要低于第二种情况。相应地,部分公司投资者可能更偏好当期股利收入。而且,机构投资者的数量正在逐渐增加。

如果投资者的股利偏好不同,公司就可以调整自己的股利支付率。假设全部投资者中40%的人偏好零股利支付率,20%的人偏好25%的支付率,剩下的40%的人偏好50%的支付率。如果大多数公司把其盈余的25%作为股利支付,则会出现对支付零股利的公司的股票与支付50%股利的公司的股票的超额需求。假设一些公司意识到了这种超额需求的存在,并调整股利支付率以提高股票价格,则这些公司的行动会消除超额需求。同样,公司的股利支付率将与投资者集团的愿望相匹配。从这点来说,没有哪家公司能够通过改变股利而影响股票价格。因此,即使征税,股利支付率也是无关的。

实际上,我们仍不能解决对股利征税的税收影响问题。在考虑股利对股价影响的实证证据之前,先来看看可能影响股利支付的其他因素。

筹资成本 股利无关论建立在这样一种思想基础上:当企业面临合适的投资机会而已经支付了股利时,企业必须通过外部筹资来获得与已支付股利等额的资金。外部融资所涉及的**筹资成本**(flotation costs)的引入有助于企业保留盈余。对于企业作为股利支付的每一美元,企业净得低于外部筹集到的扣除筹资成本后的每一美元。

交易成本与有价证券的可分性 出售有价证券的交易成本倾向于限制套利行为,其方式与我们对负债的描述相同。如果企业支付的股利无法满足投资者对当期收入的期望,则想要取得当期收入的股东在出售其部分股票的所有权时必须支付经纪人手续费。已销售股票每美元的手续费与销售规模呈反比。对小额销售来说,经纪人费用可能占总销售额的很大比重。由于这种费用的存在,消费愿望超过当期股利的股东将更偏好支付额外股利的公司。完善的资本市场也假定有价证券是无限可分的。由于权益证券的最小单位是1股,这导致在出售股票获取当期收入时是"不灵活"的。同时,这也阻碍了股票的出售。另一方面,不想取得股利以满足到期消费的股东则有必要对其股利收入进行再投资,此时交易成本与可分性问题再次对股东产生了不利影响,阻碍了股票的购买。在考虑到支付股利与留存收益时,这二者中的任何一点都不能得出指导性的含义。

机构的限制 一些机构投资者在投资于股票时受到可购买股票的种类或者在其所持有的投资组合中各种普通股所占的比例的限制。这些投资者能够购买的合格证券的限制因素部分取决于股利支付的时间间隔。如果一个公司不支付股利或者在较长时间内不支付股利,则某些机构投资者将被禁止投资该公司的股票。

对大学从其捐赠基金中所获得的资本利得的支出有时也有限制。而且,一些信托基金也有关于资金流动性的限制。对于普通股,信托基金的受益人有权享受股利收入,但无权享有从出售普通股中获得的收益。由于这种限制,管理基金投资事宜的受托人可能感觉自己被束缚在关注股利收益率与寻找支付合理股利的股票上。尽管上面提到的这两种影响在总体上较小,但它们在引导投资者偏好股利,反对留存收益和资本利得方面确实发挥了作用。

财务信息传递 财务信息传递作用不同于本部分的其他观点,它取决于市场上财务信息的不完善。股利能够传递企业有利能力的信息或信号,从而股利对股票价格有一定影响。如果企业对未来赢利能力有信心,会愿意将该信息告知投资者。企业并非只是做一个简单的声明,而是可能采用增加股利的方法来增强投资者对该声明的信任。企业在较长一段时期内一直保持一个稳定的股利支付率,则突然提高股利支付率会使投资者相信,管理层宣布企业预期未来能力将向好的方向发展。这个信号告诉投资者,管理层与董事会深信企业的实际情况要远远优于股价所反映的情况。

相应地,股票价格也会有利地反映股利的增加。即企业所公布的会计收益可能没有合理地反映企业的经济收益。在一定程度上,股利传递了公布收益未能提供的经济收益的有关信息,因此股票价格将对此作出反应。换句话说,现金股利比语言更有说服力。因此,股利是投资者判断企业未来业绩的指示器,同时股利也表达了管理层对企业未来预期股利政策的实证检验。

股利政策的实证检验

尽管可以用来解释股利对价值的影响的因素有很多,其中很多因素是难以进行检验的。大多数实证检验集中于税收效应与财务信息传递效应,但这并不是说诸如股利偏好、筹资成本、交易成本与机构限制等因素不产生影响,而是说,这些因素所产生的影响都已经包含在税收效应与财务信息传递效应中了。

存在税收效应时,当对股利征税的税赋高于资本利得的税赋(以现值表示)时,股票价格与税前收益应反映这种税收上的区别。实证结果对这种区别已经混淆了,分不清是否高股利股票比低股利股票提供了更高的税前收益率以抵消税收上的影响。但是,近几年实证证据大多与股利中性论相一致。

与税收效应的混合结果相反,有关财务信号的证据证实了股利的信息传递作用:股利增加导致正的股票超额收益率,股利减少导致负的超额收益率。因此,看起来股利在传递信息。考虑到公司的股利政策,这些又会将我们引向何方呢?

公司股利政策的含义

每个公司都应努力制定使股东财富最大化的股利政策。大多数人都同意,如果公司没有足够多的有利可图的投资机会,就应把多余的资金分配给股东。当然,企业不必每期都把闲置的资金全部支付出去。实际上,企业更希望每期支付的股利的绝对金额保持稳定。但在更长时期内,全部留存收益加上增发的优先证券的总和将是新的有利可图的投资机会所需资金的来源。股利政策仍是一种由投资机会决定的消极的剩余。

如果企业支付的股利超过了企业在满足可接受投资机会的资金需求后的剩余盈余,则表明市场上存在投资者的股利净偏好。但从我们所讨论的因素中进行加总得到这个股利净偏好的底线是非常困难的。只有机构限制和一些投资者对股利的偏好这两个因素支持发放股利,而其他因素或者表明中立或者表明支持保留盈余。机构限制和信息传递作用表明发放适量股利与不发放股利相比将产生积极影响。除此之外,前景仍不明朗。有些人认为即使是适量的股利对价值也是没有任何影响的。几乎没有学者认为发放大大超过剩余股利政策数量的股利会有助于股票价格的上涨。考虑到个人税收与筹资成本,当企业发放新股来支付股利时,股东要"为此付出代价"。在得到最终的结论前,还是先来看看制定股利政策决策时应考虑的实际问题吧。

影响股利政策的因素

迄今为止,我们只是在理论上讨论了股利政策问题。企业在制定股利政策时还要考虑其他一系列问题。这些需额外考虑的问题与股利支付、企业估价的理论概念有关。下面介绍企业在制定股利政策决策时实际(并且应该)分析的各种因素。

法律规定

美国各州的公司法决定了企业向普通股股东支付股利的合法性。下面介绍的法律规定在制定企业最终确定的股利政策适用的法定界限方面是非常重要的。这些法律规定涉及资本侵蚀、无偿债能力与过量保留盈余等问题。

资本侵蚀条款 尽管各州的法律不尽相同,但很多州都禁止企业支付侵蚀资本的股利。一些州把资本定义为普通股的面值总额。如果企业的股东权益包括普通股(面值)400万美元、附加实收资本300万美元、留存收益200万美元,则总资本只为400万美元。

该企业无法做到支付超过 500 万美元的现金股利而不侵蚀资本（即把股东权益减至 400 万美元以下）。

另一些州规定,资本不仅包括普通股面值总额,而且包括附加实收资本。在这种规定下,所支付的股利不能超过留存收益。企业支付的股利可以超过现金余额,但同时应相应减少留存收益账户余额。

有意思的是,在一些州,支付给普通股的股利不仅可以超过企业留存收益的账面价值,而且可以超过股东权益的账面价值总额。例如,假日股份公司（美国假日旅店的母公司）作为反接管的策略之一,在 1987 年向股东一次性支付每股 65 美元的股利。这 15.5 亿美元的股利使得该公司普通股股东权益账面余额变为负 7.7 亿美元。在传统的资本侵蚀条款中,资本的账面价值出现负数这种情况是不可能发生的。但是,位于特拉华州的假日公司却可以支付这笔巨额股利（按照特拉华州法律这么做是合法的）,只要股利是出自盈余。在特拉华州,资本是指企业普通股的"面值",而盈余等于资产的"公平价值"（即市场价值）减去负债总额再加上资本。简而言之,在特拉华州和其他有类似想法的州,是将企业资产的"公平价值"而不是"账面价值"作为判断股利支付是否侵蚀了资本的标准。顺便提一句,在这里我们选择特拉华州为例是有重要原因的。"财富 500 强"大企业中大约 60％以及纽约股票交易所上市公司中 50％的企业都位于特拉华州。

无偿债能力条款 有些州规定,禁止缺乏偿债能力的企业支付现金股利。无偿债能力是指在法律意义上企业的负债总额超过了其"公平估价"的资产的价值,或者是指在（根据法律的）"衡平法的"意义上,企业不能向债权人偿还到期债务。由于企业清偿债务的能力取决于企业资产的流动性,而不是其资本的多寡,所以（根据法律的）"衡平法的"意义上的无偿债能力限制给予债权人更大程度上的保护。当企业现金有限时,企业会被禁止作出偏袒股东而损害债权人利益的行为。

过量保留盈余条款 美国《国内收入法》禁止无限度地保留盈余。过量留存的概念比较模糊,但通常被认为是指保留下来的盈余大大超过企业现在及未来投资的需要。这条法规的目的在于阻止企业为避税而保留盈余。例如,企业可能把全部盈余都留存下来从而积累大量现金,并使其可流通股票升值。然而,整个企业可能被出售,企业的股东只缴纳资本利得税,而资本利得税相对于每期发放的股利属于延迟纳税。如果美国国税局能够查实企业是在毫无理由的情况下保留盈余,则会对企业的累积盈余处以惩罚性的税率。无论企业在何时试图保持足够的流动性,都必须确保有充分的理由向美国国税局解释这部分保留盈余。否则,更慎重的选择是把这部分超额资金作为股利支付给股东。

企业的资金需求

企业股利政策的法定边界确定后,下一步就涉及企业资金需求的评价问题。在这方面,现金预算、预计资产负债表与预计现金流量表（见第 7 章）就显得尤为重要了。关键是确定在股利政策不变的情况下企业的可能现金流与现金状况。除了看预期结果外,还要考虑经营风险,因此可以用第 7 章介绍的方法得到一个可能的现金流的范围。

与前面所讨论的股利政策的理论相符,企业希望决定在满足其资金需求（包括可接受投资项目的资金需求）之后,是否还有剩余资金。在这方面,企业应考虑未来一段合理年度内的状况，以便消除各年的不稳定性。企业应根据未来可能现金流与现金余额的分布情况来分析企业保持股利的能力。在这种分析的基础上，企业才能决定其未来可能的剩余资金量。

流动性

在股利决策中，企业的流动性是应当考虑的一个重要方面。由于股利代表现金流出，企业的现金状况与整体流动性越好，其支付股利的能力就越强。成长中的赢利性的企业可能缺乏流动性，因为其大部分资金都投资在固定资产和永久性营运资金上了。这类企业的管理层通常希望保持一定的流动性作为其财务灵活性的缓冲，并避免不确定性，因此他们不愿意因为支付大额股利而危及企业的安全。

举债能力

保持流动性并非提供财务灵活性从而避免不确定性的唯一方法。如果企业有能力迅速借到所需资金，则它在财务上是非常灵活的。举债能力的形式包括从银行取得的信贷额度或循环贷款安排，或者仅仅是金融机构同意展期信用的口头承诺。此外，财务灵活性还来自企业在资本市场发行债务的能力。企业规模越大、实力越雄厚，它在资本市场上的举债能力就越强。企业的举债能力越强，财务灵活性就越高，支付股利的能力也就越强。如果企业有现成的债务资金来源，管理层就可以不必把过多的注意力放在现金股利对企业流动性的影响上。

债务合同的限制

在债券契约或贷款合同的**保护性条款**（covenants）中经常包含股利支付的限制性条款。债权人可以运用限制性条款来维持企业的清偿能力。限制性条款通常表示为要求企业累积某一最大比例的留存收益（再投资）。这种限制性条款会影响企业的股利政策。企业的管理层有时欢迎债权人施加这种股利限制，因为他们可以不必煞费苦心地向股东解释保留盈余的原因，只需说明存在这种限制就行了。

控制权

如果企业支付了大量的股利，则可能需要在以后通过发行新股来为有利的投资机会筹资。在这种情况下，如果企业的控股股东没有或者不能认购增发的新股，则其控制权会被稀释。这些股东偏好低股利支付率而把盈余保留下来用于满足投资需求。这种股利政策不可能使全部股东财富最大化，但对具有控制权的股东则有最大的好处。

控制权还可能以另一种完全不同的方式起作用。当一个企业面临被其他企业或个人收购的危险时，低股利支付率可能会有助于"外来者"取得控制权。外来者可以说服企业的股东使其相信企业不能使股东财富最大化，而他们（外来者）却能做得更好。其结果是，面临被收购危险的企业不得不支付较高的股利以取悦股东。

最终的观察意见

决定股利支付问题时,企业的传统做法是综合考虑上述所有因素。这些因素大致规定了企业能够支付股利的法定界限及其他界限。当企业支付的股利超过剩余资金量时,就暗含着管理层与董事会相信这种支付有利于股东财富。令人沮丧的是,我们几乎没有办法从经验证据中得到一种明确的一般性结论。由于缺乏预计某项股利政策对企业价值所产生的长期影响的企业立足点,股利选择成为最可能的一种政策决策。

本部分所讨论的问题有助于企业以相对合理的准确性决定什么样的股利政策是合适的消极的股利政策。积极的股利政策涉及忠诚的行为,因为它要求所支付的累积股利的一部分最终将被普通股筹资所替代。这种策略是在不明确的情况下采取的,但大多数论据很难使人相信这种做法可以增加股东财富。尽管如此,很多个人仍承认,他们相信股利支付的水平能够影响股票价格,而且所表现出来的行为方式也与股利的重要性一致。

股利的稳定性

股利支付的稳定性是吸引投资者的一个重要特点。这里所说的稳定性是指企业的股利支付与趋势线相关,尤其是向上倾斜的趋势线。在其他条件都相同的情况下,各期支付稳定股利的股票比各期支付盈余的固定比例的股票所要求的价格高。假设 A 公司的长期股利支付率是盈余的 50%,尽管其盈余具有周期性变动的特点,但它每年都按盈余的 50% 支付股利。A 公司的每股盈余及股利见图 18.1。B 公司具有相同的盈余与长期股利支付率 50%,但它每年支付的股利保持相对稳定。只有在与潜在的盈余趋势保持一致的前提下,B 公司才会改变股利支付的绝对额。B 公司的每股盈余及股利见图 18.2。

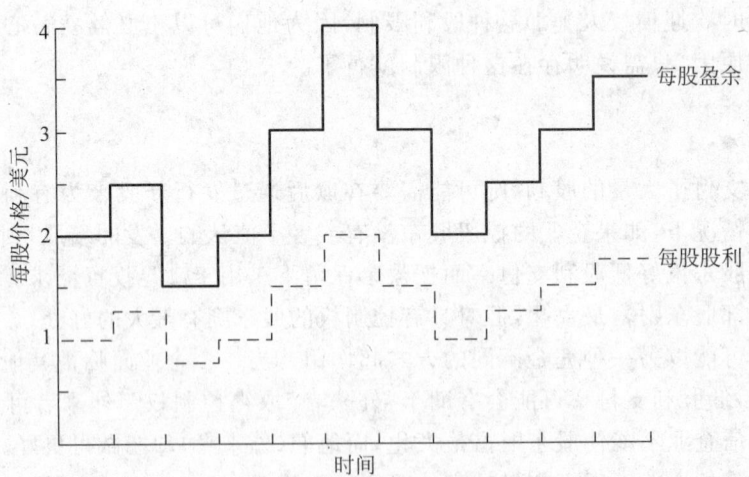

图 18.1 A 公司的股利政策:严格遵守 50% 的固定股利支付率

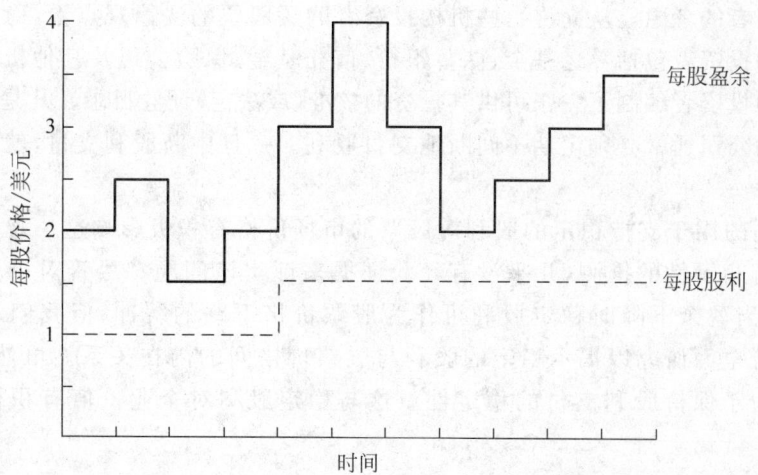

图 18.2 B公司的股利政策：长期股利支付率为50％，但只有当盈余呈增长趋势时股利才增加

从长期来看，这两家公司支付的股利总和是相等的。但是，在其他条件都相同的情况下，B公司的每股市价可能高于 A 公司。稳定的股利给投资者带来正效用，因此投资者愿意为此支付溢价。考虑到稳定股利对投资者的价值，B公司的整体股利政策要优于 A 公司。这种政策使股利支付率不仅与盈余相关，而且与实际的股利支付方式相关。B公司不是根据每股盈余的变动直接改变股利，而是只在企业有信心维持一个较高水平的股利时才提高股利。

对股利稳定性的评价

由于股利所传递的信息内容、投资者对当期收入的渴望以及一些机构投资者的考虑等原因，投资者可能愿意为稳定的股利支付溢价。

信息内容 当盈余下降而企业并未减少股利时，市场会对该股票充满信心；如果企业降低了股利，则市场信心也将随之减弱。稳定的股利可以传达企业管理层对企业未来的估计要优于下降的盈余所反映的状况。因此，管理层能够通过股利的信息内容影响投资者的预期。但是，管理层不能永远蒙蔽市场。如果企业的盈余呈下降趋势，稳定的股利不能总是给人一种未来欣欣向荣的印象。而且，如果企业处于不稳定的行业，盈余变动很大，则即使支付稳定的股利也无法给人一种潜在稳定的幻觉。

取得当前收入的渴望 这是第二个有利于实行稳定的股利政策的因素。想要定期取得收入的投资者更偏好支付稳定股利的企业，而不喜欢支付不稳定股利的企业，即使这些企业的赢利模式与长期股利支付额都相同。当企业支付的股利不足以满足投资者的当期需求时，尽管投资者总是可以出售一部分普通股来获取收入，但仍有很多投资者对花费本金感到反感。此外，当企业减少股利时，盈余通常是下降的，而且普通股的市价也是低迷的。总之，稳定的股利对有收入意识的投资者会产生正的效用，即使他们可以随时通过出售一部分股票换取所需的收入。

机构投资者的考虑 从允许一些机构投资者购买股票的法律观点看，稳定的股利是有利的。机构投资者包括养老基金、储蓄银行、信托基金、保险公司及其他机构。政府部门为这些机构投资者编制了一张可供其投资的核准（或法定）证券目录。凡是希望被批准列入该目录的公司通常必须定期不间断地支付股利。一旦中断股利支付，就有可能被从该目录中删除。

上文所列的用于支持稳定的股利对股票的市场价格有积极影响这一观点的论据只是理论上带有暗示性的推测，几乎没有经验证据来证实该问题。尽管对个别股票的研究经常表明，当盈余下降时稳定股利可作为股票价格下跌的缓冲，但我们没有对大样本的股票进行全面研究以揭示稳定的股利与股票价格间的内在关系。虽然如此，大多数公司仍致力于保持股利支付的稳定性。这与稳定股利对企业价值有积极影响的观点是一致的。

目标支付比率

有证据表明很多公司都在执行追求长期目标股利支付率的政策。约翰·林特纳（John Lintner）指出，股利是随盈余的变化而调整的，但在时间上是滞后的。① 当盈余增长到一个新水平时，企业只有在认为能够保持这种增长了的盈余水平时才会提高股利。企业通常不愿意降低股利的绝对数额。这些因素都有助于解释股利变动滞后于盈余变动的原因。在经济好转时，这种滞后关系明显地表现为留存盈余相对于股利而增长；在经济收缩期，留存盈余相对于股利而下降。

固定股利与额外股利

在企业繁荣时期向股东增发现金的一种方法是宣布分配额外股利。**额外股利**（extra dividend）是在每季度或每半年支付的**固定股利**（regular dividend）之外的附加股利。通过宣布额外股利，企业告诉投资者该股利并不是原有股利率的提高。发放额外股利的做法尤其适用于盈余经常波动的企业。例如，通用汽车在效益好的年份就曾发放过额外股利。额外股利的运用既可以使企业保持固定股利的稳定记录，又可以让股东分享企业繁荣的好处。如果企业经常连续支付额外股利，则会失去原有的目的，使得额外股利变成一种期望回报。但是，如果能以适当的方式表明这是额外股利，则额外股利或特别股利仍能向市场传递有关企业目前与未来经营业绩的积极信息。

股票股利与股票分割

企业出于各种目的运用股票股利与股票分割。从经济意义上说，这两者几乎没有区别，只是从会计意义上说，它们才有重大的区别。

---

① 参见 John Lintner, "Distribution of Income of Corporations," *American Economic Review* 46 (May 1956), 97-113。

股票股利

股票股利(stock dividend)是指企业向股东发放的额外的普通股股票。它只不过是在资产负债表股东权益账户上的一种簿记转移。每个股东所持有的股权比例不变。会计学家把股票股利划分为小比例股票股利和大比例股票股利。①

小比例股票股利 如果股票股利的发放低于原发行在外普通股的20%,则称其为小比例股票股利。这种股票股利在会计上的处理方法是,把这笔金额从留存收益账户转移到普通股与附加实收资本账户。

假设Chen工业公司股票股利发放前的股东权益账户余额见表18.1的左侧。该公司支付5%的股票股利,共计2万股(400 000×0.05)。股票的公平市价是每股40美元。股东每持有20股普通股,即可得到1股额外的股票。股票股利发放后股东权益账户总额见表18.1的右侧。

表18.1 Chen工业公司发放5%的股票股利 美元

发放股票股利前		发放股票股利后	
普通股		普通股	
(每股面值5美元,共400 000股)	2 000 000	(每股面值5美元,共420 000股)	2 100 000
附加实收资本	1 000 000	附加实收资本	1 700 000
留存收益	7 000 000	留存收益	6 200 000
股东权益总额	10 000 000	股东权益总额	10 000 000

由于发放5%的股票股利,这些额外股票的市场价值总计为80万美元(40美元×20 000股)。这笔金额将在账面上从留存收益账户转移到普通股与附加实收资本账户。因为股票面值不变,所以普通股账户增加10万美元(5美元×20 000股),其余的70万美元记入附加实收资本账户。公司股东权益总额保持不变,仍为1000万美元。

因为发行在外的普通股增加了5%,所以企业的每股盈余将成比例下降。假设当期税后净利润是100万美元。发放股票股利前每股盈余是2.50美元(1 000 000美元/400 000股),发放股票股利后每股盈余是2.38美元(1 000 000美元/420 000股)。股东所持有的股票股数增加了,但每股盈余却下降了。然而,在可供普通股分配的盈余中,每个股东所占比例仍保持不变。

大比例股票股利 大比例股票股利(通常占原发行在外普通股股数的20%或更高)的处理则不同。小比例股票股利的发放预期对股票市价不产生影响,而大比例股票股利的发放则可能大大降低股票的市价。因此,保守主义者主张大比例股票股利应以额外发行股票的面值总额为标准,而与发放股票股利前的每股市价无关。

假设Chen工业公司不是发放5%的股票股利,而是发放100%的股票股利。在表18.2中,该公司资产负债表上股东权益总额项在100%股票股利发放前后大致相同。

---

① 我们讨论股票股利时所建议的会计处理方法有时候要根据企业所在州的法律进行调整。特别是在涉及由小比例股票股利过渡到大比例股票股利的"过渡范围"这一灰色区域时更是如此。

由于发放100%的股票股利,额外发行的40万股股票的面值是200万美元,这笔金额将从留存盈余账户转移到普通股账户(按面值)。公司股东权益总额保持不变,为1000万美元。

表18.2 Chen工业公司发放100%的股票股利　　　　　　　　　　　　　　美元

发放股票股利前		发放股票股利后	
普通股		普通股	
(每股面值5美元,共400 000股)	2 000 000	(每股面值5美元,共800 000股)	**4 000 000**
附加实收资本	1 000 000	附加实收资本	1 000 000
留存收益	7 000 000	留存收益	**5 000 000**
股东权益总额	10 000 000	股东权益总额	10 000 000

股票分割

股票分割(stock split)是指通过成比例地降低股票面值来增加普通股的数量。上例中,Chen工业公司发放100%的股票股利,这与2比1股票分割有相似的经济结果,但两者在会计上的处理却是不同的。表18.3列出了Chen工业公司2比1股票分割前后股东权益总额的状况。

表18.3 Chen工业公司2比1股票分割　　　　　　　　　　　　　　　　美元

股票分割前		股票分割后	
普通股		普通股	
(每股面值5美元,共400 000股)	2 000 000	(每股面值2.50美元,共800 000股)	2 000 000
附加实收资本	1 000 000	附加实收资本	1 000 000
留存收益	7 000 000	留存收益	7 000 000
股东权益总额	10 000 000	股东权益总额	10 000 000

普通股的面值在股票股利情况下不发生变化,而在股票分割中则减少了。因此,在股票分割情况下,普通股、附加实收资本和留存收益账户余额都保持不变,股东权益总额因此也不变。唯一的变化是普通股的每股面值是分割前的一半。除会计处理方法不同外,股票股利与股票分割是非常相似的。当企业希望自己的股票市价有大幅度下降时,可采用股票分割(或者大比例股票股利)。股票分割的主要目的是使股票在市场上更容易交易,从而有可能吸引更多的购买者。

股票分割前后的每股现金股利很少是不变的,但是有可能增加股东的实际股利。例如,公司进行2比1股票分割,并保持年股利率为每股1.20美元,而在股票分割前每股股利是2美元。一名拥有100股股票的股东在股票分割前每年可收到200美元现金股利;在股票分割后,该股东拥有200股股票,每年将收到240美元现金股利。

股票股利与股票分割对投资者的价值

理论上,股票股利或股票分割对投资者来说是一件根本没有任何价值的事情。他们得到了额外的普通股股票,但是他们在企业中的股权比例不变。股票的市场价格成比例地下降,因此,每个股东所拥有的股权的总价值不变。为表明股票股利对股东价值的影响,假定你拥有 100 股每股价值 40 美元的股票,即总价值 4000 美元。在发放 5% 的股票股利后,股票价格降低到每股 38.10 美元(40 美元/1.05),但你所拥有的股票总价值仍然是 4000 美元(38.10 美元×105 股)。在这种情况下,股票股利对你没有任何价值,你只是持有具有相等股权的更多股数的股票而已。在理论上,股票股利或股票分割纯粹是种"粉饰"意义上的变化。

在一定程度上,股票股利与股票分割使投资者更容易出售部分股票而获得收入。当然,没有股票股利与股票分割,股东也可以通过出售部分原有股权而取得收入。在这种情况下,股票的出售代表本金的出售,因此要缴纳资本利得税。在一些投资者眼中,出售由股票股利或股票分割而得到的额外股票并非本金的出售。所以对他们来说,股票股利或股票分割是笔意外的财富,他们可以出售额外股票而仍保有原来的股权。股票股利或股票分割对这些股东可以产生一种有利的心理暗示。

对现金股利的影响 股票股利与股票分割通常会伴随现金股利的增加。在股票股利的情况下,假设投资者拥有一家公司的 100 股普通股,每股年支付股利 1 美元。公司宣布发放 10% 的股票股利,同时宣布每股现金股利保持不变。该投资者此时拥有 110 股股票,总计现金股利收入为 110 美元,而不是此前的 100 美元。在这种情况下,股票股利增加了现金股利总额。现金股利增加是否会对股东财富产生积极影响取决于我们以前讨论的企业对当期股利与留存收益的权衡。显然,这个例子中的股票股利代表了企业适量增加现金股利的决策。但是,该决策并非一定要求企业发放股票股利,也可直接把每股股利从 1.00 美元增加到 1.10 美元。

有时候,使用股票股利是为了节省现金。当盈余增加时,企业可能愿意保留较大比例的盈余,因此会宣布发放适量的股票股利。该决策有利于降低股利支付率:当盈余增加时股利基本保持不变,则股利支付率会下降。这种做法能否增加股东财富取决于我们前面讨论过的因素。当然,保留更大比例的盈余的决策不通过发放股票股利也能做到。尽管发放股票股利可以影响股东心理从而取悦投资者,但是以普通股股票代替现金股利需要付出大量管理成本。对管理者来说,股票股利比现金更昂贵。这种付现费用支出是股票股利的缺陷。

<h2 style="text-align:center">Fool 在线问答</h2>

问题:什么是股票分割?

回答:考虑在股票分割前还是分割后购买股票就好像在问:"我应该整个吃掉这个花生奶油果冻三明治还是等妈妈把它切成两半后再吃掉它?"

股票分割后并没有变得更便宜。虽然你得到了更多的股份,但每股的价值都降低了。假设你拥有 100 股 Sisyphus 运输公司(报价符号:UPDWN)的股票,每股市价 60 美元,总价值 6000 美元。当该公司以 2 比 1 分割股票时,你拥有的将是 200 股股票,但每股市价仅为 30 美元,总价值仍是 6000 美元。

> 有些人期待着股票分割,认为价格可能会有较大的变化。股票价格有时候会随股票分割的消息有少许变动,但这些是人为的变动,只有当企业的实际增长证实了之后才会成为现实。欢迎宣布股票分割的真正原因在于它是管理优化的一个信号。如果管理层预期股价将下跌就不会分割股票。
>
> 　　股票分割有很多形式,如 2 股拆 3 股或 1 股拆 4 股等。甚至有"反向分割",即分割后股数变少,每股价值增加。反向分割通常为处于困境的公司所采用,以避免其股票价值太低而成为低价股票。如果某股票以红色信号每股上涨 2 美元进行交易,并以 1∶10 的比例进行反向分割,价格将上升到 20 美元,持有 100 股该种股票的人的持有量将变为 10 股。
>
> 　　公司经常分割股票以便使价格看起来更有吸引力。有时不分割股票意味着大部分人甚至连一股都买不起。如果微软公司在过去 10 年中没有进行 7 次股票分割,现在其股票的价格将超过每股 6500 美元。
>
> 　　购买股票就像购买其他商品一样,需要考虑能从中获得什么。你要研究公司状况并将股价与其他数字(如收益值等)进行比较。低价格可能令人心动,但每股 200 美元的股票要比每股 20 美元的股票更有交易的余地。如果资金有限,可以购买较少的股数。
>
> 　　突然拥有更多股票通常会令人很开心,但股票分割就像 1 美元找回许多零钱,并不是件值得庆祝的事情。
>
> 资料来源:Motley Fool 公司(www.fool.com)。经 Motley Fool 公司许可摘录。

更广泛的交易范围　股票分割与股票股利可使企业的股票处于一个价位更低、更受欢迎的交易范围,从而可以吸引更多的购买者,影响股东整体的构成,减少机构投资者,增加个人持股者。

信息内容　股票股利与股票分割的宣布可以向投资者传递信息。如前所述,管理层比投资者知道更多关于企业的有利信息。除了在报刊上简单地发表声明外,管理层可以通过股票股利或股票分割来更令人信服地阐明自己对企业未来光明前景的信心。这个信号能否对股票价格产生有利影响是个经验性问题。这方面的统计证据是很惊人的。在股票股利或股票分割公布前后,股票价格作出了重大、积极的反应。[①] 这种信息的影响是,股票被低估了,它应有更高的价格。不过在如何解释该结果上我们必须十分谨慎。如前所述,股票股利与股票分割通常出现在现金股利与盈余增加前。看来,市场把股票股利与股票分割看成是现金股利增加与赢利能力增强的先导信号。因此,并不是股票股利或股票分割本身而是这些信号所传递的有利信息引起了股票价格的积极反应。此外,要使股票价格保持较高水平,企业必须能够最终提供改善了的股利支付和赢利能力。

股票合并

　　相对于增加流通在外的普通股的数量,企业可能更希望减少流通在外的普通股的数量。这可以通过**股票合并**(reverse stock split)来做到。在上例中,Chen 工业公司如果宣

[①] 参见 Guy Charest, "Split Information, Stock Returns and Market Efficiency," *Journal of Financial Economics* 6 (June-September 1978), 265-296; Eugene F. Fama, Lawrence Fisher, Michael Jense, and Richard Roll, "The Adjustment of Stock Prices to New Information," *International Economic Review* 10 (February 1969), 1-21; Mark S. Grinblatt, Ronald W. Masulis, and Sheridan Titman, "The Valuation Effects of Stock Splits and Stock Dividends," *Journal of Financial Economics* 13 (December 1984), 461-490; and J. Randall Woolridge, "Stock Dividends as Signals," *Journal of Financial Research* 6 (Spring 1983), 1-12.

布进行1比4股票合并,则股东每持有4股股票可交换成1股新股。新股每股面值变为20美元(5美元×4),流通在外的普通股数量变为10万股(400 000股/4),而不是原来的40万股。当企业认为其股票的交易价格过高时,就可以运用股票合并来提高每股市价。

与股票股利和股票分割一样,股票合并的宣布也可能产生信息和信号指示的影响。通常这种信号是负面的,如表示企业承认自己处于财务困境。但是,财务困难不一定是使企业采取股票合并的潜在动因。企业可能只是想使自己的股票进入更高价位的交易范围,从而降低交易成本或服务费用。不过,经验与统计结果表明,在其他因素不变的条件下,股票合并宣布日前后股票价格有大幅度的下跌。① 企业过去的经营业绩为这种股价下跌做了缓冲,但是财务状况良好的公司在采取股票合并前应三思而后行。因为一条鱼可能会腥了一锅汤。

股票回购

近些年来,越来越多的公司回购自己发行在外的部分股票。② 一些公司回购股票是为了实行管理层认股权计划。通过这种方式,即使行使了认股权,也不会增加股票总量。**股票回购**(stock repurchase)的另一个目的是为了与其他公司合并。在某些情况下,不愿意继续上市交易的公司可通过回购股东手中的全部股票成为非上市公司。此外,股票回购也可能是出于注销股票的目的。当考察企业向股东分配的现金总额时,股利只是其中的一种方式(而且并不总是主要的方式),这些方式包括现金股利、股票回购及与购并有关的现金投标。

回购的方法

股票回购有三种方法,即固定价格**自我认购**(self-tender offer)、**荷兰式拍卖**(Dutch-auction)自我认购与公开市场购买。固定价格自我认购是指企业向股东发出正式的报价以购买部分股票,通常是以一个固定的价格来回购股票。认购价格通常高于现行市场价格。股东有权决定是以固定价格出售股票还是继续持有股票。认购期通常为2~3周。如果股东提供的股票超过了企业最初打算回购的股票数,则企业有权决定购买全部或部分的超额供给。不过企业没有义务一定这样做。对于企业来说,自我认购的交易成本通常高于公开市场购买。

荷兰式拍卖自我认购是由企业详细说明打算回购的股票数量,以及愿意支付的最低与最高价格。最低价格通常高于市场价格。然后,股东向企业提出他们愿意出售的股票数量,以及在设定的价格范围内他们能够接受的最低出售价格。在接到股东的报价后,企业将这些报价按照从低到高的顺序排列,然后决定能够实现事先设定的全部回购数量的最低价格。这个最低价格将用于支付给那些报价低于或等于该价格的股东。如果报价低

---

① 参见 J. Randall Woolridge and Donald R. Chambers,"Reverse Splits and Shareholder Wealth," *Financial Management* 12 (Autumn 1983), 5-15; and R. C. Radcliffe and W. Gillespie, "The Price Impact of Reverse Splits," *Financial Analysts Journal* 35 (January-February 1979), 63-67.

② 在美国以外,普通股的回购并不常见。在一些国家,回购股票甚至是不合法的,而在另一些国家,对投资者的税收限制使得回购业务并不受欢迎。

于或等于该回购价格的股票数量高于企业事先设定的回购数量,企业可按比例购买。如果股东提供的股票数量太少,则企业可以取消这次回购,也可以用设定的最高价格购买股东所提供的全部股票。

与固定价格自我认购不同,荷兰式拍卖自我认购方法下企业事先并不知道最终的回购价格是多少。在上述两种自我认购方法中,企业最初对股东提供的股票数量都是不确定的。荷兰式拍卖自我认购已成为一种很受欢迎的回购方式,在某些年份甚至超过了固定价格自我认购法的使用次数。大公司比小公司更喜欢使用荷兰式自我拍卖认购法。

在公开市场购买法下,企业像其他投资者一样通过经纪人购买自己的股票。经纪人费用通常是由双方协商决定的。证券交易管理委员会的某些规定限制了企业购买自己股票的方式。企业需要花费较长的时间才能积累一笔数量相对较多的股票。因此,自我认购法更适用于企业回购大量股票。

企业在回购股票前,必须告知股东自己的真实意图。在自我认购法下,这些意图由企业自己宣布。即使这样,企业也不能隐瞒任何信息。例如,一个采矿企业在以自我认购法回购股票时,如果隐瞒发现了蕴藏量丰富的矿藏的消息,则会被认为是不道德的。尤其是在公开市场上回购时,揭示企业的回购意图是非常必要的。否则,股东可能在不知道企业旨在提高每股盈余的回购计划的情况下卖掉股票。如果企业充分揭示了回购数量与企业目标等信息,股东如果仍愿意即可卖掉他们的股票。没有适当的信息披露,出售股票的股东可能会受到损害。当回购数量很大时,尤其适用自我认购法,因为它能够给予所有股东平等的待遇。

作为股利政策一部分的回购

如果企业有多余的现金却没有足够的有利可图的投资机会来使用这笔现金,则从股东的利益出发,企业可能会把这笔现金分配给股东。分配方式可以是股票回购,也可以是增加股利发放额。在没有个人所得税和交易成本的情况下,这两种方式在理论上对股东来说应该是没有区别的。股票回购使流通在外的股票数量减少,最终使得每股盈余与每股股利增加。从而,每股市价也将随之上升。从理论上说,股票回购所带来的资本利得应等于增加股利发放额时的股利。

假设 Deuce 五金机电公司准备分配给股东 150 万美元现金,但尚未确定是采取股利形式还是股票回购形式。涉及 150 万美元现金分配的关键数据如下:

税后盈余	2 000 000 美元
流通在外的普通股股数	÷500 000
每股盈余(EPS)	4 美元
现行每股市价	63 美元
预期每股股利	3 美元

因为投资者预期可得到每股 3 美元的现金股利(1 500 000 美元/500 000 股),所以股利发放前每股股票 63 美元的价值中包含 3 美元的预期股利与 60 美元的预期分配现金股利后的市价。

当然,企业也可能选择回购自己的部分股票,即以每股 63 美元的价格自我认购。此

时,企业能够回购 23 810 股股票(1 500 000 美元/63 美元)。回购后的每股盈余将是

EPS = 2 000 000 美元 /(500 000 — 23 810) = 4.20 美元

如果企业选择支付现金股利,则支付后的市盈率将是 15(60 美元/4 美元)。如果在股票回购后市盈率仍保持为 15,则每股市价将为 63 美元(4.20 美元×15)。股东将发现现金股利与股票回购两种方案下的财富水平是相同的。在现金股利方案下,现有股东将得到每股 3 美元股利加上 60 美元的每股价值;在股票回购方案下,现有股东的股票每股价格为 63 美元。因此,无论是采用现金股利形式还是股票价格升值(会产生资本利得)形式,企业分配给股东的现金都是每股 3 美元。

考虑到个人资本利得税低于股利收入税率,对于应纳税的投资者来说,股票回购比支付股利更能提供税收方面的好处。此外,资本利得税递延到股票出售后才缴纳,而股利收入所缴纳的税则在发放的当期即发生。

股票回购似乎更适合企业有大量超额现金可供分配的情况。以额外股利的形式发放这笔资金将使股东在当期必须缴纳税金,而不能延期。如果在一段时间内每期以额外股利的形式支付部分资金,则可以在一定程度上减轻税收的影响,但是这种行为可能导致投资者希望企业在未来连续不断地发放额外股利,而且企业还要避免将稳定股票回购计划与股利支付相混淆。美国国税局可能会把企业定期进行的股票回购视为现金股利的等价物,从而不允许股东在赎回股票时享受任何资本利得方面的税收好处。

投资还是融资决策

一些人认为股票回购是投资决策而不是融资决策。事实上,从严格意义上说,即使是以库藏股的形式持有的股票也不能像其他投资那样提供预期报酬。没有哪个公司可以通过仅仅"投资"于自己的股票而生存。当企业的投资机会不足以保证企业在目前或可预见的未来运用剩余资金时,股票回购就是企业分配这部分剩余资金的方法之一。因此,股票回购不能被视为我们所定义的投资决策。

股票回购最好被视为带有调整资本结构或股利政策目的的一种融资决策。例如,有时候股票回购的目的是要改变企业的资本结构。一方面发行债券,一方面回购股票,可使企业迅速提高负债率。在另一些时候,当企业有超额现金时,股票回购可被视为企业整体股利政策的一部分。

BP 的股票回购

2006 年公司支付的股利合计为 76.86 亿美元,而 2005 年支付的股利为 73.59 亿美元。支付的股利为每股 38.40 美分,比 2005 年增长了 10%。用先令来核算的话,每股股利也增长了 10%。

我们的股利政策是逐渐提高每股股利。在实施这一政策以及决定股利水平时,公司董事会考虑的因素主要包括:集团所面临的形势、集团未来的投资模式和可持续发展以及经营环境。我们用 BP 的经济货币——美元来确定股利。

公司计划继续开展股利再投资计划(Dividend Reinvestment Plan,DRIP),该计划面向那些希望以股票而不是现金的形式得到股利的股东。面向美国和加拿大的 BP Direct Access 计划也包括股利再投资的特色。

我们仍努力在条件允许时将超过投资和股利需求的所有自由现金流都回馈给我们的股东。

2006 年，公司回购了 13.34 亿份自己的股票，回购成本为 154.81 亿美元。其中 3.58 亿份予以注销，其余的则以库藏股的形式持有。回购的股票的名义价值为 3.33 亿美元，占截至 2005 年年底所发行的普通股（不包括库藏股）的 6.5％。继 2000 年开始股票回购计划以来，公司共回购了 39.96 亿份股票，回购成本为 407 亿美元。公司打算在市场状况和限制以及 2007 年 4 月将召开的 AGM(Annual General Meeting)上新推举的领导班子许可的情况下，继续实施股票回购计划。

资料来源：BP Annual Review 2006，p.27. Copyright © 2007 BP p.l.c. Used by permission. All rights reserved.

可能产生的信息传递作用

股票回购也可能产生一种有利的信息传递作用。例如，假设管理层认为本企业的普通股价值被低估了，他们由于个人的限制不能用自己所拥有的股票对自我认购作出反应，此时自我认购的"溢价"（回购价格超过股票现行市价的部分）将反映管理层所相信的价值低估程度。换句话说，实际行动比语言更有说服力。①

争论焦点：股票回购是好事吗？

市场对于股票回购公告的反应积极，因为这些公告提供了关于公司未来的新的信息或"信号"。

信号之一可能是管理层相信股票的价值被低估了。如果高级管理人员自己也大量购买自己公司的股票，那么这个解释就可以说是被证实了。

另一个信号可能是管理层认为不需要保留现金用于支付利息或资本支出等未来的债务，这有可能是因为公司的实际经营状况好于市场的预期。

然而，在很多时候，投资者之所以反应积极，最重要的原因是他们由于管理层不会将公司的现金浪费在某项轻率的并购或其他净现值为负的项目上而如释重负。

这种怀疑论调可能是有根据的。在很多行业，首席执行官及其管理团队对于现金储备的配置非常糟糕，对股东的价值造成了危害。

例如，从 20 世纪 60 年代中期到 90 年代中期，石油行业中，投资的资本回报率与资本成本之间的差异大多是负的，这是由于糟糕的资本运作以及进入零售、采矿和办公自动化等不相关的领域造成的。

然而，投资者（和管理者）需要记住，回购公告传递的也可能是负面的信号。

有些投资者并不因为自己的钱不会被浪费而感到如释重负，相反，他们可能感到失望，因为公司的管理层似乎是在承认自己无法找到任何有价值的投资机会。这可能也从一个侧面解释了某些公司

---

① 一些实证研究发现了支持股票回购的正面信息传递作用的证据，特别是在与公开市场回购相对的自我认购案例中。参见 Larry Y. Dann, "Common Stock Repurchase: An Analysis of Returns to Bondholders and Stockholders," *Journal of Financial Economics* 9 (June 1981), 113-138; Theo Vermaelen, "Common Stock Repurchases and Market Signaling," *Journal of Financial Economics* 9 (June 1981), 139-183; and Theo Vermaelen, "Repurchase Tender Offers, Signaling, and Managerial Incentives," *Journal of Financial and Quantitative Analysis*, 19 (June 1984), 163-182.

的股票价格在股票回购公告之后下跌的现象。此外，在那些董事会将薪酬与EPS挂钩的企业，市场有可能怀疑管理者们是出于私利来利用股票回购的短期影响而不是出于实现长期收益的目的对公司的资金进行投资。因此，如果股票回购意味着放弃带来价值增值的投资，那么秉持价值理念的管理者应拒绝这种做法。

如果管理者们知道股票回购对于股东们的实际价值，他们将更能做到这一点。

资料来源：改编自Richard Dobbs and Werner Rehm,"Debating Point: Are Share Buybacks a Good Thing?," *Financial Times*-Special Report: Corporate Finance（June 28, 2006），p. 6.（www.ft.com）© The Financial Times Limited 2006. Used by permission. All rights reserved.

有趣的是，荷兰式拍卖自我认购所产生的有利信息传递作用比固定价格自我认购的影响小，其中一个原因是荷兰式拍卖自我认购得到的"溢价"通常低于固定价格自我认购的"溢价"。公开市场购买通常只产生很小的有利信息传递效果。这是因为公开市场购买与其他两种方式不同，它通常是由一段时期内股票价格下跌引发的。①

尽管现金股利与股票回购都通过运用现金向市场传递积极的信号，它们在这方面的信息内容是相似的，但它们也能反映不同的信息。固定现金股利表明企业产生现金的潜在能力是在持续不断增加的，它就像是每季发布的消息，能够让人形成习惯。与此相反，股票回购并非经常发生的。人们通常把它视为当管理层认为普通股价值被大大低估时发布的"额外"消息。② 因为现金股利与股票回购都需要支付现金，所以管理层不可能故意散布虚假的信号，他们必须保证有足够的现金流来印证该信号。

 ## 管理上的考虑

股利发放程序

当公司董事会宣布发放现金股利时，就确定了**登记日**（record date）。在当天营业结束时，公司即可从其股票转让登记簿中确定一份股东名单。名单上的股东都有权取得股利，而在登记日之后记入股票转让登记簿的股东则没有资格获得股利。例如，联合化工股份公司5月8日召开董事会，并宣布6月15日向股东支付每股1美元的股利，登记日为5月31日。贝思·布罗切（Beth Broach）在5月31前购买了该公司的股票，因此即使她在6月15日实际发放股利前卖掉了股票，仍有权获得股利。

在登记日前几天出售股票可能会产生一个问题。股票的购买者与出售者需要几天时间完成交割，即支付价款，或从出售者方面说是交付股票。为避免在登记日前转让股票可能造成的哪位投资者才有权领取股利的混乱，经纪人界有条不成文的规矩：只有在登记

---

① 参见Robert Comment and Gregg A. Jarrell,"The Relative Signalling Power of Dutch-Auction and Fixed-Price Self-Tender Offers and Open-Market Share Repurchases," *Journal of Finance* 46（September 1991），1243-1271。还可参见Laurie Simon Bagwell,"Dutch Auction Repurchases: An Analysis of Shareholder Heterogeneity," *Journal of Finance* 47（March 1992），71-105。

② 参见Paul Asquith and David W. Mullins Jr.,"Signalling with Dividends, Stock Repurchases, and Equity Issues," *Financial Management* 15（Autumn 1986），27-44。

日至少两个营业日前购买股票的新股东才有资格取得股利。如果迟于该时间再购买股票就失去了取得股利的权利。所以,该日期被称为**除权日**(ex-dividend date)。

图18.3通过时间轴列出了上例中与股利发放相关的重要日期。5月8日是董事会宣告发放股利的日期[**宣告日**(declaration date)],6月15日[**支付日**(payment date)]向5月31日(登记日)登记的股东支付股利。如果5月31日是星期五,此前的第二个营业日是5月29日(除权日)。新股东必须在5月28日或更早购买股票才有权取得股利。如果在5月29日或之后购买股票,则该股票就是除权的,即这是不附带取得宣告股利的交易。

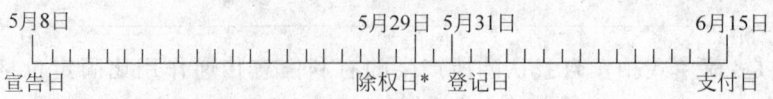

* 除权的股票在报纸股价栏内以"X"作标记

图18.3 联合化工公司重要的股利日期

股利再投资计划

很多大公司都订立了**股利再投资计划**(dividend reinvestment plans,DRIPs)。在这些计划下,股东享有把现金股利再投资于额外购买股票的选择权。股利再投资计划有两种基本类型,即额外购买公司现有的普通股或者新发行的普通股。如果是购买公司现有的普通股,公司将把现金股利从愿意再投资的股东手中转到作为信托人的银行。然后,银行在公开市场上购买公司的股票。一些公司甚至自己承担购买再投资所需普通股应支付的经纪人费用。在股利再投资计划下,股东应承担经纪人费用,但是由于信托银行大批量的购买使得该费用相对来说是比较低的。

股利再投资计划的另一种类型涉及企业发行新的普通股。只有这种方式才能使企业筹集到新的资金。实践证明,需要建设与发展资金的企业尤其偏爱这种方法。该方法能有效减少企业的现金支付。例如,实行新股发行的股利再投资计划的企业最近报告的股利支付率是60%。但是减去所有用于再投资新股的现金股利,实际的股利支付率只有40%。对于大公司来说,这笔现金的节约很容易就能达到上百万美元。新股发行股利再投资计划的股票直接来自公司,因此不必支付经纪人费用。一些新股发行计划甚至允许参与者以低于现行股票市价的价格折价购买。折价率通常为3%~5%,从而吸引股东进行再投资。但是即使是股利再投资,应纳税股东得到的这部分股利也要像普通收入一样缴纳税款,这对应纳税股东来说是最大的不利之处。提供股利再投资计划的公司类型各异,包括公用事业单位、银行、工业企业等。

小结

- 给定企业投资决策的情况下,股利决策的关键问题是股利对企业的价值会产生影响吗?
- 如果股利如M&M所认为的那样是无关的,企业应该仅为了与可接受投资机会保持一致才留存盈余。如果企业没有足够的能够获得超过预期报酬率的投资机会，未利用的资金应作为股利分配给股东。
- 在完善资本市场与不存在税收的情况下，股东能够制造"自制"股利，从而使得企业的股利支付不相关。由于现金股利与资本利得所适用的税率不同（现值形式），人们似乎更偏好保留盈余。
- 外部权益融资（发行新股）可用于替代支付现金股利所失去的资金。不完善的市场中筹资成本的存在使人们偏好保留盈余，因为内部权益融资比外部权益融资的成本低。另一方面，法律上对机构投资者投资行为的限制又使得人们偏好股利。其他方面的市场不完善也起到了同样的作用。
- 股利政策的实证检验集中于税收影响与股利是不是一种传递信息的信号。考虑到税收的影响，这些证据表明从中性到负面（反对股利支付）的影响都存在，结果是令人困惑的。但是，人们似乎都同意股利能提供财务信号的说法。
- 在最后的分析中，财务学家无法清楚地证明企业的股利支付应是一种可变的积极决策。大多数学者持否定观点。必须承认，很多公司遵循股利政策相关论的思路来采取行动，但这并非结论性的。
- 当公司面临股利决策时，管理层要考虑法律规定、企业资金需求、经营风险、流动性、举债能力、价值信息评价、控制权以及债务合同限制等问题。
- 很多人认为稳定的股利对股票的市场价格有积极的影响。稳定的股利有利于消除投资者心中的不确定性，尤其是在每股盈余下降时。稳定的股利对偏好定期收入的投资者也能产生正的效用。很多公司似乎在执行目标股利支付率政策，只有当它们认为盈余增长能持续保持时才会增加股利。在盈余多的时候支付额外股利可以让一个盈余周期性波动的公司保持固定股利的稳定记录。
- 股票股利是向股东支付额外的普通股。为节省现金和降低企业股利支付率，公司经常采用股票股利。理论上说，除非支付的现金股利总额增加，否则股票股利与股票分割对股东没有任何价值。
- 为大大降低股票的每股市价，可以采用股票分割或大比例股票股利。股票分割使得股票数量增加。例如，3 比 1 股票分割意味着流通在外的股票数量是原来的 3 倍。
- 股票股利与股票分割似乎都能起到传递信息或信号指示的作用。股票股利或股票分割宣布日前后股价趋于上涨，这是一种积极的信号。市场似乎把它们作为现金股利增加与赢利能力增强的先导信号。股票合并使得流通在外的股票数量减少，向市场传递的信号通常是消极的。
- 当企业有超过目前与可预见未来投资需要的超额现金时，公司的股票回购应被视为企业股利政策的一部分。把超额现金用于回购股票是现金股利之外的另一种资金分配方式。
- 由于现金股利与资本利得在税收结果（以现值的形式）上的不同，股票回购可使投资者享受税收上的好处。由于美国国税局的反对，定期发生的股票回购不能替代固定股利。
- 股利支付程序始于公司董事会，由董事会在某个特定日期（宣告日）宣布在未来某日(支付日)向在另一个特定日期(登记日)登记的股东支付股利。在登记日前的第二个营业日,股票除权,即该股票的转让是不享有所宣告股利的权利的股票交易。
- 股票再投资计划允许股东自动将所收到的股利用于购买公司额外普通股的再投资。

思考题

1. 比较消极股利政策与积极股利政策。
2. 投资者如何制造"自制"股利?如果其他条件不变,很多投资者都这样做的影响如何?
3. 税收如何影响不同投资者的收益?税收是股利政策决策中应考虑的一个因素吗?
4. 为什么高增长率的公司愿意保持低股利支付率,而低增长率的公司愿意保持高股利支付率?
5. 结合现金股利、股票股利、股票分割与股票回购,说明财务信号的指示作用是什么。
6. 从企业管理层的观点看,企业的流动性与举债能力如何影响股利支付率?
7. 作为公司的财务主管,你将建议董事会采取每股支付稳定股利还是稳定股利支付率政策?每种政策的不利之处是什么?企业所处的行业将影响你的决策吗?为什么?
8. 什么是目标股利支付率?什么是额外现金股利?
9. 定义股票股利与股票分割。它们对股票价值的影响分别是什么?
10. 股票股利对投资者有价值吗?为什么有或为什么没有?
11. 如果我们希望提高股票价格,股票合并是个好主意吗?请解释原因。
12. 作为一名投资者,你希望企业以自我认购方式还是公开市场购买方式回购股票?为什么?
13. 如果股票回购能给投资者带来税收上的好处,为什么企业还要支付现金股利?
14. 当盈余不断波动时,为什么公司董事会不愿意降低股利?
15. 为什么债权人经常在债务合同中限制股利发放的数额?
16. 什么是股利再投资计划?它可以如何有利于股东?
17. 股利政策是一种融资决策还是投资决策?请解释原因。

自测题

1. Borowiak Rose Water 公司预期在未来 5 年内的净收益与资本支出如下:

千美元

	年 份				
	1	2	3	4	5
净收益	2000	1500	2500	2300	1800
资本支出	1000	1500	2000	1500	2000

公司目前流通在外的普通股为 100 万股,每股支付年股利 1 美元。

(1) 如果采用剩余股利政策,请确定每股股利及每年所需外部筹资额。
(2) 如果目前每股年股利保持不变,请确定每年所需外部筹资额。
(3) 如果保持50%的股利支付率,请确定每年所需外部筹资额。
(4) 在以上三种股利政策下,哪种政策可使股利总额(5年内股利支付总额)最大?外部融资总额(5年内所需外部融资总额)最小?

2. Dew Drop 旅店过去10年的每股盈余如下:

美元

	年 份									
	1	2	3	4	5	6	7	8	9	10
EPS	1.70	1.82	1.44	1.88	2.18	2.32	1.84	2.23	2.50	2.73

(1) 在下列股利政策下,确定每股年股利:
① 固定股利支付率为40%(近似到美分);
② 固定股利为80美分,另外支付额外股利使得股利支付率达到40%;
③ 偶尔提高的稳定股利。每年的股利支付率为30%~50%,但平均股利支付率近似为40%。
(2) 上述股利政策各自的价值含义是什么?

3. Klingon Fastener 公司的股东权益账户如下:

美元

普通股(每股面值8美元)	2 000 000
附加实收资本	1 600 000
留存收益	8 400 000
股东权益总额	12 000 000

股票的现行市价是每股60美元。
(1) 在下列情况下,股东权益账户及流通在外普通股数量会发生什么变化?
① 10%股票股利;② 2比1股票分割;③ 1比2股票合并。
(2) 在没有信息传递或信号指示作用的条件下,发放10%的股票股利后普通股的市价是多少?如果有信息传递作用,股票市价将发生什么变化?

复习题

1. DeWitt 公司 20×1年12月31日的股东权益账户(账面价值)如下:

美元

普通股(每股面值5美元;1 000 000股)	5 000 000
附加实收资本	5 000 000
留存收益	15 000 000
股东权益总额	25 000 000

目前公司正面临股东要求支付股利的压力。公司的现金余额为50万美元,都是经营活动所必需的。股票的现行价格是每股7美元。

(1) 如果公司支付15%的股票股利,请重新编制股东权益账户。

(2) 如果公司支付25%的股票股利,请重新编制股东权益账户。

(3) 如果公司宣布5比4股票分割,请重新编制股东权益账户。

2. Tijuana铜管乐器公司采用剩余股利支付政策。公司预期下一年税后净利润为200万美元。公司的资本结构中没有负债,全部为股东权益,权益资本的成本是15%。公司将此作为内部权益融资(留存收益)的机会成本。由于筹资成本的存在,公司决定在内部权益资金用尽后再进行外部权益筹资(发行新股)。

(1) 如果公司期望收益率超过15%的投资方案共需150万美元资金,则公司应支付多少股利(从200万美元的盈余中支付)?

(2) 如果公司期望收益率超过15%的投资方案共需200万美元资金,则公司应支付多少股利?

(3) 如果公司期望收益率超过16%的投资方案共需300万美元资金,则公司应支付多少股利?

3. 对于下列每个公司,你期望它有一个低、中还是高水平的股利支付率?请解释原因。

(1) 内部所有权占大部分,且股东都是高收入者的公司;

(2) 有很多好的投资机会的成长型公司;

(3) 流动性好且拥有很多未利用的举债能力,成长缓慢的公司;

(4) 盈余处于上升趋势但突然出乎意料地下跌的支付股利的公司;

(5) 盈余波动大且经营风险高的公司。

4. Jumbo Shrimp公司与Giant Shrimp公司处在同一个行业,都是由大量股东持股的上市公司,其他特征如下表所示:

	Jumbo公司	Giant公司
预期每年现金流/千美元	50 000	35 000
现金流的标准差/千美元	30 000	25 000
年资本支出/千美元	42 000	40 000
现金与短期有价证券/千美元	5000	7000
现有长期负债/千美元	100 000	85 000
未利用短期信贷额度/千美元	25 000	10 000
普通股发行成本占收入的百分比/%	5	8

请根据上述数据说明哪个公司的股利支付率较高。为什么?

5. Oprah公司与Harpo公司在过去5年中有非常相似的赢利模式。而且,两家公司的每股盈余也相同。两家公司处在同一个行业,生产相同的产品,面临相同的经营风险和财务风险。简而言之,两家公司其他所有方面都相同,只除了Oprah公司支付固定比例的股利(盈余的50%),而 Harpo 公司支付固定现金股利。Oprah 公司的财务主管对下列事实感到困惑:Oprah 公司股票的价格总是低于 Harpo 公司股票的价格,甚至在 Oprah 公司支付的股利高于 Harpo 公司的年份也是如此。

(1) 这种情况是什么原因造成的?

(2) 两家公司可以采取哪些措施来提高其股票的价格?

美元

年份	Oprah 公司			Harpo 公司		
	每股盈余	股利	市价	每股盈余	股利	市价
1	1.00	0.50	6.00	1.00	0.23	4.75
2	0.50	0.25	4.00	0.50	0.23	4.00
3	−0.25	无	2.00	−0.25	0.23	4.25
4	0.50	0.25	3.50	0.50	0.23	4.50

6. Chris Clapper Copper 公司3月25日宣布向股东支付25%的股票股利,登记日为4月1日。股票的市价是每股50美元,你拥有160股股票。

(1) 假设其他条件不变(没有信息传递作用),如果你在3月20日卖掉股票,每股价格将是多少?

(2) 支付股票股利后,你将拥有多少股票?

(3) 假设其他条件不变(没有信息传递作用),你预计4月2日出售股票的价格将是多少?

(4) 假设其他条件不变,在股票股利发放前后你所拥有的股票价值总额是多少?

(5) 如果考虑到信息传递作用,股票股利对股票价格会产生什么影响?

7. Sherill 公司20×3年12月31日的股东权益为:

美元

普通股(每股面值1美元;1 000 000股)	1 000 000
附加实收资本	300 000
留存收益	1 700 000
股东权益总额	3 000 000

20×3年公司税后盈余为30万美元,其中50%作为现金股利支出。12月31日公司股票的价格是5美元。

(1) 如果12月31日公司宣布3%的股票股利,重新编制后的股东权益账户将是什么样的?

(2) 假定公司不发放股票股利,20×3年的每股盈余是多少?每股股利是多少?

(3) 假定公司发放3%的股票股利,20×3年的每股盈余是多少?每股股利是多少?

(4) 如果不考虑信息传递及其他影响,发放3%的股票股利后股票价格将是多少?

8. Johore 贸易公司流通在外的普通股为240万股,目前每股市价为36美元,权益资本账户如下:

	美元
普通股（每股面值2.00美元；2 400 000股）	4 800 000
附加实收资本	5 900 000
留存收益	87 300 000
股东权益总额	98 000 000

(1) 如果公司宣布发放12%的股票股利，这些账户余额将发生什么变化？25%的股票股利呢？5%的股票股利呢？

(2) 如果不发放股票股利，而是宣布3比2股票分割，这些账户余额将发生什么变化？2比1股票分割呢？3比1股票分割呢？

(3) 如果进行1比4股票合并将会怎样？1比6股票合并呢？

9. H. M. Hornes公司主要由几名富有的得克萨斯人所有。今年公司税后赢利为35万美元，流通在外的普通股为100万股，每股盈余是3.50美元。最近，股票在现有股东中的交易价格为每股72美元，其中2美元是投资者预期的现金股利。作为该公司的财务主管，你正在考虑另一种方案，即以每股72美元的价格自我认购一部分普通股。

(1) 如果选择股票回购方案，公司将回购多少股票？

(2) 如果不考虑税收，将选择哪种方案？

(3) 如果考虑税收，将选择哪种方案？

自测题答案

1. (1)

年份	可供普通股分配的收益/千美元	每股股利/美元	外部融资需求/千美元
1	1000	1.00	0
2	0	0	0
3	500	0.50	0
4	800	0.80	0
5	0	0	200
	2300		200

(2)

千美元

年份	(1) 净收益	(2) 股利	(3) 资本支出	(4) 外部融资需求 (2)+(3)-(1)
1	2000	1000	1000	0
2	1500	1000	1500	1000
3	2500	1000	2000	500
4	2300	1000	1500	200
5	1800	1000	2000	1200
		5000		2900

(3)

年份	(1) 净收益 /千美元	(2) 股利 /千美元	(3) 每股股利 /美元	(4) 资本支出 /千美元	(5) 外部融资需求 (2)+(4)-(1) /千美元
1	2000	1000	1.00	1000	0
2	1500	750	0.75	1500	750
3	2500	1250	1.25	2000	750
4	2300	1150	1.15	1500	350
5	1800	900	0.90	2000	1100
		5050			2950

(4) 方案3的股利总额最高,股利支付率是50%。但是它只比方案2稍微高一些。方案1的外部融资总额最低,采用剩余股利政策。

2. (1)

美元

年份	政策1	政策2	政策3
1	0.68	0.80	0.68
2	0.73	0.80	0.68
3	0.58	0.80	0.68
4	0.75	0.80	0.80
5	0.87	0.87	0.80
6	0.93	0.93	0.80
7	0.74	0.80	0.80
8	0.89	0.89	1.00
9	1.00	1.00	1.00
10	1.09	1.09	1.00

政策3下,其他的股利流量也是可能的。这里列出的并非唯一的解决方法。

(2) 由于公司赢利具有周期性,政策1与政策2的股利分布也是波动的,政策2的波动幅度小一些。因为政策2的固定股利最低额为0.80美元,所以它的平均股利支付率超过40%。股东会期望每年发放额外股利。当公司不发放额外股利时他们会感到失望,如第7年。由于投资者对稳定股利与定期提高股利的评价很高,且40%是最优的股利平均支付率,所以政策3将受到股东的欢迎,并能使股票价格最大化。

3. (1) 目前股票数量 = 2 000 000 美元/8 美元 = 250 000

美元

	(1) 股票股利	(2) 股票分割	(3) 股票合并
普通股(面值)	2 200 000(8美元)	2 000 000(4美元)	2 000 000(16美元)
附加实收资本	2 900 000	1 600 000	1 600 000
留存收益	6 900 000	8 400 000	8 400 000
股东权益总额	12 000 000	12 000 000	12 000 000
股票数量	275 000	500 000	125 000

(2) 股票股利发放前,企业的市场总价值是 60 美元×250 000 股=15 000 000 美元。股票股利发放后,企业的总价值不变,每股市价为 15 000 000 美元/275 000 股=54.55 美元。如果考虑信息传递的影响,企业的总价值可能升高,每股价格也将高于 54.55 美元。根据实际观察结果,这种影响的大小最多不过是使每股价格上涨几美元而已。

参考文献

Asquith, Paul, and David W. Mullins Jr. "The Impact of Initiating Dividend Payments on Shareholders'Wealth."*Journal of Business* 56 (January 1983),77-96.

____. "Signalling with Dividends, Stock Repurchases, and Equity Issues." *Financial Management* 15 (Autumn 1986),27-44.

Bagwell, Laurie Simon. "Dutch Auction Repurchases: An Analysis of Shareholder Heterogeneity." *Journal of Finance* 47 (March 1992),71-105.

____, and John B. Shoven. "Cash Distributions to Shareholders." *Journal of Economic Perspectives* 3 (Summer 1989),129-140.

Baker, H. Kent, Aaron L. Phillips, and Gary E. Powell. "The Stock Distribution Puzzle: A Synthesis of the Literature on Stock Splits and Stock Dividends."*Financial Practice and Education* 5 (Spring/Summer 1995),24-37.

Baker, H. Kent, and Gary E. Powell. "Determinants of Corporate Dividend Policy: A Survey of NYSE Firms."*Financial Practice and Education* 10 (Spring/Summer 2000),29-40.

Baker, H. Kent, and David M. Smith. "In Search of a Residual Dividend Policy."*Review of Financial Economics* 15(Issue 1,2006),1-18.

Benartzi, Shlomo, Roni Michaely, and Richard Thaler. "Do Changes in Dividends Signal the Future or the Past?"*Journal of Finance* 52 (July 1997),1007-1034.

Black, Fischer. "The Dividend Puzzle."*Journal of Portfolio Management* 2 (Winter 1976),5-8.

____, and Myron Scholes. "The Effects of Dividend Yield and Dividend Policy on Common Stock Prices and Returns."*Journal of Financial Economics* 1 (May 1974),1-22.

Bline, Dennis M., and Charles P. Cullinan. "Distributions to Stockholders: Legal Distinctions and Accounting Implications for Classroom Discussion."*Issues in Accounting Education* 10 (Fall 1995), 307-316.

Brennan, Michael J., and Thomas E. Copeland. "Stock Splits, Stock Prices, and Transaction Costs." *Journal of Financial Economics* 22 (October 1988),83-101.

Charest, Guy. "Split Information, Stock Returns and Market Efficiency."*Journal of Financial Economics* 6 (June-September 1978),265-296.

Comment, Robert, and Gregg A. Jarrell. "The Relative Signalling Power of Dutch-Auction and Fixed-Price Self-Tender Offers and Open-Market Share Repurchases."*Journal of Finance* 46 (September 1991), 1243-1271.

Ehrbar, Al. "When to Do a Stock Buyback."*Corporate Board Member* 9(May/June 2006),60-70.

Fama, Eugene F., Lawrence Fisher, Michael Jensen, and Richard Roll. "The Adjustment of Stock Prices to New Information."*International Economic Review* 10 (February 1969),1-21.

Grinblatt, Mark S., Ronald W. Masulis, and Sheridan Titman. "The Valuation Effects of Stock Splits and Stock Dividends."*Journal of Financial Economics* 13 (December 1984),461-490.

Hansell, Gerry, and Eric E. Olsen. "The Case for Reconsidering Dividends."*Shareholder Value* 3 (May/June 2003),32-35.

Healy, Paul M., and Krishna G. Palepu. "Earnings Information Conveyed by Dividend Initiations and

Omissions." *Journal of Financial Economics* 21 (September 1988),149-175.

Ikenberry,David L.,Graeme Rankin,and Earl K. Stice. "What Do Stock Splits Really Signal?" *Journal of Financial and Quantitative Analysis* 31 (September 1996),357-375.

Judd,Elizabeth. "Demystifying Share Buybacks." *Shareholder Value* 2 (July/August 2002),28-33.

Julio,Brandon, and David L. Ikenberry. "Reappearing Dividends." *Journal of Applied Corporate Finance* 16(Fall 2004),89-100.

Lakonishok,Josef,and Theo Vermaelen. "Anomalous Price Behavior Around Repurchase Tender Offers." *Journal of Finance* 45 (June 1990),455-478.

Lease,Ronald C.,Kose John, Avner Kalay, Uri Loewenstein, and Oded H. Sarig. *Dividend Policy: Its Impact on Firm Value*. Boston,MA:Harvard Business School Press,2000.

Lintner,John. "Distribution of Income of Corporations Among Dividends,Retained Earnings,and Taxes." *American Economic Review* 46 (May 1956),97-113.

Litzenberger,Robert H.,and Krishna Ramiswamy. "Dividends, Short Selling Restrictions, Tax Induced Investor Clienteles and Market Equilibrium." *Journal of Finance* 35 (May 1980),469-482.

——. "The Effects of Dividends on Common Stock Prices: Tax Effects or Information Effects?" *Journal of Finance* 37 (May 1982),429-444.

Litzenberger,Robert H.,and James C. Van Horne. "Elimination of the Double Taxation of Dividends and Corporate Financial Policy." *Journal of Finance* 33 (June 1978),737-749.

Markese,John. "Common Stock Dividends: What Are They Worth?" *AAII Journal* 11 (July 1989),29-33.

McNichols,Maureen, and Ajay Dravid. "Stock Dividends, Stock Splits, and Signaling." *Journal of Finance* 45 (July 1990),857-879.

Miller,Merton H. "Behavioral Rationality in Finance: The Case of Dividends." *Midland Corporate Finance Journal* 4 (Winter 1987),6-15.

——,and Franco Modigliani. "Dividend Policy, Growth, and the Valuation of Shares." *Journal of Business* 34 (October 1961),411-433.

——,Merton H.,and Kevin Rock. "Dividend Policy under Asymmetric Information." *Journal of Finance* 40 (September 1985),1031-1051.

O'Byrne,Stephen F.,and Justin Pettit. "Stock Splits: What Good Are They?" *Shareholder Value* 2 (May/June 2002),34-39.

Roberts,Michael, William D. Samson, and Michael T. Dugan. "The Stockholders' Equity Section: Form Without Substance?" *Accounting Horizons* 4 (December 1990),35-46.

Szewczyk,Samuel H.,and George P. Tsetsekos. "The Effect of Managerial Ownership on Stock Split-Induced Abnormal Returns." *Financial Review* 28 (August 1993),351-370.

Van Horne,James C.,and John G. McDonald. "Dividend Policy and New Equity Financing." *Journal of Finance* 26 (May 1971),507-519.

Vermaelen,Theo. "Common Stock Repurchases and Market Signaling." *Journal of Financial Economics* 9 (June 1981),139-183.

——. "Repurchase Tender Offers, Signaling, and Managerial Incentives." *Journal of Financial and Quantitative Analysis*,19 (June 1984),163-182.

Woolridge,J. Randall. "Stock Dividends as Signals." *Journal of Financial Research* 6 (Spring 1983),1-12.

——,and Donald R. Chambers. "Reverse Splits and Shareholder Wealth." *Financial Management* 12 (Autumn 1983),5-15.

Part Ⅵ of the text's website,*Wachowicz's Web World*,contains links to many finance websites and online articles related to topics covered in this chapter. (http://web.utk.edu/~jwachowi/part6.html)

第 7 部分

中长期融资

第 19 章　资本市场

第 20 章　长期负债、优先股与普通股

第 21 章　定期贷款与租赁

财务管理基础
Fundamentals of Financial Management

第 19 章

资本市场

内容提要

- 整体回顾
- 公开发行
  传统承销·最大努力分销·暂搁注册
- 特权认购
  优先认股权·发行条件·认股权的价值·预备包销安排与超额认购优先权·特权认购与承销发行
- 证券发行的法律规定
  联邦政府的规定·州政府的规定
- 私募
  特点·市场的发展
- 初始融资
  风险资本·首次公开发行
- 信息传递作用
  未来现金流的预期·信息不对称
- 二级市场
- 小结
- 思考题
- 自测题
- 复习题
- 自测题答案
- 参考文献

学习目的

完成本章学习后,您将能够:

- 了解资本市场的特征以及一级市场和二级市场间的差异。
- 描述公司进行外部长期融资的三种主要方法——公开发行、特权认购和私募。
- 解释投资银行在发行新证券过程(包括传统承销、最大努力分销、暂搁注册和预备包销安排)中的作用。
- 计算(认购)权的理论价值,描述股票市场价格、认购价格和认股权价值间的关系。
- 理解美国证券交易管理委员会(SEC)注册登记流程,包括申请上市登记报告、非正式募股说明书、募股说明书和墓碑广告。
- 理解风险资本和首次公开发行(IPO)在公司成长初期融资中所起的作用。
- 讨论新的长期证券发行经常具有的潜在信息传递作用。

"摩根先生,市场趋势会上下波动吗?"
"会的。"

——J. P. 摩根(Morgan)与一名记者的对话

第 17 章和第 18 章研究了企业如何决定永久性长期融资组合、如何通过留存收益进行内部融资。现在需要解决的问题是企业如何进行外部融资。更具体地说，本章的目的是阐述债券与股票在资本市场上初次发行的方法。我们将介绍通过投资银行进行的公开发行、公司自己的股东进行的特权认购以及向机构投资者进行的私募。本章与第 2 章的"财务管理"一节内容有关，我们在该章第一次从一般意义上讨论了**金融市场**（financial markets）的相关问题。

 ## 整体回顾

你可能还记得，**资本市场**（capital market）是进行债券和股票交易的市场。资本市场包括一级市场和二级市场。**一级市场**（primary market）是发行新证券的市场。在一级市场上，通过发行新证券，资金从证券购买者（储蓄部门）手中流到证券发行者（投资部门）手中。**二级市场**（secondary market）是买卖已发行证券的市场。已发行证券间的交易并不能为资本投资的融资提供额外资金。本章主要介绍资本市场中的一级市场活动。

图 19.1 列出了公司证券的资本市场。从图中可以注意到，金融机构在将资金从储蓄部门转移到投资部门的过程中占了突出的地位。这种资金的转移通过三种主要方式——公开发行、特权认购和私募进行。投资银行、金融中介和二级市场都是促进资金运动的重要机构。我们可以把图 19.1 当作学习本章内容的"路线图"。

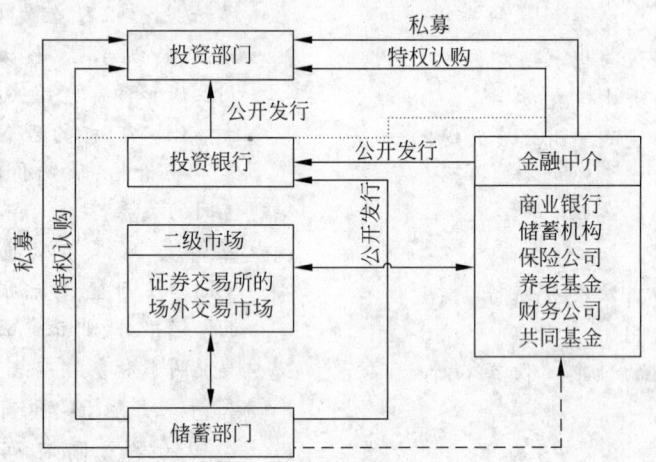

图 19.1　公司证券的资本市场

 ## 公开发行

大公司一般通过公开发行和私募两种方式筹资。**公开发行**（public issue）是在联邦和州政府管理当局的监督下根据正式合同向成千上万名投资者出售证券。私募则是向少数特定的投资者出售证券,有时甚至只有一名投资者,政府的管理也比较宽松。私募的一个典型例子是,几家保险公司向同一家企业贷款。因此,这两种发行方式的主要区别在于投资者数量的多少及政府管理的严格程度。

公司向社会公众发行证券时,通常要借助**投资银行**(investment banker)。投资银行作为中间人把资金需求方与资金供给方联系在一起。投资银行的主要职能是从发行公司手中购买新证券(批发),然后出售给投资者(零售)。通过这种服务,投资银行赚取证券买入价与出售给社会公众的卖出价间的差额,即包销差价。因为大多数公司只在个别情况下才涉足资本市场,因此缺乏证券发行的经验;而投资银行在向投资者发行证券方面具有专业人员、有经验,也有必要的销售机构,从而能够有效率地开展工作。因为投资银行总在不断地从公司购买证券再销售给投资者,所以投资银行能以比单个公司更低的成本完成证券发行。

公司向社会公众发行证券有三种主要方法,即传统(或企业承诺)承销、最大努力分销与暂搁注册。最近暂搁注册日益流行,至少在大公司中这种方式占了绝对优势。下面我们将详细介绍这三种债券与股票发行的方法。

传统承销

购买证券发行权的投资银行或投资银行集团通过向发行企业支付购买价款而承担了证券销售工作。**承销**(underwriting)使发行企业解除了不能以固定价格向社会公众发售证券的风险。如果因为市场行情不佳或证券定价过高等原因造成证券发售情况不佳,则承销商将代替发行企业承担损失。因此,投资银行保证或承担了在证券发行期内价格发生不利变动的风险。

通常情况下,证券的发行并不是由与发行企业签订合同的投资银行机构单独完成的。为了分散风险和取得更好的销售渠道,该投资银行常常邀请其他投资银行共同参与证券发行。发起银行通常作为管理者并承销绝大部分证券。其他投资银行接受邀请参加**承销银行集团**(underwriting syndicate),其承销额取决于它们销售证券的能力。

竞争定价与协商定价 传统承销有竞争定价和协商定价两种方式。竞争定价是由发行企业确定接受密封投标的日期,参加竞争的承销银行集团在规定的日期和地点进行投标,出价最高的银行集团将获得证券发行权。协商定价是由发行企业选择一家投资银行并直接与其商定主要发行事宜。发行企业与投资银行共同商定证券发行价格和发行时间。根据发行规模的大小,这家投资银行将决定是否与其他投资银行一起组成承销银行集团以分散风险和共同销售。无论哪种情况,投资银行都能通过承销差价来补偿自己所承担的风险。市政当局和公共事业单位(通常因为法律的规定)经常采用竞争定价,而协商定价方法一般用于公司股票及绝大多数公司债券的发行。

营造市场 在证券发行后承销商有时要为其营造一个市场。当公司首次公开发行普通股时,营造市场对投资者来说尤其重要。营造市场时,承销商手中持有部分股票存货,然后报出股票购入价(出价)与股票售出价(索价),并随时准备用该价格购买或销售股票。投资银行在二级市场上的这些举动增加了这支股票的流动性。股票流动性的增加又为证券在二级市场上的发行成功创造了有利条件。

最大努力分销

除了承销方式外,投资银行还可采取**最大努力分销**(best efforts offering)方式完成证券发行。在这种方式下,投资银行同意尽最大努力按事先确定的价格销售证券,但对未售出的证券不承担责任。换句话说,投资银行不承担风险。投资银行通常不愿意承销没有技术含量的小公司的证券。对这些公司来说,向社会公众发行证券的唯一可行的方法就是采取最大努力分销方式。

除了基本的最大努力分销方式外,还存在一系列变形。例如,在"全或无"协议下,承销人只有在全部待发行证券都售出的情况下才会完成承销工作。否则,将取消证券的全部发行工作,并将已收到的款项退还相应的投资人。

暂搁注册

公开发行的一个显著特点是完成向证券交易管理委员会(SEC)的注册程序至少需要几周的时间(本章后面将详细介绍该注册程序)。从企业决定融资到实际发行证券通常至少需要两个月的时间。这段时间以及注册所花费的固定成本都使得企业倾向于进行大规模的公开发行。

根据 SEC 第 415 条规定,高质量、高知名度的大公司以及符合资格的中等规模公司可以只填写一份简明的注册表格,从而可以大大缩短注册过程。这条规定所允许的就是所谓的**暂搁注册**(shelf registration)。暂搁注册允许企业先注册大量的证券发行额,"把它们放在架子上",然后在以后两年里陆续将其发售出去。当企业把这些证券"从架子上"售出时,只需再做很少的文书工作。通过暂搁注册,企业能够在数日内而不是数周或数月即可在市场上发行证券。因此,企业就具备了根据市场环境确定发行时机的灵活性,而且不必每次都进行大规模发行。

筹资成本及其他好处　有暂搁证券的企业可要求投资银行通过竞争报价来承销。显然,企业可以选择成本最低的投标者,或者在所有出价均无法接受时干脆拒绝出售证券。在这方面,大公司能够让投资银行相互竞争,竞争最终将压低承销差价。此外,采用暂搁注册进行债券公开分次发行的总固定成本(法定的与管理的)要比采用一系列传统注册方式小一些。因此毫不奇怪,大公司会纷纷转向暂搁注册。

新证券的发售不再仅限于国内了

越来越多的公司寻求到国际资本市场上发售普通股和债券。国外融资是出于策略上和财务上的原因。国际范围内的权益销售可以扩大公司的所有者基础。海外融资也可以使公司与国外的供货商和顾客建立广泛的联系。

新的长期证券的海外发售可以采取国际发行或全球发行两种方式。国际发行是指在发行人母国以外的国家或地区发售证券。美国企业所进行的结构适当的国际发行可不受《1933 年证券法案》有关注册要求的限制。全球发行是国际发行与在发行人母国发行相结合的一种方式。对于美国企业来说,除非在美国发行的这部分采取私募方式,全球发行要在证券交易管理委员会注册。

特权认购

很多企业在发行证券时不是面向新的投资者,而是基于**特权认购**(privileged subscription)的形式先面向企业已有的股东发行。这种方式又称为认股权发行。企业的公司章程或州政府的规定中通常都要求新发行的普通股或可转换成普通股的证券首先由现有股东认购,因为他们享有优先认股权。

优先认股权

优先认股权(preemptive right)规定现有普通股股东有权保持其在公司的股权比例;如果公司发行普通股,必须给予股东优先认购新股以保持其原有股权比例的权利。假设你拥有某公司100股普通股,公司决定发行新股以使流通在外的股票增加10%。如果你享有优先认股权,你就有购买10股新股以保持你在公司的股权不变的选择权。关于优先认股权,不同的州有不同的法律规定。例如,有些州认为如果公司章程没有相反的规定,股东即享有优先认股权,而另一些州则认为除非公司章程明确规定股东享有认股权,否则股东不享有该权利。

发行条件

公司通过特权认购方式发行证券时(由于存在优先认股权而不得已为之或公司自愿为之),赋予股东所持有的每股普通股一份**认股权**(right)。发行普通股时,认股权使股东享有按照发行条件额外购买股票的选择权。发行条件限定了认购一股新股所需的认股权数量、每股认购价格、发行截止日期。拥有认股权的股东有三种选择:(1)行使认股权,认购新股;(2)卖掉认股权,因为认股权是可以转让的;(3)不做任何事情,听凭认股权过期。一个理性的投资者通常不会选择最后一种做法,除非认股权的价值微不足道或他本人只拥有少量股票。认购期通常是三周或者更短的时间。愿意认购新股却没有足够数量认股权的股东可以在公开市场上购买认股权。假设你现在拥有85股公司股票,购买1股新股需要10份认股权,你的85份认股权只能认购8股完整的股票。如果你还想购买第9股新股,则可以另外购买5份认股权。

认股权的发放方式与现金股利的分配很相似。董事会宣告登记日和**除权日**(ex-rights date)。在除权日前购买公司股票的投资者可以获得购买新股的认股权。因此,除权日前进行的股票交易称为"带权股票"交易;除权日当天或其后进行的股票交易称为"除权股票"交易,即所交易的股票不带认股权。

认股权的价值

认股权之所以有价值,是因为它能够让股东以低于市场价格的价格折价购买新股。折价是为了确保新股发行成功。大部分认股权发行中,认股权低于市价10%~20%。从技术上说,认股权的市场价值是股票现行市场价格、认购价格以及购买1股新股所需认股权数量的函数。

假设公司已宣布进行认股权发行,目前销售的股票仍是"带权股票"。如果一名投资者打算确保拥有一股"除权股票",他可以在股票除权之前以"带权股票"市场价格购买一股,然后持有股票。另一种选择是,投资者可以购买认购一股新股所需的认股权,再留出一笔相当于认购价格的现金,然后等到认购日购买新股。这两种选择的区别在于前者给了投资者一股新股和一份认股权。因此,两种选择在金额上的差价就等于认股权的价值。从数学上看,在认股权发行宣布之后股票仍是带权股票的情况下,一份认股权的理论价值是

$$R_o = P_o - [(R_o)(N) + S] \tag{19.1}$$

式中,R_o 为"带权股票"交易中一份认股权的市场价值;

P_o 为"带权股票"每股市场价格;

S 为每股认购价格;

N 为认购一股新股所需认股权的数量。

将式(19.1)进行整理,可得

$$R_o = \frac{P_o - S}{N + 1} \tag{19.2}$$

如果"带权股票"每股市场价格是100美元,认购价格是每股90美元,认购一股新股需要4份认股权,则当股票带权交易时认股权的理论价值是

$$R_o = \frac{100 \text{ 美元} - 90 \text{ 美元}}{4 + 1} = 2 \text{ 美元}$$

注意,带权股票的市场价值包括认股权的价值。

当股票除权后,从理论上说,股票的市场价格下跌,因为投资者不再拥有认购新股的权利。除权股票的每股理论价值是 P_X,它等于

$$P_X = \frac{(P_o)(N) + S}{N + 1} \tag{19.3}$$

在上面的例子中,

$$P_X = \frac{100 \text{ 美元} \times 4 + 90 \text{ 美元}}{4 + 1} = 98 \text{ 美元}$$

从这个例子中可以看到,理论上无论是行使认股权还是将认股权出售都不会给投资者带来额外的价值。注意,除权日以前股东的股票每股价值100美元,除权日以后每股价值98美元,市场价格的下跌刚好抵消了认股权的价值。因此,从理论上说,股东从认股权发行中得不到额外的好处。认股权代表的只不过是资本的报酬。

股票除权后股权的理论价值是 R_X,它等于

$$R_X = \frac{P_X - S}{N} \tag{19.4}$$

在上面的例子中,如果除权股票的每股市价是98美元,则

$$R_X = \frac{98 \text{ 美元} - 90 \text{ 美元}}{4} = 2 \text{ 美元}$$

认股权的理论价值与除权以前相等。

我们应当清楚，认股权的实际价值可能不等于其理论价值，这是由交易成本、投机行为以及认购期内认股权行使与出售的不规则性等造成的。但是，套利行为的存在限制了实际价值与理论价值的偏离程度。如果认股权的价格远远高于理论价值，则股东将出售认股权并在市场上购买股票。这些行动将对认股权的市场价格产生下跌的压力，对其理论价值产生上涨的动力，后者的产生是由于股票的市价有上升趋势。如果认股权的价格远远低于理论价值，套利者将购买认股权，行使认购新股的权利，然后在市场上出售股票。这将对认股权的市场价格带来上涨动力而对其理论价值产生下跌的压力。只要有利可图，这些套利行为将一直持续下去。

预备包销安排与超额认购优先权

为确保认股权发行成功，公司可安排投资银行或投资银行集团"预备"包销所有未发行出去的部分。事实上，大多数公司在认股权发行中都运用了**预备包销安排**（standby arrangement）。包销人针对这种预备包销安排根据发行风险的高低向公司收取费用。这些费用通常包括两部分：统一费用与包销人需购买的每股未售出股票的额外费用。从发行股票的公司来看，认股权发行不成功的风险越高，公司越希望安排预备包销，但是必须考虑到追加成本。

此外，另一种不太常用的增加证券发行成功几率的方法是**超额认购优先权**（oversubscription privilege）。超额认购优先权不仅给予股东按原有股权比例认购新股的权利，而且给予股东超额认购任何未售出股票的权利。超额认购优先权根据未售出股票的数量由股东按比例认购。例如，在认股权发行中，股东可能只认购了50万股中的46万股。也许股东中有些人愿意购买更多的新股，总共认购10万股。因此，超额认购的每位股东对超额认购的每一股享有一股的4/10（40 000/100 000）。这就使得全部证券都销售一空了。尽管超额认购的运用可以增加股票全部发行成功的几率，但并不能像预备包销安排那样完全确保全部发售。经常可能出现优先认购与超额认购结合使用的发行总额仍低于公司希望发行的股票数额的情况。

特权认购与承销发行

通过首先向现有股东发行新股，可以维系熟悉公司经营业务的投资者。主要的销售工具是低于现行市价折价发行。公开发行中，主要销售工具是投资银行机构。认股权发行不是承销，所以筹资成本低于向社会公众发行的成本。而且，很多股东认为他们应该享有优先购买新股的机会。

另一些人的看法却抵消了上述优点，他们认为认股权发行价格必须低于公开发行的价格。如果公司以适当的频率在权益资本市场上融资，则意味着认股权发行可能比公开发行更会令股权稀释。即使这种看法在理论上是不相关的，但很多公司仍希望尽量淡化股权稀释。此外，公开发行可使股票的分布更广泛，这可能也是某些公司所希望的。

这些因素对股东财富可能会产生影响，但我们不希望这种影响过高。还有一个问题是，当可以通过特权认购（没有预备包销安排）这种成本较低的方式来发行股票时，为什么还有那么多公司采用成本较高的承销方式。对此有几种解释，其中包括股权过分集中会影响证券的交易成本,而且认股权发行使股票价格下降幅度更大。

证券发行的法律规定

美国联邦政府和州政府都对向公众发行证券作出了规定,但联邦政府的影响更为深远。

联邦政府的规定

由于1929年的股市大崩溃及随之而来的经济大萧条,保护投资者免受虚假信息与欺诈的侵害的呼声四起。美国国会进行了广泛的调查研究并草拟了联邦政府对证券业进行管理的规定。《1933年证券法案》(1933法案)对向公众发行证券作出了规定,要求必须向投资者充分披露重大信息。《1934年证券交易法案》(1934法案)对已发行证券的交易作出了规定。此外,还成立了**证券交易管理委员会**(Securities and Exchange Commission, SEC)来强制实施这两部法律。

证券上市登记 根据1933法案,准备向公众发行证券的绝大多数公司必须向证券交易管理委员会进行注册登记。某些类型的公司可以免于登记,一些符合资格的"小企业发行人"按规定仅需填写很少的信息。但是,大多数发行证券的公司都必须填写详细的**申请上市登记报告**(registration statement)。

申请上市登记报告通常包括两部分:第一部分是**募股说明书**(prospectus)(见图19.2),这部分还另外印成专门的小册子发给承销商和投资者;第二部分是证券交易管理委员会要求的附加信息。第一部分(募股说明书)包括公司的实质性信息,如公司性质与历史沿革、募集资金的用途、审计过的财务报表、高层管理人员与董事名单及其持股比例、竞争环境、风险因素、法律意见书以及对所登记证券特征的描述。第二部分包含公众审查所需的各种信息,但在申请上市登记报告获得批准后提供给投资者的印制好的募股说明书中不包括这部分信息。

1933法案的一个基本目的是为投资者提供有关公开发行证券的重大信息。证券交易管理委员会在审查申请上市登记报告的期间,允许公司向投资者发放初步募股说明书,又称**红鲱鱼募股说明书**(red herring)。初步募股说明书之所以被称为红鲱鱼募股说明书,是因为其封面用红笔题记,表明它还未向证券交易管理委员会注册登记,申请上市登记报告还未正式生效,因此可能会有变动。

证券交易管理委员会审查申请上市登记报告,以确保所有要求披露的信息都已列示,并且没有令人误解之处。如有不妥之处,将以评价通知书的形式告知企业,由企业调整后重新提交修改后的登记报告。证券交易管理委员会对登记报告感到满意后,即予以批准,发行企业即可发布最终的募股说明书,并发行证券。如证券交易管理委员会不批准,将会发出禁止通知书,阻止企业发行证券。通常除非发行欺诈或虚假陈述,大部分缺陷都可由企业改正,最终获得批准。对于严重违反1933法案的行为,证券交易管理委员会有权诉诸法院,寻求法律裁定。

应当指出,证券交易管理委员会并不负责评价将要发行的证券的投资价值,而只对与

```
                           $75,000,000
                         Acme Aglet Company
                  11% FIRST MORTGAGE BONDS DUE 2039
                         ─────────────

  Interest payable September 1 and March 1. The bonds are redeemable on 30 days' notice at the option of the
  company at 111% to and including March 1, 2010, at decreasing prices thereafter to and including March 1, 2028,
  and thereafter at 100%. Due March 1, 2039.
                         ─────────────

         Application will be made to list the bonds on the New York Stock Exchange.
                         ─────────────

  Neither the Securities and Exchange Commission nor any state securities commission has approved or disapproved
  these securities or determined if this prospectus supplement or the accompanying prospectus is truthful or complete.
  Any representation to the contrary is a criminal offense.
```

	Price to Public (1)	Underwriting Discounts and Commissions (2)	Proceeds to Company (1)(3)
Per unit	99.750%	0.875%	98.875%
Total	$74,812,500	$656,250	$74,156,250

(1) Plus accrued interest from March 1, 2009 to date of delivery and payment.
(2) The company has agreed to indemnify the several purchasers against certain civil liabilities.
(3) Before deducting expenses payable by the company estimated at $200,000.

The new bonds are offered by the several purchasers named herein subject to prior sale, when, as and if issued and accepted by the purchasers and subject to their right to reject any orders for the purchase of the new bonds, in whole or in part. It is expected that the new bonds will be ready for delivery on or about March 12, 2009 in New York City.

Markese, Gau, Gahlon, and Cammack
Incorporated

Ding, Sexton, Woatich,
Murphy, and Kuhlemeyer, Inc.

Nguyen-Barnaby & Co.

A. E. Winston & Sons

Bhaduri, Norman, Banner,
Vytovtova, and Childs, Inc.

Collins Brothers, Inc.

Cohn, Gonzalez, Espinosa, & Gallina
Securities Corporation

The date of this prospectus is March 5, 2009.

图 19.2　显示证券发行关键要素的募股说明书的封面样本，
底部是证券承销集团追加的信息

证券有关的信息的完整性和精确性等所有重大方面进行审查。投资者必须自己根据这些信息作出判断。很有可能存在经过登记的证券是由一个管理混乱、风险高或无赢利能力的公司发行的这种情况。因为只要申请上市登记报告上提供的信息是正确的，证券交易管理委员会就不会限制企业发行证券。简而言之，"货物出门概不退换"或"买者责任自负"的谚语是完全适用于经过登记的证券的。

1933 法案规定，大多数申请上市登记报告在注册登记后的第 20 日（或者注册登记最后一次修订后第 20 日）生效。证券交易管理委员会也可以自主决定提前生效日期。在实践中，从填表到获得批准通常需要 40 天左右。如前所述,大公司能够运用暂搁注册。一旦发行一批证券的登记报告获得预先批准,公司即可通过填写简单的修订方案在短于常规的 20 天的等待期的时间内发行"搁在架子上"的证券。在这种情况下所需的时间很短,也许只有一两天而已。

申请上市登记报告生效后,即可将最终募股说明书发放给潜在投资者。而且,证券交易管理委员会还允许发行企业在报刊上公布证券发行的简短信息,如公司名称、证券简介、发行价格与包销投资银行集团的名称。这些消息由于其刻板的、带黑边的版面设计而被称为**墓碑广告**(tombstone advertisements)(见图 19.3)。

This announcement is neither an offer to sell nor a solicitation of an offer to buy these securities
The offer is amde only by the Prospectus Supplement and the related Prospectus.

New Issue/March 5, 2009

$75,000,000

Acme Aglet Company

11% FIRST MORTGAGE BONDS DUE MARCH 1, 2039

Price 99.75% and accured interest, if any, from March 1, 2009

Copies of the Prospectus Supplement and the related Prospectus may be obtained in any State in which this announcement is circulated only from such of the undersigned as may legally offer these securities in such State.

Markese, Gau, Gahlon, and Cammack
Incorporated

Ding, Sexton, Woatich,   **Nguyen-Barnaby & Co.**
Murphy, and Kuhlemeyer, Inc.

                                 A. E. Winston & Sons

Bhaduri Norman, Banner,
Vytovtova and Childs, Inc.   **Collins Brothers, Inc.**

Cohn, Gonzalez, Espinosa, & Gallina
Securities Corporation

图 19.3 墓碑广告样本

二级市场法规 除了新证券发行之外,证券交易管理委员会还对二级市场上的证券交易作出了规定。在这方面,它规定了证券交易所、场外交易市场、投资银行与经纪人、全美证券交易商协会以及投资公司的行为规则。它要求每月报告管理人员、董事及大股东

间的内部股票交易情况。任何投资集团只要掌握了公司股票的5%或更高比例,必须填写13D表格,以提醒所有各方注意这种积累的结果以及随后可能对实际所有权产生的影响。通过这种法律上的权力,证券交易管理委员会试图禁止下列行为:投资交易商与公司管理人员和董事操纵市场的行为、股票交易中内部人员(管理人员与董事)滥用职权的行为、任何一方当事人的欺诈行为及其他影响投资大众的滥用职权的行为。

《2002年萨班斯—奥克斯利法案》 作为对近期涉及安然、安达信、WorldCom 及一系列其他企业的公司和会计舞弊事件的回应,美国国会通过了《2002年萨班斯—奥克斯利法案》。这部证券法足有100多页篇幅,是20世纪30年代中期以来通过的范围最广的证券改革法案。

法案的规定主要是针对上市公司的,但是也针对公司内部人士、审计人员和律师。法案的一些关键性特点包括成立监管委员会来管理负责审计上市公司的会计师事务所,新的审计和审计委员会独立标准,规定上市公司管理人员验证公司的SEC报告,以及对于违反联邦证券法的加重惩处。

证券发行改革 SEC近期采取了一系列旨在极大地改善《1933年证券法案》下的注册、沟通和发行流程的新的规则。这些规则(统称"证券发行改革")于2005年12月1日生效。SEC的最终报告达450多页,包括650多条脚注,明显反映了这项一揽子改革代表着证券发行管制的重大发展。

证券改革的动力来自技术的进步,这些技术进步使得关于上市公司的可得信息的数量和及时性都得到了极大的提高。另一个动力是更为严格的政府监管所带来的上市公司的报告更加详细、更具有可信度,而这应部分归功于《2002年萨班斯—奥克斯利法案》。

最近的改革所带来的一项重要改变是SEC将上市公司发行人划分成了不同层级,某个层级适用的规则不同。最低的层级是"不合格的发行人",接下来依次是"未提交报告的发行人""无经验的发行人""有经验的发行人",最高的层级是**知名的有经验的发行人**(well-known seasoned issuers,WKSIs)。SEC新的审核流程下最大的赢家是WKSIs,因为SEC对其监管最少,赋予的灵活性最高。WKSIs由于在其资本市场上的规模和活动,从本质上说是最受拥趸的发行人。它们代表了所有公开上市交易的公司中的大约30%。

除了对于发行人的新的分类体系外,其他值得一提的重要改变包括:(1)改善"有经验的发行人"与WKSIs的"暂搁注册"流程;(2)为WKSIs设立"自动暂搁注册";(3)放松注册发行过程中允许的沟通;(4)建立了一个最终募股说明书"可接触等同于送达"模式。在此前的规则下,某些符合要求的发行人可以利用暂搁注册就特定数量的证券进行注册,这些证券可在2年内发售。在新的要求下,"有经验的发行人"与WKSIs都可以暂搁注册不限量的证券。不过,要求每3年公布一次新的注册声明(事实上是"更新架子上的证券")。此外,只有WKSIs被允许使用一种新的暂搁注册形式,即自动暂搁注册。这种方式下,注册自动生效,因此提交文件后即可进行发售,也就是说,不必等待SEC审批。WKSIs以外的其他公司仍然需要等待SEC告知其注册声明是否有效。

在沟通方面,新规则下的一项重大改革是允许公司在发行期间发布初步和最终募股说明书以外的某些书面和电子形式的沟通,称之为**自由写作募股说明书**(free-writing prospectuses,FWPs)。这样一来,发行人和承销人就能够使用以前可能被禁止的额外的发行材料。利用自由写作募股说明书的能力取决于 SEC 对发行人的分类，WKSIs 的灵活性最高。自由写作募股说明书必须包括遵照规定的格式的摘要说明，在某些情况下还必须提交 SEC 备案。除此之外，"墓碑广告"中被允许包含的信息极大地扩充了，可以预期今后"墓碑广告"将更多地被用作一种营销工具。

最后，《1933 年证券法案》要求在注册发行时向每一位投资者送达最终募股说明书。在新的规则下，可及时"接触到"最终募股说明书将被视为等同于"送达"或"可接触等同于送达"。例如，通过 SEC 的电子数据采集、分析和检索（Electronic Data Gathering, Analysis, and Retrieval, EDGAR）的网站（www.sec.gov/edgar.shtml）以电子方式接触最终募股说明书，等同于实际送达。

"证券发行改革"所带来的一系列改变传递了这样一个信号：SEC 似乎正致力于实现不断传递关于上市公司的信息的目标。"终极形式"有可能是上市公司将能够随时发行证券，而没有任何耽搁，对其的文件提交要求也将降到最低。然而，由于小公司与大公司间可察觉的差异，最大的自由度很可能（在未来一段时期）只给予最大、最有经验的发行人——WKSIs。有关"证券发行改革"的更多信息，请参见网上链接（http://web.utk.edu/~jjwachowi/part7.html#SOR）。

州政府的规定

各州都有自己的证券委员会来管理本州内的新证券发行及销售事宜。这些委员会像证券交易管理委员会一样，也致力于防止证券销售中的欺诈行为。这些由各州制定的法律称为**蓝天法案**（blue sky laws），其名称得自 20 世纪初普遍存在的各种促销无价值证券（其价值不过就是"一片蓝天"）的计划。当证券发行完全面向本州公众因而不受证券交易管理委员会的严格审查时，州的法律规定就显得非常重要了。此外，在其他一些只受证券交易管理委员会有限审查的情况下，州的法律规定也能发挥很大的作用。但不幸的是，各州的法律规定在有效性上差别很大。有些州的规定很严格，而另一些州则比较宽松。结果导致为促销而做虚假陈述的现象时有发生。

 ## 私募

公司发行证券时可以不向社会公众或现有股东发售新证券，而是将其全部发售给单个投资者（通常是金融机构或富有的个人）或由这些投资者组成的集团。这种类型的发行称为**私募**（private placement）或**直接募集**（direct placement）。公司直接与投资者协商证券发行的条件，而不借助投资银行的承销功能。**金融中介**（financial intermediaries）这个术语最恰当地描述了进行私募的各种金融机构。这种类型中最主要的私募投资人是人寿保险公司、养老基金和银行信托机构。下面将集中介绍负债的直接募集。涉及风险资本的权益募集也将在稍后进行讨论。

特点

人们经常提到的直接募集的一个主要优点是筹资迅速。公开发行必须向证券交易管理委员会注册,编制和印刷初步募股说明书及最终募股说明书,进行广泛的协商谈判,这些都需要时间。此外,公开发行还要承担选择发行时机的风险。另一方面,私募不受证券交易管理委员会的限制,因为人们默认,拥有足够资本购买全部新发行的证券的个人或机构应该能够获得其所需的、法律要求披露的信息。而且,在私募中,发行条件可以协商调整以适应借款人的需要,迅速筹集到资金。当然,有资格的大公司也能够通过暂搁注册只需进行有限的文书工作即可迅速接触到资本市场上的投资大众。

因为负债的私募是通过谈判协商达成的,所以发行时机的选择不是关键。如果以后有必要改变任何一项发行条件,真正感兴趣的也不过是一个投资者或一个投资者小群体。与一个投资者或一小群投资者打交道要比与无数投资者打交道容易。

私募负债的另一个优点是借款不必一次完成。公司可与贷款人签订协议,在一段时期内多次借款直至达到一个固定限额。在这种信用协议下,借款企业需支付一笔承诺费。这种协议可赋予企业一定的灵活性,允许它在需要资金时才借款。此外,因为私募不必向证券交易管理委员会注册登记,企业可以避免公开一些最保密的信息,如原材料进货来源、独有的制造流程或高级管理人员薪酬等。

市场的发展

通过向社会公众发行新债券,发行公司可以明显改善资本结构,大大提高负债率。但是以前发行的债券的信用可靠性将减弱,价格将下跌。通常,法律无法禁止公司以前发行的债券的持有者所遭受的这种**突发风险**(event risk),即财务杠杆增大而引起信用可靠性下降。但在私募中,可以通过严格规定限制条款来避免这种突发风险。限制条款中约定,一旦企业的资本结构发生显著变化,必须立即按面值偿还现有债券。因此,从20世纪80年代开始,在投资人普遍从公司重组的反例中吸取教训纷纷寻求保护的情况下,私募重新赢得了重要地位。

对机构投资者来说,私募的另一个优点在于证券交易管理委员会(根据144a规则)现在允许机构投资者把从私募市场上得到的证券转售给其他大机构。因此,美国公司,也包括外国公司,可以不必通过公开市场登记程序而在市场上发行股票和债券。符合资格的机构投资者(QIBs)可以再将这些证券销售给其他符合资格的机构购买者。在这个过程中,不必受任何持有期的限制,发行者与证券持有者也不必受证券交易管理委员会其他规定的限制。因此,市场范围扩大了,流动性也增加了。

带有登记权的私募 带有登记权的私募是我们熟悉的证券私募的新的变形。它将标准私募与一份合同结合在一起,这份合同要求发行人在证券交易管理委员会登记有可能重新在公开市场转售的证券。规定的期限是30天,不过有些发行人在6个月或1年后才去登记。登记权对购买者来说意味着拥有了通常在几个月内公开发行的、更具流动性的证券的保证。如果发行人未履行最终期限的规定则需要支付罚息。这种方法的另一种变形是让发行人同意将私募证券转换为在不久的将来公开发行的登记证券。登记证券将与初始发行的证券拥有相同的条款和特征。发行者在这些情况下能获得什么好处呢?发行者的证券销售速度加快,获得额外的时间来处理登记的细节问题,并且其利息成本低于不注册情况下的利息成本。

保险性私募 144a 规则 适用保险性 144a 规则的交易是传统私募的另一种变形。在这种情况下,发行人最初将证券销售给投资银行。投资银行再将这些证券转售给与常规私募情况相同的机构购买者。投资者利用这种方式在外部完成了证券的营销和分销。这种销售方法通常与登记权结合使用,由此再次为最终购买者提供了证券更具流动性的承诺。

144a 市场的诱惑

financialexecutive

资本市场管理委员会(CCMR)主任、哈佛大学法学院国际金融体系教授哈尔·斯科特(Hal Scott)指出,美国国外的公司正在寻求在三个主要的地点进行投资——伦敦和香港的公开市场以及美国的私人市场,即所谓的美国证券管理委员会管辖之外的 144a 市场。

144a 市场绝对是面向大玩家的,也就是那些能够在监管较为松懈的领地遨游的公司以及拥有睿智的头脑、清楚地知道自己在与什么打交道的机构投资者。

在 144a 市场上,融资的成本更高,这是因为市场的规模较小,而且股票的次级交易的流动性较差。然而,与为了在公开证券市场上挂牌交易所需付出的努力相比,在私人市场上融资有可能成本效益更高,而且往往简单很多。

斯科特说:"必须想一下这个问题,为什么外国公司宁可付出更高的资本成本也要在美国(144a 私人市场)筹集资金?答案就在于,它们不希望受《2002 年萨班斯—奥克斯利法案》的束缚,它们也不希望承担公开上市公司的诉讼风险。"

与此同时,那些在海外市场公开上市的公司很明显是在寻找没有被《2002 年萨班斯—奥克斯利法案》和美国证券管理委员会保护下的市场所吓倒的投资者。这些市场显然找到了一种让投资者和证券发行者都感到满意的平衡点。斯科特指出,这种平衡正是美国看起来并不具备的。加剧这种不平衡就是他所谓的"股东权益赤字"。

斯科特说:"如果你到英国去,你会受到很少的监管甚至几乎没有诉讼缠身的危险,而是会享有更多的股东权益。我们正是在与这些人竞争。"的确,美国的股东们在下列领域的权利无法与英国的股东们相比:对接管的投票权、股东提案权以及对管理人员薪酬的建议权。

资料来源:改编自 Glenn Alan Cheney, "Soul-Searching Over U. S. Competitveness," *Financial Executive* (June 2007), pp. 18-21. (www. financialexecutives. org) © 2007 by Financial Executives International Incorporated. Used by permission. All rights reserved.

初始融资

公司组建时必须有资金。种子资本(即初始资本)通常来自公司的创立者及其家庭成员和朋友。对一些公司来说,这些资金足够企业开展业务之需,并且通过留存未来的收益,可以不必进行外部权益融资。而对另一些公司来说,注入外部权益资金是必要的。下面我们将介绍风险资本和首次公开发行。

风险资本

风险资本是指投入新成立企业的资金。富有的投资者与金融机构是风险资本的主要提供者。有时提供的是债务资金,但大多数时候提供的是普通股资本。这种股票最初通常都是私募的。1933法案144规则要求新近发行的、私募的证券至少持有两年或者登记后才能不受限制地重新出售(数量有限的私募证券在发行一年后即可重新出售)。这条规则的目的是保护没有经验的投资者,避免其购买未经证实的证券。然而其结果却是造成了这些证券在特定时期内缺乏流动性。购买这种私募股票,又称**信售股票**(letter stock)的投资者希望公司能够发展壮大,经过5年左右的时间积累起足够多的利润和足够大的规模从而能够获准上市登记,在公开市场上出售股票。(注:根据证券交易管理委员会144a规则,信售股票不必经过等待期即可售给符合资格的机构购买者。)

美国的国外股票

美国投资者可以通过美国存款凭证(ADRs)像购买美国公司的股票那样轻而易举地购买成百上千家国外大公司的股票。通常,美国投资者要交易国外股票是既困难又昂贵的,因为他们要面对因时差造成的在不同时间开市的国外股票市场,接下来还要面对用不同的货币在其他国家完成交易的问题。ADR项目极大地简化了这个步骤。ADR是银行发行的美国证券,代表国外证券的所有权。与国外证券不同,ADR在美国可以像普通美国股票一样交易。ADR交易可以通过普通的经纪人渠道完成,并且是用美元标价的。而且,股东们收到的年度报告是用英文给出的,收到的股利也是美元。

资料来源:James J. Angel, *Money Mechanics: A Guide to US Stock Markets* (release 1.2), The NASDAQ Stock Market Educational Foundation, Inc., p.7. Copyright 2002, The Nasdaq Stock Market, Inc. Used by permission. All rights reserved.(www.nasdaq.com/about/market_mechanics.pdf)

首次公开发行

如果新成立的企业经营成功,所有者可能愿意把一部分股票出售给"外来者",使企业成为上市公司。这个愿望经常会得到风险资本投资者的支持,因为他们希望自己的投资获得现金回报。另一种可能是,企业的创立者只是想为其普通股确定一个市场价值,使其具有流动性。不管出于什么动机,所有者都可能决定把自己的企业转变为上市公司。当然,也有例外,一些成功的大公司选择继续保持不上市状态。例如,Bechtel公司是全球最大的建筑工程公司之一,但其普通股仍未上市。

首次公开发行(initial public offerings,IPOs)大部分是通过承销完成的。首次公开发行时,因为普通股此前未在公开市场交易过,所以没有一个可供参考的基准价格。这使得其价值的不确定性比上市公司增资发行普通股的不确定性更高。经验研究表明,首次公开发行的价格明显低于上市后的市场主导价格(折价率超过15%)。[①] 对企业来说,这意味着首次公开发行的股票价格要在管理层估计的企业真实价值的基础上打一个比较大的折扣,这两者间的差值即企业进入公开市场的入场费。以后的公开发行价格就不必再

[①] 有关综合研究见 Clifford W. Smith Jr., "Investment Banking and the Capital Acquisition Process," *Journal of Financial Economics* 15(January-February 1986),19-22。

向下调整了,因为市场上存在基准价格,价格的不确定性减小了。

空壳游戏作为离场战略逐渐发展

Financial Week

反向接管对于小企业很重要。

啊!希望公开上市却又想避开首次公开发行的困扰?买一家公开交易的空壳公司,进行反向接管并购。

这听起来可能有点儿像胡克·霍肯(Hulk Mogan)的摔跤动作,但它却是小公司不必经过首次公开发行即公开市场的越来越普遍的方式。

在反向并购中,一家私有公司购买一家已经公开交易但经营状况不佳的公司(即所谓的空壳公司)的全部或绝大部分股票,将其接管过来,从而获得其挂牌资格。

纽约 Feldman Weinstein 律师事务所的戴维·费尔德曼(David Feldman)是反向并购的专家,他指出,过去 5 年左右,"反向并购的确取代首次公开发行而成为小公司的首选。因为这种做法更便宜、更迅速、更简单,稀释程度也更低"。

根据行业杂志《反向并购报道》(*Reverse Merger Report*)提供的数据,截至 12 月 8 日,2006 年共有 186 起反向并购,与 2005 年的 218 起相差并不太多。

该杂志指出,然而,交易额却呈上升势头,尤其是在第三季度,每笔交易的平均资本总市值是 9000 万美元,这只考虑了对那些可以主动交易的公司的反向并购。

反向并购最近之所以兴起热潮,原因之一是投资银行不再愿意帮助小公司(销售额低于 1 亿美元)办理首次公开发行,因为对于它们来说所获利润已经大大不如以往了。事实上,更加严格的监管和审计要求使得小公司的首次公开发行所涉及的各方的成本都大大上升了。

但是公开上市交易能够提高企业的知名度、声望以及向共同基金或养老基金这样的大型机构投资者销售股票与在不增加负债的情况下筹资的能力,因此充满吸引力。

2006 年年初,纽约证券交易所对 Archipelago 控股公司的收购为反向接管又增添了浓墨重彩的一笔。通过这次收购,原本作为非营利组织的 Big Board 剥离了会员结构,成为公开上市的 NYSE 集团公司。与此同时,它收购了规模比自己小得多的 Archiqelago 的电子交易系统。

虽然 Archipelago 并非空壳公司,但是另一些名气很大的公司,如现在已经并入时代华纳公司的录像带租赁连锁店 Blockbuster 和 Turner Broadcasting 则是通过传统的反向接管空壳公司的做法公开上市的。

资料来源:改编自 Frank Byrt,"Shell Game Grows as an Exit Strategy," *Financial Week* (January 15, 2007), pp. 3 and 18. (www. financialweek. com) Copyright © 2007 by Crain Communications, Inc. Used by permission. All rights reserved.

 ## 信息传递作用

当上市公司宣布发行证券时,可能会发生引起股票市场反应的信息传递作用。在针对引起市场运动的其他因素保持不变时所做的研究中,学者们发现股票价格对普通股或可转换证券发行的反应是负面的或者说是"异常收益"。① 宣布发行直接债券或优先股通常不会产生重大影响。宣布发行股票对收益的影响如图19.4所示。横轴表示宣布事件前后的时间,纵轴表示不考虑整个市场运动影响之后的累积平均异常收益。从图中可见,在宣布日(第0日)股票价格大约平均下跌3%。

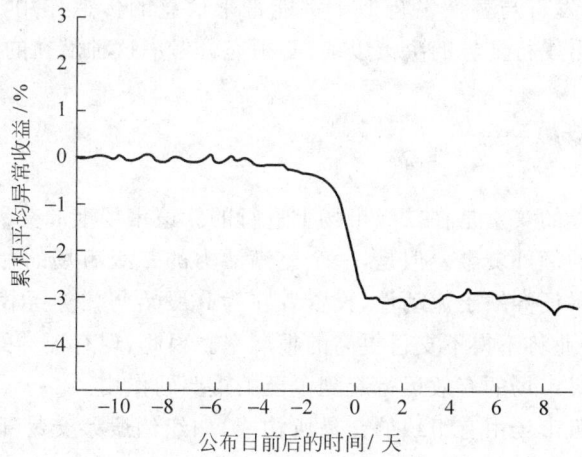

图19.4 宣布发行新股前后的股票相对异常收益(实际收益与期望收益的差值)

未来现金流的预期

下面几个原因可用来解释上述现象。发行新股的公告向投资者传递了某些关于未来预期现金流的信息。这种公告暗含着新筹集到的资金将用于资产投资、减少债务、回购股票、增加股利或者弥补预期现金流的不足等目的。预料之外的新证券发行在某种程度上与最后一种情况有关,因此市场将认为这是种不利消息,股票价格将相应地下跌。

信息不对称

另一种影响与投资者和管理层各自所占有的信息不对称有关。潜在投资者了解到的信息要比公司管理层少,而管理层通常在市场对公司股票评价高于管理层评价时发行股票。② 尤其对于普通股来说,这种情况是真实存在的,因为投资者对公司的收益与资产只拥有剩余索取权。发行新股将影响现金流,所以信息不对称的影响很难通过使用与新股发行有关的数据来加以消除。

用一种证券去替换另一种证券时,营运资金流量不受影响。在实证研究过程中,当把这种替换发行分成增大或减小财务杠杆两类时,研究结果十分惊人。增大财务杠杆的交

---

① 更为精彩的实证综合研究见 Clifford W. Smith Jr., "Investment Banking and the Capital Acquisition Process," *Journal of Financial Economics* 15(January-February 1986),3-29。也可参见 Paul Asquith and David W. Mullins Jr., "Signalling with Dividends, Stock Repurchases, and Equity Issues," *Financial Management* 15(Autumn 1986),27-44。

② 参见 Stewart C. Myers and Nicholas S. Majluf,"Corporate Financing and Investment Decisions When Firms Have Information That Investors Do Not Have," *Journal of Financial Economics* 13(June 1984),187-221。

易通常伴有消息公告前两日内的异常收益为正值的现象；减小财务杠杆的交易则伴有负值的异常收益。以负债替换普通股的正的异常收益最大，而以普通股替换负债的负的异常收益的绝对值最大。因此，这些证据都证明了信息不对称。换句话说，管理层更愿意在他们认为普通股价值被低估时发行负债，在普通股价值被高估时发行普通股。

总之，新证券的发行与替换发行似乎都能带来信息的传递作用，影响股票的市场价格。财务主管在作出发行证券的决策以前，必须充分考虑这种潜在的影响。

二级市场

现有股票与债券的买卖是在二级市场上进行的。该市场上的交易不能给企业提供购置新机器设备所需的额外资金。但是，一个充满活力的二级市场的存在能够增加已发行证券的流动性。如果证券缺乏流动性，投资者在为其股票与债券寻找转售市场时会遇到困难，新证券发行企业将不得不支付更高的报酬率。因此，现有证券的持续交易对长期证券的发行市场或一级市场的有效运行起到了至关重要的作用。

长期证券的二级市场由有组织的交易所构成，如纽约股票交易所、美国股票交易所、纽约债券交易所等。此外，场外交易（OTC）市场也是二级市场的一个组成部分，非上市股票与债券及部分上市证券在该市场交易。它是由经纪人和随时准备以挂牌价格买卖证券的交易商组成的。大多数公司债券以及越来越多的股票是在场外交易市场买卖的。而且，如前所述，证券交易管理委员会144a规则允许符合资格的机构购买者相互间进行私募证券交易。

小结

- 当公司从外部筹集长期资金时，通常采用三种主要方法：通过投资银行进行的公开发行、向公司原有股东进行的特权认购、对机构投资者进行的私募。
- 公司向社会公众发行证券时，通常要借助于投资银行。投资银行的主要职能是承担风险或承销，并销售证券。投资银行凭借这一职能，赚取证券的购买价与向公众转售证券的发售价间的差价。
- 公开发行可采取传统（企业承诺）承销、最大努力分销形式，大公司也可采取暂搁注册形式。在暂搁注册方式下，公司不必经历漫长的登记过程即可把"搁在架子上"的证券销售出去。当然，预先批准发行证券的修正案要在证券交易管理委员会登记备案。暂搁注册不仅迅速，而且可以大大降低发行成本。
- 公司可以给予现有股东优先购买新发行的股票的机会。这种发行方式是特权认购，又称认股权发行，因为现有股东对所拥有的每股股票都享有一份认股权。认股权代表一种以认购价格购买新证券的短期期权。购买一股新股需要几份认股权。
- 公开发行与特权认购这两种发行证券的方式都必须遵守联邦政府与州政府的法律规定。联邦政府的证券管理机构是证券交易管理委员会，负责管理新证券的发行及现有证券在二级市场上的交易。
- 除了向社会公众或企业现有股东发行证券,公司还可以向一个机构投资者或一小群机构投资者发行证券。在私募方式下,公司直接与投资者协商,不需要承销,也不必向证券交易管理委员会登记备案。私募具有灵活性的优点,并且使中小规模的公司有机会发行自己的证券。由于近些年允许部分大的机构投资者在二级市场出售私募的证券,私募的重要性有所增加。
- 企业发展初期需要资金,风险投资者的投资是来源之一。风险投资者专门向新成立的企业融资。如果企业经营成功,经常要通过普通股的首次公开发行转变为上市公司。
- 负债或股票发行的公告可能伴有股票市场上的反应。这种公告可以传递企业未来现金流的信息,或者管理层是否认为股票价格被高估或低估的信息。实证研究结果与此一致。因此,财务主管在发行证券时要充分考虑这种信息传递作用。
- 现有股票与债券的交易发生在二级市场。一个充满活力的二级市场的存在能够增加已发行证券的流动性。如果缺乏流动性,则投资者在为其股票或债券寻求再出售的市场时将遇到困难,所以企业发行新证券时将不得不支付更高的报酬率。

思考题

1. 证券的公开发行与私募的区别是什么?
2. 怎样区别传统(企业承诺)承销与暂搁注册?
3. 最大努力分销比传统承销的成本低,为什么很多公司没有采取前者?
4. 为发行新债券,企业准备采用公开发行或者私募方式。请评价这两种方案。
5. 筹资成本与证券发行规模间存在一种反向关系。请解释引起这种关系的经济力量。
6. 发行普通股或可转换成普通股的证券的所有公司都应被要求给予股东优先认股权吗?
7. 很多美国大公司过去都广泛使用认股权发行。为什么这些公司在筹资时选择认股权发行而不是公开发行,尤其是在相当比例的认股权(2%~5%)从未曾行使过的情况下?谈谈你的看法。
8. 认购价格在认股权发行中起到了什么作用?
9. 请给预备包销安排与超额认购优先权下个定义。为什么要使用它们?你认为哪种方式更常用?
10. 证券发行的主要管理机构是什么?其职能是什么?
11. 你认为下面哪个公司更愿意用私募而不是公开发行的方式发行长期负债?
(1) 芝加哥电力公用事业设施公司;
(2) 年业务量1300万美元的电子元器件制造商;
(3) 跨国石油公司为其在北极进行的石油探测筹资;
(4) 服务于北加利福尼亚地区的网球鞋翻新公司。

12. 通常情况下,负债的私募与传统承销的成本有何区别？

13. 暂搁注册的运用降低了私募的重要性吗？为什么？

14. 风险投资者希望从对新成立的企业的投资中获得什么收益？这种投资的流动性如何？

15. 为什么新的普通股的发行经常引起公告日前后股票价格的波动？

16. 给出暂搁注册和自动暂搁注册的定义。哪种类型的上市公司可以使用暂搁注册和/或自动暂搁注册？

自测题

1. 海产品公司的股票的现行市价是每股150美元。公司进行认股权发行,允许股东以9份认购权认购1股新股,认购价格是每股125美元。计算下列各项的理论价值：

(1) 带权股票交易时的认股权；

(2) 除权后的每股股票；

(3) 除权股票交易时的认股权(实际市场价格变为每股143美元)。

2. Dim-Sum饭店决定发行中期票据,要在公开发行与向一家保险公司私募之间进行选择。在这两种情况下,所需资金都是600万美元,6年期,票据到期时偿还本金。公开发行的利率为15%,承销差价为每张票据10美元,向公众发行的面值是每张1000美元。为了获取600万美元的收入,公司需要额外发行一些票据以抵消承销差价。公开发行的法定费用、印刷费用和其他初始成本共计19.5万美元。私募方式下,利率是15.5%,初始成本只有2万美元。

(1) 不考虑货币的时间价值,哪种方法下6年的总成本更高？如果考虑货币的时间价值,哪种方法更有利？

(2) 如果期限为12年,其他条件不变,结果将怎样？

复习题

1. Tex Turner电信公司需要筹集2年期债务资金18亿美元(面值)。如果采用传统承销方式,预期两年内需承销6次。承销差价将为每张债券7.50美元,每次承销支付的付现成本总额为35万美元。如果采用暂搁注册方式,平均发行规模约为7500万美元。估计差价是每张债券3.00美元,预期每次发行的付现成本是4万美元。

(1) 不考虑利息成本与货币的时间价值,计算2年内筹资绝对总成本。

① 采用传统承销方式；② 采用暂搁注册方式。

(2) 哪种方法的总成本较低？

2. Cliff Claven美术学院将要以每股40美元的价格发行20万股普通股(特权认购)。目前流通在外的80万股股票的带权交易市场价格是每股50美元。

(1) 计算以40美元购买1股新股所需的认股权的数量；

(2) 计算认股权的价值；

(3) 计算除权股票的价值。

3. HAL 计算机公司股票的现行市价是每股 50 美元,公司进行认股权发行,每 5 份认股权可购买 1 股新股,认购价格是每股 40 美元。计算:

(1) 带权股票交易时认股权的理论价值。

(2) 除权后每股股票的理论价值。

(3) 除权股票的市价为 50 美元时,认股权的理论价值。

4. 两家不同的公司正在考虑进行认股权发行。两家公司的股票现行市价均为每股 48 美元。考虑到市场价格的波动,X 公司设定的认购价格是 42 美元,Y 公司设定的认购价格则是 41.50 美元。认购 1 股新股所需的认股权数量 X 公司为 14 份,Y 公司为 4 份。

(1) 哪家公司流通在外股票增加的比例最大?是绝对发行量较大的那家公司吗?

(2) 在哪种情况下市场价格低于认购价格的风险较低?

5. 找一份最近发行证券的公司的募股说明书,根据下列问题对其进行分析:

(1) 证券发行的类型。有特殊之处吗?如果是债券发行,有担保吗?是什么形式的担保?

(2) 发行的规模与发行公司的类型。公司的财务状况如何?它的盈余稳定吗?潜在增长状况如何?发行规模适宜吗?

(3) 筹资成本。承销差价是多少?占总收入的比例是否过高?差价中多大的比例是用来支持承销的?差价中多大的比例是用来支持销售的?承销商让步是什么?在什么情况下可以获得?

(4) 承销集团包括几家承销商?什么是最大承销量?什么是最小承销量?谁是经理?在发行过程中为支持价格做了准备吗?

(5) 定价。从下面几个角度看定价是否合理:①公司;②投资者;③承销商?发行是否成功?

自测题答案

1. (1) $R_o = \dfrac{P_o - S}{N + 1} = \dfrac{150 \text{ 美元} - 125 \text{ 美元}}{9 + 1} = \dfrac{25 \text{ 美元}}{10} = 2.50 \text{ 美元}$

(2) $P_x = \dfrac{(P_o)(N) + S}{N + 1} = \dfrac{150 \text{ 美元} \times 9 + 125 \text{ 美元}}{9 + 1} = \dfrac{1475 \text{ 美元}}{10} = 147.50 \text{ 美元}$

(3) $R_x = \dfrac{P_x - S}{N} = \dfrac{143 \text{ 美元} - 125 \text{ 美元}}{9} = \dfrac{18 \text{ 美元}}{9} = 2 \text{ 美元}$

2. (1) 公开发行:

为筹集 600 万美元资金所需发行 1000 美元面值的票据的数量 = 6 000 000 美元/990 美元 = 6061 张票据或 606.1 万美元

总利息成本 = 6 061 000 美元 × 15% × 6 年 = 5 454 900 美元

总成本 = 5 454 900 美元 + 195 000 美元 = 5 649 900 美元

私募:

总利息成本 = 6 000 000 美元 × 15.5% × 6 年 = 5 580 000 美元

总成本＝5 580 000 美元＋20 000 美元＝5 600 000 美元

公开发行的总成本较高。由于利息是在 6 年内分摊支付的,货币时间价值的影响将加大私募的利息成本。付现成本的差额发生在期初。

(2) 公开发行:

总利息成本＝6 061 000 美元×15％×12 年＝10 909 800 美元

总成本＝10 909 800 美元＋195 000 美元＝11 104 800 美元

私募:

总利息成本＝6 000 000 美元×15.5％×12 年＝11 160 000 美元

总成本＝11 160 000 美元＋20 000 美元＝11 180 000 美元

私募的总成本较高。期限越长,利率的差别就变得越重要。

参考文献

Allen, David S., Robert E. Lamy, and G. Rodney Thompson. "The Shelf Registration and Self Selection Bias." *Journal of Finance* 45(March 1990), 275-287.

Asquith, Paul, and David Mullins Jr. "Equity Issues and Offering Dilution." *Journal of Financial Economics* 15(January-February 1986), 61-90.

____. "Signalling with Dividends, Stock Repurchases, and Equity Issues." *Financial Management* 15 (Autumn 1986), 27-44.

Berlin, Mitchell. "That Thing Venture Capitalists Do." *Business Review of the Federal Reserve Bank of Philadelphia* (January/February 1998), 15-26 (available online at www. phil. frb. org/econ/br/brjf98mb. pdf).

Fung, W. K. H., and Andrew Rudd. "Pricing New Corporate Bond Issues: An Analysis of Issue Cost and Seasoning Effects." *Journal of Finance* 41(July 1986), 633-642.

Gompers, Paul A. "Optimal Investment, Monitoring, and Staging of Venture Capital." *Journal of Finance* 50(December 1995), 1461-1489.

Hansen, Robert S. "The Demise of the Rights Issue." *Review of Financial Studies* 1(Fall 1988), 289-309.

____, and John M. Pinkerton. "Direct Equity Financing: A Resolution of a Paradox." *Journal of Finance* 37(June 1982), 651-665.

Hess, Alan C., and Peter A. Frost. "Tests for Price Effects of New Issues of Seasoned Securities." *Journal of Finance* 37(March 1982), 11-26.

Ibbotson, Roger G., Jody L. Sindelar, and Jay R. Ritter. "The Market's Problems with the Pricing of Initial Public Offerings." *Journal of Applied Corporate Finance* 7(Spring 1994), 66-74.

Johnson, Greg, Thomas Funkhouser, and Robertson Stephens. "Yankee Bonds and Cross-Border Private Placement." *Journal of Applied Corporate Finance* 10(Fall 1997), 34-45.

Keane, Simon M. "The Significance of the Issue Price in Rights Issues." *Journal of Business Finance* 4 (1972), 40-45.

Loughran, Tim, and Jay R. Ritter. "The New Issues Puzzle." *Journal of Finance* 50(March 1995), 23-51.

Myers, Stewart C., and Nicholas S. Majluf. "Corporate Financing and Investment Decisions When Firms Have Information That Investors Do Not Have." *Journal of Financial Economics* 13(June 1984), 187-221.

Q&A: Small Business & the SEC. Washington, DC: US Securities and Exchange Commission, 1997 (updated version available online at www. sec. gov/smbus/qasbsec. htm).

Ritter, Jay R. "The Costs of Going Public." *Journal of Financial Economics* 19(June 1987), 269-282.

Schultheis, Patrick J., Christian E. Montegut, Robert G. O'Conner, Shawn Linquist, and J. Randall Lewis. *The Initial Public Offering: A Guidebook for Executives and Boards of Directors*, 2nd ed. (available for free download at www. bowne. com/securitiesconnect/pubs_download. asp? pubs=IPO&src=BSC).

Smith, Clifford W., Jr. "Investment Banking and the Capital Acquisition Process." *Journal of Financial Economics* 15(January-February 1986), 3-29.

Ursel, Nancy D. "Rights Offerings and Corporate Financial Condition." *Financial Management* 35(Spring 2006), 31-52.

Wilhelm, William J., Jr. "Internet Investment Banking: The Impact of Information Technology on Relationship Banking." *Journal of Applied Corporate Finance* 12(Spring 1999), 21-27.

The *Work of the SEC*. Washington, DC: US Securities and Exchange Commission, 1997.

Wruck, Karen Hopper. "Equity Ownership Concentration and Firm Value: Evidence from Private Equity Financings." *Journal of Financial Economics* 23(June 1989), 3-28.

Wu, Congsheng, and Chuck C. Y. Kwok. "Why Do US Firms Choose Global Equity Offerings?" *Financial Management* 31(Summer 2002), 47-65.

Part Ⅶ of the text's website, *Wachowicz's Web World*, contains links to many finance websites and online articles related to topics covered in this chapter. (http://web. utk. edu/~jwachowi/part7. html)

第 20 章

长期负债、优先股与普通股

内容提要

- 债券及其特征
  基本术语・受托人与债券契约・债券评级
- 长期债券的类型
  信用债券・次级债券・收益债券・垃圾债券・抵押债券・设备信托证书・资产证券化
- 债券的收回
  偿债基金・系列偿还・赎回条款
- 优先股及其特征
  累积股利条款・可参与条款・投票权(特殊情况下)・优先股的收回・优先股在筹资中的运用
- 普通股及其特征
  额定的、已发行的和流通在外的普通股・面值・账面价值与清算价值・市场价值
- 普通股股东的权利
  收益权・投票权・优先认股权(可能)
- 双级普通股
- 小结
- 附录 20A　已发行债券的再融资
- 思考题
- 自测题
- 复习题
- 自测题答案
- 参考文献

学习目的

完成本章学习后，您将能够：
- 理解债券、优先股和普通股的术语和特征。
- 解释债券和优先股的收回(偿还)可以如何通过几种不同的方式实现。
- 解释各种长期证券在收入和资产的要求权、到期日、证券持有人的权利、证券收益的税收待遇等方面的差异。
- 从发行人和投资人的角度分别讨论发行/购买三种长期证券的优缺点。

> 对知识的投资总是能得到最佳的收益。
> ——本杰明・富兰克林(Benjamin Franklin)

第 19 章介绍了公司证券的资本市场——长期金融工具的市场。本章将介绍企业为满足长期资金需求而发行的主要长期证券——长期负债（债券）、优先股和普通股，及其各自的特征。此外，附录对公司用新债换取旧债可能获得的潜在收益进行了分析。

债券及其特征

债券（bond）是指到期日在 10 年或 10 年以上的长期债务凭证。如果到期日不到 10 年，则通常称为中期债券。为了充分理解债券，必须先熟悉几个基本术语和共同特征。

基本术语

票面价值　票面价值是指在债券到期日支付给债权人的金额。票面价值又称面值或本金。每张债券的票面价值通常为 1000 美元（或 1000 美元的倍数）。除了零息债券外，大部分债券是以票面价值为基础计算并支付利息的。

票面利率　票面利率是指债券上标明的利率。例如，13％的票面利率表示发行人每年要向债券持有人支付每张 1000 美元面值的债券年利息 130 美元。

到期日　债券上基本都标明了到期日。在该时点，公司有义务向债券持有人支付债券面值。

受托人与债券契约

公开发行债券的公司要指定一个有资格的**受托人**（trustee）来代表债券持有人的利益。受托人的义务在《1939 年信托契约法案》中有明确规定，并受证券交易管理委员会的监督和管理。受托人的职责是在债券发行时保证债券发行的合法性，监督借款人的财务状况和行为，确保借款人全面履行合同义务并在借款人不能履行义务时采取适当的行动。受托人的报酬由公司直接支付，所以增加了借款的实际成本。

债券契约（indenture）是发行债券的公司与代表债券持有人利益的受托人间签订的法律文件。债券契约包括债券发行的条件及对公司的限制条款。这些限制条款又称保护条款，与定期放款协议中的规定类似（因为在下一章介绍定期放款时将详细阐述保护条款，这里就不多介绍了）。契约中的条件是由借款人与承销商和受托人共同决定的。如果公司违反了契约中的任一规定，代表债券持有人利益的受托人有权采取措施对其进行纠正。如果不能令人满意，受托人可要求公司立即偿还发行在外的债券。

债券评级

上市交易债券的信用可靠程度通常是根据投资评级机构确定的信用等级来判断的。主要的评级机构有穆迪投资者服务公司和标准普尔公司。新公司债券的发行人与评级机构签订协议，请其为新发行的债券评定等级，并在债券寿命期内不断更新债券评定等级。发行人要为该服务支付费用。此外，评级机构还向订购其评级刊物的客户收费。

基于对债券发行的评估，评级机构以等级评定书的形式发布意见，并将其公布出来供投资者参考。评级机构是根据可预见的违约可能性来进行等级评定的。最高级别债券的违约风险非常低,被评为 AAA 级,接下来依次是 AA、A、BBA(穆迪)或 BBB(标准普尔)等,直至穆迪的最低等级 C 级和标准普尔的最低等级 D 级。上述前四个等级代表投资级别债券,其他级别则被视为投机级别债券(第 16 章表 16.5 列出了穆迪公司与标准普尔公司所使用的级别及其简单说明)。人们普遍认为这两家机构的评级是衡量违约风险的依据。事实上,很多投资者自己不会专门去分析一家公司的违约风险。

 ## 长期债券的类型

长期债券可分为无担保债券和担保(以资产为担保)债券。无担保债券主要包括信用债券、次级债券和收益债券。抵押债券则是最常见的长期担保债券。

信用债券

信用债券(debenture)通常指公司的无担保债券。信用债券没有任何公司财产作为担保,所以在公司清算时,信用债券的持有人是公司的普通债权人。企业的赢利能力是这些债券投资人的主要担保。尽管信用债券是无担保的,但其持有人可以通过在债券契约中加入限制条款来保护自己的利益,尤其是消极保证条款阻止企业以其(未设定担保的)资产向其他债权人提供抵押。这些条款使得借款企业不能再将其资产限定用途,从而保护投资者。由于信用债券持有人必须依靠借款人的一般信用来偿还本金和支付利息,所以通常只有实力雄厚、信用可靠的公司才能发行信用债券。

次级债券

次级债券(subordinated debentures)是对企业资产的索取权次于其他债券的无担保债券。企业清算时,次级债券持有人通常要在其他高级别债权人得到足额清偿后才有权要求清偿。当然,次级债券持有人的权益在清算时仍排在优先股和普通股股东的前面。次级债券的存在有利于优先债券持有人,因为他们可以侵占次级债券持有人的利益。例如,假设公司清算价值是 60 万美元,流通在外的不可转让债券是 40 万美元,流通在外的次级债券是 40 万美元,普通债务是 40 万美元。人们可能认为不可转让债券持有人与普通债权人享有同等的地位,都对清算资产享有优先索取权,即各自得到 30 万美元。事实上,法律规定不可转让债券持有人有权使用次级债券持有人的索取权。因此,不可转让债券持有人的索取权总额是 80 万美元。所以,公司清算价值的 2/3(800 000 美元/1 200 000 美元)即 40 万美元属于不可转让债券持有人,而只有 1/3(400 000 美元/1 200 000 美元)即 20 万美元属于普通债权人。

由于索取权的上述特点,企业在发行次级债券时为吸引投资者不得不提供高于普通债券的收益率。次级债券经常能转换为普通股。因此,附加的期权特征可能使得可转换次级债券以低于普通债券的收益率发行。

收益债券

公司只有在有盈余时才对**收益债券**(income bond)支付利息。在某一年份未支付的利息可以累积起来。如果公司在未来年份有赢利,则必须在盈余允许的范围内支付这些累积未付利息。当然,累积未付利息义务通常只限于不超过3年的时间。这种证券承诺向投资者支付固定收益率,但其可靠性较低。尽管如此,收益债券仍优先于次级债券及优先股、普通股。与优先股不同的是,收益债券的利息支付可在税前扣除。收益债券在投资者中并没有多少吸引力,因此主要在企业重组时才发行。

垃圾债券

20世纪80年代发展起了一个活跃的非投资级别债券市场。这些债券都是Ba级别(穆迪公司)或以下的债券,被称为"垃圾债券"或"高收益率债券"。**垃圾债券**(junk bonds)市场是由Drexel Burnham Lambert投资银行一手培育起来的,它一直统治着该市场,直到1990年Drexel银行破产。很多公司通过垃圾债券市场筹集上亿美元以偿还先前从银行或私募得到的款项。此外,垃圾债券还用于企业购并和杠杆收购(见第23章)。

垃圾债券的主要投资者是养老基金、高收益率债券共同基金以及一些直接投资的个人。垃圾债券的二级市场虽然存在,但当债券市场上出现任何金融恐慌或当投资者转而重视债券质量时,垃圾债券的流动性就会丧失。20世纪80年代后期,与杠杆收购有关的债券发行经历了一段困难时期,大量发行出现了违约。投资者对其丧失了信心,新债券的发行骤减。90年代初期以后垃圾债券市场有所复苏,尤其是较高质量债券的发行。尽管对一些公司来说,垃圾债券是一种可行的筹资方式,但必须认识到这种机会具有很大的不确定性,在一个不稳定的市场上很难找到投资者。

抵押债券

抵押债券(mortgage bond)是以公司具体资产(通常是固定资产)的留置权(债权人要求权)作为担保的债券。作为债券担保品的具体财产将在作为赋予债券持有人资产留置权的法律文件的抵押合同中详细列明。与其他担保贷款协议一样,抵押品的市场价值应该高于所发行债券的总额,从而保持一个合理的安全边际。如果公司违反了债券契约中的任一限制条款,则代表债券持有人利益的受托人有权取消抵押品的赎回权。受托人接管抵押财产,将其出售,并用出售收入清偿债券持有人。如果出售收入不足以清偿发行在外的债券,则债券持有人就其未受偿数额成为企业的普通债权人。

企业对同一项资产可能会不止一次地进行抵押发行债券。用财产首次担保发行的抵押债券称为第一抵押权,用同一项财产再次担保发行的抵押债券称为第二抵押权。在抵押品赎回权被取消后,财产的处置所得必须首先用于足额支付第一抵押权债券持有人,如果有剩余,才可向第二抵押权债券持有人进行清偿。

设备信托证书

设备信托融资是租赁的一种形式,但**设备信托证书**(equipment trust certificates)本身却是一种中长期投资形式。这种融资方式通常由铁路公司为购买铁路机车筹资时使用。铁路公司安排一家受托人从制造企业购买设备。铁路公司与制造企业签订生产特种设备的合同。交付设备时,向投资者发行设备信托证书。发行收入与铁路公司的定金一起支付给制造企业。设备所有权属于受托人,受托人再将设备租赁给铁路公司。受托人用租赁收入向流通在外的信托证书支付固定的报酬率,实际上就是股利,并用其每隔一段时间赎回规定比例的信托证书。当铁路公司支付最后一笔租赁费,受托人赎回最后一批信托证书时,设备的所有权将转归铁路公司所有。

由于设备不同,租赁期的长短也不同,但通常为 15 年。铁路机车在铁路公司的运营中起着至关重要的作用,并且有现成的市场价值,因此设备信托证书作为固定收益投资享有很高的地位。这使得铁路公司也能够以有利的融资条件取得相关设备。航空公司则可以采用设备信托证书方式为购买飞机融资。设备信托证书通常向机构投资者发行,有些也向社会公众发行。

资产证券化

资产证券化(asset securitization)是指将能够产生现金流的同类资产合并,然后基于合并资产发行有价证券。资产证券化的目的是减少财务费用。例如,Acme Aglet 公司需要现金,但没有足够高的信用等级来发行成本较低的证券。因此它挑选了几种资产合并打包,将其从资产负债表中删除,销售给具有特殊目的、不太可能破产的经济实体(称为特殊目的实体,SPV)。通过这种方式,即使 Acme 公司有一天破产,其债权人也不能获得打包的资产。SPV 反过来通过出售**资产支持证券**(asset-backed securities,ABS)筹集资金,即由从 Acme 公司购买的资产支持的证券。

证券化:只不过是正确包装的问题

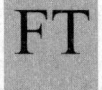

在企业证券化下,资产和相应的现金流被从企业中剥离,单独成立一个特殊目的实体(SPEs),并重新包装。

花旗集团全球证券化产品部门的负责人特德·亚伯勒(Ted Yarbrough)说:"证券化将一部分现金流隔离出来,使其免受外部事件的影响。"

根据信用品质和借款数量的不同,债务的一部分或全部有可能评级很高,有时候也会有一小部分附属债务的评级很低或者没有评级。然而,这并非资产负债表外的融资方式,SPEs 中的资产和债务都并在公司的财务报表中了。

这种融资结构可以实现高于企业自身的信用评级。这部分反映了结构性的方面,例如,SPEs能够免于群体破产这一事实,部分反映了所发行的证券往往是受到 Ambac、Figic 或 MBIA 等评级较高的债券发行人担保的,这些发行人会为此收取一定的费用。

这是一项复杂的、成本高昂的举措,但是可以得到很低便宜的借款。证券化完成后,如果企业有了发展,以后仍可以逐步发行。

亚伯勒先生说:"证券化手段能够实现巨大的杠杆效应,但真正的好处还在于成本的节省和效率的提高。"

有些时候,证券化更适用于企业的某一部分而并非整个企业。当用于整个企业时,如 Dunkin'

Brands 或达美乐(Domino's)的案例,这种新的融资方式通常将会取代所有传统的债务。

雷曼兄弟公司负责这一神秘的资产支持的证券化业务的罗布·克鲁格尔(Rob Krugel)说:"评级代理机构和债券保险公司等有投票权的人通常要求对所有的先前债务进行再融资。对于发行证券化以外的债务以及额外的证券化债务有一个基于进展的灵活性。我们往往因为发现证券化的效率如此之高而认为没有必要在该结构之外发行债务。"

尽管证券化的确面临一些财务方面的约束,与传统的银行债务和债券相比,这些约束有可能更少,也没有那么繁重。例如,经理们可以在发放股利和回购股票方面拥有更大的灵活性。

这反映了证券化情况下,金融家们关注的只是 SPEs 中包含的特定资产和现金流。

在债券保险公司的帮助下,企业证券化可以达到 AAA 评级或者至少是投资级别的评级,即使相关的企业并不能达到这样的评级。

这吸引了大量的投资者,包括位于资本结构最高端的养老基金的经理和位于最低端的对冲基金的经理。

克鲁格尔先生认为,魔力就在于资产在法律上的分割以及为证券化投资者创造量身定制的组合。"你并没有从根本上改变企业的经营风险,而是针对可能发生的不利情况采取了许多保护性措施。"

他认为,还有一点非常重要,即 SPEs 的破产可能性很低。他特别列举了美国汽车租赁集团 Alamo National 的案例。

2001 年该集团破产前实施的一项证券化融资免于破产程序,并在 2003 年公司由私营股权企业 Cerberus 收购时充当了收购资金。

资料来源:改编自 Richard Beales,"It's all a question of the right packaging,"*Financial Times Special Report* (July 25, 2007), p. 2. (www.ft.com) Copyright © The Financial Times Limited 2007. Used by permission. All rights reserved.

资产支持证券的利息和本金支付要依靠资产组合产生的现金流。因此,基于资产的有价证券不会因为 Acme 公司综合信用等级低而使发行受到影响。相反,证券的等级现在成为能够为基础资产带来现金流的功能。通过这种方式,基于资产的有价证券可以获得比 Acme 公司更高的信用等级和更低的利率。

过去曾有很多种资产成功进行了证券化,包括应收货款、汽车贷款、信用卡应收账款和租赁等。近来更有很多前所未闻的资产以有价证券化的形式出现,如电影和音乐的特许权使用费、电费应收账单、健康会所会员资格及保安报警协议等,这些资产的共同点是都能产生可预见的现金流。

债券的收回

债券收回(偿还)有很多种方式。例如,债券可以通过到期日一次性清偿而收回,如果是可转换债券可将其转换为普通股,如果有赎回条款可提前赎回,也可通过定期偿还的方式收回债券。如果企业设有偿债基金和发行系列债券,则债券是可以定期偿还的。第22章将介绍可转换债券,下面将介绍债券的赎回,不过先来看看偿债基金和系列债券。

偿债基金

大部分公司发行债券都附有**偿债基金**(sinking fund)条款,要求公司定期向受托人支付偿债基金以确保每期收回特定数量的债券。通过偿债基金收回债券有两种方式。一种方式是公司向受托人支付一笔现金，由受托人按照偿债基金赎回价格回收债券（偿债基金赎回价格通常低于普通赎回价格，我们将在下文讨论这个问题），按照债券的序列编号用抽签的形式决定被回收的债券，并刊登在《华尔街日报》和其他报纸上。另一种方式是，发行企业在公开市场上购买债券，然后把既定数量的债券交付受托人。

只要市场价格低于偿债基金赎回价格，公司就应该在公开市场上购买债券。当市场价格高于赎回价格时，应向受托人支付现金。如果利率提高或者信用质量下降，债券的价格相对于偿债基金赎回价格将下跌。因此，公司在这种情况下所拥有的向受托人交付现金或债券的选择权就显得很有价值。无论选择哪种方式，这种选择权都有利于公司，不利于债券持有人。利率或企业价值的易变性越大，这种选择权对企业越有价值。

另一方面，偿债基金条款也可能对债券持有人有益。通过交付成本低于赎回价格的债券，企业可以节约现金，这会降低企业违约的可能性。设置偿债基金的债券可以有次序地被收回，这称为摊销效果。一些人认为这种类型的债券的违约风险低于不设偿债基金的债券的违约风险。此外，稳定的回购活动增加了市场流动性，这有利于债券持有人。

上面讨论的两个因素的作用方向相反。"交付"选择权不利于债券持有人，但债务摊销和其他降低风险、增加流动性的因素又对债券持有人有利。有限的可利用的实证证据支持这两种效果，但在某种程度上更支持摊销效果。而且，支付偿债基金不必回收全部已发行债券。债券到期时可进行**漂浮式付款**（balloon payment）。

系列偿还

同次发行的设有偿债基金的债券的到期日相同，但企业可在到期日前收回部分债券。**系列债券**（serial bonds）则是在最后到期日前分次到期。例如，2000万美元的系列债券在20年内可能每年有100万美元的预定的债券到期。发行系列债券的情况下，投资者可以选择最适合自己的到期日。因此，这种类型的债券发行比同一天到期的债券发行更能吸引广泛的投资者群体。

赎回条款

公司债券的发行经常附有**赎回条款**（call provision），给予公司在到期日前以设定价格（或一系列设定价格）赎回债券的选择权。当然，并非所有的债券在发行时都规定是可赎回的。尤其是在利率较低时，有些公司会发行不可赎回债券。可赎回债券的**赎回价格**（call price）通常高于债券面值并经常随到期日的临近而降低。第一年的赎回价格通常等于债券的面值加上一年的利息。如果票面利率是14%，初始赎回价格可能为114（每张面值1000美元的债券的赎回价格是1140美元）。[①]

根据行使赎回权的时间，赎回条款可分为两种类型。债券可以是即时赎回的，即发行人可以在任何时候以赎回价格赎回债券。另一种类型是，赎回条款递延一段时间才生效。

---

① 专业人士（以及报纸上的债券报价）对债券的报价经常是用面值的百分比表示的。例如，报价为105的可赎回债券实际上可以按1000美元乘以105%的价格赎回，或者说按每1000美元面值1050美元的价格赎回。

最常用的递延赎回期是公用事业债券 5 年,工业债券 10 年。在递延期内,发行人不得赎回债券。近些年来,实际上所有的公司债券都是延期赎回,而不是即时赎回的。

赎回条款赋予企业融资灵活性。如果利率大幅度下降,企业可以赎回旧债券而以更低的利息总成本再筹资,从而使企业不必等到最后的到期日再重新筹资。此外,当企业发行债券契约中任何一条保护条款过分限制自己的行动时,运用赎回条款对企业是有利的。

赎回权的价值　赎回权有利于发行企业,却会损害投资者的利益。如果利率下降,企业赎回债券,则投资者即可以牺牲到期收益率为代价来投资其他债券。所以对借款人来说,赎回权并非免费的。赎回权的成本或价值表示为债券发行时可赎回债券与不可赎回债券收益率的差额。这个价值的高低取决于市场上可赎回债券的供求力量之比。

可赎回债券的价值可表示为

$$可赎回债券价值＝不可赎回债券价值－赎回期权价值 \quad (20.1)$$

式中,不可赎回债券与可赎回债券除赎回条款外其他方面均相同。赎回期权的价值越高,可赎回债券相对于不可赎回债券的价值越低。利率水平与易变性是计算赎回期权价值的关键因素。

如果目前利率水平较高且预期将下降,则赎回期权可能价值较高。因为赎回价格限制了价格向上浮动的潜力,债券持有人无法实现因利率大幅下降而得到的全部好处。正如债券持有人的预期,债券被赎回了,他们只能投资于票面利率低于目前利率水平的债券。因此,投资者要求可赎回债券的收益率高于不可赎回债券(而价格则要低于不可赎回债券)。反之,当目前利率水平较低且预期将上升时,可赎回的威胁是可以忽略不计的。因此,这两种债券(可赎回和不可赎回)的收益率相类似。利率的变动决定了债券价格变动的幅度。利率易变性越大,期权的价值越高(见第 21 章及该章详细阐述这一原则的附录)。

在本章的附录中,我们将分析企业如何决定赎回债券是否有利可图。以较低票面利率的新债券替换旧债券时,能抵消的不仅仅是一些成本,这使得赎回债券是可行的。

优先股及其特征

优先股(preferred stock)是一种混合的融资形式,兼有债券与普通股的特点。企业清算时,优先股股东对资产的索取权仅次于债权人而优于普通股股东。这种资产索取权通常仅限于优先股的面值。如果优先股的每股面值是 100 美元,则投资者有权获得企业清算价值的最高数额为 100 美元。虽然规定优先股具有固定股利,但股利实际发放与否仍要由企业自行决定,发行股利并非企业的一项固定义务。不支付优先股股利并不导致企业违约或无偿债能力。如果董事会愿意,它完全有权决定不向优先股股东发放股利。

优先股收益率的最高额通常受事先确定的固定股利额的限制,优先股股东不能分享企业的剩余收益。因此,如果你拥有 100 股股利率为 10.5% 的优先股,面值为 50 美元,则你每年所能得到的期望报酬最高为 525 美元,而这笔收益还要取决于公司董事会的自由决定。优先股股利不能在税前扣除,这是优先股作为融资方式的最主要缺点。考虑到债务的利息支付可以在税前扣除这一事实,把优先股股利作为一项固定义务的企业会发现,这样做的成本是非常高的。

累积股利条款

几乎所有的优先股都附有**累积股利条款**(cumulative dividends feature),规定当年的未支付股利可以累积结转到下一年。在公司向普通股股东支付股利前,必须先支付优先股的积欠股利。假设公司董事会已连续3年未向8%累积优先股股东支付股利,优先股面值为100美元,则公司积欠优先股股利每股24美元。在公司向普通股股东支付股利前,必须先支付优先股股东每股24美元的股利。这里需要强调一点,不能仅仅因为优先股积欠未付就保证将来一定会付。如果公司根本不打算向普通股股东支付股利,则它也就没有必要付清优先股的**积欠股利**(arrearage)。通常公司不支付优先股股利是因为收益不足,但也可能出现公司宁可把盈余保留下来也不支付股利的情况。

可参与条款

可参与条款允许优先股股东按照特定的法案参与公司剩余收益的分配。当普通股股利超过一定数额时,优先股股东就可能有权与普通股股东共同分享公司剩余收益。假设有6%的**可参与优先股**(participating preferred stock)(面值100美元),当普通股股利超过每股6美元时,该优先股股东就享有与普通股股东同等的剩余收益分配权。如果普通股股利是每股7美元,优先股股东对自己持有的每股股票都可额外获得1美元。参与收益分配的方案可能各不相同,但实质上优先股股东对公司盈余有优先索取权,并且如果普通股股东得到的股利超过一定数额,优先股股东都有机会获得额外的收益。不幸的是,对投资者来说,实际上所有的优先股都是不参与分配的,其最大收益仅限于特定的股利分配率。

投票权(特殊情况下)

因为优先股对公司的资产与收益享有优先索取权,所以通常情况下优先股股东对公司的管理没有发言权,但公司在特定时期内不能支付优先股股利则属于例外情况。积欠四个季度未付的股利就可能构成这种违约情况。在这种情况下,优先股股东作为特定类型的股东有权选出特定数目的董事。通常,所选出的董事的人数相对于董事总人数是很少的。而且,等到优先股股东对公司管理具有发言权时,公司可能已处于严重的财务困境中了。因此,给予优先股股东投票权实际上可能是没有任何意义的。

根据优先股股东与公司间的协议,优先股股东也可能在其他情况下拥有投票权。公司可能违反协议中的限制条款,这与贷款协议或债券契约中的限制条款类似。常见的限制条款是禁止公司在不满足一定财务比率的条件下向普通股股东支付股利。但是要注意,公司违反与其优先股股东所签订的协议中的任何条款都不会使这项义务实时得到补偿,这与贷款协议或债券契约的违约后果不同。公司仅仅是给予优先股股东一种发言权和不在违约期间向普通股股东发放股利的保证。因此,在公司违约的情况下,优先股股东并不享有与债权人同等的法定权利。

优先股的收回

优先股像普通股一样没有到期日,但这并不是说优先股永远流通在外,因此必须制定优先股的赎回条款。

赎回条款 几乎所有的优先股发行时都设定了赎回价格,它高于初始发行价格并随流通时间的增长而下降。与债券赎回条款相同,优先股赎回条款也赋予公司财务上的灵活性。但长期负债与优先股不同的是,它有最后的到期日确保所发行债务最终全部收回。如果没有优先股赎回条款,公司就只能通过成本更高、效率更低的方法从公开市场上收回优先股,如以高于市场价格的价格从优先股股东手中购买,或者发行其他证券替换优先股,等等。

偿还基金 很多优先股发行时附有设定偿还基金有次序地收回股票的规定。与债券发行一样,优先股偿还基金可能对投资者有利,因为回收过程对剩余股票的市场价格施加了上浮的压力。

可转换条款 一些优先股发行时规定根据持有人的选择,优先股可转换为公司的普通股。当然,转换发生后,优先股就被收回了。因为事实上所有的**可转换证券**(convertible securities)都有赎回条款,所以如果优先股市场价格大大高于赎回价格,公司即可通过赎回优先股而强制其转换。收购其他公司时经常发行可转换优先股。这是因为在收购时被收购公司或其股东不用为这笔交易纳税。只有当优先股售出后它才变成应税交易。我们将在第22章详细介绍可转换证券。

优先股在筹资中的运用

作为长期融资的手段之一,不可转换优先股的用途并不广泛。它的一个缺点是发行人支付的优先股股利不能在税前抵除。不过,公用事业公司在使用它的时候要受到一定的限制。这是因为允许公用事业公司在制定费率时把优先股股利考虑进去。因此,这些受管制的垄断者能够把优先股的较高成本转嫁给其顾客。

不过,对公司投资者来说,优先股可能比债券更有吸引力,因为通常公司所收到的股利有70%是免税的。[①] 因此大多数优先股都是由公司持有的就不足为奇了。

对公司投资者的这种吸引力引起了浮动股利优先股的出现。一种情况是**货币市场优先股**(money market preferred stock, MMP),其股利率每隔49天由拍卖决定。换句话说,股利率由供求双方的力量决定,总体上与货币市场收益率保持一致。典型的股利率是商业票据利率的0.75倍,信誉更可靠的发行人可以要求更高的折扣。只要每次拍卖中有足够的投资者投标,证券的实际到期日就是49天。因此,这种股票的市价并不随时间变化而有大的改变。对发行人来说,这种优先股的相关成本要与其他短期融资方法的税后成本进行比较。

除了上述短期融资方面的考虑外,正常的(长期)优先股融资的一大好处是这种融资安排具有灵活性。股利支付并非发行人的法定义务,如果赢利水平变动,公司财务状况恶

---

① 公司投资者从低于20%持股比例的公司收到的股利允许抵扣70%,从20%或以上持股比例公司收到的股利则允许抵扣80%。

化,就可不向优先股股东支付股利。负债融资则不同,它不管公司赢利状况好坏,都必须支付利息。需要指出的是,惯于向普通股股东支付股利的公司肯定会把优先股股利当做一种固定义务。但在另一种情况下,不发放普通股股利的公司也能够不向普通股股东发放股利。

不可转换优先股的另一个好处是没有到期日,它实质上是永久负债。从债权人的角度看,优先股增加了公司的权益基础,从而改善了公司的财务状况。权益基础的增加可以增强公司未来举债的能力。尽管优先股的税后显性成本比债券更高,但我们上面提示的潜在好处可以抵消这种成本。此外,从降低普通股的**市盈率**(price/earnings, P/E ratio)的角度来看,优先股融资的隐性成本在一定程度上低于债务融资。从某种程度上说,投资者更担心公司的法定破产,所以他们把负债视为一种风险较大的财务杠杆。与债权人不同,优先股股东不会强制公司实行法定破产。

信托优先证券(TPS):长期证券创新的一个范例

20世纪90年代初期以来,华尔街的投资银行家们一直在加班加点地提出一系列居于长期负债和权益间的灰色区域的新型证券。最具创新性的融资工具之一被称为信托优先证券(TPS)。

发行TPS的第一步要求创建特殊目的实体(SPV)。SPV是母公司的全资子公司(通常采取企业信托或有限合伙人形式)。SPV只不过是一个导管。SPV向公众投资者发行优先证券(股票),然后将所得款项借给母公司。母公司可将这笔借款的利息作为费用在税前扣除。SPV将收到的利息作为优先现金股利支付给外部投资者,而借款本身则用来偿还母公司的其他债务,通常是长期债务(一般为30年)。

另一种变形是这笔债务的利息最多可以延迟5年再行支付,从而可以为母公司提供传统债务通常无法提供的财务灵活性。到了利息延迟支付的最后期限,SPV也不能因母公司未能支付利息而强制其破产。不过,如果母公司未能支付这笔债务的利息,则不得发放普通股股利,这是累积优先股的一个传统特点。

在美国税法下,SPV被视为非税实体(或者"空壳公司")。TPS的面值通常设定为仅25美元,这对于个人投资者来说是很有吸引力的。如果购买TPS的是另一家公司,则所支付的股利不适用常规的70%股利扣除规定。

投资银行开发了TPS的若干变形。最常用的TPS可能是MIPS、QUIPS和TOPRS。MIPS代表月收入优先证券。高盛(Goldman Sachs)投资银行于1993年发明了MIPS。正如该名称所示,股利是按月发放的。季度收入优先证券QUIPS则按季度发放股利。TOPRS是美林的产品,代表信托发起可赎回优先证券。TOPRS也是按季度发放股利。TPS之所以受到欢迎,不仅是因为发行企业所享受的税收优惠,而且得益于它所提供的财务灵活性。

普通股及其特征

普通股股东是公司的最终所有者,他们拥有公司的所有权,承担与所有权有关的最终风险。不过,他们所承担的责任是以投资额为限的。在公司清算时,普通股股东对全部清偿债权人与优先股股东后的公司剩余资产享有索取权。与优先股一样，**普通股**（common stock）也没有到期日。但是，股东可以在二级市场上转让股票而使其投资具有流动性。

额定的、已发行的和流通在外的普通股

公司章程中都会规定普通股的额定数量，即在不变更公司章程的情况下公司所能发行的最高数额。变更公司章程的程序并不困难，但需要经过现有股东同意，这需要时间。因此，公司通常愿意保留一定数量的额定股票暂不发行。这些未发行的股票可给公司提供授予股票期权、收购目标公司、分割股票方面的灵活性。当额定普通股发行出去时，即称其为已发行普通股。流通在外的普通股是指公司已发行的、由社会公众持有的普通股。公司可以购回部分已发行普通股自己持有，这称为**库藏股**（treasury stock）。

面值

普通股可以标明**面值**（par value），也可不标明面值。面值只是公司章程中的记载数据，没有实际的经济意义。但是，公司不能以低于面值的价格发行股票，因为任何低于面值的折价（发行价格低于面值的部分）都被认为是公司所有者对债权人的或有负债。在公司清算时，股东应就任何低于面值的折价对债权人负有法定责任。因此，大多数股票的面值（如果有的话）都低于市场价格。假定 Fawlty Pacemakers 公司刚刚以 45 美元的每股价格发行了 1 万股面值 5 美元的普通股，正准备开始营业。公司资产负债表的股东权益部分如下：

	美元
普通股（每股面值 5 美元，已发行并流通在外 1 万股）	50 000
附加实收资本	400 000
股东权益总额	450 000

无面值的额定普通股以初始发行价格或**设定价值**（assigned value, stated value）入账。发行价格与面值或设定价值间的差额计为**附加实收资本**（additional paid-in capital）。

账面价值与清算价值

普通股的每股账面价值等于股东权益——公司资产负债表上的资产总额减去负债和优先股——除以流通在外普通股股数。假设 Fawlty Pacemakers 公司开办一年来已产生 8 万美元税后利润，股东权益目前即为 450 000 美元 + 80 000 美元 = 530 000 美元，每股账面价值是 530 000 美元 / 10 000 股 = 53 美元。

虽然人们可能期望每股账面价值等于普通股的清算价值，但大部分情况下并非如此。资产通常低于账面价值出售，尤其是存在清算成本时。另一些情况下，有些资产（土地与矿权）的账面价值和市场价值是一致的。对某些公司来说，清算价值可能高于账面价值。因此，账面价值可能与清算价值不一致，而且经常与市场价值不一致。

市场价值

每股市场价值是股票交易的现行价格。对于市场交易活跃的股票,其市场价格随时可供使用;对于市场范围狭小、交易不活跃的股票,很难得到其市场价格,即使得到了,该信息也只是反映了一部分股票的交易情况,而无法反映企业作为一个整体的市场价值。对于这种类型的企业,必须注意解释市场价格的信息。

普通股的市场价值通常不等于其账面价值与清算价值。普通股的每股市场价值是公司现在与未来预期股利及投资者可预见风险的函数。由于这些因素只与公司的账面价值和清算价值有部分的联系,所以每股市场价值与这两种价值的联系不是很紧密。

通常,新成立的公司股票在场外交易市场上流通。在场外交易市场上,一个或更多的证券交易商持有股票存货,并按照自己所报的出价和索价买入卖出股票。当公司财务状况、股东数量及业务规模都有了长足发展时,很多公司都会要求在股票交易所,如纽约股票交易所上市。但也有一些企业愿意继续保持在场外交易市场上的地位。纳斯达克(NASDAQ)的电子报价系统大大增加了在场外交易市场上交易的股票的流动性。

普通股股东的权利

收益权

只要公司发放现金股利,普通股股东就有权分享公司的收益。股东也可以从股票市场价值的升值中获利,但是这完全取决于董事会是否宣告分配股利。因此,我们看到普通股股东和债权人在公司中的地位明显不同。如果公司不能按期向债权人支付约定利息和本金,则债权人可以采取法律行动确保公司支付或者使公司破产清算。但是,普通股股东对公司未分配利润没有法定的追索权。

投票权

普通股股东是公司的所有者,他们有权选出公司董事会。在大公司,股东只能通过自己选出的董事会行使间接的控制权。董事会选聘管理层,管理层实际操纵公司的经营权。独资企业、合伙企业或小公司的所有者通常能够直接控制企业的经营活动。但是在大公司,管理层与普通股股东各自追求的目标常常不一致。股东影响管理层的唯一法律途径是通过董事会。

普通股股东通常分布地域广、分散、缺乏组织,所以管理层只需拥有流通在外普通股的一个很小比例即可实际操纵控制一家大公司。管理层通过提名符合自身利益的董事候选人即可保持控制权。

代理委托书、电子代理委托书与委托书竞争　在股东年会上,普通股股东可亲自参加投票,也可以让代理人代其投票。**代理委托书**(proxy)是股东签署的把自己的投票权授予另一个人或一些人的书面证明。由于大多数股东不出席股东年会,因此代理委托书投票机制已为大部分公司所采用。证券交易管理委员会规定了公司对代理委托书的请求权,同时要求公司通过向股东寄送代理委托书来告知相关信息。

SEC 2007年7月修订了代理委托书的规定，允许公司和其他个人通过因特网向股东提供代理委托书材料（即所谓的电子代理委托书），同时仍保留传统方式供希望收到纸质文件的股东采用。SEC声称电子代理委托书的目的既是为了改善股东的沟通，也是为了降低代理委托书的法律成本。

股东年会召开前，管理层请求股东通过代理委托书对董事候选人提议及其他需要股东批准的事项进行投票。如果股东对公司感到满意，他们通常会签署有利于管理层的委托书，把投票权授予管理层。如果一些股东放弃投票权，则在股东大会上参加投票的股数与构成多数的股数都会下降。代理委托书投票机制及管理层以公司经费向股东寄送信息的事实，都使得管理层在投票过程中具有明显的优势。

但是管理层的防御并非无懈可击。外来者可通过委托书依法取得公司的控制权。当外部集团发起委托书攻击时，必须向证券交易管理委员会登记其代理权申诉书，以防止虚假陈述或不实信息。在委托书竞争中，通常是占据优势的现有管理层获胜。因为管理层既是委托书战役的组织者，利用的又是公司的资源。只有当公司的收入业绩已经恶化并且管理明显无效时，反对派才有可能获胜。尽管这种反抗通常不会成功，但是经常会导致股票价格上涨。显然，这种挑战本身足以改变投资者对管理层未来行为的期望，即管理层未来的行为将更有利于股东财富最大化。

在美国，**相对多数投票制**（plurality voting）在历史上一直占据主导地位。（但是它正迅速被多数原则投票制所取代，我们很快将介绍后者。）在相对多数投票制下，获得票数相对最多的人当选董事。"相对多数"通常是指候选人得到的"赞成"票最多，而不考虑"弃权""反对"或未投的票。因此，所有的空缺都由获得最多"赞成"票的候选人填补。有趣的是，在"等额选举"（即候选者人数与待选的董事人数相同时）的情况下采用相对多数投票制时，候选人只要获得一个"赞成"票即可当选，哪怕其他人投的都是"弃权"或"反对"票。因此，在等额选举中，所有的候选人事实上都会当选。

累积投票制（cumulative voting）与相对多数投票制类似，也是选出得票最多的人。在累积投票制下，股东能够累积投票权并把其投给不多于候选董事人数的人。每个股东拥有的投票权总数等于股东持有的股票数乘以候选董事人数。假设你拥有公司100股普通股，将要选出的董事是12人，你拥有的投票权总数即为 $100 \times 12 = 1200$ 票。你的这1200票可以投给一个董事，也可以分别投给你所选中的几个董事。

与多数原则投票权不同，累积投票制给了少数股权股东选出一定数量的董事的机会。选出特定数量的董事所必需的最低票数由下面的公式决定：①

$$\frac{\text{有投票权的普通股总数} \times \text{所要选出的特定董事人数}}{\text{将要选出的董事总人数}+1}+1 \qquad (20.2)$$

假设有投票权的股票为300万股，将要选出的董事总人数为15人，少数股东希望选出2个董事，则所需的最低票数为

$$\frac{3\,000\,000 \times 2}{15+1}+1=375\,001$$

---

① 该公式假定少数投票均匀地投给一定数量的候选董事，而多数投票则均匀地投给多数派的董事们。

在上例中，375 001/3 000 000＝12.5%的有投票权的普通股足够选出 2/15＝13.3%的董事会成员。

正如你可看到的，累积投票制给了少数股东在董事会中选出自己的代表的更好机会。因为这种投票制更符合民主原则，所以很多州都要求在本州内开办的公司采用这种投票方法。但是，即使是在累积投票制下，管理层也能采取措施有效地制止少数股东在董事会拥有一席之地。方法之一是减少董事会成员人数。假设少数股东集团实际拥有上面提到的 375 001 股，在将要选出的 15 名董事中少数股东能选出 2 名。但是如果董事会成员减少到 6 人，则少数股东将无法选出自己的董事，因为选出一名董事所需的最低股票数量是

$$\frac{3\,000\,000\times 1}{6+1}+1=428\,572$$

另一种限制少数股东选出自己董事的方法是错开董事任期届满的时间，以使每年只改选其中的一部分董事。假设某公司有 15 名董事，任期 5 年，每年有 3 名董事任期届满，因此少数股东集团要想选出自己的一名董事必须拥有更多的有投票权的股票，具体而言即 750 001 股，这大大超过了每年选举 15 名董事的情况下所需的股票数。

多数原则与改良的相对多数投票程序——不断发展的趋势 最近在美国，有一种趋势是上市公司至少会考虑某种形式的**多数原则投票制**（majority voting），这主要是由机构投资者和股东支持团体所推动的。虽然多数原则投票制在美国是相对较新的形式，在欧洲很多国家（如英国、德国和法国），它却是一种标准的做法。在多数原则投票制下，等额选举时，候选人只有获得全部投票中的多数赞成票（即超过"赞成"票、"弃权"票和"反对"票总数的 50%）才能当选。因此，在多数原则投票制下，"弃权"票和"反对"票能够真正发挥作用。

需要指出的是，多数原则投票制通常包含差额选举（即候选者人数超过待选的董事人数）时的"例外"条款。因此在差额选举时，适用相对多数投票制。此外，累积投票制通常也被认为与多数原则投票制不能并存。

最近，很多知名的企业，如戴尔、英特尔和摩托罗拉都从相对多数投票制改为多数原则投票制了。而且，其他很多公司也对相对多数投票制进行了改良，在某些方面效仿多数原则投票制的做法。相对多数投票制的改良之一是，附加了"董事辞职政策"。例如，如果某位当选的董事并未获得该职位的多数票，他应递交辞呈，由董事会的其他成员裁决。

要了解多数原则投票制正在迅速称为常规做法这一事实，只需看看位于芝加哥的律师事务所 Neal, Gerber & Eisenberg LLP 近期针对多数原则投票制进行的一项调查。这项调查显示，"标准普尔 500"中 66% 的公司采用了某种形式的多数原则投票制，而 2006 年 2 月该数据仅为 16%。

优先认股权（可能）

如第 19 章所述，公司章程或州的法律可能要求新发行的普通股或可转换成普通股的证券首先由具有优先认股权的现有普通股股东认购。把优先认股权应用到某个具体企业，是指普通股股东有权保持其在公司中的现有股权比例。因此，如果公司发行普通股，必须给予普通股股东认购新股的权利，以使他们能够保持在公司中的现有股权比例。

双级普通股

为保住管理层、公司创立者或其他集团的控制权,公司可能发行不止一个级别的普通股。例如,普通股可以按照投票权与收益索取权来划分级别。A级普通股在投票权上的级别低,但可能在股利分配上享有优先索取权;B级普通股可能投票权优先而收益权居后。双重级别的普通股在新成立的企业中很常见,创业普通股通常面向企业创办者发行。一般情况下,公司发起人和管理层持有B级普通股,而A级普通股则面向社会公众发行。

假设公司的A级和B级普通股都是一股一票,但A级普通股的初始发行价格是每股20美元。如果公司的初始资本200万美元是通过发行下列证券筹集到的:A级普通股8万股共计160万美元,B级普通股20万股共计40万美元,则虽然B级普通股股东的初始投资只占全部投资的1/4,但他们却拥有A级普通股股东两倍以上的投票权。因此,B级普通股股东能够实际控制公司。这也正是发行**双级普通股**(dual-class common stock)的目的所在。

为了保有控制权,B级普通股股东必须放弃一些利益,以使A级普通股能够吸引投资者。他们对公司股利和资产的索取权通常是排在后面的。公司为了在取得A级普通股权益资金时具有较强的谈判能力,必须在投票权与股利和资产索取权间进行权衡,作出适当的选择。公司有时给予发起人B级普通股,但发起人不必进行任何现金投资。发行双级普通股最著名的公司可能是福特汽车公司。B级普通股由福特家族成员持有,A级普通股则由社会公众持有。无论发行多少A级普通股,B级普通股都占福特汽车公司投票权的40%。因此,尽管福特家族成员所拥有的股票数量远远低于社会公众,但他们在公司中保留了实质性的投票能力。

一股一票的希望破灭了

布鲁塞尔报告在激进主义者看来是一个倒退——"加强控制"措施。

一份举足轻重的欧盟报告认为没有证据显示,多种投票股票、投票权上限和类似的"加强控制"机制会对企业价值造成损害或者会降低管理层的控制效率。这对于激进的投资者而言无疑意味着希望的破灭。

这份人们期待已久的研究报告是星期一公布的,它将在欧盟对于公司治理的政策调整方面发挥关键的作用。

这份研究报告反映了欧盟内部市场委员查理·麦克里维(Charlie McCreevy)立场的转变。他过去一直支持一股一票原则,并认为存在引入正式的欧盟建议来支持一股一票体制的可能性。

然而星期一,他却用一种更为谨慎的态度说道:"此前我们并未清楚了解这个问题对于欧盟上市公司会有何影响,也不清楚是否会对它们的绩效有所影响。"

他说,布鲁塞尔如今将以"开放的心态"来面对这个问题。

尽管委员会将进行自己的影响评估,但是麦克里维态度上的微妙转变仍将令公司治理激进主义者和投资者群体感到失望。

他们长期以来一直在反对优先股等所谓的加强控制机制,声称这种机制是在保护享有特权的内部人士,使得无能的管理者免遭来自股东们的压力。

然而由欧洲机构股东服务公司(Institutional Shareholder Service Europe)、欧洲公司治理研究所(European Corporate Governance Institute)和Shearman & Sterling律师事务所进行的彻底研究迄今为止并未找到能够支持他们观点的证据。

研究发现"关于不成比例的所有权是否通过损害价值造成了社会成本这一问题并没有令人满意的答案",并声称,"有足够的证据显示所谓的不成比例的所有权的负面影响是值得怀疑的"。

这项研究指出,所调查的464家欧洲公司中有44%制定了有利于某些股东的政策。

法国、瑞典、西班牙、匈牙利和比利时的公司中,违背一股一票原则的比例最高。

研究还包括一份针对445家机构投资者的调查问卷,这些投资者占欧洲管理项下资产的13%。

问卷反映了投资者认为加强控制机制是负面的,优先股、黄金股、多重投票权股票和投票权上限是最不受欢迎的。

英国保险协会(Association of British Insurers)负责投资事务的彼得·蒙塔尼翁(Peter Motagnon)认为,欧盟委员会目前应该致力于确保"这些机制是如何使用的以及原因何在更为透明、更加有说服力"。

资料来源:Tobias Buck, "One-share, one-vote hopes dashed," *Financial Times* (June 5, 2007), p. 4. (www.ft.com) Copyright © The Financial Times Limited 2007. Used by permission. All rights reserved.

小结

- 债券是到期日在10年或10年以上的长期债务凭证。与债券有关的基本概念是票面价值、票面利率和到期日。

- 受托人是发行人指定的作为债券持有人法定代表的个人或机构,而债券契约则是债券发行人与债券持有人间订立的有关债券发行条件和指定受托人的法律文件。

- 债券发行分为有担保和无担保两种类型。信用债券、次级债券和收益债券是无担保债券,抵押债券是最常见的长期有担保债券。

- 债券收回(偿还)有几种不同的方法。例如,到期日一次偿还,如果可转换则转换为普通股,如果可赎回则提前赎回,也可定期偿还。如果设立偿债基金或发行系列债券,定期偿还债务则是可能的。

- 优先股是兼具负债和普通股特征的混合证券形式。尽管很多公司把优先股股利作为固定义务,但它不是法定义务,而是由公司自行决定的。优先股股东对资产和收益的索取权仅次于债权人而优于普通股股东。

- 优先股与普通股一样,没有到期日。但是,可以利用赎回条款、偿债基金或可转换条款收回优先股。

- 由于公司投资者股利收入的70%免税,优先股的收益率通常低于公司债券。特别受公司欢迎的可流通证券组合是货币市场优先股(MMP)。对发行人来说,优先股的主要缺点是股利不能在税前扣除。

- 普通股股东是公司的最终所有者。因此，如果发放现金股利，普通股股东就有权分享公司的剩余收益。但是作为所有者，他们在公司清算时只享有公司资产的剩余索取权。
- 普通股股东可以通过他们选出的董事会对公司管理行使发言权。很多股东通过代理委托书投票。可以运用多数原则投票制或累积投票制选举公司董事。累积投票制使少数股东有更多的机会来选出代表自身利益的董事。
- 不同级别普通股的使用保证公司的发起人与管理层拥有投票控制权，而不必增加对公司的投资。

附录 20A　已发行债券的再融资

本附录将分析到期日前公司为已发行债券再融资的赢利状况。这里所说的**再融资**（refunding）是指赎回已发行的债券并发行新的债券来替换它，即新债换旧债。我们将主要考虑再融资的原因之一（赢利），它反过来又是由于发行债券后利率下降带来的。

再融资举例

再融资决策可看成是投资决策的形式之一。初始资金流出之后是未来利息的节约。利息节约等于旧债券与新债券每年净现金流出量间的差额。初始现金流出的计算更加复杂。因此，我们最好举个例子来说明该方法。①

某公司目前有 2000 万美元利率为 12% 的流通在外债券，距到期日还有 20 年。目前的利率比债券发行时的利率有了大幅下降，所以公司现在能够以 10% 的票面利率发行 20 年期的债券 2000 万美元，扣除承销差价后净收入将为 1960 万美元。

在计算联邦所得税时，未摊销发行费用、**赎回溢价**（call premium）和旧债券未摊销折价（如果折价发行的话）在换债当年均可作为费用扣除。旧债券是 5 年前发行的，发行价格低于面值 25 万美元，因此现在的未摊销折价是 20 万美元。而且，旧债券的法律费用和其他发行费用未摊销余额为 10 万美元。旧债券的赎回价格是 109 美元（1000 美元面值的债券赎回价格是 1090 美元）；新债券的发行费用是 15 万美元；所得税率为 40%；新旧债券有 30 天重叠期。重叠期是指新债券发行与旧债券赎回日期间的时差。这是因为大多数公司都希望在拿到新债券的发行收入后再赎回旧债券。否则，筹集新资金赎回旧债券将取决于债券市场，从而承担一定的风险。在重叠期内，公司要向新、旧债券支付双重利息。

分析框架　根据已知背景信息，我们来计算初始现金流出与未来现金节约。换债时的净现金流出如下：

---

① 本节内容摘自 Oswald D. Bowlin, "The Refunding Decision: Another Special Case in Capital Budgeting," *Journal of Finance* 21(March 1966), 55-68。本节中的推导假定读者已经了解了第 12 章和第 13 章的内容。

	美元
旧债券赎回成本（赎回价格为 109 美元）	21 800 000
新债券发行净收入	19 600 000
差额	2 200 000
费用	
新债券发行费用　　　　　　　　　　　　　150 000	
重叠期旧债券利息费用　　　　　　　　　　200 000	350 000
现金流出	2 550 000
减：税收节约	
重叠期旧债利息费用　　　　　　　　　　　200 000	
赎回溢价　　　　　　　　　　　　　　　1 800 000	
旧债券未摊销折价　　　　　　　　　　　　200 000	
旧债券未摊销发行费用　　　　　　　　　　100 000	
小计　　　　　　　　　　　　　　　　2 300 000	
税收节约（2 300 000 美元的 40%）	920 000
净现金流出	1 630 000

为简便起见，我们没有考虑新债券发行收入在这 30 天重叠期内投资于短期证券可能获得的收益。年净现金收益可以通过计算旧债券与新债券每年所要求的净现金流出量的差额而得到。同样为简便起见，我们假设利息在每年年末支付。旧债券每年的净现金流出量如下：

	美元
利息费用（票面利率为 12%）	2 400 000
减：税收节约	
利息费用　　　　　　　　　　　　　　　2 400 000	
债券折价摊销（200 000 美元/20）　　　　　10 000	
发行成本摊销（100 000 美元/20）　　　　　　5000	
小计　　　　　　　　　　　　　　　　2 415 000	
税收节约（2 415 000 美元的 40%）	966 000
旧债券每年净现金流出	1 434 000

对于新债券，债券折价与发行成本的摊销方法与旧债券相同。新债券每年净现金流出量如下：

	美元
利息费用（票面利率为 10%）	2 000 000
减：税收节约	
利息费用　　　　　　　　　　　　　　　2 000 000	
债券折价摊销（400 000 美元/20）　　　　　20 000	
发行成本摊销（150 000 美元/20）　　　　　　7500	
小计　　　　　　　　　　　　　　　　2 027 500	
税收节约（2 027 500 美元的 40%）	811 000
新债券每年净现金流出	1 189 000
每年净现金流出超额（1 434 000 美元－1 189 000 美元）	245 000

贴现 因此,在初始现金流出163万美元之后,公司在以后的20年内每年能获得净现金收益1 434 000美元－1 189 000美元＝245 000美元。因为净现金收益发生在未来,所以必须贴现成现值。但是应该使用什么贴现率呢?有些人主张使用资金成本。但是,再筹资不同于其他投资方案。新债券售出后,净现金收益就确定了。从公司的角度看,再筹资实际上是无风险投资方案。与现金流有关的唯一风险是公司支付本金或利息的违约风险。因为违约风险溢价已体现在公司支付的市场利率中了,所以更适当的贴现率是新债券的税后借款成本。使用该成本,即 $0.10×(1-0.40)=6\%$,作为贴现率,如果再筹资方案的净现值是正数,则该方案是可行的。[①] 在我们的例子中,净现值是1 180 131美元,表明发行新债券替换旧债券是值得的。内部收益率是13.92%,超过了所要求的收益率6%,再次表明新债换旧债是值得的。[②]

其他方面的考虑

通过计算,我们发现再筹资方案是值得的,但我们不必立即实施。如果利率正处在下降过程中且预期将继续下降,管理层可能会希望推迟再筹资。在以后的日子里,新债券能够以更低的利率发行,这将使再筹资方案更加合算。再筹资时机决策的基础是对未来利率的预期。

关于例题中的计算过程有下面几点需要说明。首先,大多数企业发行的用于替换旧债券的新债券的期限更长。在我们的例题中,我们假定新旧债券有相同的到期日。当债券的到期日不同时,我们的分析过程需要稍作调整。除净现金收益一直持续到旧债券到期日外,其余的过程都相同。其次,我们的例题中既没有考虑偿债基金也不涉及系列债券。如果考虑其中之一定期减少负债的话,则必须调整未来净现金收益的决定过程。最后,新债券的每年现金流出量通常不超过旧债券。因此,企业的财务杠杆程度是下降的。这种影响可能很小,但在某些情况下可能很大。

思考题

1. 比较系列债券与设有偿债基金的债券。
2. 怎样区别收益债券与抵押债券?
3. 解释为什么商业银行贷款人员特别关注公司借款人欠其主要股东或管理人员的债务是否为次级债务。
4. 什么是"垃圾债券"?在公司筹资中如何运用?
5. 在发行长期债券时,下列发行人最可能使用哪种债券?(1)铁路公司;(2)公用事

[①] 回忆第13章的内容,净现值等于净现金收益的现值减去初始现金流出。
[②] 另一种替代分析方法是重复旧债券的现金流出量,并使用新债券在现行市场上的发售利率作为贴现率确定前面现金流的现值。如果该现值超过旧债券的赎回价格,则再筹资就是值得的。采用该方法的一些例证见Jess B. Yawitz and James A. Anderson, "The Effect of Bond Refunding on Shareholder Wealth," *Journal of Finance* 32 (December 1979),1738-1746。

业公司；(3)实力雄厚的工业企业。

6. 如果其他条件不变，为什么可赎回债券的到期收益率高于不可赎回债券？这两种债券收益率的差额随时间变化可能保持不变吗？为什么？

7. 因为向优先股股东支付的股利不能作为费用在税前扣除，所以这种融资方式的显性成本很高。对发行企业与投资者来说抵消这种不利因素而使优先股能够发行出去的好处是什么？

8. 从优先股发行人的角度看，它为什么愿意附有赎回条款？

9. 货币市场优先股与普通的优先股有什么区别？

10. 为什么大多数优先股都是累积的？如果不可累积，企业的状况会改善吗？

11. 对于优先股的下列特征，如果没有特别指出，你期望发现它具有哪些典型特征：累积性、参与性、投票权、可赎回性和资产索取权？

12. 为什么企业在融资时愿意使用双级普通股？

13. 为什么大多数普通股的面值低于市场价值？

14. 普通股股东是公司剩余资产所有者。从风险和报酬率的角度看这意味着什么？

15. 在外部集团试图通过代理委托书获取公司控制权的过程中，管理层占有优势，为什么？

16. 如果美国国会取消对股利的双重税收，使公司能够把所支付的股利像利息一样在税前扣除，这会对普通股和优先股融资产生什么影响？

附录 20A 思考题

17. 在再筹资决策时，用负债的税后成本对现金流差额进行贴现。为什么不用平均资本成本贴现？

18. 再筹资可能是随时间而稳定变化的吗？如果不是，什么时候可能发生波动？

自测题

1. Phelps 公司有 800 万美元流通在外的 10% 无限期抵押债券。债券契约规定，只要公司满足下列所有条件即可发行新债券：

(1) 税前利息保障倍数[(税前收益＋债券利息)/债券利息]保持在 4 以上；

(2) 抵押资产的净折价价值保持在相当于抵押负债两倍的水平；

(3) 产权比率保持在 0.5 以下。

Phelps 公司税后净收益是 200 万美元，所得税税率是 40%，权益资本为 4000 万美元，抵押资产折旧价值为 3000 万美元。假设新债券发行收入的 50% 用于增加抵押资产，并且公司直到下一年才支付偿债基金。在上述三个限制条件每一条件下公司能额外发行多少 10% 的债券？哪一条保护条款起到了限制作用？

2. Alvarez Apparel 公司可以用 12% 的股利成本发行优先股。如果在现行市场上发行债券，则利息成本为 14%。公司的所得税税率是 40%。

(1) 每种融资方法的税后成本是多少?

(2) Powder Milk 饼干公司持有有限数量的优先股作为投资,其所得税税率也是 40%。如果它投资于 Alvarez Apparel 公司的优先股,则其税后收益率是多少?如果投资于 Alvarez Apparel 公司的债券,其税后收益率又是多少?

3. 千岛度假公司有额定普通股 175 万股,每股面值为 1 美元。近些年来,公司已发行 153.2 万股,但目前有 6.3 万股库藏股。附加实收资本余额是 531.4 万美元。

(1) 目前流通在外的普通股是多少?

(2) 如果公司能够以每股 19 美元的价格发行股票,在现有额定股数下可发行的最高数额是多少(包括库藏股)?

(3) 融资后普通股与附加实收资本账户的余额将是多少?

4. Roy's Orbs 父子公司董事会有 9 名董事,并有流通在外普通股 200 万股。公司章程规定适用累积投票制。公司创始人的孙女 Tammy Whynot 直接和间接拥有 48.2 万股股票。因为与公司现有管理层的意见不一致,她打算在董事会中选出自己的董事。

(1) 如果所有的董事都是一年一次选出,她能够选出几名自己的董事?

(2) 如果董事任期交错,每年只能选出 3 名董事,她又能选出几名自己的董事?

复习题

1. Gillis 制造公司资本结构中有 2000 万美元利率为 13.5% 并附设偿债基金的债券。偿债基金的赎回价格是每张债券 1000 美元,每年要求支付债券面值的 100 万美元作为偿债基金。目前,市场上债券的到期收益率是 12.21%。用偿债基金付款时,公司应该向受托人交付现金还是债券?如果定期收益率是 14.6% 又会如何?

2. 5 年前,Zapada 跨国公司以每张 990 美元的价格向公众发行了 5000 万美元利率为 10% 的 25 年期债券。发行后第一年的初始赎回价格是每张 1100 美元,并且该价格在此后每年递减 10 美元。目前,公司为了以更低的利率再融资正在赎回债券。

(1) 不考虑税收因素,债券持有人这 5 年的投资报酬率是多少(假设利息每年支付一次,投资者持有已知债券)?

(2) 如果债券持有人现在能以 1000 美元投资于 20 年期具有同等风险,提供 8% 利率的债券,则在这 25 年持有期内总收益是多少?与 Zapada 公司的债券相比如何(如果 Zapada 公司的债券未被赎回)(假设利息每年支付一次,运用书后的现值系数表计算收益率的近似值)?

3. Crakow 机器设备公司希望借款 1000 万美元,为期 10 年。公司可以发行 11.40% 的不可赎回债券,也可发行 12% 的在第 5 年年末可赎回的债券。为简便起见,假定债券只在第 5 年年末被赎回。因此,对 5 年期直接债券来说,利率的概率分布为:

利率/%	9	10	11	12	13
概率	0.1	0.2	0.4	0.2	0.1

5年期债券的发行成本及发行所涉及的其他成本共计20万美元。假定赎回价格等于面值。

(1) 10年内不可赎回债券利息支付总额是多少(不是折价发行)？如果公司发行可赎回债券,利息支付总额的期望价值和其他成本是多少(假设只有在扣除发行费用后利息成本有节约的情况下才赎回债券发行新债券)？在总成本基础上分析公司应发行可赎回债券还是不可赎回债券。

(2) 如果5年期利率的概率分布如下,则结果如何？

利率/%	7	9	11	13	15
概率	0.2	0.2	0.2	0.2	0.2

假设其他所有条件都相同。

4. 调研方案：取几份债券契约,注意与股利、营运资金、发行新债以及企业性质有关的限制条款。试着把企业的债务成本与这些条款的限制性联系起来。你怎样找到一种衡量限制程度的尺度以便对这些利息成本作出权衡？

5. O.K.铁路公司需要筹集资金950万美元。一种可能的方案是发行股利率为8%、面值为100美元的优先股,投资者的收益率是9%。发行成本是优先股发行总额的5%。从发行总收入中扣除发行成本可得到发行净收入(不考虑税收因素)。

(1) 向投资者发行优先股的每股价格是多少(假定不可赎回)？

(2) 公司筹资950万美元需要发行多少股？

6. Lost Dutchman银矿公司有流通在外的7美元的累积优先股20万股,面值100美元,附有可参与条款。如果普通股每股股利超过1美元,优先股股东将可收到相当于超额部分1/2的额外股利。换句话说,如果普通股每股股利是2美元,优先股股东将可收到0.50美元的额外股利。公司有流通在外普通股100万股。如果公司连续三年可供分配股利的盈余状况如下,则普通股与优先股的每股股利是多少？(1)100万美元、60万美元、300万美元；(2)200万美元、240万美元、460美元；(3)100万美元、250万美元、570万美元(假设所有可供分配的盈余都支付了股利,但不再追加盈余分配股利)。

7. Mel Content是Penultimate公司的股东,他对公司管理层不满意,希望董事会中有自己的代表。公司有10名董事,流通在外普通股有100万股。

(1) 在多数原则投票制下,他想确保1名董事席位需要控制多少股股票？

(2) 在累积投票制下,重新计算题(1)。

(3) 假设董事人数降为5名,重新计算题(1)和题(2)。

附录20A 复习题

*8. USZ公司有流通在外利率为14%的债券5000万美元,25年后到期。USZ公司打算在现行市场上向公众平价(每张面值1000美元)发行25年期利率为12%的新债券以替换旧债券。承销差价是发行收入的1%,即每张债券发行净收益为990美元。旧债券有未摊销折价100万美元,未摊销法律费用及其他费用10万美元,赎回价格为1140美元,

税率是40%。新旧债券没有重叠期,发行费用是20万美元。计算再筹资(换债)的净现值(用新债券的税后成本作为贴现率)。再筹资是值得的吗?

自测题答案

1.（单位：百万美元）设 $X=$ 可发行的价值上百万美元的债券数量。

(1)
$$\frac{2\text{美元}/(1-0.40)+8\text{美元}\times 0.10}{8\text{美元}\times 0.10+0.10X}=4$$

$$\frac{3.33\text{美元}+0.80\text{美元}}{0.80\text{美元}+0.10X}=\frac{4.13\text{美元}}{0.80\text{美元}+0.10X}=4$$

$$4\times 0.80\text{美元}+4\times 0.10X=4.13\text{美元}$$

$$0.40X=0.93\text{美元}$$

$$X=0.93\text{美元}/0.40=2.325\text{美元}$$

(2)
$$\frac{30\text{美元}+0.5X}{8\text{美元}+X}=2$$

$$2\times 8\text{美元}=2X=30\text{美元}+0.5X$$

$$1.5X=14\text{美元}$$

$$X=14\text{美元}/1.5=9.33\text{美元}$$

(3)
$$\frac{8\text{美元}+X}{40\text{美元}}=0.5$$

$$8\text{美元}+X=0.5\times 40\text{美元}$$

$$X=20\text{美元}-8\text{美元}=12\text{美元}$$

2.（1）税后成本：

$$\text{优先股}=12\%$$

$$\text{债券}=14\%\times(1-0.40)=8.40\%$$

(2) 公司投资者的股利收入通常70%或80%免税。如果公司税率是40%,则优先股税后收益为：

$$\text{债券税后收益}=12\%(1-0.30\times 0.40)=10.56\% \quad \text{或}$$

$$12\%(1-0.20\times 0.40)=11.04\%$$

$$\text{债券税后收益}=14\%(1-0.40)=8.40\%$$

3.（1）

已发行普通股股数	1 532 000
库藏股	63 000
流通在外普通股	**1 469 000**

(2)

额定普通股股数	1 750 000
流通在外普通股	1 469 000
可发行普通股/美元	281 000
281 000 股×19 美元/股=	**5 339 000**

(3)

普通股(面值1美元)	1 750 000
附加实收资本*	10 372 000

* 18美元×281 000股+5 314 000美元

4.(1) 选出1名董事必需的股数 $= \dfrac{2\,000\,000 \times 1}{9+1} + 1 = 200\,001$。因此,她可以选出2名董事。

(2) 选出1名董事必需的股数 $= \dfrac{2\,000\,000 \times 1}{3+1} + 1 = 500\,001$。因此,她连1名董事也无法选出。

参考文献

Anderson, James S. "Asset Securitization: An Overview for Issuers and Investors." *TMA Journal* 15 (November/December 1995), 38-42.

Ang, James S. "The Two Faces of Bond Refunding." *Journal of Finance* 30(June 1975), 869-874.

Bowlin, Oswald D. "The Refunding Decision: Another Special Case in Capital Budgeting." *Journal of Finance* 21(March 1966), 55-68.

Crabbe, Leland E., and Jean Helwege. "Alternative Tests of Agency Theories of Callable Corporate Bonds." *Financial Management* 23(Winter 1994), 3-20.

DeAngelo, Harry, and Linda DeAngelo. "Managerial Ownership of Voting Rights: A Study of Public Corporations with Dual Classes of Common Stock." *Journal of Financial Economics* 14(March 1985), 33-70.

——. "Proxy Contests and the Governance of Publicly Held Corporations." *Journal of Financial Economics* 23(June 1989), 29-59.

Donaldson, Gordon. "In Defense of Preferred Stock." *Harvard Business Review* 40(July-August 1962), 123-136.

——. "Financial Goals: Management vs. Stockholders." *Harvard Business Review* 41(May-June 1963), 116-129.

Dyl, Edward A., and Michael D. Joehnk. "Sinking Funds and the Cost of Corporate Debt." *Journal of Finance* 34(September 1979), 887-894.

Emerick, Dennis, and William White. "The Case for Private Placements: How Sophisticated Investors Add Value to Corporate Debt Issuers." *Journal of Applied Corporate Finance* 5(Fall 1992), 83-91.

Finnerty, John D., and Douglas R. Emery. "Corporate Securities Innovation: An Update." *Journal of Applied Finance* 12(Spring/Summer 2002), 21-47.

Fooladi, Iraj, and Gordon S. Roberts. "On Preferred Stock." *Journal of Financial Research* 9(Winter 1986), 319-324.

Gilman, Lois. "Majority Voting Now Has the Majority." *Corporate Board Member* 11(March/April 2008), 26.

Ho, Andrew, and Michael Zaretsky. "Valuation of Sinking Fund Bonds." *Journal of Fixed Income* 48(March-April 1992), 59-67.

Kalotay, Andrew J. "On the Management of Sinking Funds." *Financial Management* 10(Summer 1981),

34-40.

____, George O. Williams, and Frank J. Fabozzi. "A Model for Valuing Bonds and Embedded Options." *Financial Analysts Journal* 49(May-June 1993), 35-46.

Khanna, Arun, and John J. McConnell. "MIPS, QUIPS, and TOPrS: Old Wine in New Bottles." *Journal of Applied Corporate Finance* 11(Spring 1998), 39-44.

Markese, John. "Shareholder Voting Rights: Differences Among Classes." *AAII Journal* 11(February 1989), 35-37.

Mitchell, Karlyn. "The Call, Sinking Fund, and Term-to-Maturity Features of Corporate Bonds: An Empirical Investigation." *Journal of Financial and Quantitative Analysis* 26(June 1991), 201-222.

Ofer, Aharon R., and Robert A. Taggart Jr. "Bond Refunding: A Clarifying Analysis." *Journal of Finance* 32(March 1977), 21-30.

Pound, John. "Proxy Contests and the Efficiency of Shareholder Oversight." *Journal of Financial Economics* 20(January-March 1988), 237-265.

Van Horne, James C. "Implied Fixed Costs in Long-Term Debt Issues." *Journal of Financial and Quantitative Analysis* 8(December 1973), 821-833.

____. *Financial Market Rates and Flows*, 6th ed. Upper Saddle River, NJ: Prentice Hall, 2001, Chapters 7 and 11.

Part VII of the text's website, *Wachowicz's Web World*, contains links to many finance websites and online articles related to topics covered in this chapter. (http://web.utk.edu/~jwachowi/part7.html)

第 21 章

定期贷款与租赁

内容提要

- 定期贷款
  成本与收益·循环贷款协议·保险公司定期贷款·中期票据
- 贷款协议的条款
  条款类型·限制条款的谈判
- 设备融资
  设备融资的来源和类型
- 租赁融资
  租赁融资的形式·会计处理·税收处理·租赁的经济原理
- 对比分析租赁融资与债务融资
  案例分析·租赁方案的现值·借款方案的现值·其他考虑·税率的重要性
- 小结
- 附录21A 租赁的会计处理方法
- 思考题
- 自测题
- 复习题
- 自测题答案
- 参考文献

学习目的

完成本章学习后,您将能够:

- 描述定期贷款的各种方式并讨论各种方式的成本和收益。
- 解释贷款协议的性质和内容,包括保护性(限制)条款。
- 讨论设备融资的来源和类型。
- 理解并解释融资租赁的各种形式。
- 通过对现金流出现值的数值分析比较租赁融资与债务融资。

> 狂风摧残五月花蕊娇颜,夏天匆匆离去毫不停顿……
>
> ——威廉·莎士比亚(William Shakespeare)
> 《十四行诗》

短期贷款的主要特点是1年内偿还,因此多用于满足季节性或临时性的资金需求。定期融资则多用于满足永久性资金需求,如为购置固定资产、增强应收款项与存货的潜在基础而进行的筹资。定期贷款通常用贷款期内每年产生的现金流偿还。因此大多数定期贷款是规律地定期分别摊付的。这里的定期融资所指的年限是1~10年的贷款。以1年为下限是人们普遍接受的,但以10年为上限则带有主观性。本章将考察各种类型的定期贷款和租赁融资。

 ## 定期贷款

定期贷款的主要提供者是商业银行。银行**定期贷款**(term loan)区别于其他类型商业贷款的两大特征是:第一,定期贷款期限在1年以上;第二,经常是正式贷款协议下的展期信用。这些贷款中的大部分是分期偿还本金和利息的,通常按季、半年或年偿还。贷款偿还计划要求定期等额付款,但在到期日支付数额可能不等或一次付清剩余款项。有时候,除最后一笔漂浮付款(付款额超过其他任何一次)外,其余各次是按相等的付款额分期逐步偿还的。大多数银行定期贷款的初始贷款期是3~5年。

成本与收益

对同一个借款人来说,定期贷款的利率通常高于短期贷款。如果企业能以短期最优利率借到款,则对于定期贷款企业可能需要再多支付0.25%~0.50%的利息。较高的利率水平有助于补偿贷款人所承担的延长期限的风险。定期贷款的利率有两种:(1)开始即制定并在贷款期内一直有效的固定利率;(2)随市场利率变化而进行调整的变动利率。有时确定一个上限或下限利率,以限制变动利率波动的范围。

除利息成本外,借款人还必须支付银行签订贷款协议所发生的法律费用。而且,借款人还需为承诺期内未利用的贷款支付**承诺费**(commitment fee)。对普通定期贷款来说,这些附加成本与总利息成本通常是很低的。对于承诺贷款额度内未利用部分支付的费用是0.25%~0.75%。假设承诺100万美元贷款的承诺费是0.50%,企业利用所有的贷款期限为3个月,则企业应向银行支付的承诺费是(1 000 000美元)×(0.005)×(3个月/12个月)=1250美元。

灵活性是普通银行定期贷款最主要的优点。借款人能与贷款人直接打交道,通过直接协商,贷款安排能够适应借款人的需要。如果公司的资金需求发生了变化,贷款的期限与条件也可随之调整。在许多情况下,银行定期贷款发放给那些无法利用资本市场并且不能公开发行证券筹资的小企业。公开发行证券筹资的能力要随资本市场供求的变化而变化,但是定期贷款筹资则更为可靠。即使是那些能够在公开市场上筹集到资金的大公司有时也会发现银行定期贷款比公开发行证券筹资便利。

循环贷款协议

正如我们在第11章所述,**循环贷款协议**(revolving credit agreement)是银行在特定期间内向企业发放一定数量货币的正式承诺。证明债务存在的实际票据是短期的,通常为 90 天,但是在整个承诺期内,企业可以续借或另外再借,直至达到规定的最高限额。很多循环贷款承诺期为 3 年,但有些期限更短。定期贷款的利率通常比短期信贷限额借款利率高 $0.25\%\sim0.50\%$。如果银行作出了循环贷款承诺,则无论何时企业需要贷款,银行都有法定义务按照贷款合同向企业发放贷款。借款人通常必须为已借款项与规定最高限额之间的差额支付承诺费,大约为每年 0.50%。

尤其是在企业资金要求不确定的情况下,循环贷款协议是非常有用的。借款人在这段不确定期内可以很灵活地筹集到资金,而当不确定性消除后又可得到更确定的信贷安排。签订循环贷款协议,在承诺到期时,根据借款人自己的选择可以将这笔借款转换为定期贷款。假设你所在的公司正在推销一种新产品,接下来的几年将是一段很不确定的时期。为了获得最大的财务弹性,你可能会签订 3 年期的循环贷款协议,并规定在循环贷款承诺期末可转换为 5 年期的定期贷款。在第 3 年年末,企业应该能更确切地知道自己的资金需求。如果这些资金需求是长期的,企业可能希望行使选择权接受这笔定期贷款。

保险公司定期贷款

除银行外,人寿保险公司与其他一些机构也发放定期贷款,但贷款的期限与利率不同。一般来说,人寿保险公司更愿意发放 7 年以上期限的贷款。因为它们从借款人那里享受不到补偿存款余额或其他业务上的好处,而且通常贷款期限比银行定期贷款长,所以利率也比银行高。对保险公司来说,定期贷款代表一种投资,它所要求的报酬率要与贷款成本、风险、贷款期限及其他投资机会的现行收益率保持一致。因为保险公司希望保持资金连续使用,没有中断,因此它通常规定预付违约金,而银行则很少有这种规定。保险公司定期贷款一般不会与银行定期贷款竞争,事实上它们是互补的,因为它们的期限不同。

中期票据

中期票据(medium-term notes,MTNS)是一种连续发行的债务契约,最早是 20 世纪 70 年代为填补商业票据和长期债券期限间的缺口而设计出来的。中期票据最初的期限是 9 个月到 2 年。现在,30 年或 30 年以上的中期票据也很常见(所以"中期票据"已经名不副实了)。

暂搁注册的出现给了中期票据真正的起点。证券交易管理委员会 415 条规定使得公司发行人可以向社会公众连续发行少量的中期债务,而不必每次发行时都向证券交易管理委员会重新登记。

20 世纪 80 年代早期美林公司开辟了中期票据市场。今天,几家竞争者——著名的高盛公司、雷曼兄弟公司与 CS 第一波士顿公司也都积极参与,支持二级市场的开发。中期票据的发行人包括财务公司、银行或银行控股公司及工业公司。

20 世纪 80 年代中期,中期票据开始国际化。**欧洲中期票据**(Euro medium-term notes,Euro MTNs)以各种货币、金额、期限及固定或浮动利率发行。因此,中期票据公开市场从 20 世纪 70 年代微不足道的起点开始,迄今已发展为拥有几十亿美元规模的国际筹资工具。

贷款协议的条款

贷款人作出定期贷款或循环贷款承诺后,就要向借款人提供可利用资金供借款人在规定的年限内使用。在这段期限内,借款人的财务状况可能会发生很多变化。为了保护自己,贷款人要求借款人保持良好的财务状况,尤其是流动性状况至少要保持在作出承诺时的水平。贷款协议中包含的保护贷款人利益的条款称为**保护性条款**(covenants)。

贷款协议(loan agreement)本身赋予贷款人在借款人违背贷款协议任何一项条款时采取行动的权利。否则,贷款人将受困于承诺,只有消极地等到贷款到期后才能采取适当的行动。在一个周密的贷款协议下,借款人如果发生亏损或者处于其他不利状态即构成违约。因此,贷款协议是就可能出现的更加严重的问题对借款人的"事先警告"。当借款人违约时,贷款人即可采取行动。当然,贷款人所采取的行动通常是帮助借款人解决问题。虽然当借款人违约时,贷款人依法有权要求借款人立即清偿债务,但这种情况很少发生。更具代表性的是免除借款人违约的责任或修改贷款协议。总之,关键是贷款人有权采取行动。

条款类型

限制条款的类型应符合具体的贷款环境。贷款人把这些限制条款视为对贷款的全面保护。没有任何一项条款只凭一己之力就能起到必要的保护作用。但是,这些条款合在一起能够确保企业的整体流动性和偿还贷款的能力。贷款协议中最重要的保护性条款可分为以下几类:(1)大多数贷款协议中使用的都是普通条款,通常为适应不同贷款环境可以有所变化;(2)大多数贷款协议中使用的都是常规条款,通常是不变的;(3)根据情况使用的特殊条款。这里主要讨论贷款协议,但是保护性条款及其内在原理与我们在第20章提到的债券契约所使用的原理是相同的。

普通条款 营运资金要求是贷款协议中最常见、包含内容最多的条款。它的目的是保护企业的流动性状况与偿还贷款的能力。经常会给出一个固定金额,如600万美元,作为企业在贷款期内必须保持的最低营运资金额。当贷款人认为某个企业有必要增加营运资金时,他可以在贷款期内提高营运资金的最低限额。通常根据企业目前及未来预计营运资金的数额,并结合对季节性的波动的考虑来确定营运资金的最低限额。不过,营运资金要求不应过量,否则会限制企业正常的赢利活动。如果借款人出现了严重的亏损,或者在购置固定资产、支付股利、回购普通股、赎回长期债券等方面花费过多,就可能违背营运资金要求。

现金股利和普通股回购限制是普通条款中的另一个主要条款,其目的是限制现金流出企业从而保持企业的流动性。最常见的是把现金股利与普通股回购限定在某一基准日后净利润的某一累积比例内,该基准日通常选定为定期贷款协议签订前的会计年度结束日。另一种缺乏弹性的方法是规定每年发放现金股利和普通股回购的绝对数额。在大多数情况下,有良好发展前景的借款人愿意限制现金股利和普通股回购。如果该约束是加在企业的盈余上的,则只要企业能够产生令人满意的利润,这条限制仍允许企业分配足够多的股利。

资本支出限制是第三个普通条款。贷款协议可能限制借款人的资本支出每年不超过某一固定金额，或更常见的，不超过目前折价费用或目前折价费用的一定比例。资本支出限制也是贷款人用于确保借款人流动性状况的一种工具。通过直接限制资本支出额，银行会更有把握不必依靠固定资产的清算即可偿还贷款。不过，资本支出限额也不应过严，否则会阻碍企业购置足够的固定资产以及进行必要的设备改良。

对其他负债的限制是最后一项普通条款。这项限制可能采取各种形式，这取决于具体的情况。贷款协议经常会限制企业再发行其他任何长期债务。这些条款禁止未来的债权人享有借款人资产的优先索取权，从而保护现有贷款人的利益。通常允许企业为正常经营活动所产生的季节性或其他短期目的的资金需求而举债。

常规条款　第二类限制条款是常规条款，通常是固定不变的，大部分贷款协议中都包括常规条款。正常情况下，贷款协议要求借款人向银行报送财务报表并投保足够的保险。此外，借款人一般不能出售其资产的重大部分，除了对其真实性有异议外必须到期支付全部税款和其他债务。贷款协议中几乎总是规定，禁止借款人以任何资产作为担保或抵押，这项重要的条款称为**限制抵押条款**（negative pledge clause）。

一般不允许企业贴现或出售应收款项。而且，在每年规定的固定租赁费外不允许再租入资产。这条规定的目的是防止借款人承担过多的租赁费负债，从而威胁借款人偿还贷款的能力。租赁限制条款也可防止借款人以租赁资产代替购置资产，从而绕过资本支出和债务限制。贷款协议通常也限制其他或有负债。此外，典型的情况下还限制收购其他公司，这种限制通常以除非贷款人特别同意否则禁止收购的形式出现。这一类中的这几项条款在大部分贷款协议中都例行存在。尽管似乎有些死板，但是它们堵住了很多漏洞，能够保证贷款协议的严密性和全面性。

特殊条款　在特殊的贷款协议中，贷款人运用特殊条款来保护自己的贷款。贷款协议可能会限定贷款资金的用途，从而防止借款人把资金投到未经深思熟虑的贷款用途上。如果高级管理层中的一人或几个人对公司的有效经营产生实质性的影响，贷款人可能会坚持要求公司为这些人投保人身保险。保险收入可以付给公司或直接付给贷款人用于偿还贷款。贷款协议也可能包括管理层条款，要求在贷款期内公司不得解聘关键管理人员。贷款协议有时还会限制高级管理人员的薪水和奖金，防止滥发，以免降低利润。这条限制堵住了另一个漏洞，即可以防止身为公司高级管理人员的大股东通过提高薪水来代替支付贷款协议中限制的高额股利。

限制条款的谈判

上面所介绍的限制条款是贷款协议中最常见的保护性条款。从贷款人的角度看，这些条款的总影响应该能保护借款人的财务状况和偿还贷款的能力。在一个严密的贷款协议下，借款人只要不履行协议就会陷入严重的财务困境，从而赋予贷款人采取行动的法定权力。尽管在确定限制条件时贷款人起了很大作用，但是保护性条款的规定要受借款人与贷款人间的谈判的制约。最终的结果取决于双方的谈判能力。

设备融资

设备是另一种能够通过抵押取得贷款的资产。如果企业拥有可流通变现的设备或者正在购买这种设备,则通常能取得某种形式的抵押资金。因为这种抵押贷款的期限通常为1年以上,所以我们在本章而不是在短期抵押贷款部分介绍。与其他抵押贷款一样,贷款人评估抵押品的变现能力,并根据设备的质量确定抵押品的价值,通常等于市场价值的某一比例。贷款偿还计划通常与设备的经济折旧计划同步。在制订贷款偿还计划时,贷款人希望确保设备的市场价值总是高于贷款的余额。

设备的期望市场价值超过贷款额的部分是安全边际,它将随具体情况而有所变动。例如,汽车运输公司的车辆是动产,变现能力强,因此抵押价值高达市场价值的80%。变现能力差的设备,如用途有限的设备,其抵押价值则达不到这么高的比例。某些类型的机床市场很小,贷款人可能不愿意提供超过该机床市场价值40%的贷款。而某些特殊设备则可能根本没有抵押价值。

设备融资的来源和类型

商业银行、财务公司和设备销售商都是设备融资的来源。设备销售商可以通过持有担保票据或把该票据出售给自己的控股财务子公司或其他第三方来为赊销的设备融资。票据利息的高低取决于设备销售商把这种融资方式作为销售工具的程度。广泛使用这种融资方式的设备销售商会索取较低的利率,但是可能提高设备的售价作为补偿。借款人必须考虑这种可能性,从而判断设备融资的真实成本。设备贷款也可以用动产作抵押或者签订附条件销售合同。

动产抵押 动产抵押是在不动产之外的财产上设置的**留置权**(lien)。借款人签署一份担保协议,规定贷款人享有协议中确定的财产的留置权。为使这种留置权具有法律效力,贷款人可以把这份担保协议或融资协议在设备所在地的政府有关机构登记备案。登记生效后,如果借款人不履行支付利息和本金的义务,贷款人有权出售该抵押设备。

附条件销售合同 **附条件销售合同**(conditional sales contract)是指在买方未完全履行合同规定的条件之前,卖方仍保留设备的所有权。买方签署附条件销售合同担保协议,保证在规定的时间内向卖方分期付款,通常是按月或季度支付。在买方未履行完毕所有的合同条件前卖方继续保有设备的所有权。因此,卖方出售设备时获得的是第一期分期付款额与一张标明购买价格余额的**本票**(promissory note)。以合同为担保的本票给予卖方在买方违约时重新占有设备的权利。卖方可以持有合同也可以通过简单的背书手续将合同转售给商业银行或财务公司。银行或财务公司则成为债权人并获得设备的担保利息。

 ## 租赁融资

租约是一份书面合同。根据事先约定的条款,资产的所有者(出租人)授予另一方(承租人)使用其资产的专有权利。租约通常有规定的年限,出租人可以得到租金收入。房屋、公寓、办公室或汽车是人们最熟悉的租赁对象。近些年来,经营资产的租赁有了很大的发展,例如汽车、卡车、计算机、机器设备,甚至厂房。承租人享有的一个明显的好处是不用购买即可使用资产。但是为了得到这种好处,承租人需要承担一些义务。首先也是最重要的义务是,承租人必须定期支付租赁费,通常按月或按季。此外,**租约**(lease)还需明确由谁来负责资产的维修保养。在完全服务(维修)租赁下,出租人支付维修保养、税金及保险等费用。而在**纯租赁**(net lease)下,承租人负责支付上述成本。

租赁分为可取消的和不可取消的。租赁可取消时,通常要支付罚金。例如,办公室的**经营租赁**(operating lease)期限相对较短,通常可由承租人在作出适当的通知后取消租赁。经营租赁的租赁期比该资产的经济寿命短。只有通过一次次的租赁,或租给相同的人或租给不同的人,出租人才能收回设备成本。经营租赁的其他对象还包括复印机、计算机硬件、文字处理器、汽车等。与此相反,**融资租赁**(financial lease)的租赁期较长且不可取消。承租人有义务支付租赁费,直到租约届满,而租约的期限通常与资产的经济寿命一致。租赁费不仅包括设备成本的分期摊销,而且包括承租人支付的利息。

最后还需要指出,租赁合同通常会规定在租赁期结束时,承租人可以有多种选择。一种选择是把租赁资产归还出租人。另一种选择是续租,即承租人有权在下一个租赁期内继续租赁该资产,租金可以相同也可以不同,通常会低一些。最后一种选择是承租人在租赁到期时购买该资产。因为税收因素,资产的购买价格不能大大低于其**公平市场价值**(fair market value)。如果承租人没有行使选择权,出租人将收回资产并且有权占有资产的**残值**(residual value)。我们会看到,租赁融资成本和出租人收益率的确定在很大程度上取决于资产的预计残值。

租赁融资的形式

实际上,租赁融资可分为三种主要的类型:售后租回、直接租赁和杠杆租赁。本节将简要介绍这三种类型,在随后的章节我们将给出租赁融资的分析框架。

售后租回 根据**售后租回**(sale and leaseback)协议,企业把资产出售给另一方,另一方再把资产租赁给企业。资产的售价通常大致等于市场价值。企业收到相当于销售价格的一笔现金,并可在基本租赁期内使用该资产。不过,企业必须定期支付租金,并且放弃对该资产的所有权。因此,在租约到期时,出租人享有资产的残值,但在此之前,该价值归企业所有。如果资产是归企业所有的土地上的建筑物,则企业还可以得到税收上的好处。如果只拥有土地,则土地是不可折价的资产。但是,由于租赁费是可以在税前扣除的,所以承租人能够间接地"折价"(或费用化)土地的成本。售后租回协议中的出租人包括保险公司、其他机构投资者、财务公司和独立租赁公司。

直接租赁 在直接租赁下,企业可以取得自己以前不拥有的资产的使用权。企业可以从制造商那里租赁资产,如IBM公司出租计算机,施乐公司出租复印机。事实上,很多资本性商品可以通过融资租赁的形式获得。主要的出租人是制造商、财务公司、银行、独立租赁公司、特殊性质的租赁公司及合伙企业。对于租赁协议所涉及的除制造商外的各方来说,卖方出售资产给出租人,出租人再把资产租赁给承租人。与其他租赁协议一样,承租人可以使用资产,但必须承担向出租人支付租金的合同义务。

杠杆租赁 在租赁大型资产(如飞机、钻井设备、铁路设施等)时,一种特殊的租赁形式得到了很普遍的应用。这种形式就是**杠杆租赁**(leveraged leasing)。与售后租赁、直接租赁只涉及两方当事人的情况不同,杠杆租赁涉及三方当事人:(1)承租人;(2)出租人(或权益参与者);(3)债权人。

从承租人的角度看,杠杆租赁与其他两种租赁方式没有区别。承租人承担在租赁期内定期支付租金的合同义务,但在该期间内享有资产的使用权。但是,出租人的作用发生了改变。出租人取得资产以履行租赁协议,并为资产的取得进行部分权益投资,如20%(因此称为权益参与者),剩余的80%的资金由长期债权人提供。贷款通常以该项资产、租赁协议和租金作担保。因此,出租人本身也是借款人。

作为资产的所有者,出租人有权扣除与资产有关的折旧费用。出租人的现金流模式为:(1)取得资产时的现金流出,它代表出租人的权益参与部分;(2)每期的现金流入量等于租金收入加税收利益,再减去负债的利息收入与税收利益的总额低于短期负债的支付额。如果租赁期届满时还有残值,则它是出租人的一笔现金流入。尽管杠杆租赁是我们所介绍的三种租赁形式中最复杂的一种,但最终归结为几个基本的概念。从承租人(当然也是我们的立足点)的角度看,杠杆租赁可以用与其他租赁形式相同的方法进行分析。

会计处理

租赁的会计处理方法已发生了显著的变化。很多年前,租赁作为一种租赁方式非常具有吸引力,因为租赁责任不出现在企业的会计报表中。因此,租赁被称为"隐藏的"或"表外"融资方法。但是,后来会计处理方法变化了,要求长期租赁必须作为资产列示在资产负债表上,而与此相联系的负债也要列示在资产负债表上。由于租赁列入会计报表,因此企业报告的盈余会受到影响,而其他的租赁则必须在会计报表附注中充分揭示。最主要的是企业不可能再通过租赁融资而不是债务融资来"愚弄"投资者或债权人了。对于这种会计处理方法带来的影响,我们从投资者认真阅读会计报表这一点就能明显地看出来。

税收处理

在一个结构适当的租赁下,承租人能够在税前全额扣除租赁费。美国国税局想要保证租赁合同真正代表租赁,而不是分期付款购买资产。为此,美国国税局制定了一些标准。最重要的一条是无论在租赁之初还是在租赁期间,出租人必须拥有不低于资产购置成本20%的最低风险投资。这意味着该资产必须留有不低于原值20%的残值。另一条规定是租赁期末,资产的剩余使用寿命必须不低于1年或原来预计使用年限的20%。不允许给承租人购买期权,承租人也不可以贷款给出租人。最后一条,除税收利益外,出租人必须能够从租赁合同中获得预期利润。

美国国税局想要确保租赁合同实际上不是一项资产的购买,这是因为租赁付款比直接购买所允许的折价快得多。由于租赁付款可在税前扣除,所以租赁合同将允许出租人比在直接购买下更快地"折旧"其资产。如果租赁合同符合上述条件,则租赁支付全额可在税前扣除。否则,该租赁合同将被视为附条件销售合同,适用于可折旧资产的税收规定。

通过租赁,土地成本可在租赁期内摊销。在计算联邦所得税时,租赁付款作为费用在税前扣除,这使得承租人实际上能够注销土地的原始成本。否则,如果土地是购买来的,企业就不能出于税收目的折旧土地。但当土地的价值构成企业取得资产的大部分价值时,租赁融资能给企业提供税收上的好处。基本租赁期结束时,土地的剩余价值可能会抵消这种税收好处。当资产出售价格低于其折旧价值时,售后租回方式也能给企业带来税收上的好处。

租赁的经济原理

租赁存在的主要原因是,公司、财务公司和个人可以从拥有资产中得到不同的税收好处。利润微薄的公司不能得到加速折旧的全部好处,而高所得税税率的公司或个人则能够得到全部好处。前者通过向后者租入资产而不是购买资产即可获得最大化的税收好处。由于出租人之间的竞争,部分税收好处可以通过降低租赁款的形式转移到承租人手中。

税收的另一个差异涉及替代最低税额的选择。对于受**替代最低税额**(alternative minimum tax,AMT)限制的公司来说,加速折旧是"税收优先项目",而租赁支付则不是。这种公司可能偏好租赁,尤其是从实际税率高的另一方租入资产。各方实现资产税收好处的能力差异越大,从整体上说租赁融资的吸引力就越大。因此,并不是因为税收的存在而引起租赁,而是因为各方实现税收好处的能力有差异。

另一点影响甚微的考虑是,对于分享破产收益来说,出租人优先于担保债权人。企业融资的风险越大,资本提供者选择租赁而不选择贷款的积极性就越高。

除上述原因外,还有其他原因可以解释租赁融资的存在。一方面,出租人在购买资产上可以享受规模经济的好处,而单个的承租人则无法得到,尤其是汽车和卡车的购买。另一方面,出租人可能对资产的使用年限、残值或资金的机会成本有不同的预期。最后,出租人可以向其客户提供设备选择和维修等方面的专业服务。尽管上述几点原因都会引起租赁,但是我们不能期望它们与税收原因具有同等的重要性。

对比分析租赁融资与债务融资

评价租赁融资方案是否具有经济上的可行性,我们应该把它与债务融资进行比较。租赁与借款哪种方案更好取决于各方案的现金流模式与资金的机会成本。为了阐述这种分析方法,下面我们用一个假想的例题来比较租赁融资与债务融资。

注意:

假设企业已经决定投资于我们在第 5 部分"资本性资产投资"中讨论的方案,换句话说,我们要通过单独评价每种融资方式来确定方案的投资可行性。同时假定企业已经确定了一个适当的资本结构,并且决定用支付固定成本的方式为该方案融资,即通过租赁融资或债务融资。为了达到我们的目的,假设相关比较采用的是债务融资和租赁融资的税后成本,公司将采用成本较小的方案。

下面我们来考察这两种方法。

案例分析

假设 McNabb 电子公司决定购置一台成本为 14.8 万美元的设备,该设备用于润滑微处理器。如果采用租赁融资,制造商提供的融资租赁期为 7 年,租赁条件要求每年支付 2.6 万美元,每年年初时支付(即预付方式)。第 7 年年末,预计设备残值为 3 万美元。承租人负责设备的维修保养、保险和纳税,即纯租赁方式。

租赁付款中体现了承租人的内含利率。承租人的税前收益率可以通过求解下面方程中的 R 得到

$$148\,000 \text{ 美元} = \sum_{t=0}^{6} \frac{26\,000 \text{ 美元}}{(1+R)^t} + \frac{30\,000 \text{ 美元}}{(1+R)^7} \tag{21.1}$$

$$= 26\,000 \text{ 美元} + 26\,000 \text{ 美元}(\text{PVIFA}_{R,6}) + 30\,000 \text{ 美元}(\text{PVIF}_{R,7}) \tag{21.2}$$

因为租赁款项是预付的,所以在求解内部报酬率 R 时,资产的成本等于第 0 期支付的第一期付款加上此后 6 年每年年末付款额(年金)的现值,再加上第 7 年年末残值的现值。解出 $R = 11.61\%$。如果出租人希望税前收益率是 13%,则每年需取得的租赁付款额 X 遵循下列方程

$$148\,000 \text{ 美元} = \sum_{t=0}^{6} \frac{X}{(1+0.13)^t} + \frac{30\,000 \text{ 美元}}{(1+0.13)^7}$$

$$148\,000 \text{ 美元} = X + X(\text{PVIFA}_{13\%,6}) + 30\,000 \text{ 美元}(\text{PVIF}_{13\%,7})$$

$$148\,000 \text{ 美元} = X + X(3.998) + 30\,000 \text{ 美元}(0.425)$$

$$148\,000 \text{ 美元} = X(4.998) + 12\,750 \text{ 美元}$$

$$X = (148\,000 \text{ 美元} - 12\,750 \text{ 美元})/4.998$$

$$X = 27\,061 \text{ 美元}$$

因此,每年租赁付款额将是 27 061 美元。

如果购买资产,McNabb 公司将以 12% 的利率筹集 7 年期定期贷款。公司的所得税税率为 40%。资产适用 5 年财产类别修正加速折旧。相应地,第 2 章讨论过的折旧计算表如下:

%

	年 份					
	1	2	3	4	5	6
折旧	20.00	32.00	19.20	11.52	11.52	5.76

资产成本按上述比例进行折旧,所以第一年折旧额是 $0.20 \times 148\,000$ 美元 $= 29\,600$ 美元,以后各年依此类推。在第 7 年年末,设备的期望残值为 3 万美元。在购买资产的方案中,McNabb 公司是资产的所有者,所以享有残值。

潜在的承租人会发现首先计算出租人的税前收益率是有益的。这可以让你迅速地与其他融资方法的利率进行比较。只有当出租人的税前收益率低于税前借款成本时才值得

继续计算下去。本例中，出租人的收益率低于承租人的借款利率（11.61%和12%），因此应考虑税收的影响，并计算其他贴现方案的税后现金流。

租赁方案的现值

通过比较租赁与借款现金流出量的现值，我们能够决定应该使用哪种方案。我们将选择现金流出量减去现金流入量的现值最低的方案。如果公司租赁资产，则每年租赁付款额是 2.6 万美元。这些付款是费用，可在税前扣除，但只能在实际付款的那一年扣除。第 0 年年末支付的 2.6 万美元代表预付费用，直到第 1 年才扣除。类似地，其他 6 期付款也只能在下一年年末扣除。

注意：

由于租赁与借款相似，税后借款成本可以作为税后现金流的适当贴现率。在我们的例子中，税后借款成本是 $12\% \times (1-0.40) = 7.2\%$。使用该利率作为贴现率是因为租赁融资与借款融资的风险几乎完全相同。因此，使用公司总资本成本作为贴现率是不合适的，因为总资本成本包含了企业作为整体的风险溢价。

给定上述信息，即可计算现金流出量的现值。计算得出的数据见表 21.1 的最后一栏。从表中可知，租赁方案下总现金流出量的现值是 93 509 美元。该数据必须与下面计算得出的借款方案下的现金流出量的现值进行比较。

表 21.1　租赁融资方案现金流表　　　　　　　　　美元

年末	(a) 租赁付款额	(b) 避税利益 $(a)_{t-1} \times (0.40)$	(c) 税后现金流出量 (a)－(b)	(d) 现金流出量的现值 （贴现率为 7.2%）
0	26 000	—	26 000	26 000
1～6	26 000	10 400	15 600	73 901*
7	—	10 400	(10 400)	(6392)
				93 509

* 第 1～6 年的加总。

借款方案的现值

如果公司购买资产，假定 McNabb 公司以利率为 12% 的无担保定期贷款进行全部融资，贷款偿还计划与租赁付款计划结构基本相同。换句话说，贷款偿还额是在年初支付，而不是年末支付。该假定使得贷款与租赁现金流出的时间一致。第 0 期期末取得贷款 14.8 万美元，在以后 7 年每年年初支付 28 955 美元。每期付款中利息所占的比例取决于该年年末偿还的本金余额。第 1 年应偿还的本金是 14.8 万美元减去年初付款 28 955 美元，即 119 045 美元。第 1 年的利息是 119 045 美元×0.12＝14 285 美元。① 随着此后付款的支付，利息部分将减少。表 21.2 显示了利息的递减情况。

---

① 为简单起见，我们在计算全过程采用了近似方法，这使得表 21.2 中计算的最终债务付款额稍低于不采用近似方法的情况。

表 21.2　租赁融资方案现金流表　　　　　　　　　　　　　　　美元

年末	(a) 贷款还款额	(b) 年末未偿还本金额 $(b)_{t-1}-(a)+(c)$	(c) 年利息 $(b)_{t-1}\times(0.12)$
0	28 955	119 045	—
1	28 955	104 375	14 285
2	28 955	87 945	12 525
3	28 955	69 543	10 553
4	28 955	48 933	8345
5	28 955	25 850	5872
6	28 952*	0	3102

* 最后一期付款额稍低,是因为计算过程中的四舍五入造成的。

为计算借款融资税后现金流出,我们必须决定税收影响。① 这需要知道年利息和年折旧的数值。运用前面给出的 5 年期财产修正加速折旧表,我们把年折旧费用列示在表 21.3 的 (c) 栏。由于折旧与利息都可作为费用在税前扣除,因此它们提供的避税利益等于其总额乘以所得税税率 40%,这列示在 (d) 栏。从债务付款额中减去税收利益后得到每年年末的税后现金流出量,列示在 (e) 栏。在第 7 年年末,资产预期残值是 3 万美元。折旧的收回部分又受到公司所得税税率 40% 的影响,这使得预期税后现金流入为 1.8 万美元。最后,我们以 7.2% 贴现这些现金流,得到现值 87 952 美元。

表 21.3　偿还方案的现金流一览表　　　　　　　　　　　　　　美元

年末	(a) 贷款还款额	(b) 年利率	(c) 年折旧	(d) 避税利益 $[(b)+(c)]\times(0.40)$	(e) 税后现金流出量 $(a)-(d)$	(f) 现金流出量的现值 (贴现率为 7.2%)
0	28 955	0	0	0	28 955	28 955
1	28 955	14 285	29 600	17 554	11 401	10 635
2	28 955	12 525	47 360	23 954	5001	4352
3	28 955	10 553	28 416	15 588	13 367	10 851
4	28 955	8345	17 050	10 158	18 797	14 233
5	28 955	5872	17 050	9169	19 786	13 976
6	28 952	3102	8524	4650	24 303	16 013
7	(30 000)*	0	0	(12 000)**	(18 000)	(11 064)
			148 000			87 952

* 残值。
** 折旧收回部分的税收 30 000 美元 × 0.4 = 12 000 美元。

债务融资方案现金流出量的现值 87 950 美元低于融资租赁方案现金流出量的现值 93 509 美元。因此,分析表明公司应该举债购买资产,而不是租入资产。这个结论虽然与

---

① 为简单起见,我们假定企业正常情况下确定的税收额高于替代最低税额(AMT)。因此,折旧的避税利益("税收优先项目")在债务融资购买过程中没有丧失(或降低)。

租赁内含利率11.61%低于债务租赁显性成本12%的事实不一致,但我们还是提出这个结论。不过,如果购买资产,公司能够自己利用修正加速折旧,从现值观点看,这有利于公司。而且,方案结束时的资产残值是个有利因素,如果采用租赁融资方案则残值属于出租人。

债务融资方案的另一大好处是利息费用可以在税前扣除。因为"抵押型"债务内含的利息付款额开始时较高,以后则递减。税收利益与付款额有关,按相同的模式随时间变化。从现值角度看,这种模式相对于租赁付款额各期都不变的模式而言,对企业是有利的。

其他考虑

借款决策取决于两种融资方案的相对时机、现金流和贴现率。我们假设现金流是已知的、确定的。这在大多数情况下是合理的,但在某些特殊情况下,现金流具有一定的不确定性,这也是很重要的。例如,在不确定情况下,通常要把资产的估计残值考虑在内。

注意:

由于资产残值的不确定性,有人可能对贴现的资产净残值所占资产比率高于公司债务融资的税后成本的情况持有不同意见。例如,有些租赁专家认为在购买/借入方案下,使用公司资本成本率作为残值的贴现率更适宜。

在我们的例子中(见表21.3),对净残值应用高于公司税后债务成本(如7.2%)的贴现率将增加债务决策净现金流出量的现值。这也会让购买/借入方案更缺乏吸引力。事实上在本例中,只有当所选净残值的贴现率超过约18.4%时,我们才会选择租赁方案而不是借贷方案。

我们可以看到,无论是租赁还是举债决策都涉及大量运算。每种情况都要求分别予以分析。如果两种方案的融资数额不同,分析起来会更复杂。假设通过举债筹集低于资本成本额的资金,而通过租赁筹集100%的资产成本,则必须从显性成本和隐性成本的角度考虑这两种方法所筹资金额的差别。上述考虑以及本章所提及的其他方面的考虑,可以使租赁融资的评价更为详细。

税率的重要性

租赁借款方案分析对潜在承租人的税率非常敏感。如果上面的例子中所得税税率是20%,而不是40%,则现值将相应地发生变化,避税利益减小而贴现率(借款的税后成本)提高,即$12\% \times (1-0.20) = 9.6\%$。重新计算表21.1和表21.3,得到租赁方案的现金流出量现值为114 924美元,借款方案的现金流出量现值为112 261美元。借款方案仍是较优的,但比以前的差额减小了。当税率为0时,贴现率是12%,租赁方案的现金流出量的现值是132 897美元,借款方案的现金流出量的现值是134 430美元。这时,租赁方案以较小的差额占据了优势地位。

从上面的例子我们可得到的重要结论是,承租人的所得税税率影响很大。一般来说,随着实际税率的下降,借款方案相对于租赁方案的优势下降。这也正是租赁融资深受低税率或零税率的企业喜爱的原因,因为它们不能获得拥有资产的充分税收利益。通过从高税率一方租赁资产,承租人可能得到部分税收利益,因为租赁付款额比购买成本要低,具体的差额取决于租赁行业的供给和需求状况。税收利益的分享比例要由双方协商确定,这又取决于双方当时的竞争情况。

从实践来看,美国租赁业是税法的产物。当税法变动时,租赁业受到影响,而且经常是剧烈的影响。通过租赁融资的一些人可能退出了,而另一些人则可能发现租赁具有吸引力。原有的出租人可能退出了租赁业,而另一些人可能进入该行业。法律变动对资产折旧、所得税税率和替代最低税额的影响越大,由此造成的利益不均衡也会越大,因此出租人和承租人进入与退出租赁市场的均衡过程就越长。有一点很清楚,税收对租赁业具有支配性的影响。

小结

- 定期贷款是初始计划的偿还期在1年以上,一般不超过10年的贷款。
- 商业银行、保险公司和其他机构投资者向企业发放定期贷款。银行还提供循环贷款安排,即银行在一定期间内对企业最高贷款的法定承诺。
- 提供无担保贷款的债权人通常要对债务人施加限制条件。这些限制条件称为保护性条款,包含在贷款协议中。如果债务人违背其中任何一项条款,债权人可以立即采取行动予以纠正。
- 在有担保的基础上,企业可以通过抵押自己所有的或正在购买的资产来获得中期融资。银行、财务公司和设备销售商积极提供这类有担保融资。
- 在租赁融资中,承租人由于使用出租人的资产而同意向出租人(资产所有者)定期支付租赁费用。由于这是一种合同义务,人们把租赁融资视为与借款融资类似的一种方法。
- 经营租赁属于短期租赁,通常可取消;融资租赁属于长期租赁,不可取消。
- 融资租赁可通过直接租赁、售后租回和杠杆租赁取得资产。
- 租赁的一个主要的经济原因是企业没有能力获得与资产所有权有关的全部税收利益。这可能是由于:(1)亏损经营;(2)替代最低税率的限制;(3)没有足够的盈余来有效利用所有可能的税收利益。
- 租赁及借款方案分析的一种常用方法是以税后借款成本作为贴现率,把两种方案的税后净现金流贴现为现值。现金流出量现值较小的方案较优。

附录21A 租赁的会计处理方法

在过去30年中,租赁的会计处理方法经历了彻底的变化。最初的会计报表中根本不会揭示租赁。渐渐地,揭示租赁成为法律上的要求,最先出现在会计报表附注中。因为只有少量的信息揭示,所以租赁作为"表外"融资方法对一些企业很有吸引力。但是,没有证据能够表明,在其他条件相同的情况下,这种融资方法对企业价值评价能产生有利的影响。尽管如此,很多企业仍认为"表外"融资是件好事。然而,1976年《财务会计准则委员会

13号公告》(FASB13)明确要求在资产负债表中资本化某些类型的租赁。[①] 事实上,这条公告意味着,如果承租人实际上取得了租赁资产所有的经济利益和风险,则资产的价值及相应的租赁负债都应该列示在承租人的资产负债表上。

资本租赁与经营租赁

在理论上符合下列定义的租赁称为资本租赁。更具体地说,符合下面一种或多种情况的租赁称为资本租赁:

1. 租赁期届满时资产的所有权转移给承租人的租赁;
2. 包含廉价购买资产选择权的租赁;
3. 租赁期相当于资产期望经济寿命75%或以上的租赁;
4. 在租赁期开始时最低租赁付款额的现值相当于租赁资产公平市价的90%或以上的租赁。

如果符合以上任何一条,则认为承租人已取得了与租赁资产相关的大部分经济利益和风险,因此是资本租赁。如果不符合上述任何一条,则归为(会计上)经营租赁。事实上,经营租赁给予承租人在租赁期内使用租赁资产的权利,但是没有给予承租人与资产相关的经济利益和风险。

资本租赁的计价 在资本租赁下,承租人必须在资产负债表的资产方报告租赁资产的价值。因此反映的金额应当是租赁期内最低租赁付款额的现值。如果债务成本,如保险、维修和税金,都是租赁付款总额的一部分,则应从中扣除这些成本,只有余额才能用于计算现值。按照会计准则的要求,贴现率取下面二者中的较低者:(1)承租人的增量借款成本率;(2)租赁的内含利率(如果实际上能够确定的话)。

租赁付款额的现值应作为资产记录在资产负债表上(如果租赁资产的公平市价低于最低租赁付款额的现值,则应列示其公平市价)。相应的负债也应记录在资产负债表上,一年内到期的付款额的现值列示为流动负债;一年后到期的付款额的现值列示为长期负债。有关租赁资产的信息可能与自己拥有产权的资产的信息混在一起,但是必须在附注中揭示租赁资产的价值和摊销额。一张假想的资产负债表中与资本租赁有关的部分如下所示:

美元

资产		负债	
固定资产总值[a]	3 000 000	流动负债	
减去:累计折旧与摊销		资本租赁项下的负债	90 000
固定资产净值	1 000 000	非流动负债	
	2 000 000	资本租赁项下的负债	270 000

a 固定资产原值中包括租赁资产50万美元。累计折旧与摊销中包括租赁资产摊销14万美元。

这里我们在资产负债表附注信息中看到公司租赁的资本化价值是50万美元减去14万美元,即总额为36万美元。负债分为流动负债9万美元与长期负债27万美元。除上

---

① *Statement of Financial Accounting Standards No. 13, Accounting for Leases* (Stamford, CT: Financial Accounting Standards Board, November 1976).

述信息外,还要求在附注中揭示更详细的信息。其他相关信息包括每类主要资产类别中租赁资产的原值(这些信息可能与自有资产的信息混在一起);未来最低租赁付款总额;未来5年内租赁付款的逐年付款计划;收到的最低分租租金总额;购买或续租选择权的存在与条件以及加价条款;除时间之外的一些因素的或有租费;租赁合同中施加的限制条件。

租赁新规有可能对公司的收益造成重大打击

Financial Week

分析人士:Whole Foods 和 Walgreen 将因报告负债的大幅上升而看到 ROA 被拦腰斩断。

美国国内和国际上的会计规范制定者至少还需要两年时间才会对租赁规则作出修订,但一项新的研究已经发现,如果租赁被记入资产负债表,有些拥有巨额租赁的大公司的负债有可能攀升100%以上,而其资产则会仅增值70%。

这项研究的作者是尤他大学的会计学副教授马特·马吉尔克(Matt Magilke)。他说:"这些数字非常惊人。谁知道企业如果真的必须开始在财务报告中记录这些负债会出现什么状况呢?"

由均富会计师事务所(Grant Thornton)委托进行的这项研究关注的是这种会计变化对于2005年市场资本化超过10亿美元且资产负债表外的租赁额最高的50家公司的影响。之所以选取2005年是因为这是能够得到完整数据的最近的一年。租赁会计改革已经提上了财务会计准则委员会和国际会计准则委员会的议程了。

受影响最严重的公司是 Whole Foods Market,如果将租赁记入资产负债表,其负债将增加666%。接下来的三家公司依次是 Walgreen(负债将增加421%)、Panera Bread(负债将增加420%)和 AirTran(负债将增加413%)。根据这项研究,上述四家公司的资产将增加116%到288%。

这当然很可能意味着上述公司资产收益率的大幅下降和财务杠杆系数的增加。这一结果可能对利用这些指标对公司进行评估的分析人士、投资者和债权人产生负面的影响。

马吉尔克先生估计 Whole Foods 的 ROA 有可能下降超过一半,由目前的7.2%下降到3.7%,而其权益负债率则会变为目前的5倍以上,由38%增加到169%。Walgreen 的 ROA 也将下降超过一半,从10.7%下降到5.3%,而其权益负债率则会变为目前的3倍以上,由64%增加到229%。

马吉尔克先生指出,将额外的资产和负债记入财务报表并不会对公司的财务状况产生影响,但是其资产负债表将能够更为清晰地反映其债务的情况。他并不确定这会对公司的股价产生什么样的影响。

他说:"我们认为有经验的投资者应该早就知道(相关的债务)了,因为在财务报告的脚注里都有提及。"

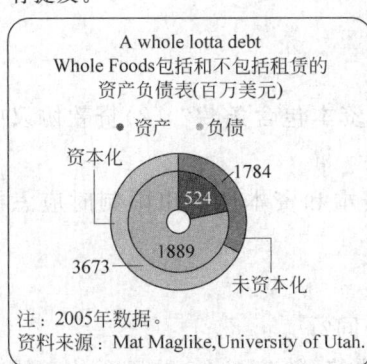

A whole lotta debt
Whole Foods包括和不包括租赁的资产负债表(百万美元)
● 资产　● 负债
资本化
1784
524
3673　1889
未资本化

注:2005年数据。
资料来源:Mat Maglike,University of Utah.

然而这让人疑惑为什么租赁会未被记入资产负债表。均富会计师事务所的首席执行官爱德华·努斯鲍姆(Edward Nusbaum)说:"大多数公司都不愿意在资产负债表上反映这项负债。它们不喜欢反映这项负债对权益负债率的影响,或者是自己的资产负债表在潜在贷款人和投资者眼里的形象。这样的报表会很难看。"

只要公司将租赁打造成经营租赁而非资本租赁,美国公认会计原则目前就允许不在资产负债表中予以反映。但是努斯鲍姆先生说,他支持取消这种选择。他指出,将所有的租赁都视为资本租赁会"更好地对这笔交易的经济效果进行估计,也能更好地反映这种效果"。

财务会计准则委员会和国际会计准则委员会至少要花上两年的时间才会就修改规则的提案进行投票。然而努斯鲍姆先生建议各家公司应尽快考虑这一问题。

资料来源:Adapted from Matthew Scott, "New Leasing Rules Could Hammer Corporate Returns," *Financial Week* (April 2,2007),pp. 1 and 19 (www. financialweek.com) Copyright © 2007 by Crain Communications,Inc. Used by permission. All rights reserved.

对经营租赁的揭示 对经营租赁与对资本租赁相同,都要求揭示部分信息,不过可以放在附注中。对剩余期限超过一年的不可取消租赁,承租人必须提示未来最低租赁付款总额、未来5年每年的付款额加上以后年份的总付款额的计划、收到的分租租金总额、或有租金付款的基础、购买与续租选择权的存在与条件以及加价条款、任何租赁合同限制。最后两类包括在租赁合同的总体介绍中。

资本租赁的摊销与负债的减少

资本租赁必须在租赁期内摊销,负债也随之减少。摊销方法可使用承租人自有资产常用的折旧方法。应当指出,租赁资产的摊销期总是与租赁期一致,即使资产的经济寿命期更长。如果经济寿命期更长,资产将有预期残值,但它属于出租人。《财务会计准则委员会 13 号公告》还要求资本租赁负债应被减少,根据"利息法"在租赁期内费用化负债。在这种方法下,每期租赁付款分为两部分:本金偿还额与利息支付额,而只按本金偿还额减少负债。

盈余的报告 在报告盈余时,《财务会计准则委员会 13 号公告》要求租赁资产的摊销额与资本租赁付款中包含的年利息支付额都作为费用。这种费用与其他费用一样,都用相同的方法从收入中减去得到净收益。你可以看到,租赁的会计处理可能非常复杂。

思考题

1. 你能说出企业运用中期负债的原因吗?为什么(1)长期负债不能取代中期负债?(2)短期负债不能取代中期负债?
2. 为什么保险公司在提供短期与中期资金方面不如银行活跃?
3. 定期贷款合同中保护性条款的目的何在?
4. 怎样区分循环贷款协议与信贷额度?
5. 贷款人应该如何着手制订(1)贷款协议中的营运资本包含条款?(2)贷款协议中的资本性支出条款?
6. 作为借款人,与贷款人协商其想要施加的营运资本和资本性支出限制时应怎样处理?
7. 向企业提供中期资金的主要金融机构有哪些?
8. 在设备融资中怎样区分动产抵押和附条件销售合同?
9. 第 1 章提出资本的投资决策(购买资产)与融资决策(筹集资金)是两个分离的决

策过程,是财务主管的两大不同职责。在本章中,至少在租赁的情况下,决策过程是不能分离的。请讨论这种情况提出的问题。

10. 怎样区分融资租赁与经营租赁?怎样区分完全服务租赁与纯租赁?

11. 比较售后租回与直接租赁。

12. 通常情况下,从会计角度处理租赁融资与债务融资有何区别?

13. 讨论售后租回对下列方面所产生的影响:

(1) 流动比率;

(2) 投资回报率;

(3) 权益报酬率;

(4) 公司普通股的风险级别;

(5) 公司普通股的价格。

14. 有些企业家认为过时与缺乏弹性的风险正从承租人转移到出租人。出租人是怎样被引诱接受更高的风险与更大的不灵活性的?

15. 你认为下列因素将有利于负债融资方案还是租赁融资方案?为什么?

(1) 公司所得税税率提高;

(2) 更快的加速折旧;

(3) 价格水平提高;

(4) 租赁资产的残值增加;

(5) 无风险利率提高。

自测题

1. Burger Rex 公司打算扩张其快餐连锁店。这项计划要求资本支出 300 万美元,需要进行融资。公司已经启动了 3 年期的 300 万美元循环贷款,而且在承诺期届满时可转换为 3 年期定期贷款。信贷合同的承诺费是未利用部分的 0.5%。银行要求的利率是:循环贷款利率超过最优利率 1%,定期贷款利率超过最优利率 1.5%(如果行使的话)。公司打算在期初借 140 万美元,在第 1 年年末再借 160 万美元。在循环贷款期末,公司希望接受全部定期贷款。在第 4 年到第 6 年每年年末支付本金 100 万美元。

(1) 未来 6 年中,每年的预期承诺费是多少?

(2) 超过最优利率的预期利息成本(金额)是多少?

2. 假定每年的租赁付款额是提前支付的(到期年金),没有残值,求解下列情况下的未知项:

(1) 已知购买价格为 4.6 万美元,内含利率为 11%,租赁期为 6 年,求解年租赁付款额。

(2) 已知购买价格为 21 万美元,租赁期为 5 年,年租赁付款额为 47 030 美元,求解内含利率。

(3) 已知内含利率为 8%,租赁期为 7 年,年租赁付款额为 1.6 万美元,求解购买价格。

(4) 已知购买价格为 16.5 万美元,内含利率为 10%,年租赁付款额为 24 412 美元,求解租赁期。

3. 美国 Blivet 公司希望取得价值 10 万美元、使用年限为 8 年的除油设备。设备的期末残值为 2.4 万美元。机器适用 5 年期财产类别折旧率。公司可以利用租赁或债务融资。租赁要求在这 8 年的每年年初支付租赁付款额 1.6 万美元。如果采用债务融资的利率是 14%,债务付款额在每年年初支付(利息按抵押型债务工具摊销),公司所得税税率为 40%。哪种方法的现金流出量现值较低?

复习题

1. Eva Forlines 服装公司希望借入为期 5 年的 60 万美元借款。Cattleperson 国民银行愿意以 14% 的利率提供贷款,但要求该贷款在 5 年内全部摊销,在每年年末偿付。制订符合上述条件的每年等额支付的摊销计划,要列出每期全部付款额中的本金和利息。

2. Acme Aglet 公司 1 月 1 日正在考虑从 Fidelity 第一国民银行借入 4 年期 300 万美元的定期贷款。贷款在第 4 年年末偿还,贷款协议中将包括几项保护性条款,例如,公司必须一直保持净营运资本(流动资产减流动负债)至少为 300 万美元,不能再借入更多的长期负债,总负债不能超过总资产的 0.6%,任何年份的资本性支出限制在折旧加上 300 万美元的范围内。在借入定期贷款前,该公司 12 月 31 日的资产负债表如下所示:

百万美元

流动资产	7	流动负债	3
固定资产净值	10	长期负债(期限 8 年)	5
		股东权益	9
总计	17	总计	17

定期贷款资金将用于增加公司的存货与应收账款,这项投资是为了推销一项新的金属产品。公司期望需求以每年 24% 的速度增长,在流动资产与固定资产净值间平分。今年的税后利润预期为 150 万美元,在以后 3 年里税后利润每年增加 25 万美元。公司目前没有支付现金股利,在今后 4 年内也不打算支付。去年的折旧是 250 万美元,估计今后 4 年每年折旧与固定资产净值的增长速度一致。

在贷款协议下,公司能够实现其增长目标吗?请用数据解释原因。

3. 给定下列信息,计算出租人要求的每年租赁付款额(年初预付):
(1) 购买价格为 26 万美元,利率为 13%,租赁期为 5 年,无残值;
(2) 购买价格为 13.8 万美元,利率为 6%,租赁期为 9 年,残值为 2 万美元;
(3) 购买价格为 77.3 万美元,利率为 9%,租赁期为 10 年,无残值。

4. Volt 电子公司正在考虑除向顾客直接销售外再提供产品租赁服务。产品售价为 1.86 万美元,经济寿命为 8 年。
(1) 出租人欲取得 12% 的利率,所要求的每年租赁付款额是多少(期初预付)?
(2) 如果产品在第 8 年年末有残值(确定)4000 美元,要求每年租赁付款额为多少?

*5. Fez Fabulous 纺织品公司希望取得价值 10 万美元的多面切割机。该机器的使用年限为 8 年,期末无残值。如果公司通过签订 8 年期的租赁合同融资,每年租赁付款额是 1.6 万美元,年初预付。公司也可以通过定期贷款融资,利率为 12%,其贷款偿还计划的结构与租赁付款计划相同。资产适用 5 年期财产类别折旧,公司所得税税率是 35%,以税后债务成本为贴现率,每种方案的现金流出量的现值各是多少?哪种方案更优?

*6. Valequez Ranches 公司希望取得价值 8 万美元的自动播种机。公司打算只使用该机器 5 年,然后重置。但是,在第 5 年年末有预期残值 1.6 万美元。假设机器属于 3 年期财产类,适用修正的加速折旧法。公司所得税税率是 30%。有两种融资方法可供选择:租赁方案要求每年租赁付款额为 1.7 万美元,年初预付;借款方案的利息成本是 10%,债务付款额在这 5 年的每年年初支付,采用抵押型债务摊销法。运用净现值法决定哪种方案最优。

附录 21A 复习题

7. Locke 公司刚刚租赁了一台金属折叠机,要求每年年初预付租赁借款额 3 万美元。租赁期是 6 年,该租赁在会计上属于资本租赁。公司的增量借款利率为 11%,出租人的内含利率是 12%。第一年的租赁摊销额为 16 332 美元。在上述信息的基础上,计算下列各题:

(1) 支付了第一期租赁付款后列示在资产负债表上的会计租赁负债是多少?

(2) 在会计损益表上列出的第一年租赁费用(摊销加利息)是多少(利息费用以题(1)中确定的会计价值为基础)?

1. (1)(2)

千美元

	年 份					
	循环贷款			定期贷款		
	1	2	3	4	5	6
年借款额	1400	3000	3000	3000	2000	1000
未使用部分	1600	0	0	0	1000	2000
承诺费(0.005)	8	0	0	0	5	10
高于优惠贷款利率的成本(前 3 年 1%,后 3 年 1.5%)	14	30	30	45	30	15

2. 始终运用式(21.2)。

(1) 46 000 美元 $= X + X(\text{PVIFA}_{11\%,5})$

46 000 美元 $= X + 3.696X = 4.696X$

$X = 46\,000$ 美元 $/4.696 = 9796$ 美元

(2) 210 000 美元＝47 030 美元/(1＋PVIFA$_{X,5}$)
210 000 美元/47 030 美元＝(1＋PVIFA$_{X,5}$)＝4.465

从这个结果中减去 1,得到 PVIFA$_{X,5}$＝3.465。在书后附录表 4 中查"第 4 期"一行,找到 3.465 对应的数字是 6%。因此,内含利率 X 是 6%。

(3) X＝16 000 美元(1＋PVIFA$_{8\%,6}$)
   X＝16 000 美元(1＋4.623)＝89 968 美元

(4) 165 000 美元＝24 412 美元(1＋PVIFA$_{10\%,X}$)
165 000 美元/24 412 美元＝(1＋PVIFA$_{10\%,X}$)＝6.759

从这个结果中减去 1,得到 5.759。在书后附录表 4 中查"10%"栏,找到 5.759 对应的期限是 9 期。因此,租赁期是 9＋1＝10 年。

3.

美元

租赁方案现金流量表				
年末	(a) 租赁付款额	(b) 避税利益 (a)$_{t-1}$×(0.40)	(c) 税后现金流出量 (a)－(b)	(d) 现金流出量的现值 (贴现率为 8.4%)
0	16 000	—	16 000	16 000
1～7	16 000	6400	9600	49 305*
8	—	6400	(6400)	(3357)
				61 948

* 第 1～7 年总额。

贴现率是借款的税前成本乘以 1,再减去所得税税率,即 14%×(1－0.40)＝8.4%。
每年债务支付额:

$$100\ 000\ 美元＝X(1＋PVIFA_{14\%,7})$$
$$100\ 000\ 美元＝X(1＋4.288)＝5.288X$$
$$X＝100\ 000\ 美元/5.288＝18\ 910\ 美元$$

美元

债务偿付时间表			
年末	(a) 贷款还款额	(b) 年末未偿还本金额 (b)$_{t-1}$－(a)＋(c)	(c) 年利息 (b)$_{t-1}$×(0.14)
0	18 910	81 090	—
1	18 910	73 533	11 353
2	18 910	64 917	10 295
3	18 910	55 096	9088
4	18 910	43 899	7713
5	18 910	31 135	6146
6	18 910	16 584	4359
7	18 906*	0	2322

* 最后一期付款额稍低,是因为计算过程中的四舍五入造成的。

美元

借款方案现金流量表						
年末	(a) 贷款还款额	(b) 年利率	(c) 年折旧	(d) 避税利益 [(b)+(c)]×0.40	(e) 税后现金流出量 (a)−(d)	(f) 现金流出量的现值（贴现率为8.4%）
0	18 910	0	0	0	18 910	18 910
1	18 910	11 353	20 000	12 541	6369	5875
2	18 910	10 295	32 000	16 918	1992	1695
3	18 910	9088	19 200	11 315	7595	5962
4	18 910	7713	11 520	7693	11 217	8124
5	18 910	6146	11 520	7066	11 844	7913
6	18 910	4359	5760	4048	14 862	9160
7	18 906	2322		929	17 977	10 222
8	(24 000)*			(9600)**	(14 400)	(7553)
			100 000			60 308

* 残值。

** 折旧收回部分的税收 24 000 美元×0.40＝9600 美元。

由于租赁方案的现金流出量的现值较低，所以租赁方案较优。然而，有些人会认为残值的不确定性大，我们应当使用高于承租人税后债务成本（即8.4%）的贴现率将残值贴现。对残值使用11.8%[1]或更高的贴现率，将使债务融资法下的现金流出量大于租赁融资法下的现金流出量。在这种情况下，我们将选择租赁融资。

参考文献

Bierman, Harold, Jr. "Buy Versus Lease with an Alternative Minimum Tax." *Financial Management* 20 (Autumn 1991), 96-107.

Bower, Richard S. "Issues in Lease Financing." *Financial Management* 2 (Winter 1973), 25-34.

____, and George S. Oldfield Jr. "Of Lessees, Lessors, and Discount Rates and Whether Pigs Have Wings." *Journal of Business Research* 9 (March 1981), 29-38.

Bower, Richard S., Frank C. Herringer, and J. Peter Williamson. "Lease Evaluation." *Accounting Review* 41 (April 1966), 257-265.

Cenker, William J., and Robert Bloom. "The Leasing Conundrum." *Management Accounting Quarterly* 1 (Spring 2000), 34-41.

Crabbe, Leland, "Corporate Medium-Term Notes." *Journal of Applied Corporate Finance* 4 (Winter 1992), 90-102.

____. "Anatomy of the Medium-Term Note Market." *Federal Reserve Bulletin* 79 (August 1993), 751-768.

Fisher, Omar Clark. "Unveiling Islamic Leasing." *Journal of Equipment Lease Financing* 21 (Spring

---

[1] 要让租赁法下现金流出量现值（61 948 美元）低于债务法下现金流出量现值（[60 309 美元+7553 美元]−[14 400 美元/(1+X)^8]），贴现率必须约等于11.8%或更高。

2003),2-12.

GE Capital: Our Business Is Helping Yours Find Its Way Through the Leasing Maze. Stamford, CT: General Electric Capital Corporation, 1999.

Gill, Richard C. "Term Loan Agreements." *Journal of Commercial Bank Lending* 62(February 1980), 22-27.

Hull, John C. "The Bargaining Positions of the Parties to a Lease Agreement." *Financial Management* 11 (Autumn 1982), 71-79.

Lease, Ronald C., John J. McConnell, and James S. Shallheim. "Realized Returns and the Default and Prepayment Experience of Financial Leasing Contracts." *Financial Management* 19(Summer 1990), 11-20.

Lummer, Scott L., and John J. McConnell. "Further Evidence on the Bank-Lending Process and the Capital-Market Response to Bank Loan Agreements." *Journal of Financial Economics* 25(November 1989), 99-122.

McConnell, John J., and James S. Schallheim. "Valuation of Asset Leasing Contracts." *Journal of Financial Economics* 12(August 1983), 237-261.

McDaniel, Morey W. "Are Negative Pledge Clauses in Public Debt Issues Obsolete?" *Business Lawyer* 38 (May 1983), 867-881.

Miller, Merton H., and Charles W. Upton. "Leasing, Buying, and the Cost of Capital Services." *Journal of Finance* 31(June 1976), 787-798.

Myers, Stewart C., David A. Dill, and Alberto J. Bautista. "Valuation of Financial Lease Contracts." *Journal of Finance* 31(June 1976), 799-820.

Schallheim, James S. *Lease or Buy? Principles for Sound Decision-Making.* Boston, MA: Harvard Business School Press, 1994.

Slovin, Myron B., Marie E. Sushka, and John A. Polonchek. "Corporate Sale-and-Leasebacks and Shareholder Wealth." *Journal of Finance* 45(March 1990), 289-299.

Van Horne, James. "A Linear-Programming Approach to Evaluating Restrictions under a Bond Indenture or Loan Agreement." *Journal of Financial and Quantitative Analysis* 1(June 1966), 68-83.

―――. "The Cost of Leasing with Capital Market Imperfections." *The Engineering Economist* 23(Fall 1977), 1-12.

Weingartner, H. Martin. "Leasing, Asset Lives and Uncertainty: Guides to Decision Making." *Financial Management* 16(Summer 1987), 5-12.

Part Ⅶ of the text's website, *Wachowicz's Web World*, contains links to many finance websites and online articles related to topics covered in this chapter(http://web.utk.edu/~jwachowi/part7.html)

第8部分

财务管理的特殊领域

第22章 可转换证券、可交换债券及认股权证

第23章 兼并及其他方式的公司重组

第24章 国际财务管理

第 22 章

可转换证券、可交换债券及认股权证

内容提要

- 可转换证券
  转换价格和转换比率·转换价值和转换价值溢价·其他特征·可转换证券融资·强制转换或刺激转换
- 可转换证券的价值
  债权加期权特点·直接债券价值·溢价·两种溢价间的关系
- 可交换债券
  特征·在融资中的应用·可交换债券的估价
- 认股权证
  特征·认股权证的估价·理论价值的溢价·两种价值间的关系
- 小结
- 附录 22A 期权定价
- 思考题
- 自测题
- 复习题
- 自测题答案
- 参考文献

学习目的

完成本章学习后,您将能够:

- 描述企业在融资中可能使用的三种常见期权——可转换证券、可交换债券和认股权证的特征。
- 了解具有期权特征的证券为何对满足企业的长期融资需求很有吸引力。
- 解释用于描述可转换证券的几个术语:转换价值、市场价值和直接债券价值。
- 计算可转换证券、可交换债券和认股权证的价值,并解释为何会出现各种价值的溢价。
- 了解期权工具与其基础证券间的关系。

你支付了货款,就要接受自己的选择。

——《笨趣》(*Punch*)杂志

除了**直接负债**(straight debt)和**权益**(equity)外,公司还可以通过期权融资。期权是一份赋予期权持有者在特定时期内购买普通股股票或作出交换的权利的合同。因此,期权的价值受股票价值变化的影响很大。期权属于称为**衍生证券**(derivative securities)的更大范围的金融工具的一种。本章将介绍商业公司采用的几种特殊期权工具——可转换证券、可交换债券和认股权证。我们将在本章附录中详细讨论期权定价理论。

 # 可转换证券

可转换证券(convertible security)是指持有者具有将其换为同一公司普通股股票的期权的债券或优先股股票。可转换证券为投资者提供固定数额的债券利息收入或优先股红利收入。此外,投资者还拥有关于普通股股票的期权。正因为这种期权特性,公司可以用低于直接债券或优先股的利率出售可转换证券。

转换价格和转换比率

转换价格(conversion price)或**转换比率**(conversion ratio)是可转换证券与普通股股票的交换比率。假设McKesson公司9.75%的可转换证券(面值为1000美元)的转换价格为43.75美元,即意味着每份可转换证券可换成22.86股普通股。我们只需用可转换证券面值(1000美元)除以转换价格即可得到这个交换比率22.86股。这是投资者每份可转换证券可得到的普通股股票的股数。

转换条件并非一成不变的。有些可转换证券的转换价格是一直上涨或每隔一段时间逐步上涨的。例如,一份面值为1000美元的可转换证券的转换价格在头5年为每股40美元,在第二个5年期间为每股45美元,在第三个5年期间为每股50美元,等等。如果以这种方式定价,则随着时间的推移,每份可转换证券可交换得到的普通股股数将越来越少。通常可转换证券的转换价格将根据普通股股票的分割或股利支付而得到调整。如果普通股股票分割比例为1:2,则转换价格将减半。这种保护可转换证券持有者的条款称为反稀释条款。

转换价值和转换价值溢价

可转换证券的**转换价值**(coversion value)等于转换比率乘以普通股股票的每股市价。如果McKesson公司的股票价格为50美元,则其可转换证券的转换价值为22.86×50美元=1143美元。

在发行时,可转换证券的定价高于转换价值。两者间的差额即为**转换价值溢价**(premium over coversion value)。McKesson公司最初以1000美元的价格向公众出售可转换证券。发行可转换证券时的普通股价格为38.50美元。因此每份证券的转换价值为22.86×38.50美元=880美元,该价值与1000美元的发行价格间的差额为120美元,即为转换价值溢价。通常情况下,这种溢价是以转换价值的百分比表示的。在我们的例子中,转换溢价等于120美元除以880美元,即13.6%。对于大多数可转换证券的发行来说,转换溢价范围为10%~20%。对于一个成长型公司来说,其转换证券的转换价值溢价可达上限,高成长型公司转换证券的转换价值溢价甚至可能超过上限。成长速度居于平均水平的公司,其转换价值溢价为 10% 左右。转换价值溢价的范围主要由市场偏好决定,同时也受发行者的影响。发行者应在适当的时间内进行强制转换,以使自己处于有利的地位(强制转换将在后面介绍)。

几乎毫无例外的,可转换证券都有一个赎回价格。事实上,正如直接债券或优先股一样,证券所具有的赎回特性使得公司可以在必要时赎回可转换证券。然而,只有极少数可转换证券最后真被赎回了。相反,设置赎回是为了在可转换证券的转换价格远远高于赎回价格时进行强制转换。

其他特征

几乎所有的可转换证券都是次级后偿债券。这使得购买者在评估发行者的财务状况时,可以把可转换次级债券或可转换优先股作为股票的一部分来计算。在清偿时,对债权人来说,发行的可转换证券是否已转换是没有区别的。因为无论转换与否,购买者都拥有优先求偿权。

公司普通股的投资者往往会在转换事实发生前识别潜在的**股权稀释度**(dilution)。在编制会计报告方面,要求发行了可转换证券或认股权证的公司报告每股收益,使会计报表的阅读者能够看出潜在稀释度。更具体地说,要求公司报告两种基本的每股收益。第一种是基本每股收益,是基于发行的普通股的基数得出的。第二种是稀释的每股收益,是假定所有可能引起稀释的证券都被转化或执行后计算得出的。对于发行了大量可能带来稀释作用的证券的公司来说,这两种情况下每股收益的差别是很大的。

可转换证券融资

在很多情况下,可转换证券是作为一种"延期"的普通股来融资的。从技术上看,这些证券代表债权或优先股,但本质上则是延期的普通股。发行可转换证券的公司希望这些证券在未来能被转换。

稀释 通过出售可转换证券而不是普通股,发行公司减少了现在和未来的每股收益的稀释度。其原因在于可转换证券的转换价格高于新股的发行价格。

ABC 公司普通股的市价是每股 40 美元。如果该公司通过发行新股来筹资,为了在市场上出售股票必须以低价发行。它可以把股票出售给承销商并因此实现每股 36 美元的净值。如果 ABC 公司希望筹集 1800 万美元,则必须发行 50 万股普通股。另一方面,如果 ABC 公司出售可转换证券,则可以高于市场价格的转换价格出售可转换证券。如果转换溢价为 15%,则转换价格为每股 46 美元。假设发行价值 1800 万美元的可转换证券,转换后新增普通股股数为

$$\frac{18\,000\,000 \text{ 美元}}{46 \text{ 美元}} = 391\,305$$

可以看到,发行可转换证券带来的潜在稀释度低于增发普通股的稀释度。因为少增加了 $500\,000 - 391\,305 = 108\,695$ 股普通股。

融资成本 发行可转换证券的另一个好处是,可转换证券的利率或优先股股利率低于直接债券的利率或直接优先股的股利率。可转换的特点使得可转换证券对投资者更有吸引力。可转换的特点对投资者的价值越高,公司为了发行可转换证券所需支付的利率就越低。对处于成长阶段的公司来说,低利息的支付显得尤为重要。因为利息支付越少,公司用于发展的现金就越多。而且,新公司或者那些信用等级较低的公司出售直接债券或优先股可能非常困难。但市场可能欢迎这些公司发行可转换证券,不是因为其可转换债券或可转换优先股的质量高,而是因为看重其潜在的普通股的质量。

代理成本问题 最后,如果存在代理成本问题,可转换证券可能对公司很有帮助。此时,直接债券持有者担心公司为了股东利益而转移公司财富。而可转换证券意味着潜在的股票,从而减轻了债权人的顾虑。

强制转换或刺激转换

公司通常是在预期未来一段时期内可转换证券会被转换的前提下发行可转换证券的。投资者可以在任何时候自愿执行其期权,用可转换证券交换普通股。然而,投资者也可能倾向于持有可转换证券,因为随着公司普通股价格的上涨,可转换证券的价格也在上涨。此外,在此期间,投资者还可获得稳定的利息收入或优先股股利。由于可转换证券转换成普通股后没有股利收入,因此投资者不主动转换将使自己处于有利地位。换句话说,投资者应尽可能拖延转换时间(如果公司支付普通股股利,则对可转换证券持有者来说,转换可能是有利的)。另一方面,在转换值超过赎回价格时,应尽快进行强制转换——取消期权持有者的期权符合现有股东的利益。这样做同时减少了可转换债券利息费用或可转换优先股股利费用的支付。如果转换后的普通股股利支出超过可转换证券的税后利息支出,则发行公司不进行强制转换是明智的。只要可转换证券没有转换,未来就会有现金流动。

强制转换 为了强制转换,公司通常必须赎回可转换证券。如果赎回成功的话,可转换证券的市价肯定远远高于赎回价格,使得投资者选择转换而不是接受偏低的赎回价格。很多公司认为高于赎回价格15%的转换溢价足以应付未来可能的股价下跌,并促使投资者将手中的可转换证券转换出来。可转换证券(面值为1000美元)的转换价格可能为50美元,而赎回价格为1080美元。要使转换价值等于赎回价格,则股票的市价必须等于1080美元除以20,即每股54美元。如果在市价为54美元时进行赎回,则许多投资者会选择接受赎回价格而不是转换价格。这样一来,公司就不得不用现金赎回可转换证券,在一定程度上违背了最初的融资目的。为了尽可能确保全部转换,公司只有等到转换价值超过赎回价格15%左右,即市约为每股62美元时才开始赎回。在该价位,接受赎回价格的投资者机会损失很大。研究表明,公司倾向于在普通股价格持续一段时期的上扬后再开始赎回可转让证券。其结果是,不进行转换的可转换证券持有者的机会损失非常明显。

刺激转换 除了强制转换外,公司还可采用各种手段来刺激转换。假设转换价值相对较高,通过在未来每隔一段固定的时间提高或逐渐抬高转换价格,公司给可转换证券持有者施加持续的转换压力。如果其他条件不变,而按合同规定转换价格将由目前的50美元提高到下月末的56美元,则将刺激可转换证券持有者在下个月末前进行转换。如果投资者始终等待的话,他们可获得的普通股将更少。逐渐抬高转换价格的条款必须在发行可转换证券时确定,不能为了达到刺激转换的目的而临时增加该条款。

刺激转换的另一种方式是提高普通股的股利,从而增加普通股的吸引力。在某些情况下,普通股的股利收入有可能超过可转换证券的利息收入。虽然可以用这两种方式提高转换率,但不可避免的是,由于债券的下跌保护、资产优先权及其他原因,有一部分可转换证券持有者不会进行转换。此时,赎回可转让证券是确保大量转换的唯一办法。

可转换证券的价值

如果只是根据可转换债券使发行公司支付的利息少于为直接债券支付的利息,股权稀释度也低于直接股票融资的稀释度,就得出结论说它是最好的融资方式,则过于简单了,因为这种观点忽视了可转换债券的期权特性。

债权加期权特点

可转换债券可以被看作直接债权与购买公司普通股的期权的结合。如果期权到期日与可转换证券的到期日相同,则有下列关系式:

$$债权价值＋期权价值＝可转换债券价值$$

债权价值和期权价值都受公司现金流的影响。这种现金流的不稳定性越强,则债权价值越低,而期权价值越高。

因此,可转换证券面临两方面的风险。由于企业的经营风险增大,企业必须对新增负债支付更高的利息。然而,由于企业经营风险增大,可转换证券持有者手中的期权价值更高。这表明,如果企业的未来收益很不稳定,可转换证券可能是一种很好的融资方式。尽管高风险公司不能以合理的价格出售直接债券,可转换证券的期权特性却使得这种债权加期权的组合在市场上很有吸引力。因此,可转换证券对于经营状况不稳定的公司来说,是重要的融资工具。

在本章附录中,我们将更详细地介绍期权的特性。下面我们将用更为传统的方式探讨可转换证券的价值。

直接债券价值

我们知道,对于投资者来说,可转换证券的价值是双重的:作为债券或优先股的价值以及作为潜在普通股的价值(由于可转换债券与可转换优先股的价值原理几乎相同,下面只讨论可转换债券)。投资者购买可转换债券时即获得了一个**对冲**(hedge)。如果股票的市价在上涨,可转换债券的价值主要由转换价值决定;如果股票的市价在下跌,则投资者仍持有债券,债券给投资者提供了一个价值下限,因为转换价格不可能跌破该下限。

可转换债券的**直接债券价值**(straight bond value)是同一公司类似但不可转换的债券在公开市场出售的价格。如果以半年复利计,则直接债券价值 V_{SB} 可通过下式计算:

$$V_{\text{SB}} = \sum_{t=1}^{2n} \frac{I/2}{(1+i/2)^t} + \frac{\text{MV}}{(1+i/2)^{2n}} \quad (22.1)$$

$$= (I/2)(\text{PVIFA}_{i/2,2n}) + \text{MV}(\text{PVIF}_{i/2,2n}) \quad (22.2)$$

式中，V_{SB} 为可转换债券的直接债券价值；

$I/2$ 为由利率决定的半年利息支付；

MV 为债券到期值；

$2n$ 为在最终到期日前的半年期数；

$i/2$ 为同一公司类似但不可转换的债券的市场半年到期收益率。

在式(22.1)和式(22.2)中，我们假定按半年支付利息，这是美国公司债券利息支付的常用方式。利息支付的次数等于 2×到期所需年数。

Fawlty 食品公司发行了利率为 9% 的 20 年期可转换债券。这意味着半年利息支付为其面值 1 000 美元的 4.5%，即 45 美元。如果该公司目前向市场出售 20 年期的信用债券，半年利率最低为 6% 才能吸引投资者。假定半年到期收益率为 6%，则 9% 年利率的 20 年到期债券只能折价出售。根据式(22.2)，可得

$$V_{\text{SB}} = 45 \text{ 美元}(\text{PVIFA}_{6\%,40}) + 1\,000 \text{ 美元}(\text{PVIF}_{6\%,40}) = 774 \text{ 美元}$$

因此，Fawlty 食品公司可转换债券的直接债券价值下限为 774 美元。该价值下限意味着如果普通股股票价格暴跌，以致转换特性价值可忽略不计的话，该可转换债券价格只能跌到 774 美元。在该价格下，这种可转换债券将按直接债券出售，其收益率与同级债券相同。

可转换债券的直接债券价值并非固定不变的。它随着：(1)资本市场利率的变动；(2)公司财务风险的变化而变化。如果利率普遍上扬，直接债券价值将下跌。在该例子中，如果直接债券的半年到期收益率由 6% 上升到 7%，该可转换债券的直接债券价值将由 774 美元下跌到 667 美元。此外，公司的信用等级也会随时间的变化而上升或下降。如果信用等级上升，公司即可用更低的到期收益率出售债券，转换债券的直接债券价值将上涨。如果公司信用恶化，直接债券到期收益率提高，其直接债券价值将下跌。对投资者来说，不幸的是，如果由于每股收益降低或风险增高而使得公司股票市价下跌，则公司的信用也可能恶化。结果会造成可转换债券的直接债券价值随着转换价值的下跌而同时下跌，以致其所提供的下跌保护低于投资者先前的预期。[①]

溢价

可转换债券往往同时按直接债券价值溢价和可转换溢价出售。回顾前面的内容，可转换债券的转换价值等于普通股的每股市价乘以可转换债券可交换的普通股股数。在给定的条件下，可转换债券给投资者提供了一种下跌保护，可转换债券总是按高于转换价值的价格出售。一般来说，股票价格变化越大，直接债券价值下限提供的下跌保护越有价值。由于这个原因及后面将要讨论的原因，可转换债券的市场价值常常高于转换价值，两

---

① 从数学上，如果发行时可转换债券的面值高于直接债券价值，其他条件不变，则可转换债券的直接债券价值将随时间的延长而上涨。假设公司不违约，在最后到期时，可转换债券的直接债券价值将等于其面值。

者之差即为转换价值溢价。

此外,可转换债券总是按**直接债券溢价**(premium over straight bond value)出售,这主要是由于转换特性造成的。除非股票价格相对于转换价格低很多,通常情况下转换特性总是有价值的,因为投资者最终会找到有利的转换机会。正因为转换特性具有价值,可转换证券才会按直接债券溢价出售。普通股市价相对于转换价格越高,直接债券溢价也越高。

两种溢价间的关系

两种溢价间的平衡关系决定了期权的价值。如图 22.1 所示,横轴代表普通股市价,纵轴代表可转换证券的价值。这里要指出,横轴和纵轴所使用的单位不同。从原点出发的对角线代表可转换债券的价值。由于转换比率不随股票市价的变化而变化,因此这条线是直线。

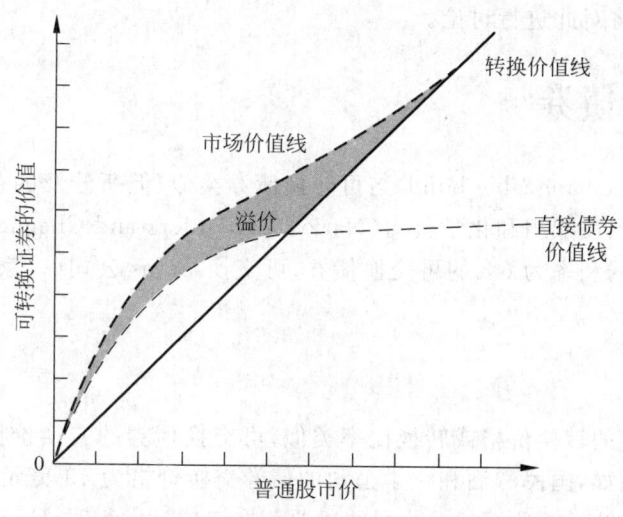

图 22.1 各种债券价值和溢价间的关系

然而,直接债券价值线与普通股市价则是相关的。如果公司财务状况恶化,普通股和债券的价值都将下跌。极端的情况下,公司的总价值为零,债券和股票价值都为零。如果公司财务状况越来越好,普通股价格将上涨,债券价格也将上涨,只是涨幅要小一些。到达某点后,直接债券价值将趋于平缓,股票价格的进一步上涨与之没有对应关系。在该点上,直接债券价值由市场上出售的其他类似信用等级的债券决定。图中最上面的曲线代表可转换债券的市价。这条线与直接债券价值线之间的距离代表直接债券价值溢价。市场价值线与转换价值线之间的距离代表转换溢价。最后,如果我们把可转换债券的价值下限看作转换价值和直接债券价值的较高者,则图 22.1 中的阴影区域就代表总溢价和价值下限溢价。

在普通股价格处于一个较高水平时,我们看到可转换债券作为债券的价值是不明显的。同样,如果直接债券溢价较高即可忽略转换价值溢价。可转换债券主要作为股票的替代物。由于下列几种原因,投资者不愿为可转换债券支付较高的转换溢价。首先,可转换债券的直接债券市场溢价越高,直接债券价值为投资者提供的保护性就越低;其次,转换价值很高时,可转换债券可能被赎回。如果这样,投资者宁愿把它转换成普通股也不会接受赎回价格。当然,在转换时,可转换债券的价值仅等于其转换价值。

另一方面,当可转换债券的市场价值接近直接债券价值时,转换特性几乎没有任何价值。在该价格水平上,可转换债券的价值主要就是直接债券的价值。在上述条件下,可转换债券的市场价格可能远远高于其转换价值。

可转换债券市价既有转换价值又有直接债券溢价的主要原因在于它具有既是债券又是普通股期权的独特优点。可转换债券既给投资者提供了部分下跌保护的好处,又使投资者能够获得股票价格上涨带来的好处。因此,其可能的收入总是偏向于正收益,而这个特点吸引了投资者。股票价格波动幅度越大,潜在股价上涨收益越高,可转换债券的期权价值也就越高。图22.1中,股价的这种较大的波动程度可用阴影区域较大的面积来表示。波动幅度越小,该区域的面积也越小。期权定价理论可以让我们对该特点有更深刻的理解,本章附录将对此进行讨论。

 可交换债券

可交换债券(exchangeable bond)与可转换债券类似,但所涉及的是另一家公司的普通股股票。例如,国民酿酒和化学公司(National Distillers and Chemical Corporation)发行了4900万美元的利率为6%的可交换债券,可交换Cetus公司(一家生物技术公司)的普通股股票。

特征

与可转换债券的转换价格或转换比率类似,可交换债券的交换价格或交换比率必须在发行时确定。例如,国民酿酒和化学公司的债券交换价格为49美元,每份价值为1000美元的债券可交换20.41股Cetus公司的股票。在该债券发行时,Cetus公司的股票价格为每股37.50美元,因此交换溢价是30.7%,相对于转换溢价而言是非常高的。该溢价也反映了Cetus公司的特性:收益很低,潜在回报很高,但该回报很不稳定。产出变化越大,可交换债券期权的价值就越高。与可转换债券一样,可交换债券通常也具有可赎回的特征。

在融资中的应用

通常只有在发行公司拥有另一家公司可用于交换其债券的股票的情况下,才会发行可交换债券。例如,国民酿酒和化学公司拥有Cetus公司4%的流通股。假设与在公开市场购买股票不同,从国民酿酒和化学公司购买Cetus公司股票开始,该股票即满足可交换条件。因此,发行可交换债券的决策将导致持有其他公司股份额的下降或消失。这种融资决策必须经过缜密的思考才能作出。

与可转换债券一样,由于这种金融工具所具有的期权特性,其利息支付通常较低。迄今为止,大多数发行可交换债券的公司,其直接债券的发行额也较高,并且不会遇到融资困难。可交换债券的吸引力是其低利息支出以及可以在高出市场现价的溢价的情况下处置普通股投资。最后,有些美国公司的可交换债券在美国以外的投资者中发行。

可交换债券的估价

可交换债券的价值可视为

$$债权价值 + 期权价值 = 可交换债券价值$$

式中,赎回期权属于债券可交换的公司的普通股。因此,投资者必须同时分析并跟踪一家公司的债券和另一家公司的普通股股票。这种融资方式的一个优点是风险分散化,直接债券价值和股票价值之间没有直接关系。一家公司收益低、财务状况恶化并不会同时导致直接债券价值或普通股价格的下跌。如果这两家公司处于不相关的行业,则投资者的风险就分散了。由于市场不完善,在其他条件不变的情况下,风险分散会导致可交换债券的价值大大高于可转换债券的价值。

因为期权价值由相关资产的变动率推动,变动率的不同会影响在可交换债券和可转换债券间的选择。如果股票发行公司在交易所挂牌的普通股比债券发行公司的债券变动敏感度高,而其他条件相同,则可交换债券的期权价值高于可转换债券。

可交换债券在税收上相对不利。交换时,债券成本与普通股市价间的差价被视为资本利得。而对于转换债券而言,只有在普通股被售出后才会确认该利得。这些因素的净影响目前尚不清楚。

认股权证

认股权证(warrant)是在指定期限内(通常持续几年,有时是永久性的)按指定的交割价格(通常高于认股权证发行时的市价)购买普通股的期权。相反,**认股权**(right)虽然也是一种购买普通股的期权,但它通常具有低于市价的承销价,并且持续期限很短(通常两到三周)。

认股权证通常用作公开发行的债券或私募债券的"甜味剂"。因此,发行公司支付的利息可以低于采用其他债券发行方式所支付的利息。对于处在信用风险边缘的公司来说,采用认股权证可以令其从不能进行债券融资转为能进行债券融资。有时候,公司也直接向投资者出售认股权证,以换取现金。另外,认股权证还用于公司成立时作为对承销商和创业基金投资者的一种补偿。大多数认股权证与债券发行相连,通常采取私募方式。

特征

认股权证本身包含期权条款。它规定了认股权证持有者每份认股权证的股票购买股数。因此,一份认股权证提供了购买 1 股普通股的期权,当然也可能是 2 股、3 股或 2.54 股。认股权证的一个重要条款是关于交割价格的,例如,每股 12 美元,这意味着为了购买 1 股普通股股票,认股权证持有者必须支付 12 美元。这种**交割价格**(exercise price)可能是固定的,也可能逐渐提高。例如,交割价格可能在 3 年后由 12 美元上升到 13 美元,再过 3 年又上升到 14 美元。

认股权证必须指明到期日,没有到期日的永久性认股权证除外。因为认股权证只是一种购买普通股的期权,它没有普通股的股利收入,也没有投票权。如果普通股被分割或者宣布发放股利,则通常会考虑这些因素,调整认股权证的期权价格。有些认股权证一段时期后可以赎回——条件是每股价格要高于某个最低价格。

与可转换证券一样,认股权证发行公司必须报告稀释后的每股收益。稀释后的每股收益是假设所有可转换证券转换成普通股,所有认股权证期权已执行后计算得出的。由于这个要求,普通股投资者不大可能会忽视公司由于可转换证券和认股权证融资所带来的潜在股权稀释。

牛市中认股权证为王

虽然近期的风险厌恶情绪令很多投资者逃离香港股市,一位从业多年的某中资企业基金经理刘杨(Yang Liu)却反其道而行之。

刘女士是西京投资管理公司(Atlantis Investment Management)的主席,在中资股票上投了20亿美元。她说:"我是中资股票的坚定看多者,股市肯定会上涨。"不过她并没有加仓手中的中国人寿,她坚信该公司会有大幅反弹。

相反,她大举购入了该公司的认股权证——一种放大股价上涨效应的金融衍生品。

除了刘女士之外,在中国还有很多投资者购买认股权证。认股权证在证交所挂牌并且可以像股票一样买卖。认股权证在很多发达国家市场已经风靡很久了,尤其是在欧洲。然而近来认股权证在亚洲尤其是中国也掀起了热潮。在亚洲,主要由散户投资者们推动的狂热的投机热情促进了认股权证交易的爆发。

与期权一样,认股权证赋予投资者在未来按固定的价格购买证券的权利而不是义务。

认股权证使得投资者能够以股票成本的一小部分以杠杆的方式获取股票和股指。

与购买期权不同的是,认股权证是由金融机构(备兑权证)或打算融资的公司(公司发行认股权证)发行的,购买期权则是交易工具,既不是由金融机构也不是由公司发行的,而是规定了标准条款的可交易合约。

此外,认股权证的期限通常以年计,而期权则通常以月计。

花旗集团亚太地区股权衍生品部门兼亚太地区认股权证部门的负责人迈克尔·沃克(Michael Walker)说:"市场上的主要驱动力是投机,而亚洲人在股市上投机的热情超过了其他任何地方的人。"他补充说,过去一年香港股市营业额中超过1/4是认股权证的交易。

认股权证在包括韩国和新加坡在内的其他亚洲市场上也越来越受欢迎,而有银行家称台湾市场也有增长的潜力。然而,各个市场的情况仍然不尽相同。

例如,在中国内地市场,认股权证只能由上市公司发行,主要是为了发行新股而进行资本管理。

银行家们称,亚洲股市的波动性很难阻止投资者对于认股权证的热情。然而,他们也指出,认股权证的发行是与强势的市场相联系的。例如,20世纪80年代末期日本的借款人利用强势的市场发行了大量利息很低的附认股权证的债券。

当20世纪90年代初股市崩盘时,单独进行交易的认股权证在到期之日变得一文不值。

JP摩根除日本外亚洲股权衍生品部门的负责人威廉·李(William Lee)说:"认股权证2002年以来被爆炒并不是偶然的。认股权证是牛市的工具。"

资料来源:改编自 Joanna Chung, "Warrants win over the bulls," *Financial Times* (March 13, 2007), p. 27. (www.ft.com)© The Financial Times Limited 2007. Used by permission. All rights reserved.

认股权证的执行　执行认股权证后,公司的普通股将增加。此外,由于发行认股权证而带来的负债仍将存在。发行认股权证时,所制定的交割价格通常高于当时的市价。其溢价通常高于股票价格的15%。如果股价为每股40美元,则交割价格为46美元。

为了了解认股权证的执行是如何给公司注入新的资本的,我们以 Black Shoals 公司为例。该公司刚刚通过发行附有认股权证的债券筹集了2500万美元,该信用债券的利率是11%。每份债券(1000美元面值)附有一份认股权证,每份认股权证允许投资者用每股30美元的价格购买4股普通股。该公司融资前后及认股权证期权被完全执行后的资本情况如下:

百万美元

	融资前	融资后	期权执行后
债券		25	25
普通股(面值10美元)	10	10	11
附加实收资本			2
留存收益	40	40	40
股东权益	50	50	53
总股本	50	75	78

公司的留存收益未发生变化,发行的信用债券既没有到期也没有被赎回。认股权证持有者以每股30美元的价格执行期权,购买了10万股普通股,价值300万美元。因此,公司的总股本也增加了300万美元。

认股权证的估价

认股权证的理论价值由下式决定:
$$\text{认股权证理论价值} = \max[(N)(P_S) - E, 0] \quad (22.3)$$
式中,N是每份认股权证所能购买的普通股股数;P_S是普通股的每股市价;E是购买N股普通股的交割价格;max 表示取$(N)(P_S) - E$和零这两者的最大值。认股权证的理论价值是认股权证通常出售的最低价格。如果出于某种原因,认股权证的价格低于其理论价值,则购买认股权证并执行期权出售股票的套利行为将消除其差价。

当相关股票的市价低于其交割价格时,认股权证的理论价值为零,此时认股权证是以"减值"交易。如果相关股票的市价高于交割价格,则认股权证的理论价值为正(如图22.2中的实线所示)。在这种情况下,认股权证是以"增值"交易。

理论价值的溢价

认股权证能以高于其理论价值的价格出售,其主要原因在于存在杠杆机会。为了详

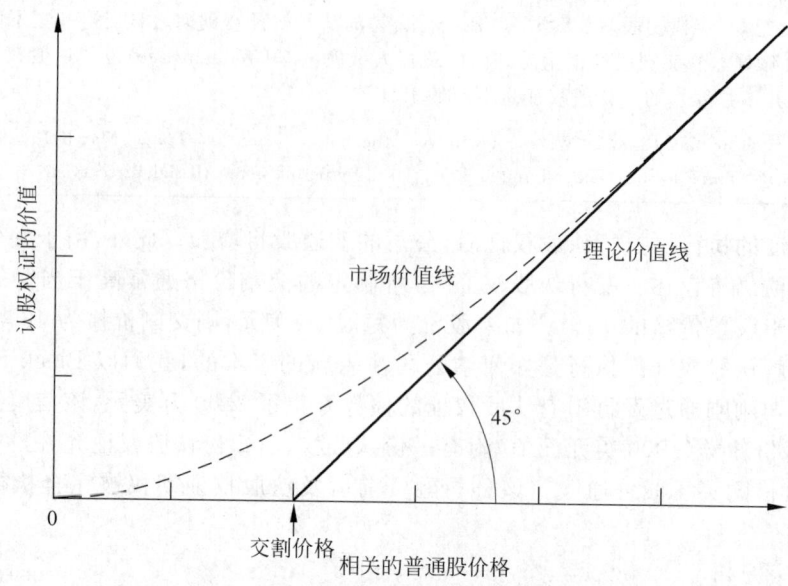

图 22.2 认股权证的理论价值与市场价值间的关系

细介绍杠杆概念,我们以 Textron 公司的认股权证为例。每份认股权证能以 10 美元的交割价格购买 1 股普通股。如果普通股的当前价格为每股 12 美元,则认股权证的理论价值是 2 美元。然而,假设股票价格增长了 25%,达到每股 15 美元,则此时认股权证的理论价值将由 2 美元增加到 5 美元,增长了 150%。

当普通股价格接近交割价格时,股价上涨的获利机会对投资者是很有吸引力的。对于一次特定的美元投资来说,投资者宁愿购买认股权证而不是普通股股票。如果股票价格上涨,投资者在认股权证上的投资获利将高于在普通股上的等量投资获利。当然,杠杆在两个方面都是起作用的。向下的变化比例几乎与向上的变化比例同样明显。然而,因为有个零值下限,认股权证价格的下跌是有限的。而且,市价要降为零,要求在行使认股权期间,股票市价不存在超过认股权证的价值的可能性。事实上,这种可能性有时是存在的。

认股权证的市场价值超过其理论价值是因为:认股权证价值有潜在的升值可能,同时其下跌幅度是受到支撑的。特别是在相关普通股的市价接近认股权证的交割价格时,以上现象经常发生。

两种价值间的关系

认股权证的市价与相关普通股股价的典型关系见图 22.2。图中的实线表示认股权证的理论价值,虚线表示认股权证的市场价值。有人可能认为认股权证的理论价值线只有在认股权证到期的那一刻才代表认股权证的价值。如果认股权证还有相当长时间才到期,则认股权证价值与股票价格间的关系可由图 22.2 中的虚线更准确地表示。离到期的时间越远,投资者选择交割机会的时间也越长,从而认股权证价值越高。其结果是离到期日越远,认股权证的市场价值线比理论价值线越高。

从图中可以注意到,如果股票价格低于认股权证交割价格,则认股权证的市场价值高于其理论价值。随着相关股票市价的上涨,认股权证的市价通常接近理论价值。这个简单规律表明,认股权证价值上升的潜在比例越高,它越高于认股权证理论价值。我们将在本章附录进一步探讨期权定价理论。

小结

- 可转换证券、可交换债券和认股权证都使持有者获得普通股的期权。
- 可转换证券是一种债券或优先股,其持有者将其转换成同一公司普通股的期权。对发行公司来说,可转换证券通常意味着延迟的普通股融资方式。对于一定量的融资额,在可转换证券没有售出而全部转换的假设下,发行可转换证券的股权稀释度低于发行普通股的稀释度。
- 作为一种混合证券,可转换债券有直接债券价值下限和转换价值或股票价值。其结果是,可转换债券持有者的可能收益往往偏向正值,并受上述两种因素的影响。
- 可交换债券可用来交换另一公司的普通股。可交换债券的价值确定方法与可转换证券相似,仅有少数的例外情况。这种融资方式适用于拥有其他公司股票的公司。
- 认股权证是在指定期限内(通常持续几年,有时是永久性的)按指定交割价格(通常高于认股权证发行时的市价)购买普通股的期权。
- 可转换或交换特性使投资者可以把债券或优先股转化为普通股。债券所附的认股权证使投资者能按指定价格购买指定数量的普通股,认股权证的交割并不意味着债券的清偿。
- 通常情况下,认股权证是作为公开或私募发行债券的"甜味剂"。当股票市场价格接近认股权证交割价格时,认股权证的市场价格通常高于其理论价值。当股票市场价格相对于交割价格较高时,认股权证往往以理论价值出售。

附录 22A 期权定价

期权是一份简单的合约,并且合同持有人有权以指定的价格买或者卖某一公司的股票。在各种期权合约中,以看涨期权和看跌期权最常见。**看涨期权**(call option)是指其合约持有人有权按指定价格(称为交割价格)购买公司股票。例如,我们可能拥有一份看涨期权,可以在 12 月 31 日即到期日前以每股 10 美元的价格购买 ABC 公司的普通股,提供期权的一方称为期权写契人。对看涨期权来说,期权写契人必须在期权持有人执行期权时向其出售股票。

从我们在本章讨论的内容可明显看到,认股权证和可转换证券都是一种期权形式。两者都赋予期权持有人购买公司股票的权利。与看涨期权相反,**看跌期权**(put option)持有人有权在到期日前按指定价格出售股票。它就好像是看涨期权的镜像,我们在下文只讨论看涨期权的价值理论。

到期日价值

假设我们只考虑看涨期权(下文简称期权)在到期日的价值。则期权价值 V_o 为

$$V_o = \max(P_S - E, 0) \qquad (22A.1)$$

式中,P_S 是股票的每股市价;E 是期权的交割价格;max 表示取 $(P_S - E)$ 与零两者较大的值。为解释该公式,假定 Lindahl 公司普通股在到期日价格为每股 25 美元,其期权交割价格为 15 美元,则期权价值为 25 美元－15 美元＝10 美元。注意,期权的价值仅由普通股价格减去交割价格决定,但期权价值不可能为负值。当交割价格高于普通股股价时,期权价值为零。

图 22.2 描绘了认股权证的理论价值。理论价值线表示期权到期日价值,横轴表示普通股在到期日的价格。

到期日之前的价值

现在考虑距到期日还有一段时间的期权价值。为简单起见,假设期权只能在到期日执行,普通股在到期日的股价未知,但有一定的概率分布。只要距到期日还有一段时间,期权的市场价值就可能高于其理论价值。其原因是期权可能在未来升值。在介绍认股权证时我们曾讨论过这个问题,这里就不再重复介绍了。期权的实际价值用图 22.2 中的虚线描述。

到期前的时间影响 一般来说,离到期时间越长,期权的价值比其理论价值越高,其原因在于在更长的时间内期权可能升值。如图 22A.1 所示,越临近到期日,期权价值与股票价格越接近。市场价值线 1 代表的期权到期时间比市场价值线 2 代表的期权到期时间短,而市场价值线 2 代表的期权到期时间又比市场价值线 3 代表的期权到期时间短。

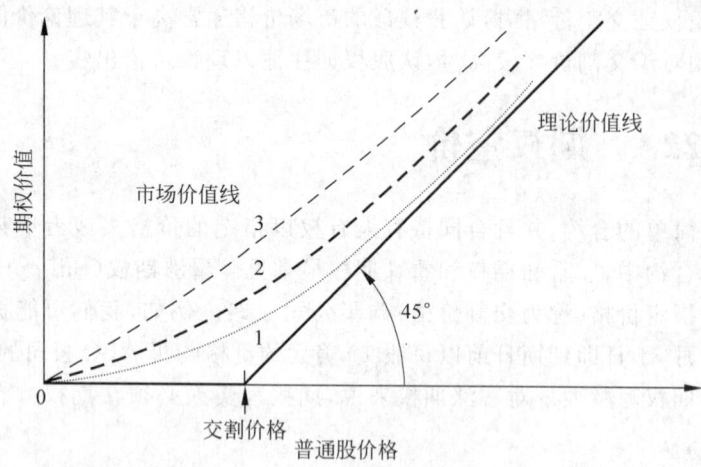

图 22A.1 各种到期日的普通股价格与期权价值间的关系

利率因素 期权的另一个重要特点是其时间价值。投资者利用期权购买普通股时,首先作出了交割期权所需的总价这笔预付支出。而直到未来期权交割的时间前,最后一笔支出(即交割价)都没有到期。市场利率越高,投资者的延迟支出(直到支付交割价格)

价值越高,因此期权离到期日时间越长,市场利率越高,期权的价值也越高。

股价波动的影响　在期权定价的各种因素中,最重要的因素通常是相关普通股的股价波动因素。更具体地说,在其他因素不变的情况下,极端股价出现的可能性越高,期权的价值也越高。期初时我们可能考虑两支股票的期权,在期权到期日两支股票的概率分布如下所示:

股价出现的概率	A 股票股价/美元	B 股票股价/美元
0.10	30	20
0.25	36	30
0.30	40	40
0.25	44	50
0.10	50	60
1.00		

期末两支股票的期望价格相同,都是每股 40 美元。不过,B 股票的股价范围分布更广,假定期末时关于这两支股票的期权交割价格也相同,如每股 38 美元。因此,这两支普通股期末期望价格相同,其期权的交割价格也相同。然而,期末关于 A 股票的期权期望价值 $\overline{V}_o$ 为:

(1) 股价出现的概率	(2) A 股票股价 P_S/美元	(3) $\max(P_S-38\text{ 美元},0)$	(4) (1)×(3)
0.10	30	0	0.00
0.25	36	0	0
0.30	40	2	0.60
0.25	44	6	1.50
0.10	50	12	1.20
1.00			$\overline{V}_o = 3.30$ 美元

B 股票的情况则为:

(1) 股价出现的概率	(2) B 股票股价 P_S/美元	(3) $\max(P_S-38\text{ 美元},0)$	(4) (1)×(3)
0.10	20	0	0.00
0.25	30	0	0.00
0.30	40	2	0.60
0.25	50	12	3.00
0.10	60	22	2.20
1.00			$\overline{V}_o = 5.80$ 美元

因此,B 股票股价的分散程度越大,其期权在到期日的价值越高。其原因是期权价值不可能为负值。因此,股价分散程度越高,通过股价减去交割价格计算的收入额越高。股价波动幅度上升,其股权购买者的收入额也上升,从而期权价值也增加。

股票价格波动对期权价值的影响如图 22A.2 所示。两支期末股价概率分布不同的股票具有不同的股权交割价格。因此两支股票期权到期日价值(理论价值)的下限也相同,如图中底线的曲棍球形状部分所示。W 股票期末股价的分布范围比 N 股票广,这反映 W 股票股价波动幅度大。由于 W 股票提供高收入(图中交割价格右边较远处所示)的可能性更高,因此其期权价值比 N 股票期权价值高。

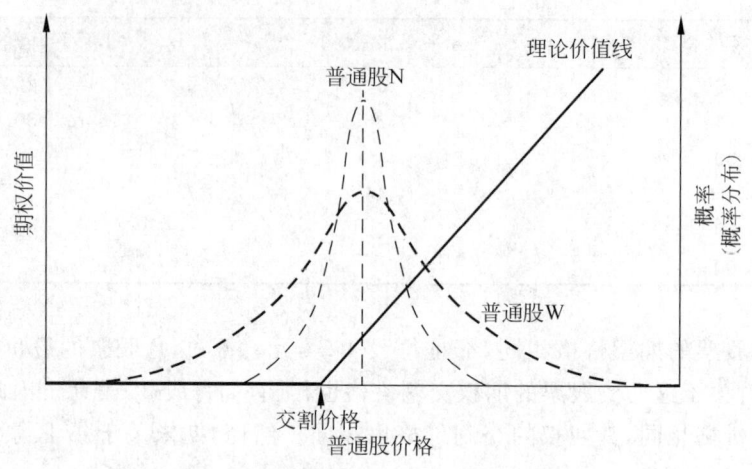

图 22A.2　两种普通股的股价波动和期权价值

总之,当下列变量增大时,看涨期权价值(价格)变化如下:

增值变量	期权价值变化
股价波动幅度	上升
距离到期日时间	上升
利率	上升
交割价格	下跌
当前股价	上升

记住这些关系有助于我们进一步探讨期权定价问题。

用期权来对冲

有了这两个相关的金融工具(普通股和期权),就能建立一个无风险的对冲头寸。其中一种金融资产的价格变化将被另一种资产的价格的反方向变化抵消。我们可以通过购买普通股(术语为多头)并同时出售期权来建立对冲头寸。如果股票价格上涨,则多头获利,即我们手中持有的股票升值了。但是我们出售期权时有损失,因为期权持有人行使权时,我们必须以高于出售期权时的股票价格的价格购买股票,并以交割价格出售给期权持有者。

因此,当一个人持有普通股与已出售期权的组合时,股票价格的上涨或下跌将被已出售的期权价值的下跌或上涨所抵消。如果恰到好处地这么做,则可以使总头寸(股票多头并出售期权)近于无风险。在均衡市场上,完全的对冲头寸只能获得无风险收益。

Black-Scholes 期权模型

费希尔·布莱克(Fischer Black)和诺贝尔奖得主迈伦·斯科尔斯(Myron Scholes)在其里程碑式的论文中提出了一个确定期权均衡价格的精确模型。[①] 该模型是在上面讨论的对冲基础上建立的。Black-Scholes假定：期权只能在到期日执行；市场完善，无交易成本；普通股不支付股利；市场参与者能以已知短期利率借款；股票价格变化符合随机规律。

在上述假定下，我们可求出期权的均衡价值。如果期权实际价值偏离由模型决定的价值，则可建立无风险的对冲头寸，并得到超过短期利率的回报率。随着套利的出现超额回报将被消除，期权价值将等于模型决定的价值。

为阐明对冲头寸，假定XYZ公司的股价与期权价值有如图22A.3所示的近似关系。并进一步假定当前股价为每股20美元，期权价格为7美元。当股价为20美元时，图22A.3中的市场价值线斜率(随市场价值线上升而升高)为1.5或1到2之间。市场价值线的效率决定了近似的对冲头寸。在这个特定的例子中，对冲头寸为每股20美元购买1股股票，并以每份7美元的价格出售期权。该头寸的"净资金"投入为20美元－2×7美元＝6美元。

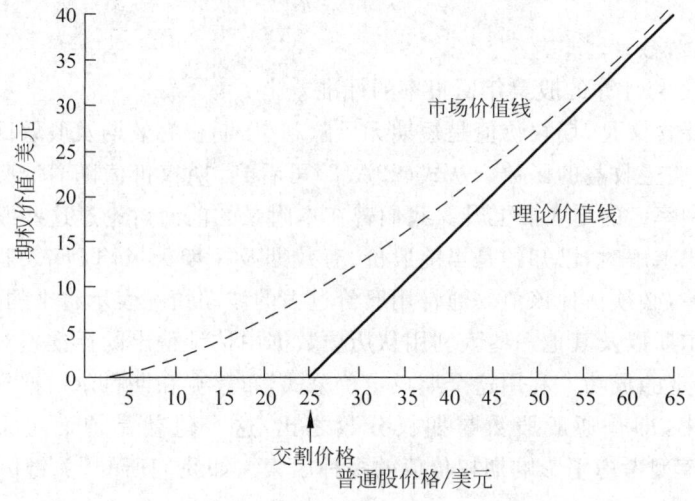

图22A.3 XYZ公司的期权价值和普通股价格间的关系

持有一股普通股的多头和两份期权的空头组合基本上对冲了风险。如果股票价格略微下跌，期权空头的价值将上升大约同样的数量，我们说"大约"是因为股票价格的时间变化后，理想的对冲比率也变化了。例如，在图22A.3中，市场价值线的斜率随着股票价格的上升而增大。因此，所需出售的期权份数将减少。如果股票价格下跌了，则为了维持对冲状态，必须出售更多份期权。如图22A.1所示，除了由于股价的变化引起市场价值线

[①] Fischer Black and Myron Scholes, "The Pricing of Options and Corporate Liabilities," *Journal of Political Economy* 81 (May-June 1973), 637-654.

斜率的修正外,随着时间的推移,期权距到期日越近,市场价值线越向下倾斜。

因此,为了维持完全无风险的对冲头寸,必须根据股价的变化不断调整期权空头的头寸。Black-Scholes 模型的假设使这种调整有可能实现,但在现实中,交易成本的存在使不断调整期权空头头寸几乎不可能。然而,即使在这些假设下,如果股价的变化或时间的推移比较小,对冲头寸也会有风险,不过头寸分散化可消除这些风险。从操作上看,维持近于无风险的对冲头寸是可能的。套利的出现使这种对冲头寸的收益率大致维持在短期无风险利率水平。

精确公式及其含义 在上述假设下,布莱克和斯科尔斯给出了购买1股普通股的期权均衡价值 V_0 的公式。

$$V_0 = (P_S)(N(d_1)) - (E/e^{rt})(N(d_2)) \tag{22A.2}$$

式中,P_S 为标的股票的当前价格;E 为期权的交割价格;$e = 2.71828$,为自然数;r 为连续复利的短期无风险利率;t 为以年表示的期权有效期;$N(d)$ 为正态分布的随机变量值低于 d 的概率。

$$d_1 = \frac{\ln(P_S/E) + [r + (0.5)\sigma^2]t}{\sigma\sqrt{t}}$$

$$d_2 = \frac{\ln(P_S/E) + [r - (0.5)\sigma^2]t}{\sigma\sqrt{t}}$$

式中,ln 为自然对数;

σ 为连续复利计算的股票年回报率的标准差。

公式的重要含义是,期权价值是短期无风险利率、期权有效期及股票回报率方差的函数,而不是股票期望收益的函数。从式(22A.2)可看到,期权价值随着有效期 t、标准差 σ 和短期无风险利率 r 的增大而上升。我们曾在本附录的前面讨论过这些原理。

利用该公式求解时,已知的是当前股价、有效期及短期无风险利率,未知的是股票年回报率的标准差,必须估计该值。通常用股价过去的波动情况表示将来的股价变动情况。布莱克和斯科尔斯以及其他一些人利用从历史数据中估计得出的标准差对该模型做了检验,并取得了一定的成功。利用这个期权定价公式,布莱克和斯科尔斯推导出了完全对冲头寸的对冲比率,即普通股股数与期权分数之比,这个值就是前面定义过的 $N(d_1)$。Black-Scholes 模型考虑了影响期权价值的多种因素。如我们所知,关键因素是估计未来股价的波动情况。

小结

总之,通过购买普通股和出售期权是可能建立无风险对冲头寸的。对冲比率决定了多头的股票股数相对于已出售期权的比例。在有效金融市场上,完全对冲头寸的回报率是短期无风险利率。如果该定理成立,则有可能在期初确定期权的价值。如果期权实际价值高于或低于该值,则套利交易将使期权价值回到理论值。

Black-Scholes 期权定价模型提供了一个确定期权价值的精确的公式。该模型是建立在股价波动情况、股价、期权交割价格、期权有效期和短期无风险利率的基础上的。其经济基础是,投资者可长时期维持适当的对冲头寸,套利交易使对冲头寸的回报率维持在短期无风险利率左右。因此,期权价值与股票价格存在一种精确的关系。Black-Scholes 模型使人们对期权价值有了相当深入的认识。

思考题

1. 给出可转换证券的价格、转换率、转换价值、转换价值溢价和直接债券价值溢价的定义。
2. 本章提出,如果可转换证券发行溢价介于发行时市价的 10%～20%,则可以把可转换证券作为一种延迟的股票融资工具。然而,只要市价远高于转换价格,大多数可转换证券都会被赎回。是否公司只要等过一阵再发行普通股就会更好些呢?解释你的观点。
3. 既然公司能以比长期债券更低的利率发行可转换证券,为什么它还要发行直接债券?
4. 一些认购权证的理论价值为零,而出售价格为正,为什么?请给出解释。
5. 假设你是一个股权集中(只有少数几名股东)的小型电子工业公司的财务经理,你有一个有利的投资机会,并在考虑是用次级可转换债券还是用附有认股权证的债券融资。你认为考虑到启动成本,当前股价处于超跌价位,并且公司负债比率很高(相对于整个行业),因此不考虑股票融资方式。如果你在未来需要大量资金,你将采用哪种融资方式?为什么?
6. 为什么一些可转换债券持有者会自愿进行转换?
7. 小型、高速成长的公司采用认股权证有何优势?
8. 为什么一些期权如认股权证的市场价格经常高于其对应的普通股股价?
9. 如果可转换证券转换为普通股,普通股的每股收益会被稀释。你认为股价是否会因此下跌?请给出解释。
10. 如果公司发行可转换证券是因为把其当作延迟的股票,则公司发行时规定转换价格每隔几年逐步提高的做法是否明智?
11. 为什么有些投资者希望投资认股权证而不是普通股?
12. 作为一名债权人,你认为认股权证作为一种"甜味剂"对你有多大的吸引力?你能否给出比其他融资方式对你更具吸引力的特征?请对此作出解释。
13. 为什么认股权证无限的潜在上升空间及零下限的下跌界限对投资者有吸引力?如果普通股股价波动十分剧烈,这是件好事还是坏事?
14. 在期权融资(如可转换证券和附有认股权证的债券)中,公司是否无偿得到了好处(更低的利息支出)?
15. 可转换债券与可交换债券有多大区别?作为债券有何共同点?
16. 就其价值而言,投资者持有可交换债券还是可转换债券更有利?

自测题

1. Barnaby 轮船公司目前发行在外的普通股为 50 万股,每股收益为 3 美元,公司计划发行 4 万股面值为每股 50 美元、固定股息为 7% 的可转换优先股。每股优先股可转换

2股普通股。普通股当前市价为每股21美元。

(1) 优先股的转换价值为多少?

(2) 转换溢价为多少?

(3) 假设总收益不变,①在转换前,每股收益有何不同?②在稀释基础上每股收益有何不同?

(4) 假设税后赢利增加了100万美元,则①转换前每股收益为多少?②完全稀释后每股收益为多少?

2. Phlogiston 化工公司计划发行1000万美元的年利率为10%的次级可转换债券。当前公司普通股每股价格为36美元,公司相信它能获得的溢价(发行价格超过转换价值的部分)大约为12%。最初10年公司债券的赎回价格为每份1060美元,此后10年的赎回价格下降为1030美元,最后10年为1000美元。为了使公司的股价能够浮动,公司只在转换价值超过赎回价格15%以上时才可能赎回债券。在可预见的未来,每股收益预期以8%的速度增长,并且公司预计未来市盈率不会变化。

(1) 确定多少时间后公司开始赎回债券。

(2) 公司发行可转换债券是明智的选择吗?

3. 红鲱鱼比萨饼公司发行在外的认股权证每份可以用24美元的价格购买两股普通股。普通股股价与认股权证价格在最后一年的对应关系如下:

美元

	观测值					
	1	2	3	4	5	6
股票价格	20	18	27	32	24	38
认股权证价格	5	3	12	20	8	29

求解对应每个观测期认股权证的理论价值,然后画出每份认股权证市场价格与理论价值的关系曲线图。股价为多少时,认股权证的理论价值溢价最大?为什么?

复习题

1. 蓝天公司普通股的每股收益为每股3美元,股利支付率为60%,以8.333倍的市盈率出售股票。蓝天公司希望发行期限为20年、利率为9%的1000万美元可转换债券,初始转换价值为20%,赎回价格为105(面值1000美元债券的赎回价格为1050美元)。蓝天公司目前流通在外的普通股为100万美元,公司所得税税率为40%。

(1) 转换价格为多少?

(2) 每份面值1000美元的可转换债券的转换比率为多少?

(3) 每份可转换债券的初始转换溢价为多少?

(4) 如果所有可转换债券都已转换,则新增的普通股股权是多少?

(5) 如果发行可转换债券后蓝天公司每年可增加100万美元的营业收入(税前),计算新的每股盈余以及转换前后的留存收益。

2. 如果（题1中的）蓝天公司除了发行可转换债券外，还可出售1000万美元的年利率为12%的直接债券，假定营业收入增加100万美元，计算发行直接债券后的每股收益和留存收益，并与题1中(5)的答案相比较。

3. Faversham渔场有期限为20年、年利率为7.75%的可转换债券流通在外。每1000美元的债券可转换25股普通股，公司还发行有期限大致接近的直接债券。因此比较容易计算可转换债券的直接债券价值。Faversham渔场普通股股价易于波动，最近一年的几个观测值为：

美元

	观 测 值				
	1	2	3	4	5
每股市价	40	45	32	23	18
直接债券价值	690	700	650	600	550
可转换债券市价	1065	1140	890	740	640

(1) 计算每个观测值的转换价值溢价（以美元为单位）和直接债券溢价。

(2) 通过目测或图形比较这两个溢价，两者间的相互关系揭示了可转换债券价值的什么信息？

4. 下一年，Faversham渔场（见题3）的股价跌为每股10美元，可转换债券市价为440美元。直接债券价值也跌为每份410美元。求解转换价值定价和直接债券溢价。由此你对可转换债券的价值下降有何理解？

5. Rambutan果品公司需要通过发行债券筹集1000万美元资金。有两种方案可供选择：(1)发行期限为20年、年利率为8%的可转换债券，面值为1000美元，转换价格为50美元；(2)发行期限为20年、年利率为12%的直接债券，每份面值为1000美元的债券附有可用200美元购买4股普通股的认股权证。公司所得税税率是40%，当前股价为每股40美元，息税前净收入固定为总股本的20%，总股本具体为：

美元

普通股股票（面值为5美元）	5 000 000
营业外收入	10 000 000
留存收益	15 000 000
总股本	30 000 000

(1) 列出每种方案下，转换为执行期权前后资本的构成（总共有四种不同的资本构成）。

(2) 计算当前及题(1)中四种不同资本构成中的每股收益。

(3) 如果Rambutan公司股票价格上涨为每股75美元，求解方案2中每份认股权证的理论价值。

6. 新加坡某企业正在考虑发行可转换债券，每份债券可与马来西亚Palm石油公司

的 $16\frac{2}{3}$ 股普通股交换，后者股票的当前市价是每股 50 美元。如果可交换债券面值为 1000 美元，它可按多少交换价值溢价（用百分比表示）出售？相对于可转换债券来说，这种融资方式有何优势？

7. 利用式(22.3)计算下列几种认股权证的理论价值：

美元

认股权证	N	P_s	E
(1)	5	100	400
(2)	10	10	60
(3)	2.3	4	10
(4)	3.54	27.125	35.40

8. 上个月末，Alexander Zinc 公司赎回了它发行的年利率为 7% 的次级可转换债券。赎回价格为 106（即面值为 1000 美元的债券，赎回价格为 1060 美元）。每份面值为 1000 美元的债券可转换 34.7 股普通股股票。赎回公告日普通股股价为每股 43 美元。

(1) 在赎回公告日，可转换债券的市场价格大约是多少？

(2) 股价下跌多少个百分点时，可转换债券持有人接受该赎回价格才是理性行为？

9. Jenni Shover 公司发行的认股权证允许认股权证持有人以 60 美元的总价格购买 3 股普通股。其股票当前的市价为每股 18 美元，并且投资者认为 6 个月后股价的概率分布为：

每股市价/美元	16	18	20	22	24
概率	0.15	0.20	0.30	0.20	0.15

(1) 认股权证当前的理论价值是多少？

(2) 6 个月后股票的期望价值是多少？

(3) 6 个月后认股权证的期望价值是多少？

(4) 你是否认为认股权证的当前市价会等于其理论价值？如果你不这样认为，原因何在？

10. 假设你刚购买了一份认股权证，你可凭它以 45 美元的价格购买 2 股普通股股票。普通股当前市价为每股 26 美元，而认股权证的当前价格超过其理论价值 10 美元。一年后，公司普通股股价上涨为每股 50 美元，认股权证价格高于其理论价值 2 美元。

(1) 如果该年普通股的股息为每股 1 美元，则在普通股股票上的投资收益是多少？

(2) 认股权证的投资收益是多少？

(3) 为什么这两个收益不相等？

自测题答案

1. (1) 转换价值 = 转换比率 × 当前每股市价
    = 2 × 21 美元 = 42 美元

   (2) 转换价值溢价 = 50 美元 − 42 美元 = 8 美元
   (或者,用百分比表示 = 8 美元/42 美元 = 19.05%)

   (3) 每股收益:

税后总收益(3 美元×500 000 股)	1 500 000 美元
优先股股利	140 000 美元
普通股股东收益	1 360 000 美元
股数	÷500 000
每股收益	2.72 美元
税后总收益	1 500 000 美元
股数(500 000+80 000)	÷580 000
稀释后每股收益	2.59 美元

   (4) 赢利增加后每股收益:

税后总收益	2 500 000 美元
优先股股利	140 000 美元
普通股股东收益	2 360 000 美元
股数	÷500 000
每股收益基值	4.72 美元
税后总收益	2 500 000 美元
股数(500 000+80 000)	÷580 000
稀释后每股收益	4.31 美元

2. (1) 转换价格 = 36 美元 × 1.12 = 40.32 美元
   前 10 年每股赎回价格 = 40.32 美元 × 1.06 = 42.74 美元
   公司强制转换前,普通股股价必须上涨为 42.74 美元 × 1.15 = 49.15 美元
   相对于当前市价的上涨率(49.15 美元/36 美元) − 1 = 36.5%
   以 8% 的年复利增长,4 年中普通股每股收益将上涨 36%,即 $(1.08)^4 − 1$。如果股票市盈率不变,公司大概将在 4 年后进行强制转换。

   (2) 这个时间比市场参与者原来对可转换债券 2~3 年的预期时间要长一些,但是该时间并未过于偏离正常值。不过,如果随着时间的增长,公司每股收益的不确定性继续增长,则可转换债券将有很高的"潜在"风险。这种可能性会让公司重新进行考虑。

3. 各种股价下(按升序排列)认股权证的理论价值和市价如下：

美元

普通股股价	18	20	24	27	32	38
认股权证价格	3	5	8	12	20	29
理论价值	0	0	0	6	16	28

画出图形后，二者的关系与图 22.2 所示的相同。当股价为每股 24 美元时，认股权证的理论价值溢价最高达到 24 美元，此时认股权证理论价值为零。这时的杠杆作用最大，由于股价变动性在某种程度上决定了期权价值，因此在该价位，认股权证的理论价值溢价也最高。

参考文献

Arditti, Fred D. *Derivatives: A Comprehensive Resource for Options, Futures, Interest Rate Swaps, and Mortgage Securities*. Boston: Harvard Business School Press, 1996.

Asquith, Paul. "Convertible Bonds Are Not Called Late." *Journal of Finance* 50 (September 1995), 1275-1289.

____, and David W. Mullins, Jr. "Convertible Debt: Corporate Call Policy and Voluntary Conversion." *Journal of Finance* 46 (September 1991), 1273-1289.

Barber, Brad M. "Exchangeable Debt." *Financial Management* 22 (Summer 1993), 48-60.

Barth, Mary E., Wayne R. Landsman, and Richard J. Rendleman, Jr. "Implementation of an Option-Pricing Based Bond Valuation Model for Corporate Debt and Its Components." *Accounting Horizons* 14 (December 2000), 455-479.

Black, Fischer. "How to Use the Holes in Black-Scholes." *Journal of Applied Corporate Finance* 1 (Winter 1989), 67-73.

____, and Myron Scholes. "The Pricing of Options and Corporate Liabilities." *Journal of Political Economy* 81 (May-June 1973), 637-654.

Brennan, Michael J., and Eduardo S. Schwartz. "Convertible Bonds: Valuation and Optimal Strategies for Call and Conversion." *Journal of Finance* 32 (December 1977), 1699-1715.

____. "The Case for Convertibles." *Journal of Applied Corporate Finance* 1 (Summer 1988), 55-64.

Burney, Robert B., and William T. Moore. "Valuation of Callable Warrants." *Review of Quantitative Finance and Accounting* 8 (January 1997), 5-18.

Byrd, Anthony K., and William T. Moore. "On the Information Content of Calls of Convertible Securities." *Journal of Business* 69 (January 1996), 89-101.

Chen, Andrew H. "Uncommon Equity." *Journal of Applied Corporate Finance* 5 (Spring 1992), 36-43.

Ederington, Louis H., Gary L. Caton, and Cynthia J. Campbell. "To Call or Not to Call Convertible Debt." *Financial Management* 26 (Spring 1997), 22-31.

Finnerty, John D. "The Case for Issuing Synthetic Convertible Bonds." *Midland Corporate Finance Journal* 4 (Fall 1986), 73-82.

Green, Richard C. "Investment Incentives, Debt, and Warrants." *Journal of Financial Economics* 13 (March 1984), 115-136.

Haugen, Robert A. *Modern Investment Theory*, 5th ed. Upper Saddle River, NJ: Prentice Hall, 2001.

Hull John C. *Options, Futures, and Other Derivatives*, 6th ed. Upper Saddle River, NJ: Prentice Hall, 2006.

Jen, Frank C., Dosoung Choi, and Seong-Hyo Lee. "Some New Evidence on Why Companies Use Convertible Bonds." *Journal of Applied Corporate Finance* 10 (Spring 1997), 44-53.

Jones, E. Philip, and Scott P. Mason. "Equity-Linked Debt." *Midland Corporate Finance Journal* 3 (Winter 1986), 47-58.

Lauterbach, Beni, and Paul Schultz. "Pricing Warrants: An Empirical Study of the Black-Scholes Model and Its Alternatives." *Journal of Finance* (September 1990), 1181-1209.

Long, Michael S., and Stephen E. Sefcik. "Participation Financing: A Comparison of the Characteristics of Convertible Debt and Straight Bonds Issued in Conjunction with Warrants." *Financial Management* 19 (Autumn 1990), 23-34.

Marr, M. Wayne, and G. Rodney Thompson. "The Pricing of New Convertible Bond Issues." *Financial Management* 13 (Summer 1984), 31-37.

Mayers, David. "Why Firms Issue Convertible Bonds: The Matching of Financial and Real Investment Options." *Journal of Financial Economics* 47 (January 1998), 83-102.

Mikkelson, Wayne H. "Convertible Calls and Security Returns." *Journal of Financial Economics* 9 (September 1981), 237-264.

Stultz, Rene M. "Demystifying Financial Derivatives." *The Milken Institute Review* 7 (Third Quarter 2005), 20-31 (available online at www.milkeninstitute.org/publcations/review/2005_9/20_31mr27.pdf).

Tsiveriotis, Kostas, and Chris Fernandez. "Valuing Convertible Bonds with Credit Risk." *Journal of Fixed Income* 8 (September 1998), 95-102.

Van Horne, James C. "Warrant Valuation in Relation to Volatility and Opportunity Costs." *Industrial Management Review* 10 (Spring 1969), 19-32.

———. *Financial Market Rates and Flows*, 6th ed. Upper Saddle River, NJ: Prentice Hall, 2001.

Part VIII of the text's website, *Wachowicz's Web World*, contains links to many finance websites and online articles related to topics covered in this chapter. (web.utk.edu/~jwachowi/part8.html)

第 23 章

兼并及其他方式的公司重组

内容提要

- 价值来源
  销量的增加和运营经济・管理水平的提高・信息效应・财富的转移・税收原因・杠杆收益・自负假说・管理者的代理成本
- 涉及普通股股票的战略收购
  收益影响・市场价值影响・兼并的实证研究・兼并与收购的发展
- 收购和资本预算
  自由现金流及其价值・非现金支付和债务承担・现金流的估计・现金流分析方法与每股收益分析方法
- 结束交易
  购买资产或普通股・应税或免税交易・会计处理方法
- 接管、股权收购及防御
  反接管条款和其他工具・反接管工具的实证研究
- 战略联合
  合资企业・虚拟公司
- 公司分立
  公司自愿清盘・部门出售・股权分割・持股分立・公司分立的实证研究
- 所有权重组
  私有化・动机・私有化的实证研究
- 杠杆收购
  具体例子・债务融资的安排
- 小结
- 附录 23A 挽救失败的公司
- 思考题
- 自测题
- 复习题
- 自测题答案
- 参考文献

学习目的

完成本章学习后,您将能够:
- 解释公司为什么可能决定进行公司重组。
- 理解并计算兼并所涉及的对收益和公司市场价值的影响。
- 确定收购公司股东及出售公司股东获得的兼并收益,如果有的话。
- 从资本预算编制问题的角度分析拟议中的兼并。
- 描述兼并从开始到结束的整个过程。
- 描述用于防御不受欢迎的接管的各种方法。
- 讨论战略联合并理解外包对虚拟公司的成立有何贡献。
- 解释"分立"的含义,以及可以如何实现分立。
- 理解"私有化"的含义以及可能促使管理层进行公司私有化的因素。
- 解释杠杆收购的含义以及其中所包含的风险。

> 如果你想在兼并交易中找到朋友,还不如去买条狗。
>
> ——卡尔・伊坎(Carl Icahn)

对很多公司来说，成长性是其生存和发展的最基本条件。如果不能成长，公司就很难产生使命感，很难吸引一流的经理人员。公司的成长性可以来自内部也可以来自外部。迄今为止，我们关注的只是公司的内部成长，即公司通过保留收益或外部融资来为增加资产筹资。另一方面，外部成长涉及公司收购的交易。从根本上说，通过收购其他公司与获取资产来使公司成长，这两者间并没有多少区别。这两种成长方式都需要有初始支出，这是由预期的未来收益作为支撑的。

公司重组（corporate restructuring）包括公司收购以外的很多方式。只要公司资本结构、运营、所有权等方面有任何一点脱离常规经营的变化，即可进行重组。这些方式包括战略联盟、部门出售、股权分割和杠杆收购（LBOs）等。公司兼并以及其他形式的公司重组，其核心目的都是为了增加公司价值。

价值来源

一些公司希望进行公司重组是出于很多原因。但所有情况的基本目的都是为了给股东增加价值，这也是贯穿本书的一个主题。本节我们考虑公司重组的各种动因。但是要记住，必须把所有这些动因统一起来考虑。

销量的增加和运营经济

一些公司兼并的一个主要动因是扩大产品销量。通过提高市场份额，公司的产品销量能持续增加，并在市场上占据主导地位。除此之外还能产生其他市场营销或战略上的收益，其原因可能是兼并可促进产品技术更新，或者弥补生产线缺陷，从而使整个公司的销量得到提高。然而，从价值方面考虑，这种兼并以及由此带来的销量的增加都必须考虑成本效应。

两家公司合并通常能够产生运营经济并节省重复的设备。市场营销、会计、原材料采购和其他运营活动都可以合并在一起。为避免在某个地域内的人员冗余，可以降低销售人力配置。在铁路行业**兼并**（merger）中，一家公司的产品可能是另一家公司现有生产线的必需品，从而可以充实该生产线，增加兼并公司的产品需求量。这种实现规模经济的方式即所谓的**协同效应**（synergy）。重组后的公司价值大于原来各公司价值之和，即 2+2=5。

除了运营经济外，两家公司合并后还可能产生**规模经济**（economies of scale）。随着产量的增加，平均成本下降，从而产生规模经济。我们通常只考虑产品市场的规模经济，而忽略了在市场营销、原材料采购、产品销售、会计甚至财务上的规模经济。这是因为在已定的设备、人员数、产品销售体系等条件下，业务量得以扩大。换句话说，业务量的增加使得资源的利用效率更高。与其他获益一样，规模经济是有限的。超过某个特定的产量后，产量的增长给公司带来的好处将低于给公司带来的负效用，从而使公司的经营效率更低。经济学家们提出了"包络线"（即 U 形的平均成本线），它反映了在到达最优产量前存在规模经济，之后则产生规模不经济的现象。

水平兼并，即合并同一行业的两家公司可以最佳地实现规模经济。这主要得益于消除重复设备,拓宽产品生产面从而使总需求上升。垂直兼并,即向前到最终消费者,向后到原材料来源地的兼并,同样可以产生规模经济,这种形式的兼并使公司能更好地控制产品销售和原材料的采购。将两家经营领域没有什么关联的公司合并在一起的混合兼并则几乎没有运营经济。

在部门出售或股权分割等公司分立的情况下,可能出现反协同效应,相当于 4－2＝3。即,公司分立后,一些资产由于能够产生现金流,得到正的净现值,从而使这些资产更有价值。其结果是,其他人愿意以比目前净现值更高的价格向你购买分立后的资产。某些情况下,该资产可能长期亏损,因为当前的所有者可能不愿意投入必要的资源以使其赢利。

并购协同作用？别指望了!

BusinessFinance

根据 Accenture 和 The Economist Intelligence 对美国和欧洲的 420 位企业高级管理人员所做的调查,并购的最新热潮正在积聚中,原因很简单——并购是收入增长的重要动力。一半以上的被调查者声称由于并购过去 3 年其全球收入平均增长了 18％,56％的人则预计未来 3 年仍将有同样幅度的增长。

然而,对于并购能否增加股东财富则存在争议。Accenture 在马萨诸塞州威尔斯雷(Wellesley)的战略联盟伙伴阿特·伯特(Art Bert)指出:"越来越多的证据表明大多数大型并购都未能给受让公司的股东创造价值。然而并购之所以有如此大的吸引力是因为这种不太常见的成功实施的交易使得受让人有可能创造远超过同类企业和竞争对手的股东价值。"

被调查者们对于并购带来的成本节约和收入协同作用反应并不强烈。被调查者中只有 45％的人报告说其近期的并购实现了预期的成本节约协同作用。而只有大约一半(51％)的人说并购实现了预期的收入协同作用。

这项研究还揭示了公司在并购目标的选择上目光非常深远。近期的大多数并购都是跨国境的。被调查者中 58％的人说其最近的并购是国际性的,而 55％的人相信自己所在行业的公司在今后 5 年会进行海外收购以确保企业的赢利性。

同意/强烈同意自己所在公司最近一次并购符合下列陈述的被调查者所占比例。

受让公司有价值的与员工都留下来了。
77％

目标公司有价值的员工都留下来了。
72％

受让公司的客户并未受到负面影响。
73％

目标公司的客户并未受到负面影响。
67％

实现了预期的收入协同作用。
51％

实现了预期的成本协同作用。
45%
整合很快实现,并未带来多少困扰。
40%

资料来源：John Cummings, "M&A Synergies? Don't Count On It," *Business Finance* (October 2006), p14. (www.bfmag.com) Copyright © 2006 by Penton Media, Inc. Used by permission. All rights reserved.

公司分立的另一个动因是为了适应战略性变化的需要。每隔一段时期,大多数公司都要调整其长期计划,以便适应外部环境的变化。例如,营业范围应包括哪些领域？战略性的考虑包括公司内部能力(资本、厂房、人力)、外部产品市场及竞争者。公司在市场上的竞争优势是随着时间变化的,有时候这种变化还非常迅速。新的市场会出现,公司内部能力也会出现新变化,曾经是公司善于经营的领域可能不再赢利,其结果是,可能要作出部门分离的决策。在兼并公司的情况下,也并非所有被兼并的公司都符合兼并者的战略规划。因此,可能要作出对一个或几个部门进行调整的决策。大多数总经理提出的公司分立的理由都是战略调整。

管理水平的提高

有些公司管理水平低下,公司赢利低于其所能获得的正常水平。如果公司重组能提高管理水平,则仅此一条就可促使进行公司重组。尽管公司本身可改善管理水平,但即使是一家已宣布要进行重组的公司,要在实践上保证重组成功也必须满足一些后续条件。低回报的公司,即那些收入很少的公司作为被兼并对象往往要提出一些要求。然而,在提高管理水平后,该公司在赢利水平上必须有明显的上升。有些产品和公司无论怎样,提高收入的可能性都很小,其经营不善不是因为管理问题,而是由其他原因造成的。

信息效应

如果公司重组的消息传开了,则公司会增值。这种观点表明管理者(收购方)与股票市场拥有的信息是不对称的。如果股票价值被认为低估了,一旦公司重组的信息传开,该公司的股价就会立即上升。这是因为公司合并或重组事件传递的信息是其他渠道无法替代的。在本书其他章节我们还将检验该观点,俗话说,事实胜于雄辩。

一方面,在公司分立事件中,其消息的公布可能被认为是公司投资战略或经营效率改变的信号,因此对其股价可能有积极作用；另一方面,如果公司重组消息的公布被视为公司为应付逆境出售最有销路的子公司的信号,则对公司股价会产生负面影响。公司的价值究竟是被高估还是低估经常是很难判断的。不可避免的是,在某些情况下,即使公司管理层认为其公司价值是被低估的,这类信息也不能在股票市场上正确反映出来。不过,除了依靠公司重组,总有其他办法能有效地传递公司的价值信息。

财富的转移

股东财富改变的另一个途径是公司财富的转移,从股东手中转到公司债权人手中,或者相反。例如,如果由于兼并而降低了公司现金流的波动程度,债权人将由于其债券信用等级更高而获益。结果是,在其他条件不变的情况下,其债权的市场价值会上升。如果公司总价值没有由于其他途径而改变,则债权人的这种收益就是以股东的损失为代价的。

相反,如果公司把一部分分离出来,将其收益分给股东,则财富就由债权人手中转移到股东手中。这种财富转移的结果是减少了公司获利资产,降低了偿还债务的可能性,从而使债务价值下降。假设公司总价值不变,如果由于违约风险的上升使债务价值下降,则公司股票价值会上升。事实上是,公司股东"偷"走了公司的一部分财富,因此也降低了公司对债权人的担保价值。

总之,任何降低现金流风险的行动,如兼并,都会使公司财富从股东手中转移到债权人手中。不过,类似公司分立这样的重组业务,增加了相对风险和财务杠杆作用,从而使公司财富从债权人手中转移到股东手中。

税收原因

一些公司兼并的动机是减少应纳税款。在亏损弥补期内,拥有累计亏损额的公司想要使其未来赚得的收益完全利用弥补其亏损以获取税收优惠的希望很渺茫。[①] 通过与一家赢利高的公司合并,该公司即可有效地利用亏损弥补手段。不过,亏损弥补是有限制的,冲销额不能超过被兼并公司市值的一定百分比。但是兼并仍有各公司自身无法获得的经济收益,只不过是以政府的损失作为代价的。

杠杆收益

利用财务杠杆可以增加公司的市值。很多公司经过重组后,财务杠杆程度得到增强,从而使股东拥有的价值沿着如第17章介绍的曲线增加。财务杠杆产生的价值是公司税收影响、个人税收影响、破产和代理成本以及激励效果综合作用的结果。但是必须意识到,价值的变化可能仅仅是由于重组改变了公司的财务杠杆。

自负假说

理查德·罗尔指出,接管是由相信自己不会做错,并相信自己眼光的竞价者引发的。[②] 自负是指过分骄傲和自信。个人自负则会不可避免地导致过高竞价的非理性行为。他们陷入"猎人的冲动"中,无论成本多高,都要捕获猎物,其结果是,竞价者为公司支付得过多。自负假说指出,给目标公司支付过高金额会使被兼并公司的股东受益,而使兼并者的股东财富减少。

管理者的代理成本

向被兼并公司支付过高的金额不是自负的结果,也不是股东财富最大化的结果,而是

[①] 亏损通常可用前2年和未来20年的应税收入弥补。亏损的弥补必须先从最早的一年开始,然后按顺序向后。如果前2年的收益未能完全弥补该亏损,则剩余部分将继续减少未来利润和纳税——最多可到未来的第20年。

[②] Richard Roll, "The Hubris Hypothesis of Corporate Takeovers," *Journal of Business* 59 (April 1986), 197-216.

管理者追求个人目标的结果。有些管理者"追求成长",例如,使一家小公司成长为大公司可以为管理者赢得很高的声誉。管理者的目标也可能是风险分散化,因为把公司业务分到不相关的行业可以分散公司风险,从而使管理者的职位更稳定。

管理者在考虑出售公司时,也可能掺杂个人因素。在私人持有的公司中,拥有公司控制权的个人希望自己的公司被另一家能对其股票提供稳固的市场的公司收购。出于财产税方面的考虑,公司所有者所持有的股票最好有市场需求并且有现成的市价可供参考。私人公司的所有者的大部分财产都投在公司里。与上市公司合并后,私人公司的资产变现能力将得到明显提高,从而可以出售一部分股票来多样化其投资。这些都是**代理成本**(agency costs)的不同形式,代理成本的概念我们曾在前面的章节介绍过。

了解了上述公司重组动因后,我们就可以考虑公司重组的各种形式了。首先介绍兼并,然后介绍公司分立以及所有权结构的变化。

涉及普通股股票的战略收购

战略收购是指一家公司收购另一家公司,并把被收购公司作为其总战略的一部分。获得成本优势是战略收购的理想结果。例如,某酿酒公司由于产量不足而希望收购另一家产量过剩的酿酒公司。或者,目标公司可通过产品扩张或主导市场而提高公司收入。战略收购的关键是要有合并两家公司的战略性动机。

相对而言,如果收购公司,如Kohlberg, Kravis and Roberts(KKR)是收购方,则这种收购就是财务收购。在这种情况下,收购方的动机是出售一部分资产,降低经营成本,并更有效地经营剩余的资产。这种收购很有希望创造高于购买价格的价值。但是,这种收购不属于战略收购,因为被收购的公司是作为一个独立的实体来经营的。不可避免的是,财务收购涉及现金付款,支付给被收购公司的款项通常是通过财务融资的。这种收购被称为杠杆收购(LBO),本章后面将进一步对其进行介绍。

这里主要讨论战略收购,更具体地说是那些利用股票而不是现金的收购。在股票收购中,必然有"交换比率"。交换比率表示考虑到几个关键变量后两家公司的相对权值。本节讨论两种交换比率即每股收益与股票市价的比率。

收益影响

收购方在评估一个可能的收购方案时,必须考虑合并对现有公司每股收益的影响。A公司正在考虑通过购买普通股收购B公司。考虑潜在收购时的有关财务数据如下:

	A公司	B公司
现有收益	20 000 000 美元	5 000 000 美元
已发行股票	5 000 000	2 000 000
每股收益	4.00 美元	2.50 美元
每股价格	64.00 美元	30.00 美元
市盈率	16	12

B公司同意A公司以每股35美元的价格购买股票,则交换比率为35美元/64美元,约为0.547,即以0.547股A公司的股票交换1股B公司的股票。为了收购B公司,A公司需再发行股票总额为109.375万股。假定收购后这两家公司的收益不变,则收购后A公司的每股收益为:

	收购后的A公司
总收益	25 000 000美元
已发行股票	6 093 750
每股收益	4.10美元

因此合并后A公司的每股收益有了适度的提高。B公司股东则面临每股收益的减少。原来持有1股B公司股票,现在持有0.547股A公司股票。对于B公司股票来说,收购后每股收益为0.547×4.10美元,即2.24美元,低于收购前的2.50美元。

假设B公司同意的股价为45美元,而不是35美元,则交换比率为45美元/64美元,约为0.703,即以0.703股A公司的股票交换1股B公司的股票。A公司需再发行股票总额为140.625万股。收购后A公司的每股收益为:

	收购后的A公司
总收益	25 000 000美元
已发行股票	6 406 250
每股收益	3.90美元

此时,考虑到收购了B公司,A公司的每股收益被稀释了。① 任何时候,只要支付给收购方的市盈率高于收购方股票的市盈率,则收购方的每股收益将被稀释。本例中,第一种情况的市盈率为35美元/2.5美元,即14;第二种情况是45美元/2.5美元,即18。因为A公司的市盈率是16,所以第一种情况下每股收益会增加,而第二种情况下每股收益会降低。

因此,收购后公司的每股收益可能增加也可能减少。增加或减少量是:(1)收购前市盈率之比;(2)收购前两公司总收益之比。收购前收购方与被收购方的市盈率之比越高,收购前被收购方相对于收购方的收益越高,收购后收购方每股收益增加得越多。

回购股票,然后呢?

股票回购能够进一步推动并购市场的热潮,因为购买者可以用股票进行收购。

从纽约曼哈顿下城区街头保时捷SUV车的突然增多可以看得出来对于投资银行家来说今年是个好年景。的确,根据汤姆森金融公司(Thomson Financial)发布的数据,美国的并购案在第二季

---

① B公司以前股东的每股收益得以提高,其原来持有的股票收购后每股收益为2.74美元。

度达到了3700亿美元,是1999年以来的最高水平。与此同时,另一种交易也在急剧增加:股票回购。

虽然看上去并没有什么关联,这两种趋势却有可能很快交汇在一起。标准普尔的高级指数分析师霍华德·希尔弗布拉特(Howard Silverblatt)说,股票回购后,企业没有必要将股票投回股市,然而经验显示企业最终都会这么做。他说:"从历史经验看,公司都不会将回购的股票持有很长时间。"

希尔弗布拉特补充说,当公司开始增发股票时,最可能的用途是为并购做准备,这是因为很多管理者将股票视为廉价(且推迟纳税)的支付手段。投资者们也更愿意容忍这种稀释,只要股票是被用来进行明智的收购。

还有一种不那么明显的好处。纽约证交所规定,公司如果增发现有流通股20%或以上的新股,需要获得股东的同意。然而根据Atilla Bodi of McDermott,Will & Emery,库藏股并不算在流通股之内。Sovereign Bancorp去年就根据这一例外原则,用库藏股推翻了股东们对其收购独立社区银行(Independence Community Bank)的反对意见。

上述所有的结果有可能是用于回购股票(通常被视为收购的另一种选择)的现金最后可能被用来充实并购。而这肯定会有助于银行家们继续开着新的保时捷车到处招摇。

资料来源:Don Durfee,"Buy It Back, And Then?" *CFO* (September 2006),p. 22.(www.cfo.com)Copyright © 2006 by CFO Publishing Corporation. Used by permission. All rights reserved.

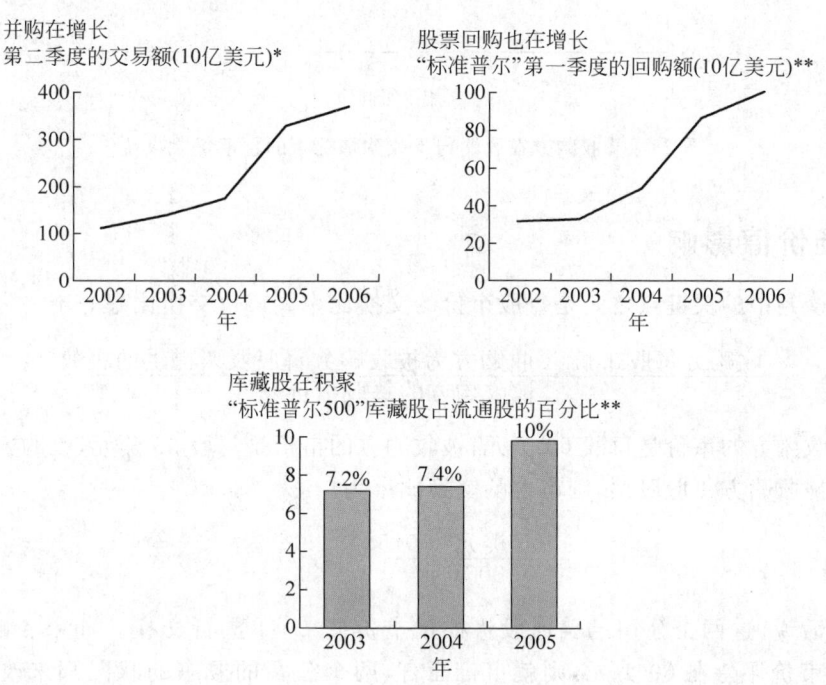

未来收益 如果仅仅根据对期初每股收益的影响制定是否收购其他公司的决策,则期初每股收益的稀释会使任何公司都不敢收购其他公司。然而,这种分析并未考虑由于收购而使未来收益增加的可能性。这种成长性可能来源于被收购方作为一个独立的经济实体或由于收购带来的协同效应而增加了预期未来收益。

给出收购与不收购两种情况下的未来可能收益曲线是很有用的。图23.1列出了在假定的收购情况下收购方的两种收益曲线。该图表明每股收益稀释会持续多久，每股收益何时开始增加。本例中，该期限是1.5年。每股收益开始下降了0.30美元，但在第二年年中每股收益与原来持平。从收购方的角度看，每股收益稀释持续的时间越长，该收购就越不理想。有些公司设定了可接受的每股收益稀释持续年数上限。

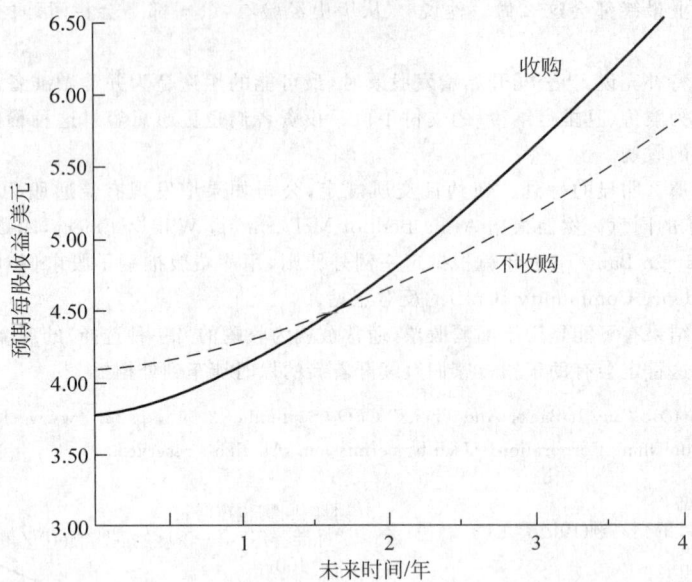

图23.1 收购方在收购与不收购情况下的预期每股收益

市场价值影响

收购谈判中的关键点之一是每股市价的交换比率。市价交换比率等于

$$\frac{\text{收购方每股市价} \times \text{收购方为被收购方每股股票提供的股数}}{\text{被收购方的每股市价}} \tag{23.1}$$

如果收购方的市价是每股60美元，被收购方的市价是每股30美元，收购方以0.5股股票换取被收购方1股股票，则市价的交换比率为

$$\frac{60\text{美元} \times 0.5}{30\text{美元}} = 1.00$$

换句话说，这两个公司的普通股将根据市价按1:1进行交换。如果收购后，收购方的股票市价保持在60美元，则就市价而言，两个公司的股东的状况都未改变。但是1:1的比率对被收购方来说毫无吸引力。收购方通常提供高于其希望支付的市价换股票。本例中，不是用0.5股而是0.667股或者每股40美元来交换1股被收购方的股票。

每股收益的"自展"效应 在不完善市场中如果没有协同效应，不能提高管理水平，也不能以低价收购公司，则不可能出于收购方股东的利益而开出高于被收购方当前市价的价格。然而，如果收购方股票的市盈率较高，被收购方股票的市盈率较低，而且收购后公司股票的市盈率相对维持不变,则收购方的股东将会受益。假设被收购方股票的市盈率是10,收购方股票的市盈率是18,两家公司有关的财务信息如下:

	收购方	被收购方
现有收益	20 000 000 美元	6 000 000 美元
流通在外股票	6 000 000	2 000 000
每股收益	3.33 美元	3.00 美元
每股市价	60.00 美元	30.00 美元
市盈率	18	10

根据以 0.667 股收购方股票交换 1 股被收购方股票或以每股 0.667×60 美元＝40 美元计算,市价交换比率为

$$\frac{60 \text{ 美元} \times 0.667}{30 \text{ 美元}} = 1.33$$

被收购方的股东原来持有的每股股票可换来价值 40 美元的股票。显然,从市价的角度看,这些股东是受益者,因为被收购前每股市价仅为 30 美元。收购方将发行 133.4 万股股票(即 0.667×2 000 000 被收购方股票)给被收购方的股东。如果收购后公司股票的市盈率保持在 18 的水平上,假设其他条件不变,收购后收购方的每股市价为:

	收购后收购方
总收益	26 000 000 美元
流通在外股票	7 333 333
每股收益	3.55 美元
市盈率	18
每股市价	63.90 美元

两家公司的股东都受益这一不可思议的效应的原因不过是股票市盈率的差异而已。

因此,市盈率高的公司往往倾向于收购市盈率相对较低的公司,并且尽管它按市价交换比率作出了溢价支付,每股收益还能立即提高。关键因素是收购后收购方的市盈率变化。如果市盈率保持不变,则公司的市场价值会上升。这种每股收益的增加不是来自经营效益,也不是来自公司的成长,而是来自收购中的每股收益的"自展"效应。如果市场认同每股收益的这种虚幻的增长,则仅仅通过收购即可增加公司股东的财富。

在有效而理性的资本市场上,如果公司不具备除收购低市盈率公司以外的潜在成长性,则其市盈率不可能维持不变。要想让收购受益能够持久,收购方必须能够管理被收购方,并产生一定的协同效应,则我们可预期收购后新公司的市盈率将是原来两公司市盈率的加权之和。在这种条件下,收购低市盈率的公司并不能增加公司股东的财富。如果市价交换比率高于 1.00,则收购方股票的市价将下跌。但是,如果预期会有协同效应或者将提高管理水平,则收购后公司股东的财富将增加。

兼并的实证研究

近年来,有很多人对收购做了实证研究。这些研究为社会提供了一笔信息财富。但

是,由于样本、样本期和研究方法的差异,使得其中的一些评价结论并不明确。然而,随着研究的深入,出现了几种可能得出普遍化结论的模式。

所有研究都表明,在成功的或完全的**接管**(takeover)中,相对于接管前的市场价值而言,目标公司或出售公司增加了可观的财富。其财富的增加来源于收购方支付的溢价,溢价平均为 30%,甚至还有过 80% 的溢价。一旦可能的接管成为现实的消息或这类谣言传开了,目标公司股票的价格通常会上涨。一般情况下,在接管公布前其股票价格就会上升,提前时间可为 1 个月。图 23.2 显示了目标公司收益的变化情况。

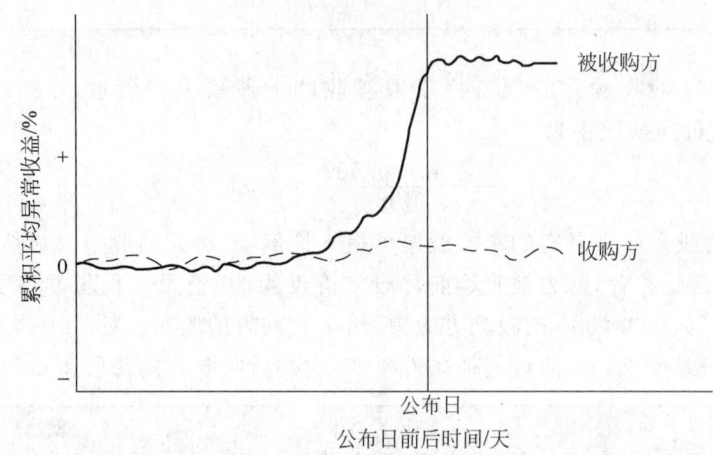

图 23.2 成功接管公布日前后的股票非正常收益(根据实际与预期收益差计算)

对购买或收购方来说,其价值变化的迹象并非如此明显。在所有的成功接管中,肯定会支付溢价,并且有目标公司的预期协同效应或管理水平的提高作为支付理由。问题是,由于协同效应或管理水平提高而增加了的财富是否足够弥补溢价支付。实证研究对该问题的答案是不同的。有些研究表明,收购方的股价只有少许上升,甚至另有一些研究表明对股价没有丝毫影响。图 23.2 显示的就是没有影响的情况。还有一些研究表明,如果其他条件不变,收购方的收益会减少。在接管后的一年中,收益下降非常明显。

当然,另一种解释是收购方支付的金额太高。这与自负假说理论相符,该理论预言收购方的价值将下跌。换句话说,协同效应和管理水平提高的业绩不足以弥补溢价支付。在竞争性标价中,有些收购者"疯狂"到失去理性地竞标。标价竞争中价格非常重要。溢价支付不得超出协同效应或管理水平的提高所能弥补的程度。这种竞争性标价被投资银行推动,因为支付的价格越高,投资银行得到的手续费越高。

另一个值得关注的问题是大量收购者最后会将被收购的公司从自身剥离出去。这种剥离大部分出现在进行多样性收购,而不是在一个相关的行业内的收购中。剥离的理由基本上都是目标公司未达到预期的经营效果。通常这种处理会带来损失。问题是为什么收购方如此急迫,先行支付了如此之高的成本。同样令人困惑的是,为什么一家公司会收购与自己不处在同一个行业的公司。通常情况下,收购公司股东在"联合型"收购下获得的是负的收益,支付的溢价不足以弥补有限的协力优势。有时收购方会比较幸运,遇到真正被低估价值的公司,但现实情况往往并非如此。因此收购相关行业的公司可能更有意义。

总之,接管对收购方股东收益的影响是不同的。很难就接管对收购方股东价值的影响作出概括。很明显,有些接管由于协同效应和管理水平的提高而物有所值,而另一些接管则是得不偿失的。财务经理的法宝就是小心为上,因为一件接管成功的案例并不会代表所有公司的接管都能成功。从整体上看,无论是收购方还是被收购方,都会因接管而增加财富。这主要是来自付给被收购方股东的溢价支付所产生的效应。

收　　购

在一家公司收购另一家公司的情形中,只有在收购公司能够使得被收购公司的价值增长超过其支付的所有溢价时才能创造股东价值。收购可以被作为置业的一种方式,而要从无到有开创则会花上好几年的时间。对于致力于购买自己所熟悉的、属于其能力范围内的经营实体的公司来说,收购可以说是大有裨益的。例如,它们可以扩展核心经营产品的产品线或者地域范围。然而,毕马威(KPMG)和 PA 咨询公司等提供的证据表明,高达 80% 的收购并未能够提供股东价值。根据这一证据,我们应当提请管理层在寻求通过收购的方式实现增长以前要格外的谨慎。收购中有很多陷阱,更不必说收购过程本身了。公司应当固守自己有把握的技能领域,而不应寻求收购该领域以外的业务实体。收购公司与被收购公司之间的文化兼容性也很关键。应当使得高级管理者激励方案的设计能够阻止那些为了收购而收购而不顾价值增长的收购。

资料来源:"The Hermes Principles: What Shareholders Expect of Public Companies—and What Companies Should Expect of Their Investors," p.11. (www.hermes.co.uk/pdf/corporate_governance/Hermes_Principles.pdf) © Copyright 2006 Hermes Pensions Management Limited. Used by permission. All rights reserved.

兼并与收购的发展

一些行业正在受到日益流行的兼并和收购战略的影响而发生了转变,即被称为**卷起型**(roll-up)的多公司联合。卷起型联合多发生在零散的行业,以便通过联合获得规模经济。卷起型联合发生在设备租赁公司、花店、旅行社和汽车经销商等公司。

卷起型联合交易　这个概念背后的含义是通过收购多个中小型公司迅速建立一个较大的、拥有大量资产的公司。卷起型联合是希望通过大量购买以及集中化的低成本管理实现节约资金的目的。收购是通过向出售公司的所有者支付现金或股票实现的。通常惯例是,小型独立公司的所有者在自己的公司被出售后在新公司担任经理职位。新公司如果为个人所有,通常会继续使用卷起型联合作为其加速成长的途径,从而更快速地向通过**首次公开发行**(initial public offering,IPO)上市这一目标迈进。

加速成长和首次公开发行进度的最终合并战略要求将卷起型联合与首次公开发行结合在一起,从而产生了 **IPO 卷起型联合**(IPO roll-up)。在这种方式下,同一经营领域的若干家私有公司同时合并成一家新公司。合并的同时,公司进行首次公开发行。新成立的公司有时被称为"Poof 公司",意思是说:"市值数百万美元的上市公司突然间出现了,就好像变魔术一样。"

并　购

2006 年,并购方面的所有纪录都被打破了。根据 Dealogic 这家资本市场信息系统企业发布的数据,已公开的并购价值首次达到 4 兆美元。仅以现金交易的并购价值近 3 兆美元,而仅以股票交易的并购价值为 6020 亿美元。欧洲的被并购公司的总标价达到前所未有的 1.6 兆美元,刚好超过美洲的总额。跨国境并购额为 1.3 兆美元,也创下了纪录,其中 2190 亿美元来自美洲的公司(420 亿美元来自加拿大),2100 亿美元来自英国公司。金融、电信和房地产加起来共占总额的 34%,是最受欢迎的目标行业。

资料来源:*The Economist* (January 13, 2007) p. 90. (www.economist.com) Copyright © 2007 The Economist Newspaper Limited. Used by permission. All rights reserved.

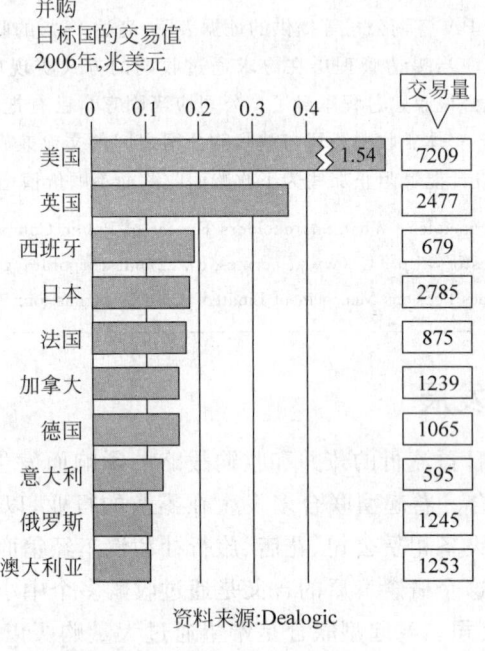

资料来源:Dealogic

 ## 收购和资本预算

从收购方的角度来看,收购可被视为一种资本预算。从原理上说,评估预期收购的方法与为项目做资本预算的方法相同。收购中有原始支出和未来预期收益。无论是用现金还是用股票来支付,为了增加股东长期财富,公司应采用最优的方式分配资本。但是,与传统的资本预算不同,收购的原始支出有很多不确定性因素。收购中的原始支出的确主要由讨价还价决定,而且可以假定收购方倾向于从长远考虑而不改变现有资本结构。评估预期收购时不考虑公司融资方式的影响是正确的。

自由现金流及其价值

在评估预期收购时,收购方应当估计纳税后收购中获得的现金流增加额。我们关注的是自由现金流。这是从预期收益中减去预期经营成本以及维持甚或增加现金流所需的投资后剩余的现金流。换个角度看,自由现金流就是超过为用内部收益率贴现后有净现值的项目融资后剩余的现金流。

因为我们所关注的是收购的边际影响,因此对自由现金流的估计应考虑到协同效应。此外,应在发生任何财务支出前进行这种现金流估计。其思路是要把预期收购的财务结构与其作为一种投资的总价值区别开。我们关心的是经营被收购方所得的税后收入,而不是财务结构变化后的净收入(要知道,我们制定具体资本预算时考虑的正是这类现金流)。基于上述考虑,假定接管后预期自由现金流如下:

千美元

	年度均值				
	1～5 年	6～10 年	11～15 年	16～20 年	21～25 年
收购后年度税后营业现金收入	2000	1800	1400	800	200
净投资	600	300	—	—	—
税后现金收入	1400	1500	1400	800	200

适当的贴现率是被收购公司的资金成本。该比率能很好地反映被收购公司现金流的风险。如果其税后贴现率为 15%,则我们所得到的预期现金流现值为 872.4 万美元。如果这种接管不涉及债务,则在有利于公司股东利益的原则下为收购该公司所能支付的最高价格为 872.4 万美元,实际支付价格应通过谈判确定。但是,预期现金流值应作为收购方的支付价格上限,任何低于该价格的接管都是有价值的投资。因此,从长期看公司股票价格一定会上升;如果支付价格高于该现值,则这笔收入将低于最优分配情况下所需的资金。

非现金支付和债务承担

如果收购除了现金外,还涉及其他价值形式又会怎样? 支付给被收购方股东的可能涉及普通股、优先股、债务、现金或上述几种方式的组合。此外,在很多情况下,收购方要承担所收购公司的债务。这些因素会使收购更为复杂吗? 的确如此。但我们必须关注价值评估,即所增加的现金流。在上例中,根据计算能得到的现值为 872.4 万美元,该值代表支付的最高"现金等值"价格。如果收购是用证券而非现金完成的,则必须将其折算为现金等值市场价值。如果收购方承担所收购公司的债务,则必须将上述债务也折算为其市场价值并从现金等值价格中减去。因此,增量现金流的现值(减去收购中承担的所有债务)为包括现金在内的所支付的所有证券的市场价值设定了一个上限。这样一来,我们即可将有价值的收购投资与收购融资区分开。

现金流的估计

收购中在估计未来现金流时通常会遇到困难。不过该过程可能比资本预算方案简单些,因为被收购公司是一个持续经营的实体。收购方购买的不仅是现金,还包括经验、组织和改进的绩效。对销售收入和成本的估计是建立在以往业绩的基础上的。因此,这些估计可能比对新项目的估计更为精确。在其他条件不变的情况下,估计中的不稳定性越小意味着期望结果的分散性越小,风险也就越低。但是,将收购整合进收购公司会引起另一个问题。此时收购不能作为单独的运营进行分析,必须考虑协同效应。要对这些影响进行估计是很困难的,尤其是当收购所形成的组织形式非常复杂时更是如此。

现金流分析方法与每股收益分析方法

基于自由现金流与基于每股收益所进行的收购分析是有差异的。在每股收益分析方法下,假定涉及两种普通股的互换,问题是目前或未来每股收益是否会增加。在现金流分析法下,问题则变成预期净现金流的现值能否超过收购成本。

一般来说,现金流分析方法是从长期角度评估收购的价值;而每股期望分析方法则只关注短期效果。如果预期收购不能引起未来几年内每股收益的正向增加,则仅从每股收益分析法出发,通常会取消收购计划。与此形成对比的是,现金流分析方法看重未来多年的可能现金流。因此,以每股收益为主的方法更青睐会有近期成长可能的公司,而不是那些具有长期成长可能的公司。不过,这两种方法都没有考虑到经营风险的变化。利用第15章介绍的分析方法可将风险变化加入这两种方法中去。

除了风险问题外,另一个问题是究竟应该采用哪种方法——现金流分析还是每股收益分析。最佳答案可能是两种方法都采用。考虑到收购后的长期经济价值,现金流分析方法更复杂,理论上也更正确。实践中,无论采用现金流分析方法所得到的结果有多理想,也很难想象公司管理层会忽略收购对每股收益的影响。同样,每股收益分析法本质上是一种短视的方法,很可能忽视公司的长期成长因素。因此,更适当的做法是将每股收益和现金流两种方法结合在一起。

 ## 结束交易

兼并或**联合经营**(consolidation)经常始于两家公司管理层之间的谈判。通常,公司的董事会关注最新的谈判进展。收购方评估目标公司的各个方面。其过程是:达成协议,双方董事会认可该协议,双方普通股股东认可该协议。根据公司章程的规定,要求所有股东的大多数(通常为 2/3)通过即可。经双方普通股股东同意后,向公司所在州的管理当局提交规定的文件后即可进行兼并或联合。

不过还有一个障碍。美国司法部的反托拉斯部门或联邦交易委员会可能会根据有关条例中止两家公司的合并。根据《**克莱顿法案**》(*Clayton Act*)第 7 款的规定，美国政府必须提出合并或收购将大大削弱竞争的证据才能中止合并或联合。削弱竞争的情形通常来自位于同一区域的公司，如新奥尔良的食品店，或者处于同一行业的公司，如铝制品公司。也可能作出更为宽泛的解释，两家大公司虽然位于不同的区域，也属于不相关的行业，但只是因为它们的规模都很庞大，即可能被怀疑会削弱竞争。因为在反托拉斯案件中需要耗费管理层大量时间，并支出巨额的法律和其他费用，因此大部分公司在采取进一步的收购行动前，必须在一定程度上确信自己不会被指控具有反托拉斯行为。

购买资产或普通股

一家公司可能通过购买另一家公司的资产或普通股而达到收购的目的。购买者可能购买另一家公司的全部或部分资产，并以现金或本公司的普通股来支付。购买者往往只购买另一家公司的部分资产，并且不承担其债务。

收购方购买了另一家公司的普通股后，后者就被前者所收购。被收购方不再存在，保存下来的公司接管被收购方的全部资产和债务。在购买资产的情况下，可以用现金或普通股向被收购方的股东进行支付。

应税或免税交易

如果收购是用现金或债务工具支付的，则该交易对于已出售公司或其股东来说是应当纳税的。这意味着在出售公司前，股东必须计算出售资产或股票的资本收益或损失。如果收购是用有投票权的优先股或普通股支付的，则该交易就是免税的。只有最终将这些新收到的普通股股票出售后，股东才会实现资本收益或损失。除了要求用有投票权的股票支付外，一项免税的兼并交易还有其他商业目的。换句话说，有投票权的股票支付并非完全出于税收动机。此外，在收购中购买资产必须考虑欲出售的公司的全部资产，即不少于其总价值的 80%，必须用有投票权的股票支付。在购买股票的收购中，作为购买者的公司必须在收购后至少拥有已出售公司普通股的 80%。

会计处理方法

在 2001 年美国《财务会计报表准则》(SFAS)颁布前，两家公司的合并既可用**购买法**(purchase)，也可用**权益联营法**(pooling of interests)来处理。在购买法下，收购方将被收购方视为投资对象。如果购买者的支付高于资产的账面价值，则这种溢价必须在购买者的资产负债表中反映出来。购买法要求用有形资产的公平市场价值记账。购买者购买的有形资产价值可能高于其原价。此时，折旧费用也更高。

不过，如果支付高于提高后的账面价值，则两者间的差额在购买者的资产负债表中必须以**商誉**(goodwill)的形式反映。此外，在 SFAS 142（也是 2001 年颁布的）之前，企业必须在一定期限内（不超过 40 年）对这笔商誉进行摊销。因此，会计收入必须减去该期间的费用支出。此外，根据 1993 年修订的税法，1993 年 8 月 10 日后进行的兼并，15 年内其商誉支出在"税收方面"是可以抵扣的。而 1993 年 8 月 10 日前的商誉费用则不能出于税收目的而抵扣，这导致在资产收购中获得商誉的企业在税收方面处于不利地位。

在权益联营法下,两家公司的资产负债表要合在一起,资产和负债各项分别相加。因此,提高的账面价值或商誉在合并后的资产负债表中没有反映出来,也不对未来的收入进行冲销。

近期的会计变更 由于权益联营法下报告的收益要高于购买法下报告的收益,因此赢得了很多购买方公司的青睐。权益联营法的广泛应用在很大程度上属于美国现象。大部分其他大国完全禁止或严格限制这种方法的使用。20世纪90年代末期,为美国企业编制会计规范的专业组织财务会计准则委员会(FASB)提出了将迫使企业只能采用购买法的建议准则。企业纷纷提出强烈抗议,因为这样一来会计收益将由于合并商誉的摊销而极大地降低。经过冗长的讨论后,FASB提出了一系列作出妥协的规定。SFAS 141取消了权益联营法,在兼并和收购中只允许采用购买法。SFAS 142取消了出于财务会计目的对商誉进行强制性摊销的规定,但要求对商誉进行资本减损测试(至少每年一次)。如果商誉的市场价值低于其账面价值,则公司必须通过将商誉减至其账面价值并对收益进行相应扣减来确认该减损。

会计方法说明 要说明购买会计方法,我们来看一个具体的合并例子。ABC公司以交换XYZ公司价值200万美元的普通股的方式收购XYZ公司。合并前,XYZ公司有100万美元债务和120万美元股东权益,其资产账面净值为220万美元。而合并前ABC公司作为收购方有500万美元债务,1000万美元股东权益,其资产账面净值为1500万美元。采用购买会计方法,合并后的结果为:

千美元

	合并前		合并后
	ABC公司	XYZ公司	购买法
净有形资产	15 000	2200	17 200
商誉	0	0	800
资本合计	15 000	2200	18 000
债务	5000	1000	6000
股东权益	10 000	1200	12 000
负债和股东权益合计	15 000	2200	18 000

采用购买法,被收购方的总资产价值增高了80万美元,这是支付给高于被收购方资产账面价值的溢价。此外,该数额作为商誉的价值,今后必须进行期间资本减损测试。

迄今为止,我们始终假定被收购方资产的公平市场价值等于其账面净值。很多情况下,被收购方资产的公平市场价值高于其账面净值。在购买会计方法下,被收购公司的有形资产被提高到其公平市场价值。有形资产价值的提高减少了商誉价值。上例中,如果被收购方有形资产的公平市场价值是250万美元而不是220万美元,则存续公司的有形资产价值将为1750万美元,而不是1720万美元,商誉价值将为50万美元,而不是80万美元。如果这笔收购交易如前所述是需要纳税的,则收购方可以出于税收目的而提高折旧,这将增大现金流。如果企业的目标是最大化收购后的税后现金流现值,则购买法将优于权益联营法。然而,只要企业的目标是最大化会计收益,购买法就会因为必须记入较多的商誉而失去吸引力。

接管、股权收购及防御

在上面假定的例子中,谈判仅限于相关公司的管理层和董事会。但是,收购方可直接向所希望收购公司的股东进行**股权收购**(tender offer)。股权收购是以特定的价格从拥有股份的股东手中购买股票。为刺激收购,收购价格通常高于当前股票市价。股权收购可让收购方越过其希望收购公司的管理层,从而可作为一种谈判时的筹码。

股权收购也可用于不存在公司间谈判,而只是一家公司希望收购另一家公司的情形。但是股权收购不可能使另一家公司蒙在鼓里,因为美国证券交易管理委员会有严格的信息披露要求。最重要的出售手段是超过股票现行市价的溢价。此外,经纪人也常常因其提供的股权收购服务而获得优厚的佣金。股权收购消息通常在财经报纸上公布。如果出价人能够取得目标公司股东的地址,则可直接发邮件给他们。尽管在法律上目标公司有义务提供股东名单,但它们往往会拖延时间,以破坏出价人的计划。

有些出价人不是一次出价,而是进行**双重出价**(two-tier tender offer)。20 世纪 90 年代后期 CSX 公司收购联合铁路公司就是一例。在双重出价下,第一出价通常针对代表控制权的股票,例如,如果出价人已经拥有 5% 的股权,则指 45% 的流通在外的股票。第一出价比针对剩余股票的第二出价在价格和/或付款条件方面更优惠,两者存在差异的目的是通过刺激股东尽早接受而增加成功获得控制权的可能性。双重出价避免了单一出价的"搭便车"问题,即有些股东一直持有股票,希望通过其他人的努力获得更高的价格。

被出价公司可采取一系列反击策略。管理层通常会劝说股东,告知这种收购并不会让股东得到最大的利益。其根据一般是出价低于公司的长期真实价值。这时,股东们可能再行评估诱人的溢价,并觉得公司所谓的长期太遥不可及了。有些公司提高现金股利或宣布股票分割以争取股东的支持。公司还常常采取法律行动,其目的与其说是期望赢得反收购战争,不如说是期望拖延收购以打击出价人。如果两家公司是处于竞争地位,则反托拉斯诉讼可对出价人构成一种有力的威慑。最后一种方案是,被出价公司的管理层可能寻求一位被称为**白衣骑士**(white knight)的"友好"公司来与其合并。

反接管条款和其他工具

除了反击策略外,有些公司还在实际接管开始前采取一些更为正式的方法。这些方法被称为反接管工具或**鲨鱼排斥法**(shark repellent),其目的在于让不希望发生的接管操作起来更困难。在介绍这些工具前,有必要考虑公司的反接管动机。管理者安全假说指出,设立的接管障碍是用于保护管理者职位的,这些做法只会令股东受损。而股东利益假说则指出,公司控制权的争夺是有损效率的,占用了管理者本可为公司赚取利润的时间。反接管工具可以确保管理者将更多的精力放在经营上,从而有利于股东。此外,障碍的设立可使个别股东能够在任何收购中都联合起来,不致接受偏低的收购价格。因此,反接管工具实际上可增加股东财富。

现有的一系列工具使一家公司对另一家公司的收购更加困难。正如我们在第 20 章看到的，一些公司将董事会董事的任期错开，使得每年担任候选人的董事更少，从而要选出支持接管的多数董事所需的票数更多了。有时候，改变注册所在州会产生决定性影响。各州关于特许的规定大相径庭，很多公司更愿意在特拉华州等管制较为宽松的州注册。这样一来，公司可以更容易地制定反接管修订条例并在打响接管战役时更有效地依法保护自己。有些公司在公司章程中规定了合并的超大多数同意原则。要获得对合并的批准不仅需要一般的多数支持，而且需要通常为 2/3 或 3/4 的更多数的股东支持。

另一种反接管工具称为公平价格原则。根据该原则，出价者对非控股性股东支付的价格至少等于事前确定的"公平价格"。这个最低价格通常是由每股收益根据市盈率确定的，也可能仅仅是根据设定的市场价格确定的。公平价格原则经常与超大多数原则结合使用。如果设定最低价格原则没有得到满足，则只有超大多数股东投票支持合并才能得到批准。公平价格原则还经常与冻结原则结合使用。根据冻结原则，以"公平价格"达成的收购只能在达成协议后的 2~5 年内实施。

阻挠潜在收购方的另一种方法是杠杆化资本调整。该方法下，现有管理层借入新债，并一次性支付巨额现金股利。借入这笔巨款会让收购方望而却步，因为它将无法再以公司资产做抵押为收购筹资。公司继续为公众所有，因此股东仍持有被称为"残余股"的普通股。显然，由于巨额现金股利的支付，这些股票价值不高。在这种交易中，管理层和其他内部人士不希望用现金付款，相反，他们会再发行新股。其结果是，公司股权比例大幅上升，进一步阻止了潜在的收购方。事实上，杠杆化资本调整是把公司作为自身的"白衣骑士"。

为了阻止潜在的收购方，一些公司授予股东新的权利，允许他们购买新的证券，通常是可转换优先股。但是，只有在外部获得公司股票的一定比例，通常为 20% 后，才会增发这些证券。其用意在于让收购方的股权收购无法获得令其满意的结果。这些权利还可以是投票权，以低交割价格购买证券，或者是除非付出高额溢价，通常是百分之几百后才能控股。这些被称为"毒丸"的条款迫使潜在的收购方直接与公司董事会谈判，公司董事会保留了在任何时候以固定数额赎回这些权利的条款。因此，**毒丸**（poison pill）使公司董事会握有阻止接管者的力量，尽管这样做可能不符合股东的最大利益。

锁住条款常常与其他条款结合使用。该条款要求超大多数的股东同意修改公司章程以及此前通过的反接管条款。除了修改公司章程外，很多公司还与公司的最高管理层签订了管理协议，通常要求如果公司被接管则必须向公司最高管理层支付高额补偿费用。这种补偿被称为"黄金降落伞"。这些协议可在非友好接管中有效地增加收购方需要支付的价格。

尽管有上述工具，但公司外部投资者仍可在不暴露其收购意图前买到大量股票或者将股票出售给持有该意图的其他公司。公司可以通过观察其股票交易量或转移量察觉不寻常的股票积累迹象。如果有外部投资者拥有公司股票的 5%，则他必须向美国证券交易管理委员会提交 13-D 表。表中注明这些股票所涉及的投资者、股票持有量和持有股票意图。最后一项的标准"答案"往往是"我们购买股票只是出于投资目的"，实际透露的信息微乎其微。这些投资者每再持有 1% 的公司股票，就必须再填写一份修订的 13-D 表。因此，公司可准确跟踪被积累的股票数额。

有时，公司可与外部投资者就停顿协议进行谈判。停顿协议是自愿协议，根据该协议,大股东同意今后几年不再增加其持有的股份。这种限制通常是以该股东所能持有的股票最大百分比表示的。该协议还规定该股东不得与公司管理层参与控股权竞争,并在决定出售股票时赋予公司先行拒绝权。停顿协议,与所讨论的其他条款一起,发挥了减少公司控制权竞争程度的作用。

公司可采用的最后一种手段是向威胁收购者提出溢价再收购。顾名思义,再购买的股票是以高于市价并经常高于股票积累者收购价的溢价支付的。此外,该溢价再收购并不对其他股东作出。这被称为"绿色勒索",是为了让欲收购方觉得撤股更有吸引力。当然,这种溢价支付对剩下的"背包袱"的股东是不利的。

反接管工具的实证研究

反接管工具是否对股东最有利?实证结果是不一致的。大多数情况下,并没有证据显示采用反接管条款后股价将受到明显影响。但是,停顿协议对股东财富有负面影响,这是公司从大股东手中再收购大量股票的结果。后者往往配合绿色勒索,大股东向公司要挟要进行敌意收购,而公司同意以大股东的价格再收购股票,以便消除该威胁。不幸的是,非参与股东的财富会被转移。毒丸的使用对每股价格会产生负影响,尽管影响并不太大,但与管理者安全假说是一致的(请参见本章末所列的关于实际研究的参考文献)。

战略联合

有时候,个别公司缺乏通过直接投资或收购来实现其所有战略目标的资源。两家公司间的合作协议或**战略联合**(strategic alliances)为它们提供了又一种选择。战略联合与兼并的不同之处在于,其参与成员仍然是彼此独立的,而且合作形式是多样的,合作伙伴也不同。供应商与其顾客之间可产生战略联合(合作协议使JIT存货管理系统能够正常运转);同一行业的竞争者(如两家共享同一组装工厂的汽车公司)或者业务互补的非竞争者(如保健服务提供者、医院和医师间出于降低成本目的的合作)之间都可形成战略联合。

合资企业

成立**合资企业**(joint venture)是战略联合的形式之一,两家或多家公司为实现各自的目标,合作成立并经营一家独立的公司。如美国全国广播公司(NBC)与微软公司扩大了其松散的战略联合,成立了两家公司出资额各占一半的合资企业。该合资企业的一个主要部分是名为MSNBC的24小时全球新闻与信息网。

虚拟公司

近年来,**外包**(outsourcing)成为广泛使用的商业工具。这种从通常由公司内部完成到由公司外部完成的转换可以让公司将注意力集中在最具竞争力的核心业务上,从而继续享有竞争优势。但尽可能地利用外包并将公司限制在其基本核心业务上的后果是什么呢?公司最终会成为**虚拟公司**(virtual corporation)。对这样的公司来说,甚至连品牌产品的生产都需要外包。为了生存,这些公司应与供应商或制造商结成联盟和/或合资企业。

品牌名称的认可度变得非常有价值,使得很多公司开始将其制造过程采用外包形式,以便将全部精力集中到品牌管理上。耐克公司就是一个典型的例子。耐克公司本身并不生产鞋,而是由作为其战略性合作伙伴的供应商(主要位于亚洲)生产。耐克公司要做的工作是产品的设计、市场和分销,这些而不是制造,是耐克公司的核心价值力。

对于像耐克这样的虚拟公司来说,它们与其供应商/制造商间组成的战略性协作是非常关键的。这种安排也为虚拟公司提供了很大的灵活性,使它们能够更好地控制新业务启动时的风险。这是由于虚拟公司可以先进行试验而不必大量投资于可能没有结果的经营活动。

 ## 公司分立

在兼并中,两个或多个企业融合为一个企业;而在战略联合中,两个或多个相互独立的企业同意合作。但是,有时候公司要创造价值就必须从成长性或合作等不同角度考虑公司重组。一个公司可能决定分离公司的一部分或全部清盘。本节我们考虑公司分立的各种方法。

公司自愿清盘

将公司全部出售的决策必须基于为股东创造价值的目的。假设这么做时公司并未处于财务困境(本章附录将讨论这个问题),公司分立的思路是**清盘**(liquidation)后公司的资产价值高于由其资产产生的预期现金流现值。在清盘时,出售者可把公司资产出售给多名买主,结果是所实现的价值可能高于接管时将公司作为整体出售所实现的价值。在完全清盘时,公司债务必须按照账面价值偿付。如果债务的市场价值低于账面价值,则债权人的财富将增加,最终是以股东权益的损失为代价的。

部门出售

部门出售是将公司的一部分出售。公司的一部分被出售后,通常会收到现金或证券。部门出售的结果应当是带来正的净现值,关键是所得到的价值是否高于继续经营该部分资产预期可得到的现金流现值。

股权分割

与部门出售相似,**股权分割**(spin-off)是将公司的一个独立的分公司或部门脱离原有的公司。在股权分割中,经营单位出售资产不是为了得到现金或证券。相反,经营单位的普通股将按比例分配给公司的股东,此后经营单位将作为完全独立的公司运营。例如,2004年摩托罗拉公司将其半导体部门分割出来成立了一家名为Freescale半导体公司的价值57亿美元的公司。这次股权分割既涉及实物资产也涉及人员。由于仅在普通股出售时才产生纳税义务,在股权分割时股东不用缴税。股权分割后,Freescale半导体公司一直独立经营,直到2006年被Blackstone集团公司旗下的一家财团以176亿美元的总价收购。据报道,这一收购是当时的十大收购之一。

股权分割的动机与部门出售类似。但是股权分割后,其他公司不会经营分割出的单位,因此不会出现公司重组中具有的协同效应。该经营单位作为一个独立的公司很有可能因不同的管理激励措施而比原来经营得更出色,这样一来股权分割就有可能获得经济效益。但是,股权分割也是有成本的。股权分割必须发行新股,还有为股东服务的不间断的成本,以及两家上市公司相对于原来的一家公司又会带来新的代理成本。因此,股权分割的净经济收益并不明确。

股权分割的其他一些理由看起来可能更有说服力。前面讨论的财富由债权人向股东的转移可能在这里也适用。另一个因素是前面讨论的与股权分割有关的信息效应。

股权分割还有可能让公司在缔约时更具灵活性。独立经营后,原有经营部门可以重新签订劳动合同,原有税收条款或其他约束将不再适用。股权分割后,原有经营单位的管理就与母公司脱离了。其结果是,新公司可能为提高生产率而采用新的激励措施。最后,对于债权人要求订立保护条款的债务合同,股权分割可使合同更有弹性。[①] 上述所有方面都有可能影响对某个经营部门进行股权分割的决策以及对该交易的评价。

股权分割狂潮创下新纪录

Financial Week

分拆显然做起来并不困难,因为越来越多的联合企业愿意将一两个部门分立出来出售给私人股权投资者或者将其分割出来成立新的实体。如果可以用历史作为借鉴,这种狂热的趋势有可能是企业高级管理者们告诉世人他们认为经济增速将会放缓的方式。

这种仅涉及公司的一部分而不是整个公司的交易数量今年非常多,继2006年创下年度纪录后第一季度又创了纪录。这一现象的驱动力是现金充裕的私人股权投资者为其资金寻找投资机会的需要,而在联合企业看来,它们可以为自己的这些经营部门卖个好价钱。此外,还有一个普遍的原因是为了在更加激烈的全球竞争中保持重点而实施小型化战略。

根据汤姆森金融公司公布的数据,今年第一季度股权分割、分离、剥离和持股分立的金额达到了1885亿美元的创纪录的水平,而1912笔交易这一数字也仅次于2000年第一季度的2013笔的最高水平。第一季度繁忙的分拆潮中有很大一部分金额来自Altria从卡夫食品(Kraft Foods)的股权分割,其金额为610亿美元。

这股分拆狂潮的主要催化剂之一是私人股权的巨额资金在寻找出路。根据汤姆森金融公司的数据,过去一年所募集的创业基金和收购资金为2210亿美元。除此以外,还有那些现有的基金手中仍持有的现金。

再加上很容易获得且利率很低的信贷资金,有意向的买家在支付定金后可以很容易地用杠杆方式借到新的资金,从而达成前所未有的巨额交易。

DealFlow Media时事通讯的编辑布拉德·戈瑟斯(Brad Goetschius)指出,这些基金竞相寻找最佳的机会,使得单个业务部门的价格提升到了从独立的基础上看高于其作为更大的企业的一部分的价值。

[①] 要了解对这些原因的分析,请参见 Katherine Schipper and Abbie Smith, "Effects of Recontracting on Shareholder Wealth: The Case of Voluntary Spin-Offs," *Journal of Financial Economics* 12 (December 1983), 437-468。

对于企业高级管理人员来说幸运的是,私人股权的现金潮来的正是时候,他们正打算从经营不相干的业务所造成的精力分散中脱身。

Gimme Credit 的债券分析师谢利·隆巴德(Shelly Lombard)说:"由于全球竞争,世界如今变得更加复杂了,因此公司正在竭力使自己的经营合理化。我想公司认识到了自己最好专注于一两个领域并做得真正出色。"

固特异(Goodyear)这一知名的国际品牌就是一个很好的例子。公司的首席执行官罗伯特·基根(Robert Keegan)在一份新闻简报中宣布公司决定出售机械部门,"从而把精力集中在我们核心的消费和商用轮胎领域并改善资产负债表的状况。"

Spin-Off Advisors 的分析师阿尔·卡迪利(Al Cardilli)说公司的股权分割"在整体市场稳定且运行相对较好时重拾升势"。

在这种时候,定期对业务进行评估的很多公司意识到一个部门作为独立的个体的价值超过了作为整个实体的一部分的价值。他说,这些公司因此将这个部门出售或者分割,从而实现其真实的价值。

资料来源:改编自 Frank Byrt, "Spin-Off Frenzy Sets New Record," *Financial Week*（April 9, 2007）, pp. 3 and 21.（www.financialweek.com）Copyright © 2007 by Crain Communications, Inc. Used by permission. All rights reserved.

持股分立

持股分立(equity carve-out)与公司分立的前两种方式相类似。但是,经营部门的普通股是向公众出售的。原有的公众购买只涉及该分公司的部分股票。常见的情形是,母公司继续拥有分公司的部分权益,并未因此失去控制权。在这些条件下,少数股权被出售了,其挤出的权益代表一种权益融资。区别在于,母公司以自己的名义出售股票时,其分公司将得到现金流或资产。这是头一次可以在市场上观察到分公司的价值。

持股分立的一个动机是:公司的分公司有了独立的股票价格,并且其股票公开交易,分公司的经理受到更大的鼓励来管理所在的部门。一方面,原来在多种经营的大公司内其所在部门显得太小,其努力难以被人们注意,有了独立的股票交易,就有可能吸引并留住分公司高水平的管理者,并激励他们努力工作;另一方面,公众更容易得到该分公司的相关信息,从而减少分公司管理者与投资者间的非对称信息,使市场能够更准确地认识到该分公司的价值。

有些人指出,持股分立方法是一种为公司成长融资的好办法。如果分公司处于技术领先地位,但赢利并不丰厚,则持股分立是一种通过母公司融资的好工具。有了独立的公司,市场可能变得更安全,因为投资者可在这种技术上进行**单纯投资**(pure play)。

公司分立的实证研究

与接管一样,对公司分立的实证检验也要进行案例分析。案例分析时,在分离出一般市场影响后,分析公司分立公布前后的每日证券收益。整个公司清盘时,对公司股东产生了很大的收益,约为 12%～20%。部门出售公布前后股东可获少许收益,约为 2%。购买公司的股东收益也有少量的增长,这与出现经济效益后,分公司的价值高于部门出售前是一致的。

平均来说,股权分割后的股东收益比部门出售高 5% 或更多。这个结果与股权分割公布的正信息影响是一致的。这表明财富并没有从债权人向股东转移。最后，在持股分立公布前后，公司股东可得到一般收益，约为2%。因此，平均来说，公司分立具有正的信息影响，其中以自愿清盘的影响最大。

 ## 所有权重组

其他公司重组是为了改变所有权的结构。这通常与债务比例的大幅改变同时发生。本节我们详细介绍私有化和杠杆收购。

私有化

Levi Strauss 公司等很多知名的公司都进行了私有化。**私有化**（going private）不过是指将公众持有的公司股票转为私人持有。私有化股票由少数投资者持有，公司现任管理层通常持有很大比例的股票。在这种所有权转化中，可采用多种方法购买公众股票。最常用的方法可能是用现金购买股票，并将公司与仅由私人投资者管理层集团所有的空壳公司合并。这种交易通常不被视为接管，而被视为将公司资产出售给私人。还有其他一些私有化方法，不过结果都一样：作为公众持股的公司不再存在，其原有股东可得到可观的收益。尽管大多数私有化都是用现金支付的，但有时也采用非现金（如票据）支付方式。

动机

促使公司管理层采取私有化的因素有很多。[①] 作为公众持股公司是有代价的，股票必须登记并且必须为股东服务。发放股利和寄送材料有管理费用，向证券交易管理委员会和其他监督者提交报告需要支出律师费和管理费。此外，每年一度的股东会及与证券分析师的会议常会出现大多数管理人员不希望发生的问题，转为私有化公司可以避免上述问题。

有些人认为，公众持股公司的季度会计收益与长期经济收益间存在固定的关系。只要决策是为了引导创造经济价值，私有化就可能会改善资源配置决策，从而增加价值。

私有化的另一个动机是提高公司管理水平。管理者股权增大后，更愿意为公司超时且有效率地工作。由于有效管理而节省的资金和产生的利润大部分回到管理者手中而不再是大量股东的手中。因此，他们可能更愿意作出困难的决策，如降低成本、减少管理层的额外补贴或只是更加努力地工作。管理者的报酬与其决策联系得更为紧密。公司经营得越好，利润越高，管理者的报酬就越高。对公众持股公司来说，管理者报酬的水平与其决策特别是创造高利润的决策联系得并不是很紧密。如果报酬高的话，证券分析师、股东和新闻界会有异议。

尽管私有化的理由有很多，但也存在一些不利因素。首先，公司因私有化需要向投资银行、律师和其他人支付大量报酬。相对于其股权而言，私有化公司股东的收益几乎是无

[①] 研究私有化的主要论文有 Harry DeAngelo, Linda DeAngelo, and Edward M. Rice, "Going Private: Minority Freezeouts and Stockholder Wealth," *Journal of Law and Economics* 27 (June 1984), 367-401, 这篇文章讨论了私有化的大部分动机。

法变现的,股东的大部分财富都绑在公司上。例如,管理者可能为公司创造价值,但是其价值只有在未来转变为公众持股后才能实现。如果公司转为公众持股公司,则会重复支付交易成本,这对投资银行和律师来说是件美事,但对公司来说则是一笔巨额损失。

私有化的实证研究

有些人已经就有关私有化对证券持有人财富的影响做了些研究。实证表明,在私有化公布前后,股东得到可观收益,约为 12%～22%。在用现金支付的情况下,收益更高,与兼并中实现的溢价差不多。很明显,股东从中获益,但是他们是否得到了公平对待仍无法确定。

杠杆收购

私有化可以是一种直接的交易,投资者集团从公众股东手中购买股票即可;它也可以采取**杠杆收购**(leveraged buyout,LBO)方式,此时要涉及第三方甚至第四方投资者。顾名思义,杠杆收购下所有权转移主要是由债务完成的。在一些通过资产抵押贷款机构进行的融资中,债务是由公司相关资产做抵押的。其结果是,大多数杠杆收购涉及的是资本集中企业。尽管一些杠杆收购是针对整个公司的,大多数情况下它针对的是公司的一个部门或其他次级单位。通常情况是公司认为该分公司与其战略目标不再合拍了,将其出售给公司的管理层。这种杠杆收购被称为**管理层收购**(management buyout,MBO)。杠杆收购的另一个显著特征是它是用现金而不是股票支付的。最后,该分公司不可避免地成为一个私人持股的公司。

理想的杠杆收购候选公司有几个共同特点。通常情况下,该公司拥有若干年内的增长机会,并且其主要费用是可递延的。通常是公司刚完成一个巨额资本投资的工程,因此其工厂是现代化的。公司所拥有的分公司资产出售后不至于影响公司的主营业务,并且出售后的收入可用来偿还前几年的债务。相反,一些需要高研发投入的公司,如医药公司就不是理想的收购对象。杠杆收购的最初几年,其现金流收入必须用于偿还债务。资本支出、研发、广告和个人研究费用必须放在后面考虑。一般情况下,由工作人员构成其主要价值的服务性公司不是理想的收购对象,因为如果人员离开,公司的价值就所剩无几了。

稳定的可预期的营业收入在考虑杠杆收购时受到充分重视。在这方面,生产消费品的公司占据了"商品型"业内的主导地位。具有优良业绩及广泛市场的公司也排在前面。公司的产品或其经营受到的周期性需求影响越小,公司就越有可能成为收购对象。通常,公司的资产必须是有形资产或商标。管理层也是重要的考虑因素,因为有经验、有名望的高级管理者是公司成功的关键。尽管对杠杆收购候选公司的特点介绍得并不全面,但是根据上述特点可以很容易判断一个公司是不是理想的收购对象。

具体例子

为详细介绍杠杆收购,我们假定 Klim-On 公司打算出售其日用品部门。该部门的资产包括厂房、设备、装货车、存货和应收账款。这些资产的账面价值为1.2亿美元。如果该部门被清算的话，公司的重置价值是1.7亿美元，而该部门的价值仅为9500万美元。Klim-On公司决定，只要能得到1.01亿美元现金，就出售该部门。它请了一家投资银行提供协助。在对产品销售部门做了调查后，投资银行给出的最佳方案是将该部门出售给公司现有管理层。该部门的4名最高管理者对此很感兴趣并迫切地希望抓住这个机会。但是，他们的个人资本加起来只有200万美元。显然，还需要更多的资金。

投资银行同意尝试安排杠杆收购，已对该部门进行了财务分析和现金预算，以决定需要融通多少债务。根据这些预测，并考虑了必要的资本支出以及研发费用和广告费，投资银行认为大约需要融资1亿美元。公司今后几年要偿还债务，支出的减少被视为暂时的。投资银行成立了一个有限的合伙企业进行另一笔800万美元的权益投资，从而使总权益增至1000万美元。根据协议，有限合伙企业得到60%的原始普通股，而部门管理层则得到其余的股票。

债务融资的安排

在对权益资本作出安排后，投资银行继续进行债务融资。杠杆收购中，通常情况下有两种形式的债务：优先债务和次级后偿债务。就优先债务而言，纽约一家大银行同意通过其资产抵押贷款部门提供7500万美元的成本贷款，以及800万美元的适应季节性需要的周转信贷额度。这两种贷款的利率都比优惠利率高2个百分点，并且都由公司的所有资产——不动产、建筑、设备、股票、存货和应收账款做抵押。7500万美元的贷款期限为6年，每月等额支付本金和利息。出于偿还债务安排的目的，所有主要的银行事务都将通过该银行进行，且公司的所有收入都将存入银行的一个特定账户中。除了抵押外，该贷款还附有保护性条款。

该公司还与一家提供兼并融资服务的大金融公司的分公司达成了2500万美元的次级后偿贷款协议。因为次级后偿贷款的求偿权介于优先债务和权益资本之间，因此有时候被称为"夹层"融资。这笔贷款的期限为7年，利率在贷款期限内固定为13%，7年中只需每月支付利息，并于第7年年末一次支付本金。因为优先债务已抵押了全部资产，因此这笔债务是无担保的在优先债务之后偿还的。为了对后偿债务提供者所承受的巨大风险进行补偿，贷款者得到了可购买公司40%股票的认股权证。这些认股权证可在贷款的7年内的任何时候以每股1美元的价格购买股票，该价格是名义价格。如果认股权证被执行，部门管理层的股票将从发行量的40%下跌到24%，有限合伙企业的所有权将从60%下跌到36%。这次融资总结如下：

	百万美元
优先债务	75
次级后偿债务	25
权益	10
	110

此外，公司将得到适合季节性需要的 800 万美元的周转信贷额度。

我们看到，杠杆收购允许公司可以用很少的权益资本实现私有化。被兼并公司或部门的资产被用于为巨额债务做担保。如果公司按计划经营的话，其权益所有者，即剩余资产的所有者可能做得非常好。但是，权益资本储备非常小，必须非常谨慎，绝不能犯任何错误。20 世纪 80 年代末到 90 年代初，很多杠杆收购公司陷入困境，投资者开始认识到了这一点。正如我们之前提醒的，杠杆是一把"双刃剑"。

小结

- 公司重组包括很多方面：兼并；包括合资企业在内的战略联盟；包括清盘、部门出售、股权分割和持股分立在内的公司分立；所有权重组，如将公众持股公司变为私有公司；杠杆收购。上述所有重组方式的动机都是为了增加股东财富。

- 在公司重组中增加价值的途径包括扩大销量、运营经济、管理水平的提高、信息效应、财富从债权人向股东转移，以及税收收益。在接管中，过高的标价（源于自负或追求管理者的个人目标）经常使兼并公司的股东财富下降。

- 公司有内部成长性，也可通过兼并实现外部成长。公司在两种情况下的目标都是为了最大化现有股东的财富。两种类型的扩张都可被视为一种具体的资本预算决策。接受决策方案的标准基本相同——资本应被用来增加股东财富。

- 有两种常用的兼并分析方法。根据每股收益方法，是否兼并的标准是现在或未来的每股收益得到提高；根据自由现金流方法，是否兼并的标准是预期净现金流的现值应高于兼并的成本。一般来说，现金流方法从长期的观点考虑兼并的价值，而每股收益方法则注重短期价值。同时采用这两种方法是更为理想的做法。

- 实证分析表明，由于兼并方向被兼并方支付了大量溢价，被兼并方股东从兼并中得到超额回报，而兼并方股东平均而言则没有获得超额回报。

- 可以通过购买资产或普通股来收购公司。因此，付款的手段可以是现金也可以是普通股。2001 年美国财务会计标准（SFAS）141 号公告公布前，两家公司的合并既可以采用购买法，也可以采用权益联营法记录。SFAS141 号公告废除了权益联营法，只允许在兼并和收购中采用购买法。现在，在购买法下，任何通过合并产生的商誉都必须每年至少进行一次资产减损（或递减）测试。

- 合并到底是应纳税的还是免税的在很大程度上取决于被收购公司及其股东，但有时候也可能取决于收购方。

- 收购方可以与其打算收购的公司管理层谈判以实现收购目的；也可以直接向其打算收购的公司股东宣布股权收购，直接向股东收购股票。后者作为不友好的接管经常受到公司管理层的抵制。有一系列反接管工具，其中一些工具可能对股东产生负面影响。

- 一家公司可能决定把一个分公司分立，也可能决定清算整个公司，以实现重组的目的。自愿清盘、部门出售、股权分割和持股分立是公司可以采取的主要方法。通常来说，公司分立有正的信息效应，自愿清盘的效应最高。

- 公司私有化是指公司由公众持有转为由包括公司管理者在内的一小部分投资者所有。实证分析表明，与兼并类似，私有化时公众股东得到了大量溢价。
- 私有化的方法之一是杠杆收购。在该方法下，利用巨额债务为现金收购一家公司的某个部门或整个公司筹资。可以采用资产担保的优先债务或次级后偿债务两种形式。由于原有权益很少，杠杆收购的风险很高。经营状况或利率方面的微小变动就可能造成违约。

 ## 附录 23A　挽救失败的公司

迄今为止，我们对公司重组的讨论仅限于正常营业的公司。但是，我们不能忽略公司失败的可能性。公司的内部管理者必须牢记这一点，在财务危机时期公司的债权人更应明白这一点。"失败"一词是含糊不清的，部分原因在于失败的程度多种多样。三个专业术语常被用来更准确地表达不同程度的失败。权益性（技术性）无力偿债通常用来指债务人不能支付到期债务。但是，这种无偿还能力只是暂时性的或者说是可以挽救的。权益性无偿还能力是指公司缺乏清偿能力。正式破产则是指公司的债务超过了其资产的公平价值。财务失败包括介于上述两种极端状态中间的所有情况。

根据财务困难程度的不同，对失败公司的挽救方法也不同。如果公司前景根本不存在希望，则清算可能是唯一可行的选择。但是，有些失败公司可通过债权人、股东和社会的共同努力得到挽救。本附录的目的就是介绍一些可行的挽救方法，先介绍自发性的挽救，再介绍需要采取的法律措施。

自发结算

延期是指债权人推迟其债权到期日。由于没有采用强制性的法律措施，债权人节省了大量的法律费用并避免了清算时可能的价值减低。由于所有的债权人必须都同意将其债权延期，因此主要的债权人通常会组成一个委员会。委员会的职责是与公司谈判，形成一个相关各方都满意的偿债计划。

复合性偿债是指用现金或现金与流通性票据偿还债权人的结算债务方法。所有债权人都必须接受这个部分结算决定，并放弃对整个资产的追索权。与债务延期一样，失败公司必须折价或全价偿付债权人的债务。

自发结算是指不通过破产法庭而是私下对公司进行清算。自发结算不仅比破产法庭的清算更有效率，而且由于节省了大量破产成本，使得债权人可获得更多的支付。但是，自发结算通常仅适用于债权人数量较少的公司。

法律程序

与失败公司相关的法律程序适用《破产法》，由破产法庭执行。《破产法》包括很多内容，但我们仅考虑与经营失败有关的两部分。《破产法》第 7 章是关于公司清算的，第 11 章则是关于企业重组后的恢复的。

在上述两种情况下，债务人或债权人都必须先向破产法庭提交一份申请报告。如果提交报告的是债务人,则属于自愿程序;如果提交报告的是债权人,则称为非自愿的程序。在自愿程序中,债务人只需填写一份申请报告,就立即会受到保护。维持现状的约束使得债权人在法庭对申请报告作出裁决前不能采取任何行动。法庭可能接受也可能驳回债务人的报告。

债权总值 5000 美元或以上的 3 名或更多的无担保债权人需要填写非自愿破产申请报告。报告中必须按照时间顺序填写债务人尚未偿还的债务,或者债务人已给予他人的资产。破产法庭必须对非自愿申请报告是否有效作出裁决,如果裁决是否定的则相当于驳回了申请。如果破产法庭接受了申请报告,则会签发偿债通知。令债权人暂不行动的目的是给债务人时间提出解决问题的方案。下面我们来研究如何解决公司清算和重组的问题。

清盘

如果公司的成功运营已经无望,则切实可行的方案就只有清盘了。在提交破产申请后,债务人在破产法庭作出裁决前可以暂时逃避债权人的催债。在法庭发布清盘命令后,往往需要指定一名临时破产管理人,由他来接管公司并招集债权人会议。这名临时破产管理人必须是从一份经认可的名单中挑选出来的"非利益相关"的个人,其使命最早可在召开债权人第一次会议后结束。在第一次债权人会议上,必须认定所有债权,然后由所有债权人选出一名新的破产管理人代替临时破产管理人。临时破产管理人也可以充当正式破产管理人,在案件结束前继续履行职责。破产管理人负责公司财产的清算,并将清算所得资金在债权人中间进行分配。

在对无担保债权进行清盘偿付前,必须先考虑优先债权。清盘分配的顺序为:
1. 与清盘有关的管理费,包括破产管理人和律师的费用;
2. 从提出破产申请到指定破产管理人的债务人正常经营期间提出的债权要求;
3. 破产申请前 90 天内的雇员工资(每名雇员最高 2000 美元);
4. 破产申请前 180 天内的雇员福利计划支出(每名雇员最高 2000 美元);
5. 顾客用现金购买商品或服务,而债务人并未提供该商品或服务的债权要求(每人不超过 900 美元);
6. 税收拖欠;
7. 及时登记或因债权人未得知破产消息未及登记的无担保债权;
8. 债权人得知破产消息而未登记的无担保债权;
9. 罚金或惩罚性赔偿;
10. 破产申请提出后产生的债权利息。

在清偿下一级债权前,必须全部清偿前面的各级债权。如果全部清偿上述所有债权申请后仍有剩余,则可考虑次级债权人的债权,如优先股股东,最后则是普通股股东。通常情况下,普通股股东在清盘时往往会一无所获。在《破产法》中特别规定了出租人对债务人的损失赔偿要求。总的来说,出租人的损失赔偿限制在一年的租金或全部但不超过 3 年的未付租金的 15%之内。清算资金全部分配完毕后,债务人将不再承担任何债务。

改组

该组公司可能比清盘更符合所有相关者的利益。从理论上看,如果一个公司作为经营实体的价值高于其清算价值,就应该改组。但如果情况相反,即"结束"比"维持生存"更有价值,则应该清盘。**改组**(reorganization)是通过改变公司资本结构使其维持生存的一种措施。具体做法是通过用权益和有限收入证券取代固定收入证券来减少固定费用。

程序 《破产法》第11章对改组作出了规定,其提出程序与破产清算相同。只要债务人或债权人提交改组申请报告,即进入改组程序。大多数情况下,债务人会继续经营公司,虽然可以指定一名受托管理人来负责公司的经营。为了增加吸引力,《破产法》第11章规定申请后债权人权利优于申请前债权人权利。如果这种刺激的吸引力仍不够,破产法庭还有权批准新的债权人或申请后债权人获得债务人资产的留置权。

如果没有指定受托管理人,则债务人有权独立提出改组计划,并在120天内提交。在指定受托管理人的情况下,该受托管理人有责任监督计划的提交。计划可由受托管理人、债务人、债权人委员会或个别债权人提出,改组计划可不限于一个。所有改组计划都必须提交债权人和公司股东以获得批准。破产法庭的作用是审核改组计划中的相关信息,确保信息披露的充分性。

改组计划必须是公平的和可行的。这意味着相关各方都受到平等对待,计划是可行的,并考虑到了公司赢利能力、财务结构以及获取信用贷款或者短期贷款的能力。不同级别的债权人都必须就改组计划投票。每个级别的债权人中都必须有超过半数或2/3的人同意,该计划才能被批准。如果计划被债务人拒绝,则破产法庭应尽力撮合相关各方就另一项改组计划谈判。如果破产法庭的上述努力失败,则破产法庭会提出一项被称为兜底计划的改组计划强制实施。破产法庭确定改组计划后,债务人必须根据改组计划经营。此外,改组计划对所有债权人和股东都具有约束力。

改组计划 改组的困难在于重新调整公司的资本结构以减少固定费用。改组计划的形成有三个步骤。首先,必须确定被改组公司的总价值。这一步骤是最困难,也是最重要的。受托管理人所青睐的一个手段是未来收益的资本化。如果被改组公司未来的年收益为200万美元,并且与其类似的公司的平均总资本率是10%,则该公司的总价值为(2 000 000美元)/(0.10)=20 000 000美元。由于估计未来预期收益以及确定合理的资本化比率都很困难,因此公司的价值总额只能是代表公司潜在价值的最佳估计。尽管在公司重组中普遍采用的公司估值方法是未来收益的资本化法,但如果公司资产具有很高的变现价值,则应上调通过这种方法估计得出的公司价值额。

确定了公司的价值后,改组的下一步是为公司确定新的资本结构,以便减少固定费用,使公司有足够的赢利能力。为了减少费用,公司的总债务被部分地转移到收入债券、优先股和普通股持有人。除了减少债务规模外,余下债务的期限也可能改变。债务的到期日被延长,以减少每年需要支付的沉没资金。如果存续公司可能需要在未来融资,则受托管理人为保持公司的未来融资能力会确定更保守的债务与权益比率。

确定了新的资本结构后,重组的最后一步是对原有证券的估值以及换取新的证券。通常,在次级债权人被清偿前,高级债权人的资产求偿权必须全部获得满足。在新旧证券交换过程中,对优先股进行交换前必须将原有的债券按面值全部交换成新的证券。第一步确定的公司价值额是公司发行的证券额上限。一家正在进行改组的公司的原有资本结构为:

	百万美元
信用债券	9
后偿信用债券	3
优先股	6
普通股权益(面值)	10
	28

如果存续公司的总价值为 2000 万美元,则受托管理人可能在改组的第二步确定如下所示的新的资本结构:

	百万美元
信用债券	3
收入债券	6
优先股	3
普通股权益(面值)	8
	20

为存续公司确定了"合理"的资本结构后,受托管理人要对新的证券作出分配。例如,受托管理人可能提出原有信用债券持有人用其手中的 900 万美元债券交换新的 300 万美元的优先股,原有优先股持有人则得到存续公司价值 600 万美元的普通股。原有普通股持有人则将得到存续公司价值 200 万美元的普通股,即存续公司普通股总额的 25%。

因此,在次级求偿权被支付前先清偿所有求偿权。本例代表了温和的改组。在严厉的改组中,所有债务都被交换为存续公司的普通股,原有普通股则被彻底废弃。本例中,如果公司总值 1200 万美元,则受托管理人可能确定含有 300 万美元优先股和 900 万美元普通股的资本结构。在这种情况下,只有直接和后偿债券持有人能够得到偿付,原有的优先股和普通股持有人则将一无所获。

上例中普通股持有人受到**绝对优先原则**(absolute-priority rule)的约束。根据绝对优先原则,所有求偿人都必须按照法律规定的优先次序得到偿付。普通股持有人更愿意按照相对优先原则结算。根据该原则,新证券是根据原有证券的相对市场价值分配的。在改组中普通股持有人不可能得到优先证券,但如果其现有股票有价值的话,他们可以得到一些普通股。因为公司并未被实际清算,因此普通股持有人认为相对优先原则才是最公平的,但高级法院并不这样认为,它支持绝对优先原则(洛杉矶木制品公司案例,1939 年)。

协议结算

尽管在公司改组案例中采用的是绝对优先原则,但 1978 年《破产改革法案》为改组提供了一定的灵活性,并开始倾向于相对优先原则。20世纪80年代末到90年代初期,在很多公司经历了财务危机的情况下,协议结算获得了更大的灵活性。事实上在公司改组的整个过程中,公司管理层仍然控制着公司;更坦率地说,公司管理层与债权人相比经常处于强势。希望注入新的权益资本的利益群体也占了上风。

债权人遇到的问题是,破产的整个过程是高成本的、耗费时间的,而且在破产过程中,公司的价值经常会受到损害。管理层与股东在谈判时经常采取强硬的态度,要求债权人作出巨大的让步以使得改组计划可行。如果这种"拔毛"(即减少求偿权的价值)行为过于严重,债权人就会反抗。因此股东和管理层与债权人双方愿意接受的方案存在微妙的权衡关系。不同级别的债权人相互争夺利益,这使得股东和管理层在谈判中更能迫使债权人让步。

预先包装破产(prepackaged bankruptcy/prepack)是一种避免《破产法》第11章中所隐含的法律性延迟而采取的做法。处于财务危机中的公司在根据《破产法》第11章规定提交申请报告前就制订一个破产计划。公司事先征得每个级别债权人中最少2/3的人同意。如果破产法庭认可该破产计划,则计划书中的条件将强加于不同意破产的债权人。Resorts国际公司和环球航空公司(TWA)就使用了该方法。预先包装破产的优点是缩短了执行时间。根据《破产法》第11章规定的程序,时间延迟可达几年之久,而预先包装破产则只需耗费6个月左右的执行时间。

无论是自愿还是根据《破产法》第11章进行的破产,其结果都有利于公司管理层和员工。但是对债权人来说则并不总是符合其最大利益的,他们被迫接受低于其求偿权面值的清偿价值。对于债权人来说,他们需要做的权衡是:让公司继续经营下去好还是终止其经营,采取破产程序好。

欧洲破产法:第11章经常被"漏译"

2003年12月意大利奶制品生产商的分拆成为意大利企业重组的分水岭。这一事件引发了意大利破产法的修订。

这次修订使得意大利破产法与美国破产法第11章更加接近了。

这些改变使得重组更加迅速、更为灵活,然而却漏掉了一个重要因素:用来帮助公司度过资不抵债困境的"调整贷款"的条款。

类似的清算限制也使得英国以及欧洲其他国家(法国的贷款人义务法和德国的保护股东的法案)的调整更加复杂化了。

这意味着美国备受困扰的投资者所实施的债转股和权益化战略在欧洲应用时往往被"漏译"。

当传统的重组药方失效时,欧洲的投资者会寻求更加非正统的方式,例如,寻找"白衣骑士"投资者或者获取支持其债务的股票。

贷款人在向英国或意大利的债务人扩展新的融资时,他们并不享有美国贷款人通过申请了破产保护的公司(DIP)贷款所享受的优先权。

这使得贷款人要承受在重组恶化为清算时沦落到与其他债权人相同境地的风险。

意大利 IT 服务提供商 Damovo 正在开展一项调整贷款,该项目的知情人向 Debtwire 透露说:"如果债券持有人的求偿权次于其他债权人,那么让他们提供资金是没有道理的。"

Damovo 今年 10 月开始与债券持有人进行调整谈判,现在要求债券持有人提供 6000 万欧元的援助基金。但是债权人们由于担心重组如果恶化为清算,自己的资产求偿权会落到从属地位,都踟蹰不前。

不确定性还不仅这些,资不抵债的公司的债权人常常发现债务人提交破产保护后,自己要和另一批领导者打交道。英国和意大利的破产法典要求提出破产申请后组建新的领导班子接手现有的管理层来管理公司。

这样一来,公司要获得新的融资必须下大力气证明自己,即使它们已经与现有的债权人商定了部分债务豁免。

其结果就是"22 条军规"(Catch-22),尽管有重组的机制,债权人仍不愿意提供启动重组进程的资金。

德国是欧洲国家中最早根据 1999 年第 11 章进行破产法改革的。

与法国和意大利的法制不同,德国的破产法鼓励处于困境的公司在对自己的经营和资产负债表进行重组时基于有担保的原则寻求援助融资。

从理论上说,超级优先权保护应当能允许破产过桥贷款支持下的更多的资产负债表重组。

在实践中,由于德国股东在重组时所享有的权利,调整和调整融资仍然是充满风险的提议。

破产公司可以提交一份重组计划,要求消除全部的股权,但前提是必须取得所有股东的同意。

资料来源:改编自 Adelene Lee, "Chapter 11 is often lost in translation," *Financial Times* Special Report (July 25, 2007), p. 5. (www.ft.com)Copyright © The Financial Times Limited 2007. Used by permission. All rights reserved.

思考题

1. 解释协同效应的概念。
2. 举例说明并解释市盈率是如何影响存续公司的每股收益的。
3. 在以普通股交换普通股的收购中,是基于现金流分析好还是更侧重收购对存续公司的每股收益的影响好?
4. 有人注意到,兼并公司的个数与相对的经营水平直接相关。为什么会这样?
5. X 公司和 Y 公司的收入都很不稳定,而且它们处于不相关的行业。将这两家公司合并是否会减少两家公司的风险?投资者能降低对这两家公司投资的风险吗?
6. 很多公司兼并的动机是提高公司的"成长性"。这种成长性指的是什么?能否在不增加合并后公司的总风险的条件下提高公司的成长性?
7. 为什么在兼并前有很多看起来很好的收购机会,结果却都令人失望?
8. 一个打算进行收购的公司是否总能发现目标公司?如果是的话,为什么其他公司没有发现这些目标公司?
9. 在兼并评估中,为什么采用现金流方法要减去所需的资本费用?难道重要的不是未来收益吗?
10. 当前的购买会计方法是如何记录收购的?这与过去的购买法有何不同?
11. 为什么在收购中采用现金支付还是普通股支付会有差别?
12. 作为公司的一名股东,你是否希望公司制定反接管修订条款?反接管的工具包括哪些?
13. 你认为股权收购的威胁是否有利于提高公司的管理水平?
14. 股权收购中双重出价的目的是什么?
15. 公司重组(广义)中,价值创造的主要来源有哪些?
16. 部门出售与股权分割有何区别?持股分立与部门出售和股权分割各有什么区别?
17. 在什么条件下,公司全部清盘是明智之举?
18. 私有化的动机是什么?出售股票的股东收益是什么?
19. 杠杆收购已被广泛采用,这是件好事吗?
20. 为杠杆收购融资的优先权贷款者与次级后偿贷款者提供的好处分别是什么?他们有风险吗?

自测题

1. Yablonski Cordage 公司正在考虑收购 Yawitz Wire and Mesh 公司。收购是用普通股方式支付。相关财务信息如下:

	Yablonski 公司	Yawitz 公司
现有收益/千美元	4000	1000
已发行普通股/千股	2000	800
每股收益/美元	2.00	1.25
市盈率	12	8

Yablonski 公司计划向 Yawitz 公司支付高于其股票市价 20% 的溢价。
(1) 股票交换率是多少?需增发多少股票?
(2) 收购刚刚结束后存续公司的每股收益为多少?
(3) 如果 Yablonski 公司的市盈率不变,仍为 12,收购后存续公司股票的每股市价是多少?如果市盈率为 11,结果如何?

2. Tongue 公司与 Groove 制药公司合并了,1.5 股 Groove 公司股票交换 1 股 Tongue 公司股票。合并前两家公司的资产负债表如下:

	Tongue 公司	Groove 公司
流动资产/百万美元	5	20
固定资产/百万美元	7	30
商誉/百万美元	—	2
资产合计/百万美元	12	52
流动负债/百万美元	3	9
长期债务/百万美元	2	15
股东权益/百万美元	7	28
负债与股东权益合计/百万美元	12	52
普通股股数/百万股	0.2	1.4
每股市价/百万美元	35	28

Tongue 公司的固定资产的公平市场价值比账面价值高 40 万美元。用购买会计方法列出兼并后的公司的资产负债表。

3. Hi-Tec 公司正在考虑收购与自己的业务相关的 Lo-Tec 公司。Lo-Tec 公司是家完全通过权益融资的企业,目前该公司每年的税后现金流是 200 万美元。收购后,将会产生协同效应,预计今后 10 年的现金流将以 15% 的速度增长,每年年末达到预期值。要维持该增长速度,Hi-Tec 公司每年需投资 100 万美元。为便于分析并根据保守的估计,Hi-Tec 公司把现金流的计算年限定为 25 年。

(1) 收购后 Hi-Tec 公司每年的预期现金流是多少?

(2) 如果内部收益率是 18%,则 Hi-Tec 公司可支付的最高价格是多少?

4. Aggressive 公司打算通过股权收购方式兼并 Passive 公司。Passive 公司有 10 万股普通股,每股收益为 5.50 美元。如果与 Aggressive 公司合并,可实现 150 万美元的总收益(用现值计算)。Passive 公司的当前每股市价是 55 美元。Aggressive 公司打算进行的是双重出价的股权收购:前 50 001 股为每股 65 美元,剩余的股票则为每股 50 美元。

(1) 如果收购成功,Aggressive 公司最终需要向 Passive 公司支付多少? Passive 公司的股东可从中得到多少回报?

(2) 如果 Passive 公司的每位股东单独行动,则为保证其财富最大化,他们会怎么做?如果他们联合起来,结果又将如何?

(3) 目标公司能如何增加单个股东抵制较低收购价的可能性?

(4) 如果 Aggressive 公司的第一重出价为 65 美元,第二重出价仅为 40 美元,结果又将如何?

5. McNabb 公司正在考虑公司管理层的杠杆性私有化。公司管理层现持有总数为 500 万股的股票中的 21%。股票的市价为每股 20 美元,并且只有超过 40% 的溢价支付才能吸引现有公众股东出售其持有的股票。管理层希望保留自己手中的股票并通过优先债务方式为杠杆收购筹集所需资金的 80%。余下的 20% 的资金将用次级后偿信用债券的方式筹集。

优先债务利率高于优惠利率 2 个百分点,在今后 5 年的每年年末偿还 20% 的本金;次级后偿债务的利率为 13%,并需在第 6 年年末一次性偿还本金。信用债券附有第 6 年年末购买总股票 30% 的认股权证。公司管理层估计今后每年息税前收益为 2500 万美元。因为可实现亏损弥补,预期公司今后 5 年不用交税。公司将使资本费用等于折旧额。

(1) 如果今后 5 年的优惠利率预计平均为 10%,则该杠杆收购是否可行?

(2) 如果平均优惠利率仅为 8% 呢?

(3) 要保证偿还债务,公司目前的税前收益不能低于多少?

复习题

1. 公司 A 和公司 B 的有关财务数据为：

	A 公司	B 公司
现有收益/百万美元	20	4
股票股数/百万股	10	1
市盈率	18	10

(1) 如果两家公司将要合并，股票交换比率为 1∶1，则兼并对两家公司的每股收益的初始影响是什么？市场价值交换比率是多少？可能会实现兼并吗？

(2) 如果股票交换比率是 2 股 A 公司股票交换 1 股 B 公司股票，则题(1)的答案又将是什么？

(3) 如果股票交换比率是 1.5 股 A 公司股票交换 1 股 B 公司股票，结果又将如何？

2. Schoettler 公司希望收购 Stevens 公司。如果采取交换股票的方式进行收购，Schoettler 公司希望以 25% 的溢价交换 Stevens 公司的股票；如果采取现金交易，则交易条件将更有利于 Stevens 公司的股东。为获取现金，Schoettler 公司不得不在市场上出售本公司的普通股。两家公司的相关财务数据为：

	预期收益/美元	普通股股数	每股市价/美元	税率/%
Schoettler 公司	5 000 000	1 000 000	100	50
Stevens 公司	3 000 000	5 00 000	60	50

(1) 计算普通股交换比率及合并后 Schoettler 公司的预期每股收益。

(2) 如果 Stevens 公司所有股东持有公司普通股的时间都在一年以上，资本所得税税率是 28%，并且股东平均每股原始购买价为 14 美元，则在题(1)中，现金出价要达到多高才会具有吸引力？

3. 假设 Schoettler 公司与 Stevens 公司的股票交换情况如题 2 所述。

(1) 股票交换比率为多少？

(2) 比较兼并前后 Stevens 公司的每股收益，并与 Schoettler 公司的每股收益进行比较。根据每股收益来衡量，兼并中哪一方受益？为什么？

(3) 为什么你觉得 Schoettler 公司的市盈率高于 Stevens 公司的市盈率？兼并后市盈率有何变化？这与你前面的推断矛盾吗？为什么？

(4) 如果 Schoettler 公司是家高科技成长型公司，Stevens 公司是家水泥制造公司，你会修改你的答案吗？

(5) Schoettler 公司在确定适当的市盈率时，是否应把兼并引起的收益上升作为公司成长的因素之一？

4. Copper Clapper 公司目前年收益为 1000 万美元，流通在外普通股为 400 万股，每股市价为30美元。在不发生兼并的情况下,预计Copper Clapper公司的年收益将以5%的复利率增长。Copper Clapper公司正打算收购Brass Bell公司,该公司目前的年收益为200万美元,流通在外的普通股为100万股,每股市价为36美元。Blass Bell公司股票的年收益预期将以10%的复利增长。Copper Clapper公司打算出价以1.2股股票交换1股Brass Bell公司的股票。

(1) 兼并对兼并结束后存续公司的每股收益的影响是什么?

(2) 你希望收购Brass Bell公司吗?如果根据现有条件看,Brass Bell公司并不具有收购的吸引力,则从每股收益的角度考虑,Brass Bell公司何时才会具有收购的吸引力?

5. Byer公司的税后资本成本为16%,它正打算收购Cellar公司。后者与前者具有相同的系统风险。兼并后增加的现金流如下:

百万美元

	年度平均值			
	1~5年	6~10年	11~15年	16~20年
来自Cellar的年现金收入	10	15	20	15
所需的新增投资	2	5	10	10
税后净现金流	8	10	10	5

假设公司的经营风险维持不变,则Byer公司支付给Cellar公司的最高价格是多少?

6. Valez咖啡公司正在考虑用75万美元现金收购Mountain Creamery公司。预计收购后第一年增加的现金流是10万美元,此后以每年6%的复利增长。如果进行收购,预期Valdez公司当年的现金流(减去资本支出)为60万美元,并且此后以每年6%的复利增长。Valdez公司目前的整体内部收益率是14%,因为Mountain Creamery公司风险较高,收购后Valdez公司所需的整体内部收益率为15%。

(1) Valdez公司应该收购Mountain Creamery公司吗?

(2) 如果所需的整体内部收益率维持不变,则答案又将为何?

(3) 如果收购后公司的年增长率是8%,则答案又将为何?

7. Bigge Stores公司(BSI)以购买400万美元股票和承担200万美元债务的方式收购了L. Grande公司(LGC)。收购前两家公司的有关财务信息为:

百万美元

	BSI	LGC
有形资产和总资产	10.0	5.0
负债	4.0	2.0
股东权益	6.0	3.0

用购买会计方法列出兼并后公司的资产负债表(假定LGC资产的账面净值即为其公平市场价值)。

8. Leonardo公司有三个分公司,其市价总值(负债和权益)为7100万美元。公司的负债与市场价值之比为 0.40,并且债券都附有一般的保护性条款。但是,保护性条款并不排除出售分公司的可能性。Leonardo 公司打算以 2000 万美元的价格出售其 Raphael 分公司。除了支付给 Leonardo 公司 2000 万美元外,购买者还需要承担分公司 500 万美元的债务。全部销售所得即 2000 万美元将分给 Leonardo 公司的股东。从实践的角度看,Leonardo 公司的股东是否从这次公司分立中获益? 从纯理论的角度看,这么做是否有益于 Leonardo 公司的股东? 为什么?

9. Lorzo-Perez 跨国公司有一个子公司——DelRay Sorter 公司。公司认为在减去必要的资本支出后,该子公司每年的净现金流为 100 万美元。子公司的年收益可一直持续到未来时期(假定为无限期的)。子公司的内部收益率是 12%。如果公司现在增加 1000 万美元投资,则子公司的收益将从 100 万美元增加到 200 万美元。Exson 公司表示有兴趣收购 DelRay 公司,因为它认为这两家公司处于同一行业,可以获得一定的经济效益。因此,Exson 公司出价 1000 万美元现金收购该子公司。Lorez-Perez 公司应该:

(1) 继续按原来的方式经营该子公司?
(2) 增加 1000 万美元的投资?
(3) 将子公司出售给 Exson 公司(假设该子公司全部是股权融资的)?

10. Hogs Breath 公司是家连锁餐厅,正在考虑进行私有化。董事长克林特·韦斯特伍德(Clint Westwood)认为免除股东服务成本以及与公众所有相关的其他成本后,公司每年可以节约 80 万美元税前成本。此外,公司认为作为私有公司,管理者将受到激励,从而公司的经营水平会提高。其结果是,预期年收益将比现有的 900 万美元税后收益高 10%。公司的所得税税率是 30%,股票市盈率是 12,并有 1000 万股普通股流通在外。公司股票的当前市价是多少? 公司可为私有化支付的最高溢价是多少?

11. Donatello 公司打算以 1000 万美元的价格出售其生产吸管的部门。该部门的管理层希望购买,并作出了杠杆收购安排。管理层可提供总额为 100 万美元的现金。优先债权人愿意提供用公司全部资产担保的 700 万美元贷款。贷款利率比 12% 的优惠利率高 2 个百分点,今后 5 年每年等额偿还本金及当年利息。此外,管理层还安排了 6 年到期的总额为 200 万美元的次级贷款,利率固定为 15%,在前 5 年的每年年末支付利息,第 6 年年末支付本金和利息。此外,贷款者还得到可购买总股数 50% 的认股权证。

预期该部门前 3 年每年的息税前收益为 340 万美元,最后 3 年为 370 万美元。公司所得税税率为 $33\frac{1}{3}$%,并且预期每年的资本支出及在应收账款、存货方面的开支与折旧费用相等。所有债务都必须用收入偿还(假设认股权证并未执行,从而没有现金注入)。

如果今后 6 年中,优惠利率平均为 12%,则该部门能顺利偿还债务吗? 如果优惠利率在第 2 年上升到 20%,第 2 年到第 6 年平均水平维持在 20%,则情况有变化吗?

附录 23A 复习题

12. Merry Land 公司是位于亚特兰大的一个游乐园,目前正面临债务危机。尽管近几年来该游乐园一直赢利,但前景并不乐观,因为它最后 2 年的利润是负的。游乐园位于一块价值很高的土地上,并具有 500 万美元的清算价值。在与债权人进行了多次商讨后,游乐园管理层同意进行自愿清盘。由有关各方共同选出一名受托管理人来清理公司财产,其服务费用是20万美元。Merry Land 游乐园拖欠了30万美元的税款,并有200万美元的设备抵押,目前只能售得100万美元。债权人的求偿权为:

	美元
一般债权人	1 750 000
抵押债券	2 000 000
长期后偿负债	1 000 000
普通股	5 000 000

清算后,各方可能得到的金额分别是多少?

13. Fias 公司正在根据《破产法》第11章进行改组。受托人估计公司未来每年息税前收入为150万美元(所得税税率为40%)。在新的资本化过程中,受托人认为信用债券的利率应当是10%,偿还比率是5;收入债券(利率为12%)的偿还比率是2;优先股(固定股利率为10%)的税后偿还比率为3;并应根据12的市盈率发行普通股。列出符合受托人标准的资本结构。

14. 在根据《破产法》提出破产申请时,Facile Fastener 公司的负债和权益数据如下:

	千美元
应付账款	500
应付工资	200
银行贷款,利率为12%(用应收账款担保)	600
流动负债	1300
13%的第一抵押债券	500
15%的后偿信用债券	1700
负债总额	3500
普通股和附加实收资本	500
留存收益	420
负债和权益总额	4420

在解决了一些经营中的问题后,预期公司每年的息税前收益为80万美元。根据其继续经营的价值,公司的总价值应为其息税前收益的5倍。与改组有关的法律费用为20万美元,并且存续公司的所得税税率为40%。假设你作为受托人拥有下列可为公司进行长期资本化的工具:13%的第一抵押债券、15%的资本票据、13%的优先股,以及普通股。

在新的资本化过程中,资本票据在支付银行贷款利率后仍应拥有的偿债能力比率为4,优先股息税后偿还率为2。此外,普通股的权益至少应为公司总资产价值的30%。

(1) 存续公司的总价值是多少?
(2) 如果债务以及优先股达到了上限,则公司新的资本结构是怎样的?公司的流动负债是多少?
(3) 根据绝对优先原则,应如何分配这些证券?

自测题答案

1. (1)

	Yablonski 公司	Yawitz 公司
每股收益/美元	2.00	1.25
市盈率	12	8
每股市价/美元	24	10

向 Yawitz 公司股东提出的收购 Yablonski 公司的股票出价(包括溢价)＝10 美元×1.20＝12 美元/股

交换比率＝12 美元/24 美元＝0.5，或者说每股 Yawitz 公司股票需要用半股 Yablonski 公司股票来交换。

需要再发行的股票数＝800 000 股×0.5＝400 000 股

(2)

存续公司的收益/千美元	5000
发行的普通股/千股	2400
每股收益/美元	2.0833

由于收购了一家市盈率较低的公司，提供了每股收益。

(3) 每股市价＝2.0833 美元×12＝25.00 美元

每股市价＝2.0833 美元×11＝22.92 美元

在第一种情况下，由于提高了每股收益，股价上涨。在第二种情况下，由于降低了每股收益，股价下跌。在有效市场中，如果预期不能带来协同效应和提高管理水平，则市盈率可能会下降。

2. 交换比率为 1.5，Groove 公司需要再发行 30 万每股普通股，以 28 美元×300 000＝8 400 000 美元的市场价值交换 Tongue 公司的普通股。该价值比 Tongue 公司的股东权益高 140 万美元。采用购买法，Tongue 公司的固定资产价值将提高 40 万美元，Groove 公司带来的商誉为 100 万美元。采用购买会计方法得到的兼并后资产负债表如下：

百万美元

	购买法
流动资产	25.0
固定资产(净值)	37.4
商誉	3.0
资产合计	65.4
流动负债	12.0
长期负债	17.0
股东权益	36.4
负债和股东权益合计	65.4

3. (1)(2)

美元

年份	现金流	投资额	净现金流	净现金流的现值(18%)
1	2 300 000	1 000 000	1 300 000	1 101 100
2	2 645 000	1 000 000	1 645 000	1 181 110
3	3 041 750	1 000 000	2 041 750	1 243 426
4	3 498 013	1 000 000	2 498 013	1 288 975
5	4 022 714	1 000 000	3 022 714	1 320 926
6	4 626 122	1 000 000	3 626 122	1 341 665
7	5 320 040	1 000 000	4 320 040	1 356 493
8	6 118 046	1 000 000	5 118 046	1 361 400
9	7 035 753	1 000 000	6 035 753	1 358 044
10～25	8 091 116	1 000 000	7 091 116	8 254 059*

现值总计＝19 807 198 美元

* 第 10～25 年的总值。

可支付的最高价格大约为 1981 万美元。应注意这些计算结果利用了现值系数表。为得到 10～25 年现金流的贴现率，我们从 25 年的现值系数 5.467 中减去 9 年的现值系数 4.303，得到 5.467－4.303＝1.164，即 10～25 年的年金现值系数。如果使用了具有计算现值功能的计算器，则总价值可能有少许差别，因为我们仅保留到小数点后三位数字。

4. (1)

$$50\ 001\ 股 \times 65\ 美元/股 = 3\ 250\ 065\ 美元$$
$$49\ 999\ 股 \times 50\ 美元/股 = \underline{2\ 499\ 950\ 美元}$$
$$总购买价格 = 5\ 750\ 015\ 美元$$
$$收购前股票总价值 = 100\ 000\ 股 \times 55\ 美元/股 = \underline{5\ 500\ 000\ 美元}$$
$$支付给 Passive 公司股东的溢价 = \underline{250\ 015\ 美元}$$

实现的总经济收益为 150 万美元。因此，Passive 公司股东仅得到经济收益的很小一部分，而 Aggressive 公司的股东则得到了大部分收益。

(2) 采用双重出价方法对个别股东具有很大的激励作用，因此有利于成功收购公司。如果股东们联合起来，Passive 公司的股东会得到经济收益的大部分。股东们只有采取卡特尔的形式，共同行动才能达到目的。

(3) 如果采用反接管条款和工具，个别股东会受到激励而持有股票等待高价。但是，现实中不可能实现彻底的卡特尔联盟。

(4)

$$50\ 001\ 股 \times 65\ 美元/股 = 3\ 250\ 065\ 美元$$
$$49\ 999\ 股 \times 40\ 美元/股 = \underline{1\ 999\ 960\ 美元}$$
$$总购买价格 = 5\ 250\ 025\ 美元$$

该价值低于前面的总价值 550 万美元。显然，如果收购成功的话，股东们会觉得该收购不公平。即使没有经济收益，其他潜在的收购方也有可能比 Aggressive 公司出价更高。潜在收购方间的竞争使得 Aggressive 公司的出价不能低于 550 万美元,即现有市场价值。

5. (1) 外部股东所持有的股票＝5 000 000×0.79＝3 950 000

出价＝20 美元/股×1.40＝28 美元/股

总收购价值＝3 950 000 股×28 美元/股＝110 600 000 美元

优先债务＝110 600 000 美元×0.80＝88 480 000 美元

本金年支付额＝88 480 000 美元/5＝17 696 000 美元

次级债券＝110 600 000 美元×0.20＝22 120 000 美元

用于偿还债务的年息税前收益:

优先债务利息: 88 480 000 美元×0.12＝10 617 600 美元

优先债务本金: 　　　　　　　　　　　17 696 000 美元

次级债务利息: 22 120 000 美元×0.13＝2 875 600 美元

所需的总息税前收益: 　　　　　　　　31 189 200 美元

在前 5 年,2500 万美元的息税前收益不足以偿还债务。

(2) 88 480 000 美元×0.10＝8 848 000 美元,再加上上述另两个数值,得到 29 419 600 美元。预期的息税前收益不足以偿还债务。

(3) 偿还债务所需的最低息税前收益为 31 189 200 美元。

参考文献

Betker, Brian L. "An Empirical Examination of Prepackaged Bankruptcy." *Financial Management* 24 (Spring 1995), 3-18.

Black, Bernard S., and Joseph A. Gundfest. "Shareholder Gains from Takeovers and Restructurings." *Journal of Applied Corporate Finance* 1(Spring 1988), 5-15.

Borokhovich, Kenneth A., Kelly R. Brunarski, and Robert Parrino. "CEO Contracting and Antitakeover Amendments." *Journal of Finance* 52(September 1997), 1495-1517.

Brannen Laurie, Anand Desai, and E. Han Kim. "The Rationale Behind Interfirm Tender Offers: Information or Synergy." *Journal of Financial Economics* 11 (April 1983), 183-206.

――, "The Status of Shareholder Value in M&As." *Business Finance* 7 (August 2001), 12.

Chan, Su Han, John W. Kensinger, Arthur J. Keown, and John D. Martin. "When Do Strategic Alliances Create Shareholder Value?" *Journal of Applied Corporate Finance* 11(Winter 1999), 82-87.

Chatterjee, Sris, Upinder S. Dhillon, and Gabriel G. Ramierez. "Resolution of Financial Distress: Debt Restructurings via Chapter 11, Prepackaged Bankruptcies, and Workouts." *Financial Management* 24 (Autumn 1995), 5-21.

Christofferson, Scott A., Robert S. McNish, and Diane L. Siss. "Where Mergers Go Wrong." *The McKinsey Quarterly*(Number 2, 2004), 92-99.

Conn, Robert L. "International Mergers: Review of Literature and Clinical Projects." *Journal of Financial Education* 29(Fall 2003), 1-27.

DeAngelo, Harry, and Edward M. Rice. "Antitakeover Charter Amendments and Stockholder Wealth." *Journal of Financial Economics* 11 (April 1983), 329-360.

DeAngelo, Harry, Linda DeAngelo, and Edward M. Rice. "Going Private: Minority Freezeouts and Stockholder Wealth." *Journal of Law and Economics* 27 (June 1984), 367-401.

Dennis, Debra K., and John J. McConnell. "Corporate Mergers and Security Returns." *Journal of Financial Economics* 16 (June 1986), 143-187.

Donaldson, Gordon. *Corporate Restructuring*. Cambridge, MA: Harvard Business School Press, 1994.

Eberhart, Allan C., William T. Moore, and Rodney L. Roenfelt. "Security Pricing and Deviations from the Absolute Priority Rule in Bankruptcy Proceedings." *Journal of Finance* 45 (December 1990), 1457-1469.

Ehrhardt, Michael C., and John M. Wachowicz, Jr. "Form Follows Function: The Appropriate Definition of Free Cash Flow." *Journal of Financial and Economic Practice* 7 (Spring 2007), 18-37.

Fabozzi, Frank J., Jane Tripp Howe, Takashi Makabe, and Toshihide Sudo. "Recent Evidence on the Distribution Patterns in Chapter 11 Reorganizations." *Journal of Fixed Income* 2 (March 1993), 6-23.

Frank, Kimberly E. "Making Sense of Spin-Offs, Tracking Stock, and Equity Carve-Outs." *Strategic Finance* 83 (December 2001). 39-43.

Franks, Julian R., and Robert S. Harris. "Shareholder Wealth Effects of Corporate Takeovers: The UK Experience." *Journal of Financial Economics* 23 (August 1989), 225-250.

Halpern, Paul. "Corporate Acquisitions: A Theory of Special Cases? A Review of Event Studies Applied to Acquisitions." *Journal of Finance* 38 (May 1983), 297-317.

Hite, Gailen L., and James E. Owers. "Security Price Reactions Around Corporate Spin-Off Announcements." *Journal of Financial Economics* 12 (December 1983), 409-436.

____, and Ronald C. Rogers. "The Market for Interfirm Asset Sales: Partial Sell-Offs and Total Liquidations." *Journal of Financial Economics* 18 (June 1987), 229-252.

____, and Michael R. Vetsuypens. "Management Buyouts of Divisions and Shareholder Wealth." *Journal of Finance* 44 (June 1989), 953-980.

Hong, H., G. Mandelker, and R. S. Kaplan. "Pooling vs. Purchase: The Effects of Accounting for Mergers on Stock Prices." *Accounting Review* 53 (January 1978), 31-47.

Ikenberry, David, and Josef Lakonishok, "Corporate Governance Through the Proxy Contest: Evidence and Implications." *Journal of Business* 66 (July 1993), 405-435.

Iverson, Glaydon. "Does Your Company Need a Workout?" *Strategic Finance* 86 (September 2004), 51-53.

Jain, Prem C. "The Effect of Voluntary Sell-off Announcements on Shareholder Wealth." *Journal of Finance* 40 (March 1985), 209-224.

Jarrell, Greg A., and Annette B. Poulsen. "The Returns to Acquiring Firms in Tender Offers: Evidence from Three Decades." *Financial Management* 18 (Antumn 1989), 12-19.

Jensen, Michael C. "The Takeover Controversy: Analysis and Evidence." *Midland Corporate Finance Journal* 4 (Summer 1986), 6-32.

Kaplan, Steven. "Management Buyouts: Evidence on Taxes as a Source of Value." *Journal of Finance* 44 (July 1989), 611-632.

____. "The Effects of Management Buyouts on Operating Performance and Value." *Journal of Financial Economics* 24 (October 1989), 217-254.

Kelly, Shaun T. "Corporate Divestiture Gains as Value-Creator." *Financial Executive* 18 (December 2002), 40-42.

Krell, Eric. "The Alliance Advantage." *Business Finance* 8 (July 2002), 16-23.

Kuglin, Fred A. "New Realities of Alliance Partnering." *Financial Executive* 18 (December 2002), 30-34.

Larson, Kermit D., and Nicholas J. Gonedes. "Business Combinations: An Exchange-Ratio Determination Model." *Accounting Review* 44 (October 1969), 720-728.

Loughran, Tim, and Anand M. Vijh. "Do Long-Term Shareholders Benefit from Corporate Acquisitions?" *Journal of Finance* 52 (December 1997), 1765-1790.

Marias, Laurentius, Katherine Schipper, and Abbie Smith. "Wealth Effects of Going Private for Senior Securities." *Journal of Financial Economics* 23 (June 1989), 155-191.

Michaely, Roni, and Wayne H. Shaw. "The Choice of Going Public: Spin-offs vs. Carve-outs." *Financial Management* 24 (Autumn 1995), 5-21.

Miles, James A., and James D. Rosenfeld. "The Effect of Voluntary Spin-off Announcements on Shareholder Wealth." *Journal of Finance* 38 (December 1983), 1597-1606.

Moeller, Sara B., Frederik P. Schlingemann, and Rene M. Stulz. "Wealth Destruction on a Massive Scale? A Study of Acquiring-Firm Returns in the Recent Merger Wave." *Journal of Finance* 60 (April 2005), 757-782.

Morck, Randall, Andrei Shleifer, and Robert W. Vishny. "Management Ownership and Market Valuation: An Empirical Analysis." *Journal of Financial Economics* 20 (January-March 1988), 293-316.

Mukherjee, Tarun K., Halil Kiymaz, and H. Kent Baker. "Mertger Motives and Target Valuation: A Survey of Evidence from CEOs." *Journal of Applied Finance* 14 (Fall/Winter 2004), 7-24

Nathan, Kevin S., and Terrence B. O'Keefe. "The Rise in Takeover Premiums: An Exploratory Study." *Journal of Financial Economics* 23 (June 1989), 101-120.

Roll, Richard. "The Hubris Hypothesis of Corporate Takeovers." *Journal of Business* 59 (April 1986), 197-216.

Rosenfeld, James D. "Additional Evidence on the Relation Between Divestiture Announcements and Shareholder Wealth." *Journal of Finance* 39 (December 1984), 1437-1448.

Ryngaert, Michael. "The Effect of Poison Pill Securities on Shareholder Wealth." *Journal of Financial Economics* 20 (January-March 1988), 377-417.

Sammer, Joanne. "Alliances: How to Get Desired Outcomes." *Business Finance* 12 (April 2006), 38-40.

Schipper, Katherine, and Abbie Smith. "A Comparison of Equity Carve-outs and Seasoned Equity Offerings: Share Price Effects and Corporate Restructuring." *Journal of Financial Economics* 15 (January-February 1986), 153-186.

———. "Effects of Recontracting on Shareholder Wealth: The Case of Voluntary Spin-offs." *Journal of Financial Economics* 12 (December 1983), 437-468.

Segil, Larraine. "Partnering: Metrics Matters." *Financial Executive* 20 (December 2004), 30-35.

Shleifer, Andrei, and Roberts W. Vishny. "Management Entrenchment: The Case of Manager-Specific Investments." *Journal of Financial Economics* 25 (November 1989), 123-139.

Sicherman, Neil W., and Richard H. Pettway. "Acquisition of Divested Assets and Shareholder Wealth." *Journal of Finance* 42 (December 1987), 1261-1273.

Sinnenberg, John. "The Pros and Cons of Going Private." *Financial Excecutive* 21 (January/February 2005), 24-27.

Skantz, Terrance R., and Roberto Marchesini. "The Effect of Voluntary Corporate Liquidation on Shareholder Wealth." *Journal of Financial Research* 10 (Winter 1987), 65-76.

Stulz, Rene M., Ralph A. Walkling, and Moon H. Song. "The Distribution of Target Ownership and the Division of Gains in Successful Takeovers." *Journal of Finance* 45 (July 1990), 817-834.

Sullivan, Michael J., Marlin R. H. Jensen, and Carl D. Hudson. "The Role of Medium of Exchange in Merger Offers: Examination of Terminated Merger Proposals." *Financial Management* 23 (Autumn 1994), 51-62.

Torres, Alberto, and Paul Reiner. "The Spin-off as a Transformation Event." *Corporate Finance* (March 2001), 35-37.

Weston, J. Fred. "Divestitures: Mistakes or Learning." *Journal of Applied Corporate Finance* (Summer 1989), 68-76.

____, Juan A. Siu, and Brian A. Johnson. *Takeovers, Restructuring and Corporate Governance*, 3rd ed. Upper Saddle River, NJ: Prentice Hall, 2001.

Part Ⅷ of the text's website, *Wachowicz's Web World*, contains links to many finance websites and online articles related to topics covered in this chapter. (http://web.utk.edu/~jwachowi/part8.html)

第 24 章

国际财务管理

内容提要

- 背景知识
  国际资本预算·风险因素·税收·政治风险
- 汇率风险的类型
  折算风险·交易风险·经济风险
- 汇率风险的管理
  自然对冲·现金管理与公司内部会计的调整·国际财务对冲·货币市场对冲·对冲汇率风险：小结·决定汇率行为的宏观因素
- 国际贸易分析
  国际贸易汇票·提货单·信用证·补偿贸易·出口保理·福费廷
- 小结
- 思考题
- 自测题
- 复习题
- 自测题答案
- 参考文献

学习目的

完成本章学习后，您将能够：

- 解释为什么很多企业进行对外投资。
- 解释为什么对外投资与国内投资不同。
- 描述国际环境下的资本预算与国内环境下的资本预算有何异同。
- 理解外汇风险的类型及如何管理外汇风险。
- 给定即期汇率和远期汇率时计算与外币等值的本币。
- 理解并说明购买力平价(PPP)和利率平价。
- 描述国际贸易中特有的工具和文件。
- 区分补偿贸易、出口保理和福费廷。

凡是有利润的地方，必有损失藏在附近。

——日本谚语

20世纪80年代开始,国际投资迅猛增长,个人通过共同基金和其他国际中介进行对外投资,而机构则直接对外投资。与此同时,跨国融资持续增长。财务经理必须在全球市场上寻求"最优价格",有时候是利用货币或其他对冲方式。为了满足投资者和筹资者的根本需求,金融机构和金融工具出现了明显的变化。金融非管制首先出现在美国,接着出现在欧洲和亚洲,促进了世界金融市场的进一步整合。这些都要求今天的财务经理必须具有全球视角。尽管本书前面所讨论的概念在本章仍然适用,但这里的决策环境不同。本章我们力图使读者理解国际财务管理环境并探讨公司如何在国际环境中作出决策。

 背景知识

进行对外投资的动机当然是为了获得超额收益。在国外市场上可以获取的超额收益可能存在差异。在国内市场上,竞争的压力使得只能获得正常的收益。大部分国外投资的原因都是为了打入国外市场,不过也存在其他原因。有些公司在国外投资是为了提高生产率。有些国家的劳动力成本和其他成本可能较低,因此某些公司会选择将这些国家作为生产基地,以获取经营成本较低的优势。正是出于这个原因,美国的电子产业正在向国外生产基地转移。还有一些公司进行对外投资是为了获得必需的原材料。石油公司和采矿公司正是出于这一目的而在国外投资的。上述所有因素——市场、产品设备和原材料——都与获得高于国内的超额收益相联系。

国际资本预算

与国际投资有关的现金流入都是能够返回母国的现金流。如果在国外分公司获得的预期收入不能汇回国内,这种国际投资就是没有吸引力的。如果现金可自由返回,则这种资本预算较为简单。美国企业将:

1. 估计以外币计算的现金流;
2. 以预期**汇率**(exchange rate)(用每美元等于多少外币表示)来计算等值的美元现金流;
3. 利用美国的最低收益率计算该项目的净现值,收益率是根据影响这一国外投资的各种风险加以调整得到的,或者上调或者下调。

假设 Teasdale 公司正在考虑在 Freedonian 进行一项价值 150 万 Freedonian 马克的投资。该项目的周期仅为 4 年,将返回的美元的预期收益率为 18%。现在 2.50 马克可兑换 1 美元。预期马克将贬值,即将来美元可兑换更多的马克。表 24.1 列出了计算美元现金流及该项目净现值的三个步骤,从表中可见,净现值大约是 6.4 万美元。

表 24.1 Teasdale 公司 Freedonian 项目的预期现金流

年末	(a) 预期现金流 /千马克	(b) 汇率 (马克:美元)	(c) 预期现金流 /千美元 (a)/(b)	(d) 以18%的收益率计算 的美元净现值 /千美元
0	-1500	2.50	-600	-600
1	500	2.54	197	167
2	800	2.59	309	222

续表

年末	(a) 预期现金流 /千马克	(b) 汇率 (马克：美元)	(c) 预期现金流 /千美元 (a)/(b)	(d) 以18%的收益率计算 的美元净现值 /千美元
3	700	2.65	264	161
4	600	2.72	221	114
				净现值＝64

尽管这种计算方法很简单，但我们必须事先就有关项目的现金流、汇率和最低收益率等作出假定。学习这些知识将是本章的目标。

风险因素

国际分散化是预期收益中的考虑因素之一。回顾我们在第5章关于组合风险的讨论，以及第14章所述的组合风险的关键在于各项目间的相关系数。把两个相关系数较小的项目组合在一起，公司就能降低与预期收益相关的风险。由于大多数项目都高度依赖国内的经济状况，国内投资项目往往彼此相关，而在国外投资则具有优势。不同国家的经济周期不可能完全同步，因此有可能通过在多个国家投资来降低与预期收益相关的风险。其思路就是在多个国家的投资项目的相关性比在某一国家的投资项目的相关性小。通过在多个国家进行分散化投资，有可能降低总风险。[①]

税收

由于各国不同的税法及对国外投资的不同规定，跨国公司的税收问题是很复杂的。我们仅讨论税收问题中的一些相对突出的方面。

应缴美国政府的税收 如果一家美国公司通过分支机构或分部在国外经营，则其营业收入必须按照美国公司的纳税表的格式报告，并与国内公司遵守相同的税收规定。但如果该业务是通过其国外子公司进行的，则在其将收入以股利的方式汇回美国母公司前通常不必缴纳美国的税收。这么做的好处自然是在母公司收到现金收入前将这笔税款先予递延。同时，收益再投资于该子公司作为扩张的融资来源。与来自国内的股利收入不同（收到股利的公司通常可享受70％的减免），美国公司从其国外子公司得到的股利收入通常必须全部缴税。

应缴国外政府的税收 各国对在本国境内经营的国外公司所获利润征税。所征税收的种类不同。有些国家根据分配给股东的利润和未分配利润征收不同的税，通常对已分配利润所征的税率较低。欠发达国家通常税率较低，并提供其他税收优惠条件鼓励外商投资。

[①] 我们必须记住，更重要的不是资产或投资的实际地理位置而是投资后的产品经销地。例如，一家美国公司在法国投资，其产品在美国销售；该公司的美国竞争对手也生产同样的产品，同样在美国销售，则这两家公司受美国经济波动的影响一样大。但是，很多国外投资项目的产品是在当地销售的，从而可以获得分散风险的好处。

外国政府的税收政策既多又复杂。不同国家对应税收入的定义不同,税率也不同。有些国家如巴拿马和巴哈马群岛为了鼓励外商投资,对外国公司收入所征的税率较低;而一些工业发达国家的税率则较高。这一情况还因为美国政府与其他国家所签署的各种税收条约进一步复杂化了。尽管美国政府不鼓励把低税收国家作为避税港,一些公司仍构建出复杂的法律结构来利用这些避税港。

为了避免双重纳税(同一笔收入被两个不同的国家征税),美国政府在美国公司支付了外国政府的税款后向其发放一张联邦收入抵税证。如果外国政府的税率低于美国国内的税率,则美国公司所缴纳的总税款应等于其在美国国内投资应缴纳的税款。一部分缴给外国政府,其余的则缴给美国政府。假设一家美国公司的子公司在税率为27%的国家经营,该分公司的收入为200万美元,支付给外国政府的税款为54万美元。再假定该公司的投资在国内应按34%的税率纳税,即税款为68万美元。该公司将因其缴纳给外国政府的税款而收到一张金额为54万美元的抵税证,从而只需向美国政府缴纳14万美元的税款。如果外国政府的税率是50%,则该子公司要向外国政府缴纳100万美元的税款,不必向美国政府纳税。此时,该子公司所缴纳的总税款高于仅适用美国税率时的情况。

此外,国外抵税证所开具的抵税额是有限度的。美国政府只对那些在国内应纳税的国外收入开具抵税证(不过,超额的国外纳税额可结转到以后年度)。假设美国的一家跨国公司的总收入中有30%是来自国外的收入。如果开具抵税证前其应纳税额为1000万美元,则只有300万美元可通过开具国外抵税证来冲销其在美国的应纳税额。如果该公司缴纳给外国政府的税款高于该规定,则多出的部分就被双重征税了。有些国家对国外投资者的股利收入采取预扣的税收政策。如果该投资者在美国国内只缴纳很少甚至不用缴纳税款,如机构投资者就属于这种情况,则没有办法冲销这笔预扣税款。因此,预扣税政策是不鼓励外商投资的政策。

很明显,国际经营的税收规划专业性很强,同时也很复杂。为了促进出口,各国会时常出台一些税收优惠政策。无论是美国还是其他国家的税收条款都是经常变化的。在组建国外经营机构时必须咨询国内外的税收专家和法律顾问。

政治风险

跨国公司(multinational company)面临从一般干预到完全没收的程度不同的政治风险。一般干预包括法律规定的各种职位所需的员工本地化最低比率、在环境和社会项目方面的投资,以及关于货币兑换的限制。最大的政治风险是公司充公,如1971年智利政府接管国外的铜业公司。在一般干预和直接充公之间还存在不同的方法,如高税率、高收费以及要求高于本国公司的工资水平等。这些做法都使得美国公司在竞争中处于不利的地位。但是,并非所有国家都是如此。有些发展中国家给予国外公司优惠条件,因此国外公司的投资成本可能低于其本国公司。

因为政治风险对一个项目的总风险影响很大,因此必须认真估计政治风险。从本质上说,就是预测政治的稳定性。当地政府的稳定性如何?占据主导地位的政治势力是什么?新政府对国外投资的态度如何?政府处理各种申请时的效率如何?通货膨胀和经济稳定性状况如何？法律是否健全？其适用性又如何？回答上述问题时要充分考虑投资项目的政治风险。一些公司根据政治风险将不同国家分成几类。如果一个国家被列为不利于投资的一类，则无论到该国投资的预期收益有多高，该公司都不会到该国投资。

外汇交易市场：到底是什么？

公司和个人要购买国外的货物或服务，或者要在其他国家投资，可能需要先购买这些国家的货币。通常，出口方愿意购买者用其本国的货币或者美元付款，美元在全世界都能够流通。

加拿大人从沙特阿拉伯购买石油时可能既不用加拿大元也不用沙特阿拉伯第纳尔付款，而是用美元付款，虽然美国根本没有参与这笔交易。

外汇市场或称"FX"市场，是买卖不同货币的场所。一种货币用另一种货币进行的标价称为汇率。

外汇市场本身实际上是一个通过电话线和计算机屏幕连接的全球交易商网络，并不存在中央总部。主要的交易中心有三个——英国、美国和日本，所有外汇市场交易的大部分都在这里进行。

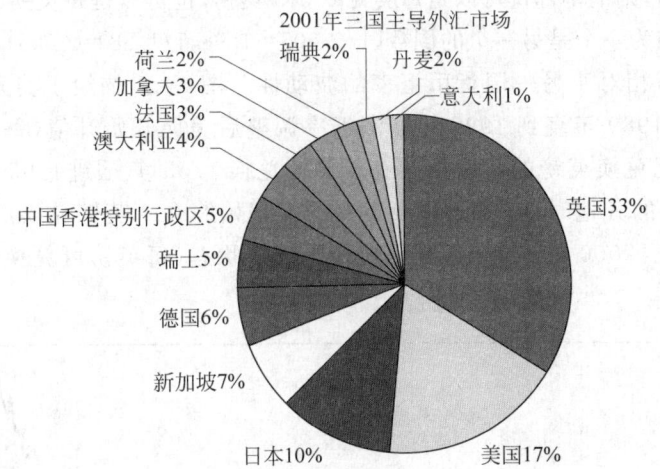

新加坡、瑞士、香港、德国、法国和奥地利等交易中心的交易量占外汇市场其余交易量的绝大部分。交易每天24小时进行：上午8点，伦敦交易市场首先开市，同一时刻新加坡和香港交易市场则刚刚结束营业。伦敦时间下午1点，纽约市场开始营业，此后一段时间，旧金山的交易商也可以进行交易了。旧金山的市场结束营业时，新加坡和香港市场则开始了当天的营业活动。

外汇市场的发展速度很快，具有不稳定性并且容量巨大。2001年预计日平均交易量为12 100亿美元——大概等于全球每人每天交易195美元。

资料来源：*The Basics of Foreign Trade and Exchange*, Federal Reserve Bank of New York. (Last modified: Tuesday, September 3, 2002) 检索自(www.newyorkfed.org/education/fx/index.html)。

公司决定到另一个国家投资后，必须采取措施保护自己。与当地政府合作招募更多的本地员工，进行"正确"类型的投资，以及在其他方面承担社会责任，可以降低政治风险。在当地开办合资企业可以提高公司的公众形象。在一些国家，合资实际是到该国投资的唯一方式,因为全资公司是被禁止的,特别是在制造业。让子公司依赖母公司的技术、销售渠道或者原料供应都可以降低被充公的风险,因为外国政府不会愿意收回一个不能自我成长的公司。另外,购买政治风险也是可行的,公司可以从很多私人保险公司如伦敦 Lloyds 公司或政府代理机构如国际开发署(AID)、美国进出口银行(Eximbank)和海外私人投资公司(OPIC)购买各种政治风险保险或保证。这些可保险的政治风险包括充公、货币兑换限制、战争及政治革命等。无论如何,在投资前都要对政治风险进行充分估计。

汇率风险的类型

公司到国外投资会面临各种风险,除了政治风险外还有因汇率变化带来的风险。在这方面,**即期汇率**(spot exchange rate)表示一单位的一国货币可兑换的另一国的货币单位数。换句话说,汇率是一国货币相对于另一国货币的价格。几个主要国家的货币在市场上交易活跃,其汇率完全由供求力量决定。汇率可根据本币也可根据外币来标价。如果以美元为本币,英镑为外币,则汇率标价可以是每美元 0.505 英镑,也可以是每英镑 1.98 美元。其结果都是一样的,因为一个是另一个的倒数(1/0.505=1.98,1/1.98=0.505)。

货币风险是一国货币相对于另一国货币汇率的波动性。图 24.1 描绘了美元/英镑的即期汇率。如图所示,1989 年直到 1992 年欧洲汇率调整后美元开始升值(每英镑可兑换的美元减少)前,美元兑换英镑的汇率始终在 1 英镑兑换 1.55 美元到 1.95 美元之间波动。20 世纪 90 年代的其他时候,美元兑换英镑的汇率始终在 1 英镑兑换 1.40 美元到 1.70 美元之间波动。2000—2007 年,美元则处于贬值状态(每英镑可兑换的美元增加)。

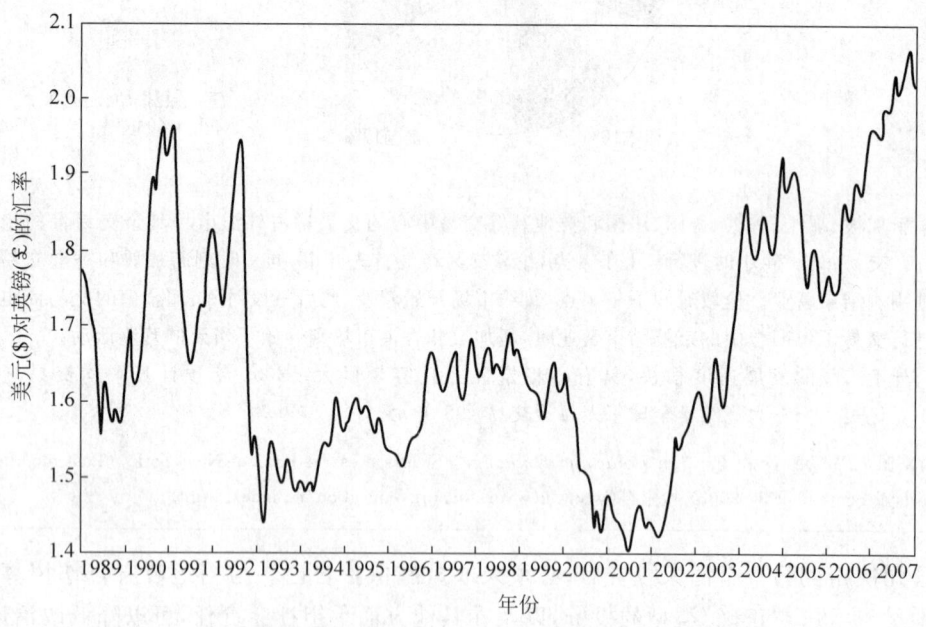

图 24.1 美元相对于英镑的汇率(1989 年 1 月 1 日—2007 年 12 月 31 日)

我们必须区分即期汇率和**远期汇率**(forward exchange rate)。远期交易是指现在确定的未来决算的协议。例如在90天后交割1000英镑,指定的汇率为每英镑2.10美元。远期汇率经常因为一些原因而与即期汇率存在差异,我们将在下面解释这些原因。

掌握了上述定义后,我们所关注的是三种类型的汇率风险:
- 折算风险
- 交易风险
- 经济风险

折算风险是指由于汇率的变化引起的资产负债表和损益表的变化。我们将在下一节对此做详细的介绍。交易风险与结算一项具体的交易有关,如在赊销方式下,结算时的汇率可能与协议中规定的汇率不一致。经济风险则是指由于汇率的变化所引起的预期现金流的变化,从而使经济价值发生变化。举例来说,假设我们预算花130万英镑扩建位于伦敦的工厂,此时的汇率为每美元0.505英镑,因此需要1 300 000英镑/0.505=2 574 257美元。等到支付原材料和劳动力费用时,英镑可能已经升值为每美元兑换0.495英镑。这时扩建该工厂的成本变成1 300 000英镑/0.495=2 626 263美元。其中的差值2 626 263美元-2 574 257美元=52 006美元,就代表了经济损失。

对上述三种汇率风险做了简单介绍后,下面要对它们进行详细介绍,之后再讨论如何管理这三种风险。

折算风险

折算风险与会计上如何处理汇率变化有关。**财务会计准则委员会**(Financial Accounting Standards Board,FASB)第52号公告就是针对由于汇率变化引起的资产负债表和损益表变化的规定。根据该规定,美国公司必须为其每个国外子公司确定一种"功能货币"。如果该子公司与其所在国融合在一起,独立经营,则其功能货币可能就是当地货币,否则为美元。[①] 出现高通货膨胀(年通货膨胀率超过100%)的情况下,无论其他条件如何,功能货币必须为美元。

用哪种货币做功能货币是很关键的,因为这决定了折算过程。如果用的是当地货币,则所有资产和负债都是按当前的汇率折算的。此外,**折算损益**(translation gains or losses)并不反映在损益表中,而是作为折算调整在所有者权益中反映出来。折算调整不影响会计收入,适用于很多国家。然而,如果用美元做功能货币,情况则不同。根据历史汇率方法(随后会介绍),折算损益要反映在母公司的损益表中。一般情况下,与用当地货币作为功能货币相比,用美元作为功能货币会增加会计收入的浮动性,但资产负债表项目的变化相对较小。下面比较不同的会计方法。

不同的会计方法 在用美元做功能货币的情况下,资产负债表和损益表是按历史汇率或即期汇率来记账的。现金、应收账款、负债、销售收入、费用支出和税收都是按照即期汇率折算的,而存货、厂房和设备、所有者权益、产品销售成本和折旧都是按照交易时的历

[①] 判断国外子公司是否为自主经营有多种标准,其中包括销售、工资和其他成本及债务,主要用当地货币结算。此外,公司内部交易的性质和规律也是重要的标准,在某些情况下,更可能用外币而不是当地货币。

史汇率折算的。这与用当地货币做功能货币不同,后者是把所有项目都按即期汇率折算。

举例说明,假设 Woatich Precision 工具公司在 Spamany 王国有家子公司,该国的货币是里索(L)。投资的第一年,汇率为每美元 8 里索,并且这一汇率持续了很多年。然而,20×2 年,里索一直贬值,到年末,汇率跌为每美元 10 里索。该年汇率的平均值为每美元 9 里索。表 24.2 列出了该子公司年初、年末的资产负债表和损益表及折算的影响。

首先看资产负债表,我们把 20×1 年 12 月 31 日的值作为基础,第 3 列的美元值等于第 1 列的里索值除以汇率即每美元 8 里索;20×2 年 12 月 31 日两种独立的美元值列在最后两列。可见,在两种会计方法下,现金、应收账款、流动负债和长期负债都相同。这些数值是由第 2 列的值除以即期汇率即每美元 10 里索得到的;第 4 列以当地货币作为功能货币,存货价值和固定资产价值都由即期汇率决定。在以美元作为功能货币的栏中,存货价值和固定资产价值按历史汇率折算,因为在先进先出(FIFO)的存货计算方法中,已销售产品的成本等于年初的存货价值,因此年末存货即为整年购买量。假设购买量稳定,以里索计算的年末价值量除以平均汇率(9 里索:1 美元)得到 50 万美元。再使用历史汇率,固定资产净值通过以里索计算的年末价值除以早期汇率,即美元 8 里索得到。普通股股票账户在基数的基础上根据两种方法计算。

最后,留存收益的变化是随机的。(我们在损益表中讨论累计折算调整项)因为与以当地货币做功能货币(历史汇率方法)相比,汇率升值的折算调整中,以美元作为功能货币(即期汇率方法)使得存货、固定资产和资产总值更高。如果里索相对于美元升值,则会出现相反的情形。我们可以看到,用当地货币作为功能货币使资产总值的变化大于美元作为功能货币的计算结果。

表 24.2 Woatich Precision 工具公司的国外子公司

	(1)	(2)	(3)	(4)	(5)
	用里索折算/千里索		用美元折算/千美元		
				当地货币为功能货币	美元为功能货币
	12/31/×1	12/31/×2	12/31/×1	12/31/×2	12/31/×2
资产负债表					
现金	600	1000	75	100	100
应收账款	2000	2600	250	260	260
存货(FIFO)	4000	4500	500	450	500
流动资产	6600	8100	825	810	860
固定资产净值	5000	4400	625	440	550
资产合计	11 600	12 500	1450	1250	1410
流动负债	3000	3300	375	330	330
长期负债	2000	1600	250	160	160
普通股	600	600	75	75	75
留存收益	6000	7000	750	861	845
累计折算调整				−176	
合计	11 600	12 500	1450	1250	1410

续表

	(1)	(2)	(3)	(4)	(5)
	用里索折算/千里索			用美元折算/千美元	
				当地货币为功能货币	美元为功能货币
	12/31/×1	12/31/×2	12/31/×1	12/31/×2	12/31/×2
		年末损益表（四舍五入到千位）			
销售收入		10 000		1111	1111
产品销售成本		4000		444	500
折旧		600		67	75
费用		3500		389	389
税收		900		100	100
营业收入		1000		111	47
折算净收益					48
折算调整		1000		111	95
				−176	

损益表的情形刚好与此相反。在两种会计方法中销售收入都是根据该年的平均汇率进行调整的。在第 4 列以当地货币作为功能货币的栏中，所有成本和费用项目都是根据平均汇率折算的。在最后一列，以美元作为功能货币的栏中，产品销售成本和折旧项是按历史汇率（8 里索：1 美元）折算的，而其他项目是按平均汇率（9 里索：1 美元）折算的。我们可以看到以当地货币作为功能货币折算后的营业收入和净收入高于以美元作为功能货币折算的收入。在后一种方法中，净收入与 20×1 年 12 月 31 日—20×2 年 12 月 31 日的留存收益变化是一致的。我们可得到该变化额为 84.5 万美元－75 万美元＝9.5 万美元。相反，如果功能货币是当地货币，折算调整额必须在计算了 11.1 万美元的收入后得出，该调整数额为－17.6 万美元。该数额加上净利，就使得资产负债表的负债和所有者权益部分取得平衡。该数额与过去的折算调整数额之和相加就得到了新的累计折算调整额。假定过去的折算调整之和为 0，则该数额为－17.6 万美元。

因此，根据这两种方法计算的折算调整额变化方向相反。如果里索相对于美元升值，则其影响将与上面的解释相反。在这种情况下，以美元作为功能货币使得营业收入更高。

因为折算损益并不直接反映在损益表中，因此用当地货币作为功能货币使报告中的营业收入波动程度更小。不过，由于是用即期汇率折算的，因此资产负债表的所有项目的波动程度都增加了。因为很多公司的管理层只关心累计收入，因此只要国外子公司以当地货币作为功能货币，则 FASB 第 52 号公告的会计方法将适用。然而，这种会计程序也有缺点。首先，它扭曲了资产负债表项目的历史成本数额，并且使资产收益率的计算及其他收益率的计算方法显得毫无意义。这与基于历史成本的有关会计原则明显不符。因为大多数财务比率受所用功能货币的影响，因此当国外子公司的规模相对于总公司来说相当可观时,财务分析专家必须格外小心。① 这种方法因为没有正确估计母公司未来的现金流而受到批评。总之,目前还没有处理外汇折算的满意方法,会计专家们还在这方面继续探索。

交易风险

交易风险涉及具体的对外交易。这些交易可能是用外币成交的销售或购买产品、借出或借入资金,或者其他一些涉及取得资产或减少负债的经济活动。尽管如何交易都可能有风险,但是"交易风险"一词通常只用于外贸交易,特别是赊销中。

假设 680 英镑的应收账款入账时的汇率为每美元 0.60 英镑。这笔应收账款还有两个月的期限。其间,英镑贬值(每美元可兑换更多英镑),汇率变为每美元 0.62 英镑,结果造成交易损失。应收账款原值 680 英镑/0.60＝1133.33 英镑,而这笔款项到账时,公司收到的是 680 英镑/0.62＝1096.77 美元。因此交易损失为 1133.33 美元－1096.77 美元＝36.56 美元。如果英镑升值,如升值为每美元 0.58 英镑,则收到的金额变为 680 英镑/0.58＝1172.41 美元。掌握了这个例子,可以很容易地结算其他类型的交易收益和损失。

经济风险

在三种汇率风险(折算风险、交易风险和经济风险)中,最重要的可能是最后一种风险,即经济风险。经济风险是指由没有预期到的汇率变化引起的公司价值的变化。注意我们区分了预期与非预期。预期到的汇率变化已反映在公司市场价值中了。如果在西班牙投资,预期比塞塔相对于美元会贬值,则这种可预期的变化不会影响公司的市值。但是,如果比塞塔贬值的幅度更大或更小,则会对公司的市值造成影响。经济风险比折算风险和交易风险更难确定与衡量。经济风险取决于预期现金流的大小,因此含有主观因素。

汇率风险的管理

管理汇率风险的方法有很多种,包括自然对冲、现金管理、公司内部会计的调整,以及通过远期合约、期货合约、货币期权、货币互换等工具进行的国际财务对冲和货币对冲。

自然对冲

国外子公司的收益(或定价)与成本间的关系有时为企业提供了一种不间断地避免汇率波动造成损失的**自然对冲**(natural hedge)。关键是现金流能够自然地根据汇率的变化作出相应的调整。国外子公司位于哪国并不重要,重要的是子公司的收益与成本函数对国际或国内市场条件的敏感性。在极端情况下有下列四种可能的组合。②

---

① Thomas I. Selling and George H. Sorter, "FASB Statement No. 52 and Its Implications for Financial Statement Analysis," *Financial Analysts Journal* 39 (May-June 1983), 64-69.

② 要了解更进一步的分类和解释,参见 Christine R. Hekman, "Don't Blame Currency Values for Strategic Errors," *Midland Corporate Finance Journal* 4 (Fall 1986), 45-55。

	由国际市场决定	由国内市场决定
组合 1		
定价	X ⎤*	
成本	X ⎦	
组合 2		
定价		X ⎤*
成本		X ⎦
组合 3		
定价	X	
成本		X
组合 4		
定价		X
成本	X	

* 定价和成本都是由类似的市场环境决定的,因此提供了自然冲销的关系。

美国公司在中国台湾地区进行的铜加工可能就属于第一种组合。其主要成本是原料即铜,它的价格是用美元标价的,由国际市场决定。此外,该类产品的销售价格也是由国际市场决定的。因此,在中国台湾地区的子公司几乎不受汇率波动的影响。换句话说,其现金流是由国际市场规律决定的,从而形成了"自然对冲"。

在瑞士开设的洗衣公司属于第二种组合。其主要成本是劳动力成本,这与其服务价格一样都是由国内市场决定的。如果由于瑞士通货膨胀使成本上升,该子公司能够通过提高服务价格而免受损失。用美元表示的边际收益相对于国内的通货膨胀和汇率组合的变化不太敏感,这种情况也属于自然对冲。

在英国开设的咨询公司可能属于第三种组合,其股票价格是由国际市场决定的,而其成本主要是劳动力成本,由国内市场决定。如果由于英国出现通货膨胀,英镑相对于美元贬值,则相对于服务价格来说,成本会上升,从而使边际收益减少。此时该子公司就暴露在风险之中。

在日本开设的国外商品进口公司属于最后一种组合。其成本主要由国际市场决定,而产品价格则由国内市场决定,因此该公司也面临很高的风险。

上述简单解释揭示了自然对冲的本质。公司的战略定位决定了其汇率风险的类型,然而这也是可以调整的。例如,当公司的经营过分依赖一国货币时,它可以在全球分散经营,还可以分散产品原料的供应地。任何改变产品价格、经营环境和原料供应等市场条件的战略决策都可被视为自然对冲的一种形式。

财务经理最关注的是在自然对冲后剩下的汇率风险有多高。我们可以通过财务方法、经营方法或者货币市场来对冲剩下的风险。下面逐一介绍这些方法。

现金管理和公司内部会计的调整

如果公司知道某一子公司所在国的货币将要贬值,则它要做一系列的事情。首先,应购买存货或不动产来减少现金持有量。其次,子公司应尽量避免赊销(会计上为应收账款),让应收账款尽快转变为现金,同时应尽量延长应付账款的期限。子公司也可以借入当地货币,以代替母公司的借款。是否采取这一措施取决于两种货币的相对利率。如果该国货币将要升值,则应采取与上面相反的步骤。如果不知道未来货币是升值还是贬值,则采取任何一种扩张性策略都是不正确的。大多数情况下,我们不能准确预测未来货币是否升值,因此最好的策略是使货币资产和负债平衡,以中和汇率波动带来的影响。

在多个国家经营的公司还可以通过调整公司内部会计方法来减少汇率风险带来的损失。加速支付用外币表示的账款称为提前,而拖延支付则称为延迟。例如,假设公司在瑞士和捷克共和国都设有子公司,并且预期捷克克朗会升值,而瑞士法郎的汇率将维持不变。瑞士子公司每个月大约从捷克子公司购入 10 万美元的货物,正常情况下货物发出后 3 个月按单付款。但现在公司考虑到捷克克朗即将升值,放弃平常的做法,而是让瑞士子公司提前支付货款。

一些跨国公司还设有**再开票中心**(reinvoicing center),用于管理公司内部交易或者与第三方的交易。跨国公司的出口分公司将商品出售给再开票中心,再开票中心再将商品出售(再开票)给公司的进口分公司或第三方买主。名义上商品经过了再开票中心,而实际上是直接从出售分公司运到了购买分公司或独立的客户。

税收因素在很大程度上刺激了再开票业务。再开票的地区,特别是收入记账的税收管辖区,具有战略性地位。公司愿意选用的再开票中心所在地(即税收优惠地)包括中国香港和英属维尔京群岛。

通常,购货时再开票中心以产品销售分公司所在国货币记账,销货时再开票中心以产品购买分公司所在国的货币记账。用这种方法可以把公司所有的内部交易风险集中起来管理。再开票中心的核心地位也有助于债务的**清算**(netting),从而减少了实际的外汇交易量。此外,清算系统也使得各子公司间能在提前或延迟支付方面有更好的合作。

除了上述安排外,跨国公司还可以调整公司内部股利和技术使用费。产品销售所开具的发票货币有时候随预期汇率的变化而变化。母公司与各子公司间的成品与半成品的交易价格也是多样的(不过,大多数国家的税务机关密切关注交易价格,以确保没有逃漏税现象)。在所有情况下,公司内部支付都是按照公司全面管理货币风险的需要来安排的。

国际财务对冲

如果公司面临一国货币波动的风险,并且如果该国货币贬值将受到损失,则该公司可从该国借款以减少损失。在前面确定的内容框架中,可以通过借款来平衡资产敏感性风险。国外子公司拥有大量的外部融资渠道,包括从所在国商业银行借款以及向国际贷款代理机构借款。本节将讨论几种主要的外部融资渠道。

商业银行贷款和商业汇票 国外商业银行是境外融资的一个主要渠道。本质上其融资作用与国内商业银行相同。一个细微的差别是欧洲银行的长期贷款期限比美国长。另一个差别是这些贷款往往是在透支的基础上发生的,即公司开出一张支票并透支其账户,银行则对透支额计收利息。这些银行大部分被称为商人银行,它们向商业公司提供全部的金融服务。随着跨国公司的兴起,美国银行的国际业务也相应增长。全球所有的商业城市都设有美国银行的分行或办事处。

除了商业银行贷款外,票据的贴现也是一种普通的短期融资方法。尽管这种融资方式并未在美国全面展开,但在欧洲,这种方式被广泛用于为国内或国际贸易融资。本章后面的内容将对该工具做详细介绍。

欧洲美元融资 **欧洲美元**(Eurodollars)是指主要以美元为主的银行存款,但不受美国银行法律的约束。20世纪50年代后期,这类存款市场开始发展壮大。参与银行主要是设在欧洲的国外银行和美国银行的分行,它们积极参与美元存款业务,并支付利息。这些存款往往是大面额的,通常为10万美元。银行经常利用这些存款向符合资格的借款者发放美元贷款。贷款的利率高于存款利率。借款者的信用风险不同,借款利率也相应地存在差别。欧洲美元市场本身是不受限制的,因此供求力量能够自由发挥作用。

欧洲美元市场是跨国公司筹集流动资本的主要短期融资渠道。其贷款利率基于欧洲美元存款利率设定,并间接参照美元基本利率。一般情况下,欧洲美元贷款利率是用**伦敦同业银行拆借利率**(London interbank offered rate,LIBOR)来标价的。风险越高,则其超过LIBOR的利差也越大。具有较高信用的贷款者可以用仅高于LIBOR 1.5个百分点的利率借到中期贷款。应该指出的是,由于欧洲美元存款供求的敏感性较高,LIBOR的波动性要比美元基本利率的波动性大。

需要指出的是,欧洲美元市场是一个更大的**欧洲货币**(Eurocurrency)市场的一部分。在欧洲货币市场,存贷款利率都是按全球较强势的货币标定的。该市场的原理与欧洲美元市场的原理相同,这里不再重复。欧洲货币市场的发展大大有利于国际借款和中介融资(资金由银行和保险公司等中介流向最终借款者)。

国际债券融资 **欧洲债券市场**(Eurobond)与欧洲货币市场不同。欧洲债券市场的历史更为悠久,由承销商销售债券。尽管债券主要以一国货币发行,但可在多国销售。发行成功后,债券在各国由多位债券交易商进行交易。欧洲债券与国外债券不同,后者是由国外政府或公司在当地市场发行的。国外债券仅在一国销售,并受该国证券法规的约束。国外债券有多种别名,例如,扬基债券是由非美国居民在美国市场发行的债券;武士债券是由非日本居民在日本市场发行的债券。欧洲债券、国外债券和本地债券在利息计算方法、相关术语及其特征方面存在差异。本书不讨论这些差异,有兴趣的读者可以阅读相关的书籍。

在国际市场上发行的很多债券都是**浮动利率票据**(floating-rate notes,FRNs)。这些金融工具有多种特征,通常包括多国货币。另一些金融工具是根据价格水平或商品价格编制指数的,还有些则与LIBOR等利率相关。利率调整间隔可能是一年、半年、一个季度甚至是经常性的。还有些金融工具具有期权特征。

货币期权和多种货币债券 某些债券给其持有者提供了一种在支付利息或本金前选择支付货币的权利。通常,这种期权是限于在两种货币之间做选择,当然也有在多种货币间做选择的。例如,一家公司可能发行年利率为8%,面值为1000美元的债券。每份债券都附有选择美元或英镑作为支付货币的期权。两种货币的汇率在债券发行时即已确定。

有时候债券的本金和利息是由多种货币平均支付的。这些货币被称为鸡尾酒债券,它们提供的稳定汇率是任何单一货币所不可能具有的。此外，双重货币债券的购买价格及利息支付使用的是一种货币，本金的支付使用的则是另一种货币。例如，一种瑞士债券可能用瑞士法郎支付利息，而用美元支付本金。

伊斯兰债券（回教债券）　现代伊斯兰银行与金融业始于20世纪60年代，当时兴起了让个人和商业投资实践与伊斯兰教法相一致的运动。然而，20世纪70年代石油价格的高企以及石油美元逐渐流入穆斯林国家给这一运动带来了真正的动力。

伊斯兰教法基于《古兰经》的教义，禁止支付或接受利息（riba）以及投资于烟酒、赌博和军火等"不道德的/不适宜的"业务领域。对于利息的禁止是由于认为这种做法是对借款人的盘剥，严禁将纯粹的债券作为投资，但是与某项实物资产的经营相关的债务则是可接受的。**伊斯兰债券**（Islamic bonds）或称**回教债券**（sukuk）是依靠房地产或其他资产来获取相当于支付给传统债务的利息的收益。发行伊斯兰债券是很不容易的，需要得到有名望的伊斯兰教法方面的专家/学者的认可以确保其符合伊斯兰原则。

利于利息的禁止使得这种融资与西方常见的融资方法的视角完全不同。就在不久前，伊斯兰债券市场还只是一个小众市场，局限在穆斯林国家。然而，伊斯兰债券市场如今的发展势头很强劲，据估计2006年年底的规模为500亿～700亿美元。这绝对是一个越来越吸引国际目光的领域。

用伊斯兰债券购买007的座驾

我叫债券，伊斯兰债券。

或者是应该如此，既然本周买下 Aston Martin（詹姆斯·邦德最心爱的运动跑车的制造商）的财团将根据严格的伊斯兰原则为这次收购融资。

通用汽车公司同意将 Aston Martin 以 47 900 万欧元的价格出售给 Dave Richards 这家赛车企业旗下的杠杆收购财团。

德国的 WestLB 银行被指定负责安排 22 500 万欧元的准信贷融资来支持这次杠杆收购，不过前提是要符合《古兰经》关于反对利息和投机的教义。

WestLB 的常务董事戴维·特斯塔（David Testa）说："这次收购将完全通过符合伊斯兰教法的方式进行。"他相信，这是伊斯兰的资金首次用于英国的杠杆收购，有可能在整个西方世界也是第一次。

伊斯兰融资议题的提起部分是由于这次杠杆收购背后的两个重要融资人分别是 Investment Dar 和 Adeem 投资公司。这两家科威特集团与越来越多的海湾地区投资者一样，只在符合伊斯兰原则的前提下进行投资。

然而，这一趋势是在伊斯兰金融部门急剧增长的背景下出现的，估计目前该部门在全球的资产超过 3000 亿美元（1550 亿欧元）。这反映了穆斯林世界日益高涨的宗教情绪以及高企的油价使得更多的资金流到了 Investment Dar 等集团的手中。

与此同时，WestLB、德意志银行、花旗集团和 Barclays 等西方投资银行也越来越多地涉猎伊斯兰融资。

例如，WestLB预期将联合海湾地区与伦敦的伊斯兰银行以及欧洲地区的非伊斯兰银行组成辛迪加，为Aston Martin的杠杆收购进行融资。特斯塔先生说："这次收购吸引了广泛的关注。"

融资组合最初将按照类似辛迪加银行贷款的形式组建，债务总额大约为息税和折旧前收益的4.5倍，与欧洲近期的杠杆收购相比相对较低。

然而，预期这个杠杆收购财团未来将发行伊斯兰债券，以便利用英国法律拟议中的改变带来的好处。修订后的法律将使得英国公司发行这些金融工具在税收方面来看更有吸引力。

人们之所以预期会有进一步的融资部分原因在于公司野心勃勃的计划。

这些宏伟的计划很可能受到中东融资者们的青睐，因为海湾地区的人都很钟爱速度快的汽车。然而这些融资者是否会禁止其他一些被视为非伊斯兰的因素（如利用那位喝马提尼的间谍来推广品牌）还是个未知数。

资料来源：Gillian Tett, "Islamic bonds rolled out for purchase of 007's favourite car," *Financial Times* (March 17/18, 2007), p.1. (www.ft.com)© The Financial Times Limited 2007. Used by permission. All rights reserved.

货币市场对冲

对冲货币风险的另一种方法是通过几种货币市场——远期合约、期货合约、期权及货币互换来操作。下面介绍这些市场和金融工具是如何保护跨国公司的利益的。

远期外汇市场 在远期外汇市场上，你可以购买**远期合约**（forward contract），从而可以在未来特定的某一天以指定的汇率用一种货币交换另一种货币。远期合约保证你能够以事先确定的价格换到所需的货币。

Fillups电子公司打算通过远期市场对冲货币风险。它通过位于苏黎世的分公司销售了价值100万法郎的器械给瑞士的一个客户，信用期为90天。Fillups公司在客户付款时，想把瑞士法郎折算为美元。以美元表示的瑞士法郎的即期汇率和90天远期汇率为：

即期汇率	0.970美元
90天远期汇率	0.965美元

即期汇率是由目前市场决定的汇率，在我们的例子中，1瑞士法郎等价于0.970美元，1美元等价于1.00/0.970＝1.031瑞士法郎。如果远期价格低于现行价格，则称外币以远期折价出售。在本例中，瑞士法郎就是以折价出售的。如果远期价格高于现行价格，则称外币以远期溢价出售。例如，假定英镑以远期溢价出售，则在未来交割日，用英镑可以兑换比目前更多的美元。

如果Fillups公司希望规避汇率风险，则应出售90天的100万瑞士法郎的远期合约。在90天后交割法郎时，它可以得到96.5万美元（100万瑞士法郎乘以90天远期合约价格0.965美元）。如果即期汇率保持为0.970，则Fillups公司不出售法郎远期合约肯定更合算。它可以在现货市场上出售100万瑞士法郎换取97万美元。因此，Fillups公司为了确保瑞士法郎兑换美元的能力购买了1瑞士法郎0.005美元的保险，总值为5000美元。按年计算，这一保护的成本是

$$(0.005\text{美元}/0.970\text{美元}) \times (365\text{天}/90\text{天}) = 2.09\%$$

如果两种货币都很稳定，则按年计算的远期汇率折价货溢价变化范围通常介于0～5%之间。对于一些不很稳定的货币，其折价或溢价最高可达20%。超过这个不稳定界限后，远期货币市场将不复存在。总之，远期外汇交易市场使得公司能够防止货币过度贬值。远期外汇市场尤其适用于对冲交易风险。

表24.3列出了某一时刻几种货币的汇率。第一列的即期汇率代表一单位货币可兑换的美元数。《华尔街日报》《金融时报》《纽约时报》等报纸刊登的汇率标价是针对大笔交易的。作为一名外国游客，你不可能用接近该汇率的价格兑换美元。通常你必须高于该标价几个百分点购买美元，低于该标价价格百分点出售美元。这也是金额低于百万美元的交易的难处。

表24.3 2008年2月28日的汇率

	购买1单位所需美元数	购买1美元所需的金额
阿根廷（比索）	0.3169	3.1556
澳大利亚（澳元）	0.9488	1.0540
巴西（里尔）	0.5992	1.6689
英国（英镑）	1.9917	0.5021
30天远期	1.9877	0.5031
90天远期	1.9789	0.5053
180天远期	1.9654	0.5088
加拿大（加元）	1.0240	0.9766
30天远期	1.0234	0.9771
90天远期	1.0222	0.9783
180天远期	1.0201	0.9803
智利（比索）	0.002 196	455.37
中国（人民币）	0.1406	7.1125
捷克共和国（克朗）	0.060 58	16.507
中国香港地区（港币）	0.1285	7.7822
印度（卢比）	0.025 08	39.872
日本（日元）	0.009 489	105.39
30天远期	0.009 508	105.17
90天远期	0.009 539	104.83
180天远期	0.009 581	104.37
马来西亚（林吉特）	0.3123	3.2020
沙特阿拉伯（里亚）	0.2671	3.7439
新加坡（新元）	0.7175	1.3937
瑞士（法郎）	0.9520	1.0504
30天远期	0.9524	1.0500
90天远期	0.9526	1.0498
180天远期	0.9525	1.0499
中国台湾地区（台币）	0.032 37	30.893
泰国（泰铢）	0.033 84	29.551
委内瑞拉（博利瓦）	0.466 287	2.1446
欧元	1.5214	0.6573

表 24.3 的第一列反映了每单位的各国货币所能兑换的美元数。在表的上部可以看到,1 澳元可以兑换 0.9488 美元。要求得 1 美元可以兑换多少澳元,我们取其倒数:1/0.9488＝1.0540 澳元。表中还列出了英镑、加拿大元、日元和瑞士法郎的 30 天、90 天和 180 天远期汇率。比较这四种货币的远期汇率和即期汇率,可以看到,只有日元和瑞士法郎相对于美元的远期汇率是溢价的。即这两种货币在远期交割比在目前交割可以兑换更多的美元。在稍后的利率平价理论介绍中,我们将讨论远期折价或溢价的原因。

欧元 表 24.3 的底部列出了欧元。**欧元**(Euro)是欧洲货币联盟(EMU)的统一货币,EMU 包括欧盟(EU)15 国:奥地利、比利时、塞浦路斯、芬兰、法国、德国、希腊、爱尔兰、意大利、卢森堡、马耳他、荷兰、葡萄牙、斯洛文尼亚和西班牙。1999 年 1 月 1 日,确定了"遗留货币"(即 EMU 成员国原来的货币)与欧元之间的兑换比率。欧元的启动势头非常迅猛,1999 年 1 月 1 日以 1.17 美元的汇率开始交易,一度涨至 1.19 美元。但随后欧元开始贬值。2000—2002 年大部分时候欧元的汇率都不到 1.00 美元。2002 年年底时,欧元突破了 1.00 美元的关口,从此开始了相对于美元的强劲坚挺势头,在表 14.3 中可见,其汇率为 1.5214 美元。

欧洲债券市场压倒美国债券市场

欧元连续两年超过以美元标价的市场,从而取代美元成为国际债券市场上的世界主导货币。

这一数据确认了上个月的新闻,即流通中的欧元票据首次超过了美元票据。根据国际资本市场协会发布的数据,2006 年年底,发行在外的欧元债务总额相当于 48 360 亿美元,而美元债务的总额为 38 920 亿美元。

发行在外的以欧元标价的债务占全球市场的 45%,美元标价的债务则占 37%。去年新发行的欧元债务占全球市场的 49%。这相对于过去 10 年来的模式是一个惊人的转变,当时美元债务市场远远超过其欧洲竞争对手:就在 2002 年,发行在外的欧元标价的债务还仅占全球市场份额的 27%,而美元债务则占 51%。

欧元的作用加强的部分原因是欧洲各国政府日益增多的债务发行。然而,最主要的原因则是公司和金融机构以欧元标价的债务发行的增加。

驱动这一切的一个原因是欧洲公司正在日益摆脱过去对银行贷款的依赖,而在更大的程度上利用资本市场来融资。另一个原因是 1999 年欧元这一单一货币的诞生为创建一个更为深远、流动性更强的市场创造了条件,而欧元区的发展也起到了推波助澜的作用。

这使得世界各地的发行人更加倾向于在欧洲市场融资。而且,近期某些亚洲和中东地区国家中将部分资产从美元转为其他货币的多样化趋势进一步推动了欧元的走强。

ICMA 的执行总裁勒内·卡森提(René Karsenti)说:"欧洲稳定的利率推动了(欧元)的走强和活力。"

2003 年年初以来,欧洲中央银行的主要利率仅波动了 1.5 个百分点,从 2003 年中期的 2% 的低点到如今的 3.5%。与之形成对比的是,美国的主要利率——联邦储备利率则波动了 4.25 个百分点,从 2003 年中期的 1% 上升到如今的 5.25%。欧元对美元的汇率也从 3 年前的近乎平价上升到了 1.30 美元左右。英镑在过去 3 年的发行量有所上升,增强了其在某些投资者心目中作为小众货币的吸引力。日元则不再受到人们的追捧。

从总体上说,过去 6 年国际资本市场的债券发行量增长了一倍。

资料来源:David Oakley and Gillian Tett, "European bond market puts US in the shade," *Financial Times* (January 15, 2007); p. 13. (www.ft.com) Copyright © The Financial Times Limited 2007. Used by permission. All rights reserved.

货币期货 期货合约与远期合约在使用上很相似。世界上的主要货币,例如澳元、加元、英镑、瑞士法郎和日元都有货币期货市场。**期货合约**(futures contract)是在未来特定日期交割货币的标准合约,如 3 月、6 月、9 月和 12 月的第三个星期三。合约根据互换成交,清算所担任买卖双方的中介。这意味着所有交易都是清算所完成的,而不是由买卖双方直接进行的。在到期日实际交割的合约很少,更多的情况下,合约的买卖双方各自独立地采取对冲头寸方法平仓。卖方可以通过购买另一份合约,买方可以通过出售另一份合约来平仓。

期货合约采取"逐日盯市"方式,其价值由收盘价决定。价格的变化对买卖双方的影响是相反的。每天都有一个赢家,同时也有一个输家,具体谁输谁赢则取决于价格的变化方向。输家必须增加保证金(存款),而赢家则可以取出多余的保证金。期货合约与远期合约在这方面存在区别。远期合约只需在到期日结算。这两者的另一个区别在于期货合约只有几个固定的到期日。最后,期货合约中规定的金额也只能是几个标准化的金额的倍数。例如,可以是 1250 万日元的倍数。远期合约的金额则可以任意确定。不过,这两种工具都用于同样的对冲风险的目的。[①]

货币期权 远期合约和期货合约对币值变动做了双向对冲。即如果币值朝一个方向变化,则远期合约或期货合约将对冲该变化。与此相反,**货币期权**(currency options)只能对冲单向风险。无论是购买外币的看涨期权还是出售外币的看跌期权,都只是对冲币值的不利变化。期权持有人仅拥有权利而不承担义务,在合约有效期内可自行选择购买或出售外币。当然,如果不进行交割,期权会过期。期权持有人要对此支付溢价。

既有现期市场货币期权,也有远期市场货币期权。因为货币期权是通过遍布全球的一系列交易所进行的,因此期权交易较为方便。货币期权的应用及其价值基本上与股票期权相同(由于我们在第 22 章股票期权附录中曾经讨论过期权价值,这里不再重复)。期权价值以及所支付的溢价主要取决于汇率的波动性。

货币互换 另一种对冲交易风险的工具是货币互换。在货币互换中,双方交换不同的债务,彼此同意支付对方的利息。到期时,通常按照事先确定的汇率交换本金。这种交换只是名义上的,因为支付的只是现金流差异。如果其中一方违约,也没有本金损失。然而,互换后存在与货币变化方向相关的机会成本。

[①] 有关期货市场的详细介绍,参见 James C. Van Horne, *Financial Market Rates and Flows*, 6th ed. (Upper Saddle River, NJ: Prentice Hall, 2001)。

货币互换通常是由中介机构如商业银行安排的。互换的可能方式有很多种,如涉及多种货币的互换、带有期权特征的互换及包括利率互换的货币互换。在最后一种方式中,长期债务的利息与短期债务、浮动利率债务或其他类型的债务的利息相互交换。可以想象,情况很快就变得非常复杂了。然而必须说明的是,货币互换得到了广泛应用,并成为较长期的规避风险的工具。

对冲汇率风险:小结

我们已经看到有多种方法可以对冲汇率风险。我们首先必须确定公司是否存在自然对冲。如果存在,则再使用金融或货币对冲方法只会增加实际风险。即,你会破坏公司由于国外经营业务及其业务性质已经具备的自然对冲。其结果是原本没有风险或者风险很小,你反而造成了新的净风险。因此,在采取对冲措施前必须仔细评估企业的汇率风险。

第一步是在考虑公司可能有的自然对冲后估计剩下的净汇率风险。如果存在净风险(外币的流入额与流出额不等),则问题是你是否希望对冲该风险,以及如何对冲。现金管理和公司内部会计调整只是权宜之计,并且其效果有限。金融对冲与货币互换都是基于长期风险的对冲方法。货币远期合约及货币期货、期权都可用于对冲1~2年的风险。尽管可以与商业银行签订长期合约,但这么做成本较高,并且存在流动性问题。存在净风险时,如何对冲该风险取决于对冲工具的适用性及其成本。

决定汇率行为的宏观因素

从短期来看,汇率的波动是持续性的,通常无法解释。然而从长期来看,国内与国外的通货膨胀、利率及汇率之间都存在联系。

购买力平价 如果国际商品和金融市场是有效的,则有几个关系会成立。长期内,可交易商品市场与外币市场应趋于**购买力平价**(purchasing-power parity, PPP)。其思路是一篮子标准商品在国际上的价格应该是相同的。

如果加拿大的小麦比美国的小麦便宜,则一个理性的美国小麦购买者在考虑了运输成本及根据汇率调整了加拿大的小麦价格后,应从加拿大购买小麦。这种行为,再加上商品套利行为,将使加拿大的小麦价格相对于美国的小麦价格上涨,也可能促使加拿大元升值。加拿大的小麦价格上升与加拿大元升值这两者结合在一起,使得加拿大小麦的美元价格上升。从理论上说,上述交易将持续到美国的小麦价格与加拿大的小麦价格相等为止。此时,对美国的小麦购买者来说,就产生了购买力平价,即购买美国小麦还是加拿大小麦是没有差别的。同样,对于加拿大的小麦购买者来说,购买美国小麦还是加拿大小麦也是无差异的。

一国货币汇率在多大程度上与购买力平价理论相符取决于进出口商品的价格弹性。如果出口商品是在国际竞争市场上交易的,则该国货币的汇率通常与购买力平价极为一致。钢铁和服装等产品的价格敏感性较强。通常,成熟产业与需要新技术的产业更符合购买力平价理论。如果一国的通货膨胀主要由服务业决定,则其价格与购买力平价理论会相去甚远。我们还知道,当一国政府干预外汇市场时,无论是抬高还是压低其货币价值,购买力平价理论都不会发挥作用。由于存在摩擦因素、贸易壁垒、政府对外汇市场的干预以及其他不完善之处,各种可贸易商品的购买力平价在短期并不成立。购买力平价是一种长期均衡现象,有助于我们理解汇率可能的变动方向。

可口可乐公司与外汇管理

我们基于合并来管理大部分外汇风险,这使得我们能够规避某些风险并利用自然对冲所带来的好处。2006 年经营收入(不包括公司内部)中大约 72% 来自美国境外,这使得一种货币的贬值长期内会被另一种货币的升值所抵消。我们还使用衍生金融工具来进一步降低来自货币波动的净风险。

资料来源:可口可乐公司 2006 年年报(表 10-k),第 65 页。经可口可乐公司授权使用。可口可乐及其饮料瓶是可口可乐公司的注册商标。

利率平价 我们在均衡分析中关注的另一种关系是两国间的利率差异。利率平价理论指出,如果一国利率高于另一国利率,则其货币在远期市场上将折价出售。换句话说,利率差异与即期汇率差异是相互抵消的。这是如何进行的呢?出发点是名义(观测)利率与通货膨胀的关系。回顾第 2 章的内容,费雪效应揭示了名义利率等于实际利率(无物价变动条件下的利率)加上金融工具有效期内的预期通货膨胀率。

在国际贸易中,人们有时将其称为国际性费雪效应。它表明两国间利率的差异是这两个国家预期通货膨胀率差异的替代。例如,如果美国的名义利率为 7%,澳大利亚的名义利率是 12%,则预期的通货膨胀率差异为 5%。即,预期澳大利亚的通货膨胀率比美国的通货膨胀率高 5 个百分点。这种关系成立吗?尽管对通货膨胀与名义利率的确切关系存在不同的看法,人们仍普遍认为一国的预期通货膨胀对该国的利率有重要影响。资本市场越开放,两者的关系越接近国际性费雪效应。

要解释利率平价,我们考虑当前和 90 天后美元($)与英镑(£)的关系。国际性费雪效应指出:

$$\frac{F_£}{S_£} = \frac{1+r_£}{1+r_\$} \tag{24.1}$$

式中,$F_£$ 为目前英镑相对于美元的 90 天远期汇率;

$S_£$ 为英镑相对于美元的即期汇率;

$r_£$ 为英国同业银行间欧洲市场 90 天的名义利率;

$r_\$$ 为美国同业银行间欧洲市场 90 天的名义利率。

巨无霸的购买力平价

麦当劳的巨无霸汉堡在 120 个国家销售。虽然巨无霸在所有国家都使用同一标准生产,但其生产在食品原料和劳动力两方面都是本地化的。如果购买力平价(PPP)是充分的,则汇率会调整到巨无霸在各国的成本都相同。《经济学家》杂志定期刊登巨无霸的价格和汇率对比,这反映了一种货币与美元相比其价值是被低估还是高估了。当然,这是假设短期内汇率可能严重偏离购买

力平价。然而长期内经济力量最终会让各种货币的购买力达到平价。近期的对比如下：

国家	巨无霸用当地货币标示的价格	暗含的汇率（兑换1美元）	实际汇率（兑换1美元）	与美元相比其价值的高估(＋)或低估(－)，%
美国	3.41美元	—	—	—
澳大利亚	3.45澳元	1.01	1.17	－14
英国	1.99英镑	0.58	0.49	＋18
日本	280日元	82.1	122.0	－33
马来西亚	5.50林吉特	1.61	3.43	－53
新加坡	3.95新元	1.16	1.52	－24
瑞典	33.0瑞典克朗	9.68	6.79	＋42
瑞士	6.30瑞士法郎	1.85	1.21	＋53

暗含的汇率等于巨无霸用当地货币表示的价格除以其用美元标示的价格。在澳大利亚，3.45澳元/3.41美元＝1.01。由于实际汇率是1.17，因此澳元被低估了(1.01－1.17)/1.17＝－14%。当时，在澳大利亚吃巨无霸要比在美国吃便宜。购买力平价理论指出，被低估的货币最终相对于美元会升值(变得坚挺)，而被高估的货币最终相对于美元则会贬值(变得疲软)。如果巨无霸可以作为一个消费品篮子的合理估计，则上述等式暗示，表中的欧洲货币相对于美元将贬值，而亚太各国的货币相对于美元将升值。

资料来源：基于 www.economist.com/finance/displaystory.cfm?storyid=9448015 上的数据。Copyright © 2007 The Economist Newspaper Ltd. Used by permission. All rights reserved.

如果英国的名义利率为8%，美国的名义利率为6%，将这两个年利率折算为90天的利率，分别为2%和1.5%。如果即期汇率为每美元0.625英镑，则

$$\frac{F_£}{0.625} = \frac{1.020}{1.015}$$

求解隐含的远期汇率，得

$$1.015\, F_£ = 0.625 \times 1.020$$
$$F_£ = 0.6375/1.015 = 0.6281$$

因此，隐含的汇率为每美元0.6281英镑。与每美元0.625英镑的即期汇率相比，英镑的远期汇率是折价汇率。即，在远期市场，英镑可兑换1/0.6281＝1.592美元，低于现汇市场1/0.625＝1.60美元。折价为(0.6281－0.625)/0.625＝0.005。根据利率平价理论，汇率折价必定等于相对利率差异，而事实的确如此，因为(1.020－1.015)/1.015＝0.005。如果英国利率低于美国利率，则本例中隐含的远期汇率将低于即期汇率。此时，英镑的远期汇率相对于即期汇率为溢价汇率。例如，如果美国(年)利率为8%，英国为6%，则隐含的90天远期汇率将为

$$\frac{F_£}{0.625} = \frac{1.015}{1.020}$$

求解隐含的远期汇率，得

$$1.020\, F_£ = 0.625 \times 1.015$$

$$F_{£} = 0.6344/1.020 = 0.6220$$

因此,英镑的远期汇率为溢价汇率,英镑在远期市场上可兑换的美元高于在现期市场兑换的美元。如果不存在利率平价,则会出现套利行为来赚取利润。

这是否意味着利率平价在所有时候对两种货币都适用?在不完善程度很低的欧洲货币市场及其他一些货币市场,不考虑交易成本时利率平价是成立的。尽管对短期利率来说,该关系非常明显,但对期限较长的投资来说,该关系有所弱化。在那些对外汇交易有限制以及存在税收或其他不完善之处的国家,利率平价不大可能会成立。但是,利率平价理论仍是合理的,在向国外销售产品带来应收账款或从国外购买产品产生应付账款时,可确定用美元计价的应收账款或应付账款的资本成本。

国际贸易分析

对外贸易与国内贸易在所使用的工具与票据方面存在差别。大多数国内产品销售都是基于赊销的,向顾客开具发票,给其充裕的时间支付货款。在国际贸易中,卖主很少能够像在国内一样获得关于潜在买主的准确的或全部的信用信息,而且沟通的难度更大、产品的运输周期更长、不确定性更高。此外,一旦出现违约,法律解决的渠道复杂且成本高昂。在国际贸易中有三类主要票据:付款通知或汇票;提货单,它涉及货物的实际移交;信用证,它保证了买方的信用度。下面对这些票据逐一进行介绍,随后将讨论其他几种促进国际贸易的方法:补偿贸易、出口保理和福费廷。

国际贸易汇票

国际贸易汇票有时又称汇票,是出口商命令进口商在指定时间支付指定数额款项的书面文件。尽管"命令"一词看起来有些刺眼,但这是国际商务中的通行做法。汇票可以是即期汇票也可以是定期汇票。对开票方来说,即期汇票是见票即付。这一方被称为受票人。如果受票人或者进口商不按照汇票的要求支付款项,则构成违约。出口商可通过使用信用证(后文将予以介绍)获得赔偿。定期汇票在指定的未来日期之前予以支付。例如,一张定期汇票可能是90天后付款。图24.2给出了一张定期汇票的范例。①

定期汇票有几个值得注意的特点。首先,它是出票人即出口商签字的无条件支付命令。它还规定受票人即进口商必须支付的具体款项。最后,它规定了支付的日期。定期汇票提交给受票人即被承兑。承兑人可以是付款人也可以是银行。如果付款人承兑了该汇票,他必须在汇票背面写上90天后自己必须支付的数额,作为确认。此时,该汇票被称为商业承兑汇票。如果是银行承兑汇票,则该汇票被称为银行承担汇票。此时,银行承担了支付的义务,用自己的信用为受票人担保。

如果银行的信用很好(大多数承兑银行都具有良好的信用),则汇票将成为市场上广为接受的金融工具。出票人即出口商不用将汇票持有到期,而是可以在市场上出售汇票(按面

---

① 汇票本身可分为"光票"和"跟单"汇票两种。光票是不附抵押证明的汇票。跟单汇票附有抵押证明,一同交给出口商。光票用于没有交易,开票人只是收取款项的情形。大多数汇票都是跟单汇票。

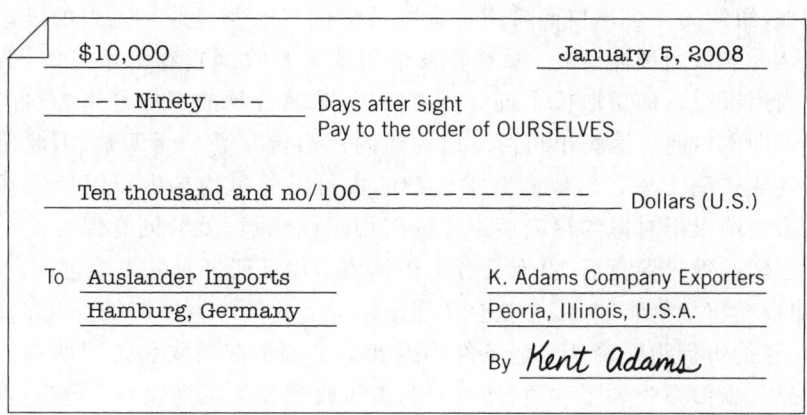

图 24.2 定期汇票

值折价)。事实上,存在一个活跃的银行承兑汇票交易市场。例如,一家著名的银行接受了一张为期 90 天的 1 万美元的汇票,并假定银行承兑汇票的 90 天利率为 8%,则出票人可以按 10 000 美元－(10 000 美元×0.08)×(90 天/360 天)=9800 美元的价格将汇票出售给投资者。90 天后,投资者可向承兑银行出示该汇票要求其承兑,从而得到 1 万美元。因此,一个较大的银行承兑汇票的二级市场增加了出口商的变现能力,从而促进了国际贸易。

提货单

提货单(bill of lading)是指在将货物从出口商运给进口商的过程中使用的装船文件。提货单有几个作用。首先,它作为运输公司开给出口商的收据,表示货物已经收到。其次,提货单是运输公司与出口商之间装运货物,并将货物运到指定目的地的合同。最后,提货单是一种权益文件,其持有者拥有货物的所有权。在进口商满足了汇票所规定的条件后,提货单才会被交给进口商。①

提货单与汇票附在一起,并且这两者的处理程序是完备的。几乎每个国家的银行和其他机构都能有效地处理这些票据。此外,货物的国际运输是受国际法保护的。这些程序使出口商能够将货物销售给其他国家不相识的进口商,而在即期汇票被支付或定期汇票付款义务被确认之前并不丧失对货物的所有权。

信用证

商业信用证(letter of credit)是由银行代表进口商签发的。在信用证中,银行同意在提货单及其他细节不出问题的条件下为进口商承兑汇票作担保。本质上,这是用银行的信用代替进口商的信用。显然,当地银行只有在认为承兑汇票的进口商信用可靠的情况下才会为其签发信用证。信用证的使用几乎消除了出口商将货物销售给其他国家不认识的进口商时所面临的所有风险。

保兑信用证 如果出口商所在国的银行保兑了信用证,则信用证的作用会得到进一

---

① 如果规定了具体的时间,则提货单既可买卖,也可用于贷款抵押。

步加强。例如,纽约的一个出口商希望将货物运给位于巴西里约热内卢的进口商。该进口商的银行认为其信用风险较小,愿意签发信用证为其收到货物时承兑的汇票作担保。从而里约热内卢银行的信用取代了进口商的信用,此时合约的双方是里约热内卢银行与信用证受益人即出口商。因为出口商对里约热内卢银行几乎一无所知,因此希望通过自己的开户行促成这笔交易。出口商要求纽约的银行保兑里约热内卢银行所开具的信用证。如果这家纽约银行对里约热内卢银行的信用感到满意,就会同意保兑里约热内卢银行的信用证。纽约银行保兑后,就有义务向根据该信用证所开具的汇票付款。

因此,出口商将货物装船后,它就会按照信用证上的条件签发汇票。出口商将汇票交给纽约银行,纽约银行则在确认装船条件都得到满足的情况下支付汇票所列的款项。这种安排的结果是出口商收到了款项,而不必为能否收到款项感到忧心。此后,纽约银行将汇票及其他票据寄给里约热内卢银行。里约热内卢银行在确认货物装运无误后对汇票作担保并向纽约银行支付货款。接下来,里约热内卢银行找到进口商,在进口商收到货物后要求其付款。

对贸易的促进　根据上面的介绍,可以看到信用证给国际贸易提供了极大的便利。出口商不是与进口商直接发生信用关系,而是依赖一个或多个银行,银行的信用代替了进口商的信用。信用证分为可撤销的和不可撤销的两种。如果是不可撤销的,汇票必须有银行的担保,在没有得到所有当事方同意的条件下,不能取消或更改协议。而可撤销信用证则可以由签发银行取消或更改。可撤销信用证对汇票的承兑作出了更具体的安排,但不保证汇票会被兑付。大多数信用证都是不可撤销的,上述讨论就是针对不可撤销信用证的。

大多数国际贸易中都需要用到前面介绍的三种票据——汇票、提货单和信用证。在此基础上已经建立了一整套交易程序。这三种票据为出口商将货物销售给国外不认识的进口商提供了保护。它们也为进口商提供了货物将被以适当的方式装运的保证。

补偿贸易

除了用于促进普通贸易的票据外,还有很多用于为国际贸易融资的方式。其中一种方式是**补偿贸易**(countertrade)。在典型的补偿贸易协议中,销售方接受的不是货币而是其他形式的货物。在出现外汇限制或其他难以用硬通货币(即被广泛使用的货币,如美元、英镑和日元)付款的情况时,可能有必要以货物的形式收款。这些商品可能是由所涉及的国家生产的,但也并不全是这样。补偿贸易的一种常见形式是易货贸易。例如,一家美国饮料厂商可能向俄罗斯的一家酿酒公司出售浓缩液和糖浆来换取伏特加酒。需要注意,用商品代替硬通货币存在风险,收到的产品其质量和规格可能与所承诺的有差异。此外,还需要再出售这些产品以换取现金。尽管补偿贸易存在风险,但包括补偿贸易协会及专业咨询人士等在内的完善的相关基础设施都推动了这种国际贸易方式的发展。

出口保理

出口应收账款保理类似我们在第11章讨论过的国内应收账款保理。它是指把出口商会计上的应收账款完全销售给被称为保理商的保理机构。保理商必须承担出口商应收账款的风险。通常情况下,出口商在应收账款到期时从保理商那里得到付款。手续费一般为海外所装运货物价值的2%。在收回应收账款前,出口商很可能提前得到相当于货物价值90%的现金。提前得到的现金是需要向保理商支付利息的,而且利息通常高于手续费。由于保理的这种性质,大多数保理商对那些不断有大额出口应收账款的出口商感兴趣。当然,保理商可以拒绝保理自己认为风险太高的应收账款。对出口商来说,主要的好处是可以委托具有国际经验和关系的保理商来收账。

福费廷

福费廷(forfaiting)是一种类似保理的对外贸易融资方式。出口商将出口应收账款不带追索权地折价出售给称为福费廷交易商的金融机构。这些应收账款通常是期票或汇票等。福费廷交易商可以是国际性银行的分行或者专业性的贸易融资公司。福费廷交易商承担信用风险并从进口商那里收回账款。此外,福费廷业务还必须有进口商所在国的政府部门或银行作付款担保。通常情况下,这些期票或汇票金额较大,期限为6个月或更长时间。如果进口商来自欠发达国家(LDC)或东欧国家,福费廷业务会显得特别有用。来自强大的第三方的担保使得福费廷交易商愿意买下来自这些国家的应收账款。

小结

- 财务经理越来越多地接触到国际商品市场和金融市场。全球化的趋势意味着必须在全球范围内作出投资和财务决策。例如,国际资本预算包括估计两国货币间的未来汇率。
- 到国外扩张必须进入新市场,以更低的成本取得生产设备和原料。由于市场分割的原因,国外项目的风险有时候低于国内项目的风险。
- 有很多因素使国际投资区别于国内投资,税收不同而且有政治风险。
- 公司在国外投资面临三种汇率风险:折算风险、交易风险和经济风险。折算风险是国外子公司会计处理方法带来的资产负债表和损益表的变化;交易风险是在一个具体的交易如赊销中,结算时使用的汇率与原来协议中的汇率不同所带来的风险;经济风险是指汇率不可预期的变化使公司的未来预期现金流发生变化,从而使公司的经济价值也发生变化。
- 管理汇率风险的方法有很多种,包括自然对冲、现金管理、公司内部会计调整,以及国际财务对冲和货币对冲。货币对冲又包括远期合约、期货合约、货币期权和货币互换。
- 自然对冲是指收益和成本在汇率变化敏感性方面的不同相互抵消。自然对冲的效果取决于产品价格和成本对国际或国内市场反应的敏感程度。
- 公司可通过内部会计调整方法来平衡资产负债以保护自身利益;还可通过用不同货币融资的方法来对冲汇率风险。主要的国际融资渠道包括来自商业银行的贷款,折价的商业汇票,欧洲美元贷款以及国际债券。
- 货币对冲包括远期合约、期货合约、货币期权和货币互换。第一种方法是购买一份远期合约,以预先确定的汇率在指定的未来某一天用一种货币交换另一种货币。这种保护的成本是远期汇率与即期汇率的差异。货币期货合约在功能上与货币远期合约类似，但在结算和其他特征上有所区别。货币期权能减少货币价值不利变动的损失，期权持有人拥有执行期权的权利而非义务，但要为此支付溢价。期权适用于对冲单向风险。最后，货币互换是一种对冲长期风险的重要工具，双方交换用不同货币标价的债务。

- 有两种相互关联的理论有助于更好地理解通货膨胀、利率和汇率之间的关系。购买力平价理论认为在考虑了汇率因素后，一篮子商品的价格在全球都应相同。利率平价理论认为远期和即期汇率的差异可以用两国间的名义利率的差异来解释。
- 三种基本票据大大便利了国际贸易。国际贸易汇票是出口商命令进口商见票即付或在一段时期后支付指定数额货款的文件。提货单是可作为收据、装运合同、货物所有权证明的装运文件。信用证是一种银行对进口商承兑的汇票进行担保的协议。信用证极大地降低了出口商所面临的风险，并可能由另一家银行保兑。
- 国际贸易融资的其他方式有补偿贸易、出口保理和福费廷业务。补偿贸易是指双方直接或通过中介进行国际性贸易。出口保理是指将应收账款出售给承担风险的保理商。福费廷业务与保理类似，但涉及的是高价值、中长期（6个月或以上）的汇票或期票，并且是折价出售给福费廷交易商的。福费廷业务通常需要第三方的担保。

思考题

1. 国际投资与国内投资的风险和收益之比是否相同？
2. 为什么公司明知开办合资企业会使自己丧失对国外业务的部分控制权，仍要这么做？
3. 有些国家要求在任何企业，国家股都要占普通股的50%以上，这是否明智？请给出解释。
4. 国外子公司支付收入税是美国母公司的损失吗？
5. 公司在国外投资会遇到哪些汇率风险？
6. 在会计上作货币折算损益处理时，以美元还是当地货币作为功能货币有何差异？
7. 有时候公司在国外投资会有自然对冲，该术语有何含义？为什么自然对冲很重要？
8. 对外币来说，何为远期折价？何为远期溢价？请举例说明。远期外汇市场的意义何在？
9. 在货币对冲中，远期合约、期货合约、货币期权和货币互换有何差别？
10. 在国际市场上，购买力平价理论是否成立？请给出解释。
11. 利率平价的含义是什么？它起作用吗？
12. 为什么公司要管理货币风险？公司能以更低的成本"自我保险"吗？
13. 请解释欧洲美元市场的作用。
14. 提货单有何作用？
15. 在信用证协议书中，谁是债权人？谁是债务人？
16. 银行承兑汇票的信用如何？它与国际贸易汇票有何区别？哪些因素决定其面值？
17. 一般来说，国际贸易融资与国内贸易融资有何区别？

自测题

1. 外汇市场汇率如下：

货 币	购买一单位该货币所需美元数
Spamany（liso）	0.100
Britland（ounce）	1.500
Chilaquay（peso）	0.015
Trance（franc）	0.130
Shopan（ben）	0.005

求解：

(1) 1000 美元能换取多少 Spamany lisos？

(2) 30 Britland ounces 能买多少美元？

(3) 900 美元能换取多少 Chilaquay pesos？

(4) 100 Trance francs 能购入多少美元？

(5) 50 美元能换取多少 Shopan bens？

2. Kingsborough 工业公司在洛兰岛有一家子公司，当地货币为 guildnote。当年年初汇率为每美元 3 guildnotes。由于 guildnote 升值，年末汇率为每美元 2.5 guildnotes。该子公司在这两个时点的资产负债表及该年的损益表如下：

千 guildnote

	以 guildnote 为计价货币	
	20×1 年 12 月 31 日	20×2 年 12 月 31 日
	资产负债表	
现金	300	400
应收账款	1800	2200
存货（先进先出法）	1500	2000
固定资产净值	2100	1800
合计	5700	6400
流动负债	2000	1900
普通股	600	600
留存收益	3100	3900
合计	5700	6400
	损益表	
销售收入		10 400
销售成本		6000
折旧		300
费用		2400
税收		900
营业收入		800

固定资产净值的历史汇率是每美元 3 guildnotes。存货和销售收入的历史汇率是每美元 2.7 guildnotes，功能货币为美元。销售成本的历史汇率是每美元 2.60 guildnotes，并且销售收入、折价、费用和税收在全年都很稳定。假设原来没有折算调整余额，并假定功能货币为 guildnote。根据上述条件求解 20×2 年 12 月 31 日的资产负债表及该年的损益表(以千美元为单位)。再假定功能货币是美元，重新计算。据你观察，这两个结果有何区别？

3. Zike 运动鞋公司向 Freedonia 批发商销售产品。所装运的货物价格为 5 万 Freedonian 马克，信用期为 90 天。Zike 公司收到付款后会立即将其兑换成美元。即期汇率为每美元 1.71 Freedonian 马克，90 天远期汇率为每美元 1.70 Freedonian 马克。

(1) Zike 公司要想对冲其汇率风险，应该怎么做？需要进行的交易有哪些？

(2) Freedonian 马克是远期溢价还是远期折价？

(3) 两国隐含的利率差异是多少(根据利率平价理论)？

复习题

1. 外汇市场汇率如下：

货　币	购买一单位该货币所需美元数
Britland (ounce)	0.62
Spamany (liso)	1300.00
Shopan (ben)	140.00
Lolland (guildnote)	1.90
Dweeden (corona)	6.40
Trance (franc)	1.50

根据上述信息求解(精确到小数点后两位)：

(1) 100 美元可兑换多少 Britland ounces？

(2) 50 Lolland guildnotes 可兑换多少美元？

(3) 40 美元可兑换多少 Dweeden corona？

(4) 200 Trance francs 可兑换多少美元？

(5) 10 美元可兑换多少 Spamany lisos？

(6) 1000 Shopan bens 可兑换多少美元？

2. 美国进口公司购买了 Zeppo，Freedonia 的一家公司价值 10 万 Freedonian 马克的机器。美元相对于 Freedonian 马克的汇率一直在下跌。Zeppo 公司提供"2/10，net90"的信用销售条件。Freedonian 马克的即期汇率是 0.55 美元，远期汇率是 0.56 美元。求解：

(1) 在 10 天折价期内支付的美元成本。

(2) 购买 90 天远期合约，并于 90 天后付款的美元成本。

(3) 题(1)与题(2)的正确答案之差源于资金的时间价值(提前支付的折价)，以及货币价值波动的保护价值，计算这两部分的值。

3. Fuel-Guzzler 汽车公司正在考虑在洛兰岛建一个新厂。该工厂的成本是 2600 万 guildnotes。预期利润为：头 3 年每年为 300 万 guildnotes，之后 3 年为 400 万 guildnotes，第 7~9 年为 500 万 guildnotes，第 10~19 年为 600 万 guildnotes，之后该项目结束，且没有残值。目前汇率为每美元 1.90guildnotes。汇回国内的美元的内部收益率为 16%。

(1) 如果汇率保持为 1.90，该项目的净现值是多少？

(2) 如果 guildnotes 一直在升值，汇率在第 1~3 年为 1.84，第 4~6 年为 1.78，第 7~9 年为 1.72，第 10~19 年为 1.65，则净现值又是多少？

4. Fleur du Lac 公司是 Trance 的一家公司，已经按信用证协议为美国的一家进口商装运了货物，规定 90 天后付款，发货单上的价值是 12.4 万美元。目前汇率为每美元 5.70 法郎。如果 90 天后，法郎升值 5%，则法郎的交易收益或损失是多少？如果法郎在 90 天后贬值 5%，答案又是多少（注意：以每美元兑换多少法郎计算）？

5. 美国小麦的价格为 4 美元/蒲式耳，加拿大小麦的价格是 4.56 加元/蒲式耳。汇率为每美元 1.2 加元时，存在购买力平价吗？如果不存在，发生什么变化会出现购买力平价？

6. 现汇市场目前的汇率是每美元 140 日元，以 90 天计算的日本同业银行欧洲市场利率为 4%，在美国该利率为 8%。如果利率平价成立，日元对美元的隐含 90 天远期汇率是多少？如果在美国该利率为 6%，而不是 8%，则结果又会如何？

7. Cordova 皮革公司在美国的所得税税率为 38%。它在阿尔及利亚和瑞士都有子公司，每个子公司的税前收益为 200 美元。如果阿尔及利亚与瑞士的所得税税率分别为 52% 和 35%，则 Cordova 公司为其收入支付的国外税款和国内总税款各为多少？

8. McDonnoughs 汉堡包公司希望向其日本子公司贷款 50 万美元。同时，Tsunami 重工业公司也准备对其美国子公司发放一笔大约相同数额的中期贷款。双方在一家投资银行的撮合下打算进行平行贷款（一种货币互换形式），McDonnoughs 公司向 Tsunami 公司在美国的子公司提供为期 4 年的 50 万美元贷款，利率为 13%，本金和利息在第 4 年年末一次偿还，按年复利计息。Tsunami 公司为 McDonnoughs 公司在日本的子公司提供为期 4 年的 7000 万日元贷款，利率为 10%，本金和利息（年复利）也是在期末一次性偿还。当前的汇率是每美元 140 日元。然而，预计未来 4 年中，美元每年会贬值 5 日元。

(1) 如果预期正确，McDonnoughs 公司在第 4 年年末需向 Tsunami 公司支付多少美元的本金和利息？

(2) 第 4 年年末，McDonnoughs 公司将从提供给 Tsunami 公司在美国的子公司的贷款中得到总值多少美元的本金和利息？

(3) 该平行贷款协议对哪一方有利？如果日元价值不变，情况又将如何？

9. Zwill 政府目前鼓励外商投资。美国的一家公司——Comstock 国际矿业公司准备到 Zwill 建一个新的铜矿。前期投资为 2500 万美元，此后的现金流将足以满足进一步的资金需求。初步评估的结果是该项目可能带来大量的收益，仅从经营方面考虑，预期内部收益率高达 34%。

与很多国家一样，Zwill 政府是不稳定的。Comstock 公司尽量对这种不稳定性及其后果作出评估。预计现任政府被推翻，新政府将铜矿充公而不做任何补偿的概率为

10%。价值2500万的投资将白白损失,内部收益率将变成-100%。现任政府被推翻,新政府会对被充公的铜矿进行部分补偿的概率为15%。这种情况下的内部收益率是-40%。现任政府继续执政,但会改变利润返回政策的概率是15%。其具体做法可能是允许公司返回2500万美元的初始投资成本,但其余所有现金都要在该国进行永久性投资。还有60%的概率是获得34%的内部收益率。

给定上述政治风险及预期Comstock公司的可能回报,应该建立该铜矿吗?请给出解释。

自测题答案

1. (1) 1000美元/0.100=10 000 lisos
   (2) 30×1.500美元=45美元
   (3) 900美元/0.015=60 000 pesos
   (4) 100×0.13美元=13美元
   (5) 50美元/0.005=10 000 ben

2.

千 guildnote

	以美元为计价货币(20×2年12月31日)	
	Guildnote为功能货币	美元为功能货币
资产负债表		
现金	160	160
应收账款	880	880
存货(先进先出法)	800	741
固定资产净值	720	600
合计	2560	2381
流动负债	760	760
普通股	200	200
留存收益(20×1年12月31日为1033美元)	1198	1421
累计收益调整余额	402	
合计	2560	2381
损益表		
销售收入	3782	3782
销售成本	2308	2222
折旧	109	100
费用	873	873
税收	327	327
营业收入	165	260
折算收益		128
净收入	165	388
折算调整余额	402	

如果用 guildnote 作为功能货币,资产负债表中除普通股和留存收益以外的所有项目都是按照即期汇率 2.50 折算的。损益表中,除了产品销售成本是按 2.60 的汇率折算以外,其他所有项目都是按该年平均汇率 2.75 折算的。净收入是从产品收入中减去成本和费用后得到的。留存收益是净收入 165 美元加上年初留存收益 1033 美元得到的总留存收益 1198 美元。折算调整余额是必须让资产负债表中的两个总值相等的数值,为 402 美元。如果以美元作为功能货币,存货和销售成本是按照历史汇率 2.70 折算的,而固定资产和折价是按历史汇率 3.00 折算的,其他项目是按与其他方法相同的口径计算的。留存收益是使资产负债表总值相等的平均数,营业收入是个余数。折算收益是使净收入等于留存收益变化值(1421 美元-1033 美元=388 美元)的数,因此等于 388 美元-260 美元=128 美元。用美元作为功能货币,收入更容易变化;而用 guildnote 作为功能货币,资产负债表总计项更容易变化。

3.(1)可以通过出售 90 天马克远期合约来对冲风险。90 天后收到 5 万马克时,可得到 50 000 马克/1.70=29 412 美元。如果今天就收到付款,Zike 公司将得到 50 000 马克/1.71=29 240 美元。

(2)因为以美元表示的 90 天远期汇率低于即期汇率,因此马克是远期溢价。预期马克将升值(兑换 1 美元所需的马克数更少)。

(3)$[(1.70-1.71)/1.71] \times (365 \text{天}/90 \text{天}) = r_M - r_\$ = -0.0237$

利率之差为-2.37%,这说明如果利率平价成立,美国利率应比 Freedonia 的利率高 2.37 个百分点。

参考文献

Abuaf, Niso, and Philippe Jorion. "Purchasing Power Parity in the Long-Run." *Journal of Finance* 45 (March 1990), 157-174.

Bhagwat, Yatin, Deborah L. Gunthorpe, and John M. Wachowicz, Jr. "Creative Export Financing: Factoring and Forfaiting." *The Small Business Controller* 7(Spring 1994), 51-55.

Black, Fischer. "Equilibrium Exchange Rate Hedging." *Journal of Finance* 45(July 1990), 899-908.

Errunza, Vihang R., and Lemma W. Senbet. "The Effects of International Operations on the Market Value of the Firm: Theory and Evidence." *Journal of Finance* 36(May 1981), 401-418.

Hekman, Christine R. "Measuring Foreign Exchange Exposure: A Practical Theory and Its Application." *Financial Analysts Journal* 39(September-October 1983), 59-65.

——. "Don't Blame Currency Values for Strategic Errors." *Midland Corporate Finance Journal* 4(Fall 1986), 45-55.

Hill, Kendall P., and Murat N. Tanju. "Forfaiting: What Finance and Accounting Managers Should Know." *Financial Practice and Education* 8(Fall/Winter 1998), 53-58.

Lessard, Donald. "International Portfolio Diversification: A Multivariate Analysis for a Group of Latin American Countries." *Journal of Finance* 28(June 1973), 619-634.

Levy, Haim, and Marshall Sarnat. "International Diversification of Investment Portfolios." *American Economic Review* 60(September 1970), 668-675.

Madura, Jeff. *International Financial Management*, 9th ed. Cincinnati, OH: South-Western, 2008.

Pakko, Michael R., and Patricia S. Pollard. "Burgernomics: A Big Mac Guide to Purchasing Power

Parity." *Federal Reserve Bank of St Louis Review* 85 (November/December 2003), 9-27 (available online at research. stlouisfed. org/publications/review/03/11/pakko. pdf).

Perold, Andre F., and Evan C. Schulman. "The Free Lunch in Currency Hedging: Implications for Investment Policy and Performance Standards." *Financial Analysts Journal* 44 (Many-June 1988), 45-50.

Pringle, John J. "Managing Foreign Exchange Exposure." *Journal of Applied Corporate Finance* 3 (Winter 1991), 73-82.

Shapiro, Alan C. *Foundations of Multinational Financial Management*, 6th ed. Hoboken, NJ: John Wiley & Sons, 2008.

Solnick, Bruno. "Global Asset Management." *Journal of Portfolio Management* 24 (Summer 1998), 43-51.

Stulz, Rene M. "Globalization of Capital Markets and the Cost of Capital: The Case of Nestlé." *Journal of Applied Corporate Finance* 8 (Fall 1995), 30-38.

Thau, Annette. "Foreign Interest: A Closer Look at the International Bond." *AAII Journal* 26 (May 2004), 11-16.

Van Horne, James C. *Financial Market Rates and Flows*, 6th ed. Upper Saddle River, NJ: Prentice Hall, 2001.

Part VIII of the text's website, *Wachowicz's Web World*, contains links to many finance websites and online articles related to topics covered in this chapter. (http://web. utk. edu/~jwachowi/part8. html)

附录 A

内容提要

- 表 A1
  利率为 $i\%$，期数为 n 的 1 美元的终值系数表（$FVIF_{i,n}$）
- 表 A2
  利率为 $i\%$，期数为 n 的 1 美元的现值系数表（$PVIF_{i,n}$）
- 表 A3
  利率为 $i\%$，期数为 n 的 1 美元（普通）年金的终值系数表（$FVIFA_{i,n}$）
- 表 A4
  利率为 $i\%$，期数为 n 的 1 美元（普通）年金的现值系数表（$PVIFA_{i,n}$）
- 表 A5
  中间值向左或向右 Z 个标准差的正态分布表

现今你去，在他们面前将这话刻在版上，写在书上，以便留传后世，直到永永远远。

——《以赛亚书》（Isaiah）30：8

表 A1 利率为 $i\%$，期数为 n 的 1 美元的终值系数表（$\text{FVIF}_{i,n}$）

$$\text{FVIF}_{i,n} = (1+i)^n$$

期数 (n)	利率 (i)												期数 (n)
	1%	2%	3%	4%	5%	6%	7%	8%	9%	10%	11%	12%	
1	1.010	1.020	1.030	1.040	1.050	1.060	1.070	1.080	1.090	1.100	1.110	1.120	1
2	1.020	1.040	1.061	1.082	1.102	1.124	1.145	1.166	1.188	1.210	1.232	1.254	2
3	1.030	1.061	1.093	1.125	1.158	1.191	1.225	1.260	1.295	1.331	1.368	1.405	3
4	1.041	1.082	1.126	1.170	1.216	1.262	1.311	1.360	1.412	1.464	1.518	1.574	4
5	1.051	1.104	1.159	1.217	1.276	1.338	1.403	1.469	1.539	1.611	1.685	1.762	5
6	1.062	1.126	1.194	1.265	1.340	1.419	1.501	1.587	1.677	1.772	1.870	1.974	6
7	1.072	1.149	1.230	1.316	1.407	1.504	1.606	1.714	1.828	1.949	2.076	2.211	7
8	1.083	1.172	1.267	1.369	1.477	1.594	1.718	1.851	1.993	2.144	2.305	2.476	8
9	1.094	1.195	1.305	1.423	1.551	1.689	1.838	1.999	2.172	2.358	2.558	2.773	9
10	1.105	1.219	1.344	1.480	1.629	1.791	1.967	2.159	2.367	2.594	2.839	3.106	10
11	1.116	1.243	1.384	1.539	1.710	1.898	2.105	2.332	2.580	2.853	3.152	3.479	11
12	1.127	1.268	1.426	1.601	1.796	2.012	2.252	2.518	2.813	3.138	3.498	3.896	12
13	1.138	1.294	1.469	1.665	1.886	2.133	2.410	2.720	3.066	3.452	3.883	4.363	13
14	1.149	1.319	1.513	1.732	1.980	2.261	2.579	2.937	3.342	3.797	4.310	4.887	14
15	1.161	1.346	1.558	1.801	2.079	2.397	2.759	3.172	3.642	4.177	4.785	5.474	15
16	1.173	1.373	1.605	1.873	2.183	2.540	2.952	3.426	3.970	4.595	5.311	6.130	16
17	1.184	1.400	1.653	1.948	2.292	2.693	3.159	3.700	4.328	5.054	5.895	6.866	17
18	1.196	1.428	1.702	2.026	2.407	2.854	3.380	3.996	4.717	5.560	6.544	7.690	18
19	1.208	1.457	1.754	2.107	2.527	3.026	3.617	4.316	5.142	6.116	7.263	8.613	19
20	1.220	1.486	1.806	2.191	2.653	3.207	3.870	4.661	5.604	6.727	8.062	9.646	20
25	1.282	1.641	2.094	2.666	3.386	4.292	5.427	6.848	8.623	10.835	13.585	17.000	25
30	1.348	1.811	2.427	3.243	4.322	5.743	7.612	10.063	13.268	17.449	22.892	29.960	30
35	1.417	2.000	2.814	3.946	5.516	7.686	10.677	14.785	20.414	28.102	38.575	52.800	35
40	1.489	2.208	3.262	4.801	7.040	10.286	14.974	21.725	31.409	45.259	65.001	93.051	40
50	1.645	2.692	4.384	7.107	11.467	18.420	29.457	46.902	74.358	117.391	184.565	289.002	50

续表

期数(n)	利率(i)												期数(n)
	13%	14%	15%	16%	17%	18%	19%	20%	25%	30%	40%	50%	
1	1.130	1.140	1.150	1.160	1.170	1.180	1.190	1.200	1.250	1.300	1.400	1.500	1
2	1.277	1.300	1.322	1.346	1.369	1.392	1.416	1.440	1.563	1.690	1.960	2.250	2
3	1.443	1.482	1.521	1.561	1.602	1.643	1.685	1.728	1.953	2.197	2.744	3.375	3
4	1.630	1.689	1.749	1.811	1.874	1.939	2.005	2.074	2.441	2.856	3.842	5.063	4
5	1.842	1.925	2.011	2.100	2.192	2.288	2.386	2.488	3.052	3.713	5.378	7.594	5
6	2.082	2.195	2.313	2.436	2.565	2.700	2.840	2.986	3.815	4.827	7.530	11.391	6
7	2.353	2.502	2.660	2.826	3.001	3.185	3.379	3.583	4.768	6.275	10.541	17.086	7
8	2.658	2.853	3.059	3.278	3.511	3.759	4.021	4.300	5.960	8.157	14.758	25.629	8
9	3.004	3.252	3.518	3.803	4.108	4.435	4.785	5.160	7.451	10.604	20.661	38.443	9
10	3.395	3.707	4.046	4.411	4.807	5.234	5.696	6.192	9.313	13.786	28.925	57.665	10
11	3.836	4.226	4.652	5.117	5.624	6.176	6.777	7.430	11.642	17.922	40.496	86.498	11
12	4.335	4.818	5.350	5.936	6.580	7.288	8.064	8.916	14.552	23.298	56.694	129.746	12
13	4.898	5.492	6.153	6.886	7.699	8.599	9.596	10.699	18.190	30.288	79.372	194.620	13
14	5.535	6.261	7.076	7.988	9.007	10.147	11.420	12.839	22.737	39.374	111.120	291.929	14
15	6.254	7.138	8.137	9.266	10.539	11.974	13.590	15.407	28.422	51.186	155.568	437.894	15
16	7.067	8.137	9.358	10.748	12.330	14.129	16.172	18.488	35.527	66.542	217.795	656.841	16
17	7.986	9.276	10.761	12.468	14.426	16.672	19.244	22.186	44.409	86.504	304.914	985.261	17
18	9.024	10.575	12.375	14.463	16.879	19.673	22.901	26.623	55.511	112.455	426.879	1477.892	18
19	10.197	12.056	14.232	16.777	19.748	23.214	27.252	31.948	69.389	146.192	597.630	2216.838	19
20	11.523	13.743	16.367	19.461	23.106	27.393	32.429	38.338	86.736	190.050	836.683	3325.257	20
25	21.231	26.462	32.919	40.874	50.658	62.669	77.388	95.396	264.698	705.641	4499.880	25251.168	25
30	39.116	50.950	66.212	85.850	111.065	143.371	184.675	237.376	807.794	2620.000	24201.432	191751	30
35	72.069	98.100	133.176	180.314	243.503	327.997	440.701	590.668	2465.190	9727.860	130161	1456110	35
40	139.782	188.884	267.864	378.721	533.869	750.378	1051.668	1469.772	7523.164	36118.865	700038	11057332	40
50	450.736	700.233	1083.657	1670.704	2566.215	3927.357	5988.914	9100.438	70064.923	497929.223	20248916	637621500	50

表 A2 利率为 $i\%$，期数为 n 的 1 美元的现值系数表（$\text{PVIF}_{i,n}$）

$$\text{PVIF}_{i,n} = 1/(1+i)^n$$

期数(n)	1%	2%	3%	4%	5%	6%	7%	8%	9%	10%	11%	12%	期数(n)
1	0.990	0.980	0.971	0.962	0.952	0.943	0.935	0.926	0.917	0.909	0.901	0.893	1
2	0.980	0.961	0.943	0.925	0.907	0.890	0.873	0.857	0.842	0.826	0.812	0.797	2
3	0.971	0.942	0.915	0.889	0.864	0.840	0.816	0.794	0.772	0.751	0.731	0.712	3
4	0.961	0.924	0.888	0.855	0.823	0.792	0.763	0.735	0.708	0.683	0.659	0.636	4
5	0.951	0.906	0.863	0.822	0.784	0.747	0.713	0.681	0.650	0.621	0.593	0.567	5
6	0.942	0.888	0.837	0.790	0.746	0.705	0.666	0.630	0.596	0.564	0.535	0.507	6
7	0.933	0.871	0.813	0.760	0.711	0.665	0.623	0.583	0.547	0.513	0.482	0.452	7
8	0.923	0.853	0.789	0.731	0.677	0.627	0.582	0.540	0.502	0.467	0.434	0.404	8
9	0.914	0.837	0.766	0.703	0.645	0.592	0.544	0.500	0.460	0.424	0.391	0.361	9
10	0.905	0.820	0.744	0.676	0.614	0.558	0.508	0.463	0.422	0.386	0.352	0.322	10
11	0.896	0.804	0.722	0.650	0.585	0.527	0.475	0.429	0.388	0.350	0.317	0.287	11
12	0.887	0.789	0.701	0.625	0.557	0.497	0.444	0.397	0.356	0.319	0.286	0.257	12
13	0.879	0.773	0.681	0.601	0.530	0.469	0.415	0.368	0.326	0.290	0.258	0.229	13
14	0.870	0.758	0.661	0.577	0.505	0.442	0.388	0.340	0.299	0.263	0.232	0.205	14
15	0.861	0.743	0.642	0.555	0.481	0.417	0.362	0.315	0.275	0.239	0.209	0.183	15
16	0.853	0.728	0.623	0.534	0.458	0.394	0.339	0.292	0.252	0.218	0.188	0.163	16
17	0.844	0.714	0.605	0.513	0.436	0.371	0.317	0.270	0.231	0.198	0.170	0.146	17
18	0.836	0.700	0.587	0.494	0.416	0.350	0.296	0.250	0.212	0.180	0.153	0.130	18
19	0.828	0.686	0.570	0.475	0.396	0.331	0.277	0.232	0.194	0.164	0.138	0.116	19
20	0.820	0.673	0.554	0.456	0.377	0.312	0.258	0.215	0.178	0.149	0.124	0.104	20
25	0.780	0.610	0.478	0.375	0.295	0.233	0.184	0.146	0.116	0.092	0.074	0.059	25
30	0.742	0.552	0.412	0.308	0.231	0.174	0.131	0.099	0.075	0.057	0.044	0.033	30
35	0.706	0.500	0.355	0.253	0.181	0.130	0.094	0.068	0.049	0.036	0.026	0.019	35
40	0.672	0.453	0.307	0.208	0.142	0.097	0.067	0.046	0.032	0.022	0.015	0.011	40
50	0.608	0.372	0.228	0.141	0.087	0.054	0.034	0.021	0.013	0.009	0.005	0.003	50

续表

期数(n)	利率(i)											期数(n)
	13%	14%	15%	16%	17%	18%	19%	20%	25%	30%	40%	50%	
1	0.885	0.877	0.870	0.862	0.855	0.847	0.840	0.833	0.800	0.769	0.714	0.667	1
2	0.783	0.769	0.756	0.743	0.731	0.718	0.706	0.694	0.640	0.592	0.510	0.444	2
3	0.693	0.675	0.658	0.641	0.624	0.609	0.593	0.579	0.512	0.455	0.364	0.296	3
4	0.613	0.592	0.572	0.552	0.534	0.516	0.499	0.482	0.410	0.350	0.260	0.198	4
5	0.543	0.519	0.497	0.476	0.456	0.437	0.419	0.402	0.328	0.269	0.186	0.132	5
6	0.480	0.456	0.432	0.410	0.390	0.370	0.352	0.335	0.262	0.207	0.133	0.088	6
7	0.425	0.400	0.376	0.354	0.333	0.314	0.296	0.279	0.210	0.159	0.095	0.059	7
8	0.376	0.351	0.327	0.305	0.285	0.266	0.249	0.233	0.168	0.123	0.068	0.039	8
9	0.333	0.308	0.284	0.263	0.243	0.225	0.209	0.194	0.134	0.094	0.048	0.026	9
10	0.295	0.270	0.247	0.227	0.208	0.191	0.176	0.162	0.107	0.073	0.035	0.017	10
11	0.261	0.237	0.215	0.195	0.178	0.162	0.148	0.135	0.086	0.056	0.025	0.012	11
12	0.231	0.208	0.187	0.168	0.152	0.137	0.124	0.112	0.069	0.043	0.018	0.008	12
13	0.204	0.182	0.163	0.145	0.130	0.116	0.104	0.093	0.055	0.033	0.013	0.005	13
14	0.181	0.160	0.141	0.125	0.111	0.099	0.088	0.078	0.044	0.025	0.009	0.003	14
15	0.160	0.140	0.123	0.108	0.095	0.084	0.074	0.065	0.035	0.020	0.006	0.002	15
16	0.141	0.123	0.107	0.093	0.081	0.071	0.062	0.054	0.028	0.015	0.005	0.002	16
17	0.125	0.108	0.093	0.080	0.069	0.060	0.052	0.045	0.023	0.012	0.003	0.001	17
18	0.111	0.095	0.081	0.069	0.059	0.051	0.044	0.038	0.018	0.009	0.002	0.001	18
19	0.098	0.083	0.070	0.060	0.051	0.043	0.037	0.031	0.014	0.007	0.002	0.000	19
20	0.087	0.073	0.061	0.051	0.043	0.037	0.031	0.026	0.012	0.005	0.001	0.000	20
25	0.047	0.038	0.030	0.024	0.020	0.016	0.013	0.010	0.004	0.001	0.000	0.000	25
30	0.026	0.020	0.015	0.012	0.009	0.007	0.005	0.004	0.001	0.000	0.000	0.000	30
35	0.014	0.010	0.008	0.006	0.004	0.003	0.002	0.002	0.000	0.000	0.000	0.000	35
40	0.008	0.005	0.004	0.003	0.002	0.001	0.001	0.001	0.000	0.000	0.000	0.000	40
50	0.002	0.001	0.001	0.001	0.000	0.000	0.000	0.000	0.000	0.000	0.000	0.000	50

表 A3　利率为 $i\%$，期数为 n 的 1 美元（普通）年金的终值系数表（$\text{FVIFA}_{i,n}$）

$$\text{FVIFA}_{i,n} = \sum_{t=1}^{n}(1+i)^{n-t} = \frac{(1+i)^n - 1}{i}$$

期数(n)	1%	2%	3%	4%	5%	6%	7%	8%	9%	10%	11%	12%	期数(n)
1	1.000	1.000	1.000	1.000	1.000	1.000	1.000	1.000	1.000	1.000	1.000	1.000	1
2	2.010	2.020	2.030	2.040	2.050	2.060	2.070	2.080	2.090	2.100	2.110	2.120	2
3	3.030	3.060	3.091	3.122	3.153	3.184	3.215	3.246	3.278	3.310	3.342	3.374	3
4	4.060	4.122	4.184	4.246	4.310	4.375	4.440	4.506	4.573	4.641	4.710	4.779	4
5	5.101	5.204	5.309	5.416	5.526	5.637	5.751	5.867	5.985	6.105	6.228	6.353	5
6	6.152	6.308	6.468	6.633	6.802	6.975	7.153	7.336	7.523	7.716	7.913	8.115	6
7	7.214	7.434	7.662	7.898	8.142	8.394	8.654	8.923	9.200	9.487	9.783	10.089	7
8	8.286	8.583	8.892	9.214	9.549	9.897	10.260	10.637	11.028	11.436	11.859	12.300	8
9	9.369	9.755	10.159	10.583	11.027	11.491	11.978	12.488	13.021	13.579	14.164	14.776	9
10	10.462	10.950	11.464	12.006	12.578	13.181	13.816	14.487	15.193	15.937	16.722	17.549	10
11	11.567	12.169	12.808	13.486	14.207	14.972	15.784	16.645	17.560	18.531	19.561	20.655	11
12	12.683	13.412	14.192	15.026	15.917	16.870	17.888	18.977	20.141	21.384	22.713	24.133	12
13	13.809	14.680	15.618	16.627	17.713	18.882	20.141	21.495	22.953	24.523	26.212	28.029	13
14	14.947	15.974	17.086	18.292	19.599	21.015	22.550	24.215	26.019	27.975	30.095	32.393	14
15	16.097	17.293	18.599	20.024	21.579	23.276	25.129	27.152	29.361	31.772	34.405	37.280	15
16	17.258	18.639	20.157	21.825	23.657	25.673	27.888	30.324	33.003	35.950	39.190	42.753	16
17	18.430	20.012	21.762	23.698	25.840	28.213	30.840	33.750	36.974	40.545	44.501	48.884	17
18	19.615	21.412	23.414	25.645	28.132	30.906	33.999	37.450	41.301	45.599	50.396	55.750	18
19	20.811	22.841	25.117	27.671	30.539	33.760	37.379	41.446	46.018	51.159	56.939	63.440	19
20	22.019	24.297	26.870	29.778	33.066	36.786	40.995	45.762	51.160	57.275	64.203	72.052	20
25	28.243	32.030	36.459	41.646	47.727	54.865	63.249	73.106	84.701	98.347	114.413	133.334	25
30	34.785	40.568	47.575	56.085	66.439	79.058	94.461	113.283	136.308	164.494	199.021	241.333	30
35	41.660	49.994	60.462	73.652	90.320	111.435	138.237	172.317	215.711	271.024	341.590	431.663	35
40	48.886	60.402	75.401	95.026	120.800	154.762	199.635	259.057	337.882	442.593	581.826	767.091	40
50	64.463	84.579	112.797	152.667	209.348	290.336	406.529	573.770	815.084	1163.909	1668.771	2400.018	50

利率 (i)

续表

期数(n)	利率(i)												期数(n)
	13%	14%	15%	16%	17%	18%	19%	20%	25%	30%	40%	50%	
1	1.000	1.000	1.000	1.000	1.000	1.000	1.000	1.000	1.000	1.000	1.000	1.000	1
2	2.130	2.140	2.150	2.160	2.170	2.180	2.190	2.200	2.250	2.300	2.400	2.500	2
3	3.407	3.440	3.473	3.506	3.539	3.572	3.606	3.640	3.813	3.990	4.360	4.750	3
4	4.850	4.921	4.993	5.066	5.141	5.215	5.291	5.368	5.766	6.187	7.104	8.125	4
5	6.480	6.610	6.742	6.877	7.014	7.154	7.297	7.442	8.207	9.043	10.946	13.188	5
6	8.323	8.536	8.754	8.977	9.207	9.442	9.683	9.930	11.259	12.756	16.324	20.781	6
7	10.405	10.730	11.067	11.414	11.772	12.142	12.523	12.916	15.073	17.583	23.853	32.172	7
8	12.757	13.233	13.727	14.240	14.773	15.327	15.902	16.499	19.842	23.858	34.395	49.258	8
9	15.416	16.085	16.786	17.519	18.285	19.086	19.923	20.799	25.802	32.015	49.153	74.887	9
10	18.420	19.337	20.304	21.321	22.393	23.521	24.709	25.959	33.253	42.619	69.814	113.330	10
11	21.814	23.045	24.349	25.733	27.200	28.755	30.404	32.150	42.566	56.405	98.739	170.995	11
12	25.650	27.271	29.002	30.850	32.824	34.931	37.180	39.581	54.208	74.327	139.235	257.493	12
13	29.985	32.089	34.352	36.786	39.404	42.219	45.244	48.497	68.760	97.625	195.929	387.239	13
14	34.883	37.581	40.505	43.672	47.103	50.818	54.841	59.196	86.949	127.913	275.300	581.859	14
15	40.417	43.842	47.580	51.660	56.110	60.965	66.261	72.035	109.687	167.286	386.420	873.788	15
16	46.672	50.980	55.717	60.925	66.649	72.939	79.850	87.442	138.109	218.472	514.988	1311.682	16
17	53.739	59.118	65.075	71.673	78.979	87.068	96.022	105.931	173.636	285.014	759.784	1968.523	17
18	61.725	68.394	75.836	84.141	93.406	103.740	115.266	128.117	218.045	371.518	1064.697	2953.784	18
19	70.749	78.969	88.212	98.603	110.285	123.414	138.166	154.740	273.556	483.973	1491.576	4431.676	19
20	80.947	91.025	102.444	115.380	130.033	146.638	165.418	186.688	342.945	630.165	2089.206	6648.513	20
25	155.620	181.871	212.793	249.214	292.105	342.603	402.042	471.981	1054.791	2348.803	11247.199	50500	25
30	293.199	356.787	434.745	530.312	647.439	790.948	966.712	1181.882	3227.174	8729.985	60501	383500	30
35	546.681	693.573	881.170	1120.713	1426.491	1120.713	2314.214	2948.341	9856.761	32423	325400	2912217	35
40	1013.704	1342.025	1779.090	2360.757	3134.522	4163.21	5529.829	7343.858	30089	120393	1750092	22114663	40
50	3459.507	4994.521	7217.716	10435.649	15089.502	21813.1	31515	45497	280256	1659761	5062288	1275242998	50

表 A4 利率为 $i\%$，期数为 n 的 1 美元（普通）年金的现值系数表（$\text{PVIFA}_{i,n}$）

$$\text{PVIFA}_{i,n} = \sum_{t=1}^{n} 1/(1+i)^t = \frac{1-[1/(1+i)^n]}{i}$$

期数(n)	1%	2%	3%	4%	5%	6%	7%	8%	9%	10%	11%	12%	期数(n)
1	0.990	0.980	0.971	0.962	0.952	0.943	0.935	0.926	0.917	0.909	0.901	0.893	1
2	1.970	1.942	1.913	1.886	1.859	1.833	1.808	1.783	1.759	1.736	1.713	1.690	2
3	2.941	2.884	2.829	2.775	2.723	2.673	2.624	2.577	2.531	2.487	2.444	2.402	3
4	3.902	3.808	3.717	3.630	3.546	3.465	3.387	3.312	3.240	3.170	3.102	3.037	4
5	4.853	4.713	4.580	4.452	4.329	4.212	4.100	3.993	3.890	3.791	3.696	3.605	5
6	5.795	5.601	5.417	5.242	5.076	4.917	4.767	4.623	4.486	4.355	4.231	4.111	6
7	6.728	6.472	6.230	6.002	5.786	5.582	5.389	5.206	5.033	4.868	4.712	4.564	7
8	7.652	7.326	7.020	6.733	6.463	6.210	5.971	5.747	5.535	5.335	5.146	4.968	8
9	8.566	8.162	7.786	7.435	7.108	6.802	6.515	6.247	5.995	5.759	5.537	5.328	9
10	9.471	8.983	8.530	8.111	7.722	7.360	7.024	6.710	6.418	6.145	5.889	5.650	10
11	10.368	9.787	9.253	8.760	8.306	7.887	7.499	7.139	6.805	6.495	6.207	5.938	11
12	11.255	10.575	9.954	9.385	8.863	8.384	7.943	7.536	7.161	6.814	6.492	6.194	12
13	12.134	11.348	10.635	9.986	9.394	8.853	8.358	7.904	7.487	7.103	6.750	6.424	13
14	13.004	12.106	11.296	10.563	9.899	9.295	8.745	8.244	7.786	7.367	6.982	6.628	14
15	13.865	12.849	11.938	11.118	10.380	9.712	9.108	8.560	8.061	7.606	7.191	6.811	15
16	14.718	13.578	12.561	11.652	10.838	10.106	9.447	8.851	8.313	7.824	7.379	6.974	16
17	15.562	14.292	13.166	12.166	11.274	10.477	9.763	9.122	8.544	8.022	7.549	7.120	17
18	16.398	14.992	13.754	12.659	11.690	10.828	10.059	9.372	8.756	8.201	7.702	7.250	18
19	17.226	15.679	14.324	13.134	12.085	11.158	10.336	9.604	8.950	8.365	7.839	7.366	19
20	18.046	16.352	14.877	13.590	12.462	11.470	10.594	9.818	9.129	8.514	7.963	7.469	20
25	22.023	19.524	17.413	15.622	14.094	12.784	11.654	10.675	9.823	9.077	8.422	7.843	25
30	25.808	22.396	19.601	17.292	15.373	13.765	12.409	11.258	10.274	9.427	8.694	8.055	30
35	29.409	24.999	21.487	18.665	16.374	14.498	12.948	11.655	10.567	9.644	8.855	8.176	35
40	32.835	27.356	23.115	19.793	17.159	15.046	13.332	11.925	10.757	9.779	8.951	8.244	40
50	39.196	31.424	25.730	21.482	18.256	15.762	13.801	12.233	10.962	9.915	9.042	8.304	50

续表

期数(n)	利率(i)											期数(n)
	13%	14%	15%	16%	17%	18%	19%	20%	25%	30%	40%	50%	
1	0.885	0.877	0.870	0.862	0.855	0.847	0.840	0.833	0.800	0.769	0.714	0.667	1
2	1.668	1.647	1.626	1.605	1.585	1.566	1.547	1.528	1.440	1.361	1.224	1.111	2
3	2.361	2.322	2.283	2.246	2.210	2.174	2.140	2.106	1.952	1.816	1.589	1.407	3
4	2.974	2.914	2.855	2.798	2.743	2.690	2.639	2.589	2.362	2.166	1.849	1.605	4
5	3.517	3.433	3.352	3.274	3.199	3.127	3.058	2.991	2.689	2.436	2.035	1.737	5
6	3.998	3.889	3.784	3.685	3.589	3.498	3.410	3.326	2.951	2.643	2.168	1.824	6
7	4.423	4.288	4.160	4.039	3.922	3.812	3.706	3.605	3.161	2.802	2.263	1.883	7
8	4.799	4.639	4.487	4.344	4.207	4.078	3.954	3.837	3.329	2.925	2.331	1.922	8
9	5.132	4.946	4.772	4.607	4.451	4.303	4.163	4.031	3.463	3.019	2.379	1.948	9
10	5.426	5.216	5.019	4.833	4.659	4.494	4.339	4.192	3.571	3.092	2.414	1.965	10
11	5.687	5.453	5.234	5.029	4.836	4.656	4.486	4.327	3.656	3.147	2.438	1.977	11
12	5.918	5.660	5.421	5.197	4.988	4.793	4.611	4.439	3.725	3.190	2.456	1.985	12
13	6.122	5.842	5.583	5.342	5.118	4.910	4.715	4.533	3.780	3.223	2.469	1.990	13
14	6.302	6.002	5.724	5.468	5.229	5.008	4.802	4.611	3.824	3.249	2.478	1.993	14
15	6.462	6.142	5.847	5.575	5.324	5.092	4.876	4.675	3.859	3.268	2.484	1.995	15
16	6.604	6.265	5.954	5.668	5.405	5.162	4.938	4.730	3.887	3.283	2.489	1.997	16
17	6.729	6.373	6.047	5.749	5.475	5.222	4.990	4.775	3.910	3.295	2.492	1.998	17
18	6.840	6.467	6.128	5.818	5.534	5.273	5.033	4.812	3.928	3.304	2.494	1.999	18
19	6.938	6.550	6.198	5.877	5.584	5.316	5.070	4.843	3.942	3.311	2.496	1.999	19
20	7.025	6.623	6.259	5.929	5.628	5.353	5.101	4.870	3.954	3.316	2.497	1.999	20
25	7.330	6.873	6.464	6.097	5.766	5.467	5.195	4.948	3.985	3.329	2.499	2.000	25
30	7.496	7.003	6.566	6.177	5.829	5.517	5.235	4.979	3.995	3.332	2.500	2.000	30
35	7.586	7.070	6.617	6.215	5.858	5.539	5.251	4.992	3.998	3.333	2.500	2.000	35
40	7.634	7.105	6.642	6.233	5.871	5.548	5.258	4.997	3.999	3.333	2.500	2.000	40
50	7.675	7.133	6.661	6.246	5.880	5.554	5.262	4.999	4.000	3.333	2.500	2.000	50

表 A5　中间值向左或向右 Z 个标准差的正态分布表

距离中间值的标准差数量（Z）	向左或向右的区域（单向）	距离中间值的标准差数量（Z）	向左或向右的区域（单向）
0.00	0.5000	1.55	0.0606
0.05	0.4801	1.60	0.0548
0.10	0.4602	1.65	0.0495
0.15	0.4404	1.70	0.0446
0.20	0.4207	1.75	0.0401
0.25	0.4013	1.80	0.0359
0.30	0.3821	1.85	0.0322
0.35	0.3632	1.90	0.0287
0.40	0.3446	1.95	0.0256
0.45	0.3264	2.00	0.0228
0.50	0.3085	2.05	0.0202
0.55	0.2912	2.10	0.0179
0.60	0.2743	2.15	0.0158
0.65	0.2578	2.20	0.0139
0.70	0.2420	2.25	0.0122
0.75	0.2264	2.30	0.0107
0.80	0.2119	2.35	0.0094
0.85	0.1977	2.40	0.0082
0.90	0.1841	2.45	0.0071
0.95	0.1711	2.50	0.0062
1.00	0.1577	2.55	0.0054
1.05	0.1469	2.60	0.0047
1.10	0.1357	2.65	0.0040
1.15	0.1251	2.70	0.0035
1.20	0.1151	2.75	0.0030
1.25	0.1056	2.80	0.0026
1.30	0.0968	2.85	0.0022
1.35	0.0885	2.90	0.0019
1.40	0.0808	2.95	0.0016
1.45	0.0735	3.00	0.0013
1.50	0.0668		

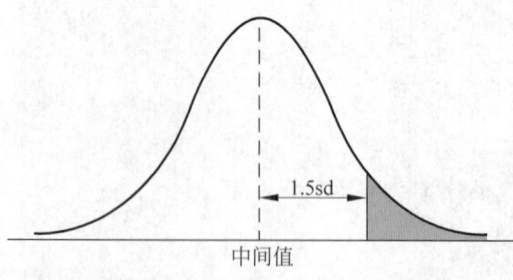

表 A5 显示了中间值向左或向右 Z 个标准差的正态分布区域。测试是"单向"的，即我们所关注的是分布的一边或另一边。如果我们试图得出曲线的区域面积（或概率），即从中间值向右 1.5 个标准差以上的部分，左图的阴影部分标出了这一区域。在表 A5 中，我们可查到全部正态分布区域的 6.68% 以下部分的对应值。这样，我们可断定实际结果大于 1.5 个标准差的概率是 6.68%。

词汇表

A

abandonment value 放弃价值
某项目的资产在外部市场出售时该项目的价值;或当这些资产用于企业的其他领域时的机会成本。(第14章)

ABC method of inventory control 存货控制的ABC法
对高价存货的控制比对低价存货的控制更为严格的存货控制方法。(第10章)

absolute-priority rule 绝对优先原则
破产或企业重组时适用的原则,即对次级求偿权进行任何偿付前必须全部清偿上一级的求偿权持有者。(第23章附录)

accelerated depreciation 加速折旧法
计提折旧的一种方法,以高于直线折旧法的速度计提折旧。(第2章)

accounts receivable 应收账款
客户以赊购的方式购买企业的商品或劳务而欠企业的款项。应收账款是企业的一项流动资产,又称应收款项。(第10章)

accrued expenses 应计费用
已欠但尚未支付的工资、税款、利息和股利。应计费用是一项短期负债。(第11章)

acid-test (quick) ratio 酸性测试比率(速动比率)
流动资产减存货后除以流动负债。它反映了企业用变现能力最强的资产(速动资产)偿还流动负债的能力。(第6章)

activity ratios 周转率
衡量企业对其资产的有效利用程度的比率。(第6章)

additional paid-in capital 附加实收资本
普通股发行中企业实际收到的资金超过股票面值或设定价值的部分。(第20章)

adjusted beta 贝塔调整值
对证券未来贝塔值的估计,其涉及对该证券贝塔历史(测量)值的修正,这是基于证券的贝塔值长期内趋于市场平均贝塔值或公司所在行业的平均贝塔值。(第5章)

adjusted present value (APV) 调整后的净现值
项目营运资金流(假设采用的是权益融资)的现值加上与项目融资相关的利息避税收益,再减去所有资金筹集费后的金额。(第15章附录15B)

agency costs 代理成本
为确保管理层按照企业与股东和债权人间达成的协议行事而发生的对管理层的监督成本。(第17章和第23章)

agency (theory) 代理(理论)
关于委托人(如所有者)及其代理人(如管理者)的行为的经济学分支。(第1章)

agents 代理人
由委托人授权代表委托人行事的个人。(第1章)

aging accounts receivable 应收账款账龄分析法
根据应收账款到期日远近划分其类别的方法。(第6章)

alternative minimum tax (AMT) 替代最低税额
一种替代性的,以纳税人正常应税收入加上总称为"优惠税率项目"的税收优惠为基础单独计算的税额。按正常方式计算的税额与替代最低税额两者中较高者为纳税人应支付的税额。(第21章)

amortization schedule 分期偿付的时间表
列出按期偿付贷款每期所需支付的本金和利息的时间表。(第3章)

annuity 年金
某段时期内发生的一系列金额相等的收付款项。在普通年金情况下,收付款项发生在每期期末;而在先付年金情况下,收付款项发生在每期期初。(第3章)

arbitrage 套利
找到两个本质上相同的资产,购买价格较低的而出售价格较高的。(第17章)

arbitrage pricing theory (APT) 套利定价理论
一种认为资产的价格是由多种因素和有效的套利行为所决定的理论。(第5章附录5B)

arrearage 欠款
延期或过期的应付款项,可能是累积的。(第20章)

asset-backed securities(ABS) 资产担保证券
其利息和本金由分散的资产集合产生的现金流提供的债券。(第20章)

asset securitization 资产证券化
将一组资产组合在一起,并采取资产担保证券(ABS)的形式出售其利息的过程。(第20章)

assigned(stated)value 设定价值
为无面值普通股设定的名义价值,通常大大低于实际发行价格。(第20章)

Automated Clearing House(ACH) 自动票据清算所
全国性的电子资金转账系统。典型的自动票据清算支付包括薪金直接储蓄和抵押单据直接支付。(第9章)

automated clearing house(ACH)electronic transfer 自动票据清算所电子通汇
实质上是存款转账支票的电子版。(第9章)

automatic shelf registration 自动暂搁注册
暂搁注册的更为复杂的形式,仅适用于"知名的有经验的发行人"(WKSIs),申请文件提交美国证券管理委员会后自动生效。(第19章)

B

B2B exchange 企业间网上电子交易市场
通过实时拍卖出价使供需双方达成协议的企业间网上市场。(第10章)

balance sheet 资产负债表
企业某一时点的财务状况的总结,表明总资产=总负债+所有者权益。(第6章)

balloon payment 漂浮式付款
分期付款中金额最大的一笔付款。最极端的漂浮式付款是在到期日支付全部的本金。(第20章)

bankers' acceptances(BAs) 银行承兑汇票
由某家银行(通过"承兑"该票据)承诺在票据到期日,向票据持有者支付票面金额的一种短期商业票据。(第9章和第11章)

best efforts offering 最大努力分销
投资银行同意尽最大努力销售发行企业的证券的证券发行方式,但投资银行并不承诺购买未售出的证券。(第19章)

Beta 贝塔系数
一种系统风险系数,用于衡量单个股票收益率的变动对于市场组合收益率变动的敏感性。市场组合的贝塔值是组合中各股票贝塔值的加权平均数。(第5章)

bill of lading 提货单
载明装货细节、货物移交及其所有权的文件。(第24章)

blue sky laws 蓝天法案
由美国各州制定的管理证券发行与交易的法规。(第19章)

bond 债券
公司或政府发行的一种长期债务工具。(第4章和第20章)

bond discount 债券折价
债券面值超过时价的部分。(第4章)

bond premium 债券溢价
债券时价超过面值的部分。(第4章)

book value 账面价值
(1)资产的账面价值:资产的入账价值,即资产的成本减去累计折旧;(2)公司的账面价值:资产负债表上所列示的资产总额减去负债与优先股之和。(第4章)

break-even analysis 盈亏平衡分析
一种研究固定成本、变动成本、利润和销量间关系的方法。(第16章)

break-even chart 盈亏平衡图
表示各种产出和销售水平的总收入与总成本间关系的图表,图中指出了利润和亏损区域。(第16章)

break-even point 盈亏平衡点
使总收入等于总成本所需的销售量;既可用产品件数表示,也可用金额表示。(第16章)

business process outsourcing(BPO) 业务流程外包
外包的一种,即整个业务流程都被交给第三方服务提供者负责。(第9章)

business risk 经营风险
企业有形经营的内在不确定性。其影响表现在企业营业利润(EBIT)的可变性上。(第16章)

business-to-business(B2B) 企业间

企业间的交流和交易,不同于企业与终端顾客间的交流和交易。采用字母加数字组合(即 B2B)时,是指在网上进行的企业间交流和交易。(第 10 章)

C

call option 看涨期权
赋予持有者在固定的到期日或之前按照指定价格(交割价)购买一定数量潜在资产的权利的合约。(第 22 章)

call premium 赎回溢价
证券的赎回价格超过面值的部分。(第 20 章)

call price 赎回价格
附有提前赎回条款的证券在到期日前由发行人购回的价格。(第 20 章)

call provision 提前赎回条款
证券契约中允许发行人在到期日前以一个固定的价格(或一系列固定价格)回购证券的条款。(第 20 章)

capital-asset pricing model(CAPM) 资本—资产定价模型
描述风险与期望收益率(预期报酬率)间关系的模型。在该模型中,某种证券的期望收益率(预期报酬率)就是无风险收益率加上该证券的系统风险溢价。(第 5 章)

capital budgeting 资本预算编制
提出长期投资方案(其回收期长于一年)并进行分析、选择的过程。(第 20 章)

capital gain(loss) 资本利得/损失
在资本性资产出售过程中,其售价超过(或低于)资本原始成本的金额。(第 2 章)

capitalization rate 资本还原率
用来确定一系列期望未来现金流的现值的折现率。(第 17 章)

capitalized expenditures 资本化支出
因为可能带来未来收益,应被视为资本支出而不是当期费用的支出。(第 12 章)

capital market 资本市场
买卖较长期(原定偿还期超过一年)的金融工具(如债券和股票)的交易市场。(第 2 章和第 19 章)

capital rationing 资本限额
某一时期内的资本支出总量必须保持在预算约束(或预算上限)内,不能超过预算约束。(第 13 章)

capital structure 资本构成
以债务、优先股和普通股权益为代表的企业的永久性长期融资组合(或比例)。(第 16 章和第 17 章)

cash budget 现金预算
对企业未来现金收入和现金支出产生的现金流的预测,通常以月为基础编制。(第 7 章)

cash concentration 现金集中
现金从保险箱或地方银行调入企业在集中银行的现金集中账户。(第 9 章)

cash cycle 现金周期
从采购实际支付现金开始到销售收回现金为止的时间。(第 6 章)

cash discount 现金折扣
较早付款所能享受的销售或采购价格的折扣百分比(%)。它是为了鼓励赊购客户尽快支付货款而提供的一种优惠。(第 10 章)

cash discount period 现金折扣期间
较早付款以取得现金折扣的一段期间。(第 10 章)

cash dividend 现金股利
股东获得的现金收入,通常每季度支付一次。(第 2 章)

cash equivalents 现金等价物
具有高度流动性的短期有价证券,该证券能够很容易地转换为已知数额的现金,通常在距到期日 3 个月以内取得。(第 6 章)

cash insolvency 丧失偿债能力
不能支付到期债务。(第 16 章)

certainty equivalent(CE) 确定等值
某人在一定时点所要求的确定的现金额,他觉得索取的该现金额与在同一时点预期收到的一个有风险的金额没有差别。(第 5 章)

characteristic line 特征线
描述单个证券的收益率和市场组合的收益率之间的相互关系的直线,该直线的斜率等于贝塔值。(第 5 章)

chattel mortgage 动产抵押
对用于贷款担保的确定的动产(除不动产以外的财产)的一种留置权。(第 11 章)

Check Clearing for the 21st Century Act(Check 21) 《21 世纪支票结算法案》
美国联邦法律,旨在促进电子支票交换,途径是允许银行通过电子方式交换支票图像文档并在必要

时创建纸质支票的法律等价物"替代支票"以提供给不同意以电子方式接收支票的银行。(第9章)

Clayton Act　《克莱顿法案》
1914年通过的联邦反托拉斯法案,旨在促进竞争,强调反对交叉董事制、种族歧视、垄断交易和兼并等托拉斯行径。(第23章)

Clearing House Interbank Payments System(CHIPS)　清算所同业支付系统
主要用于国际支付的自动清算系统,在英国其对应的名称为CHAPS。(第9章)

coefficient of variation(CV)　方差系数
概率分布的标准差与期望值的比率,是衡量相对风险的标准。(第5章)

commercial paper　商业票据
一种短期、无担保的期票,通常由大公司发行(无担保的公司借据)。(第9章和第11章)

commitment fee　承诺费
贷款人在同意保留信用额度时收取的费用。(第11章和第21章)

common-size analysis　结构百分比分析
财务报表的一种百分比分析方法,采用该方法时将资产负债表所有项目都除以资产总额,而损益表所有项目都除以销售净额或营业收入。(第6章)

common stock　普通股
代表公司最终所有权(和风险)的有价证券。(第4章和第20章)

compensating balance　补偿性余额
企业为补偿银行提供的服务、信贷额度或贷款而被要求在银行中保持的无息存款余额。(第9章和第11章)

compound interest　复利
对借入的本金及前期的利息所支付的利息。(第3章)

conditional sales contract　附条件销售合同
设备销售商提供的一种融资方式,在买方付清货款前卖方仍保有该设备的所有权。(第21章)

consol　英国统一公债
一种没有到期日的债券,永久债券就是一个例子。(第4章)

consolidation　联合
两家或多家公司组合为一个新的公司。原有公司不再存在,尽管不完全相同,兼并(一家公司存续下来)与联合常常混同使用。(第23章)

controlled disbursement　限额支付
企业在其支票上注明到某些银行(或银行分支机构)支取款项的一项制度,这些银行能在早上或中午就给出该企业当日将被支取的金额的通知单。(第9章)

conversion price　转换价格
可转换证券用来交换普通股的每股价格,它等于可转换证券面值除以转换比率。(第22章)

conversion ratio　转换比率
每份可转换证券能交换的普通股股数,它等于可转换证券面值除以转换价格。(第22章)

conversion value　转换价值
用可转换的普通股来计算的可转换证券的价值,它等于转换比率乘以普通股每股市价。(第22章)

convertible security　可转换证券
一种债券或优先股股票,其持有者把它转换成固定数量的普通股股票的期权。(第22章)

corporate governance　公司治理
管理和控制公司的体系。它涵盖了公司股东、董事会及高级管理层间的关系。(第1章)

corporate restructuring　公司重组
公司资本结构、运营或所有权发生的偏离其日常经营的任何变化。(第23章)

corporate social responsibility(CSR)　企业社会责任
承认企业对股东和自然环境负有责任的经营观点。(第1章)

corporation　股份有限公司
法律上独立于所有者的企业组织形式,其突出特点是:有限责任、股份易于转让、永续存在以及具备筹集大额资金的能力。(第2章)

correlation coefficient　相关系数
两个变量间线性关系的标准统计度量。其范围从-1.0(完全负相关)到0(不相关),再到+1.0(完全正相关)。(第5章附录5A和第14章)

cost of capital　资本成本
各类融资的预期报酬率。资本总成本是各单个预期报酬率(成本)的加权平均。(第15章)

cost of debt(capital)　债务成本(资本成本)
公司债权人投资的预期报酬率。(第15章)

cost of equity capital 权益资本成本
公司普通股股东投资的预期报酬率。(第15章)

cost of goods sold 销售成本
仅当产品售出后才转化为期间费用的产品成本，它等于期初存货＋本期采购或制造成本－期末存货。(第6章)

cost of preferred stock（capital） 优先股成本(资本成本)
公司的优先股股东投资的预期报酬率。(第15章)

countertrade 对销贸易
用来描述国际商品或服务销售的货款全部或部分通过另一个国家的商品或服务来支付的易货贸易或其他贸易形式的通用术语。

coupon rate 票面利率
债券上标明的利率，它等于年利息支付额除以债券的票面价值。(第4章和第20章)

covariance 协方差
衡量两个变量(如证券的收益)一起变动程度的统计量，正的协方差表明，平均而言，两个变量向相同的方向变动。(第5章)

covenant 保护性条款
贷款人对借款人施加的限制条件，例如，借款人必须保留一定数量的营运资本。(第18章和第21章)

coverage ratios 保付比率
将公司财务费用及支付或偿付该费用的能力联系起来的比率。(第6章)

credit period 信用期限
给予客户的付款信用期。(第10章)

credit-scoring system 信用评分系统
将与信誉有关的各项特征进行量化打分，据此确定是否应给予信用。(第10章)

credit standard 信用标准
企业接受信用申请者的最低信誉值。(第10章)

cumulative dividends feature 累积股利条款
在向普通股发放股利之前，必须先行支付所有累积未付的优先股股利的规定。(第20章)

cumulative voting 累积投票制
选举公司董事的一种方法，即每股普通股享有的投票权数与将要选出的董事人数相等，每个股东可以把所有这些投票权累积起来投给一个或几个自己中意的董事。(第20章)

currency option 货币期权
是指这样一份合约，其持有人有权在一定日期(到期日)之前，以指定的价格购买(看涨)或出售(看跌)一定数量的外币。(第24章)

current ratio 流动比率
流动资产除以流动比率。该指标显示企业用流动资产偿还流动负债的能力。(第6章)

D

debenture 信用债券
一种长期的无担保债务工具。(第20章)

debt capacity 最大借款能力
企业能够及时清偿的最大债务(及其他固定费用融资)数额。(第16章)

debt ratios 负债比率
反映企业通过债务筹资的比率。(第6章)

debt-service burden 偿债负担
某一期间，通常为一年，为满足偿还利息费用和本金所需的现金。(第16章)

declaration date 公告日
董事会宣布下一次股利发放日期与发放数额的日子。(第18章)

declining-balance depreciation 余额递减折旧法
把按照年初资产账面净值"固定比例"计提的年度费用作为折旧费的折旧方法。(第2章)

default 违约
违反合同条款，如贷款到期时不能支付利息和本金。(第2章)

deferred taxes 递延税款
反映企业账面报告的所得税费用与实际支付的所得税间累积差额的一项"负债"。它的产生主要是因为财务报告和纳税报告上所使用的折旧计算方法不同。(第6章附录)

degree of financial leverage（DFL） 财务杠杆系数
营业利润(EBIT)变动1%所引起的企业每股收益(EPS)变动的百分比。(第16章)

degree of operating leverage（DOL） 经营杠杆系数
产出(或销售)变动1%所引起的营业利润(EBIT)变动的百分比。(第16章)

degree of total leverage（DTL） 总杠杆系数
产出(销售)变动1%所导致的企业每股收益变动

的百分比。它又等于在某个产出（销售）水平，企业的经营杠杆系数（DOL）乘以财务杠杆系数（DFL）。（第16章）

dependent（or contingent）project 相关项目
是指这样一个投资项目，其是否被采纳取决于其他一个或多个项目是否被采纳。（第13章）

depository transfer check（DTC） 存款转账支票
可支付给在集中银行开设的单一公司账户的不可转让支票。（第9章）

depreciable basis 折旧基数
税收计算中某项资产的全部安置成本，即税法允许在一定期间从应税所得中扣除的数额。（第12章）

depreciation 折旧
在编制财务报告和纳税申报时，资本性资产的成本在一定期间内进行的系统的摊销。（第2章）

derivative security 衍生证券
是指这样一种财务合同，其价值是从一个或多个标的资产（即证券商品）的特征和价值中衍生出来的。标的资产包括利率、汇率和/或指数。（第22章）

dilution 股权稀释
由于发行新股而引起的每股普通股对企业盈余与资产的索取权的下降。（第18章和第22章）

disbursement float 浮账支付期间
从企业寄出支票到支票结算间的一段期间。（第9章）

discounted cash flow（DCF） 已贴现现金流
按货币的时间价值调整各期现金流的投资项目评估和选择的方法。（第13章）

discount rate（capitalization rate） 贴现率（资本化率）
用于把终值转化为现值的利率。（第3章）

divestiture 公司分立
分离整个企业或企业的一部分。（第23章）

dividend-payout ratio 股利支付率
年现金股利除以年盈余，或者每股股利除以每股盈余。该比率表明企业盈余以现金形式支付给股东的比例。（第2章和第18章）

dividend reinvestment plan（DRIP） 股利再投资计划
自动将股东所得的股利用于购买公司额外股票的选择权。（第18章）

dividend yield 股利收益
预期年股利除以股票的市场价格。（第18章）

dot-com 网络公司
具有很强网络背景的公司，其大部分或全部业务都通过网站开展。公司名称由企业的电子邮件或网址后面加上商业域名的缩写（.com）组成，又称dotcom或dot.com。（第11章）

double taxation 双重课税
对同一份收入征收两次税。一个经典的例子是公司的收入征一次税，而股东收到股利收入后又征一次税。（第2章）

draft 汇票
由第一方（出票人）签署的书面委托书，要求第二方（受票人）向第三方（受款人）支付一定数额的现金。出票人与受款人通常是同一个人。（第11章）

dual-class common stock 双级普通股
普通股的两种级别，通常指定为A级与B级。A级通常是弱投票权或无投票权级别，而B级则通常是强投票权级别。

Dutch auction 荷兰式拍卖
买卖有价证券的一种程序，得名于荷兰花卉拍卖所使用的系统方法。购买者（或出售者）通常为一大批股票或债券在设定的价格范围内接受投标，并评价接到的投标价格的范围，然后确定可接受的最低价格，最后以该价格购买（或处置）整批证券。（第18章）

E

earnings per share（EPS） 每股收益
税后收益（EAT）除以流通在外的普通股股数。（第1章）

EBIT-EPS break-even analysis EBIT-EPS 盈亏平衡分析
关于融资选择对每股收益（EPS）的影响的分析。盈亏平衡点就是对两种（或多种）方案的EPS都相同的EBIT水平。（第16章）

economic order quantity（EOQ） 经济订货量
在企业计划期内使存货总成本最小的存货订购数量。（第10章）

economic value added（EVA） 经济价值增值
一种衡量企业绩效的标准。它是一类经济利润，等于企业税后净营业利润减去资产费用的金额（可能需要做些调整）。（第15章）

economies of scale 规模经济
由于规模扩大带来的单位成本随产量上升而下降的好处。（第 23 章）

effective annual interest rate 实际年利率
对名义利率按每年计息期长短等因素进行调整后的利率。（第 3 章）

efficient financial market 有效的金融市场
当前价格充分反映所有相关信息的金融市场。（第 5 章）

electronic commerce（EC） 电子商务
以电子（非纸质）的形式进行商业信息交流。（第 9 章）

electronic data interchange（EDI） 电子数据交换
商业数据以有组织的计算机可读的形式通过电子网络传递。（第 9 章）

electronic funds transfer（EFT） 电子通汇
信息在两个存款机构间进行电子交换，引起资金划拨。（第 9 章）

electronic lockbox 电子存款箱
企业的银行所提供的收款服务，该银行收取电子付款及随附的汇款数据，并以特定的方式将上述信息传递给企业。（第 9 章）

equipment trust certificate 设备信托公司证券
通常由运输企业，如铁路或航空公司发行的用来为购置新设备筹资的中长期证券。（第 20 章）

equity carve-out 持股分立
公开出售分公司的股票，但母公司通常仍持有多数控制权。（第 23 章）

Euro（EUR） 欧元
单一欧洲货币的名称。其官方缩写为 EUR。与美元（$）和英镑（£）一样，欧元（€）也有自己的表示符号，看起来就像字母"C"中间划了一个"="。

Eurobond 欧洲债券
以本国货币发行而在本国以外全球销售的债券。（第 24 章）

Eurocurrency 欧洲货币
存在本国以外的货币。（第 24 章）

Eurodollars 欧洲美元
以美元标价但不受美国银行业法规制约的存款，通常存在美国境外的银行。（第 9 章和第 24 章）

Euro medium-term note（Euro MTN） 欧洲中期票据
一种在票据标值货币国家以外发行的国际中期票据。（第 21 章）

event risk 突发风险
由于发行新债券而使现有负债的信用度下降的风险，通常与公司改组有关。（第 19 章）

exchangeable bond 可交换债券
允许持有人将其转换为另一公司普通股的债券，债券发行人通常拥有该公司的股东权益。（第 22 章）

exchange rate 汇率
一国货币单位能够购买他国货币单位的数量。（第 24 章）

ex-dividend date 除权日
股票购买者不再享有取得最近一期宣告发放的股利的权利的第一天。（第 18 章）

exercise price 认购价格
与认股权证或看涨期权相关的普通股在某一时段的购买价格。（第 22 章）

expected return 期望收益率
可能收益率在以收益发生的可能性为权数时的加权平均数。（第 5 章）

expected value 期望值
可能出现的各种产出量的加权平均数，其权数是发生的概率。（第 14 章）

ex-rights date 除权日
股票购买者不再享有在最近宣布的认股权发行中认购新股权利的第一天。（第 19 章）

extra dividend 附加红利
在固定股利之外向股东支付的一种不经常有的股利，仅在特殊情况下才支付。（第 18 章）

F

face value 票面价值
一项资产的标定价值。对债券而言，其票面价值通常为 1000 美元。（第 4 章）

factoring 代理
将应收账款出售给一家金融机构，代理商通常"无追索权"。（第 11 章）

fair market value 公平市价
资产在正常交易中的价格。（第 21 章）

FASB 13 财务会计准则委员会第 13 号公告
由财务会计准则委员会颁布的为承租人和出租人

制定的财务会计准则。(第21章附录21A)

federal agency　联邦机构
由美国国会批准设立,部分或全部归美国政府所有的政府职能部门、独立联邦机构、公司或其他实体。(第9章)

field warehouse receipt　存货抵押收据
贷款人作为贷款担保品持有的存储在借款人房产中(但处于一家独立的仓储公司的控制之下)的货物的收据。(第11章)

Financial Accounting Standards Board(FASB)　财务会计准则委员会
为会计行业制定标准和规则的机构。(第24章)

financial EDI(FEDI)　金融电子数据交换
金融电子信息在公司与其开户银行间或在各银行间的流动。(第9章)

financial intermediaries　金融中介
以自己的名义吸收货币,并用于发放贷款或进行其他类型金融资产投资的金融机构,包括商业银行、储蓄机构、保险公司、养老保险基金、财务公司和共同基金。(第2章)

financial lease　融资租赁
一种不可撤销的长期融资。(第21章)

financial leverage　财务杠杆
企业对固定融资成本的使用。在英国用gearing表示。(第16章)

financial management　财务管理
在某个整体目标下,对于资产的购置、融资和管理。(第1章)

financial markets　金融市场
将金融工具的买卖双方集中到一起的机构和程序。(第2章)

financial ratio　财务比率
涉及两个会计数据的指数,通常由一个数据除以另一个数据得到。(第6章)

financial risk　财务风险
使用财务杠杆所造成的每股收益变动性的增加加上可能丧失偿债能力的风险。(第16章)

financial (statement) analysis　财务(报表)分析
将财务报表中的数据转换成有助于得出睿智的决策的信息的技术。(第6章)

floating lien　浮动留置权
对一组资产,如存货或应收账款的一般性或总括性的留置权,但并不指明具体的资产。(第11章)

floating-rate note(FRN)　浮动利率票据
利率可变的债券。(第24章)

flotation costs　发行成本
与证券发行有关的成本,如承销、法律、上市和印刷等费用。(第15章)

flow of funds statement　资金流量表
企业从一段时期到另一段时期的财务状况变化的总结,又称资金来源和运用表或财务状况变动表。(第7章)

forecast financial statements　预计财务报表
根据管理层预期的状况及其将采取的措施编制的可预见的未来的财务报告。(第7章)

forfaiting　福费廷
将中长期出口应收账款"无追索权"地出售给被称为福费廷交易商的金融机构。第三方,通常是银行或政府机构,对融资进行担保。(第24章)

forward contract　远期合约
一份规定了在未来指定日期,以现在确定的价格交割商品、外币或其他金融工具的合约。尽管它与期货合约类似,但不易转化或取消。(第24章)

forward exchange rate　远期汇率
今天确定的在未来某一天,一国货币相对于另一国货币的汇率。(第24章)

free-writing prospectuses(FWPs)　自由写作募股说明书
除了初步募股说明书和最终募股说明书以外,与一项注册的证券发行有关的书面或电子沟通方式。(第19章)

futures contract　期货合约
一份按照固定格式填写的规定在既定的未来某个日期以指定价格交割商品、外币或其他金融工具的合约。(第24章)

future value(terminal value)　终值
目前的一笔或一系列支付款项按给定的利率计算得出的未来某个时点的价值。(第3章)

G

general partner　无限责任合伙人
对合伙企业的债务富有无限责任的成员。(第2章)

going-concern value　持续经营价值

企业作为正在持续经营的实体出售时所能获得的货币金额。（第4章）

going private　私有化/取消上市
通过由现有管理层或外部私人投资者重新购买公司股票,使上市公司私有化的过程。（第23章）

goodwill　商誉
由于收购方支付给被兼并企业的高于资产账面价值而产生的无形投资。商誉必须分摊。（第23章）

gross working capital　总营运资本
企业的流动资产投资（如现金、有价证券、应收账款和存货等）。（第8章）

H

hedge　对冲
减少未来价格变化风险的一种方式。（第22章）

hedging (maturity matching) approach　对冲（到期日配比）法
每项资产都与一种到期日大致相同的融资工具相对应的融资方法。（第8章和第15章）

hurdle rate　最低报酬率
已贴现现金流分析中某项投资的最小预期报酬率,项目在该利率水平下是可以接受的。（第13章）

I

income bond　收益债券
企业有足够的盈余时才能支付利息的债券。（第20章）

income statement　损益表
企业某时期收入和费用的概括,最后列出该期间的净利润或净损失。（第6章）

indenture　债券契约
又称信托契约,是债券发行公司与债券持有人间签订的法律文件,规定了债券发行条件与指定的受托人。（第20章）

independent project　独立项目
其接受或拒绝不会影响正在考虑的其他项目的决策的投资项目。（第13章）

index analysis　指数分析
财务报表的百分比分析方法之一。采用该方法是将基期年份的所有资产负债表或损益表项目的金额都定为100.0（%）,而以后年度财务报表项目表示为其相当于基期数额的百分比。（第6章）

indifference curve　无差异曲线
代表能给投资者提供相同满意度的所有期望值与风险组合的曲线。（第15章）

indifference point　无差异点（EBIT-EPS无差异点）
使两种或多种不同的资本结构产生相同EPS水平的EBIT水平。（第16章）

inflation　通货膨胀
商品和服务的平均价格水平的上涨。（第2章）

initial public offering (IPO)　首次公开发行
公司首次向公众发行其普通股。（第19章和第23章）

interest　利息
由于使用货币而支付（或赚得）的货币。（第3章）

interest coverage ratio　利息保障比率
息税前利润除以利息费用,反映企业支付利息费用的能力。又称利息偿付倍数。（第6章）

interest-rate (or yield) risk　利率（或收益率）风险
由于利率变动而引起的证券市场价格的变动。（第4章和第9章）

internal rate of return (IRR)　内部收益率
使投资项目未来净现金流的现值等于项目初始现金流出量的贴现率。（第13章）

interpolate　插值法
用于估计处于两个已知数字间的某个未知数字。（第4章和第13章）

intrinsic value　内在价值
在考虑了影响价值的所有因素后决定的证券的应有价值。（第4章）

investment banker　投资银行
为再次销售而认购（在固定日期以固定价格购买）新证券的金融机构。（第2章和第19章）

invoice　发票
由商品或劳务的出售者出具并提供给购买方的单据,列示了购货件数、价格和销售条件。（第9章）

IPO roll-up　IPO卷起型联合
同行业中多个独立公司在合并成一个公司的同时进行的股票首次公开发行。股票首次公开发行的资金将用于收购合并公司的融资。（第23章）

Islamic bonds (or sukuk)　伊斯兰债券（或回教债券）
符合伊斯兰教法相关规定和原则的一种资产担保证券。（第24章）

J

joint venture 合资企业
由两个或多个独立企业拥有并控制的营利性企业。每个企业继续作为独立的企业存在，而合作企业则是一个新的企业。（第23章）

junk bond 垃圾债券
投资级别以下的高风险、高收益率的（无担保）债券。（第20章）

just-in-time（JIT） 适时工作制
在需要时才取得存货并将其投入生产过程的一种存货管理和控制方法。（第10章）

L

lead time 交货期
从发出订单到收到存货的一段时间。（第10章）

lease 租约
一种书面合同，合同的一方即资产的所有者据此授权另一方使用其资产以获得定期支付的租金。（第21章）

letter of credit（L/C） 信用证
第三方（通常为银行）出具的在符合条件时付款的承诺，经常用于对付款义务的担保。（第11章）

letter stock 信售股票
私募发行的不能立即重新出售的普通股。（第19章）

leverage 杠杆作用
为增加获利能力而对固定资本的使用。（第16章）

leveraged buyout（LBO） 杠杆收购
主要由债务融资的一种收购。投资者通过负债购买公司、其附属公司或某个部门的全部股票或资产。（第23章）

leveraged leasing 杠杆租赁
出租人提供租赁资产成本的权益部分（通常为20%～40%），第三方债权人提供剩余资金的租赁协议。（第21章）

lien 留置权
对特定资产的法定要求权。留置权能用于为贷款作担保。（第21章）

limited liability company（LLC） 有限责任公司
一种企业组织形式，其所有者（称为会员）既拥有股份有限公司所具备的有限责任的好处，又拥有合伙企业所具备的联邦税收优惠。（第2章）

limited partner 有限责任合伙人
有限责任合伙企业的成员，负有限责任的个人对合伙企业的债务不承担无限责任。（第2章）

line of credit 信贷限额
给予某个客户的最高信用额，它是购买者可以赊购的最高金额。（第10章）

line of credit（with a bank） （银行提供的）信贷限额
银行与企业间的一种非正式协定，它规定了在任何时候银行允许企业欠的无担保信用贷款的最高限额。（第11章）

liquidation 清算
企业资产的出售，可以是自愿的也可以是破产造成的。（第23章）

liquidation value 清算价值
一项资产或一组资产（如一个企业）从正在运营的组织中分离出来单独出售所能获得的货币金额。（第4章）

liquidity 流动性
在不需要大幅减价的情况下，资产转换为现金的能力。（第6章）

liquidity ratios 清偿能力比率
衡量企业偿还短期债务的能力的比率。（第6章）

listing 挂牌上市
允许某种证券在有组织的交易所进行交易。得到认可的证券称为上市证券。（第20章）

loan agreement 贷款协议
详细规定一项贷款的条件及借款人的义务的法律文件。（第21章）

lockbox 银行存款箱制
由企业的开户行维护的用来接收客户汇款的邮箱。零售保管箱系统用于交易量大，而金额较低到中等的收款及维护；批发保管箱系统则用于交易量小，而金额较高的收款及维护。

London interbank offered rate（LIBOR） 伦敦同业银行拆借利率
在伦敦的世界级银行间相互支付的欧洲美元的利率。（第11章和第24章）

M

majority voting 多数原则投票制
选举公司董事的一种方法，即对每个空缺的董事职

位进行一股一票的投票,又称法定投票。(第 20 章)

management buyout(MBO)　管理层收购
一种杠杆收购,其管理层在收购后拥有大量股权。(第 23 章)

managerial(real)option　管理(真实)期权
管理层在制定影响某个项目的预期现金流、项目寿命或未来能否接受的未来决策方面的灵活性。(第 14 章)

marketability(or liquidity)　变现性(或流动性)
证券短期内在二级市场上大量出售而不必大幅降价的能力。(第 2 章和第 9 章)

market value　市场价值
资产交易时的市场价格。(第 4 章)

maturity　期限
证券的寿命,指证券本金偿付前的时间长度。(第 2 章和第 9 章)

medium-term note(MTN)　中期票据
公司或政府向投资者连续发行的债务凭证,期限为 9 个月到 30 年(或 30 年以上)。(第 21 章)

merger　兼并
两个或两个以上的公司合并,且法律上仅有一个公司作为法律主体。(第 23 章)

money market　货币市场
买卖短期(原始期限不到一年)的政府和公司债务证券的市场。还包括发行期限超过一年而目前距到期日只有一年或不足一年的政府债券。(第 2 章)

money market instruments　货币市场工具(广义)
所有的政府债券和短期公司债券。(第 9 章)

money market mutual funds(MMFs)　货币市场共同基金
将投资者的资金积累起来投资于大面值货币市场工具的一种共同基金。(第 9 章)

money market preferred stock(MMP)　货币市场优先股
每 49 天通过拍卖确定股利率的一种优先股。(第 9 章)

mortgage banker　抵押银行
购买抵押物并主要为了再次出售的金融机构。(第 2 章)

mortgage bond　抵押债券
以企业财产为担保的债券。(第 20 章)

multinational company　跨国公司
在两个或多个国家拥有资产并经营的公司。(第 24 章)

mutually exclusive project　互斥项目
接受该项目就必须放弃一个或多个其他项目的投资项目。(第 13 章)

N

natural hedge　自然对冲
因企业正常经营而自然产生的对冲(一种降低风险的行动)。例如,用收到的外币收入支付用该外币标示的应付款项即构成自然对冲。(第 24 章)

negative pledge clause　限制抵押条款
借款人同意不把其任何一项资产设置抵押权的保护性条款。(第 21 章)

negotiable certificate of deposit(CD)　可转让定期存单
存在商业银行或储蓄机构中,在既定时间内按固定或变动利率付息的一种大面额、可转让定期存单。(第 9 章)

net float　净浮账量
企业(或个人)的支票余额本上显示的余额与银行账簿余额间的差异。(第 9 章)

net lease　纯租赁
由承租人对租赁来的资产进行维修保养与保险的租赁。(第 21 章)

net operating income(NOI)approach(to capital structure)　(资本结构的)净营业收益法
一种资产结构理论,该理论认为当财务杠杆发生变化时,企业的加权平均资本成本和总价值保持不变。(第 17 章)

net operating profit after tax(NOPAT)　税后净营业利润
某公司完全由权益融资或"非杠杆融资"时的潜在税后净利润。(第 15 章)

net present value(NPV)　净现值
某个投资项目的净现金流的现值与项目初始现金流出量之差。(第 13 章)

netting　清算
同一公司不同子公司跨国交易的结算系统,通过清算,各子公司只支付或得到其购买或销售的净额。(第 24 章)

net working capital 净营运资本
流动资产减去流动负债。（第8章）

nominal（stated）interest rate 名义（设定）利率
一年公布一次且不作调整的利率，如果计息期不足一年，则实际利率会高于名义利率。（第3章）

North American Industry Classification System（NAICS） 北美行业分类系统编码
由加拿大、墨西哥和美国联合研制开发的按经济活动类型进行的企业标准化分类。根据行业定义的不同采用5位或6位编码。

NPV profile 净现值特征图
表示项目的净现值与贴现率间关系的图形。（第13章）

O

operating cycle 营业周期
从发生采购付款义务到收回因销售商品或提供劳务而产生的应收账款的一段时间。（第6章）

operating lease 经营租赁
通常可以取消的一种短期租赁。（第21章）

operating leverage 经营杠杆
企业对固定营业成本的使用。（第21章）

opportunity cost 机会成本
放弃次优的投资机会所损失的收益。（第12章）

optimal capital structure 最优资本结构
使企业的资本成本最小从而使企业价值最大化的资本结构。（第17章）

order point 订货点
企业存货下降到需要发出订单以进行补充时的存货量。（第10章）

outsourcing 外包
将企业的一部分经营活动分包给外部企业，而不是由企业自己完成。（第9章和第23章）

oversubscription privilege 超额认购优先权
在认股权发行中，按比例购买任何未认购股票的权利。（第19章）

P

participating preferred stock 可参与优先股
如果普通股股东收到递增股利，则其持有人也允许参与递增股利分配的优先股。（第20章）

partnership 合伙企业
一种有两个或两个以上的个人充当所有者的企业组织形式。在普通合伙企业中，所有合伙人都对企业的债务承担无限责任；而在有限责任合伙企业中，一个或一个以上的合伙人对债务只承担有限责任，其他无限责任合伙人则对企业债务承担无限责任。（第2章）

par value 面值
股票或债券的票面价值。（第20章）

payable through draft（PTD） 承付汇票
向付款方而不是银行签发的一种类似支票的支付工具。当承付汇票提交给付款方银行时，付款方需要考虑是否对其进行支付。（第13章）

payback period（PBP） 回收期
使投资项目预期现金流的累加值等于其初始现金流出量所需的时间。（第13章）

payment date 支付日
公司实际支付所宣告的股利的日期。（第18章）

permanent working capital 永久性营运资本
满足企业长期最低需求的那部分流动资产。（第8章）

perpetuity 永续年金
无限期支付的普通年金。（第3章）

plurality voting 相对多数投票制
选举公司董事的一种方法，针对空缺的董事名额实行一股一票的表决，获得"赞成"票数最多的候选人获胜。（第20章）

poison pill 毒丸
使公司本身不具备作为被接管候选公司的一种工具，其毒性在购买者收购目标公司足够的份额后发作。（第23章）

pooling of interests（method） 权益联营法
一种基于被收购方的净账面价值的收购上的会计处理方法。收购后将两家公司原有的资产负债表对应项目简单相加。（第23章）

portfolio 投资组合
两种或两种以上证券或资产的组合。（第5章）

post-completion audit 事后审计
在项目的实际成本和收益与其当初的预测值间进行的正式比较。这种审计的关键是反馈，即审计的结束应传达给相关人员，以提高未来的决策水平。（第13章）

preauthorized debit 授信转拨
在某个特定日期,资金从付款方的银行存款账户转拨到收款方的银行存款账户。该转拨是收款方在得到付款方事先授权的情况下,指令银行进行的。(第 9 章)

preemptive right 优先认股权
现有股东通过按比例购买新发行的普通股,或可转换成普通股的证券而保持自己在公司中原有股权比例的一种特权。(第 19 章)

preferred stock 优先股
一种(通常)承诺固定股利的股票,但股利的支付由董事会决定。优先股在股利支付和财产请求权方面优于普通股。(第 4 章和第 20 章)

premium over conversion value 转换价值溢价
可转换证券的市价减去转换价格,又称转换溢价。(第 22 章)

premium over straight bond value 直接债券溢价
一种可转换债券的市价减去其直接债券价值。(第 22 章)

prepackaged bankruptcy(prepack) 预先包装破产
在公司破产程序开始前,取得大多数公司债权人同意的重组。(第 23 章)

present value 现值
未来的一笔钱或一系列支付款项按给定的利率计算所得的现在的价值。(第 3 章)

price/earnings(P/E)ratio 市盈率
公司每股普通股的市场价格除以最近 12 个月的每股收益。(第 20 章)

primary market 一级市场
新证券首次交易的市场(即新发行市场)。(第 2 章和第 19 章)

prime rate 优惠利率
银行向信誉良好的大客户收取的短期利率。(第 11 章)

private(or direct)placement 私募(或直接募集)
全部发行未注册证券(通常是债券)的销售直接针对一家购买者或一组购买者(通常是金融中介)。(第 19 章)

privileged subscription 特许认购
现有股东按原有股权比例优先购买新发行证券的一种证券发行方式,又称认股权发行。(第 19 章)

probability distribution 概率分布
一系列可能的价值量,这些价值量可以被假定为一个随机变量,而且已知该随机变量的发生概率。(第 5 章)

probability tree 概率树
一种用图形或列表方式来组织某投资项目产生的现金流序列的方法。该组织方式的外形类似一棵树的分支,每个分支代表一种可能的现金流结果。(第 14 章)

profitability index(PI) 赢利指数
某项目的未来净现金流的净现值与项目的初始现金流出量的比值。(第 13 章)

profitability ratios 赢利能力比率
将利润与销售或投资额联系起来的比率。(第 6 章)

profit maximization 利润最大化
使企业的税后收益(EAT)最大化。(第 1 章)

promissory note 本票
向债权人支付一笔款项的法律承诺。(第 21 章)

prospectus 募股说明书
向 SEC 提交的申请上市登记报表的第一部分。它揭示了发行公司与新证券发行的信息,并印制成专门的小册子发放给投资者。(第 19 章)

proxy 代理委托书
授权某人使其能够代表另一授权人的法律文件。在商业上通常指普通股股东把投票权授予他人的命令。(第 23 章)

Public Company Accounting Oversight Board(PCAOB) 上市公司会计监督委员会
根据《2002 年萨班斯—奥克斯利法案》创建的私营部门、非营利公司,监管上市公司审计人员,以便保护投资者的利益以及社会公众在得到内容丰富的、公正而独立的审计报告方面的利益。(第 1 章)

public issue 公开发行
向社会公众出售债券或股票。(第 19 章)

purchase(method) 购买法
一种在购并中以市场价格支付给被购并公司的会计处理方法。(第 23 章)

purchasing-power parity(PPP) 购买力平价
在考虑汇率因素后,一揽子商品在两个国家的出售价格应当相同。(第 24 章)

pure play 单纯投资
集于某一行业的投资方式。单纯投资的极端对立

面是混合投资。(第 23 章)

put option　看跌期权
赋予持有人在固定的到期日或之前按指定价格(交割价)出售一定数量标的资产的权利的合约。(第 22 章)

R

recapitalization　再资本化
企业资本结构的变动。例如,企业可能出售债券以取得回购流通在外的普通股所需的现金。(第 17 章)

record date　登记日
董事会宣告发放股利时所确定的,投资者进行股东身份登记并有权取得即将发放的股利的日期。(第 18 章)

red herring　红鲱鱼募股说明书
即初步募股说明书。募股说明书的封面用红笔题记,表明申请上市登记报告尚未正式生效。(第 19 章)

refunding　再融资
发行利息成本较低的新债来偿还旧债。(第 20 章)

registration statement　申请上市登记报告
为登记新证券的发行而向 SEC 提交的信息披露文件,包括募股说明书和 SEC 要求提交的其他信息。(第 19 章)

regular dividend　正常股利
企业在正常情况下向股东支付的期望股利。(第 18 章)

reinvoicing center　再开票中心
公司所有的财务分支机构,它从公司的一个子公司进货,再将这些货物转售(再开票)给公司的另一个子公司或独立的客户。(第 24 章)

remote deposit capture(RDC)　远程储蓄
使得用户可以扫描支票并将扫描后得到的支票数字图像传递给银行用于转账清算的技术。(第 9 章)

remote disbursement　远程支付系统
企业为尽量延长支票结算时间,让客户在距离其地理位置很远的银行兑现支票的系统。(第 9 章)

reorganization　改组
为减少固定费用,根据《破产法》第 11 章的规定为面临财务困难的公司重新确定资本结构并可能再发行大量证券。(第 23 章)

repurchase agreements(RPs;repos)　证券回购协议
购买证券(通常是政府短期债券)并在一定时期后按某个较高的价格出售的协议。(第 9 章)

residual value　残值
租期届满时租赁资产的价值。(第 21 章)

return　收益
等于一项投资的收入加上市价的变化,通常以占投资的初始市价的一定百分比表示。(第 5 章)

reverse stock split　股票合并
一种减少流通在外的普通股股数的股票分割。例如,1 比 2 的股票合并是指股东每持有 2 股股票即可交换成 1 股新股。(第 18 章)

revolving credit agreement　循环信贷协定
给予最高限额信贷的正式的、法律上的承诺。(第 11 章和第 21 章)

right　认股权
从发行者处购买一定数量(或比例)的证券的短期期权,又称认购权。(第 19 章)

risk　风险
证券预期收益的不确定性。(第 5 章)

risk-adjusted discount rate(RADR)　风险调整贴现率
如果项目或项目组显示的风险高于"平均"水平,则在企业的综合资本成本基础上增加,反之将减少的一种预期报酬率(贴现率)。(第 15 章)

risk averse　风险厌恶者
用于描述投资者的术语,这类投资者对于更高的风险要求更高的期望报酬率。(第 5 章)

roll-up　卷起型联合
同行业中多个小公司联合创建一个较大的公司的过程。(第 23 章)

S

safety(of principal)　(本金的)安全性
收回初始投资金额(本金)的可能性。(第 9 章)

safety stock　安全存量
为防备需求(或耗用)和交货期的不稳定性而需要持有的存货量。(第 10 章)

sale and leaseback　售后租回
按照协议出售资产并立即租回使用一段时期。(第 21 章)

Sarbanes-Oxley Act of 2002（SOX） 《2002年萨班斯—奥克斯利法案》
规范有关公司治理、审计和会计、管理层薪酬以及公司信息的充分和及时披露等问题。（第1章和第19章）

seasonal dating 季节性优惠
鼓励季节性产品的用户在销售高峰期前提货，而其货款可以推迟到高峰期后支付的信用条款。（第10章）

secondary market 二级市场
现存（或已有）的证券，而不是新发行证券的交易市场。（第2章和第19章）

secured loans 担保贷款
以具体的资产作为偿还担保的一种借款负债形式。（第11章）

Securities Act of 1933（1933 Act） 《1933年证券法案》（1933年法案）
通常要求公开发行证券的公司在发行前向联邦政府注册登记，又称《真实性证券法案》。（第19章）

Securities and Exchange Commission（SEC） 证券交易管理委员会
负责实施管理联邦证券法律（包括1933年法案和1934年法案）的美国政府机构。（第19章）

Securities Exchange Act of 1934（1934 Act） 《1934年证券法案》（1934年法案）
管理长期证券二级市场，即证券交易所与场外交易市场的法规。（第19章）

security（collateral） 抵押品（附属担保品）
借款人用来保证偿还贷款的资产。如果借款人违约，则贷款人可以出售该资产以偿还贷款。（第11章）

security market line（SML） 证券市场线
描述单个证券（或股票组合）的期望收益率与系统风险间线性关系的直线，其斜率为贝塔值。（第5章）

self-tender offer 自我认购
企业自行回购自己发行在外的一些股票。（第18章）

sell-off 部门出售
出售公司的一部分，这称为部分整体出售；出售整个公司，这称为自愿清算。（第23章）

sensitivity analysis 灵敏度分析
"如果—则"不确定性分析的一种类型，变量或假设由基期值发生变化，以确定其对一个项目所测量的结果（例如，净现值或内部收益率）的影响。（第13章）

serial bonds 分批发行债券
与所有证券都具有相同到期日的债券发行不同，是指具有不同到期日的债券发行。（第20章）

shareholders' equity 股东权益
总资产减去总负债，也等于公司普通股（面值）加上资本公积和留存收益的账面价值。（第6章）

shark repellent 鲨鱼排斥法
公司所采用的保护手段，以赶走潜在的接管者——"鲨鱼"。（第23章）

shelf registration 暂搁注册
允许公司注册其计划在以后两年内发行的证券的程序，又称证券交易管理委员会第415号规定。这些证券可以根据公司的选择分次发行。（第19章）

simple interest 单利
只就借（贷）的原始金额或本金支付（或收取）的利息。（第3章）

sinking fund 偿债基金
在到期日前为定期回收部分证券而设立的基金。要求企业定期向受托人支付偿债基金。（第20章）

Society for Worldwide Interbank Financial Telecommunication（SWIFT） 全球同业银行间金融电信网
进行国际支付指令及其他金融信息传送的主要国际金融电信网络。（第9章）

sole proprietorship 独资企业
只有一个所有者的企业组织形式，该所有者对企业的全部债务承担无限责任。（第2章）

spin-off 股权分割
公司分立的一种形式。股权分割后，其子公司或部门作为一个独立的公司存在。新公司的股份通常按比例由母公司的股东持有。（第23章）

spontaneous financing 自然融资
在企业日常经营活动中自然产生的融资方式，如商业信用、其他应付款和应计费用等。（第8章）

spot exchange rate 即期汇率
一种货币当天与另一种货币交易的即时汇率。（第24章）

stakeholders 利益相关人
所有与公司财富利益相关的人，包括股东、债权人、客户、员工、供应商及当地的社团，等等。（第1章）

Standard & Poor's 500 Stock Index（S&P 500 Index） 标准普尔500种股票价格指数
由从广泛的行业组中选出的最重要的500种普通

股构成的、以市场价值为权数加权后的指数,用于度量市场的整体走势。(第5章)

standard deviation 标准差
一种衡量变量的分布偏离其中值的程度的统计方法,等于方差的平方根。(第5章和第14章)

standby arrangement 预备包销安排
在认股权发行中,投资银行或投资银行集团同意预备包销任何未认购(未销售)的部分以确保证券全部发行出去的一种措施。(第19章)

statement of cash flows 现金流转表
企业某一时期内的现金收入和支出的概括。(第7章)

statement of retained earnings 留存盈余表
概述某一时期内留存收益变动的财务报表,该变动是由收益(或亏损)和股利支付引起的。留存盈余表常与损益表结合在一起。(第6章)

stock dividend 股票股利
企业向股东发放的额外普通股股票,它经常代替现金股利或在现金股利之外额外发放。(第18章)

stockout 存货缺乏
没有足够的存货来满足订单需求。(第6章)

stock repurchase 股票回购
股票发行公司在公开(二级)市场上或通过自我认购回购股票。(第18章)

stock split 股票分割
通过降低股票的面值增加发行在外普通股的数量,例如,2比1股票分割是指股票面值减少1/2。(第18章)

straight bond value 直接债券价值
可转换债券的可转换特征为无价值时,该债券的价值,即与可转换债券具有同一利率、同一到期日、相同风险的不可转换债券的价值。(第22章)

straight debt(or equity) 直接负债(或权益)
不能与其他资产交换的负债(或权益)。(第22章)

straight-line depreciation 直线折旧法
计提折旧的一种方法,把资产的全部费用在规定的可折旧期限内平均分摊。(第2章)

strategic alliance 战略联合
为达到一定的商业目的,两个或多个独立的企业达成的一种合作协议。(第23章)

stretching accounts payable 展期应收账款
推迟应付给供应商的款项直至超过净(信用)期,又称 leaning on the trade。(第11章)

subordinated debenture 次级债券
对企业资产与收益的索取权低于其他级别债权的长期无担保债务凭证。(第20章)

subsidiary 子公司
公司内超过一半的表决权被另一公司(母公司)掌握的公司。(第15章)

sunk costs 沉没成本
过去支付的,不会影响当前行为或将来决策的无法收回的支出。(第12章)

supply chain management(SCM) 供应链管理
对于供应商到终端用户的货物、服务和信息流的过程管理。(第10章)

sustainability 可持续发展
在不牺牲子孙后代利益的前提下满足目前的需要。(第1章)

synergy 协同效应
兼并中实现的规模经济作用,即兼并后企业整体经营业绩超过原来各独立企业的业绩之和。(第23章)

systematic risk 系统风险
市场收益率整体变化所引起的股票或投资组合的收益率的变动。(第5章)

T

takeover 接管
对另一家公司的收购,(从被收购企业管理层的角度看)该收购可能是"友好"的,也可能是"不友好"的。(第23章)

tax shield 税盾
一种可以抵税的费用。这项费用通过抵减应税收入使与其相同数额的收益免于纳税。(第15章附录B和第17章)

temporary working capital 临时性营运资本
随季节性需求变化而变化的流动资产。(第8章)

tender offer 股权收购
通常是出于控制公司的目的而以特定价格向股东收购股票。这种收购通常是由其他公司作出的,并且出价高于当前市场价格。(第23章)

terminal warehouse receipt 终端仓库收据
贷款人作为贷款担保品而持有的,证明货物已经

存入公共仓库的收据。(第11章)

term loan　定期贷款
最初计划还款期为1年以上10年以内的债务。(第21章)

term structure of interest rates　利率的期限结构
期限不同的证券的收益率和期限间的关系。(第2章)

ticker symbol　报价符号
赋予各证券和共同基金的独有的字母代码,常在报纸和报价服务中使用。这种速记法是19世纪由电报员发明的。(第5章和第23章)

tombstone advertisement　墓碑广告(简明证券发行公告)
在报纸杂志上公布的关于证券发行最基本内容的公告,通常采用刻板的、带黑边的广告形式。(第19章)

total firm risk　企业总风险
每股收益(EPS)的变动性,等于经营风险与财务风险之和。(第16章)

total (or combined) leverage　总杠杆(或联合杠杆)
企业同时使用固定营业成本和固定融资成本。(第16章)

trade credit　商业信用
一家企业为另一家企业提供的信用。(第11章)

trade liabilities　商业负债
欠供应商的款项。(第11章)

traditional approach (to capital structure)　(资本结构的)传统方法
认为存在一个最优资本结构,而且管理层可以通过适当地使用财务杠杆来增加企业总价值的资本结构理论。(第17章)

translation gain or loss　外币折算损益
国外分支机构的资产和负债向母公司的币种转换时产生的会计收益或损失。(第24章)

treasury bills (T-bills)　国库券
短期、无息的美国政府债券。财政部以折价方式发行并在到期日按面值赎回。(第9章)

treasury bonds　长期国库券
美国政府发行的长期债券(初始到期日在10年以上)。(第9章)

treasury notes　中期国库券
美国政府发行的中期债券(初始到期日为2～10年)。(第9章)

treasury stock　库藏股
由发行企业重新购回并持有的普通股。(第18章和第20章)

trustee　受托人
由债券发行人指定的作为债券持有人的法定代表的个人或机构,银行是典型的受托人。(第20章)

trust receipt　信托收据
承认借款人以托管的方式为贷款人持有经过专门确认的存货,以及销售这些存货所得资金的一种抵押工具。(第20章)

two-tier tender offer　双重出价
在这种股权收购中,收购者提出优惠的第一出价(出价较高或全部现金支付)购买某最高数额或比例的股票,同时用第二出价(出价较低和/或用债券而非现金支付)购买剩下的股票。(第23章)

U

underwriting　承销
通过购买向社会公众再销售的证券而承担不能以固定价格销售证券的风险,又称企业承诺包销。(第19章)

underwriting syndicate　承销银行集团
为发行新证券而临时组成的发行集团。(第19章)

Uniform Commercial Code　统一商法典
与商业交易众多领域相关的州立法的模板,1954年在宾夕法尼亚州生效。绝大多数州的立法机构对其进行了少许修改后予以采用。(第11章)

unit contribution margin　单位边际收益
每单位销售额中可用来弥补固定营业成本并提供营业利润的金额。(第16章)

unsecured loans　无担保贷款
不以某项具体资产作担保的一种借款形式。(第11章)

unsystematic risk　非系统风险
不能由一般性的市场变动来解释的股票和投资组合收益率的变动,可以通过分散投资加以避免。(第5章)

V

virtual corporation　虚拟公司

企业经营活动通过大规模外部加工完成的企业组织形式。（第 23 章）

W

warrant 认股权证
在某一时间段内以特定价格购买普通股的相对长期的期权。（第 22 章）

well-known seasoned issuers（WKSIs） 知名的有经验的发行人
主要是具有良好的美国公共记录的交易活跃的大公司。（第 19 章）

white knight 白衣骑士
友好的收购企业，它在目标公司的要求下，为了挫败原有的不友好出价人，购买敌意收购者所购买的股票，或发动友好的收购。（第 23 章）

wire transfer 电汇
采用双向交流系统（如联邦电汇网）进行电子资金通汇方式的总称。（第 9 章）

working capital management 营运资本管理
企业的流动资产管理以及为维持流动资产而进行的融资活动管理。（第 8 章）

Y

yield curve 收益曲线
反映某种证券收益率和期限间关系的曲线。（第 2 章）

yield to maturity（YTM） 到期收益率
按时价购买债券并一直持有至到期日所产生的期望收益率。（第 4 章）

Z

zero balance account（ZBA） 零余额账户
始终保持余额为零的一种公司支票账户体系。它要求用一个主账户（父账户）来弥补子账户的负余额，并存储子账户的正的余额。（第 9 章）

zero-coupon bond 零息债券
一种不支付利息而以低于面值的价格出售的债券，它以价格增值的形式作为投资者的报酬。（第 4 章）

通用符号

ABS asset-backed securities 资产担保证券
ACH automated clearinghouse 自动清算所
AMT alternative minimum tax 替代最低税额
A/P accounts payable 应付账款
APR annual percentage rate 年度百分比率
APT arbitrage pricing theory 套利定价理论
APV adjusted present value
APY annual percentage yield 年度百分比收益率
A/R accounts receivable 应收账款
B2B business-to-business 企业间
BAs bankers' acceptances 银行承兑
BPO business process outsourcing 业务流程外包
β beta 贝塔
CAPM capital-asset pricing model 资本—资产定价模型
CD negotiable certificate of deposit 可转让定期存单
CE certainty equivalent 确定等值
CF_t cash flow at time t 时间 t 时的现金流
CML capital market line 资本市场线
COD cash on delivery 提货时缴款
CSR corporate social responsibiliy 企业社会责任
C/V/P cost/volume/profit 成本/数量/利润
CV coefficient of variation 协方差
D_p dividend on preferred stock 优先股股利
D_t dividend at time t 时间 t 时的股利
DCF discounted cash flow 已贴现金流
DFL degree of financial leverage 财务杠杆系数
DOL degree of operating leverage 经营杠杆系数
DRIP dividend reinvestment plan 股利再投资计划
DTC depository transfer check 存款转账支票
DTL degree of total leverage 总杠杆系数
EAT earnings after taxes 税后收益
EBIT earnings before interest and taxes 息税前收益
EBT earnings before tax 税前收益
EC electronic commerce 电子商务
EDI electronic data interchange 电子数据交换
EFT electronic funds transfer 电子通汇
EOM end of month 月末
EOQ economic order quantity 经济订货量
EPS earnings per share 每股收益
EVA™ economic value added 经济价值增值
FASB Financial Accounting Standards Board 财务会计标准委员会
FEDI financial EDI 金融电子数据交换
FRN floating-rate note 浮动利率票据
FV future value 终值
FVA future (compound) value of an (ordinary) annuity (普通)年金的(复利)终值
FVIF future value interest factor 复利终值系数
FVIFA future value interest factor of an (ordinary) annuity (普通)年金的(复利)终值系数
FWP free-writing prospectus 自由写作募股说明书
FX foreign exchange 外汇
g growth rate 增长率
i interest rate per time period 每期利率
IPO initial public offering 首次公开发行
IRR internal rate of return 内部收益率
IRS Internal Revenue Service 美国国内税务局
JIT just-in-time 适时工作制
k_d before-tax cost of debt 债务的税前成本
k_e cost of equity capital 权益资本成本
k_i after-tax cost of debt 债务的税后成本
k_o overall cost of capital 资本总成本
k_p cost of preferred stock 优先股成本
LBO leveraged buyout 杠杆收购
L/C letter of credit 信用证
LIBOR London interbank offered rate 伦敦银行同业拆借利率
LLC limited liability company 有限责任公司
MACRS modified accelerated cost recovery system 修正的加速成本回收系统

MBO	management buyout 管理层收购	R_f	risk-free rate 无风险利率
MMFs	money market mutual funds 货币市场共同基金	$\bar{R}_j$	expected return on security j 证券 j 的期望收益率
MMP	money market preferred stock 货币市场优先股	$\bar{R}_m$	expected return on market portfolio 市场证券投资组合的期望收益率
MTN	medium-term note 中期票据	RADR	risk-adjusted discount rate 风险调整贴现率
n	number of periods 期数	RDC	remote deposit capture 远程储蓄
NAICS	North American Industry Classification System 北美行业分类体系	ROE	return on equity 权益报酬
NOI	net operating income 净营运收入	ROI	return on investment 投资回报
NOPAT	net operating profit after tax 税后净营业利润	RPs	repurchase agreements(repos) 回购协议
NPV	net present value 净现值	S_{BE}	break-even sales revenue 盈亏平衡点(销售收入)
NWC	net working capital 净营运资本	SCM	supply chain management 供应链管理
OP	order point 订货点	SEC	Securities and Exchange Commission 证券交易管理委员会
P_t	market price of time t 时间 t 的市场价格	SML	security market line 证券市场线
PBP	payback period 回收期	SOX	Sarbanes-Oxley Act of 2002 《2002年萨班斯—奥克斯利法案》
PCAOB	Public Company Accounting Oversight Board 上市公司监察委员会	S&P	Standard & Poor's 标准普尔
P/E	price/earnings ratio 市盈率	SWIFT	Society for Worldwide Interbank Financial Telecommunication 全球同业银行间金融电信网
PI	profitability index 获利能力指数	σ	standard deviation 标准差
PPP	purchasing-power parity 购买力平价	σ^2	variance 方差
PTD	payable through draft 承付汇票	Σ	summation sign 加总符号
PV	present value 现值	t	time period 时间期限
PVA	present value of an (ordinary) annuity (普通)年金的现值系数	UCC	Uniform Commercial Code 《统一商法典》
PVIF	present value interest factor 现值系数	WC	working capital 营运资本
PVIFA	present value interest factor of an (ordinary) annuity (普通)年金的现值系数	WKSIs	well-known seasoned issuers 知名的有经验的发行人
Q_{BE}	break-even sales quantity 盈亏平衡点(销售量)	YTM	yield to maturity 到期收益
r	interest rate or return 利率或报酬率	ZBA	zero balance account 零余额账户

译 后 记

参与本书翻译工作的人还有陶进操、吕晓娣、史锐、王晓妮、孙燕军、翟玉宏、冯伟珍、王雪涛、汤建君、邵中、梁新宇、黄辉、王功远、应斌、潘平、孙磊、余莹、从培成、张宁乐、王健、王桂耀、潘泽山、胡立君、王凯、陈志祥、张晓云、袁国华、张丹、潘景华、林莺、陈婉婷、马丽萍、吴南、王汝全、王琪、王虹、李大钧、李勇、李莺莉、王敏、袁瑛、周雅楠、刘志刚、刘浩、吴自林、王琛、袁文成、李秀芳、方丹、阳朵、黄珍、陈凌宇、赵长超、潘艳、杨芳、周建业、张超群、刘丹、刘志国、郝亮、潘丽、郭琦、黄辉、吴晓君、鲍国强、靳翠萍、谭芳、陈祁岩、高海波、刘芳、孙平。全书的校订、统稿由刘曙光完成。

由于译者水平有限，加上时间比较仓促，文中错误和不当之处在所难免，恳请读者批评指正。

译　者

2008 年 11 月 7 日

教学支持说明

尊敬的老师:

您好!

为了确保您及时有效地申请教辅资源,请您务必完整填写如下教辅申请表,加盖学院的公章后传真给我们,我们将会为您开通属于您个人的唯一账号以供您下载与教材配套的教师资源。

请填写所需教辅的开课信息:

采用教材				☐中文版 ☐英文版 ☐双语版	
作　者			出版社		
版　次			ISBN		
课程时间	始于　　年　月　日		学生人数	☐专科　　　☐本科 1/2 年级	
	止于　　年　月　日		学生年级	☐研究生　　☐本科 3/4 年级	

请填写您的个人信息:

学　　校				
院系/专业				
姓　　名		职　称		☐助教　☐讲师　☐副教授　☐教授
通信地址/邮编				
手　　机		电　话		
传　　真				
official email(必填) (eg:XXX@crup.edu.cn)		E-mail (eg:XXX@163.com)		
是否愿意接受我们定期的新书信息通知:			☐是　　☐否	

系/院主任:＿＿＿＿＿＿＿(签字)

(系/院办公室章)

＿＿＿年＿＿＿月＿＿＿日

清华大学出版社

北京市海淀区清华园学研大厦 B 座 509 室
邮编:100084
电话:8610-62770175-4506/4340
传真:8610-62775511
E-mail:yuanyang_xu@qq.com
Website:www.tup.com.cn

PEARSON Education Pearson Education Beijing Office
培生教育出版集团北京办事处

中国北京市东城区北三环东路 36 号北京环球贸易中心 D 座 1208 室
邮编:100013
电话:(8610)57355169
传真:(8610)58257961
E-mail:Service.cn@pearsoned.com
Website:www.pearsonhighered.com/educator